U0922227

2013

广东建设年鉴

广东建设年鉴编纂委员会　编

廣東省出版集團
广东人民出版社
·广州·

图书在版编目（CIP）数据

广东建设年鉴（2013）/ 广东建设年鉴编纂委员会编. —广州：广东人民出版社，2013.12
ISBN 978-7-218-07897-7

Ⅰ. ①广…　Ⅱ. ①广…　Ⅲ. ①城市建设—广东省—2013—年鉴
Ⅳ. ①F299.276.5-54

中国版本图书馆CIP 数据核字（2013）第 252894 号

GUANGDONG JIANSHE NIANJIAN（2013）
广东建设年鉴（2013）
广东建设年鉴编纂委员会　编

出 版 人：曾　莹

责任编辑：柏　峰　陈其伟　张贤明　李展鹏　林　冕　周惊涛
装帧设计：徐兴洋
责任技编：周　杰　黎碧霞

出版发行：广东人民出版社
地　　址：广州市大沙头四马路 10 号（邮政编码：510102）
电　　话：（020）83798714
传　　真：（020）83780199
网　　址：http://www.gdpph.com
印　　刷：中华商务联合印刷（广东）有限公司
书　　号：ISBN 978-7-218-07897-7
开　　本：889 毫米×1194 毫米　1/16
印　　张：42.5　　插页：82　　字数：1530 千字
版　　次：2013 年 12 月第 1 版　2013 年 12 月第 1 次印刷
定　　价：260.00 元

《广东建设年鉴》编辑部
地　　址：广州市豪贤路 102 号汇德大厦 602 室
电　　话：（020）87255508　87252984
网　　址：www.gdcic.net
电子邮箱：gdjsnj@gdcic.net
邮政编码：510055
传　　真：（020）87255234

编 辑 说 明

一、《广东建设年鉴》是广东省住房和城乡建设厅主办、广东建设年鉴编纂委员会组织编纂的资料性工具书，于2009年创办。其宗旨是及时、全面、系统、翔实地载录广东住房和城乡建设事业发展状况，为各级领导决策和行业管理工作提供依据与参考，为社会各界了解与研究广东住房和城乡建设事业发展状况提供信息资料和数据。

二、《广东建设年鉴》采用分类编辑法，以部类（篇目）、分目、条目组成框架结构的主体部分。在少数分目中，增加子分目的层次。全书条目标题统一用黑体加【】表示，个别包含多方面资料的条目则在段首加插楷体标题提示，以方便读者查阅。全书前有目录，后有索引，具有比较完善的检索系统。

三、《广东建设年鉴》以出版年号为卷次名称。2013年卷主要载录2012年广东住房和城乡建设事业发展的基本资料。全书设有22个篇目：（1）特辑；（2）大事纪要；（3）广东城乡建设事业发展总述；（4）城乡规划；（5）城市建设与管理；（6）村镇建设；（7）重点工程建设；（8）勘察设计；（9）建筑业；（10）建设科技与建筑节能；（11）房地产业与住房保障；（12）教育培训与执业资格；（13）行政审批；（14）建设事业信息化；（15）法制建设与执法监察；（16）建设行政机关；（17）人物；（18）各市建设；（19）荣誉榜；（20）城乡建设统计资料；（21）领导讲话；（22）法规文件。

四、为增加信息量，增强可读性，2013年卷组编广东省的相关地图及"广东城乡建设数字""广东城乡建设要录"，设置"广东城乡建设风采""广东建设行业排头兵"和"各市建设"彩色图片专辑，并在内文加插一批图片和附表，力求图文并茂地反映广东住房和城乡建设事业发展的风貌。

五、"城乡建设统计资料"篇目数据由广东省统计局提供，其他篇目数据分别由广东省住房和城乡建设厅相关处室、直属单位、行业协会以及各地级以上市住房和城乡建设管理部门提供并负责审核。

六、广东省住房和城乡建设系统各有关单位及社会各界人士对《广东建设年鉴》编纂出版工作给予鼎力支持和热情帮助，对此我们深表谢意。该书存在的问题和不足，恳请广大读者和专家提出宝贵意见和建议，以使《广东建设年鉴》越办越好。

《广东建设年鉴》顾问

《广东建设年鉴》编纂委员会

主　　编　陈承旗

副 主 编　曾莹　阳晓儒　李运章　黄维德　李健明

《广东建设年鉴》编辑部

主　　任　陈明明

编　　辑　陈财盛　李勇　郭秋容

特邀编辑　冯碧英

《广东建设年鉴》主要撰稿人

（按姓氏笔画为序）

王务　王芳　王超　王绍挺　王响珍　王晓东　王海忠　王瑞斌　王鹏翔　韦金凤
区惠怡　文琛　方培育　邓文敏　孔竞兰　石莹怡　龙家俊　龙赛姗　卢雄　卢少媚
卢书桃　卢兆华　叶小凡　叶少群　叶艳瑶　丘加达　冯育文　司少峰　台晨亭　曲振群
吕庆文　吕婉静　朱锋　朱飞宇　伍佩龄　向锋　邬永宏　庄雄　刘刚　刘军
刘映　刘勇　刘唯　刘意　刘卫平　刘石坚　刘兰英　刘志军　刘贵凤　刘美玲
刘洁贞　刘振洲　关则和　关丽娜　关晔华　江飞　江奇　江泞泞　汤小樯　许伟
许昂　许汉琦　许晓凯　阮菁英　纪晓佳　苏西超　苏智勇　杜娟　杜伯良　杨成
杨哲　杨海　杨庆彬　杨远超　杨丽贞　杨凌云　杨海涛　杨惠勤　李洁　李莉
李朝　李森　李玉泉　李冬辉　李永上　李亚江　李光东　李旭伟　李建桥　李盈国
李艳环　李素华　李婉纯　肖宁玲　肖建鸣　吴珊　吴飞雪　吴文博　吴再泉　吴戌元
吴茂林　吴贵贤　吴秋菊　吴维彬　吴燕婷　邱源圆　邱德鑫　何山　何欣　何志坚
何思权　何惠明　何锋军　余桂珣　余薇薇　谷城　宋健　张中　张鹏　张文宇
张正才　张汉雄　张兆有　张志华　张志军　张志红　张丽莉　张珍妮　张秋玲　张敬东
张朝发　张瑞坤　陆彩华　陈呈　陈雷　陈万鑫　陈小勇　陈光耀　陈宏略　陈若兰
陈佩珠　陈柳金　陈俊武　陈晓文　陈晓锦　陈辅淳　陈章信　陈禄章　陈锡群　林元满
林伟明　林肖兵　林良斌　林春明　林树欢　林铁洪　欧剑辉　卓扬　卓云峰　罗欢
罗栋　罗勇　罗涵　罗婕　罗曦　罗文静　罗光强　罗宇峰　罗军武　罗炜炜
罗健波　罗静凤　周娟　周志亮　周建雄　周炳明　郑志伟　郑建鹏　郑联鹏　郑智敏
赵仓　赵航　赵伟强　赵丽霞　赵真庆　胡琼　胡凤婷　胡希鑫　钟建生　钟福金
钟穗萍　侯林丽　洪群钊　贺波　袁慧　袁彩华　耿亚兰　贾国东　晏烨　欧阳可赵
徐飞　徐驰　徐汉章　殷国新　翁国铟　翁炳东　高戈　高涛　高嵘　高磊
高德勇　郭苑娜　唐卉　唐军　唐双荣　凌红梅　涂学军　黄轶　黄深　黄小巧
黄永源　黄伟鸿　黄丽英　黄彦菲　黄彩霞　黄鸿钦　黄淑娟　黄婉华　黄惠谊　黄舒炜
黄慰慰　萧晓红　曹滢　崔廖　康微　章程　梁翼　梁小贤　梁圳惠　屠建伟
彭艳　彭兰阶　彭胜巍　彭晓春　彭喜奎　彭雅松　彭静钿　彭耀宏　葛家良　董福强
蒋东旗　蒋婵婵　程晓宇　傅学燕　傅银波　曾丹　曾维　曾令立　曾金泉　谢汉奎
谢联辉　谢湘燕　蔡一靖　蔡曙光　廖成涛　廖成涛　廖丽萍　廖建卫　谭龙海　谭敦海
熊小玲　黎为科　黎志成　潘卓茵　潘雁娟　燕滨　魏春喜　魏剑丹　魏哲茹

总　　目

目 录

图片专辑

特 辑

大事纪要

广东城乡建设事业发展总述

城乡规划

城市建设与管理

村镇建设

重点工程建设

勘察设计

建筑业

建设科技与建筑节能

房地产业与住房保障

教育培训与执业资格

行政审批

建设事业信息化

法制建设与执法监察

建设行政机关

人　物

各市建设

荣誉榜

城乡建设统计资料

领导讲话

法规文件

2012·广东城乡建设数字

常住总人口 10594 万人
国家园林城市 16 个
国家级名胜风景区 8 个
国家级历史文化名城 7 座
中国历史文化名镇 10 个
中国历史文化名村 15 个
全国特色景观旅游名镇 7 个
全国特色景观旅游名村 3 个
中国建设工程鲁班奖 8 项
全国建筑工程装饰奖 49 项
城市建设完成固定资产投资 658.61 亿元
城镇化率 67.4%
珠江三角洲绿道网建成 7350 千米
建成区绿化覆盖率 41.23%
城市人均公园绿地面积 15.82 平方米
城市人均道路面积 13.42 平方米
城市供水综合生产能力 3531.36 万立方米 / 日
城市用水人口 4567.73 万人
城市人均日生活用水量 246.68 升
城市自来水普及率 97.62%
城市燃气普及率 94.93%
城市液化石油气年供气总量 387.24 万吨
城市天然气年供气总量 117.45 亿立方米
城市污水处理厂 396 座
城市污水处理能力 2093.3 万吨 / 日
设市城市污水处理厂集中处理率 88.09%
市县城区生活垃圾无害化总处理规模 5.41 万吨 / 日
市县城区生活垃圾无害化处理率 81.5%
建筑企业 5034 家
建筑业总产值 6464.44 亿元
建筑企业实现利税总额 543.56 亿元
房屋施工面积 42542.5 万平方米
新增绿色建筑面积 902 万平方米
房地产开发投资 5352.79 亿元
商品房销售面积 7898.99 万平方米
成套住宅 1383.2 万套
保障性安居工程 17.1 万套
人均住房建筑面积 34 平方米

（湘君 辑）

2012·广东城乡建设要录

珠江三角洲绿道网项目获“全球百佳范例”称号

截至2012年底，珠江三角洲建成绿道7350千米，包括：2372千米省立绿道和4978千米城市绿道。累计配套建成驿站178个、设置标识13739个、建成安全设施5688个、环卫设施5161个、停车场212个、自行车租赁点346个。是年，在联合国人居署“迪拜国际改善居住环境最佳范例奖”评选中，珠江三角洲绿道网项目获“全球百佳范例”称号。

全省城镇化率达到67.4%

2012年，广东省城镇化率达到67.4%。其中珠江三角洲城镇化率83%，全省城镇化发展进入新阶段。

城乡规划管理实施动态循环新机制

2012年，广东省优化城乡规划审查工作机制，在国内率先建立城市总体规划实施评估制度。截至年底，全省城乡规划管理工作初步建立起“科学编制——监督实施——定期评估——修改完善——不断提高”的动态循环机制。

宜居城乡建设成效显著

截至2012年底，广东省评选出广州市番禺区奥园社区等344个“广东省宜居社区”、广州市番禺区大岗镇等120个“广东省宜居示范城镇”、湛江廉江市石城镇十字路村等320个“广东省宜居示范村庄”、广州市荔枝湾涌环境综合整治项目等48个“广东省宜居环境范例奖”，全省宜居城乡建设成效显著。

名镇名村建设初见成效

截至2012年底，广东省有10个镇、15个村被评为“国家历史文化名镇名村”；7个镇、3个村被评为“国家特色景观旅游名镇名村”；19个镇、56个村被评为“广东省历史文化名镇名村”；40个传统村落被列入《第一批中国传统村落名录》。

67个县城全部建成污水处理厂

2012年，广东省全面推行“户收集、村集中、镇转运、县处理”的农村生活垃圾处理模式，开展“大清洁、乡村美”农村清洁工程专项活动。全省67个县城全部建成污水处理厂，实现“一县一厂”的目标。

新型住房保障制度建立

2012年，广东省保障房建设模式呈现多样化。按照“同需于民、以需定供、分步实施、轮候解决”的思路，全省各地以住房保障制度创新为突破口，探索建立以“公共租赁住房为主体，多渠道、多层次、可持续、能循环”的新型住房保障制度。

商品住房均价涨幅比上年减少7个百分点

广东省落实国家对房地产市场的宏观调控政策，全省房地产调控成效显现。2012年，全省房地产开发投资5352.79亿元，商品房销售面积7898.99万平方米，商品住房均价7156.09元/平方米，涨幅比上年减少7个百分点。

省外建设工程企业和人员进粤信息备案制度实施

2012年，广东省推进建设领域突出问题专项治理，实行省外建设工程企业和人员进粤信息备案制度，规范建筑和勘察设计市场监管，出台《广东省建设工程施工标准工期定额》。全省工程建设领域项目信息和信用信息公开专栏收录60多万条信息。

21个地级以上市全部完成“禁实”任务

2012年，广东省推进太阳能热水、太阳能发电等可再生能源在建筑中的应用和示范。其中国家示范项目41个、示范市两个、示范县两个。新增绿色建筑评价标识项目73个，面积902万平方米。21个地级以上市全部完成“禁实”（禁止使用实心黏土砖）任务，新型墙材应用比例96.9%，节约能源84.32万吨标准煤。全年节约能源376.68万吨标准煤，减排二氧化碳979.37万吨。

信息化应用和管理水平有新提高

2012年，广东省实现11个地级以上市的房地产法定交易登记业务数据至省数据中心的全面完整同步归集；实现实时同步归集占全省建设工程项目2/3以上的广州、深圳、东莞三个地区的工程交易数据；省政府网上办事大厅省住房和城乡建设厅窗口开通，实现企业通过省政府办事大厅窗口全程网上办理相关行政许可事项的目标，率先在省直单位实现行政复议在线申请，网上行政审批信息化应用水平走在全国同行前列。

“三打两建”立案查处案件1190件

2012年，广东省住房城和乡建设系统立案查处非法控制招投标、非法迫迁等欺行霸市案件1190件，向公安机关移送130件，捣毁犯罪团伙79个；立案查处建材制假售假1.09万件，捣毁制假售假窝点1729个，查办大案、要案1300件；立案处理商业贿赂案件26件。

住房和城乡建设法规制度日益完善

截至2012年底，广东省住房和城乡建设厅办理行政复议案件105件，现行有效的住房和城乡建设地方性法规20项、省政府规章13项、规范性文件31项，全省住房和城乡建设法规制度进一步完善。

一批先进人物获得荣誉

2012年，广东省住房和城乡建设系统涌现一批先进人物。其中3人获“全国五一劳动奖章”称号；25人获“全国住房和城乡建设系统先进工作者”称号；19人获“全国住房和城乡建设系统劳动模范”称号；4人获“广东省劳动模范”称号；5人获国土资源部、广东省人民政府授予“建设节约集约用地试点示范省先进个人”称号。

（湘君　辑）

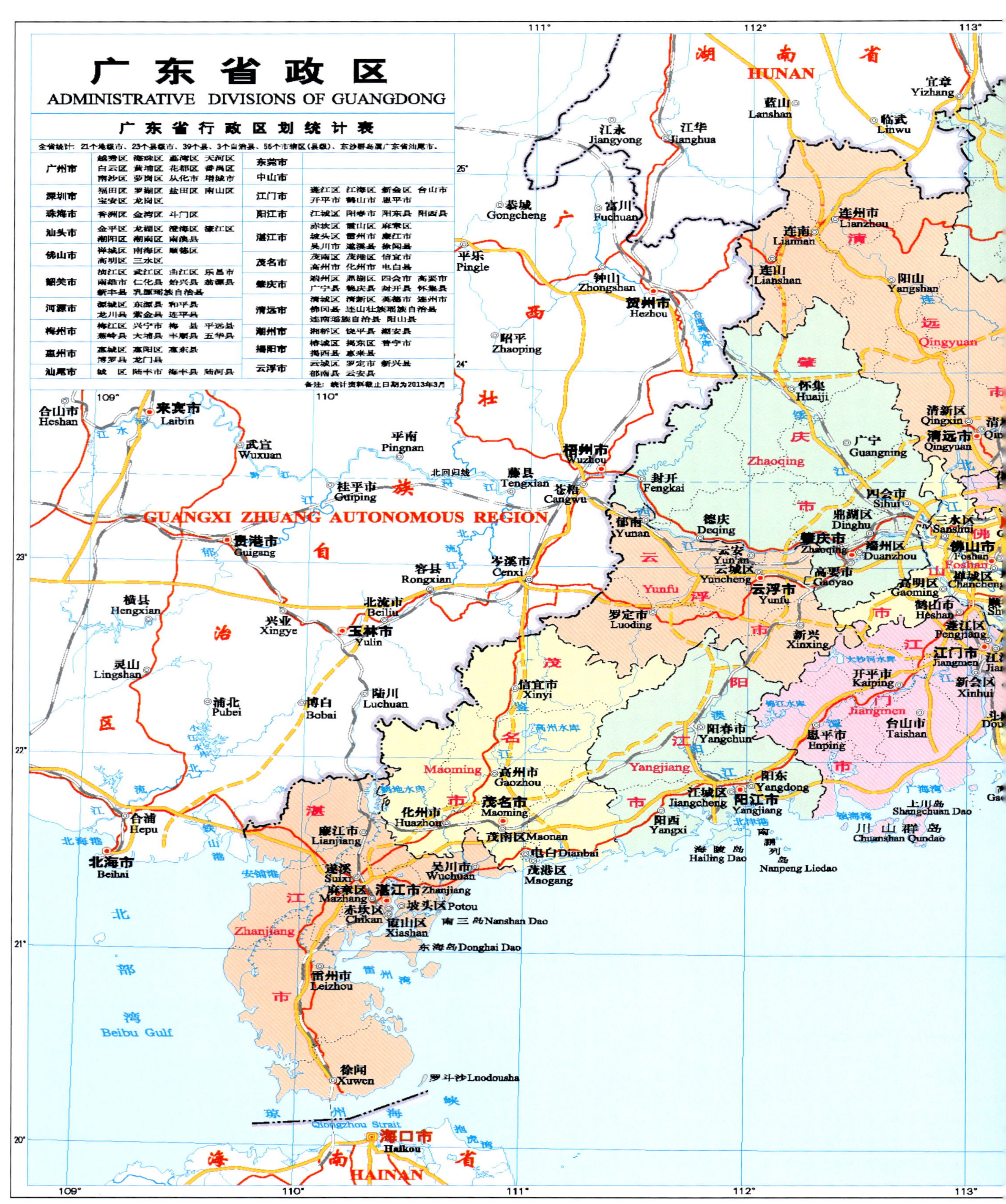

广 东 省 政 区

ADMINISTRATIVE DIVISIONS OF GUANGDONG

广东省行政区划统计表

全省统计：21个地级市、23个县级市、39个县、3个自治县、56个市辖区（县级）、东沙群岛属广东省汕尾市。

市	辖区	市	辖区
广州市	越秀区 海珠区 荔湾区 天河区 白云区 黄埔区 花都区 番禺区 南沙区 萝岗区 从化市 增城市	东莞市	
		中山市	
深圳市	福田区 罗湖区 盐田区 南山区 宝安区 龙岗区	江门市	蓬江区 江海区 新会区 台山市 开平市 鹤山市 恩平市
珠海市	香洲区 金湾区 斗门区	阳江市	江城区 阳春市 阳东县 阳西县
汕头市	金平区 龙湖区 澄海区 濠江区 潮阳区 潮南区 南澳县	湛江市	赤坎区 霞山区 麻章区 坡头区 雷州市 廉江市 吴川市 遂溪县 徐闻县
佛山市	禅城区 南海区 顺德区 高明区 三水区	茂名市	茂南区 茂港区 信宜市 高州市 化州市 电白县
韶关市	浈江区 武江区 曲江区 乐昌市 南雄市 仁化县 始兴县 翁源县 新丰县 乳源瑶族自治县	肇庆市	端州区 鼎湖区 四会市 高要市 广宁县 德庆县 封开县 怀集县
河源市	源城区 东源县 和平县 龙川县 紫金县 连平县	清远市	清城区 清新区 英德市 连州市 佛冈县 连山壮族瑶族自治县 连南瑶族自治县 阳山县
梅州市	梅江区 兴宁市 梅 县 平远县 蕉岭县 大埔县 丰顺县 五华县	潮州市	湘桥区 饶平县 潮安县
惠州市	惠城区 惠阳区 惠东县 博罗县 龙门县	揭阳市	榕城区 揭东区 普宁市 揭西县 惠来县
汕尾市	城 区 陆丰市 海丰县 陆河县	云浮市	云城区 罗定市 新兴县 郁南县 云安县

备注：统计资料截止日期为2013年3月

江西省
JIANGXI
福建省
FUJIAN
大余
Dayu
信丰
Xinfeng
安远
Anyuan
寻乌
Xunwu
武平
Wuping
上杭
Shanghang
漳平市
Zhangping
龙岩市
Longyan
华安
Hua'an
永定
Yongding
仁化
Renhua
南雄市
Nanxiong
韶关市
Shaoguan
始兴
Shixing
龙南
Longnan
定南
Dingnan
全南
Quannan
浈江区
Zhenjiang
曲江区
Qujiang
Shaoguan
翁源
Wengyuan
连平
Lianping
和平
Heping
平远
Pingyuan
蕉岭
Jiaoling
大埔
Dapu
南靖
Nanjing
平和
Pinghe
漳州市
Zhangzhou
长泰
Changtai
龙海市
Longhai
漳浦
Zhangpu
梅江区
Meijiang
梅州市
Meizhou
梅县
Meixian
兴宁市
Xingning
龙川
Longchuan
Meizhou
Heyuan
新丰
Xinfeng
新丰江水库
河源市
Heyuan
东源
Dongyuan
源城区
Yuancheng
五华
Wuhua
紫金
Zijin
丰顺
Fengshun
潮州市
Chaozhou
湘桥区
Xiangqiao
Chaozhou
云霄
Yunxiao
诏安
Zhao'an
饶平
Raoping
东山
Dongshan
东山岛
Dongshan Dao
龙门
Longmen
从化市
Conghua
Huizhou
揭阳市
Jieyang
揭东区
Jiedong
揭西
Jiexi
榕城区
Rongcheng
Jieyang
潮安
Chao'an
澄海区
Chenghai
南澳
Nan'ao
南澳岛
Nan'ao Dao
北回归线
汕头市
Shantou
金平区
Jinping
龙湖区
Longhu
Shantou
增城市
Zengcheng
博罗
Boluo
陆河
Luhe
普宁市
Puning
潮南区
Chaonan
潮阳区
Chaoyang
濠江区
Haojiang
南澎列岛
Nanpeng Liedao
勒门列岛
Lemen Liedao
东莞市
Dongguan
惠城区
Huicheng
惠州市
Huizhou
惠东
Huidong
海丰
Haifeng
Shanwei
陆丰市
Lufeng
惠来
Huilai
Dongguan
惠阳区
Huiyang
城区
Chengqu
汕尾市
Shanwei
南沙区
Nansha
Shenzhen
深圳市
Shenzhen
罗湖区
Luohu
龙岗区
Longgang
盐田区
Yantian
宝安区
Bao'an
南山区
Nanshan
福田区
Futian
香港
Hong Kong
香港特别行政区
HONG KONG SAR.
珠海市
Zhuhai
澳门
Macau
澳门特别行政区
MACAU SAR.
担杆列岛
Dangan Liedao
万山群岛
Wanshan Qundao
大万山岛
Dawanshan Dao
佳蓬列岛
Jiapeng Liedao
北卫滩
南卫滩
东沙群岛
Dongsha Qundao
东沙岛
东沙礁
南海
SOUTH CHINA SEA
114°
115°
116°
117°
118°
25°
24°
23°
22°
21°
20°
图例 LEGEND
省级行政中心（香港、澳门同）
Province-level Administrative Centre
地级行政中心
Prefecture-Level Administrative Centre
县级行政中心
County-level Administrative Centre
省级界
Province Boundary
香港特别行政区界
HongKongSAR. Boundary
地级市界
Prefecture Boundary
县、县级市界
County Boundary
（未建成）
铁路
Railway
（未建成）
高速公路
Expressway
国道
National Highway
机场
Airport

: 2550000

广东省城镇体系规划（2012~2020年）
城镇规模等级结构规划图
N
0 10 50km
湖 南
广西壮族自治区
连州市
连南县
阳山县
连山县
怀集县
广宁县
封开县
四会市
郁南县
德庆县
云安县
肇庆市
罗定市
云浮市
高要市
新兴县
开平市
信宜市
阳春市
恩平市
台山市
高州市
阳东县
化州市
茂名市
廉江市
阳江市
阳西县
电白县
吴川市
遂溪县
湛江市
海陵岛
下川岛
川山群岛
大放鸡
雷州市
东海岛
硇洲岛
徐闻县
琼州海峡
图例
>500万人
100-500万人
50-100万人
20-50万人
10-20万人

省
江 西 省
福
建
省
乐昌市
仁化县
南雄市
始兴县
韶关市
翁源县
连平县
和平县
平远县
蕉岭县
梅州市
大埔县
新丰县
龙川县
兴宁市
梅县
英德市
东源县
佛冈县
龙门县
五华县
丰顺县
饶平县
从化市
河源市
紫金县
揭西县
揭东县
潮州市
揭阳市
潮安县
南澳县
增城市
博罗县
陆河县
普宁市
汕头市
州市
惠州市
海丰县
陆丰市
惠来县
东莞市
惠东县
汕尾市
深圳市
中山市
沱泞列岛
珠海市
香港特别行政区
澳门特别行政区
担杆列岛
万山群岛
兰列岛
海
东 沙 群 岛
<10万人
省 界
珠江三角洲地区
粤东沿海地区
粤西沿海地区
北部山区
广东省人民政府

广东省城镇化空间发展格局图

广东城乡建设风采

2012年，广东省住房和城乡建设系统认真贯彻落实科学发展观，以城乡转型升级和改善发展民生为主线，以提高城镇化发展水平为统领，开展宜居城乡创建活动，促进人居环境改善，全省住房和城乡建设事业发展进入新阶段。

2012 年，中央和广东省委、省政府领导高度重视广东省住房和城乡建设事业的发展，深入基层和现场指导城乡建设工作，给予广大建设工作者极大的鼓舞。

■ 2012 年 12 月 8 日，中共中央总书记习近平（前右一）视察深圳市。图为习近平在深圳莲花山公园与老同志亲切交谈　（新华社 摄）

■ 2012 年 10 月 11 日，中共中央政治局委员、广东省委书记汪洋（前右二），省长朱小丹（前左二）考察香港中文大学（深圳）工程

（深圳市建筑工务署供稿）

■ 2012 年 12 月 25 日，中共中央政治局委员、广东省委书记胡春华（前右一）到深圳市调研。图为胡春华在深圳莲花山公园与市民亲切握手

（广东省档案馆供稿）

■2012年10月19日，广东省省长朱小丹（右三）视察广州市人和保障性住房建设项目 （广州市国土资源和房屋管理局供稿）

■2012年5月30日，广东省副省长许瑞生（前左二）出席广东省绿道网建设工作现场会，并视察肇庆市绿道建设项目

（肇庆市城乡规划局供稿）

■ 2012年4月27日，广东省住房和城乡建设厅厅长房庆方（前左二）调研茂名城市建设工作

（茂名市住房和城乡建设局供稿）

■ 2012年8月1日，广东省住房和城乡建设厅党组书记王芃（前中）、副厅长杜挺（前右二）在梅州市丰顺县莲塘村检查帮扶“双到”工作

（广东省住房和城乡建设厅办公室供稿）

截至 2012 年底，珠江三角洲建成绿道 7350 千米，形成省级——城市绿道网络。通过建立管理运营制度，发挥绿道网品牌效益和综合功能，圆满完成绿道网建设“三年成熟完善”目标；粤东西北地区城市建成区省立绿道基本建成。是年，在联合国人居署“迪拜国际改善居住环境最佳范例奖”评选中，珠江三角洲绿道网项目获“全球百佳范例”称号。

■ 广州市从化流溪河绿道（2012）

■ 佛山市南海绿道驿站（2012）

■ 东莞市松山湖月荷湖公园绿道（2012）

■ 深圳市盐田海滨绿道大梅沙段（2012）

■ 深圳市坪山新区聚龙山绿道（2012）

■ 珠海市滨海绿道（2012）

■ 惠州市黄金海岸绿道（2012）

■ 江门市滨江绿道（2012）

■ 中山市金钟水库绿道（2012）

■ 肇庆市星湖中心堤绿道（2012）

（广东省住房和城乡建设厅绿道网工作领导小组办公室供稿）

2012年，广东省大力推进宜居城乡建设。广州黄埔古村历史文化遗产保护、深圳大鹏所城历史文化遗产保护、深圳盐田公共自行车交通服务系统、佛山里水镇河村社区公共管理与服务、梅州“客天下”社区公共管理与服务、东莞塘厦镇林村社区公共管理与服务和云浮南山河河道景观改造工程等13个项目获“广东省宜居环境范例奖”。获奖项目涉及：居民住房状况的改善、社区公共管理与服务、水环境治理、水资源的可持续利用、历史文化遗产保护、城市防灾与减灾、生态保护与城市绿化建设、推行建筑节能、建设节约型城镇、城市管理与市容环境治理建设和“三旧”改造10个主题。

■ 深圳市大鹏所城（2012）

■ 广州黄埔古村（2012）

■ 深圳盐田公共自行车交通服务系统（2012）

■ 佛山里水镇河村社区（2012）

■ 东莞塘厦镇林村（2012）

■ 梅州“客天下”社区公共管理与服务（2012）

■ 云浮南山河河道景观改造工程（2012）

（广东省住房和城乡建设厅城市建设处供稿）

2012年，经广东省人民政府批准，省住房和城乡建设厅联合省文化厅公布潮州市潮安县龙湖镇、珠海市斗门镇等9个镇，以及广州市花都区炭步镇塱头村、佛山市南海区西樵镇简村等36个村为“第三批广东省历史文化名镇名村”。截至年底，全省有19个省级历史文化名镇、56个省级历史文化名村。

■ 佛山市南海区西樵镇（2012）

■ 潮州市潮安县龙湖镇（2012）

■ 梅州市梅县松口镇（2012）

■ 广州市花都区炭步镇塱头村（2012）

■ 韶关市翁源县湖心坝村（2012）

■ 肇庆高要市回龙镇槎塘村（2012）

■ 云浮市云城区腰古镇水东村（2012）

■ 湛江雷州市南兴镇东林村（2012）

（广东省住房和城乡建设厅村镇建设处供稿）

2012 年广东省安排省重点项目 280 个，总投资 28917 亿元，年度计划投资 4000 亿元，全年完成投资 4164 亿元，完成年度计划的 104.1%。建成投产项目 44 个，新开工建设项目 21 个。获国家批准建设项目 18 个，总投资 3972 亿元。

■ 2012 年 8 月 20 日，广州市举行龙归保障房项目首幢住宅楼封顶仪式　（广州市国土资源和房屋管理局供稿）

■ 2012 年 11 月 22 日，广州至清远城际轨道交通项目开工仪式在清远举行　（清远市住房和城乡建设局供稿）

■ 2012 年 9 月 28 日，广佛轨道交通二期工程动工仪式在佛山举行　　（广东省住房和城乡建设厅城市建设处供稿）

■ 2012 年 5 月 16 日，东莞市轨道交通 R2 线天宝站——东城站盾构区间右线隧道贯通

（东莞市住房和城乡建设局供稿）

■ 2012 年 1 月 1 日，江门市天沙河绿化及核心区人工水系景观工程竣工　　（陈光耀 摄）

截至 2012 年底，广东省城市人均公园绿地面积 15.82 平方米，建成区绿化覆盖率 41.23%，建成区绿地率 37.17%，全年新增城市公园绿地面积 5934 平方米。是年，汕尾、揭阳、云浮市分别被评为“广东省园林城市”；东莞市凤岗、黄江、道滘镇分别被评为“广东省园林城镇”。

■ 揭阳市城市道路绿化带（2012） （郑志鹏 摄）

■ 汕尾市奎山公园（2012）

■ 云浮市蟠龙天湖广场（2012）

■ 东莞市凤岗镇全貌（2012）

■ 东莞市道滘镇一角（2012）

■ 东莞市黄江镇裕元工业园区（2012）

（广东省住房和城乡建设厅城市建设处供稿）

2012年，广东省全面推进城市道路照明节能工作，淘汰城市道路、公共场所和公共机构的低效照明产品，改进路灯电源和供电驱动系统，采用发光效率更高的发光二极管灯光源灯具替代常规的高压钠灯，并藉此打造世界级的照明应用综合示范区。全省城市道路照明改造试点工程全面铺开，广州、深圳、东莞、中山、韶关等城市的光亮工程建设再上新台阶。

■ 广州市花城广场夜景（2012）

■ 广州城市新中轴线重要节点：珠江新城核心商务区、海心沙岛和广州塔。图为珠江新城核心商务区和海心沙岛一带的夜景灯饰（2012）

（广州市城乡建设委员会供稿）

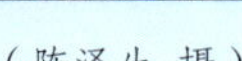

■ 潮州市人民广场（2012） （陈泽生 摄）

■ 汕尾市陆丰城区夜景（2012）
（汕尾市住房和城乡建设局供稿）

■ 肇庆市星湖风景区东门广场夜景（2012） （肇庆市城乡规划局供稿）

■ 云浮市云城区夜景（2012） （云浮市住房和城乡建设局供稿）

2012年，广东省建成城市道路总长度41388.37千米，道路总面积62786.88万平方米。其中人行道路总面积14095.94万平方米，城市人均道路面积16.62平方米。全省建成城市桥梁6044座，其中立交桥420座，新建城市桥梁374座。是年，广州市亚运城市政（道路、桥梁、排水）工程（标段五）、肇庆市星湖大道改造工程、深圳市龙岗区北通道市政工程第一合同段，以及珠海市柠溪路、紫荆路、翠香路道路改造等9项工程被评定为2012年度“全国市政金杯示范工程”。

■ 广州市亚运城市政（道路、桥梁、排水）工程（标段五）（2012）

■ 肇庆市星湖大道改造工程（2012）

■ 深圳市龙岗区北通道市政工程第一合同段（2012）

■ 珠海市柠溪路、紫荆路、翠香路道路改造工程（2012）

（广东省住房和城乡建设厅城市建设处供稿）

2012年，广东省完成珠江三角洲城市轨道交通建设投资103亿元，城市轨道交通通车里程比上年增加24千米，广州、深圳、佛山开通运营地铁。其中，广州市建成开通8条线路，全年行车里程2.1亿车千米。安全运送乘客18.6亿人次，占全市公交客运总量的35%，日均客运量507万人次，比上年增长12.5%；深圳市有6条地铁线运营，运营里程178.86千米。地铁全线网客运量78376万人次，日均214.7万人次，单日最高客运量突破295.83万人次；联通广州与佛山的广佛线运营里程1085万车千米，运送旅客4395万人次。地铁成为当地市民出行的主要交通工具之一。

■ 2012年2月28日，广州市轨道交通6号线二期工程盾构始发仪式在广州举行　（广州市地下铁道总公司供稿）

■ 2012年元旦，广州地铁广州火车站进站处迎来节日客流高峰。图为工作人员在疏导人流

（广州市地下铁道总公司供稿）

■ 工人对深圳轨道交通机车进行日常维护和保养（2012）

■ 深圳地铁施工现场。图为工人正在进行轨道焊接施工（2012）

■ 深圳地铁会展中心站（2012）

（深圳市轨道交通建设办公室供稿）

■ 广佛地铁桂城站站台服务员引导乘客有序候车（2012） （卢永超 摄）

2012年，广东省人民政府印发《关于开展“大清洁、乡村美”农村清洁工程专项活动的通知》。全省各地召开各级动员会议6.4万场次，动员人数271.9万人次，制作宣传条幅46.8万条，累计投入劳动力610万人次，清理路边、河边、池边及公共区域积存垃圾42.5万吨，农村人居环境和卫生条件逐步改善。

■ 2012年12月8日，东莞市谢岗镇召开“大清洁、乡村美”城乡清洁活动动员大会

（东莞市城市综合管理局供稿）

■ 2012年2月12日，佛山市南海区大沥镇开展“大清洁、乡村美”农村清洁工程专项活动

（佛山市住房和城乡建设管理局供稿）

■ 2012年7月3日，汕头市金平区鮀江街道涉农社区开展“大清洁、乡村美”农村清洁工程专项活动

（汕头市城市综合管理局供稿）

■ 2012年8月28日，江门开平市赤水镇开展“大清洁、乡村美”农村清洁工程专项活动

（江门市住房和城乡建设局供稿）

截至2012年底，广东省市县城区生活垃圾无害化处理率81.5%，正在运营的生活垃圾无害化处理场（厂）69座，总处理规模5.41万吨/日。全省21个地级以上市有20个实现生活垃圾无害化处理。全省67个县（市）有28个实现生活垃圾无害化处理。全省建成城市污水处理厂396座，日处理能力2093.3万吨。

■ 2012年10月22日，广州市市长陈建华（左二）视察广州市荔湾、海珠垃圾分类实施百日行动工作（广州市城市管理委员会供稿）

■ 汕头市雷打石生活垃圾无害化处理场填埋气体精制生物燃气设备（2012）（汕头市城市综合管理局供稿）

■ 深圳市布吉污水处理厂全景（2012）（深圳市水务局供稿）

■ 2012年12月30日，河源市石峡垃圾填埋场封场验收（河源市城市综合管理局供稿）

■ 清远市青山垃圾卫生填埋场（2012）（清远市城市综合管理局供稿）

2012 年，广东省城市集中式饮用水源水质达标率 100%。主要江河水质总体稳定，省控断面水质优良率、水环境功能区水质达标率分别比上年提高 4.3% 和 2.6%。是年，组织编制河源市新丰江、韶关市南水、湛江市鹤地等 12 座大型重点水库水质保护规划。

■ 治理后的深圳市龙岗河（2012）

（深圳市人居环境委员会供稿）

■ 2012 年 10 月 1 日，广州市石榴岗河升级改造工程完工

（广州市水务局供稿）

■ 广州市海珠区万亩果园湿地一期示范区（2012）

■ 加固后的汕头市牛田洋海堤（2012）　（汕头市水务局供稿）

■ 佛山市禅城区东平水道新市水闸（2012）　（佛山市水务局供稿）

（广州市水务局供稿）

■ 东莞市道滘镇蔡白沿江路湿地公园（2012）　（东莞市城市综合管理局供稿）

截至 2012 年底，广东省城市供水综合生产能力 3531.36 万立方米 / 日，城市用水人口 4567.73 万人，自来水普及率 97.62%，人均日生活用水量 246.68 升。全省有液化石油气（LPG）用户 988.42 万户，年供气总量 387.24 万吨；天然气用户 350 万户，年供气总量 117.45 亿立方米，城市燃气普及率 94.93%。

■ 2012 年 4 月 5 日，深圳市西气东输二线工程天然气高压管置换阀门

■ 2012 年 7 月 31 日，西气东输二线向深圳供气暨深圳市天然气高压输配系统工程启动　（广东省住房和城乡建设厅城市建设处供稿）

■ 2012 年，汕头市月浦水厂一期一阶段工程建成投产

■ 2012年6月，东莞市谢岗天然气门站建成，用于接收西气东输二线气源。该天然气门站是西气东输二线工程的重要组成部分

（东莞市城市综合管理局供稿）

■ 中山市小榄水务有限公司自来水厂厂区鸟瞰（2012）（广东省住房和城乡建设厅城市建设处供稿）

（汕头市水务局供稿）

2012 年，广东省城市生态环境建设和环境综合整治成效显著，超额完成国家下达的主要污染物总量年度减排任务，有效控制主要污染物的排放。全省 21 个地级以上市饮用水源水质全部达标；珠江三角洲空气质量稳步改善，二氧化硫、二氧化氮和 PM2.5 年均浓度分别比上年下降 16.7%、5.3% 和 7.1%。广州、深圳、珠海、惠州、江门和肇庆 6 个城市顺利通过“国家环保模范城市”的现场复核。

■ 2012年6月5日是世界环境日，广东省环境保护厅举行公众环保开放日，邀请市民参观广东省环境监测中心。图为市民听取工作人员讲解 PM2.5 监测设备收集污染物的原理

（广东省环境保护厅供稿）

■ 2012 年，韶关市城市综合管理局多次举办城管开放日活动，围绕行政执法法规咨询、夜间大排档管理、垂钓以及拆除违法建筑四大主题，邀请网民代表和社会各界人士参加，为城市管理执法献计献策。图为 6 月 19 日“城管开放日之夜间大排档管理大家谈”的活动现场

（韶关市城市综合管理局供稿）

■ 2012 年 11 月 8 日，东莞市城管综合执法局组织开展“执法与你同行”社区宣传活动

（东莞市城市管理综合执法局供稿）

■ 为保障大气和水环境安全，广东省环境保护厅环境监察局开展夜间专项执法检查。图为环境保护执法人员对位于惠州市博罗县的电镀厂污水处理设施运行状况进行执法检查（2012）

（广东省环境保护厅供稿）

■ 2012 年 7 月 10 日，佛山市顺德区环境运输和城市管理局伦教分局开展“美城行动”。图为执法人员拆除违章设置的广告牌

（佛山市顺德区环境运输和城市管理局供稿）

■ 2012 年 9 月 1 日，惠州市城市管理行政执法局联合惠州市交警、环保等部门开展泥头车余泥渣土污染城市道路专项整治行动

（惠州市城市管理行政执法局供稿）

2012 年，广东省新开工建设各类保障性安居工程 17.1 万套，新竣工各类保障性住房和棚户区改造 8.5 万套，截至年底，全省完成保障性安居工程建设投资 279 亿元，以“公共租赁住房为主体，多渠道、多层次、可持续、能循环”的新型住房保障制度初步形成。

■ 2012 年 9 月 14~16 日，由广州市国土房管局和广州市房地产行业协会联合主办的 2012 年“广州房地产博览会”在中国进出口商品交易会琶洲展馆举办。图为广州市政府保障性住房展区

The 1st Guangzhou International Award for Urban Innovation
第 一 届 广 州 国 际 城 市 创 新 奖

Certificate of Recognition

Guangzhou Municipality, United Cities and Local Governments and World Association of the Major Metropolises hereby present this Certificate of Recognition to

the City of Guangzhou

for its contribution to urban innovation.

Organizing Committee
Guangzhou International Award for Urban Innovation
November, 2012

■ 2012 年 11 月，广州市保障性住房项目入选由世界城市和地方组织、世界大都市协会颁发的首届“广州国际城市创新奖专家推荐城市奖”

■ 2012 年 10 月 29 日，联合国人居署项目办公室代理主任阿里翁·巴迪安（左二）视察广州市芳和花园保障房项目

（广州市国土资源和房屋管理局供稿）

■ 2013 年 1 月 13 日，汕尾市海丰县召开廉租住房配租会议。图为工作人员在会议现场宣布抽签结果（汕尾市住房和城乡建设局供稿）

■ 惠州市惠城区东安花园保障性住房小区（2012）（惠州市住房和城乡规划建设局供稿）

■ 2012 年 10 月 17 日，珠海市举行大镜山保障性住房建设项目封顶仪式（珠海市住房和城乡规划建设局供稿）

2012年，广东省“三旧”改造成效显著。131个城市“三旧”改造规划项目全部完成编制、审批和备案审查。全省投入改造资金924.5亿元，完成改造项目408个，改造面积706.67公顷，节约用地421.73公顷。是年，省住房和城乡建设厅总计审查100个“三旧”改造需完善历史用地手续的项目，统筹指导全省“三旧”改造的各项工作。

■ 升级改造前的佛山市顺德区天富来国际工业城（2005）

■ 升级改造后的佛山市顺德区天富来国际工业城（2012）

■ 改造后的阳江市瑞禾路金源广场（2012）

■ 改造前的阳江市瑞禾路金源广场为阳江市国营漆器工艺厂（1995）

■ 改造后的东莞市长安第三工业区规划效果图（2012）

■ 改造前的东莞市长安第三工业区（2009）

■ 改造建设中的东莞市长安第三工业区（2012）

■ 改造后的阳江市阳春春天花园（2012）

■ 改造前的阳江市阳春春天花园为阳春市电影院（2008）

（广东省住房和城乡建设厅城乡规划处供稿）

2012年，广东省有工程勘察设计行业从业人员29.84万人。全年完成工程设计图投资额5940.04亿元，比上年增长7.01%；完成工程勘察设计合同额370.40亿元，增长13.28%。是年，全省各地开展优秀工程勘察设计评奖活动。其中，广州市申报参评市级优秀勘察设计项目291项、深圳361项、佛山92项。

■ 2012年度"广州市优秀工程勘察设计一等奖"项目——清远市狮子湖阿拉伯会议酒店

■ 2012年度"广州市优秀工程勘察设计一等奖"项目——广州市气象监测预警中心

■ 2012年度"深圳市优秀工程勘察设计一等奖"项目——深圳市华星光电生产厂房

■ 2012 年度“深圳市优秀工程勘察设计一等奖”项目——海南省三亚市国家开发银行（海南）发展研究院大楼

■ 2012 年度“深圳市优秀工程勘察设计一等奖”项目——东莞市新世纪尚居（二期）住宅

■ 2012 年度“佛山市优秀工程设计一等奖”项目——顺德区岭南风情美食展示中心

（广东省工程勘察设计行业协会供稿）

2012 年，广东省加大建设科技投入。全省住房和城乡建设系统获“华夏建设科学技术奖”23 项、“广东省科学技术奖”10 项、列入住房和城乡建设部科技计划项目 56 项、通过广东省建设科技成果鉴定 288 项。

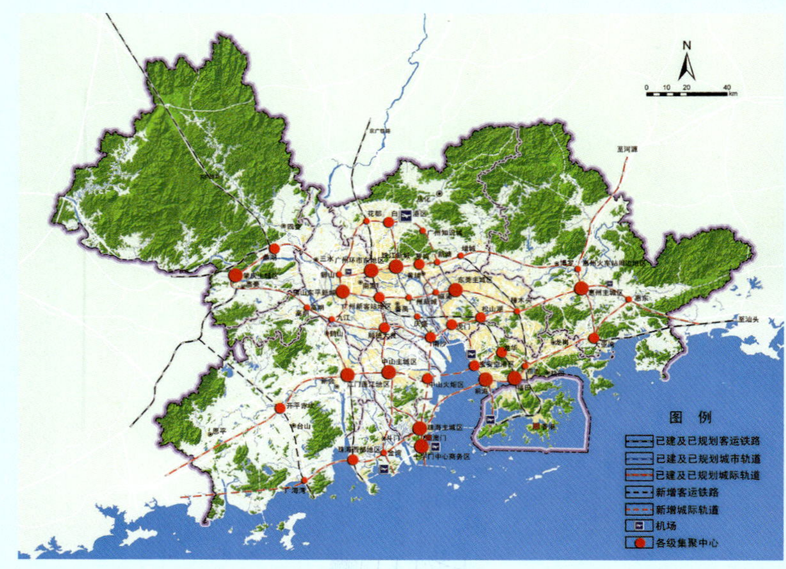

■ 由广东省城乡规划设计研究院等单位完成的《珠江三角洲城乡规划一体化规划》获 2012 年“华夏建设科学技术奖二等奖”

■ 由广州市建筑集团有限公司和广州市第一建筑工程有限公司共同完成的“大型公共建筑场馆施工关键技术研究与应用”获 2012 年“华夏建设科学技术奖三等奖”

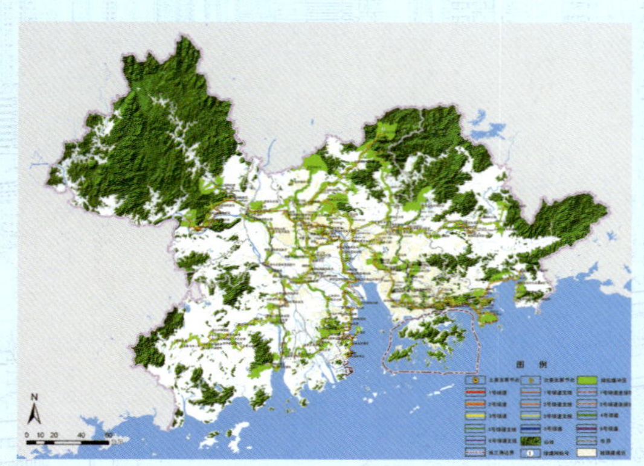

■ 由广东省城乡规划设计研究院等单位完成的《珠江三角洲绿道网总体规划纲要》获 2012 年“华夏建设科学技术奖三等奖”

■ 由广州市建筑科学研究院有限公司等单位完成的“嵌岩旋挖扩底抗拔灌注桩技术研究”获 2012 年“华夏建设科学技术奖三等奖”

■ 由广州市建筑科学研究院有限公司等单位完成的“城市地下空间结构耐久性评估及剩余寿命预测技术研究”获 2012 年“广东省科学技术奖二等奖”

■ 由广州地铁设计研究院有限公司和广州轨道交通建设监理有限公司共同完成的“复合地层盾构施工理论和技术创新的研究”获 2012 年“广东省科学技术奖二等奖”

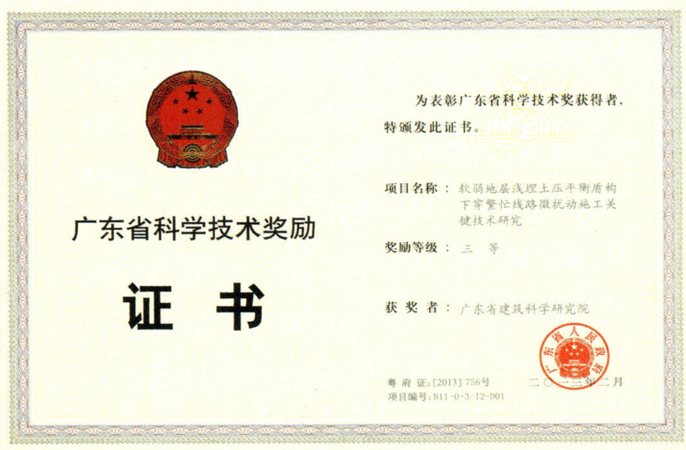

广东省科学技术奖励

证　书

为表彰广东省科学技术奖获得者，特颁发此证书。

项目名称： 软弱地层浅埋土压平衡盾构下穿繁忙线路微扰动施工关键技术研究

奖励等级： 三　等

获 奖 者： 广东省建筑科学研究院

粤 府 证：[2013] 756号

项目编号：B11-0-3-12-001

二〇一三年二月

■ 由广东省建筑科学研究院等单位完成的“软弱地层浅埋土压平衡盾构下穿繁忙线路微扰动施工关键技术研究”获 2012 年“广东省科学技术奖三等奖”

■ 由广东省工业设备安装公司完成的“循环资源利用干化污泥处理工艺深化及施工技术”获 2012 年“广东省科学技术奖三等奖”

■ 由广州市市政工程设计研究院、广州市道路交通工程研究中心、广州地铁设计研究院有限公司共同完成的“广州快速公交系统模式及关键建设技术研究”获 2012 年“广东省科学技术奖三等奖”

（广东省住房和城乡建设厅科技教育处供稿）

2012 年，广东省住房和城乡建设行业电子政务和公共服务信息化工程取得重大进展。实现 11 个地级以上市房地产法定交易登记业务数据至省数据中心的全面完整同步归集；初步建立广东省房地产数据中心查询检索和统计分析综合服务平台；实现实时同步归集占全省建设工程交易量 2/3 以上的广州、深圳、东莞三个地区的工程交易数据；配合省政府行政审批事项改革工作，完成省政府网上办事大厅省住房和城乡建设厅窗口建设，实现相关行政事项在省政府办事大厅窗口全程网上办理的目标，率先在省直单位实现行政复议在线申请，网上行政审批信息化应用水平走在全国同行前列。

■ 2012 年 7 月 9 日，广东省住房和城乡建设厅厅长房庆方（后排左五），副厅长李台然（后排右五）、杜挺（后排左三）、蔡瀛（后排右四），总工程师李新建（后排左四），纪检组长李锡洪（后排右三），巡视员陈承旗（后排左二）到厅机关对外办事窗口检查指导工作

■ 2012 年 10 月 19 日，广东省人民政府网上办事大厅省住房和城乡建设厅窗口开通。至此，省住房和城乡建设厅的各种行政服务事项均可通过网上办事大厅办理

■ 2012年9月3日，广东省住房和城乡建设厅副厅长杜挺（左一）、巡视员陈承旗（左二）与厅机关行政许可管理处、省建设信息中心等部门研究落实下放行政许可事项后的行政审批信息平台建设工作

■ 2012年9月6日，广东省住房和城乡建设厅调研全省住房保障监管系统建设情况

■ 2012年9月12日，广东省住房和城乡建设厅召开广州、深圳、佛山、顺德行政审批事项下放工作座谈会

（广东省建设信息中心供稿）

2012年，广东省住房和城乡建设厅积极推进援藏、援疆工作。对口协助广东省第六批援藏工作队实施“八一”镇福清河景观带建设及周边民族特色改造；加大对新疆喀什地区“两县一师”的人才支援和技术支援。截至年底，广东省援疆项目全面完成全年投资计划任务，基本实现自2010年新一轮对口援疆工作开展以来连续三年年度援建项目100%完成任务。

■ 2012年7月25日，广东省住房和城乡建设厅援藏技术人员在西藏林芝县指导鲁朗国际旅游小镇规划工作

■ 2012年4月6日，广东省住房和城乡建设厅援藏技术人员在西藏林芝县验收妇幼保健院装修项目

■ 2012年6月19日，广东省住房和城乡建设厅援藏技术人员在西藏林芝县福清河工地检查建筑施工工程质量

■ 由广东援建的新疆建设兵团农三师图木舒克市气象塔（2012）

■ 由广东援建的新疆建设兵团第 50 团生活小区新貌（2012）

■ 由广东援建的新疆伽师县安居富民房（2012）

（广东省住房和城乡建设厅人事处供稿）

2012年，广东省住房和城乡建设厅党风廉政建设和扶贫开发“双到”工作取得新成效。建立党风廉政建设责任制，开展全省住房和城乡建设系统治理商业贿赂工作；扶贫开发“双到”工作着重于壮大集体经济和完善脱贫长效机制，建设幸福安居农村，推进低收入住房困难家庭住房改造建设、安全饮水入户和学校重建等。

■ 2012年6月8日，广东省住房和城乡建设厅举行扶贫济困日活动动员会　（广东省住房和城乡建设厅机关党办供稿）

■ 2013年1月24日，广东省住房和城乡建设厅巡视员陈承旗（左二）一行赴云浮市探访慰问省建设系统困难职工家庭

（广东省住房和城乡建设工会委员会供稿）

■ 2012年2月8日，广东省住房和城乡建设厅对外办事窗口接受群众评议

住 房 城 乡 建 设 领 域

案件专刊

（第5期　建筑行业案件专刊）

广东省纪委派驻省住房和城乡建设厅纪检组　　2012年3月20日

编者按： 省纪委派驻省住房和城乡建设厅纪检组自2011年起，坚持每季度出版一期《住房城乡建设领域案件专刊》，摘编近期发生在住房城乡建设领域的部分违纪违法案件的信息资料，教育和警示各级党员干部，对深化住房城乡建设系统的反腐倡廉工作发挥了积极的作用。

住房城乡建设系统职能覆盖主要有建筑行业（包括招投标、设计、施工、监理、质量检测和安全等）、规划行业（包括规划编制、项目选址、工程规划许可等）、城建行业（包括给排水、环卫、照明、园林绿化、燃气、轨道交通等）、房地产行业（包括住房公积金、房产登记、物业等）监管。今年拟针对以上四大监管行业分别出版一期案件专刊，希望全省住房城乡建设系统各级党员领导干部结合廉政风险防控机制建设，准确找出发生腐败问题的重点部位和关键环节，健全制度，强化监督，进一步做好住房城乡建设系统的党风廉政建设和反腐败工作。

1

■ 由广东省住房和城乡建设厅主办的内部刊物《住房城乡建设领域案件专刊》于2011年创刊，每季度出版一期。2012年，主要针对建筑、规划、城建和房地产四大监管行业分别出版一期案件专刊

（广东省住房和城乡建设厅纪检监察室供稿）

特辑

珠江三角洲绿道网建设三年目标实现

【简述】 2009年8月，广东省住房和城乡建设厅联合省委政研室向省委、省政府提交《关于借鉴国外经验，率先建设珠三角绿道网的建议》。该建议得到中共中央政治局委员、广东省委书记汪洋和省长黄华华的重视和肯定。2010年1月，省委十届六次全会专门就绿道建设工作进行动员部署，要求将规划建设珠江三角洲绿道网作为区域绿地划定工作的突破口，先行开展。此后，省委办公厅、省政府办公厅印发《关于开展珠三角绿道网规划建设的工作意见》，提出珠江三角洲绿道网建设“一年基本建成、两年全部到位、三年成熟完善”的目标。在省委、省政府与省住房和城乡建设厅的大力推动下，经过珠江三角洲各级党委和政府的努力，至2012年底，目标全部实现。

2012年，广东省人民政府印发的《广东省绿道网建设2012年工作要点》明确提出，2012年珠江三角洲地区要对已建省立绿道的五大系统（绿廊系统、慢行系统、服务设施系统、标识系统、交通衔接系统）进行查漏补缺，城市绿道建设全面铺开。按照“建设一段、完善一段”，以及与省立绿道无缝衔接的要求，同步配套城市绿道五大系统；划定完成省立绿道和城市绿道控制区，制定管理规定并实施有效的空间管制；建设绿道“公共目的地”，全面开发绿道网综合功能，打造各具特色的绿道品牌，确保构筑成熟完善的绿道网络系统；粤东西北地区城市建成区内省立绿道基本建成。作为全省绿道建设的实施单位，省住房和城乡建设厅全力推动绿道网建设各项工作，截至年底，珠江三角洲建成绿道7350千米，超额完成绿道建设任务，形成省级—城市绿道网络，基本建立健全管理运营制度，逐步发挥绿道网品牌效益和综合功能增强，圆满完成“三年成熟完善”的目标；粤东西北地区城市建成区省立绿道建设年度任务基本完成。

▲广州市萝岗区绿道（2012） （广州市城乡建设委员会供稿）

【建设情况】 2012年，围绕“三年成熟完善”和粤东西北启动绿道网建设的目标，广东省住房和城乡建设厅继续执行信息通报，将对口联系督导制度从珠江三角洲地区扩大到全省，省市联动，营造绿道网建设“比、学、赶、帮、超”的工作氛围。5月30日，省政府在肇庆召开全省绿道网建设工作现场会，总结回顾珠江三角洲绿道网建设的总体情况，交流学习各市的做法和经验，研究部署全年全省绿道网建设工作。副省长许瑞生出席会议，要求各地、各有关部门统一思想，提高认识，采取切实有效的措施，确保实现珠江三角洲绿道网成熟完善和粤东西北地区建成区省立绿道“基本建成”的工作目标。8月10日，省政府在深圳召开珠三角绿道网“成熟完善”工作座谈会，交流和研究部署珠江三角洲绿道网实现“成熟完善”工作。全省各市深入贯彻落实全省绿道网建设工作的部署，绿道网建设工作成效显著。截至2012年底，珠江三角洲地区建成绿道7350千米，包括：2372千米省立绿道和4978千米城市绿道。2012年，新建绿道慢行道2150千米，沿线新增绿化里程1978千米，完成率分别158%、145%；累计配套建成驿站178个，完成率112%；设置标识13739个，完成率131%；建成安全设施5688个、环卫设施5161个、停车场212个、自行车租赁点346个，完成率分别为156%、119%、122%、150%；建成200个绿道“公共目的地”。超额完成绿道建设任务，基本形成省立—城市两级绿道有机衔接的网络系统。粤东西北地区建成省立绿道慢行道589千米，新增绿化里程572千米，完成率分别为99%和98%，年度建设任务基本完成。根据全省的工作部署，粤东西北地区各市制定城市绿道网总体规划，经所在地市政府审批后报省住房和城乡建设厅备案。

【技术指导】 2012年，为推动全省开展绿道网规划建设，指导各市开展绿道网规划建设工作，广东省住房和城乡建设厅组织编制完成《广东省绿道网建设总体规划（2011~2015年）》，并获省政府批准实施。是年，为提高绿道网使用率，发挥绿道网的综合功能，为各地提供相关的技术指导，省住房和城乡建设厅组织制订《珠三角绿道网综合功能开发研究》《珠三角绿道网"公共目的地"规划建设指引》《广东省城市慢行交通规划指引》等专题研究和技术指引，并开展《广东绿道网规划建设实录》《广东省绿道网规划建设工作模式总结与评价》《珠江三角洲绿道网综合效益评估》等文件编制工作。

【制度建设】 2012年，广东省住房和城乡建设厅按照珠江三角洲地区绿道建设的工作思路，将厅领导对口督导工作机制扩大到全省，由厅领导对口联系粤东西北地区各市绿道建设。为建立健全绿道网建设的各项管理制度，省住房和城乡建设厅起草《广东省绿道网建设管理规定》并报省政府法制办，指导各市制定绿道建设、管理、运营和开发利用的相关制度。深圳市制定实施省立绿道管养维护运营方案，按照政府监管和市场化、专业化运营相结合，公益性和经营性相结合等原则开展管养维护运营；东莞、肇庆等市从各自实际情况出发，分别采用政府财政补贴和向社会购买服务等方式，加强绿道管护运营；针对提高绿道使用率的问题，珠江三角洲地区各市相继制订绿道网综合功能开发策划方案和绿道网制度化主题活动实施方案，明确绿道功能定位、开发计划目标和各项实施措施。

【宣传报道】 2012年4月，广东省住房和城乡建设厅在北京举办第一期"广东绿道讲坛"，住房和城乡建设部副部长仇保兴和来自国内外的专家、学者作专题报告，来自国内10多个省市的代表出席。住房和城乡建设部为在全国宣传和推广广东绿道工作经验，在讲坛期间举行珠江三角洲绿道网项目获2011年"中国人居环境范例奖"授牌仪式；8月，《南方日报》记者就民众关心的绿道"公共目的地"建设背景、内容、管护等热点问题，专访省住房和城乡建设厅，并以专题形式刊登报道；9月，联合南方日报社开展"广东绿道三年成就"系列宣传报道；完成制作反映绿道网三年建设成就的绿道专题片《绿道交响曲》和宣传画册，送国家和兄弟省市相关部门，以及全省各市、县各级领导和相关部门，并于11月13日在广东电视台首播，此后珠江三角洲各市电视台相继播出。 *（罗涵）*

【荣誉与展望】 2012年，广东省珠江三角洲绿道网项目在联合国人居署"迪拜国际改善居住环境最佳范例奖"评选中，获"全球百佳范例"称号。中共中央总书记习近平视察广东期间前往广州市东濠涌视察后指出："东濠涌以及遍布广东各地的绿道，都是美丽中国永续发展的局部细节。如果方方面面都把这些细节做好，美丽中国的宏伟蓝图就能实现。希望广州的同志们再接再厉，在过去打下的坚实基础上，在中共党的十八大精神的指引下，把城市建设得更加宜居。" *（曹滢）*

全省城镇化发展水平提高

【简述】 2012年，广东省着力提高城镇化发展水平，加强区域协调，加快区域一体化进程，重点开展珠江三角洲绿道网规划建设，依托珠江三角洲城际轨道推行TOD（公交导向型）开发模式，推进城市建设，提高城市综合承载力，推进"三旧"改造，促进节约集约用地，取得显著成效。出台《广东省城镇化发展"十二五"规划》和《促进粤东西北地区地级市城区扩容提质五年计划》，为下一个时期广东省城镇化发展指明方向。

【谋划与举措】 2011年12月，全省提高城市化发展水平工作会议在广州召开，出台《关于提高我省城市化发展水平的若干意见》。随后，省住房和城乡建设厅积极谋划和推动城镇化发展：一是贯彻落实全省提高城市化发展水平工作会议和有关文件精神。完成《重点建设任务地区分解方案》《广东省宜居城市建设评估基本指标体系》《提高城市化发展水平重点工作绩效考核办法》等配套文件。二是科学规划，推进省内各区域间协调发展。编制完成

《广东省城镇化发展“十二五”规划》，出台《广东省促进粤东西北地级市城区扩容提质五年行动计划》，推行TOD（公交导向型）开发模式，推进开展珠江三角洲城际轨道TOD综合开发规划，统筹全省城镇化发展，支持粤东西北地级市扩容提质，逐步形成以珠江三角洲城市群为核心、以粤东粤西城镇群为新兴增长区、以粤北城镇群为集聚发展区，省域中心城市、地区性中心城市、县域中心城市和中心镇协调发展的城镇体系格局。三是开展以承载“五化”(工业化、信息化、城市化、市场化、国际化）的城市发展模式与路径研究。联合省委政策研究室开展调研，撰写《关于将“城市中心区立体步道建设”作为提高我省城市化发展水平“发力点”的建议》和《发挥城市化在扩大内需中的作用》等专题调研报告；考察学习美国和加拿大绿道规划建设的先进经验，撰写《美国、加拿大绿道规划建设情况考察报告》《美国、加拿大人性化城市建设考察报告》。会同省委组织部等部门在北京大学举办以城镇化为专题的第十二期市长（书记）城建专题研究班，为推进城镇化工作夯实理论基础。

至2012年底，珠江三角洲建成省立绿道和城市绿道。粤东西北地区因地制宜、量力而行启动绿道建设，使绿道网建设成为广东省落实科学发展观、建设宜居城乡、惠及广大百姓的标志性工程。

推进产业和劳动力“双转移”工作是广东省促进产业结构升级，实现以发达地区带动欠发达地区的重要举措。2012年，为做好规划引领和推动该项工作，省住房和城乡建设厅印制《广东省产业园区规划制定的指导意见（试行)》，加强对各类产业园区的规划编制审批，确保省委“双转移”和“腾笼换鸟”战略得到正确的实施。为推动集约节约用地试点示范省建设，以规划引领“三旧”改造工作，省住房和城乡建设厅围绕指导各地制定“三旧”改造专项规划、开展规划备案成果技术审查、加强“三旧”改造规划实施指导、审批涉及完善历史用地手续的“三旧”改造方案等工作，制定《广东省“三旧”改造规划及年度实施计划编制要点》《广东省“三旧”改造规划成果审查的技术要点》等规范，印发《关于加强“三旧”改造规划实施工作的指导意见》《关于进一步加快“三旧”改造完善历史用地手续规划审查工作的通知》，设立“三旧”改造专项规划备案审查绿色通道，指导各地积极探索“三旧”改造专项规划实施保障机制，促进全省“三旧”改造工作的有序推进。至2012年底，全省计划编制的131个“三旧”改造规划项目全部完成编制、审批和备案审查工作。在完善历史用地的“三旧”改造项目规划审查方面，省住房和城乡建设厅总计审查近200宗“三旧”改造需完善历史用地手续的项目，对全省“三旧”改造工作起到统筹指导作用。至2012年底，广东省累计投入改造资金4242.9亿元，约占同期全省固定资产投资的5.39%；完成改造项目2851个，完成改造面积1万公顷，实现节约土地0.45万公顷，正在改造项目2920个，涉及改造面积超过1.33万公顷。将“城中村”改造作为全省推进“三旧”改造规划实施的战略性措施和重要突破口，在全省范围内确定对100个重点“城中村”进行改造。

▲东莞市道滘镇鸟瞰（2012）（东莞市住房和城乡建设局供稿）

2012年，广东省人民政府印发的《关于建设宜居城乡的实施意见》，明确提出“力争用10年左右时间，将广东省建成安居、康居、乐居、具有岭南特色的宜居城乡”。截至年底，在开展全省21个地级以上市创建宜居城乡工作绩效考核中，评选出广州市番禺区奥园社区等344个“广东省宜居社区”、广州市番禺区大岗镇等120个“广东省宜居示范城镇”、湛江廉江市石城镇十字路村等320个“广东省宜居示范村庄”、广州市荔枝湾涌环境综合整治项目等48个“广东省宜居环境范例奖”，推动各地加快宜居城乡建设的步伐。广州、深圳以举办亚运会、大运会为契机，改善人居环境。韶关丹霞山于2010年成功申报世界自然遗产，填补广东省空白。全省地级以上市全部建成国家或广东省园林城市。深圳市申报国家生态园林城市通过评审，并积极创建国家节水型城市。至2012年底，全省城市人均公园绿地面积15.82平方米，建成区绿化覆盖率41.23%，建成区绿地率37.17%，分别比2007年底增加5.28平方米、2.54个百分点、2.43个百分点。推进城市轨道交通建设，广州、深圳、佛山3个城市建成开通线路12条，280千米。全省四大流域原水水质监测与污染预警系统建设和运营得到省政府资金支持，提升各大水厂的水质安全防范能力。

2012年，按照广东省人民政府《关于打造名镇名村示范村带动农村宜居建设的意见》，各地以此为切入点推进村镇建设工作。省政府制定《广东省名镇名村示范村建设规划编制指引》，重点抓好清远市佛冈县、广州增城市派潭镇和云浮市新兴县六祖镇龙山塘村等规划建设示范；各地名镇、名村、示范村建设规划编制工作稳步推进。探索政策性资金支持名镇建设，与国家开发银行共同确定支持珠海市斗门镇、清远市浛洸镇、云浮市六祖镇。至2012年底，广东省有10个镇、15个村被评为“中国历史文化名镇名村”；7个镇、3个村被评为“国家特色景观旅游名镇名村”；19个镇、56个村被评为“广东省历史文化名镇名村”。全省40个传统村落被列入《第一批中国传统村落名录》。佛山市南海区西樵镇被确定为国家第一批绿色低碳重点小城镇试点示范。全省超过90%的小城镇完成总体规划编制，其中278个中心镇实现总体规划全覆盖；全省村庄规划覆盖率超过50%，比2007年底提高22.84个百分点。全省开展村庄整治的行政村5800多个，推进10万户农村危房改造。2012年，全省中心镇国内生产总值8500亿元，五年来年均增长12.1%，可支配财政收入330亿元，年均增长15.6%，成为小城镇建设的排头兵和县域经济的主力军。

以垃圾污水处理为发力点推动减排。至2012年底，广东省市县城区生活垃圾无害化处理率81.5%，比2007年底提高17个百分点；处理规模5.41万吨/日，增加2.3万吨/日。普及垃圾处理知识，垃圾处理和垃圾分类的理念得到越来越多群众的理解和支持。2012年，全面推行“户收集、村集中、镇转运、县处理”的农村生活垃圾处理模式，开展“大清洁、乡村美”农村清洁工程，农村环境明显改善。是年底，全省城市污水处理率88.91%，设市城市污水集中处理率88.09%。截至年底，广东省建成城市污水处理厂396座，日处理能力2093.3万吨。全省67个县城全部建成污水处理厂，实现“一县一厂”的目标。

“十一五”期间，广东省主要通过建设廉租住房和经济适用住房对城镇低收入和“双特困户”家庭实施住房保障。2010年，广东省住房保障的内涵发生重要变化，由过去的两类保障性住房扩展到廉租住房、经济适用住房、公共租赁住房、限价房等多种保障性住房，以及城市棚户区、国有工矿棚户区、林区、垦区等四类棚户区的改造，构建全方位覆盖城镇低收入、中等偏下收入、新就业人员、外来务工人员等不同收入群体的保障性安居工程体系。2012年2月，按照“问需于民、以需定供、分步实施、轮候解决”的思路，出台《广东省住房保障制度改革创新实施方案》，指导各地制订本地改革创新方案，推动以公共租赁住房为主体，可持续、能循环的新型住房保障体系的建立。保障性安居工程建设加快。2008~2012年，全省新增实施住房保障35.7万户，新开工建设66.3万套，建成30.8万套。广州、深圳两市占全省的50%。其中，2011年和2012年全省新开工建设保障性住房和棚户区改造住房50.7万套。新建成20.6万套。

2012年，以推广绿色建筑为着力点，推动全省建筑节能工作。各地强化建设工程各个环节的审查把关，提高新建建筑的节能标准执行率。在全国率先实现在规划审批环节开展用地用电指标审核，确定珠海、惠州、东莞等市作为试点，推动规划、设计、施工和验收四位一体建筑节能监管体制的建立。2008~2012年，广东省新增节能建筑4.15亿平方米，占城镇新增房屋建筑面积的86%；全省既有建筑节能改造面积857万平方米，在夏热冬暖地区处于领先行列。着力推进绿色建筑，建立全省绿色建筑技术标准和评价体系。至2012年底，广东省获得绿色建筑评价标识项目123个，建筑面积1242万平方米，项目数和面积总数均位居全国第二，多个项目获“全国绿色建筑创新奖一等奖”。推进太阳能热水、太阳能发电等可再生能源在建筑中的应用示范，其中国家示范项目41个、示范市两个、示范县两个。加快墙材革新，全省21个地级以上城市全部完成禁止使用实心粘土砖任务，2012年新型墙材应用比例达到96.9%，节约能源84.32万吨标准煤，减排二氧化碳219.23万吨。

（曹滢）

住房保障制度改革创新

【简述】 2012年2月，广东省人民政府办公厅颁布《广东省住房保障制度改革创新方案》。全省各级政府借鉴广州市、中山市住房保障制度改革创新试点的经验，坚持“政府主导、政策扶持、社会参与、适度保障”的原则，围绕“重点发展公租房”的主线，制订实施本地住房保障制度改革创新实施方案，完善配套制度，加快推进住房保障工作，全省住房保障制度改革创新取得阶段性成效。

【内容和亮点】 2012年，广东省住房保障制度改革围绕“重点发展公租房”的主线，按照“问需于民、以需定建、分步实施、轮候解决”的思路，以体制和机制创新为动力，以房源筹集、投融资创新、规划、土地等配套政策为支撑，改革创新住房保障体系，完善各项住房保障配套政策，明确保障对象，推广多模式建设，落实资金、用地、规划、体制保障，建立新型住房保障制度体系。

广东省积极推进住房保障制度改革创新。一是明确保障对象、种类、方式和标准，惠及包括刚毕业大学生在内的“夹心层”，具有广东特色，符合广东实际。二是提出建立申报登记、以需定建、先规划后建设、轮候保障和准入退出机制等新举措；公示、公开申请家庭评分及轮候顺序情况，让保障房真正实现公正分配和阳光分配。三是创新建设模式，实行多模式建设保障房，引导社会力量参与保障房建设，转变以往政府包揽的做法。四是强化配套政策和保障措施的落实，明确资金保障、土地保障、规划保障和体制保障的具体要求，加强住房保障制度的可操作性。

【工作部署】 2012年2月28日，广东省人民政府办公厅正式颁布《广东省住房保障制度改革创新方案》全省各地根据该方案制订相应的实施方案并在2012年第二季度前公布实施，明确职责分工，层层落实责任，确保住房制度改革创新工作顺利推进。省住房和城乡建设厅组织有关城市住房保障部门到上海、江苏等地调研，并在广州增城召开全省住房保障工作督查座谈会，督促各地制订住房保障制度实施方案，抽调工作人员到相关城市进行指导和督促。副省长许瑞生分别前往广州、河源等市进行检查指导，并作出加快推进制度改革创新的批示。10月19日省长朱小丹率省直有关部门负责人到广州市调研保障性住房建设情况，明确提出要适时研究新的准入门槛，有序扩大保障性住房的受惠面。

12月27日，广东省人民政府在中山召开全省住房保障制度改革创新工作经验交流座谈会，总结、交流全省各地住房保障制度改革创新的做法和经验，通报2012年度全省住房保障工作进展情况，研究部署下一步住房保障改革创新工作及明年保障性安居工程建设工作。副省长许瑞生在会上提出，全省各级政府要积极推进住房保障制度改革创新工作，建立“以需定建”工作机制，扩大保障性住房的受惠面；创新建设模式，体现住房保障的多主体、多渠道、多形式；创新投融资模式，探索运用住房公积金、保险资金、信托资金、社保基金及其他金融工具投资公租房建设；建立或完善机构，充实人员，加强保障性住房建设和管理；要着力抓好保障性住房建设工程质量监管，确保项目建设管理工作落实到位；着力做好分配管理工作，确保分配公开、公平和公正。

【工作成效】 2012年，广东省21个地级以上市按照《广东省住房保障制度改革创新方案》，制订符合本地实际的住房制度改革创新实施方案，并扎实推进改革创新工作。

改革创新配套政策逐步完善。全省各地相继制订出台具体的实施方案，并研究制订《公共租赁住房管理办法》等配套政策文件，推动住房保障制度改革创新。

以公租房为主要保障方式的住房保障制度基本形成。自2012年起，除批准立项的项目外，全省暂停新建经济适用住房，其供应对象纳入公租房供应范围。住房保障范围和覆盖面进一步扩大，由过去主要针对城镇低收入家庭扩大到覆盖城镇低收入、中等偏下收入、新就业无房职工和外来务工人员等不同收入群体。公租房参照市场租金确定，实行分档补贴、租补分离、以需定供、轮候分配，通过实物配租和货币补贴相结合的方式，确保符合条件的低收入住房困难家庭应保尽保。2012年，全省新开工建设保障性住房和棚户区改造住房（不含华侨农场危房改造和租赁补贴）15.7万套，其中公租房11.79万套，占75%。

“以需定建”的决策机制初步建立。广东省各地通过全面普查、采取抽样调查、入户调查、电话访谈、定性调研相结合的方式，对城镇户籍中低收入家庭、外来务工人员、新就业大学生和引进人才等四类人群进行需求调查分析。至2012年底，广州、深圳、中山、佛山、惠州、肇庆、东莞等市基本完成住房保障需求调查工作，其他城市也陆续组织开展住房保障需求调查，进一步摸清住房保障基本情况。

保障房建设模式呈现多样化。广东省各地以住房保障制度改革创新为突破口，探索建立“多渠道、多层次、可持续、能循环”的新型住房保障制度，不断创新住房保障建设模式，多渠道筹集房源。采取政府直接投资新建（改建）、购买、长期租赁，政府与企业合作建设，开发项目配建，企事业单位自筹建设，企业与农村集体组织合作建设，利用农村集体建设用地建设，BT建设等模式，加快解决中低收入群体的住房难问题。

住房保障管理机制更加健全。全省各地相继成立住房保障委员会，制订住房保障委员会章程，建立社会参与、科学民主的公众决策机制，实现住房保障决策的科学化、民主化。广州、中山等9市设立市住房保障办或住房保障中心，建立住房保障改革创新的组织保障。各地加强部门联动，通过实行信息联网共享，对保障性住房申请人收入和资产的信息比对，确保收入和资产审核的准确性。

投融资机制创新取得新突破。政府主导、社会参与的建设机制逐步形成。通过财政预算、住房公积金增值收益、土地出让金净收益等渠道，多渠道落实保障性安居工程建设资金。截至2012年底，全省完成保障性安居工程建设投资279亿元，各级政府投入资金140亿元。全省各地按照《广东省住房保障制度改革创新方案》的要求，推进保障性住房建设投融资主体组建工作。广州、深圳、珠海、汕头、中山、江门、肇庆等7市制订保障性住房建设投融资主体组建方案，建立保障性住房建设投融资平台，形成社会力量广泛参与的多渠道筹集保障房建设资金新格局。

阳光分配和后续监督管理工作有序开展。2012年，广东省对住房保障分配和后续监督管理加强立法工作，组织起草《广东省城镇住房保障办法（送审稿）》。全省各地严把准入审核关口，建立“三级审核、两次公示”制度（即街道初审、区级复审、市级终审及区、街道两级公示），依法依规严厉查处骗租骗购保障房、变相福利分房和以权谋私行为。全省各地进一步完善退出机制，健全年审机制，通过不定期检查、入户调查、委托第三方调查取证、畅通投诉渠道等方式，加强对住房保障资格监管和房屋使用情况巡查，减少保障房违法违规现象。

【存在问题】 2012年，广东省住房保障制度改革创新工作取得初步成效，但仍然存在一些问题亟待解决。一是全省各地住房保障覆盖面仍需提升，还有不少城市住房困难家庭、新就业职工和外来务工人员居住条件比较差，居住环境亟待改善；二是部分地区和部门对住房保障工作不够重视，存在认识不到位、工作积极性不高、政策措施落实不到位、后续管理尚需完善等问题；三是部分市县建设资金和土地供应落实尚未到位，特别是大城市中心城区土地供应比较紧张，征地拆迁周期长，建设用地供应压力比较大，部分经济落后的地区住房保障资金落实情况不容乐观；四是住房保障需求底数不清、情况不明，部分市县尚未开展住房保障需求调查，也没有制定科学合理的中长期住房保障规划，住房保障工作前瞻性和计划性有待提高；五是部分地区在审计中暴露一些问题，比如有的市县没有足额提取土地出让净收益和住房公积金增值收益用于保障房建设，有的市县没有按规定落实各项税费支持政策等。 （卓云峰）

全面推进农村生活垃圾处理

【简述】 2012年，广东省十一届人大五次会议将“关于加强农村垃圾管理的建议”列为重点建议，省政府召开全省城乡生活垃圾处理工作会议，将推进农村生活垃圾处理纳入重点工作，从政策研究、技术指导、资金补助、宣传引导整体考虑和推进，初步建立起省、市、县（市、区）、镇、村的五级联动体系。至2012年底，全省建成31%乡镇转运站和66%自然村收集点，84%行政村建立保洁员清扫制度，全省农村生活垃圾管理工作初见成效。

【成立协调小组】 2012年，中共广东省委、省政府高度重视，将垃圾处理纳入省政府重点工作，专门成立加强农村垃圾管理重点建议办理工作协调小组，由副省长许瑞生担任组长，省住房和城乡建设厅、机构编制委员会办公室、财政厅、环境保护厅、农业厅、卫生厅、物价局等省直单位为成员，定期召开会议协调农村垃圾管理有关事项。4月18日，许瑞生主持召开关于加强农村垃圾管理重点建议办理工作协调小组第一次会议，研究部署加快推进农村垃圾管理工作；6月28日和9月10日，省长朱小丹主持召开省政府常务会议，研究全省农村生活垃圾处理设施建设等问题，要求抓好农村清洁工程，解决当前部分农村存在的“脏、乱、差”问题，审议通过《广东省生活垃圾无害化处理设施建设“十二五”规划》。

【开展专项调查】 2012年，为查清全省农村垃圾管理情况，广东省住房和城乡建设厅印发《关于开展全省农村生活垃圾处理情况调查的紧急通知》，对全省农村生活垃圾日产生量、日处理能力、处理设施建设、处理方式、保洁措施以及管理机构、保洁队伍、资金投入等八个方面开展全面调研。全省农村生活垃圾约3.5万吨/年，大部分只作简易处理。农村保洁经费欠缺，尚未建立完善的管理机制，农村生活垃圾处理面临较大的压力。通过开展专项调查，掌握全省农村垃圾管理工作的情况和难点，为省委、省政府出台政策文件提供参考依据。

【出台政策文件】 2012年，广东省人民政府相继出台《关于进一步加强我省城乡生活垃圾处理工作实施意见的通知》《全面推进农村生活垃圾管理工作行动计划的通知》《关于开展“大清洁、乡村美”农村清洁工程专项活动的通知》《广东省生活垃圾无害化处理设施建设“十二五”规划》，在全省推行“户收集、村集中、镇转运、县处理”的农村垃圾收运处理模式，建设“一县一场”“一镇一站”“一村一点”，整县推进农村生活垃圾处理。是年，省住房和城乡建设厅编印《广东省农村生活垃圾收运处理技术指引》，指导各地农村生活垃圾处理设施建设。

【明确目标责任】 2012年7月17日，广东省人民政府召开全省城乡生活垃圾处理工作会议，副省长许瑞生代表省人民政府与各地级以上市及顺德区政府签订《城乡生活垃圾治理责任书》，实行目标责任制管理，将全省城乡生活垃圾管理目标任务分解，明确各地责任，从编制规划、提高处理率、建转运站、建收集点、净化城镇、清洁乡村等六个方面提出2012~2014年目标要求。全省各地贯彻落实会议精神，各地级以上市政府分别与县（市、区）政府签订责任书，出台加强垃圾处理工作的实施意见及具体措施，将任务层层分解落实，形成省、市、县齐抓共管的良好局面。

【设立专项资金】 2012年，广东省财政设立全省农村生活垃圾处理设施建设专项资金，采取“以奖代补”的方式，专项补助粤东西北12个欠发达地区（市、县、区）建设的生活垃圾焚烧发电厂，以及除从化市、增城市以外的65个欠发达县（市）和曲江、潮阳、澄海、潮南四区建设的生活垃圾填埋场、乡镇垃圾转运站、村垃圾收集点，预算资金总额8.4亿元。是年，补助两个垃圾焚烧厂、31个市县垃圾填埋场、951个乡镇垃圾转运站、15658个行政村的自然村垃圾收集点，拨付资金总额41643万元。

【开展专项活动】 2012年，广东省人民政府印发《关于开展“大清洁、乡村美”农村清洁工程专项活动的通知》，要求在全省范围内开展“大清洁、乡村美”农村清洁工程专项活动，全面清理农村路边、河边、池边及村庄公共区域积存垃圾，改善农村卫生条件和人居环境。全省各地召开各级动员会议6.4万场次，动员人数271.9万人次，制作宣传条幅46.8万条，累计投入劳动力610万人次，清理路边、河边、池边及公共区域积存垃圾42.5万吨。

【广泛宣传报道】 2012年，广东省住房和城乡建设厅通过设立信息简报、组织媒体报道、拍摄专题片等方式，加大生活垃圾处理工作宣传力度。在省住房和城乡建设厅官方网站“广东建设信息网”上开辟“大清洁的、乡村美”农村清洁工程活动宣传专栏；组织《南方日报》采访和系列报道全省农村生活垃圾处理阶段性工作；邀请媒体对一些工作不力或进度慢的地方进行暗访并曝光，督促整改；拍摄《破解垃圾围村——强力抓好农村清洁工程》专题片，宣传广东省农村清洁工程专项活动。 *(陈辅淳)*

“三打两建”成效明显

【简述】 2012年，广东省开展“打击欺行霸市、打击制假售假、打击商业贿赂和建设社会信用体系、建设市场监管体系”行动（简称“三打两建”专项行动），省住房城乡建设厅按照省委、省政府的工作部署，协同省公安厅开展打击住房和城乡建设领域欺行霸市专项行动，牵头会同质监局、工商局、经济和信息化委员会、交通运输厅、水利厅、公安厅等部门负责全省建材打假专项行动工作，协同省纪委、监察厅开展打击住房和城乡建设领域商业贿赂的专项行动，并取得显著成效。

【“三打”行动】 2012年，根据中共广东省委、省政府的工作部署，省住房和城乡建设厅成立由厅长房庆方、党组书记王芃担任组长，6名副厅级干部担任副组长的省住房和城乡建设厅“三打两建”专项行动领导小组；成立省住房和城乡建设厅“三打两建”专项行动办公室，负责组织部署和领导全省住房和城乡建设系统的“三打两建”工作。会同省质监局、工商局、公安厅、经济和信息化委员会、交通运输厅、水利厅等部门成立广东省建材打假专项行动领导小组，负责组织部署和指导全省建材打假工作。各地住房和城乡建设系统有关部门也相应成立“三打两建”工作领导小组。省住房和城乡建设厅根据各阶段的工作制订相关工作方案，督导全省各地市“三打两建”工作。多次召开“三打两建”工作领导小组会议和全省住房和城乡建设系统建材打假、打击欺行霸市会议，先后印发《关于加大工作力度，扎实抓好全省住房城乡建设领域“三打”专项行动情况排查阶段和打击整治阶段工作的通知》《全省建材打假专项行动工作实施方案》《关于尽快成立各级建材打假专项行动工作领导机构、畅通举报渠道和做好信息情况报送工作的通知》《关于做好建材打假情况排查阶段工作的通知》《关于印发全省住房和城乡建设系统打击欺行霸市重点突破工作方案的通知》《关于进一步推进我省住房和城乡建设系统“三打”工作向纵深发展，推动“两建”工作扎实开展的通知》，明确各个阶段开展“三打两建”的工作目标、工作内容和工作要求。

创新思路，宣传、发动和排查工作“三贴近”。一是宣传工作贴近群众，构建立体宣传发动模式。出台《全省住房和城乡建设领域“三打两建”工作宣传方案》，统一部署全系统的宣传发动工作，创造“部门—系统—行业—社会”四层推进和层层深化的宣传发动模式，利用电视、报纸、广播、网络、海报、标语、短信、宣传单等多种宣传手段进行宣传发动，营造良好的舆论宣传氛围。省住房和城乡建设厅向全省发放宣传单14400份，发送手机短信5万条，张贴宣传海报3500张，赠送宣传手册4400册。全省住房和城乡建设系统“三打两建”工作被各级媒体报道信息9500条次，悬挂宣传标语横幅11.6万条，派发海报传单53.8万张，发送手机短信1252万条，举办现场咨询活动或接受采访2730场次，开设宣传专栏7160个，派发宣传册4.5万册，编印发行工作简报5090份，实现“电视有画面，报纸有文字，电台有声音，网络有专栏，业内有关注，社会有影响”的宣传效果。在省住房和城乡建设厅官方网站“广东建设信息网”开辟“三打两建”宣传专栏，在《广东建设报》开辟“三打两建在行动”专栏，全面报道全省住房和城乡建设领域的“三打两建”工作。二是发动工作贴近基层，做好“面对面”动员工作。重视发挥企业和行业协会贴近市场、了解市场的优势作用，由省住房和城乡建设厅在全省21个地级以上市和省直单位中召开23场次的企业、行业协会负责人参加的座谈动员会，2300多个企业、行业协会代表参加。三是排查工作贴近实际，有的放矢地摸查线索。组织全省各地建设行政主管部门对2010年以来投资在1000万元以上的建设工程招投标情况进行全面排查，从中查找出涉嫌非法控制招投标的案件线索。全省各地积极创新工作方法，运用科技手段排查存在围标串标嫌疑的线索，被住房和城乡建设部门和公安部门列为重点线索进行侦办。

健全机制，完善制度“双推进”。广东省住房和城乡建设厅重点建立五个方面的工作机制：一是完善举报受理机制。通过《南方日报》、“广东建设信息网”等媒体，公布举报方式和信件举报地址，设立举报电话、举报邮箱。二是完善信息报送和通报机制。在“广东建设信息网”“三打两建”专栏中增设信息报送和通报系统，实现全系统信息报送、收集、汇总、统计和分析的自动化，建立日报、周报和月通报制度，加强全系统信息的交流。三是完善重大案件线索督办机制。省住房和城乡建设厅及时疏理举报和排查出来的案件线索，确定重点线索下发各地进行督办。四是完善领导包案机制。对于难度大、影响大的重特大案件实行领导包案，每个包案案件都做到“五个一”：即落实一个案件、一名包案领导、一套工作班子、一个办理方案和一个工作期限，推动大、要案的突破。五是督查督导机制，由有关厅领导带队到各市督导“三打两建”工作。

【“三打”成效】 全省各级住房和城乡建设系统主管部门与公安、纪检、监察、质监、工商、经济和信息化、水利、交通运输等部门合作，侦破大案要案。截至2012年底，全省住房和城乡建设系统向公安机关移送欺行霸市案件线索130条，各地公安机关共捣毁犯罪团伙79个，抓获犯罪嫌疑人184人，刑拘119人，逮捕17人。此外，深圳、中山、肇庆、茂名、阳江、清远等市的住房和城乡建设局查处一批非法控制建设工程招标案，对一批单位进行行政处罚；全省建材打假立案查处1.09万宗，捣毁制假窝点1729个，涉案金额9.92亿元，罚没款7314.5万元，查办大案要案1300宗、涉案金额8.6亿元，移送公安机关案件472宗、涉案金额3.06亿元，抓获犯罪嫌疑人399人，刑事拘留282人，逮捕148人，打掉“利益链”215条，查处“保护伞”58人，奖励举报人166人，奖励金额11.12万元，全面开展对安全网、安全帽、脚手架及构件的专项整治，检查建筑工地2894个、安全网2361批次、安全帽3222批次、钢管所用扣件1909批次；全省住房和城乡建设系统商业贿赂立案26宗，查结9宗；正在查处17宗，涉案人员29人，涉案国家工作人员21人，其中县处级8人、乡科级及以下13人，其他人员8人；采取刑事强制措施或“两规”“两指”措施10人。部门合作，联动打击见成效。全省住房和城乡建设系统共出动行政执法人员65.4万人次，抽查项目8万个，抽查单位15万个，通过发动群众举报、落实专人专班，深挖线索背后违法行为，摸查出各类线索2.77万条。

结合本地区的实际，全省各地住房和城乡建设系统主管部门建立行之有效的工作机制，加大“三打”行动的力度。佛山市住房和城乡建设局与公安局建立联合打击“楼霸”的工作机制；中山市住房和城乡建设局制订“三打”违法案件线索举报奖励实施办法；东莞市城市综合管理局制订燃气经营企业诚信档案和不良行为公示制度。

【“两建”工作】 “三打”的目的在于规范市场、促进发展，造福人民。针对当前广东省住房和城乡建设领域“三打”工作揭示出来的突出问题，省住房和城乡建设厅以规范建筑工地建材使用、工程招标投标、国有土地上房屋征收等行为为重点推动住房和城乡建设领域市场监管体系建设，以行业诚信为重点推动住房和城乡建设领域社会信用体系建设，通过完善相关政策法规和管理制度，把“三打”形成的联动执法工作机制常态化，推进全省住房城乡建设领域管理机制和管理方法的创新，使全省住房和城乡建设事业健康有序地发展。

堵塞漏洞，明确方向。一是完善加强建筑工地建材检验检测管理的工作制度。禁止使用未经检验检测或检验检测不合格建材，加大对掺杂掺假、以假充真、以次充好等违法违规行为的打击力度。建立以省住房和城乡建设厅牵头的相关省直部门联动执法工作机制，形成打击合力，并在生产、销售和施工中使用各个环节遏制假冒伪劣建材产品的长效工作机制。二是规范建设工程交易中心的运作，加强对工程招标投标行为的监督管理。省住房和城乡建设厅会同公安厅等部门建立打击非法控制建设工程招标投标行为的联动执法机制。三是完善国有土地上房屋征收与补偿工作的指导监督。全省各级房地产管理部门会同有关部门完善房屋征收机构设置和配套制度建设，依法实施国有土地上房屋征收与补偿工作。四是强化对住房和城乡建设领域行政权力、管理权力的监管和约束。在行政许可、工程建设、城乡规划、房地产、城市管理、市政公用、住房公积金等重点领域，实施廉政风险点的预防措施，加强制度建设，规范权力运行，规范行业的运作，遏制商业贿赂行为。

建章立制，巩固成效。一是制订《广东省住房和城乡建设厅2012年“两建”工作实施方案》。分别在广州、深圳、惠州、东莞市开展加强和完善国有土地上房屋征收与补偿工作试点、加强和完善建设工程招标投标监督管理试点、建材打假联动执法工作机制试点、打击欺行霸市行为联动执法工作机制试点等工作。二是印发《关于加强建设工程交易中心管理制度建设和强化对建设工程进场交易行为监督管理的意见》《关于做好“两建”工作，加强行政执法与刑事司法有效衔接的意见》等文件，加强行业监管。

全省各地住房和城乡建设系统主管部门真抓实干，通过优化市场环境和规范市场秩序，加强建设市场监管体系建设，构建全省社会信用体系，维护广大人民群众切身利益。 *(苏智勇)*

大事纪要

□ 全省住房城乡建设工作会议召开

□ 《广东省城镇体系规划》实施

□ 《广东省住房保障制度改革创新方案》印发

□ 中国丹霞山与韩国济州岛缔结姊妹公园

□ 广珠铁路开通运营

2012年大事纪要

1月

1日　□广东省住房和城乡建设厅委托广州市城乡建设委员会、深圳市住房和建设局负责办理属地企业出省经营介绍信、诚信证明和出省备案等工作事项。

6日　□由广东省建筑设计研究院研发的“一种有利于消减钢构件节点应力的型钢构件”获国家发明专利。

10日　□是日至16日，广东省住房和城乡建设厅巡视员陈承旗率省住房和城乡建设工会及厅机关有关处室领导赴梅州、揭阳走访慰问困难职工和劳动模范代表，并就困难职工和劳动模范代表反映的住房、子女上学和就业等困难问题，及时协调相关部门帮助解决。

12日　□由广东省建筑设计研究院设计的广州亚运馆和广州新白云国际机场两个项目分别获“国家百年百项杰出土木工程奖”。

13日　□广东省代省长朱小丹在广东省十一届人大五次会议上所作的政府工作报告中，将加强保障性住房建设列入十件民生实事之一。明确2012年广东省开工建设保障性住房、棚户区改造住房14.39万套（户），新增发放廉租住房租赁补贴7600户。

□经广东省人民政府同意，省住房和城乡建设厅印发《广东省住房保障工作目标责任量化考核评分细则》。

18日　□应北京市人民政府邀请，广东省人民政府同意参加第九届中国（北京）国际园林博览会，并决定组织建设一处包含各种造园要素的岭南园林，由广东省住房和城乡建设厅统筹协调，珠江三角洲九市政府出资承建。

27日　□由广东省建筑设计研究院研发的“一种可提高抗震能力的钢筋混泥土基础”和“一种蒙皮局部应用于桁架的组合结构”分别获国家发明专利。

31日　□广东省住房和城乡建设厅报请省政府办公厅出台《印发关于进一步加强我省城乡生活垃圾处理工作实施意见的通知》，加强全省城乡生活垃圾处理工作，全面提高城乡生活垃圾处理减量化、资源化和无害化水平。

2月

1日　□广东省住房和城乡建设厅印发《广东省住房城乡建设系统开展法制宣传教育的第六个五年规划（2011~2015年）》，全面部署全省住房和城乡建设系统开展“六五”普法依法治理工作。

□广东省住房和城乡建设厅印发《关于表彰我省建筑企业荣获“2009~2010年度国家级工法”的通报》，对获得国家级工法的广东省建筑企业给予通报表彰。

4日　□是日至8日，根据广东省人民政府的要求，广东省保障性安居工程工作联席会议成员单位组成保障性住房分配和质量管理督查组，对广州、深圳等9个市进行督查。

7日　□广东省住房和城乡建设厅表彰首届岭南特色规划与建筑设计评优活动获奖项目，

▲2012年2月13日，广东省人民政府在广州召开全省住房城乡建设工作会议

（广东省住房和城乡建设厅办公室供稿）

69个项目获得表彰。

8日 □广东省人民政府印发《广东省绿道网建设2012年工作要点》，要求各地、各有关部门制订具体实施方案，扎实推进绿道网建设工作。

□住房和城乡建设部命名东莞市长安镇为“国家园林城镇”。

10日 □广东省住房和城乡建设厅组织编辑《广东岭南近现代建筑》图集。对现存1840年鸦片战争开始至1949年中华人民共和国成立期间建成的、广东省行政区域内的近现代岭南建筑图片资料进行编辑整理。

▲2012年2月23~24日，国际城市创新发展大会在深圳召开

（深圳市规划和国土资源委员会供稿）

11日 □是日至15日，国务院保障性住房分配和质量管理督查小组一行对广东省保障性住房分配和质量管理进行督查。督查组认为广东省对保障性住房分配和质量管理工作“认识到位、责任明确、措施有力、工作扎实、锐意创新、成效显著”。

13日 □全省住房城乡建设工作会议在广州召开。广东省副省长林木声对全省住房和城乡建设工作作全面部署，并代表省政府与各地级以上市和佛山顺德区人民政府签订2012年度住房保障目标责任书；省住房和城乡建设厅厅长房庆方与各地级以上市住房和城乡建设局局长签订《广东省建筑施工安全生产管理目标责任书》。

17日 □广东省住房和城乡建设厅召开2012年全省建筑施工安全生产工作暨第一季度防范重特大施工安全事故电视电话会议，贯彻落实2012年全省建筑施工安全生产工作会议和全省住房和城乡建设工作会议精神，部署2012年全省建筑施工安全生产工作任务。

23日 □是日至24日，国际城市创新发展大会在深圳召开。大会由住房和城乡建设部、国家开发银行、深圳市人民政府和凤凰卫视联合主办，聚集国内外政、学、商各界力量，研究探讨城市发展模式和未来方向。

27日 □广东省住房和城乡建设厅制定出台《广东省住房和城乡建设厅关于省外建设工程企业和人员进粤信息备案的管理办法（试行）》，对取得住房和城乡建设行政主管部门颁发资质证书，工商注册地不在广东省行政区域内，并在广东省行政区域内从事城乡规划编制、房屋建筑和市政基础设施建设活动的单位和人员实施信息备案。

□由广东省建设工程造价管理总站搭建的建设工程造价信息互联互通和数据共享平台“广东造价在线”正式上线运行。

28日 □广东省人民政府办公厅印发《广东省住房保障制度改革创新方案》。

3月

2日 □广东省精神文明办公室在惠州举办《岭南新民居——广东省社会主义新农村住宅设计图集》建设交流会，推广惠州市惠城区鹿颈村的岭南新民居设计示范点经验。省住房和城乡建设厅副厅长蔡瀛出席。

5日 □中共广东省委办公厅、省政府办公厅印发《〈中共广东省委广东省人民政府关于提高我省城市化发展水平的意见〉重点工作分工方案》，将建筑节能与绿色建筑的发展作为提高城市化发展水平的重要内容之一。

6日 □广东省住房和城乡建设厅组织检查全省贯彻执行《广东省燃气管理条例》情况和燃气安全管理情况，检查首次覆盖县级主管部门。

9日 □是日至11日，第二届广州国际预制房屋、模块化建筑、活动房屋与空间展览会在广州举行，来自美国、德国等63个国家和地区的企业参加。

15日　□是日至28日，由广东省住房和城乡建设厅会同省保障性安居工程联席会议成员单位对各地级以上市完成2011年住房保障工作目标责任情况进行量化考核，并将考核结果向全省通报。

16日　□中共广东省委批准：王芃任广东省住房和城乡建设厅党组书记；房庆方任广东省住房城乡建设厅党组副书记，免去其广东省住房和城乡建设厅党组书记职务。

19日　□广东省人民政府批复同意《珠三角城际轨道站场TOD综合开发规划（第一批）》。

21日　□是日至22日，中共广东省委农村工作办公室（省农业厅）、省住房和城乡建设厅在广州番禺联合召开珠江三角洲地区名镇、名村、示范村建设工作交流会。广州、珠海等8个地级以上市和所属1个典型县（区、市），以及佛冈、新兴、博罗等3个省示范县的代表参加。

22日　□是日至4月6日，广东省住房和城乡建设厅组织开展珠江三角洲绿道网建设专项检查。珠江三角洲各市均重视绿道网建设，并按时完成2011年度各项建设任务，绿道设施配套齐全、利用率高。

23日　□广东省住房和城乡建设厅在江门开平市召开全省散装水泥工作会议，并与各地级以上市散装水泥主管机构签订《2012年度发展散装水泥目标任务责任书》。

24日　□是日至29日，由住房和城乡建设部、财政部有关人员及专家组成的国家绿色低碳重点小城镇考评组，先后前往清远英德市浛洸镇、河源市东源县仙塘镇、梅州市大埔县百侯镇和五华县安流镇、湛江市遂溪县北坡镇现场考评。专家组对广东省开展绿色低碳重点小城镇的创建理念和各项工作给予高度评价。

26日　□广东省住房和城乡建设厅、科技厅、财政厅联合出台《关于印发〈科技促进建筑节能减排实施方案〉的通知》，推进全省建筑节能科技创新。

27日　□由广东省建筑设计研究院、广东省城乡规划设计研究院、广州市城市规划勘测设计研究院等单位设计的广州亚运城项目获第十届“中国土木工程詹天佑奖”。

30日　□中共广东省委办公厅、省政府办公厅印发《关于加强宜居社区建设工作的指导意见的通知》。

□广东省住房和城乡建设厅在湛江召开全省住房公积金管理工作座谈会。各地级以上市住房公积金管理中心主任参加，会议部署2012年度全省住房公积金归集扩面和风险防控等重点工作。

31日　□广东省省长朱小丹主持召开对口援藏项目鲁朗国际旅游小镇建设工作会议，决定由省住房和城乡建设厅牵头负责鲁朗国际旅游小镇垃圾处理设施的规划设计工作。

□广东省住房和城乡建设厅印发《广东省住房和城乡建设厅关于广东省建设工程设计企业聘用香港专业人士申请资质暂行管理办法》，对取得内地一级建筑师、一级注册结构工程师互认资格的香港专业人士，按照内地有关规定予以认定。

4月

6日　□第九期中共广东省委常委集中学习讨论会专题研究广东省房地产发展问题。中共中央政治局委员、广东省委书记汪洋要求抓紧研究建立全省保障房地产市场平稳健康发展的长效机制。

9日　□经广东省住房和城乡建设厅、质量技术监督局、工商行政管理局、经济和信息化委员会、公安厅、交通运输厅、水利厅同意，成立广东省建材打假专项行动领导小组，省住房和城乡建设厅厅长房庆方任组长，厅执法监察局局长陈天翼任副组长兼办公室主任。

11日　□广东省住房和城乡建设厅在广州召开全省房屋市政工程质量管理工作会议，贯彻落实全省住房城乡建设工作会议精神，研究部署2012年全省房屋市政工程质量管理工作任务。

17日　□广东省住房和城乡建设厅印发《关于公布2011年度广东省省级工法的通知》，公布2011年度“广东省省级工法”150项。

□广东省住房和城乡建设厅印发《关于公布2011年度广东省建筑业新技术应用示范工程立项项目的通知》，公布2011年度广东省建筑业新技术应用示范工程立项项目98项。

19日　□广东省住房和城乡建设厅印发《关于清理整顿房地产交易登记乱收费的通知》，要求各市抓紧清理房地产交易登记环节中违反物价管理政策的各类行政事业性收费和经营服务性收费，切实维护广大群众合法权益。

□广东省建材打假专项行动领导小组召开全省建材打假专项行动电视电话会议，省住房和城乡建设厅厅长房庆方、总工程师李新建出席并讲话。

22日 □广东省住房和城乡建设厅行政许可处获省监察厅、纠风办、文明办授予的2011年度“窗口之星”称号。

23日 □是日至27日，广东省住房和城乡建设厅对广州、深圳、惠州、江门、汕头、揭阳、湛江、云浮市开展保障性安居工程质量监督执法检查工作进行督查，抽查保障性安居工程24项，对检查发现的质量问题提出整改。

□是日至28日，由广东省住房和城乡建设厅组成的专家组对35项新技术应用工程进行专项验收，所有工程均通过专项评审和验收。

▲2012年4月24日，丹霞山世界地质公园和韩国济州岛签署友好协议书及备忘录，缔结姊妹公园
（丹霞山风景名胜区管理委员会供稿）

24日 □广东省住房和城乡建设厅召开全省住房和城乡建设领域打击欺行霸市专项行动工作会议，总工程师李新建、执法监察局局长陈天翼出席并讲话。

□广东省住房和城乡建设厅印发《全省打击制假售假专项行动方案》《全省建材打假专项行动实施方案》，指导全省住房和城乡建设系统开展打击制假、售假及建材打假行动。

□是日至25日，中共广东省委农村工作办公室（省农业厅）、省住房和城乡建设厅在云浮市新兴县召开粤东西北地区名镇名村示范村建设工作交流会。粤东西北地区各地市及部分县（区）农业、住房和城乡建设部门负责人参加。

□丹霞山世界地质公园和韩国济州岛签署友好协议书及备忘录，缔结姊妹公园。

25日 □《广东省城镇体系规划（2012~2020年）》获国务院批复实施，这是广东省唯一获国务院批准统筹全省城镇建设的规划。

26日 □是日至27日，广东省住房和城乡建设厅巡视员陈承旗率省住房和城乡建设工会走访清远市清城区、连山县、连州市劳动模范代表，送去“五一”国际劳动节的问候。

27日 □广东省住房和城乡建设厅在北京举办“广东绿道讲坛”，邀请全国相关省、市规划建设主管部门领导及国内外城乡规划和风景园林专家200余人参加。

5月

4日 □是日至18日，住房和城乡建设部全国保障性安居工程质量监督检查组对广东省进行全面检查。

7日 □广东省人民政府正式批复实施《广东省绿道网建设总体规划（2011~2015年）》，推动珠江三角洲绿道网向粤东西北地区延伸，构建全省互联互通、配套完善的绿道网。

8日 □由中共中央政治局委员、广东省委书记汪洋领衔督办的“促进我省保障房建设均衡发展”政协提案办理工作正式启动。

□广东省副省长许瑞生带队到江门鹤山市调研农村生活垃圾管理工作，充分肯定鹤山市稳步推进农村生活垃圾取得的成绩，并对全省农村生活垃圾管理工作提出要求。

10日 □广东省住房和城乡建设厅在广州增城市召开全省住房保障工作督查座谈会。各地级以上市住房保障部门主管领导参加并发言，省住房和城乡建设厅副厅长陈英松出席并讲话。

□住房和城乡建设部建筑市场监管司到广东省住房和城乡建设厅调研行政审批电子化工作，并确定将广东省建设行业企业资质网上申报和审批工作经验在全国推广。

□广东省住房和城乡建设厅根据省政府

关于农村综合体制改革工作的部署，组织对全省集体土地房屋登记工作进行调查，并到江门市实地调研，研究探索集体土地上房屋登记工作实施办法，指导各地有序开展发证工作。

11日　□广东省住房和城乡建设厅印发《关于加强我省保障性安居工程质量管理的指导意见》，指导各地加强对保障性安居工程建设的质量管理。

13日　□广东省住房和城乡建设厅党组书记王芃当选为中共广东省第十一届委员会候补委员。

14日　□广东省住房和城乡建设厅报请省政府办公厅出台《印发全面推进我省农村生活垃圾管理工作行动计划的通知》，要求整县推进农村生活垃圾处理，实现全省农村生活垃圾处理“一年见成效、三年大变样”工作目标。

□是日至18日，住房和城乡建设部督查组对广州、深圳两市开展保障性安居工程质量监督执法检查工作进行督查，认为广东省高度重视保障性安居工程建设质量，成效显著。

25日　□中共广东省委批准：李新建任广东省住房和城乡建设厅巡视员。

29日　□广东省住房和城乡建设厅报请省政府办公厅出台《关于开展“大清洁、乡村美”农村清洁工程专项活动的通知》，全面开展清理农村积存垃圾、改善农村卫生条件和人居环境专项活动。

30日　□广东省人民政府在肇庆召开全省绿道网建设工作现场会，总结和交流珠江三角洲绿道网建设工作经验，研究部署全省绿道网建设工作任务。副省长许瑞生出席并讲话。

6月

4日　□是日至25日，广东省住房和城乡建设厅在省委党校连续举办四期“广东省中心镇镇长（书记）村镇建设专题研讨班”，240名中心镇镇长（书记）参加。围绕贯彻落实省委、省政府关于“富县强镇”的战略部署，以及打造名镇名村、创建宜居城乡等工作要求，邀请专家授课。

7日　□广东省城市化工作领导小组成立。领导小组办公室设在省住房和城乡建设厅，具体承担领导小组日常工作，办公室主任由省住房和城乡建设厅厅长房庆方兼任。

8日　□是日至9日，由中国城市规划学会主办、广东省城乡规划设计研究院承办的“第一届泛珠三角省（区）规划院院长论坛”在广州召开，中国城市规划学会副理事长、秘书长石楠，省住房和城乡建设厅副厅长蔡瀛出席。中国城市规划学会、泛珠三角九省（区）规划院、香港规划师学会和澳门城市规划学会联合签署《泛珠三角省（区）规划院院长论坛章程》。

□国务院批准《丹霞山风景名胜区总体规划（2011~2025)》正式施行。

□经广东省人民政府批准，广东省人力资源和社会保障厅免去李新建广东省住房和城乡建设厅总工程师职务。

13日　□广东省住房和城乡建设厅、发展和改革委员会、经济和信息化委员会、财政厅、公安厅、国土资源厅、交通运输厅、环境保护厅、水利厅、质量技术监督局10个部门联合印发《关于贯彻执行〈广东省促进散装水泥发展和应用规定〉的通知》。

14日　□是日至15日，由广东省住房和城乡建设厅主办、省建筑安全协会承办的首届全省建筑安全生产文明施工作业竞赛在广州举办，全省40多家大中型建筑施工企业派出300名一线施工作业人员组成59支代表队，参加建筑电工、焊工、架子工以及应急救援4项施工作业竞赛。

19日　□中共中央政治局委员、广东省委书记汪洋专题听取广东省住房和城乡建设厅关于珠三角绿道网建设工作汇报。汪洋就打造绿道“公共目的地”、加强制度建设、因地制宜推进粤东西北地区绿道建设等作出指示。

□广东省住房和城乡建设厅印发《全省住房城乡建设系统打击欺行霸市重点突破工作方案》，要求采取坚决有力措施严肃查处住房和城乡建设领域欺行霸市的违法违规行为。

20日　□广东省住房和城乡建设厅会同省发展和改革委员会，向省政府提出《广东省房地产市场调控情况和政策建议》。省政府同意从信贷优惠、财税减免、住房用地供应、鼓励销售、推进公租房建设五个方面采取微调政策，实现全省保增长的目标。

□是日至21日，广东省住房和城乡建设厅在江门开平市举办预防建筑施工生产安全事故培训班，对120名建筑施工企业的法定代表人、分管安全生产的企业负责人和事故工程的项目负责人进行培训。

25日　□广东省住房和城乡建设厅、香港特别行政区政府环境局和澳门特别行政区政府运输工务司联合发布《共建优质生活圈专项规划》。

27日 □深圳市福田区福保街道益田社区宜居社区建设项目被列入“广东省社会创新观察项目”，广东省社会工作委员会主任朱明国与省住房和城乡建设厅厅长房庆方签署《广东省社会创新观察项目协议书》。

28日 □广东省住房和城乡建设厅举办以“科学发展，安全发展”为主题的“安全生产月”文艺晚会。晚会创作题材来源于建筑工地，涉及安全生产的现实素材，由施工企业员工自编、自导、自演，具有浓郁的建筑施工安全生产特点。

□广东省财政厅、住房和城乡建设厅印发《关于下达财政部2012年城镇污水处理设施配套管网专项资金预算的通知》，安排广东省污水处理设施配套管网专项资金9885万元。

29日 □全国省会城市建设工程交易中心工作研讨会在广州召开。全国27家省会城市建设工程交易中心共同探讨中央推行资质整合和推进有形建筑市场可持续发展问题，并达成共识。

7月

1 日 □广东省工程质量检测监管信息平台与珠江三角洲地区各市工程质量检测管理信息系统正式联网运行，实现珠江三角洲地区工程质量检测数据实时上传、统计分析和网上监控。

3 日 □广东省副省长许瑞生在河源市对保障性住房建设进展情况进行督查。

5 日 □广东省住房和城乡建设厅印发《关于进一步做好贯彻实施〈生活饮用水卫生标准〉工作的通知》。

9 日 □广东省住房和城乡建设厅对外办事窗口搬迁新址，并举行新窗口对外办公启动仪式。厅长房庆方，党组书记王芃出席。

10日 □中共广州市委，市政府召开生活垃圾分类处理部署动员大会。省委常委、广州市委书记万庆良，市委副书记、市长陈建华等领导以及相关单位的干部职工3200人参加。会议下达广州市推进生活垃圾分类处理工作的目标责任书。

□国家发展和改革委员会批复《广州市轨道交通建设规划（2012~2018年）》，同意广州市在2012~2018年期间新建轨道交通228.9千米。

11日 □广东省省长朱小丹主持召开加快推进珠江三角洲城际轨道交通沿线土地综合开发工作会议，听取省发展和改革委员会、住房和城乡建设厅、铁路建设投资集团有限公司，以及佛山市和清远市人民政府有关工作汇报。会议决定尽快推进第二批珠江三角洲城际轨道站场TOD（公交导向型）综合开发规划工作。

□广东省人民政府发布《广东省人民政府2012年行政审批制度改革事项目录（第一批）》，省住房和城乡建设厅取消行政审批事项3项，转移行政审批事项3项，下放行政审批事项7项。

□广东省住房和城乡建设厅印发《关于广东省第一批生活垃圾焚烧厂和填埋场无害化等级的通报》。全省24座焚烧厂和填埋场通过无害化等级评定，其中3座焚烧厂被评定为AAA级，6座填埋场被评定为Ⅰ级。

16日 □是日至17日，广东省住房和城乡建设厅厅长房庆方参加在新疆吐鲁番召开的第三次全国住房和城乡建设系统对口支援新疆工作会议。

17日 □广东省人民政府召开全省城乡生活垃圾处理工作会议。副省长许瑞生代表省政府与各地级以上市和顺德区政府签订《城乡生活垃圾治理责任书》。

18日 □广东省副省长许瑞生率省直有关部门到广州增城市进行住房保障调研。省住房和城乡建设厅副厅长陈英松陪同。

□2011年度“全国优秀城乡规划设计奖”评选结果公布，评选出一等奖20项。广东省规划设计机构获7项一等奖。

□广东省财政厅、住房和城乡建设厅印发《关于下达财政部2012年城镇污水处理设施配套管网专项资金预算的通知》，安排广东省污水处理设施配套管网专项资金4152万元。

19日 □广东省人民政府召开全省房地产市场调控和住房保障工作座谈会，贯彻落实国家及广东省关于房地产市场调控和住房保障工作的最新部署，督促各地做好贯彻落实工作。省审计厅会同省住房和城乡建设厅，根据副省长许瑞生关于“审计牵头，纪检、财政等部门提早介入，跟踪审计”的要求，启动保障性住房审计调查。

20日 □广东省人民政府办公厅发布《关于进一步做好房地产市场调控和住房保障工作的

通知》，要求各城市、各部门严守房地产市场调控红线，加强对居民购置首套房的信贷支持，切实增加普通商品住房供应，加大对商品住房价格走势监测力度。

□住房和城乡建设部批准广东省梅州市、揭西县分别为“国家可再生能源建筑应用示范市”和“国家可再生能源建筑应用示范县”。

23日 □广东省住房和城乡建设厅发布《广东省房屋建筑和市政修缮工程综合定额》。

24日 □广东省十一届人大常委会第三十五次会议审议《关于保障性住房建设工作落实情况的报告》。省住房和城乡建设厅厅长房庆方接受省人大代表的询问。

27日 □是日至29日，广东省住房和城乡建设厅、澳门特别行政区政府运输工务司联合举办题为“绿色交通，低碳发展”粤澳城市规划研习班，40多名来自粤港澳政府相关部门人员和粤港两地规划同行参加。

30日 □广东省住房和城乡建设厅在广州召开清远市佛冈县“全域风景化”示范县建设工作会议，省住房和城乡建设厅党组书记王芃、副厅长蔡瀛出席会议，并听取佛冈县名镇名村示范县规划编制情况工作汇报。

□是日至8月3日，国务院第八督查组到广东省督查国家房地产市场调控落实情况。督查组认为广东省高度重视房地产市场调控，落实国家调控措施成效显著。

8月

6日 □广东省住房和城乡建设厅印发《关于下放超限高层建筑工程抗震设防专项审查审批工作的通知》。自即日起，广东省超限高层建筑工程抗震设防专项审查由工程所在地地级以上市建设行政主管部门组织审查并批复。

□是日至10日，中共广东省委组织部、省住房和城乡建设厅、国土资源厅、环境保护厅在深圳举办第十四期市长（书记）城建专题研究班。研究主题为“城市发展转型与新型城市化道路”，邀请香港中文大学等香港特别行政区专家授课。

10日 □广东省人民政府在深圳召开珠江三角洲绿道网工作座谈会。传达贯彻中共中央政治局委员、广东省委书记汪洋关于绿道建设、使用、完善和保护等工作指示，副省长许瑞生出席并作总结讲话。

□经国务院同意，住房和城乡建设部批准《西樵山风景名胜区总体规划（2012~2025）》。

20日 □广东省住房和城乡建设厅印发《广东省住房和城乡建设厅全面开展廉政风险防控工作实施方案》，推进厅机关及直属单位构建廉政风险防控机制。

22日 □经国务院中国人与生物圈国家委员会批准，丹霞山国家级自然保护区加入中国生物圈保护区网络。

26日 □是日至29日，由中国风景名胜区协会主办、丹霞山管理委员会承办的全国风景名胜区特许经营管理工作研讨会在韶关丹霞山举行。

9月

1日 □广东省住房和城乡建设厅行政服务信息平台完成升级改造，基本实现行政许可、行业管理和执法监察“一体化”。

3日 □国家发展和改革委员会批复《佛山市城市轨道交通近期建设规划（2011~2018年）》，同意佛山市在2011~2018年建设城市轨道交通2号线一期和3号线工程。

4日 □住房和城乡建设部、财政部和中国人民银行正式批复广东省佛山、江门两市成为全国扩大利用住房公积金贷款支持保障性住房建设的试点城市。

7日 □广东省人民政府发布《广东省人民政府2012年行政审批制度改革事项目录（第二批）》，省住房和城乡建设厅取消行政审批事项1项，下放行政审批事项1项。

17日 □广东省住房和城乡建设厅印发《广东省住房和城乡建设厅建设工程施工工期的管理办法》，对全省建设工程施工工期加强管理，保障合理施工工期。

□广东省机构编制委员会批准《广东省住房和城乡建设厅所属事业单位分类改革方案》。

19日 □广东省住房和城乡建设厅召开全省行政审批事项对接工作会议，布置行政审批下放事项落实工作。副厅长杜挺、巡视员陈承旗出席并讲话。

□是日至28日，广东省住房和城乡建设厅牵头，会同省财政厅、农业厅，对全省20个地级以上市的36个县、80个镇、160多个村的建设规划编制和名镇建设工作实地督导检查。

20日　□广东省住房和城乡建设厅召开全省住房和城乡建设系统“三打两建”工作电视电话会议，厅长房庆方、巡视员李新建、执法监察局局长陈天翼出席并讲话。

□广东省建设工程造价管理工作会议在惠州召开。会议提出加快工程造价管理的创新手段，探讨造价咨询业管理、诚信建设、合同备案等问题。

21日　□广东省住房和城乡建设厅召开部分地区建筑工程质量监督管理工作研讨会，研究探讨加强保障性安居工程质量监管和建筑工地进场建筑材料检验检测管理的对策与措施。

27日　□广东省住房和城乡建设厅在东莞召开建筑工程质量现场观摩会，全省600人在东莞市厚街镇东莞万科金域国际花园工程施工现场观摩学习。

28日　□“广东省散装水泥发展应用监管信息平台”启动。该信息平台全方位监管全省散装水泥、预拌砂浆和混凝土预制构件生产应用情况，实现政府职能部门全面掌握行业动态信息。

29日　□广东省住房和城乡建设厅印发《珠三角城际轨道站场TOD综合开发规划编制技术指引（试行）》《珠三角城际轨道站场TOD综合开发规划基础调查技术要求》《珠三角城际轨道站场TOD综合开发规划编制技术指引（试行）》，加快推进规划编制工作。

10月

10日　□广东省住房和城乡建设厅在广州召开广东省乡村风景化编制指引工作会议，副厅长蔡瀛出席并讲话。

13日　□由广东省住房和城乡建设厅牵头编制的《广东省促进粤东西北地区地级市城区扩容提质五年行动计划》经中共广东省委、省政府同意印发。

19日　□广东省省长朱小丹在广州市调研住房保障工作，肯定广州市取得的成效，并提出确保完成全年目标任务，抓好保障房“阳光分配”，完善社区管理服务，继续深化改革。

□广东省人民政府网上办事大厅省住房和城乡建设厅窗口开通。

20日　□由中国建筑学会组织开展的当代中国建筑设计百家名院和当代中国百名建筑师评选推介活动揭晓。广东省建筑设计研究院获“当代中国建筑设计百家名院”称号，副总建筑师陈雄获“当代中国百名建筑师”称号。

□《汕头市城市发展战略规划》获第48届国际城市与区域规划师学会年会最高奖“规划卓越奖”。学会主席伊斯梅尔、副主席马丁专程到汕头授奖，广东省副省长许瑞生出席授奖仪式和演讲会。

22日　□广东省住房和城乡建设厅印发《关于开展物业管理师注册工作的通知》，正式启动全省物业管理师注册工作。

□是日至11月中旬，广东省住房和城乡建设厅开展行政执法规范化检查，抽查1000多份行政许可和行政处罚案卷，推动全省住房城乡建设系统主管部门依法行政。

23日　□是日至25日，广东省住房和城乡建设厅、省侨办对省华侨农场危房改造进行督查，推动华侨农场改造项目建设步伐。

26日　□中共广东省委批准，陈天翼任广东省住房和城乡建设厅总工程师，试用1年。

□中共广东省委同意，陈天翼任广东省住房和城乡建设厅党组成员。

11月

1日　□是日至3日，住房和城乡建设部、广东省住房和城乡建设厅对广东省城乡规划设计研究院与湛江市规划勘测设计院联合修编的《湛江市城市总体规划纲要（2011~2020）》进行审查，原则上通过该规划纲要。

□《广东省住房和城乡建设厅建设工程施工工期管理办法》正式施行。

7日　□广东省散装水泥管理办公室印发《广东省预拌混凝土企业信用评价实施办法（试行）》，对企业生产基本条件、诚信建设、质量管理、生产设备管理、质量控制、企业文化和安全文明生产等进行评分考核和定级。

9日　□广东省住房和城乡建设厅、澳门运输工务司联合签署《〈澳门与珠江口西岸地区发展规划〉合作协议书》，正式启动规划编制工作。

12日　□是日至16日，广东省住房和城乡建设厅在广州召开广东省建设建材专业高级工程师（教授级）专业技术资格评审面试答辩会，155人到会面试答辩。

16日　□经广东省人民政府同意，省财政厅印发《广东省农村生活垃圾处理设施建设省财政资金方案》，设立“广东省农村生活垃圾处理设施建设专项资金”，专项补助粤东西北欠发达地区生活垃圾填埋场、乡镇垃圾转运站和村垃圾收集点建设。

29日　□《广东省城乡规划条例》经广东省十一届人大常委会第三十八次会议审议通过并颁布。2013年5月1日起施行。

12月

3日　□是日至11日，广东省监察厅牵头，开展保障性安居工程建设质量、分配管理、工业化进程、节能减排、绿色建筑调研活动，推动全省住房保障制度改革创新。

8日　□由广东省住房和城乡建设厅发起创办的“南粤沙龙”在省城乡规划设计研究院举行启动仪式暨第一期沙龙活动。副省长许瑞生，省住房和城乡建设厅厅长房庆方、党组书记王芃，中国工程院院士何镜堂以及有关专家150人参加。

11日　□是日至12日，在联合国人居署“迪拜国际改善环境最佳范例奖”评选中，广东省珠江三角洲绿道网建设项目获“全球百佳范例”称号。

12日　□广东省住房和城乡建设厅党组书记王芃到江门鹤山市共和镇来苏村专题调研“党心连民心，推动解决鹤山市来苏村垃圾处理难题”书记项目情况，充分肯定取得的工作实效。

14日　□广东省副省长许瑞生代表省政府与国家保障性安居工程协调小组签订住房保障目标责任书，确定2013年全省保障性安居工程任务为11.6万套、新开工建设7.84万套。

17日　□广东省住房和城乡建设厅确定江门市为立体绿化试点城市。

24日　□广东省住房和城乡建设厅授予“广州黄埔古港历史文化遗产保护”“深圳滨海休闲带生态保护城市绿化建设”等13个项目为2012年度“广东省宜居环境范例奖”项目。

25日　□广东省住房和城乡建设厅命名汕尾市、揭阳市和云浮市3个市为“广东省园林城市”；命名东莞市凤岗镇、黄江镇和道滘镇3个镇为“广东省园林城镇”。

27日　□广东省人民政府在中山召开全省住房保障制度改革创新工作经验交流座谈会。副省长许瑞生出席并讲话。

29日　□由广东省散装水泥管理办公室组织中山市东高新型建材公司、广东省建筑科学研究院联合申报的“砼模块微通风砌体及砖的开发及产业化”获省科技厅2012年广东省低碳技术创新及示范重大科技立项。

□广州至珠海铁路正式开通运营。按国铁Ⅰ级标准建造的电气化铁路，途经广州、佛山、江门、珠海四市，终点站为珠海高栏港站。

31日　□广州至珠海城际铁路珠海北至珠海段开通。至此，珠江三角洲城际铁路网西翼主轴基本成形，“广东两小时生活经济圈”初见成效。

□2012~2013年度“中国建设工程鲁班奖”（国家优质工程）揭晓，广东省君豪酒店、富力丽港中心公寓、布吉污水处理厂主体及附属工程等8项工程，以及广东省建筑企业在省外施工的湖北省辛亥革命博物馆、四川广播电视中心等17项工程获得殊荣。　*（魏哲茹）*

广东城乡建设事业发展总述

□《广东省城乡规划条例》颁布

□宜居城乡建设步伐加快

□珠三角绿道网建设项目在国际获奖

□保障房建设年度目标任务完成

□粤港澳三地合作与交流继续推进

省情概况

【自然地理】 位置、范围和面积 广东省地处中国大陆最南部。东邻福建，北接江西、湖南，西连广西，南临南海，珠江口东西两侧分别与香港、澳门特别行政区接壤，西南部雷州半岛隔琼州海峡与海南省相望。全境位于北纬20°09′~25°31′和东经109°45′~117°20′之间。全省陆地面积17.98万平方千米，占全国陆地面积的1.9%，其中岛屿面积1592.7平方千米，占全省陆地面积的0.9%。全省沿海面积500平方米以上的岛屿有759个，数量仅次于浙江、福建两省，居全国第三位。另有明礁和干出礁1631个，全省大陆海岸线长4114.3千米，居全国第一位。按照《联合国海洋公约》关于领海、大陆架及专属经济区归沿岸国家管辖规定，全省海域总面积41.9万平方千米。

地貌 受地壳运动、岩性、褶皱和断裂构造以及外力作用的综合影响，广东省地貌类型复杂多样，有山地、丘陵、台地和平原，其面积分别占全省土地总面积的33.7%、24.9%、14.2%和21.7%，河流和湖泊等只占全省土地总面积的5.5%。地势总体北高南低，北部多为山地和高丘陵，最高峰石坑崆海拔1902米，位于阳山、乳源与湖南省的交界处；南部则为平原和台地。全省山脉大多与地质构造的走向一致，以北东—南西走向居多，如斜贯粤西、粤中和粤东北的罗平山脉及粤东的莲花山脉；粤北的山脉则多为向南拱出的弧形山脉，此外粤东和粤西有少量北西—南东走向的山脉，山脉之间有大小谷地和盆地分布。平原以珠江三角洲平原面积最大，潮汕平原次之。此外还有高要、清远、杨村和惠阳等冲积平原。台地以雷州半岛—电白—阳江一带和海丰—潮阳一带分布较多。构成各类地貌的基岩岩石以花岗岩最为普遍，砂岩和变质岩也较多，粤西北还有较大片的石灰岩分布，局部还有景色奇特的红色岩系地貌，如著名的丹霞山和金鸡岭等；丹霞山和粤西的湖光岩先后被评为世界地质公园；沿海数量众多的优质沙滩和雷州半岛西南岸的珊瑚礁也是重要的地貌旅游资源。沿海沿河地区多为第四纪沉积层，是构成耕地资源的物质基础。

气候 广东省属于东亚季风区，从北向南分别为中亚热带、南亚热带和热带气候，是全国光、热和水资源最丰富的地区之一。从北向南，年平均日照时数由不足1500小时增加到2300小时以上，年太阳总辐射量在4200~5400兆焦耳/平方米之间，年平均气温19℃~24℃。全省平均日照时数1745.8小时，年平均气温22.3℃。1月平均气温16℃~19℃，7月平均气温28℃~29℃。

广东省降水充沛，年平均降水量在1300~2500毫米之间，全省平均降水量1777毫米。降雨的空间分布基本上也呈南高北低的趋势。受地形影响，在有利于水汽抬升形成降水的山地迎风坡有恩平、海丰和清远3个多雨中心，年平均降水量均大于2200毫米；在背风坡的罗定盆地、兴梅盆地和沿海的雷州半岛、潮汕平原少雨区，年平均降水量小于1400毫米。年内降水分配不均，4~9月的汛期降水占全年的80%以上；年际变化也较大，多雨年降水量为少雨年的2倍以上。

洪涝和干旱灾害经常发生，台风较为频繁。春季的低温阴雨、秋季的寒露风和秋末至春初的寒潮和霜冻，也是广东多发的灾害性天气。

【建置沿革】 广东，《吕氏春秋》中称“百越”，《史记》中称“南越”，《汉书》称“南粤”，“越”与“粤”通，也简称“粤”，泛指岭南一带地方。广东的先民很早就在这片土地上生息、劳动、繁衍。在历史长河中，广州、广东等地名次第出现，逐渐演化成广东省及其辖境。

先秦以前 距今12.9万年以前，岭南出现早期古人（马坝人）。商与西周时代，广东先民便与中原商、周王朝有了经济文化往来。春秋战国时代，岭南与吴、越、楚国关系密切，交往频繁。历史上楚庭、南武城的传说，反映这一时期岭南与楚、越的关系。《国语·楚语上》也有“抚征南海”的记载，可见当时岭南与楚国有军事、政治关系。

秦至南朝时期 公元前221年，秦王嬴政统一六国。随后，“因南征百越之君”，派屠睢率领50万秦军攻打岭南；公元前214年，秦军基本占领岭南，秦始皇将所夺取的岭南地区，设“桂林、象、南海”3个郡。南海郡辖境是东南濒南海，西到今广西贺州，北连南岭，包括：今粤东、粤北、粤中和粤西的一部分，辖番禺、龙川、博罗、四会4个县（据《汉书》记载），郡治番禺。今广东省的大部分地区属南海郡。此外，湛江等地属象郡，粤西有一部分属桂林郡，粤北部分地区属长沙郡。这是广东历史上第一次划分行政区。

秦末，南海郡尉任嚣病危，委任龙川县令赵佗代职。任嚣死后，赵佗即起兵隔绝五岭通中原的道路。秦亡之际，赵佗武力攻并桂林、象郡，建立南越国，自称“南越武王”。当时，广东除今连州及乐昌北境属长沙郡管辖外，都属南越国地盘。赵佗及其后的南越国，都与汉朝一样实行郡县制。汉武帝平定南越后，汉朝将南越地划分为南海、苍梧、郁林、合浦、交趾、九真、日南、儋耳、珠崖9个郡。为了便于监督各郡官吏，汉朝又设立13个常驻监察机构，称为“十三部”，其中设在苍梧郡广信县（今封开）的交趾部，专门负责纠核岭南九郡。东汉末，交趾部改为交州，除监察权外，还拥有军政大权，成为郡上一级政府，地方行政制度也就从郡县二级变为州、郡、县三级。今广东省境包括交州辖下的整个南海郡（粤中、粤东），还包括苍梧郡、合浦郡、荆州贵阳郡和扬州豫章郡的一部。其中南海郡较秦代增置3个县：揭阳、中宿（今清远）和增城。

东汉末，赤壁之战后逐渐形成魏、蜀、吴三国鼎立的局面。公元210年，吴国的孙权任命步骘为交州刺史，率兵抵番禺。217年，步骘把交州州治从广信东迁番禺。264年，东吴为便于治理，又把南海、苍梧、郁林、高梁4个郡（今两广大部）从交州划出，另设广州，州治番禺，广州由此得名。东吴时期，今广东省境除广州辖下的4郡外，还包括荆州始兴郡和海南岛。

西晋时，今广东省腹地属当时的广州，粤北属荆州，雷州半岛和海南岛属交州。

南北朝时期，中国政局南北分裂。北方战乱，南方人口大量增加。南朝统治者对俚人（越族）实行“羁縻”政策，在原地大量封官，导致州、郡数猛增。增设的州、郡、县多集中在粤中、粤西、粤北地区，粤东地区设置较少。因为当时粤东农业经济没有粤西发达，交通也没有粤西方便。粤西有著名的“湘桂走廊”与中原相通。

隋、唐、五代十国时期　隋初，设广州、循州（今惠州）两个总管府统领诸州。隋炀帝废州为郡，改为郡、县两级，大加省并，今广东省境分属10郡、74县。

唐初地方设州、县。岭南45州分属广州、桂州、容州、邕州、安南5个都督府（又称岭南五管）。655年以后，5府皆隶于广州，长官称为五府（管）经略使，由广州刺史兼任。756年，升五府经略使为岭南节度使。862年，岭南道划分为东、西道，东道治广州，广东属岭南东道，这是广东省名中“东”字的由来，也是两广分为东西的开始。

五代十国时期，岭南为南汉王刘氏占据，行政区划基本上继承唐朝的建制。南汉升广州为兴王府，在州县稀疏的粤东和粤北，增置1府4州。南汉后期，全境共辖60州、214县。

宋、元、明、清时期　宋代地方行政制度分路、州（府、军）、县三级。今广东省境内包括：广南东路14州和广南西路境内的7州，共61县。宋朝对唐制有所继承又有所调整。粤西及海南岛裁撤8个州，粤东、粤北除循唐制外，仍保留南汉所增置的4个州。997年，广南路分为广南东路和广南西路，东路治所在广州，西路治所在桂州，广东大部分属广南东路，“广东”即广南东路的简称。

元朝地方行政制度分省、路、府（州、军）、县四级，另有道，是省以下、路府之上的承转机构。今广东省境分为广东道和海北海南道。广东道道治在广州，海北海南道道治在今雷州市。

1369年，改广东道为广东等处行中书省，并将海北海南道改隶广东，广东成为明朝的十三行省之一。过去长期与广西同属一个大区的雷州半岛、海南岛划拨广东统辖，结束广东以往隶属不同政区的状况，广东省区域轮廓自此基本形成。终明之世，广东设10府1直隶州，统辖7州75县。其中，属明代新置的有顺德、从化、高明、饶平、惠来、大埔、普宁、澄海等22县。这些新置的县大多集中在粤东地区，基本形成当今县制的分布格局。

清初承袭明制，地方行政机关分省、道、府、县4级，但将明时的布政使司正式改称为省。“广东省”名称正式使用，所辖范围与明广东布政使司相同。清设总督管辖广东、广西两省，称“两广总督”，初驻肇庆，1746年移广州。清代广东省最南的辖境是南海诸岛的曾母暗沙。西沙群岛（时称“千里长沙”）和南沙群岛（时称“万里石塘”）属于广东省琼州府的万州管辖。南海诸岛自古以来就是中国的领土，北宋时期中国政府已在此行使主权，清政府更是经常派水师巡视。

1841年，鸦片战争清政府战败，被迫签订《中英南京条约》，香港（时属新安县）正式沦为英国殖民地。1887年，葡萄牙诱逼清政府签订《中葡和好通商条约》，侵占澳门（时属香山县）。

民国时期　1911年，辛亥革命后建立中华民国，广东省的名称和范围与清代相同，但将府直辖地及州、厅皆改为县，成为省、县二级制，并于省、县之间分区设置绥靖区。民国初年，市建置开始设置。1918年成立广州市政公所，广州开始以省会设市。1921年，成立广州市政厅。1925年，中华民国国民政府在广州成立，7月改广州市政厅为广州市政府。国民政府的地方行政分为省、行政区、县和市，实行委员制。广东省政府下设广州、北江、东江、西江、南路、海南6个行政区，每区设一行政委员，代表省政府处理本区事务。1938年10月，日本侵略者侵占广州，广东省府撤退到粤北（今连州市）；为适应战时需要，全省设4个行署。1940年全省改设为9个区（包括沦陷区），到1941年，复改设9个行政督察区。1945年抗战胜利后，民国政府把行政督察区分为省府直接督察区和专署行政督察区两种。省府直接督察的有南海、番禺等12个市县，专署行政督察区则分为11个区，共辖88个县。

中华人民共和国时期　1949年10月1日，中华人民共和国成立后，广东政区在继承历史传统的基础上有所调整和变更，主要经历三个阶段：第一阶段是建国初期，全省共设珠江、东江、西江、北江、粤中、南路、兴梅、潮汕、琼崖等9专区，2个地级市、5个县级市和98个县，广州市为中央直辖市。1952

年，广东省和广州市由中南行政委员会领导，将北海市及钦州专区划归广西，广西的怀集县划入广东。1954年，广东省改由中央直接领导，原由中央直辖的广州市划归广东省管辖。1955年，广西的北海市和钦州专区所属各县划归广东省，并更名为合浦专区。第二阶段是1959~1982年，其间全省政区不断调整。1965年，北海市及合浦专区所属各县划归广西壮族自治区。1979年，原属惠阳地区的宝安县改设深圳市，原属佛山地区的珠海县改设珠海市，均由省直辖。广东省直辖广州、海口、汕头、湛江、茂名、佛山、江门、深圳、珠海、韶关10个市，分设韶关、惠阳、梅县、汕头、佛山、湛江、肇庆7个地区和海南行政区及海南黎族、苗族自治州，共辖14市、92县、3自治县。1981年，设立西沙、南沙、中沙群岛办事处，由海南行政区直接领导。第三阶段是1983年以后，开始实行市管县、乡镇管村的新体制。1988年，中央政府将海南行政区从广东省划出，另设海南省。是年，广东开始取消地区设置，另设18个地级市（后增加到21个地级市），全面实行地级市管县体制以及乡镇管村体制，并一直沿用至今。（*黄淑娟*）

【资源物产】 *土地资源* 广东省是国内人多地少的省份之一。

广东省土地资源在地形地貌、气候水文等自然因素和人类活动影响下，形成具有南粤地域特点的自然综合体。

根据2008年土地利用变更调查结果，2008年全省土地总面积17981265.69公顷（含国家下达广东省未能核定的岛屿滩涂面积11333.26公顷）。其中农用地14891158.77公顷（耕地2843904.85公顷）、建设用地1789573.83公顷、未利用地1300533.10公顷。与2007年末相比，各类土地之间数量发生变化，农用地减少8146.75公顷（耕地减少3754.25公顷）、建设用地增加12680.93公顷、未利用地减少4534.19公顷。

广东省土地资源的特点是：自然地理环境优越，土地复种指数高；地势北高南低、海陆兼备，适合多元化经营；地缘人缘优势明显，有利于土地发展外向型经济；人地关系矛盾突出，土地资源尚有一定潜力；土地资源分布与建设用地需求空间"错位"，保护耕地与保障发展难以协调。

水资源 广东省河流众多，以珠江流域（东江、西江、北江和珠江三角洲）及独流入海的韩江流域和粤东沿海、粤西沿海诸河为主，集水面积占全省面积的99.8%，其余属于长江流域的鄱阳湖和洞庭湖水系。全省集水面积在100平方千米以上的各级干支流542条（其中，集水面积在1000平方千米以上的有62条）。独流入海河流52条，较大的有韩江、榕江、漠阳江、鉴江、九洲江等。全省多年平均降水量1771毫米，折合年均降水总量3145亿立方米。降水时程和地区上分布不均，年内降水主要集中在汛期4~10月，占全年降水量的75%~95%；年际之间相差较大，全省最大年降水量是最小年的1.84倍，个别地区达到3倍。全省多年平均水资源总量1830亿立方米，其中地表水资源量1820亿立方米、地下水资源量450亿立方米，地表水与地下水重复计算量440亿立方米。除省内产水量外，还有来自珠江、韩江等上游从邻省入境水量2361亿立方米。全省水能资源理论蕴藏量1137.2万千瓦，技术可开发量859.45万千瓦。此外，广东还有温泉300多处，日总流量9万吨；饮用天然矿泉水145处，探明可采储量居全国第一。

广东省水资源时空分布不均，夏秋易洪涝，冬春常干旱。沿海台地和低丘陵区不利蓄水，缺水现象突出，尤以粤西的雷州半岛最为典型。不少河流中下游河段由于城市污水排污造成污染，存在水质性缺水问题。

矿产资源 广东省地处欧亚板块与太平洋板块交接处，成矿地质条件优越，矿产资源丰富，种类较齐全。至2012年，全省已发现矿产148种，占全国已发现矿种（172种）的86%，已探明资源储量的矿产101种，其中能源矿产7种、黑色金属矿产4种、有色金属矿产11种、贵金属矿产2种、稀有稀土及分散元素矿产15种、冶金辅助原料矿产8种、化工原料矿产9种、建材及其他非金属矿产41种、水气矿产4种。资源储量居全国前列的矿产有油页岩、铅、钨、锡、铋、钛、锆、铌、钽、镉、硒、硫铁矿、稀土、高岭土、水泥用粗面岩、饰面用大理岩等。资源比较短缺的矿产主要是煤、石油、天然气、铝、铁、磷、钾盐等。全省已开发利用的矿种主要有地下热水、矿泉水、铁、铜、铅、锌、钨、锡、锑、稀土、金、银、硫铁矿、高岭土、陶瓷土、水泥用灰岩、大理岩等。

经过多年开采，铜、钨、锡、锑等矿产资源处于枯竭状态。

植被和生物资源 广东省光、热、水资源丰富，四季常青，动植物种类繁多。全省有野生维管束植物289科、2051属、7717种。另有栽培植物1582种。此外，还有真菌1959种。其中食用菌185种、药用真菌97种。植物种类中，属于国家一级保护野生植物的有苏铁、南方红豆杉等9种；属于二级的有桫椤、广东松、白豆杉、樟、凹叶厚朴、土沉香、丹霞梧桐等95种。在植被类型中，有属于地带性植被的北热带季雨林、南亚热带季风常绿阔叶林、中亚热带典型常绿阔叶林和沿海的热带红树林，还有非纬度地带性的常绿—落叶阔叶混交林、常绿针—阔叶混交林、常绿针叶林、竹林、灌丛和草坡，以及水稻、甘蔗和茶园等栽培植被。香蕉、荔枝、龙眼和菠萝是岭南四大名果，经济价值可观。

广东省动物种类多样。陆生脊

椎动物有774种。其中，兽类110种、鸟类507种、爬行类112种、两栖类45种。此外还有淡水水生动物鱼类281种、底栖动物181种和浮游动物256种，以及种类更多的昆虫类动物。动物种类中，被列入国家一级保护的有华南虎、云豹、熊猴和中华白海豚等22种；被列入国家二级保护的有金猫、水鹿、穿山甲、猕猴和白鹇（省鸟）等95种。

广东开展对动植物资源开发利用，重视对自然资源和环境保护。至2012年，全省建立自然保护区369个、森林公园458处。广东重视绿化荒山，提高森林覆盖率，改善生态环境。

海洋资源　广东省海岸线长，海域辽阔，海洋资源丰富。海洋生物包括：海洋动物和植物，共有浮游植物406种、浮游动物416种、底栖生物828种、游泳生物1297种。远洋和近海捕捞，以及海洋网箱养鱼和沿海养殖的牡蛎、虾类等海洋水产品年产量约400万吨；可供海水养殖面积77.57万公顷、实际海水养殖面积20.82万公顷，是全国著名的海洋水产大省。雷州半岛的养殖海水珍珠产量居全国首位。沿海还拥有众多的优良港口资源。广州港、深圳港、汕头港和湛江港成为国内对外交通和贸易的重要通道；大亚湾、大鹏湾、碣石湾、博贺湾及南澳岛等地还有可建大型深水良港的港址。珠江口外海域和北部湾的油气田打出多口出油井。沿海的风能、潮汐能和波浪能均有开发潜力。广东沿海沙滩众多，气候温暖，红树林分布广、面积大，在祖国大陆最南端的灯楼角又有全国唯一的大陆缘型珊瑚礁，旅游资源开发潜力大。　　　　（粤综合）

【环境质量】　*大气环境质量*　2012年，广东省城市空气质量良好，21个地级以上城市及顺德区空气质量均达到国家二级标准（居住区标准），其中湛江、梅州、河源、阳江和揭阳5市达到一级标准。与上年相比，城市空气质量有所好转，韶关、深圳、汕头、佛山、茂名、惠州、清远、东莞、揭阳9市3项污染物年平均浓度均有不同程度下降。全省城市二氧化硫年平均浓度0.017毫克/立方米，较上年下降15.0%，达到国家一级标准；二氧化氮年平均浓度0.027毫克/立方米，与上年持平，达到国家一级标准；可吸入颗粒物年平均浓度0.050毫克/立方米，较上年下降7.4%，达到国家二级标准。

2012年，全省获取有效空气污染指数7683个，优良率99.6%，其中达到一级4985个（占64.9%）、二级2667个（占34.7%）、三级及以上比例为0.4%。全省均未发生空气污染指数超过200的情况。与上年相比，各城市优良天数均有所增加或持平，深圳、韶关、清远、东莞4市各增加优良天数2~4天。

这一年，全省城市降水pH均值为5.10，酸雨频率37.4%。城市降水pH均值范围在4.46~6.22之间，81.8%的城市（18个）出现酸雨（pH最小值<5.6），59.1%的城市（13个）受酸雨污染（pH均值<5.6）。韶关、佛山、清远、顺德和深圳等5市（区）属重酸雨区（pH均值<4.5；4.5≤pH均值<5.0且酸雨频率>50%），占22.7%。与上年相比，降水pH均值下降0.01个pH单位，酸雨频率上升0.9%，降水质量基本持平。

水环境质量　2012年，广东省21个地级以上城市及顺德区76个在用集中式供水饮用水水源地水质稳定100%达标。广东省主要江河水质总体良好，79.0%的断面水质优良（Ⅰ~Ⅲ类），84.7%的断面水质达到水环境功能区水质标准。西江、北江、东江干流及部分支流、韩江干流和部分支流、螺河陆丰段、黄江河、漠阳江、沙浪江、鉴江（茂名段、湛江段）、南渡河和珠江三角洲的主要干流水道水质优良；龙岗河、坪山河、深圳河、练江和小东江湛江段5个江段水质属重度污染，主要污染指标为氨氮、总磷和部分耗氧有机物。124个省控断面中，54.0%的断面为Ⅰ~Ⅱ类水质，水质优；25.0%为Ⅲ类水质，水质良好；10.5%为Ⅳ类水质，属轻度污染；2.4%为Ⅴ类水质，属中度污染；8.1%水质劣于Ⅴ类，属重度污染。与上年117个可比省控断面相比，全省主要江河水质总体稳定，局部水域水质略有好转，水质优良断面数和达到水环境功能区标准要求的断面比例分别上升4.3%和2.6%，水质好转的有市桥水道、榕江、西枝江和梅溪河4个江段。

2012年，全省跨市河流交接断面水质达标率82.9%，其中广州、云浮、河源、肇庆、江门、中山、珠海、韶关、清远和梅州等10个城市交接断面水质完全达标，深圳和揭阳2个城市交接断面水质达标状况较差，达标率分别为11.1%和0%。与上年相比，全省跨市河流交接断面水质总达标率下降1.3个百分点；深圳、珠海和中山交接断面水质达标率有所提高；茂名、惠州、东莞和佛山达标率略有下降；其他城市保持稳定。

2012年，东江寻乌水赣粤省界断面（兴宁电站）水质为Ⅲ类，水质良好，但未达Ⅱ类水环境功能区划目标，主要超标项目为氨氮；定南水赣粤省界断面（庙咀里）、西江桂粤省界断面（封开城上）、贺江桂粤省界断面（白沙街）、汀江闽粤省界断面（青溪）均为Ⅱ类水质，水质优；武江湘粤省界断面（三溪桥）为Ⅳ类水质，属轻度污染，主要超标项目为砷；九洲江桂粤省界断面（石角）为Ⅳ类水质，属轻度污染，主要超标项目为氨氮和总磷。与上年相比，省界断面水质无明显变化。

年内，在全省3个省控湖泊中，湛江湖光岩湖水质为Ⅱ类、水质优；肇庆星湖水质为Ⅳ类、惠州西湖水质为Ⅲ类，水质均达到水环境功能区划目标。8个大型水库中，新丰江水库、枫树坝水库和白盆珠水库水质为Ⅰ类；流溪河水库、杨寮水库和飞来峡水库水质为Ⅱ类，水质均优；鹤地水库和高州水库水质为Ⅲ类，水质良好。与上年相比，湖泊水库水质无明显变化。

全年全省19条主要入海河流中，78.9%（15条）的河口水质为Ⅱ~Ⅲ类，水质优良；10.5%（2条）为Ⅳ类水质，属轻度污染；10.5%（2条）水质劣于Ⅴ类，属重度污染。磨刀门水道、韩江、漠阳江、蕉门和洪奇沥入海口水质最好，为Ⅱ类水质；深圳河和练江河口水质最差，均劣于Ⅴ类，主要污染指标为化学需氧量、氨氮和总磷。与上年相比，入海河流河口水质保持稳定。

2012年，南海东部近岸海域以二类海水为主，占59.6%；一类海水占23.1%；三类海水占5.8%；劣四类海水占11.5%。

全省近岸海域水环境功能区水质达标率97.0%，除深圳为81.8%外，其余12个沿海城市近岸海域水环境功能区均完全达标。全省67个近岸海域水环境功能区中，有2个属重度污染，均位于珠江口海域，主要污染指标为活性磷酸盐和无机氮。

近岸海域水环境功能区总体呈贫营养状态。呈贫营养状态的功能区有40个，占59.7%；轻度富营养状态12个，占17.9%；中度富营养状态9个，占13.4%；重度富营养状态4个，占6.0%；严重富营养状态2个，占3.0%。

与上年相比，近岸海水环境功能区水质达标率持平，营养状况总体减轻，但局部地区加重，其中贫营养比例上升3.0%，轻度富营养比例不变，中度富营养比例下降4.5%，重富营养比例上升1.5%。

声环境质量 2012年，广东省城市区域环境噪声等效声级平均值55.0分贝。61.9%的城市（13个）区域声环境处于一般水平，其余城市处于较好水平。城市区域环境噪声源构成以工业和交通类声源为主，分别占50.4%和26.5%。

各城市道路交通噪声等效声级平均值均小于70分贝，全省总平均值67.4分贝，总体达到好的水平。

全省功能区噪声昼间达标率90.7%，夜间达标率63.2%。各类功能区噪声昼间点次达标率分别是0类区50%、1类区84.5%、2类区89.9%、3类区99.4%、4类区91.1%；夜间点次达标率分别是0类区100%、1类区61.3%、2类区77.2%、3类区85.7%、4类区24.1%。

与上年相比，全省城市噪声保持稳定。城市区域环境噪声等效声级上升0.2分贝，道路交通噪声达到好和较好以上城市比例保持100%，功能区噪声昼间点次达标率上升5.4%，夜间上升6.6%。

（刘军　何惠明）

【人口·语言】 *人口* 2012年末，广东省常住人口为10594万人；其中，男性5574.56万人、女性5019.44万人；性别比(女性为100)111.06。常住人口比上年净增89万人，与上年增长0.61%相比，略微增加0.24个百分点；人口密度每平方千米589人。继续位居全国常住人口大省之首。由于受庞大人口基数和增长惯性的影响，全省人口总量继续保持增长态势。

是年，受人口再生产周期的影响，广东省出生人数122.37万人，出生率11.60‰；死亡人数49.06万人，死亡率4.65‰；自然增长人数73.31万人，自然增长率6.95‰。出生、死亡人数和自然增长人数与上年同期相比较，分别增加12.93万人、3.5万人和9.43万人。

根据2012年人口变动情况抽样调查结果推算，广东省年末常住人口年龄结构为：0~14岁人数1690.77万人、15~64岁人数8155.24万人、65岁及以上人数747.99万人，分别占常住人口的15.96%、76.98%和7.06%。常住人口年龄结构继续表现出“两头低、中间高”的特点，即少年儿童人口（0~14岁）和老年人口（65岁及以上）所占比例较低，而劳动力年龄段的人口比例较高。主要原因是大量吸纳跨省劳动力在广东就业，拉高劳动力年龄段人口（15~64岁）比例，致使全省总抚养系数持续呈下降趋势。2012年，广东省少年儿童抚养系数20.73%、老年人口抚养系数9.17%、总抚养系数29.9%；少年儿童抚养系数和总抚养系数分别比上年下降1.42、1.16个百分点，老年人口抚养系数则比上年稍升0.26个百分点。在全国属于劳动力人口资源丰富，抚养负担较低的省份。

2012年末，广东省居住在城镇的人数7140.36万人、居住在乡村的人数3453.64万人，分别占常住人口的67.4%和32.6%；其中，珠江三角洲、东西北地区的城镇化程度分别为83.84%、59.05%、39.72%和45.3%，比上年提升0.83、0.84、1.43和0.81个百分点，粤西区域城镇化程度明显加快。2012年末，全省居住在城镇的人数比上年净增154.53万人，增长2.21%；与常住人口增长0.85%相比较，高出1.36个百分点。（罗健波）

语言 广东省语言状况复杂，除粤北、粤东有瑶、壮、畲语及粤北土语，主要流行3种保留了丰富的古汉语特点、又各有特色的汉语方言。

1. 粤方言。又称广州话、白话，省内可分:(1) 粤海片（广府片），分布在广州、佛山、肇庆、深圳、南海、顺德、三水、高明、鹤山、怀集、广宁、四会、高要、云浮、封开、郁南、德庆、罗定、阳山、清远、佛冈、增城、从化、连州、连山、惠州、韶关、博罗、惠阳、惠东、海丰、仁化、乐昌、英德，以广州为代表，影响最大。(2) 四邑片，分布在台山、开平、恩平、新会、斗门、江门及鹤山部分地区，以台山为代表。(3) 高雷片，分布在湛江、茂名、阳江、阳春、高州、信宜、化州、吴川、电白、遂溪、廉江、雷州、徐闻，未形成权威代表。(4) 莞宝片，通行于东莞及深圳宝安，以莞城为代表。(5) 香山片，通行于中山、珠海（斗门除外），以石岐为代表。各片小有差别，四邑与粤海差异最大。全省使用的人口近4000万人，但上述区域也掺杂客家方言和闽语。广东粤方言在马来西亚吉隆坡，越南胡志明市，澳大利亚悉尼、墨尔本，美国纽约、旧金山市，加拿大温哥华、多伦多等海外华人社区也广泛流行。

2. 客家方言。广东是客家方言最重要的流行地，省内可分：(1) 粤东片，分布在梅县、蕉岭、平远、兴宁、五华、大埔、丰顺、揭西、紫金、惠阳、惠东、宝安，以及揭阳、饶平、普宁、惠来、潮阳、陆丰、陆河、海丰、深圳、东莞、增城、博罗、中山的一些地区。(2) 粤中片，分布在和平、连平、龙川、河源、新丰、龙门、佛冈，以及广州、顺德、南海、中山、珠海、斗门、三水、四会、清远、高明、鹤山、开平、新会、台

2012年广东省行政区划情况

（截至2012年12月31日）

市名称	县（市、区）名称	辖乡、镇、民族乡、街道数
广州市（10区2县级市）	越秀区 海珠区 荔湾区 天河区 白云区 黄埔区 花都区 番禺区 南沙区 萝岗区 从化市 增城市	35镇133街道
深圳市（6区）	福田区 罗湖区 盐田区 南山区 宝安区 龙岗区	57街道
珠海市（3区）	香洲区 金湾区 斗门区	15镇9街道
汕头市（6区1县）	金平区 龙湖区 澄海区 濠江区 潮阳区 潮南区南澳县	32镇37街道
佛山市（5区）	禅城区 南海区 顺德区 高明区 三水区	21镇12街道
韶关市（3区4县1自治县2县级市）	浈江区 武江区 曲江区 乐昌市 南雄市 仁化县 始兴县 翁源县 新丰县 乳源瑶族自治县	93镇10街道 1民族乡
河源市（1区5县）	源城区 东源县 和平县 龙川县 紫金县 连平县	94镇5街道 1民族乡
梅州市(1区6县1县级市)	梅江区 兴宁市 梅 县 平远县 蕉岭县 大埔县 丰顺县 五华县	104镇6街道
惠州市（2区3县）	惠城区 惠阳区 惠东县 博罗县 龙门县	52镇16街道 1民族乡
汕尾市（1区2县1县级市）	城 区 陆丰市 海丰县 陆河县	44镇10街道
东莞市		28镇4街道
中山市		18镇6街道
江门市（3区4县级市）	蓬江区 江海区 新会区 台山市 开平市 鹤山市 恩平市	61镇17街道
阳江市（1区2县1县级市）	江城区 阳春市 阳东县 阳西县	38镇9街道
湛江市（4区2县3县级市）	赤坎区 霞山区 麻章区 坡头区 雷州市 廉江市 吴川市 遂溪县 徐闻县	82镇37街道 2乡
茂名市（2区1县3县级市）	茂南区 茂港区 信宜市 高州市 化州市 电白县	87镇22街道
肇庆市（2区4县2县级市）	端州区 鼎湖区 四会市 高要市 广宁县 德庆县 封开县 怀集县	91镇14街道 1民族乡
清远市（2区2县2自治县2县级市）	清城区 清新区 英德市 连州市 佛冈县 连山壮族瑶族自治县 连南瑶族自治县 阳山县	77镇5街道 3民族乡
潮州市（1区2县）	湘桥区 饶平县 潮安县	41镇9街道
揭阳市（2区2县1县级市）	榕城区 揭东区 普宁市 揭西县 惠来县	63镇18街道2乡
云浮市（1区3县1县级市）	云城区 罗定市 新兴县 郁南县 云安县	55镇8街道
全省合计	21个地级市，23个县级市、39个县、3个自治县、56个市辖区，4个乡、7个民族乡、1131个镇、444个街道办事处。	

（何锋军）

山、恩平的部分地区。(3) 粤北片，分布于始兴、乐昌、曲江、连州、连南、乳源、阳山、翁源、英德，以及韶关、南雄、仁化、连山、怀集、广宁、郁南、德庆、云浮、罗定、新兴的部分地区。(4) 粤西片，分散于信宜、阳春、阳江、高州、茂名、电白、化州、吴川、廉江、遂溪、雷州、徐闻。省内其他地方也有零星分布，如广州三元里、沙河。全省使用的人口约1500万人。客家方言以梅州为代表，内部一致性较强。海外的印度尼西亚、毛里求斯等国华人社区，客家方言也相当通行。

3. 闽方言。广东闽语属闽方言闽南一支，大致可分：(1) 潮汕片，以汕头、潮州为代表，流行于汕头、潮州、揭阳、澄海、南澳、饶平、揭西、潮阳、普宁、惠来、汕尾、陆丰、海丰。(2) 雷州片，流行于雷州、徐闻、遂溪，以及湛江、廉江、吴川、电白、茂名、高州、阳西的部分地区，以雷州为代表。全省使用闽语的人口约1700万人。广东闽语是泰国、柬埔寨、法国等华人社区的强势方言。 *(陈晓锦)*

【民族·宗教】 民族　广东省是56个民族成分齐全的省份。汉族人口占全省总人口的97.1%。少数民族人口324.6万人。世居少数民族有壮、瑶、畲、回、满族。壮族主要分布在连山、怀集、廉江、信宜、化州、罗定等县（自治县、市）；瑶族主要分布在连南、连山、连州、阳山、英德、乳源、乐昌、仁化、曲江、始兴、翁源、龙门、阳春等县（自治县、市、区）；畲族主要分布在乳源、南雄、始兴、增城、和平、连平、龙川、东源、丰顺、饶平、潮安、海丰、惠东、博罗等县（自治县、市）；回族主要分布在广州、深圳、珠海、肇庆、汕头、佛山、东莞等市；满族主要居住在广州市。改革开放以来，因人才流动、婚姻、务工经商等迁移或暂住广东的少数民族流动人口逾250万人，主要集中在广州、深圳、佛山、东莞、中山等珠江三角洲地区各城市。全省有县级范围（含县级）以上少数民族社会团体22个。根据国家宪法和有关法律规定，广东设立连南瑶族自治县、连山壮族瑶族自治县、乳源瑶族自治县3个自治县和连州市瑶安瑶族乡、三水瑶族乡、龙门县蓝田瑶族乡、怀集县下帅壮族瑶族乡、始兴县深渡水瑶族乡、阳山县秤架瑶族乡、东源县漳溪畲族乡7个民族乡。

宗教　广东省是佛教、道教、伊斯兰教、天主教和基督教五大宗教齐全的省份。至2012年底，全省宗教徒293万人，其中佛教徒167万人、道教徒35万人、伊斯兰教徒15万人、天主教徒28万人、基督教徒48万人。全省宗教活动场所2901处，宗教教职人员8804人，其中，佛教僧尼6801人，道教乾道、坤道874人，伊斯兰教阿訇17人，天主教主教、神甫、修女191人，基督教牧师、教师、长老、传道921人。全省县级范围（含县级）以上宗教社会团体284个。其中，全省性宗教团体7个：广东省佛教协会（成立于1982年），会长释明生；广东省道教协会（成立于1994年），会长赖保荣；广东省伊斯兰教协会（成立于1998年），会长马光星；广东省天主教爱国会（成立于1958年），主席黄炳章；广东省天主教教务委员会（成立于1981年），主席苏永大；广东省基督教三自爱国会（成立于1958年），主席陈顺鹏；广东省基督教协会（成立于1981年），会长梁明。宗教院校两所：广东佛学院，2011年7月正式设立，下设岭东佛学院、云门佛学院、曹溪佛学院、广东尼众佛学院4所分院；基督教广东协和神学院，1986年复办。 *(张朝发)*

【行政区划】 2012年度，广东省按照《中华人民共和国宪法》和《国务院关于行政区划管理的规定》要求，严格审核各地上报的行政区划变更材料，对部分镇（街）行政区划进行调整。经国务院批准，全省撤销2个县，设立2个市辖区；经省政府批准，全省撤销2个镇，设立1个镇、2个街道办事处。

截至2012年12月31日，全省有21个地级市、23个县级市、39个县、3个自治县、56个市辖区，4个乡、7个民族乡、1131个镇、444个街道办事处。

2012年，肇庆市撤销广宁县石涧镇、联合镇，将其行政区域分别并入广宁县宾亨镇、江屯镇；韶关市设立曲江区松山街道办事处；广州增城市新塘镇分设为新塘镇、仙村镇和永宁街道；番禺区东涌、大岗、榄核3镇划归南沙区管辖；梅州市梅县西阳镇划归梅州市梅江区管辖；清远市撤销清新县，设立清远市清新区；揭阳市撤销揭东县，设立揭阳市揭东区，将原揭东县登岗、炮台、地都3镇划归榕城区，将榕城区磐东街道划归揭东区管辖。 *(何锋军)*

住房和城乡建设发展概述

【城乡规划】 2012年，广东省人大常委会批准颁布《广东省城乡规划条例》，从2013年5月1日起正式施行。省住房和城乡建设厅联合港澳编制《共建优质生活圈专项规划》《环珠江口宜居湾区建设重点行动计划》《澳珠协同发展规划》，标志着大珠江三角洲区域发展方式重大转变和区域合作范围全面扩展。《广东省城镇体系规划（2012~2020年）》获国务院批准实施，编制完成《广东省应急避护场所建设规划纲要（2011~2020）》，制订《珠三角城际轨道站场TOD综合开发规划基础调查技术要求》《珠三角城际轨道站场TOD综合开发规划编制技术指引（试行）》，规范和指导珠三角城际轨道站场TOD综合开发规划编制的内容和深度。是年，省

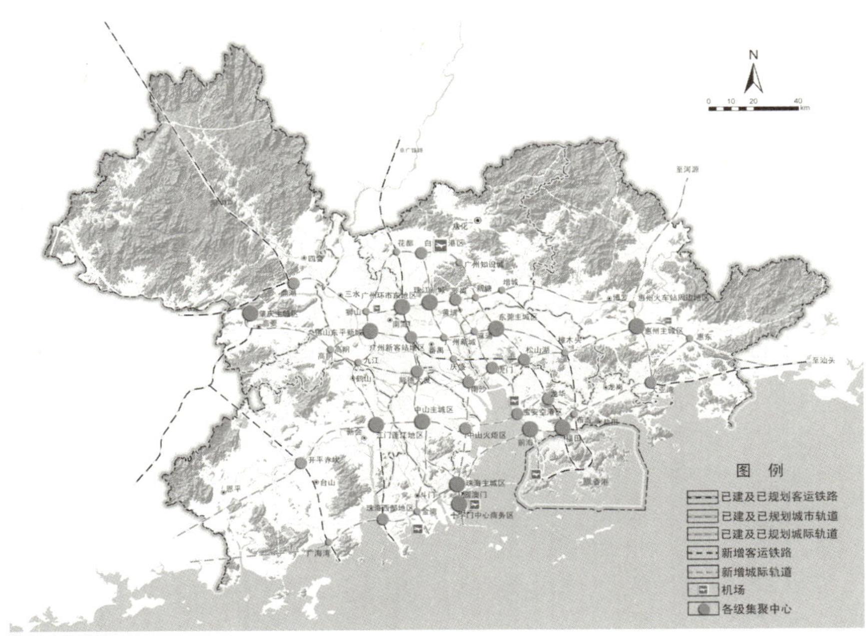

▲《珠江三角洲城乡规划一体化规划》获2012年“华夏建设科学技术奖二等奖”

（广东省住房和城乡建设厅科技教育处供稿）

住房和城乡建设厅出具95个规划审查意见，全省投入“三旧”改造资金924.5亿元，完成改造项目408个，完成改造面积706.67公顷。全年完成14个省级产业转移工业园申报认定或规划调整的规划审核，推动产业转移园规划成果质量提高。开展重大建设项目选址意见书的核发工作，全年依法核发69个建设项目规划选址意见书。

【宜居城乡建设】 至2012年底，广东省珠江三角洲建成绿道7350千米，包括：2372千米省立绿道和4978千米城市绿道，基本构建省立－城市绿道有机衔接的绿道网络。是年12月11~12日，联合国人居署在阿联酋举行会议，评选“迪拜国际改善居住环境最佳范例奖”，珠江三角洲绿道网项目获“全球百佳范例”称号。全省城市人均公园绿地面积15.82平方米，建成区绿地率37.17%，绿化覆盖率41.23%。截至2012年底，全省市县城区生活垃圾无害化处理率81.5%，正在运营的生活垃圾无害化处理场（厂）69座，总处理规模5.41万吨/日，比2011年增加4750吨/日；全省建成污水处理设施396座，日处理能力2093.3万吨，城市污水处理率88.91%，设市城市污水集中处理率88.09%，城镇污水处理率80%，全省67个县城全部建成污水处理设施，实现“一县一厂”的建设目标。各地通过推进住有所居、改善人居环境、加强社会管理、完善公共服务，加快宜居城乡建设步伐，“广州黄埔古村历史文化遗产保护项目”等13个项目获“广东省宜居环境范例奖”；广州市番禺区石楼镇等78个镇获“广东省宜居示范城镇”；广州市番禺区大龙街新水坑村等218个村庄获“广东省宜居示范村庄”称号。深圳市申报国家生态园林城市通过住房和城乡建设部考评组的评审；汕尾、揭阳、云浮市创建广东省园林城市；东莞市凤岗、黄江和道滘镇创建广东省园林城镇。广州市通过住房和城乡建设部“全国数字化城市管理试点城市”验收。

【名镇名村建设】 广东省住房和城乡建设厅制定《广东省名镇名村示范村建设规划编制指引》，重点推进清远市佛冈县、广州增城市派潭镇和云浮市新兴县六祖镇龙山塘等规划建设示范，带动各地名镇名村建设。至2012年底，各地编制名镇、名村、示范村建设规划分别是26个、169个、234个，建设名镇名村建设完工项目442个、开工项目556个，利用中央、省、市、县四级财政资金分别为2513万元、5.03亿元、7.54亿元、38.03亿元，镇级自筹资金138.53亿元。探索政策性

▲深圳市大鹏所城历史文化遗产保护项目获2012年“广东省宜居环境范例奖”

（深圳市人居环境委员会供稿）

资金支持名镇建设，与国家开发银行共同确定珠海市斗门镇、清远市浛洸镇、云浮市六祖镇作为试点镇，并给予政策性资金支持。截至2012年底，广东省有10个镇、15个村被评为“中国历史文化名镇名村”；7个镇、3个村被评为“国家特色景观旅游名镇名村”；全省40个传统村落被列入《第一批中国传统村落名录》。19个镇、56个村被评为“广东省历史文化名镇名村”；村镇规划取得新进展。全省超过90%的建制镇完成本年度城镇总体规划编制任务，建制镇总体规划覆盖率83.82%，278个中心镇实现总体规划全覆盖。2012年中心镇取得长足发展，全省中心镇国内生产总值12923.78亿元，可支配财政收入336.41亿元，成为小城镇建设的排头兵和县域经济的主力军。

【房地产业与住房保障】 2012年，广东省房地产开发投资5352.79亿元，比上年增长11.29%；商品房销售面积7898.99万平方米，增长6.34%。全省商品住房均价7156.09元/平方米，涨幅比上年同期减少7个百分点。广东省房地产调控显现初步成效，全省商品房价格趋于平稳，部分房价较高、涨幅较快的城市适时出台住房限购、限价政策。广东房地产市场调控获得国务院检查组的肯定。是年，省政府办公厅出台《广东省住房保障制度改革创新实施方案》。全省基本形成以“公共租赁住房为主体，可持续、能循环”的新型住房保障体系。年内，全省新开工建设保障性安居工程16.67万套，完成年度目标任务的111%，发放租赁补贴10222户，建成保障性安居工程17.1万套，完成年度目标任务的257.6%。推进住房公积金缴存扩面，截至年底，全省缴存职工人数1057.49万人，比上年增加104.78万人，住房公积金覆盖率（期末实缴职工人数/期末应缴职工人数）45.15%；缴存总额4851.29亿元，新增缴存额1084.61亿元，增长17.15%；提取额598亿元，增长24.47%，占当年缴存额的55.14%。全年全省总增值收益26.32亿元，其中提取风险准备金4.94亿元，划转廉租房补充资金17.29亿元。

【建筑业】 2012年，广东省有建筑业企业5034家，其中特级资质企业7家、一级资质企业526家。全省完成建筑业总产值6464.44亿元，比上年增长11.2%；建筑业企业实现利税543.56亿元。省内建筑工程获国家建设工程最高质量奖“中国建设工程鲁班奖”8项、获“国家建筑装饰奖”49项、获“国家建设工程项目‘AAA’级安全文明标准化诚信工地”21个、获“广东省建设工程优质奖”105项、获“广东省建设工程金匠奖”61项、获“广东省优秀建筑装饰工程奖”185项。省住房和城乡建设厅评选出2012年度“广东省省级工法”208项，广东省建筑业新技术应用示范工程立项73项，其中34项通过专项验收评审。全年组织开展6次建筑施工安全生产大检查或安全专项检查，4次季度巡查和4次专项整治督查。全省住房和城乡建设系统发生建筑施工生产安全责任事故19起，死亡24人。其中，较大事故1起，死亡3人，全省房屋市政工程施工生产安全责任事故死亡人数只占广东省人民政府下达的安全生产控制指标的53.3%。

▲广州市芳和花园保障房小区（2012） （广州市国土资源和房屋管理局供稿）

【建设科技和建筑节能】 2012年，广东省住房和城乡建设厅发布《国家机关办公建筑和大型公共建筑能源审计导则广东省实施细则》《民用建筑能耗和节能信息统计报表制度广东省实施细则》等标准。组织完成各类建设科技成果鉴定288项、住房和城乡建设部科技项目验收4项、住房和城乡建设部科技立项56项、省科技产业技术与研究开发入库项目两项、省重大科技专项6项，获“华夏建设科学技术奖”23项、获“广东省科学技术奖”10项。全年新增节能建筑面积约9800万平方米，形成92.4万吨标准煤的节能能力；完成既有建筑节能改造300万平方米，形成6.96万吨标准煤节能能力；全年新增绿色建筑标识项目73个，面积902万平方米；新增城镇太阳能光热应用面积1397.89万平方米，新增浅层地能应用面积56.71万平方米，新增光电建筑装机容量达71.12兆瓦，形成节能191

万吨标准煤；全省21个地级以上城市有19个城市100%完成禁止使用实心粘土砖任务；新型墙材应用总量达136亿块标准砖，占全省墙材应用总量的96.9%，实现节约能源84.32万吨标准煤。（魏哲茹）

粤港澳合作与对外交流

【概况】 2012年，为落实中央政府与香港特区政府、澳门特区政府《关于建立更紧密经贸关系的安排》，深化粤港澳三地合作与对外交流，实现区域一体化发展，提升大珠三角区域竞争力，广东省住房和城乡建设厅积极开展粤港澳合作与对外交流：一是推进粤港澳三地规划合作。（1）粤港澳三地共同发布《共建优质生活圈专项规划》，促进粤港澳共同建设可持续发展优质生活圈的进程；（2）《环珠江口宜居湾区建设重点行动计划》进展顺利，正在进行第二轮公众咨询的筹备工作；（3）推进《澳珠协同发展规划》编制工作，形成初步成果；（4）与澳门运输工务司正式签署《〈澳门与珠江口西岸地区发展规划〉合作协议书》，正式启动规划编制工作；（5）与美国著名智库兰德公司开展《建立基准（测试）系统，旨在评估、监督和提高粤港澳宜居水平》合作研究；（6）广东省住房和城乡建设厅、澳门运输工务司联合举办"绿色交通，低碳发展"第五期粤澳城市规划研习班。二是实现通过互认方式取得内地一级注册建筑师、结构工程师资格的香港建筑师、结构工程师在广东省行政区域内注册执业。三是共同签署《闽粤港澳台物业管理行业交流合作框架协议》，促进两岸五地物业管理共同发展；在港澳房地产物业管理企业资质核定中承认港澳企业在当地取得的业绩和专业资格，鼓励两地房地产开发、物业服务企业及专业人士来广东开展相关业务。四是落实CEPA协议九各项工作，香港企业申请环境工程施工及环境工程设计资质工作取得初步进展。

【《共建优质生活圈专项规划》】 2012年6月25日，在粤港澳三地共同对外发布中国首部以"优质生活"为主题的区域合作规划《共建优质生活圈专项规划》。规划编制工作于2009年8月启动，历时近3年，粤港澳三地的牵头部门广东省住房和城乡建设厅、香港特别行政区环境局、澳门特别行政区运输工务司进行沟通协调，经过基础资料准备、规划大纲编制、技术报告编制、汇总报告编制、筹备发布及工作调整、公众咨询、最终报告编制等7个工作阶段。规划成果由三地政府按各自程序进行审议，广东省于6月21日经省政府常务会议审议通过。

【《澳珠协同发展规划》】 于2012年1月完成规划纲要。广东省城乡规划设计研究院于1月16日、3月1日向珠海市人民政府汇报，于2月14日向澳门工务运输司汇报。截至2012年底，根据澳珠两地政府的意见，对规划进行修改完善，形成初步规划成果。

《澳珠协同发展规划》发挥规划的统筹协调作用，珠澳两地达成共建"生态环境优美、公共服务衔接、产业配套发展、工作生活便利的珠澳国际都会区"的发展目标，并具体落实到轨道衔接、港口合作、机场联运、车辆互通、口岸优化、公共服务设施共享、市政基础设施共享、产业协调布局、跨界绿道、环境共治等十大重点专项工作以及大横琴自由贸易区、十字门中央商务区、前山河—内港人文风情带、万山群岛、口岸协调建设带五大重点地区的建设，同时提出相应的政策创新和合作机制创新的建议。《澳珠协同发展规划》的编制为澳珠两地提供一个对话和交流平台，为共建珠澳国际都会区、深化粤港澳合作、落实《粤澳合作框架协议》提供有力支撑。

【《澳门与珠江口西岸地区发展规划》】 为落实广东省人民政府与澳门特别行政区政府于2011年3月签订的《粤澳合作框架协议》中关于"编制澳门与珠江口西岸地区发展规划，统筹规划包括澳门、珠海、中山、江门在内的珠江口西岸城市群发展目标和策略"工作要求，2012年3月，双方初步确定工作大纲，并就工作内容、组织、经费、进度等方面达成共识；11月，省住房和城乡建设厅与澳门运输工务司正式签署《〈澳门与珠江口西岸地区发展规划〉合作协议书》，确定工作大纲，正式启动《澳门与珠江口西岸地区发展规划》编制工作。

《澳门与珠江口西岸地区发展规划》以粤澳关系为核心，以跨界生活、工作、旅游等民生领域为重点，梳理澳门与珠江口西岸各城市的现状关系，构建澳门与珠江口西岸城市之间积极平等的对话协商平台，并对其合作的方向策略、重点地区、重点内容作出合理安排，强化澳门世界旅游休闲中心和区域商贸服务平台的作用，拓展其经济适度多元发展腹地，促进珠三角西岸城市的经济转型升级，共同打造珠江口西岸都市区。

【与美国智库兰德公司开展《评估生活质量指标，深化大珠江三角洲地区的可持续发展》研究】 2011年11月开始至2012年底，广东省住房和城乡建设厅与兰德公司合作开展《评估生活质量指标，深化大珠江三角洲地区的可持续发展》的前期工作，包括与兰德公司就合作研究的具体内容、工作形式达成共识，比选配合开展合作研究的国内技术机构，落实以深圳坪山新区作为研究的代表性试点地区，并进行研究素材的初步搜集，待落实工作经费后签署合作协议书，正式启动研究工作。

合作研究从区域、城市、社区等三个层面，以及交通、土地使用、环境、经济、住房等五个领域开发一套“生活质量”的指标体系，以深圳坪山新区为试点进行测试，开展重点调查、分析，提出改善和提升生活质量的政策选择和具体建议，并推广应用到大珠三角其他地区，最后形成研究报告，总结提出改善大珠三角地区生活质量的政策选择。合作研究的主题切合广东省当前“加快转型升级，建设幸福广东”的中心任务，研究成果兼顾区域、城市、社区不同层面的政策选择，并考虑粤港澳合作提升生活质量、加强衔接的因素，对于深化粤港澳合作、提升大珠三角城市群综合竞争力和提高城市化发展水平等起借鉴作用。

【第五期粤澳城市规划研习班】2012年7月27~29日，广东省住房和城乡建设厅与澳门特别行政区运输工务司联合在湖南长沙、株洲举办为期3天、主题为“绿色交通，低碳发展”的“第五期粤澳城市规划研习班”。研习班邀请来自省内外的多名专家进行授课，来自澳门特区从事城市规划、关注城市规划的人员及广东、香港规划同行近50人参加。

邀请深圳市城市交通规划设计研究中心、广州市交通规划研究所总、株洲市规划设计院和广东省人民政府港澳办等省内外专家围绕主题进行授课。研习班期间，学员考察长沙市湘江风光带规划建设，以及株洲市规划展览馆、公共建设、滨江风光带、慢行系统和公共交通建设等。（唐卉）

【粤港澳建设执业资格互认】根据《〈内地与香港关于建立更紧密经贸关系的安排〉补充协议七》，广东省住房和城乡建设厅印发《取得内地一级注册结构工程师互认资格的香港结构师在广东省注册管理办法》，省注册建筑师与工程师管理委员会印发《取得内地一级注册建筑师互认资格的香港建筑师在广东省注册执业管理办法》，从2011年1月起正式接受取得互认资格的香港结构师、建筑师在广东注册执业。2012年，为落实《〈内地与香港关于建立更紧密经贸关系的安排〉补充协议八》，省住房和城乡建设厅制定《广东省住房和城乡建设厅关于广东建设工程设计企业聘用香港专业人士申请资质暂行管理办法》，该《办法》突破住房和城乡建设部关于对取得内地互认资格的香港专业人士仅能注册执业，不能充当企业资质申请所需注册人员的规定，便于香港专业人士进入内地设立企业和承揽业务。截至年底，8名香港建筑师在广东省注册执业，3名建筑师申办设计事务所。

2012年9月22日，根据《取得内地一级注册建筑师互认资格的香港建筑师在广东省注册执业管理办法》和《取得内地一级注册结构工程师互认资格的香港结构工程师在广东省注册执业管理办法》的规定，广东省住房和城乡建设厅、省注册建筑师与工程师管理委员会在广州举办面向香港建筑师、结构工程师的法规测试，105名香港建筑师、结构工程师通过该次测试。

10月15日，广东省住房和城乡建设厅争取得到住房和城乡建设部的支持，并转发住房和城乡建设部关于落实内地与香港、澳门《〈关于建立更紧密经贸关系的安排〉补充协议九》有关事项的通知，批准取得内地注册监理工程师、建筑师资格的香港、澳门专业人士在广东注册执业，并作为广东省内企业申报企业资质所要求的注册执业人员予以认定。批准通过考试，取得内地注册结构工程师、注册土木工程师（港口与航道）、注册公用设备工程师、注册化工工程师、注册电气工程师等5项资格的香港、澳门专业人士在广东注册执业，并作为广东省内企业申报企业资质所要求的注册执业人员予以认定。（何志坚）

【粤港澳台闽物业管理交流合作】2012年，广东省推进粤港澳物业服务企业交流合作，学习借鉴港澳先进的物业管理经验，提高全省物业服务水平。广东省物业管理行业协会、福建省物业管理协会、香港物业管理公司协会、澳门物业管理业商会、台湾物业管理经理人协会，于11月8日在厦门共同签署《闽粤港澳台物业管理行业交流合作框架协议》。《协议》将密切粤港澳台闽“两岸五地”物业管理行业交流合作，搭建长期合作协作交流沟通平台，加大资源整合力度，促进两岸五地物业管理共同发展。是年，省住房和城乡建设厅印发《广东省住房和城乡建设厅关于推动港澳房地产开发及物业服务企业来粤开展业务的通知》，在企业资质核定中承认港澳企业在当地取得的业绩和专业人员资格，鼓励两地房地产开发、物业服务企业及专业人士来广东省开展相关业务。（张志军）

【CEPA协议九落实】2012年，广东省住房和城乡建设厅积极推进CEPA协议九各项工作。一是与香港特别行政区环境保护署沟通协调，实地考察香港环境服务业企

·链接· CEPA

CEPA（英文名称：Closer Economic Partnership Arrangement，中文翻译：关于建立更紧密经贸关系的安排）是指中央政府与香港特区政府签署的《内地与香港关于建立更紧密经贸关系的安排》、与澳门特区政府签署的《内地与澳门关于建立更紧密经贸关系的安排》。

业，研究香港企业申请环境工程施工及环境工程设计资质的具体问题，获得香港环保界的肯定。二是提出2013年推动粤港合作的具体思路和目标。 （陈雷）

城乡建设资金收支情况

【城市维护建设资金收入】 2012年，广东省城市维护建设资金总收入1059.74亿元，比上年的886.02亿元增加173.72亿元，增长19.07%，其中来源于中央财政拨款6.98亿元，增长12.96%，地方财政1052.76亿元（含省财政拨款18.10亿元），增长18.89%。

全年主要收入是土地出让转让收入517.47亿元、市县财政专项拨款176.14亿元、城市维护建设税171.32亿元，分别占全部收入的48.94%、16.62%、16.17%。

是年，来自珠江三角洲地区的收入占全省的85.82%，粤东、粤西地区占全省的5.66%，粤北地区占全省的8.52%。

【城市维护建设资金支出】 2012年，广东省城市维护建设资金总支出877.73亿元，比上年的703.70亿元增长24.76%，其中固定资产投资414.63亿元，增长15.23%，维护支出301.29亿元，增长73.16%，其他支出161.82亿元，下降4.74%。

（傅学燕）

2012年广东省城市维护建设资金（财政性资金）收支情况

单位：万元

地区名称	维护建设资金收入合计	中央财政拨款	省级财政拨款	市(县)财政资金			
				合计	市(县)财政专项拨款	城市维护建设税	城镇公用事业附加
广东	10597358	69804	181022	10096364	1761428	1713178	253671
广州	2839836	501	0	2823299	186140	834797	82601
深圳	156722	0	0	156722	149617	0	0
珠海	943940	60000	20000	684641	20906	108876	8703
汕头	60519	0	0	60519	0	60519	0
佛山	892568	0	0	892417	59259	199178	38545
韶关	215701	1286	0	213952	2187	36116	4366
河源	116891	0	290	116601	0	8853	2321
梅州	125055	1500	25	123530	200	28796	1127
惠州	609071	0	40	606740	135351	30380	6219
汕尾	26381	0	425	896	0	492	12
东莞	2488824	0	0	2488824	829952	148058	68485
中山	357409	0	0	357409	217037	20078	2005
江门	422214	4307	1473	414635	13617	78435	16352
阳江	38284	0	95	38189	3069	2653	0
湛江	267806	466	0	267340	29702	31670	5466
茂名	75638	1500	3230	68088	840	52589	3466
肇庆	384473	10	155324	223245	58580	27764	5900
清远	183269	0	0	177995	42401	15437	6543
潮州	81161	0	120	69960	6000	8838	0
揭阳	49825	234	0	49591	6255	11363	1560
云浮	261771	0	0	261771	315	8286	0

(续表)

地区名称	市(县)财政资金							
	市政公用设施配套费	市政公用设施有偿使用费				土地出让转让收入	水资源费	其他收入
			过桥、过路费	污水处理费	垃圾处理费			
广东	462609	570749	140513	288387	183450	5174663	31076	128990
广州	248236	101569	52204	33878	15165	1288047	5509	76400
深圳	0	7105	0	7105	51500	0	0	0
珠海	0	49655	32754	14588	2313	477990	293	18218
汕头	0	0	0	0	0	0	0	0
佛山	33467	94083	0	70719	23364	462060	4497	1328
韶关	7892	5741	0	4445	1296	156981	669	0
河源	7625	4505	0	2822	1683	93297	0	0
梅州	3241	5534	0	4607	927	84548	84	0
惠州	37103	8546	0	2372	6174	386079	0	3062
汕尾	139	130	0	0	0	0	0	123
东莞	5711	200465	54188	92374	53903	1231881	4272	0
中山	5763	9608	0	2778	6830	96058	6860	0
江门	37262	26776	1137	17160	8479	221555	2474	18164
阳江	1934	2953	0	0	0	26876	0	704
湛江	13281	15947	230	10717	5000	166996	4251	27
茂名	3268	4838	0	4440	398	2041	33	1013
肇庆	21884	12223	0	6731	3382	96420	456	18
清远	13429	7142	0	6402	740	86933	346	5764
潮州	6640	4072	0	3435	637	42123	146	2141
揭阳	13722	3177	0	2324	853	11000	486	2028
云浮	2012	6680	0	1490	806	243778	700	0

地区名称	其他财政资金	维护建设资金支出合计				
			维护支出	固定资产	其他支出	
						偿还贷款
广东	250168	8777348	3012854	4146267	1618227	758498
广州	16036	2367176	1071416	1077641	218119	151030
深圳	0	153170	32073	0	121097	0
珠海	179299	904447	106552	507056	290839	200631
汕头	0	272920	238140	28813	5967	0
佛山	151	561191	62412	121493	377286	40206
韶关	463	39678	5503	32206	1969	0
河源	0	116741	11864	17793	87084	45000
梅州	0	134046	112503	500	21043	21043
惠州	2291	563362	427651	49485	86226	75012
汕尾	25060	26381	1280	17590	7511	0
东莞	0	2378713	670831	1684450	23432	23432
中山	0	140645	44470	71497	24678	0
江门	1799	232602	43924	81607	107071	55006
阳江	0	47285	12853	33998	434	0
湛江	0	265247	34118	166385	64744	51705
茂名	2820	49329	33344	12378	3607	3457
肇庆	5894	403328	55904	190743	156681	84569
清远	5274	38841	22227	15967	647	115
潮州	11081	32698	4881	10573	17244	7292
揭阳	0	27087	4912	22175	0	0
云浮	0	22461	15996	3917	2548	0

(冯育文)

城乡规划

- 《广东省城镇化发展『十二五』规划》制订
- 粤东西北地区地级市城区扩容提质五年行动计划实施
- 泛珠三角省(区)规划院院长论坛在广州举行
- 珠三角城际轨道站场TOD开发模式推行
- 『三旧』改造专项规划备案审查绿色通道设立

综　　述

【概况】 2012年，广东省城乡规划工作围绕“加快转型升级，建设幸福广东”的核心任务，贯彻落实全省提高城市化发展水平工作会议精神，以提高全省城市化发展水平为主线，在完善法定城乡规划体系，监督指导各市城市总体规划、“十二五”近期建设规划、详细规划、村庄规划编制和实施的同时，推进广东绿道网建设、《广东省城乡规划条例》立法、城市总体规划评估及充实完善、珠三角城际轨道TOD（公交导向型）综合开发、粤港澳规划合作等工作，完成既定任务目标，实现新的进步。全省投入城市“三旧”改造资金924.5亿元，完成改造项目408个，完成改造面积706.67公顷，节约用地421.73公顷。是年，广东省城镇化率达到67.4%。其中珠江三角洲城镇化率是83%，全省城镇化发展进入新阶段。

【全省提高城市化发展水平会议精神贯彻落实】 2012年，广东省住房和城乡建设厅贯彻落实全省提高城市化发展水平工作会议精神，探索“绿色、智慧、包容、人本、特色”的新型城市化道路。一是制订实施《中共广东省委广东省人民政府关于提高全省城市化发展水平的意见》的配套政策文件。报请省委办公厅、省政府办公厅印发《广东省宜居城市建设评估基本指标体系》《提高城市化发展水平重点工作绩效考核办法》。二是成立城市化工作机构。提请省机构编制委员会办公室成立省城市化工作领导小组，办公室设在省住房和城乡建设厅，领导小组组长由省长朱小丹担任，常务副组长由副省长许瑞生担任，副组长由省政府副秘书长罗欧、省住房城乡建设厅厅长房庆方担任，成员由省委宣传部、省发展改革委、经济和信息化委等20多个相关部门的负责人担任。三是组织制定城市化重点工作绩效考核评价标准。从考核项目的内涵、具体内容、计算方法、目标要求等方面进一步细化完善考核评价标准。四是及时跟踪全省各市城市化工作进展。印发《关于报送提高城市化发展水平工作进展情况的函》，掌握全省各市的城市化工作情况。在此基础上，及时总结推广各地的成功经验。印发佛山、深圳、湛江等市的城市化工作简报。五是开展“理想城市”课题研究。组织北京大学、中山大学、广东省城乡规划设计研究院、深圳市城市规划发展研究中心、深圳市蕾奥规划设计咨询有限公司等研究机构，开展“理想城市”系列研究。研讨专题包括：《理想城市视角下建设高效、集约、绿色宜居城市研究》《广东省城镇化发展水平指标体系研究》《广东省城乡规划编制、实施和管理检讨与优化研究》《〈大珠三角地区建设世界级城市群行动纲领〉课题研究》《转型与重构背景下广东省“十二五”理想城市建设思考与建议》《文明宜居、承载“五化”的理想城市建设研究》等。同时制定《广东省城市慢行交通规划设计指引》《广东省城市滨水地区休闲游憩系统规划建设指引》《广东省城市、镇控制性详细规划编制指引》《关于在广东省城乡规划管理中落实低碳生态要求的工作规程》《广东省城市设计指引》《广东省岭南特色历史街区复兴规划建设指引》等多项技术文件，强化城乡规划技术支撑体系，推动城镇化水平稳步提升。

【《广东省城镇化发展“十二五”规划》】 “十二五”时期是加快转变经济发展方式，实现全面建设小康社会奋斗目标的关键时期，也是广东省深入实施《珠江三角洲地区改革发展规划纲要(2008~2020年)》的重要时期。《广东省城镇化发展“十二五”规划》是广东省“十二五”重点专项规划之一，事关全省未来城镇化发展的长远战略，对开创广东特色城镇化发展新局面，推动经济发展方式加快转变具有重要意义。

全省城镇化发展规划编制　根据广东省人民政府办公厅《印发广东省“十二五”规划编制工作方案的通知》精神和省委、省政府关于城镇化发展的工作部署，由省住房和城乡建设厅牵头组织编制《广东省城镇化“十二五”规划》（简称《规划》）。为科学编制和实施《规划》，省住房和城乡建设厅牵头成立广东省城镇化发展“十二五”规划编制工作小组，联合省发展改革委、经济和信息化委、公安厅、民政厅、财政厅、国土资源厅、环境保护厅、交通运输厅、农业厅、水利厅、统计局等部门共同参与编制工作。《规划》编制工作主要分四个阶段：一是实地调研阶段。2010年1~4月中旬，组织对省内部分有代表性的市、县、镇、村的城镇化发展状况进行调研。二是初稿编制阶段。省住房和城乡建设厅组织开展系列专题研究，多次邀请省内外知名专家召开研讨会，就《规划》的研究思路、技术方法、研究结论等听取专家意见。在相关专题研究基础上形成《规划（初稿）》，并组织相关部门及专家进行评审。三是规划修改与征求意见阶段。将《规划（征求意见稿）》征求省直有关部门、各地级以上市人民政府意见，并根据反馈的意见以及2011年12月7日省委、省政府召开的提高全省城市化发展水平工作会议精神进行修改完善，于2012年初形成《规划（送审稿）》提请省府常务会议审议。四是最终成果阶段。2012年4月，经省政府常务会议审议后，按照省政府常务会议意见和近期出台的相关政策文件精神对《规划》作进一步修改调整，并结合党的十八大会议精神和《广东省“十二五”规划纲要》《广东省促进粤东西北地区地级市城区扩容提质五年行动计划》

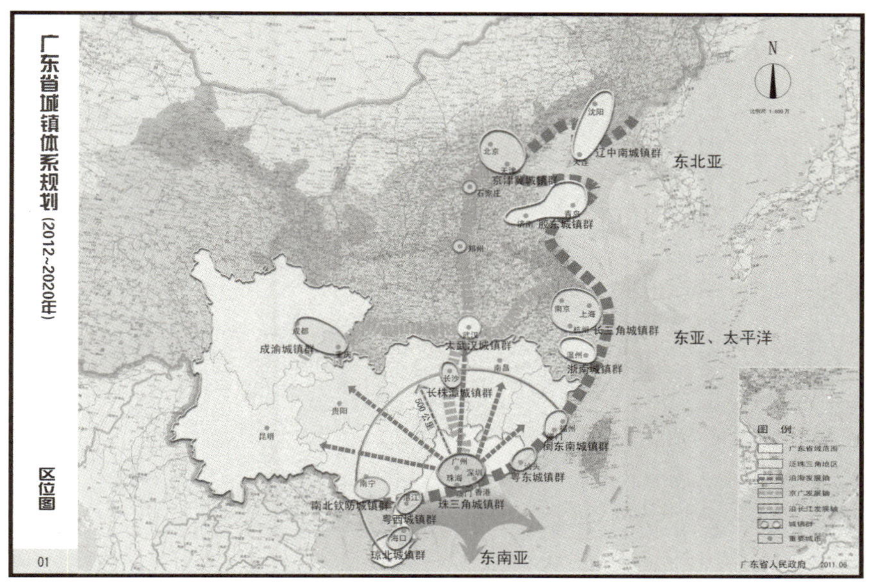

▲广东省城镇体系规划（2012~2020年）区位图

（广东省住房和城乡建设厅城乡规划处供稿）

等重要的政策文件进行衔接。在再次征求省直有关部门、各地级以上市人民政府意见的基础上，于2012年12月完成，2013年3月印发实施。

《广东省城镇化发展“十二五”规划》主要内容　《规划》围绕“加快转型升级，建设幸福广东”的核心任务，对广东省未来五年的城镇化发展进行部署，积极稳妥地推进广东特色城镇化进程，切实提高城镇化发展水平。主要内容分为五个部分。一是回顾与展望。回顾全省“十一五”期间城镇化工作取得的成绩和存在的问题，展望未来五年广东省城镇化发展面临的机遇与挑战。二是指导思想与发展目标。《规划》提出“十二五”期间广东省城镇化发展指导思想和发展目标，提出到2015年全省城镇化水平要达到70%。三是主要任务。《规划》主要从促进区域协调发展、提高城乡一体化发展水平、构建集约紧凑空间格局、创新城市开发模式、提升绿色宜居水平、大力推动智慧城镇建设、保护传承历史文化、推动异地务工人员融入城镇等八个方面提出全省城镇化发展的主要任务。第一，促进区域协调发展。将全省划分为珠三角世界级城市群、粤东城镇群、粤西城镇群、粤北中心城市培育区等四个城镇化空间；第二，提高城乡一体化发展水平。要求加快建成覆盖城乡、功能完善、分布合理、管理有效、水平适度的基本公共服务体系，促进城乡产业联动发展；第三，构建集约紧凑空间格局。要求进一步优化全省城镇空间组织，推动形成多层次、多中心组团布局、紧凑集约的城镇空间格局；第四，创新城市开发模式。按照“以人为本”的建设理念，科学推进新区开发和旧区改建，优化产业发展等特色功能区域；第五，提升绿色宜居水平。包括：构建区域生态安全格局，推进低碳城镇建设，加强公用基础设施和宜居社区建设，完善城镇住房保障体系，开展城乡环境综合整治等；第六，推进智慧城镇建设。包括加快无线城镇群建设、促进重点领域的智能技术应用等；第七，保护传承历史文化。包括：建设岭南文化城市、复兴岭南特色历史文化街区、彰显城镇建筑文化特色、保护历史文化遗产等；第八，推动异地务工人员融入城镇。包括：加快异地务工人员市民化进程、改革人才引进与落户制度、改善职业教育环境等。四是重大工程。为实现目标任务，《规划》提出绿道网建设、珠江三角洲城际轨道交通沿线土地综合开发、环珠江口宜居湾区建设、城市步行和自行车交通系统建设、“魅力水岸”示范建设、城镇保障性住房建设、智慧城镇建设、绿色低碳住区和宜居社区建设、岭南特色历史文化街区复兴等九大重点二程。五是保障措施。《规划》从规划统筹引领、土地资源配置、投融资机制、组织协调、考核评估等五个方面提出有利于促进城镇化健康发展的政策措施。　（曹滢）

【《广东省促进粤东西北地区地级市城区扩容提质五年行动计划》】 于2012年10月印发实施。2011年，广东省城镇化率达到66.5%，整体上进入以城市社会为主的新成长阶段，城市化成为引领经济社会发展的重要引擎。但是，省内各区域间发展不平衡的问题仍然比较突出，特别是粤东西北地区长期发展滞后，12个市的人均GDP低于珠江三角洲，并低于全国平均水平，成为制约广东省经济社会发展的突出问题。针对上述情况，省住房和城乡建设厅牵头制定《广东省促进粤东西北地区地级市城区扩容提质五年行动计划》（简称《行动计划》）。

以城市转型发展引领区域经济社会转型发展是《行动计划》的主旨：一是集约集聚，城乡一体。引导要素集聚，促进紧凑发展，优化城市化空间形态，提高土地利用和城市运行效率。二是将城市视为有机的生态系统，遵循城市发展规律，尊重人的发展需求，生态化、系统化地优化城市发展的机制和模式，促进人与城市经济、社会、自然等各系统的和谐共生，建设“以人为本”的理想城市。三是规划引领，改善民生。发挥规划的综合调控作用，做大城市经济总量，加大对公共服务设施和公益性事业的投入，提升城市品质和人居环境，促进城市和谐发展。

《行动计划》着力发掘粤东西北的比较优势，明确粤东西北地区的战略定位和发展策略，探索不同于珠江三角洲的可持续发展的城市化道路。在全省发展总体格局下，注重使粤东西北获得与珠江三角洲均等的发展机遇，促进区域城市集聚有序发展和城乡互补融合发展。建立全省及泛珠江三角洲之间有机统一的区域流通网络、产业协作网络和公共服务网络，促进粤东西北地区将丰富的自然生态资源和地域文化资源优势转化为城市发展优势，在接受珠江三角洲辐射带动的同时，培育与珠江三角洲融合、互补的战略性新兴产业，为泛珠江三角洲提供梯度服务，增强粤东西北发展动力。

《行动计划》围绕加强城乡规划、拓展城市空间、提升城市产业发展水平、完善城市功能、提高人口素质、改善环境质量等六个方面，提出30项具体行动安排。从创新综合资源保障体系、加大资金保障力度、强化工作保障机制等方面提出8项措施，明确今后五年粤东西北各地级市做大做强的重点工作。在《行动计划》的指导下，粤东西北各地级市迅速行动，从实际出发，掀起新一轮以加快产业、人口、城市“三个扩容”以及产业、人口、城市、生活“四个提质”为重点的新型城市化进程。为推进落实《行动计划》，省住房和城乡建设厅联合省城乡规划设计研究院和粤东西北12个地级市政府制定《粤东西北地级市中心城区扩容提质增强辐射带动能力实施方案》，在加强规划、统筹现有城区和周边城区的发展、壮大产业基础、增强提升城市功能、配套完善基础设施和推进生态文明建设等方面提出实施意见，分类指导粤东西北12个地级市，推动各市中心城区建设成为辐射带动周边地区发展的经济中心。

(高磊　苏西超)

▲2012年6月8日，由中国城市规划学会主办、广东省城乡规划设计研究院承办的第一届泛珠三角省（区）规划院院长论坛在广州举办

（广东省城乡规划设计研究院供稿）

【泛珠三角省（区）规划院院长论坛】 2012年6月8日，由中国城市规划学会主办、广东省城乡规划设计研究院承办的第一届泛珠三角省（区）规划院院长论坛在广州举办。来自中国城市规划学会、广东省住房和城乡建设厅以及福建、江西、湖南、广东、广西、海南、四川、贵州、云南等9省（区）规划院，香港规划师学会、澳门城市规划学会等单位的40多位领导和专家出席论坛。论坛主要包括：“主题论坛、发展论坛、参观考察”三个环节。

论坛是泛珠三角区域一次具有历史性意义的省际论坛，主题论坛与发展论坛主题分别为“加强规划合作，促进区域协调”和“搭建服务平台，谋求共同发展”，各省区对城乡规划层面的价值观、发展思路以及规划经验进行交流与分享，为泛珠三角各省（区）规划院、学会的同行提供一个面对面的交流平台，促进泛珠三角各省（区）之间的规划合作，推进城乡区域规划可持续健康发展。

中国城市规划学会，泛珠三角9省（区）规划院和香港规划师学会、澳门城市规划学会代表共同签署《泛珠三角省（区）规划院院长论坛章程》。与会代表参观考察广东增城绿道建设和广东增城名镇名村建设成果。

【南粤沙龙启动仪式暨第一期沙龙活动】 于2012年12月8日在广东省城乡规划设计研究院举行。副省长许瑞生，省住房和城乡建设厅厅长房庆方、党组书记王芃，以及中国工程院院士、国家工程设计大师、华南理工大学建筑学院院长何镜堂等领导和专家约150人出席活动。“南粤沙龙”旨在营造全省城乡规划领域探索创新的思想交流平台，是专业性、非行政性的公益活动。

首期沙龙活动主题是“珠三角规划20年回顾”。广东省副省长许瑞生致辞并宣布南粤沙龙正式启动，并与省住房和城乡建设厅厅长房庆方分别作《从中央公园绿道——广州公共绿地建设百年回顾》和《珠三角规划20年回顾》的主题报告。与会领导和专家就沙龙主题开展深入交流和研讨。 *(胡琼)*

城乡规划编制与研究

【概况】 2012年，广东省住房和城乡建设厅围绕促进提高城镇化水平、建设宜居城乡、提高人居品质方面开展有关重大规划的编制与研究：一是历经12年逐级审核，经反复讨论和修改的《广东省城镇体系规划（2012~2020）》通过国务院批准正式实施，确立全省未来将以提升城镇化质量，走“广东特色城镇化道路”为目标，实施“出山近海，内优外拓”的城镇空间发展战略。二是在珠三角绿道网基本建成的基础上，编制《广东省绿道网建设总体规划（2011~2015年）》，并报请省政府印发，确定全省绿道网的总体布局和各地级以上市绿道建设目标和任务。

【《广东省城镇体系规划（2012~2020）》】 于2012年4月25日获国务院批复实施，这是广东省唯一获国务院认可的统筹全省城镇建设的规划方案。《广东省城镇体系规划（2012~2020）》（简称《规划》）编制工作于2001年10月启动。

《规划》在总结广东省“十一五”期间社会经济及城镇化发展的基础上，明确全省城镇发展方针、策略以及城镇化发展水平目标，提出构筑“一主、三副、六轴、六核”的城镇空间结构，提出城市分类发展指引。《规划》就广东省生态环境与资源保护、综合交通运输体系、供水保障体系、能源供应体系、区域环境设施体系、公共服务设施体系等方面进行规划，将全省用地划分为区域绿地、城镇建设发展区、乡村发展区、区域性交通通道及市政设施走廊等四大类，提出针对性的战略性引导和综合治理政策。在此基础上，《规划》提出强化集聚、推进外联、宜居城乡建设、完善综合交通运输体系、建设“新市镇”、建设社会主义新农村等六项近期重点行动计划。

《规划》打破城镇体系规划的传统框架，突出规划的务实性和综合调控性，较好地处理刚性与弹性的关系，在规划编制内容、方法等方面进行探索和创新，是广东省城镇发展规划编制的重要依据，为全省各地城镇规划建设工作提供重要的方向指引和信息数据参考。

（唐卉）

【《广东省绿道网建设总体规划（2011~2015年）》】 于2012年5月正式实施。为推动珠江三角洲绿道网向全省延伸，2011年初，广东省人民政府印发《广东省绿道网建设2011年工作要点的通知》，要求制定全省绿道网规划。省住房和城乡建设厅组织由省城乡规划设计研究院、广州地理研究所和深圳市北林苑景观及建筑规划设计院组成的规划编制团队，采用“省市互动、上下协同、踏勘调研、科学论证”的方式，开展《广东省绿道网建设总体规划（2011~2015年）》的研究和编制工作。规划于2011年11月形成规划初步成果，于12月23日通过专家评审。2012年2月，省政府印发《广东省绿道网建设2012年工作要点》，省住房和城乡建设厅根据《工作要点》的要求，对规划进行修改完善；5月7日，省政府正式批复实施《广东省绿道网建设总体规划（2011~2015年）》（简称《规划》），提出推动珠江三角洲绿道网向东西北地区延伸，要求各地、各有关部门严格按照规划要求开展绿道建设工作，确保到2015年全省建成总长8770千米的省立绿道（含珠江三角洲已建的2372千米省立绿道），构建全省互联互通、配套成熟完善的绿道网。

《规划》根据广东省丰富的自然生态资源和历史人文资源，综合考虑全省区域经济发展水平、生态资源环境和人口分布等方面的差异，以珠江三角洲绿道网为依托，按照“核心优先，兼顾其次”的原则，以“加强生态保护、改善宜居环境、促进经济发展三大目标”为主线，提出覆盖全省、疏密有致、功能形式多样的绿道网建设总体目标、阶段性目标和布局，明确各市省立绿道的线路、建设任务及时序等，对设施配套、生态措施、功能开发、分类建设、实施机制等方面内容进行规划。《规划》是“十二五”时期广东省绿道网规划建设的重要依据，是广东省大尺度绿道网规划的探索，也是广东省首次针对省域不同地域特征、类型、功能的绿道，从规划、建设、管理、运营和功能开发等方面，全面提出绿道综合发展模式的规划，具有较强的可操作性和创新性。

（肖宁玲）

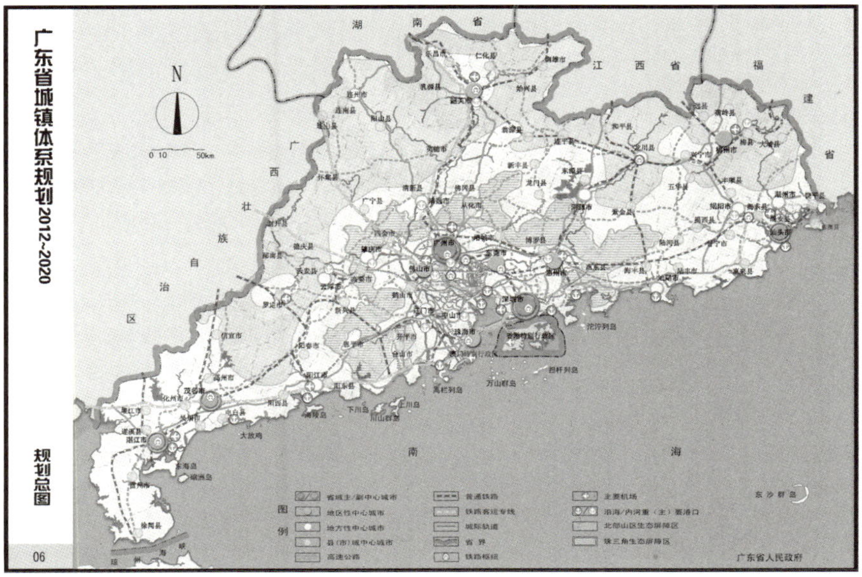

▲广东省城镇体系规划2012~2020规划总图

（广东省住房和城乡建设厅城乡规划处供稿）

【广东省提高城镇化发展水平指标体系研究】 为贯彻落实《中共广东省委办公厅、广东省人民政府办公厅关于提高我省城市化发展水平的意见》，探索新时期承载“五化”的城市发展新模式，研讨广东城镇化发展战略和实施路径，为提升全省城市综合竞争力和可持续发展水平提供技术支持，省住房和城乡建设厅组织编制《广东提高城镇化发展水平指标体系研究》(简称《体系研究》)，并于2012年底完成编制。

《体系研究》结合广东省提高城镇化发展水平的实际需求，按照“现实性、代表性、引导性、可操作性”原则，从经济集约、社会和谐、环境友好、城市特色和城乡统筹五个方面建立评价指标体系，确定29项中小类指标和具体评价方法，以考评城镇化实际发展水平和城镇化工作改善程度相结合的方式，反映全省各市城镇化工作水平的差异，以此作为城镇化发展与城镇建设工作的指引，引导地方城镇化健康发展。 *(曹滢)*

【《广东省应急避护场所规划纲要(2011~2020年)》编制】 为落实《广东省突发事件应对条例》和广东省人民政府办公厅《关于认真贯彻实施突发事件应对条例的通知》有关要求，预防和应对各种突发事件，最大限度地减少人员伤亡和财产损失，增强全省抵御突发事件的整体能力，构建和谐平安社会，省住房和城乡建设厅组织编制《广东省应急避护场所建设规划纲要(2011~2020)》(简称《规划纲要》)，于2011年8月完成初稿，并征求省直相关部门以及各地市城乡规划主管部门的意见；2012年12月，省住房和城乡建设厅联合省政府应急办召开《规划纲要》专家论证会，来自省内外的应急救援和规划建设方面的专家对规划纲要给予高度评价。截至2012年底，省住房和城乡建设厅根据专家提出的意见和建议，对《规划纲要》进行修改和完善。 *(唐卉)*

【西藏林芝地区鲁朗国际旅游小镇规划】 2012年3月，中共广东省委副书记、省长朱小丹主持召开对口援藏重点做好鲁朗国际旅游小镇建设工作会议，决定由省住房和城乡建设厅牵头，系统开展鲁朗国际旅游小镇规划编制工作。省住房和城乡建设厅组成由广东省城乡规划设计研究院、广业环保集团牵头的规划编制工作小组和专家组，对西藏林芝地区林芝县八一镇、鲁朗镇进行实地考察，并与当地相关部门召开座谈会。在充分调研的基础上，完成《援藏建设鲁朗镇垃圾处理设施考察调研报告》和《鲁朗镇生活垃圾收运和处理系统技术方案》，同时开展鲁朗国际旅游小镇总体规划、控制性详细规划和市政基础设施规划的编制工作；7月，工作小组再次赴西藏，与西藏自治区住房和城乡建设厅、林芝地区住房和城乡建设局和鲁朗国际旅游小镇现场工程指挥办公室进行座谈，听取鲁朗小镇建设前方工作组及当地有关职能部门对鲁朗小镇规划编制的意见和建议，就周边旅游资源、自然环境，当地地形地貌、社会经济、土地利用、发展诉求、拆迁安置等情况以及小镇建设遇到的问题展开现场踏勘；8月初，工作小组制订规划编制工作方案，开展藏式城镇特色、优秀援藏项目规划编制经验、国际旅游小镇成功经验等专题研究。8月底，完成初步方案；9月中旬，省住房和城乡建设厅和规划设计单位在综合各方意见的基础上，深化和完善规划方案，于9月22日形成《鲁朗小镇总体规划（送审稿）》；11月5日，西藏自治区城镇规划评审委员会组织召开鲁朗小镇总体规划评审会，对《鲁朗小镇总体规划》(简称《总体规划》进行评审，一致同意总体规划通过技术审查。《总体规划》成果通过评审后，工作小组再次赴拉萨、日喀则、江孜、山南（泽当）等西藏特色城镇进行实地调研，与西藏自治区当地设计机构进行座谈交流，结合调研成果，对总体规划成果进行修改和完善，并进一步开展控制性详细规划和市政工程专项规划的成果编制工作；截至2012年12月，工作组完成鲁朗国际旅游小镇全部规划成果的编制工作。《总体规划》提出按照世界一流的旅游目的地建设鲁朗小镇的功能定位，使

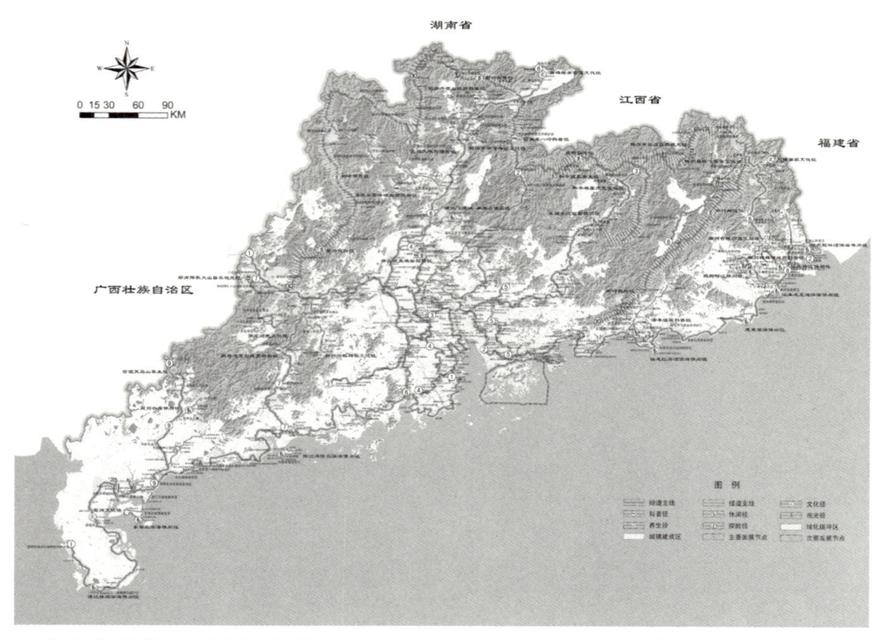

▲广东省绿道网空间布局总图(2012)（广东省住房和城乡建设厅城乡规划处供稿）

▲2012年11月5日，鲁朗国际旅游小镇总体规划评审会在西藏林芝召开

（广东省住房和城乡建设厅城乡规划处供稿）

鲁朗发展成为世界一流的旅游度假天堂和藏式小城镇建设的创新典范。《总体规划》从协调镇域发展角度，明确镇域空间管制和村镇体系，按照藏式城镇特色明确鲁朗小镇空间结构和用地布局，从营造藏区传统文化特色出发提出建设指引，引入投资集团的开发模式并按照民生为本、共享发展的原则确定规划实施对策。（魏剑丹）

【《广东规划简讯》创刊】 2012年9月5日，由广东省住房和城乡建设厅主管，广东省城乡规划设计研究院主办的规划行业内部资料性刊物《广东规划简讯》创刊。《简讯》以“记录规划动态、促进行业发展、服务规划建设”为宗旨，旨在通过宣传交流全省城乡规划政策动态、专业技术和行业精神风貌，宣传城乡规划政策，传递规划信息，服务宜居城乡建设和助推城市化发展水平提高等方面发挥作用。省住房和城乡建设厅副厅长蔡瀛发来创刊贺词，勉励《简讯》应以推动行业发展为己任，贯彻落实科学发展观，围绕省委、省政府的中心工作，突出宣传报道全省各地城乡规划建设的重点、亮点和城乡规划工作经验、工作业绩，开展城乡规划理论研究和学术交流。（胡琼）

规划实施与管理

【概况】 2012年，为提高城乡规划统筹能力，推动经济发展方式转型，广东省住房和城乡建设厅进行系列探索：推进《广东省城乡规划条例》的立法进程，《广东省城乡规划条例》经广东省第十一届人民代表大会常务委员会第三十八次会议于2012年11月29日通过，将于2013年5月1日起正式施行；为提高城市规划水平，部署开展对现有重要城市规划评估和充实完善工作；开展城乡规划编制和审查工作，提高省级层面的城乡规划管理水平；推行珠江三角洲城际轨道TOD开发模式，促进珠江三角洲城际轨道站场周边用地科学集约利用；推动历史文化遗产保护工作，促使广东省历史文化遗产保护工作走上良性轨道；开展城乡规划空间信息服务平台建设，提高全省城乡规划管理信息化水平；指导全省各地市科学制定“三旧”改造规划，促进节约集约用地；规范广东省产业转移工作园的规划认定工作，引导和推动全省产业转移工作集约节约科学发展；指导各地城乡规划科学实施管理，推动珠江三角洲城市从规模扩张转向存量挖潜，粤东西北地区城市做大做强中心城区；围绕“三促进一保持”（促进提高自主创新能力、促进传统产业转型升级、促进建设现代产业体系、保持经济平稳较快增长）的目标要求，加强和完善重大建设项目选址的管理工作等。（唐卉）

【城市总体规划评估及充实完善】 中共中央政治局委员、广东省委书记汪洋高度重视全省城市规划建设工作，指示省住房和城乡建设厅认真反思当前城市建设发展中存在的突出问题，虚心学习和借鉴香港等发达地区的成功经验，切实提高全省城市规划的水平。2012年3月25日，汪洋听取全省城市化发展水平工作会议筹备情况汇报，要求在城市规划集中调整、技术规划的完善和落实等方面把城市发展工作做得更加扎实，强调全省城市化发展工作要理清思路、谋定而后动，突出重点、落实到位，出新招、有突破、求成效，切实提高城市化发展水平，按照提升城市的宜居度和承载力的要求，抓紧开展对现有重要城市规划的评估和修编。省长朱小丹在多次讲话中重申这些要求。随后，省住房和城乡建设厅牵头起草《中共广东省委广东省人民政府关于提高我省城市化发展水平的意见》，贯彻落实汪洋和朱小丹的重要指示精神。《意见》明确提出强化规划的统筹协调作用，要求各市、县人民政府在2012年6月底前对现有重要城市规划进行评估，对不适应新时期发展要求的规划，按照法定程序组织修改，鼓励各地从实际出发，探索建立具有广东特色的城市规划新体系。是年，省住房和城乡建设厅印发《关于开展城市总体规划评估及充实完善工作的通知》《关于切实做好城市总体规划评估及充实完善工作的通知》，要求各

设市城市开展城市总体规划的评估及充实完善工作。通过规划编制技术创新，探索建设“理想城市”的新路径，为制定新的规划标准和规范性文件，以及建立广东特色城市规划新体系夯实基础。

2012年3月，广东省住房和城乡建设厅举办专题培训班，全省各市城乡规划主管部门的有关领导和人员300余人参加培训班。截至年底，全省各市提交城市总体规划评估及充实完善成果和工作总结材料。

（高磊）

【城乡规划编制与审查】 2012年，广东省加大各市城市总体规划审查力度，先后完成《湛江市城市总体规划纲要（2012~2020）》《中山翠亨新区总体规划（2012~2030）》《化州市城市总体规划（2011~2020）》《兴宁市城市总体规划纲要（2010~2020）》《高州市城市总体规划纲要(2010~2020)》和广州、佛山、韶关、云浮、河源等市“十二五”近期建设规划成果以及《梅州市城市总体规划（1993~2015）》规划评估成果的审查工作，促进各市发挥城乡规划在城市建设管理中的引领作用。是年，省住房和城乡建设厅参与国土、环保、文化、交通、水利、成品油等相关专业规划的审核工作，确保相关规划与城乡规划相衔接。

（唐卉）

【珠三角城际轨道站场TOD开发模式推行】 2012年，为深入实施《珠江三角洲地区改革发展规划纲要（2008~2020年）》，切实推进珠江三角洲城际轨道交通建设工作，通过推行TOD开发模式，创新珠江三角洲城镇群空间组织方式，为提升人居环境质量提供新型空间载体，广东省人民政府决定统一规划，有序推进珠江三角洲城际轨道交通沿线的土地综合利用。

2012年3月，广东省人民政府批复同意印发《珠三角城际轨道TOD综合开发规划（第一批）》，要求各相关城市政府及省直部门组织实施。

珠江三角洲城际轨道TOD综合开发的重点工作包括：推进开展第二批珠江三角洲城际轨道TOD综合开发规划，完成第一批珠江三角洲城际轨道站场相关片区的控制性详细规划编制，以及编制《珠三角城际轨道站场TOD综合开发规划编制技术指引（试行）》。

2012年4月26日，广东副省长徐少华主持“港铁公司参与广佛环线佛山西至广州南站段土地综合开发有关事宜”会议，确定综合开发的若干重点；5月6日，徐少华带队前往佛山市调研，主持召开城际轨道建设现场办公会。会后形成《关于引进多元投资主体参与我省城际轨道交通项目建设运营及沿线土地综合开发有关问题的签报意见》，明确由省住房和城乡建设厅参照第一批站场的编制方式，会同有关单位尽快编制张槎、陈村、北滘站的TOD规划，统筹确定站场周边土地的功能分区、开发强度、公交衔接等内容。

根据会议要求，广东省住房和城乡建设厅组织技术队伍开展基础

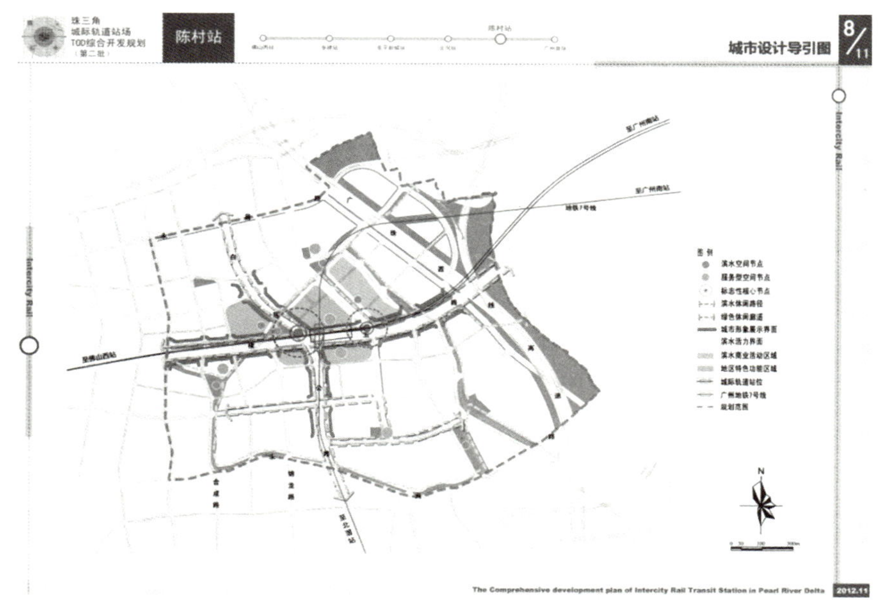

▲*2012 年编制完成的珠三角城际轨道交通站场佛山市陈村站 TOD 综合开发规划——城市设计导引图* *（广东省住房和城乡建设厅城乡规划处供稿）*

·链接·

TOD

TOD是指以公共交通为导向的开发模式，是英语“transit-oriented development”的缩写。TOD是国际上具有代表性的城市社区开发模式，是新城市主义最具代表性的模式之一，是规划一个居民或者商业区时，使公共交通的使用最大化的一种非汽车化的规划设计方式。这个概念由新城市主义代表人物彼得·卡尔索尔普提出，当时为了解决二战后美国城市的无限制蔓延而采取的以公共交通为中枢，综合发展步行化城区。其中公共交通主要指地铁、轻轨等轨道交通及巴士干线，以公交站点为中心，以400~800米（5~10分钟步行路程）为半径，建立集工作、商业、文化、教育、居住等为一体的城区，实现各个城市组团紧凑型开发的有机协调模式。目前，TOD模式被广泛应用在城市开发中，尤其是在城市尚未成片开发的地区，通过前期对规划发展区的用地以较低的价格征用，并导入公共交通，使之成为出售基础设施完善的“熟地”，政府再从土地升值的回报中回收公共交通的前期投入。

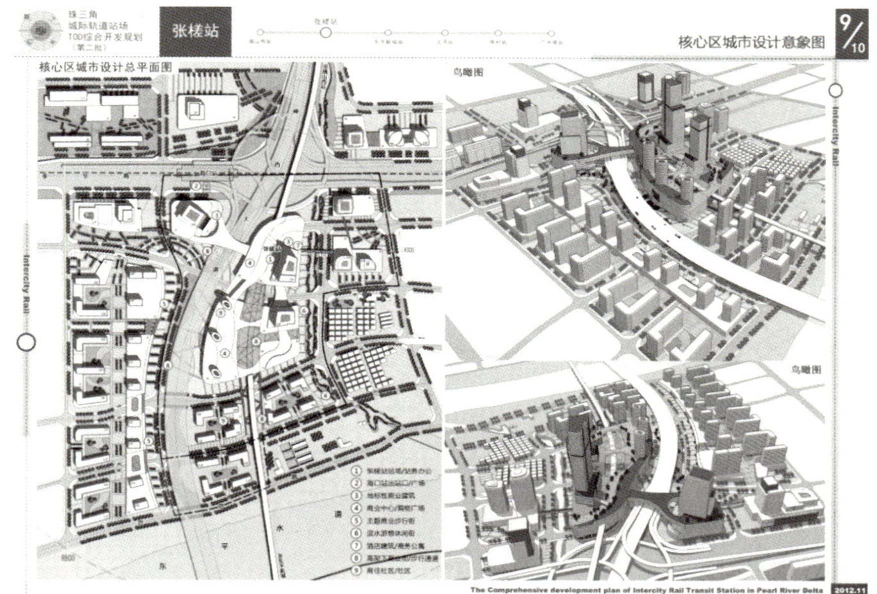

▲*2012年编制完成的珠三角城际轨道交通站场佛山市张槎站TOD综合开发规划——核心区城市设计意象图　　（广东省住房和城乡建设厅城乡规划处供稿）*

工作，分别于5月21日、6月9日、6月13日召开工作会议，与佛山市相关部门、省铁投集团、珠三角城际轨道公司、招商局集团、港铁集团等相关单位积极磋商，确定张槎、陈村、北滘3个站场正式启动第二批第一组TOD综合开发规划，并对规划编制、组织方式与进度要求等事宜达成共识；7月11日，省政府召开关于推进珠江三角洲城际轨道沿线土地综合开发工作会议，省长朱小丹对进一步加快推进土地综合开发工作进行部署，并作出尽快推进张槎、北滘、陈村等第二批珠江三角洲城际轨道站场TOD综合开发规划工作的指示；9月中旬，省住房和城乡建设厅多次组织召开多部门联合技术审查会议，对张槎、陈村、北滘3个站场的TOD综合开发规划方案提出了优化、修改的意见，会上同时就佛山市人民政府、广东省铁投集团、珠三角城际轨道公司等单位建议增加第二批站场数量等问题展开讨论。经审慎评估和分析，会议商定珠江三角洲城际轨道站场TOD综合开发规划分组开展，第一组先行开展张槎、陈村两站规划，北滘站随佛肇线的佛山西站、狮山站、狮山工业园站、云东海站一起作为第二组开展；12月，《珠三角城际轨道TOD综合开发规划（第二批第一组）》正式成果完成。

2012年7月31日，广东省住房和建设厅向广州、佛山、珠海、东莞、肇庆、清远市印发《关于抓紧完成第一批珠三角城际轨道站场相关片区控制性详细规划报备工作的函》，要求各市加快相关片区控制性详细规划的编制、修改和报备工作。截至年底，明确采取省市合作开发模式的站场中，肇庆鼎湖站、佛山三水站、珠海北站、清远银盏站已上报控规成果；清远银盏站TOD项目于9月底启动；东莞虎门商贸城站正在制定控规方案，站场红线内的合作开发启动；采取自行开发模式的广州新塘站也正在加紧编制控规调整方案。

2012年9月29日，广东省住房和城乡建设厅向珠江三角洲城际轨道沿线城市政府和相关部门印发《〈珠三角城际轨道站场TOD综合开发规划编制技术指引（试行）〉的通知》(简称《通知》)，并以《珠三角城际轨道站场TOD综合开发规划基础调查技术要求》和《珠三角城际轨道站场TOD综合开发规划编制技术指引（试行）》两个技术规范作为附件。《通知》明确基础调查的工作范围、调查内容、成果形式，以及站场TOD综合开发规划的控制要素、技术要求及成果构成。　　*（杨远超）*

【历史文化遗产保护】　2012年，广东省住房和城乡建设厅加强对全省历史文化遗产的保护。一是指导广州市规划局开展《广州市历史文化名城保护规划》和《广州市旧城保护与更新规划纲要》编制工作，并于3月27日联合召开规划专家论证会议；二是会同省文化厅对10多个国家重点和省级文物保护单位的保护规划以及广州、清远等市省级文物保护单位保护范围和建设控制地带划定进行审查。　　*（唐卉）*

【“三旧”改造】　“三旧”改造是广东省建设集约节约用地示范省的重大举措，是新的发展时期广东加快转变经济发展方式，是推动城市和产业转型升级、提高城市化发展水平的积极探索。2008~2009年，广东省人民政府与国土资源部签订《国土资源部、广东省人民政府共同建设节约集约用地试点示范省合作协议》，发布《关于推进“三旧”改造促进节约集约用地的若干意见》，召开全省“三旧”改造工作现场会，全省“三旧”改造工作正式拉开序幕。

·链接·

“三旧”改造

“三旧”改造是指“旧城镇、旧厂房、旧村庄”改造，是推进节约集约用地的重要措施。开展“三旧”改造的项目，必须符合城市土地利用总体规划、城乡总体规划，纳入“三旧”改造总体规划、年度计划，纳入省“三旧”改造监管数据库，制订改造方案，并且通过市（县）人民政府的批准。

2012年，围绕广东省委、省政府的统一部署，省住房和城乡建设厅研究制定《广东省“三旧”改造规划及年度实施计划编制要点》《广东省“三旧”改造规划成果审查的技术要点》等规范，印发《关于加强“三旧”改造规划实施工作的指导意见》《关于进一步加快“三旧”改造完善历史用地手续规划审查工作的通知》等文件，设立“三旧”改造专项规划备案审查绿色通道，指导各地探索“三旧”改造专项规划实施保障机制，有序推进全省“三旧”改造工作。

2012年，全省“三旧”改造成效显著。131个“三旧”改造规划全部完成编制、审批和备案审查。全省投入改造资金924.5亿元，约占同期全省固定资产投资的4.27%，完成改造项目408个，完成改造面积706.67公顷，节约用地421.73公顷。是年，省住房和城乡建设厅总计审查100个“三旧”改造需完善历史用地手续的项目，对全省“三旧”改造工作起统筹指导作用。

【双转移协同推进】 2012年，根据《广东省产业园区规划制定的指导意见（试行）》，广东省住房和城乡建设厅切实加强对产业转移园规划编制的指导工作，督促全省各地加快产业转移园总体规划成果的上报审批工作，推动产业转移园规划成果质量的提高。全年完成14个省级产业转移工业园申报认定或规划调整的规划审核工作；加强对产业转移工业园规划实施的监督检查工作，确保产业转移工业园开发建设依法依规。2012年5月，省住房和城乡建设厅开展产业转移目标责任考核评价工作，对相关的广东省产业转移工业园规划建设情况进行实地考核。 （苏西超）

【重大建设项目规划选址】 2012年，广东省住房和城乡建设厅落实中央和省扩大内需、促进经济增长的有关政策，加快推进建设项目选址的审批进度。按照部门意见互不为前置条件的审批原则，确保10个工作日内为国家和省重点项目核发选址意见书。截至年底，依法核发69个建设项目规划选址意见书。 （唐卉）

规划成果选介

【《湛江市城市总体规划（2011~2020）》】 2012年11月3日，由广东省城乡规划设计研究院编制的《湛江市城市总体规划（2011~2020）》（简称《规划》）通过住房和城乡建设部、广东省住房和城乡建设厅联合组织的审查会。《规划》全面分析湛江经济、社会、交通、生态等方面的优势和存在问题，总结相关规划和政策要求，合理判断湛江未来将迎来大港口、大工业、大城市时代，建成全国重要的沿海开放城市、现代化的新兴港口工业城市和适宜人居、创业、旅游的生态型海湾城市，更具集聚力、引领力、辐射力的粤西地区中心城市，能够代表广东实力和广东形象参与环北部湾和东盟合作竞争的区域性中心城市。本着区域协调、产业转型、城市扩容和空间提质的发展理念，《规划》确定湛江市中心城区的规划建设要点：（1）以中心城区为辐射核，统筹协调在经济、交通、生态等方面密切联系的周边区域，构建“大湛江城镇圈”，作为湛江实现与珠江三角洲、北部湾经济区和海南国际旅游岛协调发展的战略平台。（2）以大港口为依托，在完善临港工业和物流业的基础上，加强国家开发南海资源的服务基地建设，大力发展海洋旅游产业，培育新的经济增长点。（3）产业功能向南往宝满港区、东海岛转移，城市综合服务功能向东、向西往环境优良的海东新区和西城新区集聚，构建港口、产业、城市良性互动的港城都市。（4）充分利用湛江湾自然形成的“一湾多岸”，打造环湾的市级公共中心和便捷的快速交通，构筑具有海湾特色的城市空间。（5）加强旧城区更新与历史文化街区保护，完善新区基础设施配套，建立安全、舒适、愉悦的魅力之城。 （石莹怡　胡琼）

【《中山翠亨新区总体规划（2012~2030年）》】 2011年12月，广东省城乡规划设计研究院和中山市规划设计院受中山市人民政府委托，编制《中山翠亨新区总体规划（2012~2030年）》（简称《规划》）。《规划》明确建设翠亨新区是中山落实“加快转型升级、建设幸福广东”的核心任务，规划以“文化引领、生态优先、产城融合、智慧创新、和谐善治”的发展理念，在战略谋划、功能培育和形象塑造等方面精心组织，确定翠亨新区规划建设思路：（1）文化引领、转型升级。以孙中山先生文化为特色，打造海内外华人共有精神家园，以文化服务业为产业龙头，建设特色文化城市，促进城市发展与文化建设的有机结合。（2）一城双核、城市副心。翠亨新区打造成中山以生产性服务业为特色的副中心和产业转型升级新平台，和主城区构成中心城区“一城双核”的城市发展格局。（3）由江至海，一湾点睛。以科学用海的方式在珠江口建设逸仙湾，展现出海纳百川、迎接海外华人精英的精神意向，引领中山实现由“江河时代”迈向“海洋时代”的历史跨越。该项目于2012年9月27日通过省住房和城乡建设厅和中山市人民政府联合组织的专家评审。

（刘洁贞　胡琼）

城市建设与管理

□ 民间资本进入市政公用事业领域

□ 数字化城市管理工作推进

□《广东省立体绿化设计和施工技术指引》编制启动

□ 丹霞山、西樵山总体规划获国务院批准

□ 生活垃圾处理政策制定

综　　述

【概况】　2012年，广东省城市建设取得新成就。城市建设完成固定资产投资658.61亿元，建成区绿化覆盖率41.23%，城市人均公园绿地面积15.82平方米。城市自来水普及率97.62%，城市燃气普及率94.93%。城市污水处理率88.91%，设市城市污水集中处理率88.09%。全省市县城区生活垃圾无害化处理率81.5%。全省建成城市地铁线路16条，总里程466.01千米。建成城市道路总长度41388.37千米，道路总面积62786.88万平方米。是年，在联合国人居署“迪拜国际改善居住环境最佳范例奖”评选中，珠江三角洲绿道网建设项目获“全球百佳范例”称号。

【城市地下管线综合管廊建设】2012年，广东省住房和城乡建设厅印发《关于加强我省城市地下管线综合管廊建设的指导意见》，提出“政府主导规划建设、管线产权单位有偿使用、特许经营方式运营维护”的城市地下管线综合管廊建设运营基本模式。运营管理体现“统一协调、节约资源、信息共享、确保安全”。到“十二五”期末，实现全省建成30个以上的示范项目，总长度不少于240千米的发展目标。是年，全省各市推进地下管线综合管廊建设。一是示范推进。全省各地级以上市在新城区开发、大型产业园区建设、城市道路主次干道建设和整治等工作中，结合自身条件建设综合管廊示范项目，示范项目一般选定在3~8千米的长度；二是管理推进。结合广东省城市地下管线综合管廊建设指导意见，各地根据实际情况制定相关政策，明确综合管廊的所有权、规划权、建设权、管理权、经营权和使用权等，为地下管线的敷设、维护和档案管理提供有力保障。三是技术推进。按照住房城乡建设部《城市综合管廊工程技术规范》的要求，规范广东省城市地下管线综合管廊的规划、设计、施工、监理、竣工验收、维护管理等环节，做到统一规划、统一设计和统一建设。截至年底，广州、深圳、珠海各建成40千米以上，珠江三角洲地区其他6个城市各建成10千米以上，粤东西北地区12个城市各建成5千米以上。

【民间资本进入市政公用事业领域】　2012年，广东省住房和城乡建设厅鼓励吸引民间资本进入市政公用事业领域，通过投融资、土地、税收、价格和监管机制创新，吸引民间资本进入市政公用领域。8月31日，省政府在广州召开面向民间投资公开招标重大项目推介会，推出项目182个，总投资5038亿元。其中，涉及污水及垃圾处理、城市道路建设、城市供水、保障房建设等67个城建项目，投资706亿元，占项目总投资的14%。全年面向民间投资的招标项目总体进展情况良好，在放宽民间资本市场准入方面取得积极成效。

【深圳市步行和自行车交通系统示范项目建设】　盐田区公共自行车交通系统建设是深圳市步行和自行车交通系统示范项目的重要组成部分。2012年，深圳市盐田区投入5000多万元，购置5000辆自行车，设置145个自行车自助租赁站点，基本实现建成区内以任一点为圆心、以300~500米为半径范围内公共自行车租赁服务的全方位覆盖。

【数字化城市管理】　2005年以来，住房和城乡建设部在全国分三批共51个城市（城区）进行数字化城市管理新模式试点工作。其中，深圳市入选首批数字化城市管理试点城

2012 年广东省城市建设设施水平与全国对比情况

指　标	全国城市平均设施水平	广东省城市平均设施水平	设施水平对比（+/−）
人口密度	2307（人/平方千米）	2927（人/平方千米）	+620（人/平方千米）
人均日生活用水量	171.79（升）	246.68（升）	+74.89（升）
用水普及率	97.16%	97.62%	+0.46%
燃气普及率	93.15%	94.93%	+1.78 百分点
人均道路面积	14.39（平方米）	13.42（平方米）	−0.97（平方米）
污水处理率	87.33%	88.91%	+1.58 百分点
污水集中处理率	82.43%	88.09%	+5.66 百分点
生活垃圾无害化处理率	84.70%	79.11%	−5.59 百分点
建成区绿化覆盖率	39.59%	41.23%	+1.64 百分点
建成区绿地率	35.724%	37.17%	+1.45 百分点
人均公园绿地面积	12.26（平方米）	15.82（平方米）	+3.56（平方米）

注：本表各项人均指标除人均日生活用水量外，均是以城区人口和城区暂住人口合计为分母计算

（冯育文）

2012 年广东省设市城市市政公用设施情况

地区名称	人口密度（人／平方千米）	人均日生活用水量（升）	用水普及率（%）	燃气普及率（%）	建成区供水管道密度（千米／平方千米）	人均城市道路面积（平方米）	建成区排水管道密度（千米／平方千米）	污水处理率		人均公园绿地面积（平方米）	建成区绿化覆盖率（%）	建成区绿地率（%）	生活垃圾处理率	
								（%）	污水处理厂集中处理率（%）				（%）	生活垃圾无害化处理率（%）
广东省	2927	246.68	97.62	94.93	15.33	13.42	8.17	88.91	88.09	15.82	41.23	37.17	90.96	79.11
广州市	7317	313.57	99.70	99.45	16.58	9.99	9.36	79.18	79.18	19.64	40.50	35.61	80.38	80.38
增城市	1180	287.76	100.00	52.62	12.14	9.28	5.34	51.88	25.94	13.29	39.36	35.88	48.56	48.56
从化市	1769	208.46	88.94	100.00	21.36	8.72	8.04	83.43	83.43	14.05	27.22	26.37	100.00	100.00
韶关市	388	250.62	97.39	90.53	23.38	13.50	5.75	81.88	81.88	11.78	46.12	43.14	100.00	100.00
乐昌市	216	109.21	95.62	85.26	10.06	6.06	0.30	68.95	68.95	10.76	27.91	24.24	94.00	94.00
南雄市	3878	119.65	94.15	65.55	5.88	9.10	4.92	75.28	75.28	12.13	27.00	14.83	0.00	0.00
深圳市	5296	226.41	100.00	91.60	6.20	10.08	12.07	96.10	96.10	16.60	45.06	39.17	95.13	95.13
珠海市	1800	319.99	99.69	97.66	23.37	22.42	11.16	86.55	86.55	19.02	52.15	49.45	100.00	100.00
汕头市	3978	195.92	96.12	97.80	11.96	10.33	7.74	90.23	90.23	13.10	41.76	40.13	65.70	65.70
佛山市	2870	326.85	100.23	93.07	28.61	18.94	13.90	99.04	90.30	10.86	38.36	35.99	90.21	90.21
江门市	2033	221.43	98.41	98.41	12.56	19.09	8.68	88.15	88.15	16.92	42.46	40.21	100.00	100.00
台山市	8100	248.40	91.40	84.66	23.26	11.30	8.65	87.62	87.62	11.00	34.23	31.53	100.00	100.00
开平市	1369	147.49	96.11	90.87	23.74	11.21	0.60	80.30	73.53	11.29	41.08	37.01	100.00	100.00
鹤山市	1597	410.49	100.00	95.00	17.90	31.53	12.15	81.70	81.70	13.31	30.37	28.88	100.00	100.00
恩平市	2108	146.53	94.66	90.24	31.36	12.49	6.62	80.54	73.25	9.43	40.48	25.04	100.00	100.00
湛江市	7585	222.26	99.40	99.16	10.95	30.13	5.73	96.64	96.64	12.92	40.73	36.79	97.72	97.72
廉江市	4767	203.86	92.59	94.85	53.70	9.70	7.78	51.37	51.37	30.08	39.26	38.93	97.70	0.00
雷州市	5398	114.61	73.72	70.37	7.63	7.22	3.55	96.15	96.15	8.19	23.46	23.03	100.00	0.00
吴川市	5442	183.05	84.16	73.16	11.80	10.28	6.98	81.03	81.03	10.41	28.49	25.05	93.85	0.00
茂名市	4180	250.75	99.81	99.92	8.57	10.94	3.53	85.81	85.81	12.12	29.60	30.11	100	0.00
高州市	2059	89.60	100.00	100.00	7.85	5.59	5.43	92.67	92.67	11.39	36.71	30.65	100.00	100.00
化州市	3807	159.38	76.62	100.00	6.22	4.44	3.23	75.31	75.31	4.20	24.54	21.52	100.00	100.00
信宜市	4550	95.38	100.00	100.00	9.03	4.17	4.62	85.11	85.11	8.74	38.03	29.08	0.00	0.00
肇庆市	1334	276.17	99.96	95.69	17.32	19.35	7.62	85.39	81.87	22.67	35.19	29.70	98.51	98.51
高要市	1807	148.66	91.38	93.88	3.98	13.08	4.91	81.86	62.11	18.50	38.32	36.65	100.00	100.00
四会市	4770	204.99	93.08	99.08	5.53	17.06	9.64	80.70	80.70	8.76	25.77	25.89	86.78	86.78
惠州市	1578	237.11	97.63	93.54	7.42	13.82	9.63	92.06	92.06	14.91	34.68	31.65	100.00	100.00
梅州市	2452	304.08	77.69	92.79	18.71	18.40	7.78	53.34	53.34	11.85	42.87	36.43	100.00	100.00
兴宁市	2160	147.12	91.05	86.46	14.04	11.99	37.05	68.51	68.51	11.29	36.69	36.02	100.00	100.00
汕尾市	4011	182.32	93.74	96.77	29.74	10.58	14.93	85.57	85.57	12.89	41.74	40.59	79.96	79.96
陆丰市	3884	152.74	91.95	79.54	58.90	10.03	8.27	89.94	89.94	7.86	30.96	29.97	0.00	0.00
河源市	9400	233.51	100.00	100.00	27.26	13.53	12.43	89.39	89.39	12.11	44.29	40.69	100.00	100.00
阳江市	1146	207.97	100.00	93.77	16.29	14.96	0.00	83.50	83.50	11.12	38.15	35.23	100.00	100.00
阳春市	650	147.95	98.56	94.13	36.92	5.89	4.96	79.86	79.86	9.62	37.42	34.24	100.00	0.00
清远市	919	186.16	99.98	99.88	27.83	22.08	0.00	83.57	83.57	11.52	40.70	35.20	100.00	100.00
英德市	991	169.76	97.60	71.86	6.55	18.52	5.41	91.05	91.05	17.13	26.99	26.01	0.00	0.00
连州市	1764	142.47	85.05	94.26	7.18	29.13	4.85	51.37	51.37	13.75	49.61	46.74	100.00	0.00
东莞市	2443	245.93	97.32	97.62	19.75	21.49	4.44	95.11	95.11	16.53	44.96	42.36	100.00	54.43
中山市	4468	240.49	100.00	99.80	18.50	13.85	11.11	90.70	90.70	14.33	47.01	38.80	100.00	100.00
潮州市	2417	212.49	100.00	100.00	12.64	11.39	7.69	86.20	86.20	12.80	44.27	39.90	100.00	100.00
揭阳市	4512	71.61	63.68	91.00	7.43	5.94	0.00	80.82	80.82	15.91	37.47	33.02	92.11	92.11
普宁市	4400	111.80	98.93	77.27	8.90	11.42	9.51	74.25	74.25	0.81	34.27	30.99	88.97	0.00
云浮市	2693	228.36	99.07	92.66	49.48	3.80	3.88	98.56	81.79	12.82	39.67	36.18	100.00	100.00
罗定市	4451	92.20	97.08	87.16	14.13	4.11	2.03	89.77	68.95	11.71	29.49	12.00	60.00	0.00

注：东莞市包含全行政区域范围数据，2005 年全部列入城建统计范围。各县不列入统计范围

（冯育文）

2012年广东省城市市政公用设施建设固定资产投资资金来源情况

单位：万元

地区名称	本年资金来源合计	上年末结余资金	本年资金来源									各项应付款
			小计	中央财政拨款	地方财政拨款	国内贷款	利用外资	外商直接投资	自筹资金	单位自有资金	其他资金	
广东省	6738444	272937	6465507	38604	1866638	2639573	116902	93502	931265	257440	863613	829317
广州市	2119157	89818	1915982	7170	263975	1046852	26184	15784	520693	149387	51108	235968
深圳市	1871760	129260	1742500	0	595593	1107745	0	0	39162	37197	0	313460
珠海市	816324	5774	810550	2844	109917	62727	0	0	15766	11160	619296	31350
汕头市	29035	917	28118	0	13152	0	0	0	14966	14966	0	0
佛山市	262571	17934	244637	0	97068	43925	0	0	74713	3446	28931	4791
韶关市	17972	0	17972	1286	11485	1533	0	0	3668	2000	0	0
河源市	178678	0	178678	0	19991	87494	0	0	71193	260	0	0
梅州市	19495	0	19495	16015	0	0	0	0	3480	0	0	0
惠州市	188836	1753	187083	0	63358	0	0	0	5000	0	118725	73127
汕尾市	22035	2500	19535	645	5890	0	13000	0	0	0	0	0
东莞市	89629	809	88820	0	64668	2100	0	0	1717	700	20335	21780
中山市	60414	0	60414	0	53800	0	0	0	6614	6614	0	1219
江门市	310581	15575	295006	2872	89633	148049	218	218	43613	21770	10621	132042
阳江市	34083	0	34083	0	34083	0	0	0	0	0	0	0
湛江市	81085	0	81085	700	71635	0	0	0	0	0	8750	0
茂名市	24876	1848	23028	1100	11517	1800	2500	2500	4581	4201	1530	1349
肇庆市	224431	4571	219860	72	169796	36573	0	0	12319	3337	1100	405
清远市	37392	0	37392	0	20431	0	0	0	15244	0	1717	1348
潮州市	6757	1500	5257	0	3757	0	0	0	0	0	1500	10877
揭阳市	327751	0	327751	5900	156390	0	75000	75000	90461	1000	0	960
云浮市	11809	678	11131	0	3056	0	0	0	8075	1402	0	0

注：东莞市包含全行政区域范围数据

（冯育文）

市；广州市入选第三批数字化城市管理试点城市。广州、深圳两市按照住房和城乡建设部提出的管理科学化、作业精细化、服务人性化的城市管理工作要求，利用信息化技术进行城市管理模式的创新，实现城市管理数字化。2007年7月，在全省数字化城市管理现场会上，广东省确定珠海、佛山、江门、东莞、惠州五市为全省试点城市。2012年，全省地级以上城市相继开展数字化城市管理工作，并取得初步成效。广州市成功通过住房和城乡建设部“全国数字化城市管理试点城市”验收。改变以往城市管理中条块分割、职能交叉、管理粗放、缺乏监督和效率低下的状况，实现城市管理由粗放型向集约型、精确型和实时性的转变，全面提升

·链接·

数字化城市管理

数字化城市管理是指应用和整合计算机技术、移动通讯技术、地理信息技术、遥感技术、卫星定位系统等现代数字技术，采用万米单元网格管理法和城市部件管理法相结合的方式，创建城市管理监督指挥中心一个轴心的管理体制，实现城市管理的信息化、标准化、精细化和动态化，及时发现和解决城市管理中出现的问题，建立运转高效的城市管理新模式。数字化城市管理建设的特点包括四个方面：一是机制创新。建立独立的监督制度、量化的处置制度、量化的考核制度和长效考核制度等。二是高效监督。明确隶属政府综合部门而又相对独立的监督和考核部门。三是标准贯彻。全面贯彻数字化城市管理的相关标准。四是技术集成。通过采用数字化集成技术，确保数字化城市管理体制、机制和标准的贯彻实施，实现城市管理高效率。

城市管理水平，实现对城市市容、公用、园林、环卫、建筑、房产等城市基础设施，以及摆卖、乞讨、非法小广告等城市管理对象的高效、全时段、全方位的监督和管理。（刘勇）

城市园林绿化

【概况】 至2012年底，广东省城市人均公园绿地面积15.82平方米，建成区绿化覆盖率41.23%，建成区绿地率37.17%，全年新增城市公园绿地面积5934平方米。21个地级以上市全部建成国家级或省级园林城市，全省城市园林绿化建设取得历史性突破。

【立体绿化建设】 2012年，广东省住房和城乡建设厅启动编制《广东省立体绿化设计和施工技术指引》，确定江门市作为全省立体绿化建设试点城市。是年，江门市按照“分步实施，逐年推进，三年基本完成”的思路，切实做好立体绿化总体规划，以河岸驳岸、河道桥梁、社区住宅屋顶、家居阳台等为重点抓好立体绿化试点建设。截至年底，江门市立体绿化总建设面积10000多平方米，通过规划立体绿化区域建设，完成长堤风貌街、丰乐路两条立体绿化示范街、市民主党派大楼、中国人民银行江门市分行大楼、东华桥、胜利桥和蓬江大桥等立体绿化建设。

【园林城市建设】 2012年12月25日，广东省住房和城乡建设厅印发《关于命名2012年广东省园林城市和园林城镇的决定》，命名汕尾、揭阳、云浮市为“广东省园林城市”；东莞市凤岗、黄江、道滘镇为“广东省园林城镇”。提前实现省委、省政府《关于提高我省城市化发展水平的意见》“到2015年，全省所有地级以上市全部建成国家或省级园林城市”的目标。

至2012年底，全省有“国家园林城市”16个、“广东省园林城市”6个、“国家园林城镇”3个、“广东省园林城镇”6个。（王务）

【第九届中国（北京）国际园林博览会“岭南园”项目建设】 2012年1月，广东省人民政府同意应北京市人民政府邀请参加第九届中国（北京）国际园林博览会（简称“北京园博会”），组织集中建设一处完整包含各种造园要素的“岭南园”展区。由省住房和城乡建设厅统筹协调，珠江三角洲9市人民政府出资承建。7月31日，北京园博会广东岭南园工程开工建设。

由广州园林建筑规划设计院设计的“岭南园”展区占地1.46万平方米，建设总投资2300万元，运用传统岭南园林的造园手法，以“岭南谣、故乡情”为主题，通过营造“九曜春晓、月照名堂、南国红豆、雨打芭蕉、粤韵风华、渔歌晚唱、泮塘荷风、妆台绮绣、虹云飞韵、秋水龙吟”十景，传承岭南园林的精髓和彰显岭南文化兼容、进取、务实、创新精神。

全园布局为两进庭院，庭、园并列式的组合。建筑与山水自然融合，画面围绕水景展开，景点相互照应，庭院空间平易，园林意境清远。室内室外、园内园外的空间相互渗透，体现岭南水乡特色。园林建筑采用门堂、连廊、水榭、荫棚、船厅、船舫、小姐楼、桥亭等岭南常用形式，轻巧明快、玲珑通透。游客由园博轴入园，便见棕榈夹道、浅谷清溪。以水迎客，过广济桥，沿九曜奇石而行，到达刻有“岭南园”的主景石广场，南折穿过岭南民居式大门进入庭院区。前庭连廊环绕、竹影摇曳，庭内摆放岭南艺术盆景，照壁是一幅砖雕景壁。经连廊至水榭，榭中常奏广东乐曲，粤韵风华。水榭之南，为一水庭。水廊环绕、东临荫棚，棚内一派热带雨林景观，令人惊艳；西廊靠湖，廊外尽赏湖光山色，宜停宜留。水庭南为船厅，一层可听泉品茶看戏，二层可欣赏岭南文化展览。船厅以南为卓锡泉，向西便进入园池区，通过石级小径，经沉风台来到旱舫，登“船”观景，只见一池碧波、山水相依、水石穿插、叠石流瀑。下船北上，跨荷塘曲桥，穿塑石山洞，登上小姐楼，远望宏伟永定塔，更觉与小姐楼相互呼应、相映成趣。下楼东行，沿虹云桥亭两岸可欣赏岭南佳果，然后伴着客家山歌行经百花坡，穿过梅花月洞门，回到前庭。游尽全园，领略岭南园林的精髓与风采。

（王务）

·链接·

中国国际园林博览会

由住房和城乡建设部主办，1997年在大连市举办首届中国国际园林博览会（简称“园博会”），至今举办九届。园博会逐渐发展成为扩大国内外园林绿化行业交流与合作，展示园林绿化新成果，传播园林文化和生态环保理念，引导技术创新，推动资源节约型社会和环境友好型社会建设，促进社会经济与人口、资源、环境协调发展的展览会，受到城市园林绿化行业的广泛重视和社会各界的普遍关注。

国家园林城市

1992年，建设部启动创建国家园林城市活动。按照《国家园林城市申报与评审办法》和《国家园林城市标准》开展评选工作，国家园林城市评审每两年组织一次。《国家园林城市标准》包括：综合管理、绿地建设、建设管控、生态环境、节能减排、市政设施、人居环境、社会保障8大类、74项指标。

2012年广东省城市园林绿化情况

单位：平方米

地区名称	绿化覆盖面积		园林绿地面积		公园绿地面积	公园个数（个）	公园面积
		建成区		建成区			
广东省	465408	207223	401669	186813	74029	3032	61787
广州市	140974	40895	130544	35960	19935	238	4858
增城市	1418	1277	1164	1164	400	11	400
从化市	512	512	496	496	395	5	363
韶关市	4050	4050	3788	3788	636	24	626
乐昌市	450	449	391	390	135	6	135
南雄市	449	324	178	178	112	6	107
深圳市	97670	38906	96382	33820	17508	841	20559
珠海市	33050	6448	7705	6114	2552	114	2138
汕头市	8943	8943	8594	8594	3167	28	1198
佛山市	8998	5916	8493	5550	2294	172	1864
江门市	11173	6662	10818	6309	1947	89	1586
台山市	1578	950	1592	875	294	13	202
开平市	1590	1331	235	1199	235	0	0
鹤山市	774	755	727	718	173	7	159
恩平市	1212	1180	734	730	175	3	103
湛江市	5704	4304	3888	3888	1078	30	1078
廉江市	954	954	946	946	666	5	668
雷州市	655	655	643	643	171	6	143
吴川市	889	531	485	467	209	7	207
茂名市	3675	3040	3128	3093	588	18	541
高州市	1742	1102	920	920	368	11	338
化州市	885	660	759	579	96	5	127
信宜市	2710	905	2347	692	256	4	255
肇庆市	7409	3318	5303	2800	1188	17	3786
高要市	804	804	772	769	266	2	146
四会市	896	652	761	655	209	6	55
惠州市	7951	7951	7258	7258	2168	55	1414
梅州市	2244	2050	1776	1742	488	14	373
兴宁市	1860	710	1717	697	295	8	330
汕尾市	681	654	666	636	307	13	307
陆丰市	1906	625	755	605	171	4	171
河源市	1366	1366	1255	1255	351	18	298
阳江市	1911	1733	1778	1600	455	25	455
阳春市	916	754	837	690	200	6	338
清远市	2459	2458	2126	2126	554	14	549
英德市	934	934	900	900	286	13	286
连州市	708	708	667	667	194	10	194
东莞市	89678	39938	79360	37628	9956	1057	12146
中山市	4146	4146	3422	3422	1089	53	890
潮州市	1845	1845	1663	1663	471	18	471
揭阳市	3317	2552	3096	2249	1299	30	1342
普宁市	1813	1190	1076	1076	37	7	22
云浮市	1238	818	1006	746	290	15	344
罗定市	1271	1268	518	516	365	4	215

注：本表为44个城市统计范围

（冯育文）

·链接·

国家园林城镇

2006年，建设部启动创建国家园林城镇活动。按照《国家园林县城、城镇申报与评审办法》和《国家园林城镇标准》开展评选工作。《国家园林城镇标准》包括：综合管理、绿地建设与管控、生态环境、市政设施、特色风貌5大类、29项指标。

广东省园林城市

2006年，广东省建设厅启动创建广东省园林城市活动。按照《广东省园林城市（县城）申报与评审办法》和《广东省园林城市标准》开展评选工作。《广东省园林城市标准》包括：综合管理、绿地建设、建设管控、生态环境、市政设施、人居环境、社会保障7大类、64项指标。

【2012年广东省园林城市选介】

汕尾市　2012年，被广东省住房和城乡建设厅授予“广东省园林城市”称号。该市以建设宜居宜业的现代化滨海新城为目标，坚持政府组织、群众参与，科学发展、统一规划的原则，增加资金投入，使城市绿地在维护生态平衡、提升城市形象、改善市民生活环境等方面的综合效益日益显现。汕尾市的绿地系统规划编制、建城区绿地率、绿化覆盖率、人均公园绿地面积、城市生活垃圾无害化处理率及污水处理率6项否决项全部达标，其他各项指标基本达标，彰显园林城市特色：一是滨海特色突出，园林绿化水平明显提升。汕尾市坚持突显滨海特色，突出城水相融、生态宜居的绿化建设主题，“山—海—湖—城”共融共生的生态新城初步形成。绿地系统布局合理，结构清晰，各种绿地类型功能完善、层次分明。奎山公园等一批自然生态、特色鲜明的综合性公园、专类园和街头小游园设施日益完善，成为市民休闲娱乐的主要场所。汕尾大道等一批骨干道路绿化水平明显提升，基本形成一路一景的园林风格，道路绿网基本成型。二是文物古迹及古树名木保护得力。综合整治文物古迹周边环境，对明代古城墙坎下城等一批具有独特地域文化特色的历史景点进行有效保护。古树名木已全面普查并登记建档，明确养护管理单位和管护措施。三是城市基础设施建设日臻完善。市政基础设施建设投资加大，实施“修堤、减排、治污、绿化、改水”五大生态工程。生活垃圾综合处理环境园模式符合可持续发展方向，按标准建成污水处理厂并正常运营。城市公厕、垃圾中转站、主要道路、广场等设施配套完善。四是人居环境不断完善。按照“做大规模、做全功能、做美环境”的目标，加强社区配套建设，各社区的教育、医疗、体育、文化等各类设施配套更趋齐全。制定城中村改造规划并严格实施，棚户区基本消除。

揭阳市　2012年，被广东省住房和城乡建设厅授予“广东省园林城市”称号。该市围绕“打造粤东发展极，建设幸福新揭阳”的核心任务，以打造“天蓝、地绿、水清、城美”的岭南特色水城为目标，城市整体形象和品位得到提升。揭阳市的绿地系统规划编制、建城区绿地率、绿化覆盖率、人均公园绿地面积、城市生活垃圾无害化处理率及污水处理率6项否决项全部达标，其他各项指标基本达标，园林城市特色显著：一是城市园林绿化水平明显提升。揭阳市对原有河流、湿地、园地、林地等自然环境和资源加以保护和合理利用，推进公园、广场、街头绿地的建设，倾力打造沿河两岸绿化景观和带状公园建设，并在带状公园内设置各种活动场所，配备必要的文体康乐和休憩设施。二是古树名木及文物古迹得到有效保护。市内古树名木已全部登记建档，各项养护管理责任和管护措施明确。进贤门、揭阳学宫等一批具有独特地域文化特色的历史景点得到有效保护和修缮。三是市政设施配套基本完善。新建、改建多条道路及配套设施工程，城市公共场所的便民配套设施进一步完善。按标准建设污水处理厂、生活垃圾卫生填埋场和一批城市公厕、垃圾压缩中转站，并配置压缩设备和运输车辆。

云浮市　2012年，被广东省住房和城乡建设厅授予“广东省园林城市”称号。该市围绕“完善城市功能、创造优美环境、提升城市品位、促进协调发展”的创建目标，坚持政府组织，群众参与，科学发展，统一规划，因地制宜，讲求实效的原则，城市生态环境和人居环境不断改善，城市的整体形象和品位得到提升。云浮市的绿地系统规划编制、建城区绿地率、绿化覆盖率、人均公园绿地面积、城市生活垃圾无害化处理率及污水处理率6项否决项全部达标，其他各项指标基本达标，园林城市特色突出：一是坚持生态优先，突出山水园林特色。重点改造城市、城区大型综合公园、广场，将园林建设与石文化、禅文化等传统历史文化相互融合，完善基础配套设施，使公园、广场成为市民贴近自然生态、放松身心和休闲娱乐的活动场所。二是道路绿化突显植物群落理念，生态景观效果明显。坚持道路建设与绿化建设同步，绿化更新与改造结合。突出植物配置的乡土性和多样性，乡土树种广泛应用于城市主次干道，绿树成荫，形成园林景观路和林荫路，城市道路绿网初具雏形。三是市政设施配套基本完善。按标准建设生活垃圾卫生填埋场和污水处理厂并正常运营。城市公厕、垃圾中转站、主要道路、公园和广场等设施配套完善。四是城市综合管理力度加大。整治广告牌与标识标志牌，公园、广场设置市民活动休息和健身固定场所，并将山景、水景、市政设施、亮灯工程等相互结合。铁腕整治市区石材废渣粉尘，空气质量明显改善。

【2012年广东省园林城镇选介】

东莞市凤岗镇　2012年，被广东省住房和城乡建设厅授予“广东省园林城镇”称号。该镇以建设“绿色侨乡、宜居凤岗”为目标，以“生态优先、以人为本、科学规划”为原则，加快凤岗镇绿地生态景观建设，打造出山上绿林、道路绿线、广场绿地、小区绿景、生态绿城的凤岗镇园林绿化新格局。凤岗镇创建组织机构健全，把市政设施建设、生态保护纳入社会经济发展战略中，保障资金落实。凤岗镇的绿地系统规划、建城区绿地率、绿化覆盖率、人均公园绿地面积、污水处理率及生活垃圾无害化处理率6项否决项全部达标，其他各项指标基本达标，园林城镇特色显著：一是注重园林绿化建设，人居环境改善。凤岗镇“一河两岸”建设、南门山森林公园等一批绿化工程新增绿地面积46万平方米。二是充分利用自然地理优势，打造山水宜居城镇。利用山区自然地理优势及客侨之乡的特色，通过实施城镇公园建设战略，优化公园绿地布局结构，市民公园绿地服务半径覆盖率90%，并突出客侨文化特色，把文化建设融入公园建设当中。通过提高绿地配置和养护水平，打造山水生态宜居城镇。三是重视历史文化和古树保护。重视历史文化的保护和传承，对全镇范围内的客侨文化代表建筑碉楼、慕香书室、洪全福故居等历史文物进行重点保护。同时，对镇内古树登记造册，安排专人管理。四是市政基础设施日臻完善。加大市政基础设施建设投资力度，按标准建设三个生活污水处理厂并规范运营，污水收集主干管网全覆盖。生活垃圾妥善处理，环卫机械化程度较高。新建改建一批公厕，中心城区无三类公厕。推进城市照明节电节能，打造一河两岸景观灯工程。五是人居环境日益完善。社区教育、医疗、文体康乐等各类设施配套日益完善，棚户区基本消除。注重无障碍设施与道路和公厕的同步建设，公共场所的无障碍设施完善，“一横两纵三环”（都市环、山林环、滨水环长80余千米）的绿道环网建设效果显著。

东莞市黄江镇　2012年，被广东省住房和城乡建设厅授予“广东省园林城镇”称号。该镇把创园工作作为提升城市的建设和管理水平，加大对园林生态建设的投入力度，坚持“政府创园、社会创园、全民创园”相结合。黄江镇的绿地系统规划、建城区绿地率、绿化覆盖率、人均公园绿地面积、污水处理率及生活垃圾无害化处理率6项否决项全部达标，其他各项指标基本达标，园林城镇特色显著：一是园林建设取得明显成效。黄江镇精心组织实施城市基础设施、公园绿地、道路绿地及市容环境整治等工程，完成黄牛埔森林公园、黄江大道绿化景观等一批园林绿化建设工程项目。二是突显绿山碧水的自然山水特色。坚持“生态保护优先、严控开发”的原则，强化对森林、土地、水源等自然资源的生态保护，发展生态休闲产业，突显山水宜旅、休闲宜居的山水城镇新形象。三是重视本地特色文化的挖掘。把城市绿道作为便民惠民、发掘提升特色文化的新载体，通过举办绿道文化节、环湖自行车赛等体育活动，打造绿道文化。紧扣黄江革命老区主题，发掘红色历史，使本地特色文化与城镇园林景观建设得到有机融合。四是市政基础设施日臻完善。按标准建设污水处理厂并规范运营，新建、改造14座垃圾压缩中转站和16座公厕。制定户外广告、招牌标识的管理规定和技术标准并严格实施，户外广告、招牌标识和城镇市容秩序的整治成效显著。通过实施点、线、面的“亮化工程”，城市景观得到提升。

东莞市道滘镇　2012年，被广东省住房和城乡建设厅授予“广东省园林城镇”称号。该镇以“建设生态宜居水乡新城，打造幸福和谐美丽家园”为创建目标，把园林绿化建设、社会综合治理、市政基础设施建设、生态保护等纳入社会经济发展战略中，形成“政府主导，部门联动，广泛动员，全民参与”的创建机制，资金保障到位，创园工作取得明显成效。道滘镇的绿地系统规划、建城区绿地率、绿化覆盖率、人均公园绿地面积、污水处理率及生活垃圾无害化处理率6项否决项全部达标，其他各项指标基本达标，园林城镇特色明显：一是园林绿化建设成效显著。道滘镇通过规划建绿、见缝插绿、拆违还绿、河岸增绿，因地制宜打造城市景观，增加城镇中心区绿地，新建和改建一批道路绿化，建设以江滨公园为代表的一批公园绿地，形成“一村一公园”的绿化格局。二是生态优先，“绿色水乡”景观特色鲜明。坚持“绿色水乡、生态道滘”的思路，注重发挥江滨和水韵自然地理风貌，全面开展沿河植绿，沿江建成南城生态公园等公园和亲水景观带，全镇形成景观优美、特色突出的水乡绿网。三是重视文化挖掘和古树保护。重视“人文水乡”文化内涵的挖掘、传承和弘扬，打造美食、曲艺、游泳三大人文品牌，提升城镇品位和影响力。对六一一亭等历史文物进行重点保护。同时，对镇内古树名木进行登记造册，精心养护和管理。四是市政环卫基础设施建设和管理效果显著。市政道路建设和维护管理水平得到提高，新建和改造一批生活垃圾压缩中转站并实现一村一站，改造公厕及配套设施，主要道路、公园和广场等公共场所设施配套完善。在环卫行业引入市场化管养模式后，建立切实可行的考核制度，使城镇环境卫生状况得到改善和提升。

(王务)

风景名胜区

【概况】 截至2012年，广东省有国家级风景名胜区8个，省级风景名胜区18个，总面积1350.7平方千米，占全省国土面积的0.76%。是年，省住房和城乡建设厅落实省委、省政府“加快转型升级、建设幸福广东”这一核心任务，把风景名胜区管理作为创建宜居城乡和生态文明的重要内容，作为增进民生福祉，共享幸福广东的载体，加大对风景名胜区的指导和监管力度。但是当前风景名胜区发展过度开发，为谋取高额回报，在景区及周边违规开发与建设，破坏生态环境和危及旅游资源的永续利用。

【风景名胜区监管】 2012年，广东省住房和城乡建设厅组织4个检查组对国家级风景名胜区管理执法和数字化景区建设情况进行交互检查，并落实整改。10月，住房和城乡建设部抽查广东省南海西樵山、惠州西湖景区，均顺利通过抽查，其中南海西樵山达到优秀等级。是年，以风景名胜区总体规划为依据，编制丹霞山外围保护区规划，保护丹霞山世界自然遗产，指导丹霞山风景名胜区管理，提升景区管理规格，遏制景区无序发展和违规建设。

【风景名胜区总体规划编制】 2012年，为保护风景名胜区的生态环境和景观特征，合理控制旅游规模，适度开发旅游资源，使风景区可持

2012年广东省风景名胜区情况

级别	名称	地区	管理机构	面积（平方千米）	批准时间	升级时间
国家级风景名胜区	星湖风景名胜区	肇庆	星湖名胜区管理局	19.52	1982年	1982年
	西樵山风景名胜区	佛山	西樵山风景区管理局	20	1988年	1988年
	丹霞山风景名胜区	韶关	丹霞山风景名胜区管理委员会	319.45	1988年	1988年
	白云山风景名胜区	广州	白云山风景名胜区管理局	20.98	1989年	2002年
	惠州西湖风景名胜区	惠州	西湖风景区管理局	19.7	1989年	2002年
	罗浮山风景名胜区	惠州	罗浮山风景名胜区管理委员会	214.32	1989年	2004年
	湖光岩风景名胜区	湛江	湖光岩风景区管理局	13.6	1989年	2004年
	梧桐山风景名胜区	深圳	梧桐山风景区管理处	36	1993年	2009年
省级风景名胜区	清远飞霞风景名胜区	清远	飞霞风景区管理处	51.2	1989年	–
	梅县阴那山风景名胜区	梅州	梅县建设局	6	1989年	–
	江门圭峰山风景名胜区	江门	圭峰山风景名胜区管理委员会	55.1	1989年	–
	番禺莲花山风景名胜区	广州	莲花山风景区管理处	3	1989年	–
	汕头礐石风景名胜区	汕头	汕头礐石风景名胜区管理局	20.77	1989年	–
	乐昌金鸡岭风景名胜区	韶关	金鸡岭风景区管理处	30	1989年	–
	英德宝晶宫风景名胜区	清远	宝晶宫风景名胜管理处	14	1989年	–
	阳春凌霄岩风景名胜区	阳江	阳春市建设局	36.7	1989年	–
	阳江海陵岛风景名胜区	阳江	海陵岛海滨风景名胜区管委会	16.94	1989年	–
	从化温泉风景名胜区	广州	从化温泉镇政府	27.86	1989年	–
	九泷十八滩风景名胜区	韶关	乐昌市旅游局	90	1993年	–
	潮州西湖风景名胜区	潮州	潮州西湖风景名胜区管理处	4.6	1993年	–
	陆丰玄武山风景名胜区	汕尾	陆丰玄武山风景名胜区管委会	30	1993年	–
	云浮蟠龙洞风景名胜区	云浮	云浮蟠龙洞风景名胜区管理处	21.36	1993年	–
	封开龙山风景名胜区	肇庆	封开龙山风景名胜区管理处	25.34	1993年	–
	怀集燕岩风景名胜区	肇庆	怀集燕岩风景名胜区管理处	40.36	1999年	–
	五指石风景名胜区	梅州	平远县五指石风景名胜区管理处	13.2	1999年	–
	增城白水寨风景名胜区	广州	白水寨风景名胜区管理所	200.2	2005年	–

（广东省住房和城乡建设厅城市建设处）

续发展，广东省住房和城乡建设厅对惠州西湖、湛江湖光岩、清远英德宝晶宫、从化温泉、阳江海陵岛等风景名胜区总体规划的编制提供技术和专业指导。总体规划确立“保护优先，开发服从保护”“远近期结合、分级布点”的原则，划定风景名胜区外围保护区及核心景区的范围，明确风景名胜区内旅游服务设施数量、用地和建筑规模，建立健全各项规章制度。《总体规划》为风景名胜区的保护、利用和管理提供法定的指导依据。

【丹霞山、西樵山国家级风景名胜区总体规划通过国务院审批】 2012年，住房和城乡建设部报请国务院同意，先后批准《丹霞山风景名胜区总体规划（2011~2025）》和《西樵山风景名胜区总体规划》（2012~2025）。明确要求在风景名胜区总体规划编制着重考虑以下几点：第一，充分展现和保护各风景名胜区的典型景观风貌。第二，合理配套建设，充分考虑与周边城市及其他旅游区设施共享，提高风景资源利用水平。第三，加强风景名胜区资源有序管理，确保风景名胜区协调持续发展，提高地方综合竞争力。 （宋健）

城际轨道交通规划建设

【概况】 2012年，广东省完成珠江三角洲城际轨道交通建设投资103亿元，广珠城际全线贯通，城际轨道通车里程比上年增加24千米，广东省铁路建设投资集团公司新组建珠海、肇庆、佛山省市开发公司，完成土地收储10.47公顷。

城轨建设快速推进 2012年，穗莞深、莞惠和佛肇三线完成投资103亿元，累计完成投资253.97亿元。完成与珠三角城际公司、广珠城际公司的股比调整财务并表。在建项目省市出资协议和委托持股协议签署，确保6.68亿元省级出资按计划到位，完成5.39亿元统筹贷款资金拨付。全年完成征地23.73公顷，拆迁36.87公顷，累计完成征地341.53公顷，拆迁97.63公顷，穗莞深、莞惠、佛肇征拆基本完成。广清城际开工建设，广佛环线佛山西至广州南段、穗莞深新塘至洪梅段通过初步设计审查。

沿线开发取得进展 坚持土地集约利用，推动轨道交通沿线TOD开发。2012年，广东省出台《关于完善珠三角城际轨道沿线开发工作机制的意见》及相关政策，确立沿线开发的政策框架；推动第一批6个站场TOD开发规划获批，有关部门印发推进计划表和TOD规划编制的技术指引；给予新增建设用地规模指标重大支持。提出清远银盏TOD项目一、二级联动开发的思路和方案，形成红线外开发的基本思路；清远、肇庆、佛山、珠海、东莞等市签署《红线外用地及开发协议书》及站点《开发工作方案》，推动珠海、佛山、肇庆省市合资公司组建。策划并取得银盏首宗TOD用地使用权，实现省、市开发主体合法进入，并且以成本价取得土地的双重目标。

【广州至清远城际轨道交通项目开工建设】 2012年11月22日，广州至清远城际轨道交通项目开工建设。广州至清远城际轨道交通项目广州北站至清远站段，线路正线全长38.36千米，设计时速200千米，总投资145.9亿元，建设总工期4年。项目建成后，旅客可在广州北站通过换乘广州地铁9号线前往广州中心城区，也可通过规划建设中的珠江三角洲城际轨道交通广佛环线，前往白云国际机场和珠江三角洲各市。

【广珠城际铁路全线贯通】 广珠城际铁路珠海北至珠海段于2012年12月31日开通，标志着广珠城际铁路全线贯通，珠江三角洲城际铁路网西翼主轴基本成形。

广珠城际铁路作为珠江三角洲城际轨道交通网的重要组成部分，广州南至珠海北段于2011年1月7日开通运营，至2012年所有进入广州南站的铁路干线均与广珠城际轨道接驳。新建于拱北口岸附近的珠海火车站开通，乘客从珠海乘坐火车直达全国铁路沿线的各大城市更为方便、快捷。广珠城际铁路全线通车后，将直通珠海拱北口岸，珠海的交通瓶颈被打通。 （吴文博）

【珠江三角洲城际快速轨道交通广州至佛山段项目】 简称“广佛线”，是国内第一条全地下的城际快速轨道交通线路，也是珠江三角洲第一条开通运营的城际轨道交通线路。该线路西起佛山市魁奇路站，东至广州市沥滘站，横跨广州市海珠区、荔湾区和佛山市禅城区、南海区，全长32.16千米，投资145.19亿元，设计最高速度80千米/小时，平均旅行速度39千米/小时。首通段魁奇路站至西朗站，全长20.732千米，于2010年11月3日开通试运营，与广州市轨道交通1号线换乘。

2012年，广佛线运营里程1085万车千米，运送旅客4395万人次，日均客运量12万人次。从2010年11月3日开通试运营至2012年底，广佛线累计安全运营2237.94万车千米，累计运送旅客8696.12万人次。

广佛线后通段西朗站至沥滘站，全长11.428千米，计划于2014年底建成开通。

2012年，广州7条线路228.9千米通过国家发改委审批，佛山两条线路102.2千米通过国务院审批。截至年底，广东省建成城市轨道交通线路16条，全长466.01千米。 （宋健）

【广州地铁规划建设】 2012年7月，国家发改委批复广州市轨道交通建设规划（2012~2018年），同意

2012年广东省城市轨道交通情况

地区名称	地铁（建成）				地铁（在建）				地铁（规划）			
	条数（条）	长度（千米）	换乘站数（个）	配置车辆数（辆）	条数（条）	长度（千米）	换乘站数（个）	配置车辆数（辆）	条数（条）	长度（千米）	换乘站数（个）	配置车辆数（辆）
广东省	16	466.01	64	2349	9	226.65	38	1281	5	127.8	0	0
广州市	8	217.19	26	1136	4	80.5	7	408	5	127.8	0	0
深圳市	6	178.86	34	1066	3	107.29	31	846				
佛山市	1	32.16	0	27	2	38.86	0	27				
东莞市	1	37.80	4	120								
肇庆市												
惠州市												

地区名称	轻轨(建成)			轻轨(在建)			轻轨(规划)	
	条数（条）	长度（千米）	车站个数（个）	条数（条）	长度（千米）	车站个数（个）	条数（条）	长度（千米）
广东省	1	18.48	168	2	148.26	130	1	18.42
广州市	1	18.48	168				1	18.42
深圳市								
佛山市								
东莞市								
肇庆市				1	48.4	6		
惠州市				1	99.96	124		

（冯育文）

广州市在2012~2018年期间新建4号线南延段、8号线北延段、11号线、13号线首期、14号线一期、知识城线、21号线共7条线路，全长228.9千米。具体如下：

4号线南延段（金洲至南沙客运港，12.5千米，6座车站）。2012年，全线初步设计（预）审查完成；全线土建监理标招标；金洲至金隆区间、金隆站、金隆至广隆区间、南沙停车场东西出入场线等工点施工招标完成；金隆站实现进场。开展剩余土建施工招标和各工点前期工作。

8号线北延段（文化公园至白云湖，16.1千米，13座车站）。2012年，全线初步设计（预）审查完成；全线土建监理标完成招标；同德围站、鹅掌坦至上步区间、聚龙至平沙区间、上步站、平沙站、平沙至小坪区间、小坪站、小坪至石井区间、石井站、石井至亭岗区间、亭岗站土建工程完成招标；同德围和上步站实现进场。

11号线（火车站至东站至火车站，40.2千米，31座车站）。2012年，开展前期研究和工可报告编制工作，线路站位获广州市规划局批复。

13号线首期（鱼珠至象颈岭，26.7千米，11座车站）。2012年，全线修改初步设计（预）审查完成；全线土建监理标和土建施工标完成招标；新塘站和新塘至东洲区间开工，鱼珠站进场。

14号线一期（嘉禾望岗至街口，51.2千米，13座车站）。2012年，全线初步设计（预）审查完成；首批开工工点江浦站、邓村至江浦区间土建监理和土建施工招标完成。

知识城线（新和至镇龙，21.9千米，9座车站）。2012年，全线初步设计（预）审查完成；全线土建监理标已完成招标；首批开工工点镇龙北站、康大至镇龙北盾构区间土建工程已完成招标。

21号线（员村至增城广场，60.9千米，20座车站）。2012年，全线初步设计（预）审查完成；全线土建监理标完成招标，首批开工工点钟岗、暹岗站完成招标。开展各工点前期工作。 *（曲振群）*

【深圳地铁规划建设】 2012年，深圳市有5条地铁线运营，运营里程全长178.86千米，车站118个；深圳地铁二期工程包括：1号线延长线、2号线、3号线、4号线延长线、5号线开通的第二年（2011年中陆续开通），全年地铁运输客流78128.64万人次，比上年增长69.9%，占全市公共交通总客流量的22.5%。

2012年，深圳地铁三期工程7、11号线开工，9号线开展前期工程，

6号线在国家审批中，8号线推进前期研究工作。地铁三期工程建设规划于2011年4月得到国家发改委批复，线路总长169.6千米，车站95座，这5条线开通后，预计地铁全网客运量将占整个公共交通总客运量的38%。（张湘文）

【佛山地铁规划建设】 2012年9月3日，经过国务院同意，国家发改委批复《佛山市城市轨道交通近期建设规划（2011~2018年）》，同意2011~2018年建设佛山市城市轨道交通2号线一期和3号线工程。轨道交通2号线一期和3号线工程可行性研究配套的主要专题研究全面开展。2012年9月28日，广佛线二期工程正式开工，计划于2015年底建成通车，全年完成产值3.82亿元。

（唐军）

城市道路桥梁建设

【概况】 2012年，广东省建成城市道路总长度41388.37千米，道路总面积62786.88万平方米，其中人行道路总面积14095.94万平方米。全省城市人均道路面积13.42平方米。全省建成城市桥梁6044座，其中立交桥420座，全省新建城市桥梁374座。

【城市道路工程建设】 2012年，广东省人行道路新增面积424.94万平方米。城市道路工程质量不断提高，是年广东省有市政优良样板工程62项，其中道路工程17项。珠海市柠溪路、紫荆路、翠香路道路改造工程、广东肇庆市星湖大道改造工程A2标段、广州亚运城市政工程项目道路（含综合管沟）、桥梁、排水工程标段五被评定为2012年度“全国市政金杯示范工程”。

【城市桥梁建设监管】 2007年以来，广东省住房和城乡建设厅每年组织一次全省城市桥梁检查，有针对性地对粤东西北部分地级市和县（市、区）的城市桥梁工作进行抽

2012年广东省城市道路和桥梁情况

地区名称	道路长度（千米）	道路面积（万平方米）		桥梁数（座）	
			人行道		立交桥
广东省	41388.37	62786.88	14095.94	6044	420
广州市	7100.95	10139.84	1906.61	1348	186
增城市	109.1	279.31	61.5	14	0
从化市	145.9	245.24	90.45	12	0
韶关市	567.8	728.56	138.1	47	2
乐昌市	66.7	76.1	36.7	5	1
南雄市	59.4	83.98	20.33	8	0
深圳市	11114.5	10628.79	2192.86	2041	109
珠海市	1387.6	3007.09	512	376	1
汕头市	1322.2	2496.83	269.82	142	5
佛山市	2229.67	4002.78	1067.47	219	43
江门市	1327.4	2196.25	440.02	176	0
台山市	261.2	302.17	42.49	15	0
开平市	115.7	233.22	89.5	14	0
鹤山市	255.4	409.89	171.98	12	0
恩平市	287.98	231.61	46.2	122	0
湛江市	1111.05	2513.97	1118.25	46	3
廉江市	370.3	214.7	80	17	0
雷州市	89.6	150.9	52.75	15	0
吴川市	266.53	206.5	60.78	13	0
茂名市	237.03	530.64	125.76	36	2
高州市	88.3	180.7	48	14	0
化州市	88.7	101.5	37.2	0	0
信宜市	92.9	122.2	15.2	15	0
肇庆市	616.88	1014.07	296.24	64	3
高要市	122.83	188.03	72.98	2	2
四会市	225.4	406.88	125	0	0

（续表）

地区名称	道路长度（千米）	道路面积（万平方米）	人行道	桥梁数（座）	立交桥
惠州市	1341.31	2010.11	312.62	51	2
梅州市	479.5	757.76	183.48	39	1
兴宁市	429	313.3	84.3	5	0
汕尾市	188	252	60	7	0
陆丰市	82.8	218.2	53.1	24	0
河源市	139.15	392.3	157.92	29	0
阳江市	337.16	612.32	149.18	8	0
阳春市	71	122.5	2.5	0	0
清远市	768.57	1061.47	215	7	0
英德市	106.16	309.34	42.33	10	0
连州市	261.66	411	110	5	1
东莞市	6105.86	12942.6	3010.09	903	40
中山市	432.68	1052.5	263.74	137	19
潮州市	207.6	419	102	2	0
揭阳市	302.53	485.04	101.35	0	0
普宁市	364	521.69	79.64	32	0
云浮市	76.1	86	27.5	12	0
罗定市	35.14	128	23	0	0

注：本表为44个城市统计范围

（冯育文）

查，重点督促县（市、区）建立健全城市桥梁“一桥一档”管理制度和规范的检测制度。组织开发“全省城市桥梁信息管理系统”，运用信息系统对全省桥梁实施动态监管。

截至2012年底，除广州、深圳、佛山、潮州4个市的城市桥梁划归交通系统管理外，其余17个地级市均建立城市桥梁“一桥一档”管理制度和规范的检测制度。目前河源市、汕尾市两个地级市未使用“全省城市桥梁信息管理系统”。

（陈辅淳）

城市供水

【概况】 至2012年底，广东省城市供水综合生产能力3531.36万立方米/日，城市用水人口4567.73万人，自来水普及率97.62%，人均日生活用水量246.68升，比上年减少3.28升。全省城市供水行业仍面临水厂升级改造较慢、供水管网和二次供水问题突出和水质监测能力薄弱等问题。

【供水管理】 2012年，为保障全省城市饮用水安全，广东省住房和城乡建设厅推进实施《生活饮用水卫生标准》（简称《标准》），印发《关于进一步做好贯彻实施〈生活饮用水卫生标准〉工作的通知》。要求各地严格贯彻落实《标准》，实现生活饮用水水质稳定达标，依托有资质的水质监测机构，按照《标准》要求，定期对水厂的原水、出厂水、管网水等水质监测；强化企业的供水水质责任制，提升制水工艺和实施设施改造，严格规范水厂运行管理，加强供水应急保障能力建设。

是年，广东省住房和城乡建设厅委托国家城市供水水质监测网广州监测站、深圳监测站、佛山监测站等专业供水水质检测机构，对省内各主要流域水厂出厂水水质进行抽检。对住房和城乡建设部全国供水普查中发现问题的地方主管部门、供水企业负责人进行约谈，督促整改。年内，省住房和城乡建设厅安排资金支持东江、西江、北江、韩江四大流域原水水质监测与污染预警系统建设和运营，提升各大流域内水厂安全防范能力。

广东省物价局、省住房和城乡建设厅、省水利厅联合制定出台《关于进一步完善自来水价格管理有关问题的通知》，要求各地通过简化用水价格分类、合理制定分类水价、推行节水计价方式等措施，完善自来水价格管理，促进全省自来水行业健康发展。

【城市供水管理人员培训】 2012年10月，为贯彻实施《生活饮用水卫生标准》，提高全省各级城市供水管理干部的综合业务素质，确保供水水质全面达标，保障饮水安全，广东省住房和城乡建设厅在江门举办全省城市供水管理人员培训班，全省县级以上供水主管部门业务负责人90多人参加培训。培训班

2012年广东省城市供水情况

地区名称	综合生产能力（万立方米/日）	供水总量（万立方米）				
		合计	生产运营用水	公共服务用水	居民家庭用水	其他用水
广东省	3531.36	817348.47	216226.84	116879.59	293810.66	64310.11
广州市	702.7	191432.01	29583.71	32349.11	83469.4	10479.9
增城市	27	5599.37	927.42	521.26	2640.22	1030.81
从化市	10	3294.17	830.63	191.09	1711.14	9.04
韶关市	36.5	8376	1055	261	4547	1555
乐昌市	5	814	20	58	420	152.65
南雄市	5	615.23	168.73	20	349.3	5
深圳市	692	160361	47984	33225	53937	4255
珠海市	102.54	33829	12569	5530	10058	154
汕头市	131.2	28591.54	6481.37	2794.2	13770.26	677.16
佛山市	288.12	56894.77	15095.7	6771.57	18492.6	10884.73
江门市	88.6	19770.28	5828.03	3166.85	5983.7	2593.58
台山市	14	3688	765	855	1360	38
开平市	27	2402	803.03	118	958.67	37.75
鹤山市	17	3318.48	734.58	816.98	1130.78	138.66
恩平市	6	1474.44	122	301.2	638	275
湛江市	48.1	11925	3541.99	848.87	5878.86	78.62
廉江市	15	2355.25	141.9	427.9	1083.5	258.56
雷州市	5.4	997.25	104	77	567.25	0
吴川市	10	1464.02	185	370	759.17	14
茂名市	65.85	11970.54	7339.5	1477.61	2954.01	60
高州市	9	1323	130	213	844	81
化州市	5.5	1313	165.58	113.78	904.23	53.37
信宜市	5	1286	186	80	940	30
肇庆市	50.65	11496.38	3841.19	1813.48	3466.98	208
高要市	13.5	1985.8	1012	361	352	157
四会市	15	3581	792	525	1136	155
惠州市	115	24948.96	8947.65	3068.17	9210.59	751.65
梅州市	16	4981	540.51	1028.63	2081.72	0
兴宁市	12	2252	143	106	1172	195
汕尾市	16.5	3574	759	183	1303	25
陆丰市	9	1643.5	446	216	899	50
河源市	19.1	5542.53	1567.89	52.95	2417.95	776.85
阳江市	26	4211	364	351	2756	410
阳春市	9	1907	261	143	964	0
清远市	20	4911.82	700	1819.83	1446.53	699.87
英德市	11	1615	200	360	650	80
连州市	6	1088.65	185	122	502	0
东莞市	728.6	161155.07	53839.94	14370.45	38215.47	26244.21
中山市	20	13008	6052.5	526.5	6144.7	284.3
潮州市	44	4188	355.3	522.08	2332.14	978.48
揭阳市	25	1930	284	107	1250	289
普宁市	35.5	2085.65	242	161	1682.65	0
云浮市	15	2611.53	699.69	377.08	1490.84	43.92
罗定市	8	1350	232	78	940	100

注：本表为44个城市统计范围

（冯育文）

邀请中国城镇供水排水协会、华南理工大学专家授课，并安排参观江门西江水厂，专家们就水厂工艺流程、生产运营管理、应急处置工作等方面作详细讲解；12月，广东省住房和城乡建设厅在东莞举办全省城市供水企业第一期水质安全培训班，全省供水企业近300人参加培训。通过举办培训班，增强各地城市供水主管部门和供水企业负责人供水水质安全的意识，提高供水行业管理能力专业技术知识和管理水平，以及对于水质突发事件从业人员的应急处置。

【供水管理和应急能力建设课题研究】 2012年，广东省住房和城乡建设厅委托省政府发展研究中心研究编写全省供水管理现状调研报告、供水设施建设和改造投融资措施调研报告、供水管理应急能力建设及政策调研报告，探索解决全省城市供水存在的制水工艺和配套管网落后、水质检测和管理水平低下、应对突发事件能力不足等问题，确实保障全省城市居民饮用水安全。

调研报告的范围覆盖全省所有县级以上供水企业，主要内容包括：各地实施《生活饮用水卫生标准》(GB5749-2006)情况，在水质检测能力、供水管网设施投融资现状及供水应急保障措施；水质检验人员、设备、检测能力；原水、出厂水、管网水水质情况；供水企业管理中存在的主要问题；供水应急处置能力建设情况等。截至2012年底，通过分析研究，提出建立水源水质管理信息系统、加强安全应急能力建设、加大水质检测投资力度等相应的政策建议，为供水行业管理部门提供技术支撑。

【全国城镇供水设施改造与建设“十二五”规划（广东部分）】 根据住房城乡建设部和国家发展改革委的统一部署，广东省住房和城乡建设厅联合省发展改革委员会共同组织开展《全国城镇供水设施改造与建设“十二五”规划》编制工作。2012年5月，住房和城乡建设部、国家发展改革委员会印发《关于印发全国城镇供水设施改造与建设“十二五”规划及2020年远景目标的通知》(简称《规划》)，《规划》明确“十二五”期间全国供水设施改造和建设项目总投资4100亿元，涉及水厂新建及改造、管网新建及改造、水质检测监管能力建设、供水应急能力建设等细分领域。其中，下达广东省的任务是水厂改造规模1087万立方米/日，新建水厂规模468万立方米/日，管网更新改造长度8277千米，新建管网长度13023千米。《规划》是开展城镇供水设施改造与建设工作的重要指导性文件，将指导各地以扩大公共供水服务、保障供水水质达标为目标，建立与全面建设小康社会要求相适应的城镇供水安全保障体系。

（王务）

【城市供水企业选介】 中山市小榄水务有限公司 小榄镇自来水厂于1978年7月1日正式供水，日供水能力0.6万立方米。1989年建成日供水能力两万立方米的榄沙水厂，1993年建设日供水能力5万立方米的自来水总厂。2004年成立小榄水务有限公司，实行供排水一体化经营管理，承担污水处理厂及配套收集管网设施的建设运营。至2012年，该公司拥有日供水能力31万立方米的自来水厂、日处理能力12万吨的污水处理厂和经广东省质量技术监督局计量认证的中山市小榄水质检测有限公司、中山市质量计量监督检测所水表检定（小榄）站、中山市润丰水业有限公司。中山市小榄水务有限公司以“优质供水、达标排放、科学管理、服务社会、持续改进、稳步发展”为质量方针，为群众提供优质产品及服务。通过两次农村水改工作，自来水普及率100%、水质综合合格率100%，实现同网、同质、同价；159千米污水收集管网基本覆盖全镇，河涌水环境明显改善；设立24小时供水排水服务热线，为客户提供优质服务。1996年被评为“全国农村百佳水厂”和“广东省一级先进水厂”；2003年被评为“全国农村优秀水厂”和“广东省农村优秀水厂”；2006年接受市卫生局供水卫生监督量化评级检查，获首批A级认证。2008年污水处理厂参加中国城镇供水排水专业委员会举办的全国城镇污水处理厂绩效评比，分别获广东省及全国“污水处理厂绩效评比优秀运营单位”称号；2009年污水处理厂被评为“中山市先进集体”。2011年被评为“全国第一批水质新国标达标自来水厂”。

中山坦洲自来水有限公司 由中山市坦洲镇经济发展总公司与香港中法水务投资（坦洲）有限公司于1992年10月合资成立的。该公司是香港中法水务在中国大陆成立的第一家的公司。公司经营中山市坦洲镇内工商企业和居民用水及相关的管网和客服业务，首期6万立方米/日的水处理厂于1994年12月投入生产，二期扩建工程亦于2007年完成并投入使用。至2012年公司水处理厂的供水能力达15万立方米/日，为中山市坦洲镇的经济发展和居民饮用水安全提供了保障。公司坚持以“品质一流化，服务千万家”为服务宗旨，每年投入必要的资金用于更新改造，引进国际上先进的水处理设备和技术；采用高效率的管理模式，崇尚以人为本的管理理念，以适应企业的发展。

中山中法供水有限公司 位于中山市大涌镇，占地面积12.67公顷，是由中山市供水有限公司和中法水务投资有限公司于1998年4月8日合资组建的中外合作企业，其前身为中山市供水有限公司全禄供水厂。中山中法供水有限公司日供水能力为50万立方米，以西江磨刀门水道为水源，分南、北两个系统。2012年日供水量30万立方米的南系统分三期先后于1988年7月、1989

年7月、1991年11月投产，日供水量20万立方米/日的北系统于1994年10月投产，供水范围包括城区及周边镇区，服务人口约80万人。该公司采用先进的自来水处理工艺和设备，自动化程度较高，并加强和完善各项管理制度，为用户提供安全、可靠的供水服务，水质综合合格率达100%。（王务）

城市污水处理

【概况】 至2012年底，广东省建成城市污水处理厂396座，处理能力2093.3万吨/日。全省城市污水处理率88.91%，设市城市污水集中处理率88.09%。虽然全省污水处理设施建设取得进展，但是污染减排工作压力和污水处理配套设施建设任务依然很重。配套管网不完善制约现有污水处理设施减排效益有效发挥，污水处理设施运营经费难以保障，污泥处理处置设施建设滞后。

【城市污水处理监管】 2012年，广东省住房和城乡建设厅将“全国城镇污水处理管理信息系统”作为加强城市污水处理监管工作的主要抓手，并作为省委、省政府对市厅级领导干部落实科学发展观、《珠江三角洲地区改革发展规划纲要》的考核内容和创建园林城市评比条件，有效规范全省各地污水处理设施建设和运营。根据《住房和城乡建设部关于全国城镇污水处理设施2012年第四季度建设和运行情况的通报》，广东省污水处理厂运营项目全年上报率为100%，受到住房和城乡建设部的通报表扬。

2012年，经广东省人民政府同意，省环境保护厅、省住房和城乡建设厅联合印发《广东省“十二五”城镇污水处理设施污染减排工作方案》，明确“十二五”期间全省新建污水处理设施189座；新增污水处理能力498.3万吨/日；改造升级污水处理设施10万吨/日，新增污水再生利用规模280万吨/日。到2015年，全省城镇污水处理率达到85%以上，其中珠江三角洲地区达到90%以上，其他地区达到75%以上。

是年，为贯彻落实国务院节能减排工作的总体部署，促进水污染物减排，切实改善城镇人居环境，广东省发展改革委员会、环境保护厅、住房和城乡建设厅共同组织开展《广东省城镇污水处理及再生利用设施建设“十二五”规划》编制工作，截至年底完成送审稿。

【中央预算内资金支持污水处理设施建设】 2012年，广东省住房和城乡建设厅、财政厅组织全省各地申报中央财政支持城镇污水处理设施和配套管网建设项目资金，争取国家对广东省污水处理设施建设的支持。6月28日，省财政厅、住房和城乡建设厅印发《关于下达财政部2012年城镇污水处理设施配套管网专项资金（提前告知部分）预算的通知》，下达国家9885万元污水处理设施配套管网资金。7月18日，省财政厅、住房和城乡建设厅印发《关于下达财政部2012年城镇污水处理设施配套管网专项资金（追加部分）预算的通知》，下达国家4152万元污水处理设施配套管网资金。国家补助资金弥补各地污水处理设施建设和改造经费缺口，调动地方政府建设积极性，促进全省污水处理设施建设进程。

【《广东省城镇污水处理及再生利用设施建设“十二五”规划》编制】 2012年，广东省发展改革委员会、环境保护厅、住房和城乡建设厅组织全面开展《广东省城镇污水处理及再生利用设施建设“十二五”规划》（简称《规划》）编制工作，并在全省范围开展实地调研，召开片区座谈对接会，与各地市沟通对接后，形成《规划（征求意见稿）》，书面征求地方意见。根据各地市意见反馈情况，结合各市“十二五”污染物总量减排责任书和《全国城镇污水处理及再生利用设施建设“十二五”规划》相关内容，修改后形成送审稿。

《规划》在全面分析全省城镇生活污水处理及再生利用设施现状和存在问题，科学预测“十二五”期间建设需求的基础上，以全省44个设市城市、44个县及251个重点建制镇的污水收集处理及再生利用为主线，综合考虑设施建设运行的需求与能力，对“十二五”期间全省城镇污水处理、污泥处理处置、配套管网及再生利用设施的建设进行统筹规划，明确相关建设任务，提出保障措施。《规划》基准年为2010年，规划期为2011~2015年。

《规划》明确“十二五”期间，以“完善污水处理设施配套管网、推动部分污水处理厂提标改造、加快重点城镇污水处理设施建设、加强污泥处理处置和污水再生利用工程建设”为重点，切实抓好项目组织实施工作，力争到2015年底，全省城镇污水处理能力达到2200万吨/日，比“十一五”末期提高450万吨/日以上。全省城镇污水处理率达到85%，其中，珠江三角洲地区污水处理率达到90%；东西北地区污水处理率达到75%（设市城市85%，县城70%，建制镇60%）；全省新增污水配套管网1.4万千米以上，配套管网总长度达到3万千米以上；广州、深圳两市的城区达到污水全收集、全处理；力争到2015年底，全省污水再生利用率达到10%；全省新增污泥处理处置能力7000吨/日以上。

【污水处理公司选介】 东莞市石鼓污水处理有限公司 该公司规划总处理能力为40万吨/日，分三期建设。2012年厂区主要以一、二期工程生产为主。截污主干管总长度为14.77千米，污水收集范围为东莞市莞城区、南城区、万江区南面组团、东城区（牛山片区、桑园、

▲东莞市南畲朗污水处理厂（2012）　　（东莞市水务局供稿）

周屋、温塘片区除外）的全部生活污水；服务面积62.95平方千米，服务范围现状人口49.96万人。外管辖新基污水泵站、珊洲河污水泵站两座和管网的维护。公司由东莞市财政投资，为东莞市水务局下属市水务投资集团公司。污水处理工程一期采用AO工艺，二期采用AAO工艺，出水均通过厂区的消毒车间进行投加液氯的处理工艺，达标排入至厚街水道，出水排放标准执行污水综合排放国家一级（GB18918-2002）B标准。运营中产生的剩余污泥进行浓缩、脱水，日均含水污泥量约为60吨，含水率为80%以内，含水污泥外运至东莞市圣茵环保生物科技工程有限公司指定场地，进行堆肥处理。东莞市石鼓污水处理有限公司（一、二期）工程分别于2002年6月和2004年8月竣工并开始试运行，2002年8月和2004年10月通过环保验收。

东莞市南畲朗污水处理厂（一期）　位于东莞市茶山镇。该厂规划总处理能力为35万吨/日，分二期建设，一期工程纳污面积96.18平方千米，服务区人口72.26万人；二期工程纳污面积96.18平方千米，服务区人口91.73万人。该厂一期工程采用BOT模式建设，建设单位为东莞市石排伟通水务有限公司，采用A2/O生物处理工艺+V型滤池深度处理工艺，出水通过紫外线消毒处理达标排入南畲朗排渠。出水排放标准执行《城镇污水处理厂污染物排放标准（GB18918-2002）》中一级标准的A标准和广东省地方标准《水污染排放限值（DB44/26-2001）》一级标准中较严格标准。运营中产生的剩余污泥进行浓缩、脱水，日均含水污泥量约14吨，含水率约78%，含水污泥委托东莞市金茂污泥处置有限公司外运至黄江项目进行无公害处理。东莞市南畲朗污水处理厂（一期）工程于2008年11月获东莞市环保局环评批复，2011年4月竣工并开始试运行，2011年6月通过环保验收。

（王务）

城乡生活垃圾处理

【概况】　2012年，广东省十一届人大五次会议将“关于加强农村垃圾管理的建议”列为重点建议。根据省政府工作安排，省住房和城乡建设厅负责会同有关省直单位，牵头研究制定加强城乡生活垃圾处理工作的具体意见。2012年7月17日，省政府召开全省城乡生活垃圾处理工作会议，与各市政府签订《城乡生活垃圾治理责任书》。是年，省财政设立广东省农村生活垃圾处理设施建设专项资金，安排8.4亿元资金用于补助农村生活垃圾处理设施建设。全省加快设施建设进度，全年完成15座生活垃圾无害化处理场建设，至2012年底，全省市县城区生活垃圾无害化处理率81.5%，正在运营的生活垃圾无害化处理场（厂）69座，总处理规模5.41万吨/日。与上年相比，新增无害化处理量0.6万吨/日，无害化处理率增加6.5个百分点；全省开展“大清洁、乡村美”农村清洁工程专项活动，累计投入劳动力610万人次，清理路边、河边、池边及公共区域积存垃圾42.5万吨。至2012年底，全省仍有39个县（市）和茂名市区未建成生活垃圾无害化处理场，大部分乡镇未建成转运站，自然村未建成生活垃圾收集点，总体设施建设进度缓慢，生活垃圾处理设施处理能力不足。

【生活垃圾处理政策制定】　2012年以前，广东省尚未建立系统的垃圾处理政策体系。2012年，省住房和城乡建设厅出台垃圾处理行业政策措施，先后报请省政府印发《关于进一步加强我省城乡生活垃圾处理工作实施意见的通知》《全面推进农村生活垃圾管理工作行动计划的通知》《关于印发广东省生活垃圾无害化处理设施建设“十二五”规划的通知》《关于开展“大清洁、乡村美”农村清洁工程专项活动的通知》等文件，结合广东省的实际情况，系统地提出全省农村生活垃圾处理实施方案，在全省推行“户收集、村集中、镇转运、县处理”的农村垃圾收运处理模式，按照“以点带面、示范带动、整体推进”的工作思路，要求各地要明确农村垃圾管理部门，乡镇要确保有专责人员，村配备专门保洁人员，形成稳定的县（市）、镇、村三级管理和保洁队伍，整县推进农村生活垃圾

2012年广东省无害化垃圾填埋场情况

序号	地区	项目名称	处理方式	处理量(吨/日)	投资(万元)
1	广州	兴丰填埋场	填埋	7000	68300
2		从化市城市废弃物综合处理场	填埋	200	3000
3		增城市棠夏垃圾填埋场	填埋	400	5195
4	深圳	下坪填埋场	填埋	4050	41700
5		宝安区老虎坑填埋场	填埋	3400	10700
6		坪山鸭湖垃圾填埋场	填埋	800	4150
7	珠海	珠海市西坑尾填埋场	填埋	1000	24600
8	汕头	雷打石填埋场	填埋	1200	8760
9		南澳县城填埋场	填埋	100	1000
10	佛山	高明区苗村白石坳填埋场	填埋	3300	56000
11		三水区白泥坑填埋场	填埋	500	26400
12	韶关	花拉寨填埋场	填埋	600	22000
13		新丰县岳城填埋场	填埋	100	1000
14		乐昌市垃圾填埋场	填埋	200	9000
15		乳源县垃圾填埋场	填埋	100	2500
16		始兴县垃圾填埋场	填埋	100	3600
17	河源	七寨垃圾填埋场	填埋	500	24500
18		东源县生活垃圾填埋场	填埋	100	1500
19	梅州	奇龙坑垃圾填埋场	填埋	500	16500
20		兴宁市黄泥坑垃圾填埋场	填埋	250	690
21	惠州	惠城区填埋场	填埋	300	8000
22		惠阳区山子顶填埋场	填埋	400	8000
23		博罗县垃圾填埋场	填埋	200	4100
24		龙门县垃圾填埋场	填埋	100	3000
25		惠东县垃圾填埋场	填埋	200	4000
26	汕尾	汕尾市区垃圾处理场	填埋	150	6000
27	东莞	塘厦镇垃圾填埋场	填埋	500	5000
28		虎门镇垃圾填埋场	填埋	800	8115
29		樟木头镇垃圾填埋场	填埋	300	8993
30	中山	坦洲镇生活垃圾卫生填埋场	填埋	150	3000
31	江门	江门市旗杆石垃圾填埋场	填埋	1000	10300
32		鹤山市马山生活垃圾处理场	填埋	350	3914
33		台山市下豆坑垃圾填埋场	填埋	400	9998
34		开平市梁金山生活垃圾填埋场	填埋	400	2531
35		恩平市樟木坑生活垃圾填埋场	填埋	300	4080
36	阳江	阳江市奕垌填埋场	填埋	400	6000
37		阳西县生活垃圾填埋场	填埋	100	2989
38	湛江	湛江市区填埋场	填埋	700	10100
39		徐闻县垃圾填埋场	填埋	200	5608
40	茂名	高州市垃圾填埋场	填埋	300	4680
41		化州市垃圾填埋场	填埋	200	3556
42	肇庆	肇庆市马安填埋场	填埋	500	7500
43		德庆县生活垃圾填埋场	填埋	100	2300
44	清远	清远市青山填埋场	填埋	580	8000
45	潮州	潮州市锡岗填埋场	填埋	750	12000

（续表）

序号	地区	项目名称	处理方式	处理量(吨／日)	投资(万元)
46	揭阳	揭阳市东径外草地填埋场	填埋	750	11900
47		揭西县生活垃圾填埋场	填埋	300	4800
48		大南山侨区生活垃圾卫生填埋场	填埋	50	2926
49	云浮	云浮市麻鸡坑填埋场	填埋	200	5000
50		新兴县垃圾填埋场	填埋	200	3000

（广东省住房和城乡建设厅城市建设处）

2012年广东省无害化垃圾焚烧厂情况

序号	地区	项目名称	处理方式	处理量(吨／日)	投资(万元)
1	广州	李坑生活垃圾焚烧发电厂	焚烧	1040	72600
2	深圳	南山垃圾发电厂	焚烧	800	36300
3		盐田垃圾发电厂	焚烧	450	24600
4		宝安区老虎坑垃圾发电厂一期	焚烧	1200	56500
5		宝安区老虎坑垃圾发电厂二期	焚烧	3000	145547
6		龙岗区中心城区环卫综合处理厂	焚烧	300	11300
7		龙岗区平湖垃圾发电厂一期	焚烧	675	33000
8		龙岗区平湖垃圾发电厂二期	焚烧	1000	32000
9	珠海	市区焚烧发电厂	焚烧	600	20700
10	佛山	南海区垃圾焚烧发电厂一期	焚烧	400	17000
11		南海区垃圾焚烧发电厂二期	焚烧	1500	65000
12		顺德区杏坛处理中心	焚烧	600	21400
13	惠州	惠城区焚烧发电厂	焚烧	500	40000
14	东莞	横沥环保热电厂一期	焚烧	1200	30000
15		横沥环保热电厂二期	焚烧	1500	50000
16		厚街环保热电厂一期	焚烧	600	15600
17		厚街环保热电厂二期	焚烧	900	23400
18	中山	中心组团综合处理场	焚烧	1350	48000
19		北部组团综合处理场	焚烧	1200	82200

（广东省住房和城乡建设厅城市建设处）

处理，建设“一县一场”“一镇一站”“一村一点”，实现全省农村生活垃圾处理“一年见成效、三年大变样”的工作目标。在全省范围内开展“大清洁、乡村美”农村清洁工程专项活动，全面清理农村路边、河边、池边及村庄公共区域积存垃圾，改善农村卫生条件和人居环境。会同省物价局　出台《关于规范城乡生活垃圾处理价格管理的指导意见》，简化收费分类，规范计费方式，改进收费方法，积极探索与城乡生活垃圾一体化处理模式相适应的农村生活垃圾处理价格制度和价格调控管理机制。

【城市生活垃圾分类处理】　2012年，广东省住房和城乡建设厅积极推进生活垃圾分类收集工作，将生活垃圾分类工作要求纳入《广东省生活垃圾无害化处理设施建设“十二五”规划》以及省政府和各地签订的《城乡生活垃圾治理责任书》考核内容。各地生活垃圾分类工作逐步铺开，通过宣传城市生活垃圾分类处理的方法，探索和推进生活垃圾分类收集和综合利用。2012年7月10日，广州市召开全市生活垃圾分类处理动员大会，下达推进生活垃圾分类处理工作目标责任书，学习台湾垃圾分类管理办法，探索推进厨余垃圾“专袋投放”、生活垃圾“按袋计量收费”和餐厨垃圾“集中收集处理”等试点工作；深圳市制定《深圳市餐厨垃圾管理暂行办法》，其中南山区餐厨垃圾处理项目已投产试运行，加强对餐厨垃圾收运、处理的规范管理。

【城市生活垃圾无害化处理】　2012年，广东省大力推进生活垃圾无害化处理场（厂）建设进度，通过现场督办、会议部署、文件通报等方式切实推进工作开展。截至年底，全省市县城区生活垃圾无害化处理率81.5%，正在运营的生活垃圾无害化处理场（厂）69座，总处理规模5.41万吨/日。全省21个地级以上市有20个实现生活垃圾无害化处理，茂名市城区未建成垃圾无害化处理场，仍采用简易处理。全省67个县（市）有28个实现生活垃圾无害化处理。

【生活垃圾焚烧厂和填埋场无害化等级评定】 2012年，广东省住房和城乡建设厅根据国家行业标准开展生活垃圾焚烧厂和填埋场无害化等级评定。开展生活垃圾焚烧厂和填埋场无害化等级评价，24个广东省生活垃圾无害化场（厂）参与评定。其中，AAA级无害化焚烧厂3座，AA级无害化焚烧厂5座、A级无害化焚烧厂两座、B级无害化焚烧厂4座；Ⅰ级无害化填埋场6座、Ⅱ级无害化填埋场4座。

【《广东省生活垃圾无害化处理设施建设"十二五"规划》颁布实施】 2012年，广东省住房和城乡建设厅继续会同省发展改革委员会编制《广东省生活垃圾无害化处理设施建设"十二五"规划》(简称《规划》)，并报请省政府于11月13日印发。《规划》包括：现状和问题；指导思想、原则和目标；主要任务；投资估算和资金筹措；保障措施等。在总体分析"十一五"期间工作成效基础上，预测估算全省"十二五"期间无害化处理设施需求；提出重点发展焚烧发电技术，发展生物处理技术，合理统筹填埋处理技术，全面提高生活垃圾处理能力和水平。《规划》的颁布实施，进一步明确"十二五"期间全省生活垃圾处理项目建设计划，并提出切实可行的保障措施。

【水域环境卫生管理】 2012年，广东省各地加大水域环境卫生管理，通过设置拦污栅、开展阶段性河面保洁、明确河涌保洁作业要求、实行日常监督机制、增加设施投入、延长保洁时间等，加大水上保洁力度，确保城市水域清洁卫生。

【余泥渣土管理】 2012年，广东省各地加强余泥渣土管理，建立健全长效管理机制。开展专项整治，对运输公司核准检查，规范余泥渣土处理措施和资源化利用。广州市严格排放（受纳）业务审批，启动余泥渣土运输企业核准制度，集中审验车辆，做好监督检查，有效保障城市市容环境卫生。

【环卫科研】 2012年，广东省住房和城乡建设厅注重环卫科学技术研究应用，委托省建筑设计研究院编制《广东省农村生活垃圾收运处理技术指引》，用于指导全省范围内农村垃圾收集、运输和统一处理系统的建立，具体提出集中处理场、转运站、收集点的技术选择和建设要求，以及收运系统建立、设施运营及劳动定员等管理内容；委托广东省建筑科学研究院编制《广东省生活垃圾渗沥液处理技术指引》，用于指导全省生活垃圾处理设施渗沥液处理设施的设计建设和运营管理，指引包括：渗沥液产生及处理现状、处理工艺及选用和工程实例等内容。《广东省农村生活垃圾收运处理技术指引》和《广东省生活垃圾渗沥液处理技术指引》的编制印发，为各地生活垃圾处理设施建设提供重要的技术参考依据，确保全省生活垃圾处理设施建设水平。

【城市垃圾焚烧发电】 至2012年底，广东省建成达到无害化标准的生活垃圾焚烧厂19座，处理规模1.9万吨/日，占无害化处理总量的35%。项目主要分布在广州、深圳、珠海、佛山、东莞、中山、惠州等珠江三角洲地区。肇庆、湛江、茂名、汕头、清远等地正在建设或筹备建设生活垃圾焚烧厂。受选址征地等影响，生活垃圾焚烧厂建设进度缓慢，与上年比全省新建1座生活垃圾焚烧厂，停产改造两座，实际减少1座。

【城市垃圾焚烧发电厂选介】 深圳市宝安区老虎坑垃圾发电厂一期 位于深圳市宝安区松岗镇，由深圳市能源环保有限公司投资建设，于2003年9月批准立项，2004年2月土建开工，2005年12月建成投产。该厂建设规模为日处理垃圾1200吨，装置3台日处理垃圾400吨的垃圾焚烧炉，配2台12MW汽轮发电机组，工程总投资5.4亿元，占地面积55000平方米。年处理垃圾能力42万吨，年发电量14400万千瓦时。宝安垃圾发电厂位列中国可再生能源产业蓝天榜"中国十大垃圾焚烧发电厂"第二。焚烧炉采用从比利时西格斯公司（SEGHERS）进口的多级倾斜往复炉排炉，驱动形式为液压驱动。余热炉为中压自然循环单汽包、平衡通风形式，控制排放温度。每台炉额定蒸发量为32吨，效率为80.2%。汽轮机为中压单缸凝汽式，发电机为QF-12-2型。

中山市北部组团垃圾综合处理基地 位于中山市黄圃镇，是中山市三大垃圾综合处理组团中第二个兴建的垃圾综合处理基地，处理规模1100吨/日，总投资8.22亿元，属广东省重点工程项目，中山市十项重要民生工程项目之一。采用以焚烧为主、填埋为辅的综合处理工艺，各专项设施和工艺取长补短、互为支持，重点解决排污、防臭、防蝇等问题。基地项目建设整体水平要求达到国内同类项目领先水平，生产运行及环境保护均须达到并优于国家有关处理和排放标准的要求，北部基地卫生填埋场列入住房和城乡建设部2008年科技示范工程之一。

(陈辅淳)

城市燃气

【概况】　2012年，广东省有LPG（液化石油气）用户988.42万户，年供气总量387.24万吨，天然气用户350万户，年供气总量117.45亿立方米，城市燃气普及率94.93%。省内LPG生产企业5家，从事LPG零售业务的三级站700个，从事LPG分销业务的供应站20000个。除少数为国有和国有控股企业、外资企业外，绝大部分为民营企业。

【燃气安全管理】　2011年11月，广东省印发《关于开展〈广东省燃气管理条例〉执行情况检查的通知》，要求全省各市自查总结。2012年3月省住房和城乡建设厅对全省贯彻执行《广东省燃气管理条例》以及燃气安全管理的情况进行全面检查，检查首次覆盖到县级燃气主管部门，检查市、县（区）燃气行政主管部门42个，燃气企业38家，发出燃气安全生产检查意见书16份。通过检查，加强城镇燃气经营和安全管理，规范燃气市场秩序，确保燃气行业安全、稳定、健康发展。

【燃气企业诚信评估标准体系建立】　2012年，为加强行业自律，树立行业经营诚信典型，创造健康和谐的行业发展环境，营造诚实守信商业道德风尚，保障消费者合法权益，广东省依托省燃气协会在国内率先建立燃气企业诚信评估标准体系，启动燃气行业诚信企业评定制度，评出第一批17家广东省燃气行业液化石油气诚信企业。这一体系的建立，推进行业社会信用体系建设，促进燃气行业的健康发展。

是年，广东省住房和城乡建设厅推进燃气行业诚信守法经营，力促广州振戎公司等5家大型液化石油气公司达成共识，签署《关于开展企业自律停充非自有产权瓶的函》。

【城市燃气企业选介】　广州燃气集团有限公司　是广州发展集团有限公司的全资下属公司，其前身是广州市煤气工程筹建处，成立于1975年。1983年，正式更名为广州市煤气公司。2009年1月16日，广州市煤气公司成建制划归广州发展集团后，改制组建为广州燃气集团有限公司，并于2009年7月2日正式挂牌。2012年7月，广州燃气集团作为发展集团优质资产注入上市公司广州控股，成功实现资产上市。企业经营范围主要涉及燃气管网及设施的建设和管理，燃气项目的投资、经营、设计、施工、监理和技术咨询，安装、维修、检测燃气用具，(燃气的）批发和零售，以及液化石油气气瓶充装、检验等业务。截至2012年年底，公司拥有固定资产50亿元，燃气输配管网2700千米，服务网点30多个，客户超过115万户，全年管道气销售气量超过7亿立方米，液化气销售量近3万吨。　(宋健)

2012年广东省城市燃气供气情况

地区名称	液化石油气（吨）				天然气（万立方米）			
	储气能力	供气总量	销售气量		储气能力	供气总量	销售气量	
				居民家庭				居民家庭
广东省	564619.7	3872440.97	3858789.32	1692765.51	2823.64	1174508.79	1168333.21	64886.45
广州市	43780.09	899250.26	898183.3	269432.52	521.8	85732.29	85213.03	20580.01
增城市	45.31	4123.14	3890.38	2678.95	50	1064.46	1050.99	355
从化市	676.6	3830	3830	2190	16.5	399.4	399	55.9
韶关市	130	10742	10742	10742	148	2563	2563	1136
乐昌市	294	1132.21	1121	1021	6.16	53.16	52.63	19.37
南雄市	245	1444.85	1442	1229				
深圳市	83387	1305709.8	1305697.8	331079	258.8	919549.94	914872.34	29720
珠海市	224300	160000	160000	137500	0	2830	2830	176
汕头市	114500	188000	188000	144000	42	1565.05	1554.02	186.23
佛山市	1463.5	67217.72	66964.72	27744.07	39.77	65921.08	65888.84	4445.11
江门市	5109	87498	87492	58306	15.8	3726 94	3629.49	313.5
台山市	535	28680.3	28680	22861				

(续表)

地区名称	液化石油气（吨）				天然气（万立方米）			
	储气能力	供气总量	销售气量	居民家庭	储气能力	供气总量	销售气量	居民家庭
开平市	2161.59	21264	21262.5	16210				
鹤山市	411	10500.85	10500	7050				
恩平市	200	4033.5	4033	3911				
湛江市	8211	40120	40000	30000	96	7828	7600	1200
廉江市	1040	18300	17751	17751				
雷州市	235	2680	2650	2590				
吴川市	750	7247	7240	7235				
茂名市	3395.15	33056	33052	7707	16	561.3	561.3	162.29
高州市	36500	22156	22156	15510				
化州市	925	8632	8632	7092	0	1.6	1.6	0.6
信宜市	780	13700	13650	13450				
肇庆市	2996.5	62206	62206	20275	77.4	4548	4421	596
高要市	75.63	2555	2555	2555				
四会市	740	6848.8	6839	6825	49.3	220	220	68
惠州市	2815	76861.87	76616.57	53898.68	90	1972.64	1926.12	474.8
梅州市	250	22200	22200	22000	18	562.57	559.9	102.28
兴宁市	0	20549	10650	10650				
汕尾市	205	20348	20348	18548	2.6	44.56	43.77	15.71
陆丰市	530.5	6752.9	6752.9	5094				
河源市	1290	36454.2	36392	32369.3	14.4	319.93	319.81	0.24
阳江市	5245	83793	83753	8119	24	1160.2	1151.6	250
阳春市	6628.4	12818.43	11955.62	11955.62	6	110.9	110	110
清远市	668.43	29487.51	29487.51	26187.68	117	2705.05	2659.99	518.07
英德市	396	1350	1350	1200	120	43194.53		2054.8
连州市	595	4926.1	4926.1	4249.8				
东莞市	4794	312920.13	312797.52	226562.06	120	43194.53	43142.24	2054.8
中山市	3300	34095	34095	22162	753	914872.34	1920	28
潮州市	2485	108005	107993	11040.03	103.2	20032	19757	0
揭阳市	275	28250	28200	23200	0.51	66.19	64.54	64.54
普宁市	406	46870	46870	36700	85	327	325	300
云浮市	1050	6582.4	6582.4	3564.8	5.4	155	150	62
罗定市	800	9250	9250	8320				

注：本表为44个城市统计范围

(冯育文)

城市环境综合整治

【概况】 2012年，广东省环境保护事业取得新成效。全省经济总量持续快速增长，有效控制主要污染物排放，全省21个地级以上市饮用水源水质全部达标，主要江河水质总体稳定，省控断面水质优良率、水环境功能区水质达标率分别比上年提高4.3%和2.6%；珠江三角洲空气质量稳步改善，二氧化硫、二氧化氮和PM2.5年均浓度分别下降16.7%、5.3%和7.1%，灰霾天气明显减少，环境质量总体呈现稳中向好态势。

【城市生态环境建设】 2012年，广东省城市生态环境建设取得新成效。珠海市香洲区创建国家生态区通过国家考核验收；《佛山市生态市建设规划》和《惠州市生态市建设规划》通过环境保护部组织的专家论证；佛山市南海区、珠海市斗门区等8个区生态建设规划论证通过省环境保护厅组织的专家论证；召开全省创建绿色升级示范工业园区动员大会。广州市花都区梯面镇等24个乡镇获“国家生态乡镇”称号；珠海市斗门区白蕉镇等48个乡镇建成省级生态乡镇，珠海市金湾区三灶镇鱼月村等20个村建成省级生态村；20个镇、31个村建成广东省宜居示范城镇和宜居示范村庄。广州、深圳、珠海、惠州、江门、肇庆6市顺利通过“国家环保模范城市”现场复核。

【水环境整治】 2012年，广东省加大水环境整治力度，淡水河石、马河流域污染整治实现省政府提出的“淡水河五年基本好转”“石马河近期有所突破”阶段性目标，城市集中式饮用水源水质100%达标。是年，编制《广东省城镇污水处理设施“十二五”污染减排实施方案》；开展饮用水源保护专项检查，依法查处集中式饮用水源地内影响饮用水安全的违法排污企业、违法建设项目和破坏生态环境的资源开发活动；取缔查处一级水源保护区内排污口、二级和准水源保护区内排污口，以及排放污染物建设项目；专项督查淡水河、石马河、独水河、小东江、练江等重点流域污染整治，协调解决广州、佛山、清远等跨界污染问题；组织编制新丰江、南水、鹤地等12座大型重点水库水质保护规划。截至年底，淡水河、石马河流域污水处理能力均超过实际污水排放总量，处于流域所在地区镇的污水处理设施全部建成，驻厂员工超过100人、尚未纳入市政管网的企业污水处理设施全部建成；建立健全省里督查、地方监管、企业负责的污染源监管长效机制，并通过定期开展联合执法和交叉执法，实现国控、省控、市控污染源和重金属指标在线监控。

【大气污染防治】 2012年，广东省加大力度整治大气污染，推进珠江三角洲区域大气污染联防联治，出台清洁空气行动计划第二阶段实施方案和火电机组、机动车、锅炉、挥发性有机物污染专项整治方案，全省完成大气污染防治项目9000多项。截至年底，珠江三角洲地区在役30万千瓦以上燃煤火电机组全部完成降氮脱硝设施改造，珠江三角洲地区新车提前执行机动车第四阶段（国Ⅳ）排放标准，广州、深圳、东莞顺利供应粤Ⅳ车用汽油，广州、深圳、珠海、佛山、惠州、东莞、中山等市全面实施机动车排气污染简易工况法检测。珠江三角洲空气质量稳步改善，二氧化硫、二氧化氮和PM2.5年均浓度分别比上年下降16.7%、5.3%和7.1%。新建成脱硫设施574万千瓦，脱硝设施656万千瓦，取消烟气脱硫旁路机组1565万千瓦，全省累计2563万千瓦机组投运脱硝设施；15条水泥生产线建成烟气脱硝设施，脱硝规模超过2000万吨熟料/年。

【污染减排】 2012年，广东省超额完成国家下达的主要污染物总量年度减排任务。8月，省环境保护厅印发实施《广东省“十二五”主要污染物总量减排实施方案》，批准实施污水处理设施建设、农业源减排、水泥行业脱硝、黄标车淘汰、工业锅炉整治等5个减排子方案；11月，省环境保护厅印发实施《广东省“十二五”主要污染物总量减排考核办法》；12月，省环境保护厅印发实施《关于在我省开展排污权有偿使用和交易试点工作的实施意见》，全面启动排污权有偿使用和交易试点工作。建立健全部门联动污染减排新机制，制定污染减排考核办法和责任追究制度。是年，全省污染减排实现突破性进展，新建成污水处理设施48座，新增日处理能力105.1万吨，占全国当年新增污水处理能力的1/8，建成污水处理设施396座、日处理能力2093.3万吨，建成配套干次管网19874.6千米，全省67个县和珠江三角洲73个中心镇全部建成污水处理设施，东莞、中山等市所有建制镇均建成污水处理设施；新建成脱硫设施574万千瓦，脱硝设施656万千瓦，取消烟气脱硫旁路机组达1565万千瓦，全省累计2563万千瓦机组投运脱硝设施，占全国脱硝机组装机容量的1/3强；15条水泥生产线建成烟气脱硝设施，脱硝规模超过2000万吨熟料/年，占全国1/5强；淘汰黄标车15.8万辆。经国家核算，2012年广东省化学需氧量、氨氮、二氧化硫和氮氧化物排放量分别比上年下降4.33%、2.92%、5.73%和6.11%，超额完成国家下达的年度减排任务。

【禽畜养殖和农产品产地污染防治】 2012年，广东省加强防治规模化禽畜养殖污染，开展农产品产地环境监测和重金属污染农田修复试验和示范工作。推进畜禽养殖禁养区划定，珠海、佛山、韶关、河源、梅州、汕尾、中山、江门、阳江、茂名、清远、潮州、云浮13市基本完成畜禽养殖禁养区、限养区和适养区划定工作。组织全省开展标准化养殖示范创建活动，建立标准化养殖示范场信息数据库。是年，249家规模化畜禽养殖场完成污染治理。“十二五”期间全省设立5.75万个土壤采样点，监测分析农产品产地重金属污染状况，完善农产品产地土壤环境质量档案，建立农产品产地分级管理制度；全面启动农产品产地例行监测，设置农产品产地土壤重金属预警监测点28168个；在韶关市仁化县董塘镇开展污染农田修复试验和示范，启动清远市佛冈县农产品产地重金属污染治理修复示范项目。

【环保产业化】 2012年，广东省加强污染治理设施运营资质管理，推进环境污染治理设施社会化和专业化运营。全年全省持有环保设施运营资质证书单位232家。制订《关于在珠三角地区建设全国环保产业集聚发展创新区的实施方案》《2012年广东省节能减排实用技术与产品汇编》，筛选具有引领突破作用的环保新技术和新产品。创建国家生态工业示范园区，推动工业园区绿色升级改造。广州开发区通过国家环境保护部、商务部、科学技术部的验收并正式命名；广州南沙开发区、肇庆大旺高新区获得批准并开展创建工作；惠州大亚湾等四个开发区完成规划编制。推进重污染园区的绿色升级改造，实现十几家重污染工业园区绿色升级改造。推荐评选“国家重点实用技术”“国家实用技术示范工程”“广东省环保优秀示范工程”，获评“国家重点实用技术”11项、“国家实用技术示范工程”15项、“广东省环保优秀示范工程”8项。 （何惠明）

迪拜国际改善居住环境最佳范例奖和广东省宜居环境范例奖

【概况】 2012年，在联合国人居署“迪拜国际改善居住环境最佳范例奖”评选中，珠江三角洲绿道网建设项目获“全球百佳范例”称号。是年，广东省住房和城乡建设厅从全省11个地级以上市申报的30个项目中，评选出“广州黄埔古村历史文化遗产保护项目”等13个项目为“广东省宜居环境范例奖”项目。与上年相比，获奖项目增加两个。

【2012年广东省获迪拜国际改善居住环境最佳范例奖项目介绍】 “迪拜国际改善居住环境最佳范例奖”是由联合国人居署和阿拉伯联合酋长国迪拜市政府于1995年设立，旨在奖励全球范围内改善人居及可持续发展方面取得突出成效的项目。

珠三角绿道网建设项目 截至2012年底，珠江三角洲建成绿道7350千米，包括：2372千米省立绿道和4978千米城市绿道，沿线建成200个绿道“公共目的地”，超额完成绿道建设任务，形成省级—城市绿道网络；基本建立健全绿道网建设的各项管理制度，提升管理运营水平；打造形成特色旅游、体育健身、科普教育、文化服务四大绿道品牌，开展制度化的主题活动，提高绿道网综合效益。珠江三角洲绿道网的建设发展作为广东省建设生态文明的生动实践，得到社会大众的赞扬和欢迎，也为国内其他省份和地区开展绿道建设工作提供示范和借鉴。在联合国人居署“迪拜国际改善居住环境最佳范例奖”评选中，该项目于2012年获“全球百佳范例”称号。

【2012年广东省宜居环境范例奖项目选介】 “广东省宜居环境范例奖”是由广东省人民政府于2010年设立，每年评选一次，重点表彰各地政府在居民住房状况的改善、社区公共管理与服务、水环境治理、水资源的可持续利用、历史文化遗产保护、城市防灾与减灾、生态保护及城市绿化建设、推行建筑节能，建设节约型城镇、城市管理与市容环境治理建设、“三旧”改造等宜居环境建设方面十个主题的优秀项目。

深圳湾滨海休闲带生态保护及城市绿化建设项目 深圳湾滨海休闲带东起红树林海滨生态公园，西至深圳湾口岸南海堤。项目通过恢复深圳湾海水、滩涂、沙滩、山丘和湿地生物等自然元素，塑造一系列富有特色的场所，使最人性化的城市空间与最自然化的生态群落在这里相接。为城市轮廓提供趣味的对比和形象的认同，从而提升城市总体形象。该项目获2012年“广东省宜居环境范例奖”。

深圳大鹏所城历史文化遗产保护项目 深圳大鹏所城是全国重点文物保护单位。构建“以城养城，保护古城，保护环境”的良性循环机制，较好地保护当地独特的地缘聚落文化，是将深圳市人文内涵和文化底蕴推向世界的一张名片。该项目获2012年“广东省宜居环境范例奖”。

云浮南山河河道景观改造工程 是云浮市2011年宜居城市建设规划“一山、一水、一路”的项目之一，通过重点打造长约1千米南山河亲水功能和服务功能，利用河道原生态环境，兼顾防洪排涝功能，构造水环境生态与休闲活动为一体的城市河道改造工程，强化亲水又兼顾生态环境和休闲运动等功能，提升城市品位。该项目获2012年“广东省宜居环境范例奖”。 （宋健）

村镇建设

- 省政协关于传统村落保护的提案重点办理
- 第三批历史文化名镇名村评选结果揭晓
- 政策性资金支持名镇试点建设
- 举办中心镇镇长（书记）专题研讨班
- 开展农村危房改造试点工作

综　　述

【概况】　2012年，广东省住房和城乡建设厅通过开展全省名镇名村示范村规划建设情况大检查、评选第二批省宜居示范城镇和村庄、举办中心镇镇长（书记）村镇建设专题研讨班、办理省政协关于古村落保护的重点提案、举办“寻访广东名镇名村——探索广东农村宜居建设之路”成果展览和学术论坛，促进全省村镇规划建设管理工作，并取得明显成效。截至年底，广东省有建制镇1026个，建制镇总体规划覆盖率83.82%；行政村17913个，村庄规划覆盖率51.45%。村镇建设总投入6768264万元，住宅建筑总面积157069.33万平方米，其中建制镇35698.18万平方米、人均住宅面积30.84平方米，村庄121202.70平方米、人均住宅面积27.60平方米。是年，村镇房屋建筑竣工总面积7071.5万平方米，其中建制镇3892.7万平方米，村庄3142.42万平方米。截至年底，全省有10个镇、15个村被评为“中国历史文化名镇名村”。但是全省村镇规划覆盖率仍较低，村庄建设“脏、乱、差”的现象普遍存在。

【“寻访广东名镇名村——探索广东农村宜居建设之路”成果展览和学术论坛】　2012年12月28日，广东省住房和城乡建设厅联合省委农村工作办公室在广州二沙岛岭南会展中心和广东美术馆举办“寻访广东名镇名村——探索农村宜居建设之路”成果展览和学术论坛。展示全省40多个名镇建设成就，以摄影、绘画的形式展出摄影作品200幅、中国画作品100幅、书法作品50幅、绘画作品50幅。

【省政协关于古村落保护的提案】　2012年，广东省住房和城乡建设厅认真办理省政协关于古村落保护的重点提案，与省政协提案委沟通，制订详细的工作方案。通过召开座谈会、实地考察、查阅相关资料，听取各级政府部门、村委会和群众对加强传统村落保护的意见和建议；通过专题论证，召开提案办理工作座谈会，听取与会的政协委员和有关部门代表对提案办理的意见和建议；委托高校等研究机构开展广东省历史村镇特色保护和利用研究，以及岭南村镇建筑形式和风貌研究，探索全省传统村落保护和利用的政策措施。通过开展传统村落的调查，广东省有544座传统村落信息载录“全国传统村落管理信息系统”；根据国家传统村落评价指标体系的要求，广东省推荐197个村落参加国家级传统村落评选。是年，加强传统村落保护的立法工作，争取中央资金支持中国历史文化名村和国家级传统村落的基础设施建设、古民居修缮和建筑外立面整饰等。省政协充分肯定重点提案办理工作。　（李玉泉）

村庄规划

【概况】　2012年，广东省住房和城乡建设厅继续抓好省级村庄规划编制试点工作，部署全省贫困村规划编制，组织开展村庄规划编制办法、村庄规划内容等研究，深化村庄规划内容，提高规划水平和可实施性。截至年底，全省有行政村17913个，村庄规划覆盖率51.45%；村庄现状用地面积948930.53平方千米，村庄户籍人口4392.14万人，村庄暂住人口421.55万人。全省村庄规划覆盖率与全国的平均水平相当。

【省级村庄规划编制试点】　省级村庄规划以行政村为编制对象，主要包括：村域发展与控制、村庄整治、田园风光及特色风貌维护、村民住宅设计及规划指引等方面内容，并统筹考虑村域及周边生产生活要素，从群众最急需的生活垃圾污水处理和危房改造等方面入手，促进农村生活环境的改善、农业生产的有序发展和农村生态的持续有效保护，彰显地方特色和乡村风貌，做到“让乡村回归乡村，让乡村更加美丽”。2012年，广东省住房和城乡建设厅继续抓好1280个省级村庄规划编制试点，省财政安排补助资金支持试点村规划编制，提高资金的使用效率，增强省级村庄规划编制试点的示范作用。

【广东省贫困村规划编制】　2012年，广东省住房和城乡建设厅联合省扶贫办申请1000万元省财政补助资金，补助全省3409个贫困村的规划编制。委托省城乡规划设计研究院制订《广东省贫困村规划编制指引》（编制中），指导全省贫困村规划编制。贫困村规划主要内容包括：以因地制宜为原则，与建设幸福村居要求相结合，突出村庄整治内容，重点对与农民生活和农业生产密切相关的村道、给水、排水、垃圾处理设施等提出具体的整治和完善措施，并结合实际适当安排公共活动场所等。　（李玉泉）

名镇名村规划建设

【概况】　2012年，名镇名村建设工作被列入广东省提高城市化发展水平重点工作，“十二五”期间拟打造110个名镇、1900个名村。截至2012年底，2011年开始建设的两个示范县、42个名镇、362个名村、765个示范村全部启动建设规划编制工作。

【名镇名村示范村规划建设指导】　2012年，广东省住房和城乡建设厅联合省委农村工作办公室报请省政府出台《关于精心组织扎实推进名镇名村示范村建设的工作安排》，印发《广东省名镇名村示范村建设考核办法（试行）》，指导全省各地开展名镇名村示范村建设工作。

【政策性资金支持名镇建设探索】2012年，广东省住房和城乡建设厅与国家开发银行广东分行共同确定珠海市斗门镇、云浮市六祖镇、清远市浛洸镇作为全省名镇建设的试点镇。年内，完成斗门镇、六祖镇、浛洸镇综合发展规划，对符合相关政策要求的建设项目给予政策性资金的支持。截至年底，国家开发银行广东省分行累计贷款18450万元支持珠海市斗门镇、云浮市六祖镇和清远市浛洸镇等项目建设。

【名镇名村示范村规划建设督导检查】 2012年9月19~28日，广东省住房和城乡建设厅联合省财政厅、农业厅，抽调广州市城乡建设委员会等9个市的规划建设部门人员和省城乡规划设计研究院等13个甲级规划设计单位的专业技术人员组成10个督导检查小组，对全省20个地级以上市（除深圳外）的36个县（市、区）、80个镇、160多个名村及示范村的建设规划编制和名镇建设工作情况进行实地督导检查。从检查结果看，全省各地认真贯彻落实省委、省政府的工作部署，抓住村镇规划建设的发展机遇，把名镇名村示范村规划建设作为重要工作予以部署，从建立工作机制、明确责任分工、创新工作方法、加大财政投入、加强技术指导、加大宣传力度、开展督促检查等方面开展工作，全省形成齐心协力建设名镇名村示范村的良好局面。

【传统村落调查】 传统村落是指民国以前建成，保留较大的历史沿革，即建筑环境、建筑风貌、村落选址未有大的变动，具有独特民俗民风，虽经历久远年代，仍为人们使用的村落。2012年，按照住房和城乡建设部、文化部、国家文物局和财政部的部署，广东省住房和城乡建设厅组织省（市、县）规划、建设、文化、财政部门开展传统村落调查工作。依据《传统村落评价认定指标体系（试行）》，由省内城乡规划、文物保护和非遗传承等方面的专家组成的调查质量检查小组，对各地报送的传统村落进行质量审核。经初步审查，推荐广州市海珠区黄埔村等197个传统村落参评国家级传统村落。经住房和城乡建设部、文化部、国家文物局、财政部的评选，全省共有40个传统村落被列入《第一批中国传统村落名录》，位居全国前列。

【国家绿色低碳重点小城镇示范】广东省开展绿色重点小城镇试点示范建设，引导城乡建设模式转型，增强节能减排能力和小城镇居住功能和公共服务功能，缓解大城市人口压力，推进城镇化可持续发展。2012年，按照住房和城乡建设部的要求，省住房和城乡建设厅推荐湛江市遂溪县北坡镇、梅州市大埔县百侯镇、五华县安流镇、清远英德市浛洸镇、河源市东源县仙塘镇申报第二批国家绿色低碳重点小城镇示范，配合住房和城乡建设部现场考评小组做好对第二批申报点的现场考评等工作；联合省财政厅、发展改革委员会申请国家财政支持第一批国家绿色低碳重点小城镇试点示范——佛山市南海区西樵镇的项目建设，促进西樵镇加快发展。

【全国特色景观旅游名镇名村】2012年，广东省住房和城乡建设厅组织全省第一、二批全国特色景观旅游名镇名村（7个镇和3个村）有关人员参加住房和城乡建设部、国家旅游局在江苏省苏州市召开的全国特色景观旅游名镇名村工作会议，就如何推动全省工作进行研讨。

是年，东莞市虎门镇投入历史文化名镇建设的保护维修资金总额9870.78万元，加强对威远炮台、靖远炮台、沙角炮台、销烟池、蒋光鼐故居等近现代史遗址的整体保护，提升综合配套功能和环境质量；惠州市巽寮区以争创国家5A景区为目标，计划投入6000万元，把巽寮渔业村建设成为一个宜居、宜游、宜业的新渔村；湛江市为规范引导旅游村镇的发展，出台《湛江市农（渔）家乐旅游星级评定办法》和《湛江市农（渔）家乐旅游星级评定标准》。2009~2012年该市镇村旅游收入超过3.5亿元。湛江市霞山区特呈岛旅游业得到迅速的发展，先后被评为首批“国家级海洋公园示范单位”“广东省旅游特色村”“广东省滨海旅游示范基地”；珠海市平沙镇依托海洋温泉、游艇产业、岭南田园水乡景观等资源，大力发展旅游休闲度假区建设。

【广东省第三批历史文化名镇名村评选】 2012年，经广东省人民政府同意，省住房和城乡建设厅联合文化厅公布东莞市中山路等3个街区、珠海市斗门镇等9个镇、佛山市南海区西樵镇简村等36个村为第三批广东省历史文化街区、名镇和名村。截至年底，全省有19个省级历史文化名镇、56个省级历史文化名村。

【名镇名村选介】 广州市番禺区沙湾镇 位于珠江三角洲中部,镇域面积37.45平方千米，辖14个村、5个社区居委会，总人口9.8万人。沙湾镇曾获“全国文明村镇”“国家卫生镇”“中国历史文化名镇”“中国民间艺术之乡”“中国文化旅游名镇”“全国文明小城镇示范点”“广东省教育强镇”等称号。沙湾镇是一个有着近800年历史的岭南文化古镇，因地处古海湾半月形的沙滩之畔而得名。据史书记载，至宋代，沙湾以北已成陆地，以南尚属浅海，以后陆续围海造田，面积不断扩大。从南宋开始，何、韩、陈、李、黎等姓氏先祖陆续迁入沙湾购田置地，繁衍生息，沙湾从此富甲一方。沙湾自古以来文风鼎盛，名

▲广州市番禺区沙湾镇(2012)　　(广东省住房和城乡建设厅村镇建设处供稿)

家辈出，人杰地灵，是以珠江三角洲为中心的广府文化的杰出代表。这里的飘色、龙狮、兰花蕴含着岭南文化的丰厚积淀。这里是广东音乐的发祥地，《雨打芭蕉》《赛龙夺锦》传扬海外，“何氏三杰”声名远播；这里还是岭南民间建筑艺术博物馆，古镇完整地保存着岭南地区传统村落梳式布局，留耕堂、宝墨园、南粤苑、鳌山古庙群等堪称岭南建筑艺术的杰作，蕴藏着丰富的砖雕、灰塑、木雕、壁画等艺术珍品。沙湾镇总体规划中“两区三片”功能格局清晰合理。镇中心区直接与市桥相连，南至沙湾水道，将建成全镇的行政、文体、商业中心，山水生态居住区与现代新型工业园；福龙区定位为融精品商业、休闲度假、文化娱乐于一体，具有南国水乡特色的生态生活园区；古龙片由新洲、古坝西、古坝东、龙湾村组成，主要发展现代轻工业及外向型加工业等高附加值高产出的新型工业；紫坭片为整个紫坭岛范围，规划建成集休闲、观光、旅游、度假于一体的生态旅游区；滴水岩片包括滴水岩森林公园与番禺职业技术学院，规划为满足各层次群体需求的城市近郊森林公园与教育产业区。三大产业协调发展。珠宝首饰、洗涤机械、电子电器、食品、木业支撑起工业主导产业，形成区域经济优势；都市型农业初具规模，商贸旅游独具风貌。2012年，番禺区沙湾镇着力开展古镇街区保护开发，依托中心城区南片商业圈，推动“滴水岩森林公园—古镇区—宝墨园、南粤苑—珠宝产业园”文化、生态旅游长廊建设，打造广东旅游名镇。

佛山市南海区西樵镇上金瓯松塘村　位于西樵镇的西北部，与丹灶镇、三水白坭镇相接壤，有新、旧樵丹公路及广明高速公路贯通，全村总面积4.84平方千米，下辖8个自然村、22个村民小组，全村户籍人口1224户、4240人，外来务工暂住人口约2000人。松塘村是中国历史文化名村，也是南粤著名的翰林村，以其丰富的历史文化资源、保存完好的历史文化古迹、原生态的岭南水乡风光、浓郁的民俗风情、原汁原味的村民生活方式成为岭南水乡风情与南海乡村文化的活化石。松塘村建于南宋咸淳九年，至今有800多年的历史。古村民风淳朴，人杰地灵，孕育不少文人志士。仅清代就产生20多名举人、进士，也是中国著名女革命家区梦觉的故乡。据村里族谱记载：南宋末年，先祖区世来同弟侄因躲避战乱，从珠玑巷沿水路南下，最终迁徙到南海，在西樵山脚下生息繁衍。松塘村自古以来就以其学风之浓，治学之盛，人才辈出、科甲辉煌而远近闻名。村里至今仍保留着多间“书舍”“舍学”，祠堂前有一列排开的14块旗杆石。松塘村仅在清朝嘉庆、同治、光绪、宣统年间就产生4个进士、5个举人。其中3人还进入翰林院，故此，松塘村被誉称为“翰林村”。由于书风盛行，松塘村街巷都有一个灵气高雅的名字，桂香坊、华宁街、逢源巷，还有许多历史牌匾，比如“司马第”“大夫第”“太史第”。丰厚的人文内涵，让松塘村景色优美，有“三台献瑞”“九曲凝庥”“华岭松涛”“横塘月色”“奎楼挹秀”“桂殿流香”“社学斜晖”“古榕烟雨”等八个景点，谓之“松塘八景”。在“文化大革命”时期，松塘村的历史文化古迹没有受到冲击。中华民国时期和中华人民共和国成立后，村里的青少年秉承寒窗攻读、报效国家的风气，以“读书上进为光荣、考试高中为自豪”的传统风气，崇尚读书、追求上进。在珠江三角洲工业化与城市化快速发展的今天，松塘村既保留村里的岭南水乡风光和历史文物古迹，还保持原生态的乡村生活方式，成为社会各界研究岭南水乡风光、岭南古建筑、南海乡村生活方式、南海科举文化的乡村活化石。2012年，西樵镇委、镇政府明确提出要建设以松塘历史文化名村为中心的古村文化基地。以松塘村、村头村、西樵山上七大古村为中心，建成西樵岭南文化古村展示基地，将松塘村打造成为集岭南水乡建筑艺术、特色农家美食、翰林文化、岭南宗祠文化、岭南民俗风情于一体的岭南文化名村。　(李玉泉)

第三批广东省历史文化街区、名镇、名村

（广东省住房和城乡建设厅、广东省文化厅　　2012年5月28日）

称　号	街、镇、村
广东省历史文化街区	东莞市中山路街区
	茂名高州市中山路街区
	茂名高州市南华路街区
广东省历史文化名镇	珠海市斗门区斗门镇
	佛山市南海区西樵镇
	梅州市梅县松口镇
	梅州市大埔县茶阳镇
	茂名信宜市镇隆镇
	茂名市茂南区鳌头镇
	清远英德市浛洸镇
	潮州市潮安县龙湖镇
	云浮罗定市罗镜镇
广东省历史文化名村	广州市萝岗区九龙镇莲塘村
	广州市花都区炭步镇塱头村
	广州市花都区花东镇高溪村
	广州市番禺区化龙镇潭山村
	佛山市南海区西樵镇简村
	佛山市南海区西樵镇百西村头村
	佛山市南海区九江镇烟桥村
	佛山市南海区丹灶镇仙岗村
	佛山市南海区丹灶镇南沙棋盘村
	佛山市南海区大沥镇璜溪村
	韶关市曲江区曹角湾村
	韶关市翁源县湖心坝村
	韶关乐昌市户昌山村
	梅州市梅县南口镇侨乡村
	梅州市大埔县西河镇车龙村
	梅州市蕉岭县三圳镇芳心村
	梅州市蕉岭县南礤镇石寨村
	惠州市博罗县龙华镇五村
	惠州市龙门县永汉镇鹤湖围村
	惠州市龙门县龙华镇功武村

(续表)

称　号	街、镇、村
广东省历史文化名村	东莞市中堂镇璜涌村
	东莞市茶山镇超朗村
	东莞市麻涌镇新基村
	东莞市凤岗镇黄洞村
	东莞市企石镇江边村
	东莞市万江区下坝村
	湛江雷州市南兴镇东林村
	肇庆高要市回龙镇槎塘村
	清远市清新县龙颈镇凤塱村
	潮州市潮安县古巷镇古巷一村
	揭阳市榕城区仙桥街道西岐村
	揭阳市榕城区仙桥街道槎桥村
	揭阳市揭西县东园镇月湄村
	揭阳市揭西县大溪镇井美村
	揭阳市揭阳经济开发试验区渔湖镇长美村
	云浮市云城区腰古镇水东村

(广东省住房和城乡建设厅村镇建设处)

宜居城镇和宜居村庄建设

【概况】　2012年，广东省住房和城乡建设厅按照创建宜居城乡的工作部署，推进省宜居村镇创建指导点（20个镇、31个村）规划建设，发挥创建指导点示范作用，争取省财政支持省创建指导点项目建设，加强宜居村镇建设人员培训，评选出第二批“广东省宜居示范城镇”79个、“广东省宜居示范村庄”218个。截至年底，全省有“广东省宜居示范城镇”120个、“广东省宜居示范村庄”420个。

【第二批省宜居示范城镇、宜居示范村庄评选】　2012年，按照《广东省住房和城乡建设厅关于推荐第二批广东省宜居示范城镇和宜居示范村庄候选名单的通知》要求，全省20个地级以上市（除深圳市）共推荐90个镇、248个村参加评选工作。省住房和城乡建设厅按照评选程序，经厅办公会议审议，确定第二批“广东省宜居示范城镇”79个、“广东省宜居示范村庄”218个。

【宜居村镇创建指导点】　2012年，广东省住房和城乡建设厅指导第一、二批省宜居村镇创建指导点（15个镇、31个村）做好《宜居城镇（村庄）建设行动计划》的实施工作，安排省“以奖代补”资金600万元支持生活垃圾、生活污水等设施建设，发挥示范带动作用；指导第三批省宜居城镇创建指导点（5个镇）做好《宜居城镇建设行动计划》的编制工作。

【宜居村镇建设专题培训班】　2012年，广东省住房和城乡建设厅在广州、韶关、湛江、肇庆等地举办五期宜居村镇建设专题培训班，重点讲解《广东省名镇名村示范村

·链接·　**宜居城镇（村庄）**

宜居城镇是指坚持以人为本，以不断改善和发展民生为主线，通过推进住有所居、改善人居环境、加强社会管理、完善公共服务，实现生产发展、生活富裕、生态良好、文化繁荣、社会和谐、人民群众具有幸福感的城镇（村庄）。城镇居民（村民）享有基本的生活居住空间和均等的公共空间资源，享有清洁的生活生产环境和较完善的公共服务，享有良好的社会秩序和民主法制环境，物质、精神、政治和文化生活不断丰富，逐渐凝聚成为秩序良好、活力充足、参与度高的社会共同体。

建设规划编制指引（试行）》《广东省宜居城镇（村庄）建设行动计划编制指引（试行）》、名镇名村和宜居村镇案例介绍等内容，培训市、县、镇各级村镇规划建设管理人员和省村庄规划编制试点村村支书（村长）600多人，提高各地创建宜居村镇的能力。（李玉泉）

中心镇规划建设管理

【概况】 2012年，广东省住房和城乡建设厅把中心镇规划建设作为小城镇建设的着力点，努力把中心镇打造成小城镇建设的排头兵和县域经济的主力军。截至年底，广东省有278个中心镇实现中心镇总体规划全覆盖，全省中心镇的镇城总人口3059.13万人，国内生产总值（GDP）12923.78亿元，可支配财政收入总额336.41亿元。

【中心镇镇长（书记）村镇建设专题研讨班】 2012年6月，广东省住房和城乡建设厅连续举办4期中心镇镇长（书记）村镇建设专题研讨班，全面完成对全省278个中心镇镇长（书记）的专题培训任务。研讨班贯彻落实全省提高城市化发展水平工作会议精神，围绕推动中心镇走“绿色、人本、集约、智慧、包容”的城镇化发展之路，落实富县强镇的战略部署和“加快转型升级、建设幸福广东”的要求，打造名镇名村、创建宜居城乡的要求和中心镇发展面临的热点，邀请住房和城乡建设部村镇建设司、中国城市科学研究会中小城市分会、华南理工大学、中国科学院广州地球化学研究所、省委党校省情教研部、省规划院、省建筑设计院等高校和科研机构的教授和专家前来授课，有针对性地组织讲授城市化发展、村镇规划建设管理、绿色低碳重点小城镇建设、城镇垃圾和污水处理、富县强镇等方面的政策和相关专业技术，实地考察先进中心镇规划建设成就。

【中心镇控制性详细规划编制】 2012年，广东省住房和城乡建设厅加强对中心镇控制性详细规划编制的支持，在各地推荐的基础上，经厅办公会议决定，在全省确定12个省中心镇控制性详细规划编制试点，推动全省中心镇控制性详细规划的编制工作。

【中心镇土地利用总体规划修编审查】 中心镇土地利用总体规划规划主要对建设用地空间管制、土地用途分区、土地利用调控、土地整治安排、土地利用等方面内容作出具体规划。2012年，广东省住房和城乡建设厅完成广州从化市良口镇、珠海市香洲区南屏镇、韶关乐昌市大源镇、湛江雷州市乌石镇、清远英德市英红镇等5个中心镇土地利用总体规划修编的审查工作，促进中心镇健康发展。审查严格遵照以下原则：一是严格保护耕地和基本农田，提高保护质量；二是建设生态文明，探索农用地保护与生态建设结合新机制；三是促进土地节约、集约利用，有效控制建设用地规模；四是保障重点建设项目，合理安排各项目用地；五是统筹城乡土地利用，强化土地利用空间管制；六是统筹协调，加强与相关规划的衔接。

【中心镇选介】 广州市萝岗区九龙镇 位于广州市东北部，萝岗区北翼。毗邻帽峰山东麓，东连增城中新镇，北靠从化太平镇，西临白云区钟落潭镇，南接萝岗区永和街。2005年8月，根据广州市行政区划调整，原白云区钟落潭镇九佛片和原增城市中新镇镇龙片合并为九佛镇九龙片区，归广州市萝岗区管辖；2006年4月12日，成立广州市萝岗区九龙镇人民政府；2006年9月15日，九龙镇被批准成为广东省中心镇，镇域面积175.1平方千米，常住人口10万人，辖28个行政村和3个居委会，338个经济合作社；2012年，全镇实现地区生产总值30.32亿元，比上年增长8.0%，其中工业总产值完成365490万元，增长5.6%；农业总产值104910万元；实现财税总收入39772万元，增长55.75%；农民人均年收入12997元，增长16.1%。工业发展以外来企业投资的现代化工业为主，主要发展电子、化工、塑料、电器、五金加工、农产品加工、人造金刚石工具、毛织、制药、家具等。至2012年底，镇内有设施完善的广州市九龙工业园、金龙工业园等工业园区。是年，中国与新加坡合作开发的知识城项目正式落户九龙镇。九龙镇党委、政府严格按照《珠江三角洲地区改革发展规划纲要》的战略部署，坚持以“发展经济、富民强镇”为中心，大力弘扬“敢为人先、务实进取”的创业精神，突出“打造升级版科学城”和“建设社会主义新农村”两条发展主线，建设经济发展、环境友好、社会和谐，具有岭南山水特色的九龙中心镇。

汕头市澄海区东里镇 全国重点镇，广东省中心镇，广东省宜居示范城镇。地处韩江支流出海口，位于潮安、澄海、饶平、南澳四市县的交汇处，水、陆、空交通便利，区位优势突出。距离汕头机场16千米，广梅汕铁路汕头站21千米，莱芜港集装箱码头20千米；国道324线、省道安黄公路在境内交合。全镇总面积34.92平方千米，辖19个村委会、3个社区居委会，常住人口77759人。2012年，东里镇被列为“第三批全国发展改革试点镇”。是年，东里镇推进千村环境卫生整治，有效解决农村环境突出问题，加快推进城乡一体化进程。专项补助资金1232.5万元，安排400万元专项资金用于农村改厕和污水处理项目建设，争取广东省垃圾压缩站专项建设资金850万元，

2012年广东省中心镇基本情况

地区名称	镇域总面积（平方千米）	镇规划区面积（平方千米）	镇建成区面积（平方千米）	镇域总人口（万人）	镇域户籍人口（万人）
广东省	46808.2	7607.3	2433.9	3059.13	2145.67
广州市	3353.10	1265.80	236.40	323.45	157.65
珠海市	562.24	127.90	48.70	39.55	23.19
汕头市	543.43	194.87	84.27	145.63	131.15
佛山市	1648.16	760.95	88.38	162.30	87.08
韶关市	5544.14	239.90	86.71	108.08	115.79
河源市	3878.33	427.44	124.55	153.01	121.69
梅州市	5391.71	280.62	101.22	165.00	156.63
惠州市	1912.84	414.89	68.99	91.19	56.82
汕尾市	1262.42	219.19	91.29	126.29	110.8
东莞市	1207.30	1026.61	532.78	421.36	82.37
中山市	226.40	210.30	70.86	63.34	43.18
江门市	1646.17	445.14	111.38	101.49	74.45
阳江市	1636.68	147.85	70.09	98.53	84.35
湛江市	3368.10	228.49	87.07	206.87	193.46
茂名市	1930.53	175.81	76.23	159.90	151.29
肇庆市	2879.11	297.48	106.56	128.53	110.57
清远市	6164.52	568.73	157.05	235.94	150.58
潮州市	434.45	152.98	64.79	78.03	65.89
揭阳市	1051.09	224.70	73.32	155.68	139.67
云浮市	2167.48	197.61	153.23	94.96	89.06
珠三角	13435.32	4549.07	1264.04	1331.21	635.31
粤　西	6935.31	552.15	233.39	465.30	429.10
粤　东	3291.39	791.74	313.67	505.63	447.51
粤　北	23146.18	1714.30	622.75	756.99	633.75

地区名称	镇域暂住人口（万人）	镇域非农户籍人口（万户）	镇域就业总人数（万人）	镇域外省就业人数（万人）	镇域本省就业人数（万人）
广东省	711.73	625.73	1284.14	778.22	660.33
广州市	97.89	31.91	112.00	72.91	65.47
珠海市	16.39	11.71	10.92	3.08	8.99
汕头市	16.19	12.62	47.00	250.96	34.79
佛山市	76.06	51.89	103.35	41.67	34.96
韶关市	5.79	44.61	50.99	3.89	36.64
河源市	33.46	37.58	52.00	12.99	40.67
梅州市	8.35	47.44	64.63	5.06	59.51
惠州市	34.30	13.95	53.69	26.93	26.78
汕尾市	10.69	50	44.18	11.07	21.09
东莞市	228.79	64.34	282.33	171.76	47.24
中山市	36.22	8.07	46.76	0.91	0.41
江门市	27.06	10.12	32.26	90.99	22.40
阳江市	14.29	27.60	29.31	3.74	25.56
湛江市	14.98	43.31	57.80	9.09	39.50
茂名市	8.59	33.12	64.84	8.88	55.95
肇庆市	17.97	27.90	73.53	29.39	44.14
清远市	35.80	30.54	70.80	22.87	43.95
潮州市	12.16	25.49	33.11	7.75	24.66
揭阳市	9.82	39.52	26.13	1.66	13.35
云浮市	6.93	14.01	28.5	2.62	14.27
珠三角	534.68	219.89	714.84	437.64	250.39
粤　西	37.86	104.03	151.95	21.71	121.01
粤　东	48.86	127.63	150.42	271.44	93.89
粤　北	90.33	174.18	266.93	47.43	195.04

(续表)

地区名称	镇建成区总人口(万人)	镇建成区户籍人口(万人)	镇建成区暂住人口(万人)	村镇建设管理人员(人)	其中 专职人员(人)
广东省	1715.86	858.69	456.78	4953	2425
广州市	58.60	35.15	44.20	415	199
珠海市	11.26	6.12	5.13	84	42
汕头市	70.49	67.13	8.15	144	52
佛山市	79.00	34.21	35.46	322	206
韶关市	176.13	43.60	4.33	379	162
河源市	83.00	56.91	18.77	102	59
梅州市	63.12	56.53	6.64	121	66
惠州市	36.76	20.16	16.58	130	51
汕尾市	80.38	70.87	12.67	141	103
东莞市	298.46	83.76	176.15	1661	519
中山市	63.34	27.13	36.22	58	46
江门市	24.72	13.33	11.28	189	103
阳江市	42.55	30.87	12.26	124	59
湛江市	295.60	46.15	11.19	259	141
茂名市	48.72	44.20	6.35	112	76
肇庆市	65.02	49.71	15.31	120	82
清远市	69.68	48.24	18.28	321	240
潮州市	52.21	44.64	7.07	196	92
揭阳市	62.92	53.75	7.32	128	64
云浮市	33.9	26.23	3.42	78	63
珠三角	637.16	269.57	340.33	2979	1248
粤　西	386.87	121.22	29.80	495	276
粤　东	266.00	236.39	35.21	609	311
粤　北	425.83	231.51	51.44	870	590

地区名称	镇域行政村个数(个)	完成规划编制的行政村个数(个)	镇域自然村个数(个)	完成规划编制的自然村个数(个)	镇域 GDP(万元)
广东省	5648	3227	47334	16113	129237846.2
广州市	572	557	3214	2574	16402554
珠海市	59	24	309	74	3446341
汕头市	260	87	173	26	3559904
佛山市	181	101	1557	701	15041921.36
韶关市	441	115	4607	365	1347958.74
河源市	342	103	3913	575	1346681.81
梅州市	568	351	4476	2065	1930774.09
惠州市	178	178	1561	1061	2828660
汕尾市	233	52	1030	54	2515007
东莞市	247	206	710	412	21651785
中山市	28	1	74	0	4222579
江门市	240	156	2391	1224	8137341.2
阳江市	195	195	2313	1226	2723466
湛江市	398	294	3456	1624	2798408.96
茂名市	304	122	4186	946	2807202
肇庆市	338	162	3607	890	3748168
清远市	372	112	6169	758	8202853
潮州市	151	32	536	43	1789209
揭阳市	265	146	625	233	24304832
云浮市	276	233	2427	1262	432200
珠三角	1843	1385	13423	6936	75479349.56
粤　西	897	611	9955	3796	8329076.96
粤　东	909	317	2364	356	32168952
粤　北	1999	914	21592	5025	13260467.64

(续表)

地区名称	镇域工业总产值(万元)	镇域第一产业总产值(万元)	镇域第二产业总产值(万元)	镇域第三产业总产值(万元)	镇域工业用地面积(平方千米)
广东省	206489269.6	12763661.39	141453554.79	28053701.51	1975.94
广州市	24672490	1803884	21682385.00	4581011.90	207.45
珠海市	2807496	321982	2848372	311506	72.23
汕头市	6476793	340755	4271753	509415	28.73
佛山市	62520006	1563156.16	44327126.56	5420904.88	171.52
韶关市	456288.67	458996.71	387422.39	377237.21	86.87
河源市	2874713.57	852937.22	2378415.28	322996.06	89.29
梅州市	1285436	481777.09	1523397	281443	59.05
惠州市	6115426	321826	5747610.00	1904801.00	57.61
汕尾市	1890954	609864	2260272	620981	43.77
东莞市	55598645	114365	18271045	6173443	198.81
中山市	4574804	74352	4514698	2443349	14.95
江门市	8323434.9	424222.65	7596470.4	814350	114.56
阳江市	3000069	901212	3031246.5	644963	37.65
湛江市	2184623.93	1188589.27	2171002.66	677416.46	82.21
茂名市	1113859	792043	1269438	736860	66.24
肇庆市	4946329	776182	3553361	527817	88.66
清远市	11740585.5	663984.53	10967747.00	935962.00	274.07
潮州市	2339421	327598	3521576	520749	42.24
揭阳市	3340357	445497.76	931326.00	10588.00	71.02
云浮市	227538	300437	198891	237908	169.02
珠三角	169558630.9	5399969.81	108541067.96	22177182.78	925.78
粤　西	6298551.93	2881844.27	6471687.16	2059239.46	186.10
粤　东	14047525	1723714.76	10984927.00	1661733.00	185.76
粤　北	16584561.74	2758132.55	15455872.67	2155546.27	678.30

地区名称	镇域工业园区面积(平方千米)	地方性财政总收入(万元)	可支配财政收入(万元)	城镇维护建设资金财政收入(万元)	城镇维护建设资金财政支出(万元)
广东省	1129.98	5416617.55	3364136.34	603076.01	660136.56
广州市	148.13	518533.65	371039.5	86668.6	126994.6
珠海市	49.98	128162.66	82556	2301	6750
汕头市	20.17	104389.11	41907.11	2000	2557
佛山市	101.32	1295954.44	923050.35	234154.38	161462.83
韶关市	51.34	39513.04	17453.66	6033.3	9797.6
河源市	74.00	41700.4	14924.4	4864.5	3378
梅州市	38.72	23888.72	8929.73	2969.28	2519.78
惠州市	31.00	95615	29770	15587.6	16188
汕尾市	30.67	15055	13004	1607	2797.5
东莞市	108.16	1947365.55	1294361.55	89328	167709
中山市	20.48	379384	261207	13604	23036
江门市	60.43	96997.7	76260.68	3140.57	5013.07
阳江市	40.65	95338.07	50668.07	4695.3	5185.1
湛江市	26.96	178080.7	16366.99	13775.7	11551
茂名市	38.52	148363	14802	1540.1	1920
肇庆市	54.38	111054.2	39850.65	2688.9	2760.8
清远市	119.69	91317.75	53514.71	14383.69	7145.19
潮州市	3.58	40372.56	14015.54	1278	1130
揭阳市	41.68	24539	28258.6	4663.09	5063.09
云浮市	70.12	40993	12195.8	97793	97178
珠三角	573.88	4573067.20	3078095.73	447473.05	509914.30
粤　西	106.13	421781.77	81837.06	20011.1	18656.1
粤　东	96.10	184355.67	97185.25	9548.09	11547.59
粤　北	353.87	237412.91	107018.3	126043.77	120018.57

(续表)

地区名称	市政公用设施建设财政资金投入总额(万元)	其中 中央财政(万元)	省级财政(万元)	地级财政(万元)	县级财政(万元)
广东省	709005.214	8380.65	9444.19	64242.19	143370.42
广州市	159102.9	0	0	41221	52187
珠海市	15344.24	0	0	1768	3235
汕头市	2034.5	44.65	26.19	88.19	1528.9
佛山市	142553.74	0	0	0	16182
韶关市	23547.6	1685	1167	132	3744.1
河源市	22702.5	3900	3235	1765	3259
梅州市	7403.76	510	404	390	2867.4
惠州市	14936	22	15	36	1987
汕尾市	7578.5		1745	253	1261
东莞市	206613	0	0	14113	0
中山市	30361		65	1613	18955
江门市	9434.1	0	319	80	622.36
阳江市	9384		31	167	6037
湛江市	9372.88	0	1014.7	2058	2571
茂名市	1418	0	45	20	180
肇庆市	3937.9	108	116	120	1351.86
清远市	30439.59	1241	352	104	26238.5
潮州市	3216	840	81.3		102.3
揭阳市	6685		605	75	409
云浮市	2940	30	223	239	652
珠三角	582282.88	130	515	58951	94520.22
粤　西	20174.88	0	1090.7	2245	8788
粤　东	19514	884.65	2457.49	416.19	3301.2
粤　北	87033.45	7366	5381	2630	36761

地区名称	镇级财政(万元)	镇级自筹(万元)	镇建成区公共绿地面积(平方米)	其中 镇建成区公园绿地面积(平方米)	镇建成区住宅建筑总面积(平方米)
广东省	476999.85	59747.65	180456613.3	62785623	374849933.8
广州市	94846.3	10471.9	11662149	6069534	41312285
珠海市	10389.24	0	3563430	1129840	15061388
汕头市	6893	681	4606647	697395	16029868
佛山市	125746.74	10181	20424278.49	3778772	10382185
韶关市	599.5	878	4331130	1648509	11830352
河源市	3426	1771	10375161	484635	10203183
梅州市	1847	1375.36	9144528	3951026	21803516
惠州市	3391	9485	2443411	716855	8441193
汕尾市	665	4322.5	6244838	4195674	15388932
东莞市	185240	7260	61989519	24605215	100345202.8
中山市	28748	65	3014110	2564245	9406440
江门市	4513.24	3399.5	5560522	1397757	8021325
阳江市	1663	155	5122954	1849457	10966413
湛江市	2177.2	1647.98	7301700	691482	14257268
茂名市	412	761	2907870	1952360	13001300
肇庆市	855.44	1386.6	3800218	2541244	10023795
清远市	2732.8	2488.9	8630473	2163908	14337776
潮州市	322.3	170	1485720	982590	7161097
揭阳市	1214.09	2668.91	4806302.8	290770	16581486
云浮市	1318	579	3041652	1074355	20294929
珠三角	453729.96	42249	112457637.5	42803462	202993813.8
粤　西	4252.2	2563.98	15332524	4493299	38224981
粤　东	9094.39	7842.41	17143507.8	6166429	55161383
粤　北	9923.3	7092.26	35522944	9322433	78469756

(续表)

地区名称	镇域住宅建筑总面积(平方米)	镇区道路长度(千米)	镇域道路长度(千米)	镇区公交站场数量(个)	镇域公交站场数量(个)
广东省	818657429.8	291206.66	85906.84	3537	7479
广州市	134485342	914.70	4220.40	40	112
珠海市	24929470	262.13	594.51	4	4
汕头市	19239955	876.85	1183.93	40	54
佛山市	29414710	744.03	1852.43	438	675
韶关市	117936469	9646.70	12258.00	244	1022
河源市	28227322	1587.00	3080.68	68	211
梅州市	35392076	522.00	3182.45	86	239
惠州市	18617298	226.44	1247.64	22	65
汕尾市	23570749	1262.00	2252.60	14	40
东莞市	96159422.83	1719.40	2513.72	1632	1964
中山市	9404038	694.93	1088.01	138	169
江门市	26631696	634.72	1538.68	51	133
阳江市	22293977	87974.13	2177.09	58	122
湛江市	50233790	850.54	4660.26	74	367
茂名市	55093000	774.50	6748.60	29	238
肇庆市	24248281	1043.51	2758.70	66	171
清远市	38520315	783.40	2839.44	87	252
潮州市	12097101.96	380.53	1011.26	28	32
揭阳市	26908488	422.21	932.79	48	90
云浮市	25253929	688.60	2593.75	48	65
珠三角	363890257.8	6239.86	15814.09	2391	3293
粤　西	127620767	89599.17	13585.95	161	727
粤　东	81816293.96	182139.93	32552.48	452	1670
粤　北	245330111	13227.70	23954.32	533	1789

地区名称	镇区生活污水排放量(万立方米)	镇区生活污水处理量(万立方米)	镇区生活污水处理设施数(个)	镇域生活污水排放量(万立方米)	镇域生活污水处理量(万立方米)
广东省	139225.25	78408.46	318	228058.40	133809.69
广州市	16377.7	10418.5	33	23700.40	12467.50
珠海市	456	339	2	752.00	495.00
汕头市	2365	1131	3	3001.22	561.52
佛山市	6027.28	5656.79	13	7963.48	8457.18
韶关市	2429.65	1913.9	49	11672.40	9837.00
河源市	3257.15	164.06	1	2474.60	1174.35
梅州市	1503.06	1012.9	7	7551.06	1881.77
惠州市	2141.92	1254.53	5	3640.25	1962.65
汕尾市	3163	519	2	3921.00	519.00
东莞市	49925.62	28288	28	61368.45	38570.09
中山市	6988	7892.88	4	25145.36	33021.88
江门市	1964.42	1323.31	14	3039.27	1340.56
阳江市	2303.38	1527	6	3777.18	1054.00
湛江市	2134.09	547.6	27	5722.25	778.66
茂名市	3655	563	4	8289.00	583.00
肇庆市	4856.7	2419	12	8074.25	2619.55
清远市	5238.95	3198.10	10	9249.79	5486.35
潮州市	2787	1871	4	4198.00	2353.00
揭阳市	1212.08	202	10	2068.58	218.00
云浮市	4254.33	2891.7	10	6072.26	3125.60
珠三角	88737.63	57592.01	111	133683.45	98934.40
粤　西	8092.47	2637.6	37	17788.43	2415.66
粤　东	25712.02	8998.2	93	13188.80	3651.52
粤　北	16683.13	9180.66	77	63397.71	28808.11

（续表）

地区名称	镇区生产污水排放量（万立方米）	镇区生产污水处理量（万立方米）	镇区生产污水处理设施数（个）	镇域生产污水排放量（万立方米）	镇域生产污水处理量（万立方米）
广东省	255117.44	38331.96	2300	99446.72	65418.89
广州市	11402.60	10097.60	59	16074.00	13379.50
珠海市	645.00	446.00	3	947.00	591.00
汕头市	545.30	189.60	213	1189.30	230.80
佛山市	3647.60	3572.00	32	5668.20	6091.90
韶关市	1659.30	1434.95	9	10094.05	9476.50
河源市	2757.00	966.45	4	1334.87	422.46
梅州市	1366.18	688.10	3	4972.06	1992.57
惠州市	2731.43	1986.93	10	4606.15	3499.05
汕尾市	1496.00	101.00	6	1586.00	81.00
东莞市	6202.05	5849.79	601	12187.83	13573.65
中山市	198578.80	1712.80	120	1167.95	1304.80
江门市	3146.88	2325.88	15	1606.12	810.18
阳江市	873.53	182.68	3	2706.60	46.68
湛江市	1784.93	517.70	17	2945.86	560.20
茂名市	2204.23	558.15	6	3185.32	1349.20
肇庆市	2277.54	1351.87	12	2972.60	1442.80
清远市	2758.38	1252.57	36	5994.31	3393.90
潮州市	1466.10	863.50	222	3018.70	1159.10
揭阳市	130.80	133.00	9	377.00	98.00
云浮市	2167.40	1527.20	20	4470.80	2777.80
珠三角	228631.90	27342.87	852	45149.85	40692.88
粤　西	4862.69	1258.53	26	8837.78	1956.08
粤　东	3638.20	1287.10	450	6171.00	1568.90
粤　北	17984.66	8443.47	972	39208.09	21201.03

地区名称	镇区生活垃圾处理、中转设施数（个）	镇区生活垃圾处理量（万吨）	其中 镇区生活垃圾处理无害化处理量（万吨）	镇域家庭总户数（户）	镇域安装电话的家庭户数（户）
广东省	11867	136195.18	1553.06	5648473	4900245
广州市	86	88.00	71.00	520023	380843
珠海市	72	12.08	11.97	100571	75904
汕头市	862	42019.68	5.23	275524	409827
佛山市	76	77.33	77.33	331897	27010
韶关市	123	82.93	52.90	326517	188413
河源市	438	123.99	5.85	293455	173930
梅州市	106	180.53	155.43	407294	298009
惠州市	20	20.00	11.82	166602	126446
汕尾市	58	51.26		234658	184107
东莞市	372	196.61	162.51	342503	927819
中山市	6913	1609.55	697.55	45172	90809
江门市	94	44.38	36.71	228213	179891
阳江市	16	16.65	14.39	217926	198251
湛江市	51	332.04	3.00	433497	196172
茂名市	55	64.11	0.00	374160	245479
肇庆市	57	28.69	14.59	307184	220650
清远市	89	6651.48	9.73	408755	202816
潮州市	63	20.59	14.20	150933	152685
揭阳市	85	114.31	43.03	277357	230880
云浮市	95	49.28	40.91	206232	147214
珠三角	7690	2076.64	1083.47	2042165	2272462
粤　西	122	412.80	17.39	1025583	639902
粤　东	1068	42205.84	62.46	938472	977499
粤　北	2987	91499.90	389.74	1642253	1010382

(续表)

地区名称	镇域安装电脑网络家庭户数(户)	镇域参加养老、医疗、失业保险人数(人)	镇区完全中学数(所)	镇区在校学生总数(人)
广东省	2899402	22983963	531	2957318
广州市	185925	1260364	29	184537
珠海市	28694	123700	9	31257
汕头市	208386	1765038	24	149046
佛山市	195327	832436	25	149807
韶关市	85069	865989	33	105564
河源市	164196	664157	61	116842
梅州市	134795	886612	51	199804
惠州市	81555	566548	15	113599
汕尾市	69307	711463	34	221208
东莞市	1023902	6548592	51	362432
中山市	81118	701681	0	110511
江门市	88902	639198	14	73949
阳江市	47093	563540	18	88846
湛江市	56792	1707876	30	203037
茂名市	110179	1304023	30	253299
肇庆市	66801	552108	29	123110
清远市	74738	1221879	46	181713
潮州市	62396	510004	12	90229
揭阳市	63616	805716	17	73529
云浮市	70611	753039	23	113742
珠三角	1752224	11224627	172	1149201
粤　西	214064	3575439	78	545182
粤　东	403705	3792221	87	534012
粤　北	529409	4391676	194	728923

地区名称	镇区医院数(所)	镇区病床总数(张)	镇域大专以上户籍人口数(人)	镇域卫生技术人员总数(人)
广东省	492	57209	1758487	94083
广州市	38	4288	120019	5843
珠海市	6	846	31330	1404
汕头市	14	1459	38355	2316
佛山市	20	3673	105949	5295
韶关市	34	1851	64425	3423
河源市	128	2251	68601	5185
梅州市	53	3477	305181	3451
惠州市	21	2049	46511	1519
汕尾市	15	1202	99283	3716
东莞市	34	12940	94711	18497
中山市	4	2285	19363	2640
江门市	20	1468	41001	1333
阳江市	21	1709	58169	5166
湛江市	28	3108	136766	4489
茂名市	26	3659	216301	7671
肇庆市	35	2367	111669	6238
清远市	46	3693	80518	4701
潮州市	12	1590	33317	2315
揭阳市	10	800	34925	4556
云浮市	23	2494	52093	4325
珠三角	178	29916	570553	42769
粤　西	75	8476	411236	17326
粤　东	51	5051	205880	12903
粤　北	188	13766	570818	21085

(冯育文)

推进垃圾收集、转运、利用系统规划建设，建成垃圾压缩站1个。大力发展生态环保设施，区洁源垃圾发电厂一期工程于年底投入使用，改善了村庄的生产生活环境。11月，汕头市澄海区东里镇被评为“第一批广东省宜居示范城镇”。五金行业通过协会平台抱团参展、融资、营销，实现资源共享和规模扩大。“汕头·中国锆城”起步项目于2011年底奠基，基本具备正式投建条件。利用世行贷款建设经济综合示范镇项目获省发改委正式批准。金樟工业区控制性规划完成，基础设施建设用地预审已获批准，初步具备投建条件；美艺工业园项目用地获批准，“三通一平”等前期工作基本完成。至2012年底，全镇有工业企业260家，个体工商户2591户。东里镇制订一系列优惠政策，以优质服务营造出良好的投资软环境，吸引大量海内外客商前来投资办厂。 （李玉泉）

建制镇基础设施建设

【概况】 2012年，广东省有建制镇1026个，建成区面积305109.5公顷，建成区户籍人口1157.35万人，暂住人口359.59万人。全省建制镇有生活垃圾中转站3105座，年生活垃圾清运量552.57万吨；污水处理厂125个，污水处理装置431个，年污水处理总量3.82亿立方米。建制镇建设总投入3360993万元，其中房屋投入2629501万元、市政公用设施投入731492万元；住宅年末实有建筑面积35689.18万平方米，人均住宅面积30.84平方米；建制镇公共建筑面积9753.07万平方米，生产性建筑面积15258.39万平方米。

【建制镇总体规划编制】 截至2012年底，广东省有建制镇1026个，编制总体规划860个，建制镇总体规划覆盖率83.82%。全年编制总体规划70个，编制村镇规划投入17446.7万元。 （李玉泉）

2012年广东省建制镇基本情况

地区名称	建制镇个数（个）	镇域面积（公顷）	镇域常住人口（万人）	镇域户籍户数（户）	镇域户籍人口（万人）	镇域暂住人口（万人）	建成区面积（公顷）	建设用地面积（公顷）
广东省	1026	14438285.93	4687.1	12357198	5332.92	694.4	305109.5	227287.98
广州	30	441475.07	314.24	630135	201.11	123.88	35542.32	24111.8
珠海	9	74917.5	43.9	82976	31.04	14.91	6245.58	8360.09
汕头	29	143597.41	222.35	569204	286.12	21.03	14551.51	3756.87
佛山	15	178362	237.44	429864	148.6	104.25	13862.69	20046.88
韶关	84	1463497.58	181.87	543521	209.7	5.63	10036.88	26586.07
河源	88	1549505.9	292.77	642311	298.23	15.34	11113.42	15822.28
梅州	92	1459151.5	321.74	841796	381.85	6.56	15000.75	10971.23
惠州	50	870889	261.48	510718	203.56	63.73	22243.97	13585.7
汕尾	48	431766	104.52	530835	276.89	23.24	13987.97	11793.51
中山	19	336305	0	238913	118.91	154.38	31109.01	1694
江门	58	800306.75	278.86	679787	248.44	40.17	18314.66	13557.13
阳江	36	618369.4	200.13	514699	204.1	10.07	8575.95	6907.54
湛江	75	756342.16	485.29	1210348	557.81	19.76	16191.45	9956.85
茂名	85	908749.93	552.51	1360359	603.17	15.22	16918.48	9096.71
肇庆	88	1302815.89	294.46	836630	328.59	21.72	11182.73	10890.62
清远	71	1343443.1	293.51	763401	310.86	24.34	11401.5	8416.24
潮州	37	575137.72	194.91	450835	185.46	16.15	17410.88	11341.11
揭阳	61	386230.52	194.32	1012093	501.72	9.54	21843.74	4808.3
云浮	51	797423.5	212.8	508773	236.76	4.48	9576.01	15585.05

(续表)

地区名称	建成区常住人口(万人)	建成区户籍户数(户)	建成区户籍人口(万人)	建成区暂住人口(万人)	村镇规划建设管理			
					设有村镇建设管理机构的建制镇个数(个)	村镇建设管理人员(人)	专职人员	已编制总体规划的建制镇个数(个)
广东省	1052.51	2761458	1157.3524	359.5913	951	7485	4436	860
广州	69.97	127613	35.1704	45.037	29	529	374	25
珠海	13.61	24494	7.9385	6.482	9	153	128	8
汕头	90.62	283080	133.0182	13.6951	28	257	125	26
佛山	69.76	135448	45.6305	29.8076	15	570	358	15
韶关	35.64	98257	40.3166	3.658	63	242	135	44
河源	45.05	95589	39.174	11.0325	51	195	117	53
梅州	69.57	164967	73.2148	4.5611	89	364	205	88
惠州	76.79	118697	44.1839	29.1847	47	448	254	43
汕尾	41.71	194285	94.552	16.0573	48	437	206	43
中山	0	109537	65.2145	104.0227	18	517	235	18
江门	58.06	114584	38.1921	23.0028	58	579	340	58
阳江	46.6	108337	40.902	7.1491	36	294	186	35
湛江	76.86	197398	83.8118	12.9208	75	812	430	70
茂名	77.45	213848	86.3341	10.3685	85	458	347	57
肇庆	51.74	148802	53.4981	14.9946	88	389	226	88
清远	64.42	123305	47.1416	13.0024	68	325	173	60
潮州	74.06	156987	67.7749	6.8225	37	263	217	36
揭阳	54.23	261514	125.1198	5.0843	60	360	183	61
云浮	36.37	84716	36.1646	2.7083	47	293	197	32

地区名称	村镇规划建设管理		市政公用设施建设财政性资金收入(万元)					
	本年编制	本年村镇规划编制投入(万元)	合计	中央财政	省级财政	地级财政	县级财政	本级财政
广东省	70	17446.7	550881.15	4226.9	27186.66	75234.36	112781.26	331451.97
广州	1	338	100145.18	0	0	15851.5	42224.52	42069.16
珠海	1	254.25	14561.82	30	0	2306.5	1487.22	10738.1
汕头	0	105	4717.69	100	715.59	569.36	1512.86	1819.88
佛山	1	1946.59	114776.4	0	970	0	14510	99296.4
韶关	2	114	2421.05	1.5	147.75	300	735.4	1236.4
河源	1	610.9	8342.2	561	3281.7	1249	1226.5	2024
梅州	11	846.55	14076.67	1135	3195	2505.5	3219.17	4022
惠州	7	760.25	36635.69	218.2	3053.09	13552.2	5354.51	14457.69
汕尾	0	122	4589.6	320	1082	546	728.6	1913
中山	0	5292.8	155516.92	0	0	24424.8	25907.1	105185.02
江门	3	713.1	22305.86	80	356.9	496.3	4658.84	16713.82
阳江	3	908.6	5131.5	0	550	150	2326.6	2104.9
湛江	5	598.36	12978.56	333.2	3597.68	2496	2356	4195.68
茂名	1	189.9	11078.5	3	699.9	8716.2	695.1	964.3
肇庆	9	1083.6	3549.12	0	30	89.5	814.44	2615.18
清远	7	1477.8	7086	0	717	298.5	1176.5	4894
潮州	18	355	10039.2	850	2993.55	406	1068	4721.65
揭阳	0	796.5	15331.69	325	4990	679	1407.9	7929.79
云浮	0	933.5	7597.5	270	806.5	598	1372	4551

(冯育文)

2012 年广东省建制镇建设投资情况

单位：万元

地区名称	合计	房屋				市政公用设施		
		小计	住宅	公共建筑	生产性建筑	小计	供水	燃气
广东省	3360993	2629501	1421522	430165	777814	731492	77682	11954
广州	441222	331415	234178	43716	53521	109807	15190	337
珠海	28568	20008	12674	3134	4200	8560	1358	8
汕头	73418	59158	33863	10163	15132	14260	2678	19
佛山	117245	92706	50731	18099	23876	24539	3025	724
韶关	590279	380473	205431	53695	121347	209806	7842	8131
河源	263427	235636	51599	16115	167922	27791	3018	118
梅州	148789	132419	87622	18656	26141	16370	1819	58
惠州	71651	63223	49842	11192	2189	8428	1256	0
汕尾	101063	82963	33276	16289	33398	18100	5004	0
中山	325055	248818	95977	84950	67891	76237	11031	183
江门	65289	45213	32341	8143	4729	20076	2822	23
阳江	85218	69045	38477	8180	22388	16173	5179	412
湛江	56202	41963	28746	7750	5467	14239	2835	303
茂名	100461	87668	55435	25299	6934	12793	1175	275
肇庆	155344	113308	67173	14065	32070	42036	2378	199
清远	518921	443748	227331	61665	154752	75173	2701	670
潮州	57988	47677	22686	8029	16962	10311	3320	0
揭阳	105397	86612	60642	12767	13203	18785	3877	405
云浮	55456	47448	33498	8258	5692	8008	1174	89

地区名称	市政公用设施							
	道路桥梁	排水		防洪	园林绿化	环境卫生		其他
			污水处理				垃圾处理	
广东省	228556	164028	95993	63834	61338	77618	35617	46377
广州	27145	21366	13703	534	14095	9662	4883	21478
珠海	2242	711	38	2805	267	645	409	524
汕头	4015	1414	1203	850	790	1264	338	3230
佛山	6929	1505	321	2913	1413	6318	1151	1677
韶关	59173	61502	47114	26738	19443	25146	11370	1831
河源	5896	7539	5157	1744	2257	3041	1815	4178
梅州	7136	1527	671	1071	723	2074	978	1952
惠州	3550	825	235	1071	485	928	397	313
汕尾	5804	3356	2306	864	403	1678	675	991
中山	28353	23454	6568	4227	3501	3774	2038	1714
江门	3677	2068	135	4494	1770	3923	2589	1299
阳江	3594	1441	500	1986	1312	1460	627	789
湛江	4210	1886	434	737	638	2356	1525	1244
茂名	6033	853	197	917	1297	1644	583	599
肇庆	28203	3646	813	2042	1336	1650	863	2582
清远	20941	24517	15122	7481	9539	8919	3802	405
潮州	3345	713	136	850	262	1576	694	245
揭阳	4756	4827	957	1985	1446	781	456	678
云浮	3554	878	383	525	361	779	424	648

（冯育文）

2012年广东省建制镇房屋建设情况

地区名称	住宅					公共建筑		生产性建筑	
	本年建房户数（户）	在新址上新建	年末实有建筑面积（万平方米）	本年竣工建筑面积（万平方米）	人均住宅建筑面积（平方米）	年末实有建筑面积（万平方米）	本年竣工建筑面积（万平方米）	年末实有建筑面积（万平方米）	本年竣工建筑面积（万平方米）
广东省	50375	38298	35689.18	1129.4	30.84	9753.07	1941.57	15258.39	821.73
广州	8487	7781	3407.60	106.85	86.96	2151.09	1620.92	562.37	35.3
珠海	1112	600	1230.17	16.49	30.51	422.23	3.15	286.89	2.5
汕头	488	474	450.5	20.83	56.75	40.19	3.73	598.71	14.61
佛山	2533	2105	3078.56	46.76	23.14	514.51	15.04	780.81	25.29
韶关	7116	6880	2536.48	132.25	55.59	683.73	39.08	1853.61	150.48
河源	958	684	1402.02	40.78	36.71	700.74	12.34	1969.68	167.54
梅州	2720	1875	2364.13	74.29	28.21	637.9	16.49	429.86	20.11
惠州	1954	1484	2411.11	52.69	27.93	807.56	9.96	414.74	2.71
汕尾	1694	1340	1595.88	36.13	29.83	587.93	13.3	1141.11	23.35
中山	2414	1985	1732.61	74.76	39.21	397.62	54.07	993.47	69.83
江门	1704	1287	2678.82	42.48	36.59	288.46	6.04	152.26	6.11
阳江	3237	1470	1375.41	24.35	14.55	218.84	7.09	377.63	13.15
湛江	2549	1505	1300.02	31.12	33.19	177.13	9.39	75.92	4.88
茂名	2225	1658	1274	59.6	31.15	266.89	22.16	203.58	8.93
肇庆	2182	1079	1320.1	63.29	28	618.84	14.99	542.88	62.99
清远	1011	701	2786.8	207.08	42.73	503.07	66.38	2345.24	160.12
潮州	2449	1431	1276.55	23.97	18.84	338.52	6.8	1777.08	20.09
揭阳	3623	2666	2360.55	43.25	18.87	257.29	7.36	318.31	8.92
云浮	1919	1293	1116.86	32.43	30.88	140.53	13.28	434.24	24.82

（冯育文）

2012年广东省建制镇排水情况

地区名称	对生活污水进行处理的建制镇		污水处理厂		污水处理装置		年污水处理总量（万立方米）		排水管道长度（千米）		排水暗渠长度（千米）	
	个数（个）	占全部建制镇的比例（%）	个数（个）	处理能力（万立方米/日）	个数（个）	处理能力（万立方米/日）		污水处理厂集中处理量		本年新增		本年新增
广东省	129	12.57	125	209.33	431	108.47	38237.95	34430.05	14056.29	637.27	6779.67	394.99
广州	18	60	18	39.13	82	15.03	3960.14	3778.1	931.39	45.16	757.3	5.33
珠海	5	5.95	0	0	3	0.16	349.5	200	375.18	8.52	189.57	12
汕头	2	22.22	1	0.1	1	0	201.06	4.5	197.05	10.66	51.3	3
佛山	9	31.03	2	1.3	26	1.7	1643.8	252	1104.23	21.2	420.83	23.7
韶关	13	86.67	27	61.63	53	28.56	8764.39	8764.39	572.03	60.3	416.63	55.1
河源	20	34.48	21	7.6	68	5.25	2047.53	1729.87	1176.61	29.93	581.63	30.37
梅州	0	0	0	0	0	0	0	0	880.21	40.31	699.36	25.86
惠州	2	2.35	1	0.05	3	0.4	148	18	540.85	21.88	221.38	14.98
汕尾	9	10.23	11	9.55	31	2.83	882	687	710.12	32.66	519.78	26.08
中山	15	30	16	29.7	12	7.2	1683.5	1528	1020.18	85.39	486.85	60.23
江门	0	0	0	0	0	0	0	0	436.48	23.33	316.72	27.68
阳江	3	6.25	0	0	0	0	100	0	358.65	9.04	132.59	4.71
湛江	2	2.27	1	2	10	2.00	112.5	109	452.4	8.13	147.06	2.02
茂名	2	5.56	2	1.32	2	1.08	371	255	463.63	16.46	216.37	2.15
肇庆	7	9.86	6	10.6	16	7.9	1725	1388	396.44	35.14	576.27	51.11
清远	18	94.74	17	46	15	35	16076.19	15716.19	2767.96	87.58	323.92	6
潮州	3	8.11	1	5000	4	1.31	171.45	0	440.9	16.8	297.23	10.78
揭阳	0	0	0	0	0	0	0	0	395.06	37.84	312.22	28.98
云浮	1	1.96	1	0.05	105	0.05	1.89	0	836.92	46.94	112.66	4.91

（冯育文）

2012年广东省建制镇供水情况

地区名称	集中供水的建制镇		公共供水			自备水源单位	
	个数(个)	占全部建制镇的比例(%)	设施个数(个)	其中:水厂个数	综合生产能力(万立方米/日)	个数(个)	综合生产能力(万立方米/日)
广东省	972	94.74	1428	1006	829.27	2020	171.06
广州	28	93.33	51	41	109.41	32	31.44
珠海	82	97.62	104	68	12.14	125	3.16
汕头	9	100	13	12	19.76	6	2.82
佛山	28	96.55	54	41	51.02	153	13.29
韶关	15	100	23	22	161.40	8	39.71
河源	58	100	84	68	48.24	124	10.50
梅州	75	100	152	84	18.64	410	7.72
惠州	85	100	99	75	23.71	117	2.00
汕尾	88	100	94	63	24.51	149	4.25
中山	46	92	82	70	45.53	35	8.72
江门	78	84.78	143	100	12.50	224	4.35
阳江	47	97.92	76	36	25.81	25	2.63
湛江	83	94.32	119	92	24.14	137	10.54
茂名	27	75	29	24	13.71	33	1.17
肇庆	71	100	80	70	34.41	153	9.99
清远	19	100	29	27	140.48	16	7.68
潮州	34	91.89	55	34	28.83	127	3.94
揭阳	50	81.97	63	27	23.99	18	2.03
云浮	49	96.08	78	52	11.04	128	5.13

地区名称	年供水总量(万立方米)			供水管道长度(千米)		用水人口(万人)
		年生活用水量	年生产用水量		本年新增	
广东省	176504.82	64045.14	90322.69	35112.22	1588.73	1298.53
广州	17985.23	4481.3	9577.89	3396.27	71.92	88.00
珠海	2649.81	1511.51	908.17	1047.02	30.62	38.83
汕头	2725.35	830.54	1435.57	1076.6	10.29	12.90
佛山	14322.42	5713.95	6918.77	1400.15	36.7	140.58
韶关	22887.51	3375.97	18315.54	1717.56	73.46	73.68
河源	9357.6	2872.8	6320.22	2320.05	64.12	55.60
梅州	5221.58	2952.84	2162.36	1969.73	59.26	79.12
惠州	5695.89	3997.72	1371.28	1171.22	81.01	81.00
汕尾	6627.35	2800.1	3106.23	1580.03	104.35	46.00
中山	6859.66	2169.29	4645.95	1910.72	115.48	46.32
江门	3495.89	1978.61	1160.27	2384.51	192.69	52.77
阳江	9030.08	4758.81	4014.27	1525.9	36.01	90.39
湛江	2719.43	1449.37	949	1526.27	96.99	38.24
茂名	1883.97	1439.18	437.03	741.52	46.05	31.28
肇庆	8655.22	3190.89	4951.86	1832.95	145.45	55.70
清远	41899.37	11260	19863.73	4334.45	110.01	169.24
潮州	4979.11	3296.77	1441.41	2162.16	89.96	67.88
揭阳	5819.27	3977.03	1281.02	1097.3	65.86	97.99
云浮	3690.08	1988.46	1462.12	1917.81	158.5	33.02

(冯育文)

2012年广东省建制镇园林绿化及环境卫生情况

地区名称	园林绿化(公顷)				环境卫生
	绿化覆盖面积	绿地面积	本年新增	公园绿地面积	生活垃圾年清运量(万吨)
广东省	46226.92	27985.6	739.87	3098.682	552.57
广州	4080.07	2824.24	113.71	327.51	64.76
珠海	749	353.68	3.5	106.71	11.49
汕头	530.21	398.1	17.5	84.846	6.73
佛山	2212.09	1478.76	46.74	71.01	99.94
韶关	1469.63	995.62	57.822	204.604	24.95
河源	3280.26	1639.11	51.37	272.312	24.20
梅州	2041.31	1093.16	9.93	33.031	22.64
惠州	1658.8	903.76	21.81	374.54	23.93
汕尾	954.29	530.63	17.736	145.219	17.88
中山	4001.63	2824.9	73.113	173.992	20.44
江门	1581.71	823.54	92.09	41.333	18.76
阳江	1301.65	749.9	4.35	71.356	38.16
湛江	1792.96	526.83	2.12	12.48	7.56
茂名	1625.69	1135.47	7.13	87.67	15.22
肇庆	780.43	437.17	20.19	104.32	20.13
清远	9628.26	6051.4	121.8	842.66	80.45
潮州	3739.4	2385.93	25.82	19.93	25.17
揭阳	3363.03	1937.98	57.293	100.733	23.47
云浮	1436.5	895.42	35.845	63.425	9.51

地区名称	环境卫生				
	生活垃圾年处理量(万吨)	无害化处理量(万吨)	生活垃圾中转站(座)	环卫专用车辆设备(辆)	公共厕所(座)
广东省	487.11	210.06	3105	6708	8602
广州	61.02	56.82	136	719	351
珠海	10.90	0.51	142	322	171
汕头	6.54	6.20	51	216	50
佛山	58.80	12.31	244	920	950
韶关	24.95	24.20	57	256	196
河源	23.18	6.36	239	498	340
梅州	20.96	1.06	165	311	428
惠州	22.03	0	254	496	334
汕尾	11.96	1.82	128	356	331
中山	18.77	3.81	146	275	189
江门	17.93	4.37	381	457	1805
阳江	37.01	0	38	397	587
湛江	6.39	1.21	98	162	133
茂名	15.00	2.04	34	104	98
肇庆	19.46	1.38	390	227	282
清远	80.45	80.45	97	297	314
潮州	22.12	0	207	280	1333
揭阳	21.23	3.75	170	294	453
云浮	8.43	3.77	128	121	257

(冯育文)

2012 年广东省建制镇燃气和道路桥梁及防洪情况

地区名称	用气人口（万人）	道路长度（千米）		道路面积（万平方米）		道路照明灯盏数（盏）		桥梁座数（座）		防洪堤长度（千米）	
			本年新增		本年新增		本年新增		本年新增		本年新增
广东省	1083.55	26091.28	967.81	18759.63	672.01	537378	58765	6265	285	6207.34	266.18
广州	41.07	1533.03	102.5	1738.89	73.68	56258	18948	529	12	365.88	4.6
珠海	30.63	751.03	25.11	476.15	11.66	4289	416	176	4	137.78	10.93
汕头	10.90	543.36	15.2	327.64	14.83	11460	1053	139	0	139.23	11
佛山	91.90	1775.22	38.7	1560.78	26.72	30610	4150	725	140	137.17	1
韶关	43.69	1288.62	17.93	1275.71	16.47	84190	1856	194	7	245.57	26.85
河源	50.18	1497.2	51.39	1159.07	30.71	33817	2331	393	7	465.85	11.17
梅州	67.44	2123.58	68.79	1318.44	39.22	11223	1650	188	7	270.93	6.2
惠州	74.59	1686.55	53.44	1255.37	44.82	12848	2191	231	6	337.8	5.84
汕尾	40.33	1172.92	40.35	744.66	20.76	13774	640	185	10	518.4	0.35
中山	42.61	1510.12	136.62	1050.27	111.56	39556	2479	302	13	345.71	17.7
江门	54.66	1662.38	65.71	1015.4	41.91	51006	10813	497	33	584.36	103.29
阳江	86.00	2091.94	45.71	1277.61	23.31	15134	380	241	6	281.24	3.2
湛江	26.71	1180.8	27.5	569.45	25.25	8151	895	496	9	422.8	2.4
茂名	26.14	746.67	36.6	657.37	18.5	11680	2655	90	5	257.37	3.5
肇庆	40.33	1311.16	69.92	842.98	39.62	16527	2263	309	1	447.79	19.5
清远	169.24	1328.92	21.41	744.29	25.92	75599	1281	452	7	588.17	13.64
潮州	59.17	1253.96	57.87	745.89	57.18	33417	2068	538	5	315.58	18.5
揭阳	106.96	1535.99	46.22	1128.02	25.67	19271	2323	299	10	183.47	3.51
云浮	21.01	1097.83	46.84	871.64	24.22	8568	373	231	3	162.24	3

（冯育文）

村庄整治

【概况】　至2012年底，广东省村庄建设总投入335.8亿元，其中房屋269.94亿元，市政公用设施658537万元；村庄住宅建筑总面积121032.7万平方米，人均住宅面积27.60平方米；村庄公共建筑面积6103.59万平方米，生产性建筑面积13701.31平方米；有生活垃圾收集点的行政村12808个，集中供水的行政村10070个，对生活污水进行处理的行政村2328个。是年，村庄房屋建筑竣工总面积3142.42万平方米。

【农村危房改造】　2012年，中央将农村危房改造试点范围扩大到东部省、市。广东省首次被列为试点，下达全省10万户农村危房改造任务，安排补助资金7.5亿元。9月，省住房和城乡建设厅联合扶贫办、财政厅、发展改革委员会组织省、市、县有关部门人员700多人参加全国农村危房改造工作电视电话会议，学习国家农村危房改造的相关精神和政策，对全省农村危房改造工作进行动员。是年，为如期完成中央下达全省的农村危房改造任务，解决任务分工、补助标准、资金用途等方面的问题，省住房和城乡建设厅联合省扶贫办、财政厅、发展改革委员会就有关问题专题请示省政府。根据住房和城乡建设部组织开展扩大农村危房改造试点任务落实情况全国检查工作要求，省住房和城乡建设厅制订迎检工作方案，配合国家第二检查组完成对全省农村危房改造的检查工作，并与省扶贫办参加国家检查组对河北和福建两省的检查。

（李玉泉）

2012年广东省村庄基本情况

地区名称	村庄现状用地面积(公顷)	村庄户籍户数(户)	村庄户籍人口(万人)	村庄暂住人口(万人)	行政村个数(个)	自然村个数(个)				
						合计	200人以下	201～600人	601~1000人	1000人以上
广东省	948930.53	10077266	4392.14	421.55	17913	147836	66315	54545	18075	8901
广州	114972.12	759496	261.72	176.01	1125	5196	1653	2454	711	378
珠海	19310.09	454586	174.72	1.65	1058	11017	7151	3310	461	95
汕头	16890.8	53590	21.59	6.54	109	279	7	173	46	53
佛山	27575.37	317100	164.28	7.44	529	671	44	68	82	477
韶关	23524.08	290141	102.58	74.04	290	2334	612	1142	345	235
河源	53760.95	563356	207.86	16.22	872	9827	5429	3487	672	239
梅州	146545.22	1143190	542.24	8.84	1500	11599	2400	4937	2797	1465
惠州	62350.32	1145843	515.61	4.31	1524	21061	9491	7364	2967	1239
汕尾	25550.48	683545	272.15	5.17	1226	12429	6801	4638	745	245
中山	36165.71	378178	158.95	29.88	989	7615	3805	3171	437	202
江门	50762.44	707740	323.94	1.9	1866	13648	6614	4787	1740	507
阳江	100873.55	334324	186.73	5.18	743	3237	368	874	1098	897
湛江	38308.23	537821	261.95	4.22	1531	9996	3737	4181	1582	496
茂名	27906.51	430352	173.51	3.07	648	8061	4090	3233	590	148
肇庆	25536.34	704826	297.35	14.46	1071	17068	9244	6021	1441	362
清远	63321.33	120620	53.71	49.92	153	153	0	0	0	153
潮州	54526.28	279977	118.04	7.46	746	2540	600	1148	443	349
揭阳	32436.78	753032	381.54	3.79	1207	2297	84	390	757	1066
云浮	28613.93	419549	173.67	1.45	726	8808	4185	3167	1161	295

地区名称	本年被合并自然村个数(个)		村庄规划						村庄整治		
		被合并到城镇建成区	已编制村庄规划的行政村个数(个)	本年编制	占全部行政村比例(%)	已编制村庄规划的自然村个数(个)	本年编制	占全部自然村比例(%)	已开展村庄整治的行政村个数(个)	本年新增	占全部行政村比例(%)
广东省	198	91	9217	1393	51.45	40209	4967	27.2	5906	1003	32.97
广州	3	0	982	80	87.29	3362	19	64.7	512	80	45.51
珠海	5	0	225	3	21.27	516	119	4.68	154	16	14.56
汕头	0	0	82	17	75.23	2	0	0.72	30	1	27.52
佛山	0	0	241	36	45.56	194	1	28.91	123	19	23.25
韶关	0	0	209	16	72.07	1364	151	58.44	60	2	20.69
河源	6	4	608	161	69.72	2241	985	22.8	592	106	67.89
梅州	0	0	1086	43	72.4	5001	307	43.12	620	79	41.33
惠州	0	0	484	26	31.76	1825	45	8.67	340	57	22.31
汕尾	0	0	694	165	56.61	3847	398	30.95	440	46	35.89
中山	0	0	782	68	79.07	5229	110	68.67	395	61	39.94
江门	10	0	1146	308	61.41	4112	1396	30.13	984	326	52.73
阳江	0	0	315	15	42.4	426	17	13.16	98	7	13.19
湛江	1	0	421	154	27.5	1341	387	13.42	367	16	23.97
茂名	38	0	642	184	99.07	3834	678	47.56	117	41	18.06
肇庆	1	0	260	32	24.28	1716	62	10.05	245	48	22.88
清远	2	0	198	5	129.41	422	49	275.82	208	0	135.95
潮州	81	77	141	21	18.9	207	59	8.15	150	36	20.11
揭阳	51	10	194	44	16.07	224	103	9.75	146	37	12.1
云浮	0	0	507	15	69.83	4346	81	49.34	325	25	44.77

（冯育文）

2012年广东省村庄建设投资情况

单位：万元

地区名称	本年建设投资							
	合计	房屋				市政公用设施		
		小计	住宅	公共建筑	生产性建筑	小计	供水	燃气
广东省	3357960	2699423	1979841	205167	514415	658537	82081	7322
广州	721840	494175	363260	42082	88833	227665	10286	20
珠海	54505	48624	43343	944	4337	5881	1593	0
汕头	40013	26601	14295	3799	8507	13412	500	0
佛山	115705	90046	64403	6416	19227	25659	6229	819
韶关	323867	263406	101140	15161	147105	60461	4381	553
河源	134911	108720	54232	10666	43822	26191	3264	48
梅州	422215	383228	361981	10787	10460	38987	10150	1144
惠州	300713	283722	256357	16611	10754	16991	5269	1247
汕尾	100041	78099	62588	5282	10229	21942	3499	0
中山	173513	135705	88931	8891	37883	37808	4511	52
江门	79915	53467	45544	4958	2965	26448	4210	29
阳江	80187	61007	47223	7910	5874	19180	2863	1147
湛江	160644	146354	130807	5615	9932	14290	2844	181
茂名	48115	40419	30224	7845	2350	7696	748	710
肇庆	113315	94931	71838	13157	9936	18384	4638	81
清远	186658	149035	67185	19006	62844	37623	1699	0
潮州	73338	61775	37611	5582	18582	11563	3248	161
揭阳	155855	119124	88551	14095	16478	36731	11167	1052
云浮	72610	60985	50328	6360	4297	11625	982	78

地区名称	本年建设投资							
	市政公用设施							
	道路桥梁	排水	污水处理	防洪	园林绿化	环境卫生	垃圾处理	其他
广东省	234234	97402	52967	94229	43590	62139	25751	37498
广州	93510	23140	19248	48901	13206	18010	6335	20592
珠海	2613	563	10	104	101	534	406	371
汕头	3359	189	0	6972	105	937	688	1350
佛山	7886	1925	405	1300	1181	5387	1273	932
韶关	8887	9013	4512	8409	15453	13358	6341	407
河源	13602	2312	140	2650	1241	2147	703	927
梅州	15251	3399	38	1870	1604	1990	774	3539
惠州	7442	945	46	498	204	954	564	432
汕尾	8977	2268	486	3914	300	1410	401	1574
中山	18271	8557	7151	3878	569	1309	722	661
江门	10013	2339	11	3027	2219	3473	2239	1138
阳江	5018	6796	0	1250	268	863	138	975
湛江	4777	1340	35	522	226	2096	1657	2304
茂名	5188	295	9	143	179	354	124	79
肇庆	7822	1555	4	760	778	1865	1018	885
清远	7161	14771	12412	5845	4236	3657	1112	254
潮州	3925	1044	100	1010	211	1591	482	373
揭阳	5526	15676	8105	893	898	1191	544	328
云浮	5006	1275	255	2283	611	1013	230	377

（冯育文）

2012年广东省村庄市政公用设施情况

地区名称	集中供水的行政村		年生活用水量(万立方米)	供水管道长度(千米)		用水人口(万人)	用水普及率(%)	人均日生活用水量(升)	用气人口(万人)	燃气普及率(%)
	个数(个)	比例(%)			本年新增					
广东省	10070	56.22	367140.23	48787.48	2670.76	3013.68	62.61	333.77	2027.49	42.12
广州	962	85.51	273037.67	6376.77	118.56	343.62	78.50	2176.96	139.98	31.98
珠海	509	48.11	2570.58	2245.48	89.1	101.97	57.82	69.07	60.96	34.56
汕头	109	100	1211.92	668.34	20.27	27.35	97.23	121.4	19.64	69.82
佛山	416	78.64	4795.24	1196	49.6	157.2	91.54	83.57	104.34	60.76
韶关	287	98.97	7605.61	3623.1	113.32	171.66	97.19	121.39	110.61	62.63
河源	787	90.25	6183.61	4378.72	98.75	182.49	81.44	92.83	146.11	65.2
梅州	798	53.2	8309.73	2130.14	172.3	295.99	53.71	76.92	216.92	39.36
惠州	426	27.95	9776.28	2299.13	258.27	268.41	51.63	99.79	173.39	33.35
汕尾	936	76.35	7322.08	2360.97	170.57	147.25	53.1	136.23	106.66	38.46
中山	572	57.84	3487.31	2657.47	299.52	111.88	59.25	85.4	98.85	52.35
江门	916	49.09	4047.37	3328.56	378.61	157.94	48.47	70.21	109.06	33.47
阳江	392	52.76	3696.3	949.91	86.55	128.39	66.9	78.88	103.15	53.75
湛江	612	39.97	4071.32	2871.25	157.9	132.45	49.76	84.22	87.04	32.7
茂名	125	19.29	824.36	566.65	58.7	48.24	27.32	46.82	54.76	31.01
肇庆	593	55.37	10634.04	3588.38	167.72	226.86	72.76	128.42	82.17	26.35
清远	207	135.29	4136	3059.91	84.31	96.26	92.89	117.72	96.26	92.89
潮州	545	73.06	3733.85	2945.5	135.29	98.37	78.38	103.99	74.52	59.38
揭阳	574	47.56	6178.7	1371.52	83.02	212.65	55.19	79.6	165.71	43
云浮	304	41.87	5518.26	2169.68	128.4	104.7	59.79	144.4	77.36	44.18

地区名称	村庄内道路长度(千米)			村庄内道路面积(万平方米)			排水管道沟渠长度(千米)	
		本年新增	硬化道路		本年新增	硬化道路		本年新增
广东省	102601.75	3532.31	41000.87	169464.3	50529.47	77890.68	26412.41	1158.07
广州	7619.89	600.68	1998.54	5906.03	268.49	2076.49	3189.13	84.55
珠海	6328.94	58.8	2266.08	6556.93	62.19	3442.39	837.7	17.35
汕头	321.38	8.5	33.85	860.53	15.3	37.95	117.98	14
佛山	1923.24	35.29	528.68	3955.18	24.57	380.07	710.85	12.95
韶关	2264.74	35.55	957.54	1636.64	31.74	935.37	1656.1	99.7
河源	6279.86	213.25	3109.27	3184.4	114.54	1543.62	3116.2	109.28
梅州	14655.61	469.87	3721.08	40933.47	755.74	2567.02	1967.22	79.41
惠州	11132.47	348.49	4668.88	13579.24	200.83	4037.96	1519.01	67.84
汕尾	7477.61	224.04	2790.76	5770.41	271.81	1358.25	1941.96	90.98
中山	7644.12	283.61	3198.98	6433.35	401.66	3285.13	982.39	123.33
江门	8325.85	374.36	3445.55	52599.2	47561.19	49335.95	2664.45	87.36
阳江	2044.72	44.5	1156.76	1276.58	35.4	697.95	726.6	13.05
湛江	3521.97	113.5	2096.47	5285.81	208.23	1783.03	763.35	42.95
茂名	4063.98	103.06	1773.43	9496.56	152.86	1192.78	335.6	7.68
肇庆	4372.33	149.42	1637.75	2833.59	139	810.79	1272.45	29.44
清远	1595.66	59.5	1032.26	1259.39	33.98	869.19	25.59	0.2
潮州	2365.42	147.12	725.58	2385.11	104.33	309.49	826.53	28.73
揭阳	2837.98	73.27	1780.14	1833.8	52.44	1259.35	1100.24	197.12
云浮	7825.98	189.5	4079.27	3678.08	95.17	1967.9	2659.06	52.15

(续表)

地区名称	对生活污水进行处理的行政村		年生活垃圾清运量(吨)	有生活垃圾收集点的行政村		对生活垃圾进行处理的行政村		无害化处理	
	个数(个)	比例(%)		个数(个)	比例(%)	个数(个)	比例(%)	个数(个)	比例(%)
广东省	2328	13	5524554.16	12808	71.5	10031	56	1611	8.99
广州	460	40.89	1250325.4	1097	97.51	906	80.53	491	43.64
珠海	75	7.09	67917.4	107	98.17	104	95.41	77	70.64
汕头	38	34.86	604372.9	400	75.61	240	45.37	58	10.96
佛山	50	9.45	501567.26	290	100	286	98.62	228	78.62
韶关	176	60.69	60566.59	514	48.58	327	30.91	0	0
河源	60	6.88	127899.8	818	53.43	610	39.84	34	2.22
梅州	51	3.4	397473.11	1720	92.18	1585	84.94	38	2.04
惠州	37	2.43	176020.18	646	65.32	498	50.35	43	4.35
汕尾	408	33.28	260347.8	677	91.12	534	71.87	0	0
中山	227	22.95	458050	194	126.8	194	126.8	194	126.8
江门	2	0.11	288965.72	749	85.89	692	79.36	112	12.84
阳江	7	0.94	32751.5	478	73.77	382	58.95	38	5.86
湛江	100	6.53	205057	636	42.4	515	34.33	52	3.47
茂名	22	3.4	175659.2	1002	65.75	724	47.51	18	1.18
肇庆	55	5.14	322413.15	1027	83.77	304	24.8	69	5.63
清远	142	92.81	137091.95	787	73.48	685	63.96	47	4.39
潮州	15	2.01	208780	628	84.18	523	70.11	0	0
揭阳	139	11.52	113368.5	703	58.24	629	52.11	61	5.05
云浮	264	36.36	135926.7	335	46.14	293	40.36	51	7.02

(冯育文)

2012年广东省村庄房屋建设情况

地区名称	住宅				
	本年建房户数(户)	在新址上新建	年末实有建筑面积(万平方米)	本年竣工建筑面积(万平方米)	人均住宅建筑面积(万平方米)
广东省	132683	74028	121032.7	2322.04	27.60
广州	16110	5725	11822.06	317.03	45.82
珠海	4707	2368	6898.01	60.06	39.48
汕头	915	482	554.94	13.98	25.7
佛山	2795	2154	4268.16	74.57	25.98
韶关	3334	1971	4539.12	130.07	44.25
河源	4232	2726	6577.26	55.94	31.64
梅州	23719	15774	13168.59	406.32	24.29
惠州	13533	6978	15398.43	270.98	29.86
汕尾	6397	3344	5808.94	85	21.34
中山	5734	3550	5302.8	89	33.36
江门	3907	2261	7623.05	66.47	23.53
阳江	3923	1229	2887.55	80.37	15.46
湛江	13367	7872	7357.16	195.22	28.09
茂名	2709	1412	3922.41	44.87	22.61
肇庆	7390	2892	7553.11	100.93	25.4
清远	271	157	2497.45	89.82	46.5
潮州	4388	2739	2629.43	41.87	22.28
揭阳	10645	7159	5698.5	70.64	14.94
云浮	4607	3235	6525.73	128.9	37.58

(续表)

地区名称	危房改造		公共建筑		生产性建筑	
	2009年以来已改造C级和D级危房户数(户)	本年完成	年末实有建筑面积(万平方米)	本年竣工建筑面积(万平方米)	年末实有建筑面积(万平方米)	本年竣工建筑面积(万平方米)
广东省	62363	22014	6103.59	213.43	13701.31	606.95
广州	13293	3736	790.88	31.71	3673.59	74.31
珠海	3542	691	254.71	1.21	198.79	6.02
汕头	430	365	31.6	8.43	137.88	9.89
佛山	662	268	236.54	6.53	313.48	21.94
韶关	552	208	219.86	15.08	2905.81	233.25
河源	1716	516	512.9	9.39	802.82	43.06
梅州	7913	1747	722.93	15.01	498.84	12.89
惠州	2909	843	1078.17	18.22	448.54	15.12
汕尾	1517	122	306.7	6.57	412.22	13.4
中山	5882	1028	176.25	7.62	891.86	34.49
江门	2265	1065	209.83	6.87	190.88	5.18
阳江	337	56	89.45	3.91	60.46	4.3
湛江	7613	5082	132.12	9.08	91.01	12.12
茂名	803	356	107.67	9.49	42.82	2.89
肇庆	1702	844	313.83	11.75	199.27	11.59
清远	377	155	247.6	21.93	951.22	50.82
潮州	1860	911	287.55	12.36	1467.04	24.71
揭阳	7528	3256	184.28	10.34	238.14	8.26
云浮	1462	765	200.72	7.93	176.64	22.71

(冯育文)

重点工程建设

□安排重点建设项目二百八十项

□完成投资四千一百六十四亿元

□四十四个项目建成投产

□二十一个项目新开工建设

□十八个重大项目获国家批准建设

综　　述

【概况】　2012年，广东省安排省重点项目280项，总投资28917亿元，年度计划投资4000亿元，全年完成投资4164亿元，为年度计划的104.1%。建成投产广珠铁路、广州增城至从化高速公路、梅县机场飞行区扩建工程、惠来电厂3~4号机组扩建工程、江门富华重工载重汽车零部件等44个项目，新开工建设广清城际轨道交通、广东省连平（赣粤界）至从化公路、国电中山民众燃气热电冷多联供、珠海三一重工港口机械、广州白云国际机场扩建工程、惠州仲恺LED光电项目等21个项目。获国家批准建设粤电惠来电厂3~4号机组扩建、广东省连平（赣粤界）至从化公路、中委合资广东石化2000万吨/年重油加工、广东湛江钢铁基地、广州白云国际机场扩建等18个重大项目，总投资约3972亿元；获国家批准深圳液化天然气应急调峰站项目（迭福北）、广东阳江抽水蓄能电站、广东大唐国际雷州电厂等8个项目开展前期工作，总投资498亿元。

（梁翼）

2012年广东省重点项目完成投资情况

单位：万元

序号	项目类别	总投资	到2011年底累计完成投资	2012年投资计划
	合计：280项	289168662	70940593	40000000
一	交通运输工程（76项）	89374628	21709263	9979000
	轨道交通网项目	43581865	10647503	4066000
	高速公路网项目	38825961	9136163	4940000
	航道和港口集疏运系统项目	3737261	1038435	598000
	机场集疏运系统项目	3229541	887162	375000
二	能源保障工程（47项）	37711686	12525986	7639000
	电源项目	20863475	9017144	3352000
	电网项目	11328326	2812663	2968000
	石油天然气项目	5519885	696179	1319000
三	现代产业工程（77项）	122500501	28852017	14558000
	现代服务业项目	48567278	14325985	5814000
	战略性新兴产业项目	15910131	3816247	1763000
	先进制造业项目	40715311	5701525	5126000
	传统产业升级项目	17307781	5008260	1855000
四	现代农业与水利建设工程（24项）	5857341	1462258	1663000
	现代农业项目	1468395	54980	142000
	水利建设项目	4388946	1407278	1521000
五	节能减排和生态建设工程（27项）	4318478	1330821	579000
	环境保护和生态建设项目	2781130	782932	374000
	资源节约和综合利用项目	1537348	547889	205000
六	民生保障工程（12项）	24348169	4250226	4661000
七	文化强省工程（17项）	5057859	810022	921000
	国民教育项目	3151673	521772	669000
	文化艺术项目	1906186	288250	252000

（梁翼）

2012年广东省部分重点项目情况

序号	项目名称	建设内容及规模	建设起止年限	2012年投资计划（万元）
	城市轨道交通项目			
1	广佛城际轨道交通项目	轨道交通 32.1 千米	2002~2014	120000
2	广佛城际轨道交通二期工程	轨道交通 6.6 千米	2012~2015	3000
3	穗莞深城际轨道交通项目	轨道交通 105.6 千米	2008~2015	319000
4	莞惠城际轨道交通项目	轨道交通 99.8 千米	2009~2014	490000
5	佛山至肇庆城际轨道交通项目	轨道交通 84.8 千米	2009~2014	300000
6	广清城际轨道交通项目（广州北站至清远段）	轨道交通 47.3 千米	2012~2015	80000
7	广佛环线（佛山西站至广州南）	轨道交通 36 公路	2012~2015	60000
8	佛莞城际轨道交通项目	轨道交通 33 千米	2012~2016	20000
9	珠海市区至珠海机场城际轨道交通拱北至横琴段	轨道交通 17 千米	2012~2016	50000
10	广州市城市轨道交通项目	地铁 79.7 千米	2005~2015	332000
11	深圳市城市轨道交通项目	地铁 107.3 千米	2012~2017	620000
12	东莞市城市快速轨道交通 R2 线	地铁 37.7 千米	2010~2016	283000
	环境保护和生态建设项目			
1	深圳市宝安（老虎坑）垃圾焚烧发电二期工程	垃圾处理能力 3000 吨／日	2010~2012	63200
2	韶关乐昌垃圾填埋场	垃圾处理能力 200 吨／日	2011~2012	4500
3	韶关始兴县垃圾卫生填埋场	垃圾处理能力 100 吨／日	2010~2012	900
4	韶关南雄市生活垃圾卫生填埋场	垃圾处理能力 300 吨／日	2011~2012	8000
5	江门台山下豆坑生活垃圾卫生填埋场	垃圾处理能力 400 吨／日	2011~2012	1900
6	揭西县坪上垃圾填埋场	垃圾处理能力 300 吨／日	2011~2012	3300
7	云浮新兴县生活垃圾填埋场	垃圾处理能力 200 吨／日	2009~2012	2700
8	阳江阳东县生活垃圾卫生填埋场	垃圾处理能力 250 吨／日	2011~2012	6800
9	湛江雷州市生活垃圾无害化处理场	垃圾处理能力 300 吨／日	2011~2012	7700
10	湛江吴川市老鸦埇生活垃圾处理场	垃圾处理能力 220 吨／日	2010~2012	5000
11	城镇垃圾处理续建项目			44000
	韶关乳源瑶族自治县生活垃圾卫生填埋场	垃圾处理能力 140 吨／日	2011~2013	3000
	平远县山布惊生活垃圾卫生填埋场	垃圾处理能力 250 吨／日，库容 250 万立方米	2011~2013	3000
	惠东县生活垃圾无害化填埋场	垃圾处理能力 600 吨／日	2012~2013	10000
	汕尾市生活垃圾无害化处理中心首期工程	垃圾处理能力 700 吨／日	2011~2013	20000
	阳西县生活垃圾卫生填埋场	增加库容约 31 万立方米	2009~2013	1000
	江门恩平市樟木坑生活垃圾卫生填埋场改造及扩容工程	垃圾处理能力 300 吨／日	2010~2013	3000
	云浮罗定市城区生活垃圾无害化处理场	垃圾处理能力 300 吨／日	2011~2015	3000
	云浮郁南县城区无害化处理垃圾填埋场	垃圾处理能力 200 吨／日，总库容 200 万立方米	2011~2015	1000
12	污水处理项目			98000
	湛江市污水处理项目	日处理污水 47.5 万吨	2008~2012	13000
	汕头市污水处理项目	日处理污水 22 万吨，建设汕头南区污水处理厂濠江分厂一期及管网工程、汕头北轴污水处理厂及厂外管网建设工程	2010~2014	21000

(续表)

序号	项目名称	建设内容及规模	建设起止年限	2012年投资计划（万元）
	佛山市顺德区污水处理项目	日处理污水13万吨，建设龙江污水处理厂二期及配套管网、容桂第二污水处理厂一期及配套管网、陈村污水处理厂	2011~2015	3000
	惠州市污水处理项目	日处理污水26.5万吨，建设惠城水口二期、仲恺沥林、陈江二期、惠阳三河、沙田、城区二期、博罗石湾二期，园洲二期、惠东县城二期、白花等11座污水处理设施	2012~2013	40000
	江门市污水处理项目	日处理污水19万吨，建设杜阮污水处理厂、棠下污水处理厂首期工程	2011~2014	21000
13	佛山云东海湖生态恢复工程	云东海生态养殖及观光农业基地工程及引水工程、排水工程和湿地公园等	2010~2014	25000
14	江门天沙河绿化及核心区人工水系景观工程	绿化面积约46万平方米	2009~2013	12000
15	广州青山绿地二期工程	建设绿地22平方千米	2010~2013	9000
16	沿海防护林工程	红树林3.69万公顷，海岸基干林1.37万公顷，纵深防护林14.67万公顷	2010~2014	4000
17	“四江”流域水源涵养林工程	人工造林20.9万公顷，封山育林68.5万公顷	2010~2014	4000
18	生态景观林带工程	人工造林6.89万公顷，补植套种13.71万公顷，改造提升10.4万公顷，封山管护22.66万公顷	2012~2015	15000
19	广东林木种质资源库	建设超低温保存库1个，种质资源迁地保存区233.3公顷，种质资源繁育圃2公顷	2010~2013	1000
20	南方森林标本馆和林木检验检测基地	建设南方森林标本馆和林木检验检测基地，建筑面积为4万平方米	2011~2014	8000
21	顺德生态环保产业园区	建设基础设施、生态保护设施	2010~2014	50000
	资源节约和综合利用项目			205000
1	循环经济建设工程			46000
	广州开发区循环经济建设工程	垃圾压缩中转站、水质净化厂及污水管网配套、雨污分流等环保环卫基础设施建设	2010~2014	27000
	云浮硫铁矿企业集团公司循环经济工程	100万吨/年选矿工程，30万吨/年高铁硫酸烧渣综合利用工程	2011~2012	19000
2	再生资源项目			102000
	惠州再生资源产业基地	报废汽车拆解处理项目和员工生活区及园区配套设施建设	2010~2014	20000
	湛江粤西再生资源产业基地	建设再生资源工业区、物流中心及废旧电子电器回收拆解利用	2011~2014	60000
	肇庆再生资源产业基地	肇庆亚洲金属资源再生工业基地，建设污染处理区、科研实验区等，拆解产能200万吨/年；肇庆华南再生资源产业基地，年加工利用45万吨废旧塑料	2009~2013	10000
	揭阳再生资源城	再生资源交易区、仓库、拍卖中心及相关配套设施等	2009~2013	12000
3	广州市废弃物安全处置中心	废弃物填埋量86万立方米，配套建设调配交换中心、物理化学处理车间、稳定化/固化车间、渗滤液/污水处理系统等辅助设施	2010~2012	2000
4	汕头贵屿废旧电器综合利用产业示范园（一期）	环保基础设施、回收处理、拆解中心、加工利用中心	2011~2015	25000
5	佛山广东科达清洁燃煤气化系统技术改造项目	主体厂房建设及相关设备采购	2010~2014	20000
6	揭阳达华农业节能节水装备生产基地	建设年产灌溉面积100万亩节水装备及年产6万套太阳能灭虫灯节能系统	2011~2013	10000

（续表）

序号	项目名称	建设内容及规模	建设起止年限	2012年投资计划（万元）
	民生保障项目			
1	保障性安居工程	各类城镇保障性住房100万套	2011~2015	2800000
2	大中城市城中村改造	100个城中村改造，面积3166.07万平方米	2011~2015	1460000
	广州市	9个城中村改造，改造面积940.02万平方米	2011~2015	175000
	深圳市	28个城中村改造，改造面积590.7266万平方米	2011~2015	520000
	汕头市	2个城中村改造，改造面积233.08万平方米	2011~2015	57000
	佛山市	22个城中村改造，改造面积448.02万平方米	2011~2015	290000
	韶关市	2个城中村改造，改造面积23万平方米	2011~2015	5000
	惠州市	5个城中村改造，改造面积208万平方米	2011~2015	40000
	东莞市	22个城中村改造，改造面积231.32万平方米	2011~2015	120000
	江门市	1个城中村改造，改造面积68.05万平方米	2011~2015	19000
	阳江市	1个城中村改造，改造面积8万平方米	2011~2015	10000
	湛江市	2个城中村改造，改造面积225.7万平方米	2011~2015	68000
	肇庆市	1个城中村改造，改造面积60万平方米	2011~2015	44000
	清远市	1个城中村改造，改造面积23万平方米	2011~2015	29000
	云浮市	3个城中村改造，改造面积17.15万平方米	2011~2015	40000
	潮州市	1个城中村改造，改造面积90万平方米	2011~2015	43000
3	粮食储备项目			75000
	省储备粮东莞直属库码头工程	建设1个5万吨和1个2千吨级码头	2009~2013	12000
	广州市粮食储备加工中心	建设粮仓、粮食码头等	2011~2012	29000
	佛山市粮库工程	建设粮食储备库及配套工程	2011~2015	22000
	东莞市国丰粮油粮食加工项目	一期建设18万吨仓容筒库，年产50万吨的面粉生产车间，5000吨级泊位；二期建设18万吨筒库，20万吨的浅圆，加工厂房及配套仓库等	2010~2014	12000
4	第十四届省运会（湛江）体育场馆及配套设施	建设主体育场、游泳跳水馆、跳水训练馆、综合训练馆海上运动基地等场馆、调顺岛跨海大桥、龙王湾大桥、官渡海围大桥及连接线	2011~2014	200000
5	广东省疾病预防控制中心异地新建项目	建筑面积63060平方米	2010~2014	23000
6	广东省残疾人康复基地	首期建筑面积56385平方米，其中辅助器具区9940平方米、医疗康复区40508平方米及后勤配套设施5937平方米	2011~2014	12000
7	广东省公安厅警用直升机保障基地业务用房项目	建设飞行区、机房和工作区、业务技术和生活用房及保障设施	2010~2012	9000
8	广东省社会福利服务中心	建筑面积26120平方米	2012~2016	5000
9	广东湛江养老休闲产业基地	建设养老社区及配套设施	2012~2015	40000
10	珠江三角洲中小尺度气象灾害监测预警中心	建设珠江三角洲气象灾害监测预警中心、气象灾害综合监测系统、气象灾害预报预警系统、公共气象服务系统、信息技术支撑系统	2011~2015	20000
11	广东省集中式人力资源社会保障一体化信息系统及容灾中心	建设省级人力资源市场、人力资源社会保障数据和业务信息集中处理、集中管理和集中存储的大型计算机信息系统	2011~2015	15000
12	广东省养老服务杨村示范基地	建筑面积8.4万平方米	2012~2014	2000
	国民教育项目			
1	广州民航职业技术学院花都校区建设工程	教学设施建筑面积3.9万平方米	2010~2012	24000

(续表)

序号	项目名称	建设内容及规模	建设起止年限	2012年投资计划(万元)
2	广东技术师范学院江高校区	建筑面积1.91万平方米	2010~2012	10000
3	南方科技大学校区建设工程	教学设施建筑面积23.4万平方米	2010~2012	70000
4	高校续建项目			136000
	广东机电职业技术学院钟落潭校区二期工程	实训楼、综合行政楼、对外交流中心、体育馆、食堂、学生宿舍、运动辅助用房、篮球场等运动场地，总建筑面积6.88万平方米	2010~2013	10000
	广州医学院新造校区项目	建筑面积34.8万平方米	2010~2014	50000
	深圳大学扩建工程	教学设施建筑面积约70万平方米	2010~2014	36000
	广东岭南职业技术学院清远校区	建设学生宿舍楼群、教学楼群、技术创新中心、办公服务楼群、餐厅、运动场地等	2011~2015	40000
5	中等职业教育(技工教育)工程			411000
	广东省技工教育示范基地	建设教学楼、实训设施、学生宿舍、图书馆、食堂以及配套设施，建筑面积30万平方米	2011~2015	10000
	广东省职业技能鉴定中心南海基地	建筑面积24万平方米	2009~2013	30000
	省级职业技术教育示范基地(清远)一期工程	建设高职院3所，中等职业学校6所，技工院校3所	2012~2015	150000
	广东食品药品职业技术学院钟落潭校区首期工程	建筑面积2.6万平方米	2012~2013	10000
	佛山市南海技师学院建设工程	建设实习车间、教学楼、饭堂、体育馆、学生宿舍、行政办公楼等，建筑面积20.8万平方米	2011~2013	35000
	惠州市技师学院	建设学生宿舍楼、实训楼和图书馆等配套设施，建筑面积13.2万平方米	2009~2012	41000
	惠州市商贸旅游高级职业技术学校	建设教学楼、专业实训楼、运动场及附属配套设施	2010~2012	40000
	惠州市卫生高级职业技术学校	教学楼、专业实训楼、运动场及附属配套设施、规模为全住宿生6000人	2010~2012	29000
	河源市卫生学校新校区	教学设施建筑面积10万平方米	2011~2013	24000
	清远市第一职业技术学校	建设教学楼、实验楼、综合楼、学生宿舍、饭堂、图书馆、运动场等，办学规模为中职教育学历生10000人，中、短期培训生每年5000人，建筑面积12万平方米	2012~2012	30000
	揭阳市技工学校建设工程	教学设施建筑面积10.2万平方米	2011~2015	6000
	云浮市技工学校建设工程	教学设施建筑面积10万平方米	2009~2013	6000
6	广东数字出版中心	建设出版中心，建筑面积6万平方米	2010~2012	8000
7	广东省教育考试命题及保密印刷基地	建筑面积3.1万平方米	2010~2013	10000
	文化艺术项目			
1	珠海市南方影视文化产业项目	建设影视创作、拍摄、制作基地及5A级综合旅游度假区	2011~2015	10000
2	广东演艺中心(含群众艺术馆)工程	建设广东歌舞剧院排练、演出、办公用房和广东省群众艺术馆培训、排练、演出、创作、展览、办公用房、地下车库等，建筑面积2万平方米	2008~2012	4000
3	广东粤剧艺术中心演艺大楼工程	建设地下停车库及设备用房、剧场交流、博物展览、音像制作、排练培训、创作研究及办公等配套设施，建筑面积为1.8万平方米	2009~2012	5000
4	广东社会科学中心	建设社会科学中心和省方志馆的各种业务、工作用房以及地下车库等配套设施，建筑面积4.3万平方米	2009~2012	7000
5	广州农民工博物馆及其配套工程	建设主馆5000平方米及周边配套工程	2011~2014	4000

（续表）

序号	项目名称	建设内容及规模	建设起止年限	2012年投资计划（万元）
6	佛山（平洲）玉文化产业聚集区	建设院落式仿古街区（翠宝园、璞玉园）、玉文化国际会展中心、民俗特色仿古旅游文化街、院落式主题会馆休闲餐饮区及相关配套项目	2011~2015	32000
7	肇庆市广东四会玉器文化产业创意园	建设玉石原料拍卖场、加工区、商贸区、展览区、研发区、民间手工艺展示区及国家级玉器鉴定中心，建筑面积56万平方米	2010~2014	10000
8	南海国家旅游产业集聚（实验）区建设项目		2011~2015	160000
	南海旅游产业园	建设温泉养生区、国际会所区、道家文化区、风情商业区、体育公园区、旅游创意园区、旅游社区等	2011~2015	68000
	南海岭南文化产业集聚区	实施西樵听音湖片区改造，建设康有为书法艺术院、吴家大院历史文化街区、朱九江先生纪念公园以及中国龙舟示范基地等	2011~2015	86000
	“南国酒镇”酒文化产业项目	建设产业文化观光旅游博览区、生产经贸区和产品研发生产区	2011~2015	6000
9	顺德孔雀廊原创（流行）音乐产业制作项目	艺术家之家、演艺培训院、多功能演播厅、制作集群中心	2011~2015	10000
10	惠州龙门农民画产业园	建设龙门农民画博物馆、龙门农民画文化街、中国龙门农民画院和画家村	2009~2013	10000

（梁翼）

重点工程项目选介

【广珠铁路】 于2012年12月29日正式开通运营。广珠铁路全长186.4千米，总投资146亿元，是按国铁I级标准建造的电气化铁路，在京广线江村编组站接轨，途经广州、佛山、江门、珠海四市，终点站为珠海高栏港站。项目由广珠铁路有限责任公司负责建设，建设起止年限为2008~2012年。

▲2012年12月29日，广珠铁路正式开通运营

（广东省铁路建设投资集团有限公司供稿）

【江门至罗定高速公路】 于2012年年底开工建设。项目全长144千米，总投资163亿元，主线全线采用双向六车道的高速公路标准，与佛开高速公路共线段的改扩建采用双向十车道的高速公路标准。项目由广东省公路建设有限公司负责建设，建设起止年限为2012~2015年，2012年累计完成投资7亿元。

【惠来电厂3~4号机组扩建工程】 于2012年12月26日获国家发展改革委员会核准投产。惠来电厂3~4号机组扩建工程装机2×100万千瓦，总投资69亿元。项目由广东粤电靖海发电有限公司负责建设，建设起止年限为2008~2012年。

【惠州仲恺LED光电项目】 项目总投资10亿元，生产LED电子显示屏、LED灯、LED照明产品及其他LED相关应用产品。项目由惠州元

▲乐昌峡水利枢纽主体工程（2012） （广东省发展和改革委员会供稿）

晖光电有限公司及惠州市艾比森光电有限公司负责建设，建设起止年限为2012~2013年。2012年，项目完成投资3.2亿元，完成元晖光电园区主体和艾比森光电一期厂房建设。

【乐昌峡水利枢纽工程】 该工程库容3.3亿立方米，总投资34亿元。项目由乐昌峡水利枢纽工程管理处负责建设，建设起止年限为2008~2013年。2012年，项目完成投资3.2亿元，主体工程拦河坝工程已完成右岸下游防护工程、出线场栏杆、廊道内扶手施工和拦河坝廊道内帷幕灌浆（补孔），导流洞出口围堰及下游围堰拆除完成90%，南溪挂渣清理完成1.5万立方米，水轮发电机组设备生产已完成，进行现场安装督导。

【珠江三角洲城际轨道交通项目】 根据国家发展改革委员会批复的《珠江三角洲城际轨道交通网规划（2009年修订）》，以及广东省政府和原铁道部联合印发的《珠三角城际轨道交通规划实施方案》，珠江三角洲地区规划建设广州—珠海、广州—佛山、广州—东莞—深圳、东莞—惠州、佛山—肇庆、广州—清远、广州—佛山环线、佛山—东莞、珠海市区—珠海机场、广州—佛山—江门—珠海、中山—南沙—虎门、深圳—惠州、肇庆—南沙（高明—南沙段）、广州—增城—惠州、江门—开平—恩平（含台山支线）等15条城际轨道交通线路，合计里程约1430千米；远景通过路网加密线、外围延长线及内部联络线，形成“三环八射”城际轨道交通网络构架，最终建成以广州、深圳、珠海为主要枢纽，覆盖区内主要城镇，便捷、快速、安全、高效的城际轨道交通网络，实现以广州为中心、主要城市间1小时互通以及珠三角中部、东部和西部三大都市区内部1小时互通。珠江三角洲城际轨道交通项目累计完成投资248亿元，广清城际广州北至清远段实现开工建设；穗莞深城际广州东至新塘段、新塘至洪梅段，广佛环线佛山西至广州南段，珠海市区至珠海机场等4个城际轨道交通项目前期工作积极推进，计划2013年开工建设。 （梁翼）

勘察设计

□ 工程勘察设计完成合同额三百七十点四亿元

□ 岭南特色规划和建筑设计评优表彰

□ 勘察设计行为监管加强

□ 超限高层建筑抗震设防把关从严

□ 全省工程勘察质量处于受控状态

综 述

【概况】 2012年，广东省工程勘察设计行业的营业收入、完成合同额和利润均取得较大增幅。行业从业人员29.84万人，全年完成工程设计施工图投资额5940.04亿元，比上年增长7.01%。完成工程勘察设计合同额370.40亿元，增长13.28%。其中，工程勘察完成合同额48.93亿元、工程设计完成合同额321.47亿元；全省施工图设计文件审查机构81家，施工图审查人员约2000人。全省科技成果转让收入340424万元，企业累计拥有专利2480项、拥有专有技术1226项。全省企业获国家级、省部级奖项2115项，参与编制国家、行业、地方技术标准550项，编制国家、行业地方标准设计73册。目前工程勘察设计行业发展存在地区发展不平衡、境外业务缩减、科技成果及科技成果转化为收入减少等问题。

【《广东岭南近现代建筑》图集编辑】 2012年，广东省住房和城乡建设厅开展《广东岭南近现代建筑》图集的编辑整理工作。要求各地对1840年鸦片战争开始至1949年中华人民共和国成立期间，在广东省行政区域内建成（现存）的近现代岭南建筑的相关素材进行编辑整理。省住房和城乡建设厅组建编辑工作机构，指导各市制定编辑标准样本，督促各地完成初稿。年内，召开《广东岭南近现代建筑》编辑工作会议，根据各地提交的材料，提出针对性修改意见。全省岭南近现代建筑图集在陆续编辑中。为拓宽受众范围，该图集以电子书刊的形式，在省住房和城乡建设厅官方网站“广东建设信息网”上发布。是年，《广东岭南近现代建筑（广州分册）》(电子书）完成编辑，并于12月中旬对外发布。《广东岭南近现代建筑》图集编辑整理工作受到社会各界的关注。《南方日报》《广东建设报》等多家媒体进行相关报道；广州市、深圳市和佛山市顺德区等建设主管部门在门户网站上开辟有关岭南建筑文化的专栏，营造百家争鸣的舆论氛围。省内多家设计院纷纷开展岭南建筑文化的专题研究。

【岭南特色规划和建筑设计评优活动获奖单位和个人获表彰】 2012年2月7日，广东省住房和城乡建设厅表彰（首届）岭南特色规划与建筑设计评优活动获奖项目。表彰项目69项。其中，金奖5项、银奖25项、铜奖39项。通过开展评优和表彰活动，逐步建立由政府主导的创新与激励的工作机制。 *(何志坚)*

▲*华南理工大学建筑设计研究院工作室项目获首届“岭南特色建筑设计金奖”*

（广东省住房和城乡建设厅建筑市场监管处供稿）

勘察设计市场监管

【概况】 2012年，广东省住房和城乡建设厅继续完善勘察设计市场的准入清出体系建设，加强对工程勘察设计项目、施工图审查机构审图质量的动态监管，对大中型建设项目的初步设计进行严格审查，开展勘查设计专项检查，逐步实现由以往的“静态审查批准”模式向“动态监控与市场清出相结合”的市场监管模式，逐步扭转以往“重审批、轻监管”的现象，确保工程勘察设计的质量。全年对全省229家勘察设计和设计施工一体化的企业进行动态核查。

【大中型建设项目初步设计审查】 2012年，广东省住房和城乡建设厅对由国家投资，关系到公共安全和利益的坪石监狱等28个房屋建筑项目（建筑面积约170万平方米）、广佛地铁二期、南海新桂城水厂、广东大鹏LNG接收站4号灌工程3个市政项目（投资约50亿元）初步设计进行审查，对项目执行基本建设程

2012 年广东省勘察设计企业资质情况

单位：个

地区名称	企业个数	工程勘察		工程设计				专项合计
		甲级	乙级	甲级	乙级	丙级	其他	
广东省	1476	45	46	244	213	161	4	311
广州市（含省直）	355	14	6	88	48	15	0	78
深圳市	423	12	2	91	21	0	0	124
珠海市	63	1	2	10	6	3	0	15
汕头市	39	1	1	6	9	2	0	17
佛山市	133	4	9	18	22	25	0	29
韶关市	18	1	3	2	4	6	0	1
河源市	23	2	3	0	3	11	1	0
梅州市	26	1	1	2	8	8	1	4
惠州市	47	2	1	5	13	6	0	7
汕尾市	11	0	2	0	2	4	0	3
东莞市	71	0	0	5	8	1	0	11
中山市	58	2	0	4	11	7	0	9
江门市	59	1	4	3	16	17	0	5
阳江市	20	0	1	0	7	7	0	3
湛江市	20	3	1	2	5	7	0	1
茂名市	28	0	2	3	8	9	0	1
肇庆市	26	1	4	2	7	8	0	1
清远市	25	0	1	1	10	7	2	1
潮州市	11	0	0	1	1	8	0	0
揭阳市	10	0	1	1	2	4	0	1
云浮市	10	0	2	0	2	6	0	0

地区名称	其中		建筑装饰		环境工程		风景园林	
	甲级	乙级	甲级	乙级	甲级	乙级	甲级	乙级
广东省	166	134	83	54	7	19	10	32
广州市（含省直）	53	25	18	7	5	3	4	10
深圳市	88	36	54	16	1	1	4	14
珠海市	5	10	1	3	0	3	0	1
汕头市	3	13	2	9	0	1	0	1
佛山市	7	16	6	6	0	3	0	3
韶关市	0	0	0	0	0	0	0	0
河源市	0	0	0	0	0	0	0	0
梅州市	0	4	0	1	0	3	0	0
惠州市	1	6	1	1	0	2	0	2
汕尾市	0	3	0	1	0	1	0	0
东莞市	5	6	0	0	0	0	1	1
中山市	3	6	0	6	1	0	1	0
江门市	1	4	1	1	0	1	0	0
阳江市	0	1	0	1	0	0	0	0
湛江市	0	1	0	1	0	0	0	0
茂名市	0	1	0	0	0	0	0	0
肇庆市	0	0	0	0	0	0	0	0
清远市	0	1	0	0	0	1	0	0
潮州市	0	0	0	0	0	0	0	0
揭阳市	0	1	0	1	0	0	0	0
云浮市	0	0	0	0	0	0	0	0

(续表)

地区名称	照明工程		建筑智能化	消防工程		建筑幕墙		轻型钢结构		设计施工一体化
	甲级	乙级		甲级	乙级	甲级	乙级	甲级	乙级	
广东省	2	4	16	35	18	13	2	2	3	451
广州市(含省直)	0	0	6	18	4	2	0	1	0	106
深圳市	2	2	8	11	1	7	1	1	1	173
珠海市	0	0	0	1	2	3	0	0	1	26
汕头市	0	1	2	0	0	0	0	0	0	3
佛山市	0	0	0	1	3	0	1	0	0	26
韶关市	0	0	0	0	0	0	0	0	0	1
河源市	0	0	0	0	0	0	0	0	0	3
梅州市	0	0	0	0	0	0	0	0	0	2
惠州市	0	1	0	0	0	0	0	0	0	12
汕尾市	0	0	0	0	1	0	0	0	0	0
东莞市	0	0	0	4	4	0	0	0	1	46
中山市	0	0	0	0	0	1	0	0	0	25
江门市	0	0	0	0	2	0	0	0	0	13
阳江市	0	0	0	0	0	0	0	0	0	2
湛江市	0	0	0	0	0	0	0	0	0	1
茂名市	0	0	0	0	1	0	0	0	0	5
肇庆市	0	0	0	0	0	0	0	0	0	2
清远市	0	0	0	0	0	0	0	0	0	3
潮州市	0	0	0	0	0	0	0	0	0	1
揭阳市	0	0	0	0	0	0	0	0	0	1
云浮市	0	0	0	0	0	0	0	0	0	0

(肖建鸣)

2012年广东省勘察设计企业登记注册情况

单位：个

地区名称	企业个数	企业经济类型											
		内资											
		合计	国有企业	集体企业	股份合作企业	联营企业			有限责任公司		股份有限公司	私营企业	
						国有	集体	其他	国有独资公司	其他有限责任公司		私营独资	私营合伙
广东省	1476	1440	212	33	7	1	1	1	9	593	82	14	26
广州市(含省直)	355	342	73	1	2	1	0	1	5	105	15	2	6
深圳市	423	408	23	0	2	0	0	0	2	135	34	5	18
珠海市	63	59	6	0	0	0	0	0	0	52	1	0	0
汕头市	39	39	13	1	0	0	0	0	0	18	0	0	0
佛山市	133	131	2	0	0	0	0	0	0	87	9	0	0
韶关市	18	18	8	2	0	0	0	0	1	4	2	0	0
河源市	23	23	6	5	0	0	0	0	0	7	3	0	0
梅州市	26	26	7	1	0	0	0	0	0	11	2	0	0
惠州市	47	46	10	4	1	0	0	0	0	14	3	0	1
汕尾市	11	11	4	3	0	0	0	0	0	3	1	0	0
东莞市	71	71	1	2	0	0	0	0	0	27	1	4	0
中山市	58	57	3	2	1	0	0	0	0	41	2	2	0
江门市	59	59	6	2	0	0	0	0	0	38	0	1	0
阳江市	20	20	5	0	0	0	1	0	0	4	1	0	0
湛江市	20	20	12	0	0	0	0	0	1	3	0	0	0
茂名市	28	28	9	0	0	0	0	0	0	12	3	0	0
肇庆市	26	26	11	1	0	0	0	0	0	7	3	0	0
清远市	25	25	4	2	0	0	0	0	0	15	1	0	1
潮州市	11	11	5	1	1	0	0	0	0	2	0	0	0
揭阳市	10	10	3	2	0	0	0	0	0	4	0	0	0
云浮市	10	10	1	4	0	0	0	0	0	4	1	0	0

（续表）

地区名称	企业经济类型											
	内资			港、澳、台商投资企业					外商投资企业			
	私营企业		其他企业	合计	合资经营企业	合作经营企业	独资经营企业	投资股份有限公司	合计	中外合资经营企业	中外合作经营企业	外资企业
	私营有限责任公司	私营股份有限公司										
广东省	431	7	23	22	13	2	6	1	13	7	1	5
广州市（含省直）	123	1	7	9	5	1	2	1	3	2	1	0
深圳市	178	3	8	9	6	1	2	0	6	3	0	3
珠海市	0	0	0	3	2	0	1	0	1	1	0	0
汕头市	7	0	0	0	0	0	0	0	0	0	0	0
佛山市	30	2	1	0	0	0	0	0	2	1	0	1
韶关市	0	0	1	0	0	0	0	0	0	0	0	0
河源市	1	0	1	0	0	0	0	0	0	0	0	0
梅州市	5	0	0	0	0	0	0	0	0	0	0	0
惠州市	11	0	2	0	0	0	0	0	1	0	0	1
汕尾市	0	0	0	0	0	0	0	0	0	0	0	0
东莞市	35	0	1	0	0	0	0	0	0	0	0	0
中山市	6	0	0	1	0	0	1	0	0	0	0	0
江门市	11	1	0	0	0	0	0	0	0	0	0	0
阳江市	8	0	1	0	0	0	0	0	0	0	0	0
湛江市	3	0	1	0	0	0	0	0	0	0	0	0
茂名市	4	0	0	0	0	0	0	0	0	0	0	0
肇庆市	4	0	0	0	0	0	0	0	0	0	0	0
清远市	2	0	0	0	0	0	0	0	0	0	0	0
潮州市	2	0	0	0	0	0	0	0	0	0	0	0
揭阳市	1	0	0	0	0	0	0	0	0	0	0	0
云浮市	0	0	0	0	0	0	0	0	0	0	0	0

（肖建鸣）

2012年广东省勘察设计企业人员情况

单位：人

地区名称	期末从业人员合计	其中	期末专业技术人员合计	其中			期末注册执业人次合计	其中		
		聘用人员		高级职称人员	中级职称人员	初级职称人员		一级注册建筑师	二级注册建筑师	一级注册结构工程师
广东省	298425	203009	94809	17335	36709	40765	21143	2087	1084	2328
广州市（含省直）	70360	50208	29432	6465	10785	12182	7197	649	252	873
深圳市	161764	105915	36534	5798	14242	16494	7800	909	224	758
珠海市	9215	7509	3567	564	1394	1609	668	66	25	83
汕头市	2896	2289	1742	423	664	655	339	34	17	49
佛山市	17644	11546	6031	901	2509	2621	1581	125	135	184
韶关市	1660	621	704	176	351	177	174	5	31	16
河源市	989	708	681	118	293	270	70	1	12	4
梅州市	1124	805	804	216	378	210	167	21	20	28
惠州市	6192	4569	2169	377	906	886	367	36	24	48
汕尾市	444	267	308	68	146	94	45	2	12	4
东莞市	6047	4194	1738	245	653	840	594	45	57	46
中山市	6926	5811	3462	383	1249	1830	672	64	38	52
江门市	2653	2201	1695	346	788	561	408	41	62	59
阳江市	1998	1418	902	128	260	514	142	8	33	16
湛江市	1505	918	949	209	386	354	172	11	21	18
茂名市	2663	1270	1314	285	514	515	248	24	21	25
肇庆市	1247	890	710	188	310	212	120	15	23	19
清远市	1954	1081	1091	214	447	430	215	19	29	26
潮州市	499	294	423	89	182	152	98	7	28	9
揭阳市	319	258	277	79	140	58	40	3	11	6
云浮市	326	237	276	63	112	101	26	2	9	5

(续表)

地区名称	其中										
	二级注册结构工程师	注册土木工程师(岩土)	注册公用设备工程师	注册电气工程师	注册化工工程师	注册城市规划师	注册监理工程师	注册造价工程师	一级注册建造工程师	二级注册建造工程师	其他注册工程师
广东省	431	618	856	708	75	748	726	1165	4584	3579	2154
广州市(含省直)	77	265	375	277	50	323	252	402	1271	1096	1035
深圳市	76	170	274	213	12	206	235	427	2620	1105	571
珠海市	10	11	21	32	2	17	21	28	164	139	49
汕头市	10	15	10	20	1	21	61	44	29	20	8
佛山市	54	43	64	67	2	50	34	72	211	403	137
韶关市	13	8	2	1	0	2	35	11	5	4	41
河源市	10	8	0	0	0	3	0	2	8	15	7
梅州市	10	5	8	5	0	10	5	4	5	46	0
惠州市	20	12	9	8	0	1	12	15	47	99	36
汕尾市	6	1	0	1	0	1	0	4	1	9	4
东莞市	10	9	20	24	0	14	5	29	52	233	50
中山市	22	17	24	22	3	20	26	26	71	192	95
江门市	33	16	10	10	0	28	1	27	28	69	24
阳江市	3	3	3	2	0	9	0	3	23	35	4
湛江市	12	10	3	5	0	8	11	21	8	20	24
茂名市	13	3	9	8	5	11	25	13	28	38	25
肇庆市	12	11	4	2	0	11	1	10	1	2	9
清远市	12	8	15	6	0	6	0	14	11	52	17
潮州市	15	0	3	5	0	5	2	9	1	2	12
揭阳市	8	3	2	0	0	2	0	0	0	0	5
云浮市	5	0	0	0	0	0	0	4	0	0	1

(肖建鸣)

2012年广东省勘察设计企业业务完成情况

地区名称	工程勘察完成合同额合计(万元)	工程设计				
		完成合同额合计(万元)	其中		施工图	
			工程总承包中设计完成合同额(万元)	专项设计完成合同额(万元)	完成投资额(万元)	完成建筑面积(万平方米)
广东省	489254	3214665	327393	857904	59400350	65013
广州市(含省直)	260171	1183845	186664	236952	22396786	21591
深圳市	118623	1449596	89589	519133	25655805	22581
珠海市	16734	61174	0	14268	2210836	892
汕头市	9206	27036	1212	1676	1034601	535
佛山市	20067	177421	20658	42475	2067715	3707
韶关市	10359	8856	1378	194	95450	9415
河源市	4485	4586	292	1180	95230	146
梅州市	1631	12451	209	4728	146038	394
惠州市	11150	46950	1983	2398	267915	1361
汕尾市	569	1962	0	89	68767	25
东莞市	328	38535	6338	3105	643604	258
中山市	3293	83953	5040	26585	3145297	2382
江门市	6291	31284	6023	1402	339884	748
阳江市	4317	12326	1966	13	60608	142
湛江市	11256	18329	915	1017	411800	136
茂名市	4406	21531	1708	1794	134634	134
肇庆市	3145	9715	1743	0	231411	197
清远市	1927	15806	597	440	148217	269
潮州市	258	3593	507	0	52759	33
揭阳市	691	4131	387	155	100586	33
云浮市	447	1561	240	300	92407	34

（续表）

地区名称	工程技术管理服务完成合同额（万元）					工程承包完成合同额（万元）				境外工程完成合同额（万元）
	合计	其中				合计	其中			
		工程咨询	工程监理	项目管理	工程造价咨询		岩土工程治理	专项承包	工程总承包	
广东省	266531	155025	27993	66364	17149	15807249	50879	8467281	7289089	221930
广州市（含省直）	149825	85715	16725	33337	14048	5164928	18465	837308	4309155	164702
深圳市	84363	47836	7122	27051	2354	8673729	30273	7112327	1531129	54288
珠海市	4608	4608	0	0	0	474847	0	249958	224889	0
汕头市	715	310	405	0	0	51717	0	9490	42227	0
佛山市	9967	9036	787	144	0	835777	0	94340	741437	0
韶关市	1528	532	346	648	2	0	0	0	0	0
河源市	0	0	0	0	0	8894	0	6394	2500	0
梅州市	347	48	289	0	10	10224	0	1070	9154	0
惠州市	378	13	65	300	0	115310	1619	11166	102525	2515
汕尾市	133	133	0	0	0	2747	0	2249	498	0
东莞市	6760	717	1329	4692	22	105874	0	36448	69426	352
中山市	3606	2532	680	160	234	252647	0	71250	181397	73
江门市	1286	1227	0	30	29	32908	0	27457	5451	0
阳江市	0	0	0	0	0	32785	0	0	32785	0
湛江市	179	179	0	0	0	7993	0	7269	724	0
茂名市	1619	1586	22	2	9	6958	0	0	6958	0
肇庆市	273	273	0	0	0	10569	522	0	10047	0
清远市	35	35	0	0	0	19312	0	525	18787	0
潮州市	477	36	0	0	441	0	0	0	0	0
揭阳市	159	159	0	0	0	0	0	0	0	0
云浮市	273	50	223	0	0	30	0	30	0	0

（潘雁娟）

2012年广东省勘察设计企业科技活动情况

地区名称	科技活动费用支出总额（万元）	科技成果转让收入总额（万元）	企业累计拥有专利（项）	企业累计拥有专有技术（项）	企业获国家级、省部级奖（项）	其中	参加编制国家、行业、地方技术标准（项）	其中	参加编制国家、行业、地方标准设计（册）	其中
						国家级（项）		国家级（项）		国家级（册）
广东省	351796	340424	2480	1226	2115	771	550	109	73	12
广州市（含省直）	147761	217222	741	454	734	154	121	36	14	1
深圳市	151128	80013	1360	602	1209	588	405	65	44	11
珠海市	9530	1830	94	32	14	1	11	3	2	0
汕头市	897	1	6	6	15	1	0	0	0	0
佛山市	19654	5387	131	52	44	10	4	1	3	0
韶关市	609	0	0	15	2	1	0	0	0	0
河源市	352	0	0	0	3	1	0	0	0	0
梅州市	227	4	5	6	0	0	0	0	0	0
惠州市	567	0	34	7	6	0	0	0	0	0
汕尾市	82	0	0	0	0	0	1	0	1	0
东莞市	1943	242	16	15	6	0	0	0	2	0
中山市	13495	31087	75	37	27	6	6	3	2	0
江门市	2759	4512	0	0	10	0	0	0	5	0
阳江市	262	0	0	0	0	0	0	0	0	0
湛江市	862	101	18	0	44	9	2	1	0	0
茂名市	748	0	0	0	0	0	0	0	0	0
肇庆市	333	0	0	0	1	0	0	0	0	0
清远市	380	25	0	0	0	0	0	0	0	0
潮州市	122	0	0	0	0	0	0	0	0	0
揭阳市	41	0	0	0	0	0	0	0	0	0
云浮市	44	0	0	0	0	0	0	0	0	0

（肖建鸣）

2012年广东省勘察设计企业财务情况

单位：万元

地区名称	营业收入合计	工程勘察收入	其中	工程设计收入	其中	工程技术管理服务收入	其中
			境外工程勘察收入		境外工程设计收入		境外工程技术管理服务收入
广东省	21888944	421335	7897	3000504	65605	173030	1007
广州市（含省直）	7105008	214200	7731	1075527	63724	87828	1007
深圳市	11443746	76322	0	1401951	1881	49638	0
珠海市	593357	16927	0	59937	0	4455	0
汕头市	76636	32883	0	21385	0	650	0
佛山市	1230108	22712	0	137718	0	9355	0
韶关市	45797	10359	0	13244	0	942	0
河源市	25926	4437	0	4482	0	0	0
梅州市	26240	3150	0	12184	0	268	0
惠州市	171724	9133	0	50616	0	10470	0
汕尾市	6150	339	48	2510	0	497	0
东莞市	173924	189	0	32819	0	1793	0
中山市	697467	3453	0	77066	0	1940	0
江门市	74250	6937	0	28612	0	2059	0
阳江市	39515	1569	0	10067	0	0	0
湛江市	31566	8198	0	15666	0	121	0
茂名市	37603	4412	118	20201	0	1976	0
肇庆市	27171	3459	0	10177	0	78	0
清远市	39713	1473	0	16857	0	85	0
潮州市	7788	186	0	3666	0	477	0
揭阳市	4570	542	0	3863	0	125	0
云浮市	2717	455	0	1956	0	273	0

地区名称	工程承包收入	其中	其他收入	其中	营业成本	人均营业收入
		境外工程承包收入		境外其他收入		
广东省	17155107	113115	1138968	884	21430451	73
广州市（含省直）	5364512	51161	362941	689	6124265	101
深圳市	9230681	59487	685154	0	12460456	71
珠海市	478517	0	33521	170	493129	64
汕头市	21231	0	487	0	78068	26
佛山市	1041570	0	18753	0	1085952	70
韶关市	19291	0	1961	0	37561	28
河源市	16994	0	13	0	19685	26
梅州市	10306	0	332	0	18898	23
惠州市	116163	2390	13310	25	171718	28
汕尾市	2568	0	236	0	3877	14
东莞市	133845	4	5278	0	135860	29
中山市	603352	73	11656	0	582390	101
江门市	36186	0	456	0	59580	28
阳江市	27601	0	278	0	29726	20
湛江市	7531	0	50	0	26434	21
茂名市	10069	0	945	0	39165	14
肇庆市	13435	0	22	0	20863	22
清远市	21255	0	43	0	29911	20
潮州市	0	0	3459	0	6701	16
揭阳市	0	0	40	0	3791	14
云浮市	0	0	33	0	2421	8

（续表）

地区名称	营业税金及附加	利润总额	其中	净利润	资产合计	其中		负债合计	所有者权益合计
			应交所得税			流动资产	固定资产		
广东省	803922	1387308	296425	1064118	20269719	16695932	1586890	12297455	7972264
广州市（含省直）	125021	398438	74544	295225	5920442	4664112	713871	3380847	2539595
深圳市	567674	772922	162245	618088	10140972	8484694	540024	6521923	3619049
珠海市	17811	35079	9646	24738	1012475	928055	61934	561426	451049
汕头市	3011	2359	1060	1369	89303	78084	7522	44981	44322
佛山市	33737	59327	18770	34675	1280127	1138487	90492	935338	344789
韶关市	1875	3237	625	3337	36492	33408	2690	27580	8912
河源市	4123	1375	178	1268	29222	23235	4174	14852	14370
梅州市	1453	3296	510	2826	42562	34089	6486	19290	23272
惠州市	7348	17062	4162	12943	205984	183096	19790	86381	119603
汕尾市	253	800	197	592	9406	7984	1315	7091	2315
东莞市	6008	13753	3742	10867	209636	167725	25143	81781	127855
中山市	22483	54664	12232	42824	923937	685890	63480	484565	439372
江门市	5214	8804	2247	6551	74695	59823	10147	39580	35115
阳江市	1402	5783	1086	2042	42951	32898	8161	10685	32266
湛江市	1121	2331	383	1916	21281	15984	2550	7928	13353
茂名市	2143	4480	1213	3019	132071	113749	9595	45696	86375
肇庆市	1015	1513	2909	476	35251	25105	8068	12957	22294
清远市	1663	1751	498	1256	50548	11578	9047	9710	40838
潮州市	266	302	71	228	6020	3364	1262	2326	3694
揭阳市	167	123	52	188	3886	2968	534	1828	2058
云浮市	134	−91	55	−310	2458	1604	605	690	1768

（肖建鸣）

序和有关工程建设技术标准执行情况进行严格把关，提出合理化建议。年内，批复广东电网公司和广州电网公司组织审查的电网初步设计项目48项。

【勘察设计专项检查】 2012年8月，广东省住房和城乡建设厅继续加强对建设工程质量安全监督执法检查，针对全省工程勘察质量存在问题，组织开展工程勘察质量监督检查工作，检查抽查广州、深圳、珠海、中山4市19家勘察单位23个项目，并向全省通报抽查结果。检查结果显示，工程总体上能按照国家有关工程建设法律法规和强制性标准进行建设，大多数的勘察设计单位质量行为比较规范，勘察设计质量处于受控状态。

【施工图审查监督管理】 2012年，广东省住房和城乡建设厅加强全省施工图审查监督管理。根据《建设工程质量管理条例》等相关法规规定，要求全省各地级以上市建设行政主管部门开展施工图审查检查。检查结果显示，施工图审查存在一般性问题漏审和一定数量强制性条文漏审现象，全省施工图审查质量亟待提高，对审查机构的监管工作有待加强。

7月18日，省住房和城乡建设厅转发《住房和城乡建设部办公厅关于加强城市轨道交通工程施工图设计文件审查管理工作的通知》，要求不得将施工图审查业务委托与设计咨询招标工作捆绑进行，施工图审查不得委托本工程设计咨询单位，除要继续加强城市轨道交通工程土建部分的审查外，必须将城市轨道交通工程设备系统纳入审查内容。要求各地建设主管部门加强对施工图审查机构审查结果的备案管理，依法处理施工图审查机构的不良行为，处理结果须及时在本级项目信息公开和诚信体系建设栏目予以公开，并抄送省住房和城乡建设厅。

【施工图设计文件审查机构认定】 2012年，广东省有施工图设计文件审查机构81个，其中一类56个、二类25个；建筑类77个、市政类26个、工程勘察3个，以及建筑、市政综合类27个。施工图审查人员约2000人。

【勘察设计行为监管】 2012年，广东省住房和城乡建设厅按照《建筑业企业（单位）资质许可后核查工作实施方案》，对全省勘察设计以及设计施工一体化的企业进行动态核查，抽查229家工程勘察设计企业、设计与施工一体化企业。其中合格企业200家、基本合格企业23家、不合格企业6家、注销资质企业6家。对3家有市场违规行为的企业，在广东建设信息网上予以曝光，并记入黑名单，成为今后重点核查对象。（何志坚）

建筑工程抗震设防

【概况】 2012年，广东省住房和城乡建设厅加强超限高层建筑工程抗震设防专项审查，建立全省超限高层建筑抗震设防专项审查专家库，统一审查标准，从设计上保证建筑高度超规范规定、特别不规则或大跨度建筑的结构抗震安全。

【工程抗震设防】 2012年，广东省住房和城乡建设厅委托工程所在地的地级以上市建设行政主管部门组织超限高层建筑工程抗震设防专项审查58项，收到地级以上市超限审批备案45项。广东省住房和城乡建设厅建立全省统一的超限高层建筑工程抗震设防专项审查专家库，统一审查标准，从设计上确保建筑高度超规范规定、特别不规则或大跨度建筑的结构抗震安全。为提高既有建筑物的抗震设防水平，省住房和城乡建设厅向省财政厅申请抗震加固补助经费128万元，用于补助汕头、潮州、揭阳、河源、梅州5地市9个建筑的抗震加固。

2012年，广东省住房和城乡建设厅印发《关于下放超限高层建筑工程抗震设防专项审查审批工作的通知》，自2012年8月6日起，广东省超限高层建筑工程抗震设防专项审查由工程所在地地级以上市建设行政主管部门组织审查并批复。审查工作执行住房和城乡建设部现行《超限高层建筑工程抗震设防专项审查要点》和《广东省超限高层建筑工程抗震设防专项审查实施细则》。审查专家从广东省超限高层建筑工程抗震设防专项审查专家库抽取。

【中小学校舍安全工程督查】 根据广东省人民政府办公厅要求，省住房和城乡建设厅于2012年6月13~15日对湛江市中小学校舍安全工程进行现场督查。在肯定该市前段校安工程工作的基础上，针对部分县区校舍安全工程竣工率较低的问题，提出具体督查意见，要求分析原因，明确措施，按期完成校舍安全工程规划目标。截至2012年底，全省校舍安全工程开工面积1646万平方米，占全部规划改造面积100%，其中加固改造建筑面积759万平方米，重建新建建筑面积887万平方米；竣工面积1643万平方米，占校安工程规划改造面积99.9%，其中加固改造建筑面积759万平方米，重建新建建筑面积884万平方米。（何志坚）

▲2012年6月13~15日，广东省住房和城乡建设厅督查组对湛江市中小学校舍安全工程实施情况进行现场督察。图为湛江市第二十八中学（京基学校）

（广东省住房和城乡建设厅建筑市场监管处供稿）

勘察设计项目选介

【广州市花都区东风体育馆】 位于花都区新华街岐山村南侧，北临风神大道，南面和西面是山体公园。用地面积57671平方米，总建筑面积36200平方米，其中主体育馆建筑面积25000平方米、训练馆建筑面积2200平方米、架空停车场地建筑面积9000平方米。始建于2009年，竣工于2010年，总投资规模38009万元，于2012年获“国家工程建设质量银质奖”。

主体建筑结构是一个大空间椭圆球壳体，集建筑、材料、设备、结构等科技于一身。金属屋面系统整合虹吸雨水系统、防雷系统等功能性需求，玻璃幕墙与金属幕墙设计相结合，墙面与屋顶浑然一体。从满足功能（防水、保温、声学、消防排烟、采光等）及美观效果方面出发，壳体的层次构造均经过精心设计，分为蜂窝铝板（外装饰）、铝镁锰合金板（防水板）、玻璃纤维棉（保温、吸音）、穿孔铝板吊顶（内装饰）等，结合施工和加工周期等因素，实现构件标准化。

项目建筑结构与建筑表皮、内部空间一体化，力求结构与建筑形式的最佳平衡。室内设计、室外景观设计与建筑设计一体化，统一考

▲广州市花都区东风体育馆获2012年“国家工程建设质量银质奖”　（郑志伟　摄）

虑空间效果、造型形式和材料比例，力求简洁大气、一气呵成、表里如一。在有限的结构空间中实现建筑空间的最大化，创造视觉感观并提高使用效率。利用玻璃、不锈钢板、清水混凝土等材质组合，凸显建筑的简洁、灵动和大气的现代感。

【惠州市金山湖游泳跳水馆】　位于广东省惠州市惠城区河南岸惠州学院金山湖校区校门南侧惠淡大道边，毗邻东江、金山湖，交通便利，环境舒适。用地面积32444平方米，总建筑面积为24390平方米。其中地上二层23851平方米、地下一层8513平方米，建筑高度28.8米。始建于2006年，竣工于2009年，总投资规模29000万元，于2012年获“国家工程建设质量银质奖”。

项目将功能、空间、造型等元素有机整合。比赛区、观众区的高大空间与训练区、办公区的低矮空间分别由高低起伏的屋顶联系起来，内部空间显得层次丰富、有趣。项目将建筑声学设计融入到室内装饰及屋面系统设计，屋面吊顶、侧墙均有吸声功能，降低声学工程的整体造价。

项目屋盖钢结构体系采用大跨度弯曲刚架-支撑体系。主刚架采用箱型断面，通过布置纵向次梁和斜向钢拉杆，将不同高度的流线型平面刚架紧密联系在一起，形成空间整体结构，抵抗不规则的风荷载及温度作用。选用单向活动支座和多向活动支座等新型抗震减振支座，合理释放温度作用。节点设计精巧，屋面支撑节点巧妙地在节点内设置不共面的连接板，使8根构件合理地连接在一起。刚架柱脚节点结合组合结构的型钢混凝土梁、柱概念，把预埋件设置为型钢并转化为埋入式柱脚，合理地把上部结构的内力传到下部混凝土结构。以上两点均无工程先例，为创新设计。巨大的屋盖由轻巧精致的结构构件支撑，显现出一种优雅的气质。

【十香园博物馆】　位于广州市江南大道中怀德大街3号，清末著名画家居巢、居廉的故居。十香园旧居园区（第一期）于2007年9月修缮完成，十香园博物馆（第二期）为一期工程的延续，包括：修缮保留建筑一幢，新建展厅、配套用房以及园林小品等配套设施。始建于2010年，竣工于2011年，总投资规模1311万元，于2012年获“广东省岭南特色建筑设计银奖”。

项目用地形状极不规整，为“L”平面，地形高差较大。保留用地内的古乔木，作为基地现状中最具有保留价值的历史环境要素，融入到“十香园博物馆”建筑工程的景观环境中，在建筑的功能、空间、形体、色彩以及细部装饰构件等方面延续原有建筑风格，体现对历史文脉的继承与发展。建筑传统韵味和现代气息并存，通过结合稳重明亮的外部色彩和富于变化的材料质感搭配，体现出浓厚的岭南建筑文化底蕴和典雅清新的时代风

▲惠州市金山湖游泳跳水馆获2012年“国家工程建设质量银质奖”　（郑志伟　摄）

▲广州市十香园博物馆获2012年“广东省岭南特色建筑设计银奖” (郑志伟 摄)

格。建筑的层数、高度、体量方面造型与周围环境协调统一。

该项目的建筑设计结合地块的实际功能和景观要求，通过错落有致、收放并举的园林空间，将博物馆与故居之间，游客游览与休憩之间进行自然融合与过渡，营造“步移景异，情随境迁”的园林氛围。博物馆以庭院和水系组织室外景观空间，借取保留的树木，发挥景观美化作用，形成良好的视觉效果。设计中利用现状地形的高差关系，借用“曲水流觞”的历史典故，开辟一条环绕在故居与博物馆之间的景观水系，象征岭南画派源远流长的历史发展轨迹。通过水系及其周边的景观设计，结合亭榭、曲廊、渠水和板桥，为博物馆创造诗情画意的空间意境，加深景观的文化内涵。

庭院的组合变化以及水系的转折采用小中见大，简中含多的处理方式，通过合理的视线设计，让人在建筑内外体验良好的视觉享受。

(郑志伟)

建筑业

□建筑业企业实现利税五百四十三点五六亿元

□开展工程质量监管巡查活动

□建筑工程安全生产管理制度逐步完善

□省内八项工程获『中国建设工程鲁班奖』

□广东省促进散装水泥发展和应用配套文件出台

综　　述

【概况】　2012年，广东省建筑业企业5034家，其中特级资质企业7家，一级资质企业526家，从业人员209.64万人，房屋施工面积42542.5万平方米。主营业务收入7238.41亿元，完成建筑业总产值6464.44亿元，比上年增长11.2%；从承包工程完成情况看，全年自行完成施工产值6100.65亿元，占建筑业总产值的94.4%；从建筑业总产值的构成看，建筑工程产值5448.25亿元、其他产值269.45亿元。实现利润313.98亿元，比上年增长1.07%；实现利税543.56亿元，增长4.03%。评选出2011年度广东省省级工法150项、广东省建筑业新技术应用示范工程98项。全省建筑业取得较快发展，建安产值、利润、利税等主要经济技术指标均取得较大幅度增长，行业整体水平和服务能力全面提升。是年，广东省有8项工程获2012~2013年度“中国建设工程鲁班奖”、49项工程获“全国建筑工程装饰奖”、21项工程被评定为“国家AAA级安全文明标准化工地”、9项工程被评定为“全国市政金杯示范工程”。

【建设工程政府采购协议（GPA）前期研究】　2012年，根据《广东省政府采购协议（GPA）研究工作组方案》，广东省住房和城乡建设厅联合省发改委向省直有关部门、各市住房和城乡建设主管部门、发展改革主管部门全面搜集全省各级财政投资或补助的建设工程情况资料。截至年底，形成《加入GPA对广东省建筑产业发展的影响及对策研究（初稿）》，并在2012年12月7日召开专家论证会。

【开展建筑业企业转型升级调研】　2012年5月9~15日，广东省住房和城乡建设厅、中山市住房和城乡建设局派出人员赴江苏省、浙江省进行建筑业转型升级调研。通过调研，确定广东省建筑业产业转型升级工作指导思想，明确主要工作任务和具体工作措施，并形成《科学发展，新型城镇化背景下的广东建筑业转型发展研究（初稿）》。该研究报告深入剖析广东建筑业发展现状，采取与江苏、浙江建筑业对比研究的方法，找出广东建筑业发展的存在问题，并向广东省人民政府提出扶持企业发展、营造优良经营环境等系列政策建议。　*(何志坚)*

2012年广东省建筑业企业生产情况

地区名称	企业个数	从业人员期末人数（人）	签订的合同额（千元）	建筑业总产值（千元）	房屋施工面积（平方米）
广东省	5034	2096422	1450110394	646444266	425425070
广州市（含省直）	698	377631	494079377	152448578	90726485
深圳市	1192	611774	478757933	233828690	106080564
珠海市	169	64187	33114550	14327567	4277540
汕头市	210	134958	67045181	31095675	30068946
佛山市	559	131820	61733304	37076170	31576597
韶关市	88	68844	21704308	13677978	8784834
河源市	132	19345	5000259	3691301	2961502
梅州市	213	82948	34318029	16130783	12927092
惠州市	173	41723	20302422	10735140	12583678
汕尾市	48	11514	2124249	1516062	1019716
东莞市	272	45854	21328919	12426295	8436976
中山市	263	39382	19739525	13715582	7231460
江门市	197	82318	28165773	18808297	18164361
阳江市	114	51491	13144477	8223427	8177056
湛江市	130	110459	40541813	22717770	29770515
茂名市	122	99643	57177723	27770379	28133977
肇庆市	105	23800	17894504	9053910	6452246
清远市	127	26381	12095364	6658783	6385686
潮州市	59	11570	7699292	2750189	4743294
揭阳市	120	45332	10600763	7246532	4877388
云浮市	43	15448	3542629	2545158	2045157

注：数据来源于企业上报的2012年住房和城乡建设系统建筑业统计年报

(广东省建筑业协会)

2012年广东省建筑业企业主要财务指标情况

单位：千元

地区名称	主营业务收入	利润总额	利税总额
广东省	723841102	31398498	54356149
广州市（含省直）	227916587	8179953	13293088
深圳市	246124676	12095905	20634072
珠海市	14394930	619089	1099503
汕头市	32672125	1035257	2269764
佛山市	37916155	1995574	3044152
韶关市	13506064	528634	1044420
河源市	3431639	264518	433850
梅州市	12766036	1063975	1593984
惠州市	10303654	310300	701352
汕尾市	1248167	46802	106137
东莞市	10705021	426540	774744
中山市	9441818	634568	927926
江门市	18802310	795277	1504592
阳江市	7860357	417812	763030
湛江市	22003736	630856	1445094
茂名市	25758508	1166173	2400766
肇庆市	9384958	322000	682224
清远市	7664169	229238	510083
潮州市	2506593	103758	207196
揭阳市	6809746	370284	650209
云浮市	2623853	161985	269963

（广东省建筑业协会）

建筑市场管理

【概况】 2012年，广东省房屋建筑施工面积42542.5万平方米，比上年增长10.9%；房屋竣工面积13020.20万平方米。是年，广东省建设行政主管部门加强建筑市场动态监管力度，严厉查处建筑市场违法违规行为，继续以建立信息公开为手段，推动建筑市场诚信信息体系建设，促进全省建设市场健康有序发展。全省设立县区以上有形建筑市场95个，实行招标工程14580项，工程造价3683.27亿元，比上年下降3.11%。其中，公开招标工程12289项，工程造价2973.34亿元。

【建筑业企业资质动态核查】 为加强对广东省建筑业企业（单位）资质许可后的监督管理，规范建筑市场管理，建立资质许可动态监管机制，改变建筑市场“重审批、轻监管、难清出”的管理状况，2012年，根据《建筑业企业（单位）资质许可后核查工作实施方案》，省住房和城乡建设厅分7批对全省部分工程勘察设计、造价咨询企业、监理、设计与施工一体化、施工企业进行资质动态核查，核查企业242家，发出整改通知书80份，注销8家监理企业、5家招标代理企业、6家勘察设计企业的资质。通过动态核查，促使全省建筑市场监管体系基本形成，市场各方主体行为基本规范，建筑市场秩序明显好转。 （何志坚）

【工程建设领域项目信息公开和诚信体系建设】 2012年，广东省住房和城乡建设厅继续加强工程建设领域项目信息公开和诚信体系建设。一是加快推进项目信息公开和诚信体系建设工作。按照《广东省住房和城乡建设系统工程建设领域项目信息公开目录（试行）》和《广东省住房和城乡建设系统工程建设领域信用信息目录（试行）》，指导全省建设系统开展项目信息公开和诚信体系建设工作。截至2012年11月15日，工程建设领域项目信息公开专栏收录60多万条信息，占广东省省级工程建设领域项目信息公开信息发布量的70%。是年，省纪委委托中国软件评测中心对全省各地各部门项目信息公开和诚信体系建设进行评估，省住房和城乡建设厅在省直部门中名列第一，是唯一超过90分的省直部门。二是推进“阳光审批”，完善网上行政审批事项内容。是年，由省级核准的企业资质申请信息、审查意见和审批结果由审批信息系统自动、实时、公开。通过实行“三公开”，接受社会监督，进一步规范企业和政府的行为。三是强化监管，严厉打击违法违规行为。2012年资质动态核查共核查勘察设计企业186家、招标代理企业13家、造价咨询企业211家、工程设计与施工一体化企业12家。加大对行政许可申请过程中利用造假、欺骗、隐瞒等手段骗取许可的查处力度，查处一批违法案件。 （廖建卫）

【省外进粤建筑企业管理】 2012年2月27日，广东省住房和城乡建设厅出台《关于省外建设工程企业和人员进粤信息备案管理办法（试行）》（简称《办法》），对省外进入广东省行政区域从事城乡规划编制、房屋建筑和市政基础设施建设活动的建设工程企业和人员实行信息备案。《办法》中的备案为告知性备案，省外建设工程企业进粤从事城乡规划编制、房屋建筑和市政基础设施建设活动（包括承揽业务、参与招投标、办理施工许可证等）前，在广东建设信息网如实登记企业注册基本情况、企业资质情况、驻粤机构情况，以及企业派驻到广东承揽业务的人员信息。《办法》改变以往“重准入、轻清出”的做法，推行“企业登记、省级备案、市级管理、一地清出全省清出”的动态联动管理机制，只要项目所在地市级主管部门对企业作出清出的处理，省级主管部门则按照市级上报的有关情况，对省外企业作出全省清出的处理。由此，加大对省外企业违法违规行为的打击力度，对规范广东省建筑市场起到积极有效的作用。是年，为实现各级住房和城乡建设行政主管部门对进粤企业和人员备案信息的共享，省住房和城乡建设厅将备案管理平台数据接口标准发至各市，要求各市做好数据对接工作，使备案信息能直接在各市的招投标、项目管理系统上使用。《办法》自施行以来，全省建筑市场秩序明显好转。至2012年底，成功备案的外省企业有1400多家，人员2.7万人。

【创建工程项目管理企业试点】 2012年，根据住房和城乡建设部《关于印发〈大型工程监理单位创建工程项目管理企业的指导意见〉的通知》，广东省住房和城乡建设厅确定深圳市为广东省工程监理单位创建工程项目管理企业试点城市。要求深圳市引导、鼓励、扶持监理企业，特别是具有综合工程监理企业资质或具有甲级工程监理企业资质等资质的大型监理单位积极参与创建工程项目管理企业的试点工作，待取得试点工作经验后在全省推行。(何志坚)

【促进建筑施工技术进步】 2012年4月17日，广东省住房和城乡建设厅委托省建筑业协会组织专家评审，评出澳门大学新校区文化及交流中心等98项工程为2011年度“广东省建筑业新技术应用示范工程”。省住房和城乡建设厅分别于4月、11月，组成专家组对广州、深圳、珠海、东莞、佛山、中山、汕头、梅州等市35项工程进行专项验收。结果是35项新技术应用示范工程均通过专项验收评审。通过对建筑业新技术应用示范工程的评审，促进建筑业结构升级和可持续发展。

【省级工法申报和评审】 2012年4月17日，广东省住房和城乡建设厅委托省建筑业协会组织专家评审和评审委员会审议，评选出150项工法为2011年度“广东省省级工法”。通过对先进工法的评审，加快将工法开发研究成果转化为生产力的步伐。

【小型工程项目管理】 广东省小型工程项目施工管理是一项长期的管理工作，小型工程项目负责人任职条件是广东省对建造师制度的一项重要补充政策措施。2012年11月，省住房和城乡建设厅要求全省将该项工作转入常态化管理，并调整参加小型工程项目负责人的培训条件，修改部分教学教训考核大纲，增补《建筑业十项新技术(2010版)》教学内容，培训学时相应调整为90学时。全省21个地级以上市和扩权区先后组织培训班45期，参加培训人数4082人，参加培训考试3989人，总合格率97.72%。

【建筑农民工服务管理】 2012年，广东省住房和城乡建设厅深圳贯彻落实省委、省政府有关“关注民生”的工作部署，按照全省农民工工作联席会议要求，推进建筑农民工的管理工作。一是创新施工安全管理模式，通过设立“平安卡”，建立建筑农民工管理机制。二是创建建筑农民工业余学校，推进建筑农民工学习培训工作。三是积极配合有关部门，建立防止拖欠农民工工资机制。四是改善建筑工地生活区各项配套设施的建设。(林伟明)

工程招投标管理

【概况】 2012年，广东省设有县级以上有形建筑市场95个，实行招标工程14580项，工程造价3683.27亿元，工程造价比上年下降3.11%。其中，公开招标工程12289项，工程造价2973.34亿元。

【工程招投标行业管理】 2012年，广东省住房和城乡建设厅强化建设工程投标中标后的监管，印发《广东省开展工程建设中挂靠借用资质投标违规出借资质问题专项清理工作实施方案》，要求各市对2011年以来新开工、投资额500万元以上的、由政府投资和使用国有资金的房屋建筑工程、市政公用工程项目进行排查。配合有关部门，有效查处建设领域的违法犯罪行为。是年，配合侦破东莞市重特大串通投标案件，抓获犯罪嫌疑人8名，工程项目造价约3亿元，涉及国家工作人员、施工单位、评标专家串通投标和行贿受贿等违法犯罪行为。

【公共资源交易体制改革】 2012年，广东省在推行公共资源交易体制改革，建设统一规范的公共资源交易市场，逐步将分散在有关部门承担的公共资源交易项目纳入公共资源交易市场，比如政府采购、医疗药品、器械、建设工程招投标、土地使用权出让、矿业权出让、特种行业经营权、出租车经营权、司法或行政机关罚没物拍卖、法院涉诉资产拍卖等，构建“一委一中心”的组织架构。其中，“一委”为议事协调机构，由各相关部门负责人组成，负责组织领导和决策协调；“一中心”为交易服务机构，具体提供综合交易市场服务。

【交易中心制度建设和监督管理】 2012年，为构建社会信用体系和市场监管体系，完善建设工程交易中

2012年广东省工程招标代理业务情况

单位：万元

地区名称	工程招标代理中标金额			
	合　计	房屋建筑和市政基础设施工程招标代理中标金额	招标人为政府和国有企事业单位	招标人为其他单位
广东省	32633701.81	25239095.44	23558221.44	9075480.36
广州市	18997673.81	13495849.77	13367314.92	5630358.88
深圳市	5035073	4591793.58	3813180.55	1221892.45
珠海市	2765330.97	2108408.19	2152430.1	612900.87
汕头市	296978.55	280581.87	168874.47	128104.08
佛山市	1940319.33	1632095.67	1350865.49	589453.84
韶关市	237573.71	55108.92	142993.71	94580
河源市	205615.84	205615.84	179562.02	26053.82
梅州市	119006.46	117336.36	72771.77	46234.69
惠州市	1142783.48	1121006.13	1032082.17	110701.31
汕尾市	94560.56	47650.57	91215.2	3345.36
东莞市	509428.51	442695.54	326142.35	183286.16
中山市	209901.47	162087.21	149695.48	60205.99
江门市	337902.48	291718.16	222236.48	115666
阳江市	179435.87	179435.87	63157.05	116278.82
湛江市	146854.09	125869.52	123753.91	23100.18
茂名市	81065.31	79655.71	22144.81	58920.5
肇庆市	135132.25	124115.07	116360.18	18772.07
清远市	43264.11	43264.11	37014.11	6250
潮州市	68414.36	57011	68414.36	0
揭阳市	51250	51082	38000.05	13249.95
云浮市	36137.65	26714.35	20012.26	16125.39

地区名称	承揽合同约定金额					
	合　计	工程招标代理	工程监理	工程造价咨询	项目管理与咨询服务	其他业务
广东省	1283276.13	420137.95	587770.98	100853.17	78461.02	96053
广州市	754570.27	381320.22	283763.34	39530.06	42144.58	7812.06
深圳市	401633.73	15132.93	240118.78	38766.79	31389.22	76226
珠海市	16161.5	3082.11	7508.16	4655.37	293.29	622.57
汕头市	6581.24	1214.5	4542.36	785.17	39.21	0
佛山市	32754.84	4960.33	13242.95	4149.38	2487.36	7914.82
韶关市	2266.66	1323.94	250.87	561.98	76.87	53
河源市	1299.7	460.94	325.5	335.8	177.46	0
梅州市	805.31	616.44	188.87	0	0	0
惠州市	10586.92	2599.04	3356.87	3238.63	443.84	948.54
汕尾市	1476.76	424.69	874.36	177.71	0	0
东莞市	12394.6	1875.28	7187.27	3332.05	0	0
中山市	13704.61	1137.11	11150.18	695.37	654.15	67.8
江门市	13395.23	1831.4	8154.28	818.51	696.04	1895
阳江市	2424.63	563.53	1424.29	436.81	0	0
湛江市	2999.7	848.73	1245.17	905.8	0	0
茂名市	1353.63	647.67	71.38	634.58	0	0
肇庆市	5077.57	889.94	3869.51	295.13	23	0
清远市	1118.98	258.73	0	860.25	0	0
潮州市	1542.72	375.88	131.84	492	36	507
揭阳市	738.3	373.3	365	0	0	0
云浮市	389.23	201.24	0	181.78	0	6.21

（黄鸿钦）

2012年广东省工程招标代理机构人员情况

单位：人

地区名称	期末企业人员								期末正式聘用专业技术人员	
	合计	正式聘用人员	临时工作人员	招标代理人员	工程造价咨询人员	工程监理人员	项目管理与咨询服务人员	其他人员	合计	高级职称人员
广东省	57970	53360	4610	7391	6137	30495	5080	8867	46520	6766
广州市	27246	23608	3638	2853	2401	15956	1760	4276	19864	3115
深圳市	18957	18682	275	2135	2025	8616	2792	3389	16769	2439
珠海市	1908	1868	40	373	386	919	102	128	1573	163
汕头市	533	434	99	158	72	277	8	18	374	57
佛山市	2506	2410	96	489	394	981	94	548	2144	307
韶关市	221	212	9	60	64	70	17	10	177	19
河源市	126	122	4	48	32	27	14	5	122	14
梅州市	92	84	8	39	13	26	4	10	80	12
惠州市	791	555	236	193	146	345	16	91	519	116
汕尾市	224	201	23	55	55	102	4	8	181	18
东莞市	1450	1428	22	281	173	891	57	48	1322	85
中山市	1019	1007	12	107	50	719	87	56	839	82
江门市	738	715	23	163	59	450	31	35	653	105
阳江市	124	121	3	36	16	70	0	2	121	21
湛江市	336	303	33	104	41	172	7	12	285	38
茂名市	933	887	46	93	55	630	58	97	858	80
肇庆市	426	399	27	90	46	199	19	72	325	55
清远市	73	69	4	25	45	0	0	3	66	11
潮州市	109	109	0	35	34	10	5	25	109	15
揭阳市	134	122	12	42	21	35	5	31	115	12
云浮市	24	24	0	12	9	0	0	3	24	2

地区名称	期末正式聘用专业技术人员			期末正式聘用人员中注册执业人员						
	中级职称人员	初级职称人员	其他人员	合计	注册造价工程师	注册建筑师	注册工程师	注册建造师	注册监理工程师	其他注册执业人员
广东省	20000	12363	7391	10258	3733	41	234	999	5145	106
广州市	8584	5036	3129	4231	1458	14	113	483	2153	10
深圳市	6841	4696	2793	3313	1059	6	52	301	1841	54
珠海市	732	383	295	444	219	0	0	37	185	3
汕头市	233	79	5	179	72	0	0	14	93	0
佛山市	891	558	388	519	280	15	29	32	156	7
韶关市	78	45	35	39	30	0	0	1	8	0
河源市	66	30	12	35	26	0	0	3	6	0
梅州市	49	19	0	28	14	0	0	8	6	0
惠州市	241	109	53	185	92	1	6	5	81	0
汕尾市	107	23	33	54	29	0	2	1	22	0
东莞市	602	439	196	290	127	2	18	20	123	0
中山市	392	243	122	218	40	2	5	22	144	5
江门市	291	199	58	151	60	1	3	25	62	0
阳江市	51	32	17	46	19	0	0	3	24	0
湛江市	168	67	12	92	42	0	1	3	46	0
茂名市	399	252	127	205	41	0	2	24	118	20
肇庆市	116	93	61	108	43	0	2	8	55	0
清远市	35	9	11	28	28	0	0	0	0	0
潮州市	39	34	21	33	27	0	1	0	5	0
揭阳市	71	13	19	53	20	0	0	9	17	7
云浮市	14	4	4	7	7	0	0	0	0	0

（黄鸿钦）

2012年广东省工程招标代理机构财务情况

单位：万元

地区名称	营业收入					
	合　计	工程招标代理收入	工程监理收入	工程造价咨询收入	工程项目管理与咨询服务收入	其他收入
广东省	2945658.99	91870.18	561330.79	127270.72	103583.15	2061604.14
广州市	549224.3	54435.79	310844.62	55149.72	58618.29	70175.87
深圳市	2226081.26	13610.83	163459.85	42476.66	31761.08	1974772.84
珠海市	24243.51	3492.41	14752.37	5000.32	294.29	704.12
汕头市	5749.23	977.14	3737.37	935.57	39.21	59.94
佛山市	45116.98	5267.99	17424.66	8650.01	3559.13	10215.19
韶关市	2200.2	1145.5	389.87	576.6	70.23	18
河源市	1229.81	444.11	305.5	316.48	163.72	0
梅州市	743.27	554.4	188.87	0	0	0
惠州市	14619	2291.83	6997.77	3625.91	754.95	948.54
汕尾市	1687.86	492.45	835	360.41	0	0
东莞市	20682.83	2247.88	8019.74	4774.05	4988	653.16
中山市	13476.49	1225.59	11063.78	191.2	783.46	212.46
江门市	12845.5	1805.49	7581.46	867.51	696.04	1895
阳江市	2772.89	495.16	683.03	436.8	0	1157.9
湛江市	3053.49	729.33	1134.07	917.69	0	272.4
茂名市	10810.15	528.67	9583.43	629.34	67.8	0.91
肇庆市	7049.33	923.79	3832.56	542.03	1750.95	0
清远市	1123.58	258.73	0	860.25	0	4.6
潮州市	1542.72	375.88	131.84	492	36	507
揭阳市	1017.36	365.97	365	286.39	0	0
云浮市	389.23	201.24	0	181.78	0	6.21

地区名称	营业成本	营业税金及附加	营业利润	利润总额	
				合　计	所得税
广东省	2533552.61	73879.22	137483.91	126818.89	29536.44
广州市	378930.23	30144.11	61710.84	51404.02	13047.21
深圳市	2046879.64	33980.46	57480.9	61475.51	12807.61
珠海市	18311.12	1555.25	2710.19	2015.01	588.22
汕头市	3923.54	367.94	665.86	294.86	128.74
佛山市	23243.49	2709.6	6511.98	4704.78	1218.9
韶关市	1477.92	130.77	301.56	146.91	37.06
河源市	419.06	43.52	27.8	27.8	11.86
梅州市	448.08	43.28	97.31	135.72	26.8
惠州市	8546.6	753.72	1138.12	1231.54	271.89
汕尾市	1216.8	84.72	266	81.39	4.55
东莞市	14873.29	991.67	2725.24	1026.03	257.48
中山市	7854.54	759.99	1161.73	878.31	249.98
江门市	8991.66	712.39	1666.42	1717.44	469.08
阳江市	361.08	152.63	−225.29	226.2	67.01
湛江市	2501.52	159.65	−85.98	106.09	23.19
茂名市	7909.39	671.15	762.78	747.03	148.54
肇庆市	4480.39	405.21	233.9	384.94	110.42
清远市	971.83	55.87	28.38	22.77	7.49
潮州市	1187.08	87.12	53.79	78.55	25.18
揭阳市	839.94	51.59	106.02	100.89	26.96
云浮市	185.41	18.58	146.36	13.1	8.27

（黄鸿钦）

(续表)

地区名称	资产			负债合计	所得者权益合计	固定资产原价
	合计	固定资产	流动资产			
广东省	3452257.10	180552.24	3096653.32	2815085.56	637171.54	244799.48
广州市	472794.88	41306.17	414848.21	244791.25	228003.63	57087.83
深圳市	2659731.59	120114.08	2395694.51	2342848.34	316883.25	161316.3
珠海市	190544.45	1908.75	178738.02	177558.01	12986.44	2923.72
汕头市	6630.19	807.89	5792.3	1460.28	5169.91	851.38
佛山市	34767.87	5113.55	28288.47	12813.91	21953.96	7750.5
韶关市	2566.23	238.88	2296.35	1408.35	1157.88	480.42
河源市	1020.15	423.07	597.08	340	680.15	439.59
梅州市	4785.57	144.04	4571.55	4101.26	684.31	40.56
惠州市	12528.92	1636.54	10380.24	4304.96	8223.96	2778.93
汕尾市	1217.02	385.78	830.26	302.67	914.35	495.4
东莞市	16563.48	896.31	13780.62	6142.28	10421.2	1932.53
中山市	9803.36	1435.67	8291.14	3678.81	6124.55	2391.74
江门市	12767.83	2077.02	10556.6	5924.86	6842.97	2263.29
阳江市	1733.25	145.36	1524.27	385.54	1347.71	287.61
湛江市	3517.63	441.86	3066.77	1271.72	2245.91	712.01
茂名市	11069.51	2299.67	8482.68	5056.93	6012.58	1639.09
肇庆市	6800.19	681.42	6034.03	1897.11	4903.08	940.81
清远市	934.16	41.59	866.95	96.65	837.51	131.61
潮州市	1201.05	65.28	1122.81	363.22	837.83	94.11
揭阳市	1080.91	330.93	749.98	320.15	760.76	179.26
云浮市	198.86	58.38	140.48	19.26	179.6	62.79

地区名称	本年折旧	销售费用	管理费用		
			合计	税金	差旅费
广东省	27642.69	34944.55	287626.79	24031.86	15382.1
广州市	7605.47	14653.69	116232	21578.11	7605.96
深圳市	15557.73	12049.94	129338.97	1344.81	4602.62
珠海市	726.84	241.54	6225.02	337.46	748.5
汕头市	64.42	146.77	906.52	7.31	82.34
佛山市	1237.25	3631.11	13243.64	481.41	749.6
韶关市	205.5	0	1299.16	85.94	59.22
河源市	60.44	0	499.44	4.81	38.51
梅州市	33.56	0	97.73	0	0
惠州市	687.43	1630.2	3944.96	100.33	108.04
汕尾市	33.86	21.46	617.45	5.95	37.09
东莞市	444.21	906.38	3151.68	11.41	103.54
中山市	220.93	1046	3704.81	11.12	353.33
江门市	200.5	104.76	2038.12	9.14	484.49
阳江市	102.14	0	1284.29	23.66	14.18
湛江市	44.86	220.5	504.8	0	48.16
茂名市	126.94	10.72	2224.95	15.96	207.3
肇庆市	204.68	0	1503.5	2.17	76.12
清远市	13.98	0	314.49	0	2.64
潮州市	26.23	102,07	130	1	15
揭阳市	41.3	179.41	231.96	11.27	36.6
云浮市	4.42	0	133.3	0	8.86

(黄鸿钦)

心制度建设和加强房屋建筑和市政基础设施工程招标投标活动的监管，广东省住房和城乡建设厅制订《关于加强建设工程交易中心规范化管理的意见》《广东省建设工程交易工作规程（试行）》和《广东省建设工程交易场所设施设置标准（试行）》，待征求意见后正式发布。

（何志坚）

【南方十城市建设工程交易中心主任联席会第六次会议】 2012年5月18日，由广东建设工程交易协会牵头，以"凝聚改革发展共识，推动市场标准建设"为主题的南方十城市建设工程交易中心主任联席会第六次会议在珠海召开。参会单位围绕有形建筑市场标准化建设、区域联盟、工程交易平台的定位和发展、交易监管体制机制建设等议题进行研讨，广州、南京、成都、东莞等城市作经验交流。会议通报南方区域有形建筑市场标准规范的编制情况，审议和通过《〈南方十城市建设工程交易规范〉推广使用公约》，并举行签约仪式。

【2012年全国省会城市建设工程交易中心业务工作研讨会】 2012年6月29日，全国省会城市建设工程交易中心业务工作研讨会在广州召开，27家省会城市建设工程交易中心参加会议。会议对各地交易中心工作情况进行交流，并围绕全国公共资源交易市场建设工作推进会（南昌）部署的工作任务以及各交易中心开展工作过程中共同面对的问题展开讨论。

【《南方区域建设工程交易规范》发布】 2012年5月，由南方区域联盟标准化课题组编制的《南方区域建设工程交易规范》正式发布。该《规范》分为五章六个部分，包括：总则、术语和定义、工作标准、数据标准、管理标准和附录。该规范业经专家组会审通过，并正式作为广东省建设工程交易规范标准，在"南方十城市交易信息网"和"广东省建设工程交易协会"网站公布。

（余桂珣）

工程质量管理

【概况】 2012年，广东省住房和城乡建设系统贯彻省委、省政府的决策部署，以"抓结构工程质量，抓好建材打假工作"为重点，改进政府监管方式，加强工程实体质量和工程建设各方主体行为监督，推动全省房屋市政工程质量总体水平稳步提高。全省纳入质量监督的房屋建筑和市政基础设施工程40083项，建筑工程总建筑面积4.609亿平方米，市政工程总长度246.003万延米，分别比上年增长0.86%、2.9%、11.04%；竣工工程一次验收合格率99.99%，与上年持平。全省工程质量总体保持稳定，没有发生质量事故。是年，8项工程获"中国建设工程鲁班奖"、61项工程获"广东省建设工程金匠奖"、105项工程获"广东省建设工程优质奖"、185项工程获"广东省优秀建筑装饰工程奖"。

【工程质量管理制度建设】 2012年，广东省住房和城乡建设厅继续开展《广东省建设工程质量管理条例》修订工作，完成修订草案稿起草工作，并配合省政府法制办做好调研，在全省范围征求意见和修改工作；印发《关于加强我省保障性安居工程质量管理的指导意见》，指导全省各地健全保障性安居工程质量管理制度，加强监督检查，促进建设各方责任主体落实质量责任，确保保障性安居工程质量。

【工程质量监督执法检查】 2012年，广东省住房和城乡建设厅组织开展房屋市政工程质量监督执法检查、质量巡查等检查活动，对检查排查发现的问题限期进行整改，消除建设工程质量安全隐患。对检查发现的工程质量违法违规行为进行严肃查处。全省各级住房和城乡建设行政主管部门开展检查191次、发出停工整改通知书1401份、作出行政处罚289宗。

【保障性安居工程质量监督执法检查】 2012年，根据住房和城乡建设部办公厅《关于组织开展全国保障性安居工程质量监督执法检查的通知》要求，广东省住房和城乡建设厅组织全省开展保障性安居工程质量监督执法检查，于4月23~27日派出4个督查组，对广州、深圳、惠州、江门、汕头、揭阳、湛江、云浮8个地级以上市开展检查工作进行督查，抽查保障性安居工程24项（市属16项，县、区属8项），对抽查发现的154项工程质量问题提出整改要求，并由当地住房和城乡建设行政主管部门督促相关单位落实整改。

【"质量月"活动】 2012年，根据全国"质量月"活动的部署，在"质量月"活动期间，广东省住房和城乡建设厅组织开展一系列活动。一是召开广东省建筑工程质量现场观摩会，观摩中建三局第一建设工程有限责任公司承建的采用铝合金模板、预制墙板等先进施工技术工艺的东莞市厚街镇东莞万科金域国际花园工程的施工质量，全省各地600人参加会议。二是召开部分地区建筑工程质量监督管理工作研讨会，研讨加强保障性安居工程质量监管和建筑工地进场建筑材料检验检测管理的对策措施。三是联合《广东建设报》对全省房屋市政工程质量管理、创优活动以及各市住房和城乡建设系统开展"质量月"活动情况进行专题宣传报道。

【"质量强省"活动】 2012年，广东省住房和城乡建设系统贯彻落实国务院《质量发展纲要（2011~2020年）》和省政府《关于实施质量发展纲要（2011~2020年）的意见》，深入开展质量强省活动。6月14日，省住房和城乡建设厅召开全省住房城乡建设系统贯彻全省质量强省工作会议精神电视电话会议，贯彻落实省政府5月29日召开的全省质量强省工作会议精神，总结住房城乡建设系统前一阶段质量强省活动工作，部署下一阶段工作任务。

【在建工程质量监督巡查】 2012年，广东省建设工程质量安全监督检测总站开展全省在建工程质量监督巡查工作。以施工、监理单位为主要检查对象，以施工、监理质量行为和工程实体质量是否符合施工验收规范标准为主要检查内容，分期分阶段进行监督巡查，检查结果通报工程建设、施工、监理单位等相关单位以及工程所属的质量安全监督机构、住房和城乡建设主管部门。全年对全省88个在建工程项目进行巡查，其中地级市市属在建工程项目42个、县（区）属在建工程项目46个（88个项目中公建项目36个，保障性住房项目20个，房地产等其他项目32个），发出监督执法建议书5份、质量整改通知书25份、实体抽查情况反馈21份，确保全省在建工程建设质量。

【既有玻璃幕墙安全检查】 2012年，根据住房和城乡建设部《关于组织开展全国既有玻璃幕墙安全排查工作的通知》，广东省住房和城乡建设厅印发《关于组织开展全省既有玻璃幕墙安全排查工作的通知》，要求全省各地对已投入使用的既有玻璃幕墙进行安全排查，重点排查既有玻璃幕墙安全维护情况和实体质量安全情况。全省各级住房和城乡建设行政主管部门共排查1732个既有玻璃幕墙项目，对排查发现的问题限期进行整改，及时消除既有玻璃幕墙的安全隐患。

【工程质量监督机构验证考核】 2012年，广东省住房和城乡建设厅组织开展全省住房城乡建设系统工程质量监督机构和监督人员验证考核。通过开展考核，完善工程质量监督机构完善内部管理制度，充实必要的专业人才，提高依法实施监督的工作水平。 *（赵航）*

【建设工程标准规范执行情况监督检查】 为贯彻落实住房和城乡建设部《建设工程质量检测管理办法》，2012年广东省建设工程质量安全监督检测总站结合省住房和城乡建设厅对全省建设工程质量检测机构资质证书延期换证工作，分三个阶段对190个检测机构进行执行标准规范情况现场检查，其中全部检测方法（参数）符合延期条件的检测机构171个、部分检测方法（参数）不符合延期条件的检测机构16个、自动停业的检测机构3个。通过对全省检测机构执行标准规范情况专项检查，进一步规范工程质量检测机构工作行为，加强检测机构自身建设，确保建设工程质量检测的公正和规范，为建设工程质量控制提供保障。

【检测机构能力验证】 2012年，广东省建设工程质量安全监督检测总站组织完成全省检测机构钢结构焊缝超声波检测和钢筋力学性能检测能力验证。该次能力验证是对全省开展钢结构焊缝超声波检测和钢筋力学性能检测的检测机构的人员和设备以及实际操作能力的一次综合性检验。参加钢筋比对试验的检测单位有186个，其中170个钢筋力学性能检测能力验证综合评判为满意。参加钢结构焊缝超声波能力验证的检测机构32个，其中26个钢结构焊缝超声波检测能力验证综合评判为满意和基本满意。通过开展该项工作，进一步提高全省检测机构及检测人员的业务能力。

【监督和检测机构人员业务培训】 2012年，广东省举办质量监督员、安全监督员和桩基等项目检测人员上岗证考核培训班、换证继续教育班，聘请专家讲授建设工程质量安全管理法规、建筑质量安全检测管理知识以及桩基检测理论知识。是年，举办培训班26期，培训人数8273人次。 *（李素华）*

装饰工程施工

【概况】 2012年，全省建筑装饰行业通过提高发展质量和效益以及绿色、节能、环保的设计、施工技术、科技示范和科技创新成果，提高发展“四新技术”（新技术、新工艺、新设备、新材料）应用。全省有55家企业入选“全国建筑装饰行业百强企业”、11家企业入选“全国建筑幕墙行业50强企业”。是年，广东省建筑装饰行业完成工程总产值982.80亿元，比上年增加44.23亿元，增长4.72%。其中，深圳市场完成产值比上年增加789万元。是年，全省49项工程获“全国建筑工程装饰奖”。

年内，广东省建筑装饰行业广泛开展学习交流，组织“中国建筑装饰行业企业家峰会”“广东省建筑装饰精品工程观摩交流活动”，探讨研究行业的发展思路。通过对高层和超高层建筑装饰工程经验交流，以及实地考察广州国际金融中心（广州西塔），推广超高层建筑装饰施工的好经验，推动建筑技术与管理创新。

【装饰行业工法编写】 2012年，广东省在全省范围内开展装饰行业工法成果编写和申报，组织举办装饰行业的工法编写和申报培训班。通过对装饰行业存在的问题进行剖析，对案例进行点评，使企业学习和掌握装饰施工技术、装饰行业工法。是年，在申报省级工法项目中，装饰企业近30项获得省级工法，占获奖数量的13%。

【装饰行业科技示范工程与科技创新成果】 2012年，根据《广东省建筑装饰行业科技示范工程和科技创新成果推介办法（试行）》，广东省建筑装饰行业开展“科技示范工程”和“科技创新成果”推介活动，143项被评为“科技示范工程”、135项为“科技创新成果”。择优推荐并获“全国装饰行业科技示范工程”137项、“科技创新成果”126项。

【优秀建筑装饰工程与优秀建造师评审】 2012年，根据《广东省优秀建筑装饰工程奖评选办法》，广东省建筑装饰行业评选出2012年度“广东省优秀建筑装饰工程奖”185项，其中公共装饰类138项、设计类9项、幕墙类38项；择优推荐并获“全国建筑工程装饰奖”49项，其中公共装饰类24项、设计类5项、幕墙类20项，占全国获奖数量的9%。全省383人获“广东省建筑装饰行业优秀建造师”称号；择优推荐并获2012年“全国建筑装饰工程优秀项目经理”338人。

（广东省建筑业协会）

中国建设工程鲁班奖（国家优质工程）

【概况】 2012年，广东省辖区内获2012~2013年度“中国建设工程鲁班奖”项目8个，分别是湛江君豪酒店、惠州富力丽港中心公寓、深圳布吉污水处理厂主体及附属工程、深圳卓越皇岗世纪中心2号楼及裙楼工程、深圳北站综合交通枢纽工程、深圳港大铲湾港区集装箱码头一期工程、深圳市大运中心、广州希尔顿酒店。此外，湖北省辛亥革命博物馆、四川广播电视中心等17个广东省建筑企业在省外施工项目获2012~2013年度“中国建设工程鲁班奖”。

【君豪酒店】 位于湛江市，于2008年3月18日开工，2011年7月28日竣工，总投资5.63亿元，总建筑面积94498平方米，地下2层，地上26层，建筑高度99.8米。工程由湛江市君豪酒店有限公司投资兴建，深圳市中建西南院设计顾问有限公司设计，茂名市建筑工程监理有限公司负责监理，广东明兴建筑集团有限公司承担总承包施工。

该工程采用希腊爱琴海建筑风格，从设计方案开始就确立打造节能、节水、节地、节材、低碳环保、绿色生态的建筑，在开工前就确立“中国建设工程鲁班奖”的质量目标。工程采用了加气混凝土砌块；中空LOW-E玻璃；断桥铝型材；聚苯板、太阳能光伏电源、太阳光导采光、节能灯具、中水系统、太阳能热水系统、热泵机组系统；水泵空调设备、燃气锅炉、变压器等节能产品，综合节能率48.5%。该项目获2012~2013年度“中国建设工程鲁班奖”。

【富力丽港中心公寓】 位于惠州市，总建筑面积76147平方米，总造价16323万元。结构层数为地下2层，地上27层。于2007年9月20日开工，2010年8月30日竣工。承建单位为广东正升建筑有限公司，参建单位是汕头市建安（集团）公司。该项目创优目标明确，事前精心策划，强化过程管理，注重节能环保，推行绿色施工及新技术应用，主要技术指标达到国内同行业领先水平。工程整体质量精良，细部做法亮点突出，工程结构沉降均匀稳定，无渗、漏、裂现象。主体结构内坚外美，棱角分明，表面平整，尺寸和标高准确；室内装修粗粮细作，地下室、屋面、外墙等部位做工精美；设备安装规范牢固，运行可靠；结构安全，整体运作满足设计和使用功能的要求。该建筑是配套设施齐全、低碳环保的现代化高层精装修住宅建筑，两座平行布置塔楼通过裙楼连接，浑然一体。该工程获2012~2013年度“中国建设工程鲁班奖”。

【布吉污水处理厂主体及附属工程】 位于深圳市，占地面积5.95公顷，总投资约10亿元，是全国首座全埋地式，首次采用创新型双层沉淀池技术，日处理量达20万立方米的污水处理厂，设计污水处理水质达到国家排放一级A标准。该工程是为改善布吉河、深圳河水环

▲富力丽港中心公寓工程项目获2012~2013年度“中国建设工程鲁班奖”

（广东省建筑业协会供稿）

境，建设完善的污水处理系统而兴建，是造福百万居民的科技、绿色、环保、民生、民心工程。于2009年3月28日开工，2011年9月2日竣工。该工程污水处理工艺采用改良A²/O活性泥处理工艺，深度处理工艺采用投加PAC兼有辅助化学除磷功能的快速D型滤池，污泥处理采用机械浓缩脱水一体化工艺，消毒采用紫外线消毒工艺、除臭采用全密闭式分区生物除臭工艺。承建单位为深圳市市政工程总公司，参建单位是深圳市天健市政安装工程有限公司、深圳市金润建设工程有限公司。该工程获2012~2013年度“中国建设工程鲁班奖”。

【卓越皇岗世纪中心项目2号楼及裙楼配套工程】 位于深圳市，建筑面积130961.71平方米，地下3层、地上58层，建筑高度268米，工程采用钢筋混凝土灌注桩基础，主楼为型钢混凝土框架-核心筒结构。总包决算造价7.77亿元。总投资额13.5亿元。于2008年2月15日开工，2010年7月12日竣工。工程承建单位为江苏省华建建设股份有限公司，参建单位是江苏中程建筑有限公司、江苏扬安集团有限公司、中国建筑第二工程局有限公司、中建三局第一建设工程有限责任公司、深圳市中装建设集团股份有限公司、深圳市瑞华建设股份有限公司、汕头市达濠建筑总公司。该工程获2012~2013年度“中国建设工程鲁班奖”。

【深圳北站综合交通枢纽工程】 位于深圳市，总造价65.45亿元。工程于2008年3月1日开工，2011年6月15日竣工。工程由深圳北站和东、西广场三部分组成，东西长950米，南北宽480米，工程分为地下二层、地上四层，主要由5号地铁站台层、国铁站台层、高架候车层、商务预留层；地铁4、6号线站厅层等组成。建筑面积59.4万平方米，建筑高度43.6米。钢结构最大跨度86米，最大悬挑63米，钢结构总用钢量6.3万吨，混凝土68.6万立方米。车站基础形式为桩基础和天然基础，主体为超长无缝钢管混凝土柱与钢-混凝土楼板组合梁框架结构体系，屋盖为“上平下曲”形态的纵横双向桁架体系。工程承建单位为中铁二局股份有限公司、中国中铁股份有限公司（中铁南方投资发展有限公司），参建单位有中铁二局集团装饰装修工程有限公司、中铁二局集团电务工程有限公司、深圳中铁二局工程有限公司、中国中铁二局第四工程有限公司、广东杭萧钢构有限公司、中铁四局集团有限公司、中铁建工集团有限公司、中铁四局集团第五工程有限公司、中铁上海工程局第一工程有限公司、中铁四局集团建筑装饰安装工程有限公司。该工程获2012~2013年度“中国建设工程鲁班奖”。

▲深圳北站综合交通枢纽工程项目获2012~2013年度“中国建设工程鲁班奖”

（广东省建筑业协会供稿）

【深圳港大铲湾港区集装箱码头一期工程】 位于深圳市，是经国家发改委批准新建的深圳市重点工程。工程总造价为14.24亿元，包括新建3个10万吨级和2个7万吨级集装箱泊位，后方道路货场及附属配套工程，设计年吞吐能力250万标箱。码头采用沉箱重力式结构，岸线总长1830米，码头顶面高程+5.80米，泊位水深-15.5米（远期-18.0米），陆域纵深600米。码头配置20台双40英尺集装箱装卸桥，堆场配置60台电动轮胎式龙门起重机以及其他工艺系统设备。该工程分两个阶段进行建设和验收，4号、5号泊位及后方道路货场工程于2005年9月14日开工，2007年12月6日完工，2007年12月21日投入试运行，2009年6月5日通过国家验收。1号、2号、3号泊位及后方道路货场于2006年8月21日开工，2009年6月20日投入试运行，2011年3月23日通过国家验收。建设单位是深圳大铲湾现代港口发展有限公司，设计单位有中交水运规划设计院有限公司，施工单位为中交第四航务工程局有限公司、中铁二局股份有限公司、中交四航局第二工程有限公司、深圳中铁二局工程有限公司，监理单位：上海东华建设管理有限公司（水工及地基处理工程）、深圳市东鹏工程建设监理有限公司（道路堆场工程）。该工程获2012~2013年度“中国建设工程鲁班奖”。

【深圳市大运中心】 是2011年世界大学生运动会的主会场，位于深圳市。深圳市大运中心工程分Ⅰ、

▲深圳市大运中心工程项目获2012~2013年度“中国建设工程鲁班奖”
（广东省建筑业协会供稿）

Ⅱ标段建设。Ⅰ标段（主体育场）工程是集田径、足球比赛、文化和休闲活动于一体的多功能体育场，可举办足球、田径等47个运动项目最高级别的国际比赛。工程占地总面积37030平方米，总建筑面积139384平方米，总投资21.24亿元，于2008年7月1日开工，2010年12月25日竣工。体育场南北长270米，东西宽285米，局部地下一层，地上五层，高度51.3米，拥有61404个观众席位。采用钢筋混凝土灌注桩和承台基础，主体结构为钢筋混凝土框架剪力墙结构，钢屋盖采用单层折面空间网格结构，看台板采用预制清水混凝土构件。

Ⅱ标段（主体育馆）总建筑面积73761平方米。包含1个17964座位的综合比赛馆和2个2760平方米的热身馆。地下一层为贵宾区、运动员区、机房，一层以上为观众区和机房。工程于2007年11月15日开工，2011年4月28日竣工。

工程采用预应力管桩和灌注桩基础，钢筋混凝土框架主体结构和钢屋盖结构；采用玻璃幕墙和聚碳酸酯板屋面；给、排水主要有室内给水排水系统，包括消防、卫生洁具的安装、室内热水供应系统、中水系统；通风与空调系统包含送排风系统、防排烟系统、空调风、空调水，制冷系统；工程电力负荷为一级，由市政电网引来两路独立的10KV电源，同时工作，互为备用，设置了发电机接口，UPS、EPS应急用电系统。变配电站采取了制冷控制，智能照明控制，设备先进，技术含量高，智能化强。

该工程的建筑设计外观时尚新颖、寓意深刻，内部装修色调风格优雅大气，是一座新技术应用多、科技创新多、节能环保效果好、实用功能齐全和智能化程度高的大型综合体育馆。承建单位有中国建筑第八工程局有限公司、上海宝冶集团有限公司，参建单位有中建钢构有限公司、深圳市瑞华建设股份有限公司、中建工业设备安装有限公司、上海中建八局装饰有限责任公司、深圳市洪涛装饰股份有限公司、北京国安电气有限责任公司、江苏沪宁钢机股份有限公司、深圳市方大装饰工程有限公司、深圳市宝鹰建设集团股份有限公司。该工程获2012~2013年度“中国建设工程鲁班奖”。

【广州新天希尔顿酒店】 位于广州市，由天伦控股有限公司投资兴建，由海南第四建设工程有限公司总承包施工，工程于2007年9月1日开工，于2011年8月23日竣工，工程总建筑总面积65615平方米，地下3层，地上24层。酒店集餐饮、住宿、会议、运动、休闲于一体，是以“贴心时尚、休闲旅行”为主题的五星级涉外酒店工程。

该工程通过海南省新技术应用示范工程验收，施工过程形成省级工法一项，获2012年度“海南省‘绿岛杯’奖”“全国优秀项目奖”等奖项。工程采用远程监控管理，对劳务队伍的管理处处体现人文关怀，做到人与物的和谐。该工程获2012~2013年度“中国建设工程鲁班奖”。（广东省建筑业协会）

工程造价管理

【概况】 2012年，广东省住房和城乡建设厅推进工程造价制度建设，提高工程造价市场监管力度，印发《广东省住房和城乡建设厅关于建设工程施工工期的管理办法》，规范建设各方工期计算行为，保障合理施工工期。是年，对206家工程造价咨询企业进行资质动态核查，对337项工程造价咨询项目进行质量检查，出台1部专业定额，举办4期工程造价员从业资格考试。

【工程计价依据体系建设】 2012年，广东省建设工程造价管理总站继续完善工程计价依据体系，编制《广东省房屋建筑和市政修缮工程综合定额》，经省住房和城乡建设厅批准颁布，于2012年10月1日开始施行；编制《广东省建设工程概算编制办法》《广东省房屋建筑工程概算定额（建筑结构装饰册）》，由省住房和城乡建设厅于9月27日印发并向省内进行征求意见；编制《广东省城市环境卫生作业预算定额》，于7月10日由省住房和城乡建设厅印发，向全省征求意见。

【工程造价管理机构信息统计制度】 2012年，广东省建设工程造价管理总站研究制定全省建设工程造价管理机构统计信息报送工作机制。截至年底，通过常态化报送《造价管理机构基本情况统计表》《造价管理机构人员基本情况统计表》《工程项目备案审核情况统计表》《工程造价管理日常工作开展情况统计表》，及时反映全省建设工程造价管理工作开展情况。

【工程造价咨询企业资质动态核查】 2012年，广东省建设工程造价管理总站以核查工程造价咨询企业资质和咨询质量存在的问题为主要目标，对206家工程造价咨询企业进行资质动态核查，其中合格175家、基本合格11家、不合格的14家；抽查工程造价咨询项目337个，其中合格279个、基本合格57个、不合格的有1个。

【建设工程造价员专业资格考试】 2012年，广东省分4期举办建设工程造价员专业资格考试。2月13日，广东省建设工程造价管理总站印发《广东省建设工程造价员专业资格考试大纲》，考试实行全省统一命题、统一考试时间、统一评分标准，从5月26日开考，至8月19日评卷工作结束，全省19985人报考，考试合格5476人，通过率27.4%。

【广东省建设工程造价管理工作会议】 于2012年9月20日在惠州召开。会议提出加快创新工程造价管理手段，使工程造价监督管理法制化、规范化、信息化。会议就诚信建设、造价咨询业管理、造价信息化、合同备案等方面的工作开展研讨。

(张中)

工程建设监理

【概况】 2012年，广东省有工程建设监理企业467家，其中综合资质企业13家，甲级资质企业231家，乙级资质企业146家；主营业务为房屋建筑工程企业390家、市政公用工程企业24家、电力工程企业23家。全省工程建设监理企业期末从业人员63675人，比上年增长20.27%；执业注册监理工程师10062人。全省工程建设监理行业工程监理收入67.30亿元，比上年增长12.62%；建设工程监理企业承揽工程监理合同额91.36亿元，比上年增长10.58%。

【工程监理存在问题】 2012年，广东省住房和城乡建设厅加强对工

2012年广东省工程监理企业资质情况

单位：个

地区	监理企业资质数量											招标代理资质	工程造价咨询资质	工程设计资质	工程咨询资质
	合计	综合	事务所	主营业务				非主营业务							
				小计	甲级	乙级	丙级	小计	甲级	乙级	丙级				
省属	41	3	0	38	31	6	1	62	27	35	0	29	7	1	9
广州市	84	7	0	77	46	26	5	107	45	54	8	64	22	3	24
深圳市	102	2	0	100	76	19	5	146	56	82	8	58	14	6	17
珠海市	25	0	0	25	14	5	6	30	9	15	6	17	6	0	6
汕头市	10	0	0	10	4	3	3	10	2	5	3	5	0	1	0
佛山市	44	0	0	44	19	14	11	35	7	21	7	13	4	1	5
韶关市	8	0	0	8	1	5	2	7	0	5	2	2	1	0	1
河源市	7	0	0	7	0	4	3	4	0	3	1	1	2	0	2
梅州市	11	0	0	11	1	4	6	6	1	2	3	1	0	1	1
惠州市	25	0	0	25	8	15	2	19	6	10	3	7	5	1	2
汕尾市	6	0	0	6	0	1	5	3	0	1	2	4	2	0	1
东莞市	22	0	0	22	9	9	4	16	4	8	4	7	3	1	1
中山市	15	0	0	15	5	6	4	10	5	4	1	10	3	1	3
江门市	13	0	0	13	4	6	3	8	2	5	1	6	0	0	0
阳江市	4	0	0	4	1	1	2	4	1	1	2	1	0	0	0
湛江市	9	0	0	9	1	7	1	9	0	7	2	6	0	0	0
茂名市	12	1	0	11	4	6	1	11	3	7	1	5	1	1	0
肇庆市	8	0	0	8	2	4	2	6	1	4	1	5	1	0	1
清远市	7	0	0	7	3	1	3	4	1	2	1	0	0	0	0
潮州市	5	0	0	5	0	1	4	5	0	1	4	1	1	0	0
揭阳市	4	0	0	4	2	0	2	3	2	0	1	2	0	0	0
云浮市	5	0	0	5	0	3	2	3	0	2	1	0	0	0	0
合计	467	13	0	454	231	146	77	508	172	274	62	244	72	17	73

(黄鸿钦)

2012年广东省工程监理企业基本情况

单位：家

地区名称	企业个数合计	内资企业	小计										
			国有企业	集体企业	股份合作企业	联合企业				有限责任公司		股份有限公司	私营企业	
						国有	集体	国有与集体	其他	国有独资公司	其他有限责任公司		私营独资	私营合伙
省　属	41	40	8	0	0	0	0	0	0	0	20	2	0	0
广州市	84	82	6	0	0	0	0	0	0	2	38	4	0	0
深圳市	102	101	6	0	0	0	0	0	0	8	86	0	0	0
珠海市	25	25	0	0	0	0	0	0	0	3	13	0	0	0
汕头市	10	10	2	0	0	0	0	0	0	0	6	2	0	0
佛山市	44	44	0	0	0	0	0	0	0	0	24	5	0	0
韶关市	8	8	0	0	0	0	0	0	0	0	7	0	0	0
河源市	7	7	1	1	0	0	0	0	0	1	3	0	0	0
梅州市	11	11	1	1	0	0	0	0	0	0	6	1	0	0
惠州市	25	25	4	0	0	0	0	0	0	1	7	3	0	0
汕尾市	6	6	1	0	0	0	0	0	0	0	1	0	0	0
东莞市	22	22	0	0	0	0	0	0	0	0	14	0	0	0
中山市	15	15	0	0	0	0	0	0	0	0	9	2	0	0
江门市	13	13	2	1	0	0	0	0	0	1	5	0	0	0
阳江市	4	4	0	0	0	0	0	0	0	0	3	0	0	0
湛江市	9	9	0	0	0	0	0	0	0	1	6	0	0	0
茂名市	12	12	0	0	0	0	0	0	0	0	9	1	0	0
肇庆市	8	8	0	0	0	0	0	0	0	0	4	1	0	0
清远市	7	7	0	0	0	0	0	0	0	0	7	0	0	0
潮州市	5	5	0	0	0	0	0	0	0	0	2	1	0	0
揭阳市	4	4	0	0	0	0	0	0	0	0	3	0	0	0
云浮市	5	5	0	0	0	0	0	0	0	0	2	0	0	0
合　计	467	463	31	3	0	0	0	0	0	17	275	22	0	0

地区名称	内资企业			港、澳、台商投资企业					外商投资企业					个体经营	
	私营企业		其他企业	小计	合资经营企业	合作经营企业	独资经营企业	投资股份有限公司	小计	中外合资经营企业	中外合作经营企业	外资企业	外商投资股份有限公司	个体户	个人合伙
	私营有限责任公司	私营股份有限公司													
省　属	10	0	0	0	0	0	0	0	0	0	0	0	0	0	1
广州市	32	0	0	1	0	1	0	0	1	1	0	0	0	0	0
深圳市	1	0	0	0	0	0	0	0	1	0	0	1	0	0	0
珠海市	8	1	0	0	0	0	0	0	0	0	0	0	0	0	0
汕头市	0	0	0	0	0	0	0	0	0	0	0	0	0	0	0
佛山市	12	2	1	0	0	0	0	0	0	0	0	0	0	0	0
韶关市	1	0	0	0	0	0	0	0	0	0	0	0	0	0	0
河源市	0	1	0	0	0	0	0	0	0	0	0	0	0	0	0
梅州市	2	0	0	0	0	0	0	0	0	0	0	0	0	0	0
惠州市	10	0	0	0	0	0	0	0	0	0	0	0	0	0	0
汕尾市	3	1	0	0	0	0	0	0	0	0	0	0	0	0	0
东莞市	8	0	0	0	0	0	0	0	0	0	0	0	0	0	0
中山市	2	2	0	0	0	0	0	0	0	0	0	0	0	0	0
江门市	4	0	0	0	0	0	0	0	0	0	0	0	0	0	0
阳江市	1	0	0	0	0	0	0	0	0	0	0	0	0	0	0
湛江市	2	0	0	0	0	0	0	0	0	0	0	0	0	0	0
茂名市	2	0	0	0	0	0	0	0	0	0	0	0	0	0	0
肇庆市	3	0	0	0	0	0	0	0	0	0	0	0	0	0	0
清远市	0	0	0	0	0	0	0	0	0	0	0	0	0	0	0
潮州市	2	0	0	0	0	0	0	0	0	0	0	0	0	0	0
揭阳市	1	0	0	0	0	0	0	0	0	0	0	0	0	0	0
云浮市	3	0	0	0	0	0	0	0	0	0	0	0	0	0	0
合　计	107	7	1	1	0	1	0	0	2	1	0	1	0	0	1

（黄鸿钦）

2012年广东省工程监理企业业务情况

单位：万元

地区名称	建设工程监理企业承揽合同额						
	合计	工程监理合同额	勘察设计合同额	招标代理合同额	工程造价咨询合同额	项目管理与咨询服务合同额	其他业务合同额
省　属	246363.16	150734.51	2811	7210.94	6253.39	78200.34	1152.98
广州市	357127.81	279500.83	466.12	21782.15	21239.16	32909.11	1230.44
深圳市	380249.12	293619.79	20899.04	10158.26	11457.17	29466.06	14648.8
珠海市	36488.23	32045.11	0	2086.52	2011.54	147.12	197.94
汕头市	7253.99	5756.63	499.49	938.66	20	39.21	0
佛山市	40580.99	36048.25	0	1127.36	1904.09	1303.94	197.35
韶关市	3569.63	3272.61	112	116.55	58.6	9.87	0
河源市	3486.44	3088.63	0	175.21	75.3	147.3	0
梅州市	7556.41	3205.42	4183	105.04	0	62.95	0
惠州市	28055.31	19866.55	2994.58	1534.11	2308.09	403.44	948.54
汕尾市	1230.68	701.22	0	368.65	140.81	0	20
东莞市	31769	23173.85	0	1309.95	937.66	658.84	5688.7
中山市	15246.1	13013.98	0	978.24	351.27	902.61	0
江门市	11198.96	10197.55	0	1001.41	0	0	0
阳江市	3411.44	3297.86	0	113.58	0	0	0
湛江市	4692.8	4287.54	0	402.39	2.87	0	0
茂名市	15996.17	15513.43	0	139.86	58.6	223.74	60.54
肇庆市	6821.5	6137.1	0	666.55	1.85	16	0
清远市	7035.69	7035.69	0	0	0	0	0
潮州市	830.96	656.67	0	122.62	51.67	0	0
揭阳市	1392.8	1292.8	0	100	0	0	0
云浮市	1158.49	1158.49	0	0	0	0	0
合　计	1211515.68	913604.51	31965.23	50438.05	46872.07	144490.53	24145.29

地区名称	其中	承揽境内建设工程监理项目投资额	境内新开工建设工程监理项目数量	境内在建建设工程监理项目数量			境外在建建设工程监理项目数量
	境外合同额			合计	必须实行监理的项目数量	其他实行监理的项目数量	
省　属	162.58	17239889.27	1844	2660	2186	474	11
广州市	12010.01	22217387.63	3091	4307	3990	317	32
深圳市	3200	25143413.47	3921	5626	5435	191	0
珠海市	0	2952718.87	784	796	756	40	0
汕头市	0	657030.28	162	257	161	96	0
佛山市	0	3198973.08	1057	1359	1171	188	0
韶关市	0	339156.58	164	266	206	60	0
河源市	0	141845.05	194	201	194	7	0
梅州市	0	402053.89	161	189	181	8	0
惠州市	0	1538083.95	259	483	475	8	6
汕尾市	0	52548.9	21	47	23	24	0
东莞市	0	1316619.7	191	328	327	1	0
中山市	0	1869923.38	572	579	579	0	0
江门市	0	845197.12	429	771	725	46	45
阳江市	826.25	228083.12	51	182	159	23	0
湛江市	0	212358.3	197	234	232	2	0
茂名市	0	795883.21	102	283	246	37	0
肇庆市	0	756550.58	122	251	249	2	0
清远市	0	474118.94	22	201	201	0	0
潮州市	0	41549.15	9	13	11	2	0
揭阳市	0	145774.8	50	89	75	14	0
云浮市	0	120467.91	92	157	138	19	0
合　计	16198.84	80689627.18	13495	19279	17720	1559	94

（黄鸿钦）

2012年广东省工程监理企业财务情况

单位：万元

地区名称	营业收入							其中
	合计	工程监理收入	工程勘察设计收入	工程招标代理收入	工程造价咨询收入	工程项目管理与咨询服务收入	其他收入	境外收入
省属	220583.88	126125.26	1301	9526.65	6632.22	18986.18	58012.57	1151.23
广州市	246533.52	189559.97	1624.16	19145.75	18931.49	15662.51	1609.64	1052.38
深圳市	2207075.68	201021.01	7010.69	8632.17	9907.85	30708.3	1949795.66	645.06
珠海市	27851.82	23410.22	191.66	1989.06	1915.81	160.11	184.96	0
汕头市	4948.73	3934.13	218	737.39	20	39.21	0	0
佛山市	37427.02	33327.58	0	928.21	1861.39	1230.34	79.5	0
韶关市	3128.14	2812.28	112	122.23	58.6	21.23	1.8	0
河源市	3314.48	2951.66	0	160.21	65.3	137.3	0.01	0
梅州市	6810.31	3019.07	3606	105.04	0	80.2	0	0
惠州市	22797.19	14753.27	2899	1493.32	2288.12	403.44	960.04	0
汕尾市	1267.24	699.58	0	366.65	140.81	30.2	30	0
东莞市	25789.44	17011.22	190.18	1182.9	937.66	658.84	5808.64	0
中山市	14885.95	12191.48	0	1279.48	478.67	845.34	90.98	0
江门市	9911.62	8831.57	0	984.87	49	0	46.18	0
阳江市	3563.11	2358.29	0	45.22	0	0	1159.6	0
湛江市	3672.46	2982.78	0	610.41	2.87	72	4.4	0
茂名市	14808.8	14296	91.98	156.44	0	223.74	40.64	0
肇庆市	5656.59	4949.21	0	650.53	1.85	55	0	0
清远市	6036.16	5780.85	0	0	0	0	255.31	0
潮州市	823.53	649.24	0	122.62	51.67	0	0	0
揭阳市	1372.07	1322.07	0	50	0	0	0	0
云浮市	1019.19	1019.19	0	0	0	0	0	0
合计	2869276.93	673005.93	17244.67	48289.15	43343.31	69313.94	2018079.93	2848.67

地区名称	营业成本	营业税金及附加	营业利润	净利润	利润总额	其中	资产合计	其中
						所得税		固定资产
省属	145313.31	11676.37	20733.39	9556.71	18082.5	4339.1	117913.77	10431.12
广州市	149294.37	15058.34	30097.83	16273.45	23279.78	6692.18	154529.15	14462.15
深圳市	2045200.83	34430.9	54833.48	43803.85	57168.16	12227.35	2624392.83	115133.89
珠海市	19428.69	1583.51	1956.22	1106.73	1672.99	503.45	188834.03	3345.27
汕头市	3530.8	298.16	583.66	90.4	205.79	115.56	4858.61	775.08
佛山市	15865.58	2263.25	5546.4	2059.81	2825.93	817.1	26272.12	4421.81
韶关市	1674.02	172.85	311.52	224.7	307.25	76.44	2901.71	205.14
河源市	2020.13	148.33	115.58	75.06	−8.93	44.98	2212.1	1462.81
梅州市	5664.05	477.35	688.46	400	141.78	35.63	11564.75	598.8
惠州市	13616.08	1229.07	2191.76	1905.89	2960.38	1366.55	15823.29	1981.32
汕尾市	761.01	63.91	237.94	47.11	53.3	12.22	887.66	388.82
东莞市	15948.13	1386.64	3266.62	1589.47	1910.84	674.33	19616.41	2798.77
中山市	8669.73	828.22	1219.9	466.58	713.97	284.14	11479.37	1783.68
江门市	6446.59	559.31	1247.45	376.09	1267.96	417.37	9597.86	1248.02
阳江市	928.71	155.94	11.32	392.79	462.79	70	3529.6	621.86
湛江市	3297.19	219.82	−119.27	233.55	301.57	96.62	4868.08	336.34
茂名市	9825.39	1428.03	1183.21	596.12	887.79	168.12	12681.16	3516.97
肇庆市	3829.3	317.81	22.67	−132.04	60.6	121.59	6238.91	692.49
清远市	3812.4	324.97	525.16	145.95	213.69	59.5	2824.12	611.23
潮州市	543.95	48.34	35.85	23.91	17.96	20.64	661.42	113.09
揭阳市	569.83	82.27	−74.17	−98.27	−41.4	34.6	1109.28	159.17
云浮市	761.34	57.12	−111.95	−132.35	−111.95	21	454.77	36.95
合计	2457001.43	72810.51	124503.03	79005.51	112372.75	28198.47	3223251	165124.78

(续表)

地区名称	流动资产	固定资产原价	本年折旧	销售费用	管理费用	其中 税金	差旅费
省　属	105570.84	16332.82	1716.32	3025.08	38468.27	449.33	2760.73
广州市	134347.53	24294.88	4253.43	9248.51	56140.72	945.08	3282.01
深圳市	2373113.79	151896.38	13792.92	10939.66	125946.69	1230.79	4148.17
珠海市	177574.57	3103.71	491.67	414.96	7230.69	215.03	626.59
汕头市	4025.39	1128.12	73.09	146.77	965.11	6.89	55.83
佛山市	20131.24	5610.15	1007.08	4918.87	14238.63	554.84	620.5
韶关市	2688.79	550.52	315.95	0	1335.86	25.8	48.21
河源市	717.31	305.6	71.26	22.3	566.6	29.91	31.06
梅州市	10877.95	980.08	119.88	22	1047.11	16.26	464.85
惠州市	13593.04	3132.58	949.91	1630	6234.31	15.19	182.99
汕尾市	497.86	294.57	12	47.51	430.17	5.95	30.56
东莞市	14826.97	3022.34	469.94	5355.86	7666.52	8.46	495.58
中山市	8732.14	2777.22	266.94	1103.06	5192.28	55.78	277.81
江门市	8313.82	977.49	82.88	629.28	1740.33	9.25	28.68
阳江市	1606.71	466.73	108.98	0	1269.07	18.38	21.18
湛江市	3531.74	491.83	160.11	220.5	834.73	32.06	42.44
茂名市	8890.38	2299	171.37	10.72	2736.12	103.07	284.36
肇庆市	4971.06	1006.58	378.1	0	1914.04	20.67	42.92
清远市	1938.97	869.14	97.89	0	749.24	414.28	123.8
潮州市	535.37	147.89	34.24	139.2	77.8	15.55	3.92
揭阳市	950.11	97.41	56.74	0	156.46	0	21.95
云浮市	417.82	51.03	31.44	1.87	695.77	3.82	14.71
合　计	2897853.4	219836.07	24662.14	37876.15	275636.52	4176.39	13608.85

地区名称	财务费用	其中 净利息支出	公允价值变动收益	投资收益	应付职工薪酬	负债合计	所有者权益合计
省　属	2071.32	−6122.86	0	26.13	41828.54	50988.25	66925.52
广州市	−196.88	−443.07	0	166.9	59602.28	53100.33	101428.82
深圳市	−16092.35	3089.01	134.52	14755.13	247681.44	2330610.37	293782.46
珠海市	3.51	6.74	0	7.92	4331.7	176635.83	12198.2
汕头市	−2.22	0	0	0	895.04	1296.49	3562.12
佛山市	−3186.68	18.47	0	0.25	7609.33	9530.24	16741.88
韶关市	9.3	0.4	0	0	1068.15	1510.3	1391.41
河源市	−554.62	0	0	0	238.5	594.3	1617.8
梅州市	−1.57	−2.55	0	3.51	687.98	3821.99	7742.76
惠州市	1.99	−0.2	0	64.8	2404.73	5436.21	10387.08
汕尾市	3.87	2.6	0	0	238.12	282.07	605.59
东莞市	−70.75	2.13	0	0	6528.32	5918.26	13698.15
中山市	−8.29	0.64	0	11.77	5167.31	4208.54	7270.83
江门市	−16.84	0.58	0	0	1604.53	4110.76	5487.1
阳江市	−6.51	0	0	0	365.45	184.63	3344.97
湛江市	−26.97	−0.26	0	41.3	1029.58	1264.46	3603.62
茂名市	20.19	21.72	0	−1.67	4234.96	5631.35	7049.81
肇庆市	11.67	0	0	7.06	504.63	1121.64	5117.27
清远市	0.14	0	0	0	2299.87	1628.76	1195.36
潮州市	−1.03	−1.15	0	0	198.65	29.76	631.66
揭阳市	−0.32	0	0	0	11.79	557.57	551.71
云浮市	0.36	0	0	0	285.04	433.02	21.75
合　计	−18042.68	−3427.8	134.52	15083.1	388815.94	2658895.13	564355.87

(黄鸿钦)

2012年广东省工程监理人员情况

单位：人

地区名称	期末从业人员						其中			期末专业技术人员		
	合计	工程监理人员	招标代理人员	工程造价咨询人员	项目管理与咨询服务人员	其他从业人员	正式聘用人员	30岁以下人员	31岁~60岁人员	合计	高级职称人员	中级职称人员
省属	14516	10149	562	449	699	2657	11206	6555	6941	9321	1271	4149
广州市	12489	8547	1148	978	1066	750	11596	4318	7395	11362	1673	4593
深圳市	19786	11258	1519	1083	2721	3205	19334	8127	11434	18157	2652	7532
珠海市	2289	1730	185	153	107	114	2103	660	1411	2035	225	882
汕头市	567	375	108	13	18	53	455	109	459	483	58	268
佛山市	3182	2573	148	132	103	226	2673	794	1657	2989	271	1188
韶关市	376	286	30	12	6	42	311	82	258	310	49	141
河源市	313	241	10	14	19	29	260	66	137	277	23	124
梅州市	486	358	13	8	21	86	470	105	318	451	78	180
惠州市	1683	1257	114	102	19	191	1359	453	1021	1540	203	694
汕尾市	211	106	37	27	26	15	154	37	93	171	14	95
东莞市	2046	1673	131	48	48	146	1960	649	1110	1867	105	990
中山市	1310	943	103	48	149	67	1159	208	770	1150	91	551
江门市	927	737	112	10	28	40	901	193	595	846	77	311
阳江市	242	197	25	0	0	20	190	66	112	205	24	84
湛江市	498	394	53	10	4	37	366	79	377	483	56	227
茂名市	1289	990	66	35	52	146	1020	305	562	1137	142	538
肇庆市	444	323	54	15	5	47	427	144	279	358	38	119
清远市	533	475	2	0	11	45	452	161	271	455	32	119
潮州市	153	119	5	9	0	20	142	25	128	153	13	60
揭阳市	157	108	15	7	3	24	127	28	50	148	14	59
云浮市	178	162	0	2	3	11	169	73	83	167	8	61
合计	63675	43001	4440	3155	5108	7971	56834	23237	35461	54065	7117	22965

地区名称	期末专业技术人员		其中	期末注册执业人员	初级职称人员						
	其他人员	合计	新聘用人员		注册监理工程师	注册建筑师	注册工程师	注册建造师	注册造价工程师	注册咨询工程师（投资）	其他注册执业人员
省属	2528	1373	904	1934	1355	12	20	163	218	86	80
广州市	2863	2233	1442	3412	2253	11	16	377	521	170	64
深圳市	4924	3049	2491	4527	3110	22	59	474	675	91	96
珠海市	583	345	222	641	456	0	0	64	113	4	4
汕头市	125	32	16	236	162	3	4	26	38	0	3
佛山市	944	586	197	847	596	2	3	104	115	11	16
韶关市	82	38	8	119	89	0	1	10	14	5	0
河源市	70	60	20	89	66	0	0	5	12	6	0
梅州市	115	78	20	154	92	4	5	30	16	5	2
惠州市	412	231	154	528	382	11	13	41	71	7	3
汕尾市	39	23	5	54	37	0	0	1	16	0	0
东莞市	547	225	140	542	401	3	21	61	52	0	4
中山市	315	193	35	282	177	1	3	37	47	12	5
江门市	334	124	42	212	149	0	0	31	32	0	0
阳江市	46	51	22	70	46	0	1	6	16	0	1
湛江市	165	35	29	171	118	0	1	18	33	0	1
茂名市	248	209	226	498	251	1	3	44	37	4	158
肇庆市	109	92	11	164	106	1	0	27	29	0	1
清远市	135	169	34	137	95	1	0	26	15	0	0
潮州市	60	20	0	43	37	0	0	5	1	0	0
揭阳市	51	24	8	68	48	0	0	14	6	0	0
云浮市	37	61	37	53	36	0	4	9	3	0	1
合计	14732	9251	6063	14781	10062	72	154	1573	2080	401	439

（黄鸿钦）

程建设监理活动的动态监管，组织对全省部分监理企业（单位）进行资质动态核查。抽查工程建设监理企业21家、合格12家、基本合格9家。检查发现部分企业存在以下问题：(1) 监理从业人员数量不能满足企业业务需要。部分企业仍存在注册执业人员挂靠现象，少数非注册监理人员未能持证上岗或持无效证书上岗。部分企业对专业技术人员的培养不够重视，企业内部管理有待规范。(2) 在监项目管理有待加强。部分企业的在监项目管理资料不齐全、整理归档不及时，整改通知书处理情况未能跟踪落实；个别总监对项目的现场监理工作敷衍了事，对施工组织设计、施工方案、分包单位资格等资料的审查不认真细致；工程原材料进场未能做好平行检验；工程例会、安全监理检查流于形式。(3) 监理收费偏低。大部分政府工程的监理收费能达到国家规定的收费标准，非政府工程监理取费普遍低于国家规定的收费标准。 *（何志坚）*

建筑施工安全生产管理

【概况】 2012年，广东省纳入监管的房屋市政工程发生施工生产安全责任事故19起，死亡24人（其中较大事故1起，死亡3人；一般事故18起，死亡21人），生产安全责任事故起数和死亡人数分别比上年下降26.9%和44.2%（其中较大事故起数和死亡人数分别比上年减少3起和17人），责任事故死亡人数为省政府下达控制指标的53.3%。全年全省21项工程被评定为“国家AAA级安全文明标准化工地”、243项工程被评定为“广东省建筑工程安全生产文明施工示范工地”。

【安全生产管理制度建设】 为推进全省建筑施工安全标准化达标的相关工作，根据住房和城乡建设部、广东省安全生产委员会的工作部署，2012年，省住房和城乡建设厅组织编制《广东省建筑施工安全检查标准操作手册》《广东省建筑施工企业安全评价标准操作手册》，以图文并茂的形式，对住房和城乡建设部颁布实施的《建筑施工企业安全评价标准》《建筑施工安全检查标准》释义和解读。《广东省建筑施工安全检查标准操作手册》涉及文明施工、脚手架、吊篮、基坑、模版支架、高处作业、施工用电、物料提升机、施工升降机、塔式起重机、起重吊装、施工机具等方面安全检查标准及实物对照图片等内容；《广东省建筑施工企业安全评价标准操作手册》涉及对施工企业安全生产条件、安全生产业绩的单项评价，以及对施工企业安全生产能力的综合评价等内容。

【建筑施工安全生产检查】 2012年，广东省住房和城乡建设厅加强建筑施工安全生产监督检查，在元旦、春节、五一、十一等节日时段，“两会”“十八大”召开等重要时期，以及出现强对流天气、台风、汛期、高温酷暑等恶劣天气时期，有针对性地组织全省开展建筑施工安全生产大检查和安全专项检查。是年，还组织全省开展对深基坑、高支模、建筑起重机械等方面安全生产专项整治活动。全年组织开展6次全省建筑施工安全生产大检查或安全专项检查、4次季度巡查和4次专项整治督查。全省各地检查在建工程16325项，建筑起重机械9067台，发出限期整改通知书9164份、局部停工通知书587份。通过开展安全检查，保持施工安全生产的严管态势，促进建设各方主体落实安全生产责任，及时消除存在的施工安全隐患，保障全省建筑施工安全生产。

【安全生产动态管理】 2012年，广东省各级住房和城乡建设行政主管部门和施工安监机构严格执行《广东省住房和城乡建设厅建筑施工程安全生产动态管理办法》，在监督检查过程中发现存在安全生产违法违规行为或重大安全隐患时，除了对安全生产各责任主体签发停工或整改执法文书外，还对各责任单位和人员实施量化扣分。2012年，全省各地作出动态扣分记录19107条，其中61名项目负责人、13名专职安全员因扣满分而被收回安全生产考核合格证或暂停上岗执业3个月，30名注册监理工程师因扣满分被暂停上岗执业3个月。

【安全生产许可证管理】 2012年，广东省住房和城乡建设厅受理2057家建筑施工企业提交的安全生产许可证或办理安全生产许可证延期的申请，经审查予以许可和延期的有1339家（新申请666家、延期673家）、不予许可的718家，通过率65.1%；对5家在申办安全生产许可证过程中提供虚假材料的建筑施工企业依法作出警告且一年内不得申请安全生产许可证的行政处罚。同时，加强对取得安全生产许可证的建筑施工企业的管理，对2012年发生生产安全责任事故的16家广东省建筑施工企业依法作出暂扣安全生产许可证30~60天的行政处罚；收回27名项目负责人、专职安全员的安全生产考核合格证；对发生生产安全事故的5家省外建筑施工企业，提请其发证机关依法暂扣安全生产许可证。省住房和城乡建设厅还提请住房和城乡建设部对2011年广东省发生一起较大事故负有直接责任的1名注册监理工程师、1名项目负责人作出吊销注册执业资格的行政处罚。

【“安全生产月”活动】 2012年6月为“安全生产月”。广东省住房和城乡建设厅组织全省住房城乡建设系统开展以“科学发展，安全发展”为主题的“安全生产月”活动。一是根据省委宣传部、省安监局等部门的部署，参加全省“安全生产宣传服务咨询日暨南粤行启动仪式”大型宣传活动；二是由省住房和城乡建设厅组织策划、省建筑安全协会承办的首届全省建筑安全生产文明施工作业竞赛在广州举办。全省有46家大中型建筑施工企业派出320名一线施工作业人员，组成61支代表队参加建筑电工、焊工、架子工以及应急救援等4项作业竞赛；三是在江门开平市举办一期预防建筑施工生产安全事故培训班。组织2010年下半年以来在广东省发生过事故的建筑施工企业法定代表人、分管安全生产的企业负责人和事故工程的项目负责人120人参加培训；四是邀请新修订的国家标准《建筑施工安全检查标准》的主要起草人在广州举办两期宣讲学习班，参加人数超过400人；五是举办以“科学发展、安全发展”为主题的“安全生产月”文艺晚会，晚会充分体现浓郁建筑施工安全生产特点，14个节目均由施工企业员工自编、自导、自演。 *(赵航)*

【在建工程安全监督巡查】 2012年，广东省建设工程质量安全监督检测总站开展全省在建工程安全监督巡查工作。在第三、第四季度全省监督质量安全巡查时使用“移动执法办公系统”，利用便携式移动电脑设备、移动通信技术、互联网技术等手段，即时辨别有关人员岗位证书真伪、现场打印执法文书和扣分通知等，提高工作效率，减少人为干扰。全年对全省88个在建工程项目进行巡查，其中地级市市属在建工程项目42个、县（区）属在建工程项目46个（其中公建项目36个、保障性住房项目20个、房地产等其他项目32个），发出监督执法建议书5份、安全隐患整改通知书53份，对8家施工企业、3家监理企业、两名主要负责人、25名项目负责人、4名专职安全员、13名总监理工程师、1名专业监理工程师进行安全生产动态扣分，发出动态扣分通知书56份。

【“三类人员”安全生产考核】 2012年，广东省安排“三类人员”（建筑施工企业主要负责人、项目负责人、专职安全生产管理人）安全考核126个班次，44189人次。其中主要负责人17期、项目负责人36期、专职安全人员73期。完成7期继续教育培训，有1111人报名参加省属面授点的学习，另有11850人参加网络继续教育学习。完成2012年“三类人员”继续教育网络新模块的制作。对外办事大厅受理企业现场咨询业务2100人次、回答电话咨询每天不少于110次、回复厅长信箱咨询88个。制作证书30682本、受理到期证书延期32822本，受理变更申请22121人次。 *(李素华)*

散装水泥

【概况】 2012年，广东省散装水泥管理办公室以加快散装水泥、预拌混凝土、预拌砂浆、混凝土预制构件及制品“四位一体”科学发展为目标，出台《广东省促进散装水泥发展和应用规定》的配套文件，政策环境不断完善。是年，“广东省散装水泥发展应用监管信息平台”启动；开展科技项目研发，“砼模块微通风砌体及砖的开发及产业化”获省科技厅2012年广东省低碳技术创新及示范重大科技立项；完成广东省散装水泥设施设备备案、广东省预拌混凝土企业信用评价，以及广东省预拌混凝土、预拌砂浆、混凝土预制构件生产项目应用信息平台建设，全省散装水泥发展水平进一步提高；全省累计供应散装水泥6414.31万吨，水泥散装率63%，创综合经济效益38.49亿元。

【“三大指标”超额完成】 2012年，广东省散装水泥供应量6414.31万吨，“三类指标”（散装水泥、预拌混凝土、预拌砂浆应用）完成目标量的102%，比上年增加156.45万吨，水泥散装率63%，居全国前列；预拌混凝土使用量15556.10万立方米，完成目标量的102%，比上年增加1415.91万吨；预拌砂浆

2012年广东省散装水泥、预拌混凝土、干混砂浆物流设施装备情况

设施装备名称	单位	数量	单位	容量或额定量	单位	实际作业量
发放库	个	923	万吨	85.29	万吨	6414.31
中转库	个	388	万吨	42.74	万吨	1250.77
固定接收库	个	2756	万吨	95.82	万吨	4235.21
专用汽车	辆	1495	吨	45329.00	万吨	5797.3
专用船	艘	51	吨	54256	万吨	218.83
散装水泥罐	个	2452	吨	112581	万吨	2058.16
混凝土搅拌车	辆	13432	立方米	119058	万立方米	10497.97
混凝土泵车	辆	1336	立方米	104429	万立方米	9702.41
干混砂浆运输车	辆	172	吨	4828	万吨	176.95
干混砂浆移动筒仓	个	652	吨	22215	万吨	173.5

(阮菁英)

使用量409.48万吨，完成目标量的153%，增加146.31万吨。清远、肇庆、广州、梅州、惠州、江门、云浮、湛江、东莞、佛山10个地级以上市散装水泥供应量占全省总量91%；佛山、东莞、珠海、肇庆、广州、清远6个地级以上市水泥散装率70%以上；全省预拌混凝土使用量仍主要集中在珠江三角洲地区，其中广州、深圳、东莞、佛山、珠海、中山6个地级以上市预拌混凝土使用量占全省80%以上。

全省散装水泥在发展和应用领域，为社会节约标准煤358.16万吨，减少排放水泥粉尘64.46万吨、二氧化碳420.59万吨、二氧化硫1.25万吨，综合利用工业固体废弃物2800万吨，节约优质木材211.67万立方米，创综合经济效益38.49亿元。

【《广东省促进散装水泥发展和应用规定》配套文件出台】 《关于贯彻执行〈广东省促进散装水泥发展和应用规定〉的通知》 2012年6月13日，由广东省住房和城乡建设厅、发展和改革委员会、经济和信息化委员会、财政厅、公安厅、国土资源厅、交通运输厅、环境保护厅、水利厅、质量技术监督局10个部门联合发布。文件着重强调相关主管部门要通力协作，并将各自的工作细化，推动各级相关职能部门贯彻执行省政府令，共同促进全省散装水泥事业的发展。

《广东省散装水泥设施设备备案管理办法》 2012年9月12日由广东省散装水泥管理办公室发布。《办法》对列入登记备案的14种设施设备进行分类，列出主要技术指标，设置合理登记备案程序，完成所有备案和管理工作运用信息平台。通过规范全省散装水泥设施设备管理，根据各种设施设备分布和技术指标，分析各地散装水泥发展水平，有针对性地加强工作指导和协调服务。对规范全省散装水泥设施设备的管理、加快发展步伐具有现实意义。

《广东省预拌混凝土企业信用评价办法（试行）》 2012年11月7日由广东省散装水泥管理办公室发布。该《办法》具有实操性强、评分内容系统、考核项目全面、信息管理介入、定级公信度高等特点，对企业生产基本条件、诚信建设、质量管理、生产设备管理、质量控制、企业文化和安全文明生产6大项目、73个具体分项定出评分标准，全面进行评分考核和定级。

【预拌混凝土生产企业监管】 2012年6月29日，广东省散装水泥管理办公室印发《关于进一步贯彻执行〈关于预拌混凝土、预拌砂浆、混凝土预制构件生产项目建设有关问题的通知〉的通知》，明确企业生产项目建设的申报程序，规范企业生产建设。全年受理31个生产项目建设征求意见，其中同意30个、不同意1个。

【新型混凝土砌墙砖的开发应用】 2012年，由广东省散装水泥管理办公室组织中山市东高新型建材公司、广东省建筑科学研究院联合申报的“砼模块微通风砌体及砖的开发及产业化”获得广东省科技厅2012年广东省低碳技术创新及示范重大科技立项。该产品是散装水泥在节能减排领域应用的拓展，对全省散装水泥在节能减排领域的发展应用起重要意义。

【全省散装水泥工作会议】 于2012年3月23日在江门开平市召开。广东省各地级以上市住房和城乡建设局（委）的分管领导、散装水泥主管机构负责人，省水泥、预拌混凝土、建筑业行业协会负责人及有关单位、新闻媒体代表参加会议。会议总结全省散装水泥2011年工作，部署2012年工作，与各市散装水泥主管机构签订2012年度发展散装水泥目标任务责任书，并奖励完成2011年度目标任务的各市散装水泥主管机构。

【散装水泥专项资金征收和管理】 2012年，广东省征收散装水泥专项资金12186.33万元，比上年增加201.15万元；返退1125.58万元，增加115.21万元。全年投入费用2462.54万元建设专用设施、专用设备购置和维修、贷款贴息、技术研发与推广、宣传等。 （阮菁英）

建设科技与建筑节能

□ 完成建设科技成果鉴定三百八十八项

□ 十项成果获『广东省科学技术奖』

□ 二十三项成果获『华夏建设科学技术奖』

□ 新增节能建筑面积九千八百万平方米

□ 完成九百零二万平方米绿色建筑评价标识项目建设

综　　述

【概况】　2012年，广东省建设科技与建筑节能工作围绕“加快转型升级，建设幸福广东”这一核心工作，加强技术攻关。是年，省财政从省科技重大专项资金中安排1亿元支持建筑节能减排工作，全省建设科技投入稳步增长。全年组织完成各类建设科技成果鉴定288项，全省建设系统有10项成果获“广东省科学技术奖”，23项成果获“华夏建设科学技术奖”。全年新增节能建筑面积9800万平方米，形成92.4万吨标准煤的节能能力；全省完成既有建筑节能改造面积300万平方米；全省列入国家第一、二、三批“禁实”（禁止使用实心黏土砖）名单的58个城市全部完成“禁实”任务。完成902万平方米的绿色建筑标识项目，初步形成低投入、低消耗、低排放的集约型城镇发展模式。但是全省现有的建设科技项目存在操作性差、配套不完善、执行难等问题；许多地市财政对建筑节能投入少，落后于其他省市，制约全省建筑节能工作开展；发展绿色建筑缺乏强有力的财税政策支持，房地产开发企业对于推行绿色建筑缺乏积极性。

【建筑节能与绿色建筑】　2012年，广东省建筑节能工作取得显著的成绩。全年新增节能建筑面积9800万平方米，形成92.4万吨标准煤的节能能力；完成既有建筑节能改造300万平方米，形成6.96万吨标准煤节能能力；全年新增绿色建筑标识项目73项，面积902万平方米，超额完成年初确定的600万平方米的重点工作计划；新增城镇太阳能光热应用面积1397.89万平方米，新增浅层地能应用面积56.71万平方米，新增光电建筑装机容量71.12兆瓦，形成节能191万吨标准煤；新型墙材应用总量达到136亿块标准砖，占全省墙材应用总量的96.9%，实现节约能源84.32万吨标准煤。全年节约能源376.68万吨标准煤，减排二氧化碳979.37万吨。

【建设科技与建筑节能项目选介】
深水逆作法钢板桩围堰综合成套技术　由广州市市政集团有限公司完成的“深水逆作法钢板桩围堰综合成套技术”达国际领先水平，该项目创造性地采用先施工制作钢围檩内支撑体系，再施工钢板桩围堰的施工技术，采用三维有限元分析软件对逆作法钢板桩围堰施工过程进行动态模拟，解决了常规软件无法对逆作法钢板桩围堰施工过程进行计算的问题。该技术结合广州市番禺区黄榄快速干线（西段）工程桥梁标（第二标段）中的蕉门水道特大桥项目开展研究工作，2012年8月课题研究报告通过科技成果评审鉴定和验收。在成功使用该技术后，施工成本大大节省，完成4个钢板桩围堰总价仅需4948350元，比使用双壁钢套箱节省8570115元，经济效果明显。

“亚运之舟”建设关键技术研究　由广州市建筑集团有限公司等单位完成的“‘亚运之舟’建设关键技术研究”项目达国际先进水平，该项目重点研究大型折叠升降LED显示屏风帆架技术、大面积固定水隐舞台技术、开敞式大悬挑斜拉索曲膜钢顶篷技术、岛屿复杂边界条件下地基与基础技术、过江桥隧施工关键技术、岛上开放式场馆大型庆典安防与流线营运综合技术等六大方面，为相关工程建设提供研究思路及施工方法，形成相关建设关键科学技术成果、工法及专利产品。“亚运之舟”海心沙岛是广州亚运会开闭幕式进行“革命性突破”的空间载体，项目同时融合“北京奥运”及“上海世博”主场馆的关键功能，工程在基础、主体结构、舞美工程、桥梁、隧道、安防系统以及流线营运等专业领域均采用国际领先的建设技术。

广东省建筑科学研究院检测实验大楼项目　由广东省建筑科学研究院完成，该项目建设以国家绿色建筑三星级为目标，应用多项绿色建筑技术措施，研究城市建筑密集区的高层办公建筑的绿色建筑解决方案，将该项目建设成为广东省具有代表性的绿色建筑示范工程，其绿色建筑设计和运行在公共建筑中具有示范意义。为实现绿色建筑的建设目标，该项目在环境设计上提倡“以人为本”的设计理念，将人与自然、自然与建筑完美结合，项目示范内容涵盖40多项重点绿色建筑技术。*（刘映）*

建设科技

【概况】　2012年，广东省住房和城乡建设系统获“华夏建设科学技术奖”23项、“广东省科学技术奖”10项；完成一批省部科技立项。其中包括：住房和城乡建设部科技立项56个、省科技产业技术与研究开发入库项目两个、省重大科技专项6个。全年组织完成各类建设科技成果鉴定288项，主要集中在传统的建设领域，从基础、结构到装修，以及市政、桥梁方面。与上年相比，增加新材料、新设备（如节能环保）的使用。科技支撑产业结构调整和增长方式转变，企业和科研机构对建设科技的投入逐步增加。但是全省建设科技工作仍存在问题，比如建设科技工作的制度、激励措施有待完善、乡镇污水处理成熟的成套技术短缺、住宅产业化技术水平低等。

【工程建设标准化体系建设】　2012年，广东省发布《〈民用建筑能耗和节能信息统计报表〉广东省实施细则》等3项广东省工程建设地方标准；下达《铝合金模板技术规范》等11项工程建设地方标准的编制（修订）任务，健全全省的工程建设地方标准体系。

【建设科技计划项目】 2012年，广东省住房和城乡建设厅围绕落实《国家中长期科学和技术发展规划纲要》，研究提出住房城乡建设领域“十二五”急需开展的科研开发项目，做好部科技计划项目的立项工作，鼓励科研单位和企业加强重点领域技术研究，实施建设科技攻关，提高全省建设科技水平。全年完成住房和城乡建设部委托科技计划项目验收4个、审核推荐2012年住房和城乡建设部科技计划项目87个。全省有56个项目被批准列入计划，审核推荐省产业技术与研究开发入库项目两个、省重大科技专项项目6个。

【科技成果鉴定】 2012年，广东省住房和城乡建设厅组织完成各类建设科技成果鉴定288项，其中，“超高密肋箱型钢管柱混凝土浇注施工关键技术”和“深水逆作法钢板桩围堰综合成套技术”两项均达到国际领先水平。完成住房和城乡建设部科技项目验收4个。

【获奖科技项目】 2012年，广东省住房和城乡建设系统有10项成果获“广东省科学技术奖”，其中《城市地下空间结构耐久性评估及剩余寿命预测技术研究》等两项获二等奖；《广州快速公交系统模式及关键建设技术研究》等8项获三等奖。全省有23项成果获“华夏建设科学技术奖”，其中《降低大型公共建筑空调系统能耗的关键技术研究与示范》等两项获一等奖，《珠江三角洲城乡规划一体化规划》等7项获二等奖，《大型公共建筑场馆施工关键技术研究与应用》等14项获三等奖。 *（刘映）*

2012 年广东省住房和城乡建设厅发布的工程建设标准

序号	标准名称	标准编号	实施日期	主编单位
1	《民用建筑能耗和节能信息统计报表制度》广东省实施细则	DBJ/T 15-90-2012	2012.8.1	广东省建筑科学研究院
2	《国家机关办公建筑和大型公共建筑能源审计导则》广东省实施细则	DBJ/T 15-89-2012	2012.8.1	广东省建筑科学研究院
3	广东省标准《既有民用建筑节能改造技术规程》	DBJ 15-91-2012	2013.4.1	广东省建筑科学研究院

（广东省住房和城乡建设厅科技教育处）

2012 年广东省住房和城乡建设厅立项的工程建设标准

序号	标准名称	计划完成时间	主编单位
1	广东省绿色建筑设计导则	2013.09	广东省建筑科学研究院
2	公共建筑能耗定额编制方法	2013.11	广东省建筑科学研究院
3	屈曲约束支撑结构技术规程	2014.06	广东省建筑科学研究院
4	地基基础检测与监测远程监控技术规程	2015.12	广东省建筑科学研究院
5	薄浆干砌自保温系统应用技术规程	2013.08	广东省建筑设计研究院
6	建筑玻璃防护技术规程	2014.05	广州市设计院
7	广东省建设工程交易规范	2013.02	广州建设工程交易中心
8	陶瓷薄板幕墙工程技术规程	2013.08	广东省建筑设计研究院
9	广东省绿色校园建筑评价标准	2014.09	广州大学
10	建筑防水工程质量验收规范	2014.09	广州市建筑科学研究院有限公司
11	建筑地基基础检测规范 DBJ15-60-2008	2015.08	广东省建筑科学研究院

（广东省住房和城乡建设厅科技教育处）

2012 年广东省建设科技成果鉴定项目

序号	成果名称	完成单位	鉴定等级
1	地下连续新型接头的研究与工程应用	广东省基础工程公司 广东华隧建设股份有限公司 广州市地下铁道总公司 华南理工大学	国内领先
2	汉高赛力特 CM30 专用砂浆添加剂	汉高粘合剂有限公司 华南理工大学亚热带建筑科学国家重点实验室	国内领先
3	建筑工程施工安全辅助设计系统 V4.0 的研发与应用	广州建筑股份有限公司 广州市第一建筑工程有限欧诺公司 广州粤建三和软件有限公司 广州一洲信息技术有限公司	国际先进
4	“亚运之舟”建设关键技术研究	广州市建筑集团有限公司 广州机械建设集团有限公司 广州市城市规划勘测设计研究院 中十冶集团有限公司 中建钢结构有限公司 中建钢构有限公司 中国建筑西北设计研究院有限公司	国际先进
5	内肋增强聚乙烯（PE）螺旋波纹管	广东建通管道制品有限公司	国内先进
6	广州市亚运场馆室内外综合环境改善关键技术集成研究	广东省建筑科学研究院	国内领先
7	重要大型结构的安全性能监测技术研究	广东省建筑科学研究院	国内领先
8	强夯振动对周边建筑物影响专题研究	广东省建筑科学研究院 广州电力设计院	国内领先
9	大吨位基桩抗拔静载试验技术的研究	广东省建筑科学研究院	国内领先
10	管桩静载试验快捷连接装置研制及其应用	广东省建筑科学研究院 佛山市南海区建筑工程质量检测站	国内领先
11	桥梁节段模型风洞测试平台研制与试验技术研究	广东省建筑科学研究院	国内领先
12	新型桥面预应力体系在桥梁加固中的研究与应用	广东省建筑科学研究院	国内领先
13	轨道交通工程质量技术资料统一用表（土建分册）编制与软件开发	广东省建筑科学研究院 广州市地下铁道总公司	国内领先
14	地铁隧道结构应急检测与安全评估技术研究	广东省建筑科学研究院	国内领先
15	建设工程检测信息化管理系统研究	广东省建筑科学研究院	国内领先
16	广州市电视台新址工程施工关键技术研究	广州建筑股份有限公司 广州市第一建筑工程有限公司 中建结构有限公司	国际先进
17	碾压混凝土配合比研制	广东省水利水电第三工程局	国内先进
18	悬挂外承式组合钢模板在碾压混凝土施工中的应用	广东省水利水电第三工程局	国内领先
19	立轴干法河砂细碎技术在碾压混凝土施工中的应用	广东省水利水电第三工程局	国内领先
20	300m 超高层薄壁筒体建筑施工关键技术	中国建筑第八工程局有限公司	国内领先
21	高分子改性保温隔热混凝土	广东星恒高效涂料开发有限公司	国内领先
22	XH 聚合物厚浆强模防水漆	广东星恒高效涂料开发有限公司	国内领先
23	广州市建设工程质量检测监管信息系统	广州市建设工程质量监督站 广东省建筑科学研究院 广州粤建三和软件有限公司	国内领先
24	竖井贯流式水轮发电机组安装施工技术	广东省源天工程公司	国际先进
25	沉管隧道接口段混凝土钻孔咬合桩止水施工技术	广东省源天工程公司	国内领先
26	测压管维护清洗技术	广东省源天工程公司	国内领先
27	灯泡贯流式水轮发电机组双吊点主轴吊装施工技术	广东省源天工程公司	国内领先
28	大抗拔力可滑移球铰支座	广东省建筑设计研究院	国际先进

(续表)

序号	成果名称	完成单位	鉴定等级
29	多联同步连续梁顶升新技术	中铁港航局集团有限公司 中铁港航局集团第二工程有限公司	国内领先
30	下承式钢管拱桥——空间倾斜系杆拱拱肋架设技术	中铁港航局集团有限公司 中铁港航局集团第二工程有限公司	国内领先
31	大连港海底深水深孔炸礁技术	中铁港航局集团有限公司 中铁港航局集团航道工程有限公司	国内领先
32	超深水平孔船坞围堰爆破拆除技术	中铁港航局集团有限公司 中铁港航局集团爆破工程有限公司	国内领先
33	流溪广场三维空间景观工程关键技术研究与应用	广州市恒盛建设工程有限公司 广东中建设计有限公司 广州机施建设集团有限公司	国内领先
34	薄壁不锈钢给水管锥螺纹连接施工技术	广州市恒盛建设工程有限公司 广州市房屋开发建设有限公司 广州市机电安装有限公司	国内先进
35	打灰油机加工生石灰技术	广州市恒盛园林绿化工程有限公司 广州市恒盛建设工程有限公司	国内领先
36	基于加权平均法的城市中小学布局规划技术研究	江门市五邑大学建筑设计所	国内领先
37	隔热保温干混砂浆	佛山市福泉新材料科技发展有限公司	国内领先
38	南京地铁联络通道水平冻结现场测试及理论研究	广州地铁设计研究院有限公司 广州轨道交通建设监理有限公司 山东科技大学土木工程学院	国内先进
39	城市轨道交通“先盾构后车站”施工技术研究	广州轨道交通建设监理有限公司 广州地铁设计研究院有限公司 广州市地下铁道总公司建设事业总部 中山大学	国内领先
40	广州中硬地层盾构滚刀应用规律研究	广州地铁设计研究院有限公司 广州轨道交通建设监理有限公司 暨南大学理工学院 广州地下铁道总公司	国内领先
41	人造大理石地面胶泥粘贴施工技术	深圳市深装总装饰工程工业有限公司	国内领先
42	室内给水管内外牙直通施工技术	深圳市深装总装饰工程工业有限公司	国内领先
43	现浇混凝土空心楼盖中空心管的施工技术	广东金辉华集团有限公司 广东天竟建设有限公司	国内先进
44	砌体填充墙构造柱混凝土施工技术	广州市恒域建筑工程有限公司	国内先进
45	质量过程控制管理系统	深圳市市政设计研究院有限公司	国内领先
46	经济型高性能抗裂粘结层在旧水泥混凝土路面沥青混合料罩面工程中的应用	深圳市交通公用设施管理处 长安大学 深圳市市政设计研究院有限公司 中国瑞林工程技术有限公司	国际先进
47	大粒径碎石橡胶沥青应力吸收层施工技术研究	广州市市政集团有限公司 深圳市建工集团股份有限公司 广州市第三市政工程有限公司	国内领先
48	大面积厂房高次超静定空间网架整体吊装施工技术	广州市市政集团有限公司 广州市第三市政工程有限公司 广州市恒盛建设工程有限公司	国内领先
49	地下空间大吨位对点式钢框梁加固起吊技术研究	广州市第二市政工程有限公司 广州市市政集团有限公司 广州市恒盛建设工程有限公司	国内领先
50	钢筋混凝土连拱桥非对称施工技术研究	广州市市政集团有限公司 广州市第二市政工程有限公司 广州市第一市政工程有限公司	国内先进

(续表)

序号	成果名称	完成单位	鉴定等级
51	桥梁墩柱无支架施工技术研究	广州市市政集团有限公司 广州市第三市政工程有限公司 广州市市政工程机械施工有限公司	国内领先
52	桥梁现浇翼板悬空支模施工技术	广州市第三市政工程有限公司 广州市第二市政工程有限公司 广州市市政集团有限公司	国内领先
53	深基坑缺位支护结构综合处理技术研究	广州市第一市政工程有限公司 广州市市政集团有限公司 广州市市政工程机械施工有限公司	国内领先
54	素水泥石粉砂浆桩复合地基处理施工技术研究	广州市第二市政工程有限公司 广州市市政集团有限公司 广州市第三市政工程有限公司	国内领先
55	薄壁双曲线冷却塔爆破拆除施工技术	广东宏大爆破股份有限公司	国际先进
56	大规模非电起爆网路联网施工技术	广东宏大爆破股份有限公司	国际先进
57	一种变电站互感器绕组极性快速测试方法研究	广东威恒输变电工程有限公司	国内先进
58	变电站接地网特性参数测试方法的改进	广东威恒输变电工程有限公司	国内先进
59	500kV 同塔四回路钢管塔组立技术的改进	广东威恒输变电工程有限公司	国内先进
60	补偿电容器组极对壳耐压试验方法的改进	广东威恒输变电工程有限公司	国内先进
61	基于 3G 通信技术的变电站综合自动化系统联调方法研究	广东威恒输变电工程有限公司	国内先进
62	隧道内高压电缆外护套故障定位方法研究	广东威恒输变电工程有限公司	国内先进
63	瓷渣烧结环保砖研究	广州大学 清远市住房和城乡建设局	国内领先
64	伸缩式卸料平台	广东裕华兴建筑机械制造有限公司	国内领先
65	双层大跨度贝雷桁架现浇箱梁支架施工技术	广州市市政工程机械施工有限公司 广州市富利建筑安装工程有限公司 广州市第二市政工程有限公司	国内领先
66	排水管道二程式螺旋钻法顶管施工技术	广州市市政工程机械施工有限公司 广州市市政集团有限公司 广州市第三市政工程有限公司	国际先进
67	预应力悬臂梁桥跨江斜交 0# 块支架及临时固结技术	广州市市政工程机械施工有限公司 广州市第二市政工程有限公司 广州市恒盛建设工程有限公司	国内领先
68	复杂地质条件下大型沉井下沉施工技术	广州市市政工程机械施工有限公司 广州市第三市政工程有限公司 广州市第一市政工程有限公司	国内先进
69	毗邻建筑物及复杂地质条件下的深基坑低扰动止水施工技术	广州市第二市政工程有限公司 广州市市政集团有限公司 广州市第三市政工程有限公司	国内先进
70	海岸地区超厚淤泥层 CFG 桩成桩施工技术	广州市市政集团有限公司 广州市市政工程机械施工有限公司 广州市第一市政工程有限公司	国内先进
71	桥涵构造物钢筋加工工厂化及机械化技术	广州市市政集团有限公司 广州市恒盛建设工程有限公司 广州市第三市政工程有限公司	国内领先
72	桥位预制梁施工技术	广州市第三市政工程有限公司 广州市第二市政工程有限公司 广州市第一市政工程有限公司	国内先进
73	紧邻既有水渠的沟槽开挖综合加固保护技术	广州市第一市政工程有限公司 广州市市政集团有限公司	国内先进

(续表)

序号	成果名称	完成单位	鉴定等级
74	道路施工油（气）管综合保护技术	广州市第二市政工程有限公司 广州市第三市政工程有限公司 广州市第一市政工程有限公司 广州市市政工程机械施工有限公司	国内先进
75	菱形挂篮设计改良与制作技术	广州市第三市政工程有限公司 广州市市政集团有限公司 广州市市政工程机械施工有限公司	国际先进
76	T 型刚构墩柱加固综合施工技术	广州市第一市政工程有限公司 广州市市政集团有限公司	国内领先
77	城市隧道大尺寸轻质环保板材内饰施工技术	广州市第二市政工程有限公司 广州市市政集团有限公司 广州市市政工程机械施工有限公司	国内领先
78	长距离定向钻穿越砾石层施工技术	广州市市政集团有限公司 广州市第二市政工程有限公司 广州市第一市政工程有限公司	国内领先
79	悬浇连续箱梁临时固结体系施工技术	广州市市政集团有限公司 广州富利建筑安装工程有限公司 广州市第二市政工程有限公司	国内领先
80	双向承载混合式隧道满堂支顶架施工技术	广州市市政集团有限公司 广州市第三市政工程有限公司	国内先进
81	深水逆作法钢板桩围堰综合成套技术	广州市市政集团有限公司 广州富利建筑安装工程有限公司 广州市第三市政工程有限公司	国际领先
82	广州亚运工程项目管理理论与实践	广州机施建设集团有限公司 华北电力大学	国际先进
83	民防工程平战结合防爆门施工技术	广东五华二建工程有限公司 深圳潮阳建筑工程公司 深圳市金河建设集团有限公司	国内领先
84	桥梁防撞墙施工器具施工技术	深圳市兴班建筑工程有限公司 深圳市悦盛建筑工程有限公司 深圳市金世纪工程实业有限公司	国内先进
85	分幅式高架桥中间防撞墙混凝土施工技术	深圳市兴班建筑工程有限公司 深圳市新朗建设工程有限公司 广东五华二建工程有限公司	国内领先
86	双层分离式轻钢龙骨双面石膏板隔墙施工技术	深圳远鹏装饰设计工程有限公司 广东建工对外建设有限公司	国内领先
87	新型卡槽式悬吊石膏板吊项施工技术	深圳远鹏装饰设计工程有限公司 广东建工对外建设有限公司	国内领先
88	大直径液压振动沉管旋挖灌注桩施工技术	深圳市鸿荣轩建设工程有限公司 深圳市金泰建设工程有限公司	国内领先
89	套管旋挖灌注桩施工技术	深圳市鸿荣轩建设工程有限公司 深圳市金泰建设工程有限公司	国内领先
90	静压沉管旋挖灌注桩施工技术	深圳市鸿荣轩建设工程有限公司 深圳市金泰建设工程有限公司	国内领先
91	管道式日光照明系统应用技术研究	广州工程总承包集团有限公司 汕头市达濠市政建设有限公司	国内领先
92	全天候反光道路交通标线施工技术	广州工程总承包集团有限公司 深圳市金源达工程有限公司 深圳市路野建设工程有限公司	国内领先
93	薄壁不锈钢管内推压缩式连接安装技术	广州市水电设备安装有限公司 汕头市达濠市政建设有限公司 广州工程总承包集团有限公司	国内先进

(续表)

序号	成果名称	完成单位	鉴定等级
94	轨道交通设备自切底锚栓固定技术	广州市水电设备安装有限公司 汕头市达濠市政建设有限公司 广州工程总承包集团有限公司	国内先进
95	倾角弧形剪力墙施工关键技术	广州协安建设工程有限公司 广州市房屋开发建设有限公司	国内领先
96	钢管脚手架L型钢筋与钢管复合连墙件施工技术	广州协安建设工程有限公司 广州市房屋开发建设有限公司	国内先进
97	悬挑于外脚手架上的超宽阶梯式钢管平台搭设技术	广州协安建设工程有限公司 广州市恒盛建设工程有限公司	国内领先
98	拉索玻璃幕墙安装施工技术	广州市房屋开发建设有限公司 广州协安建设工程有限公司	国内领先
99	高层住宅坡屋面悬挑檐口结构施工技术	广州市房屋开发建设有限公司 广州市第三建筑工程有限公司 广州协安建设工程有限公司	国内领先
100	大跨度钢－砼组合箱梁预应力体外索施工技术	汕头市达濠市政建设有限公司 广州工程总承包集团有限公司	国内先进
101	80米以上高墩RIM悬臂模板塔吊机助升爬模施工技术	汕头市达濠市政建设有限公司 广州工程总承包集团有限公司	国内先进
102	水泥稳定土搅拌设备改造及施工新技术	汕头市达濠市政建设有限公司 广州工程总承包集团有限公司	国内领先
103	太阳能LED主动发光指路引导标志施工技术	深圳市金源达工程有限公司 广州工程总承包集团有限公司 深圳市路野建设工程有限公司	国内领先
104	静压桩施工挤土效应控制技术	广州市房屋开发建设有限公司 广州协安建设工程有限公司	国内先进
105	铝合金锁扣式金属屋面光伏发电系统	珠海兴业绿色建筑科技有限公司	国内先进
106	城市多高层建筑平屋顶光热工程建筑一体化施工技术	珠海兴业新能源科技有限公司 珠海兴业绿色建筑科技有限公司	国内先进
107	基于隐藏线缆的龙骨开口式光伏幕墙施工技术	珠海兴业绿色建筑科技有限公司 珠海兴业新能源科技有限公司	国内先进
108	钢筋混凝土高空间大截面结构柱施工关键技术	广东中城建设集团有限公司 华南理工大学	国内领先
109	高水位地下室底板防水施工关键技术	广东中城建设集团有限公司 华南理工大学	国内领先
110	体育场馆场地照明系统安装及调试技术	广东省工业设备安装公司	国内领先
111	大型有机硅化工厂氮气加压粉料输送管系统施工技术	广东省工业设备安装公司	国内领先
112	高层建筑设备层空调机房低频噪音和振动治理技术	广东省工业设备安装公司	国内领先
113	烟草行业除尘及除异味系统的施工与调试技术	广东省工业设备安装公司	国内领先
114	180分钟耐火母线槽施工技术	广东省工业设备安装公司	国内先进
115	超高层建筑自然伸缩冷冻立管施工技术	广东省工业设备安装公司	国内领先
116	地下城市轨道交通环控系统施工技术	广东省工业设备安装公司	国内领先
117	大断面泥水平衡式矩形顶管机研究与应用	广东省基础工程公司 华南理工大学	国内领先
118	硬岩及软硬不均地层顶管施工技术	广东省基础工程公司 华南理工大学	国内领先
119	斜拉桥索塔开窗式模板翻模施工技术研究应用	广东省基础工程公司	国内领先
120	斜拉桥主梁箱体钢筋拆分预制和组合安装施工技术	广东省基础工程公司	国内先进
121	大跨径钢管拱桥异桥位整体拼装及步履式顶推安装施工技术	广东省基础工程公司 广东省勘察规划设计院有限公司 广州大学 江门市城市综合管理局 江门市政府投资工程建设管理中心	国内领先

(续表)

序号	成果名称	完成单位	鉴定等级
122	SNS柔性防护网边坡防护施工技术的研究与应用	广东省基础工程公司	省内领先
123	复杂地质条件下的深厚地下连续墙施工技术应用研究	广东省基础工程公司	省内领先
124	设有竖向锚杆的双排桩基坑支护施工技术的应用研究	广东省基础工程公司	国内先进
125	横跨地铁隧道的市政工程隧道施工技术研究与应用	广东省基础工程公司	国内先进
126	高水头砂层中锚索施工关键技术研究与应用	广东省基础工程公司 广州大学	国际先进
127	110~500kV输电线路带电水冲洗	广东威恒输变电工程有限公司 中国能源建设集团广东火电工程总公司 广东电网公司佛山供电局	国内领先
128	110kV　GIS避雷器交流泄漏试验新方法的研究	广东威恒输变电工程有限公司	国内先进
129	一种新型绝缘索桥交叉跨越施工工艺	广东威恒输变电工程有限公司 郑州铁路中安工程实业有限公司	国内领先
130	电厂脱硫吸收塔改造中段顶升安装工艺	中国能源建设集团广东火电工程总公司 广东威恒输变电工程有限公司	国内领先
131	内置钢构件轻钢龙骨隔墙施工技术	深圳市深装总装饰工程工业有限公司	国内领先
132	U型垂片吊顶组合式门架型筒灯安装技术	深圳市深装总装饰工程工业有限公司	国内领先
133	超高层导轨式爬架综合自控施工技术研究	广州富利建筑安装工程有限公司	省内领先
134	超高层钢结构加工制作技术研究	广州富利建筑安装工程有限公司	省内先进
135	超高层钢结构综合施工技术研究	广州富利建筑安装工程有限公司	省内先进
136	复杂条件超深地下连续墙施工技术研究	广州富利建筑安装工程有限公司	国内先进
137	外脚手架组合式连墙杆应用技术	广州富利建筑安装工程有限公司	省内领先
138	灌注桩成孔综合施工技术研究	广州富利建筑安装工程有限公司	国内先进
139	基坑工程搅喷桩止水帷幕绿色施工技术研究	广州富利建筑安装工程有限公司	省内领先
140	续建工程高支模施工技术研究	广州富利建筑安装工程有限公司	省内先进
141	可调式防沉降井盖施工技术研究	广州富利建筑安装工程有限公司	省内领先
142	高反射隔热环保涂料应用技术研究	广州富利建筑安装工程有限公司	省内领先
143	绿色自适应加筋土挡墙施工技术	广东建邦兴业集团有限公司 双威建材（东莞）有限公司 五邑大学	国内领先
144	倒椭圆锥体大层跨带悬挑雨篷玻璃幕墙施工技术	广州铝质装饰工程有限公司 广州市第三建筑工程有限公司	国内先进
145	食品厂房保温防尘共板法兰网管施工技术	广州市机电安装有限公司 广州市住宅建设发展有限公司	国内先进
146	大跨度起伏式变曲率钢结构屋面施工技术	广州市第三建筑工程有限公司 广东省第一建筑工程有限公司 广州市住宅建设发展有限公司	国内领先
147	螺栓球桁架升降机整体提升大跨度穹顶网架施工技术	广州市第三建筑工程有限公司 广州市房屋开发建设有限公司 广州市建筑股份有限公司	国内领先
148	三向限制条件下微膨胀混凝土的工程应用技术研究	广州市恒盛建设工程有限公司 广州机施建设集团有限公司 广州市市政集团有限公司	国内领先
149	多联多口多层组合箱型截面钢柱组焊（装）技术研究	广州市恒盛建设工程有限公司 广州市市政集团有限公司 广州建筑股份有限公司	国内领先
150	立交桥上绿化自动灌溉系统施工技术研究	广州市恒盛建设工程有限公司 广州市恒盛园林绿化工程有限公司	国内先进
151	一种园林立体节水喷灌工艺研究	广州市恒盛园林绿化工程有限公司 广州市恒盛建设工程有限公司	国内领先

(续表)

序号	成果名称	完成单位	鉴定等级
152	大型锥斗仓胎架支模系统施工技术研究	广州市恒盛建设工程有限公司 广州市建筑集团有限公司 广州市第四建筑工程有限公司	国内先进
153	松散破碎地层中非开挖定（导）向钻进铺管技术研究	广州市恒盛建设工程有限公司 中南大学 广州协安建设工程有限公司	国内先进
154	包网钢筋笼灌注桩施工技术研究	广州市恒盛建设工程有限公司 广州市建筑置业有限公司 广州市市政集团有限公司	国内领先
155	混凝土预制楼梯安装施工技术	中国建筑第四工程局有限公司	国内领先
156	DM300 防火型全封闭智能附着式升降脚手架施工技术	中国建筑第八工程局有限公司	国内先进
157	超高层双曲面鱼鳞通风式玻璃幕墙施工技术	中国建筑第八工程局有限公司	国内领先
158	超高层异型结构钢结构桁架施工技术	中国建筑第八工程局有限公司	国内领先
159	城镇大区域深孔微差控制爆破施工技术	中国建筑第八工程局有限公司	国内先进
160	大型双曲面单索玻璃幕墙索网施工技术	中国建筑第八工程局有限公司	国内领先
161	地下室核心筒连续墙施工技术	中国建筑第八工程局有限公司	国内先进
162	地下室逆作法钢管柱 HPE 液压施工技术	中国建筑第八工程局有限公司	国内领先
163	封闭式楼梯施工技术	中国建筑第八工程局有限公司	国内先进
164	三维自由曲面蜂巢幕墙屋面施工技术	中国建筑第八工程局有限公司	国内领先
165	新型门架模板支撑体系施工技术	中国建筑第八工程局有限公司	国内先进
166	卫生间地面砖模架空现浇板施工技术	广东华典建设集团有限公司	国内领先
167	湿铺式自粘改性沥青防水卷材施工技术研究	金中天集团建设有限公司 中国园林股份有限公司 金中天集团港航有限公司	国内领先
168	水电站尾水管钢木组合拼块式模板施工技术研究	金中天集团港航有限公司 金中天集团建设有限公司 广东省金信路桥有限公司	国内领先
169	空心预制混凝土块护坡绿化整修施工技术研究	广东华恒建设工程有限公司 金中天集团港航有限公司 广东省金信路桥有限公司	国内先进
170	弹性地材 PVC 地板无缝粘接施工技术研究	广东华恒建设工程有限公司 金中天集团建设有限公司 金中天集团港航有限公司	国内领先
171	公共游憩性屋顶园林综合施工技术研究	金中天集团建设有限公司 中国园林股份有限公司 金中天集团园林有限公司	国内领先
172	施工车辆及机械设备空气滤清创新技术研究	广东华恒建设工程有限公司 金中天集团建设有限公司 金中天集团港航有限公司	国内领先
173	乡镇 LED 太阳能路灯施工组织管理技术研究	广东华恒建设工程有限公司 金中天集团建设有限公司 金中天集团港航有限公司	国内先进
174	松木桩浅层软弱地基加固处理施工技术研究	广东华恒建设工程有限公司 金中天集团港航有限公司 广东省金信路桥有限公司	国内先进
175	临海地区潮汐性小河涌拓宽清淤施工技术研究	广东华恒建设工程有限公司 金中天集团港航有限公司 广东省金信路桥有限公司	国内先进
176	华南地区热气流节能窄腔外呼吸式玻璃幕墙研究	广州机施建设集团有限公司 深圳市建工集团股份有限公司	国际先进

(续表)

序号	成果名称	完成单位	鉴定等级
177	飘带状空间多维曲面铝板幕墙关键技术研究	广州机施建设集团有限公司 广州铝质装饰工程有限公司	国际先进
178	双层超重悬挑钢筋混凝土桁架空中支座关键技术	广州机施建设集团有限公司 广东浩和建筑股份有限公司	国内领先
179	超高密肋箱型钢管柱混凝土浇注施工关键技术	广东浩和建筑股份有限公司 广州机施建设集团有限公司	国际领先
180	砾砂灰岩富水地质深基坑止水帷幕施工关键技术	广州机施建设集团有限公司 广东开平市三建集团有限公司	国际先进
181	地连墙导墙轮式移动大型钢模系统设计与应用关键技术	广州机施建设集团有限公司 深圳市建工集团股份有限公司 广州鑫桥建筑劳务有限公司	国内领先
182	自锚式悬索桥锚跨索股锚固体施工技术	广东省佛山公路工程有限公司 广州机施建设集团有限公司	国内领先
183	钢与混凝土组合可回收套箱高桩承台施工关键技术	广东省佛山公路工程有限公司 广州机施建设集团有限公司	国内领先
184	狭小空间下既有建筑外加电梯施工技术研究	广东开平市三建集团有限公司 广州机施建设集团有限公司	国内先进
185	新型铝塑共挤窗施工技术研究	广州机施建设集团有限公司 裕达建工集团有限公司	国内先进
186	穿越河涌段双排大直径原水钢管施工关键技术研究	广州机施建设集团有限公司 广东省佛山公路工程有限公司	国内先进
187	基于深浅两级复合基坑逆向施工关键技术研究	广州机施建设集团有限公司 广东泰通建设有限公司	国内先进
188	地铁保护范围内地下连续墙铣槽法施工关键技术	广州机施建设集团有限公司 广州市城建工程总承包有限公司	国内先进
189	富砂含水地层深基坑大直径搅拌桩支护体系施工关键技术研究	广州机施建设集团有限公司 广州市恒盛建设工程有限公司	国内先进
190	大面积钢网架群机整体吊装施工关键技术	广州机施建设集团有限公司 广州市城建工程总承包有限公司	国内先进
191	弱膨胀土天然地基基础施工关键技术	广州机施建设集团有限公司 广州市城建工程总承包有限公司	国内领先
192	潜水电泵＋泥浆净化器系统在大直径、超深冲孔灌注桩施工中二次清孔施工技术研究	深圳市孺子牛建设工程有限公司 深圳市工勘岩土工程有限公司	国内领先
193	叠合走道板施工技术	深圳市鹏城建筑集团有限公司	国内先进
194	钢筋混凝土结构铝合金模板施工技术	深圳市鹏城建筑集团有限公司	国内领先
195	内浇外挂结构导座式外爬升脚手架施工技术	深圳市鹏城建筑集团有限公司 深圳市特辰科技股份有限公司	国内领先
196	外墙PC板面砖后贴法施工技术	深圳市鹏城建筑集团有限公司	省内领先
197	装配整体式建筑构件预制施工技术	深圳市鹏城建筑集团有限公司	国内先进
198	现浇彩色混凝土艺术压花地坪施工技术	深圳市鹏城建筑集团有限公司	国内领先
199	半逆作法施工背景下的土石方开挖工法	瑞华建设集团有限公司 江苏省建工集团有限公司	国内领先
200	钢筋混凝土钻孔咬合桩的施工法	瑞华建设集团有限公司 江苏省建工集团有限公司	国内先进
201	高层商住楼结构转换层施工技术	瑞华建设集团有限公司 江苏省建工集团有限公司	省内领先
202	基坑支护结构中支撑柱采用钻孔灌注桩施工法	瑞华建设集团有限公司 江苏省建工集团有限公司	国内先进
203	水洗混合砂	南澳国信建材有限公司	国内领先
204	水洗混合砂尾渣墙体材料	南澳国信建材有限公司	国内领先
205	折线形组合幕墙施工技术研究	广州建筑股份有限公司 广州建筑工程监理有限公司 广州珠江工程建设监理有限公司	国内领先

(续表)

序号	成果名称	完成单位	鉴定等级
206	加强型格构式挡墙施工技术研究	广州建筑股份有限公司 惠州市建筑工程总公司 广州市恒盛建设工程有限公司	国内先进
207	逆作法中桩柱一体快速定位施工技术研究	广州建筑股份有限公司 广州市第一建筑工程有限公司	国内先进
208	带防火层的斜圆形钢柱表面铝板无缝装饰施工技术	广州市第一装修有限公司 广州建筑股份有限公司	国内领先
209	分段套装抽出式整体提升施工技术研究	广州建筑股份有限公司 上海市机械施工有限公司	国内领先
210	钢－混凝土组合结构筒柱和正交空间桁架施工技术	广州建筑股份有限公司 茂名市建筑集团有限公司 广州市第一建筑工程有限公司	国际先进
211	新型组合塑料模板和高效模板支撑施工技术研究	广州建筑股份有限公司 开平市鹏峰金属棚架厂 广州毅昌科技股份有限公司	国际先进
212	滑模携带可升降组合贝雷架多功能平台施工技术	广州市第四建筑工程有限公司 广州建筑股份有限公司	国内领先
213	多形状联体整体同步滑模施工技术	广州市第四建筑工程有限公司 广州建筑股份有限公司	国内先进
214	滑模支承杆钢筋回收施工技术	广州市第四建筑工程有限公司 广州建筑股份有限公司	国内先进
215	空调系统管线工程施工技术研究	广州市第四建筑工程有限公司 广州市恒盛建设工程有限公司 广州市第四装修工程有限公司	国内领先
216	建筑给水冷热铜管银焊施工技术	韶关市第一建筑工程公司	国内先进
217	大面积不规则聚氨酯硬泡体屋面防水保温施工技术	韶关市第一建筑工程公司	国内领先
218	新型节能环保阻燃泡沫玻璃外墙保温系统施工技术	韶关市新城兴建筑工程有限公司	国内领先
219	超深地下连续墙液压抓斗成槽施工技术	广东开平建安集团有限公司	国内领先
220	型钢水泥土搅拌墙深基坑支护施工技术	广东省第五建筑工程有限公司	国内领先
221	生态格宾防护工程关键技术研究	深圳市中邦（集团）建设总承包有限公司 海南通程建筑工程有限公司深圳分公司	国内领先
222	小型吊杆拱细调临时支墩拱肋安装关键技术研究	深圳市中邦（集团）建设总承包有限公司	国内领先
223	旋挖冲孔设备组合成孔灌注桩施工技术	肇庆市建筑工程有限公司	国内先进
224	外墙窗综合防渗漏施工技术	广州市住宅建设发展有限公司 汕头市潮阳第二建筑总公司 广州市第三建筑工程有限公司	国内领先
225	剪力墙钢筋预制快速定位施工技术	广州市住宅建设发展有限公司 广州市第二建筑工程有限公司	国内领先
226	组合式沉降板地基监测施工技术	广州市住宅建设发展有限公司 广州市第二建筑工程有限公司 广州市第三建筑工程有限公司	国内先进
227	轻质复合实芯隔墙板施工技术	广州市第二建筑工程有限公司 广州市住宅建设发展有限公司 中天建设集团有限公司	国内先进
228	土工布钢筋笼降水井在砂质土层施工中的应用技术研究	广州市第二建筑工程有限公司 广州市住宅建设发展有限公司 中天建设集团有限公司	国内领先
229	城市道路检查井及路井结合部施工技术	广州市第二建筑工程有限公司 中国第四冶金建设有限责任公司	国内领先
230	益胶泥地面板材粘结层施工技术	深圳市华南装饰设计工程有限公司	国内领先
231	深厚填石层潜孔锤全护筒跟管钻孔灌注桩施工技术	深圳市工勘岩土工程有限公司 深圳市华兴建安工程有限公司	国内领先

(续表)

序号	成果名称	完成单位	鉴定等级
232	大面积超强双层硅钙板防裂天花施工关键技术	广东大城建设集团有限公司	国内领先
233	双层铝板夹保温层轻质屋面施工关键技术	广东大城建设集团有限公司	国内先进
234	复杂地质深基坑开挖及钢支撑信息化施工技术研究	广东电白建设集团有限公司 广东恒辉建设有限公司	省内先进
235	弧形槽钢反面贴膜式隔墙施工技术研究	广东省电白建筑工程总公司 广东电白建设集团有限公司 广东恒辉建设有限公司	国内先进
236	无嵌缝外墙干挂石材施工技术研究	广东电白建设集团有限公司 广东省电白建筑工程总公司 广东恒辉建设有限公司	国内领先
237	CBM 高强薄壁管现浇空心楼板施工技术研究	广东电白建设集团有限公司 广东恒辉建设有限公司	省内领先
238	高大模板早拆体系施工技术研究	广东恒辉建设有限公司 广东电白建设集团有限公司	国内先进
239	人造石空间曲面造型 3D 无缝拼装施工技术研究	广东电白建设集团有限公司 广东恒辉建设有限公司	国内领先
240	玻化微珠保温混凝土施工技术研究	广东恒辉建设有限公司 广东电白建设集团有限公司	省内领先
241	HD-STP 建筑外墙超薄真空绝热板施工技术研究	广东电白建设集团有限公司 广东恒辉建设有限公司 广东省电白建筑工程总公司	国内领先
242	后置双槽钢分段卸荷脚手架施工技术	深圳市建工建设工程有限公司 厦门中联建设工程有限公司	国内领先
243	地下室侧壁钢筋混凝土衬墙成套系统施工技术	汕头市建筑工程总公司 深圳市第一建筑工程有限公司 深圳市恒利建筑工程有限公司	国内领先
244	盾构机穿越“孤石群”综合施工技术	广州市盾建地下工程有限公司	国内领先
245	盾构机姿态的定位测量技术研究	广州市盾建地下工程有限公司	国内领先
246	盾构施工水平运输系统刹车装置检查技术	广州市盾建地下工程有限公司	国内先进
247	基坑支护内支撑梁拆除综合施工技术研究	中天建设集团有限公司 广州市第二建筑工程有限公司	国内先进
248	内爬式塔吊基础支承梁加固改造施工技术	中天建设集团有限公司 广州市第二建筑工程有限公司	国内先进
249	地下室外墙半通式诱导缝施工技术研究	中建三局第一建设工程有限责任公司深圳分公司	国内领先
250	广交会综合楼超高层建筑主体结构综合施工技术	广东省建筑工程集团有限公司	国内领先
251	改良型墙身硬包饰面工艺应用	广东省建筑工程集团有限公司 广东建雅室内工程设计施工有限公司	国内先进
252	吊柱式钢屋盖胎架法施工技术	广东省建筑工程集团有限公司	国内领先
253	冲孔桩基础与钢管混凝土柱一体化施工技术	广东省第四建筑工程公司 广州市第二建筑工程有限公司 深圳市润柏建设工程有限公司	国内领先
254	冲孔桩超声波声测管安装优化施工技术	广东省第四建筑工程公司 广州市第二建筑工程有限公司 深圳市润柏建设工程有限公司	国内领先
255	新型外墙保温装饰板一体化施工技术	广东省第四建筑工程公司 广州市第二建筑工程有限公司 广东建华装饰工程有限公司	国内领先
256	盾构机短距离过站（井）施工技术	广东华隧建设股份有限公司	国内先进
258	高渗透性砂层中的泥膜制作施工技术	广东华隧建设股份有限公司 广东珠三角城际轨道交通有限公司	国内领先
259	盾构机滚刀检查更换施工技术	广东华隧建设股份有限公司	国内领先

(续表)

序号	成果名称	完成单位	鉴定等级
260	高压水富水砂层中盾构洞门凿除施工技术	广东华隧建设股份有限公司	国内先进
261	矿山法隧道快速测量技术	广东华隧建设股份有限公司	国内先进
262	高湿度条件下活性炭测氡方法的研究	广州市建筑科学研究院有限公司 广州建设工程质量安全检测中心有限公司 南华大学 深圳市建设工程质量检测中心 广东省建筑材料研究院	国内领先
263	增强型预拌砂浆保水增稠材料	广东省建筑材料研究院 华南理工大学 广州石井水泥公司	国内领先
264	复合式路面改造二阶反应型防水粘结材料贴缝施工技术	深圳市路桥建设集团公司	国内先进
265	复合式路面改造同步碎石防水应力吸收层施工技术	深圳市路桥建设集团公司	国内领先
266	内衬改性聚氯乙烯钢筋混凝土管施工技术	深圳市宝龙泰建设工程有限公司 深圳市金源达工程有限公司	国内先进
267	彩色防滑沥青混凝土路面施工技术	深圳市宝龙泰建设工程有限公司 深圳市金源达工程有限公司	国内领先
268	浅海地区深淤泥层桥梁施工钢围堰施工技术	深圳市兴远建设工程有限责任公司 中国十九冶集团有限公司	国内领先
269	模块式双层玻璃隔墙施工技术	深圳市美芝装饰设计工程有限公司	国内领先
270	阳极氧化铝板墙面施工技术	深圳市美芝装饰设计工程有限公司	国内先进
271	高大圆弧石材造型幕墙施工技术研究	广东梁亮建筑工程有限公司	国内领先
272	浅覆土复杂地层过江钢管顶管综合技术研究	广东省冶金建筑设计研究院	国内领先
273	500kV格构式配电构架结构安装施工技术	中国能源建设集团广东省电力第一工程局	省内先进
274	火力发电厂钢煤斗分段安装施工技术	中国能源建设集团广东省电力第一工程局	省内领先
275	一种新型轻质复合实心墙体材料	佛山市欧朗板业有限公司	国内先进
276	泡沫玻璃屋面保温系统施工技术	广东省第一建筑工程有限公司 广东耀南建筑工程有限公司	国内先进
277	干挂壁山外墙挂板幕墙施工技术	广东省第一建筑工程有限公司 广东耀南建筑工程有限公司 广东省第四建筑工程公司	国内领先
278	内置轻钢龙骨长条型灯槽施工技术	深圳市科源建设集团有限公司 深圳市中装建设集团股份有限公司	国内先进
279	室内天花与墙体倒凹形连接施工技术	深圳市科源建设集团有限公司 广东耀南建筑工程有限公司	国内领先
280	光伏建筑分布式屋顶并网发电系统施工技术	深圳市中装建设集团股份有限公司 深圳市科源建设集团有限公司	国内先进
281	条形夹胶玻璃吊顶施工技术	深圳市中装建设集团股份有限公司 广东耀南建筑工程有限公司	国内先进
282	断桥隔热铝合金门窗防渗漏施工技术	深圳市中装建设集团股份有限公司 广东耀南建筑工程有限公司	国内领先
283	移动式导轨混凝土地面施工找平技术	深圳市建工集团股份有限公司	国内领先
284	住箍斜撑法倒锥台柱帽模板施工技术	深圳市建工集团股份有限公司	国内领先
285	外墙陶土劈开砖袋挤勾缝法施工技术	深圳市建工集团股份有限公司	国内先进
286	悬臂—拉杆组合式施工升降机基础施工技术	深圳市建工集团股份有限公司	国内先进
287	劲性混凝土型钢梁柱节点区预制直螺纹套筒钢筋连接施工技术	深圳市建工集团股份有限公司 江苏省华建建设股份有限公司	国内领先
288	复杂建筑结构计算分析关键技术研究及应用	广东省建筑设计研究院	国内领先

(广东省住房和城乡建设厅科技教育处)

建筑节能

【概况】 2012年，广东省将建筑节能工作列入省宜居城乡的重要考核指标，确定“十二五”期间完成4000万平方米绿色建筑的任务，全年73个项目获得绿色建筑评价标识，建筑面积902万平方米；实施科技促进建筑节能减排重大专项行动，从“低碳技术创新与示范”省重大科技专项资金中安排1亿元重点开展建筑节能减排创新与应用；开展规划用地用电指标限额试点工作；建筑节能技术标准体系继续完善，新建建筑节能标准执行率提高，既有建筑节能改造面积300万平方米，全省完成国家机关办公建筑和大型公共建筑能耗统计20541幢。全省建筑节能工作仍然存在薄弱环节，比如节能改造、可再生能源利用、节能运行监管等工作仍处于政府推行阶段；全省各市建筑节能工作开展不平衡等。

【建筑节能工作列入全省宜居城乡的重要考核指标】 2012年，广东省把建筑节能与绿色建筑的发展纳入《印发〈中共广东省委广东省人民政府关于提高我省城市化发展水平的意见〉重点工作分工方案》的重要部分，并确定“十二五”期间完成4000万平方米绿色建筑的任务。省住房和城乡建设厅制定《广东省建筑节能“十二五”规划》，印发《关于印发2012年广东省建筑节能工作要点的通知》，将省委、省政府发展绿色建筑的指标进行分解，明确全省建筑节能工作和发展绿色建筑的目标，并列入城市化发展水平和宜居城乡考核的指标体系，强化新建建筑节能管理、既有建筑节能改造和用能管理、可再生能源的建筑应用、建筑节能监管体系建设、促进新型墙材、培育建筑节能产业、推广适宜节能技术应用等举措和对策。

【科技促进建筑节能减排重大专项行动实施】 2012年，广东省住房和城乡建设厅联合省科技厅、财政厅出台《关于印发〈科技促进建筑节能减排实施方案〉的通知》，开展建筑节能减排的技术集成示范活动，制定七项保障措施：一是加强组织领导；二是做好绿色建筑和绿色小区评价标识认定；三是发布《绿色低碳建筑技术与产品目录》；四是加快建筑节能减排服务业发展；五是加大财政支持；六是加强研究和对比分析，科学准确地对应用的节能减排技术与产品进行效果评价；七是健全政策保障体系。《2012年广东省低碳技术创新与示范重大科技专项申报指南》共有6个专题，包括：绿色低碳城区建设技术集成与示范、绿色低碳小区建设技术集成与示范、绿色节能建筑楼宇技术集成与示范、夏热冬暖地区绿色建筑共性技术研究、新型节能围护结构开发及其产业化以及大型公共建筑节能运营管理智能系统研究与示范。是年，广东省从“低碳技术创新与示范”省重大科技专项资金中安排1亿元，用于开展建筑节能减排创新与应用，并完成专题申报评审和资金拨付。

【规划用地用电指标限额试点】 2012年，广东省住房和城乡建设厅确立珠海、惠州、东莞、梅州市为规划用地用电指标试点，开展建设用地用电指标试点研究与建设工作，梅州市颁布规划用地用电指标标准并启动实施工作。

【绿色建筑规模扩大】 截至2012年底，广东省123个项目获得国家、广东省或深圳市绿色建筑评价标识，建筑面积1241.87万平方米。2012年，有73个项目获得绿色建筑评价标识，总建筑面积902万平方米。

【建筑节能技术标准体系】 2012年，广东省住房和城乡建设厅发布《国家机关办公建筑和大型公共建筑能源审计导则广东省实施细则》《民用建筑能耗和节能信息统计报表制度广东省实施细则》等标准，开展《广东省绿色建筑设计标准》

2012年广东省绿色建筑评价标识项目

序号	项目名称	申报单位	项目类型	评定星级
1	广州万科新光城市花园 A1~A5、B1~B4 幢	广州市番禺向信房地产有限公司	住宅建筑	★
2	广州万科金色御府 I1~I4 幢	广州黄埔文冲城中村房地产开发有限公司	住宅建筑	★
3	广州万科东荟花园一期 A1~A4、A20~A22 幢	广州市万怡房地产有限公司	住宅建筑	★
4	广州万科清远华府 B1~B7 幢项目	清远市锦龙正达置业有限公司	住宅建筑	★
5	金山谷花园八期商业楼	广州招商房地产有限公司	公共建筑	★★
6	深圳万科第五园（七期）1~3、25~29 幢	深圳市万科南城房地产有限公司、深圳市建筑科学研究院有限公司	住宅建筑	★★★
7	佛山依云水岸 17 号商业楼	佛山鑫城房地产有限公司	公共建筑	★★
8	京基 100 大厦	深圳市京基房地产股份有限公司	公共建筑	★★

(续表)

序号	项目名称	申报单位	项目类型	评定星级
9	招商局光明科技园企业加速器一期研发厂房A-3、B-5、B-6幢	招商局光明科技园有限公司、深圳市建筑科学研究院有限公司	公共建筑	★
10	招商局光明科技园企业加速器一期宿舍B-7、B-8、B-9幢	招商局光明科技园有限公司、深圳市建筑科学研究院有限公司	住宅建筑	★
11	珠海博物馆和城市规划展览馆	珠海九洲旅游开发有限公司	公共建筑	★★
12	佛山中海千灯湖花园一期住宅	佛山中海千灯湖房地产开发有限公司	住宅建筑	★
13	坪达雅园	深圳市龙岗区住房和建设局	住宅建筑	★
14	深圳市大工业区聚龙山保障性住房一期工程(地块二)	坪山新区管理服务中心	住宅建筑	★
15	竹韵花园(原深圳市大工业区土地整合及公共基础设施建设项目拆迁安置区一期工程)	深圳市坪山新区城市建设投资有限公司、深圳市建筑科学研究院有限公司	住宅建筑	★★
16	惠州宝安·山水龙城项目一期	惠州市宝安房地产开发有限公司	住宅建筑	★
17	深圳广田绿色产业基地园研发大楼	深圳广田高科新材料有限公司、深圳市建筑科学研究院有限公司	公共建筑	★★★
18	深圳市公馆一八六六花园(南区)2-A幢	正兴隆房地产(深圳)有限公司	居住建筑	★
19	深圳市深房御府(东区)	深圳经济特区房地产(集团)股份有限公司	居住建筑	★★
20	深圳市星河盛世花园二期F1幢	深圳市星河房地产开发有限公司、深圳市建筑科学研究院有限公司	居住建筑	★
21	深圳市龙悦居三期2~6幢	深圳市万科房地产有限公司、深圳市建筑科学研究院有限公司	居住建筑	★★
22	深圳市龙悦居一期	深圳市富通房地产股份有限公司、深圳市建筑科学研究院有限公司	居住建筑	★★
23	深圳市龙悦居二期	深圳市富通房地产股份有限公司、深圳市建筑科学研究院有限公司	居住建筑	★★
24	惠州市建设工程质量监督站办公业务及附属用房	惠州市建设工程质量监督站	公共建筑	一星B
25	广州珠江新城H3~2地块珠光商务大厦B塔	广州珠光投资有限公司	公共建筑	★★★
26	广州岭南新苑项目C1~C11幢	广州市越汇房地产开发有限公司	住宅建筑	★★
27	韶关信合昌三江紫园项目A~F幢	韶关市信合昌置业有限公司	住宅建筑	★
28	深圳证券交易所营运中心	深证证券交易所	公共建筑	★★★
29	湛江君豪酒店	湛江市君豪酒店有限公司	公共建筑	★★
30	中山保利春天里	中山祥誉实业有限公司	住宅建筑	★
31	深圳市宝安中心区青少年宫	深圳市宝安区中心区规划建设管理办公室、北京达实德润能源科技有限公司	公共建筑	★★
32	南方科技大学绿色生态校园建设项目行政办公楼	南方科技大学建设办公室、深圳市建筑科学研究院有限公司	公共建筑	★★★
33	保利地产总部基地项目A座办公楼	保利房地产(集团)股份有限公司、深圳市建筑科学研究院有限公司	公共建筑	★★★
34	中国移动深圳信息大厦	中国移动通信集团广东有限公司深圳分公司、深圳市建筑科学研究院有限公司	公共建筑	★★
35	惠州博罗县社会服务中心	博罗县行政服务中心、中国建筑科学研究院上海分院	公共建筑	★★★
36	佛山沿海·馨庭(住宅部分)	佛山和谐家园房地产有限公司	住宅建筑	★
37	深圳市莲塘地块罗湖区保障性住房	深圳市罗湖区建设局	居住建筑	★铜
38	深圳市中信领航里程花园	深圳中信航城房地产有限公司	居住建筑	★铜
39	深圳市龙岗区坂田保障性住房	深圳市龙岗区建筑工务局、深圳市建筑科学研究院有限公司	居住建筑	★铜

（续表）

序号	项目名称	申报单位	项目类型	评定星级
40	深圳市中广核大厦	中国广东核电集团有限公司	公共建筑	★银
41	香蜜苑 5 幢	深圳建合恒投资有限公司	居住建筑	★铜
42	中粮一品澜山花园	中粮地产集团深圳房地产开发有限公司	居住建筑	★铜
43	宝安区妇幼保健院	深圳市宝安区妇幼保健院	公共建筑	★金
44	中洲宝城 26 区 7 号楼保障性住房	深圳市中洲宝城置业有限公司	居住建筑	★铜
45	龙岗区 2010 年保障性住房（葵涌地块）项目	深圳市龙岗区建筑工务局、深圳市建筑科学研究院有限公司	居住建筑	★铜
46	天颂雅苑	深圳市中海地产有限公司	居住建筑	★铜
47	阅景花园	深圳市中海地产有限公司	居住建筑	★铜
48	永福苑	深圳市富通房地产集团有限公司	居住建筑	★铜
49	太平金融大厦	中国太平保险集团公司、太平人寿保险有限公司深圳分公司、太平财产保险有限公司、太平置业（深圳）有限公司	公共建筑	★★金
50	保利上城花园（一期）10 幢	深圳市雅豪园投资有限公司	居住建筑	★铜
51	金城大第花园（除去幼儿园地块）	深圳市金城光明房地产有限公司	居住建筑	★铜
52	光明新城整体拆迁统建上楼启动区项目拆迁安置房——万丈坡拆迁安置房	深圳市光明新区城市建设局、招商局地产控股股份有限公司、深圳市建筑科学研究院有限公司	居住建筑	★★银
53	光明新城整体拆迁统建上楼启动区项目拆迁安置房——高新西塘家拆迁安置房	深圳市光明新区城市建设局、招商局地产控股股份有限公司、深圳市建筑科学研究院有限公司	居住建筑	★★银
54	嘉宏湾花园二期	深圳彭成地产有限公司	居住建筑	★银
55	人才园总承包工程	深圳市建筑工务署	公共建筑	★★铂金
56	泰然大厦	深业泰然（集团）股份有限公司	公共建筑	★铜
57	盐田综合体育馆	深圳市盐田区建筑工程事务局	公共建筑	★银
58	龙悦居四期	金地（集团）股份有限公司	居住建筑	★铜
59	东莞万科城（阳光山庄）观湖上筑一区 11~16 幢	东莞市万科阳光房地产有限公司、深圳万都时代绿色建筑技术有限公司	住宅建筑	★★★
60	东莞万科大厦	东莞万科房地产有限公司、深圳万都时代绿色建筑技术有限公司	公共建筑	★★★
61	佛山市文化中心项目——佛山图书馆项目	佛山市新城开发建设有限公司	公共建筑	★★
62	深圳壹海城北区 1、2、5 号地块（01 幢、02 幢 A 座、02 幢 B 座、二区商业综合体）	深圳万科滨海房地产开发有限公司、深圳万都时代绿色建筑技术有限公司	公共建筑	★★★
63	东莞万科金域国际花园一期	东莞市万悦房地产有限公司	住宅建筑	★
64	东莞万科金域松湖一期三标项目	东莞市中万房地产开发有限公司	住宅建筑	★
65	东莞万科长安广场二期	东莞市长安万科房地产有限公司	住宅建筑	★
66	佛山市文化中心项目 – 佛山档案中心项目	佛山市新城开发建设有限公司	公共建筑	★★
67	珠海万科魅力之城	珠海市万汇房地产开发有限公司、深圳万都时代绿色建筑技术有限公司	住宅建筑	一星 A
68	珠海万科城市花园	珠海市万润置业发展有限公司、深圳万都时代绿色建筑技术有限公司	住宅建筑	一星 A
69	广州白云万达广场（B 区）	广州万达广场投资有限公司	公共建筑	★
70	清华科技园广州创新基地 A1 幢科技研发楼	广州市番禺创新科技园有限公司	公共建筑	★★
71	深圳万科城四期	深圳市万科房地产有限公司	住宅建筑	★★★
72	深圳市建筑科学研究院办公大楼	深圳市建筑科学研究院有限公司	公共建筑	★★★
73	万科中心（万科总部）	深圳市万科房地产有限公司	公共建筑	★★★

（广东省住房和城乡建设厅科技教育处）

《公共建筑能耗定额编制办法》《广东省绿色校园建筑评价标准》等3部地方建筑节能标准，以及《太阳能光伏建筑一体化构造图集》的编制工作。组织研究开发广东省建筑节能管理信息系统，并在全省投入试运行。

【政府办公建筑和大型公共建筑节能监管体系建设】 2012年，广东省住房和城乡建设厅举办广东省民用建筑能耗统计和建筑节能管理信息系统应用培训班，全面开展节能监管体系建设。是年，全省完成国家机关办公建筑和大型公共建筑能耗统计20541幢（深圳市18458幢），能源审计918幢，能耗公示1272幢建筑，对559幢（深圳市500幢）建筑进行能耗动态监测。广州、深圳、珠海、佛山、东莞等市建立能耗动态监测平台，广东工业大学等6所高校建立节约型校园监管平台。

【可再生能源建筑应用示范】 2012年，广东省住房和城乡建设厅组织梅州市、揭西县向财政部、住房和城乡建设部申报可再生能源建筑应用示范市、县并得到批准，联合省财政厅向财政部、住房和城乡建设部推荐15个太阳能光电建筑应用示范项目（含1个示范区），11个项目获得批准，并获财政补助10264万元。全年全省新增城镇太阳能光热应用面积1397.87万平方米，新增浅层地能应用面积56.71万平方米，新增光电建筑装机容量71.12兆瓦。

【地方性建筑节能示范项目建设】 2012年，广东省住房和城乡建设厅加大对各地建筑节能示范项目建设的指导，推动全省建筑节能示范项目建设。茂名市开展滨海国际酒店别墅区可再生能源建筑应用、信宜市风力发电项目示范建设；江门市组织屋面光伏电站项目示范建设，装机容量达36.48兆瓦；东莞市完成东莞康华医院、石龙人民医院、东莞常平天虹商场、东莞市住房和城乡建设局办公楼、东莞市建设交易中心等五项综合节能改造。

【建筑节能产品和技术推广应用】 2012年，广东省住房和城乡建设厅发布五批《广东省建筑节能技术产品推荐目录》45项产品，引导市场选用质优高效的节能产品和先进节能技术，并与省科技厅共同发布第一批《广东省绿色低碳建筑技术与产品目录》共51项产品，推进绿色低碳新产品、新技术的应用。

【既有建筑节能改造】 2012年，广东省积极探索建筑节能改造方式，开展各类既有建筑节能改造试点，通过合同能源管理模式（BOT），采取政府发动、社会参与等多种方式推进既有建筑节能改造工作。全年全省完成既有建筑节能改造面积300万平方米，深圳市被批准成为全国首批三个公共建筑节能改造重点城市之一。

【墙材革新】 2012年，广东省列入国家第一、二、三批“禁实”（禁止使用实心黏土砖）名单的58个城市全部完成“禁实”任务，上报国家确定全省第一批“限黏城市、‘禁实’县城”城市和县城名单，指导这些城市按国家要求制订实施方案并开始实施。截至年底，全省新型墙材应用总量超过136亿块标准砖，占全省墙材应用总量的96.9%，实现节约能源84.32万吨标准煤，减排二氧化碳219.23万吨，二氧化硫1.68万吨。

【建筑节能宣传和培训】 2012年，广东省加大建筑节能宣传和培训力度，宣传《节约能源法》《广东省民用建筑节能条例》等建筑节能法律法规，以及绿色建筑、既有建筑节能改造、可再生能源建筑应用等相关政策。组织专家在广州、佛山、韶关、梅州、惠州、东莞、江门、湛江、肇庆等地开展绿色建筑评价标识培训。

【高强钢筋推广应用】 2012年，广东省高强钢筋占总钢筋产量的30%以上，利用量达到总钢筋使用量的40%以上；在大型公共建筑中，高强钢筋的使用达到钢筋使用量的60%。为加大全省高强钢筋的推广应用，2012年9月，省住房和城乡建设厅联合省经济和信息化委员会成立高强钢筋推广应用工作协调小组，统筹开展高强钢筋的推广应用工作。组织广州、韶关等有条件的地市开展高强钢筋生产试点示范，以相关标准规范为依据，对工程设计、施工、监理等单位的技术人员开展高强钢筋应用技术培训，将高强钢筋推广应用纳入节能减排、绿色建筑行动等工作中，并在政府部门投资项目中推广应用。

（刘映）

房地产业与住房保障

□ 全省成套住宅一千三百八十三点二万套

□ 全省人均住房建筑面积三十四平方米

□ 十一个物业管理项目获『国家物业管理示范项目』称号

□ 新型住房保障制度初步形成

□ 『12329』住房公积金热线开通

综　述

【概况】　2012年，广东省积极贯彻落实国家各项房地产市场调控政策，加强房地产市场监管，推进个人住房信息系统建设，促进房地产市场平稳健康发展。全年房地产开发投资5352.79亿元，比上年增长11.29%，占全社会固定资产投资的28%。全省实有房屋建筑面积274326.24万平方米，人均住房建筑面积34平方米；房屋施工面积39296.27万平米，其中新开工面积10615.73万平方米；商品房销售面积7898.99万平方米，比上年增长6.34%；商品住房均价7156.09元/平方米，比上年上涨1.42%，涨幅比上年减少个7百分点。全省房地产市场发展不平衡，粤东西北地区房地产市场发展严重滞后于珠江三角洲地区。是年，广东省保障房建设呈现多样化，以住房保障制度创新为突破口，探索建立以“公共租赁住房为主体，多渠道、多层次、可持续、能循环”的新型住房保障制度。至2012年底，全省供应保障性安居工程用地453.53公顷，新开工建设各类保障性安居工程17.1万套，完成保障性安居工程建设投资279亿元。住房公积金缴存总额4851.29亿元，新增缴存额1084.61亿元，比上年增长17.15%。截至年底，广东省有13个项目获国家级房地产开发项目综合性大奖“广厦奖”、4个项目通过AAA级商品住宅性能认定终审、11个项目被评定为全国物业管理示范住宅小区（大厦、工业区）。

【住房政策研究】　2012年，广东省住房和城乡建设厅开展《广东省住房制度建设》研究。提出广东省下一步住房供应和住房政策体系的

2012年广东省房屋情况

地区名称	年末实有房屋建筑面积（万平方米）	住宅	私有住宅	年末成套住宅套数（套）	年末成套住宅建筑面积（万平方米）	本年房屋减少面积（万平方米）	住宅
广东省	274326.24	176435.74	138107.81	13832026	148896.19	494.30	308.25
广州市	42118.88	22273.74	14869	2332283	16325.99	0	0
深圳市	38652.25	26629.59	19217	2529646	26629.59	85	25
珠海市	15861.83	9915.46	6838.05	875959	9703.11	0	0
汕头市	6962.19	5191.75	3719.90	413872	4258.39	26.15	12.35
佛山市	34958.36	22114.76	18494.12	1491165	19310.84	83.49	42.02
韶关市	8651.16	6429.43	5053.69	526612	6183.65	17.36	15.74
河源市	4270.75	2824.80	2578.08	190794	2565.98	6.44	4.76
梅州市	5725.85	4846.24	3921.77	264363	4362	10.18	9.38
惠州市	17368.09	9685.79	8915.05	541709	7637.57	11.07	7.89
汕尾市	3976.08	2639.76	1542.59	83657	2277.40	1.20	1
东莞市	3562.53	2247.62	1904.58	137543	2247.62	5.27	2.29
中山市	9962.51	6754.58	6156.83	65196	730.88	1.54	0.48
江门市	12678.82	7500.90	6450.77	690729	7200.86	2.51	1.26
阳江市	5475.96	4146.75	3564.52	152843	3771.63	29.40	29.40
湛江市	11867.42	8744.32	6181.13	764001	4317.22	142.17	129.12
茂名市	7357.08	5362.83	4796.92	384910	4282.87	1.52	0.61
肇庆市	8567.40	5349.69	4225.44	414351	4245.80	16.55	11.49
清远市	5929.15	3941.27	3121.84	255089	3272.51	15.02	2.93
潮州市	2577	1879.04	1522.50	197500	1659.60	0	0
揭阳市	11229.15	8867.09	8254.73	723488	8532.74	7.63	7.63
云浮市	4278.55	2519.04	2145.89	224162	2020.83	1.48	1.30
顺德区	12295.23	6571.29	6327.75	476936	6561.01	30.32	3.60

（冯育文）

2012 年广东省房屋施工及销售情况

单位：平方米

指标名称	实绩	住宅	90 平方米及以下	144 平方米以上	别墅、高档公寓	办公楼	商业营业用房	其他房屋
房屋施工面积	392962669	292532363	68549872	78948882	25007004	11763752	33555290	55111264
其中:新开工面积	106157258	78402574	16827609	17499714	5268822	2889425	9981789	14883470
房屋竣工面积	63561201	49181619	10593788	14588695	4274329	1596337	4735764	8047481
其中:不可销售面积	2730553	541246	256608	54076	38482	90266	290385	1808656
商品住宅竣工套数	0	492103	219445	71932	19942	0	0	0
竣工房屋价值	20798426	15800759	3410412	5383195	1614128	771670	1834532	2391465
批准预售面积	95872566	85835432	19382068	22239727	7288998	1558731	6159354	2319049
批准预售住宅套数	0	759457	265327	111441	36462	0	0	0
出租房屋面积	4781494	276290	180233	10073	29079	1322494	2455600	727110
商品房销售面积	78989915	71576276	18533107	19363524	5402138	1414679	3605725	2393235
其中:现房销售面积	19670133	16094362	3742942	5521683	1128807	350897	1649388	1575486
其中:期房销售面积	59319782	55481914	14790165	13841841	4273331	1063782	1956337	817749
商品房销售额	64078111	54883925	15794016	17746195	5540562	2899756	4685105	1609325
其中:现房销售额	14691274	11281406	2994987	4729330	1261478	686360	1835816	887692
其中:期房销售额	49386837	43602519	12799029	13016865	4279084	2213396	2849289	721633
商品住宅销售套数	0	644541	250052	102149	30573	0	0	0
其中:现房销售套数	0	137994	51575	28538	4277	0	0	0
其中:期房销售套数	0	506547	198477	73611	26296	0	0	0
待售面积	34528654	21384189	3920034	8123568	3211627	1440815	6021724	5681926
其中：待售 1~3 年面积	19524050	12360878	2399096	4468972	1718023	771840	3111788	3279544
其中：待售 3 年以上面积	3793414	1459337	279391	779578	534449	248373	1176367	909337

（张志军）

2012 年广东省国有土地上房屋征收情况

地区名称	作出房屋征收决定情况					实际完成情况				
	项目个数（个）	建筑面积（万平方米）	住宅	户数（户）	住户	项目个数（个）	建筑面积（万平方米）	住宅	户数（户）	住户
广东省	134	63009.93	54473.51	18087	13584	106	17627.27	12052.11	12269	7239
广州市	1	0.29	0	0	0	1	0.29	0	0	0
深圳市	0	0	0	0	0	7	85	25	3100	0
珠海市										
汕头市										
佛山市	13	317.08	62.56	3028	2748	4	145.16	14.90	1496	1281
韶关市	23	25.90	18.30	2570	2027	12	12.10	9.70	1222	1170
河源市	4	93.17	82.98	538	444	1	1.56	1.23	119	92
梅州市	9	16.90	15	2288	1350	4	10.18	9.38	1931	1007
惠州市	2	13.20	8.90	698	675	1	10.60	8.30	684	668
汕尾市										
东莞市	60	245.06	96.26	5284	2964	46	64.60	17.77	1726	1128

(续表)

地区名称	作出房屋征收决定情况					实际完成情况				
	项目个数（个）	建筑面积（万平方米）	住宅	户数（户）	住户	项目个数（个）	建筑面积（万平方米）	住宅	户数（户）	住户
中山市	1	0.62	0.55	114	107	1	0.62	0.55	114	107
江门市	1	1.07	0.54	83	56	3	0.90	0.63	74	64
阳江市	0	0	0	0	0	8	2.54	1.95	193	151
湛江市	5	11.22	8.62	1581	1326	3	7.83	6.81	296	264
茂名市										
肇庆市										
清远市	11	62272.90	54172.90	662	650	3	17276.90	11948.90	211	209
潮州市										
揭阳市	2	7.52	6.90	1241	1237	6	7.40	6.90	1097	1093
云浮市	2	5	0	0	0	6	1.59	0.09	6	5
顺德区										

地区名称	作出房屋征收补偿决定情况		司法强制执行情况		房屋征收实施单位及从业人员情况	
	件数（件）	建筑面积（平方米）	户数（户）	建筑面积（平方米）	房屋征收实施单位数量（个）	从业人员数量（人）
广东省	155	31269.62	1	86	126	3125
广州市	1	2829	0	0	21	1322
深圳市	0	0	0	0	9	106
珠海市						
汕头市						
佛山市	54	4735.25	0	0	6	338
韶关市	1	171	0		11	54
河源市	0	0	0	0	7	126
梅州市	0	0	0	0	4	298
惠州市						
汕尾市						
东莞市	54	3.10	0	0	28	306
中山市	0	0	0	0	2	16
江门市	0	0	0	0	3	84
阳江市	0	0	1	86	5	67
湛江市	0	0	0	0	7	160
茂名市	0	0	0	0	4	41
肇庆市						
清远市	43	23523.75	0	0	6	64
潮州市						
揭阳市	2	7.52	0	0	1	6
云浮市	0	0	0	0	6	52
顺德区	0	0	0	0	10	126

（冯育文）

基本框架。该研究报告通过回顾广东省住房建设、供应和分配体制改革的发展历程，分析目前住房制度的特征和存在问题，借鉴境外一些地区的发展经验和一般规律，提出构建广东省科学合理的住房供应体系及探索建立房地产市场调控长效机制的基本思路，为2013年制订全省住房政策打下良好基础。

（张志军）

房地产市场

【概况】 2012年，广东省贯彻落实国家各项房地产市场调控要求，促进房地产市场平稳健康运行。房地产开发投资5352.79亿元，比上年增长11.29%，商品房销售面积增长6.34%；商品住房价格上涨1.42%，涨幅比上年减少7个百分点；房地产贷款余额增长10.39%，房地产税收增长17.7%。但是房地产市场存在部分城市商品住房价格涨幅较快和商品房待售面积较大等问题。

【房地产市场运行】 2012年，广东省房地产市场平稳运行，呈现投资、销售双增长和价格平稳特征。

房地产开发投资增幅呈现先快后慢再稳形态，全年实现平稳增长 2012年第一季度，广东省房地产开发投资继续上年高增长（33.87%）趋势，同比增长23.87%；第二季度，由于房地产市场销售不景气，开发商放慢购置土地和新开工项目，造成房地产开发投资仅同比增长1.46%；随着市场对房地产市场调控政策的逐步消化，房地产销售回暖，开发商重新加大开发投资力度，第三、第四季度广东省房地产开发投资增幅分别为15.18%和9.66%。全年房地产开发投资5352.79亿元，比上年增长11.29%；房地产开发投资占全社会固定资产投资比重的27.72%。

商品房销售增幅呈现先低后高形态，全年实现小幅增长 2012年第一至第四季度，广东省商品房销售面积增幅分别为-18.97%、-4.28%、16.04%和23.67%，市场销售明显呈现逐步回暖走势。全年商品房销售面积7898.99万平方米，比上年增长6.34%，销售面积创历年新高。

商品住房价格整体趋于稳定。 2012年，广东省商品房均价8112元/平方米，比上年提高2.96%；商品住房均价7156.09元/平方米，提高1.42%，涨幅比上年减少7个百分点。

2012年广东省房地产开发企业资金情况

单位：个、万元

地区名称	项目个数	本年资金来源合计	上年末结余资金	本年资金来源小计	国内贷款	银行贷款	非银行金融机构贷款
广东省	6207	103428025	24245322	79182703	15075297	13778636	1296661
广州市	1181	23978346	5298184	18680162	4118511	3637181	481330
深圳市	527	15771136	3861462	11909674	3028842	2830692	198150
珠海市	278	5370473	1524861	3845612	1085083	1041463	43620
汕头市	238	914300	127918	786382	87738	57738	30000
佛山市	463	13440263	3459035	9981228	1392224	1298511	93713
韶关市	267	1545483	239925	1305558	119751	86024	33727
河源市	130	992536	126074	866462	122094	109044	13050
梅州市	146	800239	80123	720116	68444	68444	0
惠州市	540	7847953	1359727	6488226	952497	813587	138910
汕尾市	22	351706	104095	247611	10000	10000	0
东莞市	391	10004967	3411814	6593153	1045352	917520	127832
中山市	472	6524882	1226093	5298789	1044063	1012363	31700
江门市	263	2906706	446085	2460621	331470	313820	17650
阳江市	195	1182031	238328	943703	132573	107530	25043
湛江市	132	1852503	224515	1627988	399793	395793	4000
茂名市	160	1280804	227731	1053073	161779	157899	3880
肇庆市	309	2413443	503111	1910332	264538	256618	7920
清远市	295	4526998	1440358	3086640	588406	543672	44734
潮州市	42	431451	146190	285261	9500	9500	0
揭阳市	73	677591	41667	635924	59570	59570	0
云浮市	83	614214	158026	456188	53069	51667	1402
珠三角（含广州、深圳）	4424	88258169	21090372	67167797	13262580	12121755	1140825
珠三角（不含广州、深圳）	2716	48508687	11930726	36577961	6115227	5653882	461345
中心城市	1708	39749482	9159646	30589836	7147353	6467873	679480
东　翼	375	2375048	419870	1955178	166808	136808	30000
西　翼	487	4315338	690574	3624764	694145	661222	32923
粤北山区	921	8479470	2044506	6434964	951764	858851	92913

(续表)

地区名称	利用外资	其中	自筹资金	其中	其他资金来源	其中	其中
		外商直接投资		自有资金		定金及预收款	个人按揭贷款
广东省	290633	265863	24146361	11738840	39670412	25477256	11212014
广州市	67317	58817	4774148	2497756	9720186	7255439	1615934
深圳市	0	0	4732439	2424486	4148393	2272558	1691972
珠海市	24894	24894	560352	291539	2175283	1351512	571837
汕头市	0	0	607597	377431	91047	32826	7751
佛山市	161617	147101	2657968	930393	5769419	3039808	2117607
韶关市	1908	1908	526558	249536	657341	444423	195065
河源市	600	600	414898	203866	328870	194291	126948
梅州市	0	0	404055	168502	247617	136026	60012
惠州市	0	0	2237537	1198730	3298192	2227420	918628
汕尾市	3200	3200	88278	59055	146133	98297	38244
东莞市	8503	8503	1253705	601735	4285593	2620479	1327037
中山市	6095	4341	1257340	500912	2991291	1926784	932539
江门市	0	0	632550	227467	1496601	992819	434474
阳江市	5775	5775	369006	153598	436349	317239	111670
湛江市	0	0	660870	285332	567325	420006	130722
茂名市	0	0	376520	200376	514774	298953	155145
肇庆市	10724	10724	604077	205807	1030993	663165	266031
清远市	0	0	1104139	641088	1394095	950887	386001
潮州市	0	0	210270	129771	65491	42583	22443
揭阳市	0	0	562835	366038	13519	3313	3146
云浮市	0	0	111219	25422	291900	188428	98808
珠三角（含广州、深圳）	279150	254380	18710116	8878825	34915951	22349984	9876059
珠三角（不含广州、深圳）	211833	195563	9203529	3956583	21047372	12821987	6568153
中心城市	67317	58817	9506587	4922242	13868579	9527997	3307906
东　翼	3200	3200	1468980	932295	316190	177019	71584
西　翼	5775	5775	1406396	639306	1518448	1036198	397537
粤北山区	2508	2508	2560869	1288414	2919823	1914055	866834

地区名称	本年各项应付款合计	其中	待开发土地面积	本年购置土地面积	本年土地成交价款	其中	土地使用权出让金	契　税
		工程款				拆迁补偿费		
广东省	11629640	6359629	41228236	18054392	5918501	345546	4421150	114957
广州市	1561947	1096804	4458703	1429732	736872	59399	605197	17249
深圳市	1208717	706481	471977	973380	1031015	209255	429143	17232
珠海市	689900	352102	2725588	718322	240957	150	240137	8071
汕头市	151454	139640	297455	345066	86687	15040	39480	752
佛山市	2269608	867829	3737715	1920431	1415857	2275	1173854	26986
韶关市	193927	60194	3240432	776505	90841	2753	67182	2390
河源市	250820	170877	647301	257194	47092	60	33739	147
梅州市	66197	52374	587707	610429	55480	1701	25791	811
惠州市	1123046	609144	7569241	2370372	255325	11739	200155	6665
汕尾市	52217	50952	150847	39914	8053	1300	4553	54
东莞市	1297980	549677	4217255	2425267	737308	1404	611331	10394
中山市	902803	539626	2858446	931686	220999	6168	123214	2750
江门市	293007	162450	5221899	524682	86816	257	75328	1388
阳江市	184254	88414	288234	181607	16118	634	9346	197
湛江市	180405	100730	426225	111150	16074	956	5724	186
茂名市	133682	85489	236291	265153	39384	1439	17559	458
肇庆市	353322	246921	1075213	1472651	267558	639	260107	4769
清远市	526051	349467	2301094	1704752	343798	29994	292074	8314
潮州市	28209	19709	20	617438	112283	19	111177	3338
揭阳市	3931	2100	152958	140389	70042	364	69678	2102
云浮市	158163	108649	563635	238272	39942	0	26381	704
珠三角（含广州、深圳）	9700330	5131034	32336037	12766523	4992707	291286	3718466	95504
珠三角（不含广州、深圳）	6929666	3327749	27405357	10363411	3224820	22632	2684126	61023
中心城市	2770664	1803285	4930680	2403112	1767887	268654	1034340	34481
东　翼	235811	212401	601280	1142807	277065	16723	224888	6246
西　翼	498341	274633	950750	557910	71576	3029	32629	841
粤北山区	1195158	741561	7340169	3587152	577153	34508	445167	12366

（张志军）

2012年广东省房地产开发投资及商品房销售情况

地 区	本年完成投资（万元）		商品房销售面积（平方米）		商品房销售额（万元）	
	实 绩	比上年增长(%)	实 绩	比上年增长(%)	实 绩	比上年增长(%)
广东省	53527853	11.29	78989915	6.34	64078111	9.49
广州市	13704511	4.99	13331259	11.65	17547500	21.41
深圳市	7368421	43.15	5258334	5.83	10300981	−2.90
珠海市	2420776	−5.29	2512154	12.13	2684821	4.25
汕头市	833458	13.45	1899383	19.38	1147003	39.18
佛山市	6384638	6.96	8021689	−8.18	6462530	−7.99
#顺德区	1817469	−3.00	2736132	−4.51	2122711	−5.01
韶关市	912964	12.34	2596440	16.00	1163330	39.97
河源市	671264	14.15	1282482	−1.92	502029	8.98
梅州市	440524	6.48	1490666	7.99	619169	39.65
惠州市	4821683	28.05	8267214	3.82	4784238	8.52
汕尾市	160663	−53.67	547023	−18.13	206151	−20.43
东莞市	3773210	1.08	6391237	7.31	5423825	18.01
中山市	3464062	11.61	6541556	4.09	3598074	−3.69
江门市	1444890	−1.66	3511166	9.17	1936489	12.75
阳江市	771797	−0.63	1892804	12.39	888142	48.37
湛江市	1149631	10.95	2066247	6.37	1073714	9.53
茂名市	739590	43.79	3276861	25.51	1235575	22.33
肇庆市	1454508	1.63	3735976	13.50	1758215	12.63
清远市	1807242	7.18	3925667	10.54	1816979	14.99
潮州市	285665	20.87	482374	−11.04	195395	−2.18
揭阳市	564371	28.73	1106754	−23.79	369509	−4.30
云浮市	353985	23.59	852629	19.77	364442	33.61
按经济区域分						
珠三角	44836699	11.5	57570585	5.4	54496673	7.5
东翼	1844157	5.0	4035534	−5.1	1918058	14.9
西翼	2661018	14.3	7235912	16.0	3197431	23.5
山区	4185979	10.5	10147884	10.4	4465949	24.5

（张志军）

随着房地产市场回暖，广州、深圳等核心城市在年底商品住房价格出现一定幅度反弹。商品房待售面积仍然较大，截至2012年12月期末，全省商品房待售面积3452.87万平方米，比上年增长21.8%。

【房地产市场调控】 2012年，广东省积极贯彻国家有关房地产市场调控政策，市场调控工作取得显著成效，商品房价格整体趋于稳定。6月，住房和城乡建设部房地产市场监管司领导赴广州、珠海等城市调研房地产市场运行情况，召集珠三角主要城市共商市场调控措施，督促各城市继续执行住房限购等调控政策，杜绝规避住房限购政策行为；针对上半年房地产投资和交易下滑严重的问题，省住房和城乡建设厅会同省发改委向省政府提出《广东省房地产市场调控情况和政策建议》。省政府同意从信贷优惠、财税减免、住房用地供应、鼓励销售、推进公租房建设等五个方面提出微调政策，以实现保增长的目标。随后，省住房和城乡建设厅转发《住房和城乡建设部关于印发城市住房建设规划编制导则的通知》，要求各城市做好2012~2015年住房建设规划编制工作，并组织各城市参加住房和城乡建设部举办的住房建设规划编制培训班；7月19日，省政府在广州召开房地产市场调控

2012年广东省房地产投资和销售情况

单位：万元

指标名称	实绩	其中 地方	其中 地市县属
计划总投资	311822244	298147190	296825253
自开始建设累计完成投资	202532600	195070807	194134457
本年完成投资	53527853	51581059	51400291
配套工程投资	952060	950765	949118
国有经济控股	6598113	4748219	4701033
内资企业	43057482	41110898	40951956
国有企业	2201911	1280506	1242522
集体企业	588329	588329	588329
股份合作企业	144022	144022	144022
联营企业	794	794	794
国有联营企业			
集体联营企业	10	10	10
国有与集体联营企业			
其他联营企业	784	784	784
有限责任公司	23742263	22904288	22783330
国有独资公司	501666	435963	435963
其他有限责任公司	23240597	22468325	22347367
股份有限公司	1504799	1317595	1317595
私营企业	14555405	14555405	14555405
私营独资企业	712405	712405	712405
私营合伙企业	169851	169851	169851
私营有限责任公司	12713619	12713619	12713619
私营股份有限公司	959530	959530	959530
其他企业	319959	319959	319959
港澳台商投资企业	7282786	7282576	7273983
与港澳台商合资经营企业	2109282	2109282	2109282
与港澳台商合资合作经营企业	2110778	2110778	2102185
港澳台商独资经营企业	2910470	2910470	2910470
港澳台商投资股份有限公司	87243	87033	87033
其他港澳台投资	65013	65013	65013
外商投资企业	3187585	3187585	3174352
中外合资经营企业	877210	877210	863977
中外合作经营企业	266179	266179	266179
外资企业	1712383	1712383	1712383
外商投资股份有限公司	331813	331813	331813
其他外商投资			
按构成分：建筑工程	34360744	33350465	33236053
安装工程	3850273	3708361	3672901
设备工器具购置	482828	476230	474629
其他费用	14834008	14046003	14016708
其中：旧建筑物购置费	411302	411302	411302
土地购置费	7872684	7382048	7382048
住宅	37049832	35557780	35449343
其中：90平方米以下	9714689	9642384	9590591

和住房保障工作座谈会，再次重申全省各市必须严格贯彻落实国家各项房地产市场调控政策，严令各市务必不折不扣地执行好、落实好国家房地产市场调控政策，并印发《关于进一步做好房地产市场调控和住房保障工作的通知》，要求各城市、各部门严守房地产市场调控红线，加大对居民购置首套房的信贷支持，切实增加普通商品住房供应，加大对商品住房价格走势监测力度；7月30日至8月3日，国务院第八督查组到广东省及广州、深圳、江门市督查落实国家房地产市场调控工作情况；9月，省住房和城乡建设厅印发《广东省住房和城乡建设厅关于落实国务院督查组督查我省房地产市场调控工作意见的通知》，要求各市严格执行房地产市场调控政策，加强对房地产市场进行跟踪分析，研究房地产市场长效机制，加强正面宣传，实现市场预期目标。

【房地产市场信息系统建设督办】 2012年，广东省住房和城乡建设厅组织部分城市的房地产主管部门到北京参加住房和城乡建设部举办的房地产市场信息系统建设标准培训班，学习新颁布的《房地产市场基础信息数据标准》，要求各地对照数据标准要求，对现有房地产市场信息系统进行升级改造和完善，为全省房地产市场数据信息联网应用提供支撑。为推动全省住房信息系统建设，省住房和城乡建设厅副厅长陈英松带队检查河源市房地产市场信息系统建设工作，向全省提出按时完成系统联网工作要求；深入梅州、茂名、云浮等十几个城市开展专题调研，督促各地加强与发改委、财政局、经信委等部门沟通协调，落实房地产业务系统建设和改造各项工作，指导各地解决系统建设和联网工作中遇到的困难和问题；专题召开住房信息系统建设督导会，对肇庆、汕头、湛江等10个工作进展较慢的城市进行督促，要

（续表）

指标名称	实绩	其中	其中
		地方	地市县属
其中：144 平方米以上	11711452	11257291	11234293
别墅、高档公寓	4444984	4383848	4382501
办公楼	2348321	2252739	2232462
商业营业用房	5474535	5378602	5357695
其他	8655165	8391938	8360791
本年新增固定资产	26966773	26442052	26374099
一、本年资金来源合计	103428025	100495930	100262128
1. 上年末结余资金	24245322	23845333	23799042
2. 本年资金来源小计	79182703	76650597	76463086
(1) 国内贷款	15075297	14067017	14055031
银行贷款	13778636	12772756	12761770
非银行金融机构贷款	1296661	1294261	1293261
(2) 利用外资	290633	290633	290633
其中：外商直接投资	265863	265863	265863
(3) 自筹资金	24146361	23601434	23481654
其中：自有资金	11738840	11610350	11527262
股东投入资金	3542001	3502732	3500042
借入资金	3563252	3343293	3316898
(4) 其他资金来源	39670412	38691513	38635768
其中：定金及预收款	25477256	24833931	24802102
其中：个人按揭贷款	11212014	10927650	10913636
二、本年各项应付款合计	11629640	11567500	11473689
其中：工程款	6359629	6308595	6253686
项目规划占地面积	355339205	346100772	344077769
项目规划建筑面积	778878735	761443511	756996052
其中：住宅	579124664	567226022	563905103
商业营业用房	71586494	69968636	69629402
办公楼	24508258	23498420	23282243
其他	103659319	100750433	100179304
规划住宅套数	5178655	5097573	5072025
其中：90 平方米以下	1838289	1816333	1802711
144 平方米以上	921299	904764	902176
其中：别墅、高档公寓	291607	289834	288486
项目个数	6207	6146	6108
本年完成开发土地面积			
待开发土地面积	41228236	40966729	40929718
本年购置土地面积	18054392	18021888	18021888
本年土地成交价款	5918501	5838281	5838281
其中：拆迁补偿费	345546	345546	345546
土地使用权出让金	4421150	4340930	4340930
契税	114957	114957	114957

（张志军）

求加快进度，研究完善住房信息安全措施，防范数据流失及外泄的风险。截至年底，全省21个地级以上城市基本完成与省房地产数据中心联网准备工作。其中，广州、佛山、珠海等11个城市数据同步归集到省房地产数据中心；河源、云浮、阳江、茂名等8个城市启动或基本完成系统改造。至此，省级数据中心和应用服务平台初步成型，并具备房地产登记数据抽取、统计、分析等功能。（张志军）

物业管理

【概况】 2012年，广东省有物业服务企业6821家，比上年增加433家；从业人员64.55万人，比上年增加6.14万人；物业管理项目22081个，增加1486个。物业管理面积13.64亿平方米。通过加强与港澳物业服务企业交流合作，提高全省物业管理行业服务水平。但是由于业主参与公共管理意识不强、从业人员整体素质较低、运营管理成本上升较快、企业税负较重等原因，致使物业管理企业存在业主大会成立困难、部分业主委员会运作不规范、物业管理矛盾纠纷较多、物业服务企业需政府扶持和自身转型升级等问题。

【宜居社区建设】 2012年3月30日，中共广东省委、省政府办公厅印发《关于加强宜居社区建设工作的指导意见》，要求通过切实保障和改善民生，推进社会管理的创新，到2020年全省基本达到宜居社区标准；社区积极选聘物业服务企业，以物业保安为依托，构筑群防群治体系，建立物业服务企业参加的社区服务工作协调机制，推行居委会与业委会委员交叉任职制度，使物业管理与社区建设紧密结合。是年，省住房和城乡建设厅制订工作任务分解方案，将宜居社区建设任务分解到公安、民政、环保等相关部门，印发《关于加强宜居社区建设试点工作的函》，指导东莞、湛江两个试点城市，通过实地督查，收集试点城市的工作经验，推进全省各地的宜居社区建设工作。

修改完善《广东省宜居社区考核标准》，会同省民政厅制订住宅小区公共服务用房配套建设的指导意见，对公共服务用房的标准、来源、用途、规模、产权等方面提出具体要求，为社区管理提供物质保障。深圳市福田区福保街道益田社区宜居社区建设项目被列入“广东省社会创新观察项目”。省社会工作委员会主任朱明国与省住房和城乡建设厅厅长房庆方签署《广东省社会创新观察项目协议书》。

【物业管理项目评优】 2012年，广东省将物业服务企业作为建设“宜居社区”的重要力量，开展各项文化、公益活动促进“宜居社区”建设。是年，广东省物业管理协会组织专家对各市报送参加2012年度“广东省物业管理示范住宅小区”（大厦、工业区）考评项目进行考评。花都雅居乐雍华廷（一、二期）等45个项目被评为2012年度广东省物业管理示范住宅小区（大厦、工业区）；广州市从化雅居乐滨江花园等11个物业管理项目被评定为全国物业管理示范住宅小区（大厦、工业区），广东省获奖数量位居全国各省市区首位。

【广州市“幸福物业小区”评选】 2012年，广州市开展“幸福物业小区”的评选工作。万科金色荔苑、保利花园等60个物业项目获“广州市和谐物业幸福小区”；广州市万科物业服务有限公司和保利物业管理有限公司获2011年“广州市和谐物业幸福小区评选工作优秀企业奖”。通过“以评促建、以点带面”的方式，引导广大居民和物业服务企业共同建设“邻里和睦、守望相助、物业服务争先创优”的幸福物

2012年广东省房地产物业管理行业情况

地区名称	企业总数（户）	物业管理项目个数（个）	房屋建筑面积（万平方米）	企业从业人员总数（人）	经营管理人员（人）	管理处主任(项目经理)（人）	企业经营与财务资产总计（万元）	营业利润（万元）	归集住宅专项维修资金总额（万元）	住宅专项维修资金余额（万元）	成立业主大会数量（个）	住宅物业成立业主大会数量（个）
广东省	6821	22081	136408.19	645468	128235	26057	13630823.66	951196.61	2954811.52	2910445.67	4013	3690
广州市	1817	4803	28906.33	129575	26105	8979	7953014.26	804232.11	903812	884500	711	576
深圳市	1679	6323	39394.19	286787	37066	7437	4104086	123993	728700	726958	1480	1448
珠海市	291	1875	8306.23	19148	2176	794	147627.52	6369.58	0	0	168	168
汕头市	33	530	2395.82	8148	2375	446	59948.98	−838.9	12605.12	12605.12	68	64
佛山市	433	1444	11278.12	44686	8130	1354	281151.65	19203.28	538093.64	537728.56	524	515
韶关市	124	417	1749.02	6354	1036	262	47358.1	−1016.29	7118.05	6578.93	29	29
河源市	85	199	905.65	3530	812	201	1714.7	−500.9	2547.04	2165.21	48	43
梅州市	40	105	628.6	1674	263	62	3845.4	−545.44	940.03	734	25	25
惠州市	551	1155	6217.79	20471	7356	2038	225203.33	1256.24	239393.19	239312.44	32	32
汕尾市	38	145	267.16	1317	170	51	6798.65	929.57	538.69	531.48	0	0
东莞市	461	991	13589	20326	2633	489	65883.15	2405.6	192558	190295	39	37
中山市	355	991	9188.8	37535	31210	891	561608.35	2760	69794.3	69794.3	282	278
江门市	124	270	2281.14	10500	600	384	0	0	18600	0	45	45
阳江市	88	204	839.18	3436	483	164	0	0	10984.49	10956.49	14	14
湛江市	136	32	275.04	10680	1500	900	5112	18	11000	10500	4	0
茂名市	14	146	508.46	2024	401	74	4270.11	−317.95	2231.57	2233.57	18	0
肇庆市	134	296	1449.37	5034	959	252	70489.66	−1305.89	34657.14	34566.59	111	0
清远市	198	333	2966.87	8323	1204	372	36090.03	−1523.84	36262.92	36203.91	76	76
潮州市	30	95	560.4	1750	320	92	0	0	0	0	0	6
揭阳市	52	205	618	3452	518	164	6825.87	−182	0	0	2	0
云浮市	39	894	510.02	1912	291	55	17786	−176.65	3862.72	3862.72	20	20
顺德区	99	628	3573	18806	2627	596	32009.9	−3562.91	141112.62	140919.35	317	314

（冯育文）

业小区。这是广东省物业管理行业中的一个创举，为加强社会管理创新，建设幸福广东提供新的思路。

【业主表决电子投票系统】 2012年，深圳市在住宅小区中建立“业主表决电子投票系统”，鼓励业主通过网络、手机短信等现代科技手段对小区公共事务投票表决，解决召开业主大会难、表决难、表决结果公正和公开难等问题，方便业主参与物业管理区域内公共事务决策，该做法在全国首创。是年，广州市修改《广州市物业管理办法》，并将电子投票系统纳入法规管理。

（张志军）

房地产权属登记

【概况】 2012年，广东省开展房屋登记审核人员培训考试和持证上岗，725人通过考试。通过抽查20多个房地产估计机构，清理江门恩平市房地产交易登记乱收费，规范国有土地上房屋征收等方式，提高全省房地产权属登记工作水平。目前仍然存在对房地产中介机构缺乏监管手段、房屋征收纠纷较多等问题。

【房屋登记审核人员持证上岗】 房地产交易登记工作主要是登记房屋权属的变动及归属，关系群众切身利益，对房屋登记人员的专业知识水平要求较高。通过开展房屋登记审核人员持证上岗考核工作，提高房屋登记工作人员的专业知识水平，确保房屋登记工作的规范性和准确性。2012年，广东省住房和城乡建设厅组织全省房屋登记人员培训和考核，由住房和城乡建设部统一出题、监考和评定。全省88个市、县共3130人参加考试，分6批次进行。部分市县的住房和城乡建设局长、房管局长也参加培训和考核。全省725人通过考试，通过率23%。

【房地产估价机构检查】 2012年，广东省对房地产估计机构进行检查。检查内容包括：房地产估价机构资质、依法开展业务、专职注册

2012年广东省房地产交易情况

地区名称	本年商品房销售额（万元）	本年商品房销售面积（万平方米）	本年商品房销售均价（元/平方米）	本年存量房销售额（万元）		本年存量房销售面积（平方米）		本年存量房销售均价（元/平方米）
					住宅		住宅	
广东省	13041179.25	1822.39	7156.09	17301514.03	11293035.11	4168.80	2889.72	4150.24
广州市	1997512	117.07	17062.00	623.29	483.13	631.24	494.34	9874
深圳市	3485599	132.66	26274.39	9590691.22	5828821	662.29	538.49	14481.11
珠海市	1538323.59	161.74	9511.10	806364.13	526851.81	159.94	106.73	5041.56
汕头市	381295.88	75.19	5071.00	366630.19	211562.42	110.2	72.94	3327.00
佛山市	973275.93	143.85	6765.91	1233109.34	844097.14	404.69	215.06	3047.05
韶关市	201457.64	63.36	3179.57	449560.49	391453.42	138.78	126.12	3239.38
河源市	160371.61	50.16	3197.20	201100	180672.89	87.33	80.45	2302.75
梅州市	177987.92	48.59	3663.06	64310.85	63481.48	22.48	22.3	2860.80
惠州市	45660.77	13.36	3417.72	513666.07	373622.9	203.06	143.29	2529.66
汕尾市	138182.98	50.71	2725.00	60248.86	60248.29	95.54	28.54	4053.70
东莞市	480347.53	63.44	7571.65	1255386.97	962337.48	394.6	281.53	3181.41
中山市	95300.37	28.82	3306.74	679028.5	412296.92	300.59	166.11	2258.99
江门市	770009.59	231.45	3326.95	647793.02	377327.92	301.25	157.53	2150.34
阳江市	344121	74.63	4611.00	54757.23	26475.7	39.38	21.42	1390.00
湛江市	43306.41	27.62		183533.32	168041.8	86.84	80.62	2113.47
茂名市	267003.27	84.08	3175.58	0	0	0	0	0.00
肇庆市	858307.25	192.1	4468.49	247230.6	183487.68	86.54	63.42	2856.84
清远市	327040.66	110.09		174605.98	143025.54	104.39	88.24	6015.21
潮州市	162665	26.1	7530.00	44050	40950	12.2	11.7	3610.00
揭阳市	201900	62.96	3207.00	96551	89562	53.15	49.74	1817.00
云浮市	15192.65	5.69	2670.06	69043.17	53329.55	45.33	32.59	1523.12
顺德区	376318.2	58.72	6408.69	563229.8	354906.04	228.98	108.56	2459.73

（冯育文）

房地产估价师、估价档案管理、房地产估价报告情况等。6月，省住房和城乡建设厅抽检广州、深圳、惠州市部分房地产估计机构。从检查结果看，大部分房地产估价机构能按照相关法律法规要求运作，少数房地产估价机构存在对现场查勘记录工作不重视、评估报告不规范、个别房地产估价报告只保留电子版等问题。

【房地产交易登记乱收费清理】 2012年，广东省住房和城乡建设厅印发《关于清理整顿房地产交易登记乱收费的通知》，要求全省各市对房地产交易登记环节中未经物价部门批准的各项行政事业性收费和经营服务性收费开展全面清理，并联合省物价局等有关单位组成专项检查组进行督查。清理整顿工作分为自查自纠、监督检查、巩固完善三个阶段进行。清理发现江门恩平市住房和城乡建设局违规收取交易产权核实费、档案资料管理费、银行贷款抵押的档案资料代管费问题属另立项目收费。恩平市住房和城乡建设局对本单位收费项目进行全面整改，切实维护广大群众合法权益。

【集体土地房屋登记】 截至2012年末，广东省已登记集体土地上房屋总建筑面积21183万平方米，其中2012年度登记集体土地上房屋总建筑面积8841万平方米。是年，根据省政府关于农村综合体制改革工作的部署，省住房和城乡建设厅组织对全省的集体土地房屋登记工作进行调查。6月27~28日到江门市实地调研，采取现场专访村民的方式，开展农村综合改革情况调研，研究探索全省集体土地上房屋登记工作实施办法。经过调研，省住房和城乡建设厅制订《我省集体土地房屋登记发证工作指导意见（草案）》，主要解决目前在初始登记、转移登记、抵押登记方面的具体问题。初始登记以不同的历史时点为界，对满足房屋权属来源合法、面积准确、已办理集体土地使用权证书的房屋经过公示可以办理房屋所有权初始登记发证。此外，在初始登记发证的基础上，房屋可以进行继承、遗赠、抵押登记，可以在农村集体经济组织成员之间进行转移登记。

【国有土地上房屋征收】 2012年，广东省规范国有土地上房屋征收工作。一是起草《关于贯彻〈国有土地上房屋征收与补偿条例〉的意见》。指导各地围绕政府在征收补偿工作中的主体责任，健全征收机构及人员配置，落实社会稳定风险评估制度，规范开展国有土地上房屋征收与补偿工作。《意见》明确全省对符合住房保障条件的被征收人优先给予住房保障、房地产价格评估机构确定、因征收房屋造成停产停业损失补偿等具体办法。二是落实信息公开工作。组织各级房屋征收（拆迁）部门于6月7日参加住房和城乡建设部召开的信息公开工作电视电话会议；印发《转发住房和城乡建设部关于推进国有土地上房屋征收与补偿信息公开工作的实施意见》，要求各地通过明确职责分工、制定完善信息公开制度、加强监督检查等措施，把实施信息公开落实到房屋征收与补偿全过程；督查各地房屋征收信息公开工作，促进房屋征收补偿工作有序开展。三是开展相关工作检查。根据国土资源部、住房和城乡建设部等部门关于开展征地拆迁专项检查的要求，省住房和城乡建设厅于9月中旬组

2012年广东省房屋登记情况

地区名称	年末已登记房屋总建筑面积情况(万平方米)								
	年末已登记国有土地上的房屋总建筑面积	住宅	成套住宅	私有住宅	非住宅	办公楼	商业营业用房	工业仓储用房	其他
合　计	308938.87	198713.19	118021.05	97107.65	110225.68	17896.57	25673.92	29330.66	37324.53
广州市	91048.66	56310.08	0	0	34738.58	9979.41	11060.55	5154.78	8543.84
深圳市	41142.97	26629.59	19217	14513.38	14513.38	1279.58	2304.66	0	10929.14
珠海市	15861.83	9915.46	9703.11	6838.05	5946.37	453.60	1030.53	2965.69	1496.55
汕头市	6962.19	5191.75	4258.39	3706.96	1770.44	115.92	161.95	1076.95	415.62
佛山市	31086.41	19170.79	16492.51	16402.80	11915.62	451.75	2002.97	5716.41	3744.49
韶关市	8324.39	6562.47	2576.82	4400.67	1761.92	170.37	295.88	113.42	1182.25
河源市	3989.31	2716.83	2605.57	2549	1272.48	228.39	268.87	583.95	191.27
梅州市	5725.85	4846.24	4362	3921.77	879.61	43.98	80	95.92	659.71
惠州市	16039.99	9626.43	7611.55	4871.02	6413.56	725.42	2003.72	1271.67	2412.75
汕尾市	1323.82	1112.13	911.95	0	211.69	52.92	127.02	31.75	0

(续表)

地区名称	年末已登记房屋总建筑面积情况(万平方米)								
	年末已登记国有土地上的房屋总建筑面积	住宅	成套住宅	私有住宅	非住宅	办公楼	商业营业用房	工业仓储用房	其他
东莞市	16756	9072.74	9072.74	6114.26	7683.26	805.70	1050.69	4126.54	1700.33
中山市									
江门市	12377.50	7367.21	7157.91	5866.19	5010.29	430.08	1031.84	1335.61	2212.76
阳江市	5475.96	4146.75	3771.63	3564.52	1329.21	244.47	456.11	386.10	242.53
湛江市	4730.38	2869.60	2628.39	241.21	1860.78	101.95	186.58	254.04	1318.21
茂名市	7203.90	5348	3865.54	436.28	1855.90	885.36	391.06	216.30	363.18
肇庆市	7829.38	4940.43	3947.73	3812.17	2888.95	668.79	755.67	1254.30	210.19
清远市	3628.98	3203	2151.16	2150.19	425.98	33.30	190.87	134.65	67.16
潮州市	2343.23	1581.40	1380.60	1278.10	761.83	152.80	307.90	235.50	65.63
揭阳市	11229.15	8867.09	8532.74	8254.73	2362.06	719.74	810.30	592.08	239.94
云浮市	3563.74	2663.91	1212.70	1858.60	899.83	334.60	270.22	162.74	132.27
顺德区	12295.23	6571.29	6561.01	6327.75	5723.94	18.44	886.53	3622.26	1196.71

地区名称	年末已登记房屋总建筑面积情况(万平方米)			年末已登记住宅总套数情况			
	年末已登记集体土地上的房屋总建筑面积	住　宅	非住宅	年末已登记国有土地上的住宅总套数[套(件)]	成套住宅(套)	私有住宅[套(件)]	年末已登记集体土地上的住宅总套数[套(件)]
合　计	21185.58	15495.31	5690.27	14123931	9630143	8072573	910622
广州市	0	0	0	3480233	0	0	92960
深圳市	0	0	0	2529646	2529646	1801583	0
珠海市	6.03	6.03	0	879256	875959	707736	0
汕头市	1855.88	734.43	1121.45	498717	413655	375364	34137
佛山市	6746.91	5715.93	1030.98	1495856	1356500	1296567	376137
韶关市	1.57	0.70	0.87	448016	161758	287494	47
河源市	48.17	39.81	8.36	169730	160032	158944	2839
梅州市	0	0	0	293737	264363	235706	0
惠州市	81.42	77.49	3.93	530497	492937	333061	1331
汕尾市							
东莞市	8487.61	5762.16	2725.45	602375	602375	496373	165069
中山市							
江门市	596.32	446.52	149.80	469308	461354	432730	24037
阳江市	0	0	0	218864	152843	166248	0
湛江市	5.71	3.30	2.41	241432	216148	25284	295
茂名市	112.53	90	22.53	189602	147919	164103	3189
肇庆市	90.33	72.85	17.48	361160	294069	309292	2948
清远市	40.70	19.70	21	224884	174178	146525	1104
潮州市	0	0	0	12505	11620	9058	0
揭阳市	0	0	0	805818	723488	649694	0
云浮市	135.84	132.67	3.17	195315	114363	80824	1559
顺德区	2976.56	2393.72	582.84	476980	476936	395987	204970

(冯育文)

(续表)

地区名称	本年登记房屋总建筑面积情况（万平方米）					
	本年登记国有土地上的房屋总建筑面积	所有权登记	初始登记	转移登记	变更登记	注销登记
合　计	89407.45	36859.3	15888.96	13453.05	4971.32	2545.97
广州市	29303.77	12169.63	5833.41	5628.39	649.35	58.48
深圳市	7834.91	3400.79	1631.02	1332.06	437.71	0
珠海市	9655.48	1639.85	1106.59	390.39	142.87	0
汕头市	1037.39	500.56	251.79	170.49	56.60	21.68
佛山市	6970.28	3176.50	942.98	1144.55	992.57	96.40
韶关市	1241.91	478.89	127.55	273.72	54.97	22.65
河源市	975.82	443.62	294.18	60.77	87.76	0.91
梅州市	1163.06	769.32	319.24	205.04	141.58	103.46
惠州市	5917.96	2348.97	1273.04	825.80	237.01	13.12
汕尾市	467.39	243.87	128.18	98.77	11.01	5.91
东莞市	4433.52	2306.36	1065.26	972.23	244.19	24.68
中山市	1741.81	287.49	41.75	0	244.20	1.54
江门市	3611.38	1723.16	796.79	679.54	112.95	133.88
阳江市	1620.35	887.13	348.88	262.99	245.86	29.40
湛江市	2932.28	2210.81	162.01	148.05	182.16	1718.59
茂名市	1194.06	448.96	173.90	159.55	87.19	28.32
肇庆市	2310.23	1060.16	478.53	308.15	84.29	189.19
清远市	2104.43	688.05	302.96	279.74	90.33	15.02
潮州市	141.70	91.30	40.50	32.60	18.20	0
揭阳市	832.54	200.61	138.14	58.89	3.27	0.31
云浮市	794.72	386.36	187.71	96.53	41.80	60.32
顺德区	3122.46	1396.91	244.55	324.80	805.45	22.11

地区名称	本年登记房屋总建筑面积情况（万平方米）						
	抵押权登记	地役权登记	预告登记	其他登记	本年登记集体土地上的房屋总建筑面积	初始登记	其他登记
合　计	39313.19	104.81	10381.2	2748.95	8834.87	4259.17	4575.7
广州市	8031.69	0	7218.01	1884.44	0	0	0
深圳市	4434.12	0	0	0	0	0	0
珠海市	7809.62	0	128.10	77.91	0	0	0
汕头市	348.77	0	42.17	145.89	145.89	37.12	108.77
佛山市	3700.40	0	73.25	20.13	667.54	232.93	434.61
韶关市	432.68	0	326.09	4.25	0.27	0.23	0.04
河源市	502.85	0	29.35	0	6.82	6.02	0.80
梅州市	345.73	0	46.31	1.70	0	0	0
惠州市	2587.80	0	900.12	81.07	2.26	2.26	0
汕尾市	223.52	0	0	0	0	0	0
东莞市	1976.96	0	0	150.20	435.49	53.11	382.38
中山市	1454	0	0	0.32	59.13	35.29	23.84
江门市	1612.30	0	221.64	54.28	49.24	30.89	18.35
阳江市	516.64	104.81	99.45	12.32	0	0	0
湛江市	561.15	0	160.17	0.15	0	0	0
茂名市	597.61	0	146.74	0.75	29.14	29.07	0.07
肇庆市	946.59	0	231.70	71.78	7097.31	3758.65	3338.66
清远市	750.07	0	484.26	182.05	1.05	0.75	0.30
潮州市	50.40	0	0	0	0	0	0
揭阳市	444.50	0	181.81	5.62	6.01	6.01	0
云浮市	260.28	0	92.03	56.05	2.73	2.54	0.19
顺德区	1725.51	0	0	0.04	331.99	64.30	267.69

（冯育文）

（续表）

地区名称	本年登记工作量情况（件）					
	本年登记国有土地上的总件数	所有权登记				
			初始登记	转移登记	变更登记	注销登记
合　计	3811149	1627795	175068	1242353	163552	46822
广州市	1785685	606361	7060	566093	31594	1614
深圳市	287912	143646	1783	129586	12277	0
珠海市	104959	39902	616	34890	4396	0
汕头市	64468	46422	26997	15319	2801	1305
佛山市	231792	132469	6661	104823	16678	4307
韶关市	55380	26306	1177	21201	2469	1459
河源市	32938	14710	6640	5275	2726	69
梅州市	62717.00	38590	9614	16863	11924	189
惠州市	253554	101803	24937	70173	6326	367
汕尾市	42668	36301	15990	10688	3033	6590
东莞市	152992	98042	3258	85987	8437	360
中山市	27106	8896	3517	0	5358	21
江门市	150106	80672	17001	55310	3257	5104
阳江市	63058	31493	12532	12582	5779	600
湛江市	76292	47932	178	16269	20156	11329
茂名市	39050	17713	1600	10109	3950	2054
肇庆市	97484	45273	4420	29763	3353	7737
清远市	128217	48241	17186	26925	3861	269
潮州市	6832	4570	2015	2373	182	0
揭阳市	28128	9170	3511	5277	362	20
云浮市	33330	17581	6540	6837	1797	2407
顺德区	86481	31702	1835	16010	12836	1021

地区名称	本年登记工作量情况（件）						
	抵押权登记	地役权登记	预告登记	其他登记	本年登记集体土地上的总件数	初始登记	其他登记
合　计	1193199	4267	866792	119096	54534	15395	39139
广州市	467420	0	612478	99426	0	0	0
深圳市	144266	0	0	0	0	0	0
珠海市	49054	0	12576	3427	185	185	0
汕头市	10138	0	7624	284	1451	600	851
佛山市	94439	0	4716	168	26751	5026	21725
韶关市	15468	0	13203	403	20	17	3
河源市	15775	0	2453	0	567	560	7
梅州市	17234	0	6592	301	0	0	0
惠州市	73309	0	76978	1464	36	36	0
汕尾市	754	311	5302	0	0	0	0
东莞市	52534	0	0	2416	5189	4892	297
中山市	18187	0	0	23	2599	936	1663
江门市	52428	0	15243	1763	1485	1196	289
阳江市	19981	3956	7327	301	0	0	0
湛江市	9439	0	18038	883	0	0	0
茂名市	11748	0	9531	58	69	68	1
肇庆市	28924	0	20746	2541	534	382	152
清远市	33244	0	42286	4446	24	12	12
潮州市	2262	0	0	0	0	0	0
揭阳市	14093	0	4692	173	208	208	0
云浮市	7727	0	7007	1015	139	113	26
顺德区	54775	0	0	4	15277	1164	14113

（冯育文）

成两个专项检查组，分别到佛山、韶关、江门、清远市进行实地检查。在各地开展自查清理的基础上，通过听取汇报、查阅档案资料、征收项目抽查等方式，深入检查各地在实施国有土地上房屋征收（拆迁）中前期手续是否到位、实施行为是否规范、补偿安置是否合理、保障政策是否落实，以及贯彻落实《征收条例》完善工作机构、制定配套法规政策等工作情况，并纠正和指导检查中发现的问题，规范当地国有土地上房屋征收工作。四是开展交流学习。为配合房屋征收新制度的实施，组织全省各市县房屋征收（拆迁）部门分3批参加住房和城乡建设部举办的《国有土地上房屋征收与补偿条例》实施情况培训交流会。 （张志军）

住宅产业化

【概况】 住宅产业化是指以工业化的方式生产住宅，运用新技术、新材料、新工艺、新设备，对传统粗放式住宅生产方式转型升级，大幅度提高住宅建设的劳动生产效率，全面提升住宅质量，实现节能、节水、节材、节地和环保（即“四节一环保”），降低住宅生产和使用的全寿命周期成本。

2012年，广东省通过开展国家康居示范工程、广厦奖、中国土木工程詹天佑优秀住宅小区奖项、广东省绿色住区评选等工作，推动全省住宅产业化发展，全省住宅产业化、一次装修化、绿色建筑项目不断增加，有利于资源节约型、环境友好型社会的建设。

【国家康居示范工程】 开展国家康居示范工程是广东省推进住宅产业化的重要手段之一。近年广东省积极开展商品住房、保障性住房项目康居示范工程审批工作。深圳坪山新区聚龙山保障性住房被列入国家康居示范工程计划，成为深圳市首个政府投资的国家康居示范工程项目。结合绿色建筑、可再生能源建筑利用等建筑节能方式推进试点示范项目建设，深圳发展近80个绿色建筑项目，总建筑面积超过1000万平方米，2009年成为国家可再生能源建筑应用示范城市；截至2012年底，全省有17个国家级太阳能建筑应用示范项目，太阳能热水建筑应用面积超过800万平方米，建立29个住宅产业现代化示范基地和项目。深圳市万科企业股份有限公司和深圳市嘉达高科产业发展有限公司成为“国家住宅产业现代化基地”。广东省内有广州保利花园、深圳万科四季花城等11个商品住宅项目申请国家康居示范工程，9个项目通过。

【住宅产业化政策和标准体系制定】 广东省通过开展立法工作，推动住宅产业化建设。深圳是全国最早研究和实施住宅产业化的综合性城市。从2006年开始，深圳市先后制定出台《深圳市经济特区循环经济促进条例》《深圳市经济特区建筑节能条例》《深圳市建筑废弃物减排与利用条例》《深圳市既有建筑节能改造实施方案》《深圳市保障性住房条例》等法规，对住宅产业化进行相应规定，对建筑节能、建筑废弃物和一次性装修提出要求，并在示范项目土地出让合同中明确规定新建住宅必须进行一次性全装修。

截至2012年底，深圳市新建建筑强制执行的节能标准达到50%，实现建筑废弃物综合回收利用率30%，“十二五”期末争取达到60%，新建保障性住房交付使用前必须完成室内一次性全装修。在深圳大运会场馆建设过程中，推进住宅产业化技术应用，制定《关于推进住宅产业现代化的行动方案》《关于推进住宅产业现代化的若干意见》，确定深圳市推进住宅产业现代化的指导思想、基本原则和主要目标、明确实现目标的主要措施和组织保障手段。

深圳市先后编制《住宅产业化模数协调标准》《住宅产业化（混凝土结构）设计标准》《住宅产业化生产及运输标准》和《住宅工业化装配施工及验收标准》等。2012年，开展《保障性住房标准化系列化设计》研究，形成保障性住房施工系列图库、部品图库及相应的工程量清单、材料清单，确保保障性住房质量可控、投资可控、工期可控。

【住宅产业现代化实践探索】 住宅产业化是中国住宅发展的方向，符合科学发展和经济结构调整方向。深圳万科地产是地产行业住宅产业化的领头羊，一直致力于推动住宅产业化，并取得良好的社会效益和经济效益。自国务院办公厅颁发的住宅产业化纲领性文件《关于推进住宅产业现代化提高住宅质量的若干意见》出台以来，万科成为第一个响应的开发商，于当年成立建筑研究中心，从设计的标准化、生产过程的工厂化、现场装配化和产业链的整合四大方面进行研发和推广实践，在此基础上形成标准化部品库；2007年，在东莞松山湖落成的万科住宅产业化研究基地成为“国家住宅产业化基地”；2009年，深圳推出的第一个产业化施工项目万科第五园五期“第五域”，由于采用工业化建造，从开工建设到封顶仅仅耗时5个多月；2012年，万科主流住宅产品100%实现全装修，上海、深圳、北京三大区域施工项目实现工业化建造面积达到100万平方米。

【国家住宅产业化基地】 国家住宅产业化基地由住房和城乡建设部批准建立，是推进住宅产业现代化的重要措施，目的是通过建立产业化基地，培育和发展符合住宅产业现代化要求的产业关联度大、带动能力强的龙头企业发挥优势，集中力量探索住宅建筑工业化生产方式，研究开发住宅建筑体系和通用部品体系，建立符合住宅产业化要求的新型工业化发展道路，促进住宅生产、建设和消费方式的根本性转变。截至2012年底，在全国先后批准建立33个国家住宅产业化基地。广东省深圳市人民政府、万科企业股份公司、广州松下空调电器有限公司等被批准成为“国家住宅产业化基地”。

【钢结构住宅产业化】 钢结构住宅抗震性强，工业化程度高，可回收利用，能减少资源消耗和建筑垃圾的排放，目前是发达国家优先发展的住宅结构体系之一，中国正在积极推进相关工作。在住房和城乡建设部印发的《住房和城乡建设部2012年科学技术项目计划》中，将“钢结构住宅产业化”列为2012年软科学研究项目下达给中国建筑金属结构协会，并对“钢结构住宅产业化”项目研究的内容、考核指标、完成时间提出具体要求。

2012年3月，由广东省空间结构学会主办的“第二届广州国际预制房屋、模块化建筑、活动房屋与空间展览会”在广州召开，来自中国、美国、德国等63个国家和地区的518家企业参加，观众28839人次。展示范围涵盖：彩钢活动房、集装箱房、轻钢房屋、模块化房屋、钢结构产品、钢结构生产加工设备、市政工程等。旨在推动住宅产业化产业链集群式走出去新模式，促进国内外集成建筑产业的国际合作与发展。

广州、深圳等市在钢结构住宅产业化方面处于广东省领先地位。深圳第一创业大厦位于深圳福田CBD核心区域的高档写字楼，占地面积4510平方米，总建筑面积50215平方米，包括：新建1幢20层高、精装修的办公大楼，设有4层高的地下室。结构平面布置呈矩形，上部结构采用巨型柱（樯）－大型钢支撑体系，独特、复杂、安装精度要求高。2012年1月15日，主体钢结构封顶并完成验收。同年10月30日交付使用。（张志军）

【广厦奖】 “广厦奖”是经住房和城乡建设部批准，由中国房地产业协会、住房和城乡建设部住宅产业化促进中心共同设立的国家级房地产开发项目综合性大奖，着重表彰规划设计水平高、环境质量好、工程质量优、住宅性能好，在推进住宅产业化、“四节一环保”和解决广大群众住房问题方面起示范、带动作用的项目。2012年，经广东省房地产行业协会现场初审并推荐的广州凯旋新世界、广州白云万达广场项目获2012年“广厦奖”。截至2012年底，全省有13个项目获此殊荣。

【商品住宅性能认定】 2012年，经住房和城乡建设部住宅产业化促进中心、广东省住房和城乡建设厅和广东省房地产行业协会联合组成的专家评审组现场考察和评审，广州凯旋新世界项目通过商品住宅性能认定AAA级终审。截至年底，广东省有20个项目通过终审。其中，8个项目通过A级商品住宅性能认定终审、8个项目通过AA级商品住宅性能认定终审、4个项目通过AAA级商品住宅性能认定终审。

【中国土木工程詹天佑奖优秀住宅小区金奖】 2012年，由广东省房地产行业协会推荐参评的广州岭南新苑、汕头万泰春天花园两个项目获奖。截至2012年底，广东省有23个住宅小区项目获2012年“中国土木工程詹天佑奖优秀住宅小区金奖”、6个项目获2012年“中国土木工程詹天佑奖优秀住宅小区单项奖”。

【绿色住区】 截至2012年底，广东省有180个住宅小区通过“广东省绿色住区”认定。2012年，全省有25个项目申报绿色住区，经过前期考察、公示、专家现场评审、绿色住区认定委员会核准等严格的考评程序，广州凯旋新世界等21个项目被省房地产行业协会授予“广东省绿色住区”称号。其中揭阳市有两个项目通过考评，实现零的突破，使绿色住区覆盖除汕尾、清远外的全省19个地级以上市。《广东省绿色住区评价标准》被省质量技术监督局列为地方标准，并选择其中参编单位的招商地产项目作为试点评价，以提高新标准的可操作性。通过实施绿色住区认定工作，促进全省房地产开发全过程“节能、节材、节地和环保”，符合可持续发展和循环经济的发展潮流，符合国家住宅产业化的政策导向。

（张志军）

▲广州白云万达广场项目获2012年“广厦奖” （广东省房地产行业协会供稿）

▲汕头市万泰春天花园项目获2012年"中国土木工程詹天佑奖优秀住宅小区金奖"

(广东省房地产行业协会供稿)

【珠江三角洲房地产博览会】 2012年4月28~30日，由广东省住房和城乡建设厅指导、广东省房地产行业协会主办、珠江三角洲各市住房和城乡建设局支持、珠江三角洲各市房地产（行）业协会联合举办的"2012珠江三角洲房博会"在广州锦汉展览中心举办。房博会以"价值回归，幸福置业"为主题，吸引19家房地产企业和数十家房地产配套企业参展，富力、恒大、越秀、碧桂园、新世界、颐和、丽丰控股、东莞光大集团等品牌房企携旗下新盘参展，涵盖广州、肇庆、佛山、清远、中山、惠州、韶关等珠江三角洲及周边城市，重点展示符合首次置业和改善性需求的总体价格低、中小户型产品，并展示度假养生盘、豪华别墅盘、养老地产盘等高端物业，满足不同层次置业者的需求。与上年相比，"2012珠江三角洲房博会"参展的外地楼盘具有占地面积大、产品类型丰富、自然生态环境好、开发商实力强等优势。

(刘振洲)

住房保障

【概况】 2012年，广东省稳步推进住房制度改革创新。通过以"公共租赁住房为主体"的保障性住房建设，解决中低收入群众住房困难。落实全省住房保障工作责任目标制，推行全省住房保障制度改革创新，全面开展公共租赁住房等保障性住房建设，加快各类棚户区改造。全年新开工建设各类保障性安居工程17.1万套，完成保障性安居工程建设投资279亿元。是年，以"公共租赁住房为主体、可持续、能循环"的新型住房保障制度初步形成。基本建立保障性住房建设的资金、用地、规划和保障体制，住房保障监督体系日趋完善。

【保障性安居工程建设】 2012年，广东省供应保障性安居工程用地453.53公顷，完成保障性安居工程建设资金投入279亿元，新增工程项目460个，竣工项目282个。全省保障性安居工程新开工各类住房16.67万套，其中全年新增开工建设经济适用住房0.6万套、公共租赁住房11.79万套、限价商品房1.18万套，新开工林区棚户区危房改造1171套、华侨农场危房改造1万套、城市棚户区1.47万套、国有工矿棚户区5598套、新竣工各类保障性住房和棚户区改造8.5万套。

【住房制度改革创新】 2012年2月28日，广东省人民政府办公厅正式颁布《广东省住房保障制度改革创新方案》。在总结和推广广州市、中山市住房保障制度改革创新试点经验的基础上，全省各级政府明确职责分工，层层落实责任，全力推进住房制度改革创新工作。省住房和城乡建设厅组织有关城市住房保障部门到上海、江苏等地调研，并召开全省住房保障工作督查座谈会，督促各地抓紧制订住房保障制度实施方案。至2012年底，所有地级以上市均按照《广东省住房保障制度改革创新方案》制订符合本地实际的住房制度改革创新实施方案，扎实推进改革创新工作。12月，省政府在中山召开全省住房保障制度改革创新工作经验交流座谈会。

通过住房制度改革创新，广东省住房制度改革创新配套政策和措施逐步完善。以"公租房为主要保障方式"的住房保障制度基本形成；"以需定建"的决策机制初步建立；保障房建设模式呈现多样化；住房保障管理机制更加健全；投融资机制创新取得新突破，政府主导、社会参与的建设机制逐步形成；阳光分配和后续监督管理工作有序开展，为全省建立健全具有广东特色、健康、可持续的住房保障制度奠定坚实的基础。

【住房保障调研】 2012年3月，广东省住房和城乡建设厅组织有关部门就住房保障制度创新改革，到上海、江苏等地专题考察学习，总结借鉴兄弟省市成功经验，为指导各地制订具体实施方案打好基础。4月，组织相关人员参加由省人大环境资源委员会组织的对韶关、深圳、惠州、梅州等市的保障性住房建设管理情况调研。5月8日，启动《关于促进我省保障房建设均衡发展的建议》政协系列提案的办理工作，全面开展书面调研和实地调研工作，并由省住房和城乡建设厅针对提案内容在全省范围内进行书面调研。随后组织省直有关部门会同提案人分别到广州、深圳、惠州、东莞、河源等市开展实地调研，召开专题座谈会，了解当地保障房建设情况，分析制约和影响保障房建设的原因，研究解决办法。12月，由省监察厅牵头，省住房城乡建设厅组织主要业务骨干开展保障性安居工程建设调研，针对全省保障性安居工程建筑质量、分配管理、绿色建筑和节能等方面进行专题调研。

【住房保障信息公开】 2012年是广东省实施住房保障信息公开的重要一年。6月，住房和城乡建设部召开全国住房保障和国有土地房屋征收补偿信息公开电视电话会议，省住房和城乡建设厅套开全省贯彻落实会议，全面布置全省工作，并转发住房和城乡建设部办公厅《关于做好2012年住房保障信息公开工作的通知》，要求各地在当地政府网站及时向社会公布2012年度保障性住房建设计划、项目清单、用地落实、建设资金、开工项目和竣工项目以及有关分配政策、对象、房源、程序、过程、结果和退出情况等信息，接受社会公众监督。9月、11月，省住房和城乡建设厅对住房保障信息公开进行督查。督查情况显示：全省所有市县均开通住房保障信息公开网站，公开各类保障保障性住房信息6000余条。

【住房保障监管】 2012年，广东省完善住房保障监督检查机制，监管工作高效推进。一是完善政策制度，使住房保障监管工作有据可依。省住房和城乡建设厅印发《广东省住房保障目标责任量化考核评分细则》，明确住房保障工作涉及的目标任务，对政策执行、程序履行、动态管理、工程建设、专项资金使用等重点实施监管；省政府办公厅印发《广东省住房保障制度改革创新方案》，明确住房保障监管职责；省纪委将保障性安居工程建设情况列入加快转变经济发展方式的重点督查内容，制定监督检查办法，明确监督检查保障性安居工程建设政策措施。全力推进《广东省城镇住房保障办法》制定，将住房保障制度法定化，为形成政策明晰、分层保障的住房保障体系奠定坚实基础。二是部署检查工作，住房保障工作有序进行。国务院第三督查组对广州、深圳和中山3市保障性住房分配及质量管理工作情况进行督查，督察组认为广东省工作“认识到位、责任明确、措施有力、工作扎实、锐意创新、成效显著”；省住房和城乡建设厅牵头组织考核，对各市完成2011年住房保障工作目标责任进行评分，并向全省通报；住房和城乡建设部保障性安居工程质量监督执法检查第五检查组来广东省进行检查，检查组随机抽查广州、深圳市6个在建的保障性安居工程，认为广东省各级政府高度重视保障性安居工程质量，在强化监督执法、推行样板引路、加强信息化建设方面取得较好成效。这一年，省住房和城乡建设厅在广州增城召开全省住房保障工作督查座谈会，督促检查各地目标任务落实情况，对2012年的住房保障督查工作作出部署。5~6月，住房和城乡建设部巡查员开展广东省保障性安居工程巡查工作，中央加快转变经济发展方式监督检查工作领导小组第七检查组对广东省进行检查，其中对广东省保障性安居工程建设政策措施贯彻落实情况进行重点检查；8月20日至9月5日，全省开展“加快转型升级，建设幸福广东”综合性监督检查。省住房和城乡建设厅组织“加快转型升级，建设幸福广东”检查组，对全省各市保障性安居工程进展情况进行现场督促和检查，提出指导和整改意见。开展专项督查，组织专门检查小组赴湛江、阳江督查盐场棚户区改造工作，赴韶关督查国有工矿棚户区改造工作。三是加强信息管理，完善监管手段。省住房和城乡建设厅继续完善住房保障信息系统建设，建立保障住房、居民住房收入信息两个数据库，完善统一数据平台，适时实施对保障性住房房源、保障对象、管理部门的监管，实现住房保障业务网上管理和保障性住房动态监管。四是配合审计工作，丰富监管手段。是年，省审计厅启动保障性住房审计调查，对住房保障工作进行翔实审计。省住房和城乡建设厅全面配合国家审计署审计工作，针对审计中发现的问题，落实整改措施，并将整改结果报省政府、审计署、住房和城乡建设部。

2012年，通过完善全省监管机制，开展住房保障工作监察，及时发现问题、解决问题，落实整改工作，使全省保障性安居工程工作进一步理顺，确保2012年全省住房保障目标任务超额完成。顺利推进住房保障制度改革创新，保证保障性住房质量安全可控，提高保障性住房后续监管水平。

【保障性住房人大专题询问】 保障性住房建设工作落实情况成为2012年广东省人大常委会审议和专题询问的项目。2012年，广东省住房和城乡建设厅会同广东省保障性安居工程联席会议成员单位，起草工作落实报告，配合省人大制订工作方案，协商确定专题询问提纲。7月24日，厅长房庆方受省政府委托，代表省政府向省人大常委会作《省政府关于保障性住房建设工作落实情况报告》，并接受专题询问。咨询主要涉及：保障性住房覆盖群体和选址、政府完成广东省“十二五”期间保障性住房建设任务的资金来源、确保保障性住房质量的措施等方面的问题。

【保障性安居工程建设管理】 2012年，广东省各地大力推进保障性安居工程建设工作，高度重视保障性安居工程质量，把保障房质量作为建设保障性安居工程的“生命线”来抓。一是加强领导，形成合力。各地住房和城乡建设行政主管部门均明确负责保障性安居工程质量管理的分管领导和业务部门，全省住房和城乡建设行政主管部门、住房保障部门、工程质量监督机构和广大建设、勘察、设计、施工、监理等单位建立协同工作机制，以工程质量监督机构为依托，加强对保障性安居工程质量的监管和指导。二是完善制度，夯实基础。贯彻落实住房和城乡建设部《关于全面推行住宅工程质量分户验收工作的通知》，省住房和城乡建设厅印发《广东省房屋建筑工程质量样板引路工作指引（试行）》《关于加强我省保障性安居工程质量管理的指导意见》《广东省保障性住房建筑规程》等文件，对保障性住房的规划选址、套型设计、建筑质量、配套建设等提出明确要求，加强保障性安居工程的质量管理。三是推行样板引路，实行分户验收。广东省大力推行工程质量样板引路的做法，现场制作实物质量样板，用于指导施工作业和作为质量验收标准，促进施工质量水平提高。全省各地全面实行住宅工程质量分户验收，保障性住房工程100%实行质量分户验收。四是应用先进技术，实行信息化管理。建立工程质量检测监管信息系统；逐步推广混凝土质量跟踪监管信息系统和植入芯片防止试块造假；开发便携式工程质量安全监督执法信息系统，做到即时记录、上传质量安全监督检查情况，现场打印发出监督检查文书；应用工地远程视频监控系统，对保障性住房在建工程实施重点监控。五是加强监督检查，强化工程质量监管。由省住房和城乡建设厅组织开展的房屋市政工程和城市轨道交通工程质量监督执法检查、房屋市政工程质量安全季度巡查，均将保障性安居工程质量检查作为必查内容。

【住房保障政策措施】 2012年3月，住房和城乡建设部印发《关于做好2012年城镇保障性安居工程工作的通知》，对加强保障性安居工程建设和管理提出具体要求。广东省积极贯彻落实。一是资金配套取得新突破。广东省争取到中央补助公共租赁住房、城市棚户区改造、国有工矿棚户区改造专项资金32.08亿元，省级财政补助资金5.5亿元。省住房和城乡建设厅会同财政厅、发展改革委等部门制订分配方案，及时下拨补助资金。全省各地按照住房保障制度改革创新方案的要求，调动社会力量，吸引社会资金投入100多亿元，以多种方式参与保障房建设。佛山、江门市成为广东省利用住房公积金贷款建设保障性住房的试点城市，国家批复佛山市2亿元、江门市3.3亿元专项费用，用以指定保障性住房项目建设。广州、深圳等7个城市成立保障性住房建设投融资平台，形成社会力量参与、多渠道筹集保障房建设资金的新格局。二是土地储备制度逐步完善。国土部门落实优惠政策，编制保障性住房建设用地计划，实行新增用地计划指标单列，确保保障性安居工程用地需要。全省各地采取多种途径解决用地来源，落实保障性安居工程建设用地453.56公顷。多数城市建立保障性安居工程土地储备制度，储备一批优质地块，为“十二五”推进保障性安居工程建设奠定良好基础。三是落实快速审批制度。建立健全项目审批“绿色通道”制度，通过并联审批、缩短审批时限等措施，加快前期手续办理进度，确保项目按期开工建设。

【住房保障工作机制】 2012年，广东省住房和城乡建设厅继续强化住房保障工作机制。一是强化目标考核机制。省政府与各地级以上市政府签订住房保障工作目标责任书。牵头会同广东省保障性安居工程联席会议成员单位，完成对各地级以上市一年一考核工作，并将考核结果向全省通报。二是强化巡查督查机制。省住房和城乡建设厅开展8次专项督查或重点检查，督促各地加快建设进度，加强工程建设和分配运营管理。对进展快的城市给予表扬；对进展慢的城市，督促他们加大工作力度，取得较好的督查效果。三是强化通报督办机制。

·链接·

保障性安居工程

保障性安居工程是指政府为中低收入住房困难家庭所提供的限定标准、限定价格或租金的住房。根据国家政策以及法律法规的规定，由政府统一规划、统筹，提供给特定的人群使用，并且对该类住房的建造标准和销售价格或租金标准给予限定。

截至2012年底，国家实施保障性安居工程包括三类十项。第一类是保障性住房建设。包括：廉租住房、经济适用住房、公共租赁住房、限价商品住房四项；第二类是棚户区改造。包括：城市棚户区、国有工矿棚户区、林区棚户区、垦区棚户区（含华侨农场危房改造）和煤矿棚户区五项；第三类是农村危房改造。此外，广东省保障性住房建设和棚户区改造纳入城镇住房解决，由广东省住房和城乡建设厅牵头组织实施；农村危房改造在农村实施，由广东省扶贫开发领导小组办公室牵头组织实施。

每月分析全省住房保障工作进展情况，并向全省通报，有针对性地进行督查，确保全省各地住房保障工作顺利推进。四是强化信息公开机制。督促各地在政府网站上公开本地2012年度保障性安居工程项目基本信息和轮候、分配信息，接受社会监督。

【保障性安居工程分配运营管理】2012年，广东省着力完善保障性住房分配运营管理。一是完善有关政策文件。省住房和城乡建设厅拟订《广东省城镇住房保障办法（草案）》，并通过省法制办审核；组织编制《广东省公共租赁住房租赁合同示范文本》，会同省工商局印发施行；会同省建筑设计研究院启动《广东省标准〈保障性住房建筑规程〉图示》的编制工作，并向社会征求意见。二是组织召开加强保障性住房分配管理经验交流会议。省住房和城乡建设厅专门组织召开全省保障性住房分配管理会议，总结各地好的经验做法并加以推广，督促各地严把准入审核关口，完善审核、公示制度，健全国土、房管、民政、公安、税收、金融等部门的协查工作机制，确保住房保障资格审查的准确性。三是加强分配环节监管，在全省推行轮候分配制度，实行登记结果、分配过程、分配结果三公开，轮候在政府网站公布，确保分配环节公开透明。加强动态监管，健全住房保障资格年审机制。通过不定期检查、大规模拉网式入户调查、委托第三方调查取证、畅通投诉渠道等方式，加强住房保障资格监管和房屋使用情况巡查。四是创新后续管理，对具备实行专业化物业管理的、由政府投资的保障性住房小区，通过招标等方式委托具有物业管理资质的公司实行统一物业服务；对不具备物业管理的、由政府投资购买的零星保障性住房，落实辖区房管部门进行管理，并通过不定期抽查和定期考核，对保障性住房小区物业管理公司的工作进行监管，促进物业管理公司提升服务管理水平。

【保障性住房小区选介】 惠州市惠祥花园保障性住房小区 惠州市首个采取代建制建设的保障性住房项目。位于惠城区三环北路江北25号小区，占地面积20015平方米，建筑面积63605.8平方米，其中住宅面积47118平方米，商业面积8022.8平方米，地下室面积8465平方米，建有保障性住房644套。配套建设地下摩托车、电动车、自行车库和平价商场、平价药店、平价诊所。配套有望江小学、惠台小学和望江村农贸市场，并有34、35路公共汽车经过。2012年，有604户被保障对象家庭入住该小区。2009年5月开工，2012年12月竣工。

珠海大镜山保障性住房项目 位于珠海主城区大镜山水库南侧，梅华西路北侧，地理位置优越，交通便捷，周边3千米内配套有学校（幼儿园、小学、中学）、超市、医院、体育馆等生活、学习、工作设施。占地面积9913.48平方米，总建筑面积45112.75平方米；共3幢楼，其中两幢28层、一幢27层，容积率3.79，总计806套，其中廉租房260套、公租房546套。2011年9月28日动工建设，2012年9月11日封顶。

【住房保障机构选介】 珠海市住房保障办公室 2012年6月，珠海市机构编制委员会批准成立珠海市住房保障办公室，在珠海市住房和城乡规划建设局加挂牌子。将珠海市住房和城乡规划建设局内设住房保障科成建制划转珠海市住房保障办公室管理，增设综合科，调整后住房保障办设两个科。核定行政编制4名，后勤服务人员2名。主要负责全市住房保障工作的统筹、协调、指导和监督；制定住房保障的政策；编制住房保障规划和年度建设计划组织实施，落实住房保障工作目标责任；拟订全市保障性住房建设方案监督执行；会同有关部门落实市本级保障性住房建设用地和资金安排，推进住房改革与发展；指导全市住房保障制度改革与创新；统筹和指导全市住房保障需求调查及保障性住房申请、审核、分配和退出管理等。 （卓云峰）

▲2012年2月8日，广东省住房保障工作督查组对东莞市保障性住房分配及质量管理工作情况进行督查 （东莞市住房和城乡建设局供稿）

2012年广东省新增保障性安居工程开工情况

单位：套

地区名称	保障性安居工程开工总数（含租赁补贴）	租赁补贴	公共租赁住房	经济适用住房	限价商品住房	城市棚户区	国有工矿棚户区	林业棚户区
广东省	166737	10176	117934	5996	11754	14707	5598	500
广州市	46767	5008	31753	4781	4725	0	0	500
深圳市	38759	0	22257	0	5371	11131	0	
珠海市	2994	0	2802	192	0	0	0	
汕头市	5954	1200	4262	0	492	0	0	
佛山市	7694	0	7694	0	0	0	0	
顺德区	3558	78	2462	0	1018	0	0	
韶关市	6553	0	1344	0	0	809	4400	
河源市	4466	128	2985	0	0	793	560	
梅州市	2313	582	1631	0	100	0	0	
惠州市	5866	200	5066	600	0	0	0	
汕尾市	1235	50	1185	0	0	0	0	
东莞市	7787	0	7787	0	0	0	0	
中山市	4608	275	4333	0	0	0	0	
江门市	5230	259	4971	0	0	0	0	
阳江市	2502	0	2430	0	0	0	72	
湛江市	4978	925	2581	0	0	1084	388	
茂名市	3966	900	2126	0	0	690	250	
肇庆市	3766	154	3090	322	0	200	0	
清远市	2575	391	2035	101	48	0	0	
潮州市	1536	0	1536	0	0	0	0	
揭阳市	2463	0	2463	0	0	0	0	
云浮市	1167	26	1141	0	0	0	0	

（卓云峰）

2012年广东省新增保障性安居工程竣工情况

单位：套

地区名称	保障性安居工程竣工总数	公共租赁住房	经济适用住房	限价商品住房	城市棚户区	国有工矿棚户区	林业棚户区
广东省	76021	61611	6425	3376	4288	321	0
广州市	10490	7357	480	2653			
深圳市	17981	13566	4211	204			
珠海市	3439	710	0	0	2729		
汕头市	551	551					
佛山市	3920	3920					
顺德区	676	676					
韶关市	2817	1130	444	127	1116		
河源市	1536	963		252		321	
梅州市	2131	1729	282	120			
惠州市	3047	2659	388				
汕尾市	256	256					
东莞市	12507	12507					

（续表）

地区名称	保障性安居工程竣工总数	公共租赁住房	经济适用住房	限价商品住房	城市棚户区	国有工矿棚户区	林业棚户区
中山市	3589	3589					
江门市	3653	3413	240				
阳江市	1784	1784					
湛江市	1389	1029			360		
茂名市	1388	1251	54		83		
肇庆市	1249	923	326				
清远市	624	604		20			
潮州市	1036	1036					
揭阳市	1236	1236					
云浮市	722	722					

（卓云峰）

2012年广东省住房保障完成和资金投入情况

单位：万元

项　　目	实绩	中央补助	省级补助	地方债券	市县一般预算	土地出让净收益	住房公积金增值净收益	企业、个人筹集	公积金贷款	银行开发贷款	其他非银行金融机构融资	其他投入
合计	2702847	228656	24371	23667	509268	381186	10928	1258547	0	55855	6582	203788
公共租赁住房	1635541	222826	22833	20754	210220	370146	10928	668143	0	12439	925	96329
其中：新建改建	1620054	222021	22833	20754	202757	362925	10928	668143	0	12439	925	96329
购买	221	203	0	0	18	0	0	0	0	0	0	0
长期租赁	15267.57	601.57	0	0	7445	7221	0	0	0	0	0	0
经济适用住房	184457.1	0	0	0	44909	10934	0	86012	0	0	0	42602
限价商品住房	561754.1	0	0	0	36393	1	0	423602	0	38306	0	63452
城市棚户区	298332	1560	1038	50	216382	105	0	69474	0	2660	5657	1406
国有工矿棚户区	11260.44	3770.13	0	2863	864	0	0	1313	0	2450	0	0
国有林区（场）棚户区（危旧房）	11503	500	500	0	500	0	0	10003	0	0	0	0
国有垦区危房	0	0	0	0	0	0	0	0	0	0	0	0
租赁补贴	15026.32	1.56	104	0	3209	11569	125	0	0	0	0	18

（卓云峰）

住房公积金监管

【概况】 2012年，广东省住房和城乡建设厅以确保住房公积金资金安全为监管重点，指导各地级以上市住房公积金管理中心工作；重点推进全省缴存扩面工作和信息化建设工作。全省住房公积金整体运行情况良好，业务开展有序，资金管理安全有效。

缴存人数与缴存总额持续稳定增长。截至2012年末，全省应缴职工人数2342.06万人、实际缴存职工人数1057.49万人，实缴人数比上年增加104.78万人，增长11%。住房公积金覆盖率（期末实缴职工人数/期末应缴职工人数）45.15%，比上年略有提高。全省缴存总额4851.29亿元、新增缴存额1084.61亿元，新增缴存增幅28.79%，比上年增长17.15%；缴存余额2219.35亿元、新增余额486.6亿元，比上年增长9.26%。

个人贷款额与提取额持续增长，个人贷款额和提取额占缴存额的比例持续处于高位，个贷逾期率有所下降。截至2012年末，全省住房公积金提取总额2631.94亿元，占住房公积金缴存总额的54.25%；提取额为598亿元，增幅29.40%，比上年增长24.47%，占当年缴存额的55.14%。提取总额占缴存总额的比例连续三年保持在54%。个人住房公积金发放贷款总额1745.55亿元，累计发放74.72万宗，占缴存总额的35.98%，增幅分别为26.84%、20.35%。发放个人贷款369.34亿元、12.63万笔，占全年缴存额的34.05%，比上年增长23.99%和26.43%。个人贷款余额1146.23亿元、新增余额256.42亿元，增幅28.82%，比上年增长29.94%。个人贷款逾期率0.00215‰，比上年下降0.00052‰。

【住房公积金监督检查】 2012年，广东省住房和城乡建设厅会同省财政厅对全省2011年度地级市住房公积金管理中心管理工作进行考核。6月，省住房和城乡建设厅印发《关于对全省住房公积金管理中心2011年度管理工作情况进行考核的通知》，要求各地级以上市住房公积金管理中心开展考核自评。8~9月，省住房和城乡建设厅会同省财政厅组成6个考核小组，到各地级以上市住房公积金管理中心以及其所辖1~2个县级管理部进行实地考核。查阅管理制度、个人业务办理原始凭证；亲自模拟业务办理流程；到业务办理窗口检查业务办理现场情况。考核结束后，省住房和城乡建设厅印发《关于对全省住房公积金管理中心2011年度管理工作考核情况的通报》，根据考核分数对20个城市（由于深圳市业务尚未完全开展，故不参与评分）的工作绩效进行排名，其中前五名的广州、佛山、惠州、东莞和珠海市获优秀等次。

【历史涉险资金清收】 截至2011年底，广东省有逾期项目贷款本金1.05亿元，涉及汕头、河源、肇庆、云浮4个地市。2012年，住房和城乡建设部等六部委组成涉险资金清收工作督查组到全国各有关省份和地级市开展涉险资金清收工作。其中，由财政部、中纪委带队的督查组于3月和9月分别到广东省有关市进行涉险资金清还工作督查，要求所涉城市政府制订还款计划和作出还款承诺。省住房和城乡建设厅对清收工作高度重视，与督查组召集所涉市领导研究还款办法和承诺还款时间，以及清收方案。至2012年10月底，所涉城市将逾期项目贷款全部清收完毕，广东省涉险资金清收工作全部完成，成为全国第一个完全清收涉险资金的省份。

【住房公积金贷款支持保障性住房建设试点】 2012年3月，住房和城乡建设部等七部委部署扩大利用住房公积金贷款支持保障性住房建设试点的选取工作。广东省人民政府要求省住房和城乡建设厅会同省财政厅、发改委、人民银行广州分行、监察厅、审计厅和广东银监局等部门研究此项工作。省住房和城乡建设厅按照要求将国家文件转发到各地级以上城市，由各市人民政府自愿申报。截至2012年5月7日，佛山、韶关和江门市提交申请材料，材料由各省直相关部门会审后向省政府提出审查意见，推荐佛山和江门两个城市为试点城市，韶关市暂不列入试点城市。5月下旬，省政府向住房和城乡建设部等三部委提出试点城市申请，选取佛山、江门两市为广东省试点城市；7月，国家七部委派出督查专家组到拟选城市，听取所在市的汇报和现场考察试点项目的前期准备情况；9月4日，国家正式批复广东省佛山市、江门市成为扩大利用住房公积金贷款支持保障性住房建设试点城市。

【全省住房公积金管理工作座谈会】 2012年3月30日，广东省住房和城乡建设厅在湛江召开全省住房公积金管理工作座谈会。各地级以上市住房公积金管理中心主任汇报各地管理情况，研究和探讨全省公积金行业当前存在问题。省住房和城乡建设厅提出2012年要抓好归集扩面、信息化建设、风险防控、提高服务水平等重点工作。

【全省住房公积金管理工作现场交流会】 2012年12月14日，广东省住房和城乡建设厅在佛山召开全省住房公积金管理工作现场交流会。各地级以上市住房公积金管理中心主任出席会议。广州、深圳、佛山和惠州市分别就受委托银行的管理、缴存扩面工作、信息化建设和资金风险防控等方面工作进行交流。省住房和城乡建设厅要求各地全面提高管理水平，发挥住房公积金普惠作用，重点做好扩大制度覆盖面、加强自身建设和理顺管理机制等方面工作。

【“12329”公积金热线开通】 2012年9月，住房和城乡建设部经工业和信息化部核准，在全国范围内开通12329住房公积金热线。“12329”住房公积金热线以人工语音和自助语音两种方式提供服务，包括：业务查询、业务受理、投诉建议和回访调查等多项服务内容。该热线的开通，进一步提高住房公积金行业的管理效率和服务水平，增强住房公积金管理工作透明度，加强社会监督，切实维护公积金缴存人的合法权益。

在广东省通信管理局协助下，全省各地级以上城市住房公积金管理中心均按照国家要求开展热线开通的相关工作。截至2012年末，全省有广州、深圳、珠海、佛山、肇庆、茂名6个城市的公积金热线开通。

【住房公积金管理机构选介】 惠州市住房公积金管理中心 自2005年成立以来，充分发挥住房公积金的住房社会保障功能，建立健全住房公积金制度，加强对住房公积金制度执行情况监督检查，提高住房公积金使用效率和服务水平。

中心坚持“便民利民、严格规

2012年广东省住房公积金缴存情况

单位：万元

地区名称	缴存职工人数		缴存率(%)	缴存总额	缴存余额	当年缴存额	占缴存余额(%)	增值收益
	应缴(人)	实缴(人)						
广东省	23420589	10574891	45.15	48512914.14	22193488.31	10846112.51	48.87	275327.66
珠三角	20870736	8846280	42.39	40392414.02	17817056.50	9169328.26	51.46	221377.04
东　翼	705225	475054	67.36	2021130.12	1219166.78	457263.84	37.51	8485.83
西　翼	907660	585975	64.56	2723907.91	1470287.68	547096.20	37.21	23964.91
粤北山区	936968	667582	71.25	3375462.09	1686977.35	672424.21	39.86	21499.88
广州市	4360316	2399457	55.03	23030668.12	8819526.41	4023367.02	45.62	109407.52
深圳市	9466400	3374025	35.64	4653530.35	3667721.51	2454919.02	66.93	26908.50
珠海市	450028	445175	98.92	2289266.02	653586.70	420341.62	64.31	10349.32
汕头市	347878	184834	53.13	1067345.22	669803.86	226376.65	33.80	7118.99
韶关市	192700	164673	85.46	1128877.89	522832.29	199018.43	38.07	6727.92
河源市	139633	114137	81.74	417375.11	197758.37	89900.59	45.46	1460.37
梅州市	240358	177845	73.99	611966.00	368128.00	114106.00	31.00	3776.87
惠州市	754854	381415	50.53	1324167.60	637475.37	330826.84	51.90	12093.00
汕尾市	89674	65680	73.24	181920.71	90028.46	46449.64	51.59	379.88
东莞市	4237990	790458	18.65	2825396.64	1406644.71	597850.30	42.50	22831.46
中山市	305886	308745	100.93	1028354.37	434195.65	217418.08	50.07	6228.04
江门市	456721	260705	57.08	1535933.68	738342.68	312048.30	42.26	13877.36
佛山市	547055	694844	127.02	3011322.07	1075955.23	661934.71	61.52	15216.09
阳江市	145900	95122	65.20	318571.40	178337.79	78638.91	44.10	2691.81
湛江市	420134	283324	67.44	1469506.02	771748.77	286679.40	37.15	12054.89
茂名市	341626	207529	60.75	935830.49	520201.12	181777.89	34.94	9218.21
肇庆市	291486	191456	65.68	693775.17	383608.24	150622.37	39.26	4465.75
清远市	187277	115717	61.79	837040.94	387545.23	186370.65	48.09	6686.00
潮州市	115873	82976	71.61	339596.55	211558.89	76202.06	36.02	986.96
揭阳市	151800	141564	93.26	432267.64	247775.57	108235.49	43.68	0.00
云浮市	177000	95210	53.79	380202.15	210713.46	83028.54	39.40	2848.72

（郭苑娜）

范”的工作思路。推动出台《惠州市住房公积金管理规定》和一系列开户缴存、提高（调整）比例、缓缴、转移、行政执法、提取、贷款、预售楼盘审核、逾期贷款追缴、资金安全等业务操作规程；推行财务管理规定、经费管理规定、工作责任追究制、档案管理制度等内部管理制度，有效防范和控制资金管理风险，实现用制度管人、管事、管资金。2005年来，全市住房公积金归集额以年均27%以上的速度大幅增长，缴存余额由2005年的9.53亿元增加到2012年的63.75亿元，增长率568%；住房公积金贷款发放额以年均43%以上的速度大幅增长，年放贷额由2005年的6.127亿元增加到2012年的65.63亿元。

2012年，增值收益12093万元，比2005年的609万元增长18.86倍，累计向市财政上缴14400万元城市廉租住房建设补充资金。是年，从全市住房公积金增值收益中安排9500万元作为廉租住房建设补充资金，比上年增长332%。

惠州市住房公积金管理中心将秉承“积民之金，惠民之居”的根本宗旨，加强和改进住房公积金管理和服务，努力践行“惠民、为民”的目标。（张文宇）

2012年广东省住房公积金使用情况

单位：万元

地区名称	个人提取情况		个人贷款情况					
	提取总额	当年提取	累计发放额	当年发放额	贷款余额	个贷率（%）	累计发放户数	逾期率（%）
广东省	26319425.83	5980039.43	17455479.69	3693418.60	11462258.70	51.65	747204	0.021
珠三角	22575357.52	5061973.61	14388579.93	3007978.25	9219118.79	51.74	560301	0.025
东　翼	801963.34	193369.84	293058.25	105450.00	246676.35	20.23	12807	0.000
西　翼	1253620.23	305407.97	1253385.12	269546.60	917524.22	62.40	63360	0.000
粤北山区	1688484.74	419288.01	1520456.39	310443.75	1078939.34	63.96	110736	0.016
广州市	14211141.71	2631512.14	8564539.69	1727016.61	5228667.82	59.29	279855	0.030
深圳市	985808.84	715972.33	79511.70	79511.70	79422.35	2.17	1851	0.000
珠海市	1635679.32	333236.64	670594.91	62301.00	379807.89	58.11	37777	0.009
汕头市	397541.36	83883.61	168135.55	54313.30	140068.43	20.91	7050	0.000
韶关市	606045.60	137522.07	304558.82	50761.40	200719.15	38.39	32440	0.023
河源市	219616.74	50586.29	241916.16	43000.67	157024.90	79.40	19177	0.070
梅州市	243838.00	61497.00	350533.00	60300.00	237961.00	64.64	25578	0.000
惠州市	686692.23	188010.15	656302.71	224359.09	478530.50	75.07	40128	0.040
汕尾市	91892.25	25237.24	0.00	0.00	0.00	0.00	0	0.000
东莞市	1418751.93	340968.22	1589685.28	417895.77	1126105.73	80.06	50360	0.032
中山市	594158.72	132059.47	554066.83	110781.18	405038.75	93.28	21877	0.000
江门市	797591.00	183817.57	575786.53	96993.90	381125.97	51.62	39606	0.005
佛山市	1935366.84	460397.34	1363860.13	226447.00	901849.15	83.82	66655	0.005
阳江市	140233.61	35796.55	186366.40	50755.50	148799.81	83.44	8894	0.000
湛江市	697757.25	176093.38	624980.94	140251.10	467090.26	60.52	31383	0.000
茂名市	415629.37	93518.04	442037.78	78540.00	301634.15	57.98	23083	0.000
肇庆市	310166.93	75999.75	334232.15	62672.00	238570.63	62.19	22192	0.035
清远市	449495.71	126449.92	444480.50	107849.18	343061.16	88.52	22926	0.001
潮州市	128037.66	33878.17	46742.10	22016.90	40399.32	19.10	2031	0.000
揭阳市	184492.07	50370.82	78180.60	29119.80	66208.60	26.72	3726	0.000
云浮市	169488.69	43232.73	178967.91	48532.50	140173.13	66.52	10615	0.012

（郭苑娜）

教育培训与执业资格

□举办第十四期市长（书记）城建专题研究班

□专业技术人员职业技能培训力度加大

□举办十二期高新技术研修班

□申报高级职称论文实行『三级鉴定法』

□建设执业注册人员规模继续名列全国前茅

教育培训

【概况】　2012年，广东省建设教育培训工作扎实开展。继续健全全省建设教育培训管理体制和办法。在深圳举办广东省第十四期市长（书记）城建专题研究班。继续加大建设行业专业技术人员继续教育、管理人员培训和一线操作人员职业技能培训力度，举办12期高新技术研修班，培训人数5043人。但是建设教育培训工作仍存在问题，比如推行建设职业资格证书制度步伐有待加快，安装、装饰、燃气、市政、园林、环卫、房地产开发和物业管理等工种的技能培训鉴定工作不能适应建设事业快速发展需要；高级工、技师和高级技师等高技能人才培训欠缺；全省建设教育工作发展不平衡，经济欠发达地区建设教育工作较落后，部分地区对建设教育的重要性和紧迫性认识不够等。

【广东省第十四期市长（书记）城建专题研究班】　2012年，由中共广东省委组织部、省住房和城乡建设厅、国土资源厅、环境保护厅四部门联合举办的第十四期市长（书记）城建专题研究班于8月6~10日在深圳举办。这是继前两年分别在上海浦东干部学院和北京大学“走出去”的形式成功办班后，以“请进来”的另一种形式邀请香港中文大学等香港地区专家来省内授课的一次研究班，参加培训的学员有各地级以上市和部分县级市市长（书记）、部分地级以上市辖区区长（书记）48人。研究班紧扣“城市发展转型与新型城市化道路”主题，设置6个专题，特邀香港中文大学教授邹经宇等6位专家从新型城市化道路发展过程、现状问题以及未来展望等方面进行讲授。

2012年广东省建设行业岗位培训与继续教育情况

单位：人次

职业技能培训				职业技能鉴定			专业技术人员高新技术培训
类别	初级工	中级工	高级工	初级工	中级工	高级工	
合计	9550	16605	7123	5873	10624	4426	4567
建筑类	6933	12215	5305	4517	7859	3401	
市政类	2617	4390	1818	1356	2765	1025	

（广东省住房和城乡建设厅科技教育处）

【专业技术人员继续教育培训】　2012年，广东省住房和城乡建设厅针对全省建筑专业技术人员分布不均的现实，因地制宜地在广州、惠州、湛江和汕头4个片区举办12期高新技术研修班，培训5043人。通过举办年度高新技术研修班，促进全省建设行业专业技术人员继续教育工作，提高全省建设行业专业技术人员队伍的整体竞争力。

【职业技能培训与鉴定】　2012年，广东省通过培训取得《职业资格证书》人员有24705人次，其中初级工10074人、中级工9030人、高级工5610人。全省建设职业资格证书制度推进逐步落实，鉴定力度逐年加大，鉴定质量逐步提高，进一步提高全省建设行业人员的队伍技术水平。

（刘映）

建设执业资格注册制度

【概况】　截至2012年底，中国启动注册建筑师、勘察设计注册工程师、监理工程师、造价工程师、注册城市规划师、房地产估价师、房地产经纪人、建造师、物业管理师等9项执业资格制度。除房地产经纪人外，其他8项执业资格均列入行政许可项目。其中注册建筑师、监理工程师、造价工程师、注册城市规划师、房地产估价师、建造师、物业管理师等7项及勘察设计注册工程师中的注册结构工程师、注册土木工程师（岩土）、注册公用设备工程师、注册电气工程师、注册化工工程师5项已开展执业资格注册工作。至2012年末，全省有各类建设执业资格注册人员104514人，比上年增加8008人，增长8%。其中一级注册建筑师1743人、二级注册建筑师2399人；一级注册结构工程师2695人、二级注册结构工程师872人；一级注册建造师24291人、二级注册建造师43415人（一、二级注册建筑师、结构工程师人数不含深圳市）。注册监理工程师11467人、注册造价工程师10013人、注册房地产估价师2918人、注册城市规划师1599人、注册土木工程师（岩土）900人、注册公用设备工程师1171人、注册电气工程师958人、注册化工工程师73人。全省建设执业注册规模继续名列全国前茅，注册人数占全国近1/10。

【执业考试】　广东省建设执业资格注册中心与省人事考试局分工合作组织广东考区建设执业资格考试。2012年度建设类执业资格考试报名人数184833人，比上年增加48973人，增长36%，其中注册中心受理考试报名75292人，比上年增加13779人，增长22%；19537人通过考试。2012年广东省选送28位专家参加全国评卷，组织624位专家参加省内评卷。

【执业注册】　2012年，广东省建设执业资格注册中心受理建设执业资格注册50495人次。其中一级注册建筑师553人次、二级注册建筑师645人次；一级注册结构工程师

2012年广东省建设执业资格考试报名情况

序号	类别	报名人数（人）	序号	类别	报名人数（人）
1	一级注册建筑师	2652	2	一级注册结构工程师	3780
	二级注册建筑师	1507		二级注册结构工程师	1046
3	房地产估价师	1396	4	房地产经纪人	691
5	注册土木工程师（岩土）	2375	6	注册土木工程师（水利水电工程）	967
7	注册环保工程师	1798	8	一级建造师	52453
9	物业管理师	6627	10	监理工程师	2984
11	造价工程师	7895	12	注册城市规划师	2276
13	二级建造师	86754	14	注册公用设备工程师	4858
15	注册电气工程师	4330	16	注册土木工程师（港口与航道工程）	178
17	注册化工工程师	266			
合计		184833			

注：表中一、二级注册建筑师和结构工程师数据不含深圳市　　（广东省建设执业资格注册中心）

617人次、二级注册结构工程师373次；一级注册建造师7836人次、二级注册建造师31280人次（一、二级注册建筑师、结构工程师人数不含深圳市）。注册监理工程师4358人次、注册造价工程师2164人次、注册房地产估价师1098人次、注册城市规划师254人次、注册土木工程师（岩土）322人次、注册公用设备工程师420人次、注册电气工程师342人次、注册化工工程师23人次、物业管理师210人次。

2012年广东省建设执业资格注册情况

注册类别		初始注册	变更注册	延续注册	全年注册人次	注册总人数
建筑师	一级	110	104	339	553	1743
	二级	45	132	468	645	2399
结构工程师	一级	108	196	313	617	2695
	二级	67	77	229	373	872
建造师	一级	3248	3934		7836	24291
	二级	5345	7116	14372	31280	43415
监理工程师		1104	1894	1157	4358	11467
造价工程师		269	1320	560	2164	10013
房地产估价师		216	565	317	1098	2918
规划师		107	96	51	254	1599
土木		153	72	197	322	900
公用设备工程师		243	177		420	1171
电气工程师		215	127		342	958
化工工程师		7	6		23	73
物业管理师		210			210	
合计		11447	15816	18003	50495	104514

注：表中建筑师、结构工程师数据不含深圳市

（广东省建设执业资格注册中心）

【继续教育】　2012年，广东省建设执业资格注册中心采取集中面授、网络教育、研讨班、现场参观等形式，组织建设执业资格继续教育培训37313人次。其中注册建筑师培训2029人次、注册结构工程师培训1389人次、注册造价工程师面授培训1467人次、网络教育培训3829人次；注册监理工程师培训4468人次；注册城市规划师938人次；注册土木工程师（岩土）914人次；二级注册建造师面授培训2711人次、网络教育培训7052人次。

（李婉纯）

2012年广东省建设执业继续教育情况

	注册师类别	举办期数	培训人数
在广州市办班	注册建筑师	7	2029
	注册结构工程师	5	1389
	注册造价工程师	5	1467
	注册监理工程师	16	4468
	二级注册建造师	9	2711
	注册城市规划师	3	938
	注册土木工程师（岩土）	3	914
“智慧城市与创新建筑”学术研讨会		1	272
2012年“绿色建筑与城市设计”国际建筑师论坛		1	286
岭南特色建筑与规划设计主题培训班		2	166
在外地办班		53	11792
造价工程师网络教育		/	3829
二级建造师网络教育		/	7052
合计		105	37313

（广东省建设执业资格注册中心）

职称评审

【概况】 2012年，广东省大力推进省建筑建材专业职称评审管理系统建设工作，开展职称评审政策宣传贯彻培训班，对教授级高工专业组评委库和第一中、高级评委库进行调整和扩容，严格评审程序，强化评审纪律。全年收到教授级高工申报材料156份、高工2604份、中级299份、初级77份。2012年11月，广东省住房和城乡建设厅分别在广州、从化召开建筑建材专业教授级职称专业组面试答辩及专业组评审会议，155人参加面试答辩并进入专业组评审、61人通过专业组评审，通过率39.1%。12月在台山进行高级工程师的评审，1529人通过评审，通过率58.72%。

【职称评审规范】 2012年，为加强规范职称评审，广东省住房和城乡建设厅职称评审在论文鉴定环节改进申报高级职称论文鉴定方法。是年，实行“三级鉴定”方法，即第一次鉴定不合格的论文将分配给另一批专家进行第二次鉴定；第一次鉴定为不合格，第二次鉴定还是不合格的，则可界定此申报人论文鉴定为不合格；第一次鉴定为不合格，第二次鉴定为合格的论文则需要进行第三次鉴定；第三次若鉴定合格，则论文鉴定合格。反之，则论文鉴定不合格。通过论文鉴定实行“三级鉴定”，避免专家因水平差异引起的误判现象，给第一次出现鉴定不合格的论文增加一次复审机会，凸显公平、公正对成果的评价方法。高级工程师（教授级）资格专业组评审新增面试答辩环节。根据省人社厅的要求，2012年，广东省建筑建材专业高级工程师（教授级）专业组评审增加面试答辩环节。省住房和城乡建设厅制订《广东省建筑建材专业高级工程师（教授级）专业技术资格评审面试答辩实施办法》。11月在建筑建材专业高级工程师（教授级）专业技术资格评审面试答辩中，155位申报人参与答辩，1人缺席。

【全省建筑建材专业职称评审座谈会】 2012年，为探索和规范广东省建筑建材专业职称评审工作，省住房和城乡建设厅于5月召开两次省建筑建材专业职称评审座谈会议。会议通报2011年省建筑建材专业职称评审和认定的基本情况、评审过程中发现的问题以及研究下一步规范职称认定采取的措施。省住房和城乡建设厅确定每年严格按照有关规定对省建筑工程第一高评委专家库的专家进行调整，滚动增加东、西两翼和粤北山区专家的数量。是年，根据原广东省人事厅《关于印发〈广东省高、中级专业技术资格评审委员会评审委员库管理暂行办法〉的通知》，结合全省建设行业实际情况和近几年工作的实践，通过在原广东省建筑建材专业技术资格评委抽取规则的基础上进行补充完善，制订《广东省建筑建材专业技术资格评审评委抽取规则》。根据此抽取规则，每次召开评审会议前按照申报的材料数量，由省住房和城乡建设厅监察室、科教处与省人社厅专技处共同在专家库中随机抽取评委正选及备选名单并签名确认，由工作人员通知评委到指定地点参加评审会议，并保密封存评委名单。 *（刘映）*

2012年广东省建筑专业教授级专业组、第一高评委、第一中评委职称评审及认定情况

类别	教授级高工		高级工程师	工程师		助理工程师	
	专业组初审	评审		评审	认定	评审	认定
参评人数	156	61	2604	294	5	11	66
通过人数	61	44	1529	251	5	10	60

（广东省住房和城乡建设厅科技教育处）

行政审批

□行政许可、行业管理和执法监察『一体化』基本实现

□七类行政审批事项下放

□企业资质申办实行电子化

□行政许可廉政风险防控机制建立

□省住房和城乡建设厅行政许可管理处获全省行业『窗口之星』称号

综　述

【概况】　2012年，广东省住房和城乡建设厅继续按照“依法行政，文明服务，廉洁高效”的工作目标，扎实做好行政许可的各项工作，在推进行政审批制度改革、行政许可信息化建设、队伍建设、作风建设、廉政建设等方面取得显著成效。一是推进行政审批制度改革，确保转移、下放的行政审批事项顺利衔接；二是推进“阳光审批”，全面实现企业资质申办信息“三公开”（公开企业申请信息、公示行政审批意见、公布行政许可结果）；三是通过省政府网上办事大厅建设，带动企业资质申办电子化工作；四是建立科学的企业资质审查制度，改进和完善行政审批方式；五是规范管理，加强服务，始终把服务和效能贯穿于工作的全过程。

2012年，在广东省行政审批电子监察绩效测评中，省住房和城乡建设厅名列第二；在省政府网站评估和行政许可事项网上办理率测评结果中，省住房和城乡建设厅“网上申报”“网上咨询”“网上查询”“网上办事指南”等项目均取得满分。

广东省住房和城乡建设厅把对外办事窗口办成服务企业的便民窗口和优良工作作风的形象窗口，推动全省建设系统创先争优活动上一个新台阶。是年，省住房和城乡建设厅行政许可管理处获省监察厅、省政府纠风办、省文明办联合授予省直系统和行业“窗口之星”称号。

【全省住房和城乡建设系统下放行政审批事项对接工作会议】　2012年9月19日，根据《广东省人民政府2012年行政审批制度改革事项目录（第一批）》，广东省住房和城乡建设厅出台《广东省住房和城乡建设厅关于贯彻落实省政府令第169号的实施意见》，召开全省住房和城乡建设系统下放行政审批事项对接工作会议。全省各地级以上市住房和城乡（规划）建设局（含顺德区国土城建和水利局）分管领导、有关科（处）负责人，以及省住房和城乡建设厅法规处、人事处、建管处、质安处、监察室、执法局等相关处室主要负责人参加会议。会议重点部署做好省政府决定下放地级以上市住房和城乡建设行政主管部门实施的行政审批事项相关工作，参会人员就行政审批下放事项对接工作等有关问题进行现场交流。

2012年，在行政审批制度改革事项目录（第一批）中，涉及到住房和城乡建设系统下放的行政审批事项有以下七类：一是中小型工程项目施工许可证核发；二是工程专业承包企业二级资质核发；三是消防设施、幕墙工程设计与施工二级资质核发；四是建筑智能化工程设计与施工二级资质核发；五是建筑装饰装修工程设计与施工二、三级资质核发；六是建设工程质量检测机构资质核准；七是超限高层建筑工程抗震设防审批。　　（陈雷）

行政许可

【概况】　2012年，广东省住房和城乡建设厅接收企业申报资质2416件。其中准予许可1229件、同意上报住房和城乡建设部389件、不予许可574件、不同意报部和不予受理等办结类型224件。全年广东省施工企业升级取得施工总承包一级资质18宗、取得施工总承包二级资质116宗。设计企业取得甲级资质28宗、取得乙级资质132宗。办理企业出省经营介绍信（含诚信证明）12525件。其中省住房和城乡建设厅对外办事窗口办理3435件、委托广州办理1849件、委托深圳办理7241件；办理报住房和城乡建设部领取证书76件；立案核查企业违法违规案件81件；办理企业资质证书变更、遗失补办事项1123项；接听咨询电话超过30000人次，回复网络咨询的2550件。

【企业资质申办信息“三公开”】基于2011年试点推进企业资质申办信息“三公开”的基础，2012年，广东省住房和城乡建设厅全面推行企业资质申办信息“三公开”。通过研究确定信息公开的内容和方式，于2012年6月1日实现将由省住房和城乡建设厅核准的8种资质类型的企业申请信息（基本信息、人员和业绩信息）、审查意见和审批结果，由审批信息系统自动、实时公开。8种资质分别为：工程监理企业资质、房地产估价机构资质、工程建设项目招标代理机构资质、工程造价咨询企业资质、城乡规划编制单位资质、物业服务企业资质、建筑业企业资质、工程勘察设计企业资质。通过实行企业资质申办信息“三公开”，企业的申请信息以及由省住房城乡建设厅审批办理的信息公开透明，接受社会监督，进一步提高行政服务效能，有效地防控廉政风险。

【企业资质申办电子化】　2012年，广东省住房和城乡建设厅按照“公开透明、便民高效”的原则，简化和规范行政审批程序。自2011年9月以来，省住房和城乡建设厅开始试点实施企业申报工程监理企业资质和房地产估价机构资质申办电子化，企业不需提供纸质书面材料，申请资料数据直接在“三库一平台”上传送，即时公开，办理过程中受理、审查、审核、审批等环节全部在网上进行，此做法受到申办企业的欢迎。在此基础上，2012年省住房和城乡建设厅全面推进其他企业资质类型申办实现全部资料电子信息化。通过深入调查和听取服务对象的意见，厅行政许可管理处与省建设信息中心共同开展行政审批信息服务平台的升级改造工作，

2012年广东省住房和城乡建设厅实施的行政审批事项

类别	序号	行政审批事项名称及级别
行政许可事项	1	建筑工程施工图设计文件审查机构资格认定
	2	省管建筑工程施工许可证核发
	3	房地产估价机构二级资质核准
	4	建筑业企业施工总承包二级、专业承包一级资质核准
	5	工程监理企业乙级资质核准
	6	工程造价咨询企业乙级资质认定
	7	工程建设项目招标代理机构乙级、暂定级资格核准
	8	建设工程勘察设计单位乙级资质核准
	9	乙级城市规划编制单位资质核准
	10	建筑施工企业安全生产许可证核发
	11	建设工程注册证核准：1.注册建筑师；2.勘察设计注册工程师；3.注册监理工程师；4.注册房地产估价师；5.注册造价工程师；6.注册城市规划师；7.注册建造师
	12	物业服务企业二级资质核准
	13	建筑施工企业安全生产管理人员考核合格证核发
	14	建筑施工特种作业人员操作资格证核发
非行政许可的行政审批事项	1	大中型工程建设项目初步设计审批
	2	国家和广东省发展改革委审批的建设项目的规划选址意见核发

（广东省住房和城乡建设厅人事处）

解决企业资质申办电子化的关键难题。是年，新的行政审批信息服务平台开始试用，全面实施企业资质申办电子化的工作有序推进。5月，住房和城乡建设部建筑市场监管司就行政审批电子化工作事项到省住房和城乡建设厅进行调研，并确定将广东省建设工程企业网上申报和审批工作的先进经验在全国范围内推行。

【企业业绩核查】 2012年，广东省住房和城乡建设厅努力提高行政审批效率，在简化审批环节、优化审批程序等方面积极探索。积极推进行政审批方式的转变，对企业申报材料严格把关，注重对证照的真实性审查，加大对企业及有关人员业绩的核查力度，进一步提高行政审批的质量。2012年下半年，按照住房和城乡建设部的要求，核查（实）申报企业代表工程业绩9批，其中涉及个人业绩305项、企业业绩243项。加强对企业业绩的核查工作，对企业和个人在申报企业资质时的弄虚作假行为起到较大的震慑作用，有效地遏制企业虚假申报行为。

【网上办事大厅开通】 2012年9月，广东省人民政府要求省住房和城乡建设厅开展厅网上办事大厅建设。通过梳理行政许可和非行政许可办理指南、办事标准、申请表格等相关公开材料，研究和改进办事大厅页面设置等工作，是年10月19日，省政府网上办事大厅省住房和城乡建设厅窗口正式开通。网上办事大厅开通以来，最大限度地为企业提供服务。企业通过网上办事大厅办理各项行政审批事项快捷、方便，系统运行平稳，没有收到企业反映指引不清、申请不畅、查询不到、咨询不复等问题。

【对外办事窗口建设】 2012年7月9日，广东省住房和城乡建设厅对外办事窗口搬迁新址。在硬件设施全面升级的基础上，以“新窗口、新形象、新服务”为动力，以“接听好每一个电话，接待好每一位群众，处理好每一件事项”为目标，严格规范工作人员的言语和行为，提升窗口服务质量。是年，修订《广东省住房和城乡建设厅对外办事窗口的工作职责》；出台《广东省住房和城乡建设厅对外办事窗口突发公共事件应急工作预案》，保障对外办事窗口工作正常运行和安全有序，做到应急有预案、组织有方法、救援有队伍、联动有机制、善后有措施；制定《广东省住房和城乡建设厅对外办事窗口档案管理制度》，明确旧证登记销毁、资料归档程序；修订《核对原件流程图》，规范核查原件的程序，确保核查工作准确无误。这一年，在由企业、机关和协会代表组成的评议活动中，各方对省住房和城乡建设

▲*广东省住房和城乡建设厅对外办事窗口（2012）*

（广东省住房和城乡建设厅行政许可管理处供稿）

厅对外办事窗口的服务态度、办事效率、服务质量等均给予高度评价，评议满意率达到99%。

【行政许可管理制度建设】 2012年，广东省住房和城乡建设厅继续推进建立健全行政许可办理规章制度，促进行政许可工作管理科学、运作有序。一是建立全省企业资质情况统计汇总制度。通过建立涵盖施工、设计等11个行业在内的全省企业资质统计汇总制度，为今后行政审批和行业监管提供有效的基础数据；二是着力做好行政许可档案的管理工作。制定《行政许可档案管理规定》，将省住房和城乡建设厅行政许可管理处成立以来所有审批事项的文书资料立卷归档，并且逐步对成立前的文书资料进行立卷整理。全年整理档案文书近15000宗。三是着力加强学习和培训。为提高行政许可管理工作水平，省住房和城乡建设厅行政许可管理处干部职工实行定期集中培训，学习和交流行政许可的相关法规、政策和标准，加强职业道德修养教育和廉洁自律教育，增强责任感、使命感和创先争优意识，建设一支思想作风硬、业务素质高、综合能力强的工作队伍。

【行政许可廉政风险防控机制建立】 2012年，广东省住房和城乡建设厅行政许可处先后组织处室全体人员参加省群众廉政书画作品展，到广东省廉政教育基地——广州市番禺区宝墨园实地参观学习，接受廉政教育，增强廉政风险预警防控意识。通过修订、完善和落实《行政许可管理处工作守则》《对外办事窗口工作制度》等规章制度，进一步规范处室内部管理。落实行政审批办理全过程从“受理”到“资料存档”等环节对各个廉政风险点的防控措施，确保每位工作人员在廉政问题上警钟长鸣，严格依法行政，确保行政许可的公开、公平、公正。 *（陈雷）*

广东建设行业排头兵

2012年，广东省住房和城乡建设系统各单位围绕广东省社会发展、经济建设和民生保障等中心工作，积极参与全省城乡基础设施、重点工程和保障性安居工程建设。一大批建设工程项目竣工投产并获得国家和省级各类奖项，涌现许多优秀的企、事业单位，为全省住房和城乡建设行业增添光彩。

项目名称：四川广播电视中心
承建单位：中国建筑第四工程局有限公司

四川广播电视中心工程获2012年“中国建设工程鲁班奖”。总建筑面积13.5万平方米，总投资11亿余元，是成都市首个可停泊直升机的大楼，也是成都天府大道的新地标。

承建单位中国建筑第四工程局有限公司成立于1962年，隶属中国建筑工程总公司，是中央驻粤建筑企业。有建筑科研开发、勘察、设计、施工、检测为一体的国家房屋建筑工程总承包特级资质。有职工15000人，业务涉及北京、上海、重庆、广东、山西、贵州、四川，以及厦门、深圳、珠海等地。曾承建441.75米的广州国际金融中心、530米的广州东塔、441.8米的深圳京基100国际金融大厦，以及贵阳金融新区、福建海峡新区、遵义新蒲新区等城市综合工程。连续21年被授予“全国守合同重信用企业”称号，被中国建筑业协会授予首批“全国建筑业AAA级信用企业”称号。

2012年，完成工程项目90项，总建筑面积951.59万平方米。全年实现营业收入414.93亿元，实现施工产值449.24亿元。新签的城市综合体项目包括：贵阳花果园（五里片冲）系列项目、贵阳金融中心系列项目、江门益丞国际广场、广州珠江新城猎德西区综合发展项目、贵州煤炭资源开发利用工程研究中心、福建世欧·王庄城C-a3、C-a4地块、深圳福田区下沙社区改造项目、佛山南海万达广场和广州增城万达广场等。新承接的超高层项目包括：贵阳国际金融中心、珠江新城猎德西区超高层、广州富力盈耀大厦、深圳鼎和大厦和百度北京总部大厦等。

■ 四川广播电视中心工程获2012年“中国建设工程鲁班奖”

■ 广州佛奥广场工程被评定为2012年“广东省安全生产文明施工示范工地”

中国建筑第四工程局有限公司承建的部分工程

■ 广州嘉和商业北区工程被评定为2012年“广东省房屋市政工程安全生产文明施工示范工地”

■ 广州太古汇（2012）

■ 深圳儿童医院工程被评定为2012年“广东省安全生产文明施工示范工地”

■ 深圳京基100大厦（2011）

■ 贵州贵阳东二环高速公路（2011）

项目名称：深圳市布吉污水处理厂主体及附属工程
承建单位：深圳市市政工程总公司

深圳市布吉污水处理厂主体及附属工程获 2012 年“中国建设工程鲁班奖”。占地面积 5.95 公顷，设计规模为 20 万立方米。总投资 10 亿元，其中污水处理厂部分投资 6.2 亿元，是全国第一座地下式污水处理厂。该工程还获 2012 年“中国市政金杯示范工程”称号，获 2012 年“中国土木工程詹天佑奖”。

承建单位深圳市市政工程总公司成立于 1983 年，是上市企业深圳市天健（集团）股份有限公司的全资控股核心企业，注册资本 6.08 亿元。主营业务包括：市政工程、公路工程、建筑工程等施工总承包、工程总承包和工程项目管理。具有市政公用工程施工总承包特级资质；公路和房建总承包一级资质；地基与基础、土石方、公路路基、路面专业承包一级资质；城市轨道交通专业承包资质，水利、机电施工总承包二级资质，是深圳本土唯一拥有盾构成套设备和掌握地铁盾构施工综合技术的企业。

2012 年，在建项目 70 项，合同造价 89.26 亿元。全年完成工程 20 项，合同造价 14.60 亿元，完工工程一次交工验收合格率 100%。公司被授予“广东省市政行业协会先进单位”和“全国 2012 年优秀施工企业”称号。截至年底，公司总资产 50 亿元，净资产 17 亿元。

■ 深圳市布吉污水处理厂主体及附属工程获 2012 年“中国建设工程鲁班奖”、第十一届“中国土木工程詹天佑奖”和“中国市政金杯示范工程”

■ 深圳市布吉污水处理厂主体工程配电室、料仓和双层沉淀池提升泵

深圳市市政工程总公司承建的部分工程

■ 深圳地铁二号线东延线土建2222标段工程被评定为2012年“广东省市政优良样板工地”

■ 深圳天健商务大厦工程被评定为2012年“广东省房屋市政安全生产文明施工示范工地”

■ 深圳深康村保障性住房工程被评定为2012年“广东省房屋市政工程安全生产文明施工示范工地”

项目名称：深圳大运中心Ⅰ标段（主体育场）工程
承建单位：中国建筑第八工程局有限公司

深圳大运中心Ⅰ标段（主体育场）工程获2012年“中国建设工程鲁班奖”。总建筑面积13.9万平方米，局部地下一层，地上五层，高度51.3米，拥有61404个观众席位，是2011年世界大学生运动会的主会场。该工程还获2012年“中国土木工程詹天佑奖”、2012年“广东省建设工程金匠奖”。

承建单位中国建筑第八工程局有限公司成立于1952年，是中国建筑业千亿级企业之一，具有房建、公路、铁路、市政、港航和水电等领域的国家新特级资质。拥有超高层钢结构、高速铁路等成套施工技术，主要承建机场航站楼、会展博览馆、体育场馆、医疗卫生、高档酒店和文化旅游等项目，先后167次问鼎中国建筑工程最高质量奖。

2012年，新签合同额1808亿元，实现营业收入893亿元。创建国家级优质工程11项，主要承建上海迪斯尼主题公园、南京牛首山遗址公园天阙藏地宫、上海国家会展中心（二标）、珠海歌剧院、广东第十四届省运会一场三馆项目、南京禄口机场、成都银泰中心、曲阜尼山圣境和南方电网总部基地等一批国家、省、市的重点工程，企业获2011年度“中国建筑业最具竞争力百强企业”第一名。

■ 深圳大运中心Ⅰ标段（主体育场）工程获2012年“中国建设工程鲁班奖”

■ 广州利通广场（2012）

■ 珠海歌剧院效果图（2012）

项目名称：深圳卓越皇岗世纪中心2号楼及裙楼配套工程
承建单位：江苏省华建建设股份有限公司

深圳卓越皇岗世纪中心2号楼及裙楼配套工程获2012年“中国建设工程鲁班奖”。占地面积9840.58平方米，总建筑面积为15.1万平方米，结构形式为框架筒体结构，建筑总高度268米。地下室为3层，塔楼地上部分58层。该工程还获2012年“广东省建设工程金匠奖”，被评定为2012年“广东省建筑工程安全生产文明施工优良工地”。

承建单位江苏省华建建设股份有限公司成立于1982年，原为江苏省建筑安装公司一公司，具有施工总承包特级资质。有深圳、海南等6个区域公司和1个境外公司，曾获“中国建设工程鲁班奖”16项、国优6项、深圳市优123项，获深圳市最高质量荣誉“金牛奖”21项等；获“中国建筑业竞争力百强企业”和“中国承包商60强企业”称号。

2012年，承建超高层项目135个，总产值168.2亿元。8个房地产项目公司运转有序，设计院累计签订合同额约2700万元，监理业务24万平方米。获“中国建设工程鲁班奖”两项、国优1项、全国用户满意工程1项，获省、市级优质工程16项，优质结构工程18项、安全文明工地19项、全国AAA级安全文明标准化诚信工地1项、发明专利授权两项、省级工法7项、市级工法3项、国家级QC成果奖4项，以及省、市级QC成果奖8项、全国建设工程优秀项目管理成果奖1项、省新技术应用示范工程两项。

■ 深圳卓越皇岗世纪中心2号楼及裙楼配套工程获2012年“中国建设工程鲁班奖”

■ 深圳红树西岸工程获2008年“中国建设工程鲁班奖”

■ 海南省文化艺术中心工程获2011年“中国建设工程鲁班奖”

■ 深圳荣超经贸中心工程获2010~2011年“中国建设工程鲁班奖”

项目名称：惠州富力丽港中心公寓
承建单位：广东正升建筑有限公司

惠州富力丽港中心公寓工程获 2012 年“中国建设工程鲁班奖”。总建筑面积 76147 平方米，建筑物总高度 99.3 米，工程总造价 16.32 亿元。该工程还获 2012 年度“广东省建筑工程金匠奖”。

承建单位广东正升建筑有限公司成立于 2002 年，注册资金 9000 万元，固定资产 4.2 亿元，拥有各类施工机械 800 多台（套）。具有房屋建筑工程施工总承包一级、市政公用工程施工总承包二级、机电设备安装工程专业承包一级、建筑装饰装修工程专业承包一级等资质。年产值逾 32 亿元，年施工能力超 100 万平方米。曾承建广州大学城、珠江新城地下空间和广州塔等工程。

2012 年，累计承建各类建筑工程逾 200 项，总建筑面积 1378 万平方米，完成施工产值 235 亿元（其中带精装修的产值占 40%）。在竣工的 175 项工程中，工程质量验收合格率 100%，用户满意率 90% 以上。至 2012 年底，累计获“中国建设工程鲁班奖”11 项、“国家优质工程银质奖”3 项、“广东省优良样板工程”52 项、“广东省建设工程金匠奖”6 项、“湖北省优良样板工程”4 项、“湖北省楚天杯奖”4 项，被中国建筑业协会授予“创建鲁班奖工程突出贡献奖”称号。

■ 惠州富力丽港中心公寓工程获 2012 年“中国建设工程鲁班奖”和 2012 年“广东省建筑工程金匠奖”

广东正升建筑有限公司承建的部分工程

■ 广州美林酒店（2012）

■ 湖北武汉将军家苑翠林雅居工程获2008年“中国建设工程鲁班奖”

■ 广州金诺大厦（2012）

■ 广州大学城广州大学体育馆（2009）

项目名称：广州塔
承建单位：广州市建筑集团有限公司

广州塔工程获2012年“第十一届中国土木工程詹天佑奖”。用地面积17.5万平方米，塔基用地面积8.5万平方米，总建筑面积12.9万平方米，建筑物高度为600米。电视塔主体结构为钢和混凝土组合结构。该工程由454米的主塔体和高146米的天线桅杆构成，建筑结构是由一个向上延伸、旋转、缩放的椭圆形钢外壳不断变化生成，使用功能为商业、观光旅游及电视信号发射。

承建单位广州市建筑集团有限公司成立于1950年，拥有全资和控股企业176家，总资产189亿元，拥有房屋建筑工程施工总承包特级和建筑工程设计甲级资质，主要业务基本覆盖建筑行业的全部专业范畴。获“中国建设工程鲁班奖”18项、“中国土木工程詹天佑奖”11项、“中国市政金杯示范工程奖”20项、“国家优质工程奖”18项。

2012年，营业收入350亿元，集团规模效益实现双增长20%以上，成功获得房建施工总承包特级带建筑工程设计甲级资质。作为主发起人筹建广州广建小额贷款有限公司，实现“当年申办、当年营业、当年盈利”。全年投入超过1亿元用于自主创新，获专利授权29项、省级工法54项等。重点培育节能环保新型建筑材料、新型建筑机械和绿色施工技术等产业。

■ 广州塔工程获2012年第十一届“中国土木工程詹天佑奖”

■ 第16届广州亚运会网球中心工程获2011～2012年“国家优质工程银质奖”

■ 惠州金山湖游泳跳水馆工程获2011~2012年度“国家优质工程银质奖”

■ 广州东方电气重型机器联合厂房工程获2011年第十届“中国土木工程詹天佑奖”

广州市建筑集团有限公司承建的部分工程

■ 广州交通信息指挥中心获 2011~2012 年“国家优质工程银质奖”

■ 广州市珠江新城海心沙绿化改造及地下空间工程获 2011~2012 年“国家优质工程银质奖”

■ 广州南沙体育馆工程获 2011 年“广东省建设工程质量金匠奖”和第三届“广东省土木工程詹天佑故乡杯”称号

■ 第 16 届广州亚运会综合体育馆工程获 2011 年“中国土木工程詹天佑奖”

广东省建筑工程集团有限公司

成立于1953年，具有房屋建筑施工总承包特级资质及专业配套齐全的资质体系，拥有3家工程设计甲级资质的公司。业务覆盖整个基建行业，包括：房屋建筑、城市轨道交通、地基基础、市政公用、道路桥梁、水利水电、机电安装、建筑构件、建筑机械、科技研发等。集团拥有分支机构40多家，专业技术人员7000多人，总资产110亿元，年生产能力超过300亿元。曾获"中国建设工程鲁班奖"35项、"中国土木工程詹天佑奖"23项、"全国市政金杯示范工程奖"9项、"中国水利工程优质（大禹）奖"5项、"国家优质工程银奖"16项、"全国建筑工程装饰（金）奖"53项、"全国用户满意工程"9项、"新中国成立60周年百项经典暨精品工程"4项、"中国安装工程优质奖"3项、"中国建筑钢结构金奖"两项、"中国人民解放军军队优质工程奖一等奖"两项、"总参优质工程奖"两项等。

2012年，承接工程任务325亿元，实现营业收入240亿元，上缴税金8.35亿元，国有资产保值增值率123.09%，净资产收益率16.5%，工程合格率100%。主要项目包括：河北省白楼宾馆、广东省江门新联干堤加固工程、广交会酒店、广州琶洲展馆酒店、芜湖市地方税务局综合楼、广州友谊剧院改造工程、广州粤财大厦、广州奥体中心改造工程、广州粤电大厦电力试验中心等。

■ 广州东越雅居工程获2012年"广东省建设工程金匠奖"

广东省建筑工程集团有限公司承建的部分工程

■ 云南昆明机场工程获 2012 年“云南省优良工程奖”

■ 江门东湖花园工程获 2012 年“广东省建设工程金匠奖”

■ 广州远洋大厦工程获2012年“广东省建设工程金匠奖”

■ 广州粤电大厦工程获 2012 年“广东省优秀建筑装饰工程奖”和 2012 年“全国优秀建筑装饰工程奖”

广东省长大公路工程有限公司

成立于1952年，具有国家公路工程施工总承包特级资质、公路行业设计甲级资质，拥有境外经营权，是集公路施工、设计、养护、科研、资本运作于一体的综合服务型企业，总资产120亿元。

参与承建广州洛溪大桥、东莞虎门大桥、杭州湾跨海大桥、嘉绍跨江大桥和港珠澳大桥等具有代表性的特大型、大中型桥梁260多座。曾获“国家科技进步”奖4项、“中国建设工程鲁班奖”两项、“中国土木工程詹天佑奖”5项、“西班牙国际建筑大奖”1项、国家级工法3项、发明专利20项和省部级科技进步奖70多项；获“全国五一劳动奖状”“全国工人先锋号”“全国交通运输系统先进集体”等称号。2006年被授予“中国交通建设十大桥梁英雄团队”称号，2011年被中央组织部授予“全国先进基层党组织”称号。

2012年，完成浙江小干岛BT项目建设和佛开扩建、深圳三标等项目年内施工任务，全年完成产值80多亿元。公司新签合同额77亿元，其中包括：港珠澳大桥主桥CB04标项目、浙江嘉绍大桥钢桥面铺装工程项目等工程项目。公司还承揽广佛肇“BOT+EPC”（投资、设计、施工、运营一体化）项目。是年，公司从省级认定企业技术中心升级成为国家认定企业技术中心，培训中心获省政府主管部门批准升级为培训学院，并获得公路工程施工总承包特级及公路设计行业甲级资质。

■ 2012年6月28日，广东省长大公路工程有限公司和港珠澳大桥管理局在珠海举行港珠澳大桥主体工程桥梁工程CB04合同段签约仪式

广东省长大公路工程有限公司承建的部分工程

■ 云浮云罗高速公路一期（2012）

■ 在建的浙江宁波大榭第二大桥（2012）

■ 在建的浙江嘉绍大桥（2012）

■ 在建的浙江小干岛 BT 项目（2012）

■ 上海崇明越江通道（长江隧桥）获 2011~2012 年“国家优质工程金奖”

中国华西企业有限公司

■ 深圳市哈尔滨大厦工程获2012年“深圳市优质工程金牛奖”

成立于1982年，具有国家房屋建筑施工总承包特级资质，是业务涵盖国内和国际市场的国有大型综合企业，有分公司25个，年施工能力90亿元。公司崇尚“秉德从道，善建天下”的企业精神，努力创建精品。深圳体育场等8项工程获“中国建筑工程鲁班奖”，获“国家优质工程奖”“广东省建设工程金匠奖”“深圳市优质工程金牛奖”等国家及省、市级优质工程奖180余项。

2012年，实现营业收入80亿元，实现利润1.02亿元，竣工项目22个，竣工面积108万平方米。承建的深圳时代财富大厦工程获“国家优质工程奖”。是年，公司获得房屋建筑施工总承包特级资质，获“全国五一劳动奖”“全国优秀施工企业”“创鲁班奖工程突出贡献奖”“广东省最佳诚信企业”和“深圳百强企业”等称号。

■ 深圳市时代财富大厦工程获2012年“全国优质工程银奖”

■ 深圳市后海河中心路工程获2012年“深圳市优质工程金牛奖”

■ 深圳市国税征收综合大楼工程获 2001 年“中国建设工程鲁班奖”

■ 深圳发展银行大厦工程获 1999 年“中国建设工程鲁班奖”

■ 深圳华为科研中心办公楼工程获 2004 年“中国建设工程鲁班奖”

广东省工业设备安装公司

成立于1954年，隶属广东省建筑工程集团有限公司，具有机电安装工程、房屋建筑工程、市政公用工程等施工总承包一级资质，建筑装修装饰工程、钢结构工程、消防设施工程、机电设备安装工程、建筑智能化工程等专业总承包一级资质，智能化工程、消防设施工程和建筑装饰工程等设计专项甲级资质。曾获“中国建设工程鲁班奖”17项，获“全国五一劳动奖状”“全国优秀施工企业”“全国先进建筑施工企业”“全国安装行业先进企业”“中国建筑业AAA级信用等级证书”“广东省五一劳动奖状”和广东省“先进模范集体”等称号，连续8年被广东省企业联合会授予“广东省诚信示范企业”称号，连续20年被广东省工商行政管理局授予“守合同重信用企业”称号。

2012年，新签合同金额30亿元。承建广州白天鹅宾馆、北京粤财大厦、澳门大学新校区、成都华置广场等工程。实施2012版《施工工艺标准》，获省级工法11项、国家发明专利1项、实用新型专利1项，厂务公开民主管理工作通过广东省A级认证，被授予“全国建筑业AAA级信用企业”“全国优秀施工企业”等称号。

■ 参建的广州利通广场（2012）

■ 江门亨源油库三期建设工程获2012年“广东省建设工程优质奖”

■ 参建的广州亚运城综合体育馆工程获2011~2012年“国家优质工程银质奖”和第十届“中国土木工程詹天佑奖”

■ 广州珠江城（2012）

广东梁亮建筑工程有限公司

成立于2000年，注册资金1亿元。具有房屋建筑工程施工总承包一级、市政公用工程施工总承包一级、地基与基础工程专业承包一级、机电设备安装工程专业承包一级、建筑装修装饰工程专业承包一级、金属门窗工程专业承包一级、起重设备安装工程专业承包三级和承装（修、试）电力设施等资质。业务范围涉及房地产开发、物业管理；仓储；生产、销售；建筑装饰材料；房屋及建筑工程机械与设备租赁。各类管理人员320人，通过GB/T19001-2000、GB/T24001-2008和GB/T28001-2001三标一体化管理体系的认证。

2012年，完成施工项目9个，总建筑面积56.38万平方米，实现营业收入1.94亿元。截至年底，公司获“中国建筑工程鲁班奖”两项、“广东省建设工程金匠奖”10项、“广东省建设工程优质奖”24项、“广州地区建设工程质量五羊杯奖”11项、“广州市优良样板工程”36项、“广州市结构优良样板工程”11项、“全国建筑安全奖”和“广东省、广州市安全生产文明施工优良样板工地”56项。公司被授予“全国五一劳动奖状先进集体”“全国守合同重信用单位”“广东省连续13年守合同重信用单位”称号。

■ 广州南国商苑工程获2012年“广东省建设优质工程”和2012年“广东省建设工程金匠奖”

■ 广州云裳丽影2幢工程被评定为2012年“广东省房屋市政工程安全生产文明施工示范工地”和2012年“广州市建设项目结构优良样板工程”

■ 广州云莱斯堡酒店（2012）

■ 广州保利珠江新城A4~5工程被评定为2012年“广东省房屋市政工程安全生产文明施工示范工地”

广东耀南建筑工程有限公司

成立于1998年，注册资金18128万元。具有房屋建筑工程施工、市政公用工程施工、机电安装工程施工总承包一级，钢结构工程一级和园林古建筑等6个专业承包二级资质。承担多项各类工程，工程优良率达到90%以上，屡次获省、市优良样板工程等奖项。

2012年，完成工作量逾14亿元，上缴税费逾7500万元。全员劳动生产率16.68万元／人，竣工面积56.38万平方米，工程合格率100%，安全生产、文明施工合格率100%。获"广东省AA级安全文明标准化诚信工地"1项、"广东省房屋市政工程安全生产文明施工示范工地"1项、"广东省建筑业新技术应用示范工程"两项。公司连续13年被授予"广东省守合同重信用企业"称号，实现全年施工安全生产，无发生重大质量安全事故，无重大环境投诉。承建的珠海横琴岛澳门大学新校区发展项目文化及交流中心、中央行政楼、体育馆、体育场、科技学院、生命科学及健康学院总承包工程被评定为2012年度"全国建筑业绿色示范工程""广东省建筑业新技术应用示范工程""广东省AA级安全文明标准化诚信工地"和"广东省房屋市政工程安全生产文明施工示范工地"。该项目部成立的QC小组获2012年"全国工程建设优秀QC小组活动成果二等奖"。

■ 珠海横琴岛澳门大学新校区发展项目、体育馆、体育场、科技学院、生命科学及健康学院、文化及交流中心、中央行政楼工程被评定为2012年"广东省房屋市政工程安全生产文明施工示范工地"

■ 珠海横琴岛澳门大学新校区文化及交流中心（2012）

■ 珠海横琴岛澳门大学新校区中央行政楼（2012）

广东耀南建筑工程有限公司承建的部分工程

■ 江门市星河路廉租住房和经济适用住房建设项目（第二标段）工程被评定为 2012 年“国家 AAA 级安全文明标准化诚信工地”

■ 珠海横琴岛澳门大学新校区生命健康学院（2012）

■ 珠海横琴岛澳门大学新校区体育馆（2012）

广东建星建筑工程有限公司

成立于 1991 年，具有房屋建筑施工总承包一级，建筑装修装饰、机电设备安装专业承包一级，市政公用工程总承包二级，地基与基础、建筑智能化和体育设施专业承包二级等，属下有园林绿化、劳务和铝合金模板设计、生产、安装等配套公司，获“全国建筑业 AAA 级信用企业”和“广东省守合同重信用企业”称号。

2012 年，新开工 100 多万平方米。珠海华发新城六期 C 区地下室及上部工程和华发蔚蓝堡主体建安工程 -8 标段工程被评定为“广东省 AA 级安全文明标准诚信化工地”和“广东省房屋市政工程安全生产文明施工示范工地”；华发四季名苑主体建安工程被评定为“珠海市房屋市政工程安全生产文明施工示范工地”。主推研发和使用铝合金模板系统，与万科、中信、华发等大型房地产企业及其他大型建筑公司建立长期良好的合作关系。是年，以推动中国“绿色建筑”为使命，促进建筑工程工业化进程，主编广东省标准《铝合金模板技术规范》，并获多项专利和国家级工法。

■ 珠海华发新城六期（2012）

■ 珠海大信海岸家园（2012）

■ 在建的珠海华发人才公馆（2012）

■ 铝模生产、拼装、施工现场（2012）

■ 珠海中信红树湾园林绿化工程（2012）

■ 珠海万科魅力之城（2012）

广东腾越建筑工程有限公司

成立于 1984 年，具有房屋建筑施工总承包一级资质，注册资金 9 亿元，年施工能力逾 500 万平方米，年度产值超过 50 亿元，上缴税金过亿元，业务遍及广东、安徽、江苏、湖南、湖北、辽宁、海南、甘肃等地。曾获“2007 年全国民营建筑企业综合实力第二名”“2010~2011 广东省最具竞争力建筑企业”“2012 中国建筑安全质量管理优秀施工单位”和“2012 中国建筑业 500 强”等称号。

2012 年，完成总产值 56 亿元，总施工面积 690 万平方米，交楼面积 316 万平方米。是年，被授予“中国建筑安全质量管理优秀施工单位”“中国建筑业 500 强”等称号。池州碧桂园秋浦水韵工程被评定为“安徽省建筑施工安全质量标准化示范工地”；乐昌市碧桂园凤凰酒店和德庆碧桂园二期 98 号楼等 6 个项目获市级建设工程优质奖、优良样板工程；云浮碧桂园二期山语和泰州碧桂园商业街 1 号、4 号楼等 6 个项目被评定为市级安全生产文明施工示范工地。在茂名水东湾、云浮碧桂园二期山语、韶关太阳城等多个楼盘的现场承办地级市建筑工程质量安全观摩活动。

■ 广州南沙天玺湾效果图（2012）

■ 韶关翠林山语项目（2012）

广东腾越建筑工程有限公司承建的部分工程

■ 云浮碧桂园二期项目（2012）

■ 佛山顺德碧桂园集团总部大楼效果图（2012）

■ 肇庆德庆碧桂园（2010）

■ 2012年11月9日，茂名市建筑工程第四季度质量安全会议暨质量现场观摩会在茂名碧桂园四期一标段楼盘现场举行

深圳市英龙建安（集团）有限公司

成立于 1983 年，在北京、广州、昆明、南宁、海口、南昌、东莞、惠州等地设立分公司，在港澳地区和海外设立办事处和分支机构。具有市政公用工程、房屋建筑工程总承包一级，地基与基础工程等 7 个专业承包一级资质，钢结构工程等 4 个承包二级资质。市政公用工程等入选深圳市预选承包商 Ⅰ 组、Ⅱ 组。

2012 年，完成工程 3 项，总建筑面积 30.4 万平方米，完成施工产值 9.2 亿元，实现营业收入 4011.6 万元。承建的深圳世纪假日广场 C、D 幢工程获“广东省建设工程金匠奖”“广东省优良样板工程”和“深圳市优质结构工程奖”；深圳滨海湾休闲带 A 段景观工程 3 标段获“广东省风景园林优良样板工程金奖”和“深圳市优质工程奖”；深圳大运中心竹篱路市政工程获“深圳市优质工程奖”。灾后援建陇南市人民医院工程获 2011 年“中国建设工程鲁班奖”和 2011 年“甘肃省建设工程飞天奖”。

■ 深圳英龙商务大厦（2012）

■ 深圳市世纪假日广场工程获 2012 年度“广东省建设工程金匠奖”

■ 深圳滨海湾休闲带景观工程获 2011~2012 年“广东省风景园林优良样板工程金奖”

深圳市英龙建安（集团）有限公司承建的部分工程

2009年10月28日，深圳市代市长王荣（前左）率队视察深圳援助项目甘肃省陇南市人民医院工程

深圳援建二项目甘肃省陇南市人民医院工程获2011年“中国建设工程鲁班奖”和2011年“甘肃省建设工程飞天奖”

在建的深圳海吉星农产品物流园办公楼宿舍楼项目（2012）

在建的深圳机场值班保障房项目怡安居（2012）

珠海格力集团有限公司

成立于1985年，分为格力电器、格力地产两大板块。名列中国500强企业百名以内，广东省企业综合实力排名第9位。业务涉及工业、房地产等。建造多个工业厂房及配套用房、大型社区、生活小区以及安居房、民生房，还有多个商业地产项目。

2012年，格力地产股份有限公司属下企业格力房产有限公司获得房产开发企业一级资质证书。累计开发面积600万平方米。实现营业收入16.2亿元，比上年增长21.61%；实现利润总额4.09亿元，比上年增长22.74%。

■ 珠海格力海岸（2012）

■ 珠海格力广场（2008）

宜华地产股份有限公司

成立于2000年，具有房地产企业二级资质，在2007年重组上市，是宜华集团控股的第二家上市公司，是粤东地区房地产行业首家上市公司。业务涵盖房地产开发、物业管理、公路建设、商业地产、旅游地产和城市基础设施建设等产业。宜华地产的建设项目立足于广东省汕头、揭阳、梅州等市，进入湖南、四川、山东等省。

下属企业广东宜华物业管理有限公司具有物业管理企业二级资质，获“ISO9001质量管理体系认证”。辖下的宜馨花园、宜居华庭等小区曾获“广东省绿色住区”和“广东省物业管理示范小区”称号。

2012年，被授予“广东省守合同重信用企业”“广东上市公司综合实力十强”“汕头市总部企业”等称号，董事长刘绍生获“广东省优秀企业家”“中国上市公司最受尊敬企业家”称号。公司为可持续发展，理性而稳健地储备土地，以保障未来五年的项目开发与建设。

■ 梅州金色华府（2012）

■ 汕头市外砂项目建筑物效果图（2012）

■ 汕头海湾尚景效果图（2012）

■ 在建的汕头水岸名都（2012）

■ 湖南湘潭湘江名城（2012）

■ 汕头市外砂项目规划图（2012）

■ 湖南长沙山水名城效果图（2012）

■ 由广东宜华物业管理有限公司管理的汕头宜居华庭（右三）获 2012 年“汕头市十佳和谐物业小区”称号

■ 2012 年 9 月 25 日，广东宜华物业管理有限公司应急队员在汕头宜馨花园进行消防培训和演练

■ 2012年6月1日，广东宜华物业管理有限公司在汕头宜馨花园举办"宜华金宝贝杯"亲子活动

■ 2012年8月25日，广东宜华物业管理有限公司在汕头宜嘉名都举行夏日游泳比赛

深圳市建筑设计研究总院有限公司

成立于1982年，是深圳市直属的大型国家甲级设计院。有员工2700人，下设第一、二、三分公司，城市规划设计院、城市环境设计研究院、装饰设计研究院、筑源建筑设计研究院、博森建筑设计研究院、城誉建筑设计研究院及直属设计部所。驻外机构有北京、重庆、海南、武汉、合肥、成都、西安、昆明、东莞等分院分公司。控股（参股）公司有总源物业管理有限公司、众望建设监理公司、精鼎建筑工程咨询有限公司。从事各类民用及工业建筑设计、装饰工程设计、城市规划编制、施工图设计文件审查、建筑科学技术研究、建筑新材料新技术推广和应用以及建设工程监理、造价咨询等业务。

2012年，承接各类设计项目564项，实现营业收入9.64亿元。临海市临港新城中心区城市设计项目获“广东省优三等奖”；深港西部通道工程建设创新实践项目获“广东省科学进步特等奖”；深圳基金大厦项目获“首届深圳市建筑工程施工图编制质量金奖”；南海发展大厦获首届“深圳市建筑工程施工图编制质量建筑专业奖”；安徽医科大学第一附属外科病房项目及门诊大楼项目获市优一等奖（公建类）；深圳中信·岸芷汀兰项目获市优三等奖（住宅类）；深圳市大运中心体育场项目获市优一等奖（结构专项）；深圳能源大厦项目获市优一等奖（BIM）；新海干部疗养基地项目获“最佳BIM绿色应用奖”；深圳市深港西部通道口岸项目被评定为“百年百项杰出土木工程”；云南呈贡新城会议中心项目获“中国建设工程鲁班奖”（国家优质工程）；深圳安高广场项目获“中国建筑学会建筑设计奖”等。全年获国家、省、市奖项56项。在技术创新方面，申请发明专利1项、获批应用专利25项。

■ 深圳滨海医院项目获“‘十一五’全国优秀医院建设项目规划设计优秀项目奖”

■ 云南呈贡新城会议中心项目获2012年“中国建设工程鲁班奖”

■ 深港西部通道旅检大楼效果图（2012）

■ 新疆大剧院效果图（2012）

■ 江西省人民医院红谷分院效果图（2012）

■ 深圳国信证券大厦效果图（2012）

深圳市城市空间规划建筑设计有限公司

成立于2001年，具有国家城市规划、土地规划双甲级资质。下设北京、上海、重庆、深圳4家分公司。有设计人员200人，其中国家注册规划师25人，高级技术职称11人。业务范围包括：城市总体规划、近期建设规划、分区规划、控制性详细规划、城市设计、修建性详细规划、市政规划、交通规划、景观规划设计、建筑设计、房地产开发策划等。承接的项目遍及中国23个省、市、区。

2012年，实现营业收入7000万元。参与编制《兴宁市南部新城控制性详细规划和城市设计》《鹿邑县涡河滨水城区控制性详细规划、城市设计及县城规划区水系规划》《青岛田横国际旅游岛核心城区城市设计及控制性详细规划》《张家港市金港片区总体规划》《江阴澄东南片区总体规划修编（新桥镇、长泾镇、顾山镇、祝塘镇）》等100多个项目。是年，成立交通规划研究中心，创办“城市空间论坛”，举办“城影相间”摄影巡展等。

■ 2012年11月22～24日，深圳市城市空间规划建筑设计有限公司参加在深圳举办的2012（秋季）城市空间论坛暨城市规划管理研讨班。广东省副省长许瑞生（右六）出席研讨班

■ 黑龙江哈尔滨西客站地区东南部区域概念规划图（2012）

■ 湖南湘潭湘江风光带整合提升规划图（2012）

■ 湖南湘潭湘江风光带整合提升规划鸟瞰图（2012）

■ 黑龙江哈尔滨西客站地区东南部区域概念规划效果图（2012）

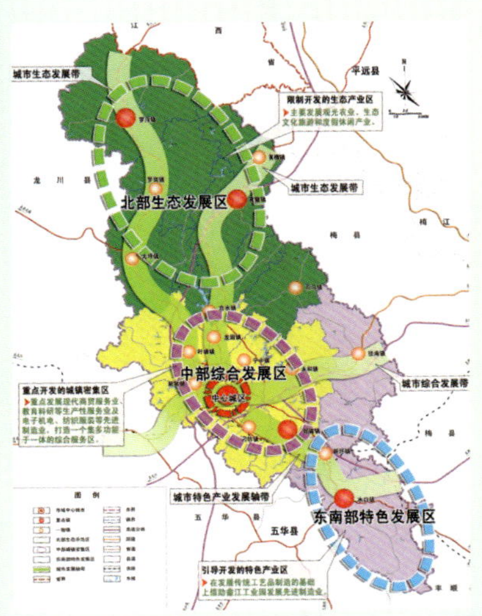

■ 广东兴宁市 2012 ~ 2020 年城市总体规划图

■ 广东佛山海峡两岸创意农业城规划效果图（2011）

■ 珠海市情侣北路城市设计效果图（2009）

广东省建筑科学研究院

成立于 1958 年，具有检测鉴定、咨询、勘察、设计、规划、水土保持方案编制、监理、招标代理等甲级资质和专业施工等资质。业务涵盖房屋、市政、公路、铁路、轨道等工程建设领域的科研、咨询、检测、鉴定、规划、勘察、设计、监理、专业施工和产品开发等。

2012 年，加强全方位创新协作体系建设，提升自身科技实力，与高校科研机构、建设部门、应用部门紧密合作，加强科研成果推广应用，深入践行“创新发展，服务社会”的办院方针。是年，研究院监测能力覆盖 2115 本标准、215 个项目、2350 个参数。获“广东省科学技术三等奖”5 项、“广东省优秀咨询成果一等奖”两项、获批专利 4 项、软件著作权 4 项。主编并颁布实施的标准 4 项、承担广东省标准编制任务 5 项。获批省科技厅 2012 年广东省第三批重大科技专项（低碳技术创新与示范）项目 12 个、院检测实验大楼工程获住房和城乡建设部科技示范工程立项。11 项课题通过科技成果鉴定，其中“夏热冬暖地区建筑围护结构节能关键技术研究与应用”被鉴定为总体上达到国际先进水平，部分达到国际领先水平。

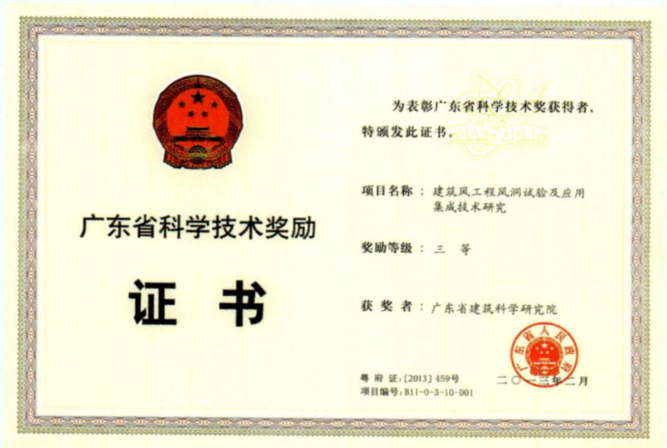
广东省科学技术奖励

证　书

为表彰广东省科学技术奖获得者，特颁发此证书。

项目名称：建筑风工程风洞试验及应用集成技术研究

奖励等级：三　等

获 奖 者：广东省建筑科学研究院

粤府证：[2013] 459号

项目编号：B11-0-3-10-D01

二〇一三年二月

■ “建筑风工程风洞试验及应用集成技术研究”等 5 项科技成果获 2012 年“广东省科学技术三等奖”

广东省标准

GD

DBJ/T 15-87-2011

备案号 J 11966-2012

城市桥梁检测技术标准

Technical standard for inspection of urban bridge

2011-12-30 发布　　2012-04-01 实施

广东省住房和城乡建设厅　发布

■ 该院主编的《城市桥梁检测技术标准》广东省标准（2011）

■ 2012 年 12 月 21 日，梅州市住房和城乡建设局与广东省建筑科学研究院合作框架协议签约仪式在梅州举行。省建筑科学研究院为梅州等地的建设行政主管部门开展行业管理提供科研技术支持

JG

中华人民共和国建筑工业行业标准

JG/T 324—2011

建筑幕墙用陶板

Terracotta panel for curtain wall

2011-07-04 发布　　2012-02-01 实施

■ 该院主编的《建筑幕墙用陶板》行业标准（2011）

■ 该院设计的安全防护用具（安全网、安全带、安全帽）检测试验室（2012）

■ 广州利通广场、广州银行大厦智能建筑检测项目（2012）

广东省建筑科学研究院承接的部分工程

■ 梅州市“客天下”旅游产业园高陡边坡稳定性勘察及评估项目（2012）

■ 中山竹苑广场节能改造工程（2012）

■ 广州地铁 9 号线车站设计项目（2012）

广州穗科建设监理有限公司

成立于1996年，原为中科院广州分院广州穗科建设监理事务所。具有房屋建筑、市政公用、机电安装工程监理甲级，招标代理甲级，公路监理乙级，造价咨询乙级，工程咨询丙级以及商务部核定中央政府援外项目等资质。在职员工300人，获“质量、安全、环境”三标一体体系认证。监理各类工程1000多项，建筑面积2000万平方米。曾获省、市“优良样板工程”“结构样板工程”“优秀建筑装饰工程奖”“广东省建设系统精神文明建设先进单位”“广东省守合同重信用企业”“广东省诚信示范企业”“广州市税局A级纳税人”“员工信得过企业”及广东省、广州市“先进监理企业”等称号。

2012年，承接监理项目153项，获省市级奖13项，建筑规模397.33万平方米，实现营业收入4063.71万元。承接的项目包括：广东广乐高速公路（交通部首批“平安工地示范项目”、广东省新十项重点工程）、惠东碧桂园十里银滩、珠海钢管厂、阳江世纪青山镍业有限公司生产厂房、广州天运国际物流城、中国铁建荔湾国际城、广州浪奇日用品南沙生产基地、增城水电广场等项目。其中，中国铁建荔湾国际城工程被评定为“广东省‘AA级安全文明标准化诚信工地’”和“广东省房屋市政工程安全生产文明施工示范工地”。

■ 中国铁建荔湾国际城（2012）

■ 珠海钢管厂（2012）

■ 惠州惠东碧桂园（2012）

广州穗科建设监理有限公司监理的部分工程

■ 广州浪奇日用品南沙生产基地（2012）

■ 在建的广东广乐高速公路项目清远管理站效果图（2012）

■ 阳江世纪青山镍业有限公司生产厂房工程（2012）

■ 在建的广州天运国际物流城（2012）

广东省广业环保产业集团有限公司

成立于2008年，是广东省广业资产经营有限公司所属全资国有企业。具有环境工程设计、市政行业设计、建筑行业设计、生活污水（工业废水）运营、工程总承包、垃圾处理运营等甲级资质，集团拥有下属企业数十家，各类技术人员800人，拥有多项国家发明专利。业务以水环境治理和固废物料处理为主，为社会提供投资咨询、规划设计、工程总包、环保装备、运营管理、检测认证、适度多元和产业金融相结合的一体化解决方案，是具有全产业链协同服务能力的环境综合服务商和中国环境保护产业骨干企业。

2012年，实现营业收入31.28亿元，利润总额3576万元，资产总额75.52亿元，净资产7.20亿元，净资产收益率2.78%，国有资产保值增值率102.82%。在建、运营和托管污水处理项目60个，其中正式运营52个、竣工未运营6个、在建两个，总设计处理能力206万吨/天。全年累计处理污水5.13亿吨，年度COD削减量近5万吨，氨氮削减量4000吨。

■ 国电陕西宝鸡第二发电有限公司的烟气脱硫改造装置（2012）

■ 福建鼎信实业有限公司的镍铁生产线烟气余热发电项目——汽机间（2012）

■ 湖南长沙市城市固体废弃物处理场的渗沥液处理改造工程（2012）

广东省广业环保产业集团有限公司承建的部分工程

■ 广东阳江世青、广青镍业有限公司的镍铁生产余热发电项目——余热锅炉尾部烟管（2012）

■ 韶关市第二污水处理厂的紫外线杀毒（2012）

■ 汕头市北轴污水处理厂的细格栅（2012）

中海物业管理有限公司

成立于 1986 年，秉持“诚信经营、与时俱进，持续为客户创造价值”的经营理念，用心践行“物有所依，业有所托”的服务承诺，创造了国家优秀示范小区拥有量同行业第一的佳绩，致力于实现“追求卓越，成为中国物业界的标杆企业”的企业愿景。首家通过 ISO9001、ISO14001、GB/T28001 认证的物业一体化服务商；形成五大区域战略管控布局，管理范围覆盖 10 省、24 市。

2012 年，服务面积 3500 万平方米，为社会提供 1.5 万个就业机会，为外包单位创造 3000 个就业机会，客户群超过 74 万人，营业收入居行业前列，税收贡献超过 7700 万元，获“深圳市物业服务企业综合实力 30 强”“中国物业服务百强企业 TOP10”等称号。在各大主流城市均树立“物业服务样板工程”，公司成功实施全国战略管控布局，进入战略导向与商业模式创新阶段。

■ 北京中海九号公馆（2012）

■ 四川成都中海国际中心（2012）

■ 北京中海广场（2009）

广州市建银物业管理有限公司

成立于1997年，注册资本金1000万元，具有国家一级物业服务企业资质，是广东省物业管理协会和广州市物业管理协会的副会长单位。经营范围包括：10万平方米以上建筑面积的物业管理业务，以及工程技术咨询、物业租赁、人力资源信息咨询、后勤服务管理，房地产中介、批发和零售贸易。通过ISO9001质量管理体系、ISO14001环境管理体系、GB/T28001-2001职业健康安全管理体系认证。

2012年，在业务稳定发展的基础上，重点提升服务质量及服务安全。开展以“强意识严规范，促服务保品质”为主题的标准化建设“质量服务月”活动，以及安全知识培训、消防安全演练、设备安全检查等活动。全年承接物业管理项目39项，服务面积120万平方米，实现营业收入6496万元。是年，被广东省工商行政管理局授予“广东省守合同重信用企业”称号，被广州市安全生产监督管理局授予“广州市安全生产标准化达标企业”称号，被广东省住房和城乡建设系统授予“思想政治工作先进单位”称号。

■ 广州市建银物业管理有限公司办公场地——广州建银大厦（2012）

■ 2012年7月，开展“质量服务月”活动

■ 2012年8月，开展消防演练活动

■ 中国建设银行花都培训中心（2012）

广东省住房和城乡建设工会委员会

广东省住房和城乡建设工会委员会（简称“建设工会”）前身是广东省建筑工会委员会，成立于1955年。曾先后更改称谓：广东省建设工会委员会和广东省建设厅工会委员会，2011年更改为现名。建设工会接受广东省总工会指导，是广东省住房和城乡建设厅直接管辖的产业工会，属正处级单位，其工作职能是：领导广东省住房和城乡建设厅机关和直属基层工会，指导全省建设系统工会工作。

2012年，广东省住房和城乡建设工会委员会致力于加强工会组织建设，开展职工文体活动、走访劳动模范、慰问贫困职工、评先选模，为全省建设系统广大职工和企业办好事、办实事。

■ 2012年6月28日，广东省住房和城乡建设工会委员会举行粤建摄影作品展开幕式。省住房和城乡建设厅厅长房庆方（右）、党组书记王芃（左）为影展揭幕

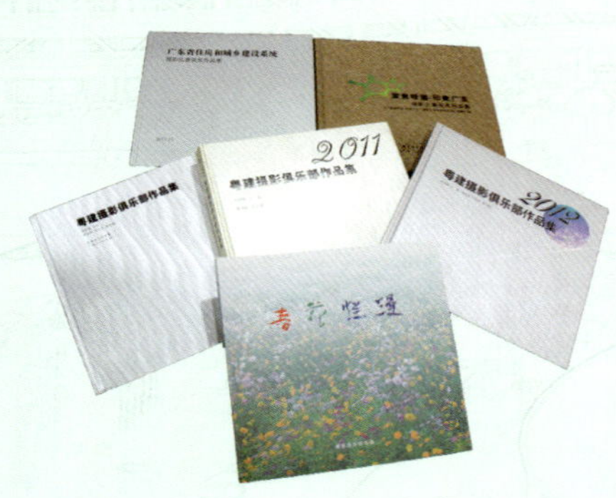

■ 粤建摄影俱乐部是由广东省住房和城乡建设工会委员会搭建的平台。自2010年成立以来，定期组织摄影采风活动，并出版《粤建摄影俱乐部作品集》

■ 2012年6月28日，广东省人大环境资源委员会主任、原省建设厅厅长劳应勋（右），省人大财经委员会主任曾寿喜（左）和省人大副秘书长姚泽源（中）参观粤建摄影作品展

■ 2012 年 1 月 14~17 日，广东省住房和城乡建设厅巡视员陈承旗（左）、总经济师吕洪清（右一），省住房和城乡建设工会委员会主席林兆雄（右二）在梅州、清远市慰问建设行业困难职工

■ 2012 年 4 月 26 日，广东省住房和城乡建设工会委员会在清远市走访全国劳动模范房玉红（左二）

■ 2012 年 7 月，广东省住房和城乡建设工会委员会组织粤建俱乐部篮球、羽毛球和乒乓球队参加广东省直机关第一届运动会

■ 2012 年 4 月 14 日，广东省住房和城乡建设工会委员会在佛山市西樵山举行庆祝粤建俱乐部成立两周年暨登山活动

广东省建筑设计研究院

2012 年，签订各类设计合同 1167 项，合同总额 14.3 亿元；完成省市住房保障、“三旧”改造、固废及污水处理等设计咨询项目 124 项、国家供水技术研究课题 4 项；新承接污水处理项目 23 项、生活垃圾处理场站 16 项、建筑垃圾处理场站 1 项；编制完成《农村生活垃圾收运处理技术指引》和《住房保障设计标准图集》等，协助出版《广东岭南近现代建筑》图集；通过 2012~2014 年“广东省高新技术企业”的复评认定。

是年，获国家和省部级科技奖 41 项。其中，“国家质量银奖”两项、“全国优秀勘察设计行业奖一等奖”两项、二等奖 6 项、三等奖 5 项；“全国优秀建筑结构设计二等奖”3 项、三等奖 4 项；“广东省优秀咨询一等奖”5 项、二等奖两项、三等奖两项；“岭南特色建筑设计银奖”两项、铜奖 1 项、“岭南特色园林设计银奖”1 项；广州新白云机场和广州亚运馆两个项目入选“全国土木工程建设行业百年百项杰出土木工程”；《复杂建筑结构计算分析关键技术研究及应用》科研项目通过省级科技成果鉴定，达到国内领先水平。

全年投入梅州市兴宁蕉联村扶贫开发资金 49.11 万元，“广东扶贫济困日”捐助资金 8.72 万元及援助西藏工作经费 20 万元。是年，被授予“扶贫开发优秀工作单位”“省厅直属机关党委创先争优活动先进基层党组织”“全国先进工程勘察设计企业”和“当代中国建筑设计百家名院”称号。

■ 2012 年 11 月 27 日，广东省副省长许瑞生（前排中）、省住房和城乡建设厅党组书记王芃（前排左三）、副厅长陈英松（前排右三）到广东省建筑设计研究院调研

■ 2012 年 11 月 30 日，致公党中央副主席李卓彬（左三）在中山纪念堂参加广东省建筑设计研究院成立 60 周年典礼

■ 云南昆明西山万达广场效果图（2012）

■ 新疆西域花鸟鱼石交易中心效果图（2012）

■ 广州番禺新造保障性住房效果图（2012）

■ 广东宝钢大厦效果图（2012）

广东省城乡规划设计研究院

2012年，参与承担《广东省城镇化发展评估报告》《广东省提高城镇化发展水平指标体系研究》《实施城镇化十二五规划配套政策研究》《广东省城乡规划情况简报》《广东省城市化发展战略研究》《广东城市发展愿景》《广东省促进粤东西北地区地级市城区扩容提质五年行动计划》《在雷州半岛打造国家级新区的战略研究》《广东省住房制度研究》《广东省城市建设领域投融资体制发展研究》《广东省海洋带统筹规划》《世界十大城市施政行动和政策研究》《美国城市化对广东城市化发展的启示》《农村统筹规划建设模式研究》《文明、宜居、承载“五化”的理想城市建设研究》《广东省提高城市化水平绩效考核制度研究》和《广东省生活垃圾处理十二五规划》等多项重要研究，为广东省城乡建设事业发展发挥智囊助手作用。

全年获国家和省部级各类奖项20余项。获2011年度“全国优秀城乡规划设计奖”一等奖3项、二等奖3项、三等奖3项、表扬奖两项；“全国人居经典方案竞赛”综合大奖1项、规划建筑双金奖1项、建筑金奖1项；“华夏建设科学技术奖”二等奖1项、三等奖1项；2010~2011年度“广东省优秀工程咨询成果奖”一等奖3项、二等奖3项。是年，被授予“广东省住房和城乡建设系统精神文明建设示范单位”和“广东省住房和城乡建设厅文明单位”等称号。

■ 2012年12月8日，由广东省住房和城乡厅发起创办的“南粤沙龙”在广东省城乡规划设计研究院举行启动仪式暨第一期沙龙活动。副省长许瑞生（前排中）、省住房和城乡建设厅厅长房庆方（前排右五）、党组书记王芃（前排左五）出席

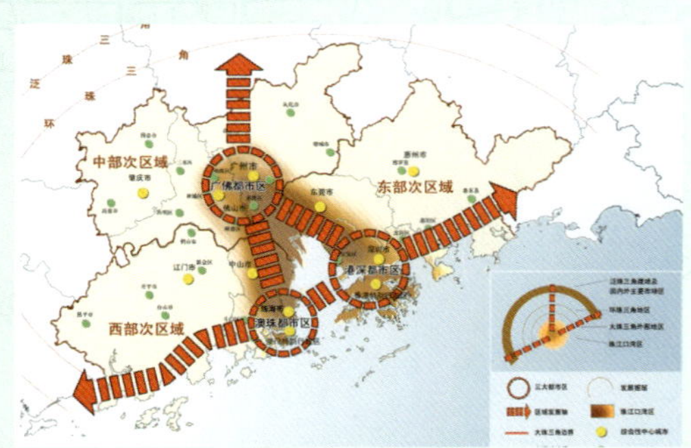

■《大珠江三角洲城镇群协调发展规划研究》获2011年“全国优秀城乡规划设计一等奖”和2011年“广东省优秀城乡规划设计一等奖”

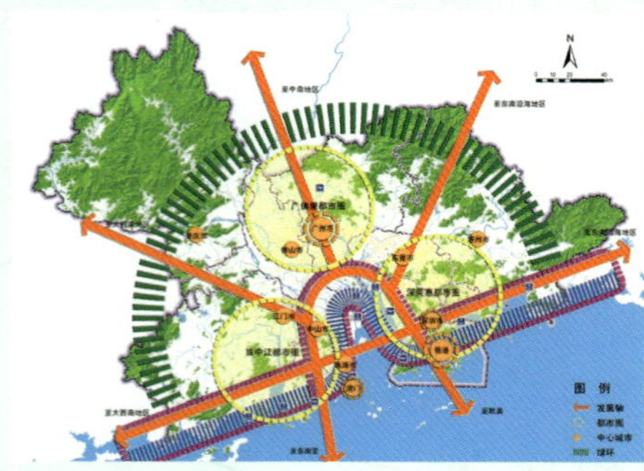

■《珠江三角洲城乡规划一体化规划》获2011年“全国优秀城乡规划设计一等奖”和2011年“广东省优秀城乡规划设计一等奖”

■《珠江三角洲绿道网总体规划纲要》获2011年“全国优秀城乡规划设计一等奖”和2011年“广东省优秀城乡规划设计一等奖”

■《海南文昌八门湾绿道详细规划》获 2012 年“全国人居经典方案竞赛规划金奖”

■《广州金沙洲 A 区 B3704、B3706 地块商用与住宅项目（一期）》获 2012 年“全国人居经典方案竞赛规划、建筑双金奖”

■ 广州金地·荔湖城项目获 2012 年“全国人居经典方案竞赛综合大奖”

■《广州国际商品展贸城修建性详细规划》获 2011 年“全国优秀城乡规划设计二等奖”和 2011 年“广东省城乡规划设计二等奖”

■《珠海市横琴新区控制性详细规划》获 2011 年“全国优秀城乡规划设计二等奖”

广东省建设信息中心

2012年，推进全省住房和城乡建设行业电子政务和公共服务信息化工程建设。深化“三库一平台”管理信息服务系统应用，完成行政服务平台升级改造、广东省建设工程项目管理系统（肇庆市版）、省外入粤企业及人员信息备案系统等的研发，创新开展全省工程项目中心数据库建设，完成省政府网上办事大厅省住房城乡建设厅窗口的建设，完成“三库一平台”管理信息服务系统中的人才库人员身份证信息核验工作，全面参与和落实省住房和城乡建设厅行政事项下放、转移工作，完善省住房和城乡建设厅官方网站广东建设信息网建设，提高全省住房和城乡建设事业政务和行业信息化服务水平。

■ 2012年5月28日，广东省住房和城乡建设厅厅长房庆方（中）、党组书记王芃（左二）和巡视员陈承旗（右二）视察广东省建设信息中心，并为信息中心新办公楼揭牌

■ 广东省住房和城乡建设厅厅长房庆方（右二）、党组书记王芃（右三）、巡视员陈承旗（左二）到省建设信息中心调研

■ 2012年7月14日，江苏省住房和城乡建设厅党组成员、副巡视员杜学伦（左一）一行到广东省建设信息中心考察调研信息化工作

■ 2012年7月20日，广东省建设信息中心和广州城市建设信息中心进行信息化工作交流

■ 针对“三库一平台”地市通用版行政服务平台开发建设遇到的技术难题，广东省建设信息中心技术人员开展技术研究与攻关

广东省建设工程造价管理总站

2012年，重新搭建广东省造价员管理系统，建立题库管理功能模块，完成编制《广东省建设工程概算定额》；颁布《广东省建设工程造价管理规定》《广东省住房和城乡建设厅关于建设工程施工工期的管理办法》和《广东省建设工程施工合同管理办法》等法规；完成编制《广东省房屋建设和市政修缮工程综合定额》；完成"广东造价信息网""广东造价在线"的研发、升级和信息采集发布等。

■ 2012年2月27日，"广东造价在线"上线仪式在广州举行

■ 2012年4月，广东省建设工程造价管理总站组织专家研究讨论计价依据改革方案

■ 2012年7月3日，广东省建设工程造价管理总站工会委员会换届选举投票

■ 2012年8月27日，广东省建设工程造价管理总站党支部换届选举

■ 2012年9月20日，广东省建设工程造价管理工作会议在惠州召开

广东省建设工程质量安全监督检测总站

2012年，完成广东省建设工程质量安全监督管理信息化公共平台；开展对各地检测机构执行标准规范情况的监督检查；实行全省在建工程质量安全监督巡查；组织全省质量监督机构和全省“三类人员”安全生产考核工作；对监督、检测机构人员进行上岗培训考核；编辑出版《建筑监督检测与造价》；配合省住房和城乡建设厅开展各类执法检查和质量安全管理等工作。是年，被人力资源、社会保障部和住房和城乡建设部授予“全国住房城乡建设系统先进集体”称号，被中国建筑业协会质量监督与检测分会授予“全国建设工程质量监督系统先进单位”和“全国建设工程检测行业先进单位”称号。研究成果《城市工程质量安全监督及检测数字化关键技术研究与示范》获2012年“华夏建设科学技术奖”。

■ 2012年11月13~14日，由广东省建设工程质量安全监督检测总站组织的2012年广东省地级以上市及部分县（区）质量、安全监督站站长座谈会在广州召开

■ 2012年8月16日，广东省建设工程质量安全监督检测总站一行到受监工程施工现场开展调研工作

■ 2012 年 5 月 15~16 日，广东省建设工程质量安全监督检测总站组织广东省钢结构焊缝超声波能力验证检测

■ 2012 年 6 月 6 日，广东省建设工程质量安全监督检测总站在广州举办广东省三类人员安全生产考前辅导培训班

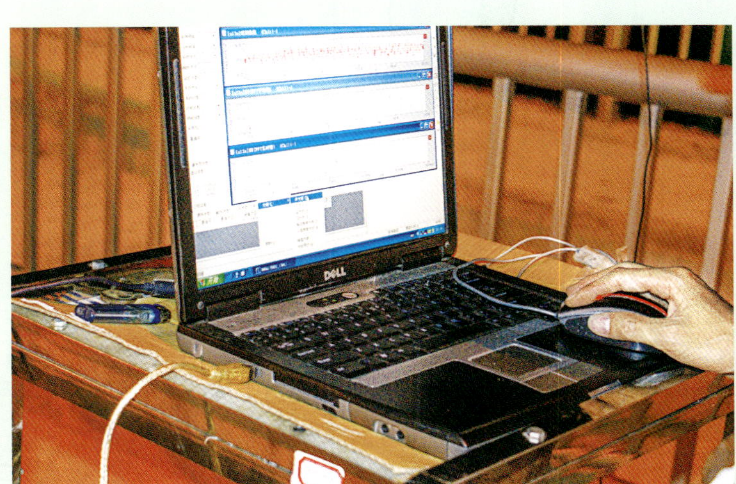

■ 工程桩质量高应变检测现场

■ 广东省建设工程质量安全监督检测总站对惠州合生大桥进行承载能力试验（2012）

■ 截至 2012 年底，由广东省建设工程质量安全监督检测总站和省建设工程造价管理总站联合主办的国内外公开发行的科技期刊《建筑监督检测与造价》共出版 53 期

广东省建设执业资格注册中心

2012年，全面开展一、二级临时建造师执业情况调查；启动物业管理师注册工作；开发“广东省建设执业注册人员执业行为记录系统”和“广东省建设执业注册人员身份信息采集验证系统”。加强对全省建设执业注册人员的监督和管理；组织面向香港建筑师、工程师的法规测试；首批8名取得内地一级建筑师互认资格的香港建筑师在广东省注册成功。

全年受理执业资格考试报名75292人，比上年增加13779人，增长22%；受理执业注册申请50495人次，增加9409人次，增长23%；举办继续教育培训班105期，比上年增长8.25%，参加培训37313人次。截至年底，全省各类建设执业资格注册人员104514人，比上年增长8%。

■ 2012年3月19~23日，广东省建设执业资格注册中心在广州举办第二期二级注册建造师继续教育必修课学习班

■ 2012年9月22日，广东省住房和城乡建设厅和省注册建筑师与工程师管理委员会在广州举办面向香港建筑师、结构工程师的法规测试

■ 2012年11月6~8日，广东省执业资格注册中心在广州举办绿色建筑与城市设计国际建筑师论坛

■ 2012年度广东省二级建造师执业资格考试主观题（广东考区）评卷工作现场

■ 广东省建设执业资格注册中心办事大厅（2012）

广东省散装水泥管理办公室

2012 年，广东省散装水泥管理办公室以加快散装水泥、预拌混凝土、预拌砂浆、混凝土预制构件及制品“四位一体”科学发展为目标，出台《广东省促进散装水泥发展和应用规定》等配套文件。是年，广东省散装水泥发展应用监管信息平台启动；“砼模块微通风砌体及砖的开发及产业化”获得省科技厅 2012 年广东省低碳技术创新及示范重大科技立项；广东省散装水泥设施设备备案、广东省预拌混凝土企业信用评价，以及广东省预拌混凝土、预拌砂浆、混凝土预制构件生产项目运用信息平台运行。全省累计供应散装水泥 6414.31 万吨，水泥散装率 56%，创综合经济效益 38.49 亿元。

■ 2012 年 3 月 23 日，广东省住房和城乡建设厅在江门召开 2012 年全省散装水泥工作会议

■ 2012 年 8 月 15 日，《广东省散装水泥发展和应用规划（2012~2015）》专家评审会在东莞召开

■ 2012 年 9 月 28 日，“广东省散装水泥发展应用监管信息平台”启动上线

建设事业信息化

- □ 省政府网上办事大厅住房和城乡建设厅窗口开通
- □ 十一市住房信息数据同步归集至省数据中心
- □ 县区级住房保障信息系统建设启动
- □ 全省工程项目中心数据库建成
- □ 《广东省城建档案管理办法》立法调研

综　述

【概况】　2012年，广东省住房城乡建设行业电子政务和公共服务信息化工程取得重大进展：在全省房地产系统工程建设方面，实现11个地级以上市房地产法定交易登记业务数据至省数据中心的完整同步归集，动态采集5000多万条基础数据记录，初步建立广东省房地产数据中心查询检索和统计分析综合服务平台；在全省建设工程交易中心数据库建设方面，实现实时同步归集占全省建设工程项目交易量2/3以上的广州、深圳、东莞三个地区的工程交易数据；在行政许可管理方面，实现广东省建设信息与住房和城乡建设部的数据整合与联网共享；配合事权下放提供地市版行政服务平台；配合省政府行政事项办理改革，实现相关行政事项在省政府办事大厅窗口全程网上办理目标。

【"三库一平台"管理信息服务系统功能扩展和完善】　"三库一平台"管理信息服务系统自从2009年7月1日开通运行以来，经过不断的改进完善，功能不断扩展，技术水平有了新的提高，在建设行政主管部门的审批和行业管理工作中发挥着越来越重要的作用。"三库一平台"管理信息服务系统提供自动引导、申报预检、分类递送、时程计效、智能辅助、关联索引、审监并行、一体互动等系列化和常态化的全天候和全区域网上行政服务和信息服务功能。截至2012年底，该系统为全省建设行业55万名从业人员和1.1万家企业建立动态电子从业档案，办结业务2.4万宗，与用户互动371万次，提供专线咨询服务24万次。为省政府工程领域信息公开专栏提供近60万条信息，占专栏发布信息总量的70%以上，专栏获全国评比第一。"三库一平台"管理信息服务系统项目取得的突破性进展，为广东省住房和城乡建设厅信息化建设在"十二五"期间实现跨越式发展打下良好基础，特别是在工作理念、技术积累和用人机制上提供成功的经验。　　（杨海涛）

▲"'三库一平台'管理信息服务系统"和"粤建通认证综合服务系统"通过国家科技成果鉴定　　（广东省建设信息中心供稿）

政务信息化

【概况】　2012年，广东省大力推进政务信息化建设。广东省网上办事大厅省住房和城乡建设厅窗口开通，率先在省直单位中实现行政复议在线申请。行政服务平台经过升级改造，基本实现行政许可、行业管理和执法监察"一体化"功能。广东省地级以上市通用版行政服务平台建设，推动全省住房和城乡建设系统综合信息服务平台的应用。全省政务信息化建设各项工作取得新成绩。　　（郭苑娜）

【省政府网上办事大厅省住房和城乡建设厅窗口建设】　2012年10月19日，广东省人民政府网上办事大厅省住房和城乡建设厅窗口正式开通。该网上办事窗口与14个行业服务系统关联，汇集省住房和城乡建设厅管理的37项办事事项，其中行政审批23项、其他政务事项14项，率先在省直单位中实现行政复议在线申请。网上办事窗口提供企业和个人办事服务，设置场景式服务，以生动、直观的方式为用户提供办事指引；每个事项均设有办事指南、表格下载、网上办理、进度查询、网上咨询等功能。截至年底，全省通过该网上办事窗口申请的网上办理事项19项，办理次数5637次，窗口网站点击38000次，日平均访问量达到1500PV。　　（凌红梅）

【广东省住房信息系统建设】　2012年，广东省住房和城乡建设厅初步构建广州、肇庆、阳江、佛山、东莞、湛江、江门、珠海、中山、云浮、韶关11个地级以上市住房信息数据同步归集至省房地产中心数据库的信息网络系统，完成河源、梅州、惠州等地的业务数据采集调研。省房地产中心数据库与各地市同步通讯1.4亿多次，归集数据记录6000多万条。完成编制《广东省住房信息系统可行性研究报告（修订）》，开发"广东省住房信息系统数据中心内部检索和统计分析系统"。　　（徐飞）

【县区级住房保障信息系统建设】　2012年，广东省住房保障平台业务系统功能逐步完善，县区级住房保障信息系统建设启动，全省除河源、云浮、湛江、潮州、汕头外，其他市、县、区实现住房保障信息系统的综合应用。通过县级住房保障信息系统，完成业务申请、审批、数据统计上报和政务信息公开等，确保全省住房保障工作公开、公平、公正。 （郭苑娜）

【行政服务平台升级改造】 2012年，广东省住房和城乡建设厅完成省级行政服务平台升级改造，对原行政服务平台的工作界面、在线资源、业务流程等进行科学统筹和规划，有效地整合厅机关各业务处室的信息资源。建立个性化的工作桌面，提升用户体验；集成多功能业务系统，使操作更简易；细化厅机关各处室的业务和行政权限，使行政审批全过程更加公开、透明和顺畅；整合全省建设系统行政单位的信息资源，使业务系统信息相互关联，业务协同办理；实现业务办理无纸化、业务流程可视化、证照资料数字化和企业档案全程化。

【地级以上市通用版行政服务平台建设】 2012年，广东省住房和城乡建设厅加强对地级以上市通用版行政服务平台的建设。一是简化和优化业务流程和权限动态管理的配置方法，满足各地级以上市建设行政管理部门通过该平台实施行政审批；二是完善省住房和城乡建设厅委托事项、下放事项和地市直管事项的各审批环节，以及原件核查和资质变更初审等操作，加强省、市在行政审批过程中的业务衔接；三是为各地建立独立的办事分厅，实现业务办理相互隔离、独立办公；四是整合有效信息资源，实现全省信息共享，形成省、市联动管理机制，完善“三库一平台”管理信息服务系统的建设。 （龙赛姗）

行业信息化

【概况】 2012年，广东省住房和城乡建设厅积极推进全省住房和城乡建设行业信息化工作。完成广东省建设工程项目管理系统（肇庆市版）建设，为行业管理信息化作出示范探索；开发完成全省工程项目中心数据库系统，加强建设行业工程项目监督管理；广东建设信息网改版，日均页面访问量超过10万次。 （郭苑娜）

【广东建设信息网】 2012年，广东建设信息网（简称“粤建网”）围绕政府网站建设要求和行业服务特点，重新设置“信息公开”“网上办事”“网络问政”“新闻中心”“粤建通”等7个特级栏目，以及“城市建设”“城乡规划”“住房保障”“市场监管”“质量安全”等20个一级栏目、340个二级栏目。是年，深化“粤建网”政务服务栏目，完善“招投标信息”“供求信息”“粤建英才”“遗失声明”“网上咨询”等特色服务栏目内容，先后开辟“城市建设”“垃圾处理”“政研论坛”“三打两建”“岭南特色规划与建筑评优活动”“农村清洁工程活动”等专题栏目；归集全省建设系统培训教育资源，设立专栏集中展示，为建设行业企业和人员提供全面、及时、便捷的行业培训信息。

年内，“粤建网”发布建设行业新闻信息5631条、招投标信息7624条；政务信息公开方面，全年发布省住房和城乡建设厅工作动态信息693条、公告公示351条。至2012年底，“粤建网”共发布新闻信息115592条、招投标信息（含中标）179509条、法律法规及行业标准1.2万条、行业招聘求职信息1万多条、网上咨询解答量11万条。该网站为全省建设系统和社会各界提供实时、权威的政务和行业信息；为所承载的各类建设管理信息系统提供安全、稳定的网络运行环境。经CNZZ第三方流量监控统计，“粤建网”平均每天页面访问量（PV）超过10万次，独立访客数量超过2万次。 （凌红梅）

【广东省建设工程项目管理信息系统（肇庆市示范版）】 2012年，广东省住房和城乡建设厅完成《关于试点建设工程项目管理信息系统的通知》中所要求的建设工程项目省、市共建工作。结合肇庆市建设行政及行业主管部门对广东省建设

▲2012年，广东省住房和城乡建设厅官方网站“广东建设信息网”改版。该网站是联通全省建设系统行政机关及企事业单位的省属建设行业网站，是全省建设事业信息化的核心网站 （广东省建设信息中心供稿）

工程项目管理信息系统（肇庆市版）应用情况，省住房和城乡建设厅对系统的多个模块进行合理的规划调整，完善建设工程项目各环节间的数据串联，实现建设工程项目的信息共享。是年，为配合广东省建设工程项目管理信息系统（肇庆市版）的上线运行，肇庆市住房和城乡建设局完成系统单一来源采购及运行环境的搭建工作，包括采购软硬件设备和托管服务器；省建设信息中心与肇庆市住房和城乡建设局共同完成软件系统初验和用户手册等相关文档交接工作。（龙赛姗）

【全省工程项目中心数据库建设】 2012年，广东省住房和城乡建设厅完成开发全省工程项目中心数据库系统，建立广州、深圳、东莞市三市招投标和工程项目管理系统的数据同步归集至省数据中心的信息网络系统。截至年底，省、市数据同步通讯累计170多万次，归集数据近75万条。通过开展全省工程项目中心数据库基础数据同步归集工作，推进全省范围内工程项目数据共享和工程建设企业和人员业绩的动态采集。（郭苑娜）

【广东省城乡规划空间信息服务平台建设启动】 《珠江三角洲地区改革发展规划纲要》明确提出“统筹规划信息基础网络，统一信息交换标准和规范，共建共享公共信息数据库。”《“四年大发展”工作方案》将规划信息平台及城乡规划决策信息系统列为重大项目。广东省规划纲要办公室在2012年3月的《“四年大发展”重大项目专项督查报告》中专门提出请省财政厅研究落实项目资金，并得到朱小丹、徐少华等省领导批示。省经济和信息化委员会、社会工作委员会印发《关于加强社会建设信息化的实施意见任务分工方案的通知》，明确由省住房和城乡建设厅牵头建设广东省城乡规划空间信息服务平台。2012年5月，省住房和城乡建设厅开展广东省城乡规划空间信息服务平台建设可行性研究工作，并于10月上旬编制完成《广东省城乡规划空间信息服务平台可行性研究报告》。（高磊）

【广东勘察设计网】 由广东省设计协会研发的“广东勘察设计网”于2012年4月8日正式开通使用。该网站建立行业资讯公共服务平台，提供最新的勘察设计行业信息。广东勘察设计网主要栏目包括：“关于协会”“通知公告”“行业动态”“政策法规”“优秀工程”“招标信息”“会员天地”及“求职招聘”等。（潘雁娟）

【珠江三角洲地区工程质量检测信息化监管平台和网络正式运行】 2012年，广东省住房和城乡建设厅继续推进珠江三角洲地区工程质量检测监管信息化工作。7月1日，珠江三角洲地区工程质量检测管理信息系统与广东省监管平台正式联网运行，实现珠江三角洲地区工程质量检测数据实时上传、及时统计分析和网上监控。

【全省质量安全监督信息化监管公共平台建设】 于2012年12月建成通过验收。为切实解决广东省建设工程质量安全监督管理信息化水平滞后的现状，省质量安全监督检测总站开发基于云技术的“广东省建设工程质量安全信息化监管公共平台”，免费提供全省各级质量安全监督机构使用。平台具有以下功能：一是各质监、安监机构无需单独开发监管系统，利用公共平台即可进行网络化管理，全面提升广东省建设工程质量安全监管信息化水平；二是建立覆盖全省的信息化协同工作平台，实现对各级质监、安监机构的信息管理和监督人员管理，实现建设工程质量安全监督情况报表的网上及时填报和报送；三是统一全省建设工程质量安全监督管理数据标准，规范工程质量安全监管流程，实现业务数据共享；四是建立面向全省的建设工程质量安全监管信息发布平台，建立与建设工程质量安全监督管理有关的法律法规、标准规范资料库；五是建立全省各地建设工程质量安全管理数据的“云存储”与“云备份”中心，保障数据安全，降低数据获取成本；六是建立各级政府部门、质量安全监督机构、工程建设各方主体单位和相关技术人员的网络连接，实现项目建设质量安全监督的实时、动态和联动管理；七是建立与现行相关信息化系统如“起重机械设备管理”“安全生产动态管理系统”等的无缝对接。

【广东省工程监督检查移动执法平台建设】 为进一步提高全省建设工程质量安全监督监管的信息化水平，体现执法监督工作的公平，公正和透明，配合“全省质量安全监督信息化监管公共平台”，建立“建设工程监督检查移动执法平台”。2012年下半年，该平台应用于广东省建设工程质量安全监督检测总站实施的工程质量和安全监督工作中。（李素华）

【“广东造价在线”上线运行】 2012年2月27日，由广东省建设工程造价管理总站搭建的工程造价信息互联互通和数据共享平台“广东造价在线”正式上线运行，向业界提供工程材料和设备的市场参考价格、供应商报价、设备租赁价格、指数指标、项目信息在线实时查询及非标材料询价等实时、权威、完整的工程造价信息服务。

【广东省建设工程造价员管理系统投入使用】 2012年，由广东省建设工程造价管理总站开发的“广东省建设工程造价员管理系统”投入使用，实现造价员资格考试报名、题库管理、从业变更、继续教育和验证等实时全程信息化管理。是年，该系统数据实现与省住房和城

乡建设厅“三库一平台管理信息服务系统”的实时对接。年内办理申请13万份。（张中）

【广东省散装水泥发展应用监管信息平台启动】 由广东省散装水泥管理办公室牵头，广州市散装水泥管理办公室、广东省预拌混凝土行业协会、广州粤建三和软件有限公司共同研发，于2012年9月28日启动。信息平台从设施设备登记备案、拟建企业申报、报表信息、信用评价、专项资金、执法监管、行业动态、政策法规等，全方位实现对全省散装水泥、预拌混凝土、预拌砂浆、混凝土预制构件生产应用的行业监管，为各地散装水泥主管机构实施行业监督和管理提供有效的技术支撑手段，解决目前存在的人力物力不足、难以监管到位的弊端，克服人为影响的因素，实现政府职能部门全面把握散装水泥发展的行业动态，为企业提供办事、咨询等服务，全面提高全省散装水泥监管水平，为如期完成省政府令规定的备案和相关工作提供保障。（阮菁英）

【《建筑监督检测与造价》编辑出版】 《建筑监督检测与造价》是由广东省住房和城乡建设厅主管，广东省建设工程质量安全监督检测总站和广东省建设工程造价管理总站主办的国内外公开发行的行业综合性科技期刊，是国内唯一的发布建筑工程监督、检测和造价行业专业信息的综合性科技期刊。期刊集政策性、技术性、学术性、实用性于一体，也是国内最大学术期刊数据库（中国知网）收录期刊、中国科技论文统计源期刊。

主要内容包括：国家政策法律法规及其解读；建设工程领域的热点问题探讨、行业动态报道；监督、检测、造价管理机构、建筑施工企业、监理公司、设计院、科研院校等人员的技术经验交流平台；现行标准规范的介绍和应用交流；名建筑赏析、名人访谈；建筑业发展新技术和重要成果介绍等方面的文章。主要读者包括：建筑业界从业人员、勘察、设计、施工、检测、监理、监督、造价等广大中高级技术人员和管理人员、科研院校的工程技术人员和师生等。2012年完成6期刊物的编辑、出版和发行工作。（李素华）

信息化服务

【概况】 2012年，广东省建设行业信息化服务水平不断提高。外省进粤企业和人员信息备案平台进一步完善；“三库一平台”企业库和人才库信息核验工作完成，人才库近13万名核心专业技术人员身份证信息通过审核，确保入库数据信息的权威性；完成外网服务器升级、托管迁移，保障厅机关网络安全。

【信息安全】 2012年，广东省住房和城乡建设厅通过全国招标采购，选择中国电信IDC为新托管商，完成公网服务器升级和托管迁移。厅机关使用的正版软件通过广东省和国家版权局检查。（郭苑娜）

【“三库一平台”企业库和人才库信息核验】 2012年，广东省住房和城乡建设厅开展多项数据信息核查工作。重点针对虚假、存疑、重名等身份证信息进行清理，完成人才库近13万名核心专业技术人员身份证信息核验。核验未通过的人员身份证信息暂作“无效处理”，确保人才库身份证信息真实性和准确性。（欧阳可赵）

【进粤企业及人员信息备案】 2012年5月1日，进粤企业和人员信息备案管理平台上线运行，实现对进粤企业和人员日常监督和信息的统一管理，填补广东省住房和城乡建设厅对进粤企业和人员管理的空白。一是实现单项工程备案申请，扩大进粤企业和人员信息备案范围；二是完善备案审批过程，新增特别程序和补充材料等特殊环节，实现批量初审、撤销备案和暂停备案等功能；三是优化信息备案管理平台工作界面，增设诚信平台数据联动和短信通知发送等辅助功能。截至年底，进粤备案企业1332家，进粤备案人员28888人。（龙赛姗）

【“三类人员”信息服务】 2012年，广东省建筑施工企业安全生产“三类人员”管理系统代码升级，实现该系统与粤建网和“三库一平台”系统的兼容互通，通过开发短信自动发布模块，建立“三类人员”（建筑施工企业主要负责人、项目负责人、专职安全生产管理人）报名、考试安排、成绩发布、发证、变更、注销等全过程的自动短信通知服务，为建筑施工企业及时掌握“三类人员”信息提供便利。（凌红梅）

城建档案管理

【概况】 2012年，广东省城建档案工作围绕省、市的重大建设项目，配合做好城镇保障性住房建设、城中村改造、垃圾处理设施建设、历史文化名城保护、宜居城乡建设等重点项目的跟踪拍摄和档案接收入库工作。是年，省住房和城乡建设厅加大对各市城建档案工作指导，组织各市城建档案工作人员参加城建档案、信息公开工作培训，提高城建档案工作人员综合素质；全省各地市城建档案馆利用开发城建档案资源，提供档案查阅、利用信息反馈、档案咨询、信息公开等服务，为各地城市规划建设、工程改建扩建、施工单位资质申报、工程备案、房产办理、产权纠纷、司法部门取证、编史修志等提供依据。12月，广州市城市建设档案馆和韶关市城市建设档案馆两个单位获“全国城乡建设档案工作先进集体”称号，张根源、伍伟华等4人获“全国城乡建设档案工作先进工作者”称号。

【城建档案法规建设】 2012年，广东省住房和城乡建设厅组织开展《广东省城建档案管理办法》立法调研，于5月召开立法评审会并通过立法审查。《湛江市城市地下管线工程档案管理规定》《湛江市建设工程声像档案管理规定》经湛江市人民政府第18次常务会议审议通过，于2012年12月4日颁布，从2013年1月1日起正式施行。

【城建档案科技成果】 2012年9月，由广州市城市建设档案馆研发的“数字城市建设档案馆系统”获中国城市规划协会颁发2011年度“全国优秀城乡规划设计三等奖”（规划信息类），11月，该系统获2012年“‘中国城市规划设计研究院CAUPD杯’华夏建设科学技术奖三等奖”；由广州市城市建设档案馆研发的“广州历史地图的研究与编绘”项目获2012年“广东省科学技术奖三等奖”。

【城建档案编研成果】 2012年，《广东岭南近现代建筑》图集广州分册和梅州分册出版。《广东岭南近现代建筑图集（广州分册）》文字10万字，图片500张，主要内容分为：“广州市岭南近现代建筑概况”“广州市岭南近现代建筑实例”两部分，集中展示广州地域内较典型的岭南近现代建筑68座，涵盖广州市的宗教祠庙、行政办公、文化教育、医疗卫生、商业金融、民居、园林、市政桥梁、工业等领域的近现代岭南建筑。每个案例以简要文字，配上新老照片、老地图、建筑图纸等元素；《广东近现代岭南建筑图集（梅州分册）》文字10万字，图片600张，主要内容分为：“梅州岭南近现代建筑概况”“梅州岭南近现代建筑实例”“研究论文”三部分，围绕梅州岭南文化的主题，采用图文并茂的形式，集中展示梅州市的宗祠、民居、人物、古迹、寺庙、桥梁等领域的100座建筑，每个实例以简要的文字，配上照片、地图、建筑图纸等元素；广州市城建档案馆策划编辑的《天工筑韵岭南风——广州传统民居建筑装饰与构件图集》，以图文并茂的形式展现角门、趟栊、封檐板、隔扇、花窗、花罩、柱础、石雕、青砖、阶砖、砖雕、栏杆、瓦当等近600件各类广州传统民居建筑装饰与构件的形态特征、样式工艺，展现独具岭南特色的建筑文化。

【城建档案培训工作】 为提高广东省城建档案的专业化工作水平，2012年，省住房和城乡建设厅加强对全省各地工程建设档案管理，指导工程建设参建单位按规范要求做好建设工程档案的验收、归档和移交等工作，全省各地城建档案机构全年累计举办23期城建档案业务培训班，培训人数2600人次。*（周娟）*

法制建设与执法监察

□『六五』普法领导小组成立

□行政复议案件办理一百零五件

□《广东省住房和城乡建设厅建设工程施工工期管理办法》出台

□行政执法人员专业知识培训

□无纸化学法用法及考试系统启用

综　述

【概况】　2012年，广东省住房和城乡建设厅开展全省住房和城乡建设系统“六五”普法依法治理工作，加强住房和城乡建设行业地方性法规、规章立法和规范性文件审查工作，强化行政复议层级监督，促进依法行政，法制建设取得显著成效。截至年底，省住房和城乡建设厅办理行政复议案件105件，全省现行有效的住房和城乡建设地方性法规20项、省政府规章13项、规范性文件31件。

【广东省住房和城乡建设“六五”普法】　2012年2月29日，广东省住房和城乡建设厅“六五”普法工作领导小组成立。由省住房和城乡建设厅厅长房庆方任组长，副厅长杜挺、执法监察局局长陈天翼任副组长，实行“一把手”负总责、分管厅长具体负责、各部门负责人各司其职的工作机制。日常工作领导小组办公室设在厅机关法规处，负责全省住房和城乡建设系统普法工作的统筹规划、组织落实和监督检查等。（黎志成）

住房和城乡建设立法

【概况】　2012年，广东省住房和城乡建设厅积极推进住房和城乡建设行业立法工作，地方性法规《广东省城乡规划条例》正式公布实施，原《广东省实施〈中华人民共和国城市规划法〉办法》同时废止。截至年底，由省住房和城乡建设厅制发的现行有效的住房和城乡建设地方性法规20项、省政府规章13项。

【《广东省城乡规划条例》】　2012年11月29日经广东省第十一届人民代表大会常务委员会第三十八次会议审议通过并颁布，自2013年5月1日起施行，原《广东省实施〈中华人民共和国城市规划法〉办法》同时废止。

《广东省城乡规划条例》（简称《条例》）进一步细化《中华人民共和国城乡规划法》，并结合广东省城乡规划体系的创新成果补充和完善城乡规划管理的相关制度，比如特定地区规划和城镇群协调发展规划的编制、城乡规划委员会审议制度、城乡规划督察员制度等。设置“历史文化和自然风貌保护”章节，明确广东省历史文化遗产保护的基本原则和理念、主要内容和要求，完善保护规划和建设的相关管理规定，强调建立保护名录制度。《条例》分七章八十八条，主要内容包括：(1) 明确城乡规划的制定。明确城乡规划的分类，在《城乡规划法》的基础上，根据广东省实际，增加开发区、产业园区以及其他成片开发地区的特定地区规划和城镇群协调发展规划；细化各类城乡规划的编制要求和审批程序，对城市设计和相关规划的制定提出要求，并对城乡规划编制单位的诚信管理、规划审查与公布等作出明确规定。(2) 细化城乡规划的实施要求和修改原则。规定城乡规划实施的一般要求，包括：跨行政区域的协作、相关许可证件的取得和失效、许可和审批前的技术审查和公示制度以及许可和审批后的公告制度；规定建设项目选址意见书、建设用地规划许可证、建设工程规划许可证、乡村建设规划许可证的核发及其管理；规定城乡规划实施评估制度，明确城乡规划的修改原则和修改程序。(3) 补充对历史文化和自然风貌保护的内容。增设“历史文化和自然风貌保护”章节，对历史风貌保护的总体要求和历史风貌保护名录的建立、历史风貌保护的规划要求、历史风貌保护的资金保障及相关保护措施，以及自然风貌保护的总体要求和基本范围、自然风貌保护的规划管理和空间管制措施、绿道网规划建设要求等作出明确规定。(4) 强化监督检查和法律责任。规定行政机关内部的层级监督制度以及基层政府的配合要求，并明确各级政府应当接受人大及其常委会的监督；规定对违反城乡规划法律法规行为的举报制度及相关部门的职责，并依据《城乡规划法》对违法违规行为处置办法进一步细化。（黎志成）

规范性文件合法性审查

【概况】　2012年，广东省住房和城乡建设厅制发规范性文件3件，经报请省政府法制办合法性审核同意后报省政府公布实施。截至年底，由省住房和城乡建设厅制发的现行有效的规范性文件31件。

【《省外建设工程企业和人员进粤信息备案的管理办法(试行)》出台】　2012年2月27日，广东省住房和城乡建设厅印发《省外建设工程企业和人员进粤信息备案的管理办法（试行）》(简称《办法》)，自2012年5月1日起施行。《办法》建立广东省对进粤企业的信息备案制度和企业诚信公开制度，有利于建立和完善广东省建筑市场诚信体系，规范对省外建设工程企业和人员进粤从事城乡规划编制、房屋建筑和市政基础设施建设等活动的监督和管理。

【《广东建设工程设计企业聘用香港专业人士申请资质暂行管理办法》出台】　2012年3月31日，广东省住房和城乡建设厅印发《广东建设工程设计企业聘用香港专业人士申请资质暂行管理办法》(简称《办法》)，自2012年5月1日起施行。《办法》落实《〈内地与香港关于建立更紧密经贸关系的安排〉补充协议八》，促进通过互认方式取得内地一级注册建筑师、一级注册结构工程师资格的香港建筑师、结构工程师在广东省行政区域内注册执业，有利于加强对受聘于广东省内建设工程设计企业的香港专业人士的服务和监管。

【《广东省住房和城乡建设厅建设工程施工工期管理办法》出台】 2012年9月17日，广东省住房和城乡建设厅印发《广东省住房和城乡建设厅建设工程施工工期管理办法》（简称《办法》），自2012年11月1日起施行。《办法》将标准工期计算、招标工期和投标工期的合理确定、施工工期调整等纳入法制化轨道，规范建设各方工期计算行为，保障合理施工工期，保证工程质量和施工安全。 （黎志成）

行政复议和行政诉讼

【概况】 2012年，广东省住房和城乡建设厅依法办理行政复议、行政应诉案件，有效化解一批行政争议。全年办理复议案件105件，比上年增加10件；办理行政诉讼案件两件，比上年减少3件。办理的行政复议和行政诉讼案件囊括：行政许可、行政裁决和行政处罚等执法种类，主要涉及：城镇房屋拆迁、城乡规划、工程建设三大类。

【行政复议】 2012年，广东省住房和城乡建设厅创新行政复议受理制度，在省政府政务网站上开通网上受理业务，公开行政复议申请的条件、要求，制作格式化的申请书，畅通复议渠道。全年办理行政复议案件105件，其中依法受理102件，不符合法定受案条件、决定不予受理3件，受理率98%。在受理的102件案件中，经审理依法予以维持70件、依法驳回申请人行政复议申请10件、决定撤销两件、确认违法1件、申请人主动撤回复议申请的1件、未审结18件（含10件中止审理）。其中涉及房地产管理48件、涉及城乡规划30件、涉及建筑市场管理24件、行政许可引发66件、行政裁决引发19件、政府信息公开引发7件、行政处罚引发6件、其他4件。

是年，广东省住房和城乡建设厅机关作为被申请人被住房和城乡建设部要求行政复议答复的案件1件，经审理依法予以维持；被省政府要求行政复议答复的案件两件，经审理均依法驳回申请人行政复议申请。

【行政诉讼】 2012年，广东省住房和城乡建设厅被提起行政诉讼两件。其中1件是原告认为佛山市住房和城乡建设局核发的房屋拆迁延期公告存在违法行为，以省住房和城乡建设厅没有履行监督职责构成行政不作为为由提起诉讼，法院认为原告的诉讼请求不属于行政诉讼案件受案范围内的行政不作为，分别驳回原告起诉和上诉；另外1件是原告认为深圳市宝安区龙华民乐旧村改造项目存在违法行为，认为省住房和城乡建设厅没有履行查处职责违法。该案一审法院裁定驳回原告起诉，二审尚未审结。

（黎志成）

法制宣传教育

【概况】 2012年是“六五”法制宣传教育工作的第二年。广东省住房和城乡建设厅制定并印发《广东省住房和城乡建设系统开展法制宣传教育的第六个五年规划（2011~2015年）》，统筹部署全省住房和城乡建设系统的法制宣传教育工作。组织安装“无纸化学法用法及考试系统”，创新学法渠道，全面开展法制宣传教育工作。

【专业法律知识培训】 根据广东省住房和城乡建设厅、省政府法制办公室《关于进一步加强全省住房和城乡建设行政执法人员专业法律法规知识培训工作的通知》的要求，2012年，省住房和城乡建设厅分批次、分片区、分类别地组织全省住房城乡建设系统7100多名执法人员参加工程建设和建筑管理类、城乡规划管理类、城市建设管理类、住房保障和房地产类的专业法律法规知识培训和考核。截至年底，全省住房城乡建设系统6800多名执法人员通过专业法律法规知识培训和考核，并取得执法资格，促进全省住房城乡建设系统行政执法规范化建设。

【《广东省住房和城乡建设系统开展法制宣传教育的第六个五年规划（2011~2015年）》印发】 2012年2月1日，广东省住房和城乡建设厅印发《广东省住房和城乡建设系统开展法制宣传教育的第六个五年规划（2011~2015年）》，明确全省住房和城乡建设系统开展“六五”普法工作的指导思想、主要目的、工作原则、主要任务、对象和要求，并从宣传发动、组织实施、检查验收三个阶段对工作步骤作出部署，统筹指导全省住房和城乡建设系统有序开展法制宣传教育和法治实践工作。

【无纸化学法用法及考试系统】 按照中共广东省委宣传部等八部门联合印发的《〈关于开展领导干部公职人员学法用法和普法考试无纸化工作的实施意见〉的通知》的要求和工作部署，省住房和城乡建设厅于2012年9月购买并组织安装“无纸化学法用法及考试系统”，要求厅机关全体干部进入该系统自主学习。通过创新学法用法的渠道和形式，提高厅机关全体干部依法行政的意识和能力。 （黎志成）

执法监察

【概况】 2012年，广东省住房和城乡建设厅贯彻落实全国住房和城乡建设稽查执法工作座谈会和省委、省政府“三打两建”工作会议、全省住房城乡建设工作会议精神，扎实开展住房城乡建设领域“三打两建”工作，推进住房和城乡建设行政执法规范化建设。抓好住房和城乡建设领域重点稽查执法工作，通过加强与公安、质监等部门的联动与合作，建立部门联合执法、快速协调的工作机制，发挥整体合力，打击违法犯罪分子的嚣张气焰。推动全省住房和城乡建设执法监察工作上新台阶。

【执法监察工作制度和机制建设】 2012年，广东省住房和城乡建设厅加强执法监察调查研究工作。一是组织开展对建设工程围标串标调研工作，撰写《关于打击非法控制建设工程招投标欺行霸市行为的一些思考》，分析全省工程建设围标串标违法行为最新动态，阐述广东省建设工程招投标市场建设和管理的现状，并对做好下一阶段工程建设招投标工作提出意见和建议。二是制订《广东省住房和城乡建设厅2012年“两建”工作实施方案》，开展住房和城乡建设重点领域试点工作,加强长效机制建设。分别在广州、深圳、惠州、东莞市开展加强和完善国有土地上房屋征收与补偿工作试点工作、加强和完善建设工程招标投标监督管理试点工作、建材打假联动执法工作机制试点工作、打击欺行霸市行为联动执法工作机制试点工作。三是在推进“三打”工作过程中，完善相关工作制度，推动建立新的工作机制，重点建立以下五个方面的工作机制：(1)完善举报受理机制，畅通举报渠道，及时受理举报；(2)建立信息报送和通报机制，实现全省住房和城乡建设系统信息报送、收集、汇总、统计和分析的自动化；(3)建立重大案件线索督办机制；(4)建立领导包案工作机制，对难度大、影响大的重特大案件实行领导包案工作机制，推动大案、要案的侦破；(5)建立督查督导机制，由省住房和城乡建设厅副厅以上干部带队组成6个督导组，对21个地级市（含顺德区）进行督导。

【行政执法规范化建设】 2012年，广东省住房和城乡建设厅推进行政执法规范化建设工作。一是抓行政执法案卷评查和行政执法规范化建设工作。组织5个检查组对9个市、46个单位开展行政执法案卷评查工作，抽查1000多份行政许可和行政处罚案卷，纠正行政执法主体不合法、行政执法程序不规范、行政处罚适用法律不准确、量罚幅度不适当、行政执法文书和案卷制作不规范等问题，推动全省住房和城乡建设系统行政管理部门依法行政，进一步规范行政执法行为。二是抓自由裁量权基准编制。为规范全省住房和城乡建设系统行政处罚裁量标准，根据“过罚相当”的原则，通过多次召开研讨会，针对编制形式、裁量阶次、裁量标准和裁量要求等进行讨论和修改。

【重点稽查和专案稽查执法】 2012年，广东省住房和城乡建设厅按照“惩防并举、重在预防、查纠建相结合”的原则，牵头制订全省开展重点稽查执法工作方案，会同厅机关各业务处重点加强对保障性安居工程、房地产市场调控、城乡规划、建筑节能和城镇减排、住房公积金管理、建筑市场和工程质量安全等方面的专项稽查执法。省住房和城乡建设厅执法监察局组织查办“四类”案件（即住房和城乡建设部稽查办转办和督办案件、领导批办的案件、检查中发现的案件和群众举报的案件）。全年受理案件58件，其中住房和城乡建设部转办9件，行政许可处转办8件。对每件案件都做到案件查处有路径，案件查处有结果。全年发出《行政执法监督检查意见书》15份，依法纠正各地住房和城乡建设有关部门行政不当行为。

【城乡规划督察】 2012年，广东省住房和城乡建设厅委派城乡规划督察员，按照《珠江三角洲城乡规划督察员巡察办法》等规定，坚持“到位不越位、监督不包办、参与不决策”，探路子、入角色、找准切入点，履行职责。一是有针对性地开展城乡规划督察工作。全省城乡规划督察员深入调查各城市总体规划编制、实施、管理的基本情况，通过调阅资料和实地查看，及时发现亮点、掌握热点、梳理重点，并确定各市督察工作的切入点。各督察组根据各市不同情况，结合发现的问题，确定不同的督察重点，开展有针对性的重点巡察工作，全年组织巡察24次，勘察现场10多个。二是探索规划督察员的省、部联动工作机制。为发挥各自优势，省住房和城乡建设厅推动城乡规划督察员省、部联动督察工作。2012年，住房和城乡建设部在广州、深圳、珠海、佛山、惠州、江门、中山、东莞、汕头、湛江等市派驻11名规划督察员，采取驻点的方式进行督察。三是有序推进新一轮规划督察员遴选工作。为保障全省规划督察工作持续开展，省住房和城乡建设厅印发《关于请协助推荐广东省城乡规划督察员候选人的通知》，启动新一轮规划督察员的遴选工作。 *（苏智勇）*

建设行政机关

□大力推进行政审批制度改革

□『书记项目』得民心

□『双到』工作成绩显著

□『扶贫济困日』募集善款一百六十七万元

□加强廉政风险防控机制建设

综　述

【概况】　2012年，广东省住房和城乡建设厅稳步推进行政审批制度改革和事业单位分类改革，加强机关建设，开展“机关党建走在前”主题实践活动，加强党风廉政建设和精神文明建设；严格干部选拔使用，做好各级干部培训工作；强化服务意识，加强财务管理，提高经费保障效能；加强工会建设，做好先进集体、先进个人的评选推荐工作和对贫困地区的援扶工作，发挥建设行政机关的职能作用。

（何思权）

【“机关党建走在前”主题实践活动】　根据中共广东省直机关工委部署，2012年省住房和城乡建设厅直属机关开展“机关党建走在前”主题实践活动。印发《广东省住房和城乡建设厅开展“机关党建走在前”主题实践活动实施方案》，结合“创先争优、为民服务”活动，开展“从身边人学起、从自己事做起”主题活动，促进机关作风转变；结合基层党组织分类定级工作推进机关党建工作。

【中共十八大精神学习贯彻】　2012年，广东省住房和城乡建设厅直属机关党委印发《关于认真学习宣传贯彻党的十八大精神的通知》，组织厅直属机关集中收听、收看中共十八大开幕式；组织厅机关全体干部和直属单位班子成员，传达中共十八大精神，部署学习贯彻工作；组织厅党组理论学习中心组扩大会议专题学习贯彻中共十八大精神；邀请中共十八大代表解读宣讲十八大精神。

【《中国共产党党和国家机关基层组织工作条例》贯彻落实】　2012年，广东省住房和城乡建设厅以专题讲座、党组理论中心组学习、支部学习讨论等方式组织对《中国共产党党和国家机关基层组织工作条例》的学习宣传。以《条例》为指引，制订完善直属机关党的工作机制，比如《党组中心组学习制度》《领导干部开展思想政治工作制度》《机关作风监督员制度（试行）》《关于加强厅机关和直属单位文明礼貌建设的通知》《关于加强备案人员因私出国（境）管理工作有关规定的通知》等，做到以制度管事、管人。

（熊小玲）

【基层党建创新“书记项目”】　2012年，为发挥机关党建和农村党组织的服务保障作用，提高基层党建科学化水平，根据中共广东省委关于实施抓基层党建创新“书记项目”的部署，结合省委、省政府全面推进农村生活垃圾处理的工作要求，省住房和城乡建设厅党组确定将“党心连民心，推进解决鹤山市来苏村垃圾处理难题”“书记项目”列为厅机关实施抓基层党建的一项重点工作。年内，全面完成“书记项目”确定的工作内容，鹤山市来苏村生活垃圾处理水平显著提高，村容村貌明显改善：一是建设和改造环卫设施。鹤山市来苏村建成5座密闭式垃圾收集屋和1座转运站，增设50个果皮箱，村内垃圾日产日清，有效控制垃圾收集点的臭气、污水，减少生活垃圾对环境的影响，垃圾转运站配置压缩式转运车辆，可辐射服务周边农村，提高转运效率。同时，全面清理路边、河边、池边及公共区域的积存垃圾45吨。二是建立长效的保洁机制。鹤山市来苏村制定完善《卫生保洁制度》《村民自治章程》等，使村民自觉投放垃圾和遵守卫生保洁等规章制度；设立专项资金，严格落实“户收集、村集中、镇转运”三级联动垃圾收运机制，配备专职保洁员3名，全村生活垃圾收运率达到100%。三是改造村庄河边生态景观。完成村口河道清淤，修筑引水渠连通旁边池塘，盘活池塘水体；完成进村道路硬底化，减少扬尘，避免雨天道路泥泞；采取见缝插绿的方式，对进村道路、河道两岸、池塘边景观进行绿化改造，打造村庄入口和“一河两岸”的整体景观，村庄宜居环境得到改善。

（谭龙海）

行政审批制度改革

【概况】　2012年，广东省住房和城乡建设厅贯彻落实省委、省政府关于加快转变政府职能、深入推进行政审批制度改革的部署，按照“精简、统一、效能”原则和“放权、简政、服务”的要求，稳步推进行政审批制度改革，着力建设精简、高效、廉洁的服务型政府，较好地完成各项工作任务。是年，省住房和城乡建设厅被省机构编制委员会授予省级行政审批制度改革工作先进单位称号。

【总体部署】　按照中共广东省委、省政府的统一部署，省住房和城乡建设厅有36项经广东省机构编制委员会办公室审核并提交广东省转变政府职能决策咨询委员会列入先行先试的行政审批事项。列入该次行政审批制度改革的行政审批事项包括：取消4项、转移13项、下放8项，保留11项。2012年7月11日省政府发布《广东省人民政府2012年行政审批制度改革事项目录（第一批）》，省住房和城乡建设厅取消事项3项（城市勘察、市政工程测量资格认定；房屋平面图测绘机构资质证书核发；风景名胜区建设项目选址审批）、转移事项3项（建筑施工企业特种作业人员操作资格证核发；城市园林绿化企业二级资质核准；房地产开发企业二级资质核准）、下放事项7项（中小型工程项目施工许可证核发；工程专业承包企业二级资质核发；消防设施、幕墙工程设计与施工二级资质核发；

建筑智能化工程设计与施工二级资质核发；建筑装饰装修工程设计与施工二、三级资质核发；建设工程质量检测机构资质核准；超限高层建筑工程抗震设防审批）。2012年9月7日省政府发布《广东省人民政府2012年行政审批制度改革事项目录（第二批）》，省住房和城乡建设厅取消事项1项（风景名胜区重大建设项目设计方案审批）、下放事项1项（占有城市绿地和砍伐、迁移城市树木审批）。2012年11月20日省政府发布《广东省人民政府转发〈国务院关于同意广东省“十二五”时期深化行政审批制度改革先行先试的批复〉的通知》，省住房和城乡建设厅停止实施的行政审批项目5项（建筑工程施工图设计文件审查机构资格认定；房地产估价机构二级及以下资质核准；工程造价咨询企业乙级资质认定；物业服务企业二级及以下资质核准；建筑施工企业安全生产管理人员考核合格证书核发），由具备条件的机构或行业协会实行自律管理；住房和城乡建设部下放广东省住房和城乡建设厅行政审批项目1项（一级注册建筑师、一级注册结构工程师和其他专业勘察设计工程师、一级注册建造师、注册监理工程师、注册房地产估价师、注册造价工程师、注册城市规划师的变更注册、注销注册），其初始注册、延续注册、重新注册仍由全国注册建筑师管理委员会和住房城乡建设部负责审定。

【实施情况】 2012年7月11日，自《广东省人民政府2012年行政审批制度改革事项目录（第一批）》公布后，省住房和城乡建设厅将实施工作列入重要议事日程，成立广东省住房和城乡建设厅行政审批制度改革工作领导小组，房庆方、王芃任组长，负责行政审批制度改革工作的组织协调和督办工作，从组织机构上保证行政审批制度改革工作的推进，并于2012年12月28日印发《广东省住房和城乡建设厅实施行政审批制度改革工作方案》，明确任务分工、工作实施步骤和工作要求；2012年8月17日省住房和城乡建设厅印发《广东省住房和城乡建设厅关于贯彻落实省政府令第169号的实施意见》，对省政府明确分批涉及的行政审批事项分别按照取消、转移和下放的改革类别提出相应的管理方式和要求，在强调加强指导和监管的基础上，提出相应的管理措施。是年，省住房和城乡建设厅稳步推进行政审批制度改革事项的取消、转移和下放工作。

【转移行政审批事项准备工作】 2012年，针对广东省人民政府明确分批转移的行政审批事项，省住房和城乡建设厅多次召开行政审批制度改革工作领导小组会议进行深入研究部署。一是明确工作思路。转移的行政审批事项不再列入行政审批范畴，不作为市场准入条件，有关行业管理职能交由相应的省级行业协会承接。选定的省级行业协会与各市行业协会联动，按照行业自律的原则，通过发布企业名录、建立企业诚信评价体系、企业综合实力排名等办法进行行业管理。二是深入开展调研，广泛征求企业意见。行政审批事项的转移工作涉及省内外上千家企业，为确保转移工作的平稳过渡，省住房和城乡建设厅职能转出部门组织省内数十家企业的代表召开座谈会，听取业内人士对转移工作的意见和建议。三是围绕“转得出、接得好”的要求组织落实，明确职能转出部门指定专人负责，确保行政审批改革事项科学合理、有序推进，并取得成效。

【下放行政审批事项实施】 2012年，针对广东省人民政府明确分批下放的行政审批事项，省住房和城乡建设厅按照广东省机构编制委员会办公室印发的《关于做好省级行政审批制度改革实施工作的通知》要求，于2012年9月17日印发《广东省住房和城乡建设厅关于做好下放行政审批事项对接工作的通知》，并于2012年9月19日召开全省住房和城乡建设系统下放行政审批事项对接工作会议。会议对全省住房和城乡建设领域的事权下放工作落到实处，积极与交通、水利、通信等有关部门沟通，就涉及有关会审的事项联合发文，明确实施办法，确保行政审批相关会审事项审批对接工作顺利进行。 （李朝）

▲2012年9月19日，广东省住房和城乡建设厅召开全省住房和城乡建设系统下放行政审批事项对接工作会议 （广东省住房和城乡建设厅行政许可管理处供稿）

机关工作和援扶工作

【概况】 2012年，广东省住房和城乡建设厅坚持抓好机关作风建设，聘请机关作风监督员监督机关作风建设，狠抓反腐倡廉教育和廉政风险防控；完善机构职能，组织多层次、多渠道干部培养锻炼，加大竞争性选拔干部和干部交流轮岗，优化干部队伍结构；加强工会组织建设，开展形式多样的工会活动，涌现一批全国和广东省的先进集体、个人；继续发挥计划财务职能作用，为全省建设事业中心工作提供资金保障；继续做好援藏、援疆和“规划到户、责任到人”扶贫开发工作。全年投入援藏资金1.2亿元，援疆建设项目100%完成，自筹96万元支持扶贫“双到”工作。

（王瑞斌）

【机关作风建设】 2012年，广东省住房和城乡建设厅注重抓好厅机关作风建设。一是坚持不懈开展反腐倡廉教育。按照中共广东省委、省纪委的工作部署，开展以“加强思想道德建设，保持党的纯洁性”为主题的纪律教育学习月活动，坚持把反腐倡廉教育和廉政风险防控结合起来，从源头上预防和治理腐败工作。二是加强厅机关和直属单位文明礼貌建设。厅直属机关党委印发文明道德规范5项、文明行为准则10条、文明礼貌用语30条、服务忌语13条。三是做好厅机关作风监督员的新聘和续聘工作。根据厅机关作风监督员制度，继续新聘7名、续聘26名厅机关作风监督员。

（何思权）

【人事管理】 2012年，广东省住房和城乡建设厅人事管理工作以干部的选拔调配和行政审批制度改革为重点，改进工作作风，强化服务意识，围绕中心工作，服务大局。做好成立广东省城市化工作领导小组的申请协调工作；协助省委组织部完成两名厅级干部的选拔，组织和指导完成16名处级干部、24名科级干部的选拔和任免工作；组织多层次、多渠道干部培训，组织61名不同级别的干部参加各类培训班，提高参加培训的干部的执政能力和业务水平。继续选派干部到基层培养锻炼，5人以不同的形式被派出挂职，支援地方经济建设。继续加大对社团组织建设及规范化运作的探索和研究。

（王瑞斌）

【支援帮扶工作】 2012年，广东省住房和城乡建设厅按照中共广东省委、省政府的要求，继续做好援藏、援疆和“规划到户、责任到人”扶贫开发工作。继续加大对支援疆、援藏和驻村干部的支持力度，鼓励他们发挥聪明才干，多为当地建设服务。全年投入自筹扶贫资金96万元用于当年帮扶的梅州市丰顺县留隍镇莲塘村的扶贫开发“双到”工作，着重于完善脱贫长效机制和改善民生基本设施。截至年底，省住房和城乡建设厅累计落实包括社会力量、各级财政的帮扶资金873万元，其中厅机关自筹446万元，较好地完成扶贫开发“双到”工作任务。在养老、危房改造、医疗、教育、生活救助和安全饮水等方面实施全覆盖整村推进，贫困村面貌得到改变，基本实现老有所养、住有所居、病有所医、学有所教、劳有所得。梅州市丰顺县留隍镇莲塘村先后获“梅州市扶贫开发‘双到’工作先进村”“广东省宜居示范村庄”“广东省整村推进幸福安居工程示范村”等称号，省住房和城乡建设厅也连续第三年被广东省扶贫考核组考评为“广东省优秀帮扶单位”。

【扶贫济困日捐款活动】 2012年，广东省住房和城乡建设厅积极开展扶贫济困日捐款活动。在全省住房城乡建设系统发出倡议书；组织厅机关、直属单位干部职工和协（学）会捐款。在开展扶贫济困捐款活动中，厅机关156名干部职工、6个直属单位、39个协（学）会及其会员单位共募集扶贫献爱心捐款167万多元。这些款项按照省委、省政府的要求和捐赠人意愿，在与省扶贫基金会签订协议书后，全部汇入广东省扶贫基金会，用于省住房和城乡建设厅帮扶单位梅州市丰顺县留隍镇莲塘村的扶贫开发“双到”工作项目。

（何思权）

【建设工会工作】 2012年，广东省住房和城乡建设工会委员会积极开展具有行业特色的劳动竞赛和文体活动；加强工会自身建设，发挥工会的桥梁和纽带作用，促进广东省住房和城乡建设事业可持续发展。在全国保障性安居工程建设劳动竞赛中，全省住房和城乡建设系统涌现一批先进单位和先进个人。在全国和广东省的先进评选中，两个单位获“全国五一劳动奖状”、3人获“全国五一劳动奖章”、两个单位被评为“全国工人先锋号”、6个单位被评为“全国先进单位”、1个单位被评为“广东省先进集体”、4人获“广东省劳动模范”称号。

工会组织建设 2012年，广东省建设工程造价管理总站、广东省散装水泥管理办公室于下半年成立工会机构，选举产生工会委员会领导班子；广东省建筑设计研究院在全院建立21个分工会组织，实现工会组织对全院的覆盖；广东省城乡规划设计研究院把加强工会自身建设当成第一要务来抓，做好工会、职代会换届选举工作，确保“两会”组织健全和制度规范，发挥工会组织的职能。是年，省住房和城乡建设工会委员会组织厅直属单位工会主席赴阳江、茂名和湛江三市开展调研工作，与工会干部交流学习；组织厅直属单位工会主席在惠州召开工会工作研讨会，学习《工会法》《劳动合同法》和全国、省总工会有关法规、文件，相互交流工会组建和工会活动的心得体会；组织厅直属单位工会主席赴珠海与部分省建设工会的领导代表进行座谈交流，学习传达中国海员建设工会三届二次全委会议精神，通过以会代训的方式，提高全省住房和城乡建设系统工会干部的综合素质。

保障性安居工程劳动竞赛　2012年，国家下达给广东省的保障性安居工程建设任务为151500套。为调动全省保障性安居工程建设工作者的积极性和创造性，圆满完成广东省2012年度保障性安居工程建设任务，省住房和城乡建设厅、省住房和城乡建设工会委员会根据住房和城乡建设部、中国海员建设工会的部署，在全省住房和城乡建设系统组织开展保障性安居工程建设劳动竞赛。劳动竞赛分为启动、竞赛、总结三个阶段。从安全生产、工程质量、工程进度、节能降耗、科技创新、劳务管理等六个方面开展竞赛。通过开展劳动竞赛，提高施工单位保障性住房的建设和管理水平，确保保障性安居工程项目安全、优质。至2012年底，全省共建保障性住房156535套，超额完成国家下达给广东省的保障性安居工程建设任务。是年，全省推荐参加劳动竞赛中的8个单位和5名个人上报全国先进单位和先进个人，其中1个单位获“全国工人先锋号”称号，1人获“全国五一劳动奖章”称号。

送温暖　走访劳模　2012年，广东省住房和城乡建设工会委员会坚持人文关怀，做好走访、慰问、关心群众疾苦工作，把党和政府的温暖送到困难职工家里。到梅州市和揭阳市走访慰问21位困难职工和7位劳动模范代表，并就困难职工反映的住房、子女上学和就业等困难问题，及时协调相关部门帮助解决，把党和政府的关怀送到群众家中；“五一”节前，赴清远市慰问劳动模范7人，为劳动模范送上节日的问候。

先进典型评选　注重抓典型、树正气，发挥先进典型的榜样作用，激励广大职工爱岗敬业，创先争优。2012年，是广东省每三年一届的广东省劳动模范表彰大会召开之年，也是全国“五一”评选和表彰劳动模范之年。省住房和城乡建设工会委员会按照中共广东省委、省政府和省总工会的要求，坚持评选工作面向基层、面向生产和工作一线、面向经济社会发展各条战线和社会各个阶层，增加一线职工、科教人员和进城务工人员的比例，对照先进评选标准，实行严格的评选程序，使忘我劳动和无私奉献精神的先进典型脱颖而出，发挥先进典型的示范作用。是年，全省住房和城乡建设系统两个单位获“全国五一劳动奖状”称号、3人获“全国五一劳动奖章”称号、两个单位获“全国工人先锋号”称号、6个单位获“全国先进单位”称号、1个单位获“广东省先进集体”称号、4人为“广东省劳动模范”，受到中华总工会、广东省总工会的表彰。

文体活动　2012年，广东省住房和城乡建设工会委员会组织开展各种群众性文体活动，加强省住房和城乡建设厅机关干部职工与基层的交流沟通。协助省住房和城乡建设厅组织厅机关干部职工与中山市住房和城乡建设局进行联谊活动、与直属单位举行春节联欢会；组织厅机关与直属单位在南海西樵山举行登山比赛暨庆祝粤建俱乐成立两周年活动；协助省住房和城乡建设厅党办组织篮球、羽毛球和乒乓球球队参加省直机关第一届运动会；并组织厅机关干部职工与清远市住房和城乡建设局进行登山联谊活动等；组织粤建摄影俱乐部成员分别到广州、肇庆、东莞、江门等地摄影采风，并举办粤建摄影俱乐部摄影作品展和编辑出版《粤建俱乐部2012年摄影作品集》。组织全省住房和城乡建设系统干部职工参加住房和城乡建设部组织的摄影、书画比赛。（晏烨）

【财务管理】　2012年，广东省住房和城乡建设厅继续发挥计划财务职能作用，注重科学安全管控资金，重视指导和服务基层，为完成全省建设事业中心工作任务提供资金保障。

资金保障工作　编制年度专项资金预算，向省财政申报落实重点工作项目专项预算资金。是年，省财政下达省级专项预算资金8.24亿元，其中转移支付补助地级市县8.04亿元；利用其他资金渠道垫资94.69万元，用于保证全省农村清洁工程的前期规划工作的开展；为加强全省建设领域行政执法监管以及建设工程质量安全的检查力度，争取省财政安排专项经费400万元，解决行政执法监管经费紧张问题；支持援藏和对口帮扶工作，在直属单位和社会组织的支持下，筹措援藏资金35万元、帮扶资金89万元，解决援藏工作经费和广东省梅州市丰顺县莲塘镇对口帮扶经费；根据省委、省政府开展政府机关办公软件正版化的要求，解决办公软件正版化专项资金33万元，使省住房和城乡建设厅机关实现办公软件正版化，改善办公环境。

财务资金管理　做好省级专项预算资金分配和使用管理。2012年，通过省财政直接支付地级市县农村垃圾处理补助资金4.16亿元、公共租赁住房省级以奖代补专项补助资金2.99亿元、建筑工程节能专项补助资金2800万元、省级村庄规划专项补助资金1280万元，以及省级中心镇、省级绿道规划和建设专项补助资金1000万元，控制性详细规划补助资金500万元，省级宜居城乡规划和试点工作专项补助资金424万元；按照省财政厅、监察厅制定的《省直机关事业单位行政经费节约考核办法》规定，严格控制机关行政经费支出。截至2012年底，省住房和城乡建设厅公用经费预算实际执行情况和交通费、出国费、会议费、办公费、招待费、培训费等六个经济科目实际支出数均

2012年广东省住房和城乡建设厅职能

序号	职　能
1	贯彻执行国家和省有关住房和城乡建设工作的方针政策和法律法规，组织起草有关地方性法规、规章草案，组织编制相关规划和年度计划，拟订相关政策、标准并指导和监督实施。
2	承担推进住房改革与发展和保障城镇低收入家庭住房的责任。指导全省住房制度改革工作，会同有关部门做好省级财政廉租住房保障资金安排并监督各地组织实施。
3	负责住房公积金监督管理，确保公积金的有效使用和安全。会同有关部门拟订住房公积金政策并组织实施，制定住房公积金缴存、使用、管理和监督制度，监督全省住房公积金和其他住房资金的管理、使用和安全。
4	承担规范房地产市场秩序、监督管理房地产市场的责任。指导城镇土地使用权有偿转让和开发利用工作，提出全省房地产行业发展规划和产业政策。
5	承担城乡规划监督管理的责任。指导全省城乡规划的编制、实施和管理工作，负责省人民政府交办的城市总体规划、市域城镇体系规划的审核报批和监督实施，参与土地利用总体规划等相关规划的审核，会同文物行政部门负责历史文化名城（镇、村）保护的监督管理工作。
6	承担指导城市建设的责任。指导城市供水、节水、燃气、污水和生活垃圾处理等市政公用设施的建设、安全和应急管理，负责国家级、省级风景名胜区的审核报批和监督管理，组织审核世界自然遗产的申报，会同有关部门审核世界自然遗产与文化遗产双重遗产的申报。
7	承担规范、指导村镇建设的责任。指导村镇规划的编制、实施和管理工作，指导村镇建设和农村住房建设，指导小城镇和村庄人居环境的改善工作。
8	监督管理建筑市场，规范建筑市场各方主体行为。指导全省工程建设、建筑业的行业改革发展，制定和发布工程建设全省统一定额、工期定额和有关技术标准并监督和指导实施，负责推进工程勘察设计业的改革发展。
9	承担建筑工程质量安全监管的责任。负责全省工程质量和安全生产工作的指导和监督检查，指导编制工程质量安全事故应急救援预案，组织或参与重大工程质量安全事故调查和处理。
10	承担推进建筑节能减排和行业科技发展的责任。组织科技项目研究开发，指导建设科技成果转化推广，负责发展散装水泥和商品混凝土的管理工作，指导行业注册师执业资格管理工作，会同有关部门组织行业的职称改革及专业技术职称评审工作，组织制定地方工程建设标准、规范、规程并监督实施。
11	开展住房和城乡建设方面的对外经济技术交流与合作。
12	承办广东省人民政府与住房和城乡建设部交办的其他事项。

（广东省人民政府办公厅）

2012年广东省住房和城乡建设厅领导成员

职　务	姓名／任期	
厅长	房庆方（2009.09～　　）	
党组书记	房庆方（2009.09～2012.03）	王　芃（2012.03～　　）
党组副书记	房庆方（2012.03～　　）	陈英松（2009.11～　　）
副厅长	陈英松（2009.10～　　） 蔡　瀛（2009.10～　　）	李台然（2009.10～　　） 杜　挺（2009.09～　　）
党组成员	蔡　瀛（2009.09～　　）	杜　挺（2009.09～　　）
党组成员、省纪委（省监察厅）派驻省住房和城乡建设厅纪检组长（监察专员）	李锡洪（2009.09～　　）	
中共广东省住房和城乡建设厅直属机关委员会书记	杜　挺（2011.03～　　）	
党组成员、总工程师	李新建（2009.12～2012.05）	陈天翼（2012.10～　　）
党组成员、巡视员	李新建（2012.05～2012.11） 刘锦红（2009.09～　　）	陈承旗（2009.09～　　）
副巡视员	李运章（2009.09～　　）	

（广东省住房和城乡建设厅人事处）

2012年广东省住房和城乡建设厅各处室职能

处室名称	职能
1. 办公室 主任：黄维德（2009.11～）	负责文电、会务、机要、档案等机关日常工作；承担信息、安全、保密、新闻宣传、信访、督办、政务公开等工作；起草重要文稿；负责住房和城乡建设经济技术交流与合作；指导和协调住房和城乡建设系统电子政务、城市建设档案工作。
2. 法规处 处长：章吉青（2011.08～）	组织起草有关地方性法规、规章草案；承担有关规范性文件的合法性审核工作；承担有关行政复议和行政应诉工作；负责行政许可实施的监督和评估；负责住房和城乡建设法律法规实施的评估；组织住房和城乡建设普法工作。
3. 计划财务处 处长：张平（2010.07～）	指导住房和城乡建设系统行业信息统计工作；负责机关各项资金、国有资产的管理、使用和财务工作；承担住房和城乡建设系统行政事业性收费项目的立项、申报和管理工作，指导直属事业单位财务监督管理和审计工作。
4. 住房发展与房地产市场监管处 处长：潘伟堂（2009.11～）	拟订住房和房地产管理政策并监督实施；提出住房和房地产产业发展规划和产业政策；编制住房建设规划和年度计划并指导、监督实施；指导全省城镇住房制度改革与住房发展工作；指导城镇土地使用权有偿转让和开发利用工作。
5. 住房保障处 处长：刘耿辉（2011.08～） 6. 住房公积金监管处 处长：余云枢（2009.11～） （住房保障处与住房公积金监管处合署办公）	拟订本省城镇住房保障政策法规、编制住房保障发展规划和年度计划并监督执行；会同有关部门拟订本省住房公积金发展规划并组织实施；拟订住房公积金缴存、使用、管理和监督制度；会同有关部门做好省级财政廉租住房保障资金安排并监督各地组织实施；监督全省住房公积金及其他住房资金的管理、使用和安全；指导住房公积金业务网络管理系统的建立，管理住房公积金监督网络系统和举报投诉系统。
7. 城乡规划处（珠江三角洲城镇群规划管理办公室、省绿道网建设管理办公室） 处长：邱衍庆（2010.11～）	拟订城乡规划及城镇化发展的政策和法规、规章草案；组织编制和监督实施省域城镇体系规划、珠江三角洲城镇群规划及其他次区域规划；指导全省城乡规划的编制、实施和管理；承担省人民政府交办的城市总体规划、市域城镇体系规划的审核报批和监督实施；承担地级以上市控制性详细规划的备案管理工作；参与县以上土地利用总体规划等相关规划的审核；按规定权限核发建设项目选址意见书；承担历史文化名城及历史街区保护的监督管理工作；指导城市勘察、市政工程测量、地下空间开发利用和城市雕塑工作；监督管理城乡规划编制单位；统筹落实和推进绿道网建设管理工作。
8. 城市建设处 处长：郭壮狮（2010.07～）	承担国家级、省级风景名胜区的审核报批和监督管理；指导城市市政公用设施的应急管理；指导城市供水、节水、燃气、市政设施、园林、市容环境治理等工作；指导城镇污水和生活垃圾处理设施建设和运行监管；指导城市规划区的绿化工作；指导城市地铁与轨道交通的规划和建设；承担世界自然遗产项目和世界自然与文化双重遗产项目的有关工作。
9. 村镇建设处 处长：黄祖璜（2009.11～）	拟订村镇规划建设的政策和法规、规章草案；指导村镇规划的编制、实施和管理工作；指导村镇建设和农村住房建设；参与村镇土地利用总体规划等相关规划的审核；指导小城镇和村庄人居生态环境的改善工作；会同文物行政部门负责历史文化名镇（村）保护的监督管理工作。
10. 建筑市场监管处 处长：廖江陵（2009.11～）	拟订工程建设、建筑业、勘察设计的行业发展政策、规章制度并监督执行；拟订规范建筑市场各方主体行为、房屋和市政工程项目招标投标、建设监理、施工合同管理、工程风险管理的规章制度并监督执行；监督施工企业、建设监理企业、工程建设项目招标代理机构、工程造价咨询机构、勘察设计咨询单位资质标准的执行；组织拟订建设工程全省统一定额、工期定额和工程造价技术标准并监督和指导执行；参与省重点工程项目建设的有关工作；监督房屋和市政工程抗震设防标准的执行；组织大中型工程项目初步设计审查；负责建筑工程施工图设计审查的监督管理；指导建筑节能设计、建筑工程设计招标投标工作。
11. 工程质量安全监管处 处长：梁志华（2009.11～）	拟订建筑工程质量、建筑安全生产规章制度和技术标准并监督执行；指导全省工程质量和安全监督、检测机构的监督管理和相关人员的考核工作；承担全省施工企业安全生产的监督管理和相关人员的考核工作；指导编制工程质量、安全事故应急救援预案；组织或参与工程重大质量、安全事故的调查处理。

(续表)

处室名称	职能
12. 科技教育处 处长：钟汉谋（2009.11～ ）	拟订住房和城乡建设行业科技、建筑节能、墙体材料革新以及散装水泥的发展规划和政策并监督执行；组织拟订工程建设标准、规范、规程并监督实施；组织科技项目研究开发，指导科技成果的转化推广；指导发展散装水泥和商品混凝土工作；指导行业从业人员继续教育、岗位培训和职业技能鉴定；指导行业注册执业资格管理工作；会同有关部门组织行业的职称改革及专业技术职称评审工作。
13. 行政许可管理处 处长：洪冰（2009.11～ ）	承办本厅直接实施和审查上报住房和城乡建设部的企业资质、个人执业资格类行政许可事项的审批、核准、审核、备案和变更工作。
14. 人事处 处长：谢莉珍（2009.11～ ） 15. 直属机关党委办公室 主任：谭龙海（2010.07～ ） (人事处与直属机关党委办公室合署办公)	负责机关和指导直属单位的人事管理、机构编制、劳动工资、离退休人员服务和党群等工作；指导全省住房和城乡建设系统精神文明建设工作。
16. 执法监察局 局长：陈天翼（2010.02～ ）	监督有关住房和城乡建设法律法规、标准的执行；指导、监督、协调全省住房和城乡建设综合行政执法工作；承办住房和城乡建设领域重大纠纷和案件的有关工作，组织检查和处理相关违法违规行为。

(广东省住房和城乡建设厅人事处)

2012 年广东省住房和城乡建设厅各直属单位职能

处室名称	职能
1. 广东省住房和城乡建设工会委员会 主席：林兆雄（2011.05～ ）	领导厅机关及直属基层工会，指导全省建设系统工会。
2. 广东省散装水泥管理办公室 主任：袁庆华（2011.09～ ）	贯彻执行国家和省有关发展散装水泥、预拌混凝土、预拌砂浆、混凝土预制构件的法律、法规、规章和政策，承担具体监督管理工作；编制散装水泥、预拌混凝土、预拌砂浆、混凝土预制构件的发展和应用规划、制定质量管理体系；按规定承担散装水泥专项资金的征收、使用和返退；承担散装水泥工作的信息交流、宣传教育、统计管理和新技术、新工艺、新设备的推广应用等。
3. 广东省建筑设计研究院 院长：王洪（2011.06～ ） 党委书记：李鸿辉（2004.03～ ）	贯彻执行党和政府关于住房和城乡建设、城镇化发展的方针政策，参与住房和城乡建设行业相关技术政策研究和建筑标准设计；开展政府和社会各类大中型建筑、市政与公用事业、基础设施、环境保护等工程设计、勘察、咨询工作；开展政府和社会各类建设工程技术以及建筑节能、环保、防火、抗震专项技术的研究开发、组织实施和推广应用工作；开展政府和社会各类建设工程的质量监测、检测、初步设计审查、施工图审查等工作；开展其他工程设计规划机构的技术帮带、技术骨干培养，以及业务指导、技术支持、人才培养等工作。开展国内外建设工程科技交流与合作。
4. 广东省城乡规划设计研究院 院长：曾宪川（2010.11～ ） 党委书记：钱中强（2009.07～ ）	参与城乡规划政策研究；承担省级重大区域规划编制工作；参与城乡规划技术规范制定工作；为重大灾害应急和灾后重建规划提供技术支持；协助开展全省城乡规划编制和管理空间信息平台建设工作等。
5. 广东省建设信息中心 主任：李健明（2008.10～ ）	承担全省建设系统信息资源开发、利用和管理；收集、整理建设市场信息；建立建设行业信息网络和数据库，指导建设行业信息工作。
6. 广东省建设工程造价管理总站 副站长并主持工作 刘宗孝（2011.09～ ）	贯彻执行国家、省建设工程造价管理、工程建设定额和计价规范的方针政策和法规；受委托参与制定本省工程造价管理的法规、规章和管理制度；承担建设工程造价和工程建设定额的编制、修订、解释等具体工作；指导省工程建设定额的执行，指导编制建设工程估算、概算、结算，受省住房城乡建设厅委托发布工程造价信息，指导标底的编制审核工作，按规定参与建设工程招投标的审标、评标、定标工作。
7. 广东省建设工程质量安全监督检测总站 站长：吴松（2009.07～ ）	承担中央委托省管或者省属的大型工程以及石油化工建设工程的质量安全监督工作；在省住房和城乡建设厅委托的范围内，对全省建设工程质量施工安全进行监督抽查；受委托对全省建设工程质量安全监督机构及人员的工作进行监督检查和业务指导、考核；组织质量监督、施工单位安全生产管理人员的安全生产考核和安全生产继续教育管理工作；参与调查处理全省重大质量安全事故。

（续表）

处室名称	职能
8. 广东省建设执业资格注册中心 主任：梁雄光（2008.04～　）	执行国家有关执业资格注册的方针、政策，受委托承担住房和城乡建设行业执业资格注册类行政许可的有关辅助性工作；协助人力资源和社会保障部门做好建设执业注册资格考试人员资格审查、考核认定、考试组织和评卷等工作；承担建设执业资格注册审查、注册管理及注册后监督，推动执业人员诚信系统建设及信息公开服务；承担建设执业注册资格继续教育有关工作。

（广东省住房和城乡建设厅人事处）

未超过单位行政经费考核基数，省财政对省住房和城乡建设厅行政经费节约考核为"良好"等次。

基层服务工作　帮助公益一、二类事业单位广东省建设工程造价管理总站、广东省建设工程质量安全检测总站申请省财政预算经费；实现单位资金预算管理。2012年，省财政下达当年预算资金220万元；根据省人力资源和社会保障厅批复的工效挂钩工资清算和实行工资总额与自营产值挂钩方案，省建筑设计研究院、省城乡规划设计研究院完成2011年工资清算，并制定和报送2012年继续实行工效挂钩方案。

（傅学燕）

党务工作与党风廉政建设

【概况】　2012年，广东省住房和城乡建设厅直属机关党委坚持以改革创新精神推进党建各项工作，切实提高厅直属机关党建科学化水平，为全省住房和城乡建设事业科学发展提供政治动力和组织保证。

【直属机关党委重要活动】　2012年，广东省住房和城乡建设厅直属机关党委开展重要活动：一是学习贯彻落实中共中央、省委会议精神，学习贯彻"全国两会"精神、广东省第十一次党代会精神和胡锦涛"7·23"重要讲话精神，开展学习贯彻中共党的十八大精神活动，推进全省住房城乡建设事业科学发展。二是开展"机关党建走在前"主题实践活动。根据省直机关工委部署，印发《广东省住房城乡建设厅开展"机关党建走在前"主题实践活动实施方案》，推动机关党建工作走在党的基层组织建设前头。三是开展"从身边人学起、从自己事做起"主题活动，用来自厅机关窗口的30个真实故事，号召大家从小事做起，从点滴做起，促进机关作风转变。四是开展基层党组织分类定级工作，对厅直属机关各党组织进行调研评价和党员群众测评，总结肯定各党组织党建工作成绩，整改发现问题，促进党建工作。五是根据中央和省委关于开展党务公开工作的部署，在厅直属机关实行党务公开。六是抓好省非公有制经济组织和社会组织（"两新"组织）党建工作，完成归属厅业务主管的13个省级专业性协（学）会的党组织覆盖工作。七是开展创先争优表彰活动，向省直机关工委推荐报送省城乡规划设计研究院院长曾宪川为优秀共产党员并获表彰；在厅直属机关开展表彰活动，授予厅规划处党支部等11个党组织"先进基层党组织"称号、肖送文等63名党员"优秀共产党员"称号。

【党务公开工作】　2012年，广东省住房和城乡建设厅直属机关以公开、透明为基本要求，以规范化建设为着力点，以机制创新为抓手，以制度建设为保障开展党务公开工作。一是加强宣传教育统一思想，全面部署。印发《广东省住房和城乡建设厅党务公开工作实施方案》，在厅机关内网设置"党内公开"专栏。二是建立机构，加强领导，明确责任。成立由厅党组书记任组长，其他厅领导为成员的党务公开工作领导小组；明确各党组织是本级组织实行党务公开的责任主体，主要负责人是实行党务公开的第一责任人。三是制定目录，分类指导。以《广东省党的基层组织党务公开指导性目录》为基础，制定《厅机关党务公开目录》；分类制定《直属各单位党组织党务公开目录》；明确各党组织党务公开的内容、范围、形式、时限和责任部门。四是加强监督，规范建设。健全特邀监督员制度，继续聘用来自住房城乡建设系统内行政单位、企事业单位和社会组织的69名厅机关作风监督员，把党务公开工作纳入监督员的职责和工作要求中，发挥监督员的监督作用。加强公开载体的建设，把传统公开方式与现代网络媒体公开方式有机结合，采取党内会议、下发文件、定期通报、公开电话、内外网络公开等形式进行党务内容的及时公开。

【干部职工思想道德和职业道德建设】　2012年，广东省住房和城乡建设系统干部职工思想道德和职业道德建设继续深化。按照广东省委、省政府"统一标识、安全环保、科学设置"的要求，各级市政、城管、园林、绿道管理部门开展"厚于德、诚于信、敏于行"的"广东精神"宣传实践活动；各级住房和城乡建设管理部门积极参与"感动广东十大人物评选"活动，开展向张丽莉、吴斌、高铁成学习活动，宣传道德模范、先进典型的生动事迹和崇高精神，使学先进、争先进成为广大干部职工的自觉追求。是年，全省住房和城乡建设系统在评选全国住房和城乡建设系统先进单位先进工作者和劳动模范活动中，6个单位被评为先进单位、25人被评为先进工作者、19人被评为劳动模范。各级住房城乡建设管理部门把行业文化建设摆到更加突出的位置，采取扩展学习园地、完善职工书屋和党员学习室、优化服务窗口设施和办事流程、设置窗口服务满意度评价箱、开展廉政教育、举办文体活动等形式，加强和谐文化、服务文化、廉政文化建设。

【广东省建设系统政研会工作】2012年，广东省建设系统政研会以构建社会主义核心价值体系为根本，加强和创新思想政治工作，为确保住房城乡建设事业科学发展提供强有力的思想保证和文化支撑。一是创新政研工作阵地。在“广东建设信息网”设立“政研论坛”，分期登载政研会有关活动情况和课题研究成果。二是做好评选推荐先进的工作。推荐省建设系统思想政研会、湛江市建设政研会为“全国住房城乡建设系统优秀政研会”、广东省建设政研会黄小燕为“全国住房城乡建设系统政研先进工作者”；经省建设政研会常务理事会讨论并报省住房和城乡建设厅党组审定，表彰全省住房城乡建设系统精神文明建设、思想政治工作和政研会先进单位189个，先进个人162名，发挥广东省建设政研会宣扬培育正气的积极作用。三是组织会员单位34名政工人员赴新疆进行调研和学习考察。四是做好重点课题论文的研讨和编纂工作。经审核选用论文54篇，编印《2011年度全省住房和城乡建设系统思想政治工作论文汇编》。

【精神文明建设】2012年，广东省住房和城乡建设系统精神文明建设工作以坚持贯彻落实科学发展观，迎接十八大召开为契机，积极开展各项活动，并取得新成效。

推进学习型班子、学习型机关、学习型干部职工队伍建设。广东省住房和城乡建设厅坚持党组中心组学习制度，围绕“行政审批制度改革、‘三打两建’工作、提高城市化发展水平、住房保障和房地产发展、绿道网建设、宜居城乡建设、建筑节能和绿色发展”等重点工作展开讨论，研究措施，狠抓落实。各市市政、城管、园林、绿道管理部门开展“厚于德、诚于信、敏于行”的“广东精神”宣传实践活动；在与人民群众生活关联度高、社会关注度高的市政公用事业管理（供水、供气、城管）、公园和风景名胜区等窗口行业和公共场所开展道德领域突出问题专项教育治理活动，全省各地建设行业管理部门纷纷开办道德讲堂，宣传社会公德、职业道德、家庭美德和个人品德。

深化精神文明创建活动，提升行业文明程度。各级住房和城乡建设部门以“服务人民，奉献社会”为宗旨，贯彻落实住房和城乡建设部制定颁发的城市供水、城市燃气、园林绿化、物业管理、住房公积金、城市规划等6个文明行业标准，开展文明行业、文明工地、文明小区、文明景区和宜居城镇、宜居村庄、宜居社区等创建活动，扩大创建活动的覆盖面和影响力。2012年，在住房和城乡建设部、人力资源和社会保障部联合组织开展的全国住房城乡建设系统先进单位先进个人和劳动模范的评选活动中，广东省住房城乡建设系统6个单位被评为先进集体、25人被评为先进个人、19人被评为劳动模范。

（何思权）

【党风廉政建设责任制】2012年，广东省住房和城乡建设厅全面部署和落实党风廉政建设工作。一是在全省住房和城乡建设工作会议上，对2011年全省住房城乡建设系统推进党风廉政建设的工作情况进行全面总结，对2012年加强党风廉政建设提出明确要求。二是根据住房和城乡建设部、省纪委下达的党风廉政建设各项任务，制定《关于落实2012年党风廉政建设和反腐败工作部署分工的意见》，对党风廉政建设和反腐败各项具体工作作出明确分工，把责任落实到有关厅领导和各个部门。驻厅纪检组负责检查、督促各责任部门按照要求落实各项工作。

【商业贿赂治理】2012年，根据住房和城乡建设部、广东省治理商业贿赂领导小组的有关要求，省住房和城乡建设厅部署开展全省住房和城乡建设系统治理商业贿赂工作。一是调整充实机构。省住房和城乡建设厅对治理商业贿赂专项工作领导小组及其办公室的人员进行调整，充实工作力量，确保专项治理工作的深入开展。二是以“三打两建”为契机，配合纪检部门查办商业贿赂案件。2012年，全省住房和城乡建设系统配合纪检执法部门查处商业贿赂案件77件。三是印发深入开展行业自律和治理商业贿赂工作有关文件，探索加强对中介机构行为的监督，发挥行业协会自律作用。省房地产行业协会向全省房地产企业和从业人员发出《加强行业自律，自觉抵制房地产业商业贿赂》的倡议，并通过《南方房地产》杂志、广东房地产网等媒体，以专题的方式全方位宣传行业自律。

【反腐倡廉教育】2012年，广东省住房和城乡建设厅积极开展反腐倡廉教育。一是印发《关于开展2012年纪律教育学习月活动的通知》，围绕“加强思想道德建设，保持党的纯洁性”主题，在厅机关和直属单位开展纪律教育学习月活动。二是每季度出版一期《住房和城乡建设领域案件专刊》，摘录近期发生在住房城乡建设领域的部分违纪违法案件，向全省住房城乡建设行政主管部门印发，树立廉洁价值理念，提高全体党员干部反腐倡廉自觉性。

【群众来信来访和案件查办】 2012年，中共广东省纪委派驻广东省住房和城乡建设厅纪检组收到群众来信举报和投诉56件（次），比上年减少22件（次）。其中涉及本级机关职能的3件、干部廉洁自律的1件，全部办结；涉及各地市住房城乡建设部门业务工作52件（含网上投诉），按照“分级负责，归口管理”的原则转办和督办。

【廉政风险防控机制建设】 2012年，广东省住房和城乡建设厅全面开展廉政风险防控，印发《广东省住房和城乡建设厅全面开展廉政风险防控工作实施方案》。各内设机构和部分直属单位依据相关规定和要求对现有职权进行全面清理，确认现有事权210项（含内部管理事权65项），在优化工作流程的同时绘制权力运行流程图，并转入查找廉政风险点的阶段。印发《广东省住房和城乡建设厅关于住房保障廉政风险防控工作的指导意见》和《广东省住房和城乡建设厅关于进一步开展全省住房公积金廉政风险防控工作的通知》，指导全省保障性住房建设和公积金管理两个领域开展廉政风险防控工作。*（廖建卫）*

机构选介

【广东省住房和城乡建设工会委员会】 广东省住房和城乡建设工会委员会（简称“建设工会”）前身是广东省建筑工会委员会，成立于1955年。曾先后更改称谓：广东省建设工会委员会和广东省建设厅工会委员会，2011年更改为现名。

随着历史变迁和机构改革，建设工会经历多次人员编制变动、名称变更与职能变更。1955年，在广东省总工会领导下，成立广东省建筑工会委员会，张英任主席，对广州、佛山、湛江、汕头、韶关、海南等地区建筑公司工会，以及惠阳、东莞、顺德、中山、潮州、清远、北海等县市建筑公司工会垂直领导，各单位行政拨交的工会经费上解广东省建筑工会委员会。1959年，广东省建筑工会体制调整，广东省建筑工会委员会被撤消后又恢复，张英任主席、邓锡元任副主席，工作职能是：直接领导广东省建筑工程局所属直属单位工会，管辖广州、佛山、湛江、汕头、韶关、海南等地区建筑公司工会。1966~1976年“文化大革命”期间，广东省建筑工会委员会停止活动。1981年，广东省建筑工程局更名为广东省建筑工程总公司，广东省建筑工会委员会只管辖广东省建筑工程总公司直属13个单位的工会，与各地区和县市建筑工会脱钩。1985年，广东省总工会批复同意恢复广东省建筑工会委员会，机构设在广东省基本建设委员会，接受广东省基本建设委员会和广东省总工会双重领导，核定事业编制9名，李会如任主席、辛秀玲任副主席，工作职能是：领导广东省建筑工程总公司、建材局、测绘局、环保局、人防办以及城建、房管系统工会组织；市、地、县建筑系统工会受所在地方工会和广东省建筑工会委员会双重领导。1986年，经广东省机构编制办公室和广东省总工会批准，广东省建筑工会委员会人员编制7名。1989年，广东省建筑工会委员会更名为广东省建设工会委员会，李会如任主席。1993年，辛秀玲任主席、韩永和任副主席。1995年，广东省总工会根据广东省机构编制委员会调整省级产业工会意见，再次明确广东省建设工会委员会是全省建设系统的产业工会，设在广东省建设委员会，接受广东省总工会与广东省建设委员会党组双重领导，以广东省建设委员会党组领导为主；工作职能是：领导全省本产业工会组织，指导和帮助本产业工会组织结合产业特点独立自主地开展工会工作和承办广东省总工会交办的工作，领导广东省建设委员会机关工会和广东省建设委员会驻穗企事业单位基层工会，指导市、县建设工会及其基层工会工作，受广东省总工会委托，领导广东省建筑工程总公司工会委员会和广东省建材工业总公司工会委员会。广东省建设工会委员会的人员编制由9名减至4名。1999年，周泽

▲*广东省建设厅慰问劳动模范座谈会现场（2010）*

（广东省住房和城乡建设工会委员会供稿）

民任主席、陈晓军任副主席。2000年，陈晓军任主席。2002年，广东省建设工会委员会更名为广东省建设厅工会委员会，人员编制减至2名，陈晓军任主席。2010年，林兆雄任主席。2011年，广东省建设厅工会委员会更名为广东省住房和城乡建设工会委员会，林兆雄任主席。工作职能是：领导广东省住房和城乡建设厅机关和直属基层工会，指导全省建设系统工会工作。经历多次变化，建设工会工作职能没有重大改变，工会经费管理体制、上解渠道和上解比例仍然按原规定执行。

建设工会成立以来，在广东省建设行政主管部门的直接领导和广东省总工会的指导下，贯彻落实《中华人民共和国工会法》，切实履行工会职责。根据不同时期和阶段建设行业的特点和需要，适时地开展全省建设系统工会的相关工作。一是开展具有行业特色的劳动竞赛。近年开展的各类劳动竞赛有：大中型建筑企业双增双节（增产节约和增收节支）劳动竞赛、"创优质、保安全、增效益"劳动竞赛、城市公交系统优质服务竞赛、科技创新劳动竞赛争当先进劳动者活动、全国保障性安居工程建设劳动竞赛、全国燃气行业职业技能竞赛、全国城镇污水处理厂节能减排绩效考核达标竞赛等。二是维护职工合法权益，构建和谐劳动关系。针对建筑行业频繁发生导致社会不稳定因素的农民工问题和拖欠职工工资等问题，根据全国建设系统协调劳动关系三方会议要求和部署，大力推行协调劳动关系三方会议制度，维护广大职工和企业的合法权益，促进全省建设事业持续健康发展。三是树立先进典型，激励创先争优，做好各类先进模范的选拔工作。2003~2013年，建设工会分别推选16个单位为"全国五一劳动奖状"、36人为"全国五一劳动奖章"、55个单位为"广东省五一劳动奖章"、10个单位为"全国工人先锋号"、26个单位为"广东省工人先锋号"、17个单位为"广东省先进集体"、8人为"全国劳动模范"、41人为"广东省劳动模范"。组织劳动模范出国、出省学习、疗养、考察等。四是开展走访慰问劳动模范和扶贫帮困、送温暖活动。1986~2012年，组织慰问各地建设系统困难职工、环卫工人和劳动模范超过30次、约540人。五是组织开展各类文体活动，丰富职工群众生活。近年来，建设工会开展的大型文体活动有：全省建设系统大型文艺汇演、全省建设系统球类比赛、摄影书画比赛，以及节日联谊、登山活动等；2010年3月，组织成立粤建俱乐部，促进各项文体活动的开展。尤其是粤建摄影俱乐部组织影友学习、交流和摄影采风活动成效显著。截至2013年，举办影展3次、出版摄影作品集6册。开展"聚焦绿道·印象广东"摄影大赛并出版影集，得到中共中央政治局委员、广东省委书记汪洋和省委副书记、省长黄华华的高度评价。《"聚焦绿道·印象广东"摄影作品影集》被指定为中共广东省委、省政府接待国内外嘉宾的礼品。六是加强工会组织建设。(1) 建立健全组织机构。建设工会成立以来，注重督促、指导基层工会建立健全工会组织机构，充分发挥职能作用。协助省住房和城乡建设厅直属7个单位、25个协会建立健全工会组织，督促各单位坚持民主管理机制，完善政务公开管理工作制度。(2) 以"实干家和专门家"为目标，加强直属各单位工会领导班子和干部队伍建设。定期组织工会主席研讨和总结工作；组织工会领导干部参加各类学习和培训。(3) 推进干部职工素质提高。开展"创建学习型组织，争做知识型职工"活动，倡导终身学习理念；开展干部职工读书活动，通过推荐优秀图书、撰写学习心得、读书征文、征集书画摄影作品、举办培训班，提升干部职工自身素质。

(广东省住房和城乡建设工会委员会)

人物

□ 全国五一劳动奖章获得者

□ 全国住房和城乡建设系统劳动模范

□ 全国住房和城乡建设系统先进工作者

□ 广东省劳动模范

全国五一劳动奖章获得者

陈建飚 1964年3月生，台湾人，中共党员，大学本科学历，台盟盟员，1984年7月参加工作，教授级高级工程师，广东省建筑设计研究院电气专业总工程师。中共十七大、十八大代表，广东省第十二届人大常委，台盟广东省委员会副主委。长期致力于建筑智能化技术新领域的应用研究和技术推广，为中国建筑智能化技术的发展和节能政策的贯彻执行起到良好的推动作用和示范作用。2008年被授予“第十届广州市杰出青年”称号；2012年获“全国五一劳动奖章”称号。

▲广东省建筑设计研究院总工程师陈建飚获2012年“全国五一劳动奖章”称号

（广东省住房和城乡建设工会委员会供稿）

程石岭 1953年12月生，河南人，中共党员，大学学历，1971年9月参加工作，高级政工师，广东省建筑工程集团有限公司党委副书记、纪委书记、工会主席。中国工会十四大、十五大代表、中国海员建设工会委员会委员、省职工文化体育协会副会长。2000年担任广东省建工集团有限公司工会主席以来，探索工会建设理论，构建一套符合企业实际的工会工作系统化体系，即“三十字”的工作思路、“六项”合法权益的工作品牌、“安全、健康、卫生、快乐”的工作理念，为全国和全省建设系统工会理论的探索作出贡献。2000~2012年，先后获“广东省优秀工会工作者”“全国安康杯竞赛优秀组织者”“全国安康企业家”“全国优秀工会工作者”“全国五一劳动奖章”等称号。

·链接·

全国五一劳动奖章

“全国五一劳动奖章”是中华全国总工会为奖励在社会主义各项建设事业中作出突出贡献的职工颁发的荣誉奖章，是中国工人阶级最高奖项之一。颁发范围包括：工业交通、基本建设、农林水利、财贸金融、文化、教育、新闻、出版、卫生、科研、体育、公安、机关团体等各行各业的职工。一般由省、自治区、直辖市总工会和全国产业工会申报，经中华全国总工会审定批准。“全国五一劳动奖章”获得者的基本条件是：政治坚定、思想先进，道德高尚、作风务实，学习努力、爱岗敬业，勤俭节约、勇于创新，服务人民、奉献社会，在本职岗位上取得突出业绩，为社会主义经济建设、政治建设、文化建设和社会建设作出突出贡献，一般要求近年来获得过省部级表彰。

“全国五一劳动奖章”在推选过程中，坚持原则，严格把关，推荐的企事业单位和企事业负责人均要经过工商、税务、纪检、审计、安全等部门审查。各地和各产业工会推荐上报的个人和集体均在当地新闻媒体进行公示，接受社会监督。“全国五一劳动奖章”评选不是工会系统独家包干，是由劳动和社会保障部等20余个部委协同成立表彰筹备委员会，由于劳动模范的主体为职工，表彰筹备委员会办公室设立在中华全国总工会，负责日常工作。因此评选的范围是大大超过工会系统。

吕圣雄 1979年6月生，广东汕头人，中共党员，大学学历，建筑工程师，房屋建筑工程二级建造师，广东省第二建筑工程公司第八工程处副主任。2000年任职以来，一直坚持在生产第一线，先后参加“珠江新城海滨花园”“天河城东塔楼”“名牌大厦”“广肇城际轻轨GZZH-5标”等多个项目的建设和管理。2011年6月，被任命为“深圳市黄岗车辆段上盖保障性住房及相关配套（2期）”建设项目的工区负责人，保质保量地完成该项保障性安居工程建设任务。2012年被评为“全国保障性安居工程建设劳动竞赛优秀建设者”，获“全国五一劳动奖章”称号。

（广东省住房和城乡建设工会委员会）

全国住房和城乡建设系统劳动模范

马荫贤 1955年11月生，广东开平

▲广东耀南建筑工程有限公司高级工程师马荫贤（右二）获2012年“全国住房和城乡建设系统劳动模范”称号　　（广东省住房和城乡建设厅机关党办供稿）

人，本科学历，广东耀南建筑工程有限公司技术负责人、高级工程师、一级建造师。1982年8月参加工作，一直在建筑行业从事建筑工程施工技术与管理，多次获省级以上奖励，被评为2010年度“广东省建筑业优秀项目经理”，2011年获“全国建筑业优秀总工程师”“全国建筑业企业优秀项目经理”“全国优秀建造师等”称号。2012年被人力资源和社会保障部、住房和城乡建设部授予“全国住房和城乡建设系统劳动模范”称号。

王　川　1966年9月生，广东廉江人，大专学历，湛江市检测技术发展公司职工，建设工程检测员。自1996年大专毕业后，从事建筑工程质量的检测工作。主持的东海岛试验室筹备和道路弯沉检测项目，符合湛江市政道路建设快速发展对施工质量控制的要求。2006~2012年连续七年被湛江市检测技术发展公司评为先进工作者。2012年被人力资源和社会保障部、住房和城乡建设部授予“全国住房和城乡建设系统劳动模范”称号。

王淑冰　女，1972年7月生，广东顺德人，大专学历，顺德区供水有限公司大良分公司营业室副主任。自1994年进入顺德供水公司，19年来，在服务窗口岗位上兢兢业业，克己奉献，全心全意为用户服务。接访用户上万人次，解决用户问题近千件，对用户投诉及时解决率达100%，顾客满意率达95%以上。多年来被公司评为先进工作者和优秀员工，2011年10月当被选为顺德区人大代表。2012年被人力资源和社会保障部、住房和城乡建设部授予“全国住房和城乡建设系统劳动模范”称号。

王　燕　女，满族，1954年9月生，吉林省吉林市人，1971年1月参加工作，研究生学历，1991年从兰州电机厂调到广东省国际投资公司下属的广东省云浮水泥厂，历任广信粤西房地产开发公司办公室主任、副总经理、总经理，2000年8月担任云浮市粤西房地产有限公司和云浮市嘉信实业发展有限公司董事长。历任云浮市四届、五届政协委员以及云浮市工商联副主席、云浮市房协副会长。参与各类公益捐款及建筑捐款200多万元。所在企业连续五年被评为云浮市“重点民营企业”“云城区百万纳税企业”“广东省A级纳税人”。2012年被人力资源和社会保障部、住房和城乡建设部授予“全国住房和城乡建设系统劳动模范”称号。

邓　韬　1982年5月生，广东梅州人，中共党员，本科学历，肇庆市房地产交易中心副主任。2001年7月在肇庆市房地产交易中心工作。2008年“5·12”汶川大地震，赴四川汶川克枯乡对受损房屋进行逐栋排查，完成3幢政府办公用房、8幢教学楼、1幢卫生院及多间民用房屋的鉴定；于2009年被选派为扶贫驻村干部，帮扶广宁县赤坑镇赤坑社区。截至2012年底，实现村集体经济收入26.2万元，50户贫困户约200人人均收入约1.13万元，脱贫率100%，完成省扶贫开发三年工作目标任务。任肇庆市房地产交易中心副主任后仍工作在窗口第一线。先后于2008年、2010年、2011年被肇庆市住房和城乡建设局评为“年度优秀工作者”；2010年、2011年被肇庆市住房和城乡建设局党委授予“优秀共产党员”称号；2012年被人力资源和社会保障部、住房和城乡建设部授予“全国住房和城乡建设系统劳动模范”称号，被肇庆市授予“2010~2012年创先争优优秀共产党员”称号。

冯向东　1967年8月生，河南省平顶山市人，硕士研究生学历，工程师，深圳市建工集团股份有限公司总裁兼技术中心主任。1989年7月西安冶金建筑学院建筑工程系，毕业后分配至深圳市第一建筑工程公司任技术员、助理工程师。主持搭建工作体系，完成17项规章制度的编制发布；成立深圳建工集团首届技术委员会并担任主任委员，组建专业组16个；召开年度技术工作会议、施工工法工作会议、施工工艺标准编制工作会议等专项工作会，从制度、组织和实施各方面保障技术管理工作的稳步推行。协助公司在建筑施工、建材等领域取得国家发明专利1项、实用新型专利16项，国家级工法两项、省级工法18项、市级工法9项，施工技术科技鉴定7项国内领先、4项国内先进，省级新技术应用示范工程5项、市级4项，合作主编行业标准1项、参编1项，全国首批、第二批绿色施工示范工程各1项。策划成立“深圳市建筑废弃物综合利用技术研发中心”；组建“深圳建工—深圳大学产学研合作中心”暨“绿色建材及建筑废弃物综合利用产学研合作中心”；组建“深圳建工—西安建大工程技术研发中心”等技术研发单位。2012年被人力资源和社会保障部、住房和城乡建设部授予“全国住房和城乡建设系统劳动模范”称号，并获“深圳市劳动模范”称号。

卢　凯　1970年12月生，广东兴宁人，中共党员，工商管理硕士，高级工程师、注册造价工程师、一级建造师，广东省工业设备安装公司重庆分公司总经理、党支部书记。近年分别被评为“广东省工业设备公司‘十大优秀员工’”“广东建工集团先进生产工作者”；被中共广东省委授予“抗震救灾优秀共产党员”；被住房和城乡建设部授予“抗震救灾先进个人”称号。2012年被人力资源和社会保障部、住房和城乡建设部授予“全国住房和城乡建设系统劳动模范”称号。

石仕益　1958年6月生，广东阳西人，初中学历，阳江市阳西县房地产开发总公司办事员。多年来，坚守在平凡的工作岗位上默默奉献，无怨无悔，多次被评为公司优秀员工。2012年被人力资源和社会保障部、住房和城乡建设部授予“全国住房和城乡建设系统劳动模范”称号。

刘晓东　1966年4月生，重庆万州人，本科学历，毕业于天津商学院制冷专业，在广东工程建设监理有限公司一直从事工程技术管理、建设监理等工作，具有注册监理工程师、注册造价工程师、注册咨询工程师、一级建造师四种全国执业注册资格，任广东工程建设监理有限公司一级大总监、总监理工程师。先后在广东省人民医院门诊大楼、广东省直属机关办公楼、省人大常委会东附楼工程、广州大学城建设项目房建二组团工程、广州亚运城、广东省委珠岛09号工程等国家、省、市大型、重点、特大型项目担任总监代表、副总监、总监理工程师，所负责的工程监理项目质量、安全、工期、投资均得到有效控制，实现预控目标。所负责的亚运城项目获2011年度（第11届）“詹天佑土木工程奖”和“广东省詹天佑故乡杯奖”，其他工程监理项目大部分获市级以上优良样板工程和安全生产文明施工优良样板工地；所带领的大学城监理部被评为“广州大学城一期工程建设先进集体银奖单位”，获广东省人民政府颁发的2004年度“广东省重点项目建设先进集体”。两次被评为“广东省优秀总监理工程师”。2012年被人力资源和社会保障部、住房和城乡建设部授予“全国住房和城乡建设系统劳动模范”称号。

刘清伟　1966年11月生，广东乐昌人，中共党员，初中学历，广东珠海淇澳—担杆岛省级自然保护区担杆猕猴保护站护林员和保育员。1985年10月至1989年10月，在珠海警备区服兵役。1989年，珠海担杆岛猕猴省级自然保护区成立后，成为第一个驻岛工作的护林员，在远离珠海市区的担杆岛上一干就是21年，为保护海岛生态作出突出贡献。先后获“广东省林业先进工作者”“珠海市敬业奉献道德模范”称号，在“珠海经济特区建立30周年30人物评选活动”中被评为“十大模范人物”，获“2010斯巴鲁生态保护奖”和省市先进共产党员等称号。2012年被人力资源和社会保障部、住房和城乡建设部授予“全国住房和城乡建设系统劳动模范”称号。

吕帝雄　1954年9月生，广东茂名人，中共党员，大专学历，高级工程师，一级建造师，茂名市建筑集团有限公司项目经理。曾担任小学教师、施工员、施工队长、助理工程师、工程师。工作40多年来，主持或参与建设的50多项工程均实现安全生产零事故，工程合格率100%，创省级以上工程质量和安全奖近10项。其中，中山大学珠海校区教学楼获“中国建设工程鲁班奖”称号，茂名电力枢纽楼、茂名交通综合楼获“广东省金匠奖”称号，茂名电信大楼、茂名福利院、茂名边防大楼等获“广东省优良样板工程”称号等；主持施工的东莞江南第一城项目的7栋单体工程被评为“东莞市建筑工程施工安全标准化工地”。个人被评为“东莞市优秀项目经理”，并连续多年被公司评为“优秀共产党员”“先进工作者”“优秀项目经理”，获“突出贡献奖”称号等。2012年被人力资源和社会保障部、住房和城乡建设部授予“全国住房和城乡建设系统劳动模范”称号。

杨国龙　1977年3月生，广东梅县人，中共党员，在职研究生，教授级高级工程师，广东省建科建筑设计院市政环卫设计所所长。主持参与科研课题10余项，获省部级科技二等奖1项，三等奖两项，省建工集团科技一等奖3项，二等奖5项，三等奖3项；获发明专利1项，软件著作权5项；发表学术论文20余篇；参编行业标准两本，省标准两本。主持制定“春耕计划”，组织完成“工作管理系统”设计开发，提高部门工作效率；引进各类人才，形成高学历、年轻化、高绩效的精英团队，为部门可持续发展奠定基础。主持编制《广东省援助汶川建设项目资金监管系统》，利用技术优势，为汶川重建提供帮助。多次完成社会应急抢险，得到业主的高度评价及社会的广泛赞誉。作为全省道路桥梁检测培训授课教师，参加对全省路桥检测人员进行系统培训和考核。2007~2009年获“广东省建工集团优秀共产党员”称号，获2012年度“广东省建工集团先进工作者”称号，2009~2012年获“广东省建筑科学研究院优秀共产党员”称号，2009~2012年获“广东省建筑科学研究院先进工作者”称号。2012年被人力资源和社会保障部、住房和城乡建设部授予“全国住房和城乡建设系统劳动模范”称号。

邱建明 1964年4月生，江西南康人，中共党员，技师。1983年8月以来一直在韶关市自来水公司工作。多年被上级主管局和韶关市自来水公司评为“先进生产工作者”“优秀共产党员”；2006年8月被韶关市自来水公司评为“抗洪抢险先进个人”。2012年被人力资源和社会保障部、住房和城乡建设部授予“全国住房和城乡建设系统劳动模范”称号。

陈　星 1956年11月生，广西扶绥人，大学学历。2006年8月任广东省建筑设计研究院结构专业总工程师。教授级高级工程师，广东省土木建筑学会结构工程专业委员会主任，广东省超限高层建筑工程抗震设防审查专家委员会副主任，中国建筑学会建筑结构分会第六届理事会副理事长。致力于结构设计、施工新技术的研究、应用和技术推广，推动行业向高效、绿色和节能方向发展。主持的工程有13项获国家级设计奖，5项科研成果获得省级以上科技进步奖。参编《高层建筑混凝土结构技术规程》《广东省建筑结构荷载规范》《广东省钢结构设计规范》等。2001年获得国务院颁发政府特殊津贴，并获“第六届广东省丁颖科技奖”称号。2006年获建设部表彰为“‘十五’全国建设科技进步先进个人”。2007年被评为“广东省省直机关排头兵实践活动‘岗位排头兵’”称号。2005~2011年度获得广东省土木建筑学会授予的“广东省土木建筑先进个人”称号。2012年被人力资源和社会保障部、住房和城乡建设部授予“全国住房和城乡建设系统劳动模范”称号。

陈贺添 1966年1月生，广东东莞人，中共党员，大专学历，环保工程师，东莞市石鼓污水处理有限公司技术负责人、党支部书记。先后获“东莞市水务系统‘业务十杰’业务标兵”“优秀党务工作者”等称号。2012年被人力资源和社会保障部、住房和城乡建设部授予“全国住房和城乡建设系统劳动模范”称号。

陈惠明 1962年12月生，广东广州人，高中学历，广州市绿化公司工程一部技术总监。1999年获广州市市政局授予的“一年一小变先进个人”，2011年获广州市林业和园林局授予的“2010年迎亚运绿化美化建设先进个人”称号和广州市林业和园林局授予的“先进个人”称号。2012年被人力资源和社会保障部、住房和城乡建设部授予“全国住房和城乡建设系统劳动模范”称号。

罗贤光 1982年9月生，江西南康人，大学本科学历，测量工程师。佛山市南海区房地产测绘中心测量工程师，主要从事房地产测绘、建筑物放线验线测量等工作。2010年个人完成测绘建筑面积157.99万平方米；2011年完成测绘建筑面积160.64万平方米；2012年共完成测绘建筑面积180.64万平方米。2010~2012年度连续三年被评为“佛山市南海区房地产测绘中心优秀员工和先进个人”。2012年被人力资源和社会保障部、住房和城乡建设部授予“全国住房和城乡建设系统劳动模范”称号。

郭　伟 1972年12月生，江西高安人，大学本科学历，注册一级建造师，深圳市第一建筑工程有限公司项目经理，负责完成总建筑面积约50万平方米的工程项目，建安造价约12亿元。2008年赴四川省什邡市抗震救灾，是深圳市抗震救灾先遣队23名成员之一。同年9月初赴甘肃省陇南康县地震灾区，负责指挥协调当地抗震救灾临时安置板房的建设工作。获深圳市人民政府授予的“优秀共产党员称号”“鹏城先锋奖章”“深圳市抗震救灾对口支援工作优秀个人”称号。2012年被人力资源和社会保障部、住房和城乡建设部授予“全国住房和城乡建设系统劳动模范”称号。

蔡俊明 1961年5月生，广东潮州人，中共党员，大专学历，高级工程师，潮州市第二建筑安装总公司总经理、潮州市房地产行业协会会长，是广东省十一届、十二届人大代表和潮州市十二届、十三届、十四届人大代表，2002年获“广东省五一劳动奖章”和“潮州市劳动模范”称号，2006年被授予“广东省建设系统精神文明建设先进工作者”称号，被潮州市评为第四届、第五届“优秀中青年科技人才”，是广东省建筑建材专业高级专业技术资格评审委员会成员和潮州市建筑工程中级资格评审委员会评委库副主任委员。2012年被人力资源和社会保障部、住房和城乡建设部授予“全国住房和城乡建设系统劳动模范”称号。

（广东省住房和城乡建设厅机关党办）

全国住房和城乡建设系统先进工作者

王锡鑫 1956年3月生，广东潮州人，中共党员，大专学历，高级规划师，潮州市城市规划勘测设计院院长。主持和参与编制的《潮州市城市总体规划》《韩江市区河段两岸控制性详细规划》《汶川县耿达乡灾后恢复重建规划》等13个项目在广东省优秀规划设计项目评比中获奖，另有两项分别获“广东省优秀工程设计三等奖”“潮州市科技进步二等奖”。撰写的多篇论文在省级专业期刊上发表。先后当选潮州市第十二次党代会代表、广东省第十次党代会代表。2005年度被评为“广东省城市规划行业资深工作者”；2006年度被中国勘察设计协会授予荣誉证书；2011年度被评为“阿坝州对口支援优秀工作者”。2012年被人力资源和社会保障部、住房和城乡建设部授予“全国住房与城乡建设系统先进工作者”称号。

▲湛江市城市规划局建管科副科长何杰被授予2012年“全国住房和城乡建设系统先进工作者”称号 （广东省住房和城乡建设厅机关党办供稿）

邓国基 1963年12月生，广东高要人，中共党员，硕士研究生学历，高级工程师，广州市城市规划勘测设计研究院副院长（正处级）。长期工作在规划、设计及技术管理一线，主持或参与亚运场馆等多项重点工程项目。到汶川挂职后，组织完成汶川灾后城乡体系规划等编制工作，并举办阿坝州灾后重建规划展览。同时，作为映秀镇灾后重建指挥部副指挥长，参与并筹办映秀镇灾后重建国际研讨会，映秀镇重建规划通过省、州两级政府的批准，获2009年度“优秀规划设计一等奖”。2009年被评为“四川省优秀挂职干部”（挂任汶川县委常委、县政府副县长）“阿坝州劳动模范”。2012年被人力资源和社会保障部、住房和城乡建设部授予“全国住房城乡建设系统先进工作者”称号。

江卓君 1964年10月生，广东新丰人，中共党员，大学本科学历，云浮市住房和城乡建设局党组书记、局长，1980年7月参加工作，历任中学教师，镇团委书记，宣传部长，体改委副主席、副秘书长，政研室主任，县委副书记，房产局局长等职。主持制定云浮住房和城乡建设局《开展创建“文明科室”和先进个人活动方案》《年度党风廉政建设方案》《市住建局行政管理规章制度》等，建立健全各项规章制度。2006年担任云浮市房产管理局局长、云浮市住房和城乡建设局局长以来，年度考核均评为“优秀”等次；2008年给予记三等功；2008年、2010年、2012年被评为“广东省建设系统精神文明建设先进工作者”。2012年被人力资源和社会保障部、住房和城乡建设部授予“全国住房和城乡建设系统先进工作者”称号。

何　杰 1974年1月生，广东湛江人，中共党员，大学本科学历，湛

·链接·

全国住房城乡建设系统先进工作者
全国住房城乡建设系统劳动模范

全国住房城乡建设系统先进工作者、劳动模范评选条件：热爱祖国，拥护中国共产党领导和中国特色社会主义制度，认真学习实践邓小平理论和“三个代表”重要思想，深入贯彻科学发展观，模范执行党的路线、方针和政策，遵守国家法律法规。有强烈的事业心和责任感，有良好的职业道德，诚实守信、爱岗敬业、无私奉献、勤奋学习、奋发进取、开拓创新、立足本职、争创一流，在群众中享有较高威信。近5年没有发生违法违纪事件，并具备下列条件之一：(1) 在深化改革，增强创新能力，推动节能减排、技术进步，加强行业管理和提高经济效益中作出突出贡献；(2) 在国家重点工程建设或完成重大科研项目中作出突出贡献；(3) 在科学研究、技术革新、发明创造、技术协作和教育培训等方面作出突出贡献；(4) 在防止重大事故，抢险救灾，保护国家、集体和人民生命财产安全，捍卫国家法律、法规，维护国家、行业、集体利益等方面作出重大贡献；(5) 在加强行业精神文明建设、党风廉政建设、行风建设、社会管理综合治理和加强改进思想政治工作等方面作出突出贡献；(6) 在其它方面取得显著成绩和作出突出贡献。

江市城市规划局建管科副科长。2010年被评为“湛江市优秀共产党员”；2012年被评为“湛江市建设系统文明和谐先进个人”，并被人力资源和社会保障部、住房和城乡建设部授予“全国住房和城乡建设系统先进工作者”称号。

张　青　女，1964年4月生，广东揭阳人，中共党员，大专学历，1986年8月参加工作，汕头市生活垃圾卫生处理场场长助理、科研所所长、环保工程师。2011年被推选为汕头市第十次党代会代表，2012年被人力资源和社会保障部、住房和城乡建设部授予“全国住房城乡建设系统先进工作者”称号，并获“广东省环境保护先进工作者”“汕头市劳动模范”称号。

李　凡　1955年12月生，山西新绛人，中共党员，研究生学历，工程师，珠海市住房公积金管理中心副主任。1975年11月参加工作，在稳步提高珠海公房租金，按房改政策出售公房，实施住房分配货币化制度；针对珠海市低收入住房困难家庭的不同情况，提出分类解决的办法；推动住房公积金事业健康发展，在提高职工购房能力等方面作出贡献。2012年被人力资源和社会保障部、住房和城乡建设部授予“全国住房和城乡建设系统先进工作者”称号。

李尚春　1976年11月生，广东三水人，中共党员，大学本科学历，顺德区国土城建和水利局房地产管理科科员。2007年、2008年、2011年年终考核优秀；2011年、2012年被评为优秀共产党员；2011年获“讲党性、重品行、作表率”演讲比赛三等奖；2012年被人力资源和社会保障部、住房和城乡建设部授予“全国住房和城乡建设系统先进工作者”称号。

杨海涛　1962年11月生，广东茂名人，博士研究生，广东省建设信息中心副总工程师兼总工室主任（正科级）、高级工程师。主笔《广东省住房和城乡建设事业信息化“十二五”规划》；主编广东省标准《工程建设专业人才资源信息数据标准》；主持完成广州市科技攻关计划项目“互联网环境自治系统间数据同步通用中间层技术及平台产品研究”；主持“广东省建设系统企业信息库、人才信息库、法规标准信息库和行政服务平台管理信息服务系统”“广东省住房信息系统”“全省建设工程项目中心数据库系统”“广东省建设工程项目管理信息系统（肇庆版）”等重要项目的开发建设；牵头组织“广东省住建厅工程建设领域专项治理专栏（暨项目信息公开和诚信体系建设试点信息系统）”“广东省建筑工程专业职称管理系统”“广东省村镇规划建设管理信息系统”等电子政务项目的开发建设。2012年被人力资源和社会保障部、住房和城乡建设部授予“全国住房和城乡建设系统先进工作者”称号。

陈辉南　1957年3月生，广东汕尾人，中共党员，中央党校研究生学历，汕尾市住房和城乡建设局局长、党组书记。历任海丰县赤坑镇委副书记、镇长，汕尾市城区农委主任、农村部部长，汕尾市海洋与水产局副局长、党组成员，红海湾经济开发区党工委书记、管委会主任。2012年被人力资源和社会保障部、住房和城乡建设部授予“全国住房和城乡建设系统先进工作者”称号。

房三艳　女，1979年7月生，广东中山人，中共党员，大学本科学历，中山市住房保障办公室综合规划科科员，负责住房保障政策调研、制定、宣传以及办公室文秘等工作。主笔起草《中山市住房保障制度创新试点方案》，草拟《中山市住房保障管理暂行办法》《中山市住房保障准入标准及轮候规则》《中山市社会力量投资建设的公租房管理暂行规定》等规范性文件，为中山市住房保障管理工作提供基本依据和指引。2012年被人力资源和社会保障部、住房和城乡建设部授予“全国住房和城乡建设系统先进工作者”称号。

林　川　1963年8月生，广东阳江人，中共党员，大学学历，阳江市城市规划设计院院长。历任技术员、助理工程师、工程师、副主任、主任、规划师、全国执业注册建筑师、全国执业一级注册结构工程师。参与完成固本强基点——阳东平地村规划设计，阳春中岗村、阳西红光村等新农村改造规划设计，阳江市大型产业转移工业园（81平方千米）、高新区（18平方千米）、江城银岭工业园（12平方千米）的规划设计，市人民广场，文化广场、鸳鸯湖南国风筝场（21万平方米）规划设计，漠江路、东风路的美化亮化工程及一河两岸景观（3千米长）设计，沙扒旅游强镇规划建设，阳江市区安居房规划（4万平方米）等项目的规划设计工作，并有多项规划获得省级优秀奖。先后获“广东省优秀规划设计三等奖”“广东省优秀规划工作者”“阳江市优秀党支部书记”“阳江市创建省卫生城市先进个人”“阳江市第四批拔尖人才”等称号；2004年获“阳江市创建省卫生城市先进个人”称号；2004年、2008年获“广东省优秀规划设计三等奖”；2006年获“阳江市优秀党支部书记”称号；2007年担任阳江市第五次党代会党代表；2009年获“阳江市市管优秀拔尖人才”称号；2012年被人力资源和社会保障部、住房和城乡建设部授予“全国住房和城乡建设系统先进工作者”称号，并获“阳江市劳动模范”称号。

练瑞群　女，1963年11月生，广东惠阳人，中共党员，初中学历。在惠州市环卫局桥西环卫所任保洁员，从事马路清扫保洁、垃圾吊装等工作。从24岁参加环卫工作，一干就是25年，由一名普通环卫工人成长为一名优秀的环卫岗位能手。多次被惠州市环卫局评为先进个人、年度考核优秀，所带领的班组也多次被惠州市环卫局评为先进班组、流动红旗班组。2012年被人力资源和社会保障部、住房和城乡建设部授予"全国住房城乡建设系统先进工作者"称号，被惠州市人民政府授予惠州市"百佳美容师"称号，被惠州市精神文明委员会评为2012年度"惠州好人"称号。

罗泳仪　女，1971年7月生，广东广州人，中共党员，大学本科学历，佛山市住房保障建设管理中心普君房管所副所长。历任房管员、产权员，到成长为一名房管所的领头人，始终将全心全意为人民服务的宗旨牢记于心，坚决执行贯彻党的方针、路线、政策，在工作岗位上严格要求自己。在历年的考核中，多次获得考评优秀等次。2012年被人力资源和社会保障部、住房和城乡建设部授予"全国住房城乡建设系统先进工作者"称号。

胡剑芸　1975年1月生，广东连州人，中共党员，大学本科学历，清远市住房和城乡建设局建筑管理科副科长兼任局驻市政府行政服务中心窗口负责人。2011~2012年度被清远市人民政府行政服务中心评为"窗口工作优秀工作者"，被中共清远市委组织部评为"2010~2012年创先争优优秀共产党员"，所在窗口连续十年被清远市人民政府行政服务中心评为"先进窗口"。同时获得清远市人民政府行政服务中心颁发的"政务服务工作创新奖一等奖"。2012年被人力资源和社会保障部、住房和城乡建设部授予"全国住房城乡建设系统先进工作者"称号。

袁忆博　女，1974年11月生，湖南浏阳人，中共党员，硕士研究生学历，深圳市水务局水污染治理处主任科员。曾任工程部工程师、沙湾二水厂厂长、公司副总工程师等职务。获2009~2010年度"深圳市节水工作先进个人"称号；获2010~2011年度深圳市水务局直属机关党委授予的"优秀共产党员"称号；2011年获深圳市公务员"嘉奖"；2012年称号被人力资源和社会保障部、住房和城乡建设部授予"全国住房城乡建设系统先进工作者"称号，并获"深圳市查处违法用地和违法建筑工作先进个人"称号。

袁建文　1977年7月生，广东韶关人，中共党员，大学本科学历，高级给水排水工程师，韶关市城乡规划市政设计研究院市政所所长。工作10多年以来，参与从事的专业设计超过500余项；其中《韶关市区大南华地区控制性详细规划》项目被评为"2009年度广东省城乡规划设计优秀项目二等奖"；《韶关市区近期建设规划（2003~2005）》项目被评为"2003年度广东省城乡规划设计优秀项目三等奖"；《韶关市排水专业规划》获"2009年度上海同济城市规划设计研究院优秀规划设计三等奖"。先后获得优秀工作者4次，院先进个人1次，局先进个人4次，省建设厅先进个人1次，优秀共产党员两次。2012年被人力资源和社会保障部、住房和城乡建设部授予"全国住房和城乡建设系统先进工作者"称号。

梁　涛　1969年6月生，广东高州人，中共党员，大学本科学历，茂名市建设工程监督管理局安全监督科主任科员。历任安全监督科主任科员、综合监督科负责人。连续多年被评为市住建局先进工作者。参加援建工作以来，先后被广东省援建工作组评为"援建工作优秀共产党员先进个人"；2011年被人力资源和社会保障部、国家发展和改革委员会评为"汶川地震灾后恢复重建先进个人"。2012年被人力资源和社会保障部、住房和城乡建设部授予"全国住房城乡建设系统先进工作者"称号，被中共茂名市市直属机关工作委员会评为"茂名市直机关创先争优优秀共产党员"。

黄宗文　1958年1月生，广东台山人，中共党员，台山市环卫管理处垃圾处理场场长。1980年成为台山市环卫管理处的一名临时工，被分配到垃圾清运车队。1994年，主动到环卫工作中最苦、最累、最脏、最臭的垃圾处理场工作。1997年被评为"江门市先进劳动者"；1998年被授予"广东省优秀城市美容师"称号；2003年被授予"广东省城市市容环境卫生先进工作者"称号；2004年被授予"江门市精神文明建设先进工作者"称号；2005年被授予"江门市劳动模范"称号；2006年被江门市委授予"'三有一好'优秀共产党员"称号；2011年被江门市精神文明建设委员会授予"第三届'爱在江门'十佳道德模范"；2012年被人力资源和社会保障部、住房和城乡建设部授予"全国住房城乡建设系统先进工作者"称号。

曾伟锋　1974年8月生，广东连平人，中共党员，大学本科学历，河源市住房和城乡规划建设局办公室主任、党组秘书。2010年被评为"全省住房城乡建设系统精神文明建设先进工作者"，2008~2012年连续五年公务员年度考核为"优秀"，2009~2012年连续四年被河源市住房和城乡规划建设局评为"先进工作者"，2011年被评为"优秀共产党员"。2012年被人力资源和社会保障部、住房和城乡建设部授予"全国住房城乡建设系统先进工作者"称号。

温文忠　1967年12月生，广东兴宁人，中共党员，研究生学历，梅州市住房和城乡建设局住房保障科科长。历任科员、副科长、科长。先后获梅州市建设系统优秀学员、优秀正科公务员；2006年被评为市国防动员委员会先进个人；连续三年被评为优秀工作者；2011年获“全省考核优秀等次”等称号；2012年被人力资源和社会保障部、住房和城乡建设部授予“全国住房和城乡建设系统先进工作者”称号。

游从正 1952年11月生，广东东莞人，高中学历，东莞市城市综合管理局主任科员、市生活固废弃物与余泥渣土处理中心负责人。当过演员、药剂员、电视台副台长、宣传科副科长等职。在2007~2009年连续三年年度考核优秀，荣立三等功一次。2012年被人力资源和社会保障部、住房和城乡建设部授予“全国住房和城乡建设系统先进工作者”称号。

熊　林 女，1979年3月生，湖北公安人，硕士研究生学历，广州市水务局排水处主任科员。督办完成《广州市“十一五”主要污染物排放总量控制目标责任书（2006~2010年）》的污水处理厂建设任务，基本实现珠江广州市区段、中心城区主要河涌的截污、主要污染源接入污水处理系统，城市污水得到有效处理，水环境明显改善。2012年被人力资源和社会保障部、住房和城乡建设部授予“全国住房城乡建设系统先进工作者”称号和“广州市实施2001~2010年妇女儿童发展规划先进个人”称号。

蔡耿生 1973年10月生，广东汕头人，中共党员，硕士研究生学历，注册城市规划师、高级规划师，深圳市规划和国土资源委员会建筑设计处副处长。先后在深圳市设计工程有限公司、深圳市规划与国土资源局盐田分局、深圳市盐田区重建局、深圳市规划局（市城中村改造工作办公室）、深圳市规划和国土资源委员会城市更新办公室和建筑设计处工作。2001年组织编制实施的《深圳市盐田区盐梅景观路改造规划》获2002年“全国优秀规划设计项目三等奖”；2004年组织编制的《中英街历史风貌保护规划》获“深圳市第十届优秀工程勘察设计规划奖二等奖”、组织编制的《盐田墟镇旧城改造规划》获“深圳市第十一届优秀规划设计三等奖”；2006年组织编制的《盐田三、四村和西山吓村整体搬迁专项规划》获“深圳市第十二届优秀规划设计二等奖”和2007年“广东省优秀城乡规划设计一等奖”；2006年获深圳市人民政府颁发的“全市城中村改造先进个人”称号；2010年参与组织编制的《深圳市城市更新专项规划（2010~2015）》获2011年“广东省城乡规划设计优秀项目一等奖”，获2011年度“全国优秀城乡规划设计奖一等奖”；2012年被人力资源和社会保障部、住房和城乡建设部授予“全国住房和城乡建设系统先进工作者”称号。

谭龙海 1954年9月生，湖南炎陵县人，中共党员，大学本科学历。2004年9月转业，先后就职于广东省住房和城乡建设厅基建处、城建处和机关党办，厅直属机关党委专职副书记、党办主任，先后3个年度考核为优秀，被省住房和城乡建设厅评为2006~2008年度“优秀共产党员”，获2010~2011“优秀党务工作者”“广东省抗震救灾先进个人”称号。2012年被人力资源和社会保障部、住房和城乡建设部授予“全国住房和城乡建设系统先进工作者”称号。

▲广东省住房和城乡建设厅机关党办主任谭龙海（左四）被授予2012年“全国住房和城乡建设系统先进工作者”称号　（广东省住房和城乡建设厅机关党办供稿）

黎家余 1976年2月生，四川南充人，中共党员，高中学历，广东省肇庆市生活垃圾无害化处理场业务股副股长。务过农，当过司机。2012年被人力资源和社会保障部、住房和城乡建设部授予“全国住房城乡建设系统先进工作者”称号。

（广东省住房和城乡建设厅机关党办）

广东省劳动模范

韦红联 女，1963年1月生，广东连山人，中共党员，初中学历。1988年1月参加工作，连山壮族瑶族自治县县城环境卫生管理站班长。多年来，作为县城环境卫生管理站的班长，克服要照顾家中两位瘫痪亲人的重重困难，始终坚持以身作则，在实践中摸索出一套“二扫、一洗、常保洁”的工作方法，“二扫、一洗”即早上五点、晚上九点两次清扫并冲洗一次；“常保洁”即在人们赶集时分发卫生袋，

·链接·

劳动模范

“劳动模范”是指在社会主义建设事业中成绩卓著的劳动者，经职工民主评选，有关部门审核和政府审批后被授予劳动模范荣誉称号。劳动模范分为：全国劳动模范和省、部委级劳动模范。有些市、县和大企业也评选劳动模范。中共中央、国务院授予的劳动模范为“全国劳动模范”，是中国最高的荣誉称号。与此同级的还有“全国先进生产者”“全国先进工作者”称号。劳动模范评选的条件是：热爱祖国，坚决贯彻执行党的路线和方针政策，模范遵守国家法律法规，具有优秀的思想品质和职业道德，崇尚科学，立足本职并作出突出贡献；在环境保护、安全文明生产，以及开拓农村市场、搞活农产品流通、增加农民收入发展经济等方面作出贡献；敢于探索，勇攀高峰，在不同的发展阶段，始终走在改革开放和社会主义建设前列；在社会主义物质文明、政治文明、精神文明建设和其他方面作出重大贡献。

随手带走垃圾。带领的班组长期获得流动红旗班组，该站所管的吉田镇获“省级卫生城镇”称号。2008年被评为“连山县住房和城乡建设系统先进个人”；2011年获“清远好人”“清远市优秀共产党员”称号；2012年获“广东省劳动模范”称号。

胡继生 1973年11月生，广西桂林人，中共党员，硕士研究生，高级工程师，广州市第二市政工程有限公司副总工程师兼技术质监部经理。2000年参加工作，一直在市政施工企业从事施工现场管理、技术管理工作。先后担任广州华南路二期工程七标龙洞立交工程、广州大学城市政道路组团三标工程、汶川援建过渡安置房工程、迎亚运市政道路工程等多项大型项目的施工现场组织和技术管理工作。2007~2012年，组织并参与编制的11项施工工法被评为“广东省省级工法”；参与编制的《钢桥面ERS铺装施工工法》获国家级施工工法；参与编制的“5×50m跨连续箱梁顶推及水中承台采用预制混凝土技术”成果被中国市政工程协会市政科技专业委员会评为“中国市政行业科学技术奖二等奖”。2004~2012年先后获“广州市大学城一期工程先进建设者”“广州市青年岗位能手”“广州市抗震救灾先进个人”“广州市劳动模范”“广东省劳动模范”称号。

黄素英 女，1962年8月生，广东潮安人，中共党员，高中文化，广东汕头市金平区环卫局石炮台清扫队副队长。1983年6月参加工作。2006年当选汕头市第九次党代会代表，2007年当选汕头市第十二届人大代表，2012年当选为党的十八大代表。1983~2012年，从一名清扫工成为清扫队副队长，30年如一日，始终坚持工作在环卫清扫第一线，牺牲大量的节假日休息时间加班加点工作。在工作中，带领清扫队员勤奋工作，总结出一套道路保洁经验，为汕头市容环境卫生作出贡献。2003年获“汕头市劳动模范”称号，2011年获“广东省优秀共产党员”称号，2012年获“广东省劳动模范”称号。

潘小兵 1969年1月生，广东肇庆人，本科学历，工程师，深圳市市政工程总公司项目经理。1990年7月参加工作。2011年担任迎大运梅观高速公路南段项目负责人期间，创造58小时连续施工、一次性摊铺近8000米单幅沥青路面的纪录，并提前10天完成施工任务，为“第26届世界大学生运动会”作出贡献。1996~2012年，先后获得“全国工程建设优秀质量管理小组成员证书”“全国优秀质量管理小组成员证书”“深圳市建设投资控股公司新技术推广应用二等奖”“广东省青年科技标兵”“深圳高速公路股份有限公司优秀项目管理人员”“广东省市政优秀项目经理”“全国市政施工优秀项目经理”“深圳第26届世界大学生夏季运动会交通保障工作先进个人”“广东省劳动模范”称号。

（广东省住房和城乡建设工会委员会）

各市建设

- □ 广州地铁线网总里程位居全国第三、世界第九
- □ 深圳十二个项目达到国家绿色建筑最高等级三星级，居全国前列
- □ 江门市通过全国文明城市、国家环保模范城市和国家卫生城市复检复审
- □ 中国散裂中子源工程在东莞动工
- □ 湛江市实现『中国建设工程鲁班奖』零的突破

广州建设

【概况】 2012年，广州实施“一个都会区、两个新城区、三个副中心”全域功能布局规划，新一轮土地利用总体规划获得国土资源部批复，道路交通基础设施加快建设。启动64项路桥基础设施建设，完成31条道路建设、10座天桥修建，推进贵广、南广铁路广州段和珠三角城际轨道交通项目建设，7条城市轨道交通工程建设，白云机场扩建工程、噪音区治理推进顺利。

围绕花城绿城水城，大力推进生态城市建设。完成21个城市花景、300多千米绿道和158千米生态景观林带建设。全面启动美丽乡村试点建设工作。加快万绿湖、北江引水等饮用水源工程建设，实施江海堤防加固达标建设和水库除险加固工程，推进东濠涌、荔枝湾涌综合整治。中山大道BRT获联合国2012年应对气候变化环保“灯塔奖”。全面推进城市固体废弃物分类处理工作，完成1925个社区回收站点的规范建设。

完善“三旧”改造政策，开展同德围综合整治10项工程、金沙洲地区综合整治，金沙洲大桥拓宽工程开工建设。城乡住房工作取得新成效。完成房地产开发投资1370亿元，筹集保障性住房4.68万套，完成目标任务的103.9%，打造绿色节能示范工程，新增绿色建筑面积388.46万平方米，6项工程获“国家级节能示范工程”称号。强化工程质量安全监督，获国家级优质工程奖6项，省优良样板工程13项，“五羊杯”质量奖15项。

开展城市管理网格化试点，严查严控违法用地和违法建设，持续整治“六乱”，成功举办“广州城市创新及新型城市化建设成果展”和广州国际灯光节，国家环保模范城市、国家卫生城市顺利通过国家复审。 （唐双荣）

【城乡规划】 规划编制 总体规划。2012年3月30日，《广州市城市总体规划纲要（2011~2020）》经住房和城乡建设部批复。该规划针对广州特大城市的发展实际，突出“六大创新”：一是以123功能布局规划为纲领，深入落实新型城市化发展战略；二是推行“三规（国民经济和社会发展规划、城市总体规划、土地利用规划）融合”，全市一盘棋，统筹空间资源；三是划定基本生态控制线，防止建设用地无序蔓延；四是打造枢纽城市，发展新型公交；五是综合开发地下空间，集约节约利用土地；六是超前谋划土地储备，保障重点地区、重点项目落地实施。

城市设计。2012年，广州开展规划项目163项，为历年最多。市规划局探索“自下而上”与“自上而下”相结合的编制新方法，建立与各区政府联合组织编制重点地区规划的新模式，努力构建市区镇（街）村共编、共建、共管的大格局。全年完成广州国际金融城、天河智慧城、广州国际健康产业城、海珠生态城与万亩果园、黄埔滨江新城、空港经济区、广州北站商圈、广州花都汽车产业基地、广州南沙新区明珠湾区、东部山水新城、广州国际创新城、白鹅潭商圈、东园地区革命历史文化广场、广州民间金融街等一批重点功能区的规划编制工作。

专项规划。2012年，广州编制各类专项规划，加快新型城市化建设。整合优化全市域7434平方千米的空间资源，重组和优化新型城市化发展时期的广州城乡发展空间大格局。确定“错位互补、组团分工，优化配套、以人为本，网络互联、疏解交通，生态保育、集约建设，城乡统筹、协调发展，岭南特色、山水格局”的六大规划策略；明确六大功能区的三种发展模式；量化确定12类165项基础民生设施，实现宜业又宜居的规划目标。于2012年12月26日经市第十四届人大常委会第九次会议审议批准，并作出《广州市人民代表大会常务委员会关于〈广州市城市功能布局规划〉的决议》。

广州市生态专项规划。划定1200平方千米基本生态控制线，既严守生态保护底线，又满足建设发展的需要。推进广州市地下空间利用规划，提高城市土地资源利用效率，引导地下空间的统一规划和有序建设。完成海珠生态城和水城规划，万亩果园湿地公园示范区于2012年10月1日开园。完成《广州市水系岸线总体规划》和《广州市珠江沿线地区城市设计及控规调整》规划成果的编制，提出“数字水系”“滨水生活圈”等理念，明确广州“水城”的建设标准，塑造具有岭南特色的山水城市和国家中心城市的滨水地区新形象。完成广州国际金融城规划。

广州历史文化名城规划。完成《广州市历史文化名城保护规划》和《广州市旧城保护更新规划纲要》的编制，同时推进各层次保护规划项目21项。加快重点文化区的规划建设，开展《北京路文化核心区总体规划》等相关规划的编制工作。加快历史建筑的普查认定，开展历史城区内第一批历史建筑普查工作，编制《广东省岭南近现代建筑图集——广州分册》。“广州黄埔古村历史文化遗产保护项目”获“广东省宜居环境范例奖”。

美丽乡村规划。在全市范围内选取26个不同类型、各具特色的示范村开展规划编制工作，2012年11月30日前完成规划编制审批。制定《广州市村庄规划编制实施工作方案》《广州市村庄规划编制指引》《广州市村庄规划编制人员培训方案》和《广州市五大机关市领导挂点督导村庄规划工作方案》。

城市道路和轨道交通规划。完成《广州市综合交通枢纽布局及发展规划》，推进开展东部枢纽（新塘站）的城市设计、建设规划的立项及规划编制工作。以低碳、智慧、绿色的交通理念编制《南沙新区交通发展战略规划》和《东部新城综合交通规划》。配合“十二五”地铁线路可研报告报批工作，编制全市新型有轨电车线网规划。开展穗莞深城际轨道等6个铁路项目和西部沿海铁路公路两用大桥等控制性节点工程的规划论证。完成同德围地区架设高架桥的方案。

规划管理　完成第二届广州市城市规划委员会换届工作，完善规划委员会组织架构和职责分工，规范工作制度和流程，实现办公标准化。完成广州市历史文化名城保护委员会换届工作。2012年12月3日召开换届仪式暨第一次会议，审议《广州历史文化名城保护规划》等3项保护规划。

推进“三规融合”，整合空间资源的新平台。广州在全国副省级城市中率先推动“三规融合”工作。成立以市长陈建华为组长的市“三规融合”工作领导小组，制定《广州市“三规融合”工作方案》。在天河区、白云区、花都区、南沙区、萝岗区等五个试点区全面开展“三规融合”工作。

2012年，组织召开规划和用地专题业务会40次，审议议题424件。核发《建设用地规划许可证》580件，审批建设用地1802.5万平方米；核发《建设工程规划许可证》1918件，审批建设工程面积2276.78万平方米。

规划信息化工作　截至2012年底，广州市1:500地形图测量面积超过1720平方千米，1:2000地形图实现10区3800多平方千米全覆盖，1:5000地形图实现市域7434平方千米全覆盖；地下管线普查面积达723.7平方千米，入库管线1.66万千米，通过建设工程测量入库管线数据1.45万千米；工程地质勘察与地质环境质量评价300平方千米，地质钻孔数据入库17万个。城市LIDAR（激光雷达）测绘生产技术体系研究与应用获得2012年“国家测绘科技进步二等奖”。完成《广州市城乡规划信息化“十二五”规划纲要》以及《广州市地下管线探测技术规程》等8项标准规范的制定工作，其中4项报市质监局确定作为市行业标准和规范。推进全市规划管理业务档案的信息化工作，全年完成档案信息化处理6.68万卷，比2011年增长3.45倍。《数字城市建设档案馆系统》获得中国城市规划协会颁发2011年度“全国优秀城乡规划设计三等奖”。

（董福强）

【宜居城乡建设】　2012年，广州市宜居城乡建设取得新进展：一是土地利用效率大幅提升。探索节约集约用地新路，优化土地利用布局和结构，规范市场配置土地资源，加大“三旧”改造，加强闲置土地处理。全市土地产出率（单位建设用地GDP产出）由2006年的3.9亿元提高到2012年的7.99亿元，增长2.05倍。二是大气、水环境持续改善。加大综合整治取得良好效果。按空气污染指数（API）可比口径，优良天数比例逐年提升，2012年为98.36%。全市集中式饮用水源地水质达标率从2008年的82.63%提高到100%；城镇生活污水处理能力为470.18万吨/日，城镇、农村生活污水处理率分别为90.88%、41%。三是生态绿化景观建设成效明显。大力推进城市花景、绿道和景观林带等建设，公共绿地面积大幅增加，城市绿地系统日趋完善，全市累计建成绿道2174千米，位居全省首位。加强森林资源保护，森林围城格局凸现，全市森林覆盖率为41.8%，2012年，广州市被省政府授予全省“林业生态市”称号。四是废弃物得到有效处置利用。全面推进城市固体废弃物分类处理工作，重点抓好生活垃圾分类处理。2012年，基本完成1925个社区回收站点的规范建设，回收废弃物245.7万吨，资源化回收率35%，实现填埋、焚烧处理量负增长3.09%；处理生活垃圾498万吨，实现城镇生活垃圾无害化处理率91.02%。

（唐双荣）

【城市建设与管理】　市政建设　广州城市轨道交通建设。截至2012年底，广州市已建成开通地铁1号线、2号线、3号线、4号线、5号线、8号线、珠江新城旅客自动输送系统（即APM线）以及广佛线首通段（魁奇路—西朗）共8条线路，144座车站，形成覆盖广州八区、横跨广佛两市、总长236千米（含广佛线佛山段14.8千米）的轨道交通线网格局。广州地铁线网总里程位居全国第三，世界第九。

2012年，广州市在建轨道交通线路6条，共93.8千米。其中：6号线首期（浔峰岗—长湴段，24.3千米，22座车站）20座车站进行设备安装与装修施工，2座车站进行土建施工；土建工程累计完成98%，短轨敷设完成91%。6号线二期（长湴—香雪，17.6千米，10座车站）1座车站主体结构封顶，7座车站进行土建施工，2座车站进行管线迁改和交通疏解施工；2个区间进行主体施工；土建工程累计完成14%。7号线一期（广州南站—大学城南，18.6千米，9座车站）土建施工、监理招标工作已完成，大学城南站已开工，其他站点正推进前期征拆工作。8号线延长线（1.8千米，2座车站）土建施工完成招标，前期征拆工作全力推进。9号线一期（飞鹅岭—高增，20.1千米，10座车站）2座车站主体结构封顶，5座车站进行主体工程施工，3座车站开展征地拆迁工作；清布至1号中间风井盾构区间已贯通；土建工程累计完成27%。广佛线二期（西朗—沥滘，11.4千米，7座车站）除沥滘站外，其余工点均已进行土建施工，土建工程累计完成60%。

（罗光强）

道路交通设施建设。2012年，完成深涌北路东延长线、新港东路延长线（琶洲村—新洲路）、同康路、钟三路、逸景路一期等一批重点道路工程的建设，累计完成新建、改建道路35.9千米。建成东晓路—海联路路口天桥、云城西路天桥、同泰路—从云路口天桥、华南理工大学北门东莞庄路天桥等11座立体式人行过街设施。完成中山大道BRT沿线22座天桥加建雨棚。安装广州市信访大厦等隔音设施，交通噪音整治安装隔声窗770平方米，隔声屏1959米。共验收移交仑头—生物岛隧道工程等59个项目。海珠桥危桥抢修、洲头咀隧道系统、花城大道东延线等一批重点路桥工程在建设中。 *(廖丽萍)*

万亩果园湿地一期工程。2012年6月10日进场施工，9月29日建成迎客。一期工程重点打造的节点有主入口、浅水花溪、空中果林栈道。 *(燕滨)*

珠江黄金岸线。2012年1月11日，广州市第十四届人民代表大会第一次会议表决通过关于章登明等21名代表联名提出《关于打造珠江黄金岸线，进一步推动广州产业转型升级和国际大都市建设上新台阶的议案》的决议，4月22日市十四届人大常委会第二次会议审议通过该决议的实施方案，明确“珠江黄金岸线”建设范围是从白鹅潭起至南海神庙的珠江前航道沿岸地区，沿岸纵深100至500米范围，水道长58千米，岸线总长122千米，提出六大主要任务、六大亮点工程和“一、三、五、十年”四个阶段的分期建设目标，即：一年有序开展建设，三年初显成果，五年提升达到国际一流，十年引领示范区域发展。6月，广州市人民政府成立以陈如桂常务副市长为组长的市“珠江黄金岸线”建设领导小组。是年如期完成《实施方案》既定的年度工作任务，实现一年有序开展建设的目标。 *(邬永宏)*

民生工程。同德围、金沙洲地区综合整治。改善同德围、金沙洲地区道路基础设施是广州市政府向市民承诺的“十件民生实事”之一。编制《同德围地区综合整治工作方案》，明确重点综合整治工作任务16项，总投资121.8亿元，其中近期任务13项，远期工作任务3项。2012年底，同德围同康路工程、同雅东街通往石井河岸边的水泥路工程、北环高速上步桥底人行涵洞整治工程、广清高速庆丰收费站掉头辅道工程、罗冲围天桥均按期完工并开通使用。同德围南北向高架路工程、泽德花园配建医院、鹅掌坦压缩站、南德变电站建设、同德中学建设、同德公园、西湾路扩建工程以及公交站场建设均有序推进。此外，金沙洲大桥扩建工程开工建设，110kV沙贝变电站提前建成。 *(卢书桃)*

园林绿化　截至2012年，广州市森林覆盖率41.81%，建成区绿地率35.61%、绿化覆盖率40.5%、人均公园绿地面积15.5平方米，先后被国务院、广东省人民政府授予“国土绿化突出贡献奖”“全省林业生态市”称号。2012年主要工作：一是全面完成21个花景建设，并在19个城市出入口成片种植开花乔木，增强出入口不同季节“花相”变化。二是新建绿道312千米，超额完成年度任务，全市累计建成绿道2174千米，位居全省首位。三是按照“一年起步，两年全面实施，三年基本建成”15个岭南花园的建设计划，至2012年底，3个基本完成，7个正在设计施工，5个处于立项阶段。四是全市规划建设生态景观林带331千米，广东省下达广州市年度任务150千米，已完成158千米建设任务。五是开展青山绿地二期、新优花卉培育与推广，提升城市的“绿视率”“花视率”。六是开展天台绿化、桥梁绿化、道路摆花等，提高城区绿化覆盖率，改善人居环境。七是举办第19届广州园林博览会，在白云区、增城市两个分会场同时举行。节日期间，白云山、帽峰山、越秀公园、动物园等公园景区举办“花卉节”“灯会”等特色花事节庆活动，营造喜庆、欢乐、祥和的花城氛围。

城市园林绿化精细化管养。2012年，广州市健全园林绿化管理体系，城市绿化行政处罚权由市城市管理综合执法局移交市林业和园林局。健全实施城市绿化管理“优胜杯”、公园管理“红棉杯”评比活动。加强古树名木保护，完成第六批1万多棵古树名木挂牌保护。深入开展花园式单位、园林式单位评选。全市评选出花园式单位（小区）258个、园林式单位（小区）623个。健全城市绿化巡检体系。

帽峰山森林公园景区开发建设。帽峰山森林公园下辖铜锣湾景区和古庙景区。2009年开始，古庙景区封闭并开展升级改造建设，至2012年，完成6个防火通道建设，共建成长4.99千米、宽6米的上山道路和长2.5千米的登山步道；完成两个“花景”和绿道项目的建设，在天湖周边种植近4000株茶花，培育2万多平方米的绿化环境；建成10.9千米的绿道，初步形成“花海飘香”和“古道寻芳”的人文景观；完善配套设施建设，景区新建公共厕所5座、改造翻新3座，新建生态停车场4个，能提供200多个停车位。

生态景观林带建设。2012年，广东省人民政府明确广州市到2015年生态景观林带总建设任务为331千米，建设面积2.15万公顷，含封育管护1.95万公顷。2012年建设任务为150千米，建设面积533公顷。截至2012年12月底，广州市完成生态景观林带示范段建设158千米，完成率105%，超额完成省下达任务5%。

岭南花园（永泰花园）建设。2011年底，经广州市人民政府同意，将陈田苗圃建设岭南花园（现名永泰花园）事宜列入重点民生工程。将其定位为集“园林精品、园林科普、绿化生产、休闲游览”等功能于一体的开放式苗圃花园。永泰花园一期总投资3400万元，其中政府出资1400万元，社会筹资2000

万元。2012年，各区政府解决搬迁补偿、苗圃人员安置等问题，于8月签订无偿交地协议书，成功推进花园的建设。

城区摆花。2012年，在东方路、白云大道、环市路、机场高速路、广州大道、临江大道组织常年花卉布置3.02万平方米，元旦、春节、劳动节、国庆节等节日期间在人民公园南广场、英雄广场、烈士陵园广场、世贸广场、市府广场等城市广场布置时花3180平方米。在小北路、法政路、吉祥路、环市路、沿江路、新河浦路实施道路护栏挂花300余组。为庆祝“五一”、迎接省第十一次党代会的召开，共布置盆花62.6万盆，种植时花24.3万袋，在临江大道、广州大道、吉祥路、法政路、花城广场、英雄广场、世贸花坛、人民公园南广场等30处进行花卉布置，受到省、市领导和市民的好评。

绿道建设　2012年，广州市新建绿道312千米，建成驿站及服务点15个，设置326个标识、87个安全设施、392个环卫设施、15个自行车租赁点、11个停车场。截至年底，全市建成绿道2174千米，串联起320个主要景点、151个驿站和服务点，覆盖面积3600平方千米，服务人口超过800万。广州绿道建设注重三个方面：(1) 因地制宜，突显广州绿道品牌特色。在绿道建设中，注重突出广州特色。一是“两大依托”。依托广州丰富、厚重的历史文化，依托广州“山、水、城、田、海”的自然格局来建设绿道网，使绿道成为发掘、弘扬广州历史文化，凸显生态广州和现代化国际大都市的良好载体。二是“三个结合”。把绿道与花园城市建设、青山绿地工程、环境综合整治工程有机结合起来，同步推进、相得益彰。三是“四道相连”。把绿道与轨道、水道、城市慢行道连接起来，方便市民进入绿道、使用绿道。四是“五个接驳”。将绿道接驳到旅游景点、商业网点、运动场所、办公区域、居民社区，扩大覆盖面，让市民群众随时随地享受绿道。五是“多元互补”。从地域、资源、需求等实际情况出发，因地制宜，在“山边、水边”开展建设，让绿道“入村、进城”，建设城区绿道、郊野绿道、平原绿道、山体绿道、水上绿道等多种类型的绿道，并赋予鲜明的特色和不同的功能内涵，形成线路长、覆盖广、配套齐、景点多、特色鲜明的绿道系统。(2) 拓展功能，提升广州绿道品牌价值。在绿道建设管理中，注重绿道功能开发。一是低碳出行功能。在中心城区，有都市型绿道746千米，与城市路网、水网、绿网相连通，随着绿道网络的不断完善，在绿道上慢行、休闲、骑车、上下班成为全新的绿色生活方式。据可持续交通研究所（ITDP）统计，中山大道BRT及绿道建成以后，沿线自行车出行量比建设前提高24%~53%。萝岗区科学城绿道日平均人流量2.7万人次，自行车流量3.5万辆次，比绿道建成之前分别增长39%和57%。二是旅游观光功能。旅游部门策划设计新中轴线游、二沙岛艺术体验游、水秀花香游等10条绿道游精品线路并加以推广，文化部门将广州建成绿道线路沿途的200多处文物史迹串联起来，倡导绿道文物游，编印《广州绿道文物史迹游览图册》，让市民在游绿道的同时，领略岭南文化精粹。三是体育健身功能。着力做好新建绿道“体育设施与景观有机结合”的建设工作，在绿道沿线增设绿化休闲健身场所及体育锻炼设施器材。整合绿道建设带来的场地、设施、环境资源等优势，在绿道举办自行车、少儿轮滑等休闲体育比赛活动，吸引广大市民、游客参与绿道上的休闲健身。四是改善环境功能。广州绿道建设通过保护原有生态环境，大量增绿改绿，三年累计建设改造绿化面积1500公顷，带动沿线环境整治，改善城市人居环境和投资环境，打通区域之间、城乡之间的生态走廊，提升广州作为国家中心城市的地位和品质。五是发展经济功能。绿道建设直接带动旅游、运动、休闲、餐饮、商贸等相关产业，促进周边经济发展。特别是绿道建设从一种全新的角度推进城乡一体化发展，吸引大量的城市人到乡村休闲健身、旅游消费，带动农村经济社会发展，促进农民就业创业，提高农民收入，形成新的经济增长点。以增城市为例，2012年春节期间绿道接待游客33万人

▲广州市临江大道绿道（2012）

（广州市城乡建设委员会供稿）

次，直接创造旅游收入3652万元，直接创造就业岗位1600多个。（3）注重文化，强化广州绿道品牌内核。广州绿道巧妙串联起200多个各类文物遗迹、历史建筑和文化设施，注重设置文化长廊、雕塑、文娱广场等设施，让绿道成为市民领略广府文化风情的美丽之路、探索之路；用宣传栏、指示牌，声光电、信息等现代化展示手段加强绿道科技、文化宣传功能，结合传统节假日及民间节庆活动，在绿道组织开展摄影大赛、创意大赛、会展旅游、民俗庆典等主题活动，让绿道成为传播和发扬岭南文化进而提升市民生活指数、幸福指数的重要载体，引领新的生活方式。

（吴茂林）

城市环境卫生　城区环境保洁。2012年，广州市市政道路路面保洁面积1.02亿平方米（人行道保洁面积7016万平方米，道路机械化清扫保洁面积4427万平方米），机械化清扫率为43%。市区桥梁、立交桥、人行天桥、隧道和公共广场等地域（段）的保洁总面积达到468万平方米。一、二级马路全部实行16小时保洁，三级马路16小时保洁率30%以上，主要内街落实14小时保洁，商业步行街、火车站等重点区域保持24小时保洁。城区每日夜间道路冲洗线达到2500千米，保持“路见本色”。全年清洗道路隔音墙13.7平方千米，清洗隧道墙面177万平方米，特殊市政设施机械化清洗率实现从“0”到100%的突破。全市1014千米水域纳入市政保洁，其中，珠江水域保洁114.03千米、231条河涌保洁900千米。4~5月，集中开展水浮莲专项清理整治行动，清理水域面积392万平方米，清捞水浮莲5.9万吨。

垃圾分类工作。2012年，全市市区132条街按照A、B、C三类做法，全面推开生活垃圾分类。在5个街道试点生活垃圾“直收直运”、在17个生活小区试点生活垃圾“按袋计量”、在3个社区试点厨余垃圾“专袋投放”和在68家酒店宾馆及单位食堂试点餐厨垃圾“统收统运”，四种模式试点取得成效。

全市配置分类收集容器20万个，对全市主干道垃圾分类箱的标识进行更新。建立31个小型餐厨垃圾资源化处理示范站，建成1700多个社区废品回收站点、20个大型分拣中心，建成39个有害垃圾贮存库。增配生活垃圾分类运输车辆159台，新增厨余垃圾、有害垃圾运输线路73条。2012年全市城市生活垃圾清运处理总量保持负增长态势，焚烧、填埋处理量比上年减量3.09%，资源回收率35%，源头减量、资源化利用成效明显。

城市生活垃圾处理。全年处理生活垃圾459万吨，无害化处理率92%；年度生活垃圾焚烧、填埋处理量比上年下降3.09%；无害化处理粪便23万吨、各类死禽畜和变质冻品2690吨。全年有害垃圾分类处理量33吨，比上年有较大幅度的提高。总共回收废弃物210万吨，资源化回收率35%；利用垃圾焚烧发电1.7亿千瓦时；兴丰生活垃圾卫生填埋场沼气发电CDM项目获得联合国碳减排收益2500多万元，累计获得碳减排收益2700多万元。广州市生态循环园全年处理厨余垃圾6174吨、餐饮垃圾576吨，生产有机蔬菜31.23吨。

城市废弃物处理设施建设。第一资源热力电厂二分厂、兴丰生活垃圾卫生填埋场填埋六区项目、兴丰渗滤液处理厂扩容工程、李坑垃圾渗滤液处理扩容工程等项目基本建成；全市资源热力电厂和其他重点垃圾处理设施建设按计划稳步推进。在建筑废弃物消纳场建设方面，推进位于白云区、萝岗区等5个地块的临时消纳场建设项目，花都区炭步镇红峰村原人民砖厂地块临时消纳场投入使用。

爱国卫生运动。2012年，广州市举办全国“纪念爱国卫生运动60周年暨全国第24个爱国卫生月活动”，卫生部和全国各地爱国卫生部门出席会议，荔湾区金花街建成全国首个爱国卫生运动文化长廊并成为爱卫科普基地。是年，广州市正式成立市控烟办公室并挂牌，大力推进控烟宣传和执法工作。是年，推进农村改厕，全市农村卫生厕所普及率达到98.58%。全市形成定期开展病媒生物消杀大行动的局面，常年保持病媒生物的低密度。全面开展卫生创建工作，全年新创建“一星级卫生街道”8条、“二星级卫生街道”9条；新创建“国家卫生镇”1个、“广东省卫生镇”两个、“广东省卫生村”47个，“广州市卫生村”78个。至2012年底，全市已创建一星级卫生街道110条、二星级卫生街道29条；国家卫生镇4个、省卫生镇10个、市卫生镇两个、省卫生村336个、市卫生村710个；全市农村卫生厕所普及率98.58%、无害化卫生厕所普及率95.87%。

（王鹏翔）

城市生态环境保护和建设　城市环境空气质量。2012年，环境空气中二氧化硫平均浓度为22微克/立方米，比上年下降21.4%；二氧化氮平均浓度为49微克/立方米，与上年持平；可吸入颗粒物平均浓度为69微克/立方米，与上年持平。按照空气质量API评价体系，2012年全市空气质量优良率98.4%，与上年相比基本持平。是年，城区月平均降尘量4.47吨/平方千米·月，达到广东省暂行标准，比上年下降3.2%，降尘污染持续减轻。是年2月29日，国家发布新修订的《环境空气质量标准》，新标准增加PM2.5监测项目。3月8日起，广州市在全国率先按照国家新环境空气质量标准全面公布10个国控监测点的监测结果。从8月起，广州市10个国控点均按照中国环境监测总站要求配备符合技术指标要求的PM2.5（细粒子）监测仪器，并按照国家有关规定对是年1至7月的PM2.5监测数据进行修正，在此基础上统计得到全年的PM2.5浓度值为51微克/立方米。

降水。2012年，全市降水pH平均值为5.24，比上年上升0.04pH单位，酸雨频率为40.6%，比上年下降1.4个百分点，酸雨污染持续减轻。

饮用水水源地水质。2012年广州市城市集中式饮用水水源地水质达标率为100%，自2010年以来连续三年100%达标。西江广州引水、东江北干流、顺德水道和沙湾水道4个水源地水质为Ⅱ~Ⅲ类，巴江水道、秀全水库2个水源地水质为Ⅲ类。

江河水质。珠江广州河段2012年水质保持Ⅳ类，水质平均污染指数比上年下降14.0%。21项水质评价指标中有18项符合或优于《地表水环境质量标准》(GB3838—2002)Ⅲ类标准，主要污染指标为氨氮(1.10毫克/升)、石油类(0.07毫克/升)和五日生化需氧量(3.3毫克/升)。东江北干流、沙湾水道、蕉门水道和洪奇沥水道2012年水质符合或优于Ⅱ类标准，水质为优；流溪河从化段和市桥水道水质符合或优于Ⅲ类标准，水质为良。流溪河水库2012年水质保持Ⅱ类，水质为优。

城市声环境质量。2012年广州市城市区域声环境质量昼间平均等效声级为55.0分贝，比上年上升0.1分贝，总体水平“较好”；道路交通噪声昼间平均等效声级为68.9分贝，与上年持平，总体水平“较好”。(庄雄)

城市水环境建设　污水处理。至2012年底，广州市有城镇污水处理厂47座，污水泵站103座，总处理能力达到470.18万吨/日，市政排水管道9804千米(其中污水管道4358千米、合流管道1989千米、雨水管道3457千米)，城镇生活污水处理率达到90.88%。全市有1205个行政村，其中389个可纳入城镇生活污水处理系统，816个行政村需要建设分散式污水处理设施，已完成342个。基本实现珠江广州市区段、中心城区主要河涌的截污、主要污染源接入污水处理系统。

三防工作。2012年汛期，广州市有效防御21次强降雨和5次强热带风暴侵袭，未造成人员伤亡和重大经济损失。市三防总指挥部先后启动Ⅳ级以上应急响应24次(防台风3次，防暴雨21次)，市级工作组共出动21次，赶赴一线指导防洪工作。市三防总指挥部向各级三防工作人员发布防御短信25万余条。

2012年，全市共调整充实200多个市、区、街镇、村和相关部门三防指挥机构领导成员；重视防洪工程的汛前安全大检查，全市各级检查组检查并详细记录相关情况的水利工程956宗；加强三防能力的建设，完善三防信息系统的建设，推进三防视频会商系统延伸到乡镇工程建设。到2012年11月底止，有3个区(白云、南沙、番禺)共50个街镇区直单位完成三防会商系统的建设。

水环境治理工作。2012年全市水环境治理总任务分为城镇生活污水治理、农村生活污水治理、城区内涝治理、生态水城建设、河涌综合整治、水利基础设施建设和农村供水工程等七大类272项，计划总投资32.50亿元。截至2012年12月24日，全市治水工程项目已完工108项，占39.71%，全市工程综合进度为83.25%。工作重点：一是开展海珠生态城、石井河、猎德等片区截污工程。全市新增污水管道140千米，其中中心城区63千米。二是建设污水处理厂两座。三是完成65个行政村污水设施建设。2012年农村生活污水处理率达到45%。四是完成云岭湖和金山湖建设。花都湖和知识城起步区人工湖全面动工；完成西郊沙滩泳场一期和南沙滨海公共沙滩主体工程；完成南沙区三姓涌至大角山公园段滨江景观工程建设。五是重点河涌整治。完成东濠涌二期小北路泵站至东风路段污水管工程、麓景路管线迁移工程、猎德涌黄埔大道以南段清淤工程及380米管网改造；荔枝湾涌三期工程食养坊至大地涌段截污工程总体施工进度为87%，水利堤岸工程总体进度为85%。

农村水利工作。2012年完成列入省农田水利万宗工程建设方案项目5宗，其中列入中央财政小农水重点县的增城市和从化市的年度建设任务完成。抓好“五小”水利工程整治组织实施，2012年投资1.88亿元，整治项目55宗。此外，做好水库安全管理工作，开展全市水库安全隐患大排查；开展小水电安全隐患排查和小水电站逐站竣工验收。

城市供水　至2012年底，广州市(十区二市)有自来水厂60个，供水能力801.8万立方米/日，全年供水总量20.62亿立方米，售水量16.92亿立方米，供水管道长1986.1千米。2012年安排5000万元用于山区镇农村通水改水工程建设，完成8个北部山区镇的农村改水工作。

供水管理。广州市供水水质公示新方案于2012年8月27日获广州市人民政府常务会议审议通过，于9月1日开始正式实施。同时要求力争到2014年6月30日前，全市所有水厂的供水能够达到106项水质指标。届时不达标的水厂一律停产关闭或由有能力的企业兼并整改。

(黄舒炜)

城市供气　截至2012年底，全市有燃气用户398.55万户，销售量19.48亿立方米，合144.15万吨。其中，管道燃气基本实现天然气化，气源主要来自广东大鹏(深圳)天然气、西气东输二线项目及部分国产车载LNG，建成投用的天然气接收门站4座、高中压调压站7座，燃气管道总长度为6602.91千米(高压管道116.2千米)，天然气储存能力571.47万立方米，用户总数144.13万户(居民用户143.27万户)，年销售天然气8.68亿立方米，折合64.26万吨(不含上游企业直接供应的电厂消耗量37万吨)。

瓶装液化石油气依然是城市燃气不可或缺的补充，广州实现完全市场化经营。气源除部分由广州石油化工厂及北方南运气供应外，主要来源于南沙、深圳、珠海等液化气进口码头，货源来自于中东等地。全市建有液化石油气储灌站63座、液化气汽车加气站42座、液化气供应站408个。全市液化气储气能力为4.55万吨，年销售92.70万吨(居民用气29.09万吨，车用气40.40万吨)，为242.61万户、8000辆公交车、1.8万辆出租车提供用气服务。 (王鹏翔)

城市综合管理　违法建设查处。2012年，广州市开展查控清拆违法建设专项行动、全市高速公路和快速路控制区域专项整治行动。全年查控违法建设58.6万平方米，清拆违法建设98.5万平方米。处理各类违法建设罚没案件41件，罚没金额9730万元。

建筑工地管理执法和建筑废弃物排放运输专项整治。2012年，广州市以贯彻落实《广州市建筑废弃物管理条例》为契机，推进建筑废弃物排放和运输专项整治“四号行动”。通过对运输车辆实施技术改造，加强对排泥工地的源头执法，建立起建筑废弃物排放和运输秩序。全市1138台合法建筑废弃物运输车辆基本完成技术改造工作；严格工地施工现场的监管，加大对施工噪音频率高、群众投诉多和屡禁不止等重点区域的源头监控和查处力度。全年查处各类建筑施工违法行为4074宗，查处建筑废弃物违规排放运输各类违法行为885宗，纠正未密闭行为4.3万宗。12319专线受理夜间施工案件与去年同期相比下降30.5%。

户外广告和招牌整治。2012年，对全市新出现的违法设置的户外广告和招牌进行摸查，制订《2012年广州市违法户外广告清理整治专项行动方案》，组织开展违法设置户外广告和招牌专项整治行动。是年清拆违法户外广告和招牌3900多宗，拆除利用警示牌设置违法商业广告800多块。

数字化城市管理。广州市以城市管理监控指挥中心为平台，2012年重点搭建信息化建设主机网络、存储、核心交换机等硬件平台，摸查中心城区435平方千米范围内95类超过260万个城市管理部件的家底，采集中心六区5000多千米道路沿线560万张的三维实景影像和全景影像；建成数字化城市综合管理平台，涵盖环卫车辆GPS监控、垃圾焚烧和填埋日处理量实时监控、流动商贩管理、综合考评、垃圾压缩站在线监管、燃气管理、井盖管理等城市管理主要业务，覆盖市、区、街三级城市管理部门；建成城市管理行政审批系统，实现行政审批事项的电子化办理，对接“市民网页”“电子监察系统”等市重点平台，完成政府服务“网办”工程。数字化城市管理试点工作顺利通过住房和城乡建设部的考核验收，广州市被授予“数字化城市管理试点城市”称号。 (高嵘)

【城镇村庄建设】　名镇名村创建工作　2012年，广州市按照“一年见成效，两年实现目标”的要求，推进第一批名镇名村创建工作。7月19~20日召开广州市名镇名村创建工作交流会。各镇村在区（县级市）的统筹下，结合规划及专项设计的要求，提出创建名镇名村具体建设项目，以区（县级市）财政投入为主，市财政专项补助为辅(2011至2015年市财政每年安排不少于1600万元专项资金对市级各创建点进行补助)，同时整合市区内各种资源，发动社会力量，多方筹集资金参与名镇名村创建，为名镇名村建设工程项目开辟行政审批“绿色通道”。是年，市级名镇名村创建点（番禺区沙湾镇、花都区梯面镇、增城市派潭镇，海珠区黄埔村、番禺区石楼镇大岭村、花都区炭步镇朗头村、从化市吕田镇狮象村）和区级创建点（南沙区东涌镇大稳村、番禺区南村镇坑头村）都取得很好的经济效益和社会效益。 (潘卓茵)

“美丽乡村”建设　2012年，广州市印发实施《广州市美丽乡村试点建设工作方案》，确定2012~2016年的美丽乡村试点村共计11个区（县级市）122个村庄，分为市、区、镇三级层面统筹打造。其中市级14个，区（县级市）级40个，镇(街）级68个，包括：乡土生态型、都市农业型、村庄整理型、古村落保护开发型和改制社区环境优化型五种类型。9月28日，广州市召开美丽乡村和幸福社区试点建设工作启动大会。建立健全市、区（县级市)、镇、村、帮扶单位美丽乡村试点建设工作机构，制订美丽乡村建设结对帮扶工作方案，122个结对帮扶单位均深入现场与属地区(县级市）政府和被帮扶村“对接”，形成共建合力。建立市级美丽乡村第一批建设项目库。 (潘卓茵)

农村路灯二期建设　2012年初启动乡镇路灯二期工程，涉及花都区、白云区、增城市、从化市24个镇、街，合计建设6.15万盏路灯，工程概算财政评审中建安费4.6亿元，工程总中标价4.06亿元。建设标准以满足村民出行及安全的需要并兼顾环保节能为原则，采用LED节能灯和太阳能LED灯等低功率灯具相结合进行建设。 (高戈)

【房地产业与住房保障】　房地产开发　2012年，广州市有房地产开发企业426家，其中一级13家、二级51家、三级216家、暂定级146家。全市完成房地产开发投资1370.45亿元，比上年增长5.0%，占全市固定资产投资额的36.46%。民间投资依然为房地产投资主体，1~12月全市房地产开发民间投资678.32亿元，比上年增长11.5%，占全市房地产开发投资的49.5%；港澳台投资327.39亿元，增长19.0%，占23.9%；外商投资153.22亿元，增长35.7%，占11.2%；国有单位投资96.53亿元，下降7.2%，占7.0%。

住宅投资仍为房地产开发投资重点。2012年，全市住宅完成投资827.61亿元，比上年增长4.8%，占房地产开发投资比重的60.4%。商业和办公开发投资保持稳定增长。办公楼完成投资153.64亿元，增长22.7%，是增幅最高开发投资类型；商业营业用房和其他用房完成投资分别为14.4%和14.0%。

土地市场低落。2012年，开发商缩减土地购置费用，导致土地款支付减少，一定程度上影响房地产投资的增速。全年累计土地购置费159.10亿元，比上年下降22.3%；购置土地面积142.97万平方米，下降57.8%；土地成交（合同）总价款73.69亿元，下降37.3%；土地成交均价5154元/平方米，增长48.8%。

房地产开发企业资金日渐充裕。全市房地产开发企业本年到位资金1868.02亿元，比上年增长14.6%，较房地产开发投资额增幅高9.6个百分点，房地产开发企业资金压力有所缓解。2012年，在央行两次下调存款准备金率和存贷款基准利率，商品房销售市场逐步回暖的大环境下，房地产开发企业的资金到位也日渐充沛。1~12月，国内贷款到位资金411.85亿元，比上年增长27.5%，其中银行贷款到位资金363.72亿元，增长30.2%。其他资金来源（如定金预付款）仍为主要渠道，到位资金972.02亿元，增长6.3%；自筹资金到位477.42亿元，保持高位增长，比上年增长37.9%。

开发规模增势放缓，新开工面积下降明显。是年，全市房地产开发施工面积7845.62万平方米，比上年增长2.0%，较上年增幅减少17.0个百分点。全年累计新开工面积1554.34万平方米，比上年下降26.7%。其中，办公楼、住宅和其他商品房均出现大幅下降的趋势，新开工面积分别为128.79万平方米、980.36万平方米和240.88万平方米，分别下降21.4%、32.5%和35.5%；商业营业用房新开工规模大幅扩大，新开工面积204.31万平方米，增长57.1%。

商品房待售面积持续增加。截至2012年底，全市商品房待售面积611.45万平方米，比上年同期增长23.6%。其中，商品住宅待售面积273.36万平方米，比上年增长18.6%；办公楼待售面积72.74万平方米，增长76.7%；商业营业用房待售面积127.29万平方米，增长17.7%；其他房屋待售面积138.06万平方米，增长20.2%。 *（刘兰英）*

房地产市场管理　2012年，广州市越秀、荔湾、天河、海珠、黄埔、白云等六区监控商品房预售项目733个，监控预售房款710.37亿元，比上年增长32.46%，审核预售商品房网签合同2.65万套，增长30.77%。办理存量房网上交易5.29万宗。番禺区、花都区、从化市、增城市已实行存量房网上签约。

2012年，广州市国土房管局重点查处开发企业私收诚意金、无证销售、以“公寓”形式销售以及中介机构代办虚假购房证明、发布虚假信息、瞒报业务台账、代理小产权房等违规行为，检查商品房预售项目264个，基本规范230个，存在问题34个，发整改通知书28份；检查房地产中介机构1928间，存在问题118间，发整改通知书82份，报送工商部门处理24间。全年共监管中心六区房地产广告56宗，拆除违规宣传“不限购、不限贷”“服务式公寓”等广告牌41个。

2012年，办理房地产中介机构备案395宗，办理机构变更860宗、机构注销593宗。向2016名人员核发资格证书，向2266名从业人员核发执业证，办理执业证变更6993宗，年审2.09万宗。截至年底，广州市有具备中介资格证人员5.23万名，执业证人员2.47万名。

房地产市场运行　2012年，广州市通过落实各项调控措施，房价上涨势头得到抑制，房地产市场保持平稳。

2012年，广州市市辖十区公开出让土地109宗，均为挂牌出让，比上年下降16.2%；用地面积565.23万平方米，增长8.4%；金额225.41亿元，下降34.2%。全市市辖十区新建商品住宅新增供应面积811.53万平方米，比上年增长18%。新建商品住宅网上签约面积767.68万平方米，比上年增长37.7%，签约均价14044元/平方米，增长4.8%。

是年，市辖十区二手住宅交易

▲2012年4月27日，广州市住房保障办公室举行第一批廉租住房摇珠分配仪式

（广州市国土资源和房屋管理局供稿）

易登记5.96万宗，比上年下降15.6%，交易登记面积494.34万平方米，下降17.5%。4月开始，改善型需求逐渐入市，带动市场中高端物业成交增多，二手楼价稳定在1.4万~1.5万元/平方米之间；9月后，随着新建商品住宅销售价格重拾涨势，二手楼价成交均价上涨至1.6万元/平方米以上。

产权登记发证 2012年，广州市国土房管局印发《关于我局贯彻落实加快推进农村集体土地确权登记发证工作的意见》和《关于进一步明确农村集体土地所有权登记工作的通知》，开展集体土地所有权登记工作。印发《广州市国有建设用地使用权登记工作指引》的通知，梳理国有土地登记类型，规范土地登记所涉及地籍调查、登记受理、审查、审核、审批、发证等各个环节和标准。

2012年，全市十区核发房地产权证62.73万本，比上年下降11.2%。广州市国有土地上历史遗留办证问题全面进入收尾阶段。截至年底，全市涉及历史遗留办证难问题1360个项目中，已有1339个项目完善确权办证各项前期手续，受理历史遗留案件登记申请7.27万宗、已发证6.93万宗。驻穗部队历史遗留问题取得进展，19个驻穗部队房改项目共89幢办理初始登记。

直管公房管理 2012年，广州市国土房管局清理移交60套直管房住宅作为保障性住房。全年接管103套直管房，接管面积3961.20平方米，完成35套直管房撤管工作。推进直管房非住宅招投标工作，全年完成两个标地3个地址门牌的招投标，并向财政局提交7套欠缺商业氛围非住宅招租申请及有关资料。

2012年，完成对全市11.2万套直管房分类数据信息统计上报工作；完成对全市1366宗购买直管房使用权情况的统计和上报工作，涉及面积5.41万平方米；完成全市直管房租金收缴工作，收缴租金4.71亿元，比上年增长5.6%；完成对全市2632套直管房消防安全整改和239套直管房结构安全整改工作。

房屋租赁管理 2012年，广州市国土房管局拟定《印发我局出租屋清查整治专项行动方案的通知》，对房地产中介服务机构、物业服务企业进行突击检查和地毯式摸查，涉检企业1000多家。全市处罚中介、物业公司违规报送房屋租赁信息行为59宗，对916宗严重违规租赁行为进行立案处罚。

截至年底，全市有出租屋392.10万套，比上年增长3.63%；出租面积16820.30万平方米，比上年增长11.07%。市中心城区住宅租金上涨，其中集体住宅租金增长较为显著。全市商铺租金表现平稳，办公用房租金明显上涨，工业用房租金上涨幅度较大。

房屋征收管理 2012年，广州市国土房管局按照《关于广州市国有土地上房屋征收与补偿的实施意见》规定，制定《关于公布广州市国有土地上住宅房屋征收搬迁补助费标准、临时安置补助费试行标准的通知》和《关于印发〈广州市国有土地上房屋征收补偿方案听证规定〉的通知》，并分别于2012年5月8日、12月3日起实施。

是年，按照《国有土地上房屋征收与补偿条例》规定，停止核发房屋拆迁许可证、拆迁公告。拆迁许可延期58件，房屋拆迁结案9件，完成拆迁面积33.98万平方米，被拆迁户2770户。

危房改造工程 2012年，广州市国土房管局制订《危险房屋治理“边打边建”实施方案》，全年累计检查并督促各区分局治理危险房屋12.6万平方米，完成出租屋危房治理11栋。2012年度房屋安全普查，新增危房865栋，面积9.89万平方米，完成9.5万平方米危房改造任务。此外，2005~2011年新增在册的合计55.07万平方米危房改造任务均在年底全部完成。

2012年，中共广州市委、市政府“12338”部署建设世界文化名城中的庐江书院保护性修缮项目正式立项，省非物质文化遗产馆落户大小马站片区。

保障性住房建设 2012年，广州市着力建立以租为主的住房保障体系，完善《广州市公共租赁住房保障制度实施办法（试行）》，通过廉租房、公租房并轨管理，实物配租、货币补贴并行保障，以及市场租金、分档补贴、租补分离的方式，确保符合条件家庭“应保尽保”。同时，将廉租住房保障收入线标准由家庭年人均可支配收入9600元调整到1.56万元，实现廉租住房租赁补贴对象的扩面。

2012年，全市新建筹集保障性住房4.68万套（含租赁补贴5008户），占筹集保障性住房4.5万套目标任务103.9%，其中开工建设保障性住房4.18万套，占开工建设保障性住房4万套目标任务104.4%；已竣工保障性住房1.05万套，占竣工保障性住房7170套目标任务的146.3%。全年新增解决1.58万户低收入家庭住房困难问题，其中发放租赁补贴5008户，实物配租配售1.08万户。全年保障性安居工程累计完成投资65.54亿元，其中财政资金支出29.25亿元。全年完成74.82公顷保障性住房土地征收、50公顷用地的红线储备。

截至2012年底，广州市有3626个单位实施住房货币分配，39.53万名职工领取住房货币补贴，归集住房补贴资金130.56亿元，支取住房补贴资金94.99亿元，住房补贴资金归集余额35.57亿元。

物业管理 2012年，广州市国土房管局开展《广州市物业管理办法》《广州市物业管理备案规定》《广州市物业专项维修资金管理办法》和《广州市物业服务企业退出物业项目管理办法》立法工作。《广州市物业服务企业退出物业项目管理办法》经14届40次市政府常务会议审议通过，将于2013年1月1日起施行。探索将物业管理工作纳

入社区管理工作中统筹规范，形成《广州市社区物业管理工作调研报告》。

截至2012年底，广州市物业服务项目4803个，覆盖面积2.89亿平方米，与上年相比物业服务项目增加14个，覆盖面积增加0.1亿平方米。

全年全市物业专项维修资金归集金额31.86亿元，使用资金2630万元。截至年底，全市维修资金总额88.4亿元，累计使用8967万元，2967个物业小区建立维修资金，149万户业主办理维修资金卡。（何欣）

住房公积金管理　2012年，广州市（含广铁分中心，番禺、花都、从化、增城4个办事处）净增住房公积金缴存单位6238个，净增缴存职工31.77万人；新增归集额402.21亿元（含结转利息），比上年增长17.40%；截至2012年12月底，历年累计有4.51万个单位的350.21万名职工缴存住房公积金，归集总额2303.07亿元，归集余额881.95亿元。

全年有91.51万人次提取住房公积金263.17亿元，提取率65.43%，比上年增加提取3.98亿元；历年累计共有660.65万人次支取个人名下住房公积金1421.11亿元，占缴存总额的61.71%。

2012年，广州住房公积金管理中心向3.8万户职工家庭发放住房公积金贷款，比上年增长27.95%，发放金额172.42亿元，增长25.86%；截至2012年12月底，历年累计向27.99万户职工家庭发放贷款856.45亿元，贷款余额522.87亿元。

全年实现增值收益10.94亿元，比上年增长137.31%；截至2012年12月底，历年累计实现增值收益55.69亿元。（袁慧　刘唯）

【“三旧”改造】　2012年，广州市“三旧”改造主要工作有：一是完善历史用地手续。全市十区二县级市共上报申请完善各类历史用地手续的用地为156.17平方千米。其中直接确认建设用地使用权用地面积为33.15平方千米；完善集体建设用地手续用地面积为117.74平方千米；完善征收手续用地面积为5.28平方千米。二是审批“三旧”改造项目。全市批复25个“三旧”改造项目，涉及用地面积3.82平方千米。其中，旧厂房改造政府储备项目17个，共0.77平方千米；旧厂房成片连片改造项目6个（自行改造5个），共0.57平方千米；旧村改造项目两个（其中，大坦沙岛改造项目涉及3个村、潭村改造项目涉及1个村）共2.48平方千米。三是政府土地出让收益。通过“三旧”改造，实现政府土地出让金收益69.42亿元。其中，本年度收取历年已签订合同“三旧”项目土地出让金17.78亿元及自主改造“三旧”项目补缴土地出让金19.71亿元；以公开方式出让“三旧”改造地块，实现成交金额31.93亿元。（江奇）

【建筑业】　建筑市场管理　2012年，广州市城市建设投资集团完成城建投资62.68亿元，是年度计划（64.87亿元）的96.62%。其中经营性项目完成2.44亿元、非经营性项目完成62.24亿元（道路交通工程43.87亿元、绿化景观工程2.36亿元、路灯改造及光亮工程5.38亿元、环境整治工程6.94亿元、雨污分流改造工程0.94亿元、其他工程0.61亿元）。（赵仓）

全年完成建筑业总产值1736.75亿元，比上年增长11%；房屋施工面积为8718.64万平方米，增长3%。

有形建筑市场管理。2012年，交易中心完成招标项目5750个，比上年增长14%，交易额达到1528.33亿元，超过2011年的1525.17亿元，与招标控制价对比节约建设投资80.17亿元。

行业动态管理。全年开展6批次的企业资质动态核查，先后对施工、监理、造价、招标代理及预拌商品混凝土等65家企业进行核查，发出41份整改通知书；改进完善建筑业企业诚信评价体系，形成“奖优罚劣”的良好市场导向。

专项治理。加大对转包和违法分包行为的惩处力度，对其中7个项目18家单位进行处罚；继续开展清理拖欠工程款和农民工工资工作，调查处理涉及工程款和工资纠纷及信访案件30宗，组织召开清理工程款拖欠方面的协调会50次，涉及工程款及农民工工资6808.5万元。

截至2012年底，在广州市建立诚信档案的建筑企业2621家，其中施工企业1429家、监理企业157家、招标代理企业159家、造价咨询企业86家。（曾令立）

建设工程质量安全管理　2012年，广州市在监工程5926项，总造价2221.71亿元。其中建筑工程面积9569.59万平方米，市政工程总长度74.89万米。新报监工程1258项，总造价626.74亿。其中建筑工程1060项，面积3308.99万平方米；市政工程198项，总长度32.59万米。办理竣工验收工程1668项，其中办理竣工备案503项。发整改通知书1.34万份、局部停工通知书259份、行政处罚68宗。在建设工程质量评优中，广州市获“中国建设工程鲁班奖”1项、“国家优质工程银质奖”6项、“广东省建设工程优质奖”13项、“广州市建设工程质量‘五羊杯’奖”15项、“广州市优良样板工程”55项、“广州市建设项目结构优良样板工程”23项。

工程质量监管。2012年，广州市加强工程质量监管，主要措施：一是组织编写《建筑工程质量通病防治手册（土建部分）》《建筑工程质量通病防治手册（设备部分）》《建筑工程质量通病防治手册（市政部分）》《建筑工程施工技术资料编制指南（2012年版）》等质量通病防治和工程质量保证书籍公开发行。二是将混凝土试件植入电子芯片技术（即RFID射频识别技术）应用于混凝土检测及监管领域，从9月1日起，广州市所有在建工程施工现场制作的标准养护和同条件养护抗压试件必须全部植入芯片。三是组织专项执法检查，主要检查工程项目责任主体的质量行为、工程原材料质量、结构实体质量及预拌混凝土生产企业的质量行为等。

（高德勇）

工程安全监管。2012年，广州市建设工程安全监督站累计监督建设工程项目229项，工程总投资575.3亿元。其中，房屋建筑工程项目163项，受监总建筑面积1412.6万平方米，工程总投资399.5亿元；市政工程66项，工程总投资175.8亿元。全年受理新报监项目59项；办理建筑施工起重设备登记、备案、告知395台；发出各类机械使用登记牌346张。全年发生一般安全生产责任事故2宗，死亡2人，没有发生较大以上的安全事故。

（钟建生）

创新监管方法。一是实行建设工程“末位管理法”。即以企业诚信评价制度施工现场评价结果为基础，结合施工现场日常管理情况，确定施工管理水平低的工程项目为末位工程，有针对性地采取措施，严格督促末位工程改变落后面貌。该办法的实施，实现建设工程差异化管理，提高工程质量安全监管效能。二是实行建筑工地重大危险源管理制度。针对在建工地项目中深基坑、高支模等重大危险源，实施“专家论证”“专家验收”和“现场双确认”制度。专家论证制度，严格要求未经专家论证的专项方案不得施工；专家验收制度，要求参与专项方案论证的专家组参加工序验收工作，确保专家论证意见得到落实；现场双确认制度，要求施工企业的技术负责人、安全监督机构的安全监督员应到工地现场检查确认验收情况，书面签署确认意见，将管理责任落实到人，确保验收质量和施工安全。

（杜娟）

招投标管理　在全国首创数字见证新模式。2012年，广州市对评标区实行以数字技术为特色的全封闭管理，采用音、视频的方式实时、全景的电子监督、见证及服务，建立数字见证信息化集成体系。

建立增城市农村小型建设工程交易平台。配合广州市纪委在萝岗区九龙镇凤尾村开展的“农村廉情预警亮灯”工作，制定农村建设工程招投标工作制度与流程。配合增城市建立农村建设工程交易平台试点，拟定《增城市农村建设工程发包管理办法（试行）》，代为建立农村建设工程小型项目的评标专家库，协助建立房建、市政、水利、交通和园林候选企业库，将增城交易部开标二室设置为农村建设工程项目随机抽取室，为进场的城乡小型项目做好公告和公示发布及随机抽取见证服务工作。

实现铁路建设项目进场交易。2012年4月，广州市建设工程交易中心与广州铁路（集团）公司签订“铁路建设工程进入广州建设工程交易中心交易”协议，并从6月起广州铁路（集团）公司辖下铁路建设项目，全部进入广州市建设工程交易中心按统一的交易程序和工作标准进行招投标交易。2012年，已完成铁路工程招标46宗，交易额18.6亿元。

招投标监管办法。编制《招投标指引》9期，规范工程检测招标的潜在投标人条件，禁止将施工、监理与第三方检测捆绑招标或支付第三方检测费；明确临时建造时间有效期、专业工程交叉施工资质适用、评标中对清单相似度高的投标人评标细则问题、专业工程暂列金额的设置等问题；修订大型复杂工程标准。根据招标投标法实施条例的相关规定，修订招标公告、招标文件示范文本的内容。

（蒋东旗　杨庆彬）

建设工程造价管理　2012年，广州市制定《广州地区建设工程常用材料综合价格工作程序》《广州市实行工程造价咨询企业市场行为诚信综合评价的工作指引》等制度。编制发布《广州市建设项目设计概算编审指引（2012）》，开发“广州地区建设工程材料价格信息网上报价、审查和查阅系统”。加大对招标控制价备案项目的抽查力度，对90宗备案工程项目进行深度抽查审核，涉及金额98.89亿元。组织4个专家组，对32家市属工程造价咨询企业及外省驻穗分支机构的资质、人员、经营管理等情况进行核查。审核74家工程造价咨询企业上报业绩共6357宗，涉及金额1194.55亿元，其中合格业绩资料5658宗，通过率89%。

（谭敦海）

勘察设计行业管理　2012年，广州市加强对进穗承接业务的勘察设计企业的监管，完善勘察设计企业及施工图审查机构诚信档案，全年累计办理勘察设计企业诚信档案登记717家，其中省外进穗企业203家、省内进穗企业187家、市属企业224家，省属、部属企业103家。依照法规规范勘察设计招标投标市场，2012年完成房屋建筑和市政工程勘察设计招标423项，其中公开招标218项、邀请招标205项；设计招标建筑面积920万平方米，其中公开招标建筑面积545万平方米、邀请招标建筑面积375万平方米；勘察设计费中标价22.19亿元，其中公开招标16.31亿元、邀请招标5.88亿元。严格建设工程项目设计的审查，2012年，完成项目设计审查工作666项。

（方培育　葛家良）

【建设科技】　发展绿色建筑和推动节能减排。2012年，广州市共有1904万平方米新建建筑按照节能标准设计建造，其中包括绿色建筑223万平方米。岭南新苑等7个项目获得国家绿色建筑设计标识，清华科技园广州创新基地A1栋科技研发楼等两个项目获得运营标识；粤电信息大楼等10项工程列入住房城乡建设部2012年绿色建筑和低能耗建筑“双百”示范项目；新增太阳能光伏装机容量42兆瓦，为近年来最高水平。广州国际服装展贸中心等5个项目分别获“国家金太阳示范及可再生能源建筑应用示范”等称号。设计大厦等63万平方米既有建筑实施节能改造，全年累计实现节电39.7万吨标准煤，减排二氧化碳90万吨。

弘扬岭南文化以繁荣设计创作。2012年，广州市编制发布《广州市岭南特色城市设计和建筑设计指南》，召开弘扬岭南文化与发展绿色建筑动员大会，开展讲座、观摩等培训活动，引导从业人员树立岭南特色设计理念，提升设计内涵。在2012年首届“广东省岭南特色规划与建筑设计评优”活动中，越秀区解放中路旧城改造项目一期工程等33个广州地区建设项目获奖，占全省获奖总数的一半。印发《关于城乡规划建设领域传承与弘扬岭南文化的指导性意见》，提出五年近期目标和2020年远期目标，通过实施22项工作措施，指导城市建设注重传承岭南优秀文化、凸显城市文化特色。

科技创新与技术应用水平不断提高。广州市建设领域有13项技术成果获2012年“广州市科学技术奖”。其中，由广州市建筑集团有限公司等承担的“‘亚运之舟’建设关键技术研究”和由广州市市政工程设计研究院等承担的“工业园区综合废水处理核心技术研究与应用”两个项目获一等奖；由广州大学参编的《建筑抗震设计规范》获2012年“华夏建设科学技术一等奖”；由广州市市政工程设计研究院参与的“低C/N比城市污水连续流脱氮除磷工艺与过程控制技术及应用”项目获2012年度“国家科学技术进步二等奖”。

建筑行业标准体系逐步完善。2012年发布实施《广州市岭南特色城市设计及建筑设计指南》《广州市民用建筑太阳能热水系统建筑一体化设计标准》和《中新知识城绿色园区评价标准》；组织编制《广州市公共建筑能耗定额标准》等技术标准和《广州市国家机关办公建筑和大型公共建筑用电分项计量设计导则》《广州市修规设计绿色设计指标体系审批导则》等多项技术导则，为城乡建设工作提供技术保障。

绿色建筑工作取得成效。2012年1月，广州市人民政府发布《关于加快发展绿色建筑的通告》，要求全市使用财政资金、国有资金的新建（改建、扩建）房屋建筑项目（含保障性住房建设项目），中新广州知识城、白云新城等城市发展新区的新建房屋建筑项目以及其他相关重点项目全面实施绿色建筑技术，并从土地出让、立项、规划、建设等环节依法规范建设各方主体行为。该《通告》的出台，使广州成为全国率先在全市新城区范围强制推行绿色建筑的城市，为实现绿色建筑从点到面的跨越式发展提供法制保障。是年，广州市城乡建设委员会印发《关于贯彻执行〈广州市人民政府关于加快发展绿色建筑的通告〉有关事项的通知》，对绿色建筑设计、施工、竣工验收等过程管理予以规范和细化，对应执行绿色建筑标准的项目，要求进行绿色建筑设计审查和备案。分批对全市建筑设计院和施工图审查机构3000余人开展绿色建筑相关政策及《广州市绿色建筑设计指南》的宣传贯彻培训。全年共有28个项目申请绿色建筑设计审查备案，总建筑面积223.76万平方米。岭南湾畔、广州白云万达广场（B区）、清华科技园广州创新基地A1栋科技研发楼等9个项目相继获得绿色建筑标识，其中两个项目获得运行标识；新增“广东建筑科学研究院检测实验大楼”等国家“双百”示范项目10个。

可再生能源建筑应用规模不断扩大。2012年，广州市对纳入实施绿色建筑范畴的十二层以下居住建筑要求安装太阳能热水系统，可再生能源建筑应用的推广力度大大加强，全年新增太阳能光热应用面积50.61万平方米；新增南沙东方电气、广交会展馆等多个光伏建筑应用项目，装机容量超过42兆瓦，应用量为历年来规模最大。

建筑节能标准执行比例稳中有升。2012年，广州市新建建筑严格实施全过程闭合管理。设计阶段执行标准的比例连续8年达到100%，全年完成建筑节能设计审查备案工程791项，建筑面积合计1904万平方米；施工阶段执行标准的比例达到98%，全年完成节能验收备案工程387项，建筑面积合计1148万平方米。对纳入施工许可涉及围护结构和用能系统的装修改造工程，严格要求执行建筑节能强制性标准，组织广东迎宾馆、市检察院办公楼、市设计大厦、白天鹅宾馆等一批既有公共建筑实施节能改造，建筑面积累计63万平方米。

建筑节能监管体系建设水平不断提高。2012年，全市完成各类型建筑能耗统计1.64万幢，总建筑面积6727.7万平方米，统计数量比上年增长10%。完成30幢政府办公建筑和大型公共建筑的能源审计，并对历年来能源审计成果进行分析汇总，编制《广州市政府机关办公建筑和大型公共建筑能源审计成果汇编》；扩大公共建筑能耗监测范围，累计完成广州市白云区政务服务中心在内的30幢建筑楼宇能耗监测工作。

安排建筑节能分项资金，激励建筑节能新技术开发应用。开展2012年度广州市节能专项（建筑节能分项）资金项目申报、评审和公示，对37项课题下达资金使用计划，重点支持建筑节能政策及技术创新、绿色建筑与绿色新区建设等，通过经济激励措施引导建筑节能技术进步。

推广轻质、保温、隔热新型墙体材料。公布2012年度《新型墙体材料产品及企业目录》，推广加气混凝土砌块、普通混凝土砌块、轻集料混凝土砌块等新型墙体材料，是年，全市新墙材生产量26.02亿块标砖，新墙材应用量16.27亿块标砖，节约土地资源179公顷，节约能源10.09万吨标煤，减排二氧化硫2017吨，新墙材应用比例为96%（市区98%以上），有效保护土地资源，净化了环境。（屠建伟）

加强散装水泥推广使用。2012年，广州市本地企业散装水泥供应量580万吨，预拌混凝土产量1500万立方米，预拌砂浆供应量160万吨。折算约节约标准煤30万吨，减少向大气排放粉尘5.83万吨、二氧化碳26.1万吨、二氧化硫0.02万吨。建立和运行预拌混凝土诚信综合评价体系，实现对企业市场诚信、质量水平进行量化评比，建立该类企业信用档案管理制度，是国内首个正式运行的预拌混凝土诚信综合评价体系的城市。与广东省散装水泥管理办公室共同开发“广东省散装水泥发展应用监管信息平台”，属国内首创。打击向违法建设供应混凝土行为，查处向违法建设供应混凝土案21宗。（朱飞宇）

【建设事业信息化】 2012年，广州市继续推进“数字城建”工程，实现行政办公网络化、行政审批电子化、诚信评价自动化和工程项目管理数字化，全面提升城建信息化水平。整合广州城建资金计划管理系统、广州市城建路桥项目建设管理系统、广州市城建工程项目储备库等业务系统，初步建立广州市城建项目公共设施库系统原型，逐步实现工程全生命周期数字化管理。加快工地视频监控系统建设，建立海珠桥视频监控系统，接入东塔、南方航空公司综合楼、中海云麓公馆、洲头咀隧道等工地安装视频监控系统。建立广州市城乡建委统一管理的地理信息平台，实现路桥项目在平台上的标注和工程信息、视频监控信息的综合展示。广州市企业诚信综合评价体系系统运行良好，建筑劳务市场管理信息系统、房地产行业诚信综合管理平台完成系统开发工作，工程质量信用档案工作已经全面展开。完善建筑市场监管共享平台、建设系统信息资源共享等系统，新增与广东省住房和城乡建设厅的数据共享接口。（张志华）

【广州市被授予“数字化城市管理试点城市”称号】 2012年，广州市以城市管理监控指挥中心为平台，重点搭建信息化建设主机网络、存储、核心交换机等硬件平台，摸查广州中心城区435平方千米范围内95类超过260万个城市管理部件的情况，采集中心六区5000多千米道路沿线560万张的三维实景影像和全景影像；建成数字化城市综合管理平台，涵盖环卫车辆GPS监控、垃圾焚烧和填埋日处理量实时监控、流动商贩管理、综合考评、垃圾压缩站在线监管、燃气管理、井盖管理等城市管理主要业务，覆盖市、区、街三级城市管理部门；建成城市管理行政审批系统，实现市城市管理委员会全部行政审批事项的电子化办理，对接“市民网页”“电子监察系统”等广州市重点电子网络平台，圆满完成政府服务“网办”工程。是年，数字化城市管理试点工作顺利通过住房和城乡建设部的考核验收，广州市被授予“数字化城市管理试点城市”称号。（宋夕平）

【海珠桥维修加固】 广州市海珠桥建于1933年，为广州市南北交通重要桥梁，因发现破损危险状况，2012年，按照“修旧如旧”的原则，对海珠桥进行维修加固。项目完成投资1亿元，完成年度投资计划100%。完成工作量1.29亿元，完成年度工程量计划103%。（王超）

附录：广州市住房和城乡建设管理部门主要领导

广州市城乡建设委员会

建设工委书记、主任：侯永铨

广州市规划局

局长：王　东（任至2012年2月）
李　明（2012年2月任职）

党委书记：刘毅东（任至2012年2月）　李　明（2012年2月任职）

广州市国土资源和房屋管理局

党委书记、局长：李俊夫

广州市林业和园林局

党委副书记、局长：王国如

党委书记：杨国权

广州市城市管理委员会

党委书记、主任：李廷贵（任至2012年12月）　危伟汉（2012年12月任职）

广州市城市管理综合执法局

党委副书记、局长：李廷贵（任至2012年12月）　危伟汉(2012年12月任职)

党委书记：陈小朋

广州市水务局

党委书记、局长：张　虎（任至2012年2月）　丁　强（2012年2月任职）

广州住房公积金管理中心

主任：夏卫兵

党委书记：肖恒光

深圳建设

【概况】 2012年，深圳市加大对固定资产投资项目建设的统筹协调力度，城市建设快速发展。是年，轨道交通三期7、9、11号线BT项目全面实施；完成南科大校园一期工程建设；西气东输二线深圳段及其配套输配设施建设完成，形成天然气“双气源”供气格局，推进燃气特区一体化，全市新增管道天然气用户10万户。保障房建设提速提效，开工3.8万套，竣工1.8万套，全年共供应2.39万套。新建住宅物业100%实现物业管理。

全市新增获得绿色评价标识的项目38个，全市有12个项目达到国家绿色建筑最高等级三星级，居全国前列。完成既有建筑节能改造项目197个，建筑面积为707万平方米，新建节能建筑面积921万平方米，完成计划的102.33%，建筑节能量48万吨标准煤。建成4个建筑废弃物综合利用项目，建筑废弃物资源化率达35%，超过计划5个百分点。建筑废弃物减排与利用总量达350万吨，全市太阳能热水建筑应用面积新增278万平方米。 *（贺波）*

【城市规划】 规划编制 2012年，深圳市加强城市规划工作，完成多项规划编制，《深圳市近期建设和土地利用规划（2011~2015）》是统筹协调该市“十二五”期间空间资源合理利用的重要指导性文件，深圳市规划和国土资源委员会于2012年上半年完成该规划的各项修改工作，4月通过深圳市政府审批。

龙华和大鹏新区综合发展规划。为配合推进龙华新区和大鹏新区的规划建设，2012年，深圳市规划和国土资源委员会会同龙华新区管委会、大鹏新区管委会开展《龙华新区综合发展规划（2012~2020年）》和《大鹏新区综合保护与发展规划》的编制工作。年底前，两项规划成果均已上报深圳市政府审查。

交通规划。2012年，开展《深圳市轨道交通规划（2012~2040）》《穗莞深城际线深圳段交通详细规划（修编）和相关枢纽交通规划研究》《轨道三期工程8号线交通详细规划》《赣州至深圳客运专线深圳段交通详细规划》等规划编制。完成《深圳市干线道路网规划（修编）》的上报工作，同步推动项目规划环评工作。

市政规划。编制完成的项目主要有：《深圳市小型水库管理线划定及蓝线补充规划》《深圳市电力设施及高压走廊专项规划修编》、《深圳市加油（气）站系统布局规划（2006~2020）》《深圳市天然气高压管网规划》《深圳市瓶装燃气供应布局规划及选址研究》等。配合推进前海、后海、大空港等填海工程，组织编制《后海片区市政管线详细规划及建设指引》《前海合作区市政工程详细规划》《前海交通枢纽站综合规划》《深圳市西部填海区填海综合规划研究》等。

城市与建筑设计。2012年，深圳市规划和国土资源委员会继续推进《前海深港现代服务业合作区综合规划》的编制工作，创新编制方式和内容，形成包含产业布局、综合市政、综合交通、城市设计、投入产出等多方面的综合性规划，得到深圳市委、市政府的高度评价，并通过市政府和市委常务会议审议。同时，推动重点地区和项目的城市与建筑设计，全面推进后海中心区、深圳湾超级总部基地、留仙洞片区基地、龙华核心区等重点地区城市设计。此外，开展城市与建筑设计相关研究，完成《趣城·城市设计地图》，将深圳主要特色建筑、街区、景观和活动场所表现出来，方便市民和游客对深圳有更直观的感受和认识，形成包括近100个公共项目的实施项目库，并提出深圳未来5年内重点实施的12个公共项目，成果提请深圳市人民政府审议。 *（王芳）*

【宜居城市建设】 2012年，深圳市人民政府印发实施《深圳市创建宜居城市行动计划（2012~2013年）》，推动宜居城市建设任务落实。委托第三方编制《深圳市宜居城市建设评估》报告，对全市教育、医疗、交通等重大宜居指标进行对比评价，开展宜居城市民意调查，面访完成有效问卷4206份，网络收集问卷5428份。出台《深圳市创建宜居社区工作方案》，开展社区工作人员培训和交流，按宜居标准对社区进行摸底评估，将评估结果纳入市环保实绩考核。是年，深圳湾滨海休闲带生态保护及城市绿化建设、深圳大鹏所城历史文化遗产保护、深圳盐田公共自行车交通服务系统、深圳紫薇社区“双工一社”社会服务等4个项目获2011年“广东省宜居环境范例奖”。至2012年底有两个项目获“中国人居环境范例奖”，12个项目获“广东省宜居环境范例奖”，连续两年成为全省获奖项目最多的城市。 *（钟穗萍）*

【城市建设与管理】 市政工程建设 南方科技大学（一期）：该项目于深圳南山区西丽大学城片区，项目占地194.38公顷，总建筑面积63万平方米，总投资24.87亿元，工程分两期建设。2012年，一期工程完工，占地28万平方米，总建筑面积20.3万平方米，由32幢建筑构成，投资12.68亿元。该项目于2010年9月开工，2012年10月完工。

▲*2012年10月23日，深圳市轨道交通三期工程7号线开工*

（深圳市轨道交通建设办公室供稿）

香港大学深圳医院（滨海医院）。该项目位于深圳市红树林西北的深圳湾填海区，占地面积19.2万平方米，总建筑面积35.24万平方米，总投资24.79亿元，设计床位2000张，日门诊量6000人次，停车位2000个，是国内一次性建成的最大规模的现代化综合性医院。工程于2008年6月开工，2012年6月完工。

康宁医院综合楼扩建。该项目位于罗湖区翠竹路康宁医院内，占地面积1.51万平方米，总建筑面积2.78万平方米，总投资9470万元，新增病床180张，由心理卫生中心大楼（主楼）和附楼组成，主楼地上12层，设有门诊及各综合科室，以及儿童心理、老年心理、神经症、亚健康等专科病房及精神卫生研究所；附楼地上8层，地下室1层。该项目于2008年4月开工，2012年2月完工。

高级技工学校。该项目位于龙岗区龙城街道办五联社区居委会，用地面积37.05万平方米，总建筑面积26.76万平方米。总投资11.04亿元。主要建设内容包括教学楼、实训楼、学生公寓等。该项目于2009年5月开工，2012年12月基本完工。

大鹏半岛国家地质公园（一期）。该项目位于深圳市东部大鹏半岛中南部，地质遗迹保护面积56.3平方千米，分三期建设。一期工程总概算2.22亿元，建设内容主要包括地质博物馆、科教研基地、高岭和鹿咀管理站、鹿咀红树林湿地保护区、滨海景观大道、登山道等16个建设项目。该项目于2010年4月开工，2012年12月完工。

海园一路。该项目是香港大学深圳医院（滨海医院）的配套市政项目，工程的投资规模为8230万元，工程包括：隧道350米、道路250米、人行天桥两座、跨河人行桥一座、跨河行车匝道桥一座、排水泵站一座。该项目于2011年6月开工，2012年6月完工。

此外，还有保障性住房以及新安医院、宝荷医院、深圳艺术学校新址、软件产业基地、机场南干道新建、改建等在建项目。 （李森）

园林绿化 道路绿化改造提升。2012年，全市开展道路绿化提升改造，投入10亿元对160条道路绿化进行改造提升。其中北环大道北面彩田村至新洲路段整治工程，植物配置丰富，景观效果好；福田区开展深南中路、北环大道（福田段）等10条重点道路景观提升工程；南山区完成留仙大道、东滨路等16条重点道路的景观改造任务，以开花乔灌木连片种植，打造特色道路景观；盐田区开展社区驿站和社区绿道沿线绿化提升工程，并改造提升10条道路绿化；龙岗区组织对中心城、龙岗大道、华为片区等重点区域的绿化进行改造，共完成25条道路、35个交通渠化岛绿化改造；坪山新区对深汕公路等27条道路进行绿化提升；龙华新区对新区主干道、北站周边道路等33条道路进行改造。

公园建设。2012年，深圳市推进全市公园建设。光明、观澜、松子坑、五指耙等森林公园建设的前期工作完成；红岗公园、梅林公园彩色梅林区、中心公园一二期改造工程、洪湖公园北半区改造工程等已开工；仙湖植物园增加罗汉松园景区，收集100多株珍贵稀有的古罗汉松树；各区、街道新建、改造提升各类公园64个，其中新建17个。福田区引进国际一流设计团队，完成15个主题社区公园和精品街心公园设计，启动桂花路都市公园带等多项重点民生绿化工程建设；罗湖区投资800万元，开展兰科植物保护研究中心环境改造工程，打造世界兰花名园；南山区将2012年定为“公园建设年”，新建兴海、松坪山等各类公园5个；宝安区对中心区滨海储备用地进行绿化提升，为市民提供一处亲近大海的休闲娱乐场所；光明新区对群体中心周边区域绿化景观进行提升，使该区域成为人文气息与靓丽绿化景观并存的亮点景观；龙华新区投入资金近4亿元，开展羊台山入口广场二期等近20个绿化提升项目建设，建成“大营救”生态文化广场等绿化精品。

生态景观林带建设。年内开展广深、广深沿江、水官、南光、清平、盐坝、机荷高速，广深铁路，北通道快速路等9条路及东部沿海生态景观林带的建设。完成142千

▲深圳市深圳湾公园（2012） （深圳市城市管理局供稿）

米，2933公顷的生态景观林带建设。

自然保护区建设及野生动植物保护管理。深圳湾红树林修复工程使生态环境进一步改善；大鹏半岛、铁岗—石岩、田头山等3个自然保护区纳入深圳市“十二五”规划60个标志性重大项目，其中大鹏半岛自然保护区还被纳入深圳市2012重大项目；按照国家、省林业主管部门的统一部署，开展以保护野生动植物、共建文明和谐社会为主题的一系列保护自然的宣传和执法活动。

植树活动。2012年，深圳市开展生态景观林、绿道林带、绿化义捐等一系列活动。全市56.3万人次以各种方式积极参加义务植树活动，植树229.46万株，收缴义务植树绿化费约200万元，完成造林绿化和改造提升绿化面积3793公顷；与该市绿化委员会、市绿色基金会组织开展奉献爱心、支持绿化深圳义捐活动，发动社会团体、企业、市民参与义捐活动，有263家企业和1.05万人捐款、捐物，收到捐献资金7493万元，其中捐赠现金2133万元，捐建项目5360万元。

绿道建设　深圳市将绿道建设纳入2012年深圳市人民政府民生实事工作，全力推进绿道网建设，市政府印发《2012年深圳市绿道网建设实施方案》，批准实施《深圳市首批绿道“兴奋点”建设实施计划》《深圳市绿道网制度化主题活动实施方案》。全市绿道总长度2210千米，实现每1平方千米面积有1千米绿道的目标，全面形成绿道网络体系。其中，省立绿道347千米，包括：2号线、5号线和大运支线，配置40个驿站。城市绿道和社区绿道呈网络状贯穿十区，全长1863千米，联通山海，串联各大公园、景区及人文历史遗迹，成为沟通城市与海、自然与人的绿色纽带。发挥绿道网的综合功能和效益，制订绿道功能开发策划方案，精心设计14条绿道品牌旅游线路，打造20个绿道“兴奋点”，为市民休闲游憩、运动健身提供新的绿色空间。大力宣传推广绿道，组织开展“凤凰山山地自行车（全国）挑战赛”“深圳（盐田）马拉松赛”“深圳湾绿道健美跑”“自行车嘉年华”等系列活动，绿道活动逐步大型化、规模化、制度化，为将绿道旅游打造成深圳旅游的新业态提供了新的平台。

城市环境卫生　垃圾分类与餐厨垃圾管理。2012年，深圳市组织召开全市垃圾减量分类动员大会，制定并组织实施《深圳市“十二五”城市生活垃圾减量分类工作实施方案》，有效启动全市500个含居民小区、机关、学校、餐馆等单位的示范创建工作。2012年8月1日，颁布实施《深圳市餐厨垃圾管理办法》，恢复餐厨垃圾收运和处理行政许可，规范餐厨垃圾收运处理工作。

环卫基础设施建设。老虎坑垃圾焚烧厂二期顺利投产，一期和二期工程总处理规模4200吨/日，居全国第一；下坪填埋场二期续建I库区获“深圳市优质工程奖”；坪山鸭湖填埋场完成无害化改造。部九窝受纳场一期完成主体工程91%，二期工程（3000万立方米）完成立项申请。

垃圾无害化处理和资源化利用。2012年，深圳市处理生活垃圾490万吨，无害化处理率95.1%；征收垃圾处理费5.3亿元，7座垃圾焚烧发电厂全年上网发电量4.5亿千瓦时。下坪填埋场“生活垃圾卫生填埋场安全运营与节能减排技术集成及工程示范”项目获“华夏科学技术三等奖”，填埋气体收集利用和CDM项目生产指标再创新高，减排二氧化碳45.5万吨。

环卫管理一体化。2012年，深圳市市政道路机械化清扫面积8503万平方米，机扫率83.9%；1875万平方米公路的清扫保洁任务交由各区城管局接管。推行余泥渣土、生活垃圾密闭化运输管理，严格按规定办理城市垃圾运输车辆准运证，全年办理垃圾准运证6906张（其中泥头车6380台、垃圾车526台）。

（程晓宇）

城市生态环境保护和建设　污染减排。2012年，深圳市出台《深圳市“十二五”主要污染物总量减排实施方案》和《深圳市“十二五”减排考核试行办法》。编制《深圳市“十二五”主要污染物总量减排规划》和《深圳市2012年污染减排计划》，印发《深圳市2012年污染减排任务》，明确减排任务和责任。全市建成污水处理设施29座，日处理能力超过400万吨；燃煤火电机组取消烟气脱硫旁路90万千瓦，在全省率先推行黄标车“尾气限行”新举措，机动车环保检验合格标志发放率超过90%，环保定期检验率超过80%，污染减排工作取得阶段性进展。在广东省2012年度主要污染物总量减排考核中得分89.5分。　*（彭胜巍）*

饮用水源保护。2012年，深圳市开展以面源污染整治为重点的“雨季行动”专项执法和全市重点饮用水源区的水源保护稽查专项行动，清除水源保护区的暴露垃圾和违章种养，减少汛期水库水质污染；完成石岩水库环库截污工程，推进铁岗水库入库小流域河口治理工程等水源地污染防治工程建设；加快推进全市主要水库一级水源保护区隔离围网管理和水源涵养林建设，完成铁岗、石岩、西丽水库等饮用水水源一级保护区隔离围网工程，西丽、铁岗、赤坳等水库生态修复工程顺利推进。　*（文琛）*

河流环境污染治理。2012年，深圳市完成观澜二期、龙华二期等污水处理厂建设，新增污水处理能力79.5万吨/日，全面推进沙井、燕川、固戍、横岭等污水处理厂配套管网建设，新增管网323千米。以跨市河流为重点，开展河流综合整治。龙岗河、坪山河、观澜河流域内新增污水处理能力50.5万吨/日，新增管网185千米，关停重污染企业93家。历时5年的跨市河流治理初见成效，是年，龙岗河西湖村断面、坪山河上洋断面、观澜河企坪断面综合污染指数分别较2008年下降55.2%、62.4%和25.8%，顺利通过广东省人大跨市河流交接断面达标考核。（杨凌云）

大气污染防治。2012年，深圳市制定出台大气污染治理方案及政策，限制家具制造、装修工程中VOC（挥发性有机化合物）的排放。完成妈湾电厂3号、4号燃煤机组的烟气脱硝改造。市区环境监察部门进行全市港口码头废气治理工作，蛇口港作为交通运输部示范项目，在全国率先完成码头岸电改造。深圳市2012年环境空气质量有所提升，二氧化硫年均浓度0.009毫克/立方米，比上年下降18%，氮氧化物年均浓度0.041毫克/立方米，下降15%，可吸入颗粒物年均浓度0.052毫克/立方米，下降9%；细粒子（PM2.5）年均浓度0.036毫克/立方米；灰霾天数77天，减少35天，下降幅度高达31%，为近10年最低。

固体废弃物处置。2012年1~3月，深圳市开展固体废物检查工作，对12家危险废物经营单位逐个进行检查，对生活垃圾焚烧厂和填埋场、城市废水处理污泥填埋场、危险废物产生企业进行抽查。是年3月，通过华南督查中心、广东省环保厅对全市危险废物规范化管理的抽查，全年完成700家危险废物产生量在10至100吨的企业的危险废物规范化管理工作。

城市噪声治理。深圳市加强建筑施工噪声的管理，推动建筑施工噪声防治技术应用。依法严格核发建筑施工噪声排放许可证，督促中午和夜间持证施工单位提前公示施工信息并落实防降噪措施，2012年共发放建筑施工噪声排放许可证966份。建立定期排查和约谈制度，解决一批群众反映强烈的建筑施工噪声扰民问题。（徐驰）

城市水环境建设　2012年，深圳市完成市本级水务工程政府投资26.5亿元，比上年增长38%；市水务发展专项资金10.88亿元，比上年增长两倍。新增污水处理能力79.5万吨/日，全市集中式污水处理厂处理能力469.5万吨/日，污水再生利用量136万吨/日，比上年增长13.3%；年污水处理量13.1亿吨，增长35.7%，COD（化学需氧量）消减量29.9万吨，增长16.1%。新建污水管网323千米，超额完成年度计划73千米；综合治理河流41.7千米，主要饮用水源地水质连续四年100%达标。

水环境综合治理。2012年，深圳市水务局开展观澜河、龙岗河、坪山河“三河”水质达标工程，如期完成观澜、龙华二期两座污水处理厂的通水调试和配套干管建设；建成横岗再生水厂二期工程；实施白花河、君子布河临时截污工程。开展观澜河干流截污箱涵应急清淤，强化截污箱涵与污水处理厂的进水衔接，“三河”流域污水处理厂进水条件不断改善。按期完成10座污水、污泥设施的合同价格核定和调整；加强污水处理厂运营质量巡查，抽检进、出水水质800厂次，确保现有28座污水处理厂高效运行；落实污泥全过程处置责任，加强排水管网运营质量评估，有效发挥污水处理设施效益，削减入河污染负荷；开展干流截污箱涵清淤及调蓄池运行模式研究，强化河道、排水设施的清淤、管养，对9条主要河流的重要河段实施水质提升应急工程，对11条主要河流进行生态补水，对43条河流的重点河段实施强化保洁；协助推动“河长制”，宝安区66条河流条条有“河长”，进一步巩固了河道综合整治及水质改善成效。

水务工程建设。2012年，深圳市水务局以水环境“双考核”、水资源“双验收”为契机，全面提速水务重点工程建设。建成龙华二期、观澜二期、平湖二期等8座污水处理厂，上洋、燕川污泥深度脱水处理工程全面动工，福永二期污泥固化填埋工程完成过半以上工程量。布吉污水处理厂相继获得“广东省市政优良样板工程”和“中国建设工程鲁班奖”；龙岗河干流二期主箱涵提前贯通，宝安沙井河片区排涝工程枢纽部分基本完成；布吉河二期、茅洲河中上游段干流综合整治、葵涌河小流域综合治理等工程相继开工，福田河综合整治工程全面完工，获“中国水利工程大禹奖”；编制完成管网建设指引及三年建设计划。分解落实年度污水管网建设任务，统筹实施管网零星接驳工程50多处，提高污水处理厂进水10~20万吨/日，污水处理效益不断提高；分两期实施第二批98座小型水库除险加固工程，落实投资计划，明确实施主体，加强专项检查，确保在2014年全面完成小型水库除险加固任务；完成深圳河湾污水截排一期（前海地区）工程，为前海“水城”建设打牢基础。

城市排水。编制完成《2012~2014原特区内污水管网建设接驳和排水管网改造实施方案》，大力整治经营性排水户违章排水行为，推进小区排水管网改造工程，创建排水达标小区253个，申请国家财政补贴资金改造小区排水管网，基本落实404个小区管网改造资金。为促进排水行政许可的制度化、规范化，深圳市水务局修订《市政排水设施改造工程方案审批办理指南》《城市排水许可办理指南》《建筑工程排水设施验收办理指南》《市政工程排水设施验收办理指南》《拆迁或移动排水设施施工方案审批办理指南》并更新排水行政许可办事指南，优化审批流程，缩短办文时限。

防洪减灾。2012年，深圳市城市防汛防风减灾形势安全平稳。突出强化以汛前检查督导、汛期应急处置、汛后分类治理为核心的工作机制，全年启动防汛防风应急响应9次，开放避险中心400多个，组织出动抢险队伍5000多人次、转移危险地带的群众6.8万人次、组织回港船只5200艘次，将“4·19”等暴雨和“韦森特”等台风的影响和损失降至最低，实现气候偏差年份无大灾。落实防汛抢险责任，市、区、街道层层签订防汛责任书，组织防汛安全检查，开展牛其坑排洪渠、铁岗水库排洪河、根竹园片区等防汛隐患整治，排查处置防汛安全隐患950多宗。规划整治286个城市易涝点，以宝安区福永街道为试点，推动34个易涝点基本整治完成；加强信息预警管理，绘制《深圳市防洪体系分布图》和《深圳市易涝点治理情况分布图》，开展小型泵站、水闸等防洪设施的安全评估，准确掌握全市易涝点分布、防洪设施安全状况等信息，提高防汛指挥决策科学性。在全国率先组建一支约500人的三防信息志愿者服务队，提升灾情信息报送效率。编制《深圳市台风暴雨灾害防御指引》，着力提高市民防灾避险的主动性。出台《深圳市城市排水行业突发事件应急预案》，提升应对城市内涝突发事件处置能力。完善三防物资储备、管理制度，推进三防物资补充常态化、储备标准化、管理规范化。

城市供水　2012年，深圳市全年用水总量19.43亿立方米，比上年下降0.61%，自来水供应量16.04亿立方米，下降0.71%，均为2009年来首次下降，用水管理倒逼产业结构转型升级的效果初步显现，万元GDP用水量降幅11.4%，提前完成深圳“十二五”规划目标。

是年7月，深圳市以高分通过国家水资源综合管理试点评估和节水型社会建设试点验收，成功转入国家最严格水资源管理制度试点城市创建新阶段，最严格水资源“三条红线”管理迈出新步伐。

加强最严格水资源管理制度顶层设计。深圳水资源管理部门紧扣创建工作新要求，制订完成最严格水资源管理的实施方案和用水总量分配方案，对创建工作的目标、原则、任务、考核和组织保障等方面进行规定，相关方案已报市政府审定。

加强水资源论证和取水许可管理。对光明水厂、坂雪岗支线等新原水工程取水大户以及石岩新兴产业园区等建设项目开展水资源论证，启动区域规划和重点领域专项规划的水资源论证；完善原水计量设施，加强地下水监测，开展全市高尔夫球场用水专项检查。

加强供水水质管理。以实施生活饮用水“新国标”为契机，规范自来水水质检测项目和检测频率，加大供水企业定期公布水质检测结果的力度，对45家主要自来水厂开展达标考核，出厂水水质合格率99.5%，全市供水水质不断提升。

（邱德鑫）

城市供气　2012年，深圳市完成西气东输二线深圳段及其配套输配设施建设，顺利接收西气东输二线天然气，形成天然气“双气源”供气格局。是年加强天然气管道设施监管，推行燃气钢瓶信息化管理和信息标识制度，未发生燃气生产安全事故。大力推进燃气特区一体化，新建市政中压燃气管道140千米，完成计划的140%。其中，原特区外管网覆盖率预定目标30%，实际完成43%，全市新增管道天然气用户10万户。（贺波）

城市综合管理　市容环境整治。2012年，深圳市各级城管执法部门以“三打两建”为中心，在全市范围内持续组织开展清理整治行动。查处及拆除非法养殖、私宰点883个，没收非法屠宰猪3492头，清出生猪120.3万头、清理拆除非法搭建窝棚511.2万平方米。清理乱摆卖91.83万宗，其中查处夜间烧烤档7422宗、广告牌4.87万宗、清理乱张贴178.63万张；处理“三打两建”转办案件70宗、处理信访及舆情监测577宗。

城市管理法制工作。2012年，深圳市推进城市管理立法工作。《综合执法管理条例》已通过市人大常委经济工作委员会两次审议；《绿道管理办法》已经市政府审议通过实施；《公共厕所管理办法》完成草案草拟，进入提请市政府常务会议审议阶段；《城市照明管理条例》《除虫灭鼠管理条例》《城市生活垃圾减量和分类管理办法》和《户外广告管理规定》，按立法程序均已完成调研论证，纳入市人民政府立法工作计划。

创新执法模式。2012年，深圳市各级执法部门探索新路子，优化执法方式，推行“警示告知”“微笑执法”等人性化执法模式。福田区莲花街道还率先开展城管公安证据联用、信息联通、执法联动“三联”机制试点工作，解决暴力抗法问题，提高城管执法执行力和执法效率，保障城管行政执法工作高效运作。

户外广告管理。2012年，根据“广告规范年”的要求，深圳市修订编制《深圳市户外广告管理办法》《深圳市户外广告设置指引》《深圳市城市户外立柱广告规划方案》《深圳市南山区、福田区、罗湖区、盐田区及北站地区户外LED显示屏设置专项规划》，起草《深圳市报刊亭管理办法》和《户外广告占用公共用地使用权拍卖工作指引》，初步建成户外广告信息管理系统。

（程晓宇）

【房地产业与住房保障】　2012年，深圳市多措并举、注重成效，加强和改善房地产市场监测和调控。从全年市场情况来看，房价有所回落，居民住房需求有效满足，有效抑制投资投机需求，调控成效得到巩固。

房地产开发　2012年，深圳市房地产开发投资规模增速较上年小幅放缓，但仍保持较快增长。是年，全市房地产开发投资仍以住宅为主，住宅所占份额略低于上年水平。90平方米/单元以下住宅投资额所占比较2010年微幅增加；办公楼占比小幅回落；商业用房占比小幅增加；其他类商品房份额有所攀升。2012年，全市共完成房地产开发投资736.84亿元，比上年增长24.8%。从施工情况来看，2012年，全市商品房施工面积3216.69万平方米，比上年增长4.4%。按用途分，住宅2107.59万平方米，增长0.9%；其中90平方米/单元以下的住宅1223.29万平方米，增长3.4%；办公楼156.93万平方米，下降19.3%；商业用房339.25万平方米，增长4.3%；其他用房612.92万平方米，增长29.6%。从竣工情况来看，2012年，全市商品房竣工面积425.75万平方米，比上年增长24.0%。按用途分，住宅289.40万平方米，比上年增长17.0%，其中90平方米/单元以下的200.40万平方米，增长36.6%；办公楼12.30万平方米，下降41.4%；商业用房39.75万平方米，增长9.3%；其他用房84.31万平方米，增长117.8%。

房地产土地市场管理 2012年，深圳市土地招拍挂出让总面积255.80公顷，比上年增长34.66%，占土地供应总量的33.30%；协议出让总面积为512.29公顷，增长45.16%，占供应总量的66.70%。2012年，全市房地产开发用地供应总量为353.87公顷，比上年增长26.29%，占全市建设用地供应总量的46.07%；全市2012年房地产开发用地重点为住宅用地，供应用地为221.94公顷，占房地产开发用地的62.72%，比上年下降14.12%；商业用地面积为131.93公顷，增长505.75%。这一年，全市保障性住房用地供应量为14.84公顷，占住宅用地供应总量的6.69%，已完成该市全年保障性住房供应计划。

房地产二级市场管理 2012年，深圳市开展房地产市场“三打两建”工作，共检查经纪机构及其分支机构320间，检查在售、在建项目及开发企业63个（次），对存在违法违规行为的房地产开发企业、经纪机构、估价机构发放责令整改通知49份，针对在售项目赠送面积等问题，约谈7家开发企业，调查处理群众信访案件3宗。2012年，全市商品房批准预售面积648.79万平方米，比上年大幅增长47.4%。其中，住宅批准预售502.81万平方米，比上年增长32.2%；办公楼批准预售21.64万平方米，增长49.4%；商业用房批准预售94.34万平方米，增长108.1%；其他用房批准预售29.94万平方米。2012年，全市商品房成交525.83万平方米，比上年增长43.0%。其中，期房成交410.41万平方米，比上年增长34.2%，其中住宅成交389.48万平方米，增长43.8%；办公楼成交5.02万平方米，下降23.5%；商业用房成交8.63万平方米，下降58.1%；其他用房成交7.28万平方米，下降6.4%。2012年，全市现房商品房成交115.42万平方米，比上年增长12.8%，其中住宅成交98.96万平方米，增长60.1%；办公楼成交0.96万平方米，下降76.2%；商业用房成交12.37万平方米，下降49.6%；其他用房成交3.13万平方米，下降73.8%。

房地产三级市场管理 2012年，深圳市房地产三级市场交易6.44万宗，比上年下降11.9%；面积592.20万平方米，下降13.1%。其中，住宅成交468.40万平方米，比上年下降8.4%；办公楼成交19.34万平方米，下降39.7%；商业用房成交49.71万平方米，下降24.7%；其他用房成交54.75万平方米，下降24.3%。

市场调控 2012年，深圳市加强房地产市场调控政策的执行力度，提高房地产市场监测的频率和密度，加强市场调控和管理的有关工作。年内，严密监控限购政策中虚假材料骗取购房资格的漏洞，加强社保、房产登记、民政、税务等多个部门间的合作，有效堵塞骗取购房资格的漏洞。建立“深圳市房地产宏观调控信息共享平台”，加快“深圳市个人住房信息系统建设工程”开发工作。2012年全市新建商品住宅平均价格为1.8524万元/平方米，比上年的1.8533万元/平方米下跌0.1%，在上海、广州及多个一二线城市房价上涨的背景下，实现新建商品住房价格回落。年内，全市新建商品住房累计成交面积大幅增长，尤其是新建商品住宅达到2010年调控以来最高点，有效支持居民住房需求和扩大内需。2012年，全市首套住房占比达到85%，是2010年调控以来最高水平，以首套购房为主的自住需求成为市场需求的主力，投资投机需求基本被挤出市场。2012年，深圳市房地产市场调控的主要做法和成绩得到国务院房地产市场调控督查组和住建部的肯定和赞扬。

住房建设计划 2012年，深圳市发布实施的《深圳市住房建设规划2012年度实施计划》，提出“理顺和完善多层次梯度住房供应体系、完善住房全过程监管体系、构建住房价值评估体系”的年度发展目标。强调坚持落实房地产调控政策不动摇，促进房价合理回归，支持居民合理住房需求，促进房地产市场健康发展。同时，稳步推进全市保障性安居工程建设，加大力度、规范创新保障性住房的建设、分配与管理。 （贺波）

住宅产业化 2012年，深圳市编制《深圳市住房建设规划2012年度实施计划》，明确引导住房工业化预制装配，提升居民居住质量。开展《保障性住房标准化系列化设计研究》课题研究，发布《深圳市保障性住房建设标准（试行）》，要求在保障性住房应推行建筑工业化的建造方式，选择使用工业化住宅部品。建成深圳市万科股份有限公司和深圳市嘉达高科产业发展有限公司2个国家级住宅产业化示范基地以及25个市级示范基地和项目。推进国家康居示范工程建设，坪山新区聚龙山保障性住房项目和龙华龙悦居保障性住房项目已成功列入国家康居示范工程计划。与住房和城乡建设部合作举办了首次全国住宅产业化高层培训班。协助住房和

城乡建设部在深圳市召开首次国家住宅产业化基地工作座谈会暨国家住宅产业化基地技术创新联盟联席会。9月30日至10月4日，在深圳会展中心举办了“2011中国（深圳）第九届住宅产业国际博览会”，共66家企业参展。11月21至23日，深圳市有关企业、单位组团参加“第十一届中国国际（北京）住宅产业博览会”。 *（邓文敏）*

保障性住房建设　2012年，深圳市保障房建设提速增效，开工3.8万套，竣工1.8万套，分别为计划数的109%和180%，在全省提前超额完成开工任务，年供应量创历史最高纪录。是年，对所有符合廉租房条件家庭，继续实现“应保尽保”。深圳市户籍的低收入住房困难家庭问题已基本解决。实物配置不足的，已由各区全面启动货币补贴方案予以解决。针对户籍夹心层推出中海“阅景花园”等多个安居型商品房以及公共租赁住房。全年共供应2.39万套保障性住房。年内，深圳市全面完成人才安居试点。截至2012年底，累计发放货币补贴资金总额2.14亿元。在全面完成试点基础上，启动实施扩大试点，安排资金10亿元为20万名人才提供租房补贴，配租公共租赁住房。

物业管理　2012年，全市新建住宅物业100%实现物业管理，获国家（省）物业管理优秀示范项目15个。全面推广运用物业管理电子投票系统，构建社区公共事务表决平台。有效使用和管理“物业养老金”，加快推进房屋公用设施专用基金和房屋本体维修基金“两金合一”。2012年归集专项维修资金8.3亿元，完成计划的103.75%。 *（贺波）*

公积金管理　2012年9月28日，深圳市住房公积金贷款业务对外试运行。截至2012年12月31日，全市住房公积金累计归集资金465.35亿元，累计单位开户8.7万家，累计个人开户555万人。全年住房公积金提取资金累计98.58亿元。全年住房公积金贷款资金发放7.95亿元，贷款家庭1851户。 *（李莉）*

【“三旧”改造】　2012年，深圳市大力推动城市更新实施。一是加强调研。开展旧工业区升级改造系列调研活动，组织各区开展以旧住宅区为主的城市更新项目公开选择市场主体试点工作，罗湖、福田等区已经形成初步试点方案。二是创新政策。市政府相继发布《深圳市城市更新办法实施细则》《关于加强和改进城市更新实施工作的暂行措施》，有效推动全市城市更新项目实施。2012年深圳市的城市更新规划工作取得显著成效，形成5批城市更新计划，包含63个更新单元，涉及拆除用地面积4.7平方千米；审批通过38项城市更新单元规划（含产业升级类项目7个），涉及用地面积4.3平方千米，规划批准总建筑面积1530万平方米（其中产业用房279万平方米）；新增签订用地出让合同并开工60个，供应用地面积2.07平方千米，完成市政府布置的工作任务。《深圳市城市更新专项规划（2010~2015）》、深圳市旧城改造与更新决策支持系统工程分别获中国城市规划协会2011年度“全国优秀城乡规划设计一、二等奖”。 *（王芳）*

【建筑业】　建筑市场管理　2012年，深圳市实现建筑业总产值1988.47亿元，比上年增长2.4%。房屋建筑施工面积9596.64万平方米，增长15.2%。是年，加大对全市固定资产投资项目建设的统筹协调力度，完成南科大校园一期工程建设，轨道交通三期七、九、十一号线BT项目全面实施，新疆塔县人民医院落成，完成援疆三个试点项目建设。

是年，深圳市严格管理市场准入退出，加强企业资质动态核查，清理不合格资质企业135家。深入开展建设领域突出问题专项治理和“三打两建”活动，全力实施“靓建行动”“安全生产百日行动”以及建材打假、打击围标串标等专项行动。共查处不合格建材63批次，串通投标、弄虚作假或者违法分包工程10个，发出行政处罚决定23宗。

质量安全管理　是年，深圳市对826个市管项目及全市其他项目实施质量安全监管，未发生较大及以上建设工程质量安全事故。共获得11个国家级质量奖项，其中“中国建设工程鲁班奖”6个，占全省总数的3/4，“国家优质工程奖”5个，另有21个项目被评为“广东省双优工地”，19个项目获“广东省优良样板工地”，48家建筑装饰企业入选全国百强，是深圳市建市以来获得国家级工程奖项最多的一年。 *（贺波）*

【建设科技】　2012年，深圳市建筑业新增获得绿色评价标识的项目38个、总面积491万平方米，分别完成计划的190%和164%，居全省第一。至2012年底，全市共有12个项目达到国家绿色建筑最高等级三星级，绿色建筑规模居全国前列。率先全国推行绿色物业试点，出台居民小区生活垃圾减量分类《指导意见》，倡导绿色生活。推进智慧社区试点，为业主提供智能化、信息化的物业服务。

建筑节能　2012年，深圳市被国家授予公共建筑节能改造重点城市、建筑废弃物减排与综合利用试点城市。建立大型公建能耗监测平台和建筑能耗数据中心，完成对500幢大型公建实时在线能耗监测、750幢能源审计、80幢能效公示，基本完成国家大型公建节能监管示范市建设各项任务。完成建筑节能改造项目197个，建筑面积707万平方米。新建节能建筑面积921万平方米，完成计划的102.33%，建筑节能量48万吨标准煤，占深圳市节能目标的1/3。

建筑减排　2012年，全市建成4个建筑废弃物综合利用项目，建筑废弃物资源化率35%，超过计划5个百分点。建筑废弃物减排与利用总量350万吨，完成计划的116.67%。其中，南科大项目100万吨建筑废弃物，通过就地处理利用，实现建筑废弃物"零排放"。实施太阳能屋顶计划，推进20个国家级太阳能建筑应用示范项目建设，全市太阳能热水建筑应用面积新增278万平方米，完成计划的173.75%。光电建筑应用系统总装机容量约46兆瓦。推广天然气在各领域的应用，建成10座天然气加气站。（贺波）

【建设事业信息化】 2012年，深圳市继续推进建设领域的信息化建设。一是开发"深圳市建设工程计算机自动评标系统"，建成以计算机自动评标系统为核心、以交易网站为依托、以CA认证为安全保障的综合型电子交易服务平台。包括工程交易管理系统、计算机自动评标系统、异地远程评标系统、电子招投标档案管理系统、数据交换系统、工程交易服务网六大部分，覆盖各类工程招标投标全过程，实现建设工程交易全过程电子化和网络化管理。二是开发"票决自动计算机系统""电子保函管理系统"等，深度推进评定分离试点改革。与全国20多个城市达成远程评标框架协议，先后与广州、厦门、长沙、重庆、成都、绵阳等地建设工程交易中心开通远程评标。三是建立"建筑市场主体及从业人员不良行为记录与公示信息系统"。开发"深圳市施工企业诚信评价系统"，规范和推动建筑市场信用体系维护与监管，于2012年9月正式上线运行。该系统对在深圳市从事建筑活动的建筑市场主体进行诚信信息采集、记录、评价、公示、处理。四是实现和促进建筑市场与施工现场联动管理。建立施工现场视频监控系统，通过远程集中监控，实时掌握现场状况，督促现场各单位规范行为，提高管理水平。五是实施施工现场移动执法。执法文书全部能通过移动执法系统现场导出、现场打印、自动上传信息，实现执法信息处理全过程的标准化、实时化。（贺波）

【国际创新城市大会在深圳举行】 2月23日至24日，由住房和城乡建设部、国家开发银行、深圳市政府和凤凰卫视共同主办的国际城市创新发展大会于深圳召开。大会聚集国内外政学商各界力量共同研究和探讨城市发展模式和未来方向，从更高层面和更广的领域研究探索城市发展的一系列重大问题，为中国和世界城市发展提供智力支持和交流合作平台，通过经验的分享，为城市运营管理者提供城市发展思路和可借鉴的解决方案，推动城市科学发展，提升城市人居水平。（王芳）

【深圳市召开城市绿化工作会议】 2012年7月4日，中共深圳市委、市政府召开城市绿化工作会议，出台《关于进一步加强城市绿化工作的意见》《深圳市城市绿化发展规划纲要（2012~2020）》《深圳城市绿化提升行动工作方案（2012~2020）》和《美丽深圳绿化提升工作方案》等文件，为深圳市立体绿化工作确定发展方向，并打下坚实的基础。（程晓宇）

【盐田公共自行车交通系统成为绿色出行新模式】 截至2012年底，深圳市盐田公共自行车短距离交通服务系统发放骑行卡4.6万余张，公共自行车租借1305万余车次，每天每辆自行车的平均使用频率10~13次，远远超过国内其他城市3~5次的使用效率，调查显示：65%的居民出行首选公共自行车。盐田区公共自行车系统项目总投资5254万元，规划建设5000辆公共自行车，6500个锁柱，160个服务站点。在适合骑行的建成区内，以任一点为圆心，在300米~500米为半径范围内，设有公共自行车租车还车驿站，实现建城区内服务全覆盖。公共自行车慢行交通系统坚持"公益优先、一小时内免费骑行、计时不累计"的原则；区域内公共自行车通租通还、网络智能化管理。是年，在盐田区建成8个游客服务网点，拥有80人的专职管理调度，10辆巡检、维修、调度工程车辆。盐田公共自行车系统日常运营管理实行服务外包的市场化运作模式，委托专业运营单位负责，为广大市民提供办卡、换卡、退卡、充值、咨询等各项服务。

【紫薇社区"双工一社"建成社区服务新模式】 2012年，深圳市龙岗区紫薇社区加强社区建设，整合社区管理服务资源，组织社工、义工、社会开展社区服务中心项目。该社区服务中心由紫薇社区工作站负责监管，深圳市龙岗区彩虹社会工作服务中心负责运营。自10月22日启动运营以来，紫薇社区服务中心通过"社工+义工+社区社会组织"(以下简称"双工一社")联动，创新社区服务模式，为社区居民提供在家门口的专业服务。社区服务中心有近1000平方米的服务基地，设有"心灵对话"屋、"四点半"课堂、舞蹈合唱室、棋牌室、图书阅览室、健身康复室等8个功能室，配备7名工作人员。社区服务中心以"居民有需求，社区有服务"为宗旨，针对社区老年人、残疾人、妇女儿童、低保对象等特殊群体，采取个案、小组和社区活动的工作方法，提供日间照料、居家养老、康复训练、心理辅导、情绪疏导等专业服务。（杨虹）

附录：深圳市住房和城乡建设管理部门主要领导

深圳市住房和建设局

党组书记、局长：李廷忠

深圳市规划和国土资源委员会

党组书记、主任：王 芃（任至2012年4月）

党组书记、主任：王幼鹏（2012年4月任职）

深圳市人居环境委员会

党组书记、主任：刘忠朴

深圳市城市管理局（深圳市城市管理行政执法局）

党委书记、局长：蒙敬杭

深圳市建筑工务署

党组书记、署长：杨胜军

深圳市轨道交通建设办公室

主任：赵鹏林（兼任）

深圳市水务局

党组书记、局长：张绮文

深圳市住房公积金管理中心

党支部书记、主任：袁以立

珠海建设

【概况】 2012年，珠海市新开工房屋和市政工程497项，建筑面积664万平方米，合同造价170亿元，建设工程招标641项，招标金额263亿元，成交金额248亿元；房地产开发投资242.08亿元，项目报建363.07万平方米，施工报建242.68万平方米，预售面积207.86万平方米，竣工面积508.14万平方米，新建商品房屋销售面积251万平方米，金额268亿元，新建商品房屋均价10688元/平方米。全市共有14项房建工程被评为市优样板工程，13项房建工程被评定为“广东省优样板工程”。在保障房建设中，超额完成广东省下达的目标任务，全市1649户廉租住房保障户实现应保尽保；新开工建设保障性住房2994套，完成率103.24%，竣工3349套，竣工率100%。（王海忠）

【城乡规划】 2012年6月，中共珠海市委、市政府邀请国内外专家，召开高端专家论证会，共同规划珠海市环境宜居建设。聘请刘太格、何镜堂、彼得·卡尔索普等7位城市规划战略顾问，并与对应的高端规划设计机构签订战略合作协议，建立长效战略合作机制，提升珠海市城乡规划水平。

规划编制 2012年4月，珠海市城市总体规划修改工作申请获国务院批复同意，并根据珠海市委、市政府组织召开“珠海环境宜居建设高端专家论证会”相关意见及《珠海城市概念性空间发展规划》完善珠海市城市总体规划修改方案。

结合环境宜居重点项目规划设计要求，完成《2012年珠海市城乡规划编制计划》制定工作，保障环境宜居重点项目规划设计顺利推进。为加强区域规划合作，珠海市住房和城乡规划建设局加快推进《珠澳协同发展空间规划》《珠中江城市空间协调发展规划（2009~2020）》等的编制工作，实现区域规划无缝对接，促进区域合作发展。

规划管理 珠海市住房和城乡规划建设局完善《珠海经济特区城乡规划条例（修订）》，对城市风貌特色、艺术空间、建筑外立面等方面的规划控制和要求开展研究、梳理，并纳入相关条例和技术规范中。此外，完成《珠海市住房和城乡规划建设局行政许可听证程序规定》《珠海市城乡规划实施过程批前公示程序规定》《珠海市建设项目规划执法监督管理办法》等政策法规的起草工作，强化建设项目的批前、批后公示工作和宣传工作。

广东省第一支规划专业执法监察队伍——珠海市住房和城乡规划建设局执法监察支队于2012年12月3日在珠海市挂牌成立。该支队属于珠海市住房和城乡规划建设局内设机构，副处级建制，核定行政执法编制8名，负责珠海市从规划许可至规划核实阶段的规划执法监察工作。

【宜居城乡建设】 2012年，珠海市集中开展一批（38个）环境宜居建设重点项目建设，其中现代有轨电车一号线项目建设、拱北口岸地区综合开发建设、圆明新园文化艺术中心建设、海滨泳场改造提升、凤凰山公园建设等环境宜居建设首批重点项目加快推进。

是年，珠海市引进国内外规划设计团队，吸收符合珠海实际的先进规划理念，加强跟城乡规划战略顾问以及国际高端专家团队的战略合作，编制《珠海城市概念性空间发展规划》《拱北口岸地区整体改造城市设计》《圆明新园文化艺术中心规划设计》《唐家湾历史文化名镇保护规划》《珠海北站（基于TOD）总体设计》《凤凰山公园规划设计》《珠海九州城城市之心城市设计》《珠海唐家湾大学小镇规划》《香洲渔港规划》《度假村—九洲港地区改造提升规划》和其他重要的城市更新规划项目，形成的规划成果在多次专家论证会上获国内外专家好评。（王海忠）

【城市建设与管理】 市政设施建设 2012年，珠海市市政工程项目121项，总投资89.26亿元，其中开展前期工作项目46项，总投资41.05亿元；竣工结算项目58项，总投资29.16亿元；在建项目17项，总投资19.06亿元；前期工作项目中含民生实事项目、前山河综合整治项目、人大议案项目、长隆配套项目、市政府重点工程项目、重大基础设施项目等各类。2012年度有21项市政工程列入年度投资计划，其中人大议案项目1项，续建项目14项，新建项目6项，总投资21.6亿元，年度计划总投资10.4亿元。至2012年底完成年度投资计划915亿元，完成比例为89%。

是年，珠海市推进明珠路港昌路改造、城轨周边及重要交通设施配套道路建设，格力、华发等企业重大建设项目配套道路建设，人行过街设施、公共自行车、西部公交候车亭、道路名牌等重要民生项目建设。截至2012年底，完成金唐D路、唐家站、前山河景观工程、前山大桥、中海环宇工程和南屏科技工业园、晨晖路和唐中路的验收工作；完成前山河西岸景观工程、华发世纪城工程、文园路、柠溪路紫荆路、晨晖路和唐中改造工程。

桥梁病害治理。针对主城区重要病害桥梁进行治理，提前15天完成前山大桥、前山立交改造维修，启动实施凤凰桥维修。全市各区管养单位完成桥梁年度普测工作。

城市照明。珠海市在2012年投入资金1.8亿元，新建、改造LED路灯3.35万盏，在“广东省绿色照明示范城市”专项行动的落实进度居全省前列。

园林绿化　全民义务植树活动。2012年，珠海市各区各单位开展形式多样的义务植树活动，全年共种植苗木百万余株，征收义务植树绿化费10万余元。

园林绿化档次提升工程。2012年，珠海市人民政府常务会议研究并通过《珠海市园林绿化工作方案(2012~2014年)》及《2012年提升城市绿化档次项目实施方案》。计划重点提升8条城市主要道路和2个重要节点的绿化景观档次，绿化美化4个城市出入口和建设4个特色大花园。至2012年底，金鼎“森林之门”、九洲花园簕杜鹃园及迎宾路绿化档次提升项目等3个示范段(点)项目已全部完成。年内，各区(功能区)也有条不紊地推进“绿化美化一条路和一段路”的工作，已完成绿化档次提升的道路长30千米，改造面积40万平方米。

(彭雅松)

汶川纪念园建设。为铭记援建历史，纪念珠海汶川两地情谊，珠海市委、市政府决定在市图书馆前设立珠海援建汶川纪念园。纪念园占地1700平方米，投资50万元。

节日摆花工作。为烘托节日气氛，营造喜庆、欢乐、祥和的节日环境，全年完成“春节”、“五一”、国庆及航展摆花工作，共投入500万元，摆放鲜花65万余盆。

绿道建设　2012年，珠海市建设城市绿道107千米，建设驿站8个，新建或改造绿道网“兴奋点”共30个；组织开展《广东1号绿道珠海延长段选线规划》及《珠海市绿道网“兴奋点”专项规划》的编制工作。市政府颁发《关于调整珠海市绿道网规划建设工作领导小组成员的通知》，根据政府职能部门换届情况及时完善工作机构。从2012年1月1日起，《珠海市绿道管理办法》正式实施。这一年，全市还制订《珠海市绿道网建设行动方案(2012~2020年)》《珠海市绿道功能开发策划方案》等方案，并探索做好《珠海市鼓励和引导社会资金参与绿道建设管理实施办法》的起草工作。全市开展绿道网主题活动，打造绿道网的“特色旅游”“体育健身”“科普教育”和“文化服务”等四大品牌，2012年11月4日，珠海市委书记李嘉参加全市“喜迎十八大”自行车绿道行活动，将全市开展体验绿道的活动推向新高潮。是年，珠海市绿道网建设项目获得住房和城乡建设部颁发的“中国人居环境范例奖”。

城市环境卫生　2012年，珠海市城市环境卫生管理水平和卫生保洁质量得到全面改善，顺利通过国家环保模范城复查。全年清扫道路面积2831万平方米，清洁海面面积4.6平方千米，加强道路、公共场所、农贸市场、背街小巷等周边日常管养，环境卫生明显改观。全年投入3600万元用于改造更新环卫设施设备，新建和改造垃圾压缩中转站9座、各类垃圾房32座，购置各类垃圾保洁、收集、运输等车辆100辆，新增各类果皮箱5500个。

生活垃圾处理。2012年，珠海市共处理城镇生活垃圾60.5万吨，全市城镇生活垃圾无害化处理率达100%。开展垃圾分类前期准备工作。全年投入4282万元，重点推进东西部垃圾处理设施的建设，提升全市生活垃圾处理水平。西坑尾垃圾填埋场渗滤液处理二期工程开工建设，粪便处理车间竣工，医疗垃圾焚烧厂项目一期工程竣工并投入试运行。西部中信环保产业园和东部华新生活垃圾处理环保工厂项目的前期工作正抓紧推进。(彭雅松)

城市生态环境保护和建设　2012年，珠海市空气环境质量良好，空气污染指数保持优良水平，全年有235天空气质量级别为Ⅰ级(优)，占64.2%；131天空气质量级别为Ⅱ级(良)，占35.8%，空气中首要污染物为可吸入颗粒物。全年水环境质量处于较好水平，饮用水源水质良好，饮用水源地水质达标率为100%，与2011年持平；声环境质量保持稳定，市区区域环境噪声昼间平均等效声级为53.2分贝，符合国家考核标准，与上年比基本保持稳定，城市道路交通噪声等效声级平均值为66.6分贝，符合国家考核标准，1、2、3、4类环境噪声功能区昼、夜平均等效声级保持稳定，声源构成以生活噪声源为主；自然保护区面积624平方千米，建成384千米绿道，在全省率先实现区域绿道全线贯通，全市森林覆盖率29%，人均公共绿地面积13.81平方米，受保护地区占国土面积比例13.01%。城市生活污水处理率87.78%，比上年增长0.94%。工业企业固体废物综合利用处置率和生活垃圾无害化处理率均为100%；市环保部门处理环境污染信访投诉案件4602宗，处理率93%。

城市生态环境整治。珠海市严把项目准入关，实行建设项目行政许可“六公开”(公开审批依据、公开审批内容、公开审批材料、公开审批权限、公开审批程序、公开审批期限)、“三公示”(文件受理公示、审批中公示、审批后公示)，严格污染物排放总量前置审核，深化重污染行业规划统筹，促进企业转型升级。完成“十二五”污染减排计划制定、总量控制目标分解和2012年度目标及措施细化，明确减排责任主体。重点工程建设及结构减排稳步推进，富山、白蕉污水处理厂主体工程已建设完成；珠海电厂1号机组、2号机组脱硝工程已完成土建工程，2013年1季度投入试运行，金湾电厂3号机组脱硝工程已进入运行调试；建成高栏港集中供热系统，关停锅炉17台（套），关停锅炉总蒸吨数112.5吨/小时。农业源和机动车减排工作取得进展，划定畜禽禁养区、限养区，实施“黄标车”限行，完成淘汰1997年以前“黄标车”。推动珠海高新区国家生态工业示范园区创建工作，向省和国家相关部门申报。全面推行清洁生产，完成329家重点企业清洁生产工作，共实施无费及中高费方案9032个，实施清洁生产投入27.96亿元，实施清洁生产方案产生经济效益13.89亿元/年。前山河区域污染治理取得成效，河水一直保持在Ⅳ类水质标准以上。油气回收工作基本完成，危废规范化建设工作全面铺开，率先尝试利用GPS对危废运输实行轨迹管理。

（李光东）

城市水环境建设　污水处理。截至2012年底，珠海市建成污水处理厂11座，总设计规模54.4万吨/日。全市配套建设污水干管总长超过650千米（其中东部城区570千米，西部城区80千米），建成投用北区污泥处置中心一期工程（规模为150吨/日）、沥溪污泥应急处置工程（设计规模120吨/天）。2012年全市已投运污水处理厂平均运行负荷率为98.83%、累计污水处理量1.97亿吨、CODcr消减总量3.62亿吨。2012年城市生活污水处理率87.78%。

污水处理厂建设。2012年6月，白蕉水质净化厂完工，年内，富山水质净化厂进水联动调试并工程竣工验收准备；南区水质净化厂（横琴新区）二期工程于7月动工；桂山污水处理厂于3月通过阶段性环保验收；万山东澳南沙湾污水处理项目基本完工，外伶仃岛污水处理厂网项目动工；启动污水处理厂中水回用工程前期工作。

污水收集管网建设。2012年，珠海市推进污水收集管网建设，其中南水厂配套管网工程第一段已验收，第二段待验收；平沙水质净化厂配套管网工程平沙镇内管网完工；红旗污水收集系统工程进行工程验收；三灶厂配套管网一期工程完工；斗门区新青厂配套管网工程一标段待验收，二标段已验收；横琴新区配套污水管网及泵站工程完成概算审批；白蕉、富山厂配套管网一期工程总体形象进度分别为83%、70%。

城市供水　2012年，珠海市总供水量（含净化水和原水）4.29亿立方米，比上年增长4.65%。其中：净化水3.28亿立方米，增长4.47%；工业用原水1585万立方米，略降7.09%；对澳门供原水8566万立方米，比上年增长7.87%。全市总售水量（含工业原水）2.89亿立方米，比上年增长3.74%。全市产销差率16.8%，比上年略降0.05个百分点。水费回收率99.46%，比上年下降0.09个百分点。全市建卡水表56.39万个，比上年增长6.69%。

水质标准。2012年，按照国家《生活饮用水卫生标准》，主城区出厂水水质合格率99.9%，管网水水质合格率99.7%，饮用水水质综合合格率99.8%；按小型集中式供水标准统计，斗门、金湾、海岛等区镇出厂水水质合格率99.9%，管网水水质合格率99.6%，饮用水水质综合合格率99.7%；二次供水水质综合合格率97.6%。供水水质达到或优于国家标准。

供水工程。2012年，竹银水源工程竣工并投入运行，为保障珠澳供水安全发挥重要作用；3月，南区水厂建成投产。南区水厂投产后，改善珠海市横琴、南湾片区供水压力和水量不足状况，同时还可以向西部城区输送一定水量，舒缓西区水厂供水压力；乾务水厂至高栏港输水干管工程基本建成，预计2013年竣工投入运行；对横琴供水干管开工建设，计划于2013年底建成，为保障横琴新区开发建设提供供水保障。

（吴成元）

城市供气　截至2012年底，珠海市共有瓶装气经营企业8家，管道燃气经营单位1家，燃气气库10座，管道燃气气化站4座，市政中压燃气管线150千米。其中瓶装气用户60万户，全市已开通管道燃气的住宅小区201个，管道燃气用户近12万户。南屏片区已实现天然气置换，用户1.2万户。全市液化石油气年供应量16万吨，天然气供气总量2830万立方米。截至2012年12月，完成新建市政中压燃气管网8.3千米，新建高压燃气管道16.6千米。

燃气安全管理。2012年完成《珠海市瓶装液化石油气供应站规划（2011~2020）》和《珠海市燃气专项规划2010~2020》，均已获市政府批准，并抓紧推进全市瓶装液化石油气集中供应站规划建设。《珠海市燃气管理办法》于2012年9月1日起施行。是年，珠海市开展管道燃气特许经营权的调整工作和城市燃气管道设施建设，推进珠海市天然气置换工作。同时，全力推进“三站一线”（南坪、金鼎天然气接收站，前山天然气储配站，南坪至前山天然气高压管道）工程建设、市政燃气管网建设工程、64千米钢质埋地管道防腐修复工程、24个瓶组站的并网工程、协调各方加快推进横琴新区天然气项目建设及西区规划等。组织完成城市燃气安全事故应急预案的编制工作，并获得专家评审通过。不断完善燃气供应应急保障机制及燃气经营企业诚信档案。

（彭雅松）

城市综合管理　城市违法建筑整治。2012年，珠海市城市监督管理部门把整治违法建筑、违法用地专项工作作为全年工作重点，全市共拆除违法建筑2882宗、26.7万平方米，控制停工违法建筑1111宗、22.38万平方米，有效遏制了多年以来珠海市主要区域的违法建筑的抢建势头。通过层层签订责任书、实施“纵到底、横到边、斜到角”的网格化管理模式，抓重大案件的重点整治，确保各类违法建筑

“零增长”。制定《关于推进我市农民建房规范管理的补充意见》，简化农民报建手续，使农村违建问题有治本之策。

市容市貌整治。2012年，全力开展农贸市场及周边的专项环境整治。按照规范化、精细化管理的原则，建立健全农贸市场管理办法，开展定点、定员、定职责的联合执法行动，对市场管理公司及沿街商铺“门前三包”落实不到位、农贸市场周边乱摆卖、乱搭建等集中进行清理整顿；开展户外广告设施专项整治，全年拆除违法设置户外广告招牌2011宗、3.39万平方米，进一步提升城市整体形象。

“三打两建”工作。2012年珠海市加强与民生有关的燃气、酒类、生猪屠宰等专业执法力度。打击酒类制假售假行为，制订《酒类产品执法工作方案》，全年出动执法人员5284人次，检查有关单位2199家，立案查处酒类产品65宗、处理投诉73宗、处理率100%。打击私屠滥宰行为，重点是查处私宰窝点，从源头上遏制私宰肉品流入市场，确保食品安全。加强“扫黄打非”，全年共查处各类文化案件23宗，查处贩卖盗版光盘的摊档276档，查缴盗版光盘5000余张；查获盗版书籍1427本、境外报纸55份。

“数字化城市管理”。推进城市管理数字化、科学化。2012年，珠海市以呼叫受理、信息采集、信访投诉业务、系统硬件维护为中心的“数字化城管”，达到市区两级平台有效衔接，业务处理不断规范，运行效果逐渐彰显。全年受理各类投诉案件12.64万宗，结案12.12万宗，案件办结率为95.84%。 (曾丹)

【城镇村庄建设】 *幸福村居、名镇名村建设* 2012年8月16~18日，珠海市人民政府组织召开珠海幸福村居建设专家论证会。组织开展《珠海市幸福村居城乡空间统筹发展总体规划》编制工作；拟订《珠海市村居建设规划推进工作方案》；编制完成《幸福村居农民建房标准图集》(方案)，筛选出包含13款方案的标准图集供村民建房参考。公布珠海市第一批宜居示范城镇和宜居示范村庄名单，全面推广宜居示范城镇、宜居示范村庄的工作经验，通过样板示范，带动珠海市农村宜居建设。 (王海忠)

【房地产业与住房保障】 *房地产市场管理* 2012年，珠海市继续抓好《关于深入开展房地产市场调控工作的通知》的实施。各相关部门认真落实珠海市“限购”“限价”等房地产市场调控措施，遏制房价增长过快的势头，取得明显的成效。该市严格商品房预售许可和预售资金管理，及时对商品住房预售项目进行检查，及时发现和纠正违规行为。

2012年，珠海市新开工房屋和市政工程497项，建筑面积664万平方米，合同造价170亿元，建设工程招标641项，招标金额263亿元，成交金额248亿元；房地产开发投资210亿元，项目报建333万平方米，施工报建180万平方米，预售面积186万平方米，竣工面积422万平方米；新建商品房屋登记1.53万宗，面积153万平方米，金额151亿元，住宅1.29万宗，面积139万平方米，新建商品房屋登记均价9894元/平方米，金额134亿元，住宅均价9631元/平方米。是年，全市有14项房建工程被评定为“珠海市优样板工程”，13项房建工程被评定为“广东省优样板工程”。

保障性住房建设 2012年，珠海市设立珠海市住房保障办公室，强化住房保障机构。落实住房保障工作目标责任制，各相关部门对保障性住房项目开通“绿色通道”，缩短审批时限，全力推进保障性住房项目建设。截至2012年底，全年新开工建设保障性住房2994套，完成率103.24%，竣工3349套，竣工率100%。珠海市廉租住房实物配租761户、发放廉租住房货币补贴1018户，全年发放廉租住房货币补贴316.86万元。

是年，珠海市发布实施《珠海市住房保障制度改革创新实施方案》。建立“以需定建、分步实施、分类保障、轮候解决”的建设分配管理机制，创新以国有企业为主体融资建设、运营和管理保障性住房模式，逐步形成以公共租赁住房为主体的保基本、多层次、宽覆盖、能循环、可持续的具有珠海特色的新型住房保障体系。同时，建立统一住房保障信息平台，实现数据动态化管理，基本建成省、市、区三级联动的管理系统，市、区住房保障相关信息在“珠海市住房保障网”上及时公开，做到住房保障工作公开、透明，接受上级部门的检查和社会各界的监督。 (王海忠)

住房公积金管理 截至2012年底，珠海市住房公积金期末累计缴存总额228.93亿元，比上年增长23%；期末累计缴存余额65.36亿元，增长15%；期末累计提取总额163.57亿元，增长26%；期末累计发放个人购房贷款总额67.06亿元，增长10%；期末累计发放个人购房贷款笔数3.78万笔，增长13%。

缴存情况。截至2012年12月底，珠海市缴存住房公积金的人数为44.52万人，比上年增加2.82万人，新增缴存单位380个；2012年1~12月住房公积金缴存额为42.03亿元，比上年增长12%，月均缴存额3.5亿元。

提取情况。2012年1~12月珠海市住房公积金提取额为33.32亿元，比上年增长23%，月均提取额2.78亿元。

贷款情况。2012年1~12月发放住房公积金个人购房贷款额为6.23亿元，比上年增长40%，月均贷款额5192万元。

贷款回收情况。2012年回收住房公积金贷款4.64亿元。期末贷款余额37.98亿元，其中逾期贷款额35万元，贷款逾期率为0.1‰。

▲2012年12月14日，珠海市住房公积金管理中心在北师大珠海分校为客户提供现场服务（珠海市住房公积金管理中心供稿）

增值收益情况。2012年珠海市住房公积金实现增值收益1.03亿元，再创历史新高，比上年增长33%。提取1392万元增值收益用于珠海市廉租住房的建设补充资金，比上年增长4.57倍。（蒋婵婵）

【"三旧"改造】 2012年8月，珠海市组建珠海市城市更新管理办公室（简称"市更新办"）。是年，全市完成3个改造项目，正在进行改造的项目47个，主要是发展城市综合体、保障性住房、旅游服务，以及高端办公、酒店、专业市场，并将落实文化公园、绿地公园、学校和公共租赁房等基础设施和民生工程。

在建章立制方面，2012年10月1日起施行《珠海市城市更新管理办法》及多个配套性政策规定，如会议审议议事办法、项目申报审批程序规定等多部规范性文件。

在城市更新规划编制方面，组织编制《珠海市城市更新专项规划(2013~2020)》，统筹与指导全市建成区的有序更新。该规划包括两个课题研究，分别是《珠海市商业地产市场研究》和《珠海市中心城区住宅地产市场研究》。

2012年，珠海市开设城市更新工作网站，将城市更新机构设置、政策措施、工作进展情况、规划编制情况以及审批流程、项目审批情况等集中公开，以便于企业和群众充分了解和掌握有关情况和政策措施。同时，通过珠海特区报社、南方日报社等新闻媒体进行专题播报，公开市民关心的重大项目进展，解读热点政策措施等。

（王海忠）

【建筑业】 建筑市场管理 截至2012年底，珠海市本地施工企业256家、外来施工企业248家、拥有资质等级以上独立核算总承包和专业承包建筑企业170家。实行公开招投标工程项目数量687个，实行公开招标工程项目金额为263.94亿元，成交金额为248.74亿元。是年，实现建筑业增加值56.11亿元，比上年增长9.9%。

建筑工程安全质量管理 2012年，珠海市先后出台《珠海市建筑起重机械安全监督管理办法（试行）》《珠海市房屋市政工程脚手架及高大模板支撑系统监督管理办法（试行）》《珠海市建筑质量专项防治措施》等办法措施，构建建筑施工安全管理长效机制。这一年共组织15次建筑施工安全大检查。对违法违规的企业和人员进行严格的扣分和处罚，共下发隐患整改通知书670份、暂停施工通知书57份，警示约谈施工、监理单位约50次、下发安全动态扣分通知书1574份。大力倡导创样板工程、双优工地，树企业品牌。（王海忠）

【建设科技】 建筑节能 2012年，珠海市出台《关于进一步推进珠海市绿色建筑发展的通知》等规范性文件。同时严格落实建筑节能标准，规范节能设计审查管理，加强建筑节能工程的施工监督，是年全市新建民用建筑节能设计标准执行率100%，建筑节能设计审查备案率100%，全市新建建筑施工阶段节能标准执行率达到100%。

建筑节能应用示范。珠海市住房和城乡规划建设局局通过广泛征集并组织专家评审、公示，将葵竹苑三期太阳能热水系统等4个建设工程项目作为珠海市可再生能源应用示范项目，并安排可再生能源专项资金对以上项目进行补贴。另外新增1个国家级光电建筑应用示范项目和两个广东省光电建筑应用示范项目。同时，市住房和城乡规划建设局引入合同能源管理、能效监测管理等方式完成"伟创力珠海工业园太阳能光伏发电项目"等5个既有公共建筑实施节能改造；完成东方墅示范区浅层地能与建筑一体化建设示范项目建设，并进行现场展示宣传活动。

建筑能耗实时监测平台建设。2012年，珠海建设一套"珠海市建筑节能示范项目能源监测管理和服务平台"，同时按照广东省住房和城乡建设厅的要求继续开展国家机关办公建筑和大型公共建筑的能耗统计、能源审计、能效公示和监测平台的建设。

【建设事业信息化】 规划建设管理信息化 截至2012年，珠海市建立基本覆盖城市规划建设管理全过程的多个业务系统，包括住房和城乡规划建设管理信息系统、建设业务管理系统、商品房预售系统、城市规划管理空间信息数据库系统、招投标系统、电子报批系统、规划编制管理系统、规划方案动态支持系统等11个业务系统。其中，规划方案动态支持系统建设获2012年度“中国地理信息科技进步奖三等奖”。规划基础数据工程建设初具成效，中心城区“规划一张图”初步形成。制订包括：控规成果、基础地形图、城市规划三维模型等数据建设的标准化体系，完成全市域233平方千米控规成果、中心城区100平方千米现状及审批档案、47平方千米三维现状模型、100平方千米中心城区1:500基础地形、全市域陆地面积1550平方千米影像等数据的建库工作，为规划建设管理奠定强有力的数据支撑。

（王海忠）

【珠海市开展“万村绿”活动】 2012年，珠海市开展“万村绿”活动，全市20条万村绿示范村种植11.98万株苗木，包括：7.29万株农田防护林带种植苗木、1.48万株各种珍贵乡土阔叶树苗木、2.4万株罗汉松和7700株香花灌木，为建设幸福村居奠定基础。 （彭雅松）

【珠海市整治违法建筑和违法用地】 2012年，珠海市加快创建全国文明城市、生态文明示范市，打造与欧美先进国家相媲美的宜居环境，从2012年6月下旬开始至2014年6月底，珠海市计划用两年时间集中开展违法建筑和违法用地专项整治行动。该项工作以2012年6月11日为违法建筑“零增长”的时间节点，截至是年12月底，全市拆除违法建筑2882宗、26.70万平方米，控制停工违法建筑1111宗、22.37万平方米，有效遏制以往珠海市主要区域违法建筑的抢建势头，有效控制农民违法建房的蔓延。 （曾丹）

附录：珠海市住房和城乡建设管理部门主要领导

珠海市住房和城乡规划建设局
党组成员、局长：陈哈理
党组书记、副局长：管恩红（任至2012年4月）
党组书记、副局长：彭治权(2012年4月任职)
珠海市城市监督管理局（珠海市城市管理行政执法局）
党组书记、局长：方小勇
珠海市市政园林和林业局
党组成员、局长：邓潘任
党组书记、副局长：王小勤
珠海市海洋农渔和水务局
党组成员、局长：郭仲秋
党组书记、副局长：李新泉
珠海市住房公积金管理中心
党委书记、主任：卢仲强

汕头建设

【概况】 2012年，汕头市城乡建设加快推进。建筑业全年完成施工产值近300亿元，创利税20.8亿元；建筑工程质量稳步提高，创“中国建设工程鲁班奖”两项，实现汕头创“中国建设工程鲁班奖”七连冠；宜居城乡创建成效显著，建成绿道82千米，开展城市景观小品设计竞赛，创建42个市级宜居镇街、村庄、社区；保障性住房建设取得新成果，全年筹建保障房4754套，竣工551套，发放租赁补贴1200户，100%完成省下达目标责任任务；管道燃气建设投资3471万元，新增管道燃气用户8359户。旧城改造、勘察设计、风景区、房地产和房屋拆迁管理等工作均取得新成绩。

（彭兰阶　胡希鑫）

【城乡规划】 城市发展战略规划 2012年3月30日，汕头市政府组织召开《汕头市城市发展战略规划》评审会，经过国内外专家委员会认真评审，南京大学提交的规划方案获得优胜并负责综合成果的编制。该规划通过中国城市规划学会，向国际城市与区域规划师学会（ISOCARP）申报参评，获第48届国际城市与区域规划师学会年会最高奖“规划卓越奖”。10月20日，学会主席伊斯梅尔先生、副主席马丁先生专程来汕头授奖，广东省副省长许瑞生出席授奖仪式和演讲会。在此基础上，由南京大学城市规划设计研究院联合汕头市城市规划设计研究院负责修编《汕头市“十二五”近期建设规划》。

重点片区规划 2012年，汕头市以推进城市空间和功能战略性优化为目标，开展重点区域、核心区域规划编制工作。包括“濠江新城”和南滨片控制性详细规划，“珠港新城”控制性详细规划，“东海岸新城”规划，“西部生态新城”规划，“粤东物流新城”规划等，“一湾两岸”的城市形态规划，推动城市化布局、形态、风貌新突破，优化城市空间和功能。

控制性详细规划 2012年，汕头市组织编制《汕头大学南侧片区控制性详细规划》《牛田洋综合服务区控制性详细规划》《莲塘现代物流园区控制性详细规划》；以《珠港新城城市设计及开放空间景观概念性设计》综合方案为依据，对《珠港新城控制性详细规划》进行优化完善。年内，审查和优化完善《五矿粤东物流产业新城概念性规划》《中信海滨新城南滨片区控制性详细规划》《龙湖乐园城市商业综合体控制性详细规划》《厦深铁路潮阳站及周边片区控制性详细规划》等。

“三旧”改造规划 2012年，汕头市共组织编制中心城区“三旧”改造控规31项，总规模3382公顷。截至2012年10月，已核发金平职业技术学校实训中心、广厦片区城市综合体“三旧”改造项目、汕头市深源房地产公司与东墩街道和南墩经济联社“三旧”改造项目、汕头市深源房地产公司与东墩街道、南墩、金砂经济联社“三旧”改造项目、汕头市新洲房地产开发有限公司汕樟路128号“三旧”改造项目等建设项目的《建设工程规划许可证》。

专项规划　2012年，汕头市组织编制《汕头市滨海旅游及海上运动专项规划研究》《汕头市中心城区西片区专题规划研究》《金凤西路（大学路—揭阳市界）和金砂西路（潮汕路—揭阳市界）道路选线规划》《11街区修建性详细规划方案》。组织开展《中心城区核心片区交通改善规划》编制，经研究和报市政府同意，由南京市城市与交通规划院负责编制工作。

社会主义新农村规划　2012年，汕头市推进社会主义新农村的规划工作，以促进城乡规划协调发展为根本，推进名镇名村规划、村庄整治规划编制。组织省级村庄规划试点申报工作，把45个村列入2012年度省级村庄规划试点。结合扶贫开发“规划到户责任到人”工作，在澄海区、潮阳区、潮南区及南澳县选取28个有代表性的村庄作为新农村规划建设示范点，分批分期分类型进行规划编制。是年底，5个村庄规划已基本完成。中心城区村庄整治规划编制工作，金平、龙湖区123个村居全部完成规划编制（含草案），覆盖率100%。

城乡规划管理　法制建设。2012年，汕头市城乡规划局与汕头市法制局向市政府上报《汕头市城乡规划条例（送审稿）》。结合治理房地产开发领域违规变更规划、调整容积率问题专项工作和工程建设领域突出问题专项治理工作，汕头市政府印发实施《进一步加强城乡规划管理工作的意见》《汕头市城市建设用地性质和容积率调整规划管理办法》《汕头市中心城区“三旧”改造项目公共服务设施配套规划实施细则》等规划管理规范性文件。

规划许可。2012年，汕头市城乡规划局共办理建设项目选址意见书4宗，用地面积共12.14公顷；建设用地规划许可证52宗，用地面积共116.13公顷；临时建设用地规划许可证1宗，用地面积1.53公顷；共办理规划审批、审核业务共126宗。在城乡规划监督检查中，共查获各项违法建设104宗。

信息公开　2012年，汕头市城乡规划局办理政府信息公开事项600条，并在网上向社会公开汕头市组织编制的规划项目和市城乡规划局审批的建设项目信息。组织征求意见6场次，听取社会各界和广大市民的意见，为全民参与规划、阳光规划创造一个沟通的平台，促进规划编制和规划审批更加符合汕头市的发展需要。（周建雄）

【宜居城乡建设】　2012年，汕头市政府印发《汕头市开展宜居城市建设试点工作实施方案》《汕头市宜居社区建设总体方案》，提出以建设和谐幸福汕头为目标，以不断改善民生为主线，通过推进创新城市规划理念、构建多层次住房保障体系、开展城市综合整治、营造绿色开敞空间、完善基本公共服务、实施节能减排工程、加强社会管理、加强名镇名村建设，将汕头市建成安居、康居、乐居、具有潮汕滨海特色的宜居城市。

为推进宜居城乡创建，开展考核和评选。一是开展各区县创建宜居城乡绩效考核工作。其中，龙湖区、南澳县、濠江区分别获得该次考核的第一、二、三名；二是开展市级宜居城镇、宜居村庄、宜居社区的评选工作。评选出龙湖区外砂镇为“汕头市宜居城镇”；龙湖区外砂镇凤美村等9个村庄为“汕头市宜居村庄”；金平区广厦街道金禧社区等32个社区为“汕头市宜居社区”。三是择优推荐参加省级宜居村庄、宜居环境范例奖的评选。其中，澄海区溪南镇东社村、潮阳区西胪镇西凤村、潮南区陇田镇东华村、潮南区雷岭镇霞厝村、潮南区井都镇平湖新村、潮南区仙城镇神仙里村、潮南区司马浦镇埕美村等7个村庄被授予“广东省宜居示范村庄”称号。

（彭兰阶　胡希鑫）

【城市建设与管理】　市政基础设施建设　2012年，汕头市城建管理部门制订重点项目审批和管理服务承诺书，建立在建道路工程项目管理责任制，完成长平路、滨港路、外马路、韩江路等道路改造升级；加快在建工程金凤西路建设进度；北轴污水处理厂厂外管网工程已基本完成，推进南区濠江分厂厂外管网工程；利安泵站、大华路、庐山路工程有序推进；西堤路改造工程启动建设；潮人码头、潮阳路等项目前期工作有序推进。全年完成市政投资逾2亿元，新建道路4万平方米，新筑下水道6100米。

园林绿化　中心城区公园免费对外开放。2012年，汕头市中心城区中山、华侨、金砂、石炮台公园加强治安、卫生、绿化和安全管理，于1月13日起向市民免费开放，组织丰富多彩的节日游园活动12场次，举办第二十六届群众性菊花展览，据统计，4个开放公园全年接待游客819万人次，比2011年增长60%。

园林绿化建设。是年，汕头市利用中国银行贷款资金组织嵩山路星湖公园湖边安全石栏杆安装及步道设置石围栏工程施工建设，新增设石横栏和栏板各987个，石围栏400块等，已竣工交付使用。利用部分“认种认养”资金和黄河路部分迁移树木对汕汾路公共绿化带进行绿化建设，绿化面积5000平方米。组织市区义务植树活动，在七日红公园、星湖公园等处种植垂叶榕、小叶榕、阴香等树木930株。全市有60多个单位9万多人参加义务植树，共种植树木41万多株。配合市区道路绿化改造工程，完成525株乔木和1091平方米灌木迁移任务，补种乔木760株、灌木面积570平方米，新种美丽异木棉、垂叶榕、小叶紫薇等植物464株，红继木、台湾草70平方米；启动街心小景改造工程，对中山东路与韩江路三角岛进行绿化提升，改种金凤树和木棉树，营造良好的城市园林景观效果。全年完成公园基建维修和设备增置项目29项，投入维修资金156万元。（郑智敏）

绿道建设　根据《广东省绿道网建设总体规划（2011~2015年）》，汕头建设省立绿道的任务包括2号绿道、8号绿道，总长231千米。其中，省立2号绿道包括：汕头滨海线、汕头内海湾线，长182千米；省立8号绿道包括：汕头滨江线，长49千米。汕头市初步规划建设城市绿道主线383千米、城市绿道支线182千米。

2012年，汕头市完成省立绿道82千米的建设，包括：海滨路、中山东路、牛田洋、濠江区和礐石等，兼顾生态型、郊野型、都市型三种类型，充分展现潮汕滨海特色风光。礐石绿道结合风景区东入口改造，市绿道办通过发动7家民营建筑和房地产企业捐资1300多万元，建设汕头规模最大的攀岩壁、滑板基地，最长的休闲栈道，最大的生态型停车场，营造宜人景观环境，打造“绿化+步行道+自行车+服务站”四要素组成的公共公间，并通过公开招商确定经营主体，进行市场化运营。濠江区绿道自中信度假村往东延伸至濠江出海口，全长6.8千米。沿途绿树成荫、野花遍地，海浪、沙滩等美景尽收眼底，成为集散步、娱乐、休闲、户外运动等综合功能于一体的滨海绿色景观大道。（彭兰阶　胡希鑫）

城市环境卫生　生活垃圾无害化处理。2012年，汕头市雷打石生活垃圾卫生填埋场渗沥液处理系统升级改造工程于6月7日通过环保和竣工验收并转入两年代运行期。雷打石生活垃圾卫生填埋场填埋气体精制生物燃气项目于6月全面竣工通过验收，取得燃气生产销售许可证，正式投产制气。雷打石环保电厂项目，4月经广东省国土资源厅同意项目建设用地面积从10.14公顷调整为8.74公顷。10月经市第17次常务会议审议通过同意项目公司将项目流化床焚烧炉变更为炉排炉焚烧炉的意见。是年，组织落实市雷打石生活垃圾卫生填埋场库区扩容工程，扩建库区初步选址填埋场3号库区东南侧的山凹地，选址面积11.14公顷。已报市国土局进行土地利用总体规划调整，项目前期筹建工作逐步推进。严格按标准和规范抓好雷打石生活垃圾填埋场的日常管理，确保中心城区生活垃圾无害化处理率100%。该场全年无害化处理居民生活垃圾46.46万吨。

市容环境整治。2012年，结合千村环境整治工作，市、区城管环卫部门协助各街道镇特别是涉农社区开展环境整治，督促指导各区、街道（镇）推进镇村环境卫生整治、环卫设施建设配套和相关宣传工作。市环卫部门通过开展落实“门前三包”责任制宣传培训活动，引导广大市民特别是沿街单位和商铺的从业人员自觉遵守“门前三包”责任制有关规定。全年累计出动人员5000多人次，作业机械车辆1130多车次，清运垃圾杂物等近6700吨，纠正违规处置、堆放建筑垃圾行为500多宗，清理城市道路两侧无法落实责任人的零星废土废料约610吨；组织3场落实“门前三包”工作培训课，组织专题业务培训人数300多人次；整理上报重点区域环境整治工作情况13份。

环卫设施配套建设。中心城区建成1座压缩式垃圾转运站和公厕综合设施、两座压缩式垃圾转运站、3座常规垃圾转运站，开展3座压缩式垃圾转运站建设和两座常规垃圾转运站升级改造为压缩垃圾转运站工作；接管4座开发改造项目配套的公厕、1座垃圾转运站和公厕综合设施；增设补装和更换中心城区主要路段两侧果皮箱1032套。非中心城区建成6座垃圾压缩转运站和7座常规垃圾转运站。（郑智敏）

城市生态环境保护与建设　城市噪音治理。2012年，汕头市区区域环境噪声等效声级平均值为55.7分贝，与上年持平，符合国家《声环境质量标准》（GB3096—2008）中的两类标准，按照城市区域环境噪声质量等级划分属于轻度污染。

南澳县城区区域环境噪声等效声级平均值为54.3分贝，比上年提高0.1分贝，低于国家《声环境质量标准》（GB3096—2008）中的两类标准，按照城市区域环境噪声质量等级划分属于较好等级。

南澳县城区道路交通噪声等效声级平均值为60.5分贝，与上年持平，符合国家《声环境质量标

▲2012年10月26日，汕头市国道206线大学路（一期）暨市区民生道路改造工程开工

（汕头市住房和城乡建设局供稿）

准》(GB3096—2008)4a类标准，照城市道路交通噪声质量等级划分属于好等级。

汕头市区道路交通噪声等效声级平均值为68.1分贝，比上年减少0.7分贝，符合国家《声环境质量标准》(GB3096—2008)4a类标准，按照城市道路交通噪声质量等级划分属于较好等级。

污染物总量减排。年内，汕头市建立健全减排工作机制。召开全市城乡建设和环境保护工作会议暨千村整治动员大会，明确污染减排作为全市环境保护的中心工作，确保完成年度污染减排目标；汕头市与各区县签订减排责任书，将“十二五”减排目标层层分解到各区县政府。颁布《汕头市“十二五”主要污染物总量减排规划》，制定“十二五”主要污染物总量减排阶段性目标，明确减排工程项目，推进2012年重点减排项目建设。

加大对重点区域、重点污染源的现场执法监察力度。年内，全市组织3506次专项执法行动，出动3.09万人次，检查3889家污染源企业，立案上报331宗，处罚金额850万元。

开展农村环境保护工作。以全市开展千村环境卫生整治工作为契机，以生态示范创建为载体，开展农村环保工作。

组织开展重金属重点防控区域实地调研，制定实施《汕头市重金属污染防治综合防治规划2012年度实施方案暨涉重污染源整治方案》。全面启动全市加油站、储油库、油罐车油气回收工作，年内，全市有30家加油站完成油气回收治理改造工作。

贵屿污染综合整治。2012年3月16日，环境保护部副部长张力军专程赴粤向省政府通报汕头市潮阳区贵屿地区电子废物污染问题。汕头市委、市政府成立以书记、市长任组长的贵屿环境综合整治工作领导小组，全方位推动贵屿环境综合整治。制定实施《汕头市贵屿地区电子废物污染专项整治行动方案》《汕头市贵屿地区电子废物污染综合整治方案》。同时，对贵屿镇开展强力整治，堵住贵屿电子废物非法入口，截断“三酸”非法购销渠道，铲除非法酸洗、焚烧电路板、露天焚烧垃圾等严重污染环境的行为，环境质量有了较大的改善。此外，组织开展对贵屿镇土壤修复前期准备工作。 *(纪晓佳)*

城市水环境建设　生活污水处理。汕头市列入省减排计划的城镇生活污水处理设施及配套管网建设项目两个，分别是汕头市北轴污水处理厂、汕头市南区污水处理厂濠江分厂，其中南区污水处理厂濠江分厂是国家责任书项目。2012年7月北轴污水处理厂通过完善管网，日处理水量在10万吨以上，完成省下达目标。南区污水处理厂濠江分厂完成设备安装，累计完成总工程量97%。开展龙湖沟回渗水处理工程，利安路、泰山路沿线村居排污管线截污工程，提高龙珠水质净化厂进水浓度；澄海区投资约1亿元开工建设莱美路截污管网，修缮国道324线排污干管，提高澄海城区生活污水收集能力和清源水质净化厂进水浓度。至2012年底，全市有汕头联泰水质净化厂、北轴污水处理厂、澄海区清源水质净化厂、潮阳区污水处理厂、潮南区峡山污水处理厂、潮南区两英污水处理厂和南澳县后江污水处理厂7座污水处理厂建成投入运行，日处理污水能力58.7万吨。

饮用水源保护。汕头市环保部门严格执行中心城区饮用水源保护区“每月一次”定期巡查、通报工作，将每次检查的情况及时向各有关单位通报；执行每单月向省住房和城乡建设厅和潮州市、揭阳市、普宁市人民政府和环境保护部门通报韩江潮州市—汕头市大衙交接断面、练江揭阳市—汕头市青洋山桥交接断面的水质监测结果，及时掌握韩江、练江上游来水水质情况，确保全市饮用水源水质安全。组织开展汕头市集中式饮用水水源环境状况评估工作。

汕头市区饮用水源水质保持良好，各项指标年均值均符合《地表水环境质量标准》(GB3838—2002)Ⅲ类标准。庵埠、新津河、冠山、隆都、河溪水库和秋风水库6个监测点位水质达标率均为100%。

练江污染整治。2012年，汕头市推进练江污染防治工作，制定练江整治年度计划，推进污水处理项目建设、重污染行业整治、重污染企业强制性清洁生产、流域限批、工业污染减排、工业园区规划建设、流域内环境监测及在线监控监测能力建设、环保宣传教育工作，以及流域内环保目标责任制考核等工作，对练江污染整治工作实行每月一报制度。

江河水质。韩江西溪大衙段、外砂河和韩江东溪水质均达到《地表水环境质量标准》(GB3838—2002) Ⅱ类标准，水质状况优；韩江梅溪河感潮河段水质为Ⅲ类，水质状况良好；榕江汕头段水质为Ⅳ类，水质轻度污染，主要污染指标为化学需氧量；练江汕头段水质为劣Ⅴ类，水质重度污染，主要污染指标为氨氮、五日生化需氧量、总磷等。

城市供水　为切实解决群众反映的中心城区“城中村”和涉农社区转供水的问题，2008年汕头市启动中心城区“城中村”和涉农社区供水改造工程，至2012年底，全市参与供水直抄改造的涉农社区共149个全部动工，累计完成供水改造工程的社区140个，其余在建的水改工程9个，工程累计完成投资2.57亿元，累计完成管道安装156.71万米，累计完成水表安装13.55万户，受益人口数54万人，基本实现中心城区居民供水“同网、同质、同价”的目标。

2011年11月汕头市启动中心城区居民多层住宅小区供水直抄到户改造工作，计划用4年时间基本完成中心城区116户建设年限在10年以上的多层居民住宅小区的供水直抄到户改造工作，同时按照城市总体规划，在改造期间同步配套建设2座市区市政加压泵站。截至2012年底全市启动33个小区供水改造项目，实现小区供水直抄的用户3327户，完成小区泵房改造3座，完成工程投资约600万元。

2011年2月，汕头市为民水质检测服务有限公司（加挂“广东省城市供水水质监测网汕头监测站”牌子）正式揭牌运营。2012年6月24日，该水质检测公司通过省专家组计量认证复查和扩项现场评审，计量认证项目共两类145个项目，其中水质类136项，水处理剂聚氯化铝9项，水质类指标完全涵盖《生活饮用水卫生标准》(GB5749—2006）中规定的106个项目，标志着汕头市中心城区城市供水水质和检测能力全部达到新国标的要求，为全市乃至粤东各市的供水单位提供106项水质检测服务。（彭喜奎）

城市供气　2012年，汕头市有瓶装燃气企业56家，气站57个；汕头市液化石油气储配站是粤东和闽赣南最大的液化石油气储运基地，满足汕头市和粤东地区及福建、江西等地区供气。燃气企业建立销售网络，并实行公用瓶制度，企业以品牌来规范经营行为。中石油昆仑、暹罗燃气、大明等大型储配站供应整个粤东地区和福建省毗邻地区；气源以液化石油气为主，液化天然气为辅。

是年，中心城区有管道燃气企业2家，气化站5个，管道燃气用户约8万户，建设燃气市政干管约110千米，管道燃气普及率18%。澄海区建有汕头市澄海燃气建设有限公司岭海气化站，气源为液化石油气，贮气能力150立方米，至2012年底，澄海区管道燃气用户2.8万户。潮阳区、潮南区、南澳县尚未建设管道燃气气化站，个别新建住宅区配套管道燃气瓶组间进行管道供气。

管道燃气建设。年内，汕头市加快与华润燃气公司战略合作事宜，整合两家国有管道燃气企业，完成清产核资和资产评估，合资成立汕头华润燃气有限公司，并授予其中心城区管道燃气特许经营权。全年管道燃气建设投资3471万元，铺设市政管道20千米，新增管道燃气用户8359户，完成20多个住宅小区管网和一批市政燃气管道建设。

燃气市场整治。汕头市按“属地管理”原则，分片分区开展燃气入户安全检查，确保用户用气安全。年内出台《汕头市中心城区整治燃气瓶组间安全隐患工作方案》，开展燃气瓶组间处置工作，开展瓶组间安全评估，拆除瓶组间10个。开展燃气市场整治，取缔无证经营点20个，送检钢瓶20万只。加强安全用气宣传，开展“华润燃气杯”安全用气知识竞赛。

（彭兰阶　胡希鑫）

城市综合管理　2012年，汕头市组织协调各级城管执法队伍开展市容环境综合整治行动，及时查处、纠正各种影响市容环境秩序的违法违章行为。全年组织开展执法专项整治行动47场次，完成各类重大活动期间的市容保障工作42场次；各级执法队伍教育纠正各类违章行为35.1万宗，实施处罚2888宗，拆除各类违法违章搭建物6.22万平方米，取缔人力三轮车834辆；查处违章张贴城市“牛皮癣”行为66宗，实施停机66部，实施行政处罚28宗。落实门前“三包”责任制推进工作。成立四个专项工作组，制订《关于加大力度强力推进门前“三包”责任制行政执法专项行动工作方案》，开展门前“三包”责任制宣传活动，并于4月23日、24日分别邀请部分汕头市人大代表、政协委员视察中心城区沿街门店（单位）门前“三包”责任制推进工作。

是年，于10月18日起，开展城市管理重点区域联合整治。整合市、区两级城管执法资源，组成4支整治队伍和6个路口定点定岗的执法力量配置，与公安交警、交通运输部门形成联动，以中山路—衡山路—金砂路—龙眼路为界的区域以及西堤路为重点区域，组织开展联合整治行动，全面整治交通运输秩序、市容环境秩序，及时制止和查处各类违法违章行为。（郑智敏）

【城镇村庄建设】　2012年，汕头市潮阳区、潮南区列入全国县级基本财力保障范围，全市区县建立基本财力保障机制，基本公共服务均等化加快推进。全市就业形势总体稳定，新增城镇就业8.33万人，农村劳动力转移就业4.67万人，城镇登记失业率为2.4%。社会保障覆盖面进一步扩大，启动建设3家区级人民医院、5家镇卫生院、4家社区卫生服务中心，新增床位470张。人民生活水平逐步提高，城镇居民人均可支配收入2万元，农村居民人均纯收入9032元，分别比上年增长14.6%和14.4%。

实施千村环境卫生整治，开展垃圾专项治理，完成垃圾场站点规划布点，规划新建垃圾转运站82个、垃圾收集点约4000个，村容村貌有所改善；向373所贫困山区、老区农村小学在编教师每人每月发放300元生活补贴；启动村村通自来水工程，潮阳、潮南区列入省第一批村村通自来水工程示范县，获省2.6亿元资金扶持；改造农村低收入困难群众危房1350户。

（彭兰阶）

【房地产业与住房保障】　房地产市场管理　全年核发《商品房预售许可证》31宗，建筑面积154万平方米；办理现房销售备案32宗，建筑面积54万平方米；中心城区房地产交易登记1.91万宗，建筑面积173.5万平方米，金额86.5亿元。其中商品房交易登记1.02万宗，建筑面积82.8万平方米，金额59.4亿元；二手房交易8850宗，面积90.7万平方米，金额27.1亿元。受理国有集体房地产交易登记605宗（其中挂牌成交14宗），面积10.55万平方米，交易额2.1亿元；拍卖成交14宗，结算成交金额2691.6万元。代征土地增值税、营业税等税款总计2.6亿元。

是年，加强房价调控和打击炒卖楼花等房地产市场违规行为，从6月开始至2012年底，组织在全市范围内开展房地产市场秩序专项整治工作，通过报刊电视等媒体多次全方位发布《关于加强我市房地产市场管理的公告》，印发《关于加强商品房销售管理有关问题的通知》，组织对中心城区及各区县的商品房项目进行专项检查，检查房地产开发项目、房地产经纪机构317个（家），对无证违法销售的开发企业进行处罚1家，责令关闭黑经纪机构4家，立案处理违规经纪机构4家，移送工商部门处理发布违规房地产信息的企业1家。推进房地产交易课税业务改革。由汕头市房地产估价师与房地产经纪人学会组织，通过摇珠方式确定2012年第四季度的估价机构推荐对象。协调学会成立房地产估价报告评审专家组，制定《房地产估价报告评审规则（试行）》和《房地产估价报告评审标准（试行）》。

各级房管部门开展房地产市场秩序专项整治，房地产市场秩序明显好转，全市（包括非中心城区）房地产市场监管机制日趋规范完善。2012年，全市市区新建商品住房交易均价为5557元/平方米，仍面临较大的调控压力。未取得《商品房预售许可证》违规售房等现象长期困扰房地产管理，房地产市场秩序整治存在一定的难度。

公房管理　2012年，在《汕头日报》和汕头房管局网站发布《关于进一步加强危险房屋管理的通告》，促进不同责任主体加强对危房的安全管理。每年都定期或不定期组织对在管公房及廉租住房进行清理整治，治理转租、转借、长期闲置、改变使用性质等违规行为。印发《关于吸取二马路振球右巷火灾教训进一步加强公房安全管理工作的通知》，开展消防安全大检查。结合市“三防”工作要求，印发《关于认真做好汛期三防工作的通知》，落实防灾抗灾抢险各项应急预案，向危房户发出《危房撤离通知书》2900多份，保障群众生命财产安全。是年，完成在管公房普查3452幢、92.19万平方米，其中危险房1119幢14.99万平方米，3697户，危房率16.26%。投入维修资金366万元，维修危旧房屋1193宗（栋），受益3793户。

▲汕头市华新城廉租住房“新华园”小区（2012）　（汕头市房产管理局供稿）

产权登记发证工作　全年办理商品房初始登记206幢、1.33万套，建筑面积144.29万平方米；完成登记办证4.1万份，办理商品房历史遗留问题登记1030份，建筑面积8.47万平方米。

保障性住房建设　2012年3月，汕头市成立住房保障中心，分解下达全市住房保障年度目标任务，公布2012年住房保障对象准入标准和《汕头市2012年住房保障工作方案》，出台《汕头市住房保障制度改革创新实施方案》《汕头经济特区公租房保障办法》和《汕头市住房保障规划（2011~2015年）》。推进市本级三个续建项目一个新建项目的建设和收购项目的落实。是年，全市投入资金6.6亿元，筹建保障房4710套，竣工551套，发放租赁补贴1200户，100%完成广东省下达汕头市的年度目标任务，并顺利通过广东省的检查考核。

物业管理　2012年，汕头市物业服务企业服务等级一级47家，二级121家，三级230家，四级41家。做好三级资质证书续期换证工作，印发《关于物业服务企业资质管理有关工作的通知》，加大对物业服务企业资质核查力度，全年办理物业服务企业资质审批事项156宗。2012年12月1日颁布实施《汕头经济特区物业管理条例》，年内，开展行业调研数据统计，为完善物业管理规章制度提供依据。规范住宅专项维修资金管理工作，强化专项维修资金的使用监管，提高资金使用的透明度，定期公布维修资金的归集和使用情况，保障业主的知情权和监督权。2012年，中心城区住宅专项维修资金开户1.07万户，缴存金额4425万元；累计开户3.14万户，缴存金额9454万元。至2012年底，市区有业主委员会67个，本年度办理6宗小区业主委员会备案。培训物业管理人员175人次，组织50多人次参加物业管理师考试，申报通过2012年度“全国物业管理示范项目”1个和“广东省物业管理示范项目”3个。

住房公积金管理　2012年1月1日颁布实施重新修订的《汕头市住房公积金归集管理办法》《汕头市住房公积金提取管理办法》《汕头市个人住房公积金贷款管理办法》。2012年12月27日，印发《关于加强我市住房公积金管理的通知》，要求各级政府和各行业管理部门共同维护职工缴存住房公积金的合法权益。2012年9月7日，汕头市住房公积金管理中心的办公地址搬迁至协华大厦，与受托银行实行“一站式”服务。

除潮阳区外，全市财政核拨核补单位职工住房公积金缴存工作基本完成。2012年实际连续缴存人数18.48万人，实际缴存率53.13%，比上年度增长6.06%。是年，新增职工账户4.65万个；全市住房公积金缴存单位3123个，职工账户数24.73万个。全年住房公积金归集额22.64亿元，比上年度增长37.30%；提取额8.39亿元。历年累计归集额106.73亿元，提取额39.75亿元，余额66.98亿元。全年发放个人住房公积金贷款1986宗，放款金额5.43亿元；历年贷款宗数7050宗，放款金额16.81亿元，贷款余额14.01亿元。个贷逾期率保持为零。上缴市廉租住房建设补充资金5600万元。全面清收住房公积金历史遗留三笔逾期项目贷款本息合计1.22亿元。（叶少群）

【“三旧”改造】　2012年，汕头市“三旧”改造取得新进展，其中小公园拆迁工作完成10个单位、704户居民的拆迁；海滨路西片区、濠江五围园和新兴片区等一批项目拆迁工作扎实推进；卫工路10号等3个片点竣工交付使用；完成汕头水利大围6个应急堤段25.7千米的拆迁摸查和测算；完成西片区72.3公顷和西港片区的拆迁摸查。竣工新楼59幢，建筑面积36.85万平方米，回迁居民138户；核发《房屋拆迁许可证》6份，拆迁面积10万平方米。妥善解决房屋拆迁纠纷，成功调解和裁决涂坪片、汕樟路16号和小公园等3个片点16户居民的拆迁纠纷。（彭兰阶　胡希鑫）

【建筑业】　建筑业管理　2012年，汕头市有建筑业企业230家；其中，一级企业26家，是全省拥有一级资质企业最多的地级市。全年完成施工产值299.6亿元，比上年增长16.9%；其中，外出施工产值223.6亿元，增长16.3%；增加值64.7亿元，增长8%；实现利税总额20.8亿元；其中转移外税4.26亿元；累计新签合同额316.3亿元。

2012年，汕头市引导建筑企业加大“走出去”步伐，全力打造市内、省内、省外三个“汕头建筑业”，促进汕头人经济转变为汕头经济。汕头建筑业发展态势良好，全年完成施工产值299.6亿元，比上年增长16.9%；其中，外出施工产值223.6亿元，增长16.3%；增加值64.7亿元，增长8%；实现利税总额20.8亿元；其中转移外税4.26亿元；累计新签合同额316.3亿元。一批优势企业勇于承接高大难新工程，达濠市政新签造价超100亿元的广西桂林至三江公路工程；走出去发展步伐加快，由汕头市建安集团承建的驻巴哈马使馆工程获中国驻巴哈马大使馆表彰。全市建筑业吸纳城乡劳动力30多万人，每年为农民工创收近100亿元，建筑业成为名副其实的富民强市产业。

建筑业转型升级。2012年，汕头市建筑安装集团等5家企业入选首批市总部企业，“百人服务团”优先扶持汕头市建筑总公司等10家龙头企业；召开转型升级座谈会，扶持全市条件好、实力强的29家一、二级施工企业晋升资质。产业结构不断优化，17家企业资质升级增项；一级施工企业完成产值200亿元，占总产值67.2%；完成公路桥梁、水利水电、港口航道等专业工程产值超60亿元。

招标投标管理　2012年，汕头市出台《关于实施施工企业诚信综合评价制度的通知（试行）》，建立公开、公平、公正的诚信综合评价体系。开发诚信综合评价信息系统，免费开放给各评价主体使用。建立预选承包商名录，加强对政府投资项目招标投标的监督管理，首次尝试在滨港路、长平路、外马路等3个应急改造工程的招投标中应用，效果良好。全年完成招投标项目50个，造价20.22亿元；实行公开招投标项目45个，造价13亿元，招标率和公开招标率均达到100%。出台《关于做好我市建设工程招标控制价及施工合同价备案管理工作的通知》，加强全市14家造价咨询企业核查监管，维护工程发承包双方的合法权益；完成造价8.87亿元的招标控制价备案项目35个和造价2.22亿元的合同价备案项目9个。加强资质许可后监管，撤销6家不合格企业的《建筑业资质证书》；开展工程建设领域突出问题专项治理。

建筑工程质量与安全管理　2012年，汕头市创建一批国优、省优、市优工程。其中由汕头市建安集团参建的惠州富力丽港中心公寓楼、达濠建总参建的深圳卓越皇岗世纪中心项目2号楼及裙楼配套项目获“中国建设工程鲁班奖”，实现汕头创鲁班奖“七连冠”。是年，深入推进质量通病治理和住宅质量分户验收工作，工程质量水平稳步提高；落实企业建筑施工安全生产主体责任，组织开展建筑施工“安全生产年”活动，保持建筑安全生产形势持续稳定。陈志远被评为“全国建设工程质量监督系统先进个人”。

勘察设计市场管理　是年，汕头市开展勘察设计资质动态核查，严格实施勘察设计招投标备案、大中型建设工程初步设计审查、超限审查和施工图审查制度。完成6个项目勘察设计招标备案和16个项目初步设计、129个项目施工图设计文件及84个项目勘察报告的审查，及时纠正617个违反国家强规条文行为；完成59个项目建筑节能设计审查。完成设计投资概算63.9亿元，设计面积511万平方米，业务收入1.3亿元。开展勘察设计评优活动，22个项目获奖；开展城市景观小品设计方案竞赛活动，14个方案获奖。加强工程档案管理，全年接收2919卷档案入库。

（彭兰阶　胡希鑫）

【建设科技】　2012年，汕头市加强建设科技工作，一是实施科技兴业战略。申报12项国家专利，取得一批国家、省级工法和QC成果；在“汕头建设网”设立“建筑人才招应聘服务平台”，为企业免费服务；广东省二建、汕头市建安实业公司等通过招聘会，积极吸纳人才；金东海公司与重庆交通大学等高校建立长期合作关系。二是全力抓好人才队伍建设。汕头市住房和城乡建设系统80人获高级职称、114人获中级职称，468名专业人员通过注册考核；建筑工程专家库续聘专家234人、新聘131人。三是切实推进学历教育、岗位培训和技能鉴定工作。完成5369人的继续教育、岗位培训及技能鉴定，免费培训150名送气工。市建设职校被住房和城乡建设部认定为一级注册建造师继续教育培训单位。四是继续开展建筑节能工作。严格执行建筑工程节能设计审查、施工监管和验收备案登记“三制度”；新建项目建筑节能设计审查率和施工执行率均达到100%，顺利通过全省建筑节能执行标准专项检查；推广绿色建筑，推进既有建筑节能改造工作；推广新技术、新材料、新工艺，做好“推散禁现禁实”(推广散装水泥、禁止现场搅拌、禁止使用实心黏土砖）工作。

（彭兰阶　胡希鑫）

【建设事业信息化】　汕头市住房和城乡建设局坚持把推行电子政务作为加强机关效能建设的重点内容，整合政务流程，开发网上办事系统，抓好政务网站“汕头建设网”建设，构建全市住房和城乡建设系统统一的电子政务平台，网上办公比例逐年提高。2012年，“汕头建设网”年访问总量超过80万人次，成为全市建设行业统一的电子政务平台。主要措施：一是加强领导。做到领导、机构、人员、经费四落实。二是开展培训。每年定期举办学习培训班，学习新形势下信息化管理的新技术。三是创新管理方式。建立七个系统，开辟两个专栏，构建一个平台，努力打造透明、快捷、灵敏、准确的电子政务平台。建立建设工程施工交易备案网上填报系统，为建设单位办理交易备案手续提供项目网上填报、统一管理；建立招标投标系统。实现招标公告、网上答疑、资料下载、报名情况、资格预审、抽签情况、入围情况、评审情况、中标情况等全过程实时公开，使招投标行为更为公开、便捷和透明；建立招标公告、报名情况网上填报系统，实现招投标网上报名；建立勘察设计企业统计月报网上填报系统，由企业直接在线填写、提交和查看、修改资料数据；建立短信服务系统，实现网络和手机之间的互动，为建设系统各企事业单位提供一种更方便快捷的优质信息服务；建立后台接收公文系统，要求向各类企业下发的文件，均利用汕头建设网后台管理系统和手机短信平台发送，较大地提高时效性和办事效率；建立行政服务系统，将全局所有办事指南、办事表格均放置在汕头建设网供申请人免费查看下载；开辟“建设工程法律咨询”栏目，为营造良好的“学法、守法、用法、护法”法治环境，有效提高行业依法行政水平；开辟“在线答疑”和“点题公开”等栏目，构建政府与企业方便、快捷的双向沟通渠道；构建市场信息平台，定期发布人工、材料、机械台班市场价及建设人才招聘等信息，及时为企业提供全方位的信息服务。（彭兰阶　胡希鑫）

【汕头市参加第八届中国（重庆）国际园林博览会】　2012年，汕头市参加第八届中国（重庆）国际园林博览会。位于汕头展区的“汕头园”获“室外展园综合金奖”“单项设计优秀奖”“单项施工优秀奖”“单项植物配置大奖”。同时汕头市人民政府获“优秀组织奖”，汕头城市综合管理局获“特优建设奖”，汕头城市综合管理局获“先进集体奖”，丁伟亮、刘炳丰、陈耿获“先进工作者”称号。“汕头园”成为广东省参展城市中获奖最多的展区，展示汕头市较高水平的园林造景艺术。（郑智敏）

附录：汕头市住房和城乡建设管理部门主要领导

汕头市住房和城乡建设局

党组副书记、局长：徐　凯（任至2012年8月）

党组书记：王德声（任至2012年8月）

党组书记、局长：裴庆科（2012年8月任职）

汕头市城乡规划局

党组副书记、局长：魏森新

党组书记、副局长：陈春松

汕头市房产管理局

党组书记、局长：刘小钢

汕头市城市综合管理局

党组书记、局长：徐　阳（任至2012年8月）　李冰琳（2012年8月任职）

汕头市水务局

党组书记、局长：曾保友

汕头市住房公积金管理中心

党支部书记、主任：苏建伟

佛山建设

【概况】　2012年，佛山市落实广东省和佛山市各项重点工作。住房保障任务完成竣工16个项目，共3920套，完成率108%；完成全年新建住房价格控制目标不高于地区生产总值10%的目标；全年“三旧”改造项目394个，占地0.58万公顷，已完成项目262个，占地591.31公顷；全年绿化与景观提升工程共45项，项目计划总投资27.83亿元，2012年完成投资21.87亿元，完成年度计划投资的102.5%，启动、开工或完工项目占95.5%。全市有3个镇、26个村为省级宜居示范城镇、宜居示范村庄，有3个镇、40个村、116个社区为市级宜居城镇、宜居村庄、宜居（示范）社区，全市宜居社区比例为41%；全市4座生活垃圾无害化处理设施全年处理生活垃圾196万多吨，城镇生活垃圾无害化处理率超过92.5%，达到《珠江三角规划纲要》考核目标；是年，全市加强城市管理，配合做好佛山市创建全国文明城市和创建宜居城乡工作。

（张珍妮）

【城乡规划】 规划编制　推进总体规划编制。2012年佛山市组织编制《佛山市城市总体规划编制体系研究》，已验收成果。开展新一轮《佛山市城市总体规划》的编制工作。

专项规划编制。完成《佛山市交通白皮书》5个专题、5个专项研究和3个咨询研究的编制工作，组织编制《佛山市城市道路网规划》，《大型居住区配建公交场站的政策研究》成果已完成征求意见。

产业规划完成。围绕城市升级三年行动计划，完成《城市中心区概念规划》《佛山市新城市中轴线规划研究》《佛山建设低碳城市规划》《佛山市中心区特色步行街区规划研究》《佛山市“2+5”组团产业空间演变研究》，加快规划建设核心区佛山城市中轴线，发挥组团中心的引领和带动作用。

专题研究开展。推进《佛山市控制性详细规划编制单元划分》《佛山市城乡气候改善与宜居城市优化研究与指引》《佛山市城乡气候改善环境影响评价专题研究》《汾江河（佛山水道）沿线用地控制性详细规划中山公园FJC06－03地块局部调整》等项目研究。并研究制定《滨水区更新规划管理技术准则》。

规划管理　2012年印发实施《佛山市控制性详细规划管理工作规程》《佛山市控制性详细规划编制成果技术准则》《佛山市控制性详细规划电子数据成果标准》等管理文件，重点加强对控制性详细规划中基础设施、公共绿地、公共服务配套设施、文物紫线等公益性设施内容的审查。

推进广佛同城化。2012年，佛山市与广州市、肇庆市等规划部门共同推进广佛同城化和广佛肇经济圈建设的相关规划工作。完成《广佛同城化规划机制研究》《跨界地区城市规划编制研究》《广佛同城花都空港地区地区整合规划》《广佛同城五沙地区整合规划》编制。《广州市、佛山市同城化城市规划合作协议》确定的相关工作已基本完成。

规划服务。2012年，佛山市加强规划管理，提升服务效能：一是抓好历史文化名城、名镇、名村的保护工作，加强“紫线”管理。完成优秀历史建筑保护规划的阶段性成果。启动佛山市历史文化名城专题图管理项目，组织开展《广东岭南近现代建筑》资料编辑工作，并牵头推进仁寿寺重建工作。二是抓好绿化规划和管理工作，加强“绿线”管理。完成《佛山市区域绿地绿线图则》编制、建立绿地规划管理平台等工作。三是以规划信息化促进业务审批现代化。开展城市规划管理三维互动指标核算及其电子报批系统的免费培训，建设完成全市统一的城乡规划电子政务系统，在三水区开展试运行。

（许伟）

【宜居城乡建设】 2012年，佛山市向广东省住房和城乡建设厅推荐2个镇20个村庄申报第二批广东省宜居示范城镇宜居示范村庄；组织开展2012年佛山市宜居城镇、宜居村庄、宜居社区考核评审工作，公布全市第二批宜居社区，第三、四批宜居城镇、宜居村庄名单。截至2012年底，经省住建厅批准公布，全市有3镇26村为省级宜居示范城镇、宜居示范村庄；禅城区梁氏家庙获岭南特色乡村民居奖铜奖；经市创宜办批准公布，全市已有3个镇、40个村庄、73个社区成为市级宜居城镇、宜居村庄、宜居社区，10个社区成为市级宜居示范社区。

是年5月，全市组织“禅城区岭南天地”“南海区智慧城市管理指挥（应急）中心暨政务服务中心项目建设”“南海区里水镇促进经济环境双提升打造宜居宜商新农村”等3个项目申报“2012年度广东省宜居环境范例奖”，里水镇河村社区公共管理与服务项目获奖；12月底，根据《关于印发佛山市创建宜居城乡工作绩效考评办法的通知》要求，佛山市创建宜居办公室组织五区创建宜居办公室对2012年度各区创建宜居城乡绩效工作进行考评，禅城区、三水区、南海区考评等次为优秀，高明区考评等次为合格，顺德区由于2012下半年确定创宜工作纳入全市统筹安排暂不考评。

（伍佩龄）

【城市建设与管理】 市政建设　城市道路建设。2012年，佛山市重点建设岭南大道南延线工程、华阳路南延（含华阳桥）道路工程、汾江路南延线工程，完成投资4.42亿元。

城市道路养护。至2012年底，佛山市城市道路养护里程1704.36千米。其中快速路42.97千米，主干路724.74千米、次干路659.78千米、支路276.87千米。

（唐军）

城市园林绿化　2012年5月3日佛山市人民政府印发《佛山市“十二五”城乡园林绿化行动计划》，明确“十二五”期间佛山市园林绿化建设目标任务。完成第八届中国（重庆）国际园林博览会参展工作。2012年，佛山市建成区绿地率

35.73%，绿化覆盖率38.09%，城市人均公园绿地面积11.33平方米。

绿道建设　佛山市绿道网建设围绕“成熟完善”的目标任务，继续推进绿道网建设，打造绿道品牌。2012年城市绿道慢行道贯通736千米，完成年度任务的161%；各项配套服务设施基本完成，其中新增驿站15个，设置标识4433个，安全设施1122个，环卫设施1141个，停车场52个，自行车租赁点111个；新建绿道兴奋点9个。

（黄丽英）

城市环境卫生　2012年，佛山市城镇生活垃圾产生量3902吨/日、城镇生活垃圾无害化处理量3612吨/日、城镇生活垃圾无害化处理率92.5%。生活垃圾无害化处理设施4座、填埋场两座、焚烧厂两座。2012年南海垃圾焚烧发电厂二期被评定为“生活垃圾无害化焚烧厂AAA级”，三水区白泥坑垃圾填埋场被评定为“生活垃圾无害化Ⅰ级填埋场”。（黄伟鸿）

城市生态环境保护和建设　水环境质量稳定。2012年，佛山市饮用水源地水质达标率为100%，全市开展监测的27个饮用水源地均达到《地表水环境质量标准》（GB3838—2002）Ⅲ类水质标准。全市7条主要江河水质状况良好。其中平洲水道符合Ⅲ类水质标准，水质状况为良好；其余各水道均达到Ⅱ类水质标准，水质状况为优。城市内河水质保持稳定。桂畔海、大良河和高明河达到相应水质标准，其余内河仍存在超标现象，主要超标污染物为溶解氧、氨氮、五日生化需氧量和总磷等。

大气环境质量总体良好。全市优良（API≤100）的天数占全年总天数的97.0%。环境空气中二氧化硫、二氧化氮和可吸入颗粒物年平均浓度分别为0.029毫克/立方米、0.046毫克/立方米、0.069毫克/立方米，均达到《环境空气质量标准》(GB3095—1996）二级标准，与2011年相比均有不同程度的下降。自2012年5月25日开始，代表佛山市空气质量整体水平的8个国控测点正式按照新标准要求开展监测。从5月到年底所获得的大约7个月的监测数据统计，全市PM2.5平均浓度为44微克/立方米，超过标准限值.按照新标准AQI的评价结果统计，全市各测点空气质量优良天数比例平均为69.4%，其中PM2.5、O_3、NO_2指标成为主要污染指标。

城市酸雨频率上升。全市降水pH均值为4.66，全年酸雨频率为64.1%，比上年上升3.1个百分点。

声环境质量一般。城市区域环境噪声平均等效声级为56.7dB（A），达到《声环境质量标准》（GB3096—2008），区域声环境质量等级为“一般”，声源构成以生活和交通类声源为主。

（佛山市环境保护局）

城市水环境建设　污水处理。2012年，佛山市继续推广污水处理厂BOT和配套管网捆绑建设的市场化运作模式，加大镇级污水处理厂建设力度。至2012年底，全市是有54间污水处理厂投入运营，其中禅城区5间，南海区25间，顺德区13间，高明区6间，三水区5间，设计日处理规模达到228.5万吨/日，配套收集主管网1514.7千米。全市54间运行的污水处理厂处理工艺均为二级及以上处理级别，排放标准由环境影响评价确定，污水处理厂达标排放率为100%，其中31间为二级排放标准，23间为一级B排放标准。处理工艺大类为生物处理法，小类别包括：氧化沟、A/O、A2/O、CASS工艺等。

2012年佛山市人民政府成立全市污水处理设施建设联席会议办公室，进一步加强水务、环保、城建等部门的沟通协作，统一部署落实城市污水处理建设工作，协调解决各区在污水处理厂及管网建设中存在的问题。

是年，佛山市人民政府印发《佛山市“十二五”城镇生活污水处理厂化学需氧量总量减排和污泥处理处置设施建设奖励办法》，由佛山市污水处理厂建设联席会议办公室根据各区满足核算条件的城镇污水处理厂建成或管网完善后形成的年度理论化学需氧量新增削减量之和，按照设定的标准进行奖励。各区获得的奖励资金必须专款专用，主要用于推动城镇生活污水处理厂建设、环保基础设施建设、环境治理、环境教育、生态建设以及在减排工作中有突出贡献的单位、企业或个人。

城市排水。2012年，全市中心城区排水管网总长1516千米，大部分区域排水标准为一年一遇标准，部分重点区域为两年一遇标准。2012年，佛山市以颁布《佛山市城镇排水管理办法》为契机，推广城镇排水许可工作，完善管理制度，确保排水设施安全正常运行。

根据2012年汛期前统计，全市城镇内涝点有107处，大部分内涝点是因为排涝标准低，地势低洼、出水口堵塞管径偏小，有瓶颈现象或路段排水管道管径偏小，周边环境的改建工程造成管网、排水口淤塞等。2012年汛前，全市投入排水设施维护资金6850万元，对排水管网的清疏维护，市政泵站的设备维修更换及相关的排水管网改造，清疏排水管1380千米，整改83个水浸点。同时加强执法，杜绝不文明施工对排水管网的破坏堵塞现象，制订应急预案，对部分内涝点加强应急排涝手段。截至2012年底，全市未出现暴雨致涝的情况。

内河涌综合整治。2012年，佛山市以污染治理工程为重心推动内河涌综合整治，完成内河涌整治投资21.19亿元。其中，禅城区完成大基涌、西一涌、西四涌、车公涌、鸭利咀涌等8项活化水资源项目和12家企业整治；南海区完成乌隆涌改线工程、东一涌整治工程、九江沙头大涌整治工程、罗村涌整治工程、罗村芦塘截污工程、谢边涌清淤工程等22宗内河涌整治和33

▲经过综合整治的佛山市汾江河（2012）　　（佛山市水务局供稿）

宗汾江河治理工程；高明区完成三洲主涌、三洲一涌清淤两宗河涌整治工程；三水区完成岗涌、大棉涌引水工程、白鸽桥涌等3宗河涌整治工程，改善河涌的过水能力和周边水环境。同时，继续做好广佛同城项目的组织实施。其中，广佛河江尾段堤防整治工程于2012年上半年完成；牛肚湾涌整治工程完成145米主涌的箱涵改造，计划2013年6月底完工。

2012年，汾江河综合整治建立倒逼监督机制等措施加快项目推进：一是强化污水收集处理，污水处理率逐步提高。重点实施亚艺湖水质改善工程，于2012年7月下旬完成湖景路污水干管建设，2012年12月完成亚艺湖周边管网改造工程，日均减少约1万吨生活污水进入亚艺湖。二是加强汾江河沿岸城市管理工作。建立“周巡查”制度，2012年，出动1256人次对汾江河进行巡查，查处清拆违建69宗，总面积69万平方米。此外，从2012年7月1日起将内河涌卫生管理纳入城管考评，两区按照考评标准，制定内河涌卫生管理制度，成立专门的内河涌保洁队伍，购置清污船、打捞船，加固垃圾围栏，提升河面保洁能力，提高河面清洁水平，为汾江河举行龙舟赛提供了良好的比赛环境。三是完成对汾江河沿岸码头的清理整治。2012年，停止13家码头装卸作业，余下1家佛山市环卫处环境卫生清洁服务公司专用码头用于装卸汾江河面垃圾。通过整治清理汾江河沿线码头，消除污染源，改善岸线景观。

城市供水　2012年，佛山市有水厂52间（含顺德区），供水管道8170千米（管径75厘米以上），总设计供水规模558万吨/日。其中，该年度扩建水厂1间，新增供水设计规模4.8万吨/日。2012年度实际供水量（售水量）约8.1亿吨，其中：工业用水3.4亿立方米，居民生活用水2.9亿立方米；日均供水量约230万吨，人均生活用水220升/日·人。城镇居民自来水普及率100%，农村居民自来水普及率96%。2012年度城市供水水质综合合格率为99.97%，比上年提升0.14个百分点，并超过国家标准规定95%合格率的要求。

2012年，佛山市通过加快水厂建设、加强供水资源整合以及加快供水管网建设等供水建设措施，实施村村通自来水工程、农村水改工程，全市农村饮水安全受益人口202.9万人，1459个自然村实现村村通自来水。农村自来水普及率96.22%。

全市有供水龙头企业3家，其中佛山市水业集团有限公司负责禅城、高明和三水区3个区域的供水服务，南海发展股份有限负责南海区的供水服务，顺德水业控股有限公司负责顺德区的供水服务。市内有1间采用“活性炭+浸没式超滤膜”深度水处理工艺的优质水厂（佛山新城优质水厂，规模为0.5万立方米/日），其余城乡自来水厂均是采用常规净水工艺。市内有国家级水质监测站1个，省级监测站2个，均具备《生活饮用水卫生标准》(GB 5749—2006）出厂水106项指标的检测能力，并通过计量认证；区级的供水企业均具备超过42项指标的检测能力，尚有部分镇级供水企业不具备饮用水国标42项常规指标检测能力，部分村级水厂不具备饮用水国标规定的9项目检指标的检测能力。佛山供水管理部门对尚不具备自行检测能力的水厂，通过委托有资格的检测单位对供水水质进行定期监测。　*（刘勇）*

城市供气　2012年，佛山市禅城区、南海区、高明区、三水区液化石油气全年销量19.17万吨，天然气全年销量为37.19万吨。天然气居民用气价格为3.65元/立方米。全市高压管网长度合计86千米（工作压力为1.6MPa至4MPa），中压管网长度禅城区、南海区、三水区、高明区合计1031千米（工作压力为0.01MPa至0.4MPa）。　*（黄伟鸿）*

城市综合管理　2012年5月，佛山市人民政府重新设立佛山市城市管理委员会（以下简称市城管委），将住建管理、国土规划、交通运输等部门纳入成员单位，构建“大城管”格局。市城管委是佛山市委、市政府统一领导的城市综合管理组织协调机构，与佛山市住房和城乡建设管理局合署办公，负责承办和处理市城管委的具体工作事务。城市管理委员会设有专门办公室、专门人员推进城市管理工作，效果显著。

是年，出台《中共佛山市委、佛山市人民政府关于加强城市管理的实施意见》《佛山市城市管理考核评比暂行办法》《佛山市人民政府关于禁止乱丢倒、乱张贴、乱穿行等行为的通告》《佛山市城市容貌标准》等一系列加强城市管理的制度

▲2012年5月20日，佛山市在石湾镇举行“安全用气　家家平安”宣传活动

（佛山市住房和城乡建设管理局供稿）

和文件；推进全市城市管理考评考核工作，于2012年6月成立市容组、市政环卫组、园林绿化组、户外广告组、工地管理组、队容风纪及其他城市管理组6个实地考评组，于2012年第三季度启动城市管理考核评比，开展“周检查、月通报、季考核、年总评”，严格按照相关规定进行奖惩，开展城市管理各类专项整治，使市容市貌明显改善。

（司少锋）

是年，全市城管执法系统受（处）理案件45万多宗，立案6000多宗。加大查处违法建筑力度，完成住房和城乡建设部利用卫星遥感技术辅助城乡规划督察中违法建设的查处工作，做好对一环和佛山水道违法建设的日常巡查工作。

（卢兆华）

【城镇村庄建设】　2012年，佛山市禅城区、南海区、高明区、三水区设建制镇15个，行政村290个，编制村庄规划的行政村209个，占全部行政村比例72%。建制镇镇域面积17.84万公顷，镇域户籍人口148万人，暂住人口104.20万人。其中，建成区面积1.38万公顷，建成区户籍人口45.15万人，暂住人口29.61万人；村镇建设管理人员570人，专职人员358人；建制镇市政公用设施方面（含暂住人口），燃气普及率60.11%，人均道路面积16.52平方米，污水处理率53.64%，人均公园绿地面积2.74平方米，绿化覆盖率10.45%。

中心镇建设　2012年，佛山市禅城区、南海区、高明区、三水区共设中心镇7个，分别是南海区里水镇、西樵镇，高明区明城镇、更合镇、杨和镇，三水区乐平镇、芦苞镇。中心镇镇域总面积1404.4平方千米，镇域总人口88.7万人，镇域暂住人口34.7万人；其中建成区面积52.8平方千米，建成区户籍人口16.8万人，建成区暂住人口11.9万人。村镇建设管理人员210人，其中专职人员127人。中心镇建成区公共绿地面积376.8万平方米，公园绿地面积150.1万平方米，镇区道路长度508.6千米，镇域道路长度1497.3千米。（伍佩龄）

【房地产业与住房保障】　2012年，佛山市商品房批准预售面积1041.86万平方米，销售面积818.04万平方米，销售金额654.86亿元，销售均价8005.30元/平方米。其中：商品住房批准预售面积865.56万平方米，比上年增长8%；销售面积672.03万平方米，增长6%；住宅销售套数5.95万套，增长5%；销售金额513.1亿元，下降1%；销售均价7634.95元/平方米，下降6.55%。

（孔竞兰）

保障性住房建设　2012年，佛山市继续建立健全新型住房保障制度。广东省人民政府下达佛山市住房保障任务是新开工保障房7500套，完成竣工保障3621套。实际落实新开工保障房项目25个，7694套，其中属政府投资项目4177套，社会力量投资建设3517套。至2012年底，25个项目全部开工，开工率102.5%；完成竣工16个项目，共3920套，完成率108%。（陈小勇）

住房公积金管理　截至2012年底，全市开户职工人数82.89万，净增缴存职工人数9.65万，净增长率13.6%；其中，缴存职工中各类企业职工占76%。是年，缴存额66.19亿元，比上年增长22.6%；累计缴存额301.13亿元，缴存余额107.59亿元。全年提取额46.04亿元，累计提取额为193.54亿元；发放贷款22.64亿元、8654户，比上年增长24%；累计发放贷款136.39亿元，贷款余额90.18亿元；贷款质量良好，贷款逾期率0.0047%。是年，增值收益为1.52亿元，比上年增长15.2%；扣减贷款风险准备金和管理经费后，预计1.25亿元可作廉租住房建设补充资金。

2012年1月1日佛山市住房公积金信息管理新系统正式上线运行。新系统运行后，实现全市所有业务一体化、统一化和同标准。同时，优化缴存、提取、贷款等业务流程，减少审批环节，缩短办理时限。

2012年9月，佛山市获批成为全国第二批住房公积金贷款支持保障性住房建设试点城市；12月，全市成功开通12329住房公积金热线，不足一个月就接听群众5000多个咨询电话。

是年，佛山市在全省住房公积金管理工作情况考核中再次被评为优秀，排名全省第二。至此，连续三年被评为优秀。（耿亚兰）

【“三旧”改造】 截至2012年底，佛山市认定“三旧”改造项目394个，占地5770公顷；正在改造项目367个，占地2768公顷；完成项目262个，占地598.62公顷。

制订实施《关于加快推进“三旧”改造促进城市升级工作的意见》，重点在旧厂房改造控制比例、奖励标准、收益分成、完善历史用地办理、公益性用地比例等方面提出新的控制要求。

组织制订《关于加快推进“三旧”改造促进城市升级工作的补充意见》，主要包括：完善历史用地手续、加大扶持和奖励旧厂房改造力度、优先保证公益性用地的供给与落实等内容。制订《佛山市“三旧”改造完善历史用地手续操作办法》。据统计，佛山市“三旧”改造需完善手续的历史用地5936公顷，拟从办理时限、分类办理类型、材料组织、工作流程等方面，对完善历史用地手续进行规范。

进行标图建库动态管理。已基本建立三旧改造“标图建库”系统，并形成每年6月、12月定期动态调整机制。年内，纳入“三旧”改造地块图斑共5886宗，总用地面积3.16万公顷。（许伟）

【建筑业】 2012年，佛山市在建监督工程6432项，建筑面积4533.41万平方米，工程合计总造价716.97亿元；佛山市禅城区、南海区、高明区、三水区新报建项目2135项，建筑面积2105.93万平方米，工程合计造价337.4亿元。新注册工程监督覆盖率、受监工程主体结构合格率、竣工验收工程一次验收合格率达到100%。7家企业被评为2011年度优秀施工企业，21人被评为2011年度建筑业企业优秀项目经理；9家企业被评为2011年度先进工程监理企业，9人被评为2011年度优秀总监理工程师，10人被评为2011年度优秀监理工程师。

工程质量管理 2012年，佛山市建筑工程质量态势总体平稳，佛山市禅城区、南海区、高明区、三水区获“广东省优良样板工程”3项，获“佛山市优良样板工程”14项。佛山市、区住房和城乡建设行政主管部门加强对工程实体质量和参建各方主体质量的行为监督，不定期组织巡查抽检。结合建材打假，加强对进入建设工程施工现场的钢筋、构配件、墙体材料等主要建筑材料的现场抽查工作。在建材打假行动中立案71宗，主要涉及管桩、水泥、建筑用砖、安全网、安全帽、安全带及钢扣件等。同时，创新监管方式。佛山市、区两级住房和城乡建设行政主管部门加强对建筑企业诚信行为的动态检查。表彰良好行为企业165家，查处不良行为企业529家。在建立工程质量检测监管信息系统的基础上，开发建立“佛山市混凝土质量追踪和动态监管系统”，投入使用后将实现对混凝土生产、使用、监测全过程的实时质量追踪和管理。

施工安全管理 2012年，佛山市禅城区、南海区、高明区、三水区41个工地被评为“佛山市房屋市政工程安全生产文明施工示范工地”，比2011年增加9个，省“双优”工地数量也较2011年有所提升。全年发生建筑施工安全事故1起，死亡1人。各项指标均在省住房和城乡建设厅下达的控制指标范围内。佛山市、区两级住房和城乡建设行政主管部门和施工安全监督机构组织包括建筑施工安全季度巡查、节前建筑施工安全检查等，共检查建筑施工工地1268个，排查建筑施工隐患712项，整改712项，整改率100%。开展深基坑、高支模、建筑消防、外脚手架、建筑起重机械和施工坍塌等专项整治工作；其中建筑起重机械安全专项整治工作，出动3120人次，检查480项在建工程，共检查塔吊500台、施工外用电梯531台、物料提升机131台；开展20次其他专项整治工作，出动955人次，检查433项在建工程，发现隐患274项，整改274项。利用安全生产动态扣分手段，保持安全生产高压态势，2012年全市共扣分1554条。加强对危险性较大的分部分项工程安全专项施工技术方案的编制、审查、论证、审批和验收制度的监督管理。对专家库进行更新，对专家进行培训。在“安全生产月”活动月期间，举办建筑施工安全检查标准（JGJ59—2011）讲座。（周炳明 关晔华）

勘察设计管理 2012年，佛山市禅城区、南海区、高明区、三水区完成佛山市体育学校改造工程等89项大中型建设工程初步设计审查，办理南海万达广场南6栋等14项工程超限抗震设防专项审查批复工作。继续做好勘察设计企业违反强制性条文网上公示制度和通报工作，并按规定对责任单位进行诚信扣分，全年公示4批共98个项目违强情况。

开展勘察设计质量专项检查工作。5月、10月分别组织开展全市勘察设计质量专项检查，抽取38个项目，重点检查保障房、居住建筑、公共建筑建设项目。8月，印发《佛山市住房和城乡建设管理局关于切实做好全市保障性安居工程勘察设计质量监管工作的通知》，进一步加强对保障性住房勘察设计质量的监督管理。（吴燕婷）

【建设科技】 2012年，佛山市禅城区碧桂园城市花园（北地块）工程、佛山岭南天地D地块公寓式酒店等两个项目顺利通过省住房和城乡建设厅组织的省建筑业新技术应用示范工程专项验收；南海区承创大厦等5个项目组织申报2012年度省建筑业新技术应用示范工程立项。加强对取得示范工程立项的在建项目的监督管理，督促项目执行施工单位落实各项新技术应用实施。为加强全市建设工程新技术宣传推广，佛山市住房和城乡建设管理局委托佛山市建筑业协会将全市近年来的建设工程新技术汇编成册，编制《佛山市建设工程新技术成果汇编》，汇编分为房屋建筑、市政路桥和建筑节能三个章节，收录古建筑屋脊保护技术等54项新技术。

建筑节能　2012年，佛山市建筑节能工作在全省建筑节能专项监督检查中被评为优秀。佛山市住房和城乡建设管理局组织各区建设主管部门开展2012年度建筑节能工作考核；全面实施新型墙体材料专项基金征收工作；对各区进行基金征收情况检查。全年墙改基金征收项目1163项，预收基金1.66亿元。

是年，佛山市人民政府印发《关于加快推广绿色建筑的意见》《佛山市绿色建筑行动方案》等文件，指导全市推广绿色建筑工作开展。全年创建绿色建筑7项，71.77万平方米，完成省下达的60万平方米年度建设任务。佛山新城被纳入省级绿色低碳新区建设示范。开展2012年度市级建筑节能示范项目组织申报和评审工作，佛山依云水岸17号商业楼等6个项目通过项目评审及佛山市人民政府审批。

完成2011年度国家机关办公建筑及大型公共建筑的能耗统计工作，共统计80栋建筑，能源审计12栋建筑，建立4个能耗监测建筑。开展建筑节能材料和新型墙体材料登记备案工作，新办理登记备案共10种节能材料和9种新型墙体材料。（吴燕婷）

【建设事业信息化】　2012年，佛山市完成房地产市场信息系统、佛山市国有土地上房屋征收与补偿管理系统建设、佛山市个人住房信息系统的开发建设。为推进全市各级住房和城乡建设部门网上办事大厅建设，深化住房和城乡建设领域行政审批制度改革，优化审批流程，方便企业和群众办事，对佛山市建筑行业诚信管理系统进行升级改造，实现完全网络电子化。为政府部门和建设单位监督建筑企业市场行为提供依据，为查询企业和个人信用信息提供途经。

（江飞　周炳明）

2012年，佛山市数字化城市管理信息系统（简称“系统”）运行顺利。佛山市住房和城乡建设管理局在系统原有建设和运行的基础上，通过出台《佛山市数字化城市管理实施办法》《数字城管考核标准》等一系列规范性文件，为加强数字城管的日常运行和开展监督考评提供依据；完成佛山市级平台与南海区级平台、顺德区大良街道平台之间的对接，实现全市数字城管数据的互联互通；完成服务器和存储的采购，提高系统的处理能力和稳定性；利用考核杠杆对各区和佛山新城的数字化城市管理工作进行考核评价，提升全市数字城管业务水平、案件质量和办案效率；扩大数字城管的覆盖地域。全年全市受理案件24万宗、立案21.08万宗、结案20.76万宗，结案率98.48%，系统日均案件处置能力近600宗，案件处理效率稳步提升，系统的运行效能日益提高。（梁小贤）

【佛山市设立农村环境保护专项奖励资金】　2012年，佛山市启动农村水环境综合整治工作，设立农村环境保护专项奖励资金1200万元，主要奖励国家级生态乡镇和生态村、建成污染治理设施的规模化生猪养殖场和建成分散式农村生活污水治理设施的村。农村专项奖励资金的设立，进一步推进农业面源污染整治工作。（刘勇）

【佛山市项目获中国城市环境卫生协会奖项】　2012年2月17日，中国城市环境卫生协会2011年年会在上海召开，佛山市报送的“佛山市南海区城乡一体化生活垃圾转运工程及集中控制系统项目”获2011年度“环卫行业创新奖”，“佛山高明生活垃圾卫生填埋场第三方监管项目”获2011年度“环卫行业创新入围奖”。

【佛山市项目获评岭南特色建筑和园林设计奖项】　2012年，佛山市5个项目获广东省岭南特色建筑和园林设计奖项。由广州瀚华建筑设计有限公司设计的佛山时代依云小镇、华南理工大学建筑设计研究院设计的华南师范大学南海学院获“广东省岭南特色建筑设计铜奖”；由顺德建筑设计院有限公司设计的顺德龙江仁园、禅城区塘头村村委申报的禅城区梁氏家庙分别获“广东省岭南特色乡村民居银奖”和“广东省岭南特色乡村民居铜奖”；由深圳市北林苑景观及建筑规划设计院有限公司和美国SWA GROUP集团设计的南海中轴线开放空间设计获“广东省岭南特色园林设计银奖。”

【“佛山园”获第八届中国（重庆）国际园林博览会奖项】　2012年5月11日，第八届中国（重庆）国际园林博览会落幕，由佛山市出资、佛山市住房和城乡建设局负责建设的参展项目“佛山园”（即“有为园”）获得该届国际园林博览会的室外展园综合金奖、设计优秀奖、施工优秀奖和植物配置大奖等奖项。佛山市住房和城乡建设管理局被住房和城乡建设部授予优秀组织奖、先进集体奖、优秀建设奖。

【《佛山市创建宜居社区工作总体规划（2012~2015）》出台】　2012年，佛山市印发《佛山市创建宜居社区工作总体规划（2012~2015）》，规划重点明确佛山市创建宜居社区工作的目标任务、部门分工、考核流程、资金筹措、保障措施等，2012~2015年，佛山市计划分四批次创建136个以上广东省省级宜居社区。

【佛山市召开全市加强城市管理动员大会】 2012年，佛山市人民政府召开全市加强城市管理动员大会，会议详细介绍《关于加强城市管理工作的实施意见》《佛山市城市管理考核评比暂行办法》和《佛山市城市管理考评标准》，提出佛山要借鉴湖南株洲经验，要求全市上下行动起来，集中治理城市"脏乱差堵"现象，力争"一年见成效，三年大变样"。 （张珍妮）

附录：佛山市住房和城乡建设管理部门主要领导

佛山市住房和城乡建设管理局

党组书记、局长：钟美恃

佛山市国土资源和城乡规划局

党组书记：潘念礼

党组副书记、局长：柳玉斌

佛山市水务局

党组书记、局长：韦奕铨

佛山市住房公积金管理中心

党委书记、主任：冯　颢

顺德建设

【概况】 2012年，佛山市顺德区全年完成城乡基础设施投资69.46亿元。投入城市管理资金15.11亿元，投入城镇污水处理厂远程监控系统建设资金100多万元，城市建成区面积扩大至149.54平方千米。截至2012年年底，全区城市道路1767.77千米，大小桥梁672座，天然气市政管网689.93千米，供水管道3116.21千米，排水管道255.745千米，日均实际污水处理量47.46万吨，城镇生活污水处理率83.31%。全区新增保障性住房3480套，竣工保障性住房676套，新增任务完成率116%，竣工任务完成率169%。实施重点交通建设项目35项，预算总投资约150亿元，先后完成十项重点工程建设。全区建成城市绿道286千米，森林覆盖率3.02%，人均公园绿地面积18.76平方米，林地总面积1576.50公顷，林地绿化率97.7%。 （韦金凤）

【城乡规划】 规划体制改革　2012年，顺德区开展规划管理体制改革，建立"决策、执行、监督"相对分离、相互制约的规划管理模式，按三大功能片区范围相应设立东部、北部、西南部规划管理局，作为各项决策及行使规划审批权的执行机构。

规划编制　2012年，顺德区确立功能分区和强中心战略，围绕佛山新城、顺德新城两个强中心，组织开展顺德区三大片区战略评估及行动纲领研究、广州南沙新区影响下的策略研究等工作。组织开展顺德区控制大纲、近期建设规划等编制工作。综合协调城际轨道广佛环线、城际轨道广佛江珠线、佛山市地铁1号线二期、2号线、3号线、广州地铁7号线延伸线等工程。

规划管理　2012年，顺德区加大规划管理统筹力度，编制《规划审批管理手册》。横向统筹涉及部门较多、审批环节较复杂的审批事项，优化协调环节、提高审批效率；纵向加强镇（街道）、部门、规划管理局之间的联动，综合统筹区重点项目及跨区跨片区项目，确保规划编制与规划实施管理的有效衔接。 （张兆有）

【宜居城乡建设】 2011~2012年，顺德区德和、中区、北区、金榜、顺峰、文秀、南华、升平、新桂、府又、近良、新松、云路、五沙、苏岗、德胜、小黄圃、容新、红星、大福基、振华、南区、东风、容山、四基、桂洲、世埠、西溪、陈涌、齐杏、马齐、吕地、均安、三华、鹤峰、光大36个社区被授予"佛山市宜居社区"。 （张兆有）

【城市建设与管理】 交通建设　2012年，顺德区实施重点交通建设项目35项，预算总投资约150亿元，其中城市升级交通建设项目（含顺德新城计划）13项，其他重点项目22项。年内先后完成一环南延线主线、番村立交、高赞立交、高富路、荷岳路（二期）、五沙大桥扩建工程、百安路光华路口跨线桥、羊大路北岸、国道G325线顺德龙洲路口立交工程、佛开高速扩建工程顺德段等十项重点工程建设，新增道路里程24千米，改造道路里程19千米。年内建设完成人行天桥18座。

城市园林绿化　2012年，顺德区森林覆盖率3.02%，人均公园绿地面积18.76平方米。全区完成义务植树70.10万株。全年新增、改造绿化面积215.30公顷，完成新建或改造公园23个，完成道路绿化改造提升63条。完成广珠西线生态景观林带建设（全线长32千米，可建设里程13.1千米），绿化面积185.41公顷。

林地建设。2012年，顺德区林地总面积1576.50公顷，林地绿化率97.7%。全年未发生重大森林火灾及有害生物危害现象。10月18日，顺德区顺利通过创建"全国绿化模范城市"全国绿化委员会检查验收组的验收。

绿道建设　2012年，顺德区建成城市绿道286千米，超额完成《珠江三角洲地区改革发展规划纲要（2008~2020年）》下达给顺德区的220千米的绿道网建设监测指标。完成各镇（街道）建区域和城市绿道的配套设施建设，建成10千米绿道精品工程，建成大良顺峰山公园东入口等10个驿站，安装伦教文化广场驿站等8个自行车租赁点，完成陈村二龙公园驿站绿化提升工程等5项绿化配套建设。同年，完成区内主干道及G105国道、广珠西线等多处路网衔接口的绿化提升工程。 （韦金凤）

城市环境卫生　2012年，顺德区完成餐厨垃圾处理专项规划编制和评审工作，启动10个镇（街道）村居保洁专业化工作，启动北滘等5个镇级生活垃圾中转站的升级改造工作。乐从镇、均安镇全面完成村居垃圾收集站改造；北滘镇开展垃圾分类处理试点工作。

城市生态环境保护与建设　2012年，顺德区全区环境空气质量优良天数API达347天（按GB3095—1996评价），大气综合污染指数0.68，比上年增加0.01。大气环境中，二氧化硫、二氧化氮和可吸入颗粒物的年平均值浓度均符合国家二级标准，降尘量年均值符合广东省暂定标准。全年降水pH月平均值为4.79，降雨质量有所下降。全区各镇（街道）综合区域环境噪声昼间平均值58分贝，符合2类区（60分贝）标准，交通道路噪声昼间平均值66.90分贝，符合标准（70分贝），声环境质量维持稳定。水环境中，饮用水源地水质和主要河道水质保持“优”级别，内河涌水质为“轻度污染”级，水质与上年度相比保持稳定。

是年，伦教、北滘、陈村、乐从、龙江5个镇（街道）被环保部命名为“国家生态乡镇”，大良、勒流、杏坛3个镇（街道）被广东省环境保护厅命名为省级生态乡镇。此外，全区新增“广东省环境教育基地”8个、“广东省生态示范村”1个。

污染源治理。2012年10月，顺德区出台黄标车提前淘汰补贴方案，至12月底664台车提前报废。出台燃煤、燃重油、燃木材小锅炉的淘汰方案，拆除、改造或停用锅炉102个。按计划完成省控、市控和区控30%的工业挥发性有机物重点监管企业的整治。提升空气污染物监测能力，完成空气监测实验室建设和监测网络平台升级，按照空气质量新标准发布粤港联控网测点、国控测点、市控测点的空气环境质量信息。推进华口电镀城、杏坛电镀城的污水集中处理和大良成德实业有限公司安装电镀废水深度处理设施。督促电镀企业淘汰含氰工艺。督促电镀、铅蓄电池、废水集中处理等重污染行业开展强制性清洁生产审核，完成铅蓄电池企业验收工作。

城市水环境建设　2012年，顺德区疏浚支干河涌和支涌565千米，推进重点水利工程项目23宗。是年，顺德区龙江污水处理厂二期厂区投入试运行。容桂第二污水处理厂一期、勒流污水处理厂三期、陈村污水处理厂二期厂区动工建设。乐从污水处理厂二期经佛山市政府协调，至2012年9月份明确不接收禅城区南庄镇污水，前期筹备工作有所放缓。是年，全区城镇生活污水处理率83.31%，日均实际污水处理量为47.46万吨，全年产生剩余污泥6.71万吨。年内投资100多万元建设城镇污水处理厂远程监控系统，预计2013年年底前投入使用。

是年，顺德区设立3.9亿元“以奖促治”专项资金，专款专用于奖励农村分散生活污水处理工程建设，探索解决偏远农村内河涌污染问题的新模式。年内发布两批次26个农村分散生活污水处理项目，总投资1.50亿元，其中勒流南水村污水处理工程等6个项目动工建设，其他项目处于前期招投标阶段。

城市供水　2012年，顺德区完成供水规划修编，计划将21家自来水厂优化整合为5家，集中力量保障饮用水安全，为城市升级和产业提升腾出空间。完成北江水系饮用水源保护区标准化建设。推进农村供水设施改造，勒流见龙水厂完成关闭工作。

城市供气　2012年，顺德区新建天然气市政管网88.31千米，新增天然气用户1.77万户，截至年底全区管网689.93千米，用户数7万户，全年天然气销售量1.25亿立方米，比上年增长25%。是年，均安南浦天然气加气站动工建设。

城市综合管理　2012年，顺德区全面推进“美城行动”，采用EMC、BOT模式，开展1.50万盏路灯的LED改造工作。全区城市管理投入15.11亿元，其中区级投入9.60亿元，镇级投入5.51亿元。全年查处市容环卫、城市规划、园林绿化、市政管理、生活环境噪声等污染、无照商贩占道经营、室内违建等案件2242宗；整治户外广告牌7732宗，拆除违建广告牌4775宗，责令整改2957宗，整治面积15.38万平方米。

是年，顺德区“数字化城管”云计算平台投入运行，在大良试点的基础上，北滘等7个镇（街道）

▲2012年1月，佛山市顺德区大良新城区沿江路城市绿道工程完工

（顺德区国土城建和水利局供稿）

铺开“数字城管”建设，全年新增覆盖区域50.20平方千米，全区总覆盖区域98平方千米。（翁国锢）

【城镇村庄建设】 2012年，顺德区制定实施《佛山市顺德区名镇名村建设试点实施工作方案》，明确年内创建名镇名村示范村试点的建设对象、建设目标和基本任务，并以规划为龙头，使名镇名村规划建设与土地利用总体规划、城镇总体规划和“三旧”改造规划相衔接。

名镇建设 均安镇以《均安名镇建设规划》为指导，着力打造珠三角特色生态旅游名镇。将规划的重点项目建设与区、镇年度重点项目计划挂钩，提升均安镇的整体风貌、环境卫生、基础设施建设水平等。（韦金凤）

【房地产业与住房保障】 房地产市场 2012年，顺德区房地产开发投资181.75亿元，比上年下降3%。全年办理预售房地产170宗，建筑面积378.93万平方米，用地面积105.4万平方米；确权307宗，建筑面积517.05万平方米，用地面积175.6万平方米。办理房地产权初始登记2892宗，变更登记2.04万宗，注销登记862宗。全年商品房市场呈现量价渐增、前低后高走势。新建商品房（含商品住宅、商铺、商品厂房、车位）成交量为304.94万平方米，比上年增长9.72%；成交套数3.09万套，比上年增长16.66%；成交金额229.34亿元，比上年增长7.64%。其中新建商品住宅成交量为261.38万平方米，比上年增长9.14%；成交套数2.13万套，比上年增长3.65%；建筑面积交易均价为6837.42元/平方米，比上年下降5.52%。全年存量商品住宅房交易量为108.56万平方米，比上年下降25.46%；成交套数7630套，比上年下降26.19%。

商业用地出让。相对于2011年的商业用地市场，2012年商业用地出让成交明显活跃。2011年挂牌33宗，流拍6宗；2012年挂牌48宗，流拍3宗。全年出让商业用地45宗，合计154.2万平方米，比上年增长101.28%；成交金额131.36亿元，比上年增长150.51%。其中住宅用地（含兼容商业用途）18宗，用地面积76.27万平方米，建筑面积240.1万平方米；商业用地27宗，用地面积77.93万平方米，建筑面积303.45万平方米。

由于住宅限购政策的实施，市场对商业用地的购地意向大增，商业用地的供应量首次超过住宅用地。2012年住宅用地比上年增长30.4%，商业用地增长330%。

是年，顺德区举行土地公开拍卖、挂牌竞价会37场次，向市场推出土地65宗，成交土地面积为163.64万平方米，成交总金额89.67亿元。受理其他中介拍卖机构的土地使用权公开拍卖前审批备案件两宗。

保障性住房建设 2012年，广东省下达给顺德区住房保障工作目标任务是新增保障性住房3000套，竣工400套。截至2012年12月底，全区实际新增保障性住房3480套，实际竣工保障性住房676套，新增任务完成率116%，竣工任务完成率169%。

年内对符合廉租住房保障条件的572户家庭全面实施保障，其中以发放租赁补贴方式保障的家庭399户，发放补贴金额约311万元，向无房的异地务工人员和新就业职工新增公租房445套、限价房542套，新增入住人数约3000人。此外，大良、容桂街道新增销售经济适用房58套。

物业管理 2012年顺德区受理前期物业管理备案51宗，新成立业主委员会44个，累计成立309个。完成住宅专项维修资金支取审批91宗，涉及金额145.50万元，累计开立维修资金专户440个，资金余额13.49亿元。

是年，启动顺德区业主公共事务决策平台开发工作。依法实行维修资金集中管理，实现在业主大会成立前以主管部门名义开设住宅专项维修资金专户进行管理的新模式。深化行政审批制度改革，转变行业管理模式，将物业服务企业诚信手册管理转移至顺德区物业管理协会进行日常管理，将物业服务合同备案等审批事项下放至各镇（街道）审批。（韦金凤）

【“三旧”改造】 2012年，顺德区围绕“城市升级引领转型发展，共建共享幸福顺德”战略目标，结合城市升级五年行动计划，开展“三旧”改造各项工作。一是深化完善配套政策，修订《顺德区“三旧”改造项目操作办法》，创新性提出项目联审制度，全面缩短“三旧”改造审批流程和时限。二是启动《顺德区三旧改造专项规划》修编工作以及编制三个“三旧”改造项目的控制性详细规划。三是做好“三旧”改造地块标图建库动态调整工作。经过年内两次标图建库动态调整后，全区图斑为455块，总面积4927.61公顷。全年核准认定“三旧”改造项目41个，总用地面积391.16公顷。四是加快重点项目建设步伐，推进勒流滨水生态城改造项目、德胜河“一河两岸”改造项目、乐从北入口改造项目、华南机械城改造项目、龙江陈涌旧村居改造项目等项目，发挥示范带动作用。（张兆有）

【建筑业】 建筑行业管理 2012年，顺德区核发施工许可351项，面积643.18万平方米，造价100.74亿元；办理单位工程竣工验收备案422宗，面积860.84万平方米，造价120.80亿元。

建设工程招投标 2012年，顺德区受理建设工程招标项目备案397项（含46项招标失败项目），完成招标项目程序342项，投资额（中标价）52.19亿元，其中采用公开招标279项，投资额（中标价）30.80亿元；邀请招标63项，投资额（中标价）21.39亿元。

是年，完成国有或集体投资建设工程招标控制价备案398项，工程造价41.14亿元。受理国有或集体资金投资工程的竣工结算备案169项，工程造价11.69亿元，备案核减2864万元。受理施工合同备案187项，受理工程造价变更备案29项。

建筑工程质量管理 2012年，顺德区建筑工程质量稳定，未发生一般或一般以上的工程质量事故。全年对商品住宅、校舍工程抽测钢筋原材361组，抽测工程实物质量368项。开展“三打两建”活动，检查建筑工地740宗（次），实体质量抽检121项（次），检测建材及安全防护用品1774批（组）次。

为加强验收监管工作，在分户验收监管中强化对天面蓄水和外墙淋水试验项目的抽检，在工程验收条件审核和监督报告中增加无障碍措施质量评价栏目。年内全区80多项商品住宅工程建立质量样板间制度。2012年9月，顺德区建设工程质量安全监督站通过广东省住房和城乡建设厅的质监机构和人员考核。

建设施工安全管理 2012年，顺德区不定期组织施工安全检查、年中安全生产检查、分部分项工程管理等专项检查，发出整改通知书1453份，对违规企业和人员执行扣分607次。建立建筑施工安全生产措施企业标准化样板工地的试点，优化起重机械信息化管理系统。全年发生建筑施工安全事故1起，死亡1人，事故死亡人数控制在广东省住房和城乡建设厅下达的安全生产事故控制指标之内。

2012年，顺德区获2011年“佛山市优良样板工程”两项，获评“佛山市安全生产文明施工优良样板工地”7项。3月，广东雄辉市政公用工程有限公司被广东省安全生产监督管理局命名为“广东省安全文化建设示范企业”。11月，顺德区建设工程质量安全监督站被中国建筑业协会工程建设质量监督与检测分会授予“全国建设工程质量监督系统先进单位”称号。

勘察设计管理 2012年，顺德区完成施工图审查项目826项，其中勘察专业332项，进尺33.51万平方米；建筑结构专业351项，面积725.85万平方米；给排水专业387项，面积815.62万平方米；电气专业387项，面积816.09万平方米；暖通空调专业87项，面积397.6万平方米；路桥专业97项；燃气专业46项。 （韦金凤）

【建设科技】 建筑节能 2012年，顺德区审查节能设计工程项目156项，总建筑面积221.30万平方米，其中，居住建筑面积118.29万平方米、公共建筑面积103.01万平方米。新建建筑设计阶段建筑节能标准执行率、民用建筑新型墙材应用率、建筑技能设计达标率均达100%。

是年，完成3个试点项目的能源审计和220栋建筑的能耗统计工作，安装广东省大型公共建筑能耗监测系统，建立建筑能耗监管平台，完成全区建设工程项目节能验收144项。

新型墙体标砖生产 2012年，顺德区5家新型墙材厂家实际生产标砖4.59亿块，折合节耕地50.47公顷，节约能源2.85万吨标煤，减少废气排放约1.41万吨。

散装水泥使用 2012年顺德区散装水泥使用量为74.88万吨，比上年下降16.5%，预拌混凝土使用量238.54万立方米。 （韦金凤）

【建设事业信息化】 城建大平台一期系统建设 2012年，顺德区城建大平台一期系统建设完成，7月份正式投入运行。至2012年末，各子系统运行平稳，其中全区危房历史普查数据全部整理入库，房屋安全管理系统以容桂街道国土城建和水利局为试点投入运行，工程建设管理系统和内部监察系统在试运行中得到完善。

绿地资源数字化信息系统 2012年，在开展全区绿地资源综合调查的基础上，顺德区建立以绿地资源数据动态更新为核心应用的数字化信息系统。11月，经省、市绿化林业主管部门和专家评审，项目验收合格。 （韦金凤）

【顺德区开展社区活动中心建设】 2012年，顺德区大良五沙社区投资450万元建设社区活动中心。勒流江义村投入800万元建设江义村河岸公园，与对岸的怡情公园连接，改造成为具有水乡特色的河岸公园；均安鹤峰村建成豸浦金马公园，投资2150万元建设豸浦文体中心、文体中心前广场及周边环境配套工程、鹤峰旧村路网及管网升级改造等9项重点工程。 （韦金凤）

【顺德区启动顺德新城五年建设行动计划】 2012年，佛山市顺德区启动顺德新城五年建设行动计划。在德胜河以北，羊大路以南，桂畔海以东，李家沙水道以西的区域约70平方千米的范围内推进43个建设项目，包括规划编制类6项、绿化景观提升类项目12项、交通基础设施建设工程类12项、重点项目建设类12项、夜景亮化工程类1项。是年，顺德新城项目43个项目按计划启动，37个工程建设类项目中有21个动工。绿化和景观提升类项目中，广珠西线出入口美化、广珠西线生态景观林带建设、碧桂路城区出入口景观绿化提升、主城区立交及人行天桥立体绿化等4个绿化项目完成；规划编制类项目中，顺德新城北城水轴片区控规、德胜河北岸G105—德胜大桥段滨河景观带提升改造规划完成两项。

【顺德区推进人行天桥建设】 2012年，佛山市顺德区建成人行天桥21座，其中大良街道3座、伦教街道1座、勒流街道2座、陈村镇3座、北滘镇3座、乐从镇3座、龙江镇5座、杏坛镇1座。另有9座人行天桥进入施工阶段。人行天桥的建设缓解顺德区交通密集区域的人车通行矛盾，为行人横过公路提供安全保障，提高道路交通通行能力。

（殷国新）

【顺德区设立三大片区规划管理局】 2012年，为配合佛山市顺德区的规划管理体制改革工作的需求，建立“决策、执行、监督”相对分离、相互制约的规划管理模式，对顺德区发展规划和统计局进行规划管理体制改革，按三大功能片区范围设立东部、北部、西南部规划管理局，作为规划管理执行机构，负责行使规划审批权。同时优化调整内设机构，局属规划业务科室集中行使决策权，强化宏观决策和引领作用。

【顺德区制定城市升级战略】 2012年，城市升级是顺德区工作的头号工程，也是突破顺德区城市化与经济社会发展问题的核心重点。在推进城市升级战略中，顺德区通过顶层设计，发挥规划的引领作用。制定《顺德区城市升级五年行动计划》和《顺德新城五年建设计划》，指导各镇、街开展中心区域和重点地段城市升级工作。（张兆有）

附录：佛山市顺德区住房和城乡建设管理部门主要领导

顺德区国土城建和水利局

党委书记、局长：林胜初

顺德区发展规划和统计局

局长：杨小晶

党委书记：梁伟沛

顺德区环境运输和城市管理局

党委书记、局长：陈浩斌

韶关建设

【概况】 截至2012年底，韶关市有省级宜居示范城镇4个，宜居示范村庄10个，“全国生态示范区”1个。完成农村饮水安全工程121宗，解决72.8万名农村人口的饮水安全问题，比中央计划提前一年完成任务。编制完成《韶关市芙蓉新城发展战略规划与控制性详细规划整合》方案，完成《韶关市芙蓉新城滨江景观带概念设计》的方案竞标。全年全市房地产开发企业共完成投资85.91亿元，比上年增长5.7%；商品房施工面积998.2万平方米，增长8.2%。市区房地产交易与权属登记2.5万宗，面积469万平方米，金额92亿元，分别比上年增长14.67%、23.18%和45.48%。建筑业增加值58.1亿元，比上年增长16.5%；完成建筑施工产值163亿元，增长25%。实现优质安全供水5699万吨，新敷设管径DN80以上的供水主管9.3千米。全年处理污水495万吨、处理生活垃圾18万吨，90%的乡镇和60%的行政村初步建立起农村生活垃圾收运处置体系。

（章程）

【城乡规划】 规划编制 2012年，韶关市组织编制《韶关市近期建设规划（2011~2015年）》《韶关南部地区（韶冶及对岸地区）控制性详细规划及专题研究》《韶关历史文化名城保护规划》等，完善韶关城市规划编制体系。编制完成《韶关市芙蓉新城发展战略规划与控制性详细规划整合》，并结合韶关芙蓉新城规划调整，编制完成《东莞（韶关）产业转移工业园扩园总体规划》。做好园区重点项目的规划审批工作。组织开展南雄市中心城区总体规划和新丰县县城总体规划修编；初步完成仁化县县城总体规划纲要评审；完成始兴县生态湿地公园概念性规划、翁源县《翁中片新型服务业发展区项目建设规划》和乳源瑶族自治县金狮公园绿道规划初步方案。

村镇规划 2012年，韶关市组织100个市级试点村编制村庄规划，提升全市村庄规划覆盖率；组织编制罗坑镇、花坪镇、江湾镇、樟市镇、枫湾镇总体规划，试点推进市区周边镇总规编制工作；组织启动新丰县梅坑镇大岭村、仁化县城口镇恩村、曲江区白土镇苏拱村和南雄市南亩镇鱼鲜村等古村保护规划编制工作；组织3个镇和12个村编制生态乡镇（村）建设规划；组织编制珠玑镇和回龙镇控制性详细规划。

规划管理 行政审批制度改革。取消9项规划行政审批事项，对保留的行政许可事项的审批时限进行缩减，实现平均提速40%。是年，韶关市区受理行政审批业务608宗，提前办结599宗，提前办结率99.5%。

信息化建设。改造升级韶关市城乡规划管理系统、韶关市数字化城建档案管理系统和城市基础数据共享平台工程。“韶关市数字化城建档案管理系统”获“华夏建设科学技术二等奖”，“城市基础数据共享平台工程”获“中国地理信息产业优秀工程金奖”。

城乡规划监察。重点对市区韶塘片区进行集中排查，发现违法建筑127栋、面积12.6万平方米，全年发函移交执法局查处违法建筑18次，对违法建设作出鉴定15宗。

（李冬辉）

【宜居城乡建设】 2012年，韶关市选取3个城镇，9个村庄作为宜居城镇、宜居村庄创建试点，推动宜居城乡创建工作全面展开。是年，浈江区犁市镇、始兴县深渡水瑶族乡、始兴县沈所镇获第二批“广东省宜居示范城镇”的称号。曲江区马坝镇圳背村、乐昌廊田泉塘村等7个村获“广东省宜居示范村庄”称号。

截至2012年年底，韶关市有省级宜居示范城镇4个，宜居示范村庄10个，“全国生态示范区”1个；始兴县的澄江镇、顿岗镇、沈所镇被命名为“国家级生态示范镇”，始兴县城南镇杨公岭村等9个行政村，始兴县澄江镇潭坑村委高车组

▲*韶关市丹霞山风景名胜区（2012）* （刘加青 摄）

等5个自然村被命名为“市级生态示范村”。7个镇被命名为“国家级生态示范镇”；1个镇、3个行政村、7个自然村、4个生态园被命名为“省级生态示范镇（村、园）”；9个行政村、54个自然村被命名为“市级生态示范村”；44个乡镇、24个行政村通过市森林生态示范镇（村）验收。丹霞山风景名胜区环境综合整治项目也于2012年3月被授予“广东省宜居环境范例奖”。全市建成5个生活垃圾填埋场并投入运营。（章程）

【城市建设与管理】 市政建设 2012年，韶关市的主要市政工程项目有北江大桥大修工程、通天塔重建等。

北江大桥维修。韶关市北江大桥建于1978年，跨越北江，全长490米，是一座十一跨钢筋混凝土箱板拱桥，是韶关市东西向的交通要道之一，该桥由于使用年限较长，桥面交通流量大，桥9号墩处出现横向开裂现象，存在安全隐患。2012年，韶关市组织北江大桥大修工程。大桥桥面铺装工程在2013年1月23日完成并恢复双向通车，转入桥墩修复工程，整项工程计划于2013年8月完工。

通天塔重建。重建的通天塔由华南理工大学建筑文化遗产保护设计研究所设计，塔高39米，总投资2920万元，采用宋代风格的八角九层楼阁式建造。于2011年7月动工建设，2012年9月完工。这是通天塔在时隔160年之后，再次矗立在韶城洲心岛之上，在重建的过程中，得到社会各界人士的支持，企业和市民先后为通天塔重建捐款100多万元。

新南韶路道路维修和摊铺沥青路面工程。新南韶路（火车东站财富广场至浈江南路口）为韶关市区南北向交通主干道。燃气管网改造和路面改造工程于2012年9月完成，摊铺混凝土泥土路面共1759.87平方米，摊铺沥青总面积为7465.5平方米，2012年9月24日恢复通车，保障国庆黄金周期间的交通顺畅。

建设西路路灯安装。2012年11月开始动工安装路灯，十里亭建设西路长2.1千米，安装150瓦的LED路灯73套，为周边3万多名居民解决照明问题。

城市园林绿化 2012年，韶关市市区有7个公园（含河滨公园），总面积344万平方米；有120万平方米绿地（不含公园面积）以及5.9万棵路树。是年，完成沐溪大道中间绿化带工程，种植乔灌木1880株，地被植物8200平方米。用万寿菊、一串红、矮牵牛等20种花卉品种，30.5万盆，完成春节、国庆等节日期间的市区摆花装饰工程。

（高涛）

韶关市丹霞山风景名胜区建设 韶关市丹霞山管理委员会（韶关市环丹霞山旅游产业园管理委员会），原名为韶关市丹霞山风景名胜区管理委员会，2012年11月正式更名。2012年，丹霞山管委会围绕大旅游、大丹霞目标任务，全面做好景区保护、规划、利用、建设工作。全年接待游客309.4万人次，实现旅游总收入6.4亿元，较好地实现了“安全、秩序、质量、效益”四统一目标。

2012年，按照遗产地保护规划的要求，丹霞山景区进一步加强遗产地资源保护和管理。完善保护监测配套设施，加强景区遗产地监测工作；做好生态公益林界定工作，协调市、县区林业部门做好丹霞山生态公益林界定及补偿金发放工作；加强景区古树名木及景区植物的病虫害调查，做好保护工作；加强景区文物保护管理，基本完成景区内石刻的拓片工作；推进环境整治工作。

经住房和城乡建设部审批同意，《丹霞山风景名胜区总体规划（2011~2025年）》于2012年6月8日正式颁布实施。完成《广东省韶关市丹霞山世界地质公园地质遗迹保护规划》编制工作。协助韶关市规划院完成景区内49个村小组的村庄整治规划修编工作。11月，正式启动《环丹霞山生态旅游产业园发展规划（2012~2025）》的编制工作，该规划的编制有利于有序引导丹霞山外围地带开发建设，对整个韶关旅游产业发展起重要指引。

2012年，丹霞山景区加大新景点的开发力度，进一步完善景区基础设施建设。建成卧龙冈森林生态科普旅游线路，并于10月1日正式开放。进一步完善巴寨景区的步道、票站、公厕、停车场、休息台等配套设施。完善游览服务配套设施，基本完成10.4千米旅游步道改造工程；基本完成7.2千米森林防火通道建设；完善标识系统；完成地质科考线路沿线的80余块解说牌、导览牌的改造翻新；完成长老峰、阳元山、卧龙冈游览区域服务设施的系统化改造。

2012年，丹霞山管理委员会加强标准化管理，提升景区服务质量和水平。4月24日，丹霞山和韩国济州岛签署友好合作协议书及备忘录，缔结姊妹公园，开启双方合作新篇章。8月22日，经国务院中国人与生物圈国家委员会批准，丹霞山国家级自然保护区加入中国生物圈保护区网络，充分肯定丹霞山丰富的生物多样性和自然保护成就。9月20日，在葡萄牙阿罗卡召开的世界地质公园管理局会议上，丹霞山世界地质公园顺利通过第二次中期评估。（刘美玲）

绿道建设　百芙绿道工程是2012年韶关市人民政府为民办的“八件实事”之一，该项目于2012年8月23日完成立项手续，路线全长46千米、项目总投资为1500万元。项目建设进展顺利，计划在2013年1月完成并投入使用。（章程）

城市环境卫生　2012年，韶关市浈江、武江河曲江三个区有环卫工人2160人，清扫面积1100万平方米，日清运垃圾约500吨，管养公厕80座、垃圾中转站16座，环卫设备约90辆，垃圾卫生填埋场1座，市区垃圾无害化处理率达100%。

垃圾收运系统升级改造。2012年，韶关市区有垃圾压缩转运站16座（含曲江区），大部分都是2005年建成或改建的，由于大部分垃圾转运站受垃圾腐蚀严重，设备严重老化，故障率高，作业模式和工艺水平较为落后，对周围环境易产生二次污染，影响城市环境卫生总体水平。

2012年，韶关市关闭升平路和九曲巷两座垃圾中转站，同时在五里亭原帽峰公园西侧山脚筹建一座环保型垃圾压缩站。该项目总投资约650万元，拟采用BOT模式，当年已完成环评、项目招标等工作，并已动工建设，预计2013年6月可完工投入使用。（高涛）

城市生态环境保护和建设　2012年，韶关市空气环境质量达到国家二级标准（优良）；饮用水水源地水质达标率、主要江河水质达标率、跨市河流交界断面水质达标率均为100%，交通和区域噪音控制在标准范围内，声环境质量保持稳定。全市环境质量处于良好状态。

脱硫脱硝设施建设和运行方面，2012年，韶关市二氧化硫排放量较去年同期有明显下降，其中韶关坪石发电厂有限公司（B厂）通过强化内部管理，新建两台备用石灰石投料系统，综合脱硫效率大幅提升；韶关电厂11号机组脱硫设施旁路取消工程如期完成；列入2012年关停计划的14条立窑水泥生产线全部停产关闭，并拆除主要生产设施。列入2013年责任书计划项目的韶关钢铁集团公司5号、6号烧结机烟气脱硫工程、乐昌南方水泥有限公司年产100万吨水泥生产线脱硝工程和翁源中源水泥厂年产200万吨水泥生产线脱硝工程项目提前完成。

农业污染源减排方面，制定《韶关市2012年畜禽养殖场污染减排重点项目的通知》，进一步明确13个养殖场减排治理任务和完成期限。为扩大污染综合整治范围，市、县两级环保、农业部门通过大量的调查和筛选，在列入省计划的13个养殖场限期整治基础上，再筛选出25家养殖场作为2012年的减排任务。2012年，38家养殖场的干清粪、雨污分流、沉淀池、沼气池、好氧曝气池、喷淋管道等设施全部完成。

机动车污染减排方面，全年韶关市更新投放75辆液化天然气公交车和5辆电动公交车，大幅减少机动车污染物排放。韶关市人民政府发布《关于执行国家第四阶段机动车污染物排放标准的通告》和《关于逐步限制高排放（高污染）汽车通行的通告》，促进“黄标车”的淘汰，有效控制机动车污染物的排放。

2012年市征收排污费2029.24万元，其中省属企业征收1718.29万元；市属（武江、浈江）企业收费310.95万元。

建设项目环境管理。严格环保准入，落实总量指标环保前置审批，严格执行环境影响评价制度。坚持把环保审批与推进现代产业体系建设结合起来，进一步完善建设项目环境保护综合管理系统。对市重点建设项目和推动全市经济发展方式转变的项目开辟“绿色通道”，对“两高一资”、产能过剩行业项目严格把关。2012年审批（包括初审）各类建设项目392个，经审批的项目全部落实污染防治措施，有效地控制新污染的产生。

环保执法。组织开展全市环境大排查大整治专项行动。行动涉及市、县两级120个部门、80个镇(街)，历时两个月，累计出动执法人员6000多人（次），检查企业1600多家（次），取缔关闭企业44家，限期整改企业67家，下达《环境违法行为改正通知书》等法律文书160份，取缔非法采矿点（矿窿）213个，查处涉及环境违法案件62宗（包含非环保部门查处的非法开采、盗伐林木、非法采砂等涉及环境违法案件），查处金额或罚没金额238万元。继续组织开展环保专项行动，加大对重点企业的监管力度，督促企业加强管理，做好环境安全防范工作。对存在严重环境安全隐患的，立即处理，及时消除环境风险，确保环境安全。2012年出动9700人次，检查企业3100多家次，查处违法企业立案15宗，罚款68.65万元，关停企业11家，限期整改企业78家，移送工商部门查处1宗。（贾国东）

城市水环境建设　2012年，韶关市人民政府印发《2012年各县（市、区）主要污染物总量减排工作目标和任务》以及韶关市“十二五”城镇污水处理设施建设、降氮脱硝工程建设等实施方案。

生活污水处理设施建设。启动一批生活污水处理厂的修复和扩建工作。南雄、乐昌和曲江分别完成污水处理厂配套管网的渗漏整改和修复，有效提高进水量和进水浓度，污水处理基本达到满负荷运行；通过对污水处理厂配套截污主干管渗漏点进行整改和修复，乳源县污水处理厂进水平均浓度从以前的60毫克/升提高到100毫克/升左右，效果明显；通过完善管网，乐昌坪石污水处理厂实际污水处理量达到设计能力的60%以上，污水负荷率达到减排要求。列入国家减排责任书项目的韶钢综合污水处理厂中水回用工程启动，截至年底，已具备30%的中水回用能力。

工业西片区内涝整治。随着城市化速度加快，工业西片区开发力度加大，原有排水沟渠不能满足雨水排放要求。据统计，2012年工业西片区内涝达22次，最大水淹深度为两米，最长水浸时间超过11小时。频繁、严重的内涝给附近居民的正常生活造成严重影响。根据韶关市人民政府的工作安排，韶关市市政项目前期工作办公室会同市规划、国土等职能部门经过大半年的努力，完成工业西路片区内涝整治工程（工业西转盘蓄水池工程）的详规、工可编制等前期工作。整治工程将2013年内动工。整治工程包括建设引流渠、调蓄池、泵站和压力管四部分。其中从工业西沙湖路口到工业西大转盘建设1.2千米引流渠，在工业西大转盘附近的原机械进出口有限公司地块内新建择地建设容积为2.3万立方米的调蓄池和一座排涝泵站，并自新津大道至新华南路方向敷设2.4千米、直径2.8米的压力管道直出北江河。工程利用引流渠引导工业西片区雨水排出到调蓄池，当调蓄池调蓄容量达到一定量后，将启动水泵设备，利用压力管道将雨水直排进入北江河。工程完工后，工业西附近居民有望告别内涝之苦。

城市供水　2012年，韶关市在维护好947千米DN80以上供水主管的同时，实现优质安全供水5699万吨，新敷设管径DN80以上的供水主管9.3千米，“一户一表”改造工程完成工程施工1万多户，累计共完成改造10万户。此外，抢修不同管径管道400次，确保市区供水管网的安全。

城市供气　2012年，韶关市在做好339千米地下管网的管养工作同时，投入近6000万元，完成旧管网改造9000米，新敷设地下管网39千米；发展各类用户1.1万户，现有各类用户近7万户，实现销气量2360万立方、减少二氧化碳排放近9万吨、减少二氧化硫排放1000吨，减少废渣排放9200吨，实现产值1.3亿元，上交税费862万元；入户安全检查4.5万次，消除安全隐患2100个，全年实现平稳、安全供气。用户满意度达到100%。是年，西气东输二线接收门站主体工程完工。

（章程）

城市综合管理　市政设施管养。2012年，韶关市维修道路沥青路面3.6万平方米、水泥路面1.1万平方米、人行道2.4万平方米，沥青灌缝96千米；清疏下水道渠（含林桥坑）904千米，清疏雨水井、污水井1.62万座，维修更换井环井盖、雨水格栅510件/套，更换“四防”装置1800个，冲洗“四防”装置1.32万个。是年，重点开展解放路、粤北人民医院门诊门诊综合大楼周边路段的整治，改善以上路段的交通、绿化、照明等情况。

行政执法。是年，全市组织县市区行政执法人员培训，全面提升执法队员素质；组织开展四次“城管开放日”，与社会各界特别是网民建立畅通的沟通渠道，取得良好的社会效果；治理占道经营、乱摆卖等违章行为4万宗，拆除乱拉挂1300宗，乱张贴3.8万余宗。依法强拆违法建筑24宗，面积6000平方米，有效遏制违章建筑的蔓延势头，维护城市规划的严肃性。

（高涛）

【城镇村庄建设】　名镇建设　2012年，韶关市着力打造两个特色旅游名镇：以浓郁瑶族风情、秀丽风光而闻名的乳源必背镇和以古巷、古道闻名遐迩的南雄市珠玑镇。通过强化基础设施建设，搞好环境整治，集中各种资源，统筹社会资金，打造特色优势，挖掘和整合当地独特资源，促进资源优势向发展优势转化，形成较强的特色优势和创建亮点。南雄市累计投入资金1438.1万元以做好珠玑巷的文化招牌。乳源县累计投入818万元用于改善道路、供排水和环卫等基础设施，开发瑶乡民间文化资源，与当地瑶族民居和生态资源充分整合，形成极具浓郁瑶族风情的特色景观和文化产品。

农村生活垃圾处理　2012年9月，韶关市人民政府与各县（市、区）签订《城乡生活垃圾治理责任书》。截至2012年底，全市有5个建成并投入运营的生活垃圾填埋场，分别是韶关市花拉寨生活垃圾卫生填埋场、乐昌市生活垃圾卫生填埋场、乳源县生活垃圾卫生填埋场、始兴县生活垃圾卫生填埋场、新丰县岳城生活垃圾填埋场，生活垃圾无害化处理率为71%。全市有11个镇（街道）建成垃圾转运站，建成率11%；全市99%的自然村建成简易的生活垃圾收集池并投入使用。其中471个自然村建成密闭式生活垃圾收集屋，占总量的4%；全市有611个行政村已建立保洁制度、配备了固定的保洁人员，约占总数的51%。至此，韶关市农村垃圾处理及环境改善率为21%，农村的环境面貌有了明显改善。

农村清洁专项行动　根据广东省人民政府的工作部署，韶关市

2012年6月至9月在全市范围内开展“大清洁，乡村美”农村清洁工程专项行动。农村卫生状况和村容村貌得到明显改善，有效遏制农村地区垃圾污染，农村生活垃圾得到有效处理和利用，基本建立起比较完善的农村生活垃圾收运处置体系。截至2012年底，全市有90%的乡镇和60%的行政村初步建立起“户收、村集、镇运、县（或镇）处置”的农村生活垃圾收运处置体系。（章程）

【房地产业与住房保障】 *房地产市场管理* 住房价格调控。2012年，韶关市落实国家房地产市场调控政策，稳定新建商品住房价格，调整市区普通住房价格标准，确定2012年3月1日起，市区普通住房单价标准为4800元/平方米。是年，全市房地产开发完成91.3亿元，比上年增长12.34%；全市商品房销售259.64万平方米，增长16%；销售额116.3亿元，增长40%。加强商品房预售管理和商品房市场监管，规范房地产市场行为。市区（不含曲江区）核发放商品房预售许可49宗，审批商品房预售面积82.01万平方米。是年，审批房地产开发企业资质5家。

房地产交易与权属登记规范化管理。以创建房地产交易与权属登记规范化管理单位为契机，推进各县、市、区房地产登记机构加强权属登记管理工作，促进全市房地产交易与权属登记规范化管理的平衡发展。一是成立房地产交易与权属登记规范化管理工作领导小组。二是开展房地产交易与权属登记规范化管理工作的检查，强化各县（市、区）房地产登记机构提升和优化服务水平、服务质量和服务环境的意识，达到省管理单位的目标。三是推进各县（市、区）全省房地产交易与权属登记规范化管理单位的申报工作。新丰、翁源、始兴和南雄获“全省房地产交易与权属登记规范化管理单位”称号。

房地产中介市场管理。加强房地产估价行业的监管，开展房地产中介行业社会诚信体系建设试点工作，建立全市房地产中介行业诚信档案系统，依托“韶关市建设与房地产信息网”，实现行业监管、资源共享和社会监督。

保障性安居工程建设 2012年，韶关市将廉租住房保障资金纳入年度预算安排。通过中央和省级补助、财政预算安排、社会投资、职工出资等多种形式落实其他各类保障性住房的建设资金，筹集到各类保障性住房建设资金9.2亿元。通过划拨等方式落实保障性住房用地37.92万平方米，确保各类保障性安居工程的建设需要。

是年，广东省人民政府下达给韶关市的各类保障性住房开工目标任务为5819套，竣工任务为2587套。韶关市人民政府及早谋划，认真准备，全市全年落实实际开工项目19个，房屋套数6553套，是责任目标任务的113%；落实竣工项目30个，2817套，是目标任务的109%，均超额完成与省政府签订的目标责任任务。

棚户区改造建设。至2012年底，首期工程龙归社主安置点主体已完工10栋324套，二期工程A地块4400套于2012年9月5日正式开工，至2012年底，102栋3216套正在进行主体施工，其中8栋封顶，剩余部分为基础施工。

物业管理 2012年，韶关市住房和城乡建设局与公安、工商行政等部门联合下发《关于进一步加强物业服务企业保安服务行为管理工作的通知》，规范物业服务企业的保安服务行为。配合韶关市社会治安综合治理委员会加强全市住宅小区治安管理。加强住宅维修资金归集、使用管理，截至2012年底，累计归集额3.16亿元；审核支出73宗，支出金额74.24万元。

住房公积金管理 2012年，韶关市住房公积金缴存和使用均保持平稳、较快的发展。全年累计缴存住房公积金112.9亿元（其中市级55.2亿元），比上年增长21.5%；全年归集住房公积金20亿元（其中市级10亿元），增长16.3%。累计支取住房公积金60.6亿元（其中市级31亿元），增长29.2%；本年支取13.7亿元（其中市级7亿元），增长14%。累计发放住房公积金委托贷款30.5亿元（其中市级20.6亿元），增长20%；全市当年发放住房公积金委托贷款5.1亿元（其中市级3.3亿元），增长19%，贷款余额为20亿元。累计为全市3.24万户职工提供购房贷款（其中市级1.76万户）。

据统计，韶关市2012年住房公积金实现增值收益5850万元，比上年增长2.88倍，增值收益大幅度的提高。一是利用银行定期存款基准利率上调的良机，及时将定期存款到期的住房公积金沉淀资金调整定期存款期限，实现定期存款利息最大化；二是加大个人住房公积金贷款的发放力度，使符合条件的住房公积金缴存人员尽可能地利用个人住房公积金贷款解决住房问题；三是合理利用当年当月归集的住房公积金与银行签订协议存款的方式增加利息收入。（章程）

【“三旧”改造】 2012年，韶关市组织编制《韶关市主城区旧城改造规划》和《韶关市主城区旧城改造及改造重点地区控制性详细规划整合》，科学制定“三旧”改造单元规划，组织对20宗“三旧”改造项目单元规划进行公示，批准“三旧”改造项目单元规划16宗，组织召开“三旧”改造项目听证会4次，完成听证会项目17宗。截至2012年，完成改造项目38个，收取土地出让金5.2亿元，其中县级3.8亿元，市城区1.3亿元。正在实施的“三旧”改造项目81个，改造面积319.55公顷，计划投入改造资金205亿元。促进一批重点项目动工，市区已完成福苑大酒店等6个项目出让审批，配件厂项目成功公开拍挂出让，木材厂、油泵油嘴厂、冶

金机械厂等重点项目正在着手动工建设。（李冬辉　章程）

【建筑业】　建筑行业管理　为做大做强该市建筑业，韶关市人民政府制定《关于加大政策扶持力度促进建筑业发展的意见》，鼓励企业改革创新。2012年，有10家建筑企业取得资质，8家企业获准增项，5家企业的7项资质获得住房和城乡建设部或省住房和城乡建设厅的批准升级。全市建筑企业资质等级进一步提高，资质承接范围进一步扩大，企业软硬件实力增强。

建材打假行动　2012年，韶关市加强工地质量安全检查和巡查，通过联合执法、专项执法等联动打击的方式，出动执法人员1.04万人次，检查施工企业3018家次，检测各类建筑材料3054组，立案查处838起，涉案货值2019万元，其中属于大案要案的21宗，涉案货值869.5万元，建材市场得到进一步加强。

工程造价管理　2012年，韶关市实施《韶关市建设工程造价管理规定》，规范工程计价行为，加强建设工程合同管理，开展合同备案工作。全年登记备案项目61个，其中招标项目48个，非招标项目24个；建筑面积172万平方米，工程造价27.63亿元。《韶关建筑工程造价信息》期刊在参加全国工程造价管理类刊物联网络评选，获第十二届“全国工程造价管理类优秀期刊”称号。开展从业人员继续教育及资格考证培训，对全市1000多名在职从业人员进行继续教育培训，组织200多名从业人员进行上岗考前培训及考试。

工程质量管理　2012年，韶关市建筑工程质量水平保持稳定。市区纳入质量监督工程80项，建筑面积344.5万平方米，工程造价46.7亿元，受监率100%；竣工验收37项，建筑面积74.8万平方米，工程造价15.2亿元，一次性竣工验收合格率100%。韶关市住宅建筑工程有限公司承建的东莞（韶关）产业转移工业园高新技术创业服务中心获2012年度“广东省建设工程金匠奖”“广东省优质工程奖”，全市1项工程获“广东省建设工程优质工程奖”，20项工程获“韶关市建设工程优质工程奖”。

施工安全管理　2012年，韶关市安全生产形势平稳，连续五年没有发生一般性事故。全市5个建筑工地被评为2012年“广东省安全生产、文明施工示范工地”，34个建筑工地被评为“韶关市安全生产、文明施工示范工地”。其中由韶关市住宅建筑工程有限公司承建的“东莞（韶关）产业转移工业园高新技术创业服务中心”项目被评为2012年“国家AAA级安全文明标准化工地”。

建设工程招投标　完善综合招投标管理制度。一是创新投标报名和资格审查方式，严格资格审查程序，试行从资格预审转为资格后审，实行招标环节无缝对接，从制度上遏制围标串标行为。二是创新科技手段，开通网上招投标报名系统，变制度隔离为技术隔离，推行专家语音抽取通知系统等软件，隔断招投标各方相对人的联系，确保招投标的公开、公平、公正。2012年，全市进入各建设工程交易中心交易工程共548项，累计成交金额总价51.78亿元，比上年增长51.14%；公开招标项目521项，中标总价33.46亿元；邀请招标项目19项，中标总价14.45亿元；进场采取非招标方式发包项目9项，总价3.87亿元。其中进入韶关市建设工程交易中心260项，成交金额38.15亿元，比上年增长93.09%。全市通过招投标工程中标价较工程预算价综合下浮7.92%，节约建设资金4.45亿元。

加装电梯　2012年，韶关市作为广东省既有住宅加装电梯试点市，制定《韶关市既有住宅加装电梯工作方案》《韶关市区既有住宅增设电梯有关经费筹集问题的意见》《关于开展韶关市既有住宅加装电梯条件调查摸底的通知》等一系列文件，明确加装电梯资金筹集方式和各职能部门的办事指南。是年，经调查摸底，市区七层及以上框架结构未安装电梯的既有住宅617栋，其中政府机关、企事业单位房改房、集资房、职工宿舍等336栋，公租房110栋，商品房171栋。韶关市城区全年共加装电梯27台，超额完成15台的年度工作目标。（章程）

▲2012年4月18日，韶关市住房和城乡建设局开展建材打假专项行动。图为工作人员现场抽查工地所使用的钢材（章程　摄）

【建设科技】 2012年，韶关市在全省住房城乡建设领域节能专项监督检查中排名第6位。是年，共征收墙改基金2040.11万元，征收散装水泥资金171.3万元，两项基金征收率达到100%；完成建筑节能设计审查备案项目51个，建筑面积228.36万平方米，节能审查备案率达到100%；新建建筑节能标准设计阶段执行率达到100%，施工阶段建筑节能强制性标准执行率为98%；全市新型墙体材料应用率为78%，其中市区应用率为98%；全年完成60万平方米绿色建筑认证；完成散装水泥供应量215.95万吨，比上年增长54.39%、预拌混凝土供应量296.8万立方米，增长7.48%。市区预拌混凝土使用率达到100%。2012年，南枫碧水花城住宅小区成为韶关地区首个获得住建部科技示范项目；三江紫园住宅小区获省“一星级绿色居住建筑设计评价标识”认证示范项目。

全市在太阳能可再生能源建筑应用上有新的进展。是年，该市委托广东省建筑科学研究院编制《韶关市可再生能源评估报告》，确定“粤北人民医院门诊楼”项目为2012年度可再生能源建筑应用示范项目。据统计，截至2012年底，全市可再生能源建筑面积达到13.75万平方米。是年，实施“韶关市浈江区国家税务局综合业务办公楼改造工程”等5个既有建筑节能改造项目，改造总建筑面积4.55万平方米。 (章程)

【建设事业信息化】 *建筑管理信息系统* 2012年，韶关市建立建筑工程施工企业本地注册情况电子化统计系统：韶关市建筑管理信息系统。录入经过审批的施工企业87家，勘察、设计、监理、审图等企业25家，录入和审批的信息6600条。2012年引导和鼓励外地施工企业在韶关注册，为外地企业提供优质服务，继续深化行政审批制度改革。根据统计数据，2011年外地施工企业承建工程项目12项，建设规模58.46万平方米，投资总额7.62亿元；2012年，承建工程项目22项，建设规模120.12万平方米，投资总额16.27亿元；承接工程项目比上年增加10个，建设规模增长1.05倍，投资总额增长1.13倍。

房地产管理信息系统 2012年，韶关市对房地产交易与权属登记一体化管理信息系统进行完善。同时，对房地产市县（区、市）联网平台进行统一升级和相关完善。完成市级节点的个人住房信息系统的建设工作。在档案数字化方面，完成对近15万份库存旧纸质档案的数字化扫描处理，大幅度提升房地产档案信息化的水平。 (章程)

【韶关市举行第五届徒步穿越世界自然遗产丹霞山活动】 第五届徒步穿越世界自然遗产丹霞山活动于2012年11月24日在韶关丹霞山举行。该活动由韶关市人民政府主办，韶关市体育局、韶关市旅游局、韶关市丹霞山管委会承办。该活动全程46.33千米，吸引多个国家和港澳台、珠三角地区的旅游爱好者4200余人踊跃参加。 (刘美玲)

【韶关市通天塔重建完工】 2011年，在韶关市市政协十届五次会议上，韶关市政协林典来等16位委员提出重建通天塔项目的提案。该提案被列为当年韶关市政协重点督办提案之一。该项目由华南理工大学建筑文化遗产保护设计研究所设计，塔高39米，总投资2920万元，采用宋代风格的八角九层楼阁式建造。经过一年施工，于2012年9月通天塔重建完工。9月29日举行揭匾仪式。这是通天塔时隔近160年之后，再次矗立在韶城洲心岛之上，重现古时岭南胜景“中流塔影”。通天塔与韶阳楼之间形成“塔楼遥望、将相辉映”的景观，三江六岸的夜景在通天塔的点缀下显得更加美丽。 (高涛 章程)

【韶关市公益性自行车租赁站网建成】 公益性自行车租赁站网是2012年韶关市政府承诺为民办的八件实事之一，于2013年1月10日完工并举行启动仪式。首期在市区建成30个服务网点，覆盖市区绝大部分交通要道，北至帽峰公园，南至韶南大道中家之福站，西至博物馆，东至大学路时代花园，投入自行车700辆供市民骑行，两小时内完全免费。该项目投入运营后，受到广大市民的热捧，瞬间在韶城掀起一股绿色、低碳出行的热潮。 (高涛 章程)

【韶关市城市照明及景观灯工程动工】 韶关市建设西路路灯安装工程2012年11月开始动工，2013年1月30日晚全部亮灯。共安装150瓦的LED路灯73套，为道路周边三万多居民解决照明问题。维护市区路灯4.3万盏，全年共修复路灯线路合计24千米，更换各类灯泡8000多个、镇流器近1000只，改造彩虹管、数码管及霓虹管10.5千米，灯饰亮灯率和设施安全率分别达到98%和99%，超过住房和城乡建设部颁发的道路照明各项标准，炫丽的夜景点缀韶城，使观赏城市夜色成为前来韶关旅游的重点行程之一。 (高涛 章程)

附录：韶关市住房和城乡建设管理部门主要领导

韶关市住房和城乡建设局
党组书记、局长：梁韶灵
韶关市城乡规划局
党组书记、局长：许险峰
韶关市丹霞山风景名胜区管理委员会
党委书记、主任：陈 波
韶关市城市综合管理局
党工委书记、局长：周伟源
韶关市水务局
党组书记、局长：曾宪波
韶关市住房公积金管理中心
党委书记、主任：刘国红

河源建设

【概况】 2012年，河源市建筑业和房地产业持续发展，城镇化发展取得了显著成效。是年，城镇化水平为45.2%，新增管护绿地面积23.5万平方米，新增路灯850盏，灯杆280条，修复路灯线路31千米，改造供水管网33.9千米。全市全年完成房地产开发投资67.13亿元，比上年增长14.2%，全市新开工商品房施工面积265.4万平方米，增长58.3%。围绕治水推进环境保护工作，进一步巩固环境生态优势，确保全市环境安全。推进住房保障工作，新开工保障性住房项目32个。全市有2145个单位、11.49万人参加住房公积金制度。 （张正才）

【城乡规划】 规划编制 2012年，河源市完成江东片区土地、人口和建筑物的调查，启动江东片区分区发展规划编制。年内，完成河源市城区近期交通改善规划、河源市绿道网建设总体规划、河源市“十二五”住房建设规划、河源市行政中心概念规划、庄田片区控规、高塘片区控规、城南客运交通枢纽控规修建性详规和城市设计、太平街区保护与更新规划及街景立面设计、万绿湖大道两侧控规及城市设计等一批规划成果的编制。

规划管理 2012年，河源市共召开城市规划委员会会议10次，审查规划和建筑设计方案50项，市住房和城乡规划建设部门审批规划设计方案43项，核发《建设工程规划许可证》197份，提交市城市规划委员会审议重大规划和建筑设计方案30余项。健全规划管理和经营城市工作机制，组织起草《河源市区国有建设用地改变土地用途管理暂行规定》《河源市区建筑垃圾处置管理办法》《河源市区村民宅基地审批管理暂行办法》，其中《河源市区国有建设用地改变土地用途管理暂行规定》由市政府批准发布实施。扎实组织开展打击“三违四抢”专项行动，依法拆除违法建（构）筑物。 （张正才）

【宜居城乡建设】 2012年，河源市制定出台《河源市提高城市化发展水平实施方案》《河源市提高城市化发展水平重点工作绩效考核办法》等文件，加强政策引导，完善对部门和县区落实提高城市化发展水平工作任务的考核机制，推动城乡建设发展。突出规划的先导作用，把村镇规划作为促进城乡统筹发展的重点，全市完成建制镇的总体规划修编20个，编制完成村庄规划300个。各县区筹集资金，加大规划编制步伐，加强城镇道路、排水排污、公园广场、路灯绿化、垃圾和污水处理等基础设施和公共服务设施建设，推进实施保障性住房、农民新村等民生工程，城镇综合功能进一步增强，城乡面貌有新的改善。 （张正才）

【城市建设与管理】 重点工程建设 2012年，河源市高标准完成长堤中路、沿江路（含大同路南段）、兴源路（含凯丰路）、东江东路（河职院段）等重点市政道路项目规划设计和施工图设计，并协调做好项目可行性研究、环评、立项、资金筹集等工作。长堤中路、兴源路改造工程于10月底进场动工。完成客家文化公园规划设计方案编制、中山铜像以北景观工程施工图设计、市图书馆初步设计。完成市博物馆、市档案馆、市科技馆并城市规划馆、武警河源支队新建部、省矿山救援河源基地、市医疗废物处理中心、市区建筑垃圾处理场、市体育运动学校、市“120”指挥中心和市卫生信息中心等项目的用地选址。 （张正才）

市政建设 规范市政维护。2012年，河源市出台《河源市市区市政设施维修管理暂行办法》，规范管理程序，加强市政维修，确保市政设施完好。贯通“断头路”。全面贯通纬十一路（含大同北路）、纬十二路，城市道路网络进一步完善。解决“水浸街”。成立“水浸街”工作领导小组，制定解决中山大道与兴源路交汇路段、太平街路段“水浸街”的初步方案。“扮靓”城市夜景。重点抓好“一江两岸”、文化广场、珠河桥水景喷泉等重要节点的城市亮化工作，营造美丽的城市夜景。完成源城运动公园、龙岭工业园、高塘社区等路灯安装工程，提高亮化水平。

城市园林绿化 2012年，河源市完成客家文化公园一期建设。该项目列为是年河源市政府的“十件实事”之一，也是广东省、河源市重点项目。该项目聘请华南农业大学林学院风景园林与城市计划系主任李敏等6位专家指导。公园建设采取“一次性规划，分期建设”的方式建设。截至2012年底，完成公园一期工程即中山铜像以南景观工程11万平方米，构建了“河源地标”——孙中山先生塑像与两颗高大的英雄树（木棉）融为一体；60米宽、230级台阶和反映客家人文历史的雕塑、浮雕气势宏大；6米宽15米高“河之源”瀑布，勾画“河源之水天上来，飞流直下十五尺”的景观。此外，完成“春夏秋冬花不落”的园林绿化建设，种植樟树、桂花等100多种乔木灌木；完成市区滨江大道、迎客大道、文化广场体育休闲新区和中山大道等工程项目绿化管养移交接管工作以及“春节”“五一”“国庆”等重大节日时花的种植。

绿道建设 年内，完成《河源市绿道网建设总体规划》的编制，制订《河源市绿道网建设实施方案》。

城市环境卫生 2012年，河源市开展巩固国家卫生城市活动，提升城市环境卫生水平。一是七寨生活垃圾卫生填埋场于4月被评为广东省一级无害化填埋场，8月通过住房和城乡建设部组织的生活垃圾

▲河源市永和路（2012） （河源市住房和城乡规划建设局供稿）

无害化处理场评定，考核分数在广东省位列第一，达到国家一级无害化填埋场的标准。二是全部环卫车辆的外观统一喷成“春天绿”漆面，面貌焕然一新，提升环卫形象。三是将公厕更名为公共卫生间，全面更新公共卫生间指示牌，更换导向牌、安装显示屏及摆设绿化植物，其中，8座增设P10智能全彩的显示屏，创新公共卫生间管理方式。四是新环卫车队办公楼和停车场建成使用。占地8000平方米的停车场及建筑面积1000平方米的新环卫车队办公楼、维修车间竣工使用。五是按国家生活垃圾场封场技术规范，对石峡垃圾场实行无害化改造，年内完成一期工程建设。六是设置一批“春天绿”果皮箱。七是加强环卫检查考核。八是开征垃圾处理费。 （朱锋）

城市生态环境保护和建设　环境空气质量。2012年，河源市区空气质量继续保持优级水平。市区空气环境质量主要监测项目二氧化硫（SO_2）、二氧化氮（NO_2）和可吸入颗粒物（PM10)的年平均浓度分别为0.015毫克/立方米、0.015毫克/立方米、0.031毫克/立方米，与2011年相比略有上升（分别上升15%、15%、24%），空气污染指数在17~44之间，质量水平为优。全市空气质量优良天数365天，空气质量功能区达标率100%，全市空气环境质量总体水平维持在国家《环境空气质量标准》(GB3095—1996）一级标准。

城市声环境质量。2012年，河源市区区域环境噪声等效声级年均值为52.7分贝，声环境质量等级为较好（50.1~55.0分贝(A)）；交通噪声平均等效声级为65.9分贝，声环境质量等级为较好（68.1~70分贝(A)）；各类功能区的昼夜间等效声级（Ld、Ln）值均达到所属功能区声环境质量标准。

城市生活污水治理。2012年，河源市全市城镇生活污水排放总量为0.97亿吨，是工业废水排放量的5.16倍；城镇生活污水集中处理量6092.22万吨，生活污水处理率62.60%。市区生活污水集中处理量为3835.08万吨，处理率为90.88%。全市生活污水主要污染物化学需氧量排放量为17503.49吨，是工业废水化学需氧量排放量的8.69倍；氨氮排放量为2759.93吨，是工业废水氨氮排放量的25.21倍。由此可见城镇生活污水仍是影响水环境质量的主要因素。截至2012年底，全市共建成11座污水处理设施，分别为市污水处理厂、市区城南污水处理厂、县区污水处理厂6座、龙川宝通（鹤市）污水处理厂、新港污水处理厂、锡场污水处理站，合计设计处理能力为24.02万吨/日，配套管网148千米。

农村环境保护。年内，市政府印发《关于建立河源市农村环境保护联席会议制度的通知》及《河源市农村环境综合整治总体工作方案》。全市申报3个农村环境综合整治项目。对紫金县紫城镇教场村农村环境综合整治“以奖促治”项目进行环境成效评估。

城市水环境建设　河涌整治。2012年，河源市政府出台《河源市治水实施工作方案》，启动并深入开展治水工作，着力推进污水治理设施建设及河涌整治。是年，市政府出台《河源市高埔小河流域水环境整治工作实施方案》，集中力量整治广东省挂牌督办的河源市高新区高埔小河环境问题，委托环境保护部华南环境科学研究所编制《河源市高埔小河水环境综合整治达标方案（研究报告）》。高埔小河环境整治获省级环保专项资金1000万元，年内完成高埔小河沿岸企业专项整治、高埔片区污水管网建设、城南污水处理厂提升改造等工作。

城市供水　2012年，河源市继续加强水源水质保护，开展湖库型集中式饮用水源地专项调研、新丰江水库内网箱养殖专项调查，对万绿湖及其入库支流水质进行调查监测。东源县开展万绿湖湖面网箱养殖整治。市人民政府开展饮用水水源保护区周边养殖业暨一级水源保护区环境违法行为专项整治；督促供水企业加快改造供水管网。年内全市改造供水管网33.9千米，改善市区水压、水质，有效解决“用水难”问题。 （罗曦）

城市供气　2012年，河源市抓好燃气安全应急演练，提高突发事故应急处置能力；加强燃气安全宣传，增强市民用气安全知识；开展安全生产大检查，查处无证经营及报废钢瓶，净化燃气市场。加强燃气安全评估，邀请广东省燃气协会对全市22家燃气企业的安全生产进行评估，并向各县区燃气行业主管部门发送监督整改通知书。完成燃气站的建档工作。

城市综合管理　一是加强市容市貌整治。启动《市容市貌综合整治规划》编制，市容市貌力争实现“一年一小变、三年一大变”的目标。大力巩固和提升“创卫”成果，市容环境水平得到全面提高；落实门前“三包”责任制，路街卫生整洁、秩序井然、绿化良好；加强联合执法和市区严管工作，加强执法工作规范化建设，做到文明执法，提升城市管理监察水平。二是整治户外广告。把户外广告专项整治工作纳入“三打两建”范畴，加强宣传造势，营造整治氛围，2012年10月至2013年5月集中整治市区“十字”路口、“丁字”路口的违章设置的户外广告，多次召开市区户外广告业主协调会，动员自拆违规设置的户外广告和招牌。三是在全市范围内开展清理违法违章建筑专项行动，共清理违法违章建筑5100宗，面积110万平方米。四是加强市区建筑垃圾处理工作。制定《河源市区建筑垃圾处置管理办法》，完成市区7个建筑垃圾消纳场所的用地选址。　　(朱锋　张正才)

【城镇村庄建设】　名镇名村示范村创建　2012年，河源市编制名镇名村示范村建设规划指引，全面启动12个名镇、133个名村、339个示范村的规划编制，加强对县区创建名镇工作的指导。源城区埔前镇开展“生态旅游名镇”创建，投资4446万元规划建设项目5个；东源县新港镇投入9600多万元创建“客家风情小镇”，义合镇投入4800多万元创建“历史文化客家名镇”；紫金县苏区镇开展创建“红色旅游名镇”，投入1200万元建设改造血田、纪念碑、红二师师部等18个景点；龙川县佗城镇抓好“历史文化名镇”的创建工作，共投入资金3600多万元。　　(张正才)

【房地产业与住房保障】　2012年，河源市完成房地产开发投资67.13亿元，比上年增长14.2%，其中市区完成38.97亿元，增长11%；全市新开工商品房施工面积265.4万平方米，增长58.3%，其中市区152.8万平方米，增长36.9%；全市商品房销售（含预售）金额86亿元，增长24.6%，其中市区54.9亿元，增长17.5%。市区商品房平均价格每平方米4500元，比上年上涨13.42%，达到上涨15%以内的控制目标，房地产市场总体保持平稳发展的势头。　　(张正才)

房地产市场调控　2012年，河源市开展房地产市场调控工作，稳定房价。具体措施：一是制定新建住房价格控制目标。2月，河源市房地产管理局派出5个小组深入各房地产开发企业开展市场调查，撰写市场调查报告，制定《河源市2012年新建住房价格控制目标》。二是引导房地产开发企业投资。8月17日，召开“2012年河源市房地产调控工作会议”，落实房地产调控政策，分析市区一手市场形势资料，从开发规模、开发节奏、户型结构、价位取向等方面为开发企业下一步的开发投资提出意见。在“河源房管网”公开前三季度市区房地产市场运行报告，为企业获得市场情况资料开通便捷途径。三是加强商品住房价格走势监测。1月1日，河源市房地产管理局正式启用“河源市区存量房交易计税价格评估系统”，用系统评估代替人工评估，规范市区存量房市场管理，依法征收存量房交易中的各项税费。协助税务、金融部门实行差别化税收和住房信贷政策，加大对居民购置首套房的信贷支持，抑制投资性与投机性购房需求，引导市民理性购房消费。四是加强产权登记，强化市场监管。河源市房地产管理局强化开发经营活动的动态监管，要求开发企业填报《房地产开发项目手册》作为总确权登记材料。全面开展新建商品房面积预测算项目，减少预售商品房买卖纠纷。加强房地产经纪机构的管理，经纪机构统一先备案后经营。下发企业自查整改通知，开展房地产市场专项检查，加强预售行为管理、中介机构管理、办证管理，重点检查未取得预售许可进行销售、捂盘惜售、哄抬房价以及违规贷款等违法违规行为，规范经营。要求开发商诚信经营，明码标价，一次性公布房源、一次性公布房价。加强对无资质房地产开发经营行为管理，规范房地

▲2012年1月30日，河源市市直经济适用住房竣工

(河源市住房和城乡规划建设局供稿)

产开发经营行为。是年，河源市实现住房价格控制目标。（李永上）

保障性住房建设　2012年，河源市新开工保障性住房项目32个，公共租赁住房项目21个，城市棚户区改造项目7个和国有工矿棚户区改造项目4个。新开工保障性住房、棚户区改造住房4338套/户，新开工公共租赁住房2985套，新开工棚户区改造住房1353户。新增发放廉租住房租赁补贴128户。竣工保障性住房、棚户区改造住房2013套。超额完成各项年度目标任务。

住房公积金管理　2012年，河源市共有2145个单位11.49万人参加住房公积金制度，比上年增加210个单位1.11万人。新增归集8.36亿元，比上年增加1.15亿元，增长15.95%，累计归集41.11亿元，归集余额19.49亿元。新增发放贷款2220笔4.61亿元，累计发放贷款24.5亿元，贷款余额15.88亿元；新增办理提取3.3万笔4.85亿元，累计办理提取21.76亿元。（叶小凡）

住房信息系统建设与服务　2012年，河源市房地产管理局完善个人住房信息系统，推进河源市房地产管理服务系统工程建设。一是落实建设资金300万元，完成中心机房的维护整改。按照全省统一的系统功能、业务流程、数据库标准和业务功能扩展要求，组织干部职工进行岗位和操作培训。二是组织技术人员到各县区房管局（住房和城乡建设局）指导房地产业务管理信息系统建设工作。三是住房信息系统检查。12月12~14日，该局被广东省住房和城乡建设厅推荐到住房和城乡建设部在珠海召开的住房信息系统建设会议上介绍经验。

房地产行政审批效能。2012年，河源市房地产管理局推动行政审批制度的改革，通过全面清理该局职能和行政审批事项，提出将2项行政审批事项委托其他承接对象的转变政府职能意见。保证行政审批业务实时传送，提高办事效率。现行实施的行政审批（包括行政许可、非行政许可）全部纳入电子监察系统，发生的业务实时传送，确保电子监察的实效性。

（李永上　曾金泉）

【“三旧”改造】　2012年，河源市通过广东省批准的符合“三旧”改造标图建库地块的636个，总面积2533.33公顷；上报省住房和城乡建设厅完善用地手续报批的改造项目39宗。是年河源市区纳入“三旧”改造面积992.36公顷，正在实施的项目37个，面积167.25公顷，共投入改造资金5.79亿元；河源市人民政府下发《推进市区“三旧”改造工作方案》，委托规划技术单位编制《河源中心城区“三旧”改造专项规划修编（2012~2015）及年度实施计划》，并获河源市政府的批复。（黄小巧）

【建筑业】　2012年，河源市有建筑业企业223家，从业人员2.92万人，全市公共建筑报建263项，比上年增长22%，建筑造价50.75亿元，增长19%；建筑业利润总额为2.60亿元。进入建设工程交易中心招标项目360项，造价63.89亿元，应公开招标率100%。

工程质量和施工安全　2012年，河源市建筑行业严格执行规范，抓好施工现场巡查，大力推行散装水泥、预拌混凝土和预拌砂浆，开展建筑材料打假专项行动，加强住宅工程质量通病治理，推进住宅工程竣工分户验收，促进建设工程质量水平提高。工程创优成效明显，全市共创建省级建设工程优质奖1项、金匠奖1项、省级市政优良样板工程1项、省级建筑装饰工程优秀奖1项，有6项工程获评省级安全生产文明施工示范工地，4项工程申报省级安全生产文明施工示范工地通过初评。落实建筑施工安全责任制，大力开展施工安全“打非治违”和房屋市政工程高支模板、深基坑、建筑起重机械施工安全等专项整治，有效消除施工安全隐患，遏制重大安全事故的发生。

勘察设计　是年，河源市加强勘察设计市场的整顿，强化勘察设计行业的自律管理，严格施工图审查备案，大力支持勘察设计机构提升资质，引导勘察设计行业提高设计水平。河源市审图中心增加市政二类施工图审查资质，建筑类施工图审查资质由二类提升为一类。

（张正才）

【建设科技】　2012年，河源市继续推动新型墙材和建筑节能新产品如保温砂浆、热反射玻璃、LED产品等的推广使用，市高新区移民生产基地屋顶安装太阳能光伏系统并网发电示范项目争取国家项目资金支持，总安装容量2.6兆瓦。扎实推进禁止使用实心黏土砖工作，市区新型墙体使用率90%以上。年内还开展绿色建筑试点工作。

（张正才）

【建设事业信息化】　2012年，河源市扎实推进“河源规划一张图综合管理平台建设”建设工作，制定建设方案，落实建设资金，完成公开招标，确定建设单位。目前已完成各项硬件设施的建设，正在开展系统软件开发和数据处理服务工作。（张正才）

【河源市开展“大清洁、乡村美”农村清洁工程活动】　2012年，河源市开展“大清洁、乡村美”农村清洁工程活动，先后召开全市的动员大会、加温鼓劲会。活动期间全市共集中清洁路边2403千米，河边1580千米，池塘3220个，公共区域3690个，清理积存垃圾7623吨。各县区镇村的垃圾收集、转运、集中处理设施建设以及保洁队伍、保洁机制建设正在逐步推进。（张正才）

附录：河源市住房和城乡建设管理部门主要领导

河源市住房和城乡规划建设局

党组书记、局长：刘伟强（任至2012年3月） 黄庆源（2012年3月任职）

河源市房地产管理局

党总支书记、局长：赖庆树（任至2012年4月；正处级2012年4月任职）

河源市城市综合管理局

党组书记、局长：程越华（任至2012年3月） 张金城（2012年3月任职）

河源市水务局

党组书记、局长：陈水砚（任至2012年3月 古敏生（2012年3月任职）

河源市住房公积金管理中心

党总支书记、主任：傅运光

梅州建设

【概况】 2012年，梅州市全面推进新型城市化建设，成效显著。城乡规划编制加快，城乡规划的实施和监督更趋规范。城市功能不断完善，城镇基础设施建设步伐进一步加快，城市园林绿化景观水平显著提升，公共服务能力建设稳步推进，城市市容环卫管理有序进行，城乡生活垃圾处理和资源综合利用成效显著，生态环境保护和污染防治工作扎实推进，环境质量保持良好稳定，城市建设管理水平稳步提高。截至2012年底，全市设市城市和县城建成区面积为123.58平方千米，与2011年相比，增加7.84平方千米，其中梅州城区（含梅县新县城）建成区面积47.82平方千米。全市完成建筑业总产值170.42亿元，上缴税收8.54亿元；全市完成房地产开发投资35.99亿元。

（刘志军）

【城乡规划】 规划编制 2012年，梅州市重点推进《梅州市域城乡总体发展规划》编制和《梅州市城市总体规划》第三次修编；高标准推进江南新城、丰顺新区和雁洋文化旅游特色区核心区城市设计；组织编制梅州市城市绿道网建设规划、梅县雁洋金柚名亭博览园规划，推进客家文化产业基地、嘉应歌剧院、梅县机场航站楼、穗美市民广场、梅州市实验小学、江南新城移民安置区和芹洋移民安置区等一系列重点项目规划；督导各县推进县城总体规划、镇村规划、名镇名村示范村建设规划，加强历史文化名镇名村申报工作，在公布的第三批省级历史文化名镇名村名单中，梅州市有梅县松口镇、大埔县茶阳镇和梅县南口镇侨乡村、大埔县西河镇车龙村、蕉岭县三圳镇芳心村、蕉岭县南礤镇石寨村“两镇四村”上榜。

规划管理 2012年，梅州市出台《梅州市城乡规划委员会章程》，制订完善《梅州市城乡规划局业务管理制度汇编》《城市规划管理技术规定》《城市规划审批管理准则》《城乡规划设计招投标管理规定》等规范性文件。严格批后管理，加大对违法建筑的查处力度，对违法建设行为从严从重处罚，坚决遏制违法建设行为。严格各项规划审批，全年共审批修建性详细规划44项，出具用地规划条件21项；《建设工程规划许可证》45宗，占地面积7.26万平方米，建筑面积45.85万平方米；《临时建设工程规划许可证》88宗，累计建筑面积3.7万平方米；完成单体建设工程规划核实49宗；《建设用地规划许可证》21宗，建设用地规划面积27.48公顷。至2012年，城市建成区47.82平方千米。

（黎为科）

【宜居城乡建设】 2012年，梅州市加快新型城市化建设步伐，通过超前策划、科学规划，努力将全市2个名镇、58个名村、134个示范村建设成为特色宜居城乡建设的亮点工程。各县（市、区）结合各自的特色和实际，相继出台相关实施方案和编制发展规划，为扎实开展建设工作提供保障。至2012年底，已完成建制镇规划编制84个，覆盖率89.4%，完成村庄规划编制1287个，完成率63.49%。

2012年，开展城乡环境综合整治大行动，召开城乡生活垃圾治理专题会议，贯彻落实广东省有关会议精神。8月，梅州市政府与各县（市、区）政府及市直有关单位签订责任书，不断加大城乡生活垃圾处理工作力度。

全力推进无害化垃圾填埋场建设。2012年，梅州市对梅州市奇龙坑Ⅰ级无害化垃圾填埋场和兴宁市黄泥坑Ⅱ级无害化垃圾填埋场进行扩容建设；各县垃圾填埋场按广东省“一县一场”的要求进行无害化升级改造，预计平远、蕉岭、五华、大埔县填埋场均可在2013年底前完成改造；丰顺县填埋场推进垃圾焚烧发电项目实施，已初步确定选址。

加强城乡生活垃圾转运站、收集点建设。是年，各县（市、区）按照省“一镇一站”“一村一点”的要求进行转运站、收集点的升级改造。截止2012年底，已建成基本达到标准的生活垃圾转运站40座，其余乡镇生活垃圾转运站正在按要求建设、改造；全市基本上都建有敞开式垃圾池或放置敞开式垃圾桶，共建成村收集点1.08万个，其中密闭式的有391个，其余敞开式垃圾收集点正按省的要求进行升级改造或重新选址建设。

进一步净化城镇、清洁乡村。是年，梅州城区和各县（市、区）均建立覆盖城区的环卫保洁机制。据统计，全市全年共清理路边1.07万千米、河边1785.6千米、池塘7582个、公共区域5651处，清理卫生死角3497处，清除蚊蝇孳生地1.11万处，清理农村及城乡结合部积存垃圾8520吨。

（谢汉奎）

【城市建设与管理】 市政设施建设 2012年，梅州市不断夯实特色宜居城市基础。一是城区市政道路路网建设改造力度加大。2012年完成道路建设总长3.5千米，摊铺沥青道路长度6千米，累计总投资近1.6亿元。八一大道提升改造，梅江大道、江南东路、中环路和梅塘东路加铺沥青，以及嘉应东路、千佛塔市政道路、市中级法院侧“一纵两横”道路、金沙花园和红光花园周边道路建设已完成。广州大桥主桥完工。万象江山配套市政道路、泮坑46米道路、新峰桥及道路等重点市政项目建设顺利推进。二是院士广场应急维修与升级改造工程完成，实现空间利用、功能布局、人文景观再提升。三是治污保洁工程取得重要进展。奇龙坑生活垃圾场设施设备不断完善，获评国家Ⅰ级无害化填埋场，并被广东省环卫协会评为“南粤环卫三十佳”。四是城市照明亮化景观化节能化建设加强。东山教育基地片区加装富有时代气息和客家文化特色的LED景观照明设施。新建改造路面全部配套安装LED路灯。学海路、秀兰大桥北端、公安局门前广场等路灯偏暗地段实施增亮工程。完成部分小巷道路灯及线路整改和延伸。梅州市路灯管理处全年更换光源7000个，清洗灯罩8600个，替换老化线路8000米，城区照明正常稳定运行。

城市园林绿化 2012年，梅州市更加注重以绿为主、以花添彩、以香迷人，打造色彩丰富层次多样、季季花飘香的城区园林绿化景观。一是大力实施绿化景观提升工程。完成梅江大道、学子大道、江边路等城市主次干道，以及城区主要出入口、机场出入口等重要区域(节点)的绿化景观提升工程，种植乔灌木5万多株。协助指导城区37家单位完成“拆围建绿”，腾出绿色休闲空间15万平方米。响应“绿满梅州”大行动，掀起干部职工植树绿化、捐款热潮。二是各大公园园容园貌建设与服务水平持续改善。文化公园完成建园50多年来首次湖底清淤工程和部分湖堤维修，延伸园内绿道200米，增设休闲设施，营造四季常绿、和谐温馨的游园环境。剑英公园新建的观鱼台、绿道驿站设计新颖独特，成为一道新的亮丽风景线。嘉应桥头公园通过更新改造游乐项目、出租空余场地等提升公园竞争力。归读公园5座园林建筑通过市场化运作全部对市民开放。三是按“原生态、自然式管理”的原则加强绿化管理。城区近5万株行道树、76万多平方米的公共绿地达到叶茂、花繁、草绿的效果。对公共绿地市场化管理部分实行分片打包向社会公开招标，择优选取3家资质高、实力强的企业进行管理，有效提升管理效能。苗圃培育成效良好，古树名木得到科学保护。

绿道建设 2012年，梅州市根据广东省人民政府《印发广东省绿道网建设2012年工作要点的通知》要求，组织《梅州市城市绿道网建设规划》编制工作。11月，规划成果完成并印发相关实施单位及各县(市、区)。

是年，梅州市完成2012年省立绿道8号线梅江区段30千米绿道建设任务，其中，慢行里程30千米，绿化里程29千米，对配套设施进行完善提升。绿道网将公园绿地、城市广场等串联成网。至2012年底，全市建成绿道151千米。

城市环境卫生 2012年，梅州市加强环境卫生管理，环卫保洁质量得到巩固提升。城区主次干道全部按照一、二级清扫保洁标准进行管理，坚持每天16小时清扫保洁制度，一级路面保持18小时清扫保洁，实现城区主干道、重点区域及窗口单位基本看不到垃圾。主、次干道的道路机械化清扫率65%。生活垃圾日产日清、密闭化运输。公厕、垃圾中转站等环卫设施整洁有序、规范管理。主、次干道机械化清扫率达65%。梅州城区每天无害化处理生活垃圾520吨，全年累计无害化处理生活垃圾19多万吨，无害化处理率为100%。处理建筑垃圾17万立方米。奇龙坑垃圾填埋场完成导流工程、排污管道检修和垃圾车辆冲洗区的整改工程；二期环场道路建设完成40%。新建垃圾中转站1座。 *(黄慰慰)*

城市生态环境保护和建设 2012年，梅州市环境质量保持良好稳定，全市水环境质量达标率保持100%，主要江河水质、城市集中式饮用水源地水质均达到Ⅱ~Ⅲ类水质，韩江潮州赤凤跨界断面水质稳定达到Ⅱ类标准；城市空气质量达到国家一级标准，空气质量优良率为100%，全年空气质量优的天数为341天，比上年增加14天；区域环境噪声、道路交通噪声达到相应功能的标准要求，城市功能区噪声达标率保持100%。

建设项目环境管理。加强环评管理，对“两高一资”、产能过剩行业项目环评审批实行严格把关。是年，全市审批建设项目880个，否决项目16个。出台实施《重点项目行政辅导办法》等制度，通过开展行政辅导，推动大批市重点项目取得顺利进展，其中大埔电厂、广州（梅州）产业转移园区三期、博敏技术改革项目通过国家和广东省环保厅的审批，五华抽水蓄能项目涉及生态严控区调整方案获得广东省人大常委会审议通过，梅州卷烟厂技术改造、长乐烧酒业技术改造、蕉岭养生谷、江南新城坊明安置区项目通过市局审批。

环境整治与执法监管。加强对广州（梅州）产业转移工业园南区环保工作专项检查。继续推进梅州经济开发区环境综合整治，开发区污水处理厂实现正常运行、达标排放，挂牌督办工作顺利完成。加强重金属污染防治、固废和辐射管理及清洁生产，列入省规划的重点企业清洁生产除4家关停企业外全部开展清洁生产审核。通过示范带动，推进危险废物规范化管理，对28家市属产废企业进行现场检查验收，规范化验收合格率93%。严格执行转移联单制度，完成12批89家企业跨市转移危险废物审批。加强对医疗废物处置单位的管理，每季度对医疗废物集中处置单位进行现场检查，确保环保设施正常运行。制订《梅州市核技术利用辐射安全综合检查专项行动实施方案》，在全市开展核技术利用辐射安全综合检查，完成20家单位56枚废弃放射源的收贮工作。对全市进口废塑料加工利用企业进行检查，开展废塑料加工利用企业污染专项整治。开展农村环境连片综合整治，加强农村工业、农业、生活、畜禽养殖业等污染防治，抓好农村生活污水、生活垃圾集中处置，申报梅江区西阳镇、梅县雁洋镇等19个农村连片整治项目，进一步解决农村突出环境问题。在全省率先实行环保监管“一岗双责”，有效理顺环保监督管理体制。全市各级环保部门共出动执法检查人员1.74万人次，检查企业6377家（次），立案查处环境违法案件57宗。全面完成梅州经济开发区和丰顺电声行业环境整治工作，丰顺整治工作成果得到省环保厅肯定，整治监管经验获全省推广。

污染物减排。2012年，梅州市大力推进工程减排、监管减排、农业源污染减排和机动车污染减排，全面完成广东省下达的各项污染减排目标任务。其中列入省2012年减排计划的蕉岭鑫达旋窑水泥有限公司和梅州宁江水泥有限公司脱硝工程建成投运，全市淘汰落后水泥产能178万吨、粉磨产能15万吨。梅州城区江北截流输污工程竣工，江南污水处理厂二期工程动工建设，大埔县污水处理厂配套管网完善工程竣工，平远、蕉岭等县正加紧完善污水处理厂配套管网。全市8家城镇生活污水处理厂完成氨氮在线监控安装、调试、联网和验收任务。广东宝兴农牧科技有限公司等8家养殖场被列为农业部畜禽养殖标准化示范场，24家养猪场被列为全省重点生猪养殖场，15家畜禽养殖企业得到国家环保部核定。

生态村镇建设。2012年全市创建“广东省生态乡镇”1个、“广东省生态村”1个、“广东省环境教育基地”1个、“梅州市绿化达标企业”23家，带动全市城乡生态环境的改善。 *（刘意）*

城市水环境建设 截至2012年底，梅州市共建成市、县两级8个城镇生活污水处理厂和广州（梅州）产业转移园污水处理厂、梅州市经济开发区污水处理厂共10座，均正常运行，污水日处理能力19.4万立方米，城市生活污水处理率为77.4%。污水经处理后全部达标排放，促进全市水环境质量的稳定良好。

是年，梅州城区江北截流输污工程全面完工，于6月通过竣工验收，解决梅州城区江北片老城区生活污水未经处理直排梅江的现状，有效减少对梅江河城区段水质的污染。江南污水处理厂二期工程完成厂区工程可研编制、环评和立项审批、厂区工程的施工图设计工作，并开始施工，预计至2013年底可完成总体工程建设投入试运行。

城市供水 2012年，梅州市、县两级8个供水单位共9间市政水厂采取多种措施保障供水安全，水源水质完全符合《地表水环境质量标准》(GB3838—2002)Ⅱ类以上，供水水质基本达到《生活饮用水卫生标准》(GB5749—2006）要求。

是年，为改善供水环境、保障供水安全，梅州城区及部分县（市）供水单位多方筹措资金进行供水设施改造、扩建。完善城区供水管网，保障城区供水安全，其中梅州城区西桥水厂分厂扩建工程已全面完成，于2012年5月投入试运行，有效缓解梅州城区的供水紧张局面。兴宁市第一自来水厂迁建工程于2012年9月底竣工并投入使用，该项目建成投产后，兴宁城区及周边饮用水将完全退出河道取水，水质更好，供水能力增大近一倍。五华县投资约1800万元，于7月完成县自来水厂引水主管改造工程，进一步提高五华县城区供水能力。

是年，梅州市城镇水厂供水能力64.18万立方米/日（其中县级以上水厂供水能力为49万立方米/日）。 *（曾维）*

城市供气 2012年，梅州城区燃气普及率为92.79%。梅州市城区管道天然气项目稳步发展。完成天然气市政管道敷设21.01千米，实现梅州城区（含梅县新城）供气主管网全覆盖。供气管道长度累计达

▲2012年12月，梅州市文化公园人工湖清淤后重现清澈湖水

（梅州市城市综合管理局供稿）

147.15千米，供气规模累计达1.01万户，年度供气总量562.57万立方米。管道天然气进入市高新区和碧桂园小区、东升加气站建设等工作有序推进。

燃气管理工作。是年，严格开展燃气经营许可证审批，开展燃气安全检查和专项治理，提高行业安全管理水平，规范各供应站的经营管理秩序。2012年，梅州市燃气管理处接管各液化石油气企业气库，加强对各液化石油气企业气库充气行为的监管。是年，陆续对梅州城区5家液化石油气经营企业所属的报废煤气瓶进行销毁处理，杜绝煤气瓶超期服役的现象，消除安全隐患，为市民营造安全的用气环境。

城市综合管理　2012年，梅州市开展市容环境综合整治提升工程，提高城市“清洁、绿化、光亮、美观、畅通”水平。一是城区出入口环境整治顺利完成。通过拆除违法建筑、违规广告招牌，清除破损围墙，清理垃圾杂物、卫生死角，种植乔、灌、花等，实现城市出入口环境整体景观的较大改善提升。二是临街商店牌匾、广告整治取得明显成效。按新规范设置临街户外广告和门店招牌，着力对丽映尚城、金利来步行街、御景东方、归读一品等示范地段的临街商店门店招牌进行统一规格规范设置。拆除过期、破旧、有碍市容的户外广告和门店招牌1700块合计1.2万平方米。三是巩固提升环卫保洁质量。梅州城区主干道、重点区域及窗口单位基本看不到垃圾。加强城中村、城乡结合部的垃圾清运工作，部分乡镇垃圾由两到三天一运变为每天一运。四是市容市貌监察管理强势推进。精心打造彬芳大道、梅江大道、东山教育基地片区为示范街，以点带面提升城区主要街道综合环境，确保市容常态管理全覆盖。

违法建设防控。坚持网格化巡查监控管理，着重加强对江南新城、碧桂园、芹洋福长片区、工业园区等重点区域的防控力度，拆除违法建设300宗、面积2.14万平方米。

市政设施维护管养力度加大。做好城区市政道路、桥梁和广场的维护管养工作，全年修复城区道路路面合计3万多平方米。加强城市道路挖掘和管线沟建设管理，制止、查处擅自开挖城市道路的违规案例26宗。完成城区18座桥梁安全检测和4座桥梁桥涵标设置。广泛运用更为先进的改性沥青材料，大大提高市政沥青路面的耐磨能力和使用寿命。梅州市市政维护管理处自制的“热熔柏油浇灌”设备修补路面成效良好。

安全应急处置机制继续完善。加强对公用设施、燃气安全、公园广场游乐设备、灯箱广告、临街搭建物等的排查和监管，消除安全隐患。强化安全教育和应急演练，不断完善安全应急管理机制。全年未发生重大安全事故。（*黄慰慰*）

【城镇村庄建设】　2012年，梅州市城镇供水、供气、市政道路、路灯、园林绿化、城市公交建设水平有较快提高。截至年底，全市建制镇以上城镇建成区面积282.78平方千米，比上年增加7.84平方千米；城市日供水能力54万立方米，增加4.6立方米，自来水普及率达100%；城市道路总长度达1306.18千米，与上年相比增加105.98千米；城市建成区绿地率36.43%，绿化覆盖率42.87%，人均公共绿地面积11.85平方米。

名镇名村示范村建设。2012年，梅州市按照“集中力量打造一批名镇名村，确保一年出成效，两年实现目标”的要求，通过超前策划、科学规划、合理建设，全力加快名镇名村示范村建设。在全面完成2011年度梅县雁洋镇、大埔县百侯镇两个名镇、35个名村、62个示范村考核验收的同时，做好2012年度梅江区城北镇、兴宁市石马镇2个名镇、58个名村、134个示范村建设，使之成为特色宜居城乡建设的亮点工程。11月，兴宁市石马镇、梅县白渡镇、平远县仁居镇、蕉岭县广福镇、大埔县百侯镇；兴宁市石马镇新群村、坭陂镇陂宁村，梅县桃尧镇桃源村，平远县上举镇龙文村、长田镇长安村，蕉岭县广福镇乐干村、广福镇广育村，大埔县大东镇坪山村、三河镇汇城村，丰顺县北斗镇拾荷村、汤坑镇梅溪村获第二批“广东省宜居示范城镇、宜居示范村庄”荣誉称号。

规范农村建房。2012年梅州市为规范全市农村村民建房行为，改善农村生产生活条件，创建幸福村居，统筹城乡一体化发展，按照“村庄要规划、建房要审批、选址要科学、用地要节约、房屋要美观、环境要整洁、设施要配套、河路要退缩、管线要齐整、安全要保障”的思路，草拟《梅州市规范农村建房管理实施办法（试行）》，并广泛征求各方意见。

加强传统村落、古村落保护开发利用。2012年，梅州市把客家传统古建筑作为客家特色乡村建设重要的基础和平台，着力加强客家传统建筑保护。把客家特色乡村建设与纪念历史名人、修缮宗祠祖屋结合起来，对建筑遗产、文物古迹、名人名居和传统文化比较集中并且原貌保存较好的村，做好抢救工作，着力打造一批历史文化名村。兴宁市罗岗镇柿子枰村，梅县水车镇茶山村、南口镇侨乡村、桃尧镇桃源村、雁洋镇桥溪村、雁洋镇石楼村、雁洋镇松坪村，蕉岭县南礤镇石寨村，丰顺县埔寨镇埔北村被住房和城乡建设部、文化部、财政部评为中国传统村落；梅县水车镇茶山村、南口镇侨乡村被中国文联评为中国古村落；梅江区城北镇玉水村，兴宁市叶塘镇河西村、新陂镇上长岭村、罗岗镇柿子坪村，梅县水车镇茶山村、南口镇侨乡村、雁洋镇桥溪村、雁洋镇松坪村、雁洋镇雁下村、梅南镇下村村、西阳镇仙花村、雁洋镇石楼村、桃尧镇桃源村，平远县东石镇凉庭村，蕉岭县南礤镇石寨村，大埔县湖寮古城村、百侯镇侯南村、三河镇汇城村、西河镇车龙村、大东镇坪山村、茶阳镇群丰村，丰顺县建桥围村、丰良镇邹家围、汤南镇龙上古寨、汤南镇种王上围，五华县河东镇寨顶巷村被省文联、省民协评为广东省古村落。

中心镇建设　2012年，梅州市有22个中心镇，占全市建制镇总数的21.15%。全市中心镇供水、供气、市政道路、路灯、园林绿化等方面的建设有进一步提高。中心镇污水处理设施列入“十二五”规划，通过采取省、市扶持和补助一部分，县、镇解决一部分的方式，提高中心镇污水处理水平。

按照广东省的统一部署，结合新农村建设规划，年内重点推进全市22个中心镇和试点村镇规划编制工作，配合农村危房改造工作，编制部分新村规划及村庄整治规划。在编制规划的同时，通过定期举办镇、村干部规划管理培训班，提高镇、村干部规划管理执行能力。

（谢汉奎）

【房地产业与住房保障】　房地产开发　2012年，梅州市有房地产开发资质企业136家，完成房地产开发投资36亿元，比上年下降14.7%；开发项目129个，比上年下降9%；新开工面积133.69万平方米，比上年下降7.6%；竣工面积123万平方米，与上年基本持平，其中住宅竣工面积101.6万平方米，比上年下降4%；商品房销售面积103.5万平方米，比上年下降18%，其中住宅销售面积99.4万平方米，比上年下降16%；空置商品房面积92.6万平方米，比上年增长103%；空置住宅5186套，增长109%。

房地产市场管理　2012年，梅州市贯彻落实《国务院办公厅关于进一步做好房地产市场调控工作有关问题的通知》精神，加大保障性住房建设力度，继续增加土地有效供应，执行差别化住房信贷政策。印发《关于进一步规范梅州城区商品房预售资金监管的通知》，加强完善对商品房预售资金监管；印发《关于加强房地产估价活动监管工作的通知》，开展房屋中介市场的专项治理，促进梅州市房地产市场平稳健康持续发展。（陈禄章）

产权产籍管理　2012年，梅州市完成新建商品房成交8933套，比上年下降25%，成交面积94万平方米，比上年下降32%，成交金额23.46亿元，比上年下降20%；完成存量房（二手房）交易5095套，比上年增长9%，成交面积59万平方米，比上年增长3%，成交金额9.92亿元，比上年增长51%；完成预购商品房和现房抵押登记2.3万件，增长34%，抵押登记金额78.4亿元，下降4%。

梅州市区全年完成新建商品房成交1849套，比上年下降20%，成交面积23.5万平方米，比上年下降4.3%，成交金额9.5亿元，比上年增长20%；完成存量房（二手房）交易套数2078套，比上年下降22%，成交面积25.5万平方米，比上年下降35%，成交金额5.25亿元，比上年下降12%；完成预购商品房和现房抵押登记6820件，比上年增长73%，抵押登记金额34.14亿元，比上年增加33%；完成房地产权属登记1.04万宗。（丘加达）

保障性住房建设　2012年，梅州市实施市政府出台的《梅州市住房保障制度改革创新实施方案》，将低收入住房困难家庭、新引进高素质人才、新就业无房职工、在城镇稳定就业的外来务工人员纳入住房保障范畴，扩展住房保障覆盖面。是年，全市投入资金2.06亿元，供应土地3.36万平方米，新开工保障性住房1731套，入住各类保障性住房662套，发放租赁住房补贴702户，受益人群4500多人，取得较好的社会效益。其中梅州城区投入资金0.67亿元，供应土地1.3万平方米，新开工保障性住房546套，入住廉租住房、公共租赁住房共104户，发放租赁住房补贴308户，受益人群1360多人。（徐汉章）

住房公积金管理　2012年，梅州市住房公积金归集11.41亿元，比上年增长15%；累计归集总额61.20亿元，归集余额36.81亿元；全市缴存覆盖率为74%。全年住房公积金提取6.15亿元，当年提取率为54%；累计提取24.38亿元。全市2012年发放个人住房抵押贷款6.03亿元；累计发放个人住房抵押贷款35.05亿元，个贷余额23.80亿元；全年新增贷款2628户，累计发放贷款25578户，个贷逾期率0.04‰，全市个贷率为65%。（王响珍）

【“三旧”改造】　2012年，梅州市共实施“三旧”改造项目36个，投入“三旧”改造资金9.45亿元，占固定资产投资总额的4.1%。当年共完成五华县原工商局旧办公楼、蕉岭县府前街、蕉岭县城南市场、五华县原汽车厂、五华县酒厂二期五个改造项目，面积2.54公顷，其中旧城镇改造项目3个，面积0.89公顷；旧厂房改造项目两个，面积1.65公顷；正在实施改造项目31个，面积50.37公顷。（吕庆文）

【建筑业】　建筑市场　2012年，梅州市建筑业总产值170.42亿元，比上年增长8.43%；建筑业增加值39.19亿元，比上年增长6.11%；建筑业增加值占全市GDP的5.25%，比上年增长4.37%；全市建筑业上缴税收8.54亿元，比上年增长17.47%；建筑业税收占全市地方税收的16.92%，比上年增加0.72个百分点。

招标投标管理　2012年，梅州市重新编制《梅州市房屋建筑和市政工程标准施工招标文件（2012版）》，在信息发布、资格审查、招标文件、评标、定标等环节上完善操作规则和方法，细化规则，严肃查处招投标活动中违法违规行为。2012年梅州市招投标项目606项，总投资金额34.8亿元，通过招投标交易节约投资1.9亿元。市直全年招标工程157项，其中公开招标73项，邀请招标84项。对市直工程执行工程建设法律法规和履行投标承诺、工程合同的情况进行了全面检查，对存在的问题进行及时指出整改，同时明确日常中标后监管工作由市质监站实施，规范建筑市场秩序。

工程质量监管　严格执行工程基本建设程序，落实施工许可制度、工程竣工验收备案制度，规范建设工程建设各方主体质量行为，确保工程建设依法依规进行。加强工程质量检查，严厉查处违法违规行为。对存在违法违规行为的各责任主体和人员作不良记录予以公示。突出监管重点，加大对大型公共建筑、住宅建筑以及市委市政府重点工程的监管力度，确保工程质量。坚持以地基基础、主体结构和影响使用安全及使用功能的关键部位为监督工作重点，执行工程建设强制性标准，确保工程结构安全。执行住宅工程质量分户验收制度，加强房屋建筑工程竣工验收管理，防止不合格工程流入社会。

建设施工安全监管　2012年，梅州市组织部署全市范围的建筑施工质量安全生产检查共7次，共检查工程196项，发出整改通知书167份，对未认真履行安全生产责任的6个责任主体和10名安全生产管理人员给予全市通报批评，并作不良行为记录。通过检查，发现隐患并及时整改，保证在建工程的安全生产状况处于良好的态势，并通过及时对检查结果进行通报。

开展“百日行动”和“打非治违”专项行动，全市共出动检查人员913人次，检查工地301个次。其中受警告企业13家，责令改正、限期整改、停止违法行为348起，责令停产、停业、停止建设共6家，处罚罚款共14.24万元。开展“安全生产宣传服务咨询日”活动，宣讲安全法规，普及安全知识。

以预防施工坍塌、高处坠落和建筑起重机械倒塌等三类事故为重点，根据广东省住房和城乡建设厅开展建筑起重机械安全专项检查的要求，对全市办理产权备案的1029台建筑起重机械进行排查，对正在使用的387台建筑起重机械进行安全检查，共发出整改通知书46份，整改意见161条。通过专项整治行动，遏制建筑起重机械安全事故发生。

市政府投资建设项目管理　2012年梅州市在建“代建”项目共63项（其中当年接收“代建”项目22项），总投资20.92亿元。主要在建项目有梅州城区广州大桥、广州（梅州）产业转移工业园项目、梅州城区江北宋塘保障性住房项目、梅州城区洋坑市政46米道路项目、梅州市粮食交易中心及应急仓库项目等。

2012年完成施工任务37项共43个标段，总投资5.59亿元。主要是梅州城区沥青加铺工程、市奇龙坑生活垃圾卫生填埋场工程、市西桥水厂扩建工程、市人力资源市场升级改造工程、市卫生监督所办证业务用房项目及转移园项目等，验收合格率100%。2012年度有1项获得“广东省建设工程金匠奖”、有1项获得“梅州市建设工程安全生产文明施工优良样板工地”称号、有1项获得“梅州市优良样板工程”称号。（杨海）

【建设科技】　建筑节能　梅州市贯彻执行《夏热冬暖地区建筑节能设计标准》《公共建筑节能设计标准》，加强施工图节能审查工作，严把建筑节能设计关。因地制宜，重点推广电厂废物粉煤灰生产的粉煤灰烧结砖替代黏土实心砖，市区工程新墙材使用率达到100%。2012年，梅州市使用新型墙体材料48万立方米，节约土地约28公顷，标煤10万吨。组织召开技术交流会，向节能工作较先进的城市学习调研，邀请专家共同研究解决外墙隔热保温的难题，有效推进建筑节能工作。（杨海）

环境监测与科研　2012年，梅州市完成环境质量例行监测、环评监测、重点污染源监督监测、总量减排、环保专项行动、环境执法、环境应急等专项监测工作。高质量完成标准化建设，2012年12月，市环境监测中心站、大埔县环境监测站顺利通过省环保厅标准化建设达标验收。加强质量体系管理，市监测中心站和8个县级站通过计量认证复查评审和省级持证上岗考核，全市9个空气质量自动监测子站和2个水质自动监测子站数据实时收集，大气、水质等环境数据的自动统计分析、空间查询等功能，每日在梅州电视台播报《城市空气环境日报》。环境监测标准化建设扎实推进，增配原子荧光分光光度计、重金属消解仪、烟气分析仪等仪器设备，环境监测综合能力和整体水平得到较大提高，全年出具监测数据近10万个。（刘意）

【建设事业信息化】　2012年，梅州市建设行业在办公、行业管理、业务应用等方面采用信息网络技术，不断提高管理的效率和水平，提高城市建设和建筑业等的现代化水平和科技含量，推动建设事业的发展。（刘志军）

【客家特色乡村建设成效明显】
2012年，梅州市加快客家特色乡村建设。做好2011年度梅县雁洋镇、大埔县百侯镇两个名镇以及梅县雁洋镇桥溪村等37个名村、梅江区金山街道办黄坑村等60个名村示范村建设的考核验收；推进2012年度梅江区城北镇、兴宁市石马镇两个名镇以及梅江区城北镇干光村等58个名村、梅江区城北镇玉水村等134个名村示范村建设，使之成为特色宜居城乡建设的亮点工程。积极筹备客家特色乡村建设研讨会，邀请有关专家进行专题调研，制订《梅州传承客家建筑文化暨客家特色乡村建设技术指引》，成为指导市客家特色乡村建设的规范化文件。大埔县百侯镇、五华县安流镇被列入2012年广东省5个绿色低碳小城镇试点推荐上报，其中百侯镇已通过现场考核，获得3000万元专项资金补助。

【梅州市绿色建筑和可再生能源推广应用取得新成效】 2012年，梅州市成功申报国家级可再生能源建筑应用示范城市，获得国家财政专项资金补贴5000万元。完成广东省下达的新建建筑在设计阶段执行建筑节能标准率达100%、施工阶段执行建筑节能标准率达98%以上的目标。完成梅州市列入禁止实心黏土砖城市名单的目标任务，新型墙体材料使用率达100%。是年，在全省建筑节能专项检查中，梅州市排名从全省第十七位上升至第八位。

【梅州市住房保障制度改革取得新突破】 2012年，梅州市制订《梅州市住房保障制度改革创新实施方案》，将低收入住房困难家庭、新引进高素质人才、新就业无房职工、在城镇稳定就业的外来务工人员纳入住房保障范畴，扩大住房保障覆盖面。落实梅州市委、市政府实施的面向全国招聘引进高素质人才"千人计划"政策，将这类群体也纳入住房保障范畴，解决其住房后顾之忧，同时对本地城镇户籍符合条件的低保对象中的孤、老、病、残群体等重点优抚对象予以优先保障。 *（刘志军）*

附录：梅州市住房和城乡建设管理部门主要领导

梅州市住房和城乡建设局

党组书记、局长：刁东平（任至2012年2月） 谢 航（2012年2月任职）

梅州市城乡规划局

党组书记、局长：谢 航（任至2012年2月） 史斌斌（2012年2月任职）

梅州市城市综合管理局

党委书记、局长：吴献华（任至2012年2月） 李庆明（2012年2月任职）

梅州市水务局

党委书记、局长：陈伟建

梅州市住房公积金管理中心

党支部书记、主任：段 成

惠州建设

【概况】 2012年，惠州市中心城区建成使用的市政道路、桥梁总长225.1千米，总面积742万平方米，桥梁、隧道总数46座。城市照明线路总长973千米，下水道总长778千米。城市供水主管道总长1136.54千米，日供水能力70万吨。市区城市园林绿地面积7338.89万平方米，新增绿地面积696.32万平方米，绿化覆盖率40.51%，绿地率37.01%，人均公园绿地面积15.8平方米。全市新建城市绿道152.8千米，城市绿道总长达280.8千米。年内创建省级生态镇7个，创建市级生态示范村270个。全市所有县城都被评为省级卫生县城。市区垃圾无害化处理率100%。全市城镇生活污水处理率超过90%。全年完成房地产开发投资482.2亿元，占全市固定资产投资的39.84%，比上年增长28.1%，增幅居珠江三角洲第二位。全年实际建设筹集保障性住房5666套。全市住房公积金归集额33.09亿元，比上年增加7.02亿元。城市管理深入推进网格化管理，拆除违法建设面积69.95万平方米，推进市区流动商户临时疏导区（点）建设，设立疏导区（点）48个。 *（赵丽霞）*

【城乡规划】 城市总体规划 2012年1月12日，《惠州市城市总体规划（2006~2020年）》获国务院批准。惠州城市规划区为惠城区、惠阳区、大亚湾经济技术开发区和仲恺高新技术产业开发区范围，总面积2672.3平方千米。规划期限为2006~2020年，远景为2020年以后。城市性质为珠江三角洲地区性中心城市之一。城市主要职能：石化基地；华南地区重要的电子信息业、临港产业、轻型制造业聚集地；沿海城市，广东风景旅游城市和历史文化名城，区域重要的休闲度假基地；珠江三角洲地区性中心城市，珠江三角洲外圈层重要的增长极，向内陆地区传递区域辐射带动力的重要门户；重要的区域交通运输枢纽。

城市规划编制 全年编制完成各类城市规划29项，在编11项。编制完成白石地区、江南（下角、梅湖）地区、白石西区、小金口金源片区、火车西站、惠城区高新科技产业园和惠南大道两侧等地区控制性详细规划。完善南部新城东区、火车站地区、金鸡地区、惠州北动车运用所等地区控制性详细规划。专项规划编制方面，完成金山河水清岸绿工程规划、惠州市历史文化保护规划、一级空间管治区规划、水东街交通专题研究等专项规划成果或草案4项。编制完成莞惠城际轨道"西湖站"修建性详细规划及城市设计，三环路绿化规划设计。此外，环大亚湾经济区空间发展战略规划、潼湖湿地地区总体规划等专项规划进展顺利。

年内还完成仲恺大道、鹅岭南路、惠南大道、惠民大道、鳄湖路、红花湖路、金榜路等一批城市主干道改造工程规划，以及惠州市轨道交通规划修编、惠城中心区慢行系统及人行过街设施布点等交通规划的编制。 *（赵丽霞）*

【宜居城乡建设】 2012年，惠州市惠城区三栋镇、马安镇、惠阳区新圩镇、惠东县铁涌镇、博罗县罗阳镇等5个镇被命名为第二批"广东省宜居示范城镇"，惠城区三栋镇鹿颈村、小金口街道白石村、江南街道下角村、水口街道联和村，惠阳区良井镇霞角村、平潭镇阳光村、永湖镇麻溪村，博罗县罗阳镇田牌村，惠东县平山街道碧山村背子头村小组，龙门县龙田镇邬村村，大亚湾开发区澳头街道岩前村，仲恺高新区陈江街道社溪村陈屋小组等12个村庄被授予“广东省宜居示范村庄”称号。

惠城区马安镇、惠阳区新圩镇、惠东县铁涌镇、博罗县罗阳镇、龙门县龙华镇等5个镇被命名为“惠州市宜居示范城镇”，惠城区三栋镇鹿颈村、汝湖镇南新村、小金口街道白石村、陈江街道青春村等26个村庄为“惠州市宜居示范村庄”。惠城区三栋镇鹿颈村岭南新民居示范点首期建成具有客家风情、居旅结合、经济适用的村民住宅32户。 *(赵丽霞)*

【城市建设与管理】 市政建设　因城市化进程加快，惠州市金山河生态环境日渐变差，严重影响沿线居民正常生产生活和身体健康。2011年11月，惠州市委、市政府成立金山河小流域和水环境综合整治工程建设领导小组。该工程于2011年12月26日正式动工。截至2012年12月底，被列为2012年惠州市政府的“十件民生实事”之一的金山河综合整治工程主体工程基本完工，累计完成投资5.7亿元，如期实现惠州市委、市政府确定的综合整治目标。金山河干流全长10.39千米，总控制集雨面积20.78平方千米，昔日臭水沟变成一条“河畅、路通，水清、岸绿，人悦、景美”的“生态长廊”，成为市民休闲娱乐的好去处。 *(罗军武)*

城市照明。2012年，惠州市组织实施演达立交桥路灯工程、文明二路北段照明工程、眉山路路灯工程和南山大道路灯工程4项照明工程，安装完成8条城市主干道2000多套“中国结”装饰灯。安装路灯200座339盏，铺设线路8000米，安装变压器4台，配电器5台。全年维修更换各种灯泡1.2万盏，维修及更换电线2.6万米，维修电表箱47个，维修更换镇流器2652个、触发器2885个。至2012年底，城市照明线路总长973千米，灯具总量6.7万盏，城市照明设施完好率达、亮灯率98.1%，均优于95%的国家标准。“数字化市政”子系统之一的城市照明监控中心已基本完成建设并投入使用。 *(吴珊)*

城市园林绿化　2012年，惠州市区城市园林绿地面积7338.89万平方米，绿化覆盖率40.51%，绿地率37.01%，人均公园绿地面积15.8平方米。其中，惠城中心区园林绿地面积3777.08万平方米，绿化覆盖率43%，绿地率39.51%，人均公园绿地面积17.04平方米。惠城中心区市场化养护绿地面积393.3万平方米，新增养护绿地面积39.52万平方米；改造公共绿地7968平方米；补植乔木1571株，新植乔木1290株，迁移乔木1300株。是年，惠州市园林管理局组织实施园林风景建设项目36个，完成投资3.27亿元。民生实事6个休闲公园中，望江公园、金山湖公园（一期）和龙丰公园建成开放，新湖公园、文星公园和惠州森林公园（一期林相改造）相继动工建设。惠州市园林管理局指导培育苗木20个品种共6.5万株（袋），重大活动及节日摆花2.63万盆。西湖和红花湖景区共接待游人646万人次，合江楼景点接待游人2万人次，下埔滨江公园文化广场举办各类文娱活动47场。

年内，惠州市园林管理局主办重点提案《关于加快推进金山湖公园建设进一步完善宜居城市生态功能的建议》，成绩突出，被惠州市政协评为“2012度承办政协提案先进单位”。

绿道建设　城市绿道建设。年内，惠州市园林管理局组织实施4条市域绿道建设项目，分别为城市绿道启动段（南山公园—福长岭），朝京门至体育南路绿道（文星公园—惠南大道路口），桥东片区绿道（合江楼—水门桥底），环西湖绿道（菱湖路—朝京门）。4条市域绿道总长47.6千米，总面积58.5万平方米，于2012年10月全部建成并投入使用。 *(黄永源)*

惠州市绿道网。2012年1月1日起，《惠州市绿道管理暂行规定》正式实施。全市新建城市绿道152.8千米，建成城市绿道驿站13个、安全设施275个、环卫设施80个、停车场16个、自行车租赁点

▲惠州市惠城区便民自行车租赁点（2012）　（惠州市住房和城乡规划建设局供稿）

115个，城市绿道总长280.8千米。惠城中心城区结合城市绿道建成慢行道62.5千米，公共自行车租赁站100个，投放自行车1万辆。开展体育健身、旅游休闲、科普教育、文化服务等“幸福绿道”系列主题活动，充分发挥绿道网的综合效益。（赵丽霞）

城乡环境卫生　2012年，惠州市不断提高全市的环境卫生质量，主要措施：一是落实“三包”(局领导、机关工作人员包片督查、基层单位的行政人员包路段管理、一线作业人员包路段清扫保洁)、“三员”(行政管理人员要做宣传员、监督员、保洁员)、“三个一”（一天一检查、一周一评比、一月一奖惩）工作制度及应急自动响应机制等环境卫生长效管理制度，确保惠城中心区1200万平方米的大街大巷和1200万平方米“两江一河”(东江、西枝江市区段和新开河）水面每天保持干净整洁；32座垃圾中转站、76座公厕、9800多个果皮箱和垃圾桶每天正常运行，发挥作用；1644块路名牌、96座候车亭、540张座椅每天保持干净整洁。二是坚持市区居民生活垃圾上门收集制度，优化生活垃圾运输系统。健全垃圾焚烧发电厂、灰渣填埋场管理制度，确保惠城中心区1100吨生活垃圾日产日清，无害化处理率100%。三是为多项重点活动提供优质的环卫保障服务。四是落实市县两级环境卫生质量检查通报制度，各县区的城市环境卫生质量每月一检查，每季一通报，明确、落实责任，提高全市的环境卫生水平。

环卫设施规划建设。2012年，惠州市完成《惠州市城乡生活垃圾无害化处理设施建设“十二五”规划》编制工作，推进市区环卫基础设施建设。垃圾焚烧发电厂扩建（二期）工程总投资1.2亿元，于2011年2月开工建设，2012年年初完工投入运营；垃圾渗滤液深度(膜）处理工程于2012年2月底完工并调试完毕，出水指标达到要求，并通过国家环保模范城市复查；下角中堂环卫水上码头工程于2012年6月中旬进入水下施工，完成水下基床开挖、抛石、平整等工作；“两江一河”水浮莲拦剿清理系统完成初步方案、可研、环评等前期工作；新安装果皮箱1000个，完成6间残旧公厕的改造升级，完成九龙岗1座垃圾转运站和公厕的建设；博罗、龙门两县的生活垃圾无害化处理场投入运营，并进行无害化等级评估。

城乡垃圾治理工作。2012年，惠州市坚持一手抓城市生活垃圾治理，一手抓农村生活垃圾治理，城乡并举，推进环卫基础设施建设。100%县区完成“一县一场”建设，50%乡镇完成“一镇一站”建设并投入使用，100%的自然村完成“一村一点”建设，70%的乡镇配备一台以上环卫专用运输车辆。6月中旬至9月底，在惠州全市范围内开展“大清洁、乡村美”农村清洁工程专项整治行动，重点清理农村路边、河边、池边以及村庄公共区域的积存垃圾。全市共投入劳动力11万人次，清理积存垃圾2万多吨，城乡环境卫生面貌有很大的改观，涌现出三栋镇、园洲镇、观音阁镇、田牌村、鹿颈村等一批省级环境卫生先进镇村。截至2012年年底，全市所有的县城都被评为省级卫生县城。

生活垃圾处理。惠州市共有1座垃圾焚烧发电厂和5座生活垃圾无害化填埋场建成投入使用，全年无害化处理生活垃圾100万吨。

惠城中心区建成使用的垃圾处理设施有：垃圾焚烧发电厂1座，处理能力为1000吨/日；无害化生活垃圾填埋场1座，库容70万立方米；垃圾渗滤液预处理场1座，处理能力600吨/日；垃圾渗滤液深度(膜）处理场1座，处理能力400吨/日；垃圾填埋场沼气发电项目1个，发电能力1500千瓦，每天处理垃圾量1100吨，无害化处理率100%。

惠阳区建成投入使用的垃圾处理设施有：惠阳区山子顶生活垃圾无害化填埋场，处理规模500吨/日，于1991年8月投入使用；惠阳区山子顶垃圾渗滤液深度处理工程，2012年3月试运行，出水指标达到要求，实现处理渗滤液100吨/日，每天处理垃圾量500吨，无害化处理率100%。博罗县城生活垃圾无害化填埋场，一期库容量为43.8立方米，处理规模200吨/日，于2011年11月投入使用；龙门县甘香生活垃圾无害化填埋场，项目投资额1500万元，处理规模200吨/日，于2012年4月投入使用；惠东县生活垃圾无害化处理场，库容量150立方米，处理规模680吨/日，于2012年12月投入使用。（黄婉华）

城市生态环境保护和建设　城市空气环境治理。2012年，惠州市加强工业废气整治，重新划定高污染燃料禁燃区，由原来划定的惠城区中心城区扩大至惠城区、惠阳区、仲恺区、大亚湾区。开展有机废气整治，完成42家重点VOC（挥发性有机化合物）企业的废气治理；加强机动车尾气污染控制，全面推广粤Ⅲ标准车用成品油，投放LNG（液化天然气）公交车204辆，淘汰老旧公交车105辆，启动营运黄标车淘汰工作。

城市噪音治理。加强饮食服务业监管，健全环保、工商、文化等多部门联合执法工作机制，对中心区噪声扰民问题严重的酒吧进行专项治理，取缔噪声严重扰民的餐饮店；加强建筑施工噪声污染整治，对建筑施工实行多部门联合审批，大力整治违法超时施工，对重复违法施工单位实施限批。

城市生态建设。启动国家生态市创建工作，推动生态村镇创建，推进城乡环境保护一体化进程。年内创建省级生态镇7个，占全省2012年创建总数的四分之一；创建市级生态示范村270个，建成一批农村污水处理示范工程。

重金属污染综合防治。是年，编制实施《惠州市重金属污染综合防治“十二五”规划》，明确5个重点防控区域、6个重点防控行业和185家重点防控企业。关停61个涉重金属项目，实施113家涉重金属项目的落后产能淘汰工作，完成86个涉重金属项目的清洁生产审核评估，启动电镀企业废水提标升级和博罗电镀行业深化整治。

城市水环境建设　污水处理设施建设。年内，惠州市共新建污水处理厂21座、集污主管网120千米，新增污水处理能力36万吨/日，全市城镇生活污水处理率超过90%；建成城市生活污泥处置项目，年处理能力10万吨，有效解决生活污水处理污泥的二次污染。

重点流域整治。重点推进淡水河和潼湖流域污染整治工作，2012年，两流域内共新建污水处理厂11座、集污主管网65千米，新增污水处理能力20.5万吨/日，实现“一镇一厂”；清理养猪场212家，清理存栏生猪4.3万头，全面完成畜禽养殖清理整治任务；关停重污染企业34家，淘汰率达30%；拆除全部52家砖厂。广东省下达惠州市的污水处理设施建设、重污染行业清退、畜禽养殖业清理和插花地整治等工作任务全面完成，淡水河紫溪断面综合污染指数、氨氮、总磷浓度分别比西湖村断面低32.7%、23.1%、52.8%，其他指标全部达到V类水质标准，河水黑臭现象完全消除，通过广东省人大的考核验收。（杨哲）

城市排水。2012年，惠州市累计组织应急抢险排涝Ⅰ级以上11次，出动应急排涝人员近436人次，排除内涝积水46处。是年，接管江北东区、三栋一号和二号泵站；完成东湖北路、东平下沉通道、惠博沿江路、惠泽大道、火车西站、金山大桥等11条道路排水设施移交工作。年内完成市政排水设施巡查PDA管理系统升级工作，增设6个易积水点排涝视频监控点，建立气象暴雨临近预测系统。（吴珊）

城市供水　2012年，惠州市自来水总公司全年实现售水量1.21亿吨，总产值2.33亿元；铺设及改造管径100毫米以上管道48.8千米；完成市区中心区“一户一表”改造工程，共计13.66万户，总投资额1.84亿元。市级水质检测能力达125项，水质综合合格率为99.76%，优于《城市供水水质标准》95%的国家标准，门户网站水质公告增至42项。推进潼湖水厂首期20万吨/日建设工程，截至年底累计投入资金1.4亿元；开展惠城区、惠阳区、大亚湾开发区、仲恺高新区的供水资源整合工作，为全市水务一体化奠定基础。（罗军武）

城市供气　惠州市燃气气源主要采用液化石油气和天然气。2012年，全市有液化石油气二级气库1座，三级储配站34座（其中只有灌装功能的站29座，气化站2座，灌装和气化功能均有的站有2座）。另有临时瓶组气化站50多座，供应站691个，供气管道总长1324.88千米；全市天然气气化站1座，临时撬装站1座（规模：50千克×16），供气管道总长152.24千米；

液化石油气站库容为3945.00吨，2012年全市液化石油气年供气量为9.92万吨；天然气站库容90.41吨，天然气年供气量1977.08万立方米；瓶装气已覆盖全惠州市，管道燃气已覆盖惠城区、惠阳区、大亚湾经济技术开发区、仲恺高新技术开发区，惠东县、博罗县局部区域。（赵丽霞）

城市综合管理　市政设施维护。截至2012年底，惠州市公用事业局管辖范围惠城中心区建成使用的市政道路、桥梁总长225.1千米，总面积742万平方米，桥梁、隧道总数46座。年内，市政道路桥梁设施管养维护累计投入资金1800万元；维修路面6.3万平方米；人行道8万平方米。惠州市政道路桥梁设施完好率达到96%以上。

2012年，惠州市政府印发实施《惠州市区打击抢建、超建、偷建违法建设行为工作实施方案》并开展违法建设“清拆月”专项行动，有效打击各类违法建设行为。全年惠城、仲恺两区共查处违法建设956宗，拆除面积20.7万平方米；惠阳区查处违法建设案件324宗，拆除面积12.8万平方米；大亚湾区拆除各类违法建设36.45万平方米，有效控制违法建设的新增长。

市容市貌执法管理。2012年，惠州市深入开展市容市貌百日整治行动，组织联合市环卫监察队、城区及各镇（办）城监队和相关职能部门共1.59万人次参加集中整治行动，集贸市场周边脏乱差等一些“老大难”问题得到有效化解，市容市貌环境进一步优化；查纠乱摆卖4.67万宗，清拆违法广告招牌4556宗，清除“城市牛皮癣”3.56万处。（罗静凤）

【城镇村庄建设】　2012年，惠州全市53个乡镇完成总体规编制，28个镇（街道办）开展控制性详细规划的编制，组织开展惠城横沥镇、惠阳区良井镇、惠东多祝镇、博罗县观音阁镇、龙门县龙华镇等镇总体规划修编。年内，市政府审批通过《惠东县稔山镇总体规划》和《惠东县吉隆镇总体规划》。指导全市74个省级贫困村完成村庄规划编制任务。

推进名镇名村规划。年内组织开展名镇名村示范村建设规划编制，博罗县长宁镇、横河镇等7个镇和博罗县横河镇璋背村、西群村等42个村庄完成名镇名村建设规划编制。重点指导博罗县编制完成名镇名村示范县发展规划（总体发展规划和试点建设规划）。组织各县区开展传统村落调查，全面掌握传统村落的数量、种类、分布、价值及其生存状态。是年，博罗县龙华镇五村、龙门县永汉镇鹤湖围村、龙华镇功武村被评为第三批广东省历史文化名村；博罗县龙华镇旭日村、惠城区横沥镇墨园村两个村被住房和城乡建设部、文化部、财政部列入《中国传统村落名录》。完成《惠阳区客家围屋保护与旅游开发研究》成果，会同意大利米兰理工大学建筑学院举办惠阳客家围屋保护规划国际研讨会。 *（赵丽霞）*

【房地产业与住房保障】 *房地产开发* 2012年，惠州市新增经营性用地324宗，供应总面积823.07万平方米。全年完成房地产开发投资482.2亿元，占全市固定资产投资的39.84%，比上年增长28.1%，增幅居珠三角第二位。其中，完成住宅投资334.85亿元，占全市房地产投资的比重为75.19%，比上年增长25.8%。商品房施工面积4579.87万平方米，比上年增长17.3%；新开工面积1096.77万平方米，下降18.2%；竣工面积509.01万平方米，增长1.3%。

房地产市场运行 2012年，惠州市商品房批准预售面积为940.95万平方米，比上年下降28.5%，其中，新建商品住房838.28万平方米，下降30.58%。截至2012年底，全市商品房累计可售面积888.81万平方米，比上年增长1.62%，市场供应较为充足。全市全年新建商品房累计销售面积884.62万平方米，比上年增长17.35%，居全省第二位，除中小户型住房销售增长较快之外，其他各类住房的销售较为均衡。全市新建商品房全年销售均价5576元/平方米，比上年下降4.97%，其中新建住宅销售均价5353元/平方米，下降5.22%，商品房价格整体呈平稳回落态势。

2012年，受金融、信贷政策的影响，惠州市二手房市场有所降温，全市全年二手房成交面积累计205.95万平方米，比上年下降3.94%，成交套数1.46万套，下降5.26%。

房地产市场调控 2012年，惠州市制定《关于规范商品房销售行为的通知》，明确要求所有商品房销售人员必须通过专业培训，所有商品房销售代理机构必须到房产管理部门登记备案。全年分5批次对惠城区（含仲恺高新区）范围内的1500名商品房销售人员进行培训，1307人考试合格取得《商品房销售人员职业资格证书》。进一步健全商品房预销售现场公示制度，要求开发企业制定统一规格的商品房预售项目信息公示栏，详细公示相关信息，帮助购房人在交易前能够最大限度了解拟购房屋的相关信息。建立商品房预销售市场巡查制度，成立40多人的房地产市场巡查队。全面加强二手房市场管理，组织房地产中介协会对113家房地产经纪机构的144个经营场所进行检查；举办4期房地产经纪人员培训班，共1134人接受培训。利用评估报告价格备案管理系统对房地产评估行为实施动态监管；开展二手房交易资金监管工作，全年累计监管现金流2.8亿元，促成交易652单。培育房屋租赁市场，全年共完成房屋租赁登记备案2888套，共47.40万平方米，维护租赁关系的稳定。

产权产籍管理 2012年，惠州市房产管理部门全年共办发各类权证8.95万份，完成房产测绘1129万平方米，完成14.74万份房产档案的整理归档工作。完成数字房产系统与财务税务征管系统对接、测绘软件升级改造、房产管理网站改版等工作，推出房屋登记业务网上申报等12项便民利民措施，切实为办事群众提供周到便捷的服务，实现零延误的目标。3月，被住房和城乡建设部评为“全国房地产交易与权属登记规范化管理先进单位”。10月，局房产交易中心被中华全国总工会授予“全国工人先锋号”称号。

直管公房管理 2012年，惠州市房产管理部门实施直管公房维修招投标及绩效评价工作，完成江北云山花园云逸阁等公房的排危工作，全年共完成直管公房维修747宗。完成市区公房信息录入及基础房源和承租档案建档等工作，初步搭设起配备齐全的公房档案室。强化直管公房租赁管理，全年共收缴租金790多万元。完成1020户直管公房纳入公共租赁住房管理、800户直管公房产权办证、莞惠城际轨道西湖站79户直管公房征收补偿等工作，取得了良好的社会效益。

（王晓东）

保障性住房建设 2012年，惠州市健全住房保障制度，合理确定保障性住房的选址和建设规模，全年建设筹集保障性住房5666套，超额完成广东省下达的住房保障工作目标任务，并开展首批公共租赁住房的申请工作。4月，惠州市住房和城乡规划建设局被中华全国总工会中国海员建设工会授予“全国保障性安居工程建设劳动竞赛先进单位”。

制定“十二五”住房保障规划。2012年2月29日，惠州市政府批准实施《惠州市区“十二五”住房保障规划》，统筹安排保障性住房的建设规模和空间布局，有计划、有步骤地满足低收入家庭的住房需求。

创新住房保障制度。2012年，惠州相继制定出台《惠州市住房保障制度改革实施方案》《惠州市公共租赁住房建设管理办法》《惠州市区公共租赁住房租金补助实施办法》《惠州市公共租赁住房租赁市场管理规定》等配套制度，推进惠州市住房保障制度改革创新，建立以公租房为主要保障方式的新型住房保障制度，解决城镇低收入家庭、新就业无房职工和在城镇稳定就业的异地务工人员等群体的基本住房需求。对公共租赁住房的资金来源、规划建设、申请条件和程序、租赁管理等做出明确规定。按照“分档补助”“租补分离”“适度调整”的原则，对被保障对象进行补助，对公租房市场的监督和管理做出明确规定。

公平公正分配。年内，完成惠城中心区第三批保障性住房配租配售工作，经过审核、公示，647户家庭符合住房保障条件，并经电脑公开摇号确定选房序号，最终285户家庭选取保障性住房，其中，廉租房97套，经济适用租赁房53套，经济适用申购房135套。（赵丽霞）

物业管理 2012年，惠州市房产管理部门以市政协重点提案《关于规范我市小区物业管理的建议》办理为重点，全力打造和谐文明小区。完善住宅专项维修资金管理信息系统，对维修资金的增值收益、紧急使用等做了全面规范，截至2012年底，市区累计归集维修资金14.27亿元。建立物业家园数字物业服务信息系统，有226家企业注册，实现物业管理业务和投诉纠纷网上办理。加强物业服务企业资质管理，全年新注册物业服务企业（暂定三级资质）56家，核准三级资质企业48家，外来备案企业36家，通过年检企业316家。组织开展国家、省、市物业管理示范项目评选活动，有5家企业被评为省物业管理示范项目。（王晓东）

住房公积金管理 2012年，惠州市住房公积金新增开户单位802家，新增缴存职工人数5.99万人，完成年度新增人数计划的60%，全市住房公积金缴存单位总计5841户，缴存职工45.66万人，缴存人数比上年增长21%，住房公积金覆盖率49%。

是年，惠州市住房公积金归集额33.09亿元，比上年增加7.02亿元；提取住房公积金18.81亿元，比上年增加5.48亿元；发放个人住房公积金贷款共9586笔，金额合计22.44亿元，比上年增加10.94亿元；历年累计发放贷款4.01万笔，累计发放贷款65.6亿元，年末委托贷款余额占住房公积金余额的比率为75%；住房公积金使用率为88%。全年实现住房公积金增值收益1.21亿元，增值收益率位列全省第一。（陈呈）

【“三旧”改造】 2012年，惠州市制定“三旧”改造用地协议出让缴交土地出让金办法，完善相关政策措施。补充完善“三旧”标图建库工作，完成“三旧”标图建库改造地块共4405宗，总面积0.62万公顷。全面启动“三旧”改造项目认定和用地审批工作，市区初步审查“三旧”改造主体上报的改造方案23个，根据惠州市“三旧”改造领导小组的审定意见，初步制定13个改造项目的用地出让方案。

组织编制完成《惠州市惠城—仲恺区域“三旧”改造专项规划》，规划范围包括惠城区和仲恺高新区，规划用地面积1410平方千米，规划期限为2010~2015年。共计组织编制“三旧”改造项目的规划设计条件80项，其中，已完成规划编制项目49个，总用地规模126公顷，正在编制的规划项目14个，总用地规模76.7公顷，正在研究的项目17个，总用地规模26.01公顷。（赵丽霞）

【建筑业】 *建筑市场管理* 2012年，惠州市有48项工程进行施工招标，工程造价17.02亿元，19项工程进行监理招标，工程造价39亿元；受理并办结建设施工报建32宗，办理市直工程项目监理手续47项，办理市直房屋建筑工程竣工验收备案28宗；完成施工合同备案34项，工程造价23.06亿元；标底备案59项，工程造价13.54亿元；完成竣工结算核准26项，核准结算造价26.49亿元。惠州市严格招标投标制度，对建设领域突出问题进行专项治理，执行招投标活动指纹登记录入制度，公开施工许可、招标投标、竣工验收备案信息。严格执行市场准入制度，扶持本地企业夯实资质，引进实力强的企业参与建筑市场竞争。严格执行建设领域农民工工资保证金制度，全年组织开展两次房屋建筑工程项目工程款支付和民工工资支付情况检查，维护建筑业企业和建筑工人的合法权益。

开展“三打两建”专项行动。惠州通过联合执法，上下联动、部门联动的打假工作机制，对生产、销售、使用假冒伪劣建材的违法违规行为进行全链条打击，检查施工现场5336处，发现线索1022条，核查线索1022条。全市立案查处建材打假案件976宗，结案976宗，结案率100%，捣毁窝点136个，总涉案金额1.41亿元，其中大案要案81宗，移交公安部门案件45宗。

工程质量监管 全年完成监督报建项目54项，建筑面积140.23万平方米，建筑投资37.6亿元，监督竣工验收24项，建筑面积40.7万平方米，工程竣工合格率为100%。开展工程质量综合执法检查和专项检查，全年共发出整改通知书48份，计入不良行为记录建议书1份。加强对主要建筑材料的抽查力度，严格落实对施工现场涉及结构质量的钢筋、水泥等重要建材产品的见证送检和监督抽查相结合制度，全年签订检测委托书90份，发出试验报告5.3万份，检测报告712份。开展样板引路，逐步推广雅居乐白鹭湖工程质量管理方式。鼓励建筑企业争创“鲁班奖”，采用动态管理模式，将工程项目分为A、B、C三个类别实行差别化质量监督。将住宅工程质量分户验收制度从市区推广到县区，提高住宅工程实体质量。推进工程质量检测监管平台建设，运用信息化管理手段有效监管工程质量各方责任主体和工程质量检测机构质量行为。

建筑安全管理 2012年，惠州市建筑业建立“级级找问题、层层抓落实”的安全管理体系，全面落实安全生产“一岗双责”制度。扎实开展建筑施工安全生产大检查、施工安全专项整治和安全生产月活动，发出安全检查问题记录113份、整改通知书54份、暂时停止施工通知书27份、对38个建筑工地实施安全生产动态扣分。加强建筑施工安全预警，提高企业在灾害条件下的应急处置水平。发挥优良样板工程

和“双优”示范工地的示范作用，提高施工安全和文明施工管理水平，全年10项工程被评定为惠州市优良样板工程，5个项目被评定为广东省“双优”示范工地，2个工地被评定为“广东省AA级诚信工地”，1个工地被评定为中国建筑业“AAA级诚信工地”。大力推行建筑工人“平安卡”管理制度，实行建筑意外伤害保险，开展各类安全技术讲座和教育培训提高从业人员的安全意识和安全技能，累计3353人接受各类培训。

规划勘测管理　全年累计完成规划勘测业务784宗：完成地形图修测38宗，199万平方米；建筑物放线、验线96宗，169幢；规划竣工验收测绘468宗，357万平方米；市政道路、排水、放线18宗，42千米；处罚测绘31宗；规划用地拨地定桩10宗；坐标转换17宗；全部技术资料的整理归档案卷106卷。完成桥东、桥西片历史文化名城规划项目测图、西湖城际轨道站点周边地形图测绘等政府工程测绘任务。完成惠州西湖周边道路、麦地路、西支江桥边道路、汶头岭周边道路测量控制点建立及二级导线点测量，共布设GPS（全球卫星定位系统）E级控制点和二级导线点110个。（赵丽霞）

【建设科技】　建筑节能　2012年，惠州市强化新建建筑从规划、设计、审查、施工验收等环节的监管，加大太阳能热水系统与建筑工程建设一体化的应用力度。全市新建筑设计阶段执行建筑节能标准和施工图节能审查备案比例均达100%，新建筑施工阶段建筑节能强制性标准执行率98%以上。全年全市太阳能应用面积514618平方米，占新建筑面积比例23.9%，比上年增长5%。完成74幢国家机关办公建筑和大型公共建筑的能耗调查、统计和有效数字汇总，并进行公示。选定东湖小区1~3期为试点，开展居住建筑能耗统计。

散装水泥管理　全市完成散装水泥供应量610万吨，使用量400万吨，分别比上年增长3%和5%；预拌混凝土使用量达650万立方米，增长6%；散装水泥率65%，超额完成广东省下达的指标任务。实现节约标准煤9.35万吨，减少粉尘排放6.13万吨，减少二氧化碳排放27.45万吨，减少二氧化硫排放0.02万吨等指标，折综合经济效益3.66亿元。推进预拌砂浆应用，市区立项投资1个干混砂浆项目，大亚湾经济开发区筹建2条预拌湿浆搅拌生产线。

墙体材料革新　2012年，为4家新型材料企业办理备案手续，全市有66家新型墙体材料生产企业，年生产能力近900万立方米，其中节能效果较好的蒸压加气混凝土企业19家，年设计生产能力462万立方米。新型墙体材料使用占总墙体的比例达98%，居全省前列。全年全市生产新型墙材共计节约土地140公顷，节约能源16万吨标煤，减少废气排放37万吨，利用废渣96万吨。9月，下发《关于引导加强新型墙体材料生产管理的通知》，加强新型墙体材料使用环节的管理。（赵丽霞）

【建设事业信息化】　2012年，惠州市办理道路红线图出图业务205宗，办理提供数字地形图业务65宗，更新入库1:500地形图709幅，办理规划信息查询业务176宗、政务网站公示材料901份、电子监察系统上传数据、受理业务1146宗、办结业务1070宗。8月，开通政务微博，全年发布微博信息78条。更新入库地形图、规划道路红线图、市政管线图等各类规划图数据资料。开展工程建设领域项目信息和信用信息公开录入工作。

开展网络问政。全年处理网民来信1724宗。办理过程中，明确办理程序，办理责任和办理时效，坚持网络问政月报制度，每月汇总当月热点问题，梳理主要特点，对网民评价进行分析，并提出应注意的问题。（赵丽霞）

【惠州市保障性住房工程建设目标任务超额完成】　2012年，广东省下达给惠州市的保障性住房建设任务为5400套，惠州市将保障性住房建设任务分解落实到34个项目，全年实际建设筹集保障性住房5666套，超额完成目标任务。惠城中心区金石花园二期、惠和居、惠山居三个保障性住房项目在2013年春节前竣工，是年4月，市区惠祥花园保障性住房项目被中华全国总工会中国海员建设工会评为“全国保障性安居工程建设劳动竞赛优秀工程项目”。惠州市住房和城乡规划建设局被评为“全国保障性安居工程建设劳动竞赛先进单位”。（赵丽霞）

【《惠州市城市总体规划（2006~2020）》获国务院批准】　2012年1月12日，《惠州市城市总体规划(2006~2020年)》获国务院批准。按照新批准的《规划》，城市规划区为惠城区、惠阳区、大亚湾经济技术开发区和仲恺高新技术产业开发区范围，总面积为2672.3平方千米。根据生态保护、基础设施共建共享等需要，将规划区分为四个次区域：惠城次区域、陈江—仲恺次区域、惠阳—大亚湾次区域、北部山区次区域。城市性质为珠江三角洲地区性中心城市之一。城市主要职能为石化基地；华南地区重要的电子信息业、临港产业、轻型制造业聚集地；沿海城市，广东风景旅游城市和历史文化名城，区域重要的休闲度假基地；珠江三角洲地区性中心城市，珠江三角洲外圈层重要的增长极，向内陆地区传递区域辐射带动力的重要门户；重要的区域交通运输枢纽。城市发展总体目标为经济、社会、生态全面协调可持续发展的产业强市，拥有良好生态环境和文化魅力的旅游城市、文明城市和宜居城市。到2020年，惠州市区城镇人口规模控制在370万人左右，其中，中心城区城市人口控制在98万人以内；惠州市区城镇建设用地规模409平方千米，人均建设用地111平方米。其中，中心城区城市建设用地规模105平方千米以内，人均建设用地107平方米。

（赵丽霞）

【惠州市岭南新民居示范点落成】2012年2月6日，位于惠州市惠城区三栋镇鹿颈村的“广东省名镇名村·岭南新民居示范点”15幢新居落成。作为全省3个“岭南新民居”示范点之一，惠州鹿颈村“岭南新民居”以邓演达故里为依托，与邓演达纪念园、演达三高农业基地共同构成“新农村乐园”。岭南新民居示范点首期规划用地面积约2.1公顷，分南、北两个区域，南区建成具有客家风情、居旅结合、经济适用的村民住宅15幢30户，形成具有岭南特色，宜居宜游的多功能新民居。

（赵丽霞）

【惠东县稔山镇和吉隆镇总体规划审批通过】2012年9月19日和29日，惠州市政府审批提高《惠东县吉隆镇总体规划（2008~2025年）》和《惠东县稔山镇总体规划（2008~2025年）》。《惠东县吉隆镇总体规划（2008~2025年）》将吉隆镇定位为稔平半岛东部地区商品集散基地，制鞋专业镇，宜居的生态小城镇。规划区总面积123.06平方千米，其中近期城镇建设用地规模11平方千米，城镇人口规模14.7万人;远期城镇建设用地规模17平方公里，城镇人口规模为19.8万人。《惠东县稔山镇总体规划（2008~2025年）》将稔山镇定位为惠东县西南部的交通门户和综合服务中心，稔平半岛的商贸强镇，滨海特色旅游重镇，环境优美的宜居城镇。规划区总面积191.55平方千米，其中近期城镇建设用地规模11.91平方千米，城镇人口规模12.3万人；远期城镇建设用地规模21.48平方千米，城镇人口规模20.9万人。

（赵丽霞）

附录：惠州市住房和城乡建设管理部门主要领导

惠州市住房和城乡规划建设局
党组书记、局长：李德友
惠州市房产管理局
党委书记、局长：周仲珩（任至2012年3月）　陈力强（2012年3月任职）
惠州市园林管理局、惠州市西湖风景区管理局
党委书记、局长：陈茂良
惠州市市容环境卫生管理局
党委书记、局长：黄水祥（任至2012年3月份）　杨　荣（2012年3月任职）
惠州市公用事业管理局
党委书记、局长：胡斯平（任至2012年3月）　罗庆云（2012年3月任职）
惠州市城市管理行政执法局
党组书记：陈贻荣（任至2012年10月）
党组书记、局长：钟朝阳（2012年10月任职）
惠州市水务局
党委书记、局长：钟日强（任至2012年2月）　马成辉（2012年2月任职）
惠州市住房公积金管理中心
党组书记、主任：兰德华

汕尾建设

【概况】2012年，汕尾市推进“活力汕尾、人文汕尾、和谐汕尾、清新汕尾”建设，市容市貌不断变化，投资环境明显改善，城市形象和品位大为提升。建设工程招投标管理、住房和城乡建设系统“三打两建”、建筑领域安全生产、工程建设领域突出问题等专项整治取得明显成效；启动《促进汕尾市城区扩容提质行动纲要》《汕尾市区“三旧”改造控制性详细规划》等规划编制工作，制订出台《汕尾市区“三边一中”管理规定》《汕尾市城市蓝线管理办法》等城市规范化管理文件；市本级负责实施的重点市政工程项目共8个，完成投资约3亿元；创建宜居城乡工作取得新成绩，全市创建市级试点宜居城镇10个、宜居村庄21个、宜居社区17个；市区供水区域不断拓展，市区管道燃气工程实施顺利，市区道路网络，以及城镇文化娱乐设施、健身设施不断完善；超额完成省下达保障性安居工程建设任务，全市房地产市场基本平稳；全市共完成建筑业总产值12.64亿元；实现创建广东省园林城市工作目标。

（蔡曙光）

【城乡规划】城市规划编制与设计　2012年12月，完成《汕尾市综合交通规划》初步方案，同时，组织编制《促进汕尾市城区扩容提质行动纲要》；年内，完成《汕尾市区“三旧”改造专项规划（三期增补）》，并通过了专家评审，上报广东省住房和城乡建设厅备案；完成《汕尾市区“三旧”改造控制性详细规划》《汕尾火车站周边地区控制性详细规划》；组织编制《汕尾市区埔边至罗马广场道路景观规划》《汕尾市金町湾片区控制性详细规划》《汕尾市生活垃圾收运设施规划》《汕尾市区贫困村改造规划》。

城市规划管理　2012年，汕尾市城乡规划局起草《汕尾市城市蓝线管理办法》并上报汕尾市人民政府印发实施。截至2012年底，汕尾市城乡规划局共受理用地申请29宗，核发《建设用地规划许可证》10本，总用地面积127.6万平方米；核发《建设工程规划许可证》9本，总建筑面积38.5万平方米。监察大队处理和制止违法违章案件101宗，其中立案23宗、已结案20宗；发出停建通知书95份、拆除违法建设33宗，拆除违法建筑面积2.2万平方米。

（康微）

【宜居城乡建设】　截至2012年底，

汕尾市共创建市级试点宜居城镇10个、宜居村庄21个、宜居社区17个。其中海丰县海城镇北门社区和市城区新港街道立新社区被授予"广东省级宜居社区"称号；陆河县螺溪镇、陆河县河田镇、陆河县河口镇、红海湾经济开发区遮浪街道等4个镇（街）被省住房和城乡建设厅评为"广东省宜居示范城镇"，陆河县水唇镇高塘村、陆河县新田镇参城村、陆河县河田镇共联村、陆河县新田镇丰山村、城区马宫镇长沙村、红海湾开发区遮浪街道四石柱村、红海湾经济开发区遮浪街道田寮村、海丰县黄羌镇坑联村、海丰县公平镇胜高楼村等9个村被评为"广东省宜居示范村庄"。 *（蔡曙光）*

【城市建设与管理】 市政建设 2012年，由汕尾市住房和城乡建设局本级负责实施以及协调、指导、监督的重点市政工程有市生活垃圾无害化处理中心项目首期工程、新湖大道南段等8个市政工程项目，总建设规模为：城市道路总长15千米、生活垃圾无害化处理能力700吨/日的焚烧发电厂及配套、东区污水处理厂集污干管长7000米，总投资15亿元。2012年完成投资3亿元（包括征地等其他前期费用），其中市生活垃圾无害化处理中心项目北区卫生填埋场（日处理能力250吨，库容为60万吨）已完成并投入试运营；建成市区东区污水处理厂（日处理能力4万吨）及集污管道5千米，并投入运营。

（蔡曙光）

城市园林绿化 绿化保养。2012年，汕尾市完成海滨大道、湖滨大道等11条主干道的绿化补种，面积约9200平方米，种植美蕊缨、黄心雪梅等10种灌木约7700株，大叶红草、满天星等地被植物3000平方米，台湾草坪1.52万平方米。完成汕尾大道、红海中路等12条主干道及奎山公园、慈云公园的修剪，修剪乔灌木1.9万株/次、绿篱40万平方米/次、草坪17.4万平方米/次。累计清理垃圾杂物、除杂草绿地面积96.9万平方米/次，出动人工1.0万人/次，车辆1300车/次。

创建广东省园林城市工作。2012年，汕尾市实现创建广东省园林城市目标，主要特色如下：一是因地制宜，发挥本土资源优势；二是生态自然，体现科学节约精神；三是以民为本，致力建设幸福汕尾；四是花小钱办大事。六大亮点：一是城市面貌焕然一新，二是拆除违章建筑建绿地，三是综合治理品清湖成效显著，四是采用本地和外地绿化品种建设节约型园林，五是城市生态景观林带建设有效推进，六是城市绿地认建认养认管掀热潮。 *（翁炳东）*

城乡环境卫生 2012年，汕尾市以宜居城乡建设为契机，抓好治污保洁工作，全年共争取到省治污保洁工程（垃圾清运设施）专项资金480万元。开展"大清洁、乡村美"农村清洁工程专项活动，全市清理路边2515千米，清理河边735千米，清理池塘1120个，清理公共区域2733点，清理农村"三边"及公共区域的积存垃圾1.45万吨。

生活垃圾无害化处理设施建设。汕尾市生活垃圾无害化处理中心项目首期工程规模为处理能力700吨/日，估算投资4.66亿元，建设内容主要包括：垃圾焚烧发电厂、卫生填埋场、污水处理站及其配套设施、进厂道路等。首期工程分为垃圾卫生填埋场和焚烧发电厂两部分实施。自2010年12月以来累计已完成投资2亿元，其中2012年完成投资1.2亿元，已完成了项目征地、大部分补偿和迁坟工作；完成焚烧发电厂环评报告及投资报告等；完成卫生填埋场环评及立项，建成北区卫生填埋场并投入试运营。 *（蔡曙光）*

城市生态环境保护和建设 空气环境：2012年，汕尾市区环境空气质量继续保持优良水平。空气中二氧化硫（SO_2）、二氧化氮（NO_2）年日均值分别0.008毫克/立方米、0.015毫克/立方米，可吸入颗粒物（PM10）年日均值0.047毫克/立方米。以上三项指标均达到国家规定的《环境空气质量标准》（GB3096—1996）二级标准，并且SO_2、NO_2二项污染物年日均值均优于国家一级标准；降尘月均值4.83吨/平方千米·月，达到省推荐标准（8吨/平方千米·月）。

城市降水：2012年实测降水总量1482.1毫米。全年降水pH值范围为6.01~6.33，pH值年均值为6.13，

▲汕尾市被评为2012年"广东省园林城市"。图为汕尾市汕尾大道

（汕尾市住房和城乡建设局供稿）

没有出现酸雨。

声环境：市区声环境质量保持较好水平，区域环境噪声平均等效声级为55.9分贝，与2011年相比上升0.2分贝；道路交通噪声平均等效声级为67.5分贝，与2011年相比上升0.1分贝。

水环境。2012年度监测结果表明汕尾市水环境质量水质达标率100%。

建设项目环境管理。加强建设项目环境管理力度，严格实行总量前置审核，对没有排污总量指标的建设项目坚决不予审批，落实以“环保倒逼”机制促进产业转型升级。同时，对全市规模化畜禽养殖项目的环评文件统一由市进行审批，对新建、改建、扩建畜禽养殖项目，要求做到污染物总量“增减平衡”。全年审批各类建设项目环境影响评价文件等59宗、组织环境保护竣工验收项目24宗，实现“增产不增污”。

生态建设。2012年，汕尾市先后颁布实施了《汕尾市环境保护和生态建设“十二五”规划》《汕尾市农村环境保护“十二五”规划》《汕尾市2012年度农村环境保护实施计划》《关于加强饮用水源环境保护工作的实施意见》等文件，加强生态保护，构建绿色文明。一是加大水资源保护力度。开展公平水库（含干渠）水资源保护规划和螺河水资源保护规划编制工作，对饮用水源保护区进行专项检查，强化监管，确保群众饮水安全。二是推进农村环境保护。建立农村环境保护联席会议制度，落实“以奖促治”政策，开展农村连片环境综合整治。三是加强生态示范创建。鼓励、指导基层创建生态示范村（园），协调村镇生态建设与经济建设的可持续发展。全年新创建省级生态示范村2个、市级生态示范村8个。截至2012年底，全市建成自然保护区4个、森林公园10个、风景名胜区1个、地表水饮用水源一级保护区12个，总面积552平方千米，约占全市国土面积的10.6%；建成省级生态示范村12个，省级生态示范园1个，省级生态示范镇4个，市级生态示范村14个。

环保宣传教育。全年新建省级环境教育基地1个，市级绿色学校1所，环保宣传橱窗35处（其中市区11处）。

污染防治。2012年，汕尾市通过采取一系列措施，提高污染防治整体水平。一是加大重金属污染防治力度。建立重金属污染防治联席会议制度，出台《汕尾市重金属“十二五”污染防治方案》及《汕尾市重金属污染综合防治工作2012年度实施方案》等工作方案。二是加强危险废物环境监管。严格执行危险废物转移联单制度，全年共转移处理处置危险废物14批（次），并对4家市一级危险废物规范管理单位进行了规范化验收。三是开展大气污染防治。要求火电企业完善烟气处理设施建设，推进加油站建设油气回收工程项目，控制机动车尾气排放。2012年，全市已有37家加油站建设油气回收工程。四是做好环保专项资金申报工作。上报环境综合整治环保专项资金项目申请计划，全年获得中央和省级环保专项资金4278万元，为加快推进全市污染防治提供了一定的资金保障。五是开展强制性清洁生产审核工作，倡导节能减排，深入推动企业绿色化改造升级。 *（张秋玲）*

城市水环境建设 水质监测。2012年，汕尾市做好饮用水源水质监测工作，对市区（县城）主要饮用水源水质监测制度化，及时掌握水源地水质变化情况，为水质保护提供科学依据。

污水处理。2012年，全市共投入污水处理厂建设资金7亿元，建设污水处理厂6座，日处理污水能力25.5万立方米。

水源保护。2012年，汕尾市按省环保厅的设定规格和标准，在市区水源地赤沙水库投入10万元设立8座警示牌，营造水源地严肃的法制氛围。在重点水源地公平水库、赤沙水库、龙潭水库、南告水库、红花地水库和青年水库实行重大水污染事件报告制度和水污染第一把手责任制，以及饮用水源地巡查制度，及时发现水污染事件，把水污染事件消灭在萌芽状态。

查处水污染违法事件。2012年全市共出动环保执法人员、水利执法人员300人次，检查排污企业13家，责令停止生产13家；为“三打两建”提供14宗非法采砂线索；调查赤沙水库排污禽畜养殖场5宗，向其发出停止排污生产通知书，并要求城区政府依法查处这5宗禽畜养殖场。 *（罗文静）*

城市供水 2012年，汕尾市区供水总量3790万立方米，比上年增长0.6%；售水总量2249万立方米，增长1.1%；实现总收入5252万元，比上年增长4.8%，上缴税金290万元，增加新用水户2560户；投资145万元新铺设和改造市区供水管道DN100以上5045米，市区供水水质综合合格率99.5%，水质指标符合国家新106项的饮用水标准。全年实现安全优质保供水的目标。

城市供气 截至2012年12月，市区完成LNG（液化天然气）站基础建设及设施，完成市政管网11.63千米、完成庭院管网建设23.44千米；完成户内安装5232户，累计总投资额为1962.88万元；截至2012年底，已通气的小区有11个，用户2500户；商业用户4个，日供气量约2000立方米/天，截至2012年12月，累计天然气供应量为41万立方米。 *（蔡曙光）*

城市综合管理 市容市貌综合整治专项行动。2012年，汕尾市开展多个专项整治活动，包括整治违章占道经营、清理城市户外广告、整治非法营运三轮车、市政公共设施维修、城市照明景观改造、市容环境卫生整治等，营造一个良好的城市市容环境。主要措施：一是加强市容巡查监管工作。对市区占道经营和乱摆卖、乱设置、乱搭建等问题，予以全面清理整顿，发现违章，及时查处。二是组织卫生大扫除活动，对汕尾大道两侧杂草及堆积物，进行大面积清理铲除，确保市区市容环境卫生秩序整体优良。全年共出动执法执法人员3.17万人次，发出《占道经营限期整改通知书》1035份，清理纠正流动摊档1942宗，清理占道堆放物263处，清理拆除乱悬挂布标横幅1320张、活动广告橱箱186个。

道路交通秩序整治。2012年6~9月，城市综合管理局与市公安局联合开展市区道路交通秩序整治，查处各种无牌无证机动车辆和交通违法行为，据统计，共查扣无牌无证摩托车4000多部、无牌证营运三轮车245部，取缔市区非法拼装机动三轮车窝点3个，查获拼装三轮车、机头等车辆配件和组装工具一批。经过4个月的专项整治，市区公共交通秩序得到明显改善。

（吴秋菊）

【城镇村庄建设】 2012年，汕尾市48个建制镇道路长度2091.94千米，道路面积1277.61万平方米，用水普及率81.72%，燃气普及率77.75%。全市共有行政村743个，自然村3237个，已编制村庄规划的行政村315个，占42.4%；已编制村庄规划的自然村426个，占13.16%，已开展村庄整治的行政村98个，占13.19%。村庄内道路长度2044.72千米，村庄内道路面积1276.58万平方米，供水管道长度949.91千米，用水普及率66.9%，燃气普及率53.75%。（蔡曙光）

【房地产业与住房保障】 房地产市场管理 2012年，汕尾市根据《广东省商品房预售管理条例》，加强商品房预售管理，维护预售人和预购人的合法权益，促进房地产业的健康发展。是年，全市新建商品房批准预售面积102.1万平方米，已预售套数4739套，已预售面积102.1万平方米，已预售金额25.68亿元；新建商品房现售成交套数3683套，成交面积50.71万平方米，成交金额13亿元，均价2725元/平方米。其中市区销售749套，成交面积11.71万平方米，成交金额4亿元，均价3703元/平方米。2012年全市共有各级资质房地产开发企业138家，其中市区房地产开发企业45家。全市共有物业服务企业38家，其中市区物业服务企业15家。全市共有房地产估价机构3家，其中市区房地产估价机构1家。

保障性住房建设 2012年，广东省政府下达给汕尾市的住房保障工作目标任务为1130套（户），其中新增公共租赁住房1080套，廉租住房租赁补贴50户，竣工任务113套，计划完成投资9000万元。截至2012年底，全市已开工建设公共租赁住房1185套，完成廉租住房租赁补贴50户，竣工256套，开工率为109.3%，完成投资9830万元，超额完成年度目标任务。（蔡曙光）

住房公积金管理 2012年，汕尾市住房公积金归集额4.65亿元，累计归集总额18.19亿元，归集余额9亿元，使用率50.5%（其中市管理中心归集余额4.63亿元）。没有出现挤占、挪用住房公积金及单位和部门自行归集、管理公积金的问题，确保住房公积金安全运作。

（许汉琦）

【"三旧"改造】 2012年，汕尾市已标图建库的"三旧"改造地块1445块，面积8249.98公顷。其中旧城镇376块，面积3587.49公顷；旧厂房274块，面积1083.67公顷；旧村庄794块，面积3578.83公顷。合计合法用地面积7590.26公顷，需完善历史用地手续面积659.72公顷。均已经广东省国土资源厅确认并领回相关成果数据。全市涉及"三旧"改造县（市、区）拟启动项目合计有15个，涉及改造面积59.4公顷。其中，海丰县拟启动项目有8个，陆丰市拟启动项目有4个，陆河县拟启动项目有1个，市城区拟启动项目有2个。（蔡曙光）

【建筑业】 招投标管理 2012年，汕尾市建筑业加强招标项目备案检查和现场监督。是年，全市房屋建筑和市政基础设施工程实行施工招标项目54项，工程预算总造价4.48亿元、中标价4.29亿元、节约资金1869.02万元。其中，市属房屋建筑和市政基础设施工程实行施工招标项目8项，工程预算总造价2.15亿元、中标价2.02亿元、节约资金1296.69万元。监理招标项目1项、应公开招标9项、实行公开招标9项应公开招标率100%。

施工许可证管理 2012年全市房屋建筑和市政基础设施工程核发施工许可证76项，合计建筑面积148.31万平方米，工程造价20.44亿元（其中市属核发施工许可证11项，合计建筑面积25.34万平方米，工程造价3.28亿元）。全市共完成建筑业总产值12.64亿元，房屋施工面积119.24万平方米，房屋竣工面积84.19万平方米。

外来施工企业管理 根据《广东省建筑安装企业跨地区施工管理办法》《广东省外来施工企业管理细则》《广东省建设工程监理条例》《广东省建设工程勘察设计管理条例》，受理外来施工企业2012年度备案登记11家。实施单项备案的施工项目17个、监理项目14个、勘察设计项目29个。

建设工程质量安全管理 是年，全市共出动人员1163人次，对全市79个在建工程项目进行检查、抽查、复查和指导，共发出安全隐患整改通知书135份，停工通知书79份，整改率100%，消除安全隐患383处。同时进行动态扣分，全市签发扣分480条。确保全市建筑施工安全生产，无发生人身伤亡事故。按照"属地管理""谁主管谁负责"的原则，落实"一岗双责"制度，依法加强安全生产监管职责，2012年度汕尾市住房和城乡建设局

领导班子经市安全生产责任考核组考核结果为优秀等次。（蔡曙光）

【建设科技】　2012年，汕尾市建筑节能政策法规逐步完善，建筑节能新技术、新产品推广应用全面铺开。全市建立和实施建筑节能施工图审查制度，出台建筑节能专项规划《汕尾市建筑节能工作“十二五”规划》等。建立建筑节能目标考核制度，下发《汕尾市建筑节能目标责任制和考核制度》。施工阶段落实建筑节能措施的监督逐步加强，通过加大对施工、监理、质监等环节的监管力度，使施工阶段建筑节能标准的执行率达到98%。

建筑节能新技术、新产品推广应用工作扎实推进。建筑节能新产品如蒸压加气混凝土砌块、镀膜玻璃等得到普遍的推广应用。太阳能热水系统等可再生能源技术得到重视和推广应用。汕尾碧桂园等市属工程项目都采用蒸压加气混凝土砌块、轻集料混凝土砌块等墙材，改变新墙材产品单一、供应不足、质量不稳、价格偏高的现象。太阳能热水系统的应用比例逐步提高。

开展建筑基本信息和能耗统计工作。根据省住房和城乡建设厅关于开展机关办公建筑和大型公共建筑能耗统计审计和公示工作的有关要求，组织相关人员开展统计工作，累计完成48幢建筑基本信息及能耗统计工作，并对其中39幢市政府机关办公建筑的能耗信息进行公示，碧桂园等房地产项目和建筑工地也实施节能信息公示。通过能耗统计，基本摸清政府办公建筑和大型公共建筑的基本能耗现状，为开展能源审计、能效公示以及既有建筑节能改造提供依据。

（林铁洪　蔡曙光）

【建设事业信息化】　2012年，汕尾市各级住房城乡建设部门利用信息化手段，加强信息公开，强化服务意识，提高行政效能。以深入开展“三打两建”专项行动为契机，推进建设项目信息公开和诚信体系建设，及时发布工程建设项目行政审批信息、招标信息，公开项目招标过程情况、施工过程管理情况、合同履约情况、质量检查和竣工验收结果情况以及住房保障等相关建设信息。同时依法规范建设部门的行政决策、行政执行和行政监督行为，规范政府信息公开、办事制度，把各项建设事务行政审批纳入电子监察系统，落实服务承诺制和责任追究制等制度，做好机关使用正版软件工作和办公自动化OA系统的建设工作。（蔡曙光）

【汕尾市实现创建广东省园林城市目标】　2012年12月，汕尾市通过省住房和城乡建设厅专家组的综合验收，实现汕尾市创建广东省园林城市目标。截至2012年底，汕尾市区建成区总绿地面积636公顷，绿地率41.68%，绿化覆盖面积654公顷，绿化覆盖率42.86%，公共绿地面积249公顷，人均公共绿地面积9.99平方米。公园绿地总面积307公顷，人均公园绿地面积12.31平方米。

是年，汕尾市大力推进城市园林绿化。绿化工程主要有：建设完善金湖路带状公园，新增公园绿地面积5公顷。完成汕尾大道、海滨大道和罗马广场等19个绿化升级改造工程项目，种植腊肠树、凤凰木等17种乔木共2200株，种植小叶紫薇、银叶金合欢等15种灌木2500株、绿篱4000平方米，种植鸭脚木、花叶良姜等12种地被植物3.1万平方米；迁移大叶榕223株。

（翁炳东）

附录：汕尾市住房和城乡建设管理部门主要领导

汕尾市住房和城乡建设局

党组书记、局长：陈辉南

汕尾市城乡规划局

党组书记、局长：郑捷奋（任至2012年3月）　蔡东升（2012年3月任职）

汕尾市房产管理局局长、市住房和城乡建设局

党组成员：刘升河

汕尾市园林局

党支部书记、局长：蔡珠文

汕尾市城市综合管理局

党组书记、局长：林登海（任至2012年4月）　彭超翔（2012年4月任职）

汕尾市水务局

党组书记、局长：陈永宁

汕尾市住房公积金管理中心

主任：辛颖晖

东莞建设

【概况】　2012年，东莞市建筑业实现增加值78.12亿元，比上年下降1.5%。建筑企业完成总产值142.2亿元，比上年增长9.5%；施工面积705.13万平方米，比上年下降6.7%；竣工面积345.56万平方米，比上年下降14.5%。建筑企业按施工产值计算的全员劳动生产率人均27.4万元，比上年增长20.7%。全市城市人均公园绿地面积16.66平方米，绿化覆盖率45.72%，有公园广场1057个、面积121平方千米。共建成绿道923.5千米，其中区域绿道225千米，城市和社区绿道698.5千米，绿道驿站58个。

2012年，建设市、镇财政投资工程72项，完成投资24亿元。其中东莞市区污水处理厂及截污管网三期、黄旗山城市公园一期、东莞职业技术学院二期二标、万道路至泰新路跨线桥等17项工程完工。66个项目被评为“东莞市建设工程优质奖”，88个项目被评为“东莞市安全生产文明施工示范工地”，其中16个项目被评为“广东省建设工程优质奖”、26个项目被评为“广东省安全生产文明施工示范工地”，项目数分别在全省排名第二和第四位。（吴维彬）

【城乡规划】 2012年，东莞市以“加快转型升级，实现高水平崛起、建设幸福东莞”为目标，紧抓“三重”(重大项目、重大平台、重大科技）建设，并以统筹水乡地区发展为契机探索统筹区域发展的新模式。编制完成《东莞市城市总体规划（2000~2015）实施评估》《东莞市水乡地区概念规划》等成果，有序推进黄旗山城市公园、东莞市植物园、东莞职教城等20多项重点工程的规划建设工作。

规划编制 2012年，东莞市组织完成《东莞市城市总体规划（2000~2015）实施评估》《东莞市城市总体规划（2000~2015）充实完善》和《东莞市中心城区近期建设规划》等成果编制，上报省住房和城乡建设厅备案。组织大朗、望牛墩等15项镇总体规划编制工作，其中塘厦和虎门总规修改通过市规委会审议。全市审查控规方案46宗、控规调整178宗，实现市区控规全覆盖。

规划研究 2012年，完成《东莞水乡片统筹发展概念规划》《高水平崛起战略下的东莞城市化思路》《水乡片区资源调查与现状分析报告》《东莞市地下空间利用规划研究》《东莞市中心区交通综合改善规划》等20余项规划研究工作，其中《基于遥感和GIS的东莞市生态资源核算研究》获住房和城乡建设部颁发的“华夏建设科学技术奖三等奖”;《东莞市城市扩张与生态环境遥感变化监测研究》获广东省科技厅颁发的“广东省科学技术奖三等奖”;《东莞市沿海沿江沿线综合开发利用研究报告》被列为2012年东莞市社科立项课题。

城市设计和地块包装 组织开展南城国际商务区景观方案设计国际招标等城市设计工作；进一步规范地块包装审查工作制度、明晰地块包装审查组织工作的程序和审查重点，审查《茶山镇沙墩公寓地块包装规划研究》《虎门港中心服务区E街坊包装研究》等6个项目。

规划管理 提升规范化管理水平。结合“法治东莞”和“信用东莞”建设，制定《东莞市城乡规划诚信管理规定》，修改完善《东莞市城乡规划局管理手册》业务管理篇（内容包括“一书两证”业务、镇总体规划、控制性详细规划、生态控制线调整的管理程序和具体要求等）。提升精细化管理水平。完善规划手续预告知、批前公示、批后管理、巡查督导制度，完成主城区237平方千米的地下管线普查及系统建库，完善地下管线管理应用系统及有关制度。 *（黄惠谊）*

【宜居城乡建设】 2012年，东莞市编制《关于统筹东莞市社区（村）基础设施建设及其财政补助政策的调研报告》，综合分析该市社区（村）基础设施建设的存在问题，提出统筹社区（村）基础设施建设新机制的设想。组织7期宜居社区（村）成果展示宣传活动以及2期导赏活动，对2011年80个宜居社区（村）建设工作成果进行推广。开展创建名镇工作，出台《东莞市创建名镇工作实施方案》，拟定长安镇、石龙镇和虎门镇等3个镇作为第一批创建名镇试点并组织其编制规划。按市统筹水乡发展工作部署，落实水乡片宜居社区建设工作，初步选定22个启动点。督促城中村改造工作，22个项目共完成投资25.9亿元，完成年度目标。

（吴维彬）

【城市建设与管理】 市政建设 2012年，东莞市城建工程管理局承建72项工程，完成投资24亿元，其中东莞市区污水处理厂及截污管网三期、黄旗山城市公园一期、东莞职业技术学院二期二标、万道路至泰新路跨线桥等17项工程完工，中国散裂中子源、东莞市民艺术中心和工人文化宫、铁路东莞站配套等11项工程新开工。其中重点工程情况：市残疾人康复实验学校和体育训练中心一期基本完工，工程位于东莞东城环城东路桑园路段（东莞市残疾人康复中心南侧），总建筑面积6.3万平方米，投资概算2.3亿元，于2011年3月动工，2012年12月基本完工。市区污水处理厂三期完工，工程位于南城石鼓王洲，投资概算13.94亿元，占地30.86万平方米（含远期用地），于2009年8月动工，2012年12月完工。万道路至泰新路跨线桥完工通车，工程位于万道路与万江泰新路、昌平路、新风路交叉处，投资概算为4955.77万元，新建双幅桥，全长700米，双向六车道，于2011年11月开工，2012年12月完工通车。

东江与水库联网供水水源一期工程。东江与水库联网供水水源工程由水源调配、水源保护、水源利用三部分组成，工程从沙角东江取水口—松木山水库—芦花坑水库，长39千米，联网松木山水库、莲花山水库、马尾水库、五点梅水库、芦花坑水库5大水库。工程自2007年3月开工，截至2012年底，完成铺设输水线路36.85千米，约占总线路的97%。建成投入使用后可解决东莞长安、虎门、大岭山、大朗、东坑、横沥等7个镇区的供水问题，提高全市供水保障水平和应急能力。 *（叶艳瑶）*

城市园林绿化 2012年，东莞市城市人均公园绿地面积16.66平方米，绿化覆盖率45.72%，有公园广场1057个、面积1.22万平方千米。

是年，东莞市参加第八届中国（重庆）国际园林博览会，打造的“莞邑生水园”获室外展园金奖和4个专项大奖。住房和城乡建设部授予东莞市人民政府“优秀组织奖”、东莞市城市综合管理局“优秀建设奖”和东莞市园林管理所“先进集体”称号。同时，推进第九届中国（北京）国际园林博览会岭南园林展区的建设工作，已完成展园建筑主体及北方树种种植工作。

组织实施市区节日摆花和6期渠化岛时花种养。完成东莞大道、东江大道、松山湖大道、港口大道等路段的绿化升级改造工程。凤岗、黄江和道滘等镇创建为“广东省园林城镇”，全省有9个省级园林城镇，其中8个位于东莞市。*(陈佩珠)*

绿道建设 2012年，东莞市坚持“为民所建，为民所用”的理念开展绿道工作，绿道综合效益不断提升。年内建成绿道187.5千米，累计建成923.5千米绿道，其中区域绿道225千米，城市及社区绿道698.5千米，顺利完成东莞市年度“十件民生实事”工作任务。推进绿道“兴奋点”规划，通过完善点、带动线的方式，提高绿道使用率。围绕黄旗山公园、同沙水库环湖环、万江滨水、佛灵湖、黄牛埔水库、大岭山森林公园、生态园、松山湖等兴奋点，东莞绿道形成“香飘四季”“都市亲水”“滨水湿地”“松湖花海”“湖光山色”“森林野趣”6大游览线路。并整合现有资源，不断完善已有兴奋点和筹划打造新的绿道兴奋点。开展效益评估，合理规划待建绿道。全市对已建绿道的使用效率、社会效益、管理成本等进行认真评估。组织近40场绿道活动，吸引超过500万人次参与绿道活动，提升绿道的综合效益。

(黄惠谊)

城市环境卫生 城乡生活垃圾处理。2012年，东莞市全年城镇生活垃圾无害化处理率85.2%，试点小区住户对垃圾分类的知晓率和支持率90%以上。全国爱国卫生委员会授予东莞市城市综合管理局“全国爱国卫生先进集体”称号。

垃圾分类试点。2012年，东莞市在全市铺开42个垃圾分类试点的基础上，通过编印工作简报、制作公益广告、悬挂宣传标语、开展调研活动、举办演讲比赛等措施，使垃圾分类理念深入人心。同时，做好餐厨垃圾收运处置工作，颁布实施《东莞市餐厨垃圾管理暂行办法》。推广寮步镇康达新能源科技有限公司在餐厨垃圾处理方面的成功经验。推进“东莞市生态循环试验示范点”建设，为东莞市园林废弃物和餐厨垃圾的科学化处理提供科研环境和技术支撑。

存量垃圾治理。2012年，东莞市按照“突出重点，分步实施”的原则，推动塘厦、虎门、樟木头3座填埋场的综合整治工作。其中，塘厦石潭埔生活垃圾填埋场于3月通过省专家组评定，达到《生活垃圾填埋场无害化评价标准》(CJJ/T107—2005) Ⅰ级标准，是全市首个生活垃圾卫生填埋场。同时加紧对现存的生活垃圾简易填埋场进行科学评估，逐步推进凤岗中心区和常平桥沥2座填埋场的综合整治。

垃圾处理厂建设。2012年，东莞市坚持垃圾处理厂新建与改造并重，不断提高生活垃圾无害化处理能力。一是新建垃圾处理厂项目环评工作扎实推进，采用“面对面沟通交流”的方式，向市民群众宣传普及生活垃圾无害化处理知识。二是市区垃圾处理厂技改增容工程稳步推进。截至年底，工程累计投入3.58亿元，完成工程建设总投资的71.88%。同时，横沥垃圾处理厂二期被省住房和城乡建设厅评定为AA级无害化垃圾处理厂。

垃圾处理厂监管。2012年，东莞市建成首个在线监管垃圾处理厂的监控平台。平台具备焚烧炉炉温、烟气排放指标、渗沥液处理、固废计量等监控功能，有利于实现以信息化手段对垃圾处理厂实行24小时监管，改变以往单靠人手来监管的落后状况，使监管工作更科学、监管信息更全面。颁布实施《东莞市生活垃圾处理厂运营监督管理暂行办法》，使监管全市垃圾处理厂有法可依、有章可循。

日常环卫保洁。2012年，东莞市全面督导市直管道路、东江和运河水面的市容环境卫生工作，提高环卫保洁作业标准，加大环卫保洁监管力度，营造整洁靓丽的市容环境。开展“城市牛皮癣”专项整治、环卫机动车辆专项检查、环境卫生大检查、“东莞市市容环境优美村（社区）”复评考核等活动，提升全市环境卫生管理质量。完善环卫基础设施，推进市区七大公园环保公厕和东江2号公厕建设。加强环卫宣传教育，通过公益广告、宣传资料等方式，提醒市民养成自觉爱护环境卫生的良好习惯。

(陈佩珠)

城乡生态环境保护和建设 2012年，东莞市完成污染减排考核、城市环境综合整治定量考核和广东省环境保护责任考核。东莞市环境保护宣传教育中心、东莞市环境保护局大朗分局获广东省人民政府授予“2012年度全省环境保护先进集体”称号。

环境质量。2012年，东莞市环境质量总体呈稳中好转趋势。按照《环境空气质量标准》(GB3095—2012)，空气环境优良天数为270天，占全年有效天数的73.77%。城市集中式饮用水源达标率100%；东江东莞段水质达到国家地表水Ⅱ类水质标准；东莞运河达到国家地表水Ⅴ类水质标准，消除黑臭现象，水质改善。市区声环境质量保持良好。

污染减排。2012年，东莞市制定实施《东莞市“十二五”主要污染物总量减排工作方案》，市政府与各镇街、相关职能部门签订减排目标责任书。建立完善减排企业台账管理、台账代理、信用管理、任务分工、年度考核、工作问责等制度。是年，完成广东省下达的99项重点减排项目。

环境监察。2012年，东莞市环境保护局组织开展打击违法排污企业保障群众健康、环境安全百日大检查、饮用水源保护、深莞惠环保联合执法等环保专项行动，累计出动执法人员7.63万人次，检查企业3.1万家。是年，共征收排污费6962.27万元、入库7029.51万元，全面开征噪声超标排污费、扬尘排污费。对568家企业实行信用评价管理。建成全市环保设施在线监控（监测）系统，联网监控企业357家并全面实行第三方运营管理。建成危废（严控）管理信息系统，对212家危废物产生单位和5家经营单位实行规范化管理。

环境治理。主要行动一是清洁空气行动。2012年，东莞市继续推进实施《东莞市清洁空气行动计划》，累计完成淘汰小功率燃煤锅炉1148台，完成达标整治的大型锅炉347台，完成349家VOC（挥发性有机化合物）排放企业治理。实施第三阶段环保区域限行，限行范围扩大到142平方千米，基本建成23套黄标车限行电子抓拍系统。二是重点流域（石马河）整治。2012年，东莞市继续推进实施《东莞市石马河污染综合整治工作方案》，顺利完成阶段性整治任务，10月31日通过广东省人大、省政府验收。三是重金属污染整治。2012年，东莞市推进实施《东莞市重金属污染综合防治“十二五”规划》及《东莞市环保局重金属污染源综合防治工作落实方案》，全面推进重金属污染防治。执行《电镀污染物排放标准》的水污染物特别排放限值要求，对146家重金属排放企业进行达标整治；持续推进全市8家铅蓄电池企业整治，其中3家通过验收、3家搬迁、2家继续停产整治。四是农村环境保护。2012年，东莞市制定实施《东莞市农村环境保护行动计划》，全方位推进农村环境保护。协调推进黄江、石碣、麻涌镇农村环境连片整治。基本完成土壤污染调查，建立全市土壤调查样品库。印发《东莞市生猪生产规划》，划定全市畜禽养殖业禁养区、限养区和适养区，全面规范畜禽养殖。全面开展石马河流域畜禽养殖业污染整治，共清理养殖场697个、生猪13.6万头。

环保科学研究。2012年，“东莞市环境质量自动监控管理系统开发集成应用”项目获2012年“东莞市科技进步二等奖”“实验室信息管理系统开发应用”项目获广东省环保科技三等奖。

生态创建　2012年，东莞市横沥镇创建为国家级生态镇，黄江、厚街、桥头3镇创建为省级生态镇，163个村（社区）创建为市级生态村（社区），32所学校创建为省绿色学校、26所创建为市绿色学校；6个社区创建为省绿色社区、17个创建为市绿色社区。15家企业创建为第五批环境友好企业。（*袁彩华*）

城市水环境建设　水环境治理。2012年，东莞市出台《东莞市水资源保护与水环境治理“十二五”规划》，启动《东莞市水土保持规划》编制工作。全市35项截污主干管网工程累计完成841.91千米，占总工程量的98%，其中确定需要清淤的19个项目已经完成14个。石马河流域污水处理厂扩建或提标工作如期推进，长安三洲污水处理厂二期通过环保验收，市区污水处理厂三期工程基本完成。运河综合整治东引运河路堤结合达标工程A段完工通车，B段中路堤及景观工程完成总工程的89.9%，B段西溪河口水下1万立方米的清淤实验项目已全面完成。同沙水库截污管网工程和尾水排放工程按年度目标基本完成工程建设。生产开发建设项目水土保持方案审批和监督管理得到加强，一年来依法审批水保方案195宗，强化水土保持。推进东莞水乡治水兴水工作，在东莞水乡地区启动创建省级水生态文明示范区，明确以“六水”(即水通、水动、水清、水美、水兴、水合）目标和三大步骤（即三年初见成效、五年大见成效、十年基本建成），通过整体设计、分步实施、市镇联动、分级负责、统一标准，推进水乡地区水生态文明示范区建设。

城市排水。2012年，东莞市出台《排水设施维护管理质量标准及考核办法》《城市排水管道检测管理规定》，重新修编《城市排水管理法》，编制《东莞市水务局市区排涝应急预案》，启动《市区排水专项规划》及各镇街（园区）的排水专项规划编制工作。全面完成市区内涝整治二期工程，完成鸿福河清淤及市桥河工程的竣工验收以及鸿福河系统、四环路宏远路段内涝整治工程建设，市区内涝整治三期（新开河系统）北侧分流工程建设加快实施。加快推进市区“八路一广场”排水设施维修工程建设，2012年共新建、更换各类排水管道3000米，新建、更换道路各类雨水口400个，更换雨水盖板1500米。

水利防灾减灾。2012年，完成《东莞市水利防灾减灾“十二五”规划》编制。城乡水利防灾减灾工程前三批次397宗（2006~2010）中基本完成373宗，未完工24宗；新一批127宗（2011~2013）工程中，已开工34宗、竣工验收10宗。29宗欠发达镇机电排灌工程中，除洪梅镇有3个项目正在施工外，其余26宗已完工。11宗省重点海堤加固达标工程进展正常，其中望牛墩镇的新联联围堤防加固工程基本完成，虎门围、威远围、梅沙联围按建设程序完成前期工作，并进入施工阶段，其他7宗海堤加固工程完成了规划设计工作。

城市供水　2012年，东莞市作出构建供水安全保障体系的决策，明确要加快建设以石马河河口水源保护工程为主抓的水源保护工程、以江库联网工程为主抓的应急储备工程、以“西水东调”工程为主抓的境外拓源工程，以实施“放心水”工程为主抓的水质提升工程，以创新融资模式为主抓的多元融资工程。是年，关停7家不合格村级水厂。大力推进供水“百千万”工程，其中通过构建大市区供水一张网整合东城和万江村级水厂19家，新增改造城乡老化管网650千米，累计完成水库移民安置区管网改造42.2千米，建成在线水质监测点41个（其中包括出厂水31个、水源水6个、管网水4个）。2012年，全市有供水企业95家，水厂113家。其中市级供水企业1家，水厂5家；镇级供水企业31家，水厂45家；村级水厂63家。全年供水总量达16.4亿

立方米，日平均供水量449万立方米。（谢联辉）

城市供气　燃气工程建设。2012年，东莞市推进天然气高压管网二期工程建设，完善监管制度，加强安全管理，确保工程质量。同时，明确市城市综合管理局为东莞市天然气管道保护主管部门；依法受理燃气汽车加气站办理燃气经营许可证业务。全年建成天然气高压管线30千米、天然气门站1座、调压站3座。西气东输二线气源于7月正式进入东莞市，为经济社会发展提供充足的气源保障。

燃气安全供给。2012年，东莞市安全供应天然气4.8亿立方米（不含电厂），液化石油气31万吨，全市燃气普及率97.6%。坚持燃气安全管理三检查（例行检查、“飞行式”检查和交叉大检查），推广使用不锈钢波纹软管，保障城镇燃气安全供给。配合“三打两建”工作，深入打击“黑气”，全年共取缔无证照经营燃气行为30宗，收缴“黑瓶”1019个。完善燃气应急预案，加强从业人员培训，举行东莞市城市高压燃气场站泄漏应急抢险演练活动。做好燃气安全使用宣传，开展“安全生产月”活动和燃气安全生产“百日行动”工作。

燃气行业监管。2012年，东莞市开展燃气行业民主评议政风行风工作，通过问卷调查、网络调查、暗访检查、部门自查和公开评议等形式对燃气企业进行考核评议。制定《东莞市燃气经营企业不良行为公示实施细则》，建立燃气经营企业诚信档案和不良行为公示制度。制定《关于加强东莞市燃气行业协会建设的意见》，促进燃气行业协会发展。（陈佩珠）

城市综合管理　清理违法建筑。按照市政府工作部署，东莞市城管综合执法局从2012年11月20日起，对新增违法建筑实行每周一通报的倒排名制度。各镇（街、园区）采取有效措施全面深入推进清理专项行动。各分局大力推行违法建筑“网格化”管理，切实加强巡查执法，分责到区，分片到位，全面覆盖，无缝衔接。按照“分类处理”的原则，对不符合土地规划和城市规划、存在质量安全隐患的在建违法建筑，发现一宗，拆除一宗。

据统计，全年各镇街举行拆违现场会14次，拆除在建违法建筑2万多平方米，有效遏制了在建违法建设的势头。

整治城市“六乱”。2012年，东莞市对乱扔吐、乱堆放、乱拉挂、乱张贴、乱搭建、乱摆卖“六乱”行为，依法进行处理。全年共出动执法人员28.8万人次，教育、纠正、立案查处城市“六乱”12.99万宗，拆除违章广告470宗，共处罚38.95万元。在查处生活噪音等其他方面，是年共规劝、处理生活噪音6591宗、建筑噪音1073宗，其中处罚28宗，罚款4.23万元。各分局还依法查处损坏绿化、设施，挖掘道路和泥头车污染路面等违法违规行为，全年共教育查处焚烧杂物557宗，破坏城市绿化、市政设施等方面的各类行为2.46万宗，其中立案253宗，罚款8.36万元。（陈柳金）

【城镇村庄建设】　2012年6月，市城乡规划局组织编制完成《东莞水乡片统筹发展概念规划》；8月，完成《东莞市水乡地区近期建设策划》，提出近期“133579”先期启动项目（包括：1个景观核心、3段亲水岸线、3片特质区域、5座桥梁景观、7个特色村落、9项交通工程）。

（黄惠谊）

“大清洁、乡村美”城乡大清洁活动。是年，东莞市深入开展“大清洁、乡村美”城乡清洁工程专项活动。市、镇、村三级层层发动，在32个镇（街）582个村（社区）召开600多场动员会议，6~9月，全市32个镇街组织开展形式多样的城乡清洁活动，全市共清理村（社区）路边、河边、池边和村（社区）公共区域的积存垃圾5185.46吨，共清除卫生死角386处，签订“门前三包”协议书50多万份。组织开展全市“大清洁，乡村美”城乡清洁工程专项活动阶段性摸底检查和初步验收工作，并公开通报考核结果。（陈佩珠）

【房地产业与住房保障】　2012年，东莞市房地产业实现增加值441.96亿元，比上年增长9.5%。全年完成房地产开发投资377.32亿元，比上年增长1.1%。商品房施工面积2453.93万平方米，比上年增长2.5%；竣工面积362.47万平方米，比上年增长49.6%。（吴维彬）

房地产交易　2012年，东莞市商品住宅成交均价8272.72元/平方米，比上年增长1.04%，商品住宅成交面积598.4万平方米，比上年增长16.14%。是年，东莞市办理新建商品房交易5.76万宗，比上年下降3.82%；二手房交易2.78万宗，比上年下降13.26%，办理商品房备案6.06万宗，比上年下降5.04%；商品房备案面积576.21万平方米，比上年下降9.43%；商品房备案金额499.84亿元，比上年下降4.56%；预售商品房抵押登记3.38万宗，比上年下降9.43%。

房地产服务行业主体准入管理　加强物业公司、房地产经纪和评估机构的资质年审换证及备案制度管理。2012年，按规定核定三级及暂定三级物业服务企业资质105家、外市公司备案26家；办理6家房地产评估机构的资质变更、1家房地产评估机构的资质核准；办理房地产经纪机构备案登记及年审376宗、备案证变更49宗、经纪人资格证变更335份、经纪人上岗证738份；抓好业主委员会和物业管理委托合同备案工作，对38个业主委员会、165份物业管理委托合同进行备案。

房地产经纪机构管理　2012年，东莞市物业管理协会、房地产中介协会及镇（街）房管部门对产经纪机构进行巡查，根据巡查发现的违法违规行为，市房管局对115家物业管理公司和285家房地产经纪机构进行信用扣分处理，有力地打击部分企业的违法违规现象，有效规范市场秩序。开展房地产中介组织防治腐败“回头查”工作和中介组织民间借贷风险排查工作，切实加强对中介组织管理。

（张敬东）

保障性住房建设　2012年，东莞市政府颁布实施《东莞市经济适用住房管理办法》和《东莞市廉租住房保障办法》，提高保障标准，让更多低收入住房困难家庭得到保障。颁布《东莞市住房保障制度改革创新实施方案》，对公租房建设实行土地、资金、税费优惠政策。开展公租房需求调查，为编制公租房建设规划提供依据。完成2012年广东省下达的年度公租房建设任务，新开工7787套，占新增任务数的103.83%，续建项目竣工4775套，占续建竣工任务数的109.37%。完成对1187户城乡低收入困难家庭的住房保障。（吴维彬）

物业管理　2012年，健全小区物业管理配套政策。为完善物业服务招投标制度，市房管局草拟《东莞市物业服务招标投标实施细则》《关于业主、业主大会实施物业服务招投标有关问题的通知》《东莞市物业服务评标细则》和《关于东莞市实施物业服务招标代理机构备案的通知》等文件。是年，开展“2012年度东莞市物业管理示范住宅小区（大厦）”评选活动，万科金域蓝湾、中信凯旋国际花园、景湖豪庭（天骄峰景）等13个项目被评为“2012年度东莞市物业管理示范住宅小区（大厦）”。财富新地花园小区、世纪城国际公馆三期、东方华府（一期）被评为2012年度“广东省物业管理示范住宅小区（大厦、工业区）”。（张敬东）

住房公积金管理　公积金归集方面：全年新增开户缴存单位3000家，比上年下降9.67%，新增开户缴存人数27.77万人，比上年增长4.44%；截至2012年底，开户单位共有1.45万个、个人账户91.88万个，扣除封存账户后实际缴存人数79.05万人，缴存覆盖率18.65%；全年归集资金59.78亿元，比上年增长18.54%，截至2012年底，累计归集资金282.54亿元，归集余额为140.66亿元，分别比上年末增长26.84%、22.33%。

公积金贷款方面：全年新增贷款41.79亿元、1.08万笔，分别比上年增长50.44%、38.04%；至2012年底，累计发放住房公积金贷款158.97亿元，贷款余额为112.61亿元，住房公积金的资金运用率达90.07%。（张丽莉）

【“三旧”改造】　2012年，东莞市出台《完善政策加快办理“三旧”改造手续的若干意见》，参与制定《关于整合改造旧厂房用地推动产业升级的若干政策》，完成“三旧”改造专项规划及年度实施计划的修编工作。全年共审查《南城宏远新城片区“三旧”改造单元规划》等16份单元规划编制计划及《南城宏远电厂片区“三旧”改造单元规划》等24份单元规划方案，其中5份已通过市城建领导小组审批。

（黄惠谊）

▲2012年8月28日，广东省“加快转型升级、建设幸福广东”综合检查第二小组在东莞市检查保障房建设项目（东莞市住房和城乡建设局供稿）

【建筑业】　建筑行业管理　2012年，东莞市住房和城乡建设局进一步优化建筑业企业信用动态监管模式，企业在东莞承接工程业务、完工业绩和工程评优均可作良好行为予以加分；企业管理人员不到位、施工现场违法违规行为和不依法履行合同、拖欠工人工资等行为则作为不良行为予以扣分，全面构建起“守信获益，失信受罚”的诚信机制。全年共对14家施工、监理企业因虚假行为作出“不予在莞登记备案”“暂停使用手册”处理。对6家勘察设计企业作出“暂停所有业务办理”处理。对9项强行违法施工的工程实施联动处理，暂停10家企业三个月内参加工程投标及办理业务。作出行政处罚决定33个，罚款总额820.6万元。受理并核查回复申诉88个，处理行政复议、行政诉讼案件4个。受理工人工资纠纷83宗，解决拖欠金额2486.2万元。

招标投标管理　2012年，东莞市建筑业招投标实施招标文件编制人、复核人约谈制度。自3月1日起，已办理招标文件备案手续的招标文件编制人和复核人须按时到市住房和城乡建设局当面陈述编制招标文件的思路、内容和要点，约谈结束后双方均需在约谈记录上签名确认并建立约谈记录档案。该制度促使招标代理机构自发加强专业技术人员培训，对滥竽充数、出借签名、违规转包代理业务等不良行为起到明显的遏制作用。落实镇街（园区）限额内建设工程招投标项目网上监管工作。安排专人按照“五个统一”的要求对每天“镇街专栏”新发布的招标公告进行核查。

实行设计招标评定分离。自2012年8月开始对在东莞市建设工程交易中心发布招标公告进行建筑工程方案设计招标的所有项目（含公开招标及邀请招标）试行评标与定标分离，即将专家评标和招标人定标作为相对独立环节，由招标人在评标委员会评审或推荐基础上根据招标文件规定的程序和方法确定中标人。评定分离的运行方式使设计方案在确保质量的同时最大限度满足建设单位（使用单位）需求，将公平竞争方式与实际需要相结合，有利于市场良性发展。全年共试运行评定分离的设计项目6项，运行状况良好。

建筑工程安全质量管理　一是做好初步设计审查和批后管理工作。严格初步设计审查，避免设计文件编制深度不足、违反强制性标准条文等现象。规范勘察设计文件审查合格后的变更行为。2012年经审查符合要求大中型建设工程初步设计审查275项，未发现有违反强制性标准条文的现象。二是加强视频监控实时检查。重点检查人员到位情况、重大危险源情况、停工情况和视频使用情况，规范工程建设各方主体的安全生产行为，规范加强和规范建筑工程施工现场视频监控维护、应用和管理。利用视频监控实时检查工程771项，对存在安全隐患的283项工程依规处理。三是推动建筑施工安全标准化建设，实行达标评价。对达到标准化工地的工程项目，颁发“东莞市建筑工程施工安全标准化工地”牌；对初次评价通过的，给予企业信用分加30分奖励；对经整改复查后仍未达到要求的工程项目，签发暂时停工通知书并扣10分。对未达到标准化的工程项目，进行重点监管和提高日常检查的频率。全年共653项工程达到标准化施工，建筑工程施工安全保持良好态势。四是定期组织现场观摩。坚持每季度召开一次质量安全现场会，组织学习先进单位、样板示范工地的经验做法，对存在问题较多的工地作为反面典型，现场剖析安全生产、文明施工存在问题，对其他企业进行警示教育。9月27日，省住房和城乡建设厅在厚街镇金域国际花园工地举行全省建筑工程质量安全现场观摩会，东莞市施工质量安全规范化、标准化做法得到省住房和城乡建设厅及同行的充分肯定。此外，还采取加大培训教育力度和开展应急演练等方法，加强安全生产管理。

（吴维彬）

【建设科技】　2012年，东莞市落实建筑节能标准，加强建筑节能设计、施工、验收的监督管理，全市新建建筑均按节能50%标准建造。开展绿色建筑示范项目建设，万科大厦、常平万科城四期11~16号、翡丽山二期、金域松湖一期三标、长安万科中心、金域国际花园（一期）等6个项目申报国家或省绿色设计评价标识并通过评审，总建筑面积70万平方米。组织完成“易事特500kWp（千瓦峰值功率）工业厂房屋顶分布式光伏发电站”和“宏图科技中心300kWp（千瓦峰值功率）光伏示范项目”两个国家可再生能源建筑应用示范项目并通过省住房和城乡建设厅验收。新增1项太阳能光伏发电示范项目，获得中央财政补助资金825万元。完成5项建筑节能改造试点项目，建筑面积44.7万平方米。完成206栋国家机关办公建筑和大型公共建筑的能耗统计和公示、15栋建筑的能源审计工作。认定新型墙体材料生产企业25家，年总生产能力达到700万立方米。在广东省开展建设领域节能专项监督检查中，东莞市综合评分排名全省第三。　（吴维彬）

【建设事业信息化】　建设规划信息化。2012年，东莞市建立重点工程信息动态管理系统；实现报建成果信息化管理；完善东莞市市政规划设计与辅助审核系统项目，推进市政规划一张图项目；启动东莞市城市空间信息资源管理与智能式规划系统项目；完善规划方案入库系统和数字城建档案馆的建设。

（黄惠谊）

建筑行业信息化。是年，东莞市建筑业简化施工、监理企业承接业务网上登记备案手续。所有政策制度第一时间上网，在建设网公开各类信息9.19万条，涵盖所有职能事项、业务审批流程和结果。开通窗口办事、重大项目等多个便民服务Q群，建立网上在线咨询、办事结果查询专栏，通过东莞市住房和城乡建设局微博发布实时排队信息，引导错峰办事，尽力方便企业办事。（吴维彬）

【中国散裂中子源工程在东莞动工】　散裂中子源（CSNS）是国家重大科技基础设施之一，已被列入国家“十二五”规划的“科技创新能力建设重点”。工程位于东莞市大朗镇水平村，由东莞市城建局负责代建的一期土建工程于2012年5月动工，建筑总面积为6.98万平方米，总投资7.76亿元，截至2012年底完成桩基础建设，占工程量的31%。建成后散裂中子源将成为发

31%。建成后散裂中子源将成为发展中国家拥有的第一台散裂中子源，和正在运行的美国、日本与英国散裂中子源一起，构成世界四大脉冲散裂中子源。（叶艳瑶）

附录：东莞市住房和城乡建设管理部门主要领导

东莞市住房和城乡建设局

党组书记、局长：朱　川

东莞市城乡规划局

党组书记、局长：欧阳南江

东莞市房产管理局

党组书记、局长：张伟华

东莞市城建工程管理局

党组书记、局长：丁海潮（任至2012年10月）　朱利民（2012年10月任职）

东莞市城市综合管理局

党组书记、局长：钟耀祥

东莞市城市管理综合执法局

党组书记、局长：卢贯纪

东莞市水务局

党组书记、局长：张国平

东莞市住房公积金管理中心

党支部书记、主任：王海明

中山建设

【概况】　2012年，中山市推动宜居城乡建设、全面启动中心城区“雨污分流”、改革创新住房保障制度，城市基础建设迈出新步伐。启动秀美村庄建设，4个镇、15个村新增为广东省宜居示范镇村。提前并超额完成广东省下达的4500套住房保障工作目标任务。建筑面积1540.64万平方米，总造价123.26亿元，通过国家环保模范城复检。整治内河涌210千米，岐江河水环境生态保护区加快建设。中心城区雨污分流工程全面启动，新增污水处理能力11万吨/日，主要污染物总量减排考核居全省前列。新种与提升道路绿化400千米，新建与改造绿地面积71万平方米，城市人均公共绿地面积11.9平方米，森林覆盖率19.4%。建设绿道280千米，新投放3080辆公共自行车，使用频率居全国前列。（罗婕）

【城乡规划】　规划编制与研究　2012年，中山市城乡规划局完成《中山市城市总体规划（2010~2020）》上报审查；完成《中山市近期建设规划（2010~2015）》专家评审、公示和规划委员会审议工作。完成市领导重点项目调研课题《创新我市房地产开发项目公建配套政策研究》和《中山岭南城市特色塑造研究》初步成果；完成《中山市提升主城区首位度的对策研究》的成果整合；《中山市“三规合一”专项规划研究》成果已上报市政府审批；《中山市城镇空间布局规划研究》完成初步成果。全面启动岐江新城总部经济区概念规划的编制工作。此外，完成《翠亨新区总体规划（2012~2030）》，并经专家评审会审议通过；完成《翠亨国际旅游小镇概念规划与总体城市设计》的审查与评审。同时，向市政府提交《关于实施秀美村庄建设的规划工作方案》，推进秀美村庄建设建设，截至2012年年底，全市已有3个村庄完成初步规划方案。

年内，开展交通规划编制，完成《中山市城市轨道交通线网规划》评审及报批，《中山市中心城区公共停车场规划》《中山市中心城区慢行交通系统规划》《中山市主城区交通关键节点综合改善规划研究》《中山金鹰广场综合商业项目交通影响评价》《中山路起湾道交叉口改造方案研究》《中山华发广场项目交通影响评价》等已评审及上报。

2012年，完成《中山市历史文化名城保护规划》《从善坊历史文化街区更新保护规划》《中山市历史城区保护更新研究》《九曲河及周边地区环境整治规划》《环铁城更新保护可行性研究》等项目初步成果；完成《中山市历史建筑勘测与评定》调查；全力推进《历史建筑和历史文化街区保护管理政策研究》和《沙涌历史文化街区更新保护规划》。

城市设计　2012年，中山市制定《关于加强中心城区市重点公共建设项目设计方案征集的管理意见》，建立和完善以"政府主导、专家领衔、公众参与、科学决策"为原则的中心城区市重点公共建设项目设计方案征集制度；完成《中山岭南城市特色塑造研究》的初步成果，完成《岐江河亲水宜居长廊预控》《古神公路绿色生态带保护预控》《中山市悦来南城市设计》《岐江河两岸城市设计》上报审批工作；完成《南朗镇中心区城市设计》《古镇中心区城市设计》的技术审查及专家论证。

规划管理　2012年，中山市颁布《中山市空间规划及研究立项评审管理办法》，成立以市城乡规划局为主、13个部门为成员单位的中山市空间规划课题领导小组，健全统筹市域的空间规划的立项机制，强化全市空间规划统筹协调作用，提高规划管理工作质量。

全年完成《关于进一步规范控制性详细规划维护管理的通知》，完成《中山市中心城区市政工程规划验收管理办法》等规范性文件拟定工作。

成立市城乡规划局技术审查小组，使重点项目技术审查工作制度化、规范化和程序化。2012年组织召开14次专家审查会，审议市镇重点项目建筑设计方案规划编制项目20余项。镇（区）送审的控规项目86宗、全年获市政府批准的镇区控规（及调整）新增23宗，为中山市构建统筹城乡的规划管理体系提供保障。（向锋）

【宜居城乡建设】　2012年，中山市继续开展创建宜居城乡工作，南头镇、港口镇、三角镇、黄圃镇4个镇被评为“广东省第二批宜居示范城镇”。南朗镇翠亨村、南朗村，古镇镇岗南村、古二村、曹一村，三乡镇乌石村、桥头村、平东村，沙溪镇云汉村、乐群村，三角镇三角村、沙栏村、蟠龙村，神湾镇宥南村、神溪村共15个村被评为“广东省第二批宜居示范村庄”。板芙镇、东凤镇、南朗镇、五桂山4个镇被评为“中山市宜居示范城镇”；三乡镇古鹤村等52个村被评为“中山市宜居示范村庄”。（罗婕）

【城市建设与管理】 市政建设 2012年，中山市住房和城乡建设局负责组织实施的市财政投资工程55项，完工（基本完工）工程12项。截至年底，累计完成投资额2.01亿元（含征地拆迁等费用），新建、改造道路总长4503米。

已完工的工程有中心城区绿道二期工程、长江村8米路工程、博爱路悦来南下穿隧道工程、松苑路周边环境整治工程、博爱七路排水渠及清疏工程、彩虹2号污水泵站及污水管工程、安栏排水泵站工程等。在建工程有华光路道路改造工程、马恒河整治工程、人民医院片区道路改造（一期）工程、凤鸣路改造工程、城区轻轨站周边配套路网一期工程等。岐江河环境整治工程二期（员峰桥至长江北路桥段）已完成初步设计，岐江河水环境整治项目（雨污分流）于2012年10月全面动工。

城市园林绿化 2012年，中山市新增专用绿地面积17.46公顷、新增公共绿地和道路绿地面积69.74公顷。建成区绿化覆盖面积1723.54公顷，绿化覆盖率36.29%；建成区绿地面积1568.05公顷，绿地率33.01%，人均公园绿地面积13.76平方米。是年，实施博爱路绿化改造提升工程，在原有绿化的基础上，加大树木、花草密度，以绿色植物为主、花草为辅，加密乔木灌木，增加层次感，共种植盆架子等乔木816株，大桂花1010株、黄金香柳等灌木12130株，袋苗及草皮2420平方米，累计完成工程量2000万元，该工程于2012年9月完工。

绿道建设 2012年，中山市开展中心城区绿道二期工程。该工程以中心城区一期绿道为骨干网络，充分考虑中心城区主要居民小区、学校、商场、医院等处的人员出行方便，对中心城区的绿道网络进行补充完善，工程建设里程为66.5千米，工程投资2000万元，于2012年底全线贯通。镇区绿道于2012年5月动工建设，总规划里程838千米，途经小榄、古镇、坦洲、港口、大涌、沙溪、东升、火炬区、三角等21个镇区。截至2012年底，中山市累计完成镇区绿道293千米，新建驿站13个，标识1180个，停车场11个，自行车租赁点3个，各镇区均在积极开展绿道建设。

城市环境卫生 2012年，中心城区垃圾清运量22.9万吨。中心基地及北部基地共焚烧生活垃圾67.5万吨。发电总量1.26亿千瓦时，其中上网发电量1.06亿千瓦时。填埋不可利用的废炉渣8.7万吨、处理污水27.6万吨、飞灰2万吨。征收垃圾处理费6427万元。中心组团和北部组团两个垃圾焚烧项目被省住房和城乡建设厅评定为“AA级无害化焚烧厂”。坦洲镇生活垃圾卫生填埋场被评为“Ⅱ级无害化填埋场”。南部组团垃圾综合处理基地焚烧发电厂和渗滤液处理厂，投资5.8亿元，于2012年9月28日正式动工建设，采用特许权经营方式兴建，力争2013年年底进行点火调试。以西区作为试点在城区开展生活垃圾收运体系改革。（罗婕）

城市生态环境保护和建设 污染物减排。2012年，中山市制定实施《中山市“十二五”主要污染物总量减排工作方案》，与各镇区、相关部门签订《“十二五”污染物减排目标责任书》，有序开展以下几项工作：一是严格执行总量前置审核制度，引导环境容量投向符合市产业升级的重点项目，共对136个项目进行总量前置审批，对未取得总量控制指标的项目，一律不予批准建设；二是持续推进强制性清洁生产审核评估、验收工作，共完成242家次企业的评估、验收，通过评估的企业78家次，通过验收的企业142家；三是整治重金属污染，编制实施《中山市重金属污染综合防治“十二五”规划》和《中山市重金属污染综合防治“十二五”规划实施方案》，开展电镀行业综合整治，推进电镀工业园区及电镀企业的治污设施升级改造和清洁生产；四是提升污水处理能力，共计新增污水处理能力11万吨/日；五是2012年6月5日起实施环境空气质量PM2.5新标准，并向社会发布具体监测情况，在空气质量信息公开指数（AQTI）2012年评价结果中排名全国第四；六是紧抓大气污染减排，中山联合鸿兴造纸有限公司、中山永发纸业有限公司重点项目脱硫设施已完成中控系统建设，且脱硫系统旁路均按要求拆除，氮氧化物排放量最大的嘉明电力1号、2号机组全面停产；七是加强农业源重点项目减排，完成中山市种猪场有限公司的全面清拆，横栏镇、沙溪镇以及石岐区的畜禽养殖场基本完成畜禽清理工作，中山市白石鸡场基本符合国家减排要求；八是实施机动车污染减排，加强对高污染“黄标车”的监管，2012年8月15日起正式实施“黄标车”中心城区限行措施，限行区面积占建成区面积54.3%以上，机动车环保标志发放率95%以上；九是加强结构减排，新增中山市宝力蓄电池有限公司等7项水污染物结构减排项目，以及中山市新晨星玻璃厂有限公司等3项大气污染物结构减排项目申报减排，实现中山珠江啤酒有限公司等6项清洁能源替代项目的减排申报。

生态示范村（社区）创建。制订《中山市环保局关于推进秀美村庄建设工作实施方案》，落实好创建工作，23个村（社区）通过市级生态示范村（社区）考核验收并正式命名，市级生态示范村32个，东凤镇也率先展开创建全国生态文明

率先展开创建全国生态文明示范镇工作。

饮用水源保护。完成全市350个饮用水源保护区标志牌设置工作，维护全市一、二级饮用水源保护区安全；在水质保护方面，形成《中山市岐江河水质保障研究报告》和《中山市岐江河水环境生态保护区水质保障行动方案（第一阶段）》，岐江河39千米水域划为重点保障水域，并设为一级保护区和二级保护区。

城市水环境建设　2012年，中山市启动中心城区“雨污分流”工程，整治内河涌210千米，岐江河水环境生态保护区加快建设。推进镇区雨污分流建设，出台《中山市镇区雨污分流工作实施方案》，计划于“十二五”期间新建（扩建）污水处理厂，污水处理能力27.5万吨/日，新增污水收集主干管网468.68千米，新增支管网工程914.16千米及支管到户的工程，同时制定《中山市镇区雨污分流工作考核办法》，对镇区雨污分流工作开展跟踪督办。年内，大部分镇区已基本完成雨污分流管网工程的环评、立项和方案设计等工作。

（杨成）

城市供水　2012年，中山市城区有3家自来水厂供水，总生产规模为100万吨/日，城区供水量8637.4万吨，售水量7523.7万吨，供水管道长度1139千米，居民自来水普及率100%。（罗宇峰）

城市供气　2012年，中山市有燃气经营企业16家，其中瓶装液化石油气经营企业12家、管道燃气经营企业4家、汽车加气站2个。瓶装液化石油气销售点135家，全市液化石油气储存能力6350立方米。中心城区的气化率100%，全市气化率99%。全市液化石油气的供应量7.42万吨，天然气1.72亿立方米。全市天然气用户20.05万户，其中工商业用户2144户、居民用户19.84万户，月天然气平均用量1439万立方米。全市累计建成市政燃气网总长度951千米，新增89千米。2012年末，城区天然气（煤气）管线753千米，年新增84千米，天然气用户普及率19%。（罗婕）

城市综合管理　城市管理制度创新。2012年，中山市依托市城管指挥中心，初步建立起“一级监督、二级指挥、三级网络”的城市综合管理模式。市城管指挥中心对全市性城市管理问题实行统一监督指挥；镇区二级指挥分中心结合自身实际，既可独立运作，又可与市城管指挥中心实现对接，接受任务派遣；27个城市管理责任单位也建立子系统，接受市城管指挥中心的任务派遣，形成市镇“一盘棋”的鲜明特色，真正做到城市管理事事有跟进，案案有落实。建立城管监督员队伍，在全市范围内对市容环境卫生等进行不间断巡查，城管监督员一般由城管执法队员担任，既可监督，又可执法，避免了队伍重复建设。

市容环境整治。2012年，中山市先后开展无照流动经营、违章广告招牌、市场周边环境、占道经营、空置地管理、门前“三包”、垃圾屋和垃圾收集设施、市政设施残缺、在建工地管理、河涌管理等10项市容环境专项整治。根据整治需要，先后召开6场专项整治工作现场会，集中解决难点问题。同时，增设垃圾分类箱，加大垃圾收运频次，提高道路清扫保洁水平；注重绿化管养；强化在建工地的监管；细化流浪乞讨人员救助工作。从7月20日开始，推出巡警、交警、城管三方联勤联动城市管理新模式，组织开展对流动摊贩、占道经营的专项整治，充分发挥交警、巡警、城管执法联勤的机制优势，一站式解决城市管理存在的问题。据统计，在创建“全国文明城市”期间，中心城区的“六区两镇”共围蔽空置地51块，处理堆放垃圾的空地9100余平方米，清理卫生死角1270处，清理垃圾杂物680余吨，清理“城市牛皮癣”9.6万张。

（李盈国）

【城镇村庄建设】　2012年，中山市按照创建幸福村居的要求，把创建宜居城乡、名镇名村、秀美村庄等工作有机结合，统筹推进。是年，小榄镇、南朗镇完成名镇总体规划编制，并通过专家评审。市政府十分重视村镇建设工作，加大投入力度，通过整合多个部门在社会主义新农村综合整治的项目资金，采取特别倾斜政策。是年，市财政部门对全市秀美村庄设立1.46亿元建设专项资金，市级财政专项资金倾斜市镇两级示范点资金累计3886.06万元。各镇区拓宽融资渠道，鼓励有实力的企业参与项目的建设，充分调动社会各界的乡贤、商会、慈善机构、港澳海外侨胞，采用援建、捐赠等方式支持家乡建设。个别镇区还引入外企共同合作，参与有盈利性项目开发经营，搞活经济，筹措资金，为加快推进村镇建设提供资金保障。（罗婕）

【房地产业与住房保障】　2012年，中山市住房和城乡建设局审批办理房地产资质申请31宗、房地产资质升级49宗、房地产资质变更35宗、房地产资质换证220宗。办理房地产项目手册备案41宗、商品房预售312宗、商品房预售证变更462宗。

房地产市场调控　2012年，中山市政府延续2011年房地产调控政策，参照2011年新建住房全年均价5935.6元/平方米和政府工作报告中2012年中山市GDP升幅11%的目标，2012年1月，中山将新建住房的销售价格上限上调至6590元/平方米。4月，市住房和城乡建设局制订《2012年度房地产市场调控措施工作方案》，明确2012年中山市新建住房价格涨幅低于全市年度生产总值增幅，每月新建住房价格涨幅符合有关要求的总量控制目标。在“限价”“限贷”等政策的影响下，中山房地产市场全年发展平稳，2012年，中山一手住宅均价5235元/平方米，与2011年均价

5936.5元/平方米相比跌幅为11.8%。

商品房交易 2012年，中山市对全市商品房价格进行动态监控，完成市政府确保本年度全市房地产市场调控目标任务。全年共完成商品房合同登记备案7.06万宗、面积716.8万平方米、产价398.81亿元，比上年分别增长5.8%、4.4%、-3.4%；完成预售抵押登记备案3.64万宗、面积395.7万平方米、抵押金额132.08亿元，比上年同期分别增长23.5%、20.4%、8.4%；完成商品房交易审核登记5.88万宗、面积567.7万平方米、产价289.2亿元，比上年分别增长0.3%、-2.2%、4.9%。推进和完善中山市房地产管理信息系统建设，升级与改造中山市商品房合同登记备案系统，至2012年底，全市通过网上登记备案系统审批的预售项目2039个，可售房屋41.36万套，可售面积3958.34万平方米。全年全市通过该系统销售商品房6.93万套，销售面积709.24万平方米，交易金额400.51亿元，占登记备案宗数98.2%；通过商品房预售抵押登记网上申报系统办理商品房预售抵押登记业务3.34万宗、注销商品房预售抵押登记业务3032宗；协助处置问题楼盘10个，完成登记办证314宗，面积2.06万平方米，金额6359.3万元。全年代地税部门征收房地产交易税费总额2.7亿元，完成房地产交易登记发证7.8万宗。

二手土地房产交易 2012年，中山市国土资源局房地产交易登记部门落实国家房地产及税务政策，全年共完成二手土地转让登记2138宗，面积395.7万平方米，金额35.4亿元；二手房屋交易登记1.65万宗，面积300.6万平方米，金额67.9亿元。

房地产经纪行业管理 2012年，中山市国土资源局加强房地产经纪行业管理，全年办理审核批准新成立房地产经纪机构备案登记12家（宗），变更房地产经纪机构备案证书（含换证）189家（宗），注销备案证书8家（宗）、办理执业登记24宗、变更执业登记46宗。全年累计办理执业登记房地产经纪人执业证人数1300人，比上年增加8%，其中，持全国统考经纪人执业证300人、持省经纪人执业证1000人。

房地产登记发证 2012年，中山市国土资源局土地房产登记发证部门执行《房屋登记办法》，对国家、省、市重点项目建设用地、征地留用地、拆迁安置用地办证、总部经济、后备上市企业、500强企业等政府重点扶持的企业办证、短期内离境、病危、子女读书入户、维护社会稳定等特殊情况，提供相应证明材料申请绿色通道服务；增加辨别房地产证真伪的鉴别渠道；推进房地产登记簿建设。全年办理土地房产登记2.4万宗、抵押2.37万宗、抵押注销登记2.58万宗、商品房确权1794宗、缮房地产证4.42万份。依法维护房地产权属登记发证严肃性，全年共查出房地产权属假证55份。 *(陈万鑫)*

公房管理 2012年，中山市住房和城乡建设局审核批准公房住宅租赁申请945宗。指导镇区及国资委各下属集团公司开展全市房屋安全大检查，检查房屋7.6万幢，面积3000万平方米，查出危险房1317幢，面积10.85万平方米，及时督促业主消除安全隐患。组织开展中心城区30年以上楼龄旧民居外墙排查工作，共排查房屋7682幢（间），排查面积64.14万平方米，查出安全隐患点777处，隐患点面积5.4万平方米，及时排除安全隐患16宗。

房屋租赁管理 2012年，市住房和城乡建设局严格按照房屋租赁登记备案要求依法行政，探索新做法、新模式，规范房地产租赁市场管理，有效防止地方税收的流失。全年共办理城区房屋租赁登记备案6869宗，面积106万平方米，租金2961万元；办理镇区房屋租赁登记备案200宗，面积16万平方米，租金218万元；代地税务部门征收房屋租赁税（含土地税）5591万元，合同印花税153万元，手续费59.1万元。

保障性住房建设 2012年，广东省人民政府下达给中山市的住房保障工作任务为建设保障房4500套，其中新增发放租赁住房补贴250户，新增公共租赁住房4250套，完成竣工验收450套。截至2012年底，全市开工建设项目8个4333套，占全年目标任务102%；新增发放租赁住房补贴275户，占全年目标任务110%；已竣工3589套，占全年目标任务797.5%，提前并超额完成省下达的全年工作目标任务。作为全省试点城市，中山市在实施《中山市住房保障管理暂行办法》的基础上出台《中山市住房保障准入标准及轮候规则》等相关政策，维护相关管理机制的有效实施，进一步健全和完善住房保障制度，规范全市住房保障工作管理。12月27日，全省住房保障制度改革创新工作经验交流会在中山召开，会上，中山市保障房建设和住房保障制度改革创新工作得到上级领导的肯定。

物业管理 截至2012年底，全市有物业管理企业355家，其中具有一级资质4家、二级资质6家、三级资质218家、暂定三级资质127家。2012年，办理物业管理项目手册备案130宗、物业管理资质申请14宗、物业管理资质升级23宗、物业管理资质换证117宗、物业管理资质变更14宗。熹玥、凯茵新城、远洋城尊域3个小区被评为“广东省物业管理示范小区”；盛景尚峰金融商务中心被评为“中山市物业管理示范大厦”；丽景名筑、大涌雅居乐豪园、雅居乐御龙山、雅翠华庭、金逸豪廷5个小区被评为“中山市物业管理示范小区”。

(罗婕)

住房公积金管理 截至2012年底，全市累计执行住房公积金制度缴存单位4361个，住房公积金缴存总人数30.58万人，住房公积金累计归集总额102.84亿元，归集余额43.42亿元；全市累计发放贷款

43.42亿元；全市累计发放贷款55.41亿元，贷款余额40.50亿元；累计全市住房公积金提取59.42亿元。（台晨亭）

【“三旧”改造】 2012年，是广东省人民政府部署全省实施“旧城镇、旧厂房、旧村庄”改造（简称“三旧”改造）的第三个年度，中山市坚持“盘活总量，集约高效”的原则，以开展“三旧”改造工作的重要手段，重点加强城镇土地资源的统一规划、统一开发、统一管理，提高全市土地的使用效益，截至12月31日，中山市“三旧”改造办公室累计认定全市“三旧”改造项目2926个，面积2992.43公顷，其中，2012年认定全市“三旧”改造项目1362个，面积1022.04公顷，超额完成市政府“年内认定实施‘三旧’改造项目面积1万亩（667公顷）”的工作任务。中山市“三旧”改造获全省二等奖，6月，受到广东省人民政府表彰。（陈万鑫）

▲2012年1月17日，中山市举行139文化街区（博物馆群）建设项目安置房公开摇珠选房仪式。这是中山市首次在旧城改造项目中通过摇珠方式选定安置房

（中山市国土资源局提供）

【建筑业】 2012年，中山市住房和城乡建设局完成建设工程施工许可报建4515宗，报建建筑面积1688.4万平方米，造价179.792亿元，办理市政工程施工报建造价为3.352亿元。全市受理建设工程竣工验收备案4657宗，建筑面积1540.64万平方米，总造价123.26亿元。完成资质申请业务130项，其中办理建筑业企业施工资质申请48宗、建筑业企业施工资质增项16宗，以及资质升级、委托资质审批、资质初审等66宗。全市有本地注册登记建筑业企业359家、外地进入登记建筑业企业425家。

建筑市场管理 2012年，中山市住房和城乡建设局重点开展规范建筑市场秩序专项整治工作，严格执行法定建设程序，建立健全建筑市场管理工作机制，规范建设市场各方的行为。继续认真贯彻执行施工许可制度和工程竣工验收备案制度，切实把好工程的开工审批与交付使用关；开展建筑行业诚信体系建设工作，制定《市外建设工程企业进入本市经营管理办法》《中山市建设工程企业诚信管理办法（试行）》《监管市场主体差异化管理制度》等系列监管制度，有效整合对全市建筑业企业服务和管理的行政手段，形成管理上的合力。

建设工程招投标管理 2012年，全市共开展工程招标投标项目588项，比上年下降0.01%，建筑面积246.71万平方米，工程造价83.41亿元，综合下浮率为9.25%。全市招投标工程节约资金8.5亿元，其中，市招标工程节约资金7.81亿元。制定《关于加强房屋建筑和市政基础设施工程项目招标中标后监督检查的通知》等文件，加强建设工程招标后项目跟踪管理工作，一改以往重审批轻监管的做法。

是年，中山市建设工程电子招标投标信息化系统已完成，工程登记系统、建设工程招标投标交易平台、计算机辅助评标系统、诚信评价系统、投标保证金缴纳系统和中标后管理系统投入使用。通过电子招投标系统，对招标信息发布、投标报名资格审查、编制投标文件、投标报价、开标评标、中标结果公示进一步规范，有效防止围标、串标行为。

建设工程造价管理 2012年，中山市住房和城乡建设局完成招标控制价备案数量297宗，招标控制价备案金额36.96亿元。对招标控制价备案系统进行多项功能的优化，规范全市建设工程招标投标工作。增加工程造价材料信息432条、调整工程造价材料价格信息2047条，为规范建设工程各方的计价行为起到良好的指导作用。办理市外工程造价咨询企业进入中山经营事项82宗。

建筑安全管理 2012年，中山市住房和城乡建设局继续加强全市建筑施工安全管理。组织开展建筑施工安全生产检查工作，在重大节日开展建筑施工安全检查和专项整治，全年共抽查在建项目381个，签发暂时停止施工通知书50份、整改通知书246份，并对203个项目进行动态扣分处理。加强对重大危险源的安全管理，对存在重大隐患的地方做到“不排除不罢休”。加强建筑施工安全动态管理，对相关企业及人员实施动态管理扣分，扣分条数844条。组织开展每年的“安全生产月”活动。

建筑工程质量管理　2012年，中山市住房和城乡建设局执行《建筑工程质量管理条例》等相关规定，明确监督工作执行标准。完善住宅工程分户验收制度及竣工验收监督程序，加强对保障性住房工程的质量监督力度。加强对镇区检测分部的管理，督促工程各责任主体严格执行建筑节能强制性标准。强化对预拌混凝土生产企业质量的监管，保证预拌混凝土质量。建立全市预拌混凝土企业诚信建设管理平台，制定《中山市预拌混凝土和混凝土预制构件（管桩）生产企业质量监督检查细则（暂行）》，加强对预拌混凝土、混凝土预制构件（管桩）企业的监管。完成《中山市预拌混凝土、预拌砂浆“十二五”发展规划》。

建材质量监督　2012年，中山市住房和城乡建设局围绕全市“三打两建”专项行动的统一部署，开展在建工地建筑材料质量专项抽查行动，抽查范围涵盖钢筋、水泥、混凝土、预制排水管、铝型材、建筑涂料、PVC管、电线、电缆等各种各类建筑材料。全年共出动执法人员3279人次，抽查963个单位，抽检建材产品1086批，立案查处45宗，责令整改40起。通过加大对在建工程使用建材质量的监督抽查，促使全市建筑工程质量稳步提升。

【建设科技】　建筑节能　2012年，中山市制定并印发《中山市加快发展绿色建筑指导意见》和《中山市新墙材发展专项资金管理暂行办法》等文件，支持和鼓励新墙材企业实行产品自主创新和新技术成果转化。会同市经信局、国土局等部门对10多家非法占用土地生产红砖的砖厂进行查处和整治。在全市范围内开展国家机关办公建筑和大型公共建筑的能耗统计、能源审计、能效公示工作。对新建建筑严格执行建筑节能设计标准，批准博览中心建筑节能改造工程作为示范项目，做好建筑节能执行监督工作。2012年，全市建设工程新墙材使用率达到99%，征收新墙材专项基金1.329亿元，全市共生产新墙材9.4亿块标准砖，累计节约耕地103.4公顷，节约标煤5.8万吨，利用工业废渣13万吨，减少废气排放1450吨。　（罗婕）

【建设事业信息化】　2012年，作为诚信体系建设的一部分，中山市建设工程诚信管理信息化平台基本完成并投入使用。通过中山市建设工程诚信平台归集企业诚信信息，在中山建设系统的信息网站及时向社会公布，做到内外网结合，提高信息管理水平，增加信息公开透明度。　（罗婕）

【中山市雨污分流工程启动】　2012年，中山市委、市政府将雨污分流工程列为“十大民生实事”之首，投入30.1亿元推进中心城区雨污分流工作，计划建设主干管道91.5千米和污水提升泵站9座，建设市政污水管道503千米，完成支管到户工程实施面积131平方千米，完成11条内河涌整治，范围覆盖石岐区、东区、南区、西区和五桂山，涵盖43个社区（村），根据行政界线、河涌、道路、山体等分界线，划分为51个排水片区。中心城区雨污分流工程于2012年6月28日正式启动；截至2012年底，工程第一批全面动工的（包括可研、环评、测量、钻探、设计等）前期工作基本完成，累计完成投资6000万元，在2015年基本实现中心城区雨污分流。　（罗婕）

附录：中山市住房和城乡建设管理部门主要领导

中山市住房和城乡建设局

党委书记、局长：陆德华

中山市城乡规划局

党委书记、局长：张　珂

中山市国土资源局

党组书记、局长：吴伟强

中山市城市管理行政执法局

党组书记、局长：梁叶章

中山市水务局

党委书记、局长：郭建宏

中山市住房公积金管理中心

党支部书记、主任：罗绮冬（女）（任至2012年2月）

赵国坚（2012年5月任职）

江门建设

【概况】　2012年，江门市委、市政府继续贯彻实施《珠三角规划纲要》，以“种树、搭桥修路、抓大项目”为工作重点，在加快社会经济发展的同时，不断推进社会生态文明和民生事业建设，提高城镇化水平，努力实现有质量、有效益、可持续的发展。全年全市完成城乡公共基础设施建设投资60亿元，城市建成区面积扩大至260.29平方千米。

是年，江门市商品房开发投资145.6亿元，新开工保障性住房4971套，竣工3725套，超额完成省人民政府下达的目标任务。建筑业完成总产值176亿元。全年共投入绿化建设资金1.78亿元，种植树木817万棵，全市绿地总面积6306.98公顷，绿地率40.20%，人均公园绿地面积16.92平方米。村镇卫生面貌明显改善。是年江门市通过全国文明城市、国家环保模范城市和国家卫生城市的复检复审。　（陈若兰）

【城乡规划】　规划编制　2012年，江门市围绕“促进城乡统筹，建设幸福侨乡，创建生态宜居城市”的目标，开展有关规划编制工作：一是加强珠中江规划合作，与珠海、中山共同完成《珠中江城市空间协调发展规划》的论证工作，加快三地一体化进程。二是创新规划编制方式，组织开展北新区商业中心开发、甘化厂片区改造规划咨询工作。三是组织编制《长堤历史街区保护规划》《江门市甘化厂及周边地段概念城市设计》《江门市中心城区工业遗产保护规划》《滨江新区体育中心设计》和《北新区体育公园规划设计》等，改善城市人居环境质量。

推进控制性详细规划的修编，完成双龙地段、耙冲地段、群星地段和先进制造业江沙示范园区控制性详细规划调整，组织编制滨江新区启动区体育中心、广东轨道交通产业园等12项控制性详细规划。

加强村庄规划修编工作，保护好村镇特色风貌，江门市域累计完成734条行政村整治规划编制，占总工作量70%。完成江门市区“三旧”改造规划修编工作。

城乡规划管理　2012年，江门市规划管理工作进展顺利：一是做好江门市与蓬江区、江海区规划行政职责调整的跟进工作。二是开发完成控制性详细规划电子报批系统，获“2012中国地理信息产业优秀工程银奖”，并获“江门市科学技术奖”二等奖。控规电子报批系统对公共设施的配置、土地利用开发强度、电子制图标准、指标统计标准等进行规范。三是开发江门市地下管网信息系统，并获“江门市科学技术奖”二等奖。

是年，完成江门市政府重点项目规划选址和规划方案工作。核发“规划选址意见书”项目21项，核发“建设用地规划许可证”项目45项，总用地面积360.67万平方米。核准修建性详细规划方案164项，用地共约774.37万平方米；审查建设工程项目设计方案232项，核发“建设工程规划许可证”项目151项，建筑面积190万平方米。

城乡规划监察　2012年11月，住房和城乡建设部派城乡规划督察员正式进驻江门市。

是年，广东省住房和城乡建设厅城乡规划督察组4次到江门市开展城乡规划督察工作：一是研究规划管理和违章查处的相关问题及体制建设等方面的情况。二是赴台山和开平两市开展规划巡察，与相关规划管理部门召开座谈会。三是了解新会区圭峰山风景名胜区的规划、保护与实施情况。四是赴台山市川岛镇进行现场巡察，了解违法建设个案整改履行情况。*（汤小樯）*

【宜居城乡建设】　2012年，江门市开展“森林围城、树林进城”绿色行动，加强生态保护，全市共投入绿化建设资金1.78亿元，种植树木（苗）817万棵。完成天沙河两岸9.6千米绿化美化景观建设，蓬江篁庄、怡福、双龙、龙湾公园及新会圭峰山绿护屏、台山通济公园、开平人民公园、恩平鳌峰山公园完成升级改造，鹤山沙坪河南岸综合整治工程完工，完成市区35个平交节点、主要道路中间绿化带、高速公路出入口的绿化升级。新建城市绿道57千米、城市绿道驿站8个。完成生态景观林带建设里程104千米，造林面积1026.67公顷。建设“林业生态文明村”140个。全市新增污水截污管网30千米，在建污水处理厂3座，新增污水处理能力8万吨/日，新建生活垃圾转运站24座，潭江流域保护工作扎实推进，饮用水源水质保持良好，全年环境空气质量符合国家二级标准，空气质量日报优良率99.5%。是年，江门市顺利通过全国文明城市、国家环保模范城市和国家卫生城市的复检复审。

是年，江门市继续开展宜居城乡试点创建工作，蓬江区棠下镇等7个镇、蓬江区荷塘镇吕步村等14个村和蓬江区堤东街道办江华社区等25个社区获“2012年江门市宜居城镇、宜居村庄、宜居社区”称号。另外，新会区双水镇等4个镇和鹤山市共和镇来苏村委会等13个村分别获“2012年广东省宜居示范城镇、宜居示范村庄”称号。

（陈若兰）

【城市建设与管理】　市政建设　滨江新区建设。2012年，江门市滨江新区管委会围绕江门市委、市政府提出的“坚持‘科学开发、从容建设’，集中力量开发建设滨江新区”的目标，以大招商、大开发为抓手，全面推进滨江新区启动区市政基础设施建设。

江门体育中心建设。由保利华南公司（联合体）以DBO模式中标负责滨江体育中心板块开发，总投资达30亿元。这是江门市首个采用DBO模式开发建设的、投资额最大的城市基础建设项目，也是国内首例尝试将此模式运用于非水务行业。2012年12月7日，该项目正式动工建设。

滨江新区建设项目。滨江新区启动区第一批土地征收工作全部完成，全年支付征地拆迁补偿款2.36亿元（其中BT项目7160万元）。共完成建设用地报批0.47平方千米，启动区内道路、桥梁、人工水系、排水泵房等城市基础设施完成投资11.53亿元，超额完成年度计划。天沙河路项目获“广东省2012年度市政优良样板工程”称号、人工水系景观工程项目获“首都第十八届城市规划建筑设计方案汇报展优秀方案奖”。是年，该区二期基础设施建设项目启动，建设范围为天沙河以东、滨江大道以西、丰盛大道以南、新南路以北，工作内容包括完善路网规划和设计要点、管线规划、竖向设计规划，以及土地规划调整。新区的城市配套设施相继落户，由保利华南公司投资建设包括商业中心、五星级酒店、高品质房地产等项目在内的城市综合体，总投资达75亿元。其中，滨江新区商业中心项目占地7.29万平方米，计划建设22万平方米的大型综合商场，项目总投资15亿元；五星级酒店项目占地近9万平方米，计划建设面积约40万平方米，并配套商业办公楼、酒店公寓及住宅等的大型商场和超市，项目投资总额25亿元；房地产开发项目占地28万平方米，计划开发商住面积约70万平方

米，项目投资总额35亿元。国际性综合医院、范罗冈小学已经办理供地手续，即将启动建设。（陈光耀）

市区重点工程项目。2012年，江门市区共安排城市重点工程项目62项，其中道路工程21项、桥梁工程3项、防洪排涝工程12项、宜居生态工程16项、社会事业工程10项。62个项目年度计划投资26.87亿元，实际完成投资19.5亿元，为年度投资计划的72.6%。滨江新区新南路（江沙路—天沙河路）、滨江新区规划二路（江沙路—滨江大道）、东华大桥、胜利大桥、里村大道及迎宾路里村段、胜利路人行天桥、江门市棠下污水处理厂首期工程、潮连污水处理厂污水管网(二期)、大推车山垃圾场封场、江睦路（金瓯路—中江高速）、北新区体育公园、兰石公园、潮连公园共25项城市公共基础设施全面完成；滨江新区丰乐路北延线（新南路—北环路）、滨江体育中心、迎宾广场（新市民广场）及建设路—迎宾路立交工程、金瓯路（江门水道—港澳码头）改造工程、杜阮南路建设工程、胜利南路（新中大道—金瓯路）、鸡爪山公园、丰乐山公园、石涧郊野公园等14个项目正在建设中；江睦路（江海路—金瓯路）、江门市杜阮污水处理厂首期工程、江海生活污水处理厂配套截污管网工程（二期）、礼乐片区污水管网、市区泵房改造、东炮台桥扩建、育德街（星河路—胜利北路）工程、北环路（江沙路—港口三路）扩建等22项工程开展项目前期工作。

2012年，江门市区安排公共建筑项目有50个，截至2012年底，完工的有19项，实现投资2.95亿元；已动工11项，总投资11.06亿元；开展前期工作20项，总投资4.84亿元；未完成建设的项目全部结转2013年实施。（陈若兰）

城市园林绿化　2012年，江门市大力推进“森林围城，树林进城”绿色行动，加强城市生态建设与保护，统筹抓好城市道路、河岸、山丘、公园绿地等绿化规划建设。全年共投入资金7亿元，建设元宝山、丰乐山和石涧等一批新公园，对篁庄、怡福、双龙和龙湾公园等10多个社区公园和公共绿地进行升级改造，建成天沙河和西江等河岸景观带。对市区主要出入口的绿化进行升级改造，在丰乐路和港口路等道路绿化带，以及35个道路平交节点大量加种树木，推广立体绿化建设。全年建成区绿化覆盖总面积6661.89公顷，绿化覆盖率42.5%；绿地总面积6306.98公顷，绿地率40.20%；公园绿地总面积1946.22公顷，人均公园绿地面积16.92平方米。是年，江门市被广东省住房和城乡建设厅确定为全省立体绿化试点城市。

群众性绿化活动。2012年，江门市开展“我为城市添新绿”认种认建认养“绿色行动”活动，取得显著成效。全市参加活动的人数60多万人，认捐资金3000多万元，种植乔（灌）木817万多棵，建成党员林、义工林、劳模林和企业林等一批“主题林”，在市民中形成了“爱绿、种绿、护绿”的绿化意识。通过广大市民的共同努力，江门市绿地面积大幅增加。（赵真庆）

▲江门市迎宾路（2012）　（江门市园林局供稿）

绿道建设　2012年，江门市投入资金5000多万元，新建成城市绿道88.4千米、城市绿道驿站8个、绿道兴奋点38个，基本完善了绿道网建设、运营和管理维护制度，绿道网生态、环保、经济和利民等综合功能日益显现，实现“三年成熟完善”的愿景。

为加强绿道管理，江门市按照属地原则，由属地绿道管养单位对划定的绿道控制区实施空间管治，细化和完善使用、维护、运营、巡查和应急等制度，按照市政道路、园林绿化、环境卫生、景观照明等相应养护技术规范标准，对绿道进行养护管理。属地绿道管养单位也可以“政府购买服务”的方式，通过招投标机制择优选择具有园林资质的企业进行管养维护。

2012年1月1日，《江门市鼓励和引导社会资本参与绿道网建设管理的意见》正式实施，江门市建立起多元化、多途径的绿道投融资机制，社会组织、企业、个人在符合政府统一规划和建设标准要求的情况下，可通过不同的方式，如无偿捐助、出资命名、认建认养认管等，广泛参与绿道建设、运营和管理。滨江绿道两座集装箱驿站及新会万胜驿站是江门市引导社会资本参与绿道建设的最早案例。

8月，江门市出台《江门市制度化开展绿道主题活动工作方案》和《江门市绿道网功能开发策划方案》，推动绿道主题活动制度化、常态化。以深入挖掘自然、人文内涵和地方特色为重点，推广绿道旅游精品线路，完善绿道体育健身设施，加强绿道科普教育，广泛开展绿道网旅游观光、乡村体验、文化展示、餐饮野炊、野营郊游、科普教育、体育健身、影视拍摄等活动，开发绿道的科普、教育、休闲、健身和旅游等功能，全力打造“四大绿道品牌”。侨乡文化旅游节、潮连环岛自行车全国赛、滨江半程马拉松等重大活动逐渐成为固定赛事。（陈若兰）

城市环境卫生　2012年，江门市落实市容环境整治工作，专门研究解决商铺开门、夜间打烊时扫垃圾出门和门前乱倒垃圾问题，编制《江门市公共区域环境卫生质量和管理规范》，合理增设垃圾桶，定时收集店铺垃圾，确保商业街区良好的环境卫生。组织开展清理城市“牛皮癣”和清理城区卫生死角专项行动，出动1.69万人次、车辆59台次开展大扫除行动，全面整治卫生死角，共清理卫生死角1900多处共2.79万平方米，并清理天福路、胜利北路、金瓯路等20多个路段余泥渣土共800多立方米。大力开展“三边”整治工作，全市共召开市、县、镇、村四级动员会达960场，出动4.73万人次，清理路边、河边1396千米，清理卫生死角和“四害”孳生地3622处，清理垃圾、废弃杂物等7558吨，切实改善村镇环境卫生，使“脏、乱、差”的村镇环境卫生得到明显改善。

生活垃圾处理。2012年，江门市先后完成大推车山生活垃圾处理场封场首期工程、开平市梁金山生活垃圾卫生填埋场无害化改造工程、恩平市樟木坑生活垃圾卫生填埋场改造及扩容工程（一期），推进“一县一场、一镇一站、一村一点”目标的实现，完成36座镇级垃圾转运站建设，各自然村按照“一村一点”要求均设有1个以上的生活垃圾收集点。市区旗杆石生活垃圾卫生填埋场和鹤山市马山生活垃圾卫生填埋场被评为“广东省第一批无害化填埋场”，并被评定为“Ⅰ级无害化填埋场”。开平梁金山生活垃圾卫生填埋场、恩平樟木坑生活垃圾卫生填埋场投入使用，完成“一县一场”建设，使三区四市基本实现生活垃圾无害化处理，全市2012年城镇垃圾无害化处理率95.56%。（杨丽贞）

城市生态环境保护和建设　空气污染治理。2012年，江门市严格环保准入，在市区建成区划定高污染燃料禁燃区，禁燃区内不得新建、改建、扩建使用煤、煤矸石、粉煤、生物质燃料、燃料油等高污染燃料，已建成燃用高污染燃料的设施限期改用清洁能源。开展电厂和燃煤工业锅炉整治，全市12.5万千瓦以下小火电机组已全部淘汰，台山电厂1~7号机组全面完成脱硫工作，1、2、4、5、6、7号机组完成脱硝治理工程，全市300多台小型燃煤锅炉完成淘汰或能源替代。开展挥发性有机物污染防治，全市加油站、油库和油罐车实现油气回收，鹤山雅图仕印刷有限公司等企业完成挥发性有机物治理项目。加大机动车排气污染防治力度，全市11家机动车检测机构建成36条工况法检测线并投入使用；全市共发放机动车环保标志15万个；加快推进“黄标车”淘汰工作，2012年共淘汰“黄标车”2281辆。

城市噪声治理。2012年，江门市加大社会生活噪声整治力度，严格控制交通噪声污染，集中整治工业和施工噪声，有效改善了声环境。2012年度全市环境信访案件共计5617宗，其中涉及环境噪声污染信访案件1523宗，占总投诉案件的27.11%。噪声污染投诉主要以社会生活噪声、建筑施工噪声和工业噪声为主。2012年，市区区域环境噪声等效声级平均值56.0分贝，达到国家区域环境噪声2类区（居住、商业、工业混杂区）昼间标准。市区道路交通噪声等效声级平均值69.4分贝，优于国家区域环境噪声4类区（城市交通干线两侧区域）昼间标准，质量处于较好水平。

固体废物污染防治。2012年，江门市加大对工业固体废物特别是危险废物的转移、储存和安全处置情况的管理力度，全市已有110家企业通过了危险废物规范化管理验收。启动江门市危险废物处置中心建设工作。

城市水环境建设　2012年，江门市坚持推进水环境综合整治工作，制定出台《关于加强“十二五”潭江流域水环境保护工作的意见》，开展“十二五”潭江流域综合整治技术研究。严格流域环保准入，重金属重点防控区域内禁止新建、改建、扩建涉重金属排放的建设项目。大力推进电镀行业“统一规划统一定点”，建成新会区崖门电镀基地，38家电镀企业涉及171条电镀生产线完成关停和搬迁工作。开展铅蓄电池行业整治。加大对2011年已停产整治的23家铅蓄电池企业的跟踪督查督办力度，进一步落实整治措施，防止铅蓄电池企业污染反弹。截至2012年底，23家企业中关闭并拆除主要生产设备14家，停产整治7家，整治转产后试生产2家，全市铅蓄电池企业污染治理工作取得了明显成效。开展镇级饮用水源保护区划分工作，增加划定56个镇级饮用水源保护区。开展湖库型集中式饮用水水源地专项执法检查工作。对全市38个饮用水源水库开展畜禽养殖业排查整治，共排查出畜禽养殖场25家，主要集中在开平市镇海水库和大沙河水库。同时，加大对集中式饮用水源地保护区环境违法行为的执法力度，对围仔西江堤外9处的违章建筑进行强制拆除，对联和兴氧化厂内22个违法建设项目实施停止供电措施，取缔排污口，清拆保护区内与供水设施和保护水源无关的建设项目，有效消除了西江的水环境安全隐患。

2012年，江门市水环境质量基本保持稳定，水环境安全得到有效保障：饮用水源水质保持良好，西海水道和潭江干流保持Ⅲ类水质，江门河保持Ⅳ类水质，天沙河保持

Ⅴ类水质，近岸海域各功能区水质均达到相应功能区水质要求，未发生过较大水环境污染事故。

（吕婉静）

城市污水治理。在污水治理方面，江门市加强对江海污水处理厂、市文昌沙水质净化厂、市丰乐污水处理厂和潮连污水处理厂运营的监督管理，实施江海污水处理厂“5扩8”工程，协助开展滨江新区启动区雨水泵房、棠下污水处理厂等项目的建设工作。全年处理污水2.13亿立方米，污水处理率为86.08%，超额完成《珠三角规划纲要》的目标任务。

在城区排水建设和河涌整治方面，加强排水设施的清疏管理，合理安排维护资金的使用，通过加强排水管理，确保市区主次干道排水管道360余千米，检查井2.5万余个的正常使用。在城区内涝和雨污治理上，加强防洪排涝设备的检修，强化防汛工作措施，完善防洪抢险预案，抓好防风防洪联动应急工作。经统计，2012年全年共开泵1921小时，抽水871.8万立方米，确保市区没有较大水浸事件发生。

城市供水　2012年，江门市加强供水行业监督管理，全年水厂运行正常，水质达标。是年，蓬江、江海两区共供水1.52亿立方米，水质综合达标率为100%。规范市区二次供水管理，确保二次供水水质的安全，认真执行《江门市市区生活饮用水二次供水管理办法》，2012年共发出二次供水水池清洗通知46份、收回反馈结果46份，清洗合格率为100%。

推进城镇供水水质管理工作，及时掌握全市供水管理情况。四市三区每半年进行一次供水水质抽检监测工作，抽样检查范围包括设有二次供水设施的单位。新会区、开平市、台山市、鹤山市、恩平市各自开展辖区内的水质检测工作，水质达到《国家生活饮用水卫生标准(新标准)》。

城市供气　2012年，江门市有液化石油气企业24家，储配站25座(另有2座停产)，供应站280个，全市液化石油气年供气量14万吨，其中市区液化石油气供气量7万吨；全年新铺设市政燃气管线长度68千米，完成新装管道燃气用户8600多户，全年天然气供气量3700万立方米；蓬江区、新会区、台山各新建汽车加气站1座，全市加气站数量达5座，用气车辆861台（349台公交车，512台出租车）。全年出动执法人员460人次，查处“黑点”“小卡片供气”29宗，暂扣问题气瓶600多个，收缴过期胶管16条，有效维护燃气供应的安全和秩序。

城市综合管理　市政设施管理维护。加强市政设施的养护和建设工作，全年维修砼路面5499平方米、沥青路面1.15万平方米、人行道砖4690平方米、导盲带1515米、侧石1203平方米、挡车柱74条、河堤栏杆117米、清理小斜坡207个，清理淤泥挖渣等障碍物2039立方米；完成江礼大桥、蓬江大桥、江门大桥等加固维修，启动江门大桥安装超重车辆动态监控系统工程；投入44万元用于市政消火栓的维护，确保市政消火栓完好率达100%。全面推进江门市LED路灯改造示范工程，投入330万元对残旧照明设施进行维修。

户外广告管理。是年，编制完成《江门市蓬江、江海区户外广告设置专项规划》，组织举办户外广告使用权公开拍卖会，成交价388.2万元。对广告设置安全隐患督促使用单位落实整改。完善审批、监督、安全等管理环节，坚决禁止私设、乱设活动广告的行为，全年受理户外广告设置申请73宗，全部在规定时间内办结。完成东华路、丰乐路及院士路景观照明工程，在东华路安装“中华白海豚”造型灯饰、丰乐路和院士安装江门市花“勒杜鹃”灯饰。分阶段进行市区主要道路建筑景观照明设置工作，市区共有45幢建筑完成景观照明设置。

占道经营专项整治。据统计，江门市全年组织执法整治行动64次，出动817人次，查处店外占道经营2.68万宗，劝导教育占道商铺约1万余宗、清理小贩摆摊5.77万档，完成拆除违法搭建256宗共3.99万平方米。大力抓好“三打两建”案件的查处工作，接收市住房和城乡建设局等部门移交涉及5个工程项目施工招标中弄虚作假行政处罚案件13宗、立案处理26宗（其中处罚法人单位13个、个人13人），有力遏制工程招投标中的违法违规现象。

（杨丽贞）

【城镇村庄建设】　江门市共有建制镇61个、行政村1051个。2012年全市投资5.4亿元进行村镇公共基础设施建设，铺筑水泥道路264.64千米，铺设自来水管道162.87千米，修筑下水道139.58千米；新建桥梁7座，新建镇级污水处理厂3座，安装街灯2331盏；新增公园绿地面积51.37公顷。至2012年末，江门市镇区绿化覆盖率17.91%，人均公园绿地面积4.45平方米；累计建成镇级生活污水处理厂21座，生活污水日处理能力7.6万吨。

继续推进村庄整治工作，全年投入3.32亿元对629条行政村进行村庄整治。其中，投入1.13亿元新建农村道路59.07千米，道路面积74.8万平方米，升级改造道路98.6千米，改造排水渠39.2千米，安装路灯3013盏；投入资金6460.8万元改造危房765间，建筑面积8.01万平方米；投入1325.8万元用于改水工作，新增自来水户6117户；投入1711.4万元，改造家庭卫生厕所3553间、新增公厕203间。此外，开展村庄整治的行政村还根据资金情况，配套建设村内篮球场、文化室、小公园、小广场等文化体育设施，为村民提供更好的生活环境。

名镇建设　2012年，江门市委、市政府印发《江门市创建名镇名村示范村工作的实施意见》，委托江门市规划设计研究院编制《江门市名镇总体发展规划》，按特色工农业名镇、商贸中心名镇、历史文化名镇、特色旅游名镇、生态山水名镇等不同类型，确定共和镇等6个镇为名镇创建试点镇。2012年，江门市着重抓好共和镇、荷塘镇两个名镇试点的创建工作，编制两镇的《名镇建设规划》，完善试点镇的镇村道路、供水、排水、供电、通信、网络等基础设施，加强公用设施配套和公共服务体系建设，提升两个镇商业和居住环境，提高两镇的基础设施服务功能和镇区的吸引力。2012年11月，江门市荷塘镇、共和镇被江门市人民政府正式授予“江门市名镇”称号。

（陈若兰）

【房地产业与住房保障】 2012年，江门市房地产开发企业缩减投资，放缓商品房在建项目建设和新项目上马速度，全市新建商品房开发投资的总体指标同比出现回落，但地区差异相对明显，新会区、鹤山市开发投资下滑较为明显，台山、恩平则仍有较大增幅，房地产市场在两年全面快速增长期后进入局部调整阶段。

房地产市场投资与销售 2012年，江门市城镇商品房完成开发投资145.6亿元，比上年下降1.6%，其中住宅投资117.7亿元，比上年下降3.8%；施工面积1576.99万平方米，比上年增长5.2%；新开工面积409.87万平方米，比上年下降25.9%；竣工面积402.58万平方米，比上年下降1.8%；批准预售面积443.6万平方米，比上年下降3.7%；销售面积325.53万平方米，比上年增长6.1%；销售金额180.75亿元，比上年增长3.2%。全市存量房成交面积240.57万平方米，比上年下降5.6%，存量住宅成交1.66万套，比上年增长0.4%。

市中心城区全年完成房地产开发投资55.66亿元，比上年略降0.4%；施工面积545.82万平方米，比上年下降2.3%；新开工面积126.9万平方米，比上年下降33.3%，其中住宅新开工面积71.71万平方米，下降46.4%；竣工面积118.06万平方米，下降20.3%；批准预售面积119.95万平方米，增长0.6%；销售面积117.45万平方米，下降7.8%；销售金额72.97亿元，下降10.3%。江海区取代北新区成为新建商品房供应的核心区域。江门中心城区存量房成交面积66.24万平方米，比上年下降16.0%。其中住宅成交48.34平方米，下降11.4%，住宅合共5151套，下降10.9%。住宅成交均价3314元，增长32.8%。

保障性住房建设 2012年，江门市共筹集到保障性住房建设资金6.72亿元，其中获得中央公共租赁住房补助资金1.18亿元，获省级公共租赁住房以奖代补资金2537万元，地方债券资金3540万元，利用住房公积金贷款3.3亿元，由企业、个人等社会力量投资1.63亿元。是年，江门保障性住房项目共完成投资4.42亿元，新开工保障性住房4971套，竣工保障性住房3725套，新增廉租住房补贴259户，超额完成广东省人民政府该年下达的目标任务。

为确保保障性住房分配公平、公开、公正，江门市对政府投资建设的保障性住房均采用公开摇珠的办法进行分配。对符合廉租住房收入保障线以下的家庭，列为廉租住房保障对象并予以重点保障，优先配租。是年，江门市共分配保障性住房1183户，其中政府投资建设的保障性住房474户、企业投资建设的709户。

公租房管理。2012年4月11日，江门市出台《江门市区人才公寓管理试行办法》，提出按照“政府主导、只租不售、周转使用、动态管理”的原则，将“为高层次人才提供周转性住房”纳入该市公共租赁住房发展规划，解决紧缺人才引进后的过渡性住房问题。

2012年6月27日，江门市出台《江门市住房保障制度改革创新实施方案》，建立以公共租赁住房为主要保障方式的新型住房保障制度，逐步将已有的廉租住房、直管公房和公共租赁住房等保障性住房合并管理，统一归类为公共租赁住房，只租不售。同时对公共租赁住房的建设模式、建设标准、资金和用地保障、申请程序、审核分配制度、退出机制等作出规定。

物业管理 2012年，江门市有物业服务三级企业124家，比上年增加1家；二级企业1家，物业服务项目264个。其中，市区物业服务三级企业93家，物业服务项目173个。江门市住房和城乡建设局全年共受理物业纠纷投诉和信访案件19宗，比上年下降40%。

住房公积金管理 2012年，江门市住房公积金缴存新开户4.75万人，至年末累计开户职工人数35.1万人，全年归集住房公积金29.38亿元，比上年增长15.16%；发放住房公积金个人住房贷款9.7亿元，下降3.83%；实现住房公积金增值收益1.39亿元，增长186.99%。

是年，江门市开展利用住房公积金贷款支持保障性住房建设试点工作，成为广东省首批获批“利用住房公积金贷款支持保障性住房建设贷款”的国家试点城市之一，获准发放保障性住房贷款3.3亿元，创新江门市保障性住房建设资金筹集办法，提高住房公积金的使用效益，确保当年保障性住房项目的建设进度。

（陈若兰）

【“三旧”改造】 2012年，江门市实施“三旧”改造项目共74个，面积2.76平方千米，总投资19亿元。其中，已完成“三旧”改造项目17个，面积0.2平方千米，正在实施的项目57个，面积2.56平方千米。通过“三旧”改造，江门市有7个项目实现从第二产业向第三产业的转变，改造后年产值达2.08亿元，是改造前的7.7倍；有两个项目实现二产升级，改造后年产值达1.59亿元，是改造前的3.05倍；有10个项目开发成新建商品住宅，可建成住宅3216套，其中中小套型、中低价位商品房1264套；有俩人1个项目用于城市基础设施建设。通过“三旧”改造，2012年江门市实现节约土地15.09公顷，节地率82.04%，有效提高了土地的使用率。（陈若兰）

【建筑业】 2012年是江门市委、市政府实行“三年振兴江门建筑业”的最后一年，为客观评估实施《振兴江门建筑业的意见》的效果，江门市住房和城乡建设局于是年4月份开始，组织江门市财政局、江门市地税局、江门市建筑业协会等单位以及建筑业企业，对江门市建筑业发展情况进行评估调研。7月，江门市住房和城乡建设局向市政府提交《关于江门市建筑业评估报告及帮扶建筑业企业发展的建议》。12月，江门市住房和城乡建设局根据江门市政府要求，着手制定《江门市帮扶建筑业企业发展的工作方案》。

是年，江门市建筑业累计完成总产值176亿元，比上年增长11.6%；其中，市外生产总值80.7亿元，增长50%。

是年，江门市共有9家建筑业企业提升资质等级，路桥集团有限公司、广东金辉华集团有限公司等11家建筑业企业因对江门市建筑业有突出贡献而获得江门市人民政府的表彰奖励。

截至2012年底，江门市有资质的建筑业施工企业共306家，按资质等级分：一级资质企业32家、二级资质企业88家、三级资质企业173家，不分等级资质企业13家。全市大中型工程项目的项目经理均由有注册执业资格的建造师担任。但从企业的建造师注册情况来看，全市注册建造师总量仍不足，建造师仍供不应求。

建筑市场管理 2012年，江门市加大建筑市场管理力度，遏制市场不法行为，全年共组织“两场联动”检查11次，对17家企业进行诚信扣分。9月，江门市出台《江门市建筑业企业信用管理办法》；10月，出台《江门市建筑业企业信用管理办法》的5个配套制度，包括《江门市建筑业企业信用管理评价标准》《江门市公有资金投资工程及公共工程施工、监理招标投标信用评标细则》《江门市建筑市场和施工现场联动管理细则》《江门市建筑业企业信用管理手册管理细则》和《江门市建筑业企业信用信息管理工作程序》，于10月26日正式施行。至是年末，江门市共有16个项目运用企业信用分评标，江门市建设工程评标专家库累计吸收专家624名。（陈若兰）

建设工程招投标 2012年，江门市建设工程招标项目共617项，中标价62.24亿元，最高限价64.91亿元，节约投资2.67亿元，比上年下降4.11%，其中本市企业中标349项，工程量28.19亿元，本地企业与外地企业在市内承接工程所占比例总体持平，但总中标价差距较大。全年纳入各市（区）招标办监督管理的项目478项，中标价49.13亿元，最高限价51.33亿元，节约工程投资2.20亿元，比上年下降4.29%。其中，进入市区交易中心的工程项目共272项，中标价31.28亿元，最高限价32.91亿元，节约投资1.63亿元，比上年下降4.95%。纳入市区招标办监督管理的项目128项，中标价11.94亿元，最高限价12.55亿元，节约工程投资0.61亿元，比上年下降4.86%。

建筑工程质量管理 2012年，江门市纳入监管的房屋建筑和市政基础工程项目有2508项，总造价267.79亿元，其中建筑工程总面积2038.03万平方米，比上年下降3.8%，市政道路工程总长度198.77千米，同比增长84%。全年办理竣工验收备案项目929项，一次验收合格率达100%。全市建筑工程质量水平不断提高，全年建筑业企业承建工程获全国建筑工程装饰奖1项，这是江门市首次获得此奖项；获“广东省金匠奖”4个，获“广东省优质奖（含房屋建筑工程、市政工程和建筑装饰工程）”6个，评选出“江门市优良样板工程”20项。

建设施工安全管理 2012年，江门市发生建筑施工安全事故1起，死亡1人，事故死亡人数控制在省住建厅、市政府下达的安全事故指标以内。

截至2012年底，全市累计有4.11万名施工从业人员通过安全教育和考核获得“平安卡”，有4291人参加特种作业人员培训。办理产权备案的建筑起重机械3032台，其中塔吊388台、施工电梯132台、钢井架2512台。

全市获“广东省安全生产与文明施工双优样板工地”6项、获“江门市安全生产与文明施工样板工地”22项。

勘察设计 2012年，江门市共有勘察设计单位60家，其中建筑专业23家、电力专业6家、勘察专业5家、水利专业3家、市政和公路专业各2家，还有一部分消防、装饰和环境工程等专业设计单位。是年，江门市勘察设计行业完成合同额3.76亿元，比上年增长12.45%，年内到江门市办理资质备案的外地建筑设计单位有64家，完成项目100项，合同额7465万元，完成设计面积348.6万平方米。江门市勘察设计行业从业人员2653人，其中具有技术职称的人员2201人，占从业人员的83%，比上年增长31.4%，注册执业人员408人，占从业人员的15.37%，增长11.5%。（陈若兰）

【建设科技】 2012年，江门市建筑业企业涌现出一批科学技术新成果。江门市强建新型建材研发中心有限公司和江门市新三联管桩有限公司联合研发的高强混凝土多组分水泥在管桩生产中的混掺工艺技术获得“江门市科学技术奖”一等奖；江门市城市地理信息中心、江门市城乡规划局、广州绘宇智能勘测科技有限公司、江门市规划勘察设计研究院等4个单位共同研究的“基于GIS的控规综合管理系统”获得“江门市科学技术奖”二等奖；广东金辉华集团有限公司、广东天竞建设有限公司联合研发的“高耐久性空心桩基础施工技术”获得“江门市科学技术奖”二等奖。

墙材革新和建筑节能　江门市发展城镇绿色建筑，大力推进建筑节能工作。2012年3月28日，江门市住房和城乡建设局印发《江门市建筑节能“十二五”专项规划》，明确“十二五”期间江门市建筑节能的目标，和新建节能建筑管理、暨有建筑节能改造、可再生能源在建筑中的应用、绿色建筑示范工程建设、新型墙体材料使用以及LED照明路灯的推广等6项重点工作。

是年，江门市规模化推广使用绿色光源LED（发光二极管）路灯取得较好进展，新建的大中型市政工程，如东华大桥、里村大道、胜利大桥、胜利人行天桥等都使用LED路灯，装灯率达100%。部分既有市政项目也采用“企业投资改造、节约电费返还”的形式实施LED路灯改造，全年路灯用电量节约710万度，节省电费650万元。

散装水泥使用　2012年，江门市住房和城乡建设局散装水泥办公室对全市预拌商品混凝土生产企业进行多次产品质量抽查，并按照千分制评分规定对企业生产管理、产品质量、销售服务等流程进行测评，进一步规范江门市商品混凝土行业的发展。（陈若兰）

【建设事业信息化】　2012年，根据江门市人民政府印发的《广东省网上办事大厅江门分厅项目建设方案》要求，江门市住房和城乡建设局加大网上办事大厅建设力度，着手对保留的行政许可、非行政许可的行政审批事项和审批性质的日常管理事项进行全面梳理，按照“应进必进”的原则，研究制定本单位网上办理行政审批事项的目录。

是年，江门市继续推进房地产纸质档案数字化进程，累计整理扫描房地产档案超过2000万页。开展房地产档案远程备份系统第二期工程，在实现房地产业务数据异地存放的基础上，实现增量数据异地同步存储。

6月，根据广东省住房和城乡建设厅对住房信息系统建设的工作要求，江门市中心城区建立房地产业务管理信息系统数据库的镜像，实现房屋交易登记数据向省住建厅信息中心同步归集。同年还开发房地产权属交易一体化系统与江门市存量房征税价格评估系统的数据接口，实现江门市住房和城乡建设局与地方税务局业务系统的互联互通，达到信息共享。（陈若兰）

【江门市举办“三旧”改造项目招商推介会】　2012年12月，江门市安排30个“三旧”改造项目参加以“文明江门，商机无限”为主题的2012年江门市招商推介会，项目涉及总投资168亿元，改造面积5.07万平方米，其中甘化片区“三旧”改造项目、艺丰国际金融大厦酒店“三旧”改造项目、双龙工业区地块“三旧”改造项目备受市民关注，30个项目吸引众多国内外大企业前来洽谈。（陈若兰）

【江门市东华大桥建成通车】　2012年6月26日，江门市区东华大桥正式通车,该项目建设工期历时800多天。东华大桥工程是江门市委、市政府实施江门中心城“北扩、南连、中优”和建设生态型宜居典范城市战略决策的主要组成部分，是连接江门市中心区（蓬江区）和江海区的重要桥梁之一。该桥主拱采用钢管混凝土拱，直径1500毫米，内倾13°，竖向矢高23.6米，矢跨比1/5；副拱直径800毫米，外倾10°，竖向矢高34.6米，矢跨比1/3.41，获得广东省住房和城乡建设厅“大跨径钢管拱桥异桥位整体拼装及步履式顶推安装施工技术”成果鉴定。东华大桥桥形新颖，结构和谐优美，横断面为展翅高飞的蝴蝶造型，主拱简洁、明快，副拱挺拔、飞扬，寓意“蓬江蝶舞”。（陈若兰）

【江门市福泽园保障房“交钥匙”】
2012年7月4日，江门市福泽园保障房原名星河路保障性住房建设项目举行交钥匙仪式。该项目位于江门市蓬江区双龙大道星河花园南侧地段，自2010年6月动工建设，总投资1.5亿元，占地1.93万平方米，建设保障性住房11幢，共880套，建筑面积5.05万平方米。其中，廉租住房9幢，640套，建筑面积3.37万平方米；经济适用住房两幢，240套，建筑面积1.68万平方米。福泽园保障房以经济性、实用性、舒适性为基础，科学规划，户型设计和功能区分合理，厨卫设备和公共服务设施齐全，其竣工建成，有效满足江门市中心城区低收入家庭的住房需求，该项目还被评为“广东省优质工程”和“江门市优质工程”。（陈若兰）

附录：江门市住房和城乡建设管理部门主要领导

江门市住房和城乡建设局
　党委书记、局长：马克烈
江门市城乡规划局
　党组书记、局长：林健生
江门市城市综合管理局
　党委书记、局长：岑炳强
江门市水务局
　党组书记、局长：梁君明
江门市园林局
　党委书记、局长：陈健伟
江门市住房公积金管理中心
　党支部书记、主任：王逵昱（女）

阳江建设

【概况】 2012年，阳江市累计完成房地产开发投资61.1亿元；建筑业总产值71.96亿元。全面完成绿道网总体规划编制、海陵岛总体规划修编、城南新区控制性详细规划全覆盖编制，启动市区长洲岛分区规划调整工作，加快镇村规划编制进度。城镇化发展和宜居城乡建设有序实施。全市城镇化水平为48%；全市城镇建成区总面积180.01平方千米。城镇基础设施和公共设施建设成效显著，城镇面貌与生产、生活环境得到进一步改善。城乡交通设施加快建设，阳云高速阳罗段工程和S277线海陵大堤段扩建工程动工，S113线阳春北段改造工程基本完成，阳江港口岸联检综合大楼投入使用，鸳鸯湖环湖路等一批市政项目完工。国家园林城市创建工作正式启动，开展园林绿化"十佳"单位和"百佳"家庭评选活动，建成市区绿道示范工程和环城河带状公园。建设生态景观林带106千米，累计完成植树造林6296.48公顷。"三旧"改造稳妥推进，市区瑞禾路（金源广场）等58个项目顺利实施改造。节约集约用地水平明显提高，连续13年实现耕地占补平衡。农村生产条件不断改善，超额完成300千米农村公路硬底化建设任务；整治农田3335公顷，改善灌溉3868.6公顷；争取国家和省补助资金4.5亿元，完成12宗农村饮水安全工程，开展3个小型农田水利重点县、4个小型农田水利示范镇工程建设，除险加固水库6座，完成海堤加固达标建设25千米，成为全省样板工程。镇村环境整治取得初步成效，建成镇级垃圾中转站、3325个村庄生活垃圾收集池，奕垌生活垃圾综合处理场成为省首批Ⅰ级生活垃圾无害化填埋场。节能减排和环境污染治理力度进一步加大，漠阳江、马南河综合整治工程取得良好成效；对阳江市第一净水厂等9家国控重点污染源进行实时自动监控；连续8年在全省环保责任考核中获得优良以上等次。 *(林元满)*

【城乡规划】 2012年，阳江市抓好中心城区近期建设规划（2011~2015）、西平北路北延伸线两侧控规、城南新区B区控制性详细规划、"黄线、蓝线、紫线"三线规划、阳江市城镇化发展"十二五"规划等规划编制工作。加强控制性详细规划的编制工作。依法指导土地出让和开发建设，力争城市新区控制性详细规划全覆盖，完成阳江市海陵岛闸坡片区（东区）控制性详细规划、阳江高新区平冈片西区控制性详细规划、阳东南部滨海新城创意湖片区控制性详细规划等一批规划编制工作。加强城市专项规划编制。完成阳江市绿道网总体规划、绿地系统防灾规划。完成阳江市总体规划评估及充实完善工作。

2012年，完成市区编制和审批控制性详细规划及法定图则20项，总面积121.5公顷；修建性详细规划65项，总面积232.71公顷。2012年，核发市区建设项目选址意见书22份；建设用地规划许可证680份，用地面积296万平方米；建设工程规划许可证811份，总占地面积27.81万平方米，总建筑面积165.95万平方米；"一书两证"的发放率和准确率均100%；审查建筑工程设计方案384宗。 *(王绍挺　关丽娜)*

【宜居城乡建设】 2012年，阳江市出台《关于提高我市城市化发展水平的若干意见》。城镇化率48%，比2011年底提高两个百分点。阳东县合山镇、阳春市春湾、岗美、陂面等4个镇以及阳春市马水镇新桥村等7个村庄被广东省评为第二批省级宜居示范镇、示范村。全面推进村镇规划编制工作。全市4个名镇、231个行政村以及70个名村、210个示范村和100个省级规划试点村规划编制工作同步进行，并全面铺开。抓好村庄整治和村庄垃圾管理工作。7个镇级垃圾中转站已全部完成建设任务。是年，全市建成3325个村庄生活垃圾收集池建设任务，完成任务132%。在全市范围内开展"大清洁，乡村美"农村清洁工程专项活动，促进阳江市城乡面貌明显改观。村镇建设得到加强。2012年，全市村镇房屋建筑竣工面积138.2万平方米，完成投资15.3亿元，村镇新建道路82.9千米，新建市政排水管道37.47千米。 *(王绍挺　关丽娜)*

▲阳江市鸳鸯湖景区（2012） *(梁文栋　摄)*

【城市建设与管理】 市政建设　2012年，阳江市完成西平路、东门路、二环路等跨年度工程改造建设项目，完成东风一路环岛喷泉等28项市政应急工程以及市区7座桥梁检测及设施养护工作。推进阳江市绿道示范段工程、东门南路、体育北路、鸳鸯湖景区环湖路、城南新区南浦大道、城南新区南浦大道二期、城南新区二环南路、市区创业路北段、325国道创业路转盘至白沙转盘两侧绿道及配套工程和麻布演市场路口改造、城南新区横一路道路建设等10个工程。

城市园林绿化　2012年，阳江市创建国家园林城市工作顺利通过专家初检、6项创园指标评定以及街头绿地整治提升等工作。创建国家园林城市申报资料、初稿撰写和后台资料的收集归档工作基本完成。是年，阳江市园林绿化档次提高，特色凸显。一是摆设迎春花坛造型。在市区人民广场、文化广场等几个公共地段摆设7个主题花坛造型。在市区主要路段悬挂时花花篮及摆设木框时花；二是评选阳江市园林绿化“十佳”单位和“百佳”家庭，彰显阳江园林特色；三是迎检路段进行景观提升改造。对市区西平北路、漠江中路、体育路以及马曹路、马南路、金碧路等主要路段种植绿化树和绿化整治，种绿化树7500多株，建设绿地4.8万平方米，完成次干道植树3580株，道路绿化整体景观效果提升；四是加强对金山植物公园、鸳鸯湖公园、东岳公园、北山公园以及人民广场、文化广场等公园绿地的管理，完善公园绿道标识牌等相关设施，城区公共绿地补植绿化树620株，花灌木15万袋，城区树木新装和改装固定支架1.33万套；五是举办阳江市第二届公园艺术节、绿叶对根的情意——叶秀朵城市公园音乐会、书法优秀作品展、阳江之战历史画展等系列文化活动。

绿道建设　2012年金山植物公园园内绿道逐步完善。金山植物公园在保护现状大乔木的基础上，利用空地补植各种观赏性强花木，丰富园内树种，以绿道形式和标准打造园内各级园路。道路的外观、形状及走向、材料运用均以生态、天然、以人为本、低碳生活为理念，全园道路总长约4.6千米，路宽按6米环园主道、3米和2.5米景点路设计，人行道路面铺装主要以环保透水砖为主，成为蜿蜒于自然景观中生态长廊。

城市环境卫生　2012年，阳江市市区清扫保洁道路57条，保洁面积728万平方米，市区公厕38座，垃圾中转站12座，全年清运填埋处理垃圾总量19.77万吨。是年，环卫基础设施不断完善，完成马南、金郊两个垃圾中转站的改造建设工程。7月，奕垌垃圾综合处理场顺利通过省住房和城乡建设厅的等级评定考核，被评为全省首批6个Ⅰ级无害化处理场之一，9月通过国家城市环卫协会评定。　*（关则和）*

城市生态环境保护和建设　环境质量。2012年，阳江市空气污染指数小于100的天数占全年天数的比例为100%，各污染物全年日均值符合《环境空气质量标准》一级标准；饮用水源水质、地表水水质和入海河口水质达标率均达到100%；道路交通噪声平均值、城市区域环境噪声平均值保持在良好水平。全市二氧化硫排放总量1.94万吨，氮氧化物排放总量4.67万吨，化学需氧量排放总量4.21万吨，氨氮排放总量0.53万吨，重金属排放量为2310.59千克，主要污染物总量减排任务完成率均为100%，达到考核目标。

污水处理和垃圾处理。阳江市城镇污水处理能力从2010年的10.5万吨/日上升到2012年的20.5万吨/日，实现两年翻一番；医疗废物处置率达到100%，城镇生活垃圾处理率为78.1%，阳江市区奕垌垃圾场和阳西县城垃圾填埋场达到无害化水平。

生态环境治理。2012年，阳江市以污水处理厂建设为重点，加快环境基础设施建设，削减污染物排放总量，改善全市的环境质量。一是加快推进马南河综合整治及市区雨污分流管网改造工程，改善马南河、漠阳江水质。二是加强城镇污

▲*阳江市共青湖水库绿道（2012）*　　*（莫志亮　摄）*

水处理设施建设。正常运行阳江市第一净水厂、阳春市水质净化有限公司、阳东县城污水处理厂和高新区污水处理厂等城市污水处理设施，完善阳西捷晖净水有限公司、闸坡污水处理厂配套管网，抓紧筹建市区城南、城北污水处理厂，加快建设城镇污水处理设施。截至2012年年底，阳西沙扒，海陵白蒲，阳东东平、合山和阳春春湾、合水等中心镇污水处理厂建设开展前期工作。三是完成广东华厦阳西电厂1、2号机组脱硫设施烟气旁路的取消工程，建成并投入运行阳春新钢铁有限公司脱硫设施，依法取缔春潭水泥有限公司金同水泥厂等4家立窑水泥企业，改善全市大气环境质量。四是加快生活垃圾无害化处理场建设。正常运转市奕垌垃圾填埋场二期工程，建成阳西县城垃圾填埋场，阳春生活垃圾无害化综合处理厂、阳东县城垃圾填埋场正在加快建设。五是加快市工业固体废物处理处置中心建设，完善医疗废物收集、运输、焚烧处理系统，解决医疗废物的污染问题。

环境监督执法。阳江市抓好重金属污染综合防治。将阳春三个尾矿库整治、阳江埠场电镀定点基地升级改造工程和岗列那格电镀城搬迁改造作为重点，切实抓好重点重金属减排工作。开展环保专项行动，严查环境违法行为。重点加强对“两高一资”（高污染、高耗能、资源性）企业、化工企业、重金属排放企业、涉砷行业企业、垃圾填埋场、污水处理厂及重点流域建设项目等进行专项检查，集中整治威胁饮用水源安全和环境安全的污染及隐患。查处市区漠阳江河段的违法取沙点和抽沙船，依法关闭违规建设的小型羊、鹅、猪养殖场和河朗镇矿桥村林汉荣选矿场，责令违法经营的阳江市江城区双捷镇一同防水材料厂停止生产，依法取缔白沙镇一非法潲水油炼油厂以及阳春市陂面镇两家违法塑料厂，切实为群众排忧解难。据统计，2012年全市各级环保部门出动1.24万多人次，检查企业4200多家（次），限期整改企业169家，立案查处违法案件100宗，关停企业64家。是年，全市环保部门受理环境信访案件514宗，查处率100%，结案率98%。

生态环境建设。2012年，阳江市抓好农村环境综合整治工作。重点抓好2011年获得中央和省级环保专项资金项目的启动。督促阳东县做好农村环境综合整治责任制试点工作。加强饮用水水源环境保护。召开全市饮用水源评估整治工作会议，研究并部署全市整治工作，制订《阳江市饮用水源保护整改计划及实施方案》，督促各县（市）相关单位做好整改工作。推进各县（市、区）生态示范区创建工作。阳东合山镇丰垌村被核定为“广东省生态村”。截至2012年底，阳江市创建生态示范村75个，其中省级生态示范村23家和省级生态示范园两家，市级生态示范村50家。

（林良斌）

城市水环境建设　依法治水管水。一是加强水资源管理。完成阳江市地表水功能区划（中小河流部分）的初步编制方案。执行水资源管理“三条红线”(水资源开发利用红线、用水效率控制红线、水功能区限制纳污红线）制度，将具备饮用水功能的大中型水库及部分小型水库、自来水取水口区域范围划定为饮用水源保护区，采取措施加以保护。印发《关于进一步加强水资源管理的通知》，从管理责任、管理制度、奖惩制度、投入机制等方面对加强水资源管理提出新的要求。加强城市供水排水行业指导管理，修订颁布实施《阳江市城市供用水管理办法》，以石河水库、漠地垌水库水资源管理为突破口，全面加强全市水库水资源管理。二是加强河道采砂及江海堤围管理。提前一年完成广东省千里海堤加固达标工程首期项目——平冈海堤加固达标工程。三是强化水土保持监管。建立阳江市水土保持方案评审专家库，规范全市水土保持方案的评审工作。四是做好水利普查工作。五是抓好水利规费（水利建设基金、水资源费、堤围防护费、水土保持设施补偿费、河道采砂管理费）的征收工作。

推进水利工程项目前期工作。阳江市以海堤加固达标工程、农田水利工程、治涝保安工程、村村通自来水工程建设和实施最严格水资源管理制度等民生水利五个工作方案为重点，抓好重要水务规划的编制和审批。抓好漠阳江双捷引水工程拦河闸重建工程、漠阳江中下游综合治理工程、四围涝区整治工程、双捷灌区改造工程等重大项目的前期工作。

推进水利工程项目建设。抓好阳江市首宗重点中型灌区改造工程——总投资1.8亿元的阳东县东湖灌区改造工程建设；抓好阳东县、阳春市、阳西县等3个小农水重点县建设和江城区埠场、阳春市河朗、阳东县大沟、阳西县上洋等4个农田水利示范镇工程。　*（许昂）*

城市供水　供水设施建设。2012年，阳江市自来水公司投资4200万元。完成城南新区部分供水工程、高新区广青项目供水工程，收购白沙自来水有限公司，更新旧水厂供水设备，完成城西供水加压站前期建设工作，完成阳江核电基地供水工程等供水工程。市区供水管道建设逐步配套完善，城市区域工业园区实现供水全覆盖，基本做到城市发展到那里，供水服务就到那里。

水源水质。阳江供水源水取自漠阳江，源水水质达到国家II类水质标准。出厂水水质综合合格率达到100%，

供水服务。全年完成供水量7175万吨，比上年增长12.81%；完成售水4566万吨，比上年增长6.9%；销售产值8050万元，比上年增长18.6%。

（吴贵贤）

城市供气　2012年，阳江市在全市范围开展燃气安全生产专项整

治，查处无证无照经营的行为，加大对非法经营燃气行为的打击力度，采取切实措施消除燃气安全隐患，确保燃气安全。据统计，2012年，阳江市出动执法人员312人次，执法车60辆次，燃气安全生产检查46次，发出涉嫌违反《广东省燃气管理条例》通知书5份，立案查处3宗，查扣大小钢瓶26个，发出燃气安全生产检查整改通知书21份。邀请北京大方安科技术咨询有限公司，开展对全市燃气企业进行安全评估。完成《阳江市市区管道燃气利用专项规划（2010~2020）》的编制工作。全市燃气行业开展民主评议政风行风工作，阳江市燃气公司被评为用户满意单位。是年，全市燃气销售量10.6万吨，比上年增长2%；用气量3万吨，比上年增长12%；销售额为6.51亿元，比上年增长9%；实现税金1228.6万元，比上年增长0.4%。 *（王绍挺　关丽娜）*

城市综合管理　2012年，阳江市“12319”城管热线和网络问政等平台，受理市民群众有关城市管理投诉业务1794宗，及时处理和办结率97%以上，市民反映的热点、难点问题得到解决。

市容环境综合整治。全年清理流动摊贩乱摆乱卖等“六乱”行为2.63万宗，开展治理“城市牛皮癣”取得显著成效，城市“脏、乱、差”等问题逐步改善。整治清理二环北路、石湾南路、江台路、建设路等过期、无证、破损、影响市容的广告牌2734块。清理整顿城区洗车场，联合相关职能部门对60多家无证经营、污水横流的市区洗车场进行清理整顿，重新规范洗车场的开设申请，核准符合开设条件的洗车场17家。是年，加强违法建设防控整治，全年立案查处违法建设726宗，拆除严重违法建筑近56宗，拆除面积约20万平方米。

（关则和）

【城镇村庄建设】　2012年，阳江市名镇、名村、示范村建设规划编制工作稳步推进。全面推行“户收集、村集中、镇转运、县处理”的农村生活垃圾处理模式，开展“大清洁，乡村美”农村清洁工程，农村环境明显改善。是年，中心镇建成区面积由2010年的71.2平方千米扩大到80.12平方千米；建成区人口由2010年37.2万人增加到42.53万人，城镇化率43.39%，比2010年提高4.09个百分点。随着农村产业结构调整和二、三产业的发展，14个中心镇经济实力明显增强，经济增长较快。是年，全市14个中心镇的生产总值达到490.69亿元，占全市生产总值的比重由2010年底的25.87%提升到55.76%。中心镇成为经济增长的重要平台。

（王绍挺　关丽娜）

【房地产业与住房保障】　房地产市场　2012年，阳江市贯彻落实中央关于房地产市场的调控政策，抑制房地产投机性消费，加强房地产市场监管和企业动态监督检查。

由于受供求关系、建造成本上升、住宅小区品质提高以及高档住宅成交较多等因素的推动，全市楼房均价出现结构性增长，突破4000元/平方米，特别是阳东县因高档大盘较多，住房均价达到5138元/平方米。是年成交的商品住宅主要以环境优美的高档楼盘为主，中低档楼盘销量相对较少。“名扬国际”“华科国际”“新都汇”等一批城市商业地产推出，吸引市民追捧。据统计，2012年全市商业地产销售12.9万平方米，9.3亿元，分别比上年增长2.58倍和2.32倍。旅游地产持续升温。继海陵岛旅游地产持续热销，阳西县沙扒湾旅游也开始进入开发和销售阶段。据统计，2012年预（销）售度假公寓12.8万平方米1855套，总销售额12.7亿元，分别比上年增长13%、34%和30%。

2012年，阳江市累计完成房地产开发投资61.1亿元，比上年增长22%；施工面积672.9万平方米，增长7.7%；商品房（含商业用房、住宅等）空置面积2.1万平方米，下降26%（其中空置一年内的0.34万平方米，占17%）；商品房销售面积167.6万平方米，增长9%；商品房销售额80.3亿元，增长32%；实现房地产税收（不包含耕地税、契税）7.93亿元，增长39.1%；全市商品住宅交易平均价格4104元/平方米，增长18.9%，市区商品住宅交易平均价格4408元/平方米，增长12.6%。成功举办第六届阳江房地产展销会。

房地产交易与房屋权属登记　2012年，阳江市严格执行商品房预售合同登记备案制度，加强房产交易市场管理和房产权属登记等工作，理顺办事流程，提高办事效率，保障产权人的合法权益。全年市区完成各类房屋登记1.78万件。

2012年阳江市区房地产交易5359宗，交易面积81.79万平方米。其中商品房交易3080宗，交易面积42.32万平方米；二手房交易2279宗，交易面积39.47万平方米。商品房买卖合同备案3914宗，面积50.97万平方米，合同金额20.9亿元。

全年市区建立房屋登记簿1.32万宗，建立电子档案1.8万宗，完成城建档案和房屋权属档案整理1.02万份，提供档案利用1.76万卷次，满足全社会对城建和房屋权属档案信息的需求。

保障性住房建设　2012年，阳江市加大保障性安居工程建设力度，实行保障性住房建设目标责任管理，形成较为健全的工作机制。在全省率先出台《阳江市公共租赁住房实施细则》和《阳江市住房保障制度改革实施方案》，在5月召开的全省住房保障督查工作座谈会上得到省住房和城乡建设厅的充分肯定。加强工程质量安全监管，确保公平分配。强化督促检查，确保任务落实。是年全市完成保障性住房建设投资2.3亿元，开工建设2900套，基本建成2043套，超额完成广东省下达的保障性住房建设任务。其中，市区建设的330套公租房竣工交付使用。富康小区二期80套、富康小区三期216套保障房完成配租入住。全市完成农村低收入住房困难户4000户泥砖住房改造建设。

物业管理　2012年，阳江市创新物业管理监管体制，推进区、街、社区履行物业管理职责，建立区、街、社区物业管理工作矛盾纠纷排查调处联席会议制度，调处物业投诉、纠纷20起。对物业服务企业加强监督管理，促进行业服务质量和服务水平的整体提升。全面加强物业服务行业的指导和人员培训力度，截至年底，物业服务企业34家，从业人员1403人。做好小区成立业主委员会的指导工作。是年，市区新成立两家业主委员会。房屋维修资金归集再上台阶。新归集房屋维修资金4045.97万元，归集总额达到1.25亿元，纳入管理的住宅小区达到34个。

住房公积金管理　2012年，阳江市新增183个单位2.06万名职工缴存住房公积金，与2011年相比，缴存人数和缴存额分别增长23%和39%。截至2012年底，阳江市有2100个单位11.23万名职工缴存住房公积金，住房公积金累计缴存总额31.86亿元，缴存余额17.83亿元。是年提取住房公积金1.3万人，金额3.58亿元。其中因购房建房和归还住房贷款提取住房公积金人数1.06万人，金额2.88亿元。离退休支取3255万元，其他支取3737万元。是年向1990户职工家庭发放住房贷款5.08亿元，贷款人数和贷款金额分别比上年增长9%和11%。截至2012年底，全市累计向8894户职工发放住房贷款18.64亿元。在保证住房公积金提取、贷款发放和日常业务储备前提下，住房公积金的使用率为91%，运用率为83%。年内全市实现增值收益2692万元。

住房货币分配工作。截至2012年底，全市累计参加住房货币分配单位142个，其中财政供养单位78个，企（事）业单位64个，人数6900人，累计发放住房补贴1.8亿元。

（王绍挺　关丽娜）

【“三旧”改造】　2012年，阳江市按照中共广东省委、省政府的工作部署，推动全市“三旧”改造各项工作。在2010年、2011年连续两年获得省政府的表彰奖励的基础上，2012年阳江市“三旧”改造工作再创佳绩，位列全省前列。

完善历史用地手续。阳江市大胆创新，全力解决工作中的一些瓶颈问题，推动“三旧”改造工作的开展和纵深发展。2012年，通过“三旧”改造完善历史用地手续项目33个，面积47.61公顷，为企业壮大发展创造良好条件。

推进更新“三旧”改造项目。一是强化跟踪服务，推动加快建设一批项目。对在建项目，通过加强政策对接和跟踪服务，推动市区名扬国际广场二期、阳东官山御景、阳西阳泉纸厂等一批重点改造项目加快建设。其中阳春市春天花园等改造项目上半年竣工投产、发挥效益；阳西旧城区“一河两岸”改造项目总投资约50亿元，2012年完成500多间房屋的征收补偿，并建好安置房、保障房500多套。市区瑞禾路（金源广场）改造项目6月主体工程基本完工，项目内的大润发商场于9月全面开业。二是加强政策指引，力促尽快上马一批项目。对条件比较成熟的已审批改造项目，通过实行“一个项目、一名领导、一套方案、一抓到底”的工作推进机制，督促、指导企业按照“三旧”改造政策的要求，加快推进各项前期工作，促进项目早日动工建设。三是坚持科学谋划，精心储备一批项目。结合城市规划和国企改革，“三旧”、国土、住房和城乡建设、国资等部门联动，完成三洲粮仓、国营渔船厂、国营小刀厂、电视台旧址等片区用地的回收、整合和项目储备。

（陈晓文）

【建筑业】　建筑业市场管理　2012年，阳江市完成建筑安装总产值71.96亿元，比上年增长15.5%，其中市内产值51.07亿元，增长14.5%，市外产值20.89亿元，增长18.2%；市内税收7.99亿元，增长13.9%。是年，推进全市建设领域突出问题专项治理，查处建筑市场违法违规行为，实行市外建设工程企业和人员进市信息备案制度，规范建筑及勘察设计市场监管。动态核查企业资质情况，核查企业6家。是年，全市有建筑业企业153家，比2011年增加7家，其中总承包一级企业8家、二级企业29家、三级企业70家、专业承包企业39家、劳务分包企业7家、设计与施工一体化企业4家，多数企业都按照《公司法》的有关规定建立起较规范的现代企业制度，完善法人治理结构，提高社会信用程度。出台实施《阳江市外来建设工程企业和人员信息登记管理办法》《阳江市建筑业企业建设行为信用动态管理办法》《阳江市建筑市场信用管理办法》等规范性文件，加强阳江市对建筑市场的动态管理。

勘察设计　2012年，阳江市有工程勘察设计企业22家，其中乙级10家（建筑设计3家，专项勘察设计7家）、丙级12家。全年勘察设计企业营业收入突破1亿元，比上年增长14.3%；实现利润总额2168.32万元，增长12%。工程项目审查工作有序进行。是年，阳江市有施工图审查机构两家（二类），全年完成审查工程项目286项，总投资22亿元，总建筑面积125万平方米，其中房屋公共建筑114项，总投资5.028亿元，建筑总面积35.94万平方米，居住建筑128项，总投资11.84亿元，建筑总面积88.85万平方米，市政工程44项，总投资5.22亿元。按规定对242项节能设计项目实行审查，节能审查率达到100%。

招标投标管理　2012年，阳江市建设完善全市公共资源交易中心，实现市县两级土地、矿业权、工程招标、公共物品采购等集中公开交易。全面规范建设工程招投标市场。修订完善《阳江市建设工程施工招标文件（示范文本）》，发布《关于进一步规范建设工程招标投标工作的通知》《关于进一步规范建设工程招标代理和造价咨询发包工作的通知》，全面放开招标投标市场准入，规范建设工程服务性项目发包管理工作。是年，全市新招标工程项目440项，工程总投资额98.92亿元，中标工程总造价88.62亿元，节约建设资金10.30亿元，工程总造价下浮率10.4%；公开招标331项，邀请招标109项；综合招标率达100%，应公开招标工程公开招标率达100%。其中市直工程108项，工程投资额28.86亿元，工程中标价25.55万元，节约建设资金3.30亿元，工程造价下浮率11.4%。

工程质量和安全管理　工程安全质量监督检查。2012年，阳江市住房和城乡建设系统开展工程质量安全现场检查工作。开展全国“两会”和中共十八大、春节国庆期间、防雷雨大风天气、防汛期地质灾害、防台风等施工安全专项检查，有效预防施工安全事故。开展既有玻璃幕墙质量安全排查等排查活动，对排查发现的问题限期整改。在不同时期组织5次在建工程项目质量检查，对存在的质量问题的工程发出整改通知书41份。据统计，全市纳入工程安全监管的项目总建筑面积228.16万平方米，总造价37.68亿元；工程竣工验收项目60项，竣工验收合格率100%。2012年全市有两个工程项目被评为市级优良样板工程称号。开展专项治理。5~9月，组织全市住建系统开展为期4个半月的打击建筑施工非法违法行为专项行动，有效地促进安全隐患的排查治理。开展“四类”问题的施工安全专项整治行动。将建筑工程的深基坑坍塌、高支模失稳、大型建筑起重机械伤害和建筑消防等四类容易造成事故类型列为专项整治的重点。据统计，对全市在建工程进行11次大检查，接受省住房和城乡建设厅等上级有关部门检查8次。下发安全隐患整改通知251份，提出整改意见1200余条。是年建筑业安全生产文明施工工作取得成效，全市有7个工地被评为市级建筑施工安全生产、文明施工“双优工地”称号。全年市区纳入质量监督工程54项，建筑面积107.4万平方米，工程造价20.87亿元，工程竣工验收46项，竣工验收合格率为100%。

安全生产制度体系建设。建立“平安卡”管理制度。截至2012年底，已办理建筑工人“平安卡”9241张。开展建筑施工安全约谈制度。对存在较大安全隐患、有事故苗头、整改不力的在建项目责任人进行约谈。实行安全生产等级监督管理制度。组织开展安全生产状况评价工作，划分安全等级、实行分类指导和监督管理，指导企业建立和完善各项安全责任制，规范各项活动和行为。落实奖惩制度，用奖惩制度的落实来进一步强化安全责任意识。

安全生产应急管理体系建设。2012年，阳江市督促指导建筑、燃气行业有关生产经营单位编制应急救援预案，开展应急救援演练。根据“安全生产年”“安全生产月”和“应急演练周”活动安排，开展华科国际项目模拟卸料平台坍塌应急救援演练、金湖翡翠项目文明施工硬底化观摩活动、地质灾害现场应急演练、模拟高空坠落演练、环境安全应急演练、人民防空演练等应急救援演练，提高从业人员的安全意识，锻炼和检验应急救援队伍的应急能力和实战水平。

（王绍挺　关丽娜）

【建设科技】　建筑节能和墙材革新工作稳步推进。2012年，阳江市执行建筑节能强制性标准，发展绿色建筑，开展既有建筑改造和可再生能源利用，对全市政府机关办公建筑和大型公共建筑的用能情况进行统计公示，推进建筑节能工作。从2012年5月起，在全市范围内开展集中整治行动，依法取缔一批非法建设砖瓦生产厂、非法取土、严重污染环境和工艺落后的砖瓦企业。全市有实心黏土砖生产企业118家，已全面完成整治任务。年内，全市散装水泥使用量为183万吨，预拌混凝土供应量为150万立方米，新型墙材完成2.1亿标准块。

建设人才培训。2012年，阳江市先后举办14期“三类”人员安全知识（继续教育）培训班、建筑施工特种作业人员安全技术培训考核班、建筑施工特种作业人员延期培训班、建筑业统计培训班、二级注册建造师继续教育培训、小型项目负责人考核培训班、建筑专业技术人员继续教育培训，共有2876人次接受培训。

【建设事业信息化】　阳江市个人住房信息系统建设进展顺利，2012年已进入正式运行阶段。阳江市住房规划建设网站全年共发布信息7843条，其中，发布公示公告6732条，发布工作动态、行业信息54条，发布各类住房规划建设文件、政策、法律法规、政策解读信息480条。阳江市住房和城乡规划建设局全年网上回复各种咨询、举报、投诉、建议等577件。阳江市公共资源交易系统建设完成整个系统的整合、技术开发和各功能模块测试工作，并对招标代理单位、投标单位、业务部门及专家进行培训。发布《关于试行阳江市房屋建设市政基础设施工程电子招标投标的通知》等文件。

（王绍挺　关丽娜）

【阳江市鸳鸯湖景区改造升级为“城市客厅”】　作为阳江市2011年“十大民生实事”之一，鸳鸯湖景区改造工程历时9个月后完工，于2012年元旦试开放。升级改造后的鸳鸯湖景区面貌焕然一新，成为阳江的“城市客厅”，几十种变化的大型音乐喷泉每晚吸引众多市民观赏，整个景区新增150多张椅子、5座亭榭，新增近千盏照明、景观灯。鸳鸯湖景区成为市民娱乐休息的好去处，赢得广大市民的赞扬。

【“阳江十大最美乡村”评选】 2012年，阳江市开展举行寻找“2012年阳江十大最美乡村”活动，活动由阳江市人民政府主办，广大市民通过短信、网络、邮寄信件等方式参与评选。经过半年的寻访和遴选，最终评选出雅韶镇十八座村、东平镇大澳渔村、新洲镇紫罗村、白沙街道石河村、闸坡镇北洛村、新墟镇东水村、马水镇马兰村、程村镇红光村、岗美镇黄村、春城街道大田山村为2012年“阳江十大最美乡村”。

【阳江市召开提高城市化发展水平工作会议】 2012年3月20日，阳江市召开全市提高城市化发展水平工作会议，研究部署推进阳江特色新型城市化工作。会议提出：到2015年阳江市城市化发展水平目标是城市化接近全省平均水平，村庄规划编制完成70%以上，完成两个具有岭南特色的历史文化街区建设，中心城区人口52.4万，建成区面积达55.1平方千米，建成4个名镇和70个名村以及210个示范村；生活垃圾无害化处理率85%以上，城镇生活污水处理率80%以上；建成省级宜居社区17个；城市互联网普及率达70%以上，无线宽带网络覆盖率达100%；绿道网建设长度不少于460千米，成功创建为国家园林城市；重点工业企业用水重复利用率达65%以上。会后，阳江市出台《中共阳江市委、阳江市人民政府关于提高我市城市化发展水平的实施意见》。

【阳江市“数字园林”平台建成】 2012年，阳江市被列为全国“城市园林绿化管理信息技术应用”试点城市之一。8月，阳江市“数字园林”系统正式运行使用，通过“数字园林”系统，可快速、准确地计算出阳江市区各类绿地覆盖面积，快速查看阳江市区古树名木的数量、地址、树种、树龄等情况，为阳江市创建国家园林城市提供技术支撑。 （王绍挺　关丽娜）

附录：阳江市住房和城乡建设管理部门主要领导

阳江市住房和城乡规划建设局

党组副书记、局长：李孟志（任至2012年2月）

党组书记：冯国强（任至2012年2月）

局长：陈芝岳（2012年2月任职）

党组书记：关则敢

阳江市城市综合管理局

党组书记、局长：关　石

阳江市水务局

党组书记、局长：庞　华（任至2012年2月）　梁成满（2012年2月任职）

阳江市住房公积金管理中心

主任：陈建国

党支部书记：吴名越

湛江建设

【概况】 2012年，湛江市围绕“五城同创”(创建国家卫生城市、国家环保模范城市、国家生态园林城市、国家低碳发展示范城市和全国文明城市）目标任务，立足高水平规划、高质量建设、高标准管理，推进城乡统筹发展，完善全市城市基础设施，优化城乡环境。是年，湛江市区累计完成房地产开发投资87.13亿元；全年开工建设保障性住房1.11万套，开工面积85.14万平方米；完成“三旧”改造项目24个，改造面积35.08公顷；城市建成区绿地率40.80%，人均公园绿地面积12.80平方米。全市创建国家级生态示范镇3个，省级生态示范镇11个，市级生态示范镇17个。 （蔡一靖）

【城乡规划】 规划编制　2012年，湛江市推进重点规划项目编制。完成新一轮《湛江市城市总体规划（2011~2020）纲要》编制工作，提出城市总体发展三大战略：区域一体战略、陆海统筹战略、魅力引领战略，纲要成果通过部、省联合审查。《湛江市城市发展战略规划》完成纲要成果，《湛江市城市近期建设规划》成果获湛江市人民政府批准实施并报省住房和城乡建设厅备案。加快重要专项规划规划编制。高起点编制《一湾两岸城市景观规划》《湛江港一区改造（港城原点广场）规划设计和跨海隧道可行性研究》，建设城市之心——港城原点，打造城市亮点，彰显海湾城市魅力；推进《湛江中央商务区发展策划与城市规划设计》《湛江市海东新区和南调片区局部控制性详细规划调整》《湛江市第十四届省运会城市基础设施与城市形象提升总体规划》《第十四届省运会水上运动中心概念规划及建筑设计》《湛江职业教育基地总体规划暨一期控制性详细规划》等重点项目规划编制，推动城市新区开发和旧区改造。结合城市发展新需要，推进东海岛、南三岛、奋勇经济区“三大经济增长极”规划。提高详细规划覆盖率，开展调顺岛、沙墩片、疏港大道两侧、逸仙片旧城改造、湛江市临港工业园二期控制性详细规划等规划编制工作，为优化城市空间布局奠定坚实的基础。推动《湛江市区优秀历史建筑保护利用专项规划》《三大文化项目选址规划论证》《赤坎区三民路片区历史街区规划》《湛江市农贸市场专项规划》《雷州徐闻“三区两带”发展规划》等一批专项规划，促进历史建筑保护利用，丰富城市文化特色内涵，完善城市服务功能。

规划研究　制定《湛江市城区

扩容提质加快发展行动纲要》，明确把湛江建设成为粤西中心城市、区域性国际中心城市的奋斗目标。做好城乡规划督察卫星图斑核查工作，成为全国开展核查工作的18个城市中唯一一个一次性通过住房和城乡建设部审查的城市。

规划管理　制定《湛江市商业街区规划管理办法》《湛江湾海岸及海岛严格控制开发利用规定》等10多项规划管理制度规定，在推动“三旧改造”“五规融合”和自行车系统规划、湛江市景观风貌规划、市区地下空间利用与规划，开展屋顶绿化工作研究等方面提出20多项创新管理措施。坚持规划公示公开，在湛江市城市规划局门户网站发布各类公示信息633宗，发布规划成果30个。如期完成湛江规划展览馆一期工程并正式对外开放。

依法规划许可，全年核发《建设项目选址意见书》7份，用地面积130.55公顷；下达规划设计条件119宗，用地面积455.7公顷；核发《建设用地规划许可证》33份，用地面积137.09公顷；批修建性详细规划方案29项，项目用地面积129.71公顷，建设规模230.2万平方米；核发《建设工程规划许可证》64宗，新开工建筑面积225.1万平方米；办理建设工程竣工规划核实65宗，建筑总面积130万平方米。完成市政报建案件555宗。*（张志红）*

【宜居城乡建设】　2012年，湛江市对2011年申报的5个宜居城镇、24条宜居村庄进行考核验收。组织各县（市、区）做好申报省级宜居城镇和宜居村庄工作。组织各县（市、区）选取符合条件的宜居环境建设优秀项目申报2011年广东省宜居环境范例奖。制定《湛江市创建宜居城乡工作专项奖励补助资金管理办法》等文件制度，推进宜居城乡加快建设。制定《关于提高湛江市城市化发展水平的意见》和《湛江市加快城市化建设工作实施方案》，贯彻落实省相关政策法规，提高全市城市化发展水平。制定《湛江市提高城市化发展水平重点工作绩效考核办法》，加强对城市化建设监督落实。*（蔡一靖）*

【城市建设与管理】　市政建设维护　2012年，湛江市完成海北路改造工程总面积5.04万平方米，总投资2350万元；绿塘路改造工程总面积6.84万平方米，总投资1832万元。寸金渠整治工程渠长560米，管道长1020米，总投资2138万元，年内该工程完成。北桥河综合整治工程全长2250米，总投资5300万元，年内完成形象进度75%。东柳路道路排水工程总面积1.37万平方米，总投资800万元，年内全部完成。疏港公路二期道路排水工程总面积25.44万平方米，总投资1.94亿元，分三个标段施工，年内完成第一、二标段的工程并通车，第三标段完成形象进度90%。洪屋路、东堤路、汉口路道路排水工程长1.38千米，投资2.79亿元，年内完成形象进度67%。新湖大道新建工程总面积34.3万平方米，总投资3.69亿元，年内第一标段完成形象进度28%，第二标段完成形象进度42%。霞山污水处理厂厂外截污管网（二期）工程长2.3千米，投资7025万元，年内完成形象进度95%。麻章污水处理厂厂外配套管网截污管网（一期）工程A段长2.7千米，投资4500万元，年内A段完成施工，B段完成形象进度65%。坡头污水处理厂厂外截污配套管网工程，长4.07千米，投资6725万元，年内第一标段完成形象进度95%，第二标段完成形象进度63%。此外，完成10条小街小巷整治改造，完成维修、补强市区道路面积10万多平方米。

城市亮化和景观照明建设。是年，湛江市改造安装LED路灯784盏，至2012年底市区有路灯2.8万盏，供电线路总长410千米，亮灯率均保持在95%以上；湛江市中心城区城市景观照明工程稳步推进，年内总投资1000万元，对市区主干道12个单位的楼宇和17个公交车站及景点进行亮化装饰，景观照明效果良好。

城市园林绿化　2012年，湛江市建成疏港大道二期、三岭山森林公园综合整治及生态恢复二期等绿化工程，完成北桥河岸线绿化美化，建成市区绿道32千米，市区新增绿化面积32.6万平方米；湛江市城市建成区绿地率40.80%，绿化覆

▲2012年11月1~3日，《湛江市城市总体规划（2011~2020）纲要》部省联合审查会在湛江市召开

（湛江市城市规划局供稿）

盖率45.80%，人均公园绿地面积12.80平方米；完成《三岭山森林公园总体规划》和《银帆公园详细规划》编制；完成湛江市金沙湾海滨浴场建设并免费开放；为庆祝建国63周年，举办湛江市第二届簕杜鹃花展。中澳友谊花园被评为“广东省园林建设样板工程”；南国热带花园项目被广东园林学会评为第一批“广东园林优秀作品”。

城市环境卫生　环卫设施设备建设。2012年，湛江市生活垃圾处理场渗滤液改造工程，投资规模为3023.89万元，分两期改造，年内已全部完成并投入运行。湛江市生活垃圾处理场一区封场工程，投资规模1415万元，分二期建设，在完成首期封场的基础上，年内结合完成最终封场工程变更实施一、二填埋区扩容工程，增加库容17.69万立方米。湛江市生活垃圾处理场三期填埋区工程，总投资1.19亿元，填埋库容180万立方米，年内完成总工程量的50%。湛江市生活垃圾焚烧发电厂项目，采用BOT（建设—经营—转让）模式，总投资6.3亿元，规模为日处理1500吨，分两期建设，首期规模1000吨，投资5亿元，年内完成项目特许经营权法人招标工作。是年，制定实施《湛江市环卫设施（设备）升级改造与增配工作方案》，完成公厕改造139座，开工新建公厕10座、升级改造生活垃圾中转站8座、新建生活垃圾中转站26座；采取分期还款融资租赁形式，投入2000万元，新购道路清扫、清洗等环卫车辆65台；年内组织以道路机械清扫、道路人工清扫、果皮箱清洗、公厕清洗保洁等四项为主要内容的湛江市第二届环卫行业劳动技能竞赛，参赛选手87名均来各县（市、区）一线环卫工人。（魏春喜）

城乡环境卫生整治。2012年，湛江市推进城中村环境卫生整治，完成56个城中村摸底检查工作，向各区发出整改通知书31份，要求各区严格落实好环境卫生整治责任制，开展自查自纠，组织力量加强卫生巡逻，加强卫生保洁宣传，增强村民卫生意识，形成长效管理机制。进一步完善各区城中村环卫基础设施建设，改善部分村场环境。

对市区100多个项目工地进行创建卫生城市、创建模范城市宣传，打击违章运输车辆，处罚违章车辆583辆，核准处置建筑垃圾231.5万立方米，清理市区乱堆乱放建筑垃圾5万立方米，冲洗道路607车水。

继续推广“户收集—村集中—镇转运—县（市）处理”的城乡生活垃圾收运处理模式。督促各县（市）加快生活垃圾无害化处理场建设步伐，将其列入政府重点工作，制定工作计划，务必于2015年前建成投入运行。开展全市农村生活垃圾处理情况调查统计工作，制订《湛江市开展“大清洁，乡村美”农村清洁工程专项活动工作方案》，开展农村清洁工程整治行动；督促各县（市、区）完善排污管网建设，提高城区管网覆盖率，提高生活污水处理率。推进有条件的建制镇建设污水处理设施。深入开展城乡清洁行动，继续加强对市区及五县（市）清洁工程工作明察暗访力度和坚持排名月报制，并对暗访情况进行通报，有效促进各县（市）主动落实清洁工程长效机制。（蔡一靖）

城市生态环境保护和建设　2012年度，湛江市徐闻县南山镇、海安镇，遂溪县北坡镇获国家级生态镇命名，徐闻县徐城街道办、雷州覃斗镇获省级生态镇命名，徐闻县下洋镇小苏村获省级生态村命名，全市有5个镇、32个村成功创建市级生态示范镇村。截至2012年底，全市创建各级生态示范镇31个（国家级3个，省级11个，市级17个），村（场、园）268个（省级38个，市级230个）。通过生态示范创建，提高群众参与生态建设积极性，涌现出“节水农业”“无公害生态农业”“特色生态旅游”“古树名木保护”“生态村居”“物种多样性有效保护与开发”“环境友好型工业园区”“生态科普基地建设”“生态安全防护体系”“生态园林”等多种生态模式，促进农业和农村经济的可持续发展，农村生态环境得到明显改善。（郑联鹏）

大气环境质量。2012年，湛江市环境空气质量保持优良，空气质量为优、良的天数分别为297天和69天，全年优良率100%。二氧化硫、二氧化氮年均浓度值分别0.010毫克/立方米和0.012毫克/立方米，符合《环境空气质量标准》（GB3095—1996）中一级标准，可吸入颗粒物年均浓度值为0.042毫克/立方米，符合二级标准。

声环境质量。2012年，湛江市城市区域环境噪声等效声级平均值为53.9分贝，符合国家标准中的2类区昼间标准，噪声质量等级属“较好”；湛江市城市道路交通噪平均等效声级为66.7分贝，低于标准限值（70分贝）3.3分贝，噪声质量等级划分属“好”。2012年超70分贝以上路段占总路段长的6.7%，绝大部分路段测值在66~70分贝范围内，占监测路段总长的62.4%。

水环境质量　2012年，湛江市全市3个降水测点共采集降水样品420个，pH值年均值6.22，酸雨频率2.8%。饮用水源地水质状况良好，市区7个地下饮用水源地和1个地表水水源地水质达标率均为100%，水质保持稳定。全市5条主要江河的8个常规监测断面中，属于Ⅱ类水质断面1个，占总断面数12.5%；Ⅲ类水质断面5个，占总断面数62.5%；Ⅴ类和劣Ⅴ类水质断面各1个，分别占总断面数12.5%。各主要江河水质状况为：南渡河水质优，鉴江（湛江段）、袂花江（湛江段）、九洲江（湛江段）水质良好，小东江（湛江段）重度污染。小东江的石碧断面、九洲江的石角断面水质没有达到水质目标要求，超标项目主要有氨氮、溶解氧、生化需氧量。

全市监测的两个湖库中，湖光岩湖水质为Ⅱ类，水质优，满足水环境功能区水质要求；鹤地水库水质为Ⅲ类，水质良好，未达到Ⅱ类水质目标，超标的项目是总磷。湖光岩湖和鹤地水库营养状态指数分别为33.4和42.5，均属于中营养状态。全市4个开展常规监测的入海河口，均符合相应的水质目标要求。（李亚江）

城市供水　2012年，湛江市及所辖5县（市）城市供水企业有6家，19个水厂，日供水能力64万立方米，平均每日供水量43.3万立方米，供水总人口171.6万人。其中：湛江市城区有13个水厂，日供水能力为42万立方米，平均每日供水量28.5万立方米，供水总人口78.6万人。五县（市）当中，除徐闻县有2个小型水厂外，其余各县（市）均为1个水厂。廉江市、吴川市和雷州市供水能力、日供水量相对较大（供水人口均达到20万人以上），徐闻县、遂溪县相对较小（供水人口分别为8万人和12万人）。是年，鉴江供水枢纽工程建成通水，使湛江新增每年2.8亿立方米原水的供水能力。（龙家俊）

城市供气　2012年，湛江市供气民用户覆盖10余万户，市区加气出租车1234辆，公交车325辆，日最大用气量突破40万立方米；市区中压管网敷设长度300千米，低压管网敷设长度突破300千米。签订东海岛石化产业园天然气利用项目协议；顺利完成南油7647户民用户及20多家工商户置换；完成百蓬路加气站主体建设，徐闻加气站正在筹建中，同时与湛江市坡头区大众公共交通有限公司正式签订LNG公交车供气协议；完成雷州樟树湾酒店置换；湛江新奥坡头2号气化站改造建设项目正式启动。完成港务局石化码头、中油油库、得利化油器、渤海粮油、海油油库等企业管道气推广工作。

燃气行业安全生产监管。坚持每季度召开燃气行业防范重特大安全事故例会，组织燃气安全知识宣传活动，加大培训力度，开展应急救援预案编制培训和演练，提高抢险队伍的应急救援能力；加大隐患排查的力度，对全市45家/次燃气企业、185个/次瓶装燃气供应站开展安全生产大检查（督查），消除安全隐患100多起；加强巡查和抽查，及时纠正和打击违规行为。全市46家燃气企业全部实行《燃气经营许可证》制度。（蔡一靖）

城市综合管理　开展“创卫”工作。2012年，湛江市城市管理部门组织“六乱”整治。各区分局开展“车载水果摊占道经营”、“非法小广告”等专项清理整治行动；按照“规范一批、疏导一批、取缔一批”的原则，整治夜间大排档、烧烤档，取缔一批长期占道经营的钉子户；按照“疏堵结合、便民不扰民、统一领导，属地管理”的原则，在全市新增设20个钟点市场；加强对各区城管执法工作的检查、考核、督办、协调，及时向各相关单位发出检查通报，确保“六乱”整治工作有序开展。先后组织基层单位开展了20多次学习教育活动，为基层举办6期执法业务培训。

遏制违法建设。按照“统一领导、属地管理、以区为主、部门配合”的原则，协调各区抓好违法建设查处工作。是年，为有效解决村民合理建房需求和报建审批的程序和手续问题，以市住房和城乡建设局、市城管执法局等五个部门的名义联合印发实施《湛江市建成区城中村村（居）民申请建房审批工作实施方案》。按照违法建设巡查划分网格、细化到村、包干到人，实现无缝隙管理的要求，强化对市区违法建设查处工作的指导、检查、督查、考核，为各区政府开展依法问责工作提供依据。是年，全市查处违法建设720宗，拆除540宗（次），拆除面积约6.44万平方米。相比2010年、2011年，违法建设抢建势头明显下降。（林肖兵）

【城镇村庄建设】　2012年湛江各县（市）有20个镇开展总体规划修编工作，其中吴川市5个，廉江市7个，雷州市6个，徐闻县两个。利用省、市财政专项补助资金，支持全市贫困村编制村庄规划。对全市250个贫困村开展村庄规划编制、村庄地形图测量等。推进名镇、绿色低碳重点小城镇建设和传统村落调查工作，组织人员对2011年名镇建设试点（北坡镇和安铺镇）进行现场调查和工作指导。推荐和指导遂溪县北坡镇创建国家绿色低碳重点小城镇试点。组织开展传统村落调查工作。

中心镇建设　2012年，湛江市加强中心镇建设，加大基础设施建设的投入，完善各项市政基础设施，促进中心镇建设持续健康发展。组织开展中心镇控制性详细规划编制工作，其中，编制总体规划的建制镇61个，编制村庄规划的行政村1227个，编制村庄规划的自然村6215个。（蔡一靖）

【房地产业与住房保障】　房地产市场运行　2012年，湛江市区累计完成房地产开发投资87.13亿元，比上年增长7.4%；批准商品房预售项目110个，批准预售面积205.88万平方米，比上年增长118.5%；商品房销售面积105.03万平方米，增长2.6%。湛江市房产管理局全年为政府代征房产契税、营业税、价格调节基金3.20亿元；办理商品房交易1.23万宗，交易面积105.03万平方米，增长2.6%，交易金额70.21亿元，增长3.2%；办理二手房交易4094宗，交易面积48.50万平方米，比上年增长10.5%，交易金额15.64亿元，增长10.7%；办理商品房抵押登记1.40万宗，抵押面积616.29万平方米，增长48.1%，涉及抵押金额197.08亿元，增长31.7%。

房地产市场调控　2012年，湛江市加强房地产行业监管和指导，促进行业市场平稳健康发展。一是主动服务，协调解决房地产企业发展中遇到的难题。二是加强对房地产市场数据的分析、整理和披露。为企业发展、市民购房提供基础数据支持，引导企业合理投资、市民理性消费。三是开展房地产市场巡查。湛江市房产管理局全年组织专项巡查45次，通过强化落实房源公开、打击违规销售等举措，维护市场正常秩序。四是加强商品房预售资金监管。认真履行商品房预售款监管职责，细化商品房预售款的缴存和使用。全年核拨商品房预售款用款787宗，确保新建商品房预售款用于后续工程建设。在多重政策措施的调控和引导下，湛江市房地产市场呈平稳发展态势，其中市区商品住宅销售均价6200元/平方米，比上年下降4.1%。

直管公房经营管理　2012年，湛江市加大市区直管公房的租金收缴和租赁稽查力度。全年累计收缴公房租金1363万元；稽查房屋2489户，按规定对存在转租、空置等违规行为的39户租户做出腾退处理。全年投入公房维修资金201万元，维修房屋875幢（间），维修面积7.42万平方米；投入公房改造资金1795万元，拆除改建公房20幢，新增公房面积1.29万平方米。

保障性住房建设　2012年，湛江市落实保障房建设资金15.40亿元。其中，国家补助资金7301万元，省补助资金2763万元，市、县两级财政安排资金1.38亿元，企事业单位投入资金13.01亿元。落实保障房建设用地41.34公顷，其中：棚户区改造用地17.92公顷，廉租房建设用地0.45公顷，公共租赁住房建设用地20.95公顷，经济适用房建设用地2.02公顷。全年开工建设保障房11082套，开工面积85.14万平方米。其中，廉租房214套1.21万平方米，公共租赁住房6206套40.32万平方米，棚户区改造3873套34.58万平方米，经济适用房789套9.03万平方米；全年发放廉租住房租赁补贴925户。

物业管理　2012年，湛江市房产管理局全年归集住宅专项维修资金1.1亿元，审核使用维修资金80宗211.2万元。同时，加强行业监管服务，指导新成立业主委员会4个，换届选举业主委员会1个；办理前期物业备案86家，备案面积275万平方米；核定物业服务企业暂定资质18家，三级资质12家，办理资质资格延续36家。（钟福金）

住房公积金管理　2012年，湛江市实现财政核拨工资人员住房公积金全覆盖。筹集住房公积金28.67亿元，比上年增长12.20%，缴存单位4035个，28.33万人，分别增长18.09%和21.11%。全市累计筹集住房公积金146.95亿元，余额77.17亿元。全市缴存职工提取使用住房公积金14.90万人次，17.61亿元，分别比上年增长35.34%和32.91%。共发放住房公积金个人住房按揭贷款4813笔，14.03亿元。

2012年，湛江市住房公积金增值收益为1.21亿元，比上年增长309.61%。累计上缴住房公积金增值收益到市财政用于廉租住房建设补充资金1.06亿元，有力支持全市廉租住房建设。（郑建鹏）

【“三旧”改造】　2012年，湛江市进行“三旧”改造的项目122个，涉及改造面积1079.89公顷（其中市区53个，改造面积349.16公顷，县（市）69个，改造面积730.74公顷）。完成改造项目24个，改造面积35.08公顷，总投资金额34.6亿元。年内市区批准“三旧”项目改造方案45个，涉及改造面积415.19公顷，总投资232.64亿元；通过单元规划评审49个，规划用地面积518.98公顷，其中配建公租房的有24个项目，建设公租房约3833套，面积21.09万平方米。全市上报广东省审批完善历史用地手续的“三旧”改造项目45宗，涉及改造用地186.14公顷。（蔡一靖）

【建筑业】　建筑市场管理　2012年，湛江市建筑工程规模进一步扩大。在监的房屋及市政基础设施工程项目397项，总面积576万平方米，其中市区新增报监房建项目174项、建筑面积173.6万平方米。全年竣工工程162项，建筑面积149万平方米，其中，市区房屋及市政基础设施工程竣工验收备案73项，竣工建筑面积110万平方米。市政基础设施新增报监项目两项，2825延长米。

2012年，湛江市推进市场监管工作，重点规范政府工程的业主和房地产开发企业的开发建设行为。继续完善建筑市场准入和清除体系，完善建立建筑业诚信管理体系，办理投标手续前外地施工、监理企业按照规定提供资料办理招投标密匙才进入湛江市建筑市场，中标后的外地进湛建筑施工、监理企业、勘察设计企业均需要办理单项工程登记手续。办理招投标密匙业务的企业257家，其中办理施工企业198家、监理企业59家、招标代理36家。

工程质量和安全管理　2012年，湛江市建筑管理部门在对工程项目实行全覆盖监管的前提下，尤其对涉及国计民生的重要工程的监管和服务，特别是在第十四届省运会场馆和钢铁项目东海岛安置房的建设过程中，及时掌握工程的进度情况、工程施工质量情况，对工程质量进行严格控制与把关。全年对施工、监理、混凝土企业共进行量化考核57次，对建筑施工安全生产管理动态扣分220份，排查出重大危险源46项，查出施工安全隐患239起（一般隐患230起，重大隐患9起）。开展建筑施工生产安全应急预案评审工作，102家企业完成初步评审。全市工程项目没有发生一起等级以上的质量和安全事故，工程竣工验收一次性合格率100%。完成2.58万名从业人员进行培训教育和对9100人的“平安卡”安全培训。

是年，湛江君豪酒店工程项目获“中国建设工程鲁班奖”荣誉称号，实现湛江乃至粤西地区建筑历史上零的突破。3项工程获“广东省建设工程优质奖”，6项工程获“湛江市建设工程优质奖”，3项工程获“广东省房屋市政工程安全生产文明施工示范工地”称号，12项工程获“湛江市房屋市政工程安全生产文明施工示范工地”称号。

招标投标管理　2012年，湛江市招标的工程项目139项，其中施工招标78项，造价56.82亿元，中标价55.89亿元，下降1.64%。监理招标30项、勘察设计招标28项、规划招标3项。实行招标代理机构从业人员持证上岗制度，开办招标代理机构从业人员培训班，制订相应的规章制度，实现进入湛江市建设工程交易市场执业的人员全员持证上岗。制订《湛江市建设工程设计（勘察）招标示范文本》，解决长期困扰设计招标的争议，提高招标工作效率。

工程造价管理　2012年，湛江市继续实行招标控制价、施工合同备查制度，完成招标控制价备查工程42项，工程造价16.24亿元。完成施工合同备查工程45项，工程造价53.84亿元。完成68项工程的安全文明施工措施费的计算、核查，工程造价40.08亿元。完成38项工程的社会保险费的计算，工程造价24.34亿元。

勘察设计管理　湛江市实行施工图审查违规通报制度，对违规企业进行约谈和问责；组织勘察专项技术培训，规范勘察文件签章管理；组织勘察管理、建筑节能设计专项检查；继续抓好大中型建设工程项目初步设计审查以及超限高层抗震设防专项审查工作。2012年完成广东省第十四届运动会主场馆周边配套基础设施项目（道路工程）等14项初步设计评审、恒逸国际会议中心项目超限高层抗震设防专项审查，完成施工图设计文件审查工程项目62项，组织10期勘察设计技术专题讲座。

▲湛江市君豪酒店工程项目获2012~2013年度“中国建设工程鲁班奖”

（湛江市住房和城乡建设局供稿）

【建设科技】　2012年，湛江市制定发布“十二五”建筑节能专项规划；抓好新建建筑的建筑节能措施落实的监管，市区项目设计阶段的建筑节能执行率100%，施工阶段执行率98.5%。

湛江君豪酒店项目获得省级绿色二星设计标识；湛江保利国际酒店既有建筑节能改造项目课题获批广东省重大科技项目（第二批）；广东星恒高效涂料开发有限公司的产品获省住房和城乡建设厅的科技成果鉴定，湛江市麻章区保温材料厂产品入选《广东省绿色低碳建筑技术与产品目录（第一批）名单》，国家太阳能光电建筑应用项目（金太阳项目）广东粤电湛江生物质发电厂光伏发电项目通过省住房和城乡建设厅的核验。在全市新建建筑工程公共照明区域全面推广LED照明产品。

完成建筑节能专项审查备案120项，总建筑面积150.79万平方米。市区墙体材料验收工程28项，新型墙体材料使用比例100%，减少实心黏土砖使用1.64亿块，减少土地损耗21.04公顷，减少废气排放33.85吨，节省燃料煤1081.94吨。散装水泥供应量295万吨，预拌商品混凝土供应量268.45万立方，预拌砂浆供应量2.8万吨。　（蔡一靖）

【建设事业信息化】　2012年，湛江市运用“三库一平台”管理信息系统，对全市建筑业企业、房地产开发企业、施工单位、监理单位等企业技术人员相关信息进行采集，完善建筑市场有关企业和专业技术人员的信用档案，严格控制企业人员重复挂靠和串岗行为，办理录入人员数据业务250项、人员数据更新手续103项。

开展“在建项目使用节能材料动态监管平台”建设工作，帮助建设一套砖厂信息管理系统，利用该系统对湛江市各砖厂的产品销售数据及各建筑工地的砖类产品进货数据，防止劣质原材料流入建筑市场，规范行业秩序。

是年，湛江市住房和城乡建设局发布各类政务信息478条。

（蔡一靖）

【湛江市实现“中国建设工程鲁班奖”零的突破】 2012年，湛江市辖区内建设工程项目—君豪酒店工程获中国建筑行业工程质量最高荣誉“中国建设工程鲁班奖”，实现湛江乃至粤西地区建筑历史上零的突破。君豪酒店工程建筑面积9.45万平方米，总建筑高度99.8米，框架剪力墙结构，采用钻孔灌注桩结合预应力管桩的桩基础。在施工过程中，该项目使用多项节能设施，包括采用low-e（低辐射）玻璃幕墙、断桥型铝合金型材、太阳能电源地下室照明、空气源三效热泵供暖、LED灯具和蒸压加气混凝土砌块墙材。针对砌体工程的质量通病，施工单位多次到广州、深圳参观以往获“中国建设工程鲁班奖”的建筑工程，学习先进的施工技术，以砌体工程的质量通病防治为突破口，开展消除建筑工程的质量通病工作，落实创优目标计划。

（蔡一靖）

附录：湛江市住房和城乡建设管理部门主要领导

湛江市住房和城乡建设局

党组书记、局长：罗滇南

湛江市城市规划局

党组书记、局长：罗锡平（任至2012年2月） 李枝坚（2012年9月任党组书记，2012年10月任局长）

湛江市房产管理局

党委书记、局长：马澄波（任至2012年2月） 陈 琼（2012年2月任职）

湛江市城市综合管理局

党委书记、局长：车斯文（任至2012年12月）

湛江市城市管理行政执法局

党委书记、局长：陈伟杰（任至2012年5月）

党委副书记、局长：李雄光（2012年12月任职）

党委书记、副局长：李长合（2012年12月任职）

湛江市水务局

党组书记、局长：周荣生（任至2012年2月） 刘耀辉（2012年2月任职）

湛江市住房公积金管理中心

党总支部书记、主任：莫植贵

茂名建设

【概况】 2012年，茂名市围绕滨海发展战略，以建深水大港、兴现代产业、造滨海新城为目标，开展滨海新区起步区的规划建设。

是年，茂名市农村饮水工程中央预算内投资项目189个，总投资3.69亿元，解决饮水不安全人口71.53万人。编制完成全市村村通自来水工程建设规划，涉及91个乡镇、1411个行政村、482万人。年内，通过加大环境监管和治理力度，使市区环境质量稳定，市区空气质量继续保持良好态势。

2012年，茂名市房地产业、建筑业持续增长，全市新开工建设保障性住房项目23个、3092套，占新开工任务的112%；主体竣工的项目12个、1311套，占竣工任务的128.5%；新增发放住房租赁补贴1266户，超额完成广东省下达的任务。完成房地产投资62.6亿元，比上年增长27.2%；商品房屋施工面积899.4万平方米，增长11.5%。完成建筑业总产值达246.2亿元，其中在省外完成施工产值30.7亿元，创利税总额31.5亿元。

（吴再泉 罗栋）

【城乡规划】 规划编制 滨海新区规划。2012年，茂名市围绕滨海发展战略，开展滨海新区起步区的规划建设。年内，滨海新区开展四个片区的前期地形勘测，完成包括中化集团茂名液化码头和储运项目在内的首批进场项目的选址和规划工作。

总体规划编制。2012年，茂名市推进《茂名市城市总体规划（2008~2020）》成果完善工作，《茂名滨海新区城市总体规划（2012~2030）》《茂名市近期建设规划（2011~2015）》完成最终成果并经省住房和城乡建设厅组织专家和部门审查通过；《茂名市城镇体系规划》报请省住房和城乡建设厅审查。各县（市）城市总体规划编制工作进一步推进。电白县加快推进工业园、两湖一海岸规划及林头总体规划的编制工作，解决滨海新区25个规划上存在的问题及水东湾海堤合拢和包茂高速延长线道路规划建设问题；信宜市通过政府采购公开招标确定北界、朱砂、水口镇区总体规划修编等项目；高州市推进《高州市城市总体规划（2011~2020）》的修编工作，该总体规划纲要报省住房和城乡建设厅审批；《化州市城市总体规划（2011~2020年）》通过专家组评审，送广东省人民政府批复；高新区编制完成《高新区（七迳镇）总体规划》《高新区河西工业区开发利用总体规划》等重要规划方案。

城市控制性详细规划编制。城市规划区内东组团博贺湾新城片区、南海片区和部分小区委托相关规划设计单位编制控制性详细规划。市区25个小区控制性详细规划已经市规划委员会审议通过。各县（市、区）也全面推动控制性详细规划工作。

专项规划编制。2012年，茂名市开展《茂名市综合交通体系规划》《环水东湾综合整治专项规划》《茂名市城区污水排水专项规划》，编制；统筹开展供水、供电等专项规划；组织开展《村镇规划建设管理》《茂名市中心城区土地开发强度区划研究》《茂名市历史文化建筑普查和研究保护》《中心城区城市经营策略研究》等多项课题研究。

乡镇规划编制。截至2012年底，茂名市规划编制扶贫村庄规划186个、落实编制任务42个、完成编制任务6个、正在编制6个、正在测量地形阶段132个；完成中心镇规划15个、落实编制任务6个、完成编制任务4个、正在编制5个、正在测量地形阶段6个。

规划管理　2012年，茂名市研究制订包括《茂名市规范规划行政许可和行政处罚自由裁量权暂行规定》《茂名市建设用地规划条件核发变更管理办法》《茂名市临时用地和临时建设管理办法》和《茂名市城乡规划公示制度》在内的20余份规范性文件。通过完善规划制度建设，规范规划行政管理，指导各县（市、区）开展规划审批、管理，使规划决策有依有据，更科学、合法、合理。（江泞泞）

【宜居城乡建设】　2012年，茂名市开展“城乡清洁工程”及“大清洁、乡村美”农村清洁工程专项活动，全市投入劳动力49.4万人次，各级投入活动资金3835万元，全面清理农村“三边”及公共区域积存垃圾，有效改善农村卫生条件和人居环境。争取市财政继续落实“城乡清洁工程”专项资金550万元，作为全市各镇垃圾设施建设专项经费。通过各种形式“明察暗访”，组织开展年度“城乡清洁工程”考核工作，促进各地“城乡清洁工程”实施。宜居城乡建设工作取得成效，高州市中山路街区、高州市南华路街区被评为省级历史文化街区；信宜市镇隆镇、茂南区鳌头镇被评为省级文化历史名镇。名镇名村建设、传统村落调查、绿道建设、城市化等工作有序推进。

【城市建设与管理】　市政建设　2012年，茂名市推进市区路网扩容。建成官山五路，连通官山四路与西粤路，加速城市东北片区发展；建成西粤南路，连通城市东南片区东西走向的站前路、新福路、双山路和迎宾路，大幅激活该片区的发展，拉开城市发展的框架。

实施城市出入口道路改造。建成双山七路，连通双山路与茂名大道，增加市区东出口；完成站前五、六、七路和文光路改造，改善城市出入口形象。

加强旧城区路网改造。完成河西市民期盼多年的建设南路、新坡路、龙山路、幸福南路、滨河一街改造，彻底改变河西旧区的面貌。

合理开设主干道掉头开口。在市区多条堵塞严重的道路开设14个机动车掉头口，引进13个“错位式”人行通道，疏导交通效果明显，方便行人通过马路。

加强人行道及小区道路硬底化建设。针对市民反映行路难问题，按计划分两年实施人行道铺装及小区道路硬底化工程，全年完成铺装7万平方米，市民出行环境不断改善。

推进小区亮化工程。茂名市城管部门在近两年大幅提升城区路灯亮化率的基础上，2012年重点推进小区亮化工程。通过全面排查市区照明盲点，对全市小区、街坊路、学校周边和部分城中村、城乡结合部等32个地段的路灯进行加装和改造，新安装路灯1702盏，使城市住宅小区内街、学校周边、城乡结合部的亮化率大大提高，为市民晚上出行提供了方便和安全保障。

改善城区排水能力。加强下水管道清淤，改建抽水泵房，提高城区防洪能力，对四号湖污水横流进行处理，全年完成4175千米的雨污水管道的清疏。

城市园林绿化　道路绿化。茂名市按照“绿随路建、有路皆绿、绿美结合”大力建设特色绿化道路，完成双山七路、西粤北路、西粤南路、新福二路和三路、文光路、火车站门前等绿化建设，城市出入口绿化与城市主干道绿化协调发展，全新升级改造火车站绿化成为城市出入口新亮点。在道路绿化建设中，充分考虑树种的选择、植物造景的应用和综合生态功能，构建乔、灌、花、草相结合的城市复层绿化格局。

公园广场建设。2012年，在南香公园主体建设完成后的基础上，继续完善南香公园的绿化种植工作。打造特色绿化配置，修建环园绿道，完善公园灯光建设，使南香公园成为该区深受市民喜爱的休闲场所。同时，对春苑公园加装路灯和进行道路改造，从整体上提高公园景观质量。此外，对福华小游园和双山憩园等小区街坊公园绿地进行整体升级改造，加强公园绿地辐射。

营造四季花香的美丽油城。年内，在西粤中路、油城五路等主要路段交叉口及文化广场等种植孔雀草、长春花、夏瑾、凤仙等时花4批次近20万盆，给人以极大的视觉享受。市区新增绿地9.5万平方米，种植乔木1万多株、花灌木100万株、草皮等地被植物10万平方米。截至2012年底，城区绿地率39.33%，绿化覆盖率42.43%，人均公共绿地面积11.58平方米。

（张汉雄）

绿道建设　茂名市绿道网规划为绿道主线和绿道支线两个层次：绿道主线沿城市水岸生态廊道与海湾景观廊道布局，是自然景观优美、文化气息丰厚的线路；绿道支线沿城市主要交通干线布局并联结周边城市，是资源有机整合、效益明显的线路。茂名市绿道主线规划分为五号道：一号“小东江绿道”，二号“袂花江绿道”，三号“共青河绿道”，四号“环湾绿道”，五号“热水山地绿道”。绿道支线规划分为六道，分别沿以下六道城市主要交通干线布局：茂名大道及280省道、森林大道、325国道及进港大道、油城十路及包茂高速公路南段、市民大道、茂南大道及环市西路和372省道，其中325国道及372省道和280省道向周边城市联结。绿道支线占用一定的城市主要交通干线的建设空间，形成向周边辐射和联结的线路，与绿道主线交织成紧密的绿道网络。截至2012年底，全市建成及在建的绿道53.6千米，其中，省立绿道一号线13.25千米，省立绿道九号线9.2千米，其他城市（社区）绿道长31.2千米。*(吴再泉　罗栋)*

城市环境卫生　市容环境卫生。2012年10月，茂名市区环卫建设和行政管理职能下放茂南区，并与原茂名市城市综合管理监察大队合并，组建茂名市茂南区城市综合管理局。是年，市区主次干道清扫保洁面积399万平方米，道路清扫作业实行"人工清扫保洁、机械化清扫、洒水降尘高压冲洗"三位一体全天候作业新模式，主干道实行16小时保洁及单人单车作业。在清扫保洁工作中实施绩效工资激励，在监督体制上，完善考评制度，实行管理模式的创新，提高环卫管理水平。同时，开展"城乡清洁工程"及"清洁家园"活动，切实改善小区、城中村、城乡结合部的环境卫生状况。

生活垃圾处理。2012年，茂名市生活垃圾运输实行压缩化、密闭化，通过加强管理，包车到岗，责任到人，提高垃圾清运效率。茂名市生活垃圾焚烧发电项目以BOO（建设—拥有—运营）模式建设，2010年11月奠基，2012年首期工程（日处理生活垃圾800吨）的土建施工及设备安装基本完成，即将投入试运营。茂名城区垃圾综合收集系统项目建设工作正在进行，新建成茂南区站南路垃圾压缩站1座，并对5座垃圾压缩站及公厕的设施进行全面维修。为保障小区环境卫生服务资金，解决小区环境卫生死角问题，茂名市推进居民环境卫生服务收费委托市自来水公司代收缴。是年，茂名市顺利通过广东省卫生城市复审考核。

城市生态环境保护和建设　环境质量情况。2012年茂名市总量减排四项主要污染物（化学需氧量、氨氮、二氧化硫和氮氧化物）排放明显好转，与2011年相比，化学需氧量、氨氮、二氧化硫、氮氧化物四项指标分别下降5.14%、8.15%、8.47%、6.25%。市区空气质量继续保持良好态势，二氧化硫、二氧化氮、可吸入颗粒物年日均值分别为0.021毫克/立方米、0.015毫克/立方米、0.047毫克/立方米，达到国家一级或二级标准，优良天数达98%以上，市区酸雨频率大幅下降，从最高67.4%下降到6.8%。高州水库、罗坑水库水质良好，饮用水源水质达标率保持100%。

城市生活污水治理。城区全年实现处理生活污水3510.6万吨，比2011年增长22.7%；日均处理水量9.59万吨，污水处理率达89.3%，设备完好率97%；COD（化学需氧量）去除率86.6%，去除量5066吨。进水氨氮浓度为21.4毫克/升，出水氨氮浓度为0.95毫克/升，氨氮去除率95.6%，去除量695.3吨；污泥（湿）产量1.12万吨。*(张汉雄)*

小东江、白沙河通过环境综合整治，先后关闭38家皮革加工企业，茂南区和高州市政府在相关地段划定畜禽养殖禁限养区，水质达到国家地表水Ⅳ类为主的标准，改变长期为劣Ⅴ类水的状况；沿海地区违法填海、毁林养鱼养虾等行为得到遏制；水东湾生态恢复工程继续推进，当地红树林种植面积不断扩大，长势喜人；放鸡岛文昌鱼市级自然保护区生态良好，近岸海域水质均达到相应的海域水质功能要求。

2012年，发布《茂名市环境保护与生态建设"十二五"规划》《茂名市"十二五"主要污染物总量控制规划》《小东江茂名段污染综合整治规划》《茂名市养殖业污染防治规划》《茂名市乡镇生活污水处理"十二五"规划》《茂名市城镇污水处理厂污泥处置规划》等，为茂名市的生态环境保护工作明确目标和方向。

农村生态保护。2012年，茂名市农村生态环保主要工作：一是落实专项资金，保障工作实施。在2011年市财政安排镇（街道）"城乡清洁工程"专项资金550万元的基础上，2012年继续落实"城乡清洁工程"专项资金550万元及补助化州市生活垃圾无害化处理项目200万元，支持各地"城乡清洁工程"。据统计，各地申报专项资金达7929万元，涉及的项目包括生活垃圾处理场（厂）6个、镇级垃圾转运站87个、村级垃圾收集点1499个。二是加强饮用水水源地保护及农村饮水安全。组织各县（市）也分别制定辖区内饮用水源保护区相关管理规定。各地在饮用水源保护区内树立永久性界碑，使饮用水源水质保护工作做到依法制定，依法管理，各相关部门职责明确，监督到位。三是加强督促指导，加快垃圾处理基础设施建设步伐。贯彻茂名市人民政府与广东省人民政府签订的《茂名市城乡生活垃圾治理责任书》，全力落实"一县一场""一镇一站""一村一点"的生活垃圾无害化处理设施建设目标。全市在建和筹建的生活垃圾无害化处理设施6座，总投资7.5亿元，近期设计处理能力2190吨/日。四是加强畜禽养殖业污染防治工作。开展畜禽规模养殖场示范创建活动。在茂名畜牧兽医局的指导下，各养殖场按"五化"的要求开展创建活动，粪污无害化处理是其中一项重要内容。同时，切实做好动物无害化处理工作，按照区域布局"一场多点"的模式，设立若干个动物无害化处理点，并把打击非法屠宰加工和随意丢弃病死畜禽作为一项重要工作来抓。五是开展农业面源污染防治。推广新技术，使用高效、低毒、低残留的新农药，推广测土配方施肥、平衡施肥技术，鼓励农民多使用农家肥等有机肥料。加大发展无公害农产品、绿色食品生产示范基地建设力度。据统计，截至2012年底，全市有126个无公害农产品生产基地和158个无公害农产品通过认定和认证，产品包括蔬菜、水果、茶叶、肉类等及其加工品。加快推进农业标准化示范建设，促进农业安全清洁生产，减少农业生产对农村环境的污染。部分地区建立农产品质量安全监督检测站，对农产品质量发挥有效的检测作用，有效控制污染源头。在生活饮用水源保护区、风景名胜区、自然保护区及人口聚居的区域内划定禁养区域。环保部门严格执行环境影响评价制度和“三同时”（环境保护措施必须与主体工程同时设计，同时施工，同时投产使用）制度，严把环保审批关，同时，加强推广沼气使用，推广“猪—沼—果、猪—沼—农”等立体循环的无公害资源循环利用模式，让粪水就地消化，减少对周边环境的影响。六是生态示范及宜居村镇创建。2012年茂名市试点创建两个生态示范村，包括高州市大坡镇福州村和茂南区高山镇黄竹村委会蔡屋村。按照“试点先行、以点带面、全面铺开”的工作部署，推进宜居城镇、宜居村庄创建工作。七是开展调查研究，建立长效机制。组织开展农村生活垃圾处理情况调查及专项督查，以高州水库库区7个镇为先行试点，探索试行“村收集、镇转运、县处理”的农村生活垃圾收集处理模式。各地通过建立健全环境卫生管理的一系列规章制度，初步建立起“全市统一协调、属地管理为主、部门各司其职、社会群众参与”的城乡环境卫生管理体制，促进“城乡清洁工程”工作向制度化、规范化和常态化迈进。八是加大宣传力度，提高全民清洁卫生意识。（黄深）

城乡水环境建设　2012年度，茂名市水利水电建设下达计划14.05亿元，到位资金13.17亿元，累计完成投资16.69亿元。完成工程量：土方1514万立方米，石方108万立方米，混凝土69.63万立方米。除开展农田水利建设外，主要工程有农村饮水安全工程。是年，茂名市农村饮水安全工程中央预算内投资项目189个，总投资3.69亿元，解决饮水不安全人口71.53万人。下达农村学校师生饮水安全工程项目188个，投资1304.37万元，解决4.08万名农村学校师生的饮水不安全问题。从2008~2012年，全市累计建成365宗农饮工程及329宗农村学校师生饮水安全工程，投入12.25亿元，解决224.10万名农村居民和7.63万名农村学校师生的饮水不安全问题。同时，编制完成全市村村通自来水工程建设规划，涉及91个乡镇，1411个行政村，482万人。2012年11月茂南区成功竞得全省首批村村通自来水工程建设示范县项目，总投资1.29亿元，省补助6665万元，计划于2013年开工建设。

病险水库及大中型病险水闸除险加固工程。2012年茂名市列入新一轮病险水库除险加固规划的病险水库264宗，约占在册水库的一半。其中，列入国家专项规划的大中型病险水闸除险加固25宗，估算投资13.2亿元。

中小河流治理。茂名市列入全国重点地区中小河流治理建设规划的项目37个，其中2009~2012年度项目12个，项目概算总投资为2.91亿元，完成建设长度86.40千米，完成投资1.93亿元，工程形象进度88.05%。（何山）

城市供水　2012年，茂名市自来水全年出厂水水质综合合格率99.99%，管网水水质综合合格率99.7%。以扩大供水为中心任务，抓住滨海新区建设的机遇，加快推进滨海新区的供水管网建设，不断扩大供水面积，超额完成生产任务，全年售水5149.86万立方米，比上年增长6.1%；以加强内部管理为目标，完善内部的制度机制，提高服务水平，将用水申请审批期限由原来7个工作日缩短为5个工作日，建设供水服务呼叫中心，集报修、报漏、投诉、自动语音查询、短信发送、同步录音、客户评价等功能；厉行节约，降低生产成本，产品单位电耗比上年下降2.8%，氯耗比上年下降11.7%，产销差率呈现逐步下降的势头。

城市供气　2012年，茂名市组织开展燃气安全生产大检查，对查出的安全隐患要求限期整改。加强对各县（市、区）市政公用事业业务指导，组织对各县（市、区）2011年度公共基础设施规划编制工作、城镇市政公用设施建设工作进行考核。同时，推进天然气汽车标准加气站建设，茂名中燃城市燃气发展有限公司投入2500万元在茂名燃气化站内扩建一座L-CNG标准加气站，为茂名市所有LNG（液化天然气）公交车及CNG（压缩天然气）出租车供气；茂南开发区天然气工程实现通气。是年，茂名市河东建成区市政管网敷设10.6千米；小区庭院管网已敷设43.5千米；安装通气居民用户8735户；输配能力350万立方米，储气16万立方米，最高日供应量1.54万立方米。是年，全市共销售液化石油气12.46万吨，天然气销售总量561.3万立方米，其中居民用户162.29万立方米，商业用户169.06万立方米，公共福利用户30.18万立方米。

城市综合管理　市容综合监察管理。2012年，茂名市容管理继续推行精细化、常态化管理。加强内街管理，加大市场、学校、医院、公园等重要公共场所的整治力度。全年查处违建招牌、广告340宗，破坏园林绿化234宗，违法挖掘市政道路145宗；发放市容管理宣传单张2.1万份，与经营业主签订《文明经营承诺书》3120份；拆除乱拉乱挂横幅标语3860多条，拆除乱挂小广告牌7640块，拆除临街商铺乱搭建棚架雨篷320摊，面积8万多平方米；纠正违章摆卖5万多摊次，收缴违章占道三轮单车、单车、手推车60多辆。

城乡规划监察管理。2012年，茂名市城市综合管理局加强宣传教育及与街道、居（村）委等基层单位的沟通，强化违法建设的事前防控。利用座谈会、现场会等措施，主动协调基层各有关部门（单位）齐抓共管，继续强化源头管理。规划监察工作逐渐由“强拆”转变为“防控”，大规模强拆的现象正逐步递减，主动拆除违法建设的现象逐年增加。是年，经教育自行拆除的有80多宗，面积4029平方米，比上年的46宗提高75%。

（张汉雄）

【城镇村庄建设】 城中村改造。茂名市城市规划区内有75个“城中村”，根据实际情况分为重建型“城中村”（19个）、整改型“城中村”（42个）、控制型“城中村”（14个）三种类型，分期分批进行改造。近年来，市内农（居）民个人建房问题突出，“城中村”改造举步维艰。为加快城中村改造工程进度，2012年茂名市城乡规划主管部门特拟定《茂名市城市规划区内农（居）民个人住宅规划管理规定（送审稿）》，以此指导解决历史遗留问题，提高城市建设水平，创造良好人居环境。

促进城镇特色发展。茂名市培育多样化的宜居小城镇，构建城乡伙伴关系。挖掘小城镇发展潜力和特色，因地制宜发展资源加工型工业、“三高”农业、交通物流、商贸及旅游业，建设特色工农业名镇、交通枢纽名镇、商贸中心名镇、生态山水名镇、历史文化名镇和特色旅游名镇六种类型的宜居小城镇。增强小城镇带动农村的纽带作用，设立特色产业园区，建立龙头企业为核心的生产基地和营销网络，带动镇村共同繁荣。

中心镇建设 根据《茂名市城镇体系规划（2011~2020）》城镇空间优化策略，2012年茂名市大力扶持县级市和重点城镇发展。高州、信宜、化州和电白加快产业结构升级，大力提高第二、三产业比重，促进农业产业化，发展“三高”农业、地方传统工业，推动产业、公共服务等发展资源向中心城镇集聚，吸纳城市人口，依托县级市拓展发展空间，强化城市综合服务功能。选取重点发展城镇，实行“人口向镇区集中，企业向工业园区集中”的政策，将其建设成为规划布局合理、基础设施配套完善、交通方便、环境优美、具有地域特色的小城镇，成为推动农村地区城镇化的主要基地。

（江泞泞）

【房地产业与住房保障】 2012年，茂名市加强房地产市场调控与管理，指导房地产企业开展创优活动。全面实行商品房预收款三方共管制度，规范商品房销售行为。强化对市场动态的监测。截至2012年底，全市有房地产企业361家、物业企业67家。完成房地产投资62.6亿元，比上年增长27.2%；商品房屋施工面积899.4万平方米，增长11.5%；商品房屋竣工面积123.7万平方米，下降31.1%；商品房屋销售面积277.5万平方米，增长27.8%；商品房屋销售额104.4亿元，增长25.4%。是年，全市商品住房均价为每平方米4129元，较年初上涨3.5%。其中茂名市区新建住房均价5154元/平方米，化州市3255元/平方米，信宜市3117元/平方米，高州市3470元/平方米，电白县3512元/平方米，达到预期调控目标。

房屋交易市场监管 2012年，茂名市开展“三打两建”活动，加大中介市场的监管力度，规范行业行为，维护市场秩序。全年组织大排查3次，上报广东省住房和城乡建设厅和市的月报、周报60份，受理群众投诉3宗，发出9份整改通知书。全年市区商品房成交面积49.86万平方米，成交总套数3421套，成交总金额16.17亿元，是茂名市人民政府财税收入的重要来源。存量房成交面积44.92万平方米，成交2813宗。完成房屋测绘9754宗，测绘面积266.02万平方米。商品房网上合同备案监管进一步加强。

房屋产权登记发证 2012年，市区有25人获得房屋登记官资格。全年办理房屋登记发证业务3.61万宗。其中登记发证2.47万宗，注销登记1.14万宗。

房屋租赁管理 2012年，茂名市完成房屋租赁登记备案办证5516宗，比上年增长92%；代征房屋租赁税收838.9万元，增长13%；代征非住宅出租房屋价格调节基金138.9万元，增长4%。房屋装饰装修申报登记备案75宗；调节房屋租赁、装饰装修纠纷45宗。

房屋安全鉴定 2012年，茂名市开展房屋安全鉴定业务2120宗，面积55万平方米。此外，鉴定茂石化公司住宅68幢；用35天的时间，完成全市2300多间中小学校舍的安全排查，取得良好的社会效益。

保障性安居工程建设 2012年，《茂名市住房保障制度改革创新实施方案》和《茂名市市区公共租赁住房实施方案》经茂名市人民政府同意并印发实施。

2012年，茂名市区第七期保障性住房项目总投资1.85亿元，开工建设1232套（目标任务分解为2011年1186套，2012年46套），完成投资6824万元。市区第八期公租房（宾西小区）项目建设210套（目标任务分解为2012年38套，2013年172套）。碧桂园一期综合楼209套、碧桂园二期员工宿舍72套和联塑建材有限公司公共租赁住房（改建）135套，竣工交付使用。

物业管理 2012年，指导成立5个业委会，正在筹备成立6个；为15个小区配置了物业用房，面积2818平方米；全年妥善处理物业纠纷投诉16起。

全年为11个楼盘开设2160个房屋专项维修资金账户，开户金额2116万元，全年实际缴存金额3320万元，累计缴存金额超过1.6亿万元。

（萧晓红）

住房公积金 2012年，茂名市新增住房公积金缴存单位1003个，新增缴存职工4.76万人。归集住房公积金17.06亿元，完成年度归集

计划的170.6%，比上年增长28%。截至2012年末，全市住房公积金缴存单位3733个，缴存人数21.74万人。历年累计归集住房公积金93.58亿元，归集余额52.02亿元。

全年为3100户职工家庭发放住房公积金个人住房贷款7.85亿元，完成全年任务的157%。至2012年末，历年累计为23083户职工家庭发放住房公积金个人住房贷款44.2亿元，贷款余额为30.16亿元。

全年全市办理住房公积金提取业务6.9万笔，提取住房公积金9.35亿元，提取总额比上年增长23.5%。至2012年末，全市累计办理住房公积金提取25.7万笔，41.6亿元。

全年实现住房公积金增值收益9218万元，比上年增长78.26%。并于年内在2011年住房公积金的增值收益中安排保障房建设补充资金3245万元，历年累计支持市保障房建设补充资金1.33亿元。

2012年5月，茂名市住房公积金管理中心被中共广东省委、省政府授予“广东省先进集体”称号。

（周志亮）

【“三旧”改造】 2012年，茂名市继续稳步推进“三旧”改造专项规划的实施，及时与《茂名市城市总体规划（2008~2020）》《茂名市滨海新区城市总体规划（2012~2030）》等各项规划衔接，强化规划的统筹管控。强化市场配置土地，促进土地高效利用，强化土地资源、资产、资本“三位一体”管理，实现土地利用效益最大化。是年，茂名市上报“三旧”改造用地报批材料79宗，涉及改造面积131.83公顷；批复的用地8宗，面积18.94公顷。

（彭耀宏）

【建筑业】 2012年，茂名市加强建筑行业管理工作，全年协助施工企业升一级3家3项，升二级5家7项；设计与施工一体化企业获批8家9项，招标代理3家，工程造价1家，另报省企业资质延期4家4项；核准施工企业三级资质30家70项。明确茂名市建筑集团、中城建设、电白建设等3家企业作为特级企业发展对象。结合“两建”工作，加快全市建筑市场诚信体系建设。截至2012年底，全市有建筑施工企业152家，完成建筑业总产值246.2亿元，其中在省外完成施工产值30.7亿元，创利税总额31.5亿元。

工程质量安全管理　2012年，茂名市建立并正式启用“质量安全现场视频监控系统”和“工程质量检测监管信息系统”，实现由传统质量安全监管模式向信息化、数字化、网络化的新型监管模式转变。全面推行工程质量样板引路制度和住宅工程质量分户验收制度，成立茂名市建设工程安全管理专家库，建立建筑施工安全专家论证及长效沟通机制。全市建筑工程质量安全工作取得明显成效，其中有8个项目获“茂名市建设工程安全生产、文明施工优良样板工地奖”，4个项目获“广东省建设工程安全生产、文明施工优良样板工地奖”，3个项目获“广东省建设工程金匠奖”，8个项目获“茂名市建设工程安全生产、文明施工示范工地奖”，2个项目获“广东省建设工程安全生产、文明施工示范工地奖”。全年市区（含茂南、茂港区）没有发生安全事故。

招标投标工作　制定投标报名密钥管理办法，规范招标代理行为。全市全年招标投标工程项目357个，中标工程造价65.51亿元，比预算投资降低3.76亿元，平均下浮率5.43%。

勘察设计管理　2012年，茂名市开展勘察设计企业资质动态检查，组织举办“2012年度茂名市优秀建筑设计作品展示会”，为本地建筑设计企业创造交流提高的平台。年内，办理市外勘察、设计单位进入茂名市承接任务备案139项；完成施工图审查项目141个，其中一次通过审查的有26项，比上年提高45%；设计备案55项，核定施工任务49项，核发施工许可证51项，总建筑面积65.54万平方米，总投资额14.90亿元。

“三打两建”工作　2012年，茂名市开展“三打两建”专项行动，先后共出动执法人员两万多人次，检查单位或个人8647个，排摸出相关线索20条，先后查处环水东湾综合治理工程设计招标涉嫌围标串标案、市燃通公司强迫交易案，

▲2012年4月19日，茂名市召开建设工程安全生产管理专家库成立暨施工现场视频监控启动大会

（茂名市住房和城乡建设局供稿）

配合公安机关成功打掉盘踞在市区“博汇新城”、“好景花园”和“华厦世纪花园”3个大型商住楼盘，涉嫌垄断楼盘装修材料强买强卖的李某波欺行霸市团伙。据统计，全市住房和城乡建设系统在打击欺行霸市工作中立案查处案件5宗，捣毁团伙1个，涉案金额300万元，实施行政罚没4万元，移送纪委（公安机关）两宗，涉案金额1000万元，抓获犯罪嫌疑人6名；在建材打假工作中立案37宗，捣毁窝点11个，涉案货值529.5万元，实施行政罚没3万元，移送公安机关3宗，货值189万元，抓获犯罪嫌疑人8个，逮捕7人；在打击商业贿赂工作中立案1宗，涉案人员6名。有效推动建设市场监管体系和信用体系建设。 *（吴再泉 罗栋）*

【建设科技】 2012年，茂名市加强对全市节能建材市场的管理，严格把好节能企业准入关。全市辖区新增预拌混凝土搅拌站3家，增加新型墙体生产企业备案6家，通过做好建筑节能及绿色建筑的宣传培训、完善建筑节能制度建设、推动太阳能可再生能源应用等，使建筑节能工作得到推广。做好散装水泥、预拌商品混凝土、墙体材料革新及建筑节能工作。2012年全市散装水泥供应量73万吨，比上年增长40%，完成年度目标55万吨的133%；散装水泥使用量117万吨，增长39%；预拌混凝土供应量143万立方米，增长44%，完成年度目标105万立方米的136%；市区新型墙材使用量2.3亿块标砖，增长4.5%。 *（吴再泉 罗栋）*

【建设事业信息化】 2012年，茂名市住房和城乡建设局依托“三库一平台”地市级通用版实现省住房和城乡建设厅委托的行政审批事项全部网上办理。建立“茂名市房地产信息网”，进一步拓展信息应用范围。推进办公自动化系统、房改房信息平台等信息化系统建设进程，提高茂名市住房和城乡建设系统信息化应用水平，工作效率显著提高。是年，投入50多万元建成建筑工地远程监控系统和工程质量检测监管信息系统，并全面投入使用。 *（吴再泉 罗栋）*

【广东茂名滨海新区挂牌成立】 2012年4月26日，广东茂名滨海新区挂牌成立，总投资600亿元的一批大项目动工。茂名滨海新区面向南海，东毗阳江，西临湛江，背靠中国大西南和中南地区，规划面积1688平方千米，包括茂南区、茂港区、电白县两区一县的19个建制镇、6个街道办事处和高新技术产业开发区。目前，茂名滨海新区内已开工和已落实项目22个，总投资近1200亿元。未来数年，茂名滨海新区除了建设以工业港为主体的多功能、现代化综合性大港，还将在现有2500万吨炼油和100万吨乙烯的基础上，到2020年形成炼油4000万吨/年、乙烯200万吨/年、芳烃120万吨/年，重点发展以烯烃、芳烃、碳四、碳五、碳九和环氧乙烷为原料的石化中下游产业链，以及国内外市场需求量大的塑料树脂、合成橡胶等精细化工产品，建设规模和水平均居世界前列的世界级石化产业基地。 *（吴再泉 罗栋）*

附录：茂名市住房和城乡建设管理部门主要领导

茂名市住房和城乡建设局
　党组书记、局长：曹万里
茂名市城乡规划局
　党组书记、局长：孙　波
茂名市房产管理局
　党组书记、局长：张甲东
茂名市城市综合管理局
　党组书记、局长：曾庆强
茂名市水务局
　党组书记、局长：朱　积（任至2012年3月）　王伯昌（2012年3月任职）
茂名市住房公积金管理中心
　党支部书记、主任：曾春盛

肇庆建设

【概况】 2012年，肇庆市按照“新区引领、市区融合，中心片区一体互动、山区集约发展”的发展思路，完成城市总体规划评估与充实完善工作，新区规划体系逐步完善，重点基础设施项目陆续启动建设，推动城市加快转型升级。

2012年，肇庆市建筑业与房地产业继续保持平稳较快发展，完成建筑业总产值117.31亿元，房地产开发投资145.45亿元，完成新增保障性住房（含租赁补贴）3768套（户），完成广东省下达任务的118.42%。全市已动工的“三旧”改造项目共109个，规划总用地面积1100.67公顷，完成改造面积127.27公顷；市生活垃圾无害化处理场扩容工程（一期）和渗滤液处理厂改造工程通过环保验收；建设绿道总长1161.3千米，其中省立绿道105千米，市城区新种植公共绿化面积1.4万平方米。 *（廖成涛）*

【城乡规划】 规划研究与编制 2012年，肇庆市编制完成《肇庆市城市总体规划（2010~2020）》实施评估报告及充实完善成果，启动《肇庆市城市总体规划（2012~2020）》编制工作，指引城市扩容提质和转型升级。加快城市各类专项规划与控制性详细规划的编制进度。编制完成《肇庆市近期建设规划（2011~2015）》《肇庆市城市环卫设施规划（2011~2020）》《肇庆市城市夜景规划（2011~2020）》《肇庆市（中心区域）区域绿地规划》等规划并经市政府批复实施；制定《肇庆市城区“三旧”改造项目开发强度核准办法（试行）》，为中心城区“三旧”改造工作的规范有序推进提供科学依据。

全面启动肇庆新区规划建设。2012年3月完成《肇庆新区总体规划（2012~2030）》初步成果，并报省政府审批。肇庆新区规划建设全面启动并上升为省重大发展平台，《广东肇庆新区发展总体规划（2012~2030）》获广东省人民政府审议通过，《肇庆新区总体规划专题研究》《肇庆新区城市设计与控制性详细规划》《肇庆新区水系及防洪排涝专项规划》《肇庆新区市政工程专项规划》等后续规划项目编制完成，“五个一”工程加快推进。

加强与广佛地区在基础设施、生态环保等方面的规划协调。配合开展《广佛肇（怀集）经济合作区总体发展规划》编制工作；协助推进南广铁路、贵广铁路、广佛肇城际轨道交通佛山至肇庆段、广佛肇高速公路等重大交通项目的规划选址和建设，为肇庆加快融入广佛肇经济圈和珠三角一体化发展创造更好条件。

规划管理　严格把好审批关。2012年，肇庆城区（端州、鼎湖）核发“建设用地规划许可证”（含重核、补办）550宗，总用地面积1083.89公顷；核发“建设工程规划许可证”（含私人住宅）1196宗，总建筑面积205.76万平方米。组织验收公建项目158幢，面积165.92万平方米；私房建设验收385宗，面积8.45万平方米。

规划执法。2012年，肇庆市制定《肇庆市城乡规划局行政处罚自由裁量权适用规则》和《肇庆市城乡规划局关于建设工程规划批后管理的暂行规定》等制度，依法实施规划方案。全年发出检查通知书、停止建设通知书及整改通知书622份；立案259宗，建筑面积47.72万平方米，结案215宗，建筑面积20.72万平方米，处理率83%。做好信访投诉受理工作，全年接到来电来信来访投诉（含信访和举报案件）246宗，解决投诉案件225宗，案件解决率为91.5%。（区惠怡）

【宜居城乡建设】　2012年，鼎湖区永安镇等8个镇被评为“肇庆市第三批宜居城镇”；鼎湖区莲花镇莲塘大寨村等65个村庄被评为“肇庆市第三批宜居村庄”；端州区城北街道端州四路社区等12个社区被评为“肇庆市第三批宜居社区”。12月，高要市蛟塘镇等10个镇（街道）获广东省住房和城乡建设厅授予第二批“广东省宜居示范城镇”称号；四会市贞山街道大坑一村等19个村庄获省住房和城乡建设厅授予第二批“广东省宜居示范村庄”称号。经肇庆市人民政府推荐、省专家考察评审和公示，“肇庆龟顶新城‘三旧’改造项目”于2013年1月获省住房和城乡建设厅授予2012年“广东省宜居环境范例奖”。（刘石坚）

【城市建设与管理】　市政建设　2012年，肇庆市市政工程重点项目有：西江路拓宽改造工程。项目总投资2.18亿元，建设内容包括道路、桥梁、排水、供水管、电缆沟、通信综合沟、路灯、绿化、交通设施等市政公用设施。改造道路长度3.65千米，其中，西江南路实施宽度为48米，西江北路为54米，改造人行道面积7.6万平方米，改造绿地面积1.28万平方米，安装路灯261盏。工程于2012年1月底实现通车，4月底全面竣工验收交付使用。（罗欢）

2012年，由肇庆市代建局负责代建的项目38个，总投资56.5亿元，其中：年内竣工并交付使用项目11个，投资额17.1亿元，分别为：市中医院新住院大楼、2010年度端州城区廉租住房、肇庆中学高中部第三期工程（教学楼及学生宿舍项目）、肇庆医学高等专科学校2011年校舍安全工程、市委机要保密设备档案用房、市农业学校教学实训楼、市第一人民医院新院、市图书馆新馆、市工贸学校扩建（二期）工程、端州路人行隧道（牌坊隧道、文明路隧道）、端州四路路面维修。（杜伯良）

路灯照明方面，改造新装18条路段（街巷）的照明设施，安装路灯181基、362盏，铺设输电线路4.828千米，总功率111.54千瓦，共投入资金329.88万元；路灯亮灯率和设施完好率保持98%以上。进一步完善路灯自动化节能监控管理，推进路灯科学运行、节能降耗。是年，推进城区路灯的LED改造，翠星路北一街、二塔路东侧支路及绿荷路南段等新装LED路灯66盏。

城市园林绿化　是年，肇庆市端州城区新种植公共绿化面积1.4万平方米，增植、补植一批档次较高、搭配更优的绿化植物。投入180万元对儿童公园的残旧游乐项目及基础设施进行一次大规模的更新换代。城东公园改造游乐场面积6000平方米，淘汰残旧游乐项目9个，新增摩天轮等经典项目13个。升级改造后，儿童公园游乐项目全年收入480万元，比去年增加334万元，城东公园游乐场地全年收入96.8万元，比上年游乐经营收入增加55.8万元。（罗欢）

绿道建设　肇庆市规划建设绿道总长970千米，建成1137.3千米，其中省立绿道105千米，沿线建成19个驿站和几十个休息点，全线标识系统安装完毕，绿化种植和安全设施全部到位；城市绿道1032.3千米，沿线建成23个驿站、531个绿道标识、974个安全设施、451个环卫设施、24个停车场以及21个自行车租赁点，建成兴奋点38个，其中体育健身兴奋点12个、特色旅游兴奋点10个、文化展示兴奋点8个、科普教育兴奋点两个、餐饮娱乐兴奋点6个。编制完成《肇庆市绿道网建设总体规划（2011~2015）》并报市政府审批；明确各段绿道的管护部门，加强常态管理维护；依托绿道资源开展环星湖绿道徒步活动、自行车邀请赛等形式丰富、内容健康的主题活动，探索完善绿道网管理运营长效机制。（区惠怡）

城市环境卫生　2012年，肇庆市投入环卫设施建设1000万专项资金，更换、购置一批扫路车、运输车、清洗车以及各类专业设备；投入65万元采购2000个240升可移动式垃圾桶；投入350万元，在黄岗、睦岗各新建一座垃圾中转站。

（崔廖）

生活垃圾处理。2012年，肇庆市生活垃圾无害化处理场扩容工程（一期）和渗滤液处理厂改造工程通过环保验收，总投资6202万元，新增垃圾填埋库容80万立方米，日处理渗滤液规模250立方米。

是年，端州区生活垃圾产生量11.8万吨，比上年增加0.65万吨。2012年端州区无害化处理量11.8万吨，生活垃圾无害化处理率100%。（罗欢）

城市生态环境保护和建设 2012年，肇庆市环境质量持续保持良好，并高分通过国家环保模范城市现场复核。

城市空气环境治理方面，一是实施油气回收综合治理工程，截至2012年底，完成198座加油站（其中，中心区域加油站48家已全部完成）、50台油罐车、3座储油库的油气回收综合治理工作。二是开展饮食服务业污染治理，要求新建饮食服务经营场所使用管道天然气、电等清洁能源，并安装静电油烟净化设施，确保油烟达标排放不扰民。三是加强整治机动车尾气，制定并实施肇庆市"十二五"机动车污染物总量减排实施方案，是年有8个机动车环保检验机构实施工况法检测，新投入使用天然气公交车115辆，检测公交车尾气162辆次，投入300多万元购买的尾气遥感监测车投入使用。四是不断加强环境空气监测能力，城区所有空气自动监测子站配备PM2.5（大气中直径小于或等于2.5微米的颗粒物）设备，在6月5日起按新标准进行监测，并通过省环境保护公众网向社会公布监测数据。

城市噪声治理方面，经统计，2012年肇庆市区域环境噪声平均值为53.9分贝(A)，与2011年基本持平，声环境质量等级为较好。城市区域环境噪声源仍然以生活和交通类声源为主，分别占65.8%和12.8%，在环境噪声源中，生活噪声的构成比例相比2011年增长2.2%，但其等效声级平均值仍然稳定在53.2分贝(A)。交通类声源的构成比例相比2011年下降1.01%。（邱源圆）

▲肇庆市鼎湖山风景区（2012）（周忠明 摄）

城市水环境建设 城市排水。肇庆市城区在2012年没有新增城市排水主管线建设，重在对原有管网的清疏和维养工作。全年维修排水设施17处；合计清疏排水管渠2647米、清疏进水井2.43万座、清运污泥489.56立方米。此外，完善应急预案和加强应急物资储备，提升对极端天气的应变能力。

城市污水处理。肇庆市城区有三间污水处理厂，污水处理能力16万立方米/日，能完成环保部门满负荷达标达产运行目标要求。2012年城区三间污水处理厂都进行技术改造。

高要市中心镇污水管网配套建设。从2012年开始，高要市着手完善两宗中心镇污水处理厂的污水管网配套建设。包括：白土镇污水处理厂管网配套工程，项目工程总长4.20千米，管径1000至1200毫米，最大设计流量5.86万立方米/日，工程概算静态总投资3738万元。金利镇污水处理厂管网配套工程。项目工程总长2.24千米，管径600至1200毫米，最大设计流量4.90万立方米/日，工程概算静态总投资2236万元。

肇庆高新区尾水深度处理工程。肇庆高新区第一污水处理厂尾水深度处理工程是肇庆市污水尾水深度处理的一项亮点工程，污水处理规模10万立方米/日，2012年底接近完工，包括尾水处理工艺安装、管道、景观绿化、建筑、道路、结构等专业配套工程，工程总投资约1600万元。

城市水环境整治工程。星湖水质整治工程。2012年，肇庆市将星湖水质整治列为市政府十件惠民实事之一，并启动星湖水质整治首期工程。工程投资匡算总投资2.8亿元，通过实施星湖水质整治工程，力求3年内使星湖水质得到较明显的改善。

高要市河涌整治改造工程。2012年，高要市完成河台镇和回龙镇两宗河涌整治改造工程。工程内容包括清除河涌底淤泥、垃圾、两岸修筑挡土墙等，工程投资分别为234.8万元和467.57万元。 *（欧剑辉）*

饮用水源保护 肇庆市辖区共设置3个集中式饮用水源取水点：分别为西江三榕水厂取水点、西江狮山水厂取水点以及九坑河水库取水点。2012年，西江三榕水厂、西江狮山水厂及九坑河水库取水点水质119项检测项目均达到《地表水环境质量标准》(GB3838—2002)中的Ⅱ类水标准，达标率为100%。 *（邱源圆）*

城市供水 肇水集团城市供水建设。肇庆市水务集团有限公司（简称肇水集团）服务区域为肇庆市端州区、鼎湖区（及其周边乡镇）、封开县和广宁县城区，供水能力为54万立方米/日。2012年，肇水集团新安装DN（公称直径）100以上给水管道55千米。是年，肇水集团进行水务信息自动化技术推广应用，顺利完成番禺钟村供水厂二期工程自动化改造项目验收，实现肇庆市首个对外输出的自动控制项目。此外，自主研发并投入使用网上缴费系统、无线抄表分析系统和管网压力点远程监测系统，使管理效率得到重大提升。2012年，肇水集团在城市供水建设方面的总投资为1714万元。

肇庆高新区供水建设。2012年9月，由广东粤海水务与中山大学、同济大学、中大环保科技等联合研究的省部产学研重大项目配套示范工程——浸没式超滤膜水厂在肇庆高新区粤海水务有限公司建成投产，工程投资1200多万元，并获广东省科研支持。水厂设计规模2万立方米/日，出水浊度小于0.1NTU（散射浊度单位），各项指标达到直饮水标准。该项目具有水回收率高、占地面积小、出水水质高、运行成本低等工程特点，是广东省最大的膜工艺示范水厂。 *（欧剑辉）*

城市供气 2012年，肇庆市有天然气经营企业5家（管道气3家、汽车加气两家），端州城区新建天然气汽车加气站两座、供气管道10千米，液化天然气（LNG）储气能力达到29.4万立方米，年供气超过2400万立方米，使用天然气燃料汽车150多辆。

是年，有液化石油气经营企业29家，液化气储气能力4601.13吨，端州、鼎湖城区年供气6万多吨（其中居民生活用气3万多吨），全市用气人口110多万人。

城市综合管理 2012年，肇庆市在城市管理执法中查处各类违章案件974宗，其中处理暴力抗法68宗；在执法现场教育纠正的违章案件9万多宗。收到和办理肇庆市人大代表建议、政协委员提案、网络问政平台信访、群众来信来访件共76份，接听群众来电投诉354宗，答复率和结案率100%。全年所查处的执法案件中没有出现相对人行政复议和行政诉讼案件。 *（罗欢）*

户外广告招牌整治。是年，对端州城区路段、正东路、城中路、西江北路以及321国道路段建筑物体外墙残旧破损的宣传品开展专项清拆整治，清拆户外广告宣传品61宗、强制拆除36宗、清拆乱拉挂户外广告宣传横额2213条。对城区户外广告资源出让设置权进行公开招标拍卖，成交额1177万元。 *（崔廖）*

【城镇村庄建设】 2012年，《高要市白土镇总体规划（2010~2020）》《四会市江谷镇总体规划（2010~2020）》修编成果经肇庆市人民政府批复实施；怀集县中洲镇、冷坑镇、蓝钟镇等镇编制完成总体规划纲要成果并通过专家审查。四会市和封开县完成列入2011年省级试点的120个村庄规划编制任务；确定150个村庄作为2012年省级村庄规划编制试点，并落实市财政专项资金300万元，用于补助完成100个行政村村庄规划编制工作。肇庆市人民政府确定鼎湖区永安镇等8个镇为2012年“肇庆市宜居城镇”，鼎湖区莲花镇莲塘大寨村等65个村为“肇庆市宜居村庄”。根据《肇庆市名镇名村示范村建设发展总体规划》，规划至2015年，肇庆市10%的镇建成名镇，其中2011年建设名镇1个，其后每年建设名镇两个。高要市回龙镇被确定为2011年名镇创建点，鼎湖区永安镇和德庆县悦城镇被确定为2012年名镇创建点。高要市编制完成回龙镇名镇建设规划纲要成果，德庆县和鼎湖区相继启动悦城镇、永安镇的名镇建设规划的编制工作。 *（区惠怡）*

【房地产业与住房保障】 2012年，肇庆市房地产开发投资145.45亿元，比上年增长1.6%；商品房施工面积为1573.41万平方米，增长11.7%；商品房销售面积373.60万平方米，增长13.5%；销售总额175.82亿元，增长12.6%；商品房销售均价4706元/平方米，商品住宅销售均价4479元/平方米。全市有房地产企业379家，其中城区（端州、鼎湖、高新区）186家，高要市50家、四会市44家、德庆县23家、封开县33家、怀集县18家、广宁县25家，二级房地产开发资质企业有7家，三级房地产开发资质企业有61家。

房地产行业管理 一是规范肇庆市房地产市场交易秩序。2012年3月，肇庆市住房和城乡建设局对城区在售房地产项目进行抽查，抽查的内容主要有：第一，检查房地产开发商是否取得预售许可证后开始售房；第二，是否存在非法预售及变相预售，炒房卖号、捂盘惜售等恶意炒作、哄抬房价或者纵容雇佣工作人员炒作房价，扰乱市场秩序等行为。2012年8月，肇庆市住房和城乡建设局对城区在售房地产项目进行专项检查。检查内容有是否存在非法预售行为等。二是参加珠三角房博会。2012年4月28~30日，肇庆市锦绣山河、大旺海印又一城、星奥投资、加利申、鼎湖中远、鼎湖森邻、高要海成等企业和楼盘参加在广州锦汉展览中心举行的珠三角房博会。三是申报“广东省绿色住区”。9月，肇庆市星湖奥园（一、二期）成功申报为“广东省绿色住区”。四是举办城乡建设成果展。10月26~29日，在肇庆市体育中心成功举办“第十五届广东（肇庆）城乡建设成果展”。

房地产交易管理　2012年完成肇庆市直商品房交易监证1.09万宗，比上年增长11%；交易监证面积101.62万平方米，增长4.4%；金额45.89亿元，增长9.9%；完成市直二手房交易监证2377宗，比上年下降6%；交易监证面积24.14万平方米，下降17.5%；金额8.65亿元，比上年增长15.1%。

商品房预售管理。2012年完成肇庆市直商品房预售备案4257宗，比上年下降30.7%；备案登记面积49.05万平方米，下降31.6%；备案金额26.41亿元，下降30.6%；商品房预售款监控账号审批拨款总额48.74亿元，下降7.78%。

房地产中介管理　2012年，肇庆市住房和城乡建设局对肇庆市持有《房地产评估机构资格证书》的6家评估机构（其中一级资质1家、二级资质2家、三级资质3家）的评估业务实行备案管理；对城区24家《房地产经纪服务机构》办理登记备案。 *（黄彩霞）*

保障性住房建设　2012年广东省下达给肇庆市的住房保障目标任务为新增3182套（户），其中新增发放廉租租赁补贴80户，新增公共租赁住房2580套、新增经济适用住房322套、新增城市棚户区（含危旧房）改造200套。是年，全市完成新增保障性住房（含租赁补贴）3768套（户），其中新增（筹集和新建）公租房3090套，完成新增经适房324套，完成城市棚户区（含危旧房）改造200套，新增发放租赁补贴154户，完成广东省下达任务的118.42%。 *（彭晓春）*

物业管理　2012年，肇庆市有物业服务企业134家，其中，二级资质2家、三级资质98家、临时资质34家、端州城区有物业服务企业75家、二级资质2家、三级资质56家、临时资质17家。年内，举办广东省物业管理从业人员、档案管理和设施设备管理以及白蚁防治专业技术人员培训班，386人参加。肇庆市房协组织物业管理示范小区（大厦）考评专家组对全市申报物业管理示范小区的6个小区进行考评。经专家组综合评议，怀集碧桂园、御景台花园（一、二期）、茗雅荟、尚东花园（一、二期）、臻汇园（加洲湾A、B区）、德庆碧桂园（一、二期）等6个项目被评为2012年度“肇庆市物业管理示范小区”。 *（胡凤婷）*

住房公积金管理　归集情况。截至2012年12月底（下同），肇庆市全年缴存住房公积金15.06亿元，比上年增长18.14%，历年累计归集总额达69.38亿元。全市有3505个单位，19.15万人参加住房公积金缴存，缴存率为84.15%，比上年增长6.29%。是年缴存余额为38.36亿元。

支取、贷款情况。2012年，全市共有2.96万名职工提取住房公积金7.60亿元。历年累计有24.02万人次支取住房公积金，支取总额31.02亿元。

在贷款方面，2012年，全年共发放贷款6.27亿元，比上年下降11.05%，个贷率为62.19%，运用率为62.20%，为3069户职工解决购房资金。全市历年来累计共发放个人住房抵押贷款33.42亿元，解决2.22万户职工的购房资金问题。已回收资金9.57亿元，贷款余额为23.86亿元。

增值收益情况。2012年实现增值收益4465.75万元，按规定计提贷款风险准备金269.06万元，计提廉租住房建设资金2730.07万元，管理费1466.62万元。历年来共划拨廉租住房建设资金7281.06万元。 *（卢少媚）*

▲2012年2月10日，肇庆市市直保障性住房建设项目开工

（肇庆市住房和城乡建设局供稿）

【“三旧”改造】　2012年，肇庆市完成审核、审批的历史用地面积591.2公顷；全市控制性详细规划覆盖率达60%。从2009年12月“三旧”改造工作启动起至2012年12月，全市动工的“三旧”改造项目109个，规划总用地面积1100.67公顷，完成改造面积127.27公顷，新建建筑面积140公顷，累计投资超153亿元。完成改造的21个项目共

实现第二产业年产值1.2亿元、第三产业营业收入20.2亿元；创年度税收1.65亿元；新增就业人口3230人。

2012年全市在建项目88个，正在改造用地面积435.25公顷，共投资60.11亿元。其中当年新动工项目及续建项目中有新增动工面积的项目共44个，新动工面积172.99公顷，投资38.64亿元。

2012年9月16日，举办“肇庆市‘三旧’改造项目招商洽谈会”，吸引210多名中外客商、央企、省属大企业代表参加，签约端州区蕉园岗片区改造等16个项目、动工端州区仕贤村（海逸半岛）片区改造等18个项目、推介端州区江滨片区改造等36个项目、谋划端州区正西路片区改造等7个项目。（陆彩华）

【建筑业】 2012年，肇庆市完成建筑业总产值117.31亿元，比上年增长14.58%，占全年目标值109.94亿元的106.7%。

施工安全和质量管理 2012年，肇庆市继续加强建筑质量和施工安全管理工作，通过规范房屋建筑和市政基础设施工程的监管，促进建筑业市场有序发展。全年全市施工报建项目470个，比上年下降17.5%，建筑面积737.61万平方米，增长6.0%，工程总造价132.29亿元，增长39.2%。全市受监管工程覆盖率100%，无重大安全和质量事故，零死亡。

2012年度肇庆市建筑业获“广东省建设工程金匠奖”1项、“广东省建设工程优质奖”两项、“广东省市政优良样板工程奖”1项、“广东省优秀建筑装饰工程奖”1项、“广东省房屋市政工程安全生产文明施工示范工地奖”7项、“广东省建设工程项目AA级安全文明标准化诚信工地奖”4项、“肇庆市房屋市政工程安全生产文明施工示范工地奖”26项、“肇庆市优良样板工程奖”17项。

工程招标投标 全年全市完成招投标项目393个（段），比上年下降14.94%；招标工程预算总造价55.53亿元，下降9.99%；中标价53.89亿元，下降10.45%；节省建设资金1.65亿元，增长8.26%；中标价比预算价平均下浮2.96%。其中市工程交易中心完成招标投标项目64项(段)，比上年下降12%；招标工程预算总造价28.5059亿元，比上年增长51%；中标价28.0795亿元，增长50.64%；节省建设资金0.4264亿元，增长79.46%；中标价比预算价平均下浮1.50%，比上年增长19.05%。

勘察设计 2012年建筑工程施工图设计文件审查合格备案422项，审查面积650.91万平方米；大中型建设工程初步设计审查35项；超限高层建筑工程抗震设防审批1项(肇庆市东骏名城A区项目)。（黄铁）

【建设科技】 2012年，肇庆市建设科技工作稳步推进。一是加强专业技术人员培训。分别举办注册监理工程师延续注册继续教育、注册监理工程师继续教育（必修课）、监理从业人员继续教育三个培训班，526人参加培训。开展安装维修登高架设作业复审、安装维修登高架设作业申领证班，194人参加培训。在全市范围内开展建筑施工企业主要负责人、项目经理、专职安全生产管理人员等“三类人员”安全生产知识继续教育培训班，以及向全市施工、监理及设计企业举办2012年高强钢筋应用技术培训班等。二是大力推进建筑节能工作，重点抓好新建建筑节能强制性标准执行率，全市新建建筑设计阶段建筑节能强制性标准执行率为100%，施工阶段建筑节能强制性标准执行率为99.18%。全市太阳能光热应用面积67.17万平方米。开展国家机关办公建筑和大型公共建筑能耗统计工作。推进墙材革新工作，发布新型墙材应用目录，推广蒸压加气混凝土砌块和烧结页岩多孔砖的应用，设立示范工程，为施工企业提供技术指导。发展散装水泥，推广应用预拌混凝土和预拌砂浆。全市散装水泥生产企业6家，预拌混凝土生产企业24家，预拌砂浆生产企业两家。全年全市完成供应散装水泥量820.02万吨，比上年增长8.1%；预拌混凝土生产量268万立方米（未包括交通建设专项工程混凝土使用量），增长10.9%。

（谷城　廖成涛）

【建设事业信息化】 2012年，肇庆市住房和城乡建设部门致力于信息化建设，提高现代化办公管理水平，一是继续完善有形建筑市场信息化管理。招投标计算机管理“三大系统”覆盖全市，以市工程交易中心为基础，实现全市部分资源共享，全市500万元以上工程项目统一到市抽取专家评标；完成企业诚信综合评价系统软硬件采购和开发，正研究出台企业诚信管理相关政策。二是建成并使用“建筑工程项目管理信息系统（肇庆版）”，加强对全市建筑企业和建筑工程项目的实时管理。三是加快推进散装水泥发展应用监管信息平台的应用，2012年11月举办信息平台应用培训班，肇庆、云浮两地80多人参加培训，全面提升散装水泥监管水平。四是落实施工现场视频监控，实时监测施工现场安全生产情况，城区符合安装视频监控工地84个，安装摄像头工地81个。五是建立住房保障项目视频监控及短信平台，加强住房保障信息化建设。全市投入资金65.8万元用于购买视频设备，通过并网连接和试用，2012年新建项目工地全部安装视频设备，完成对施工现场的实时监管。（林春明）

【肇庆市“智能化规划管理信息系统研发”获2012年“中国地理信息产业优秀工程银奖”】 2012年，肇庆市完成规划管理信息系统二期项目建设，实现城市规划信息化管理，推动肇庆市规划管理的自动化、标准化，实现审批的三维可视化，提高规划管理水平。肇庆市规划局规划管理信息系统一期项目“肇庆智能化规划管理信息系统研发”获2012“中国地理信息产业优秀工程银奖”。（区惠怡）

【肇庆市两大重点民生工程投入运行】 2012年12月25日，肇庆市第一医院举行新院搬迁启用仪式，标志着集医疗、教学、科研、预防、保健和康复功能于一体大型的综合性医院正式投入使用。肇庆市第一医院新院建设项目是肇庆市委、市政府落实为民办实事的重点项目工程。新医院将改善当地人民的就医环境和医疗卫生服务条件。

肇庆市图书馆新馆建设项目为肇庆市政府惠民实事之一，于2012年10月27日竣工，12月25日正式投入使用。设计藏书容量100万册，目前藏书量为30万册，设计读者坐席1000个，日接待能力可达6000人/次，是一所集图书信息、网络阅览、特色文化、参观会展、学术报告、知识培训、休闲交流于一体的现代化图书馆。肇庆市图书馆新馆的建成和启用，丰富广大人民群众的精神文化生活，提升肇庆市公共文化服务的水平和质量。

（廖成涛）

【肇庆市成功举办第十五届广东（肇庆）城乡建设成果展】 2012年10月26日，以“宜居肇庆，幸福人居”为主题的第十五届广东（肇庆）城乡建设成果展在肇庆市体育中心开幕。该届城乡建设成果展集中展示肇庆市近年参展的精品楼盘，涵盖广东肇庆新区发展总体规划、“三旧”改造、住房保障和多元化地产等多方面的内容，向广大市民提供一个选房和购房的良好平台，展示近年来肇庆市城乡建设取得的成果。通过展览，让市民了解肇庆新区，了解新型城市化建设，为肇庆市实施“两区引领两化”战略打下良好的群众基础。（廖成涛）

附录：肇庆市住房和城乡建设管理部门主要领导

肇庆市住房和城乡建设局

党组书记、局长：孟广生

肇庆市城乡规划局

党组书记、局长：施东红

肇庆市城市综合管理局

党组书记、局长：陈六合

肇庆市代建项目管理局

党组书记、局长：梁伟雄

肇庆市水务局

党组副书记、局长：梁大盛

肇庆市住房公积金管理中心

主任：黄志峰

党支部书记、副主任：吴稳根

清远建设

【概况】 2012年，清远市全面推进重大基础设施建设、主体功能区建设、产业发展平台建设、城市扩容提质和基本公共服务均等化等工作。启动95项总投资1847.4亿元的重点项目建设，全市重点项目完成投资198.9亿元。基础设施建设进入快车道。广清城际轨道项目正式动工，清远市将成为粤东西北地区首先拥有城际轨道的城市。北江五桥前期工作基本完成。清远水利枢纽主体工程基本完工，大燕河整治工程完成年度投资计划。第二、第三新水厂的建设全面启动。完成中心城区总体规划修编和分区规划、专项规划、重点片区控制性规划。重新调整和修编中心城区土地利用总体规划。完成8个县（市、区）主体功能区规划。加快区域中心城镇建设。提出“绿色湖城”的建设构想，在城市功能定位上主动对接大广州。是年，清远市被广东省确定为粤东西北地级市城区扩容提质试点，启动燕湖新城、江北新区、银盏新市镇建设，铺开省级职教基地、莲湖工业园的配套建设。推进国家园林城市创建工作，加快县城和中心镇市政道路和公共服务设施建设，城市美化、绿化、亮化水平进一步提升。是年，清远市报建工程总面积699.25万平方米，比上年下降22.98%，报建总造价113.93亿元，下降13.50%。（杨惠勤）

【城乡规划】 规划编制 2012年，清远市城乡规划局先后组织开展清远市城市总体规划、省职教基地控规、莲湖工业园控规等16项规划编制和27项市政府重点工程、市政工程的前期工作，共43个，其中已完成16个，已开展的项目27个，具体包括银盏TOD项目、大燕湖片区和职教园区等项目的前期基础研究，均已完成。《清远市南部都市区总体规划（报批版）》进入后期报批阶段；《银盏特色小镇控制性详细规划》已到达方案成果阶段。清远市城乡规划局同时负责跟进清远市政府重点工程项目的详细规划和方案设计，部分初步设计。负责跟进《清远市北江·绿道景观工程规划设计》等3个建筑景观设计类项目和《凤翔北路》《北江一路》《北江东路》《站前东路》《富强路二期》等24个市政工程类项目。

村镇规划。2012年，清远市规划部门审核连山、英德、佛冈、连州等县市的城市总体规划修编申请及初步方案；审核华侨工业园、顺德英德产业转移园、佛山（清远）产业转移园等重大园区总体规划；审核英德市英红镇、清新县龙颈镇等土地利用总体规划修改方案；推进名镇名村规划、村庄规划（包括省级村庄规划试点）、中心镇控制性详细规划、历史文化名镇名村规划、宜居村镇规划等乡村规划编制工作；组织清新县凤塱村、浛洸镇成功申报广东省历史文化名村、名镇；推进古村落保护的相关工作。

规划管理 根据清远市城乡规划局业务的需要和行政审批改革的要求，对局规划管理办公系统重新调整、设计，开发新功能。2012年4月5日正式启用升级后的基于B/S（浏览器/服务器）架构的规划管理信息系统，并跟踪系统的使用。

（李艳环）

【宜居城乡建设】 2012年，清远市完成申报广东省宜居环境范例奖、宜居示范城镇、宜居示范村庄工作。英德市浛洸镇编制《宜居城镇建设行动计划》和开展名镇建设示范点工作，并顺利申报全国绿色低碳重点小城镇试点。佛冈县、英德市浛洸镇等地作为名镇名村展览单位参加省住房和城乡建设厅举办的“寻访广东名镇名村——探索农村宜居建设之路”专题讲座和展览。4月，省住房和城乡建设厅通报“2011年度广东省宜居环境范例奖”获奖情况。全省有21个项目获奖，其中包括清远市的连南南岗古排历史文化遗产保护项目、佛冈滘江河景观带建设项目、清新县城清新大道绿化升级及观景台建设等3个项目。12月，清城区沿江堤岸环境整治项目、连山县吉田镇一河两岸治理工程2个项目获“2012年度广东省宜居环境范例奖”。清城区石角镇、龙塘镇，清新县太平镇等10个镇为“广东省宜居示范城镇”；清城区飞来峡镇坳头塘美村、龙塘镇牛路决村等14个村为“广东省宜居示范村庄”。是年，清远市宜居城乡工作联席会议审议通过2011年市级宜居城镇5个、宜居村庄11个的名单。根据广东省委、省政府《关于加强宜居社区建设工作的指导意见》的有关要求，6月，清远市政府印发《清远市宜居社区建设工作实施方案》，成立清远市宜居社区建设专责组，推进全市宜居社区建设。

（杨惠勤）

【城市建设与管理】 市政设施建设 2012年，清远市代建项目管理局围绕“加快中心城区扩容提质，提高中心城区承载力”目标，承担政府投资工程项目89个，总投资185.9亿元，完工并投入使用项目29个，包括清远市特殊学校一期工程、清远市档案馆综合楼工程（土建部分）、清远市高级技工学校风雨操场、学生活动中心、机电系教学大楼工程、清远市财政局停车场、飞来湖大桥、城西大道二期、富强路一期、静福路、半环东路工程等。累计完成投资48.78亿元，其中2012年完成投资6.66亿元。2012年底启动BT（建设移交）项目31个，总投资额90亿元。

（黄彦菲）

城市照明。LED照明改造取得实质性进展。按照清远市政府与省政府签订的责任书，到2014年6月底前，清远完成11.54万盏（其中，清城区4.6万盏，清新区和各县市6.94万盏）的改造工作任务。成功申请省专项补助资金1500万元。市区率先采用“合同能源管理+LED照明产品”运作模式进行改造。至2012年底，清城区已完成LED路灯改造约5000盏，大部分县（市、区）完成招标工作，并开始实施改造。

城市园林绿化 道路、公园广场绿化。2012年，清远市完成市区道路、公园广场种植乔灌木2万多株，袋苗25万多袋，时花30多万盆。沿江路亲水景观带通过竣工验收并投入使用，成为旅游观光的又一新亮点；同时，完成广清大道分隔带及空闲地、人民路、半环北路、银泉路、锦霞路等一批绿化升级改造工程。

省级风景名胜区整治。2012年4月，广东省住房和城乡建设厅同意英德宝晶宫风景名胜区通过综合整治整改验收。

创建国家园林城市。是年3月、5月和7月，先后3次邀请住房和城乡建设部有关领导、专家来清远市，对创建国家园林城市工作进行问诊把脉。9月，广东省住房和城乡建设厅同意推荐，正式向住房和城乡建设部提交创建国家园林城市的申请。

（刘卫平）

绿道建设 2012年，清远市人民政府出台《清远市绿道网建设实施方案》《清远市2012年度绿道网规划建设工作考核办法》《清远市绿道网（省立和市立）建设任务实施分解方案》《清远市绿道网规划》等绿道网建设规范性文件。是年，全市完成建设的绿道总长154.12千米。其中完成省立绿道建设任务53.6千米，包括：市区18.8千米（省立6号线市区段）、英德市绿道（省立6号线英德段）19.8千米、连州市绿道（省立10号线连州段）15千米。市区绿道示范段完成建设总长23.6千米，其中飞来湖环湖绿道建设完

▲2012年9月28日，清远市中心城区扩容提质首批重点项目启动 （曾亮超 摄）

成6千米；市区北江一河两岸绿道完成北岸绿道建设5.6千米、南岸绿道建设8千米；城西大道绿道完成建设4千米。各县（市、区）结合实际开展绿道网建设工作，完成绿道建设总长130千米。其中英德市完成绿道建设86.3千米，连州市完成绿道建设20千米，清新县完成绿道建设11.5千米，佛冈县完成绿道建设7.72千米，连南县完成绿道建设5千米。（杨惠勤）

城市环境卫生 2012年，清远市清扫保洁面积1929.3万平方米，城镇生活垃圾总量46.19万吨，城镇生活垃圾无害化处理量23.79万吨，城镇生活垃圾无害化处理率为51.5%。其中市区（清城区）清扫保洁面积850多万平方米，上门收集垃圾住户8.2万户，机械清扫长度470千米，主次干道机械清扫率为80%，洒水里程530千米；2012年清运生活垃圾14万吨。全市环卫部门采取有效措施，努力提高清扫保洁质量。一是强化内部管理，提高清远市环卫作业水平。二是深入开展城乡清洁工程，推动“环卫工作全覆盖、城乡一体化”进程。三是全力推进各项环卫基础设施的建设工作，确保垃圾无害化处理的需求与各项创建工作的需求。四是定期开展城乡环境综合整治活动，确保各项重大活动期间城乡环境卫生整洁。在完成清扫保洁任务的基础上，是年，市区清扫卫生死角200多处，出动1.17万人次，清理卫生死角垃圾淤泥4040吨。

生活垃圾无害化处理。2012年，建成日处理量300吨的青山城市生活垃圾卫生填埋场渗滤液处理厂，该项目已完成调试和试运行，并顺利通过环保验收。该项目的建成，有效地解决填埋场渗滤液的二次污染问题。完成编制青山城市生活垃圾卫生填埋场二期二区工程项目工程概算；分别与各县（市、区）签订《清远市生活垃圾无害化处理设施建设目标责任书》，明确工作任务、目标和责任。至2012年底，大部分县（市、区）完成生活垃圾无害化处理厂的可研、环评、立项、征地等工作；推进清远市再生资源处理中心项目建设。

（刘卫平）

城市生态环境保护和建设

环境监测。2012年，全市开展城市空气质量常规监测，监测项目有二氧化硫、二氧化氮、总悬浮颗粒物、可吸入颗粒物和降尘。全市共设测点18个，其中清远市区、英德、连州采用自动监测，其他采用连续监测，监测频率符合国家标准和技术规范的要求。清远市区、英德、连州、佛冈、阳山开展降水常规监测，做到逢雨必测，监测项目主要有pH值及部分化学成分，全市共设测点6个。全市饮用水源地共设10个监测断面（包括水库），除连南牛路水饮用水源逢单月监测外，其他均为每月监测一次，监测项目20~29个不等。清远市区、英德、连州、连山、连南开展城市区域环境噪声和道路交通噪声监测，每年监测一次。清远市区还开展功能区环境噪声定期监测。

环境质量。是年全市环境质量继续保持相对稳定状态。城市空气质量有所好转，全市二氧化硫、二氧化氮、降尘平均浓度均有不同程度下降，空气环境中主要污染物为可吸入颗粒物/总悬浮颗粒物及降尘，以尘污染为主的特征较明显。全市降水pH均值仍呈酸性范围，pH均值比上年上升，酸雨频率稍有下降，降水质量有所好转。全市饮用水源水质保持良好。全市主要江河湖库水质保持上年水平，以Ⅱ类为主，Ⅲ类次之，水质达标江段占总监测江段82.4%。超标河段的主要超标项目为氨氮。全市城市区域环境噪声、道路交通噪声保持达标。（罗炜炜）

城市水环境建设 2012年，清远市实行最严格水资源管理。清远市人民政府除印发水资源管理制度、管理办法外，同时对水功能区进行划定、确界立碑，保护水资源。是年全市划定38个水功能区并确界立碑，其中河流20块，水库18块。加强水资源管理和信息公开，委托广东省水文局广州水文分局调查水资源利用和水功能区纳污能力等情况，是年发布《2012年清远市水资源公报》和4期《清远市水务季报》。

城市排水。清远市区建成排水管道341.39千米，其中雨水管202.09千米、污水管139.3千米。2012年11月市政府印发《清远市城市排水管理办法》，使城市排水管理工作得到加强。开展市区排水设施管理和维护工作，不断提高市区防内涝应急处理能力。

污水处理。2012年，清远市有16间污水处理厂，设计处理能力34.5万吨/日，2012年实际污水处理25.02万吨/日，全市生活污水处理率72.97%。全市新建污水处理厂配套管网58千米。是年12月20日，东城、横荷、乐排河污水处理厂正式动工建设，计划横荷、乐排河污水处理厂于2013年底建成投产，东城污水处理厂于2014年6月前建成投产。

河涌与内涝整治。2012年，综合整治连州保安水、清城区龙塘围、阳山七拱河等中小河流，改造市区24个电排水闸。清东围大泵站改造工程施工。

城市供水 2012年，清远市城市（县城）有供水企业10家，其中地市级3家、县（市）级7家；国有企业5家、股份制企业5家。自来水厂14座，自来水厂设计供水总量73.7万立方米/日，实际供水总量51.8（万立方米/日），管网主干管全长（75毫米管径以上）3429.8千米，供水人口150.73万人。是年，筹备建设市区第二水厂、市区和清新太和管网连通、太和水厂扩建、七星岗取水口迁移工程。

（涂学军）

城市供气 2012年，清远市加强城市燃气行业监管工作，确保燃气经营安全有序。一是加强监督检查，确保燃气安全运营；二是开展规范化管理，统一安全标准；三是协调解决市区两家管道燃气公司特许经营区域重叠的问题；四是开展清远市区天然气汽车加气站的前期准备工作。截至2012年底，全市管道燃气用户3.7万户（市区管网覆盖率78%）。是年天然气销售量为1.98万吨，比上年增长71%。

城市综合管理　2012年，清远市开展城乡清洁工程、城市环境综合整治和违法违规建设专项整治活动，文明执法，优化市区中心区域环境秩序。全年接到群众投诉659宗，处理553宗。处理市电视台行风热线投诉两宗，群众直接上访10宗，办结率100%。

市政设施维护。2012年，清远市区维修城市道路面积3230平方米，处治裂缝22305米，更换各类检查井盖、雨水箅子、提升改造雨、污检查井、雨水井1047件，维修城市道路侧平石、路沿石157米，新砌花岗石树池20个，新增连江路与锦霞路等6个平交路口交通信号灯。翻新标线6401米，翻新凤城大桥栏杆2100米。完成市区主干道交通安全设施建设。在市区人民路等5条城市主干道安装1.59万米的中央分隔护栏，有效改善市区道路交通秩序，交通事故明显下降；解决位于农商街南埗大楼佳洁洗绦服务部污染又扰民的问题；改造提升肉菜市场周边设施和卫生环境，将三角市场打造成为样板市场。

（刘卫平）

【城镇村庄建设】　2012年，清远市建制镇78个、乡3个、行政村1071个、自然村1.71万个。全市建制镇建设投资15.53亿元，其中房屋建设投资11.33亿元、市政公用设施建设投资4.2亿元。建制镇污水处理率26.48%，生活垃圾处理率96.65%，绿化覆盖率6.84%。全市乡建设投资1259万元，其中房屋建设投资970万元、市政公用设施投资289万元。乡市政生活垃圾处理率66.10%，绿化覆盖率10.02%。全市村庄建设投资11.33亿元，其中房屋建设投资9.49亿元、市政公用设施投资1.84亿元，新增编制村庄规划的行政村32个、自然村62个，新增开展村庄整治行政村48个。

农村环境综合整治　2012年6~9月，全省各地开展“大清洁，乡村美”农村清洁工程专项活动。清远市开展以农村垃圾治理为主要内容的整治行动，改善农村居住环境。至9月底，全市总投入清洁劳动力14.66万人次，清理路边3558.4千米、河边1335.6千米、池塘1367个、公共区域2885点、清理积存垃圾2.10万吨，投入资金4637.19万元。各县（市、区）下辖镇（街、乡）建成生活垃圾转运站157个，规划新建转运站73个。下辖自然村完成收集点1.08万个，规划新建村垃圾收集点180个。实行保洁清扫行政村662个，保洁员1490名。实行保洁清扫自然村5308个，保洁员5764名。是年，清远市政府将城乡环境整治工作与高寒山区移民、名镇名村建设等工作结合起来，前期工作由市农业局牵头负责，制订《清远市农村环境综合整治工作实施方案》。8月8日，清远市人民政府召开农村环境综合整治工作（清新）现场会，要求各级各部门全力做好农村环境综合整治工作。各地做好垃圾处理设施的规划和建设工作，基本完成垃圾无害化处理设施建设的规划编制，启动生活垃圾无害化处理厂、镇垃圾转运站、村垃圾收集点建设。（杨惠勤）

【房地产业与住房保障】　房地产行业管理　2012年，清远市检查全市房地产市场运行情况，并现场抽查市区部分楼盘，未发现扰乱市场秩序行为。开展房地产中介市场的整顿和规范工作，成立清远市房地产中介协会，促进行业自律。2012年，市区办理房地产开发企业资质年审225家、房地产广告备案178家。市区审批项目公司资质52家，计划投资总额135.35亿元；核定二级企业1家、三级企业4家、四级企业7家。各县（市）审批项目公司资质55家，计划投资111.46亿元。市区批准预售项目153个、面积295.38万平方米、2.48万个单元；各县（市）批准预售项目348个、面积543.29万平方米、4.59万个单元。核发《清远市房屋租赁备案证》41个，办理房地产中介服务机构备案26宗。

房地产开发　2012年，清远市房地产开发及施工规模受国家对房地产业调控政策的影响，房地产开发企业对市场判断谨慎，放慢开发速度成为普遍现象，总体呈开发投资总额、商品房施工面积比上年增长，商品房新开工面积比上年下降的态势。实施年度新建住房价格控制，是年清远市区、英德市区和连州市区商品住宅交易均价分别在5041元/平方米、2860元/平方米和3089元/平方米，对比2011年度，清远市区、英德市区和连州市区商品住宅交易均价分别增长3.92%、12.80%、12.04%。全市房地产开发企业完成投资、商品房施工面积、商品房销售面积等主要数据反映2012年全市房地产市场在国家调控政策的影响下，投资、投机性购房已经受到抑制。全市房地产市场逐步进入供大于求的行情，而市区供大于求情况进一步加剧。是年，全市有房地产企业709家，其中市区383家；上述企业中三级43家，四级116家，项目公司342家。

2012年全市房地产开发企业完成投资301.35亿元，比上年增长83.22%，其中市区217.05亿元，增长52.81%；商品房施工面积1079.34万平方米，比上年增长15.88%，其中市区538.64万平方米，增长31.8%；商品房新开工面积409.27万平方米，比上年下降13.04%，其中市区新开工面积219.11万平方米，下降35.32%；商品房竣工面积277.25万平方米，比上年下降40.51%，其中市区159.15万平方米，下降35.04%。全市商品房销售面积

412.81万平方米，比上年增长26.15%，其中市区191.62万平方米，下降1.05%。全市商品房销售额175.6亿元，比上年增长31.42%，其中市区104.18亿元，增长1.63%。

商品房预售款监管 贯彻执行《广东省商品房预售管理条例》和《广东省商品房预售款监督管理办法》，加强对工地的巡查，了解工程施工进度，跟踪商品房预售款的使用情况，确保工程顺利开展。2012年，签订市区商品房预售款专用账户监管协议132份，新签订开发预售人23个；市区审批110个楼盘2638笔预售款提用申请，累计82.15亿元，办理取消商品房预售款监控楼盘17个。

房产交易 2012年，市区及所属乡镇办理商品房合同备案1.65万份；核发房地产权证6682份，其中，市区核发6456份、乡镇核发226份。办理存量房交易3839份，其中，市区3839份、乡镇0份。核发他项权证及在建工程抵押登记证明、预告登记证明2.42万份，其中，市区核发2.41万份、乡镇核发104份。全年商品房成交面积191.62万平方米，成交金额104.18亿元，其中，住宅成交面积183.45万平方米，成交金额92.44亿元，非住宅成交面积8.17万平方米，成交金额11.74亿元。存量房成交面积38.85万平方米，成交金额10.14亿元，其中住宅成交面积24.96万平方米，成交金额5.12亿元，非住宅成交面积13.89万平方米，成交金额5.02亿元。

产权产籍管理 2012年，清远市做好房屋租赁管理系统软件开发建设工作。修改和完善《清远市房屋登记办事指南（试行）》。调整原房屋权属证明书办理形式及收费标准。8月，将原来以户为单位办理房屋权属证明书登记，调整为对应预售许可证，以幢为单位办理房产初始登记告知书，不再收取登记费。是年，办理房屋初始登记1.53万宗，抵押登记4.09万宗，查封登记2799宗，解封登记2443宗，注销登记79宗，异议登记22宗。全年市区完成各类房屋测绘4943宗。清远市房产信息中心全年接收、入库市区房屋产权产籍档案9.01万份，接待查询档案3.68万人次。解决房屋办证历史遗留问题，受理历史遗留办证问题案件980宗，已办结265宗。

公房管理 2012年，清远市区管理公房2583套，总面积17.66万平方米，其中住宅2193套，面积11.92万平方米；非住宅390套，面积5.74万平方米。全年市区公房租金收入843.23万元，比上年增加88.81万元。维修公房1236宗，费用48.01万元，比上年增加0.96万元。全年出售公私共有产权房屋1套，面积37.6平方米，收入2.56万元。

▲清远市市区（2012）（李作描　摄）

保障性住房建设 2012年，清远市创新保障性住房制度，出台《清远市住房保障制度改革创新实施方案》《清远市公共租赁住房管理暂行办法》，强化保障性住房的管理，扩大保障范围，把外来务工人员、新就业人员纳入保障范围，明确准入、退出机制，加强保障房的建设和分配管理，确保公开、公平、公正。是年，全市新开工（包括筹集房源）保障性住房2575套，面积8.20万平方米，完成率123.62%，投入资金8889.46万元。竣工861套，完成率414%。发放廉租房租赁补贴391户，发放资金21.46万元。

物业管理 2012年，完成清远市区房地产项目前期物业服务备案工作；协助市物价局规范物业服务收费行为；完善物业服务招投标管理。组织物业服务项目现场检查，对存在问题发出整改意见书。开展物业管理示范项目评优工作，清远碧桂园假日半岛·澜花语岸和恒丰华庭一期获“清远市物业管理示范小区”称号。清远市物业管理协会选举产生新会长。举办全市130人参加的物业服务企业经理岗位培训班。全年审批物业服务企业暂定三级资质16家、晋升三级资质23家。至2012年底，全市有物业服务企业116家，其中29家是外地驻清物业服务企业，市区有54个业主委员会。是年，市区住宅专项维修资金账户新增维修资金5994.21万元，历年累计归集专项维修资金26310.87万元；历年累计使用专项维修资金48.7万元，专项维修资金余额26262.17万元。（杨惠勤）

住房公积金管理 住房公积金归集。2012年，清远市应缴住房公积金职工人数18.72万人，实缴

人数11.57万人，缴存率61.79%。至2012年底，全市住房公积金累计缴存总额83.7亿元。全年全市住房公积金归集额18.64亿元，增长17.26%，其中市直单位全年住房公积金归集额5.98亿元，比上年增长7.56%。全市住房公积金累计归集余额38.76亿元，比上年增长18.29%，其中市直单位住房公积金累计归集余额11.47亿元，增长9.97%。

住房公积金贷款。2012年，全市贷款金额10.79亿元，比上年增长32.91%。其中市直单位贷款金额2.67亿元，增长31.28%。全市住房公积金贷款累计余额34.31亿元，比上年增长29.14%，其中市直住房公积金贷款累计余额为10.70亿元，增长16.73%。住房公积金个人贷款比率达到88.52%。逾期贷款额3.06万元，住房公积金个人贷款逾期率0.009‰。全年全市住房公积金贷款人数4313人，至2012年底，全市累计有2.29万人享受住房公积金贷款。 （余薇薇）

【“三旧”改造】 2012年，清远市推进“三旧”改造工作，完成完善历史用地手续阶段性工作。是年年底全省“三旧”标图建库动态调整后，全市纳入广东省数据库的“三旧”用地9477公顷，其中旧村庄改造4722公顷、旧城镇改造2685公顷、旧厂房改造2070公顷；已向广东省申报完善历史用地征收手续旧厂房改造90宗，面积339公顷。是年，全市启动“三旧”改造项目182个，面积977公顷，投入5亿元。清远市新城东B6、7、9号区城中村改造，新十一村（1、2、3号楼）和新二、三村（4、5、6号楼）竣工验收，办理备案手续，办公楼进行基础施工。三角小学完成施工进行内部装修。新五、六、七村（14、15、16、17号楼）进行基础施工。新一村（12、13号楼）拆排栅，新四村（7、8、9、32号楼）进行内部装修，完善配套设施。是年，清远市“三旧”改造工作获广东省人民政府评为三等奖。

（杨惠勤）

【建筑业】 2012年，受国家对房地产业调控政策的影响，清远市建筑业报建量下滑，建设速度放缓，特别是市区、清城区和清新县报建总量减少明显。全市新报建工程宗数、报建面积、报建造价与2011年相比均呈下降趋势。全市新报建工程616宗，比上年下降15.73%，其中市区76宗，下降28.97%；报建总面积699.25万平方米，下降22.98%，其中市区261.95万平方米，与2011年持平；报建总造价113.93亿元，下降13.50%，其中市区44.88亿元，下降9.11%。全市有建筑业企业131家，其中总承包企业64家（一级1家、二级19家、三级44家）、专业承包企业35家、劳务分包企业32家。建设工程监理企业7家（其中甲级3家、乙级1家、丙级3家），工程造价咨询企业14家（其中5家为市属工程造价咨询企业，9家为年度备案企业）。

建筑市场管理 清远市建筑规模不断扩大，新建房屋建筑基本为28层以上高层建筑，本地建筑业企业占有市场份额越来越少。2012年，市住房和城乡建设局办理单项工程投标备案235宗、单项工程备案187宗。新增分支机构备案的外来建筑业企业17家、分支机构备案延期的有113家。建筑业企业大量涌入，带来一些新技术和先进地区的管理经验，但大部分外来建筑业企业对工程缺乏管理，挂靠现象严重，建筑市场监管难度不断加大。市住房和城乡建设局开展建筑业企业、监理企业、勘察设计企业、造价咨询企业、商品混凝土生产企业资质许可后动态核查工作，规范企业资质管理，提高资质管理水平。全年办理房屋建筑工程竣工验收备案76宗，面积152.75万平方米。推进工程建设领域突出问题专项治理工作，全市新增工程建设滚动排查项目377个，均没有发现边治边犯的现象。全市查处工程建设领域违法违纪案件27宗。

是年，办理各类登记、审批、备案607宗，比上年下降34.02%。办理一网式审批业务786项。窗口被评为市人民政府行政服务中心2012年度“先进窗口”。

工程质量管理 2012年，清远市建设工程质量监督站建立健全以抽查为主、以监督执法为特征的质量监督模式。重点对存在问题多、整改不及时的工地和单位进行重点监督，促进相关单位提高责任意识、质量意识。逐步建立工程质量监督电子档案，提高监督信息化水平。加强实体质量监督抽测，提升监督质量。质量行为和工程实体质量监督并重开展监督工作；侧重于工程基础和主体及建筑节能分部的实体监督，加大工程实体监督抽测的力度，以科学数据反映工程质量状况和监督工作质量。推广质量通病防治措施，拟定质量通病防治措施标准图集初稿。是年，市质监站新监督工程152宗，比上年下降76.7%；建筑面积131.78万平方米，比上年下降90.6%，竣工工程质量监督报告120宗。全市有18宗工程被评为“2011年度清远市房屋建筑结构优良工程”。市建设工程质量检测站完成各项工程检测业务。

施工安全管理 2012年，清远市工程建设安全监督站做好建筑施工安全生产的前期监督管理工作，完成47宗授监工程重大危险源风险辨识和安全技术交底，对102个危险性较大的分部分项工程专项施工方案论证过程进行监督，并有针对性地挑选14个危险性较大的分部分项工程进行重点督查。建立和实施专家诚信档案制度，对参与方案论证的专家进行诚信评价，保证方案论证的质量。有67宗专项方案进行方案论证后专家诚信评价。开展一系列专项检查、安全生产大检查，对重大隐患进行跟踪落实整改，防范重特大安全事故的发生。市区全年发出隐患整改通知书145份，暂停施工通知书113份；根据《广东省建设厅安全生产动态管理办法》，全年发出各类扣分通知书355份。严格执行起重机械设备产权登记、安装告知、使用登记制度、执行定期检验制度，全年办理起重机械设备使用登记272台、产权登记95台。推动企业争创省、市“示范工地”，全市有16宗工程被评为2012年度“清远市房屋市政工程安全生产文明施工示范工地”。是年，全市发生施工安全事故1宗（连州市北山医院工程），死亡1人。

招标投标管理　加强工程招投标管理，依法依规完成全年建设工程项目招投标工作，出台《清远市中心区域基础设施重点建设项目及BT项目招标文书会审制度》《清远市中心区域基础设施重点建设项目及BT项目招标文书审查暂行办法》。完成招标代理单项备案271宗。2012年进入清远市建设工程交易中心交易的工程项目238个，工程交易额74.35亿元。其中，政府投资107个（公开和邀请招标59个、直接发包39个、BT项目9个），工程预算价40.34亿元，工程交易额39.46亿元，节约资金8792.18万元，节约资金率2.18%；社会投资131宗，建筑面积240.4万平方米，工程交易额34.89亿元。

工程造价管理　2012年，加强外来建筑施工企业备案管理。建立每季度抽查造价咨询企业业绩的工作机制，规范造价咨询服务行为。组织编印《清远工程造价信息》，为全市工程造价行业提供依据和参考。清远市华林建设工程造价咨询公司取得甲级资质。全年完成工程预结算备案96项，工程总造价54.14亿元，工程建筑面积303.62万平方米。截至年底，清远市有造价员979人。

勘察设计管理　2012年，清远市有勘察设计单位25个，其中设计甲级1家、乙级10家、丙级8家、丁级2家；勘察乙级1家；设计施工一体化3家。市外进入清远市承接勘察设计任务并在市住房和城乡建设局登记备案的单位有99个。勘察设计单位完成设计工程项目总投资2.99亿元，勘察设计总收入3.97亿元。加强勘察设计市场准入管理。是年，办理外来勘察设计单位单项备案79家、年度备案22家。完成大中型建设项目初步设计审查115项；建设工程勘察设计合同备案116项，合同备案面积318.74万平方米。

（杨惠勤）

【建设科技】　2012年，清远市推进勘察设计创优评优工作，全市有15个项目获“优秀工程勘察设计奖”。清远云山诗意住宅小区获“首届广东省岭南特色园林设计银奖”。是年11月，清远市建设工程质量检测站被广东省质量监督水泥检验站评为“2012年广东省水泥检验大对比物理性能检验全合格单位”。

建筑节能　2012年，印发《清远市建筑节能“十二五”专项规划》，制定《2012年清远市建筑节能工作要点》，指导各县（市、区）住建局开展建筑节能工作。建立建筑节能统计制度、建筑节能工程设计审查备案制度和建筑节能工程专项验收、专项备案制度。规范建设工程节能设计变更的程序及条件。推进可再生能源在建筑中的应用。做好建设项目建筑节能设计和竣工验收备案工作。是年办理建筑节能设计备案70项，备案面积161.6万平方米。办理建筑节能竣工备案60项，备案面积221.71万平方米。起草《清远市绿色建筑发展规划(2012~2015)》(初稿)，启动全市绿色建筑建设。广东万科清远华府7栋13.35万平方米的建筑获得住房和城乡建设部颁发的“一星级绿色建筑设计标识”证书。

散装水泥管理　2012年9月12日，清远市人民政府印发《清远市区新建预拌混凝土搅拌站建设实施方案》，放开市区（包括清新县城）预拌混凝土市场，建立充分竞争机制，促使预拌混凝土价格有所下降和企业提升服务质量。加强预拌混凝土企业的管理，开展全市预拌混凝土企业年度考核考评工作。做好市区预拌混凝土最高限价管理工作。是年全市完成供散量1404.8万吨，比上年下降10.36%；预拌混凝土生产量282.03万立方米，下降26.31%。

新型墙材应用　2012年，清远市墙体材料管理办公室简化备案手续，使外地墙材企业产品能及时供应本地，缓解本地墙材供应紧张的状况，保障墙体材料的供应。是年，市住房和城乡建设局联合广州大学研究开发“蒸压陶瓷抛光渣砖”项目。12月25日，由广州大学制订的《蒸压陶瓷抛光渣砖（广东省地方标准）》经省质量技术监督局批准发布并予以公告。是年办理墙材报建手续的工程81宗，建筑面积266.7万平方米。至是年底，全市已建成投产的新型墙材企业58家，其中市区23家。（杨惠勤）

【建设事业信息化】　2012年，清远市完成全市个人住房信息系统、城建档案信息管理系统建设，商品房预售款监管系统、存量房网签和资金托管系统、存量房计税价格评估系统、房屋租赁管理系统、房屋测绘系统正在建设中。是年，清远市住房和城乡建设局门户网站升级改版，制定《清远市住房和城乡建设局政府信息公开制度》等六项制度，规范政务信息发布流程。在新浪网开通“清远市住房和城乡建设局官方微博”，提供政府部门与群众互动平台。（杨惠勤）

【清远市实行最严格的水资源管理】　2012年11月，清远市人民政府印发《清远市人民政府办公室关于印发清远市最严格水资源管理制度实施方案的通知》和《清远市人民政府办公室印发清远市实行最严格水资源管理制度考核暂行办法》，将用水总量控制、用水效率控制和水功能区限制纳污指标等“三条红线”纳入各县（市、区）党政班子领导考核内容。同月，市政府印发《清远北江流域水质保护管理办法的通知》，明确各职能部门保护北江域清远段的职责以及对污染北江水质的处罚措施，为保护北江水质提供法律保障。（涂学军）

【清远市中心城区扩容提质首批重点项目启动】 2012年9月28日，清远市启动市中心城区扩容提质首批重点项目，标志着该市推进中心城区扩容提质工作进入实质性的阶段。首批重点项目有38个，总投资为92亿元，涵盖市政基础设施、城市交通、民生和教育等四个方面。这些项目的建成，将进一步完善市中心城区的城市功能，提升城市环境，增强城市竞争力。（杨惠勤）

【广清城轨动工】 2012年11月22日，广州至清远城际轨道交通项目开工仪式在清远市举行。开工建设的广州至清远城际轨道交通项目广州北站至清远站段线路全长38.36千米，总投资145.9亿元，建设总工期4年。设置车站6座，新建龙塘动车运用所1座及综合维修车间1处；广州市域范围内设广州北、石陂、狮岭3个站，清远市域范围内设银盏、龙塘、清远3个站。线路速度目标值为200千米/小时，正线数目为双线。项目建成后，旅客可在广州北站通过换乘广州地铁9号线前往广州中心城区，也可通过规划建设中的珠江三角洲城际轨道交通广佛环线前往白云国际机场和珠江三角洲各城市。（杨惠勤）

附录：清远市住房和城乡建设管理部门主要领导

清远市住房和城乡建设局

党组书记、局长：龙伙灵（任至2012年1月） 吴定移（2012年2月任职）

清远市城乡规划局

党组书记、局长：▌金华（任至2012年2月） 朱 磊（2012年2月任职）

清远市城市综合管理局

党组书记、局长：梁智威

清远市代建项目管理局

党组书记、局长：吴定移（任至2012年2月） 张思成（2012年2月任职）

清远市水务局

党组书记：钟耀林

局长：汤锦贤（任至2012年3月） 钟耀林（2012年3月任职）

清远市住房公积金管理中心

主任：肖 宁

潮州建设

【概况】 2012年，潮州市进一步拓展和优化城乡发展空间，出台《关于推进我市城市发展行动计划》，强化城乡规划监管，着力提高城市规划建设管理水平。加快推进中心城区控规全覆盖规划编制，有97.5%的建制镇完成规划编制。同时，对重点在建项目及“城中村”等各项建设实行动态跟踪管理，规划执法监察力度进一步加强。着力实施城市东扩战略，潮州大桥暨潮州东大道、东西溪大桥、恒大城等一批建设项目顺利推进，城市架构进一步拉大。切实推进一批关系全局、影响深远的基础设施建设，抓紧做好砲浮线、外环北路、外环西路的规划建设；大力实施城市道路“畅顺工程”，打通“断头路”，创建“样板街区”，完成城市主干道改造工作，城市绿道网继续完善，城市美化水平进一步提高。2012年，全市50个重点项目累计完成投资83.72亿元，占年度计划的96.53%，其中28个项目超额完成投资。是年，完成房地产开发投资26.8亿元，竣工面积68.5万平方米，销售面积61.5万平方米。新增开工保障性住房1536套，竣工1036套，完成目标任务125%；建筑业完成建筑安装产值29.46亿元，其中，外出工程完成5.09亿元。（卓扬）

【城乡规划】 规划编制 《潮州市城市总体规划修编（2008～2020）》于2011年上报广东省人民政府（候批），随之开展中心城区控规全覆盖规划编制，2012年完成第一批D7、D8、D11、D14四个编制单元的初步规划成果，总面积1256公顷。《潮州国家历史文化保护规划》和《潮州市古城区控制性详细规划（报批稿）》的编制工作全面完成，各类专项规划的编制取得新的进展，《中心城区应急避护场所建设规划》《潮州市绿道网总体规划》和《中心城区绿道网近期实施段修建性详细规划》完成公众意见征求工作，《潮州市消防规划》通过专家评审并上报市政府审批。《市中心城区户外广告设置规划》和《市临街建筑招牌广告设置规划指引》完成初步规划成果编制，正在征求部门及公众意见。

规划服务 服务市政公共设施建设。2012年，潮州市完成东大道（暂定名）测量任务，落实宾园路、绿榕西路、北站二路、城新西路、南校西路、彩虹路等七条市区断头路和金塘路、恒大城24米规划路以及东兴北路截污工程、潮枫路排水管道等市政工程的规划设计。服务特色街区建设项目，进行科学选址和规划；协同做好金山大桥东侧湿地公园建设的规划设计工作，推动古城历史文化景观、生态景观的保护和塑造，提升城市空间景观品质。开展潮州“岭南近现代建筑”史料的挖掘、整理工作，配合省住房和城乡建设厅完成市域30项“岭南近现代建筑”名录筛选和资料收集编制，为传承和弘扬具有潮州特色的岭南近现代建筑文化，保护潮州近现代建筑提供参考依据。

规划管理 根据《广东省控规条例》的规定，2012年，完成潮州市城市规划委员会换届工作，修订

《潮州市城市规划委员会章程》，制定实施《潮州市城乡规划局建设项目审批会审制度》，建立多层次的规划管理民主决策机制。加强法制建设，修订《潮州市城市规划区户外广告管理暂行办法》，是年11月以市政府文件颁布施行，进一步规范户外广告设置管理。

规范规划审批，核发“一书两证”。完成第四轮行政审批改革，清理保留规划行政审批事项10个。2012年，共落实各类建设项目规划行政许可85宗，其中选址意见书5份，用地面积5.11万平方米；建设用地规划许可证19份，用地面积98.08万平方米；核发建设工程规划许可证（正本）23份，建筑面积共57.11万平方米；建筑工程规划许可证（副本）38份，建筑面积61.52万平方米，管线4.5万米。收取城市基础设施配套费6225.45万元。

村镇规划　2012年，潮安县的凤凰镇、文祠镇、东凤镇、登塘镇，饶平县的东山镇、高堂镇、樟溪镇、联饶镇、大埕镇、所城镇、浮山镇、浮滨镇、汤溪镇、新塘镇、海山镇、建饶镇等15个乡镇的总体规划通过专家评审，全市40个建制镇累计完成39个镇的总体规划编制，编制率97.5%；全市893个行政村编制村庄规划66个，编制率7.4%。（洪群钊）

【宜居城乡建设】　2012年，潮州市以创建宜居城镇、宜居村庄、宜居社区为切入点，结合全市城镇化工作，因地制宜做好规划，以点带面，统筹做好宜居城乡建设工作。截至2012年底，全市共创建宜居示范城镇3个、宜居示范村庄1个、宜居社区2个。（卓扬）

【城市建设与管理】　市政建设　2012年，潮州市完成潮州大道、枫春路市党政机关大院前路段、省道S231北段和城新西路路灯亮化美化工程，完成枫春路、枫春南路、下西平路和环城北路路面整修工程。按市委市政府的要求开展拓通市区“断头路”和推进城市东扩步伐，开展北站二路、东兴北路截污管道、桥东污水处理厂进厂配套管网、穿越恒大城24米规划路、金塘路道路工程、沙洲岛排污口人工湿地工程、美人城周边配套管网工程的前期工作。同时按计划对老市区破损34条道路进行分期整修。此外，潮枫路排污管道工程及全面推广应用LED照明项目加紧开展招投标工作。

市政重点项目建设。县道X075枫韩线改造工程完成春晖路排水管道和主路段长805米的管道敷设工作，道路红线内管线和光缆迁移工作经多方配合协作顺利开展；外环北路外环西路市区段改造工程40%路段建成通车，外环北路（泽洲陶瓷至颐养中心）路段长2.3千米于5月份建成通车，加紧外环西路排水管道敷设及未通车路段的道路建设。

▲潮州市广济桥（2012）　（陈泽生　摄）

城市园林绿化　2012年，潮州市对广场、滨江和主要道路等绿化进行改造、种补植，补植面积1.6万平方米；对潮州大道、枫春路等市区主要道路及部分渠化岛进行有色植物点缀和绿化改造，有效巩固和提升绿化景观效果，进一步绿化美化市区环境。

加强对各公园的指导和督促，落实各公园管理处对园容园貌进行整治，结合实际进一步美化公园环境、打造亮点，西湖公园在园内加种50株梅花，凤凰洲公园扩大桃花种植范围，慧如公园于2012年底前建成杜鹃园，进一步提升公园品位。各公园进一步改善经营管理水平，社会效益、环境效益和经济效益得到同步发展。滨江长廊管理处和人民广场管理处加强各项管理工作，配合有关部门举办各种文娱活动成为广大市民游客休闲、文化娱乐的好去处。（彭静钿）

绿道建设　2012年，潮州市落实绿道网规划建设工作总体目标和阶段性任务，编制《潮州市绿道网总体规划（2011~2020）》《省立8号绿道潮州段修建性详细规划》《省立8号绿道潮州段绿道施工图设计文件》，使绿道线路较好地体现潮州的亮点，适应市民的使用需求。同时，组织实施滨江长廊绿道、北堤路绿道、东兴路绿道、东山路两侧绿道、西湖滨水绿道、潮州大道全线两侧绿道、慧如公园绿道、红山森林公园绿道等绿道建设工程，严格施工质量管理，加快工程建设进度。年内，全市有38.41千米绿道完工，绿化里程完成29.67千米。（李旭伟）

市容环境卫生管理　2012年，潮州市落实环卫属地管理责任制，明确各环卫管理单位的责任和范围，加大对市区生活垃圾收集和清运管理，生活垃圾做到日产日清，减少积存和二次污染，提高市区垃圾清运率和无害化处理率，市城市生活垃圾无害化处理率达100%。加强指导、检查和监督市辖区市容环境卫生管理工作，继续做好市区七条主干道清扫保洁工作，加强实地检查、督查，确保市区主干道路干净整洁。

垃圾处理。2012年，潮州市加强垃圾处理场的监管和运营指导，加快市生活垃圾处理场沼气发电综合利用配套建设，争取尽快消除垃圾场沼气安全隐患，并经常督促市垃圾填埋场加强各项环境指标监测，保障生活垃圾处理场正常运营；督促市垃圾处理收费中心做好生活垃圾处理费的收取工作，及时对新增户、免交户进行核定录入及查错补漏，加强政策宣传，使收费工作更好地得到落实。（*彭静钿*）

城市生态环境保护和建设 2012年，潮州市环境质量保持在良好状态。市城区和潮安、饶平两县城的空气环境质量达到国家二级质量标准；韩江水质长期保持在地表水二类水质水平，饮用水源水质达标率100%；韩江潮州河段和黄冈河饮用水源水质达到国家二类质量标准；烟尘控制区覆盖率达到100%。

污染减排。2012年，潮州市建立减排考核和责任追究制度，形成政府统筹、环保部门牵头、各职能部门分工负责、齐抓共管的工作机制，实施工程减排、结构减排和监管减排。一是编制减排规划。印发《潮州市“十二五”主要污染物总量减排实施方案》、《潮州市“十二五”主要污染物总量控制规划》和《潮州市2012年主要污染物总量减排计划》，进一步明确目标要求、重点任务、部门分工及保障措施。二是加快重点减排工程建设。2012年，桥东污水处理厂已进水调试，文祠、归湖、浮滨、三饶等4个镇的生活污水人工湿地处理工程也建成投入使用。广东大唐国际潮州发电有限责任公司投入1.4亿元进行3、4号机组脱硝装置改造，其中4号机组脱硝改造项目已经在2012年12月通过验收并投入正常运转。三是进一步推进农业源减排工作。全市各级环保和农业部门齐抓共管，把农业源减排作为污染减排的一个新的重点领域，逐步开展规模化畜禽养殖业污染治理工业，2012年共有9家规模化养猪场开展综合治理，削减COD约420吨，氨氮35吨。四是加强污染减排项目的监管。加强市重点污染源在线监控中心平台运行管理，在线数据完整率保持在95%以上，全省排名第二。（*谢湘燕*）

城市水环境建设 污水处理。潮州市落实广东省人民政府关于扶持东西两翼和粤北山区污水处理设施建设的部署，推进污水处理设施建设。至2012年，该市城区建成并投产的污水处理厂有两座，分别为市第一污水处理厂和桥东污水处理厂，污水处理能力分别10万吨/日和6万吨/日，2012年市城区生活污水排放总量4185.14万吨。第一污水处理厂集中处理生活污水量3610.1万吨，生活污水集中处理率86.26%，纳污范围包括：古城分区、中心分区、城南分区、城北分区，服务面积31.8平方千米，服务人口35万人。

城市供水 2012年，潮州市区的供水能力达到44万立方米/日（其中竹竿山水厂33万立方米/日、桥东水厂8万立方米/日、枫溪水厂3万立方米/日）。该市在自来水厂升级改造过程中，借鉴现代化管理模式，建成园林式厂区，达到环境优美、管理科学、水质安全的综合效益，如竹竿山水厂、桥东水厂经扩建升级后实现全自动化控制。是年，潮州市区的售水总量为6125.87万吨，市区用水普及率100%，供水水质符合国家生活饮用水卫生标准的要求，为促进潮州经济和社会发展发挥重要作用。

（*许曼忠　邱培*）

城市供气 2012年，《潮州市2012年燃气管理工作实施方案》制订出台，瓶装气供应站规范管理，落实天然气管道属地管理责任，开展燃气企业年检工作，进一步规范全市燃气经营行为。全年共组织燃气安全检查29场次，出动检查人员211人次，排查安全隐患769处，发出整改通知书115份，一次整改率达到95%以上，确保完成全年燃气管理工作任务；两支燃气抢修队开展日常巡查发现安全隐患83处，及时维修和更换设备58台套；接到抢修任务66宗，抢修设备73台套。结合安全生产“打非治违”专项行动，加大对燃气违法违规行为的查处力度，查处违规建设天然气管道3处，并落实行政处罚；查封违规建设液化天然气加气站、气化站各1座；拆除无证经营液化天然气气化站1座。2012年10月，潮州市住房和城乡建设局燃气行业管理工作在全市开展的民主评议政风行风活动中，以综合评分97.02分的高分获得参评行政机关第一名的佳绩，管理经验和做法受到羊城晚报社、潮州日报社等省、市新闻媒体的广泛宣传报道，并涌现市中凯华丰能源连锁配送有限公司、市良业燃气有限公司等一批行业诚信企业标兵。（*卓扬*）

城市综合管理 2012年，潮州市实施对市区“六乱”的整治工作。加强对城市管理日常工作的监督指导，利用数字城管视频监控系统对市区主干道实施数字化管理，根据监控情况实时组织城管督察大队、绿化公用监察队工作人员对城市“六乱”现象进行综合整治。

户外广告违规设置清理。全面落实市政府清理户外广告的工作部署，对绿榕南路及两侧户外广告设施和市区范围内主次干道的移动式广告箱、布幅、小彩旗、乱张贴等形式广告进行清理整治。

市政设施维护。加强对市区道路、下水道、路灯的“三项维护”管理力度，制订市政“三项维护”工作方案，对巡查中发现的问题，落实市政公司进行跟踪、排查、维护，确保下水道畅通路平灯亮。对市区排水设施清淤等情况进行巡查，清除堵塞排水设施路树（主要为大叶榕树）树根，同时对原沥青路面施工遗留在检查井内的沥青混凝土进行凿除。 *（彭静钿）*

【城镇村庄建设】 2012年，潮州市着力优化农村发展环境，加快农村公路硬底化建设和道路改造，完善农村公路网络，加强农村环境卫生整治和宜居村镇建设，幸福安居工程示范村建设有力推进，全面完成6259户农村低收入住房困难户的住房年度改造建设任务。全市建成各级名镇2个、名村19个、示范村54个。 *（卓扬）*

中心镇建设 潮州市六个省级中心镇在全市城镇体系中区位条件优越，经济发展基础好，城镇化程度高，对周边城镇和广大农村有较强的辐射带动作用。2012年，潮安县庵埠镇投入资金5366万元，落实庵埠小学、安南路美乡段建设工程、亨利南路改造工程、大鉴村轮渡码头改造项目、日处理垃圾150吨环保型垃圾压缩中转站等重点项目建设。潮安县彩塘镇完成玉林路新建工程和彩东路改建工程建设，启动东彩路改建工程和县道X088线彩塘路段改建工程建设。潮安县古巷镇陶瓷卫生洁具产业是潮州市重要支柱产业，是全国最大陶瓷卫生洁具生产基地之一，2005年被国家授予“中国陶瓷卫浴第一镇”称号。2012年，结合潮州市外环路和潮惠高速公路潮州段建设项目启动，进一步完善各类专项规划编制，加强部分区域规划控制，并规划建设疏港铁路。开创于公元1262年（南宋景定三年）的古巷一村象埔寨古寨，内有三街六巷72座，是明清发展盛期的贸易商埠，也是粤东地区保存完整年代久远的古寨之一，1987年12月被列为潮州市重点文物保护单位，2009年12月被公布为广东省古村落。饶平县钱东镇总体规划顺利实施，编制完善村级《土地利用总体规划》和《村庄建设规划》，实施灰寨改溪东侧长3000.37米道路的规划建设、绿岛山庄AAAA景区建设、潮州径南产业转移园区建设和厦深铁路高堂客货运站进站路项目的配套工作。饶平县三饶镇是国家小城镇经济综合开发示范镇、全国文明村镇、省经济建设健康发展综合试点镇、省专业镇技术创新试点，省卫生先进镇。南联村道韵楼结构造型独特，是中国最大的八角围楼，于2002年7月被列为“广东省重点文物保护单位”，2006年5月被评为“全国重点文物保护单位”，镇内还有孔庙、文明塔、琴峰书院等县级重点文物保护单位。 *（洪群钊）*

【房地产业与住房保障】 2012年，潮州市通过加大对房地产开发企业经营行为监管力度，严格商品房预售许可审批关，落实销售套数、面积、价格申报制度等措施，控制商品房销售均价，遏制房价过快上涨。全年潮州市商品房均价控制在政府调控价5200元/平方米以内。2012年，全市完成房地产开发投资额26.8亿元，比上年增长24.6%；施工面积215.6万平方米，增长19.4%；竣工面积68.5万平方米，增长23.8%；销售面积61.5万平方米，增长48.2%；商品房销售额31.8亿元，增长63.1%。

保障性住房建设 2012年，潮州市以“问需于民、以需定建、分步实施、轮候解决”为原则，加快建立以公租房为主体的新型住房保障制度，创新保障性住房筹集、建设模式，全力推进住房保障工作。年内，新增开工保障性住房1536套，占目标任务1470套的104%；已竣工保障性住房1036套，占目标任务825套的125%。较好地完成省下达的目标任务。 *（卓扬）*

住房公积金管理 截至2012年年底，潮州市住房公积金归集总额为33.96亿元，（2012年度归集总额为6.7亿元，比上年增长29%。）归集余额21.16亿元。购买国债3.995亿元；转存定期存款12.16亿元；发放住房公积金贷款2031户共4.67亿元，贷款余额4.04亿元，贷款回收额0.63亿元（2012年度发放住房公积金贷款858户共2.2亿元，分别比上年增长105%、90%）；银行存款0.965亿元；累计提取和转移住房公积金12.8亿元（2012年度提取和转移住房公积金3.2亿元）。*（卢雄）*

【“三旧”改造】 2012年，潮州市抓紧落实省“三旧”改造政策，推动土地节约集约利用，枫二村旧村改造、上埔村项目和城西街道吉街村项目进展顺利，全市获各级批准的改造项目1296个，面积3241.62公顷，领先粤东地区。

【建筑业】 2012年，潮州市有形建筑市场公开招标工程累计65项，工程总发包价10.1亿元，总中标价为9.54亿元，投标平均浮动率−5.55%，减少投资金额5600.84万元。全市所属施工企业累计完成建筑安装产值29.46亿元，其中外出工程完成5.09亿元。

潮州市以强化工程质量及危险性较大分部分项工程管理为重点，以实施“一岗双责”“分户验收”“节能备案”制度为手段，通过深入开展施工质量安全专项整治、全面推行住宅工程质量分户验收、样板引路等质量管理制度和措施，切实解决好质量通病问题。大力推进工程质量检测和预拌商品混凝土的质量监管，确保工程质量的稳步提高。全市申报施工许可竣工工程58项，建筑面积101.7万平方米，竣工质量一次性验收合格率达到100%。

潮州市以严格落实基本建设程序，强化危险性较大分部分项工程管理为重点，深入开展施工安全专项整治活动，严格执行工程施工许可及开工条件审查、企业安全生产许可证及从业人员持证上岗、安全巡查及预警、重大危险源公示及危险性较大分部工程专家论证、安全生产例会等五项制度，落实施工安全生产主体责任。以防范一般安全事故为重点，切实抓好施工安全专项整治和隐患排查工作。强化监督执法力度，严格执行动态管理扣分制度。全年对在建工程实施安全生产动态扣分248次，对8宗使用不合格建筑安全防护用品的施工企业依法实施行政处罚，通过严格执法，有效的规范施工安全生产秩序，较好地促进建筑施工安全生产工作。全市在建工程76项，建筑面积约206万平方米，无发生安全生产死亡事故。（卓扬）

【建设科技】 2012年，潮州市加快传统产业优化升级步伐，大力推进技术标准战略，强化以企业为主体的技术创新体系建设，落实扶持产业转型升级的政策措施，促进产业发展向质量效益型转变。支持长城、兴业、富丽天奥石等废瓷、尾矿综合利用企业发展，推进产业低碳化、循环化。（卓扬）

【建设事业信息化】 2012年，潮州落实房地产价格公示制度，对已办理预售许可证小区房价在潮州建设信息网上公布，接受社会监督。推行商品房买卖合同网上签订和备案制度，规范商品房销售行为。严格房地产行业市场准入，加强房地产开发资质核准和日常监管，建立健全房地产企业诚信档案和预警预报体系，加大房地产开发企业资质动态管理力度。（卓扬）

【潮州市韩江综合整治专项行动】 2012年，潮州市开展韩江综合整治专项行动，集中力量、全面清查非法采砂、破坏性采砂以及影响韩江水环境和破坏河道堤围的违法行为，共清理非法搭建物350多处、非法种植养殖110多处，总面积超16万平方米，查扣各类非法船只76艘，潮州境内河道非法采砂基本绝迹；全面推进韩江两岸矿点复绿复种工作，韩江水环境明显恢复。（卓扬）

【潮州市潮安县龙湖镇龙湖古寨获评广东“十大最美古村落”】 2012年11月30日，潮州市潮安县龙湖镇龙湖古寨获评广东“十大最美古村落”。龙湖古寨，南宋初年建寨，至今八百多年，寨中央直街形似“龙脊”，四周韩江水、池塘湖水环绕，故称“龙湖”。12月，经国家传统村落保护和发展专家委员会评审认定并公示，潮州市潮安县龙湖镇龙湖古寨被列入住房和城乡建设部、文化部、财政部公布第一批列入《中国传统村落名录村落名单》。街巷中，宗族祠堂、名宦府第和商贾富绅豪宅100多座，不少有五进、十进之深，素有“潮居典范、祠堂千家、书香万代”之美誉。该寨以重文崇教著称，历代涌现出进士、举人、贡生达600多人。（卓扬）

【潮州市四镇五村获评广东省第二批宜居示范城镇和宜居示范村庄】 2012年，潮州市宜居城镇、宜居村庄创建工作向纵深发展，饶平县汤溪镇、新丰镇、汫洲镇、浮山镇4个镇获广东省住房和城乡建设厅和有关部门联合授予的“广东省宜居示范城镇”称号；饶平县联饶镇山门村、黄冈镇大澳村、钱东镇上浮山村、浮山镇麻湖村、新丰镇洞泉村获广东省住房和城乡建设厅和有关部门联合授予“广东省宜居示范村庄”称号。（卓扬）

附录：潮州市住房和城乡建设管理部门主要领导

潮州市住房和城乡建设局

党组书记、局长：郑国浩（任至2012年2月） 林建新（2012年3月任职）

潮州市城乡规划局

局长：胡　鹏（任至2012年3月）

党组书记、副局长：刘树鑫（任至2012年3月）

党组书记、局长：苏树鹏（2012年3月任职）

潮州市房地产管理局

党组书记、局长：肖逸生

潮州市城市综合管理局

党组书记、局长：陈少鹏

潮州市水务局

党组书记、局长：黄方亮

潮州市住房公积金管理中心

党支部书记、主任：谢　毅

揭阳建设

【概况】 2012年，揭阳市围绕“打造粤东发展极，建设幸福新揭阳”核心任务，加快打造彰显揭阳独特魅力的岭南水城和特色城市群，成功创建广东省园林城市。据统计，2012年，全市建筑安装总产值72.8亿元，全市在建工程项目105个，总建筑面积456.5万平方米，总造价80亿元；竣工工程40宗，建筑面积122.6万平方米。全市完成房地产开发投资额38.66亿元，新建商品房销售面积111.31万平方米，销售额34.68亿元；市区市政工程累计完成投资10.8953亿元。全市住房公积金参储人数14.16万人，归集余额24.78亿元；全年共发放住房公积金个人贷款1403笔，贷款总额2.91亿元。至2012年底，全市城市（县城）建成区面积141.98平方千米，人均住宅面积36.9平方米，城区绿化覆盖率26.92%，人均公园绿地面积7.8平方米，生活垃圾无害化处理率70.79%；揭阳市区建成区绿化覆盖率37.47%，人均公园绿地面积15.91平方米，生活垃圾无害化处理率92.11%，污水处理率77.98%。（许晓凯）

【城乡规划】 城市规划研究 2012年12月，经国务院批准，揭阳市区面积从原来的181平方千米扩大到1031平方千米。2012年，揭阳市按照“坚持规划引领，优化城镇格局”的要求，围绕揭阳市新的行政区划调整、城市交通综合、城区“扩容提质”、桑浦山及黄岐山片区发展等开展专题调查研究，从城市转型升级、跨越发展的角度探索城市规划新的理念，解决原市区行政区划格局的突出结构性问题，促进城市的规划布局、配套设施建设和功能完善，推进城乡一体化、各区均衡发展和建设粤东区域中心城市，为进一步打造山水宜居城市奠定基础。

规划编制　2012年，揭阳市全年编制各类规划14个。其中城市总体规划2个，控制性详细规划6个，专项规划2个，城市设计4个。其中对《揭阳空港经济区发展战略规划》《揭阳空港经济区总体规划》《揭阳空港经济区核心区控制性详细规划》《揭阳（惠来）大南海国际石化产业园控制性详细规划》等4个规划成果进行审议，并按有关规划程序上报市政府审批，完成规划编制审批程序。

全面完成空港经济区各层次规划。快速启动空港经济区规划工作，从战略规划、总体规划、控制性详细规划到城市设计，各个层次的规划（法定和非法定）在不到一年时间内全面完成。

启动城区5个区域的控制性详细规划。启动揭阳空港经济区、东山区核心区、东山区西片区、榕城旧城区、榕城紫峰新城等5个区域115平方千米的控制性详细规划及相关城市设计，为城市建设和旧城改造提供法律依据和支撑。

完成《揭阳市绿道网专项规划》《揭阳市公共自行车服务系统专项规划》，直接引导能给百姓生活带来便利和舒适的各项建设。

制定园区港区规划，推动产业结构转型升级。规划明确揭阳高新区、空港经济区、大南海石化园区3个产业功能区的发展定位、产业规模、空间布局和发展方向。调整产业发展重心，推动产业结构的转型升级，构筑重化产业和现代服务业基地“双核心”格局。

规划引领，促进城区扩容提质。组织规划1.71平方千米的揭阳（玉浦）生态文化城、4.56平方千米的揭阳阳美玉文化（创意）产业园、15平方千米的揭阳市中心商务区等3个城市设计的国际规划招投标。以“政府主导，专家领衔，各级联动，公众参与”为模式，创新规划编制程序的方式，促进城区“扩容提质”，加快建设幸福新揭阳的进程。

推进各县（市、区）的规划管理工作。2012年，争取省财政资金136万元，支持普宁、惠来、揭西等县（市）编制试点村、中心镇控制性详细规划，推进村庄规划覆盖率从上年的39%提高至50.5%。

（陈章信）

【宜居城乡建设】　2012年，揭阳市围绕“打造粤东发展极，建设幸福新揭阳”核心任务，以改善城乡环境，提高人民群众生活质量为目标，开展宜居示范城镇和宜居示范村庄创建活动。组织各县（市、区）推荐第二批省级的宜居城镇和宜居示范村庄名单，并按照各地推荐的宜居示范城镇和宜居示范村庄候选名单，经评选，确定推荐普宁市洪阳镇等4个镇，榕城区梅云街道办事处双梧村等8个村为第二批“广东省宜居示范城镇和宜居示范村庄的候选村镇”。经省住房和城乡建设厅评审确定，普宁市梅塘镇、揭东县砲台镇、惠来县葵潭镇等3个镇为第二批“广东省宜居示范城镇”，榕城区梅云街道办事处双梧村、榕城区梅云街道办事处夏桥村、普宁市流沙东街道新坛村、普宁市占陇镇下村村、惠来县仙庵镇点埔村、揭东县砲台镇南潮村等到6个村为第二批“广东省宜居示范村庄”。

（陈锡群）

【城市建设与管理】　市政建设　2012年，揭阳市加强市区市政工程建设，东山区截污工程、进贤门大道东及环市东路、市文化广场、市文化中心及周边市政道路、榕江北河两岸湿地公园、北环城路道路及景观工程、晓翠路北段及周边小区道路工程等工程项目建设进展顺利，其中市文化中心广场、市文化中心周边市政道路、榕江北河两岸湿地公园首期工程、北环城路道路及景观工程等项目于年底前完成建设，全年完成市政投资10.9亿元，新增道路长度13.46千米，新增道路面积76.52万平方米，新增截污干管9.5千米，新增公共绿地面积26.50万平方米。竣工工程验收合格率100%，在建工程无质量和安全事故。

城市园林绿化　2012年，揭阳市投入2000多万元用于创建园林城市硬件升级建设，3年计划投入1.83亿元进行绿化建设及养护。是年12月广东省住房和城乡建设厅批准揭阳市为“广东省园林城市”。继续加强园林绿化管养，确保市区绿化美化。为全面推进依法行政，依法治绿，制订出台《揭阳市城市绿线管理办法》《揭阳市市区园林绿化管理办法》《揭阳市古树名木保护管理办法》，逐步完善园林绿化法规。加大巡查力度，全年出动巡查985人次，及时制止违章违法行为120宗，组织拆除乱挂广告牌210块，收缴彩旗5820支，发现查处乱砍伐树木、破坏园林绿化设施61宗。组织莲花大道北段绿化带和梅东大桥南桥头公园两个项目申报省风景园林优良样板工程项目的评选。组织开展“大树下的幸福生活”创建工作，全市新增绿化面积75.31万平方米，有30个社区、100个小区绿地率超过30%，顺利完成年度创建任务。

城市环境卫生　生活垃圾处理。2012年，揭阳市区东径外草地垃圾处理场共消纳处理的生活垃圾总量为29.5万吨，处理垃圾渗滤液达标排放总量6.5万吨。一是抓填埋区作业管理，确保进场垃圾填埋顺畅。整修垃圾填埋平台及进场路、环场路的工作，全年共制作钢筋混凝土板123块覆盖作为倾倒垃圾平台，回填大量碎石整修填埋平台，铺筑临时路长350米，整修填埋平台面积900平方米。二是加强机械设备、垃圾填埋设施的维护保养。全年投入10万元资金，确保各项机械能正常运行。三是改进垃圾面覆盖方式，做好分区填埋、覆盖、压实、喷药灭蝇工作。基本达到无公害地处理生活垃圾的要求。四是做好填埋区的雨污分流工作。完善雨污分流设施，疏通开挖渗滤液收集盲沟，并在垃圾表层开挖导排沟，减少雨水进入填埋区，保障垃圾填埋处理工作的顺畅。五是加强垃圾渗滤液处理标准规范管理，严格按照国家规定标准进行处理。六是做好沼气导排系统的继续建设安装工作。在已安装的20条沼气导排管随垃圾堆体提高而加高建设，使导排沼气正常，设立安全防火警示牌，定期检测沼气浓度、导排管是否正常，确保填埋场生产安全。七是完善场区的相关配套设施，投入100万元资金，配套50吨动载电子地磅，更换反渗透车间超滤膜10支和反渗膜18支，填埋区采用覆盖1毫米厚HDPE（高密度聚乙烯）膜进行表露垃圾覆盖，覆盖面积总量达2万平方米。 *（陈锡群）*

城市生态环境保护和建设

环境质量状况。2012年，揭阳市区城市环境空气质量全年继续保持优良水平，日均值及年日均值均符合国家Ⅱ级标准。饮用水源引榕干渠、新西河水库水质处于良好水平，达标率为100%，水质均属于尚清洁。榕江南北河中上游水质Ⅱ类到Ⅲ类，下游普遍Ⅲ类，污染趋势基本得到遏制；二级支流枫江劣于Ⅴ类水质，主要污染指标为氨氮、总磷。练江普宁河段下村大桥断面劣于Ⅴ类水质，主要污染指标为氨氮、化学需氧量、总磷。龙江隆溪大道桥断面达到Ⅲ类水质。近岸海域水质较好，各站位及环境质量点位水质均符合相应水域水质要求。城市道路交通噪声平均等效声级为67.8分贝，平均车流量为755辆/小时。城市区域环境噪声平均等效声级为54.9分贝。城市功能区噪声1类、2类、3类、4类区昼夜等效声级分别为53.9、55.3、57.6、66.0分贝。与2011年比较，声环境质量无明显变化。

环境规划建设。是年，揭阳市组织实施《揭阳市环境保护和生态建设“十二五”规划》，制订《揭阳市重污染行业统一规划统一定点工作方案》，规划设置电镀、印染、危险废物处置、化工等5个重污染行业统一定点基地，对重污染项目的环保准入提出具体要求。推进中国南方（揭阳）金属生态城的建设，促进电镀、酸洗等金属企业入园受理，集中治污，优化升级。生态城的核心工程电镀酸洗区详规已基本完成，环评报告正抓紧推进。

建设项目环境管理。揭阳市加强建设项目环保审批，协助推进中国（揭阳）金属城建设，全力服务惠来电厂3~4号机组扩建工程等重点项目的环评审批，及时审批揭阳引韩供水工程、惠来县邦山水闸重建工程等项目，全年全市审批建设项目环评文件385个，验收209个。编制《揭阳市建设项目环境准入指南》，引导产业科学发展和合理布局。 *（侯林丽）*

城市水环境建设

污水处理。截至2012年底，揭阳市已建的污水处理厂9座，总设计规模为23.3万吨/日，计划总投资12.05亿元，完成投资10.64亿元，占总投资的88%，市区和“一县一厂”、葵潭镇、棉湖镇、五经富镇、市区磐东片区等9座污水处理厂相继投入运行，日处理量16.8万吨，管网建设投入7.8亿元，配套完善截污管网155.38千米。

列入市计划建设的污水处理厂10座，总设计规模19.5万吨/日，计划总投资10.6亿元，其中市区6座、普宁3座、惠来1座。揭阳市区污水处理厂（二期）、仙梅污水处理厂2宗项目立项、可研、环评批复、三通一平已完成，征地手续基本完成；揭东区新亨、锡场污水处理厂，蓝城区白塔污水处理厂，空港经济开发区砲台污水处理厂等4宗项目的立项、可研、环评批复已完成，征地手续已在办理中；普宁市占陇、里湖、洪阳3宗项目立项、可研、环评批复已完成，征地协议已签订；惠来县靖海污水处理厂立

▲揭阳市被评为2012年“广东省园林城市” （陈广平 摄）

项、可研、环评、征地、“三通一平”已完成。

城市供水　2012年度，揭阳市自来水公司全年送水量5171万吨，售水量3879万吨，销售产值6852万元，代征“三费”(污水处理费、卫生清洁费、垃圾处理费）3040万元。供水水质综合合格率99%，实现安全生产零事故的目标，获“广东省模范劳动关系和谐企业”“工人先锋号”等称号。

西湖水厂技改扩建工程建设。至2012年底，该厂新建的变配电中心已投入使用，并完成出厂水主干管连通驳接及送水泵房、深基坑开挖等，项目竣工后可实现日增产10万吨。与此同时，围绕实现水厂投药、混凝、过滤、消毒等工艺自动化控制，按照新国标GB5479—2006的要求，购进美国戴安流动注射仪、离子色谱仪等先进检测设备，自检项目增至50项，提高中心化验室检测水平。

市区供水管网改造工程。进贤门大道、市区北环城路等重点市政项目的改造配套中供水主干管驳接连通工程，累计完成DN200—1200市政给水主干管总长19050米，现已投入使用并收到良好效果。

直供水改造及低压区改造工程。2012年度完成磐东片区乔南村、尚礼村、乔东、榕东片区炉头、彭黄、凤港等涉农社区的直供水改造，累计完成DN50以上供水主干管网1.6万米，安装水表1.03万只，受益人口4万人；并加大对东郊村、中山路、北门中山花园、东门爱民围、上义社区等56个低水压区的改造力度，累计投入资金450多万元，彻底改善旧城低压区的用水环境，使市民舒心地用足优质自来水。

新区供水设施建设。旨在提高市区供水应急能力的市区管网改造工程（一期）于2012年底开工建设，工程铺设跨环市北河大桥DN500和DN700供水管道1.07千米。全年新建DN100供水管道8千米，管网长度累计221千米。

安全供水。在卫生疾控部门定期对水质监测的基础上，2012年投入资金30多万元对揭阳市自来水公司化验室进行改造升级，新购置一批化验仪器，培训化验人员，提高公司自检能力。同时，还定期将水样送汕头市及广州市进行全面分析，确保群众饮水安全。（陈俊武）

城市供气　2012年，揭阳市组织召开全市燃气管理工作会议，与各县（市、区）建设（住建）局分别签订《安全责任书》，层层落实安全生产责任制。是年，组织多种形式的燃气安全生产管理活动，促进燃气企业安全管理水平的提高。例如燃气行业“打非治违”专项行动、“安全生产月”活动、燃气消防安全专项整治工作、燃气安全生产“百日行动”等，加强对燃气生产经营安全动态监管。同时，开展燃气行业规范化管理考核。经考核，惠来县建设局被评定为2012年燃气行业规范化管理优秀单位，揭阳市粤东石油气实业有限公司等6家燃气企业被评定为2012年规范化管理优秀企业。

截至2012年底，揭阳市有燃气企业50家，其中，揭东县12家、普宁15家、惠来县11家、揭西县7家、榕城区3家、东山区1家、普侨区1家。除中海石油揭阳能源开发利用有限公司为国有企业外，其他都是私营企业；中海石油揭阳能源开发利用有限公司是揭阳市人民政府与中国海洋石油总公司的合作企业，2007年揭阳市人民政府授予中海石油揭阳能源开发利用有限公司城市燃气特许经营权。2012年，揭阳市区用气总量液化石油气28.2万吨，天然气66.19万立方米；用气总人口74.31万人。（陈锡群）

城市综合管理　2012年，揭阳市城市管理行政执法局履行部门职责，加强城市管理日常巡查和专项整治工作，优化城市环境。一是开展专项整治活动。开展工地围挡、泥头车污染路面、乱倒垃圾、占道经营、乱拉乱挂、噪声污染等整治活动，解决市容突出问题，受到市民好评。二是加大市容巡查力度。进一步完善网格化管理，合理安排执法力量开展巡查活动，提高工作效率。新配置执法皮卡车12辆、电瓶车8辆、摩托车40辆，改善执法条件。

百日市容整治活动。2012年8月9日，揭阳市在市青年文化广场举行“践行广东精神，建设岭南特色水城”——市容百日整治启动暨执法车发车仪式。百日市容整治期间，开展夜市、占道经营、学校周边环境、噪声扰民、泥头车、市区公共场所焚烧秸秆垃圾、户外广告、背街占道等八项专项整治，较好整治市区脏乱差现象。其间，共规范货物入室经营3900多宗，清理流动摊贩5800多宗、乱设置小广告牌1300多宗、乱拉挂400多宗、乱堆放260多宗，教育制止生活噪音污染200多宗、乱排放生活污水20宗、车辆乱停放1900多宗。

查处违法建设。2012年，揭阳市深入摸查市区违法建设情况，对违法建设分类分批查处，并牵头各县（市）、区开展违法建设查处工作。制订和实施《揭阳市城市管理行政执法局查处违法建设案件瞒报、漏报行为行政过错责任追究暂行规定》，形成责任追究倒查机制。全年共立案查处违法建设616宗。

整治户外广告牌。2012年，揭阳市清理违章设置的户外广告，拆除灯杆广告牌420块，查处违法违章设置户外广告110宗，清理拆除330块。全面拆除在重点路段、区域乱拉挂的广告红布条以及商铺门前乱拉挂的广告布幅，共拆除违章布条广告1100条、残旧破损广告布幅170幅、违章彩旗760面。（林树欢）

市政设施维修管理。全年复盖损缺检查井盖、集水井盖296个次，查实其他管线单位损缺井盖133个次，对存在问题及时发现、及时处理，有效地杜绝安全事故的发生。

加强执法力度，对未经批准挖掘城市道路的行为及时查处，对经批准的挖掘项目做好动态监督，严格修复质量管理，有效地规范城市道路管理工作。（陈锡群）

【城镇村庄建设】 2012年，揭阳市做好名镇创建点揭东县砲台镇、普宁市洪阳镇基本情况的收集、上报工作；转发《关于公布第三批广东省历史文化街区、名镇、名村的通知》，落实第三批广东省历史文化名镇、名村有关工作；组织开展全市传统村落调查工作。（陈锡群）

【房地产业与住房保障】 房地产开发经营 截至2012年底，揭阳市房地产开发企业有189家，其中一级资质企业1家、二级资质企业7家、三级资质企业18家、四级和暂定资质企业163家。2012年新增房地产企业23家，企业实力有所增强，企业素质逐步提高，企业经营更加规范，布局合理，房地产业朝着健康的方向稳步发展。一是房地产开发投资继续增长，投资增幅放缓。是年，全市房地产开发投资总额38.66亿元，比上年增长1%，增幅较去年同期增幅（比增12%）略为缩小。在建房地产开发项目34个（市区19个），包括榕东新城、万业广场等一批重点项目。二是商品房新开工面积比上年减少，供应面积大幅增加。由于市场走势尚不明朗，购房者观望心态依旧。部分开发商暂缓项目动工计划，全市各类商品房新开工面积211.72万平方米，比上年下降16%。全市批准商品房预售面积191.28万平方米，比上年增长19%，商品房供应充足。三是新建商品房交易活跃，价格平稳增长。全市新建商品房销售面积111.31万平方米，比上年增长29%；其中市区新建商品房销售面积34.68万平方米，下降17%。新建商品房销售额34.68亿元，增长34%；其中市区新建商品房销售额13.66亿元，比上年下降8%。全市新建

▲揭阳市西湖公园（2012） （揭阳市住房和城乡建设局供稿）

商品房销售均价3116元/平方米，比上年上涨3.42%；其中市区新建商品房销售均价3625元/平方米，上涨1.54%。由于市场供应量充足，加之购房者刚性需求开始释放，是年房地产市场交易相对活跃，数据显示，全市商品房交易额、交易面积和销售均价均出现上涨情况，但商品住房均价增速未超出新建住房控制目标。四是存量房成交量平稳，价格上升较快。全市存量房交易面积49.74万平方米，比上年下降6%；存量房销售额8.96亿元，增长25%；存量房销售均价1801元/平方米，增长34%。存量房市场交易量相对稳定，由于2012年存量房交易均价基数较低，造成交易价格增幅较大。

房地产市场管理 2012年，揭阳市房地产市场管理主要工作：一是将打击违法预售行为列入“三打两建”工作部署。二是完善预售监管制度。三是加强中介机构管理。四是强化市场监督检查。共排查在建、在售房地产开发项目36个，查处房地产企业违法违规行为8宗。纠正企业不按规定公示行为4宗。五是加大行政执法力度，打击违法违规行为。是年查处的房地产预售违法违规案件全部列入“三打两建”打击房地产欺行霸市专项行动，共查处违法违规房地产开发企业7家，行政罚款15.6万元。

保障性住房建设 2012年，揭阳市通过新建、改建、购买、长期租赁等多种形式，多渠道筹集保障性住房房源，加快保障性住房建设，努力解决中低收入家庭住房困难问题。至2012年底，全市建设任务全部落实到具体地块，12个公共租赁住房项目全部开工建设，有2463套，开工率100.5%，累计完成投资1.93亿元，完成广东省今年下达的2450套公共租赁住房建设任务。同时，按照问需于民、以需定建、分步实施、轮候解决的思路，积极探索建立新型住房保障制度，拟订《揭阳市住房保障制度改革创新方案》并经市政府批准实施，开展全市公共租赁住房需求调查工作，全面掌握全市公共租赁住房需求。

物业管理 2012年，揭阳市建立完善物业服务企业信用体系和市场监管体系，进一步规范全市物业服务活动，提高企业的服务意识和服务水平，推动物业服务行业持续健康发展。组织开展物业服务企业年度考核评分工作。通过物业管理检查考评活动，重点培育一批品牌企业，树立一批示范小区，推动全市物业服务行业持续健康发展，促

进和谐社区建设，同时将考评结果将作为资质晋升和年审的业绩材料。推动实施住宅专项维修资金。进一步加强住宅专项维修资金的管理，保障住宅共用部位、共用设施设备的维修和正常使用，维护住宅专项维修资金所有者的合法权益。

住房公积金管理 至2012年底，全市住房公积金归集余额24.78亿元，参储职工人数14.16万人。其中，2012年度归集住房公积金10.93亿元，归集余额5.79亿元，新增缴存单位476个，新净增缴存人数5.28万人。累计发放住房公积金个人贷款3726笔，贷款总额7.82亿元，贷款余额6.62亿元，其中：2012年度发放贷款1403笔，贷款金额2.91亿元，个贷未出现逾期。全市建立公积金制度单位1605个，2012年度新增缴存职工人数5.28万人，住房公积金缴存额比上年增长60%，全市住房公积金缴存覆盖面达70%。全面实行贷前调查、贷中审查和贷后跟踪管理，确保贷款及时回收，回收率100%。 (陈锡群)

【“三旧”改造】 2012年，揭阳市共投入资金11.05亿元，实施改造项目47个107.82公顷，完成改造项目29个23.81公顷，完成改造区域内建筑面积从33万平方米增加到42.5万平方米，增幅28.8%，节约土地5.57公顷，节地率为23.6%。在促进建设用地二次开发、推进节约集约用地的同时，有效推动产业结构升级优化，就业人口、年度税收、农村集体经济收入均有较大幅度增长。措施一是加强规划引领和管控。对已纳入“三旧”改造专项规划但控制性详细规划未覆盖的改造项目，由县（市、区）政府（管委会）书面承诺，连同改造方案一并报省审批，有效解决用地报批中的规划问题。二是完善政策，规范运作。发布《揭阳市“三旧”改造国有建设用地协议出让操作办法(试行)》和《关于进一步加快推进我市“三旧”改造的若干意见》，明确“三旧”改造历史用地认定和处理标准，规范“三旧”改造项目土地和房屋权属调查、合作改造模式、协议出让操作流程，为全市“三旧”改造工作提供政策保障。印发《关于“三旧”改造审批权限下放的意见》，将涉及“三旧”改造项目确认、土地确权登记等审查、审核事项以及国有建设用地协议出让手续下放到区一级，简化办事程序，优化审批环节，为加快“三旧”改造创造更加有利的条件。印发《关于尽快完善“三旧”改造历史用地手续的通知》，组织批次用地报批材料上报审查，妥善解决历史遗留问题。制订《揭阳市加快“三旧”改造建设实施方案》，明确年度“三旧”改造的总体目标、任务分工、时间安排和工作要求，加快“三旧”改造步伐。三是鼓励各地选取条件成熟、代表性强的项目作为试点，发挥典型引路作用，推动“三旧”改造工作扎实开展。

(陈锡群)

【建筑业】 *建筑市场管理* 2012年，揭阳市累计完成建筑安装工程产值72.8亿元。全市有各类建筑施工企业173家、全年批准三级企业18家、晋升二级企业两家、申报晋升一级企业1家。加大力度整顿和规范建筑市场秩序，共出动检查人员120人次，查处违法非法行为项目6宗。深入开展“三打”建材打假专项行动，坚持“打、防、治、扶、建”多措并举，会同工商部门、质监局、公安局等有关职能部门，对市区安全网销售网点、建筑用钢、建设用砼管等产品开展联合整治行动，严厉打击无证无照生产经营、制售假冒伪劣安全网的违法行为。全市建材打假出动执法人员1789人次，检查在建工地68个；抽查建筑材料及制品467批次，送检测机构检验样品345个。全年建材打假立案查处81宗（其中市住房和城乡建设局立案查处11宗），其中8宗大案要案、领导包案全部进行行政处罚，办理结案。完善招标投标工作程序，规范有形建筑市场，2012年，建设工程招标投标42宗，工程造价9.3874亿元。其中，公开招标35宗，造价9.0033亿元；邀请招标7宗，造价3841万元。招标率100%。

施工安全管理 一是落实安全生产责任制，与各县（市、区）建设局、市直施工企业及外来施工企业签订施工安全管理目标责任书。二是按照“安全生产年”工作部署，加大对高大模板支撑体系、深基坑、建筑起重机械为重点的建筑施工安全隐患专项治理活动和安全生产检查监管。全年共组织5次安全生产大检查，组织开展房屋市政工程安全生产“百日行动”，检查在建工程项目38个，检查期间发出《建设工程质量安全隐患通知书》16份、《建设工程质量安全生产执法建议书》2份，并按照《广东省住房和城乡建设局建筑工程安全生产动态管理办法》执行扣分，全年共执行安全生产动态扣分348条。三是进一步加强对建筑起重机械的安全检测工作以及产权登记备案、安装告知、使用登记以及日常维护保养制度监管。四是集中开展安全生产领域“打非治违”专项行动。出动检查人员120人次，查处违法非法行为项目6个。五是抓好建筑业从业人员的培训教育。组织举办建筑起重机械特种作业人员培训班一期312人，起重机械特种作业人员继续教育培训班二期共374人、“三类”人员继续教育培训班八期2453人、“三类”人员安全考核一期404人。

工程质量管理 揭阳市印发《关于加强建筑材料质量检测工作的通知》等一系列加强建筑材料质量管理的文件，加大工程质量巡查频率以及经常性抽查制度，及时排查整改存在质量问题。强化工程责任主体和监管机构履职意识，全面落实施工强制性标准。加强对全市

保障性住房建设的质量监管，全年共发出质量整改通知书6份。继续推行住宅工程质量分户验收，提高住宅工程整体质量水平。市直工程项目强制实行建筑物主体结构检测和验收制度。完成全市7家建筑工程质量监督机构及人员的考核工作。引导、鼓励建筑施工企业参与创建工程优质奖。揭阳潮汕机场空管土建工程等4个项目获"广东省建设工程优质奖"、揭阳楼工程获"广东省建设工程金匠奖"。2012年，全市受监工程一次竣工验收合格率100%。

勘察设计管理　2012年，揭阳市开展勘察设计企业资质动态核查工作，审查上报有关核查资料；广东省住房和城乡建设厅对未按要求开展资质核查工作的揭阳市博正装饰设计有限公司撤回建筑工程装饰设计资质。开展勘察设计企业生产及工程勘察质量监督检查，发出《关于开展我市勘察设计企业生产及工程勘察质量监督检查工作的通知》，对全市勘察设计企业（含外来部分）2011年以来的市场活动、经营管理、资质状况及工程勘察设计质量等方面的情况进行检查，进一步规范勘察设计市场管理。办理勘察设计企业跨地区承接设计业务项目告知登记66宗。

【建设科技】　散装水泥和新型墙体材料　2012年，揭阳市全面贯彻落实《广东省促进散装水泥发展和应用规定》，推动散装水泥及新墙材推广使用，据统计，全市散装水泥使用量160万吨，使用率92%，墙材使用量0.78亿标砖，报建工程使用率100%。做好报建工程"二金"的征收使用管理工作，按规定全年共征收"二金"工程7宗，征收率100%，征收金额501.2万元（其中：墙改基金460万元，散装水泥基金41.2万元）。办理墙改基金退款13宗，退款金额977.1万元，办理散装水泥退款2宗，退款金额44.5万元。

建筑节能　一是抓施工图审查。报送审查的建筑工程项目（公共建筑、居住建筑），设计单位都应提供《居住（公共）建筑节能设计、审查表》、建筑节能计算书、建筑节能专编、建筑节能备案表等，根据《民用建筑节能条例》等有关规定对建筑节能设计文件进行审核、验算。2012年，共完成28个单位建筑工程审查项目（其中居住建筑16个，公共建筑12个），并全部办理建筑节能设计审查备案，审查阶段建筑节能设计执行率100%；办理建筑节能专项验收备案6宗。二是抓施工过程建筑节能监督管理。要求施工单位要按照审查合格的设计文件和有关节能施工技术规范、标准的要求进行施工，所有建筑节能项目必须通过节能专项验收备案后，才能进行整个工程项目的竣工验收备案。三是抓建筑节能专项检查。全年共抽查建筑工程项目14项。

【建设事业信息化】　2012年，揭阳建设网进行全新的改版，在网页增加燃气行业民主评议政风行风专栏，对政府信息公开栏目进行全面改版，进一步满足网上信息公开的需求，方便群众查看相关信息。

（陈锡群）

【揭阳市组织开展"四大环保为民行动"】　2012年，揭阳市组织开展清洁空气、重点流域环境综合整治、重金属污染防治、农村环境综合整治"四大环保为民行动"，着力改善环境质量。完成大气污染整治项目316个、水污染整治项目31个，取得良好的整治效果，榕江水质恶化趋势得到遏制，改善南、北河部分河段水质。开展电子废物污染专项整治工作，对普宁市与汕头潮阳区贵屿镇交界的电子废物非法拆解企业进行全面排查整治。完成揭西京溪园养猪场人工湿地处理示范工程，并通过验收投入使用，出水水质达到《广东省水污染物排放限值标准》(DB44/26—2001）排放标准要求。

（侯林丽）

【揭阳市成功创建"广东省园林城市"】　2012年，揭阳市人民政府印发《揭阳市创建广东省园林城市工作方案》，召开誓师动员大会，对确保成功创建"广东省园林城市"作出全面部署。按照创建广东省园林城市的标准要求，在省住房和城乡建设厅和有关专家的指导下，坚持"政府组织、群众参与、社会支持、部门共建、因地制宜、突出特色、以人为本、讲求实效"的原则，围绕"打造粤东发展极，建设幸福新揭阳"的核心任务，实施"生态联动"战略，以打造"天蓝、地绿、水清、城美"的岭南特色水城为目标，深入开展创园工作。10月30日揭阳市创建省园林城市工作顺利通过省专家组初检；11月29日揭阳市顺利通过广东省的考核验收。12月21日，广东省住房和城乡建设厅批准揭阳市为"广东省园林城市"。

（陈锡群）

【揭阳市榕江北河两岸湿地公园（一期）工程完工】　揭阳市榕江北河两岸（梅东大桥—北河大桥）湿地工程（一期）于2012年9月15日开工，12月15日完工交付使用。两岸总长5.4千米，已建湿地面积约10万平方米；按照因地制宜、简洁生态、节省安全的原则，与岸上景观绿化及建筑相结合，与绿道网建设结合，与榕江整治结合。其中绿道网已建长3000米，宽2.4米；修复清理榕江岸边淤积4.9千米，约13万平方米。工程以现有的生态岸线，给予保护和修复，以最少改变地形的原则，将人工与自然景观相融起来，利用原有的自然资源和文化资源，营造6个园区景点，体现揭阳特色的岭南水乡文化和滨水湿地景观，弥补城市休闲游憩系统的不足，为市民提供一个丰富的休闲娱乐活动空间。同时结合湿地工程的建设设置北河大桥及梅东大桥两座大桥的4座人行梯道，与景观绿化带人行道连接。榕江北河两岸湿地工程的建成是揭阳市民期盼已久的愿望，也是揭阳市委、市政府为民造福的民心工程。 (陈锡群)

附录：揭阳市住房和城乡建设管理部门主要领导

揭阳市住房和城乡建设局

党组书记、局长：许汉焕

揭阳市城乡规划局

党组书记、局长：黄克新

揭阳市城市管理行政执法局

党组书记、局长：吴淑生（任至2012年4月） 赖源凯（2012年4月任职）

揭阳市水务局

党组书记、局长：郭斯良（任至2012年4月） 王全录（2012年4月任职）

揭阳市住房公积金管理中心主任：林仕彬

云浮建设

【概况】 2012年，云浮市创建6个宜居城镇、86个宜居村庄、3个宜居社区，新兴县新城镇等4个镇被授予“广东省第二批宜居示范镇”；云城区思劳镇城村等14个村庄被授予“广东省第二批宜居村庄”称号。建成城市慢行系统7.4千米，完成65千米都市型绿道建设任务，实施20多项园林绿化升级改造工程，城区绿地率36.82%，绿化覆盖率40.31%，人均公园绿地面积16.53平方米，“创园”各项指标高分达标，于2012年12月25日被评为“广东省园林城市”。

2012年，云浮市完成房地产开发投资31.97亿元，施工面积298.26万平方米，商品房销售面积79.19万平方米，销售金额34.58亿元，均创历史新纪录。全市房屋建筑和市政基础设施工程报建项目173个，建筑面积188.23万平方米，工程造价23.1亿元。“三旧”改造共投资17.3亿元；完成改造的“三旧”项目12个，涉及改造土地面积37.5公顷，节约土地22公顷，节地率58.84%。保障性住房建设开工套数1141套，开工率103.73%，竣工722套，竣工率164.1%，超额完成广东省下达的保障性住房建设任务。城区环境卫生服务面积280万平方米，年处理生活垃圾量5万吨（压缩后），城乡生活垃圾处理无害化处理率54.8%。全市年污水处理总量4449万立方米，日平均污水处理总量12.19万立方米。是年，云浮市城区投入1000多万元建成污水管网总长6千米，全市进入全国城镇污水处理管理信息系统的污水处理厂有6座，设计污水处理能力14万立方米/日。 (张鹏)

【城乡规划】 2012年，云浮市编制规划共50项，其中城市规划8项、云浮新区规划4项、专项规划38项。

规划编制 重点城市规划。加快推进《云浮市城市总体规划(2008~2020)》的报批及充实完善工作。加快推进《云浮市中心城区近期建设规划（2011~2015)》的报批工作。是年1月17日，省住房和城乡建设厅组织召开该规划审查会，会议原则通过该规划成果。此外，对《云浮滨江新城分区规划》《南广铁路云浮站周边地区控制性详细规划》《云浮市中心城区西片控制性详细规划》《云浮市教育园区控制详细规划》进行修改完善；完成《云浮市城东片区控制性详细规划》的规划初步方案；《腰古组团规划》与新城规划国际竞赛工作同步进行。

云浮新城区规划。分别委托中规院深圳分院、深圳市综合开发研究院编写《建设民生幸福城乡，完形云浮特色西关——关于建设云浮西关新城综合试验区的建议》《西江新城发展总体思路》，为云浮市新城区规划提供专家意见。开展云浮新区发展建设总体规划编制工作，开展云浮西江新城重点片区概念规划设计国际竞赛，启动云浮西江新城行政服务中心建筑设计方案及周边片区概念规划设计、中央商务区城市设计概念方案国际竞赛。

专项规划。《云浮市城区绿地系统专项规划（2010~2020)》于是年7月10日由云浮市人民政府批准实施；《云浮市中心城区云城组团市容环境卫生专项规划（2012~2020)》已上报市政府印发实施；《云浮市云城区宜居城市建设规划研究课题》于2013年1月12日经市政府批复同意;《云浮市农林水土和生态环境统筹规划》《云浮市绿道网总体规划》《云浮市森林公园建设与发展规划（2012~2020)》《广东省云浮市城区供水安全规划报告》《云浮市城区供水管网改造专项规划》《云浮西江新城水系概念规划》正修改完善。

名镇名村示范村建设规划。根据广东省住房和城乡建设厅有关文件精神，云浮市印发《关于加快推进我市名镇名村示范村建设规划编制工作的通知》，明确工作任务及责任分工。云浮市规划编制委员会下属单位市城市规划设计院承担云城街、罗镜镇、泗纶镇、南盛镇、连滩镇、建城镇的规划编制任务。

“三旧”改造重点项目规划。主要有高峰村委高八村莲花小区用地规划、云城街道办西村委区屋大围村用地规划、市区翠石路原东方饮料厂用地规划、高峰东方村委用地规划、市区原钢铁厂用地规划、市发改局及物资大院用地规划等市城区21个“三旧”改造重点项目的规划建设初步设计工作。

“三规融合”工作 一是做好云浮市规划审批委员会、市环境艺术委员会和市规划监督监察委员会的委员调整和2012年市规划审批委员会会议的组织筹备、资料准备工作。二是建立完善相关规章制度。制定《云浮市规划编制委员会技术审核委员会章程》（草案)，成立由11名技术骨干组成的市规编委规划技术审核委员会，对有关业务案件进行集中审核，提高工作的科学性。三是继续完善"三规融合"平台。共收集各部门"十二五"规划22宗、城乡规划10宗入库，并归档。搭建数字云浮地理空间框架建设示范应用系统平台—"三规融合"规划应用系统。四是整理现有地理信息数据，着重做好1:10000地形图矢量化工作，及数据库建立工作。同时根据云浮规划网和"三规融合"的使用要求，重新调整优化计算机网络拓扑，使网络接入更安全、更稳定，效率更高。（李建桥）

【宜居城乡建设】 2012年，云浮市选取6个城镇、86个村庄、3个社区作为宜居城镇、宜居村庄、宜居社区创建试点，全市累计投入建设资金1.3亿元，建成一批设施完善、管理有序、群众满意的宜居城镇、宜居村庄、宜居社区。按照广东省委"集中力量打造一批名镇名村"的部署，"十二五"期间，打造名镇8个，累计投入资金6.65亿元，建设项目156个。新兴县新城镇等4个镇被授予"广东省第二批宜居示范镇"；云城区思劳镇城村等14个村庄被授予"广东省第二批宜居村庄"称号。

农村垃圾治理工作扎实推进。2012年，云浮市向省争取农村生活垃圾处理设施建设专项基金、省治污保洁工程专项基金2793万元。全市共投入资金约3818万元，配备专职保洁员1639人、兼职保洁员5628人，购置垃圾收集车（含手车）498辆，设置垃圾池（屋）1.28万个，覆盖村庄6152个、覆盖率80.04%，覆盖农村人口153.26万人，覆盖率80.33%，城乡垃圾无害化处理率54.8%，全市规划建设25个垃圾转运站。开展"大清洁，乡村美"农村清洁工程专项活动，投入劳动力33.3万人次，投入资金3606.22万元，清理路边3305.5千米、河边1289.1千米、池塘1756个，公共区域1.04万点，清理公共区域积存垃圾5687吨，全面完成广东省对云浮市的考核指标。

申报"广东省宜居环境范例奖"。选取《云浮市南山河河道景观改造工程》《广东大王山国家森林公园景观改造建设项目》《新兴县簕竹镇良洞村新农村与农村环境整治建设项目》三个项目申报2012年"广东省宜居环境范例奖"，省评审组对三个申报项目进行现场评审。

（张鹏）

【城市建设与管理】 市政建设 2012年，根据云浮城区"扩容提质"的要求，继续加快开展城市道路、公共照明、管道燃气等市政设施建设和维护，完善基础功能配套，提高城市综合承载力。开展云浮市区道路贯通建设二期工程，计划两年内逐步贯通浩林西路（长1550米，宽35米）、河滨西路（长1100米，宽30米）、河南东路（长383米，宽18米）、金丰路，年内各路段的贯通建设工作正在推进实施之中。加强市政道路设施维修养护，对城南路、解放路、三元里路等主干道路、人行道和蟠龙天湖广场、青少年宫广场进行升级改造，维修路面4581平方米、路缘石1.1万米，人行道3.8万平方米，新装广场石台石凳60套、标识示牌167套，目前云浮市城区道路总长89.6千米，完好率98.9%。抓好城市慢行系统建设，新建成慢行系统7.4千米。

城市园林绿化 是年，云浮市全力开展创建省级园林城市工作，围绕"完善城市功能、创造优美环境、提升城市品位、促进协调发展"创建目标，通过科学规划、合理布局，"点、线、面"结合、常绿与色彩合理搭配，丰富绿化层次和色彩，提升绿化标准，重点在世纪大道中央花带、市青少年活动中心、人民广场等公共场所实施20多项园林绿化升级改造工程，并新规划建设一批街头小景，营造出良好的城市绿色生态环境，创省级园林城市工作取得显著成效。2012年，云浮市城区绿地率36.82%，绿化覆盖率40.31%，人均公园绿地面积16.53平方米，创建省级园林城市各项指标高分达标，于2012年12月25日被评定为"广东省园林城市"。

（陈宏略）

绿道建设 绿道网建设总体规划编制及管理工作。2012年，云浮市依据《广东省绿道网建设总体规划（2011~2015)》，组织编制《云浮市绿道网建设总体规划》，明确省立绿道、城市绿道规划建设任务、目标要求、工作措施等。参考珠三角城市绿道管理经验，制定云浮市绿道管理规定，加强该市绿道规划建设、使用运营、维护管理等工作措施，充分发挥绿道网的生态、休闲和旅游、康体功能。

全市省立绿道网及配套工程的建设工作。根据2012年广东省下达给云浮市的任务，重新确定各县

▲云浮市郁南县都城镇居民小区（2012） （云浮市住房和城乡建设局供稿）

(市、区)省立绿道网及配套工程的建设任务，完成65千米的都市型绿道建设任务。云城区、云安县以及佛山(云浮)产业转移工业园完成21千米的郊野型建设任务。同时，云城区、新兴县基本完成绿道网配套工程即绿道驿站的建设。新兴县、郁南县已完成对绿道网标识标志系统的规划设计，在原有绿道"同道"的基础上继续完善基础设施。（彭艳）

城市环境卫生　2012年，云浮市加强环卫基础设施建设和服务工作，按照设施齐全、功能完善、管理规范的标准，争取广东省的专项资金580多万元，完成5座垃圾压缩站维护翻新，新添置一批环卫设备设施，环卫服务效率和水平进一步提升。通过提高环卫管理服务标准、严格管理，"扫、保、洗、洒"四结合，推进环卫工作，城市环境全方位的干净整洁。目前云浮市城区环卫服务面积280万平方米，年处理生活垃圾量5万吨（压缩后），生活垃圾处理无害化处理率100%。（陈宏略）

城市生态环境保护和建设　2012年，云浮市空气优良天数366天，全年空气质量优良率100%，全优天数328天，比例为89.6%。是年，全市城区空气质量与上年基本持平，保持在国家《环境空气质量标准》二级以上水平；市城区降尘量逐年下降，降至4吨/平方千米·月，连续九年保持下降且低于8吨/平方千米·月（广东省推荐降尘控制标准）。没有出现酸雨现象；全市集中式饮用水源水质达标率和省控断面水质达标率为100%；主要江河水质状况良好，西江云浮段水质保持在Ⅱ类，是省内水质最好江段之一，南山河、南江河、新兴江等主要河流水质均达到功能要求；区域环境噪声等效声级年均值均达1类区标准，保持良好水平。（傅银波）

城市水环境建设　截至2012年底，云浮市建成并上网的城市污水处理厂有6座，分别是：云浮市城区污水处理厂，设计污水处理能力6万立方米/日；罗定市生活污水处理厂有限公司，设计污水处理能力2万立方米/日；罗定市第二生活污水处理有限公司，设计污水处理能力2万立方米/日；新兴县城区生活污水处理厂，设计污水处理能力2万立方米/日；郁南县城区生活污水处理厂，设计污水处理能力1万立方米/日；云安县城区污水处理厂，设计污水处理能力1万立方米/日。已建成未上网运行城市污水处理厂有佛山（云浮）产业转移工业园污水处理厂，设计污水处理能力1万立方米/日；新兴县科新水质净化有限公司，设计污水处理能力2万立方米/日。

2012年，云浮市全市年污水处理总量4449万立方米（其中云浮市城区年污水处理总量1856万立方米），云浮市全市日平均污水处理总量12.19万立方米（其中云浮市城区日平均污水处理总量5.08万立方米）。

是年，云浮市城区投入1000多万元建成污水管网总长6千米，全市进入全国城镇污水处理管理信息系统的污水处理厂有6座，设计污水处理能力14万立方米/日。（刘刚）

城市供水　水源水质。2012年，全市饮用水源水质达Ⅱ类水质标准，水质状况良好。各项监测指标年均值均达标，监测值未出现超标现象，饮用水源水质达标率为100%。（傅银波）

供水能力。截至2012年底，云浮市各县（市、区）城区共建成5座自来水厂，分别是：云浮市自来水有限公司，设计供水能力10万立方米/日；广东广业云硫矿业有限公司自来水厂，设计供水能力5万立方米/日；罗定市金银河供水有限公司，设计供水能力8万立方米/日；新兴县供水管理处，设计供水能力5.5万立方米/日；郁南县自来水公司，设计供水能力3万立方米/日。2012年，云浮市各县（市、区）城区供水总量7722.34万立方米（其中云浮市城区年供水总量2836.53万立方米），日平均供水量21.16万立方米（其中云浮市城区日平均供水量为7.77万立方米）。

供水设施。2012年，云浮市城区投入1460多万元用于管网建设和输配水设备改造。其中，云浮市自来水公司投入400万元完成九龙桥至324国道段1.7千米DN800输水钢管建设，投入460多万元用于教育园区加压泵站前期征地和加压设备的购买；广东广业云硫矿业有限公司自来水厂投入600万元，完成净脉冲池的技术改造。（刘刚）

城市供气　2012年，云浮市城区管道天然气建设项目首期已建成管道燃气管线45千米，完成6300多居民用户供气管道安装，供气量360万立方米/年，同时强化对管道天然气企业的监督管理，严格要求经营企业按规范依法经营，并重点做好企业安全生产和安全运营的督促检查工作，确保城市管道燃气安全生产运营，为市民提供便捷、环保的能源。

城市综合管理　2012年，云浮市城市综合管理部门坚持"疏与堵相结合、教育与惩处相结合、治标与治本相结合，服务与整治相结合"的"四个结合"原则，强化市容秩序综合管理。一是持续开展市容市貌综合整治。继续完善城市综合管理的协调联动机制，由城市管理委员会牵头，会同公安、工商等相关职能部门，实施综合整治行动，并结合全市的整治"三违三抢"、石材废渣粉尘污染整治等行动，加大对主干道路、公共场所"六乱"违章违规行为整治，纠正处理各类违章行为1960宗，市容市貌持续好转。二是着力引导规范归行划市。协调经信、规划、工商、公安、交通等部门，按照统筹合理布局、与城市建设同步的原则，加快各类专业市场、综合市场的规划建设，疏导商贩入场经营。同时，对主次街道实行分类管理，合理规划设置完善烧烤街、灯光夜市、挥春街、迎春花市等临时摆卖点，解决小贩出路，归行入市，提升市容环境质量。三是加强常态管理和服务。通过实施“分片包干、定岗定责”“错时管理”工作制，对市容环境秩序进行全天候、全覆盖的巡查和执法管理，及时处置各类动态性、突发性问题，使市容市貌保持良好态势。同时，坚持“管理就是服务”宗旨，在日常管理工作中，加强与市民的沟通交流，争取理解和支持，以说服教育为主，行政执法为辅，努力做好执法人性化，营造文明和谐的执法环境。（陈宏略）

【城镇村庄建设】 2012年，云浮市征收城市基础设施配套费1927.7万元。审批重点建设工程有：蟠龙居东西区建设项目、云浮国际石材产业城I、C区建设项目、云浮美轮汽车城、中华人民共和国云浮海关大楼、云浮碧桂园商业中心。此外，完成郁南县连滩镇等7个名镇建设以及云城区城村、罗定市安西村、郁南县历口村、云安县大田头村、新兴县莲塘村等49个名村建设。（梁圳惠）

【房地产业与住房保障】 2012年，云浮市完成房地产开发投资31.97亿元，施工面积298.26万平方米，商品房销售面积79.19万平方米，销售金额34.58亿元，均创历史新纪录。市城区16个重点房地产项目完成投资10.48亿元。全年核发各类证件1.3万件，办理房地产交易签证3703宗，其中预售备案2108宗，备案面积24.92万平方米，交易金额20.88亿元，交易手续费413.92万元，完成房地产测绘5447件，接受群众查询房地产档案1.1万宗。

保障性住房建设 广东省下达云浮市2012年保障性住房目标任务是1120套（户），其中建设公共租赁住房1100套，发放租赁补贴20户。市政府与各县（市）政府签订2012年住房保障工作目标责任任务，把1120套（户）任务分解到各个县（市）。把目标任务落实到具体项目、地块、实施时间和责任人，限期倒逼各项目建设进度。全市开工套数1141套，开工率103.73%；竣工套数722套（含往年续建项目的竣工数），竣工率164.1%，超额完成保障性住房建设任务。

住房保障制度改革创新。印发《云浮市住房保障制度改革创新实施方案》，按照以需定建的原则，创新建设模式，实行分类保障，合理确定供应对象、户型、面积及建筑标准，严格准入与退出管理，为该市今后建立以公租房为主体的新型住房保障体系提供了制度保障。

房改房和集资房审批上市。做好房改房和集资房上市核准工作，在资料齐全的前提下做到即来即予核准。市城区核准房改房和集资房上市200宗。将住房资金分期分批定期存款，住房基金增值收益约53万元，确保全市住房资金保值增值。（张鹏）

住房公积金管理 2012年，云浮市住房公积金归集额8.21亿元，比上年增长24.2%；提取额4.32亿元，增长31%；发放贷款额4.85亿元，增长4%；归集余额21.07亿元，增长23%；贷款余额14.02亿元，增长37%；贷款逾期率0.012%；风险准备金余额1501.49万元，风险准备金率1.07%；实现年度增值收益2848.72万元，增值收益率1.33%。全年新增缴存（单位168个）职工8052人，增长8.8%；年末个人住房公积金账户10.69万个，封存账户1.06万个；缴存率83.1%，使用率81%。（赵伟强）

【“三旧”改造】 2012年，云浮市“三旧”改造投资17.3亿元；完成改造的“三旧”项目12个，涉及改造土地面积37.5公顷，节约土地22公顷，节地率58.84%；新动工项目7个，土地面积24.6公顷；到2012年底，全市正在动工改造的“三旧”项目有20个，涉及土地面积48.4公顷。其中云浮市城区正式确定启动的“三旧”改造项目共有41个；涉及改造面积249公顷，其中完成改造的项目3个，分别是恒晖

▲2012年12月26日，佛山（云浮）产业转移工业园保障性住房完工并交付使用

（云浮市住房和城乡建设局供稿）

苑项目、云硫建安旧厂房改造项目和丹枫白露酒店项目，面积共7.1公顷。年内，经云浮市规划审批委员会确定19个改造项目的主要规划指标及相关配套设施要求，涉及改造面积115公顷。收缴土地出让税、出让金、补交地价款等税费1.81亿元，未收7.5亿元。（梁圳惠）

【建筑业】 2012年，全市房屋建筑和市政基础设施工程报建项目173个，建筑面积188.23万平方米，工程造价23.1亿元。其中，市区工程报建工程34个，建筑面积31.73万平方米，工程造价4.79亿元。全市在建项目299个，建筑面积491.59万平方米，建工产值36.41亿元。全市241宗建设工程招标投标进入建设工程交易中心，工程总造价（中标价）23.1亿元，工程标底价23.83亿元，节约投资0.73亿元。其中，市区37宗，工程造价1.67亿元，工程标底价1.68亿元。应公开招标率和应招标率均达100%。

是年，将大中型初步设计审查、施工图审查、招标投标、报建等环节形成管理链，实现对设计质量有效监控。全市完成大中型建设工程初步设计审查11项，市区完成施工图设计文件审查40项。组织举办第三届亚热带特色风貌建筑设计大赛，推进设计企业的特色设计。从新兴县天露山禅龙峡旅游度假区等17幅参赛作品中评出项目一等奖1名，二等奖2名，三等奖3名，优秀奖3名。进一步规范私人建筑监管，对私人建筑工程实行分类管理，针对不同建筑规模质量安全风险，设置不同的报建条件，从源头上强化对私人建筑的监管，确保私人建筑质量安全。（张鹏）

【建设科技】 2012年10月23日，数字云浮地理空间框架建设成果顺利通过验收并发布推广，覆盖“一江三组团”范围1200平方千米高清彩色影像数据，实现云浮市高清影像“零”的突破，为云浮新区规划、农村集体土地登记发证、重大项目选址等工作提供最基础的图纸。（梁圳惠）

【建设事业信息化】 2012年，云浮市在云浮住房城乡建设信息网业务OA系统内网增设外地进驻企业管理模块，增加外地企业信息查询、输出功能，整理完成初始化数据的录入，并在云浮住建信息网站上对外地进驻企业进行公示，初步实现外地进驻企业的信息化管理。（张鹏）

【云浮市绿道网示范段建设】 2012年，云浮市在全市绿道网络开通的基础上，着重打造重点路段、精品绿道建设，完善配套设施，推广乡村旅游线路。罗定市通过接通金银河水库文道支线，依托沿线美丽的山水田园风光，把原有的生态休闲绿道与名镇、名村以及公园、城乡居民区等有机地串联起来，使绿道充分延伸到乡镇。线路总长约9千米，总投资135万元，全线贯通。（彭艳）

【云浮市城区照明系统分批改造】 2012年，云浮市采取照明、景观、节能结合的办法，投入资金740多万元，对城区照明系统进行分批改造，安装、维修城市公共照明路灯、“中国结”等灯饰9500多套，城区路灯亮灯率、完好率保持在98%以上，进一步美化、亮化城区。（张鹏）

附录：云浮市住房和城乡建设管理部门主要领导

云浮市住房和城乡建设局
党组书记、局长：江卓君
云浮市规划编制委员会
党组书记、主任：黄汉棣
云浮市国土资源和城乡规划管理局
党组书记、局长：叶　锐（任至2012年4月）　彭仲典（2012年4月任职）
云浮市城市综合管理局
党组书记、局长：陆景华
云浮市水务局
党组书记、局长：梁荣坚（任至2012年10月）　林　德（2012年10月任职）
云浮市住房公积金管理中心
党支部书记、主任：冯杰焕

各市建设

2012 年，全省各地住房和城乡建设系统管理部门以提高城市化发展水平统领各项工作。推进宜居城乡建设，创新住房保障制度，规范建设市场，推动建筑节能，提高信息化管理水平，多项工作均取得新成就。

2012 年，广州市推进道路交通基础设施和生态城市建设，加快创建名村名镇和美丽乡村，城乡建设各项工作均取得新成效。完成城建投资 1736.75 亿元，房屋施工面积 8718.64 万平方米。获“中国建设工程鲁班奖”1 项、“国家优质工程银质奖”6 项、“广东省建设工程优质奖”13 项。

■ 广州大剧院（2012）

■ 2012 年 2 月 1 日，广州市黄埔古村修缮保护一期工程竣工

■ 2012 年 9 月 29 日，广州市海珠生态城（万亩果园湿地一期）工程竣工

■ 广州市最美乡村之一——花都区梯面镇红山村（2012）

（广州市城乡建设委员会供稿）

广州住房公积金管理中心

成立于1995年，是直属广州市人民政府的事业单位，负责广州地区住房公积金的管理和运作，下辖广州铁路分中心，番禺、花都、从化、增城4个办事处，越秀、荔湾、海珠、天河、白云、黄埔、萝岗、南沙8个管理部，负责管理广州市住房置业担保中心。截至2012年12月底，全市累计有4.51万个单位的350.21万名职工缴存公积金2303.07亿元；向27.99万户家庭发放公积金贷款856.45亿元；实现增值收益55.69亿元。公积金业务规模位居全省之首，在全国仅次于北京、上海，名列第三。

2012年，广州建立住房公积金制度20周年，中心以此为契机，多措并举，优化服务，通过加大宣传力度，扩大公积金缴存的覆盖面。全市净增住房公积金缴存单位6238个，比上年增长27%，净增缴存职工31.77万人，新增缴存额402.21亿元，比上年增长17.40%，向3.80万户职工家庭发放公积金贷款172.42亿元，分别比上年增长27.95%、25.86%。开展便民服务，萝岗、荔湾、黄埔管理部和担保中心相继开业，实现业务网点在广州各区的全覆盖。通过推出网上业务大厅、开通短信服务平台和"12329"全国服务热线，让群众足不出户即可办理公积金相关业务。

■ 2012年5月21日，广州住房公积金管理中心举办单位协管员住房公积金业务培训会

■ 2012年9月15日，广州住房公积金管理中心在广州番禺举办广州建立住房公积金制度20周年政策咨询宣传活动

■ 2012年10月10日，广州市住房公积金管理委员会召开广州市住房公积金管理委员会第二届七次会议

■ 2012年12月12日，广州住房公积金管理中心举办广州住房公积金网上业务培训会

■ 广州住房公积金管理中心天河管理部业务大厅（2012）

2012 年，深圳市加大对固定资产投资项目建设的统筹协调力度，城市建设快速发展。轨道交通三期 7、9、11 号线 BT 项目全面实施；保障房开工建设 3.8 万套，竣工 1.8 万套，全年供应 2.39 万套。全市新增绿色建筑评价标识项目 38 个，全市 12 个项目达到国家绿色建筑最高等级三星级，居全国前列。完成既有建筑节能改造项目 197 个，完成计划的 102.33%，建筑废弃物减排与利用总量 350 万吨，全市太阳能热水建筑应用面积新增 278 万平方米。

■ 深圳市深南路绿化带（2012）　（深圳市城市管理局供稿）

■ 深圳市中心区立交桥（2012）　（陈卫国 摄）

■ 深圳市蔡屋围城区一角（2012）

■ 深圳市大鹏地质公园博物馆（2012）

■ 深圳市梅林公园（2012）

（深圳市城市管理局供稿）

■ 深圳湾滨海休闲带项目获 2012 年“广东省宜居环境范例奖”

（深圳市人居环境委员会供稿）

2012年，珠海市加快推进城市总体规划修编和重大规划、概念空间规划编制工作。新开工房屋和市政工程497项，建筑面积664万平方米，房地产开发投资242.08亿元，竣工面积422万平方米。13项房建工程被评定为“广东省优良样板工程”。在保障性住房建设中，超额完成广东省下达的目标任务。新开工2994套，完成率103.24%；竣工3349套，竣工率100%。

■ 珠海市横琴新区（2012）

（珠海市住房和城乡规划建设局供稿）

■ 珠海市横琴澳门大学建设工程（2012）

■ 珠海市竹银水库全貌（2012）　（珠海市海洋农渔和水务局供稿）

■ 珠海市 1 号线滨海绿道（2012）

■ 珠海市东澳岛休闲绿道（2012）

■ 珠海市凤凰山风景区（2012）

（珠海市市政园林和林业局供稿）

（珠海市住房和城乡规划建设局供稿）

2012 年，汕头市启动新一轮城市总体规划修改，“一湾两岸”城市核心圈和“一核多组团”的大特区城市新格局初具规模，累计完成投资额 44 亿元；设立“汕头市龙湖区电子商务产业基地”和“共建粤东现代物流发展示范区”；汕樟北路、黄河路等一批破旧道路改造完成，建成绿道 82 千米。

■ 2012 年 10 月 20 日，国际城市与区域规划师学会“规划卓越奖”授奖仪式在汕头举行

（汕头市城乡规划局供稿）

■ 汕头市商品住宅小区（2012）

（汕头市住房和城乡建设局供稿）

■ 汕头市龙湖沟（2012）
（汕头市水务局供稿）

■ 汕头星湖公园（2012）
（汕头市住房和城乡建设局供稿）

■ 汕头市内海湾（2012）
（汕头市住房和城乡建设局供稿）

2012年，佛山市在建监督工程6432项，建筑面积4533.41万平方米，工程总造价716.97亿元。新开工保障房7500套，完成竣工保障房3621套。城镇生活垃圾无害化处理率92.5%。城区人均公园绿地面积11.33平方米。3个镇、26条村被评为省级宜居示范城镇、宜居示范村庄。全市宜居社区比例达到41%。

■ 2012年7月31日，佛山市住房和城乡建设管理局召开推广绿色建筑政策标准宣贯会 （佛山市住房和城乡建设管理局供稿）

■ 佛山市新城滨河景观（2012）
（佛山市国土资源和城乡规划局供稿）

■ 佛山新城绿道（2012） （周春 摄）

■ 佛山市南庄绿岛湖（2012）

■ 佛山市南海区西樵山桑基鱼塘（2012）

（佛山市住房和城乡建设管理局供稿）

■ 佛山市高明水厂（三期）扩建工程投资9977万元，于2012年1月开始动工，6月28日竣工投产。

（佛山市水务局供稿）

西樵上金瓯松塘村

松塘村位于佛山市南海区西樵镇，常住人口 1600 多人，面积 11 公顷。始建于南宋，有 800 多年历史，因村中有数棵古松和连片数十亩水塘而得名。村中宗祠家庙、家塾书舍、镬耳屋民居、古巷道、古井、古树众多，松塘村“燕子傍岗飞”的地理布局依稀可辨，“代代着朝衣”的美好愿景也在延续。松塘村历史上人才辈出，据考证：仅明清时期松塘村就有 20 多名进士和举人，其中 4 人入翰林院，因而松塘村也有“翰林村”的美誉。松塘村祠堂门前屹立着保存完好的旗杆石群，村民们保留着农历正月初四“出色巡游”、六月廿四“关帝诞”、八月十五“烧番塔”和新历十月三日“孔子诞”等民俗文化活动，其独特的自然景观和深厚的历史文化底蕴，在村落规划、建筑、历史、人文等方面有着重要的研究意义，曾获“中国历史文化名村”“广东省历史文化名村”“广东十大最美古村落”等称号。

孔圣庙（2012）

区氏宗祠（2012）

村心月池（2012）

■ 至今，松塘村村民们仍保留着“孔子诞”“拜孔圣人”“步青云路”“过翰林门”“领翰林利是”“成翰林学士”等民俗文化活动

■ 松塘村习俗之一：村民在八月十五中秋节烧番塔，祈求风调雨顺和生活兴旺。番塔的火苗越旺，预示来年生活更加富足、吉祥

2012年，顺德区实施重点交通建设项目35项，先后完成顺德一环南延线主线、番村立交和佛开高速扩建工程顺德段等10项重点工程建设；完成城乡基础设施投资69.46亿元；城镇生活污水处理率83.31%；建成城市绿道286千米；新开工保障性住房3480套，竣工676套。

■ 2012年12月，顺德区大良德胜商务区中轴线绿化景观改造提升工程完工

■ 顺德区北滘新城区全景（2012）

■ 2012 年 1 月 12 日，顺德区北滘文化中心落成使用

■ 2012 年 12 月 28 日，顺德区伦桂路容桂特大桥主体工程完工

■ 2012 年 12 月 15 日，顺德区北滘镇潭州水道绿化工程完工

■ 顺德大良东区商品住宅小区（2012）

（佛山市顺德区国土城建和水利局供稿）

2012年，韶关市筹集保障房建设资金9.2亿元，竣工保障房2817套。建筑业增加值58.1亿元，房地产开发企业完成投资91.3亿元，商品房销售259.64万平方米。丹霞山旅游景区接待游客309.4万人次，实现旅游总收入6.4亿元。建成百芙绿道，全长46千米，总投资1500万元。累计缴存住房公积金112.9亿元，实现增值收益5850万元。新地标景观通天塔重建完工。是年，韶关市住房和城乡建设局被住房和城乡建设部、人力资源和社会保障部授予“全国住房城乡建设系统先进集体”称号。

■2012年9月5日，韶关市举行原曲仁矿棚户区改造二期工程开工奠基仪式 （章程 摄）

■2012年11月24日，韶关市举行第五届徒步穿越丹霞山活动

（丹霞山风景名胜区管理委员会供稿）

■2013年1月10日，韶关市人民政府在中山公园门前举行韶关市公益性自行车租赁站网启动仪式 （韶关市城市综合管理局供稿）

■ 2012年10月10日、11月26日，韶关市城市综合管理局牵头组织召开《工业西路片区内涝整治详细规划》专家初步评审会，研究制定工业西片区内涝整治方案

■ 重新铺装的韶关北江桥桥面（2012）

■ 2012年9月29日，韶关市新地标景观通天塔重建完工并向游人开放

（韶关市城市综合管理局供稿）

■ 韶关市乳源县重点建设项目——乳源高级中学和体育馆全景（2012）

（韶关市乳源县城建水务局供稿）

2012 年，河源市住房和城乡规划建设各部门推进城乡基础设施建设。全年完成建制镇总体规划修编 20 个、村庄规划编制 300 个，全市城镇化率 45%。新增绿地面积 23.5 万平方米，完成房地产开发投资 67.13 亿元，新开工商品房施工面积 265.4 万平方米，新开工保障性住房项目 32 个。

河源市东江西路滨江景观带（2012）

河源市文化广场（2012）

■ 2012年1月18日，河源市客家文化公园（一期）工程完工

■ 河源市新丰江两岸住宅群（2012）

（河源市住房和城乡规划建设局供稿）

2012年，梅州市城乡建设事业快速发展。全市城市和县城建成区面积123.58平方千米，完成建制镇规划编制84个、村庄规划编制1287个。全年完成房地产开发投资35.99亿元，完成建筑业总产值170.42亿元。

■ 梅州市归读公园（2012）

（梅州市住房和城乡建设局供稿）

■ 梅州市院士广场（2012）

■ 截至 2012 年底，梅州市完成省立绿道 8 号线梅江区段 30 千米绿道建设任务。图为梅州城区归读公园绿道

（梅州市住房和城乡建设局供稿）

■ 2012 年 12 月，梅州市城区实现天然气供气管道全覆盖

（梅州市城市综合管理局供稿）

■ 2012 年 11 月 8 日，梅州市中环路、梅塘东路改造工程完成

■ 梅州市剑英公园观鱼台（2012）

（梅州市城市综合管理局供稿）

（曾万水 摄）

2012年，惠州市围绕“宜居、宜业、宜游”城市发展目标，推进城乡区域一体化。全年建成一批城市道路、连接路和立体交通设施。人均公园绿地面积15.8平方米，新增绿道152.8千米，新增公交线路25条，建成便民自行车服务站点100个，建成金山河整治主体工程。新建城镇污水处理设施21座、垃圾无害化处理场1座，县县建成垃圾处理场。是年，惠州市通过“国家环保模范城市”复核。

■ 2012年5月24日，惠州市召开创建国家级历史文化名城国家生态城市国家森林城市动员大会

（惠州市环境保护局供稿）

■ 惠州市西湖城区（2012）

■ 惠州市惠城区桥东片区城市绿道（2012）

■ 惠州市惠城区金石花园保障性住房小区（2012）

■ 中国首批古村落——博罗县龙华镇旭日村古建筑群（2012）

■ 惠州市博罗县横河镇鸟瞰（2012）

（惠州市住房和城乡规划建设局供稿）

2012年，汕尾市推进重点项目建设。红海湾电厂3、4号机组并网发电，创产值超过62亿元，完善深汕特别合作区基础设施建设，腾讯等34家企业相继入园，预计总投资247亿元。创建“广东省园林城市”，完成《汕尾市综合交通规划》等多项专项规划编制，建设公路里程224.3千米，建设城市景观带52千米、沿海防护林带43千米。全年完成建筑业总产值12.64亿元，超额完成广东省下达的保障性安居工程建设任务。

■ 汕尾市海丰县城区（2012）

■ 汕尾市区一角（2012）

■ 汕尾市区品清湖（2012）

■ 汕尾市区商品房住宅小区（2012）

■ 汕尾市陆河县城鸟瞰（2012）

■ 汕尾市汕尾至海城省道路段（2012）

（汕尾市住房和城乡建设局供稿）

2012 年，东莞市完成建筑业总产值 142.2 亿元，完成房地产开发投资 377.32 亿元。城市人均公园绿地面积 16.66 平方米，绿化覆盖率 45.72%，建成绿道 923.5 千米，驿站 58 个。建设市 / 镇财政投资工程 72 项，完成投资 24 亿元，17 项工程完工，中国散裂中子源、市民艺术中心和工人文化宫等 11 项工程新开工。16 个项目获“广东省建设工程优质奖”、26 个项目被评定为“广东省安全生产文明施工示范工地”。

■ 2012 年 6 月 1 日，东莞市松山湖科苑公寓 A 区（公租房）工程竣工
（东莞市住房和城乡建设局供稿）

■ 2012 年 12 月 30 日，东莞职业技术学院（二期二标）工程竣工
（东莞市城建工程管理局供稿）

■ 东莞市东江水道（2012）
（东莞市城乡规划局供稿）

■ 东莞市大屏嶂森林公园绿道（2012）

■ 东莞市道滘镇蔡白沿江路湿地公园（2012）

（东莞市城市综合管理局供稿）

■ 东莞市望牛墩七夕公园（2012）

（东莞市城乡规划局供稿）

东莞市桂昌园林有限公司

成立于 2005 年，注册资本 2280 万元，具有城市园林绿化企业二级资质。业务包括：园林绿化及景观工程设计、施工；园林机械设备销售；苗木种植和销售；清洁环卫服务。公司有苗圃基地 13.33 公顷，高级园林工程师两人、工程师 33 人、助理工程师 5 人、高级园艺师两人、其他中级技术人员 30 多人。曾获“中国 AAA 级信用企业”“A 级质量服务诚信单位”“全国十佳诚信单位、质量、服务、信誉 AAA 级金牌单位”“中国企业诚信经营 AAAAA 级示范单位”“全国行业最具影响力诚信品牌企业”等称号。

2012 年，资产总额 1.19 亿元，总工程量 3000 万元，完成项目包括：东莞东坑镇道路、东莞世纪广场绿化养护保洁、东莞樟木头镇广场绿化养护、华南摩尔主题购物公园北大资源御湾商住区二期项目园林景观展示区工程、东莞市岭南美术馆室外景观工程、东莞田禾 · 赛纳河畔一期园林工程。

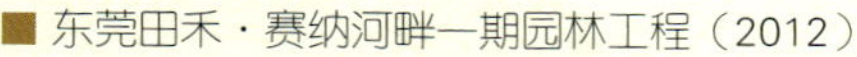

■ 东莞田禾 · 赛纳河畔一期园林工程（2012）

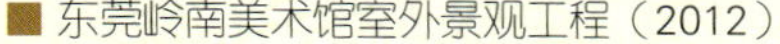

■ 东莞岭南美术馆室外景观工程（2012）

■ 广深沿江高速公路 A2 合同段绿化苗木种植工程（2012）

■ 东莞华南摩尔主题购物公园北大资源御湾商住区二期项目园林景观展示区工程（2011）

2012年，中山市城市基础建设迈出新步伐。翠亨新区发展总体规划、建设方案、管理架构获广东省批准并进入实质建设。深中通道、深茂铁路等规划选线落实，古神公路二期、中山港大桥扩建等交通项目动工，福源路、广珠西线高速三期等建成通车。加快岐江河水环境生态保护区建设，整治内河涌210千米。新增污水处理能力11万吨/日，主要污染物总量减排考核居全省前列。新建与改造绿地面积71万平方米，城市人均公共绿地面积11.9平方米。建设绿道280千米，新投放3080辆公共自行车，使用率居全国前列。是年，通过“国家环保模范城”复检；4个镇、15个村被评为“广东省宜居示范镇村”。

■ 中山市中心城区（2012）

（中山市国土资源局供稿）

■ 中山市岐江两岸（2012）　　（黄少毅 摄）

■ 中山市商品住宅小区一角（2012）

■ 中山市博爱路绿道示范段（2012）

（中山市住房和城乡建设局供稿）

■ 中山市长江水库鸟瞰（2012）　　（中山市水务局供稿）

2012 年，江门市按照新型城镇化的要求，以“种树、搭桥修路、抓大项目”为重点，加快城乡基础设施建设。完成城乡公共基础设施建设投资 60 亿元，完成重大交通基础设施投资 45 亿元，城市建成区面积扩大至 260.29 平方千米。

■ 江门市滨江新区天沙河路总投资 2.9 亿元，于 2012 年 1 月竣工通车。该项目被评定为 2012 年度“广东省市政优良样板工程”

■ 江门市滨江新区天沙河路（2012）

■ 江门市东华大桥（2012）

■ 2012 年 2 月 1 日，江门市滨江新区新南路竣工通车

■ 2012 年 7 月，江门市里村大道建成通车

■ 江门市胜利大桥（2012）

■ 2012 年 12 月，江门市胜利人行天桥建成并投入使用

（江门市住房和城乡建设局供稿）

2012 年，阳江市加快推进重点项目建设，56 个重点项目完成投资 195.39 亿元。建筑和房地产业持续发展，完成建安产值 71.96 亿元，完成房地产开发投资 61.1 亿元。城镇建成区总面积 180.01 平方千米，建成区绿地率 34.7%。城镇污水处理能力提高到 20.5 万吨 / 日，城镇生活垃圾处理率 78.1%，全市城镇化率 48%。

■ 阳江市城南新区道路（2012）（关勇军 摄）

■ 阳江市廉租房富康小区（2012）（冯成富 摄）

■ 阳江市鸳鸯湖风景区（2012）

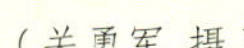

■ 阳江市新江北路（2012）（关勇军 摄）

■ 阳江市文化广场（2012）（梁文栋 摄）

■ 阳江市商品住宅小区（2012）（梁文栋 摄）

（李宗健 摄）

2012年，湛江市推进城乡统筹发展。完成房地产开发投资87.13亿元，完成建筑业总产值223亿元。房屋及市政基础设施工程项目建筑面积576万平方米，1项工程获“中国建设工程鲁班奖”，中澳友谊花园工程被评定为“广东省园林建设样板工程”。住房公积金增值收益1.21亿元，在全省率先开展跨行划转还贷业务。

■ 湛江市海北路（2012） （湛江市城市综合管理局供稿）

■ 湛江市北桥河（2012） （湛江市城市综合管理局供稿）

■ 第十四届广东省运动会主场馆建设（2012）

■ 2012 年 12 月，广东粤电湛江生物质电厂光伏发电项目通过复核

■ 湛江市湖光岩世界地质公园（2012）

（湛江市住房和城乡建设局供稿）

2012年，茂名市开展滨海新区起步区的规划建设，推进城乡清洁工程、宜居城乡建设和保障性安居工程建设，规范房地产业、建筑业和燃气业管理，推广建筑节能应用，加快城市基础设施建设。是年，完成房地产投资62.6亿元，商品房屋施工面积899.4万平方米，完成建筑业总产值246.2亿元。新开工建设保障性住房工程项目23个、3092套；主体竣工项目12个、1311套；新增发放住房租赁补贴1266户，超额完成广东省下达的任务。

■ 茂名市住宅楼群（2012） （茂名市城乡规划局供稿）

■ 2012年4月26日，广东茂名滨海新区成立大会暨重大项目开工仪式在茂名举行 （丘立贺 摄）

■ 茂名市区远眺（2012） （周泽佳 摄）

■ 茂名市文化广场（2012） （周泽佳 摄）

■ 2012年9月1日，茂名市站前路、文光路和火车站周边改造工程竣工

■ 茂名大道（2012）

（茂名市城市综合管理局供稿）

2012 年，肇庆市建筑业与房地产业保持平稳较快发展。完成建筑业总产值 117.31 亿元；完成房地产开发投资 145.45 亿元；完成新增保障性住房 3768 套；新增“三旧”改造项目 44 个，新动工面积 173 公顷，总投资 38.64 亿元；市城区重点市政工程竣工并交付使用项目 11 项。

■ 肇庆市牌坊广场鸟瞰（2012）

（肇庆市城乡规划局供稿）

■ 肇庆市迎宾大道波海湖绿道（2012）

（肇庆市城乡规划局供稿）

■ 肇庆市七星岩风景区东门广场鸟瞰（2012）

（肇庆市城乡规划局供稿）

■ 2012 年 12 月 30 日，肇庆市西江路改造工程竣工

（肇庆市城市综合管理局供稿）

■ 肇庆市星湖湾及星湖湾栈道（2012）

（肇庆市住房和城乡建设局供稿）

2012 年，清远市全面实施南融北拓“桥头堡”战略，加快县城和中心镇市政道路和公共服务设施建设，推进国家园林城市创建工作。总投资 1847.4 亿元的 95 项重点项目建设启动，完成投资 198.9 亿元。完成中心城区总体规划修编和重点片区控制性规划，广清城际轨道项目正式动工，清远水利枢纽主体工程基本完工。

■ 清远市城市防洪工程（2012）

（清远市水务局供稿）

■ 清远北江两岸的建筑群（2012）

（李作描 摄）

■ 清远市市区商品住宅小区（2012）
（李作描 摄）

■ 清远市北江二路道路绿化带（2012）
（李作描 摄）

■ 清远市英德绿道景观（2012）
（清远市住房和城乡建设局供稿）

2012年，潮州市加强城乡规划、建设和管理各项工作。50个重点项目完成投资83.7亿元；完成39个建制镇的总体规划编制；完成房地产开发投资26.8亿元，商品房销售额31.8亿元；新增开工保障性住房1536套，保障性住房1036套竣工；完成建筑安装总产值29.46亿元。韩江水质长期保持在地表水二类水质水平，饮用水源水质达标率100%。

■ 潮州市绿岛山庄（2012）

（谢达虹 摄）

■ 潮州市区的万家灯火（2012）

（谢达虹 摄）

潮州韩江长廊（2012） （谢达虹 摄）

潮州市新城区一角（2012） （陈泽生 摄）

潮州市大街亭（2012） （谢达虹 摄）

潮州市老城区远眺（2012） （谢达虹 摄）

2012年，揭阳市被评为“广东省园林城市”。城市（县城）建成区面积141.98平方千米，人均住宅面积36.9平方米，人均公园绿地面积7.8平方米，生活垃圾无害化处理率70.79%；建成区绿化覆盖率37.47%，人均公园绿地面积15.91平方米，生活垃圾无害化处理率92.11%，污水处理率77.98%。

■ 揭阳市仁义路（2012）

（揭阳市住房和城乡建设局供稿）

■ 揭阳市文化中心（2012）

■ 揭阳市北河两岸住宅群（2012）（揭阳市住房和城乡建设局供稿）

■ 揭阳市风门古径风景区（2012）（揭阳市住房和城乡建设局供稿）

■ 揭阳市榕江湿地公园（2012） （王衍 摄）

（王衍 摄）

2012年，云浮市完成房地产开发投资31.97亿元，“三旧”改造投资17.3亿元。城乡生活垃圾处理无害化处理率54.8%，全市年污水处理总量4449万立方米，日平均污水处理总量12.19万立方米。是年，全市创建6个宜居城镇、86条宜居村庄、3个宜居社区。新兴县新城镇等4个镇被授予“广东省第二批宜居示范镇”称号；云城区思劳镇城村等14条村庄被授予“广东省第二批宜居村庄”称号；云浮市被评为“广东省园林城市”。

■ 云浮南山河亲水平台（2012） （刘烁、徐登科 摄）

■ 云浮市城区街道绿景——城置花海（2012） （云浮市城市综合管理局）

■ 云浮市区鸟瞰（2012）

■ 云浮市市区一角（2012）

（云浮市住房和城乡建设局供稿）

■ 云浮南山乡村（2012）
（徐登科 摄）

云浮市住房和城乡建设局

2012年，云浮市住房和城乡建设局履行部门职责，推动建筑业、房地产业发展和宜居城乡建设。全市房屋建筑面积188.23万平方米，工程总造价23.1亿元，房地产完成开发投资额31.97亿元，商品房销售额34.58亿元，建成保障性住房722套。是年，4项工程被评定为“广东省安全生产文明施工示范工地”“广东省AA级安全文明标准化诚信工地”；云浮市住房和城乡建设局被授予“广东省住房和城乡建设系统精神文明建设示范单位”称号。

■ 2012年，云浮市被评为“广东省园林城市”。图为位于绿色生态环境中的云浮市中心

■ 新建成的云浮市商品住宅小区（2012）

■ 云浮新城农村居住集中示范区湖景花园效果图（2012）

（云浮市住房和城乡建设局供稿）

荣誉榜

- 国际荣誉
- 全国荣誉
- 省级荣誉

国际荣誉

2012年广东省获“迪拜国际改善居住环境最佳范例奖全球百佳范例”称号项目

(授予单位：联合国人居署、阿拉伯联合酋长国迪拜市政府)

荣誉名称	获奖项目
迪拜国际改善居住环境最佳范例奖全球百佳范例	珠江三角洲绿道网建设项目

(广东省住房和城乡建设厅城市建设处)

全国荣誉

2012年广东省住房和城乡建设系统获“全国五一劳动奖章”称号个人

(授予单位：中华全国总工会)

获奖个人	工作单位	职　务
程石岭	广东省建筑工程集团有限公司	党委副书记、纪委书记、工会主席
陈建飚	广东省建筑设计研究院	电气专业总工程师
吕圣雄	广东省第二建筑有限公司八处	副主任

(广东省住房和城乡建设工会委员会)

2012年广东省住房和城乡建设系统获“全国五一劳动奖状”称号单位

(授予单位：中华全国总工会)

荣誉名称	获奖单位
全国五一劳动奖状	广东省第二建筑有限公司
	广州市金辉建筑置业有限公司

(广东省住房和城乡建设工会委员会)

2012年广东省住房和城乡建设系统获“全国工人先锋号”称号单位

(授予单位：中华全国总工会)

荣誉称号	获奖单位
全国工人先锋号	广东省建设信息中心粤建通综合服务中心
	广州市恒盛建设有限公司广氮地区新社区施工项目部
	广东省第一建筑工程有限公司第一分公司

(广东省住房和城乡建设工会委员会)

2012年广东省获“全国住房城乡建设系统先进集体”称号单位

（授予单位：人力资源和社会保障部、住房和城乡建设部）

荣誉名称	获奖单位
全国住房城乡建设系统先进集体（6个）	广东省汕尾市海丰县住房和城乡规划建设局
	韶关市住房和城乡建设局
	湛江市房产管理局
	广东省建设工程质量安全监督检测总站
	梅州市城乡规划局
	深圳市住宅发展事务中心

（广东省住房和城乡建设厅机关党办）

2012年广东省获“全国住房城乡建设系统先进工作者”称号个人

（授予单位：人力资源和社会保障部、住房和城乡建设部）

荣誉名称	获奖个人	工作单位	职　务
全国住房城乡建设系统先进工作者（25名）	谭龙海	广东省住房和城乡建设厅直属机关党委	专职副书记 党办主任
	杨海涛	广东省建设信息中心	总工室主任
	邓国基	广州市城市规划勘测设计研究院	副院长
	熊　林	广州市水务局排水管理处	主任科员
	蔡耿生	深圳市规划和国土资源委员会	主任科员
	袁忆博	深圳市水务局污染治理处	主任科员
	李　凡	珠海市住房公积金管理中心	副主任
	游从正	东莞市城市综合管理局	主任科员
	罗泳仪	佛山市禅城区住房保障建设管理中心	副所长
	曾伟锋	河源市住房和城乡规划建设局办公室	主　任
	练瑞群	惠州市市容环境卫生管理局桥西环卫所	保洁员
	梁　涛	茂名市建设工程监督管理局	主任科员
	温文忠	梅州市住房和城乡建设局	科　长
	胡剑芸	清远市住房和城乡建设局建筑管理科	副科长
	张　青	汕头市生活垃圾卫生处理场科研所	所　长
	陈辉南	汕尾市住房和城乡建设局	局　长
	袁建文	韶关市城乡规划市政设计研究院市政所	所　长
	黎家余	肇庆市生活垃圾无害化处理场业务股	副股长
	房三艳	中山市住房保障办	科　员
	黄宗文	台山市城市管理局环卫管理处	工　人
	林　川	阳江市城市规划设计院	院　长
	江卓君	云浮市住房和城乡建设局	局　长
	何　杰	湛江市城市规划局工程管理科	副科长
	李尚春	顺德区国土城建和水利局	科　员
	王锡鑫	潮州市城市规划勘测设计院	院　长

（广东省住房和城乡建设厅机关党办）

2012年广东省获“全国住房城乡建设系统劳动模范”称号个人

(授予单位：人力资源和社会保障部、住房和城乡建设部)

荣誉名称	获奖个人	工作单位	职务
全国住房城乡建设系统劳动模范（19名）	陈　星	广东省建筑设计研究	结构专业总工程师
	陈惠明	广州市绿化公司工程一部	技术总监
	郭　伟	深圳市第一建筑工程有限公司	项目经理
	刘清伟	珠海市淇澳—担杆岛省级自然保护区管理处	护林员
	罗贤光	佛山市南海区房地产测绘中心	测量工程师
	陈贺添	东莞市石鼓污水处理有限公司	技术员
	邱建明	韶关市第一污水处理厂	技术员
	邓　韬	肇庆市房地产交易中心	副主任
	马荫贤	广东耀南建筑工程有限公司	技术负责人
	王　川	湛江市检测技术发展公司	职　工
	石仕益	阳江市阳西县房地产开发总公司	办事员
	吕帝雄	茂名市建筑集团有限公司	技术员
	蔡俊明	潮州市第二建筑安装总公司	总经理
	王淑冰	佛山市顺德区水业控股有限公司营业室	副主任
	王　燕	云浮市嘉信实业发展有限公司	董事长
	刘晓东	广东工程建设监理有限公司	项目总监理工程师
	卢　凯	广东省工业设备安装公司分公司	总经理、党支部书记
	杨国龙	广东省建科建筑设计院市政环卫设计所	所　长
	冯向东	深圳市建工集团服务有限公司技术中心	主　任

(广东省住房和城乡建设厅机关党办)

2012年广东省住房和城乡建设系统获“建设节约集约用地试点示范省先进单位”称号单位

(授予单位：国土资源部、广东省人民政府)

荣誉名称	获奖单位
建设节约集约用地试点示范省先进单位	广东省住房和城乡建设厅

(广东省住房和城乡建设厅城乡规划处)

2012年广东省住房和城乡建设系统获“建设节约集约用地试点示范省先进个人”称号个人

(授予单位：国土资源部、广东省人民政府)

荣誉名称	获奖个人	工作单位
建设节约集约用地试点示范省先进个人	邱衍庆　郭建华　朱国鸣　郑大彬　苏西超	广东省住房和城乡建设厅

(广东省住房和城乡建设厅城乡规划处)

2012年广东省获“全国保障性安居工程建设劳动竞赛先进单位”称号单位

(授予单位：中国海员建设工会全国委员会)

荣誉名称	获奖单位
全国保障性安居工程建设劳动竞赛先进单位	惠州市住房和城乡建设局
	连平县解决住房困难办公室
	广州市恒盛建设有限公司
	深圳市共联建设工程有限公司
	广东省第二建筑工程公司
	广州市金辉建筑置业有限公司

(广东省住房和城乡建设工会委员会)

2012~2013年度广东省获“中国建设工程鲁班奖”（国家优质工程）项目

(授予单位：中国建筑业协会)

序号	工程名称	承建单位	参建单位
1	君豪酒店	广东明兴建筑集团有限公司	福建凤凰山装饰工程有限公司
2	富力丽港中心公寓项目	广东正升建筑有限公司	汕头市建安(集团)公司
3	布吉污水处理厂主体及附属工程	深圳市市政工程总公司	深圳市天健市政安装工程有限公司 深圳市金润建设工程有限公司
4	卓越皇岗世纪中心项目2号楼及裙楼配套	江苏省华建建设股份有限公司	江苏中程建筑有限公司 江苏扬安集团有限公司 中国建筑第二工程局有限公司 中建三局第一建设工程有限责任公司 深圳市中装建设集团股份有限公司 深圳市瑞华建设股份有限公司 汕头市达濠建筑总公司
5	深圳北站综合交通枢纽工程	中铁二局股份有限公司 中国中铁股份有限公司 (中铁南方投资发展有限公司)	中铁二局集团装饰装修工程有限公司 中铁二局集团电务工程有限公司 深圳中铁二局工程有限公司 中国中铁二局第四工程有限公司 广东杭萧钢构有限公司 中铁四局集团有限公司 中铁建工集团有限公司 中铁四局集团第五工程有限公司 中铁上海工程局第一工程有限公司 中铁四局集团建筑装饰安装工程有限公司

(续表)

序号	工程名称	承建单位	参建单位
6	深圳港大铲湾港区集装箱码头一期工程	中交第四航务工程局有限公司 中铁二局股份有限公司	中交四航局第二工程有限公司 深圳中铁二局工程有限公司
7	深圳市大运中心项目	中国建筑第八工程局有限公司 上海宝冶集团有限公司	中建钢构有限公司 深圳市瑞华建设股份有限公司 中建工业设备安装有限公司 上海中建八局装饰有限责任公司 深圳市洪涛装饰股份有限公司 北京国安电气有限责任公司 江苏沪宁钢机股份有限公司 深圳市方大装饰工程有限公司 深圳市宝鹰建设集团股份有限公司
8	林和西横路酒店(广州新天希尔顿酒店)	海南第四建设工程有限公司	

(广东省建筑业协会)

2012~2013 年度广东省建筑企业在省外获“中国建设工程鲁班奖”(国家优质工程)项目

(授予单位:中国建筑业协会)

序号	工程名称	承建单位	参建单位
1	北京市朔黄发展大厦	北京建工集团有限责任公司	深圳广田装饰集团股份有限公司
2	北京市新疆大厦	北京住总集团有限责任公司	深圳市中建南方装饰工程有限公司 深圳海外装饰工程有限公司
3	河北省河北市白楼宾馆贵宾楼	河北建工集团有限责任公司	广东省建筑装饰集团公司 广东世纪达装饰工程有限公司
4	上海市太平金融大厦	上海建工一建集团有限公司	中建钢构有限公司
5	江苏省苏州工业园区档案大厦	上海嘉实(集团)有限公司 宜兴市工业设备安装有限公司	深圳海外装饰工程有限公司
6	江苏省无锡市人民医院儿童医疗中心	江苏正方园建设集团有限公司	深圳瑞和建筑装饰股份有限公司
7	江苏省南京大学仙林校区图书馆	南通新华建筑集团有限公司	珠海市红海幕墙有限公司
8	江西省中国井冈山干部学院添建项目	江西建工第一建筑有限责任公司	深圳远鹏装饰设计工程有限公司
9	湖北省辛亥革命博物馆	武汉建工股份有限公司	深圳市中孚泰文化建筑建设股份有限公司 珠海市晶艺玻璃工程有限公司
10	湖南省湖南移动枢纽楼工程	湖南省第六工程有限公司	深圳市博大装饰工程有限公司 深圳市科源建设集团有限公司
11	海南省三亚凤凰岛国际养生度假中心5号楼	中天建设集团有限公司	中山盛兴股份有限公司
12	四川省四川广播电视中心	中国建筑第四工程局有限公司	深圳市瑞华建设股份有限公司
13	重庆市云阳县市民文化活动中心	重庆建工第二建设有限公司	深圳海外装饰工程有限公司
14	贵州省贵阳奥林匹克体育中心主体育场工程	中建三局第一建设工程有限责任公司	中建钢构有限公司
15	甘肃省甘肃会展中心建筑群项目——大剧院兼会议中心	中国中铁航空港建设集团有限公司	深圳市中孚泰文化建筑建设股份有限公司

(续表)

序号	工程名称	承建单位	参建单位
16	福建省福州海峡国际会展中心	中国建筑股份有限公司	中建钢构有限公司 广东金刚幕墙工程有限公司
17	北京市昆泰酒店	中建一局集团第三建筑有限公司	深圳市晶宫设计装饰工程有限公司

(广东省建筑业协会)

2012年广东省获“国家建设工程项目AAA级安全文明标准化诚信工地”称号项目

(授予单位:中国建筑业协会)

广东省建工集团1项

序号	工程名称	建设单位	承建单位	监理单位
1	原芳村高尔夫球场A、B地块(中国铁建荔湾国际城A、B地块)项目(A标)	中铁房地产集团广州有限公司	广东省第四建筑工程公司	广州穗科建设监理有限公司

广州市4项

序号	工程名称	建设单位	承建单位	监理单位
2	8层电信设备楼工程1幢(自编号中国电信广州数据中心)	中国电信股份有限公司广州分公司	广州机施建设集团有限公司	广州建筑工程监理有限公司
3	广州市轨道交通六号线【水荫路—天平架盾构区间】土建工程	广州市地下铁道总公司	广东水电二局股份有限公司	广州轨道交通建设监理有限公司
4	珠江新城L3~1、L3~3地块T1~T5栋住宅工程施工总承包及配合管理服务	广州市珠江实业开发股份有限公司	广州建筑股份有限公司	广州珠江工程建设监理公司
5	宝盛沙地二期旧城改造项目施工总承包	广州市荔湾区连片危破房改造项目办公室	广州市恒盛建设工程有限公司	广州珠江工程建设监理公司

深圳市4项

序号	工程名称	建设单位	承建单位	监理单位
6	维雅德酒店		中国华西企业有限公司	深圳科宇工程顾问有限公司
7	数字音乐大厦	深圳市华动飞天网络技术开发有限公司	中国建筑第二工程局有限公司	深圳市华西建设监理有限公司
8	中广核大厦	中国广东核电集团有限公司	中建三局第二建设工程有限责任公司	深圳中海建设监理有限公司
9	松枰村三期经济适用房二标	深圳市住宅工程管理站	深圳市建工集团股份有限公司	深圳市东部建设监理有限责任公司

珠海市4项

序号	工程名称	建设单位	承建单位	监理单位
10	珠海国家高新区总部基地项目第一期(S2地块A幢)建筑安装工程(第二次)	珠海市高新总部基地建设发展有限公司	广东建粤工程有限公司	广州珠江工程建设监理有限公司

(续表)

序号	工程名称	建设单位	承建单位	监理单位
11	敦煌大厦	珠海深信投资有限公司	南通四建集团有限公司	珠海市强宇工程监理有限公司
12	珠海市华发新城六期C区	珠海市华耀商贸发展有限公司	广东建星建筑工程有限公司	广东建浩工程监理有限公司
13	拱北口岸改扩建(一期工程)	珠海市人民政府口岸办公室	湖南长大建设集团股份有限公司	中外建天利(北京)工程监理咨询有限公司

东莞市3项

序号	工程名称	建设单位	承建单位	监理单位
14	东莞市城市快速轨道交通R2线工程2304标	东莞市轨道交通有限公司	中铁二局股份有限公司	广州轨道交通建设监理有限公司
15	新世纪亦居(二期)8、9、10号楼	东莞市新世纪润城实业投资有限公司	中建三局第一建设工程有限责任公司	东莞市鸿业工程建设监理有限公司
16	万科·金域华府3号地下室及叠桦轩1、2号楼	东莞市新通实业投资有限公司	裕达建工集团有限公司	东莞市恒信建设工程咨询有限公司

中山市2项

序号	工程名称	建设单位	承建单位	监理单位
17	中山市悦来南路片区三旧改造项目一期商住小区工程	中山市金澳房地产开发有限公司	中天建设集团有限公司	中山市火炬建设监理有限公司
18	丽景名筑(25~27座、34座及地下车库)住宅小区	中山市丽景集团有限公司	湖南省第五工程有限公司	中山市火炬建设监理有限公司

梅州市1项

序号	工程名称	建设单位	承建单位	监理单位
19	梅县人民体育场和梅县文体中心工程	梅县体育局	广东宝丽华建设工程有限公司	广州高新工程顾问有限公司

云浮市1项

序号	工程名称	建设单位	承建单位	监理单位
20	云浮市去城区西花岗市政综合建设项目地块八(J幢、地下室二期)	云浮市臻汇园房地产有限公司	广东电白建设集团有限公司	肇庆市资信工程建设监理有限公司

江门市1项

序号	工程名称	建设单位	承建单位	监理单位
21	益丞帝豪居(地下车库、1号、2号住宅、商铺A段,3号、5号、6号、9号住宅,7号、8号住宅,10号、11号、12号住宅、商铺B段)		江门市江建建筑有限公司	广东省建东工程监理有限公司

横琴岛澳门大学1项

序号	工程名称	建设单位	承建单位	监理单位
22	横琴岛澳门大学新校区发展项目体育场、体育馆、中央行政楼、文化及交流中心、科技学院、生命科学及健康学院		广东耀南建筑工程有限公司	广州珠江工程建设监理有限公司

(广东省建筑安全协会)

2012年度广东省获第十一届“中国土木工程詹天佑奖”项目

（授予单位：中国土木工程学会詹天佑土木工程科学技术发展基金会）

项目编号	项目名称	序号	参建单位
1	深圳宝安体育场	1	华南理工大学建筑设计研究院
		2	中国建筑第八工程局有限公司
		3	深圳市宝安区建筑工务局
2	深圳大运中心	1	上海宝冶集团有限公司
		2	深圳市建筑工务署
		3	深圳市建筑设计研究总院有限公司
		4	中国建筑东北设计研究院有限公司
		5	广州珠江工程建设监理有限公司
		6	中国建筑第八工程局有限公司
		7	中建三局第二建设工程有限责任公司
		8	深圳市方大装饰工程有限公司
		9	上海裕项建设工程有限公司
		10	浙江精工钢结构有限公司
		11	深圳市工勘岩土工程有限公司
		12	中建钢构有限公司
3	深圳北站综合交通枢纽工程	1	中铁二局股份有限公司
		2	广深港客运专线有限责任公司
		3	深圳市地铁集团有限公司
		4	中铁南方投资发展有限公司
		5	中铁第四勘察设计院集团有限公司
		6	深圳大学建筑设计研究院
		7	北京城建设计研究总院有限责任公司
		8	中铁二局集团装饰装修工程有限公司
		9	广东杭萧钢构有限公司
		10	中铁四局集团有限公司
		11	中铁建工集团有限公司
		12	深圳中铁二局工程有限公司
		13	中铁二局集团电务工程有限公司
		14	中铁二局第四工程有限公司
		15	北京铁城建设监理有限责任公司
		16	华南铁路建设监理公司
		17	中煤邯郸中原建设监理咨询有限责任公司

(续表)

项目编号	项目名称	序号	参建单位
4	广州塔	1	广州新电视塔建设有限公司
		2	奥雅纳工程顾问(香港)有限公司
		3	广州市设计院
		4	上海建工(集团)总公司和广州市建筑集团有限公司联合体
		5	上海建工一建集团有限公司
		6	广州市第一建筑工程有限公司
		7	上海市机械施工有限公司
		8	广州市第一装修有限公司
		9	上海新丽装饰工程有限公司
		10	上海市建筑装饰工程有限公司
		11	广东省基础工程公司
5	深圳港大铲湾港区集装箱码头一期工程	1	中交水运规划设计院有限公司
		2	中交第四航务工程局有限公司
		3	中交四航局第二工程有限公司
		4	中铁二局股份有限公司
		5	深圳中铁二局工程有限公司
		6	上海东华建设管理有限公司
6	深圳地铁3号线	1	深圳市地铁三号线投资有限公司
		2	中铁二院工程集团有限责任公司
		3	上海市隧道工程轨道交通设计研究院
		4	中国土木工程集团有限公司
		5	中铁电气化局集团宝鸡器材有限公司
		6	中铁第四勘察设计院集团有限公司
6	深圳地铁3号线	7	中铁隧道集团有限公司
		8	中铁十三局集团有限公司
		9	中铁十六局集团有限公司
		10	中铁二局股份有限公司
		11	浙江众合机电股份有限公司
		12	中铁隧道集团三处有限公司
		13	铁四院(湖北)工程监理咨询有限公司
		14	深圳达实智能股份有限公司
		15	深圳星蓝德工程顾问有限公司
7	深圳布吉污水处理厂	1	深圳市市政工程总公司
		2	深圳市水务工程建设管理中心
		3	中国市政工程西南设计研究总院

(广东省土木建筑学会)

2012年度广东省获“全国市政金杯示范工程”称号项目

（授予单位：中国市政工程协会）

序号	工程名称	承建单位	建设单位	监理单位
1	广州市仑头—生物岛—大学城隧道工程	广州打捞局 广东省源天工程公司 中铁隧道集团有限公司 广东省水利水电第三工程局 广州市黄埔区市政建设总公司 广州海特天高信息系统工程有限公司 广东百安机电消防安装工程有限公司	广州市隧道开发公司 广州市市政园林工程管理中心	上海海科工程监理所 广州市市政工程监理有限公司 广州市富华工程建设监理有限公司 广东重工建设监理有限公司
2	深圳市龙岗区北通道市政工程第一合同段	深圳市建筑工程股份有限公司 中核华泰建设有限公司 深圳市交运工程集团有限公司	深圳市建设（集团）有限公司 深圳市龙岗区建筑工务局	深圳市启光建设监理有限公司
3	深圳市轨道交通二期3号线工程3104标施工总承包（含施工图设计）	汕头市达濠市政建设有限公司	深圳市地铁三号线投资有限公司	北京中铁诚业工程建设监理有限公司
4	深圳市布吉污水处理厂主体及附属工程	深圳市市政工程总公司 深圳市天健市政安装工程有限公司 深圳市金润建设工程有限公司	深圳市水务工程建设管理中心	英泰克工程顾问（上海）有限公司
5	珠海市柠溪路、紫荆路、翠香路道路改造工程	珠海市建盛工程有限公司 广东省基础工程公司 广州市第三市政工程有限公司 广东省水利水电第三工程局	珠海城市建设集团有限公司	珠海市城市开发监理有限公司
6	中山市怡华片区交通综合改造工程——中山三路隧道工程	珠海市建盛工程有限公司	中山市市政工程建设中心	广东省城规建设监理有限公司
7	广东肇庆市星湖大道改造工程A2标段	广州市第一市政工程有限公司	肇庆市城市综合管理局	广东工程建设监理有限公司
8	广州亚运城市政工程项目［道路（含综合管沟）、桥梁、排水工程］标段五	广州市市政集团有限公司 上海市基础工程有限公司	广州市重点公共建设项目管理办公室	广州建筑工程监理有限公司
9	广州花都汽车产业基地东风大桥工程	广州市市政工程机械施工有限公司	广州花都汽车城发展有限公司	广州穗峰建设工程监理有限公司

（广东省市政行业协会）

2011~2012 年度广东省获“全国建筑工程装饰奖”项目

（授予单位：中国建筑装饰协会）

一、公共建筑装饰类

序号	工程名称	承建单位
1	君豪酒店	广东明兴建筑集团有限公司
2	方圆商务酒店 15~37 层客房及电梯厅室内装修工程	广州珠江装修工程有限公司
3	广州京穗中心项目酒店 24~27 层精装修	深圳市亚泰装饰设计工程有限公司
	广州京穗中心(汽车工业大厦)项目酒店 6~7 层精装修	深圳市科源建设集团有限公司
	广州京穗中心圣丰索菲特大酒店室内装饰	深圳长城家俱装饰工程有限公司(参建)
	广州京穗中心圣丰索菲特大酒店(9~15)层精装修	深圳市深装总装饰工程工业有限公司(参建)
4	广深港客运专线深圳北站装修工程	中铁二局集团装饰装修工程有限公司
5	中信证券卓越时代广场二期办公楼装修工程	深圳市华南装饰设计工程有限公司
6	佛山岭南天地 –D 地志酒店式公寓项目之首层大堂及宴会厅、四层蜜月套房、会所及婚礼堂精装修专业分包工程	中建三局装饰有限公司
7	韶关风度国际大酒店室内装修工程(一层至八层、客房第二标段 13~22 层)	深圳市建侨设计装饰工程有限公司
	韶关风度国际大酒店室内装饰工程(客房第一标段)	深圳市中饰南方建设工程有限公司(参建)
8	广东国际大厦装修工程(裙楼大堂、三层宴会厅、会议厅等)	广州市第四装修有限公司
	广东国际大厦塔楼 45~54 层酒店客房装修	深圳粤航装饰工程有限公司
	广东国际大厦塔楼 34~44 层酒店客房装修工程	深圳市科源建设集团有限公司
	广东国际大厦塔楼 24~33 层酒店客房装修	深圳海外装饰工程有限公司(参建)
	广东国际大厦裙楼 4~5 层装饰工程	深圳市特艺达装饰设计工程有限公司(参建)
9	晶宫装饰新办公楼装饰装修工程	深圳市晶宫设计装饰工程有限公司
10	深圳市五洲宾馆修缮改造工程	深圳市洪涛装饰股份有限公司
11	广东电网公司粤电大厦电力实验中心改造及内装修工程	广东省建筑装饰工程有限公司
12	广州白云国际机场旅客航站楼东三、西三连接楼贵宾区装修工程	广州珠江装修工程有限公司
13	广州市嘉华花都 CBD 项目第一期 A 区酒店 A1 及写字楼 A2 宴会厅及会议室精装修	广东省装饰有限公司
	中国广州市花都区新华镇迎宾大道北侧中央商务区发展项目第一期 A 区酒店(A1)及写字楼(A2)项目客房二至五层精装修分包工程(A 标段)	中建三局装饰有限公司(参建)
14	广东省友谊剧院改造工程	广东省第一建筑工程有限公司
15	广交会酒店室内装修工程施工专业承包(标段一)	广东省第一建筑工程有限公司
	广交会酒店室内装修工程施工专业承包(标段三)	广东建雅室内工程设计施工有限公司
	广交会酒店室内装修工程施工专业承包(标段二)	广东省建筑工程集团有限公司
16	广州工程分公司办公楼装修工程	广东爱富兰建设有限公司

(续表)

序号	工程名称	承建单位
17	摩尔城商业裙楼及商业中心装修工程	深圳市博大装饰工程有限公司
18	广州太古汇裙楼及商场精装修工程	深圳长城家俱装饰工程有限公司
	广州太古汇商业、酒店、办公楼和文化中心精装修工程	深圳广田装饰集团股份有限公司(参建)
	太古汇商业、酒店、办公楼和文化中心工程	深圳市洪涛装饰股份有限公司(参建)
19	美林湖度假酒店室内装饰装修工程	深圳广田装饰集团股份有限公司
		深圳远鹏装饰设计工程设计有限公司(参建)
		深圳长城家俱装饰工程有限公司(参建)
20	广州友谊集团股份有限公司友谊国金店装饰工程	广州市第四建筑工程有限公司、广州市第四装修有限公司
	广州珠江新城西塔项目主塔楼 11、14~17、64 和 65 办公楼	广州城建开发装饰有限公司
	广州珠江新城西塔项目主塔楼 11、14~17、64 和 65 办公楼	广东绿之洲建筑装饰工程有限公司(参建)
	广州珠江新城西塔项目主塔楼办公部分精装修专业分包工	广州城建开发装饰有限公司(参建)
	广州珠江新城西塔项目主塔楼办公部分精装修工程	广州市第一装修有限公司(参建)
	广州珠江新城西塔项目主塔楼办公部分、套间式办公楼精	中建三局装饰有限公司(参建)
21	广州新电视塔标识系统建设项目	广州市美术有限公司
22	深圳市市民中心工业展览馆展览陈列设计与制作	深圳市中孚泰文化建筑建设股份有限公司
23	深圳地铁 1 号线(罗宝)续建工程安装、装修 4 标段	深圳市宝鹰建设集团股份有限公司
24	五邑华侨史展布展工程	广东绿之洲建筑装饰工程有限公司

二、公共建筑装饰设计类

序号	工程名称	设计单位
1	晶宫装饰新办公楼装饰装修工程	深圳市晶宫设计装饰工程有限公司
2	深圳市五洲宾馆修缮改造工程	深圳市洪涛装饰股份有限公司
3	市民中心工业展览馆展览陈列设计与制作	深圳市中孚泰文化建筑建设股份有限公司
4	广深港客运专线深圳北站装修工程	成都中铁二局建筑装饰设计有限公司
5	五邑华侨史展布展工程	广东绿之洲建筑装饰工程有限公司

三、建筑幕墙类

序号	工程名称	承建单位
1	富力盈盛广场 B 幢幕墙工程	广东金刚幕墙工程有限公司
2	中山市明和楼幕墙工程	广东省中港装饰股份有限公司
3	中国移动南方基地一期工程 1.1 幢、1.2 幢、1.3 幢、2.2 幢、2.3 幢、3.1 幢幕墙工程	深圳市科源建设集团有限公司
4	浙江大厦富春宾馆幕墙工程	深圳市维业装饰集团股份有限公司
5	君豪酒店幕墙工程	福建凤凰山装饰工程有限公司

(续表)

序号	工程名称	承建单位
6	广州珠江新城西塔幕墙工程	深圳金粤幕墙装饰工程有限公司
7	广州国际体育演艺中心幕墙工程	广州铝质装饰工程有限公司
8	广州白云机场南航飞行综合楼	广东粤铝建筑装饰有限公司
9	广交会琶洲展馆酒店幕墙工程(裙楼幕墙部分)	广东省建筑工程集团有限公司
10	广深港客运专线深圳北站幕墙工程	中铁二局集团装饰装修工程有限公司
11	深圳绿景纪元大厦幕墙工程	深圳市方大装饰工程有限公司
12	惠州皇冠假日酒店玻璃幕墙工程	深圳华加日铝业有限公司
13	中央西谷大厦幕墙工程	深圳中航幕墙工程有限公司
14	星海名城七期玻璃幕墙工程	深圳市科源建设集团有限公司
15	星海名城七期石材幕墙工程	深圳海外装饰工程有限公司
16	深圳人民医院外科大楼幕墙工程	深圳市宝鹰建设集团股份有限公司
17	深圳农科绿洲办公楼幕墙工程	深圳市宝鹰建设集团股份有限公司
18	广交会琶洲展馆酒店幕墙工程(塔楼幕墙部分)	广东金刚幕墙工程有限公司
19	东方瑞景幕墙工程	深圳市中装建设集团股份有限公司
20	深圳北站枢纽 A1、E1 幕墙工程	深圳市洪涛装饰股份有限公司

(广东省建筑业协会)

2011~2012 年度广东省获“中国工程监理行业先进工程监理企业”称号企业

(授予单位：中国建设监理协会)

荣誉名称	单位名称
中国工程监理行业先进工程监理企业	广东工程建设监理有限公司
	广东海外建设监理有限公司
	广州珠江工程建设监理有限公司
	广州市市政工程监理有限公司
	深圳市恒浩建工程项目管理有限公司
	广州建筑工程监理有限公司
	珠海市工程监理有限公司
	广州市广州工程建设监理有限公司
	广东创成建设监理咨询有限公司

(广东省建设监理协会)

2012年广东省获“华夏建设科学技术奖”项目

（授予单位：住房和城乡建设部华夏建设科学技术奖励委员会）

序号	项目名称	主要完成单位	主要完成人	获奖等级
1	降低大型公共建筑空调系统能耗的关键技术研究与示范	中国建筑设计研究院 合肥通用机械研究院 清华大学 浙江盾安人工环境股份有限公司 北京华创瑞风空调科技有限公司 际高建业有限公司 深圳市建筑设计研究总院有限公司（深圳建科院） 珠海格力电器股份有限公司 北京建筑技术发展有限责任公司 青岛海尔空调电子有限公司	潘云钢　田旭东　刘晓华　徐稳龙 张秀平　江　亿　乐细明　陈晓阳 樊高定　丁　高　苏玉海　丛旭日 钟　衍　陈晓春　贾　磊	一等奖
2	建筑抗震设计规范（GB50011-2010）	中国建筑科学研究院 中建国际（深圳）设计顾问有限公司 中国机械工业集团公司 北京市建筑设计研究院 中国建筑标准设计研究院 同济大学 广州大学 浙江大学 哈尔滨工业大学 中国地震局地球物理研究所	黄世敏　戴国莹　傅学怡　徐　建 罗开海　柯长华　郁银泉　杨林德 周福霖　周炳章　邓　华　李小军 李　惠　娄　宇　葛学礼	一等奖
3	北京奥运摔跤馆和羽毛球馆可持续设计策略与技术应用	华南理工大学	孙一民　汪奋强　叶伟康　申永刚 孙文波　江　毅　陈祖铭　王　钊 邓　芳　梁艳艳　徐　莹　张春阳	二等奖
4	民用建筑绿色设计规范JGJ/T229-2010	中国建筑科学研究院 深圳市建筑科学研究院有限公司 中国建筑设计研究院 上海市建筑科学研究院（集团）有限公司 中国建筑标准设计研究院 清华大学 北京市建筑设计研究院 万科企业股份有限公司	曾　捷　叶　青　仲继寿　曾　宇 鄢　涛　薛　明　刘圣龙　张宏儒 李建琳　盛晓康　刘俊跃　吴　燕	二等奖
5	珠江三角洲城乡规划一体化规划	广东省城乡规划设计研究院 广东省城市发展研究中心 广州市城市规划编制研究中心 深圳市规划国土发展研究中心	宋劲松　朱国鸣　曾宪川　邱衍庆 罗小虹　吕传廷　邹　兵　宋　云 刘罗军　叶育成　卢丹梅　刘　洋	二等奖
6	城市市政管网系统预警减灾安全运行技术综合集成与工程示范	中国市政工程华北设计研究总院 广州市公用事业规划设计院 中国城市规划设计研究院 天津科技大学 重庆大学	张秀华　郑兴灿　王　昭　屈　凯 吴学伟　何　强　胡　瑜　朱南松 袁金彪　吕　彦　张　凯　柴宏祥	二等奖
7	城镇人居环境改善与保障综合科技研发与示范	上海市建筑科学研究院（集团）有限公司 北京依柯尔绿色建筑研究中心 广东省建筑科学研究院 重庆大学 深圳市建筑科学研究院 山东建筑大学	孙丽亨　杨建荣　高月霞　葛曹燕 汪　维　张　宬　杨仕超　丁　勇 叶　青　薛一冰　安　宇　张　颖	二等奖

(续表)

序号	项目名称	主要完成单位	主要完成人	获奖等级
8	民用建筑节水设计标准	中国建筑设计研究院 北京市节约用水管理中心 深圳市节约用水办公室 中国建筑西北设计研究院有限公司 上海建筑设计研究院有限公司 广州市设计院 深圳华森建筑与工程设计顾问有限公司 深圳市建筑科学研究院有限公司	赵 锂 刘振印 赵世明 朱跃云 刘 红 王耀堂 赵 昕 钱江锋 孟光辉 王 丽 刘西宝 徐 凤	二等奖
9	深圳市绿道网规划与设计项目群(含《深圳市绿道网专项规划》《珠三角区域绿道(深圳段)2号线宝安/龙岗段详细规划》)	深圳市城市规划设计研究院有限公司	司马晓 黄卫东 丁 强 单 樑 刘 浩 盛 鸣 周亚琦 叶伟华 邵 凯 刘 琛 肇新宇 李 理	二等奖
10	基于可持续发展的规划信息系统建设——常州市城乡规划信息系统	常州市城市规划管理信息中心 广州城市信息研究所有限公司	朱兆丽 李 青 周 晟 邹 斌 陈宁钢 朱 虹 张正荣 陈伟瑾	三等奖
11	大型公共建筑场馆施工关键技术研究与应用	广州市建筑集团有限公司 广州市第一建筑工程有限公司	吴瑞卿 尹 穗 潘伟杰 高永涛 崔伟锋 胡俊杰 张汝谦 王伟文	三等奖
12	华南地区绿色建筑技术集成研究与应用示范	深圳市建筑科学研究院有限公司	叶 青 陈泽广 刘俊跃 马晓雯 鄢 涛 张 炜 王莉芸 彭世瑾	三等奖
13	典型地区用建筑外窗系统研究开发	中国建筑科学研究院 广东省建筑科学研究院 北京工业大学 清华大学 北京金易格幕墙装饰工程有限公司	王洪涛 万成龙 石民祥 孙诗兵 刘 彬 石 清 郝志华 刘会涛	三等奖
14	夏热冬暖地区公共建筑能耗限额指标体系研究	深圳市建筑科学研究院有限公司 重庆大学城市建设与环境工程学院	刘俊跃 付祥钊 马晓雯 周智勇 刘 刚 卢 振 郭永聪 刘雄伟	三等奖
15	嵌岩旋挖扩底抗拔灌注桩技术研究	广州市建筑科学研究院有限公司 广州市建筑集团有限公司 广州市建筑科学研究院新技术开发中心有限公司 中建二局第三建筑工程有限公司	唐孟雄 周治国 胡贺松 董晓斌 韩永明 娄吉宏 孙晓立 谢永健	三等奖
16	地下工程突水灾害综合物探地质预报技术研究	广州市建筑科学研究院有限公司 广州市建筑科学研究院新技术开发中心有限公司 佛山科学技术学院	周治国 唐孟雄 董晓斌 王祥秋 邓 涛 谢永健 胡贺松 刘洪波	三等奖

（续表）

序号	项目名称	主要完成单位	主要完成人	获奖等级
17	生活垃圾卫生填埋场安全运营与节能减排技术集成及工程示范	深圳市下坪固体废弃物填埋场 清华大学 深圳市东江环保再生能源有限公司 深圳市利赛实业发展有限公司 中国瑞林工程技术有限公司	冯向明 王克虹 蒋建国 梁顺文 黄中林 孟 了 张彦敏 陈 石	三等奖
18	应用于深圳地铁的LED建筑照明关键技术研发	哈尔滨照明检测中心 上海三思科技发展有限公司 深圳市地铁集团有限公司	樊庆伟 范 刚 张 宁 平 立 王鹰华 张 帆 许 礼 何孝亮	三等奖
19	深圳市共同沟系统布局规划	深圳市城市规划设计研究院有限公司	刘应明 丁 年 陈永海 夏 劲 邝 璐 何 瑶 彭 剑 唐圣钧	三等奖
20	深圳市城市更新（“三旧”改造）专项规划(2010~2015)	深圳市规划国土发展研究中心	李 江 邹 兵 薛 峰 贺传皎 胡盈盈 徐 荣 樊 行 刘 昕	三等奖
21	珠江三角洲绿道网总体规划纲要	广东省城乡规划设计研究院 广州市城市规划勘测设计研究院 深圳市北林苑景观及建筑规划设计院有限公司	宋劲松 马向明 曾宪川 蔡云楠 何 昉 罗 勇 郭建华 方正兴	三等奖
22	城市工程质量安全监督及检测数字化关键技术研究与示范	广东省建设工程质量安全监督检测总站 广州市华软科技发展有限公司 广州粤建三和软件有限公司 东莞市建设工程质量监督站 惠州市建设工程质量监督站	袁庆华 石朝柳 马伟民 汤 洞 黄 俭 沈 军 冯敏治 利路发	三等奖
23	数字城市建设档案馆系统	广州市城市建设档案馆	方 锋 蔡艳红 曾 智 张 华 邓培瑛 吴 林 袁绍晚 邓卫红	三等奖

（广东省住房和城乡建设厅科技教育处）

2012年广东省获“广厦奖”项目

（授予单位：中国房地产行业协会、住房和城乡建设部住宅产业化促进中心）

序号	项目名称	申报单位
1	广州凯旋新世界	新世界(中国)地产投资有限公司
2	广州白云万达广场	广州万达广场投资有限公司
3	恒大御景半岛	恒大地产集团

（广东省房地产行业协会）

2012年广东省获商品住宅性能认定项目

（认定单位：住房和城乡建设部）

项目名称	申报单位	等 级
广州凯旋新世界	新世界(中国)地产投资有限公司	AAA

（广东省房地产行业协会）

2012年广东省获“中国土木工程詹天佑奖优秀住宅小区金奖”项目

（授予单位：中国土木工程学会住宅工程指导工作委员会）

序号	获奖项目	建设单位
1	汕头万泰春天花园	广东联泰房地产有限公司
2	广州岭南新苑	广州市越汇房地产开发有限公司

（广东省房地产行业协会）

2012年广东省获全国物业管理示范住宅小区（大厦、工业区）

（授予单位：住房和城乡建设部）

荣誉名称	住宅小区（大厦、工业区）
全国物业管理示范住宅小区	广东省广州市从化雅居乐滨江花园　广东省汕头市中信嘉顿小镇　广东省深圳市万科城　广东省珠海市华发世纪城(一、二期)　广东省湛江市安康·金海湾(一期)
全国物业管理示范大厦	广东省电力设计研究院科学城办公楼　广东省广州市富力中心　广东省广州市第二少年宫　广东省深圳市天安龙岗数码新城南区一号楼　广东省深圳市华强高新发展大楼　广东省佛山市环球国际广场

（广东省物业管理行业协会）

省　级　荣　誉

2012年广东省住房和城乡建设系统获“广东省劳动模范”称号个人

（授予单位：广东省总工会）

获奖个人	工作单位	职　务
黄素英	汕头市金平区环卫局清扫队	副队长
胡继生	广州市第二市政工程有限公司	副总工程师
潘小兵	深圳市市政工程公司天健沥青公司	项目经理
韦红联	连山环境卫生管理处	班　长

（广东省住房和城乡建设工会委员会）

2012年广东省住房和城乡建设系统获“广东省先进集体”称号单位

（授予单位：广东省总工会）

荣誉名称	获奖单位
广东省先进集体	广东南岳房地产有限公司

（广东省住房和城乡建设工会委员会）

2012年“广东省宜居环境范例奖”项目

（授奖单位：广东省住房和城乡建设厅）

获奖项目	获奖项目
广州黄埔古村历史文化遗产保护项目	东莞塘厦镇林村社区公共管理与服务项目
深圳湾滨海休闲带生态保护及城市绿化建设项目	江门台山老城历史文化遗产保护项目
深圳大鹏所城历史文化遗产保护项目	肇庆龟顶新城“三旧”改造项目
深圳盐田公共自行车交通服务系统项目	清远清城沿江堤岸环境整治项目

（续表）

获奖项目	获奖项目
深圳紫薇社区“双工一社”社会服务项目	清远连山吉田镇一河两岸治理工程
佛山里水镇河村社区公共管理与服务项目	云浮南山河河道景观改造工程
梅州“客天下”社区公共管理与服务项目	

（广东省住房和城乡建设厅城市建设处）

2012年广东省园林城市

（授予单位：广东省住房和城乡建设厅）

荣誉称号	城　市
广东省园林城市	汕尾市　揭阳市　云浮市

（广东省住房和城乡建设厅城市建设处）

2012年广东省园林城镇

（授予单位：广东省住房和城乡建设厅）

荣誉称号	城　镇
广东省园林城镇	东莞市凤岗镇　东莞市黄江镇　东莞市道滘镇

（广东省住房和城乡建设厅城市建设处）

2012年度“广东省建设工程优质奖”（房屋建筑工程、专业工程）项目

（授予单位：广东省建筑业协会）

序号	工程名称	承建单位
广州市		
1	商业、住宅楼工程6幢（自编17~22幢）	广东中城建设集团有限公司
2	中华人民共和国审计署驻广州特派员办事处办公楼	广州市第三建筑工程有限公司
3	金域蓝湾B9~B11幢	中天建设集团有限公司
4	自编3号住院楼工程1幢、连廊工程3座（从化市中心医院）	广东开平建安集团有限公司
5	酒店、商业、办公楼、社区文化中心工程5幢（自编南国商苑A幢）	广东梁亮建筑工程有限公司
6	珠江新城D7-2/3地块商住楼A、B幢	广州工程总承包集团有限公司
7	珠江新城海心沙地下空间及公园工程	广州建筑股份有限公司
8	办公楼一幢（广州血液中心）	广州建筑股份有限公司
9	商业、办公楼（广州一建大厦）	广州建筑股份有限公司
10	凯通楼总承包工程	广州机施建设集团有限公司
11	广州亚运城运动员村3区10幢	广州工程总承包集团有限公司
12	广州市第八人民医院迁建一期项目工程	广州市住宅建设发展有限公司
13	文化艺术大楼工程1幢［广东星海演艺集团（新址）］	广州建筑股份有限公司

(续表)

序号	工程名称	承建单位
深圳市		
14	卓越皇岗世纪中心项目2号楼及裙楼配套	江苏省华建建设股份有限公司
15	花样年花郡家园	江苏省华建建设股份有限公司
16	迈科龙大厦	江苏省华建建设股份有限公司
17	茗萃园三期(10～13号楼)	江苏省华建建设股份有限公司
18	水围敬老庄	深圳市承翰建筑工程有限公司
19	深圳信息职业技术学院迁址新建项目施工总承包Ⅵ标段	中国华西企业有限公司
20	前海豪苑一期	中国华西企业有限公司
21	深圳信息职业技术学院迁址新建项目Ⅰ标段	深圳市建工集团股份有限公司
22	招商局光明科技园B-5厂房	深圳市越众(集团)股份有限公司
23	布吉污水处理厂主体及附属工程	深圳市市政工程总公司
24	深圳市盐田区综合体育馆－主体工程	深圳市罗湖建筑安装工程有限公司
25	迈瑞总部大厦	中建三局第一建设工程有限责任公司
26	深圳大运中心Ⅰ标段(主体育场)工程	中国建筑第八工程局有限公司
27	深圳大运中心Ⅱ标段(主体育馆)工程	上海宝冶集团有限公司
28	深圳大运中心Ⅲ标段(游泳馆)	中建三局第二建设工程有限责任公司
29	深业泰然雪松大厦	汕头市建筑工程总公司
30	深圳北站综合交通枢纽工程	中铁二局股份有限公司/中铁四局集团有限公司/中铁建工集团有限公司/中铁南方投资发展有限公司
31	深圳市体育运动学校Ⅱ标	深圳市鹏城建筑集团有限公司
32	宝安体育场工程施工总承包	中国建筑第八工程局有限公司
珠海市		
33	华明科技(研发中心)工程	广州金辉建设集团有限公司
34	仁恒星园二期S20、S21幢住宅楼	龙信建设集团有限公司
35	碧溪丽城3号楼	南通四建集团有限公司
36	珠海市劳动和社会保险服务窗口	南通四建集团有限公司
37	拓普科技园一期(主厂房、门卫室)工程	中建三局第一建设工程有限责任公司
38	201号办公客服综合楼	广东建粤工程有限公司
39	宁海世纪城3号楼	中鼎国际工程有限责任公司
韶关市		
40	东莞(韶关)产业转移工业园高新技术创业服务中心(科研服务中心)	韶关市住宅建筑工程有限公司
汕头市		
41	汕头市潮阳区污水处理厂综合楼工程	金中天集团建设有限公司

(续表)

序号	工程名称	承建单位
42	汕头市潮南区峡山污水处理厂综合楼工程	金中天集团建设有限公司
佛山市		
43	佛山市中医院三水医院门诊住院楼	广东省六建集团有限公司
44	南方报业传媒产业基地2号厂房、仓储楼A工程	广州市第四建筑工程有限公司
45	佛山东平新城06H地块居住小区项目(依云水岸)B2地块1~4、7、8号楼工程	中天建设集团有限公司
江门市		
46	江海碧桂园首期低层住宅工程	浙江建安实业集团股份有限公司
47	开平碉楼与村落文化展示区建设项目	广东金辉华集团有限公司
48	江门移动通信设备维护厂房及仓库(一期)	广东省第四建筑工程公司
49	亨源油库三期建设工程	广东省工业设备安装公司
50	星汇名庭1~19幢	广东建邦兴业集团有限公司
51	天安东湖花园A1座	广东省第二建筑工程公司
52	天富豪庭富丽10号A30~A31，富丽11号A32~A33工程	广东金辉华集团有限公司
53	海伦堡住宅32号楼81~82座	广东金辉华集团有限公司
湛江市		
54	君豪酒店	广东明兴建筑集团有限公司
55	银隆广场	湛江市荣基建设工程有限公司
56	湛江机场航站楼附属楼工程	广州市第三建筑工程有限公司
茂名市		
57	财富花园C型(27号)住宅楼	茂名市建筑集团有限公司
58	财富花园B1型(19号)住宅楼	茂名市建筑集团有限公司
59	海景明珠商住小区C幢	广州协强建筑有限公司
60	“沁园居”住宅综合楼	广东省化州市建筑工程总公司
肇庆市		
61	高要市农村信用合作联社办公综合楼	肇庆市建筑安装工程有限公司
62	中源名都17号楼	中建三局第一建设工程有限责任公司
惠州市		
63	富力丽港中心公寓项目	广东正升建筑有限公司
64	华贸中心商场	中建三局建设工程股份有限公司
65	好益康多功能科研楼、服务中心及地下室	中国建筑第五工程局有限公司

(续表)

序号	工程名称	承建单位
66	别样城一期	中国华西企业有限公司
梅州市		
67	梅州市环境监控中心大楼	汕头市潮阳第一建安总公司
68	平远县体育馆、平远县青少年校外活动中心	广东五华一建工程有限公司
河源市		
69	广东省通讯终端产品质量监督检验中心宿舍楼工程	广东华圣恒业集团有限公司
清远市		
70	云山诗意花园棋乐居1号(A5幢)	中建三局第一建设工程有限责任公司
东莞市		
71	景湖时代花园7号楼	东莞市建安集团有限公司
72	山河语岸花园1号地下车库、6幢	东莞市建安集团有限公司
73	东田丽园富田居(15~17)幢住宅楼	东莞市建工集团有限公司
74	鼎峰品筑二期6号住宅楼	广东鸿高建设集团有限公司
75	广东瀚森生物药业项目–科研办公楼	广东华坤建设工程有限公司
76	松山湖正业科技园一期工程–办公楼	广东华坤建设工程有限公司
77	大朗金沙雅苑	广东三穗建筑工程有限公司
78	万科麓湖花园36～38、44～46、47～51、52～54、55～59、60～62、64～68、69～71、72～76、77～79号楼	广东省广弘华侨建设投资集团有限公司
79	塘厦三正半山酒店南区客房一、二、三、五、六区工程	湖南望新建设集团股份有限公司
80	万科·松山湖1号花园樱花湖地下室、樱花湖3幢	深圳市广胜达建筑工程有限公司
81	万科金域华府4号楼	裕达建工集团有限公司
82	翠湖豪苑32幢	湛江市粤西建筑工程公司
83	美爵花园G7、G8、G9号楼	中国华西企业有限公司
84	万科城(阳光山庄)观湖上筑一区9、10幢	中建三局第一建设工程有限责任公司
85	万科金域华府5号楼	中建三局第一建设工程有限责任公司
86	上东国际花园22幢	中建三局第一建设工程有限责任公司
中山市		
87	雅居乐世纪新城三期(L1~1、L1~2、L2~1幢、4号电房及车库)商住楼工程	中天建设集团有限公司
88	雅居乐世纪新城三期(L1~3、L1~5幢、5号电房及2号车库)商住楼工程	中天建设集团有限公司
89	莲兴大厦工程	中天建设集团有限公司

（续表）

序号	工程名称	承建单位
90	远洋城A4区（1~7幢及车库）工程	中国华西企业有限公司
潮州市		
91	潮州检验检疫局综合实验用房	潮州市建筑安装总公司
揭阳市		
92	揭阳楼工程	揭东电力建设安装工程有限公司
93	广东揭阳市烟草有限公司综合业务用房工程	汕头市达濠建筑总公司
94	揭阳潮汕机场空管土建工程	广州南建土木工程有限公司
云浮市		
95	三河洲花园小区三期	汕头市潮阳第四建筑总公司
广东省建工集团		
96	住宅楼工程10幢（自编逸泉山庄F区）–H1、H2、E1、E2、E3、E4、D1、E5、E6、D2	广东省第二建筑工程公司
97	东越雅居商住楼工程	广东省第四建筑工程公司
98	东莞财富广场	广东省第一建筑工程有限公司
99	珠海城市职业技术学院工科（重型）实训楼工程	广东省第一建筑工程有限公司
100	珠海翔翼保税区基建项目一期工程	广东省第二建筑工程公司
101	广州大学城建设项目房建一标（华南理工大学）图书馆工程	广东省第一建筑工程有限公司
广东电网公司		
102	500kV库湾变电站工程	广东威恒输变电工程有限公司
103	220kV鹅村变电站工程	广东省输变电工程公司
104	220kV琴韵变电站工程	珠海电力建设工程有限公司
105	110kV前进变电站工程	韶关市大江南输变电工程有限公司

（广东省建筑业协会）

2012年第四届“广东省土木工程詹天佑故乡杯”项目

（授予单位：广东省土木建筑学会）

序号	项目名称	获奖单位	科技创新主创人员
1	深圳市宝安体育场	华南理工大学建筑设计研究院 中国建筑第八工程局有限公司 深圳市宝安区建筑工务局 德国gmp国际建筑设计有限公司	孙一民　陶　亮　孙文波 郭　军　杨　鼎　李厚波 李　然

(续表)

序号	项目名称	获奖单位	科技创新主创人员
2	深圳市大运中心Ⅰ标段(主体育场)工程	深圳市建筑设计研究总院有限公司 深圳市建筑工务署 中国建筑第八工程局有限公司 深圳市工勘岩土工程有限公司 德国 gmp 国际建筑设计有限公司 中建钢构有限公司	刘琼祥　沈晓恒　刘　臣 张建军　张旭东　王　宏 欧阳超　叶　虔
3	深圳市大运中心Ⅱ标段(主体育馆)工程	上海宝冶集团有限公司 深圳市建筑工务署 中国建筑东北设计研究院有限公司 广州珠江工程建设监理有限公司 深圳市方大装饰工程有限公司 上海裕项建设工程有限公司	黄伟强　靳　峰　孙守先 刘志达　隋庆海　蒋国明 曾晓武
4	深圳市大运中心Ⅲ标段(游泳馆)工程	中建三局第二建设工程有限责任公司 中建国际（深圳）设计顾问有限公司 深圳市建筑工务署 浙江精工钢结构有限公司	魏开雄　韩建华　杨志猛 唐和平　朱　宁　孙海龙 吉章贤
5	深圳市布吉污水处理厂工程	深圳市市政工程总公司 深圳市水务工程建设管理中心 中国市政工程西南设计研究总院	尹剑辉　陈　雯　黄　雷 邓亚军　张学兵　江　建
6	广州市西江引水工程输水管线小塘立交段工程	广东省基础工程公司 广东华隧建设股份有限公司 广州市富华工程建设监理有限公司	赖伟文　洪三金　陈钦东 陈少锋　官海斌　刘天生
7	广州市轨道交通2、8号线延长线盾构4标段土建工程	广州市盾建地下工程有限公司 广州轨道交通建设监理有限公司 广东省重工建筑设计院有限公司	张厚美　王文龙　刘光波 彭　勇　钟　坚　连长江 李际港
8	广东省立中山图书馆改扩建项目一期工程	广东省建筑工程集团有限公司 广东省立中山图书馆 广州建筑工程监理有限公司 广州市设计院	陈春光　徐剑峰　方炳亮 黄　健　郑展鹏　毕剑辉
9	广州市岭南新苑	广州市越汇房地产开发有限公司 广州城建开发设计院有限公司 广州城建开发工程咨询监理有限公司 广州市第四建筑工程有限公司 广州市第三市政工程有限公司	杨　刚　李裕智　黄玉萍 黄培炎　张志宏
10	深圳市地铁2号线登良至科苑段(2203标段)工程	广东省基础工程公司 广东华隧建设股份有限公司 深圳市地铁集团有限公司 中铁二院工程集团有限责任公司地下铁道设计研究院 中铁四局集团有限公司	钟国辉　傅伟强　黄力平 龚　胜　易　觉　王彦会
11	广州市番禺大道汉溪隧道(广州市番禺区汉溪大道土建工程施工Ⅰ标)	广州市第三市政工程有限公司 广东省冶金建筑设计研究院	戴晓鹏　陈海英　徐宝琴 邓吉良　杨志星　陈继光

(广东省土木建筑学会)

2012年广东省住房和城乡建设系统获“广东省科学技术奖”项目

（授予单位：广东省住房和城乡建设厅）

序号	项目名称	完成单位	完成个人	获奖等级
1	城市地下空间结构耐久性评估及剩余寿命预测技术研究	广州市建筑科学研究院有限公司 中南大学 广州市坑道管理所 广州地铁设计研究院有限公司 广州市建筑科学研究院新技术开发中心有限公司 广州建设工程质量安全检测中心有限公司	唐孟雄　陈晓斌　田美存　史海欧 胡贺松　周治国　马昆林　邹扬帆	二等奖
2	广州快速公交系统模式及关键建设技术研究	广州市市政工程设计研究院 广州市道路交通工程研究中心 广州地铁设计研究院有限公司	陆　原　宁平华　姚汉钟　段小梅 郭　晟　陈皓粤　张怡伟	三等奖
2	软弱地层浅埋土压平衡盾构下穿繁忙线路微扰动施工关键技术研究	广东省建筑科学研究院 广东水电二局股份有限公司 广州市建设工程质量监督站 广州铁路（集团）公司	杨国龙　林　辉　蒋徐进　魏志云 王　洋　王小文　吴文彪	三等奖
4	超高复杂构筑物登高作业专用装置的研制及应用	中交四航工程研究院有限公司	董志良　王胜年　黄君哲　岑文杰 温永向　曾志文　熊建波	三等奖
5	广州市建设工程质量检测监管信息系统	广州市建设工程质量监督站 广东省建筑科学研究院 广州粤建三和软件有限公司	袁　鄂　聂策明　董　松　陈久照 谢晓锋　谭上飞　张　勇	三等奖
6	广州历史地图的研究与编绘	广州市城市建设档案馆	蔡艳红　张　华　周志平　赵立芳 翁敏嫦　王光玉　温建平	三等奖
7	复合地层盾构施工关键技术创新与实践	广州地铁设计研究院有限公司 广州轨道交通建设监理有限公司	竺维彬　史海欧　米晋生　钟长平 叶建兴　黄威然　魏康林　郭广才 罗淑仪　廖鸿雁	二等奖
8	循环资源利用干化污泥处理工艺深化及施工技术	广东省工业设备安装公司	张广志　卢　凯　李　琦　徐　勇 彭　平　魏成权　林　辉	三等奖
9	建筑风工程风洞试验及应用集成技术研究	广东建筑科学研究院	杨仕超　李庆祥　张士翔　许　伟 潘奇俊　肖丹玲　张夏萍	三等奖
10	40000kN桩基抗压静载试验加载平台的研制及其应用	广东建筑科学研究院	李超华　李广平　王首添　庞忠华 李浩年　曾连新　杨　眉	三等奖

（广东省住房和城乡建设厅科技教育处）

2012年"广东省绿色住区"项目

(认定单位：广东省房地产行业协会)

序号	项目名称	申报单位
1	广州凯旋新世界	新世界(中国)地产投资有限公司
2	中山聚豪园(东苑、聚豪湖畔)	广东永怡集团股份有限公司
3	珠海格力香樟	珠海格力置盛房产有限公司
4	深圳阳光天健城	深圳市天健房地产开发实业有限公司
5	肇庆星湖奥园(一、二期)	肇庆市星奥投资发展有限公司
6	开平东方明珠	开平市马冈房地产发展有限公司
7	河源万隆一品	河源市丰泽房地产开发有限公司
8	河源雅居乐花园(一期)	河源市雅居乐房地产开发有限公司
9	河源市东江首府	河源市东江明珠房地产开发有限公司
10	梅州客天下圣山湖·叠院、E区组团	广东客天下旅游产业园有限公司
11	梅州鸿都·帝景湾	梅州市鸿艺房地产开发有限公司
12	梅州御景东方商住小区(一期)	梅州市正兴房地产开发有限公司
13	兴宁市永泰华庭住宅小区	广东省兴宁市方圆房地产开发有限公司
14	汕头中信金城花园	中信房地产汕头金城有限公司
15	汕头中信华府	中信房地产汕头华鑫有限公司
16	汕头龙光·龙腾熙园	汕头市金锋园置业有限公司
17	揭阳创鸿·江南新城(一期)	揭阳市金凤物业投资有限公司
18	揭阳创鸿·金城龙庭(一期)	揭阳市榕江投资有限公司
19	佛山依云水岸1~4期	佛山鑫城房地产有限公司
20	佛山嘉信城市花园五期·帝苑	佛山市顺德嘉信置业发展有限公司
21	佛山岭南天地-5地块商住项目东华嘉逸苑	佛山瑞安天地房地产发展有限公司

(广东省房地产行业协会)

城乡建设统计资料

□全省固定资产投资额一万九千三百零七点五三亿元

□全省国有经济固定资产投资总额四千七百一十二点八二亿元

□全省基础设施完成投资额四千六百九十三点六六亿元

□全省施工建筑面积六亿二千六百四十八点四二万平方米

□全省完成房地产开发投资额五千三百五十二点七九亿元

固定资产投资总额

单位：亿元

年份	投资总额	按城乡分		
		城镇	房地产开发	农村
1978	27.23	20.51		6.72
1979	28.29	20.65		7.64
1980	38.29	26.81		11.48
1981	60.40	39.15		21.25
1982	84.73	57.34		27.39
1983	88.71	62.11		26.60
1984	130.37	89.86		40.51
1985	184.59	149.71		34.88
1986	216.50	179.49	10.00	37.01
1987	251.01	208.87	16.29	42.14
1988	353.59	315.06	21.96	38.53
1989	347.34	294.95	48.15	52.39
1990	381.47	309.86	32.70	71.61
1991	478.20	391.75	49.75	86.45
1992	921.75	702.59	125.57	219.16
1993	1629.87	1307.33	316.53	322.54
1994	2141.15	1734.91	404.13	406.24
1995	2327.22	1935.97	563.89	391.25
1996	2327.64	1945.72	528.85	381.92
1997	2298.14	1899.22	528.31	398.92
1998	2668.13	2224.24	602.72	443.89
1999	3027.56	2553.41	710.20	474.15
2000	3233.70	2710.57	858.61	523.13
2001	3536.41	3003.72	972.34	532.69
2002	3970.69	3343.46	1115.25	627.23
2003	5030.57	4235.14	1233.52	795.43
2004	6025.53	5121.45	1355.84	904.08
2005	7164.11	6038.77	1591.90	1125.34
2006	8132.37	6618.77	1843.51	1513.60
2007	9596.95	7525.46	2519.13	2071.49
2008	11165.06	8789.19	2932.34	2375.87
2009	13353.15	10395.03	2961.32	2958.12
2010	16113.19	12870.09	3659.69	3243.10
2011	16843.83	14111.53	4809.91	2732.30
2012	19307.53	15937.34	5352.79	3370.18

注：1. 1993 年以前房地产开发投资主要是商品房建设投资

2. 2011 年起固定资产投资项目统计起点由 50 万元提高至 500 万元，不含农村农户投资；2010 年以前为全社会固定资产投资

固定资产投资主要指标

项　目	1995 年	2000 年	2005 年	2011 年	2012 年
投资完成额（亿元）	2327.22	3233.70	7164.11	16843.83	19307.53
按城乡分					
城镇	1935.97	2710.57	6038.77	14111.53	15937.34
房地产开发	563.89	858.61	1591.90	4809.91	5352.79
农村	391.25	523.13	1125.34	2732.30	3370.18
按登记注册类型分					
内资	1874.41	2676.65	5368.63	14399.45	16369.79
国有	1122.84	1219.19	1858.90	4418.30	4129.75
集体	363.67	393.23	328.17	693.57	872.63
股份合作		19.43	66.56	72.06	118.89
联营		47.78	56.36	21.96	48.42
其他有限责任公司		366.63	1221.77	4698.41	5804.88
股份有限公司		153.58	377.11	990.59	1045.92
私营	17.22	207.67	1107.61	2822.70	3497.50
个体	249.78	248.51	295.86	187.98	252.63
其他	120.90	20.63	56.29	493.87	599.17
港澳台投资	197.93	416.34	1081.10	1527.74	1716.85
外商投资	254.88	140.71	714.39	916.64	1220.88
按构成分					
建筑安装工程	1507.92	2103.78	4520.62	11019.16	12794.53
设备工具器具购置	464.75	597.29	1593.83	3022.94	3366.14
其他费用	354.55	532.63	1049.67	2801.72	3146.85
按三次产业分					
第一产业	14.27	23.40	28.72	213.58	274.28
第二产业	682.40	768.82	2868.44	5561.01	6544.31
第三产业	1630.55	2441.48	4266.94	11069.23	12488.93
按财务拨贷款合计	2509.38	3396.79	7948.02	19610.99	22656.13
国家预算资金	26.98	56.80	69.13	412.55	1002.17
国内贷款	376.11	584.34	1366.09	2827.15	3255.23
利用外资	465.13	357.05	786.05	574.03	599.17
自筹资金	941.71	1456.24	4300.92	11523.54	12925.48
其他资金	699.45	942.35	1425.83	4273.73	4874.07
房屋建筑面积（万平方米）					
施工面积	21364.88	23520.91	38351.76	58134.27	62648.42
竣工面积	10689.48	13492.94	17053.80	14308.21	14411.55
住宅	7308.18	8888.66	9633.54	5595.67	5677.81
本年商品房销售面积（万平方米）	1000.41	2259.95	5038.91	7427.87	7898.99
住宅	850.44	2009.34	4546.32	6706.60	7157.63

注：1. 2011 年起固定资产投资项目统计起点由 50 万元提高至 500 万元，不含农村农户投资；2010 年以前为全社会固定资产投资，下表同

2. 2011 年报起，原国家预算内资金改为国家预算资金，下表同

按资金来源和构成分固定资产投资

年　份	按财务拨贷款资金来源分				按构成分		
	国家预算内资金	国内贷款	利用外资	自筹和其他资金	建筑安装工程	设备工具器具购置	其他费用
投资额（亿元）							
1985	15.02	45.70	19.00	104.87	138.31	32.71	13.57
1990	12.92	73.92	61.07	261.60	246.56	103.97	30.94
1991	12.82	108.50	66.69	326.45	331.23	105.47	41.50
1992	12.98	205.51	120.17	667.06	651.18	185.72	84.85
1993	21.09	342.60	285.28	1085.64	1019.74	381.90	228.25
1994	20.70	335.57	479.52	1379.58	1357.19	499.26	284.70
1995	26.98	376.11	465.13	1641.16	1507.92	464.75	354.55
1996	22.52	347.75	494.70	1573.54	1507.04	498.79	321.81
1997	21.75	296.54	477.70	1605.60	1511.58	464.55	322.01
1998	46.53	414.58	394.44	1971.60	1688.14	546.06	433.93
1999	60.95	549.97	323.63	2167.05	1960.22	588.35	478.99
2000	56.80	584.34	357.06	2398.59	2103.78	597.29	532.63
2001	58.10	592.65	361.09	2680.24	2293.93	698.49	543.99
2002	73.58	749.21	439.31	3040.07	2548.91	783.70	638.08
2003	90.23	950.98	568.95	3996.32	3201.16	977.70	851.71
2004	72.39	1132.08	655.75	4864.42	3784.12	1247.82	993.59
2005	69.13	1366.09	786.05	5726.75	4520.62	1593.83	1049.67
2006	105.55	1659.26	865.58	6662.41	5221.87	1796.20	1114.29
2007	179.42	1755.86	984.01	8494.11	6088.11	1979.44	1529.39
2008	253.16	1877.90	779.48	9293.86	7140.54	2264.31	1760.21
2009	379.74	2695.36	682.36	12131.70	8800.83	2467.73	2084.60
2010	411.16	3171.76	630.48	14650.64	10396.22	2966.13	2750.84
2011	412.55	2827.15	574.03	15797.27	11019.16	3022.94	2801.72
2012	1002.17	3255.23	599.17	17799.55	12794.53	3366.14	3146.85
构成（%）							
1985	8.1	24.8	10.3	56.8	74.9	17.7	7.4
1990	3.2	18.1	14.9	63.9	64.6	27.3	8.1
1991	2.5	21.1	13.0	63.5	69.3	22.1	8.7
1992	1.3	20.4	11.9	66.3	70.6	20.1	9.2
1993	1.2	19.8	16.4	62.6	62.6	23.4	14.0
1994	0.9	15.1	21.6	62.3	63.4	23.3	13.3
1995	1.1	15.0	18.5	65.4	64.8	20.0	15.2
1996	0.9	14.3	20.3	64.5	64.7	21.4	13.8
1997	0.9	12.3	19.9	66.9	65.8	20.2	14.0
1998	1.6	14.7	14.0	69.7	63.3	20.5	16.3
1999	2.0	17.7	10.4	69.9	64.7	19.4	15.8
2000	1.7	17.2	10.5	70.6	65.1	18.5	16.5
2001	1.6	16.1	9.8	72.6	64.9	19.8	15.4
2002	1.7	17.4	10.2	70.7	64.2	19.7	16.1
2003	1.6	17.0	10.1	71.3	63.6	19.4	16.9
2004	1.1	16.8	9.8	72.3	62.8	20.7	16.5
2005	0.9	17.2	9.9	72.1	63.1	22.2	14.7
2006	1.1	17.9	9.3	71.7	64.2	22.1	13.7
2007	1.6	15.4	8.6	74.4	63.4	20.6	15.9
2008	2.1	15.4	6.4	76.1	64.0	20.3	15.7
2009	2.4	16.9	4.3	76.4	65.9	18.5	15.6
2010	2.2	16.8	3.3	77.7	64.5	18.4	17.1
2011	2.1	14.4	2.9	80.6	65.4	17.9	16.6
2012	4.4	14.4	2.6	78.6	66.3	17.4	16.3

注：1. 1986 年及以后的资金来源为财务拨贷款数，各项相加不等于投资总额

2. 2011 年起固定资产投资项目统计起点由 50 万元提高至 500 万元，不含农村农户投资；2010 年以前为全社会固定资产投资

3. 2011 年报起，原国家预算内资金改为国家预算资金

按构成分固定资产投资
(2012)

项　目	投　资	城　镇	房地产开发	农　村
建设项目个数（个）				
施工项目	28825	19372		9453
全部建成投产项目	17438	10994		6444
计划总投资（亿元）	79749.39	73390.29	31182.22	6359.10
自开始建设累计完成投资	49245.89	44652.98	20253.26	4592.90
本年投资总额（亿元）	19307.53	15937.34	5352.79	3370.18
住宅	4019.62	3951.88	3704.98	67.74
按隶属关系分				
中央	1379.75	1334.63	194.68	45.12
地方	17927.77	14602.71	5158.11	3325.06
按构成分				
建筑安装工程	12794.53	10761.25	3821.10	2033.29
设备工具器具购置	3366.14	2411.39	48.28	954.76
其他费用	3146.85	2764.71	1483.40	382.14
财务拨贷款合计（亿元）	22656.13	19047.48	7918.27	3608.64
国家预算资金	1002.17	887.46		114.71
国内贷款	3255.23	3068.31	1507.53	186.92
利用外资	599.17	427.78	29.06	171.39
自筹资金	12925.48	10038.23	2414.64	2887.24
其他资金	4874.07	4625.69	3967.04	248.38
新增固定资产（亿元）	13034.40	10563.89	2696.68	2470.50
房屋建筑面积（万平方米）				
施工面积	62648.42	55587.88	39296.27	7060.54
竣工面积	14411.55	11219.91	6356.12	3191.63
住宅	5677.81	5398.12	4918.16	279.69

注：施工项目个数不含房地产开发

各市固定资产投资额

单位：亿元

市　别	2000年	2005年	2006年	2007年	2008年	2009年	2010年	2011年	2012年
全省总计	3233.70	7164.11	8132.37	9596.95	11165.06	13353.15	16113.19	16843.83	19307.53
广　州	923.67	1514.01	1687.11	1858.64	2101.45	2659.85	3263.57	3412.20	3758.39
深　圳	677.12	1182.32	1287.43	1345.00	1464.32	1709.15	1944.70	2060.92	2314.43
珠　海	95.08	218.23	256.28	339.32	351.32	410.51	501.55	637.39	787.62
汕　头	112.48	154.14	175.18	206.69	261.36	291.90	361.68	438.15	611.92
佛　山	198.96	741.43	895.25	1052.23	1230.64	1470.56	1719.63	1933.96	2128.33
顺　德	64.11	185.04	222.11	269.33	301.74	342.60	392.75	416.11	449.88
韶　关	56.82	139.75	169.16	217.59	283.79	356.50	433.73	472.20	548.48
河　源	26.54	111.10	175.18	232.09	174.79	198.15	242.74	237.34	278.59
梅　州	44.45	97.66	108.43	125.00	140.54	162.98	195.52	197.65	230.14
惠　州	77.41	352.37	308.78	486.91	588.74	758.97	894.02	1024.21	1208.68
汕　尾	36.21	101.86	133.48	175.08	206.27	289.43	366.99	329.65	391.56
东　莞	102.89	592.20	698.67	841.21	943.07	1094.08	1114.98	1079.31	1180.35
中　山	109.95	320.92	346.49	399.22	444.95	545.61	660.37	766.95	893.43
江　门	104.34	228.87	267.65	316.64	378.22	492.07	631.77	741.79	850.41
阳　江	33.23	82.25	102.46	135.16	171.70	239.49	329.20	400.66	483.67
湛　江	68.94	168.00	205.25	242.83	295.32	393.23	526.57	490.76	572.28
茂　名	73.57	147.72	169.85	130.71	145.74	180.01	244.54	214.51	427.37
肇　庆	75.29	178.01	216.94	270.57	326.31	462.77	625.21	710.03	852.60
清　远	48.37	222.42	301.00	483.40	703.47	841.24	996.92	486.07	437.95
潮　州	30.70	97.59	108.00	120.83	128.31	162.98	182.78	198.94	224.16
揭　阳	68.43	115.16	151.57	203.19	265.79	393.50	564.07	658.08	663.51
云　浮	32.98	103.44	110.29	129.19	142.76	240.19	312.66	353.08	463.66
按经济区域分									
珠三角	2364.71	5328.37	5964.60	6909.74	7829.03	9603.55	11355.80	12366.76	13974.24
东　翼	247.82	468.75	568.23	705.79	861.73	1137.80	1475.51	1624.81	1891.15
西　翼	175.74	397.97	477.56	508.70	612.76	812.73	1100.32	1105.92	1483.32
山　区	209.16	674.38	864.06	1187.27	1445.35	1799.06	2181.56	1746.34	1958.82

注：1. 2008年前全省总计中含不分区部分

2. 2011年起固定资产投资项目统计起点由50万元提高至500万元，不含农村农户投资；2010年以前为全社会固定资产投资

各市按城乡分固定资产投资
(2012)

单位：亿元

市别	投资	城镇		农村
			房地产开发	
全省总计	19307.53	15937.34	5352.79	3370.18
广州	3758.39	3612.21	1370.45	146.17
深圳	2314.43	2314.43	736.84	
珠海	787.62	778.65	242.08	8.97
汕头	611.92	519.19	83.35	92.72
佛山	2128.33	1121.12	638.46	1007.20
顺德	449.88	299.26	181.75	150.63
韶关	548.48	507.45	91.30	41.03
河源	278.59	230.17	67.13	48.42
梅州	230.14	200.92	44.05	29.22
惠州	1208.68	1114.41	482.17	94.27
汕尾	391.56	332.94	16.07	58.62
东莞	1180.35	959.55	377.32	220.80
中山	893.43	664.61	346.41	228.82
江门	850.41	620.13	144.49	230.28
阳江	483.67	433.34	77.18	50.33
湛江	572.28	373.95	114.96	198.33
茂名	427.37	233.88	73.96	193.48
肇庆	852.60	522.87	145.45	329.73
清远	437.95	366.20	180.72	71.76
潮州	224.16	125.59	28.57	98.57
揭阳	663.51	511.85	56.44	151.67
云浮	463.66	393.88	35.40	69.78
按经济区域分				
珠三角	13974.24	11708.00	4483.67	2266.25
东翼	1891.15	1489.56	184.42	401.58
西翼	1483.32	1041.18	266.10	442.14
山区	1958.82	1698.61	418.60	260.21

注：2011年起固定资产投资项目统计起点由50万元提高至500万元，不含农村农户投资；2010年以前为全社会固定资产投资

国有经济固定资产投资主要指标

项　目	1995 年	2000 年	2005 年	2011 年	2012 年
建设项目个数（个）					
施工项目	6748	8934	7095	7206	8208
全部建成投产项目	3217	4070	3062	3660	3993
投资总额　（亿元）	1122.84	1286.91	2062.31	4418.30	4712.82
住宅	193.93	185.38	54.08	233.94	268.06
按构成分					
建筑安装工程	680.01	835.63	1365.02	3165.14	3413.78
设备工具器具购置	254.30	222.31	345.90	579.26	594.81
其他费用	188.53	228.97	351.41	673.90	704.23
按建设性质分					
新建	685.99	635.88	1220.11	2942.97	3387.02
扩建	258.41	280.76	478.22	538.91	446.83
改建	101.85	128.62	262.00	788.59	742.66
按资金来源分					
国家预算资金	19.31	48.77	58.78	371.35	922.39
国内贷款	186.84	275.53	558.68	945.50	1087.13
利用外资	142.71	55.08	9.28	48.36	54.35
自筹资金	550.53	743.32	1282.55	2953.66	2499.28
其他资金	223.45	164.21	153.02	472.90	440.29
新增固定资产（亿元）	634.07	1022.34	1195.42	2947.53	2940.55
房屋建筑面积（万平方米）					
施工面积	7425.60	5010.21	3878.94	6543.35	6260.86
竣工面积	2486.51	2062.14	1592.14	1355.18	1197.18
住宅	1385.38	1024.44	343.53	274.06	299.83

注：1. 建设项目个数、投资总额按建设性质分不含房地产开发部分

2. 2011 年起固定资产投资项目统计起点由 50 万元提高至 500 万元，不含农村农户投资；2010 年以前为全社会固定资产投资

3. 2011 年报起，原国家预算内资金改为国家预算资金

基础产业和基础设施完成投资额

单位：亿元

年　份	基础产业	基础设施	电力、燃气及水的生产和供应业	交通运输和邮政业	信息传输、软件和信息技术服务业	水利、环境和公共设施管理业
1990	139.95	132.62	24.73	46.77	28.75	32.37
1995	779.53	738.70	137.77	260.49	160.13	180.31
2000	1159.40	1098.68	204.91	387.43	238.16	268.18
2001	1187.24	1049.32	225.93	340.61	247.38	235.40
2002	1237.56	1127.94	300.13	348.87	242.34	236.60
2003	1655.29	1426.24	338.85	473.57	264.35	349.47
2004	2221.66	1858.46	548.32	627.93	267.91	414.30
2005	2612.47	2154.45	691.16	675.40	241.07	546.82
2006	2800.36	2392.07	714.76	820.49	218.37	638.45
2007	2989.95	2462.09	636.07	891.56	214.35	720.11
2008	3559.61	2935.03	749.57	1106.76	242.05	836.65
2009	5151.98	4488.32	1222.37	1664.65	278.46	1322.84
2010	5981.47	5394.68	1332.84	1908.64	239.17	1914.02
2011	5314.74	4544.10	934.31	1657.06	343.39	1609.34
2012	5642.85	4693.66	1063.32	1700.77	298.32	1631.25

注：2011 年起固定资产投资项目统计起点由 50 万元提高至 500 万元，不含农村农户投资；2010 年以前为全社会固定资产投资

按行业分城镇投资主要指标
(2012)

行　业	投资额（亿元）	施工项目个数（个）	全部建成投产项目个数（个）	新增固定资产（亿元）
全省总计	15937.34	19372	10994	10563.89
农、林、牧、渔业	91.97	329	210	58.77
农业	31.69	97	51	14.50
林业	15.11	49	37	12.74
畜牧业	9.97	40	30	7.85
渔业	13.58	50	32	10.78
农、林、牧、渔服务业	21.62	93	60	12.90
采矿业	58.16	84	45	274.98
煤炭开采和洗选业				
石油和天然气开采业	28.15	5	2	262.11
黑色金属矿采选业	3.53	13	9	1.91
有色金属矿采选业	13.52	29	13	4.41
非金属矿采选业	11.93	34	18	6.05
其他采矿业	1.04	3	3	0.50
制造业	3412.06	6852	4233	2824.38
农副食品加工业	64.18	189	121	47.11
食品制造业	84.49	191	128	64.99
酒、饮料和精制茶制造业	27.95	65	36	25.90
烟草制品业	10.93	9	6	8.46
纺织业	91.24	231	178	68.82
纺织服装、服饰业	137.63	419	300	114.85
皮革、毛皮、羽毛及其制品和制鞋业	40.57	161	118	32.06
木材加工及木、竹、藤、棕、草制品业	38.85	85	58	34.01
家具制造业	54.96	129	85	53.14
造纸和纸制品业	63.57	131	89	129.28
印刷业和记录媒介复制业	61.55	181	142	49.99
文教、工美、体育和娱乐用品制造业	93.24	288	220	105.56
石油加工、炼焦及核燃料加工业	99.96	42	14	38.43
化学原料及化学制品制造业	195.19	437	271	143.01
医药制造业	74.53	185	77	42.34
化学纤维制造业	6.48	18	14	9.60
橡胶和塑料制品业	146.50	428	317	114.69
非金属矿物制品业	282.05	635	363	190.74
黑色金属冶炼及压延加工业	84.11	70	51	76.06
有色金属冶炼及压延加工业	72.75	98	58	43.61
金属制品业	195.18	474	311	138.98
通用设备制造业	116.94	256	158	86.66
专用设备制造业	170.71	339	202	114.55
汽车制造业	183.58	171	85	120.42

注：1. 施工项目个数不含房地产开发

2. 2011 年起固定资产投资项目统计起点由 50 万元提高至 500 万元，不含农村农户投资；2010 年以前为全社会固定资产投资

(续表)

行　业	投资额(亿元)	施工项目个数(个)	全部建成投产项目个数（个）	新增固定资产(亿元)
铁路、船舶、航空航天和其他运输设备制造业	38.82	67	39	25.86
电气机械及器材制造业	324.46	640	324	315.23
计算机、通信和其他电子设备制造业	545.75	683	323	559.41
仪器仪表制造业	45.73	82	43	32.73
其他制造业	31.06	76	52	23.60
废弃资源综合利用业	18.03	55	40	10.23
金属制品、机械和设备修理业	11.07	17	10	4.09
电力、热力、燃气及水生产和供应业	945.48	1194	499	861.63
电力、热力生产和供应业	728.26	747	289	612.66
燃气生产和供应业	73.16	85	35	40.99
水的生产和供应业	144.06	362	175	207.98
建筑业	35.88	45	30	26.72
房屋建筑业	2.98	8	5	2.19
土木工程建筑业	20.28	11	5	12.63
建筑安装业	1.10	3	3	1.07
建筑装饰和其他建筑业	11.52	23	17	10.84
批发和零售业	335.47	822	569	238.56
批发业	134.20	275	169	88.79
零售业	201.26	547	400	149.77
交通运输、仓储和邮政业	1676.67	1267	605	938.72
铁路运输业	171.52	39	9	17.79
道路运输业	1037.19	867	425	599.99
水上运输业	119.28	118	53	62.06
航空运输业	222.52	17	8	193.34
管道运输业	1.49	6	3	1.14
装卸搬运和运输代理业	23.25	46	25	14.74
仓储业	92.16	148	66	43.99
邮政业	9.26	26	16	5.66
住宿和餐饮业	303.69	548	360	204.22
住宿业	246.48	372	218	154.48
餐饮业	57.21	176	142	49.74
信息传输、软件和信息技术服务业	371.96	1193	831	301.08
电信、广播电视和卫星传输服务	261.68	1006	716	231.60
互联网和相关服务	30.00	101	78	22.25
软件和信息技术服务业	80.28	86	37	47.24
金融业	73.19	63	31	20.11
货币金融服务	24.96	45	26	15.99

(续表)

行　业	投资额（亿元）	施工项目个数（个）	全部建成投产项目个数（个）	新增固定资产（亿元）
资本市场服务	18.71	9	2	2.85
保险业	29.33	7	1	1.07
其他金融活动	0.20	2	2	0.20
房地产业	6353.41	1559	1017	3288.28
房地产业	6353.41	1559	1017	3288.28
租赁和商务服务业	154.18	170	74	66.09
租赁业	0.30	2	1	0.21
商务服务业	153.88	168	73	65.88
科学研究、技术服务业	102.85	185	83	85.60
研究与试验发展	45.72	55	21	43.36
专业技术服务业	31.54	85	40	26.30
科技推广和应用服务业	25.59	45	22	15.94
水利、环境和公共设施管理业	1329.10	3060	1385	882.66
水利管理业	162.39	512	245	118.55
生态保护和环境治理业	93.33	140	56	54.91
公共设施管理业	1073.38	2408	1084	709.21
居民服务、修理和其他服务业	19.42	79	57	18.60
居民服务业	8.47	44	34	9.36
机动车、电子产品和日用产品修理业	8.62	23	20	7.94
其他服务业	2.33	12	3	1.30
教育	300.32	815	436	211.07
教育	300.32	815	436	211.07
卫生和社会工作	140.88	380	167	103.14
卫生	135.39	336	145	98.29
社会工作	5.48	44	22	4.85
文化、体育和娱乐业	132.18	361	163	85.11
新闻出版业	1.29	5	2	4.47
广播、电视、电影和影视录音制作业	11.20	20	8	13.34
文化艺术业	50.17	174	56	26.06
体育	38.31	102	58	25.35
娱乐业	31.21	60	39	15.89
公共管理、社会保障和社会组织	100.45	366	199	74.16
中国共产党机关	0.18	4	2	1.09
国家机构	80.20	289	140	57.33
人民政协、民主党派	0.09			0.09
社会保障	0.52	4	4	0.49
群众社团、社会团体和	12.36	40	29	9.71
其他成员组织				
基层群众自治组织	7.1073	29	24	5.4579
国际组织				

投资效益指标

项　　目	2005年	2009年	2010年	2011年	2012年
固定资产交付使用率					
本年完成投资（亿元）	7164.11	13353.15	16113.19	16843.83	19307.53
本年新增固定资产（亿元）	4668.97	7926.97	10744.63	10829.70	13034.40
固定资产交付使用率（%）	65.2	59.4	66.7	64.3	67.5
建成项目投产率					
本年施工项目（个）	23472	45646	50626	24958	28825
本年建成投产项目（个）	10680	31420	36926	15625	17438
建成项目投产率（%）	45.5	68.8	72.9	62.6	60.5
房屋建筑面积					
本年房屋施工面积（万平方米）	38351.76	49419.17	57221.79	58134.27	62648.42
本年房屋竣工面积（万平方米）	17053.80	18736.95	20420.60	14308.21	14411.55
房屋面积竣工率（%）	44.5	37.9	35.7	24.6	23.0
建设周期					
计划总投资（亿元）	26335.04	48414.85	62193.20	67835.29	79749.39
本年完成投资（亿元）	7164.11	13353.15	16113.19	16843.83	19307.53
建设周期（年/月）	3/8	3/8	3/10	4/0	4/2

注：2011年起固定资产投资项目统计起点由50万元提高至500万元，不含农村农户投资；2010年以前为全社会固定资产投资

新增主要生产能力或效益

指　　标	2005 年	2009 年	2010 年	2011 年	2012 年
石油加工：					
蒸馏设备能力（处理万吨/年）	300	1340		30	
裂化设备能力（处理万吨/年）	10		102	120	
加氢精制设备能力（处理万吨/年）	120	220	200	60	
钢材：					203.05
热轧钢材（万吨/年）	280.35	146.00	103.60	93.50	
冷轧（拔）钢材（万吨/年）	377.55	76.00	75.45	309.15	
铜冶炼（吨/年）	25477	420	155000	250000	10200
铝加工（吨/年）	119780	668610	184230	208860	505436
铜加工材（吨/年）					406330
发电机组装机容量（万千瓦）	526.93	670.25	763.96	1198.79	
水力发电（万千瓦）	37.32	31.59	108.39	119.43	676
火力发电（万千瓦）	433.57	489.00	580.00	868.30	423.38
输电线路（11 万伏及以上）（千米）	4066.05	5638.58	6996.95	5463.29	3438.37
水泥（万吨/年）	1792.15	793.50	1750.50	1873	1838
塑料树脂及共聚物（吨/年）	32999	466989	340713	120360	289918
内燃机（台/年）					120000
（万千瓦/年）					1284
轿车制造（辆/年）					240000
电视机（万部/年）					205
新建公路（千米）	1860.61	2380.65	3028.90	1249.13	1482.10
高速公路（千米）	187.86	172.54	508.70	156.34	255.49
改建公路（千米）	5379.79	3945.65	4253.65	1660.54	2745.62
一级公路（千米）	309.70	278.39	237.85	196.59	124.83
新建独立公路桥梁（延长米）	13032.38	4094.53	22739.20	6043.50	13799.00
（座）	118	36	48	13	29
新（扩）建港口码头（年吞吐量：万吨）	3158.00	1676.30	3516.00	2244.00	1938.00
（泊位：个）	13	35	28	19	12
新（扩）建客、货运站（个）	29	16	22	13	15
（平方米）	90564	147980	221957	205782	73926
程控交换机（指安装能力）（万线/年）	81.87			10.1	42
飞机购置（架）					31
城市自来水供水能力（万吨/日）	359.41	189.20	62.77	22.30	20.27
城市污水处理能力（万吨/日）	124.46	321.25	506.88	65.70	68.85

注：2011 年起固定资产投资项目统计起点由 50 万元提高至 500 万元，不含农村农户投资

建筑业企业主要指标

年 份	建筑业企业单位数（个）	建筑业企业总产值（亿元）	建筑业企业增加值（亿元）	建筑业企业利税总额（亿元）	建筑业企业从业人员（万人）
1978	178	5.47		0.20	14.78
1979	188	6.32		0.23	16.27
1980	204	8.88		0.32	19.45
1981	224	13.44		0.49	24.29
1982	246	19.66		0.72	29.94
1983	269	24.51		0.90	36.23
1984	357	36.83		1.31	47.12
1985	462	50.45		1.54	54.47
1986	448	57.14		1.28	58.24
1987	492	65.96		1.56	59.08
1988	596	86.74		2.74	66.56
1989	646	125.65		3.62	71.88
1990	686	113.40		3.12	67.22
1991	705	137.30		4.33	67.71
1992	910	216.56		9.65	84.80
1993	1766	459.95		23.03	144.12
1994	1587	535.75		31.29	150.05
1995	1618	635.83		39.47	135.56
1996	2031	632.16	182.74	35.74	146.56
1997	2399	732.97	170.13	38.26	143.89
1998	2961	800.00	176.70	43.11	142.82
1999	3283	954.44	199.50	53.06	144.78
2000	4593	944.61	205.89	58.24	141.46
2001	3699	1179.03	266.00	84.51	147.07
2002	4019	1418.41	363.65	88.95	150.12
2003	4488	1702.87	364.20	127.48	161.48
2004	4166	1901.86	794.88	143.75	152.10
2005	4182	2200.58	855.87	164.38	166.78
2006	4172	2594.04	930.40	191.62	169.33
2007	4326	3005.32	1029.08	256.59	179.13
2008	4601	3282.55	1197.41	289.23	172.54
2009	4508	3826.83	1324.14	329.00	179.34
2010	4551	4742.09	1551.81	393.87	196.32
2011	4589	5804.21	1797.78	470.75	190.28
2012	4637	6564.37	1888.10	517.82	198.31

建筑业企业生产情况

项　　目	2011年合计	国有及国有控股企业	2012年合计	国有及国有控股企业
企业个数（个）	4589	525	4637	527
建筑业合同情况				
签订的合同额（亿元）	13933.66	7518.77	16088.31	8106.38
上年结转合同额（亿元）	6512.07	4019.20	7657.96	3720.85
本年新签合同额（亿元）	7421.59	3499.57	8430.37	4385.56
承包工程完成情况				
直接从建设单位承揽	6175.73	2615.89	6838.34	3034.34
工程完成产值（亿元）				
自行完成施工产值（亿元）	5572.03	2162.25	6274.90	2569.92
分包出去工程的产值（亿元）	603.70	453.64	613.22	474.63
从建设单位以外承揽工程完成产值（亿元）	274.07	118.10	289.47	101.73
建筑业总产值（亿元）	5804.21	2280.36	6564.37	2671.65
装饰装修产值（亿元）	923.24	139.04	1069.65	167.72
在外省完成的产值（亿元）	1358.52	680.21	1610.22	802.74
建筑工程产值（亿元）	5121.94	2077.26	5700.09	2469.03
安装工程产值（亿元）	572.70	164.10	635.79	149.94
其他产值（亿元）	151.57	38.99	193.31	51.40
竣工产值（亿元）	3064.75	1015.95	3537.64	1238.60
房屋建筑施工面积（万平方米）	38604.41	14671.93	42431.74	17833.69
新开工面积（万平方米）	15889.34	5834.68	16118.27	6085.22
实行投标承包面积（万平方米）	23295.08	11357.48	25523.38	14027.62
新开工面积（万平方米）	10760.79	4832.92	10471.26	5097.09
劳动人员情况				
劳动生产率平均人数（万人）	229.09	55.54	187.65	59.79
期末从业人数（万人）	190.28	46.20	198.31	55.26
工程技术人员（万人）	25.81	7.01	25.79	6.78

各市建筑业企业个数

单位：个

市　别	2000 年	2005 年	2006 年	2007 年	2008 年	2009 年	2010 年	2011 年	2012 年
全省总计	4593	4182	4172	4326	4601	4508	4551	4589	4637
广　州	757	764	741	755	801	804	779	781	786
深　圳	447	604	702	746	812	801	808	814	822
珠　海	143	165	161	163	156	161	144	151	170
汕　头	271	199	195	193	218	209	212	197	191
佛　山	248	502	460	464	508	496	497	452	443
顺　德	70	243	221	227	268	252	262	234	233
韶　关	110	66	72	72	74	76	76	93	99
河　源	117	82	84	86	99	94	85	103	102
梅　州	154	111	118	120	135	130	146	149	155
惠　州	241	124	122	119	120	115	111	118	112
汕　尾	100	43	45	43	39	37	38	37	37
东　莞	183	361	344	438	414	404	444	448	473
中　山	385	273	269	264	295	304	314	315	315
江　门	342	156	153	150	168	160	165	165	158
阳　江	122	91	86	90	95	94	95	111	123
湛　江	238	125	104	96	113	106	106	108	122
茂　名	146	100	102	99	115	100	97	114	118
肇　庆	136	122	133	131	127	120	119	122	101
清　远	136	74	73	74	74	68	80	71	69
潮　州	139	90	88	90	90	87	83	82	80
揭　阳	121	84	79	90	101	96	107	114	117
云　浮	57	46	41	43	47	46	45	44	44
按经济区域分									
珠三角	2882	3071	3085	3230	3401	3365	3381	3366	3380
东　翼	631	416	407	416	448	429	440	430	425
西　翼	506	316	292	285	323	300	298	333	363
山　区	574	379	388	395	429	414	432	460	469

各市建筑业企业总产值

单位：亿元

市　别	2000 年	2005 年	2006 年	2007 年	2008 年	2009 年	2010 年	2011 年	2012 年
全省总计	944.61	2200.58	2594.04	3005.32	3282.55	3826.83	4742.09	5804.21	6564.37
广　州	256.13	633.99	688.25	753.16	879.04	1023.66	1296.19	1578.38	1763.21
深　圳	153.02	545.62	712.84	857.64	923.35	1184.47	1460.99	1858.96	2103.05
珠　海	33.11	52.48	61.01	67.71	83.58	80.70	100.81	121.64	184.47
汕　头	80.67	127.78	140.31	159.78	173.33	188.66	219.12	252.49	292.37
佛　山	73.08	154.68	188.69	209.77	254.55	262.38	315.42	350.60	338.54
顺　德	30.62	59.42	79.73	88.12	107.55	115.31	159.18	145.50	135.57
韶　关	24.14	29.25	34.38	48.98	57.11	69.28	102.76	130.15	166.07
河　源	5.74	17.01	21.27	23.49	18.40	18.26	20.68	30.88	33.90
梅　州	15.14	54.81	67.02	76.81	96.02	100.91	125.91	158.32	169.66
惠　州	20.35	46.94	49.70	54.23	51.89	52.87	69.83	86.93	93.74
汕　尾	5.49	6.95	16.78	15.25	9.58	12.20	15.44	15.08	11.54
东　莞	40.45	84.35	96.53	112.94	108.94	99.40	122.06	131.71	157.57
中　山	26.20	73.41	76.20	87.08	97.19	118.10	133.70	141.81	160.08
江　门	47.18	56.06	56.40	66.37	73.66	90.29	119.18	171.60	173.33
阳　江	18.80	32.97	34.85	42.62	47.61	53.35	66.18	72.41	81.60
湛　江	45.61	75.96	89.28	109.21	123.34	146.67	168.08	203.88	248.75
茂　名	39.05	92.14	124.39	141.73	93.79	104.75	134.67	185.74	271.70
肇　庆	15.40	39.99	47.10	63.51	65.76	78.58	99.40	101.04	103.71
清　远	11.49	20.19	27.56	39.52	37.31	39.97	52.78	66.70	64.83
潮　州	12.71	18.99	19.44	19.24	23.56	23.99	25.98	30.61	30.75
揭　阳	12.24	21.78	27.23	39.31	51.74	61.18	75.06	92.89	91.36
云　浮	8.61	15.20	14.82	16.95	12.78	17.16	17.85	22.40	24.13
按经济区域分									
珠三角	664.92	1687.53	1976.71	2272.42	2537.97	2990.45	3717.58	4542.68	5077.70
东　翼	111.11	175.50	203.76	233.58	258.21	286.03	335.60	391.07	426.03
西　翼	103.46	201.08	248.52	293.56	264.74	304.77	368.93	462.03	602.04
山　区	65.12	136.47	165.05	205.75	221.62	245.58	319.98	408.44	458.59

各市建筑业企业利税总额

单位：亿元

市　别	2000 年	2005 年	2006 年	2007 年	2008 年	2009 年	2010 年	2011 年	2012 年
全省总计	58.24	164.38	191.62	256.59	289.23	329.00	393.87	470.75	517.82
广　州	15.17	45.42	51.19	69.52	85.98	93.25	118.16	123.81	129.12
深　圳	13.79	39.76	38.20	68.15	61.80	80.35	105.09	141.93	166.61
珠　海	1.43	4.16	4.75	5.46	8.20	7.20	7.44	9.03	12.31
汕　头	4.14	9.86	9.82	13.63	13.99	17.30	17.64	21.39	22.11
佛　山	4.70	14.31	28.87	27.34	26.16	24.95	30.47	26.19	24.65
顺　德	2.17	5.17	18.36	17.91	12.57	13.70	17.48	14.22	11.77
韶　关	2.00	1.57	2.15	3.27	3.92	5.37	6.66	8.76	12.35
河　源	0.53	1.23	1.60	2.62	2.02	1.78	2.08	2.39	3.67
梅　州	0.81	6.47	8.12	8.86	14.87	18.13	13.70	24.70	24.71
惠　州	1.02	3.63	3.68	4.47	3.59	4.61	4.96	6.06	5.56
汕　尾	0.58	0.58	0.76	1.03	0.90	0.93	1.43	1.40	0.77
东　莞	2.25	6.36	7.44	8.14	7.46	9.99	9.80	9.77	10.74
中　山	1.53	6.09	6.86	6.85	7.92	12.89	13.71	14.25	13.91
江　门	2.37	3.79	3.58	4.30	7.26	8.41	9.61	15.69	14.23
阳　江	1.15	3.24	3.64	5.03	6.10	5.01	6.26	6.30	7.87
湛　江	1.69	3.80	4.93	7.45	10.87	10.96	10.69	12.03	14.40
茂　名	1.82	5.97	6.44	7.48	8.69	8.17	10.01	17.67	28.34
肇　庆	0.77	2.55	2.66	3.80	3.99	5.08	6.32	6.71	6.23
清　远	0.40	1.20	2.00	2.93	5.32	3.70	6.24	5.38	5.48
潮　州	0.66	1.17	1.06	1.35	1.79	2.05	2.12	2.94	2.50
揭　阳	0.73	2.09	2.37	3.53	7.46	7.23	9.48	12.16	9.69
云　浮	0.70	1.13	1.49	1.36	0.94	1.64	1.98	2.17	2.55
按经济区域分									
珠三角	43.03	126.06	147.24	198.04	212.35	246.73	305.57	353.45	383.36
东　翼	6.11	13.70	14.01	19.54	24.14	27.52	30.68	37.90	35.08
西　翼	4.66	13.01	15.00	19.97	25.67	24.14	26.96	36.00	50.62
山　区	4.44	11.61	15.36	19.05	27.07	30.61	30.66	43.39	48.76

各市建筑业企业期末从业人员

单位：万人

市　别	2000年	2005年	2006年	2007年	2008年	2009年	2010年	2011年	2012年
全省总计	141.46	166.78	169.33	179.13	172.54	179.34	196.32	190.28	198.31
广　州	26.40	30.80	33.20	33.16	35.04	38.30	39.65	39.14	40.25
深　圳	20.15	26.85	29.68	37.09	33.18	36.91	45.59	44.55	52.26
珠　海	3.55	3.24	3.46	3.54	4.20	3.84	4.36	2.90	3.46
汕　头	14.29	12.63	12.65	13.25	12.78	13.06	14.35	13.02	13.02
佛　山	8.62	13.71	11.73	12.22	11.87	12.29	11.02	10.34	11.66
顺　德	3.14	7.12	5.53	5.85	5.51	6.16	5.33	4.34	3.83
韶　关	4.46	3.69	4.25	4.82	4.49	6.08	5.71	5.92	7.10
河　源	1.74	2.09	2.12	2.30	1.80	1.69	1.72	1.86	1.69
梅　州	3.58	7.27	7.05	6.88	8.06	7.63	9.13	7.78	7.01
惠　州	3.33	3.94	4.05	3.88	3.23	3.12	3.24	2.96	3.34
汕　尾	1.25	1.28	1.21	1.24	1.09	1.12	1.31	0.95	0.78
东　莞	6.65	7.78	8.41	7.84	6.18	5.38	5.73	6.07	6.35
中　山	3.71	5.75	5.04	4.71	4.77	4.90	5.32	5.45	5.06
江　门	10.26	10.58	8.36	7.98	7.20	7.43	8.50	11.29	7.26
阳　江	3.54	4.54	5.28	4.85	5.34	5.37	5.49	5.22	5.23
湛　江	8.03	7.87	7.74	7.86	9.00	9.63	10.29	8.92	9.79
茂　名	8.92	10.44	10.16	11.56	8.56	7.86	8.27	8.68	10.00
肇　庆	3.61	3.70	3.95	4.56	3.96	4.06	4.12	2.78	3.05
清　远	2.74	2.46	2.87	3.30	3.15	2.59	3.43	2.88	2.48
潮　州	2.10	2.17	2.08	1.92	1.79	1.37	1.46	1.49	1.45
揭　阳	2.88	3.86	4.06	3.88	4.84	4.65	5.75	6.26	5.42
云　浮	1.65	2.13	1.99	2.29	2.00	2.09	1.85	1.84	1.65
按经济区域分									
珠三角	86.28	106.35	107.87	114.98	109.63	116.21	127.54	125.47	132.68
东　翼	20.52	19.94	20.00	20.28	20.51	20.20	22.88	21.73	20.67
西　翼	20.49	22.86	23.17	24.27	22.89	22.86	24.06	22.82	25.02
山　区	14.17	17.64	18.28	19.59	19.51	20.07	21.84	20.27	19.93

各市建筑业企业劳动生产率

单位：元/人

市　别	2000年	2005年	2006年	2007年	2008年	2009年	2010年	2011年	2012年
全省总计	66780	132049	155312	166377	187538	212420	239595	253361	356696
广　州	91086	204454	208349	226900	249920	271428	315033	357975	506773
深　圳	107549	183515	249994	223577	266221	291311	300502	365620	350511
珠　海	85936	162503	171078	182939	185645	203730	228342	351646	656863
汕　头	56057	99266	114466	125230	136651	147170	159623	199497	253241
佛　山	86795	115051	151408	163044	213343	226936	285616	368172	417531
顺　德	97509	84095	132567	137153	191715	214870	301529	327837	435826
韶　关	57743	83704	85208	107603	122454	130287	189045	212203	328545
河　源	33395	82741	106900	103738	103593	110034	121383	175090	230341
梅　州	44258	78866	98749	114178	115770	135454	141903	211947	275983
惠　州	60374	119974	127346	142800	158081	174962	217933	279815	357245
汕　尾	46496	51367	118178	115186	89504	115906	116927	175038	170432
东　莞	64176	108136	111939	146017	173813	184034	218052	36789	309757
中　山	73597	119772	136689	156854	194817	223833	249502	271956	380332
江　门	49612	64418	69836	81276	95319	118329	147038	197196	259535
阳　江	59689	78360	70942	92475	101186	110279	123368	111674	189791
湛　江	57160	98452	115690	140362	138348	156933	173336	226382	262224
茂　名	46992	90457	125071	124612	114007	136748	170522	224550	343345
肇　庆	46380	107435	121341	147678	179047	211363	257334	344042	306971
清　远	42073	90596	100662	129029	126604	156001	158598	221388	268486
潮　州	57817	91838	99110	93579	114444	146613	146120	170587	261483
揭　阳	40672	57368	74608	95972	97677	125337	131884	148945	190814
云　浮	49773	74640	75063	71930	59042	86311	101721	130305	198521
按经济区域分									
珠三角	82426	156714	183651	193115	226140	251417	283028	277533	397550
东　翼	53458	87357	105636	115435	122316	140285	149042	181481	234253
西　翼	55234	90945	110086	123536	121179	139523	160692	194444	277491
山　区	47252	81395	94187	108503	111672	129410	151686	203225	281286

各市建筑业企业房屋建筑施工面积

单位：万平方米

市 别	2000 年	2005 年	2006 年	2007 年	2008 年	2009 年	2010 年	2011 年	2012 年
全省总计	16333.82	26886.00	28878.86	32631.10	30295.65	30126.96	33140.39	37876.75	42431.74
广 州	3161.25	5311.14	5462.94	5951.92	6156.62	6190.86	7135.48	8439.12	9119.66
深 圳	1999.65	4800.07	5163.59	5875.60	5263.99	5690.62	5980.34	7505.14	9731.89
珠 海	733.57	625.51	703.35	647.47	730.49	728.52	877.39	980.71	1004.81
汕 头	1477.16	2176.29	2294.04	2433.69	2355.81	2243.67	2381.63	2697.29	3016.58
佛 山	1763.57	2782.45	3263.76	3394.09	3348.91	3225.96	3335.62	3405.59	3240.44
顺 德	652.00	809.73	1353.44	1368.11	1305.96	1442.69	1248.00	1271.10	1136.34
韶 关	362.44	424.57	553.41	772.22	723.08	751.88	781.78	950.89	1031.84
河 源	79.80	294.41	307.11	303.54	222.38	217.42	218.83	265.33	247.43
梅 州	273.56	776.23	876.57	853.93	1052.29	1146.44	1315.80	1239.34	1299.41
惠 州	366.05	772.13	871.38	1059.76	988.51	839.73	942.90	1010.97	1073.02
汕 尾	127.42	114.77	104.91	165.79	166.72	149.15	175.11	168.34	127.50
东 莞	1217.56	1234.98	1484.55	1298.63	964.27	739.73	733.44	756.01	777.57
中 山	400.99	945.60	832.63	824.34	707.94	640.83	601.02	704.94	757.35
江 门	1329.02	1585.95	1257.38	1376.90	1326.39	1377.80	1640.13	1917.19	1713.24
阳 江	270.81	525.95	521.77	618.21	678.88	699.48	825.31	761.45	820.89
湛 江	857.19	1399.47	1414.23	1557.29	1709.60	1724.16	1943.66	2427.94	2971.01
茂 名	734.43	1395.55	1699.62	2827.31	1607.76	1458.04	1770.78	1898.70	2840.62
肇 庆	386.93	531.11	628.86	828.16	690.83	696.23	728.47	773.93	760.58
清 远	249.02	466.45	549.93	871.33	576.95	572.66	632.87	727.12	645.76
潮 州	217.15	206.67	305.65	347.85	351.78	356.79	373.12	460.99	531.09
揭 阳	193.91	277.75	329.72	411.33	515.74	488.99	559.41	572.49	526.15
云 浮	132.34	238.96	253.47	211.73	156.71	187.99	187.29	213.27	194.90
按经济区域分									
珠三角	11358.59	18588.94	19668.45	21256.88	20177.94	20130.30	21974.80	25493.61	28178.56
东 翼	2015.64	2775.47	3034.30	3358.67	3390.05	3238.61	3489.27	3899.10	4201.31
西 翼	1862.43	3320.97	3635.61	5002.81	3996.24	3881.67	4539.75	5088.09	6632.53
山 区	1097.16	2200.62	2540.50	3012.74	2731.41	2876.39	3136.57	3395.96	3419.34

各市建筑面积及竣工价值
(2012)

市别	施工建筑面积（万平方米）	住宅	竣工建筑面积（万平方米）	住宅	竣工价值（亿元）	住宅
总计	62648.42	31370.86	14411.55	5677.81	3521.69	1703.43
广州	12381.69	5152.06	2957.66	940.44	812.31	287.07
深圳	5259.50	2547.67	815.47	310.85	338.42	173.19
珠海	2536.59	1326.35	528.30	329.59	200.43	147.93
汕头	1736.72	763.96	647.95	228.18	93.89	36.82
佛山	5610.88	3011.68	1692.22	528.46	369.80	177.59
顺德	2010.99	1164.60	501.67	202.65	112.32	59.02
韶关	1788.25	858.01	432.07	218.16	97.21	48.01
河源	1143.20	585.30	246.64	148.11	58.01	38.54
梅州	699.24	422.91	230.46	131.68	42.54	27.66
惠州	6454.41	3726.62	1366.60	495.80	288.07	120.61
汕尾	800.16	443.38	328.02	166.29	51.72	29.95
东莞	3482.51	1965.15	489.05	313.92	182.60	144.49
中山	5349.36	2564.98	725.25	332.00	205.35	123.02
江门	2838.28	1193.95	919.77	310.62	177.96	80.46
阳江	990.29	657.15	245.33	127.00	54.98	30.61
湛江	1568.68	938.30	354.38	157.45	86.68	38.20
茂名	1493.62	867.06	294.20	189.12	51.26	34.43
肇庆	2311.80	1296.49	697.39	241.85	107.55	52.06
清远	2368.07	1745.63	420.93	293.50	85.11	61.22
潮州	505.61	354.36	135.18	69.76	35.18	16.89
揭阳	2760.13	680.50	765.63	84.38	116.43	21.09
云浮	569.43	269.34	119.05	60.64	66.18	13.59
城镇总计	55587.88	30790.19	11219.91	5398.12	3080.15	1663.02
广州	11653.92	5093.01	2536.80	884.98	750.78	281.69
深圳	5259.50	2547.67	815.47	310.85	338.42	173.19
珠海	2520.23	1326.35	518.38	329.59	198.75	147.93
汕头	1606.46	745.80	589.53	210.92	85.90	34.91
佛山	4254.69	2998.16	871.41	525.36	260.80	176.96
顺德	1604.12	1162.80	285.52	200.85	82.19	58.57
韶关	1717.76	841.74	393.62	211.49	90.58	47.38
河源	1026.93	562.03	225.40	130.99	54.24	35.80
梅州	676.55	415.61	226.17	131.42	41.49	27.63
惠州	6141.63	3677.27	1113.81	464.03	245.82	113.37
汕尾	697.35	430.22	264.68	154.69	44.74	28.69
东莞	2941.13	1936.16	421.86	313.52	173.91	144.44
中山	4400.13	2513.01	447.66	301.51	161.43	116.52
江门	2240.93	1181.73	662.32	302.01	150.02	79.29
阳江	965.80	653.06	235.80	123.01	53.21	30.21
湛江	1318.47	822.84	246.94	125.71	68.73	34.27
茂名	1170.54	800.72	240.17	185.80	42.34	33.99
肇庆	1934.99	1267.81	390.63	214.85	81.29	48.31
清远	2190.30	1674.85	345.84	264.25	75.91	57.39
潮州	449.35	352.63	87.23	68.25	23.13	16.49
揭阳	1884.97	680.39	478.79	84.32	83.70	21.02
云浮	536.26	269.11	107.41	60.57	54.96	13.56

注：2011年起固定资产投资项目统计起点由50万元提高至500万元，不含农村农户投资；2010年以前为全社会固定资产投资

房地产开发主要指标

项　目	单　位	2000 年	2005 年	2010 年	2011 年	2012 年
土地开发及购置	万平方米					
本年土地开发面积		1754.51	2085.66			
本年土地购置面积		1942.30	2894.12	1726.31	2436.64	1805.44
本年完成投资额	亿元	858.61	1591.90	3659.69	4809.91	5352.79
住宅		593.74	1065.74	2539.03	3453.04	3704.98
经济适用房屋		19.52	2.86	24.66		
资金来源小计	亿元	1064.51	2233.60	7426.13	6877.82	7918.27
国内贷款		228.53	385.75	1256.11	1224.22	1507.53
利用外资		39.16	37.16	90.85	73.38	29.06
自筹资金		287.71	702.33	1582.94	2153.46	2414.64
房屋建筑面积	万平方米					
施工面积		9922.12	15110.04	29301.36	36137.07	39296.27
住宅		7400.38	11399.99	22253.76	27377.88	29253.24
经济适用房屋		301.75	70.80	151.15		
竣工面积		3161.39	4385.16	5659.10	6140.56	6356.12
住宅		2598.52	3476.73	4589.22	4884.18	4918.16
经济适用房屋		180.42	33.86	50.74		
商品房屋销售额	亿元	729.50	2238.66	5480.77	5852.54	6407.81
住宅		597.36	1886.39	4589.82	5070.76	5488.39
经济适用房屋		14.83	4.70	25.78		
商品房屋销售面积	万平方米	2259.95	5038.91	7321.76	7427.87	7898.99
住宅		2009.34	4546.32	6552.81	6706.60	7157.63
经济适用房屋		106.74	33.96	69.34		

注：2010 年国家取消本年土地开发面积指标，2011 年取消经济适用房相关指标

各市房地产开发投资情况
(2012)

单位：亿元

市别	完成投资额	住宅
广州	1370.45	827.61
深圳	736.84	474.60
珠海	242.08	181.78
汕头	83.35	58.80
佛山	638.46	432.36
顺德	181.75	131.73
韶关	91.30	69.68
河源	67.13	52.08
梅州	44.05	32.27
惠州	482.17	364.02
汕尾	16.07	11.99
东莞	377.32	273.42
中山	346.41	263.22
江门	144.49	111.02
阳江	77.18	56.51
湛江	114.96	83.45
茂名	73.96	56.95
肇庆	145.45	114.40
清远	180.72	147.69
潮州	28.57	19.44
揭阳	56.44	47.34
云浮	35.40	26.37
按经济区域分		
珠三角	4483.67	3042.42
东翼	184.42	137.57
西翼	266.10	196.91
山区	418.60	328.09

各市房地产开发房屋建筑面积及价值
(2012)

市别	房屋建筑面积(万平方米)			竣工房屋价值(万元)	
	施工面积	竣工面积	住宅		住宅
广州	7845.62	1290.79	800.86	4449071	2666215
深圳	3216.69	425.75	289.40	2596228	1690099
珠海	1775.67	402.41	329.18	1742474	1478234
汕头	936.89	211.07	163.21	409746	322654
佛山	3848.36	649.70	510.68	2256529	1759298
顺德	1423.81	216.41	186.16	679242	575445
韶关	1026.65	242.31	202.01	568913	462095
河源	584.37	132.44	115.08	378183	334536
梅州	471.49	147.13	119.39	319949	254118
惠州	4579.87	509.01	403.75	1328259	1058551
汕尾	220.37	32.68	30.96	71407	68670
东莞	2453.93	362.47	306.34	1619347	1424222
中山	3073.46	321.67	265.84	1211314	1058914
江门	1461.58	351.64	296.44	918466	782549
阳江	802.58	141.17	122.36	373117	301263
湛江	1055.52	154.80	117.60	404418	320501
茂名	913.67	214.30	183.24	387794	332383
肇庆	1573.41	247.22	198.28	575241	449552
清远	1975.56	300.27	259.78	670136	567642
潮州	418.74	75.63	67.53	191197	162917
揭阳	720.45	78.53	75.73	180186	170929
云浮	341.40	65.14	60.50	146451	135417
按经济区域分					
珠三角	29828.59	4560.65	3400.75	16696929	12367634
东翼	2296.45	397.90	337.44	852536	725170
西翼	2771.77	510.27	423.20	1165329	954147
山区	4399.46	887.30	756.77	2083632	1753808

各市商品房屋销售情况
(2012)

市别	本年商品房销售面积（万平方米）	住宅	本年商品房销售额（万元）	住宅
广州	1333.13	1128.51	17547500	13543132
深圳	525.83	488.44	10300981	9278424
珠海	251.22	230.67	2684821	2460740
汕头	189.94	169.76	1147003	997987
佛山	802.17	705.36	6462530	5613081
顺德	273.61	248.75	2122711	1870053
韶关	259.64	234.88	1163330	883523
河源	128.25	123.75	502029	479199
梅州	149.07	128.20	619169	483272
惠州	826.72	787.29	4784238	4457970
汕尾	54.70	52.58	206151	191815
东莞	639.12	583.38	5423825	4725186
中山	654.16	593.97	3598074	3148199
江门	351.12	329.97	1936489	1796340
阳江	189.28	175.76	888142	774926
湛江	206.62	182.79	1073714	913351
茂名	327.69	302.47	1235575	1133214
肇庆	373.60	339.55	1758215	1520881
清远	392.57	368.89	1816979	1626057
潮州	48.24	44.21	195395	175934
揭阳	110.68	107.09	369509	352719
云浮	85.26	80.10	364442	327975
按经济区域分				
珠三角	5757.06	5187.16	54496673	46543953
东翼	403.55	373.63	1918058	1718455
西翼	723.59	661.02	3197431	2821491
山区	1014.79	935.81	4465949	3800026

（广东省统计局）

领导讲话

在广东省第十四期市长（书记）城建专题研究班结业典礼上的讲话

广东省副省长　许瑞生

（2012年8月10日）

同志们：

历时5天的第十四期市长（书记）城市建设专题研究班，今天就要结业了。在此，我谨代表省政府，对这期专题研究班取得圆满成功，对同志们所获得的成果表示热烈的祝贺！对深圳市委、市政府对本期研究班的大力支持，以及为研究班付出了辛勤劳动的各位专家学者和工作人员表示衷心的感谢！

市长（书记）城建专题研究班至今已举办十四期，逐步发展成为我省党政领导干部培训的一个重要平台和品牌，在全国范围内产生了广泛的影响。省住房和城乡建设厅十四期能够坚持办下来，与省环保厅、国土资源厅，尤其是省委组织部的大力支持分不开，可喜可贺。本期研究班是在省第十一次党代会和全省提高城市化发展水平工作会议胜利召开、全省上下齐心协力推进新型城市化进程的背景下开班的。研讨班突出城市化这一主题，对于我们更好地把握下一步行动方向，科学推进城市化工作，推动我省城市化发展水平迈上新台阶，具有非常重要的意义。这几天的研究学习过程中，已经有不少专家学者围绕城市化的主题作了专题报告，我也专门看了专家们的讲义，其授课内容涉及面广、紧扣当前城市化所面临的问题，也包含了目前城市规划中交通、生态等方面最新的技术路线，相信大家都受益匪浅。刚才三位市长的发言足以证明这一点，他们从就业岗位的提供、乡村的发展、市场机制和城市地方特色，以及城市建设的表里如一等方面作了发言，虽然非常简短，但充分体现了这五天学习中思考的深度。借此机会，就城市化与城市发展转型谈一些意见：

一、科学总结城市化实践历程，准确把握现阶段城市发展转型的内在要求

刚才大家都讲到广东经历了30年特殊的城市化历程，在新的城市化阶段，作为一位市长，无论是针对你所服务的这座城市还是整个广东省，都有必要了解这30年以来走过的城市化发展道路。我将其分成三个具有历史意义的阶段，划分不一定准确，仅供参考。这三个阶段分别是：

第一阶段是80年代至90年代初的工业化发展主导时期，城市化迅猛发展。该阶段体现出几方面特点：一是农村经济改革成功，为城镇发展提供良好的物质基础；二是发展工业成为社会经济活动的主导，工业主导着整个城市化的推进；三是对外开放促进了工业与城市的发展；四是土地有偿使用制度使土地收入成为城市建设的重要经济来源。今天对土地经济有诸多攻击，我相信前面也有专家谈及这一问题，但回顾广东30年所走过的城市化道路，其实土地对城市的贡献是巨大的。80年代初，深圳特区对土地有偿使用进行了有关尝试，当时只是对外商征收一些场地使用的费用，其后1988年开始征收土地使用税，实行了土地有偿使用制度，土地出让逐步实行招拍挂，城市建设由此获得一个重要经济来源，也促进房地产对城市建设与发展有了直接的贡献。如果说今天的土地经济是猛兽需要改革，那么需要从国家的整个分税政策方面进行改革，分清事权，而不是片面地去攻击土地问题。

第二阶段是90年代以后强调第三产业兴起的作用。一系列经济活动的变化反映在城市空间的发展上，开始重视中心区和新区的建设，广州珠江新城及天河这一系列的新城就是其表现案例之一。各级政府开始重视商业区的发展，建立配套齐全的新区引起各级政府的重视。90年代的决策者们学到了三个英文字母叫CBD。在这个时期另一个值得注意的特征是，工业开始向乡村扩散，城乡一体化的趋势逐步呈现，这表现在顺德、东莞村镇工业引发的村镇建设。在此阶段，区域交通的便利带动了城市群的发展，尤其是珠江三角洲环珠江口城市群的初步发展。珠三角城市群的发展于80年代中期开始构思并制订规划，90年代有了实质性进展。这个阶段的城市化进程加快，全省城市的数量大幅度增加，很多县改为市。

第三阶段是关注生态格局，强调城市社会管理、基本公共服务。这个阶段约从2000年以后一直延续到现在，无论是国家战略还是地方实践，都更加关注整

体的生态格局和城市本身的基本公共服务职能，尤其是将山水自然地理要素作为保护的重要对象。一是各级政府对河流、山体等都开始给予关注，不再盲目地将地理要素仅仅作为经济载体，而是将它们纳入生态格局给予充分的保护。二是区域协调发展明显，尤其是以2008年《珠江三角洲地区改革发展规划纲要》作为引领，行政力量推动城市群协调对接的作用显著。回顾这个规划的实践，它在继承了前几版珠三角区域规划的基础上，通过政策、产业转移、绩效考核等诸多行政手段，促进了整个区域发展的协调。尤为突出的是绿道的兴建，有效带动区域规划实践，实实在在地进行空间建设，使区域规划有了具体的抓手。三是这个阶段的发展突破了传统计划经济下的规划指标体系束缚，城市公共设施配套建设更为强调城市的社会管理和基本公共服务功能。传统城市规划体系的所有指标建立在模仿苏联计划经济所建构的模式，抄袭的是苏联的计划经济指标。到这一阶段，开始对最基本的城市与社区功能进行思考，城市各层次配套建设正逐步回答正在转变的社区服务应该是什么这一问题。这个阶段一直延续至今。

上述三个阶段，是对政策与城市空间的发展关系的初步判断和理解，广东省各个城市在不同阶段都有不同的表现，尤其是在空间结构变化上。如广州期待着一个多中心城市结构形态的出现，尽管人为的努力去控制蔓延，但在真正的实践过程中，还是呈现出城市蔓延的趋势。

回顾城市化进程，城市快速发展暴露了不少问题，如城市过度汽车化和商品化，暴露了诸多城市风貌平庸和缺乏个性的缺点、公共空间缺乏整体协调的通病，以及整个城市形态过分依赖交通干线发展的短视。许多城市在城市化进程中可能扩大了容量，但它们所暴露的缺点需要我们在未来共同去面对。

目前，城市处在转型发展时期，到底有什么内在的需求？可以从国家、城市、民众需求三个层面加以理解。在国家层面，近年来国家一直强调城乡统筹，城市与自然环境、人与自然和谐相处，这是城市化大方向。国家战略中更强调城市基本公共服务的职能，国务院刚刚出台《国家基本公共服务体系“十二五”规划》，将基本公共服务体系分成基本公共教育、劳动就业服务、社会保险、基本社会服务、基本医疗卫生、人口和计划生育、基本住房保障、公共文化体育、残疾人基本公共服务九大方面，作为关注城市建设的市长须看到国家战略上的这种变化。

从这些政策中可以体现城市需求，最后折射到每座城市具体的事务，就是需要提供的基本公共服务体系和基本公共空间。比如在基本公共服务中，谈到需要为农村学生、城镇家庭经济困难的学生提供免费的中等职业教育，这就需要城市提供中等职业教育的教育设施，城市规划就要考虑中职教育设施的空间储备。再比如农民工随迁子女接受义务教育的政策，在考虑城市教育设施配给的时候就必须考虑到这些随迁子女的教育设施配给需要。这些基本公共服务都很具体，如根据居住区的规划和居住人口规模充分考虑农民工随迁子女接受学前教育的需求，配套建设城镇幼儿园，而幼儿园的指标体系也不再是传统计划经济年代按照稳定的人口规模去配套。这些变化对城市的功能会产生影响，而这其中出现很多政策的矛盾，包括土地指标的配给和城市规划中公共设施指标的规定没有按照农民工随迁子女基本公共服务的要求去设计，需要我们在下一步共同努力完成各类政策的调整。

第二个层面是城市及城市政府的一种内在的需求。转型时期的城市政府有两大类需求，第一类是职能的转变的需求，第二类是基于环境及资源的压力引发的需求。市长的名称从何而来？回顾历史，市长这个名称诞生于广州，广州是第一代具有现代意义的市政府架构产生的地方。“市长”称谓来自欧美，上世纪20年代初，广州学习借鉴西方政府管制模式，选择了类似美国“委员制”的城市管治政府模式，形成“市长+局长”的管理架构。1920年，广州制订《广州市暂行条例》，以原市政公所为基础成立市政厅，明确了市长职位，6个局的局长相当于委员，通过委员制模式，强调了行政的决策力和行政主导的力量。当时没有这么多副市长，中华人民共和国成立后也基本延续这样的官僚架构。但后来架构慢慢膨胀，随着事务的增多也就多了很多副市长。计划经济年代，又高度强调了市长的行政能力，夸大市长、市政府的能力，制度赋予了市长、市政府很大的权力去决策、审批等。进入社会主义市场经济的年代，市长的职能须产生一些转变，市长及政府的定位需重新思考。如果从政府的定位和职能看，其职能应该有三方面：第一方面是宏观经济的稳定，第二方面是城市各类基础设施的建设，第三方面是公共服务的提供。某种意义上讲，市长都是自学成才，每个人在成为市长的过程中没有专门的课程，现行法律法规也没有清晰限定市长和副市长的每一种职能，这些职能大多是在工作积累而逐步熟悉和固化，包括书记、市长的互相配合需从工作中体悟，书记的指导、市长的执行，靠工作中的体验理解。第二类是环境资源压力下的需求，指的是城市现在受到不用程度环境污染，需要采取有别于扩张型的城市发展模式，而城市的资源有限又造成城市空间利用的巨大压力。

第三个层面是公众的需求，主要体现在两方面。第一个需求是在温饱之余对环境的需求，包括公共交通、安全卫生的饮用水的提供等等，公众期望值与日俱增；无论是良好的大环境还是小环境，公众均需要。第二个需求在于参与决策，对知情权的渴望。城市是人民的城市，公众想知道城市决策究竟是怎样一个过程，随着文明程度的提高，人们参与决策的意识也在日益提高。

二、扎实推进我省城市发展转型的若干途径

城市发展转型涉及面广、影响因素多，是一个长期而又复杂的系统工程。无论是国际上具有代表性的城市发展转型，还是我省各市面临的状况，都有其共性。城市发展转型方向必须明确，即：注重从粗放的发展方式向更加重视低碳生态的发展方式转变；注重从传统管理模式向更加重视信息化、智能化建设转变；注重城市活力的提升，从传统产业向新兴产业发展转变；注重城市文化特色和传统文化的传承；注重以人为本和社会公平发展。各地市要对照自己的实际情况，找准迫切需要解决的重点难点问题。在这里我强调几方面工作供大家参考：

（一）科学的城市规划编制。一是解决问题的规划。目前，不少规划各类时尚名词混杂，概念很多，为了让决策者感到时髦、新鲜，会编出一些美妙的词语，拿出各种漂亮的图案，扰乱各位市长、书记的视线。解决问题的规划，首先是建立于充分的财务分析基础上的规划，好规划的关键在于财政支出是否分析透彻。二是充分融合各类规划的规划。中国现行各类规划派生在不同的行政领域、不同的行政管辖权范围内，很难综合。好的规划需要将各类规划都融合在一起。三是对现状充分了解的规划。首先，深入了解观察规划所在地人群生活状况并提出未来设想的规划才是好的规划。有时候为了规划图案的好看，不考虑地类、地籍，不清楚土地权属，结果花大量精力协调矛盾，也造成财政上无谓的支出。其次，要编制具有长远发展意义和控制作用的规划。广州的概念规划、深圳的近期年度实施计划、珠三角地区的TOD开发规划以及绿道网的规划建设，都是好的范例。广州近十几年的实践为什么能够成功？是因为有了“概念规划”的突破，它是对中国传统规划体系的突破，对长远的发展有了有效控制。其三，要编制各类使城市更有特色的条文和规则。在规划体系里，我们往往忽略条文规则对精细管理和城市特色的重要性。广东省21个地级市的规划实施细则基本上大同小异，反思为什么这些城市会大同小异，它们的规划条文和细则大同小异是原因之一。广州近代长堤一带为什么出现4米半以上的骑楼？它来自条文的控制。上世纪20、30年代，广州鼓励建骑楼，在其时《广州建筑章程》中规定骑楼的高度，于是产生了今天广州长堤周边骑楼独特的风格。一个规划师和管理者认真研究这座城市的特点，形成条文控制建筑单体设计，鼓励某一种建筑或公共空间特色，这个城市特点就会凸现。我们往往忽略了这座城市特色是什么，规划的时候应该控制什么。管理规则更多是从安全性的角度制订条文，或者笼统地提出要注意保护旧城区的风貌，但如何保护，没有答案。因此，规划需要细化，需要对城市做具体的控制引导，将用什么方式展示城市文化、城市特色纳入条文之中。

（二）实施差异化的城市发展转型战略。针对我省不同区域城市化发展阶段的差异，形成珠江三角洲城市群优化区和粤东西北城镇群提升、培育区的差异化转型策略与政策引导。

一方面，珠三角地区要加快融合发展，加强世界级城市群的功能培育。其中一项工作是要更加注重区域协调机制的细分。珠三角地区最近的区域协调细分做得很好，比如已经建立了“广佛肇”、“深莞惠”、“珠中江”三大经济圈，是在大范围内进行的小区域协调，但是其协调机制细化工作仍然做得太少。纵观世界城市群的协调管理机制，主要包括成立区域委员会、签署政府间协议、划定特殊目的区域、建立专门机构、权力部分移交上级政府等，我们的协调管理机制细化需要在工作中借鉴各类城市群的协调机制加以深入推进。

另一方面，粤东西北地区要寻找与珠三角地区差异化发展的途径，推动地级市城区扩容提质，促进区域协调发展。粤东西北地级市城区扩容提质是省委、省政府近期关于城市化战略的总体部署其中一项内容，得到各市的响应。通过产业扩容、人口扩容、城市扩容等方式，促进其区域中心城市发展和经济社会发展的良性循环，推动经济增长从主要依靠低端要素驱动向创新驱动转变；并通过区域协作使粤东西北地级市城区成为推动周边各市及市辖县（区、市）发展的重要平台。省住房和城乡建设厅正在积极组织编制《促进粤东西北地级市城区加快发展行动计划》，同时也希望各市从自身实际情况出发，先行制订本地的行动纲要。通过省政府与各市互动，使行动计划和行动纲要更具可操作性。

（三）强化城市化对扩内需、增就业的战略作用。这个作用非常明显，也是中央政府长期的战略，城市化是扩内需、增就业最有效的途径之一。首先要提升区域核心城市的服务功能，其次要加强产业转移园区建设与城市建设的联动，其三要通过“三旧”改造，带动劳动力市场、商贸、餐饮服务等多个领域的消费增长。

（四）提升城市综合功能。城市的综合功能与城市综合竞争力息息相关。城市是人类安全的庇护所，也是人类寻求的更好的生存发展空间。一是科学推进城市新区开发和旧区改造，二是大力推进产业转型升级，三是着力提升城市信息化水平，四是努力落实城市基本公共服务体系。

（五）推进城市绿色发展。推进城市绿色发展是生态文明建设的重要内容。城市与自然环境的协调是一

个长期的话题。为此次研讨班，我请省住房和城乡建设厅收集了世界其他国家的市长们近一两年对城市发展的想法：如墨尔本被评为最适合人类居住的十大城市之一，其市长关注的是推动知识城市和城市创意建设。温哥华市长关注的是推动绿色产业、艺术与文化产业、住房保障体系的发展。美国洛杉矶的最大特色在于多元包容的城市精神和文化创意产业，市长关注通过发展文化创意产业推动经济复苏；转变汽车城市的发展模式，大力发展轻轨和地铁；坚持环保设施的建设和使用，推进垃圾回收；全面提高城市的公共服务水平，加强城市公共管理；加强财政预算管理，应对经济危机等。阿姆斯特丹被评为世界最绿色的城市，其都市型农业发展具有特色，以郁金香为主的花卉业发展实现了发展与生态保护的完美结合，为后工业化时期的城市发展转型提供成功经验，其市长关注城市七大重点产业的发展、居住环境的改善和人力资本的积累以及城市更新。美国西雅图是全美公认生活质量最高的城市，其市长关注推动城市微型经济发展以共享经济繁荣，并关注青少年教育与就业、可持续发展策略、社会公共安全保障等。瑞典斯德哥尔摩市长优先关注的一体主要包括提高城市服务质量和高密度的"步行城市"发展战略。

从以上各市长的施政设想中，可以看出绿色发展是一个共同的主题。为推进城市绿色发展，有几方面工作可为：

一是坚持不懈构建"城市增长边界"。长期以来，国内外均倡导着力构建"城市增长边界"，这一点说来容易实施难。以广州为例，其城市增长边界的实践应有上百年的历史。广州在国内可谓是最早尝试创建田园城市。今天留存的东山一带就是上世纪20年代学习西方田园城市，创建模范居住区的结果，但当时仅考虑到居住方面，居住区与中心城区有绿化的隔离，尚未考虑城乡统筹的关系。80年代广州总体规划也试图设想在东部与黄埔区之间设置隔离带。90年代后这一边界作用削弱。要尽量控制城市增长的边界，创造一系列开敞过渡空间，避免城市蔓延。这是来自美国波特兰城市实践的理念，需要我们创造性地学习。

二是要继续完善绿道网络体系建设。绿道概念源于美国，是作为一种防止城市蔓延并向人们提供郊野生活的线性开敞空间，也是出自构建生态格局的需要。这几年广东的绿道建设是对世界城市化实践的重大贡献，绿道的体系已经变得更具区域协调发展意义且功能更丰富多彩。广东各城市需继续完善绿道网络，使其在对城市生态格局的影响、对生活休闲方式的提供，还是城市慢行交通功能的构建等各方面发挥更广泛的作用。

三是传承和发扬岭南建筑和街区通风、遮阳、采光等设计手法，积极推广应用绿色建筑。传统岭南建筑与街区充分尊重亚热带气候条件，至今仍具借鉴意义。要从规划、设计、法规、标准等方面全面推进绿色建筑行动，对既有建筑开展绿色节能改造，推动绿色建筑由建筑单体向绿色校园、绿色机关等领域延伸；并以绿色建筑为载体，推动建筑业转型升级，开展以绿色低碳为目标的建筑技术创新，推动大规模标准化生产的建筑工业化，实现由建筑大省向建筑强省跨越，促进低碳城市建设。

四是要保持乡村规划与建设的特色。要强化中心镇区和乡村的公共服务功能。虽然现在有很好的乡村景色，但是乡村的公共服务还有所欠缺，村容村貌整治需要强化。乡村的规划控制体系往往是被忽略。乡村的规划建设应该有属于乡村固有的东西，一位好的城市规划师不一定是一位好的乡村规划师。目前乡村规划建设标准的制订等方面仍然滞后。做好乡村规划需要了解村民的生活特点、农业的生产方式、乡村景观等各方面的需求，建立有别于城市的乡村规划制度以推动乡村规划工作意义重大。要将改善农业生产计划跟推动乡村人居环境建设紧密结合起来。总而言之，需要保持乡村特色，乡村田野是整个城市开敞空间的要素，是城市生态绿地最重要的构成部分，城市化不能忽略对乡村景观特色等一系列的保护。

今天，利用这个机会跟大家交流自己的一些思考，这种交流的目的是为了更有利于促进广东城市化进展。大家都是城市建设的规划者和推动者，书记、市长都是最重要的决策者，你们的审美观、价值观，你们的知识、视野对这座城市将起到决定性甚至是历史性的作用。最后祝大家学习、工作愉快！谢谢大家！

在全省住房保障制度改革创新工作经验交流座谈会上的讲话

广东省副省长　许瑞生

（2012年12月27日）

同志们：

在全省上下认真贯彻落实党的十八大和习近平总书记视察广东重要讲话精神，为率先全面建成小康社会、率先基本实现社会主义现代化而努力奋斗的重要时刻，我们在中山市召开住房保障制度改革创新工作经验交流座谈会，主要目的是通报2012年度全省住房保障工作进展情况，总结交流各地住房保障制度改革创新的好经验、好做法，研究部署下一阶段住房保障改革创新以及明年保障性安居工程建设工作。刚才，庆方同志通报了今年全省住房保障进展情况，并对下一步工作提出了意见；广州、中山、佛山、汕头、惠州五市负责同志作了住房保障制度改革创新经验介绍，讲得很好，我都赞同。希望大家以这次座谈会为契机，相互借鉴、开拓创新，努力推动我省住房保障工作再上新水平。下面，我讲两点意见：

一、今年以来，我省保障房建设和住房保障制度改革创新工作取得明显成效，为加快建设幸福广东作出了重要贡献

加快推进保障性住房建设和住房保障制度改革创新，事关民生改善、经济发展和社会和谐。今年以来，在党中央、国务院和省委、省政府的正确领导下，我省认真贯彻落实中央关于加强保障性安居工程建设的决策部署，坚持把满足群众基本居住需求作为政府提供基本公共服务的重要职责，将保障性安居工程建设列入全省十件民生实事，全力克服资金筹措、土地供给、征地拆迁等多方面的困难，狠抓工程建设进度，狠抓住房保障制度改革创新，各项工作取得了明显成效。突出表现在以下七个方面：

（一）目标任务超额完成，总体建设进展顺利。今年以来，我省狠抓保障房目标责任的落实，突出加强现场巡查、专项督查和重点检查，建立完善月通报工作机制，这些都有力地加快了保障房建设进度。截至10月底，全省新开工建设、新增发放廉租住房租赁补贴、竣工任务三项指标均已提前超额完成国家下达的目标任务。

（二）《创新方案》出台及时，新型住房保障制度逐步完善。省委、省政府主要领导同志历来高度重视住房保障制度改革创新工作，深入调查研究，多次作出重要批示，专题研究部署住房保障制度改革创新工作。今年2月，省政府常务会议审议通过了《广东省住房保障制度改革创新方案》，并由省政府办公厅正式印发。全省各市根据《创新方案》，加快制定符合当地实际的住房保障制度改革创新实施方案。目前，各市都制定出台了具体改革创新实施方案，有力地推动了住房保障制度改革创新工作。特别是中山市在出台试点方案的基础上，相继制定了《中山市住房保障管理暂行办法》《中山市公租房租金和物业服务定价方案》《中山市住房保障准入标准及轮候规则》《中山市社会力量投资建设的公租房管理暂行规定》及《中山市保障性住房建设投（融）资管理办法》等一批重要文件，为规范化管理提供了政策保障，对加快保障性安居工程建设起到了很好的推动作用，值得各地学习借鉴。

（三）突出重点发展公租房，以公租房为主体的新型住房保障制度基本形成。根据《创新方案》，自2012年起，除已批准立项的项目外，全省已暂停新建经济适用住房，其供应对象纳入公租房供应范围。住房保障范围和覆盖面进一步扩大，即由过去主要针对城镇低收入家庭的住房保障扩大到覆盖城镇低收入、中等偏下收入、新就业无房职工和外来务工人员等不同收入群体的住房保障。公租房参照市场租金确定，实行分档补贴、租补分离、以需定供、轮候分配，通过实物配租和货币补贴相结合的方式，确保符合条件的低收入住房困难家庭应保尽保。今年，我省新开工建设保障性住房和棚户区改造住房154381套，其中公租房114867套，占74.4%。从总体上看，全省以公租房为主体的新型住房保障制度正在逐步形成。

（四）积极开展住房保障需求调查，以需定建的决策机制初步建立。根据《创新方案》，各地积极探索建立问需于民、以需定建、先规划后建设的工作机制，高度重视住房保障需求调查工作，通过全面普查、采

取抽样调查、入户调查、电话访谈、定性调研相结合的方式，对城镇户籍中低收入家庭、外来务工人员、新就业大学生和引进人才等四类人群进行需求调查分析。目前，广州、深圳、中山、佛山、惠州、肇庆、东莞等市已完成或基本完成住房保障需求调查工作，其他市也陆续组织开展了住房保障需求调查，进一步摸清了住房保障基本情况。这些专项调查为科学编制住房保障建设规划、完善住房保障体系、建立以需定建机制提供了科学可靠的基础资料。

（五）以试点为突破口，先行先试，住房保障模式日益多样化。全省以广州、中山两市住房保障制度改革创新试点为突破口，积极探索建立多渠道、多层次、可持续、能循环的新型住房保障制度，不断创新住房保障建设模式，多渠道筹集房源，积极引导社会力量参与保障房建设，采取政府直接投资新建（改建）、购买、长期租赁，政府与企业合作建设，开发项目配建，企事业单位自筹建设，企业与农村集体组织合作建设，利用农村集体建设用地建设，BT建设等多种模式，加快解决中低收入群体的住房难问题，取得了较好效果。

（六）投融资机制创新取得新突破，政府主导、社会参与的建设机制逐步形成。通过财政预算、住房公积金增值收益、土地出让金净收益等渠道，多渠道落实保障性安居工程建设资金。截至今年11月底，全省共完成保障性安居工程建设投资约230亿元，各级政府投入资金约100亿元。同时，各地按照《创新方案》的要求，抓紧推进保障性住房建设投融资主体组建工作。广州、深圳、珠海、汕头、中山、江门、肇庆等7市制订了保障性住房建设投融资主体组建方案，建立了保障性住房建设投融资平台，形成了社会力量广泛参与的多渠道筹集保障房建设资金新格局。

（七）阳光分配和后续监督管理工作有序开展。今年以来，我省高度重视住房保障分配和后续监督管理，加强立法工作，组织起草了《广东省城镇住房保障办法（送审稿）》，待省政府常务会议审议后将颁布实施。全省各地严把准入审核关口，建立了“三级审核、两次公示”制度（即街道初审、区级复审、市级终审及区、街道两级公示），依法依规严厉查处骗租骗购保障房、变相福利分房和以权谋私行为。各地进一步完善退出机制，健全年审机制，通过不定期检查、入户调查、委托第三方调查取证、畅通投诉渠道等方式，加强住房保障资格监管和房屋使用情况巡查，保障房违法违规现象明显减少。

总的来说，今年以来，我省保障房建设和住房保障制度改革创新工作扎实有效开展，有力地服务和保障了我省经济社会平稳健康持续发展，为加快转型升级、建设幸福广东作出了重要贡献。这是中央和省委、省政府正确领导的结果，是各地各部门合力推进、密切配合的结果，尤其离不开全省住房城乡建设系统的开拓创新、扎实工作。在此，我代表省政府向在座的各位并通过你们向全省住房城乡建设系统广大干部职工表示亲切的问候和衷心的感谢！

在肯定成绩的同时，我们也要清醒的认识到，当前，我省住房保障工作中仍然存在一些不足和问题，一是从总体上看，各地住房保障覆盖面仍有待进一步提升，还有不少城市住房困难家庭、新就业职工和外来务工人员居住条件比较差，居住环境亟待改善；二是部分地区和部门对住房保障工作还不够重视，存在认识不到位、工作积极性主动性不高、政策措施落实不到位、后续管理尚需进一步完善等问题；三是部分市县建设资金和土地供应落实尚未完全到位，特别是一些大城市中心城区土地供应比较紧张，征地拆迁周期长，建设用地供应压力比较大，同时部分经济落后的地区，住房保障资金落实情况不容乐观；四是住房保障需求底数不清、情况不明，相当部分市县尚未开展住房保障需求调查，也没有制定科学合理的中长期住房保障规划，住房保障工作前瞻性和计划性有待进一步提升；五是部分地区在审计中也暴露了一些问题，如有的市县没有足额提取土地出让净收益和住房公积金增值收益用于保障房建设；有的市县没有按规定落实各项税费支持政策等等。对这些问题我们要高度重视，切实采取措施，认真加以解决。

二、开拓创新、真抓实干，全力推动我省住房保障制度改革创新和明年保障房建设工作再上新台阶

大力推进保障性安居工程建设，是党中央、国务院从全局高度作出的重大决策，是我国“十二五”时期改善民生的重点工程，也是当前和今后一个时期政府工作的一项重要任务，关系民生，关系全局。前不久胜利闭幕的党的十八大明确提出“建立市场配置和政府保障相结合的住房制度，加强保障性住房建设和管理，满足困难家庭基本需求”；本月上旬，习近平总书记在视察广东的重要讲话中，要求我们着力保障和改善民生；刚刚召开的中央经济工作会议也提出要继续加强保障性住房建设和管理。这些都为我们下一步的工作指明了前进方向，注入了强大动力。在今后的工作中，各地、各部门要进一步认清形势，坚定信心，真抓实干，千方百计采取有效措施，全力抓好住房保障制度改革创新工作和明年保障房建设工作。重点抓好以下五个方面的工作：

（一）全力推进住房保障制度改革创新工作。改革是广东的根、广东的魂，我们要将改革创新的精神贯彻到住房保障制度上来。一是尽快建立以需定建的工作机制。根据《创新方案》，去年年底以来，广州、佛山等市住房保障部门开展深入调查研究，并形成了保障性住房需求调查分析报告，为科学编制中长期住房保障规划奠定了坚实的基础。希望各市认真学习借鉴这种做法，尽快建立以需定建的工作机制。在这里，我着重强调一下以需定建中的“需”的问题，我们这里所说的需求，我认为是动态的，是不断变化的，是随着收入线和面积标准的划定不同，呈现很大的可控和可塑空间。今年10月19日，小丹省长率省直有关部门负责人到广州市调研保障性住房建设情况，明确提出要适时研究新的准入门槛，有序扩大保障性住房的受惠面。各市要按照小丹省长的要求，认真研究落实，合理确定住房保障对象范围，既要充分考虑当地的财政、土地等承受能力，又要确保有一定的受惠面，不宜把标准定得太低或者把门槛定得很高，否则就失去了住房保障制度改革创新的意义。二是不断创新建设模式。要坚持政府主导、政策扶持、社会参与、适度保障的原则，按照问需于民、以需定建、分步实施、轮候解决的思路，充分调动社会各方力量投资公租房建设的积极性，促进投资主体和权属主体多元化，充分体现住房保障的多主体、多渠道、多形式。三是创新投融资模式。积极探索运用住房公积金、保险资金、信托资金、社保基金及其他金融工具投资公租房建设。探索把保障性住房周边市政基础设施建设纳入金融支持范畴，作为城市化和保增长的重要举措。各地要加快建立保障性住房投融资公司。四是创新运作机构。去年以来，中山、广州、汕头、肇庆、河源、韶关等市都设置了市住房保障办或住房保障中心，加强了机构建设，为推进住房保障改革创新奠定了组织保障。其他市县要积极争取设立住房保障管理机构和具体实施机构。

（二）全力抓好配套设施建设。当前，一些地方保障房的配套设施建设没有及时跟上，造成部分保障房建成后不能及时投入使用，下一步要重点研究如何将政府资源和社会资源汇聚共享，将公共交通及文体设施规划建设与保障房有机结合，统筹规划建设，要尽可能将保障房项目安排在公共交通、教育、医疗、农贸市场等配套设施较为完善的区域，城市的产业布局尽可能为低收入家庭提供更多的就业机会。

（三）全力谋划2013年度工作任务分解工作，落实具体建设项目和地块。一方面，各市要提前把计划任务做实、做细，明确责任单位、具体任务和工作措施，增强可操作性。要尽可能把具备条件项目的启动时间往前排，尽可能把工作进度往前赶，争取主动，及早完成，确保年度目标任务早日实现。另一方面，各市要把保障性安居工程建设计划抓紧落实到具体项目和具体地块，尽早组织建设单位开展规划选址、环评、立项、用地等前期工作，尽快按程序报批。

（四）全力抓好工程质量监管，确保项目建设管理工作落实到位。住房质量是百年大计，保障房项目更是政府主导建设的民生工程，必须坚持高质量、高标准、严要求。在今后的工作中，各地对发现的工程质量问题要“零容忍”，对责任单位和责任人要严肃追究，决不手软。要严格执行工程监理、施工图审查、质量监督等制度，从规划选址、勘察设计、施工监管、质量监督到配套建设全过程都要从严要求，强化监督检查，认真落实分户验收制度，落实工程质量终身负责制度和工程永久性标志牌制度。要深入推进工程质量通病治理，全面推行工程质量样板引路的做法，把好工程质量验收关，确保工程质量经得起群众和历史的检验。

（五）全力做好分配管理工作，确保分配公开、公平、公正。确保公平分配是保障性安居工程的生命线，我们一定要把公平分配放在更加突出的位置，下大力气做实做好。一是坚持保障基本。要通过提供小户型的保障房，满足中低收入住房困难家庭的基本住房需求，并逐步解决符合条件的新就业职工和外来务工人员的居住问题。二是坚持程序公正。没有程序的公正，就不可能有结果的公平。因此，住房保障对象的准入、申请、审核、轮候、分配、退出等都要有严格规范的程序。程序一定要明确，要公之于众，要进一步完善“三审两公示”制度。三是坚持过程公开。保障房公平分配，最重要的一条就是要公开透明，要向老百姓、向社会、向媒体都公开。要坚持信息公开和公示制度，进一步完善全省住房保障管理信息系统。各地还要进一步加强管理力量建设，健全机构，充实力量，做到管理力量与管理任务相适应。目前，我省正在加快制订《广东省城镇住房保障办法》，各地也要抓紧制定公租房实施细则和有关管理办法，加强对保障房申请、审核、公示、轮候、配租、监督、退出等重点环节的监管，确保保障性住房真正落实到困难群众身上，确保把这项民心工程做实做好。

同志们，大力推进住房保障制度改革创新，加快建设保障性安居工程，关系我省经济社会发展大局，关系幸福广东建设，使命光荣、任务艰巨。希望全省住房城乡建设系统在省委、省政府的正确领导下，深入贯彻落实科学发展观，增强大局意识和创新精神，不断开拓进取、真抓实干，扎实工作，为加快转型升级、建设幸福广东作出新的更大贡献！

在全省住房城乡建设工作会议上的讲话

广东省人民政府副秘书长 罗 欧

（2013年1月21日）

同志们：

今天省政府召开全省住房城乡建设工作会议，主要是贯彻落实党的十八大、中央经济工作会议、习近平总书记视察广东重要讲话以及省委十一届二次全会和全国住房城乡建设工作会议精神，总结过去五年我省住房城乡建设工作，并对2013年工作进行部署。刚才，庆方同志作了很好的工作报告，我都赞同。希望大家认真贯彻落实这次会议精神，不断开创住房城乡建设工作新局面。下面，受许瑞生副省长委托，我讲两点意见：

一、五年来我省住房城乡建设工作成绩显著，为推动全省经济社会平稳较快发展作出重要贡献

刚刚过去的五年，是我省经受住各种困难和风险考验，坚定不移推动科学发展，在全面建设小康社会、加快率先基本实现现代化进程中取得新成就的五年，也是我省住房城乡建设系统围绕中心、服务大局，推动各项工作再上新台阶的五年。五年来，全省各级住房城乡建设部门牢牢把握主题主线，以提高城镇化发展水平为统领，以开展宜居城乡创建活动为手段，在推进住有所居、改善人居环境、完善公共服务等方面做了大量卓有成效的工作，出色完成了党委、政府交给的各项任务。突出体现在五个方面：

（一）城镇化发展迈出新步伐。将城镇化作为加快转变经济发展方式的重大战略任务，先后出台《关于提高我省城市化发展水平的若干意见》、《促进粤东西北地级市城区扩容提质五年行动计划》，并专门召开全省提高城市化发展水平工作会议，对新时期推进广东特色新型城市化进行全面部署。大力推动广佛肇、深莞惠、珠中江三大经济圈融合发展，珠三角一体化进程加快，珠三角城市群发展质量不断提升。着力推进粤东以汕头为中心、粤西以湛江为中心、粤北以韶关为中心的城镇群建设，“汕潮揭”同城化有效推进，“湛茂阳”临港经济圈提升发展，粤北山区绿色发展持续良好，省域空间发展格局不断优化。与此同时，联合港澳发布实施《共建优质生活圈专项规划》《环珠江口宜居湾区建设重点行动计划》《澳珠协同发展规划》《澳门与珠江口西岸地区发展规划》等重大专项规划，携手加快打造更具综合竞争力的世界级城市群。五年来，我省城镇化率提高了4.1%，预计将达67.3%，高于全国平均水平约15个百分点，居全国前列，其中珠三角城镇化率已超过83%，达到中等发达国家水平。

（二）城乡住房工作有新成效。认真贯彻落实中央关于加强保障性安居工程建设的决策部署，强化目标责任考核、巡查和督查、定期通报、约谈问责等工作机制，全力克服资金筹措、土地供给、征地拆迁等多方面的困难，狠抓工程建设进度。五年来全省新开工建设各类保障性安居工程（含租赁补贴）66.3万套，竣工及基本建成30.8万套，实施住房保障户数35.7万户，超额完成国家下达的目标任务。出台《广东省住房保障制度改革创新方案》，围绕重点发展公共租赁住房积极完善配套政策，并按照问需于民、以需定建、分步实施、轮候解决的思路，合理确定住房保障范围、保障方式和保障标准，新型住房保障制度逐步完善。推进农村危房改造工作，联合省有关部门争取国家将我省列为农村改造试点省，下达10万户农村危房改造任务，国家财政补助7.5亿元。落实国家房地产市场调控政策，强化对房地产市场调控工作的考核监督，建立了稳定房价工作约谈问责机制，制订和公布了新建住房价格控制目标，房地产市场平稳健康运行，实现了在调控前提下保增长的要求。

（三）宜居城乡建设有新突破。出台《关于建设宜居城乡的实施意见》，加快环保设施和生态建设，大力推进“三旧”改造、环境整治和节能减排，评选了省级宜居示范城镇120个、宜居社区344个、宜居示范村庄320个、宜居环境范例奖48个，城镇人居环境明显改善。全省建成运营生活垃圾无害化处理场（厂）67座，总处理规模达5.3万吨/日，市县城区生活垃圾无害化处理率达80%；建成污水处理设施396座，日处理能力达2093.3万吨，污水处理率达80%。珠三角建成绿道7350公里，并串联成网，超额完成目标任务；东西北地区因地制宜、量力而行地推进绿道建设；省和大部分市制订了绿道运营管理制度，不断加大以绿道为主题的宣传推广力度，绿道健身休闲、旅游经济、科普教育等方面的效益得到充分发挥，成为我省落实科学

发展观的标志性工程。积极推进“三旧”改造，健全规划实施保障机制，加快完善历史用地手续规划审查，全省“百条城中村”改造项目已全面启动。大幅提高村镇规划覆盖率，开展“大清洁，乡村美”农村清洁工程专项活动，村容村貌明显改善，一批镇村被评为国家级、省级历史名镇、名村。制定并实施《广东省民用建筑节能条例》，新建建筑节能标准执行率显著提高，施工阶段执行率达98.1%。

（四）建筑行业发展有新进展。通过加快推进项目信息公开和诚信体系建设、强化企业资质动态核查等手段，进一步规范建筑市场行为，优化建筑业营商环境，推进建筑市场的健康发展。去年全省建筑业建安总产值预计达6300亿元，同比增长8%，利税总额达470亿元。积极开展岭南特色规划和建筑设计评优活动，编辑整理“岭南近现代建筑”资料册，保护和传承岭南建筑文化。加大工程勘察质量监督检查力度，强化勘察设计行为监管，促进勘察设计市场繁荣发展。去年全省勘察设计企业预计完成工程勘察设计合同额390亿元，同比增长约19%，行业和企业竞争力不断提高。建设科技成果丰硕，通过省级以上建设科技成果鉴定达960项，达到国际先进水平的有70项，达到国内先进水平的有802项。

（五）公共服务能力有新提升。大力推进行政审批制度改革，精简省级行政审批事项累计达36项，并颁布实施《广东省城乡规划条例》等6项地方性法规和一系列规章、规范性文件，有效提升了行政管理效率和便民利民服务水平。不断增强城乡公共安全保障能力，开展水质安全专项检查和城市桥梁检查，加强燃气行业监管，建筑安全生产责任事故明显下降，房屋市政竣工工程质量稳定。与此同时，全力落实省委、省政府“三打两建”战略部署，强化建材使用、工程招投标、房屋征收等方面的管理工作，以打带建、以打促建，查办了一批违法违规案件，惩处了一批违法犯罪分子，整治了一批行业“痼疾”，为我省营造法治化国际化营商环境作出了积极贡献。

总之，五年来我省住房城乡建设工作的扎实有效开展，为全省经济社会保持平稳较快发展和加快转变经济发展方式作出了重要贡献。这些成绩的取得，是全省各级住房建设系统广大干部职工开拓创新、攻坚克难、奋力拼搏、真抓实干的结果。在此，我谨代表省政府，向全省住房城乡建设系统广大干部职工表示衷心的感谢和诚挚的问候！

在看到成绩的同时，我们也要清醒地看到，当前我省城乡建设工作仍存在不少困难和问题。如城镇化发展的区域、城乡差距仍然较大，城乡基础设施建设仍然滞后，推进城镇化的资源环境压力持续加大，城镇化发展模式仍然比较粗放，城乡管理制度改革任重道远。对这些问题，我们必须高度重视，切实采取有效措施认真加以解决。

二、统筹谋划，真抓实干，努力推动我省住房城乡建设工作再上新台阶

未来五年和今后一段时期，我省住房和城乡建设事业仍处于可以大有作为的重要战略机遇期。党的十八大提出了全面建成小康社会、全面深化改革开放的宏伟目标，同时强调要做好推进城镇化、推动城乡发展一体化、完善住房制度、加强生态文明建设等事关住房城乡建设领域的重要工作。习近平总书记去年底视察广东时殷切寄语我们，要努力成为发展中国特色社会主义的排头兵、深化改革开放的先行地、探索科学发展的实验区，为率先全面建成小康社会、率先基本实现社会主义现代化而奋斗。刚刚召开的省委十一届二次全会明确提出，要促进经济持续健康发展，进一步深化改革扩大开放，着力保障和改善民生，确保社会和谐稳定。这为我省住房城乡建设工作进一步明确了发展方向，也提出了更高要求。当前，我省正处于加快转型升级、建设幸福广东的关键阶段，稳增长、调结构、促改革、惠民生的任务十分繁重。做好住房城乡建设工作，不仅有利于激发城乡居民消费潜力、促进扩大内需、保持经济平稳增长，有利于优化产业结构、缩小城乡区域差距、加快转变经济发展方式，还有利于优化人居环境、保障改善民生、确保社会大局和谐稳定。因此，全省住房城乡建设系统一定要把思想和行动统一到中央和省委、省政府的决策部署上来，紧紧围绕主题主线和加快转型升级、建设幸福广东的核心任务，坚定信心、抢抓机遇、乘势而上，以新型城镇化战略为引领，不断强化城乡规划建设管理、加强住房保障和房地产市场调控、壮大建筑业和建筑市场、发展建设科技和建筑节能等各项工作，推进宜居城乡建设，全面提升住房城乡建设事业发展水平，为率先全面建成小康社会、率先基本实现社会主义现代化提供重要保障。要着力抓好以下五个方面：

（一）以促进城乡区域协调发展为目标，推进实施新型城镇化战略。城镇化是经济社会发展的主要载体，也是一个国家和地区综合实力的重要体现。当前我省已经步入城镇化发展的关键时期，各地必须积极探索广东特色城镇化道路，加快提升城镇化发展水平。一要完善与新型城镇化相适应的城乡规划体系。结合《广东省城乡规划条例》的实施，认真借鉴国内外先进经验，研究探索大都市区化和城乡全覆盖的空间规划管治体系，创新各类空间规划统筹协调的管理体制，凸显城乡规划在合理构建新型城镇化空间格局中的统筹先导作用。研究制定城市存量土地空间发展权转移机制的政策指引，推进土地的集约、节约、高效利用，拓宽城镇化发展空间。二要推动区域协调发展。实施《珠江三角洲城乡规划一体化规划》，配合推进《实施珠三角规划纲要“九年大跨越”工作方案》的制定和

实施，加快珠三角一体化进程。联合港澳完成《环珠江口宜居湾区建设重点行动计划》等规划的编制工作，共同推进大珠三角世界级城市群规划建设。实施《粤东西北地区地级市城区扩容提质五年行动计划》，切实提高各市城镇化发展水平。三要推进城乡一体化发展。建立促进城乡一体化发展的县市域、镇（乡）城乡整体规划编制体系，推动空间资源配置和管理由城乡二元向一元化转变。加大村镇规划建设管理力度，抓好中心镇控制性详细规划和村庄规划编制试点工作，提高规划水平、质量和覆盖率。研究制定市、县、镇、村四级公共服务体系的标准与规范工作，为推动城乡公共服务一体化奠定基础。四要深化对涉城镇化重大问题的研究。要加强对城镇化趋势的分析和政策方略等重大问题的研究，进一步明确广东在全国城镇化战略中的定位，提出广东实施新型城镇化战略的具体构想，对新型城镇化的发展目标、空间格局，以及产业、生态、基础设施的空间布局等做出规划，谋划差异化的区域发展战略，探索完善的区域协调机制，为省委、省政府的科学决策提供参考和依据。

（二）以绿色发展为重点，推进宜居城乡建设。要在绿道网建设成功经验的基础上，将生态文明建设的理念、原则、目标，深刻融入和全面贯穿到宜居城乡建设全过程中去，从区域、城市、建筑等各个层面，推行以“生态发展与绿色生活”为主要内容的绿色建设行动，为人民创造良好的生产生活环境。一要深化绿道网规划建设和综合利用。抓紧出台《广东省绿道网规划建设管理规定》，完善绿道网建设管理长效机制，特别是珠三角各市要继续挖掘绿道网的多元复合功能，充分考虑满足不同文化层次、职业类型、年龄结构人群的使用需求，粤东西北各市要因地制宜开展绿道网建设。同时，要依托绿道网，开展城市步行和自行车交通系统规划建设；依托河流水系，推进水岸“蓝网”示范工程建设；依托区域绿地系统、城镇园林绿化系统，结合园林城市、园林城镇创建活动，打造珠三角园林城市群，推动城乡大绿化建设。二要推进城乡生活垃圾一体化处理。加快城乡垃圾处理设施建设，确保各县（市）建设一座以上生活垃圾无害化填埋场或焚烧厂，各镇建设一座以上生活垃圾转运站，各自然村建设一座以上生活垃圾收集点。按照“全面推进、连片示范”的思路，对绿道、风景名胜区、旅游景点、名镇名村等周边地域的生活垃圾实施连片治理，示范带动。提升生活垃圾处理设施的使用效率，促进资源循环利用。三要切实抓好宜居城乡创建工作。继续开展宜居城乡的系列评选，抓好名镇名村规划建设，做好国家绿色低碳重点小城镇试点示范镇、全国特色景观旅游名镇名村、国家和省历史文化名镇名村创建工作。以农村危房改造为契机，继续推广使用《岭南新民居——广东省社会主义新农村住宅设计图集》，逐步规范和提高农村住宅设计和建设水平，改善农村村容村貌和景观风貌，推进幸福村居建设。四要扎实推进绿色建筑和建筑节能。鼓励城市新区按照绿色、生态、低碳理念进行规划设计，集中连片发展绿色建筑。以公共建筑为重点，推进绿色建筑建设和既有建筑节能改造。完善各级建筑节能工作机构，强化规划审批、建筑设计、图纸审查、工程施工和竣工验收等环节的建筑节能监管。

（三）以住房保障和房地产调控为重点，推进保障和改善民生。实现“住有所居”，是一项重要的民生工程，也是一项长期的工作任务。各级住房城乡建设部门要切实增强责任感和使命感，加快建立市场配置和政府保障相结合的住房制度，着力解决好城乡困难群众的住房问题。一要坚决完成国家下达的保障性安居工程建设任务。今年国家已经下达了工作任务，省政府将尽快与各地政府签订责任书。各地市要尽快将目标任务分解下达到各县区，落实到具体项目，落实土地和资金，抓紧开工建设。已经开工的项目，要加快进度，提高竣工率。要继续巩固住房保障制度改革创新成果，充分调动社会各方力量投资公共租赁住房的积极性，构建以公租房为主体的住房保障体系。要继续加强工程质量管理，确保让人民群众住上放心房。要加快配套设施建设，努力做到配套设施与保障房工程同步规划、同期建设、同时交付使用，确保已竣工保障房能及早投入使用。要继续完善准入退出制度，坚持公示和信息公开制度，抓好公平分配和入住后管理。要协同相关部门尽快安排下达中央农村危房改造专项资金，落实好省市两级配套资金，调动基层和群众的积极性，推进农村危房改造。二要继续坚持房地产调控政策不动摇。加强房地产市场监测分析，正确引导供求。鼓励居民先租后购、先小后大、租购结合、梯度消费。严格落实税收、信贷、限购等调控政策措施，稳定市场预期和住房价格。深化住房政策研究，完善保障房地产市场平稳健康发展的长效机制。三要强化住房公积金监管。继续扩大公积金缴存覆盖面，让更多的人群享受公积金政策的普惠性。继续向国家申请住房公积金支持保障性住房建设贷款试点。做好资金安全和使用管理工作，防范资金风险，提高资金使用效率。

（四）以建设领域体制机制改革为重点，推进优化建设行业营商环境。住房和城乡建设工作头绪多、涉及面广，面临的问题很多是体制机制问题，解放思想、大胆探索尤为重要。要不断增强改革创新意识，坚持用改革的办法破解体制障碍，用创新的举措解决发展难题。一要深化行政审批制度改革。深入研究适应住房城乡建设领域各行业发展特点的管理体制机制改革，继续清理和调整行政审批项目，简化办事程序，方便企业和群众办事。加快行政审批信息化进程，大力推进政务公开，自觉接受群众监督，保障人民群众的知情权，确保权力公开运行。要重视培育和发展行业协会，规范行业协会的行为，加强对行业协会的监管，充分发挥行业协会的自律作用，以促进行业协会健康快速发展和政府职能的转变。二要探索建筑业发展模式改革。省住房和城乡建设厅要开展建筑业转型升级及优化建筑业营商环境的课题研究，构建以成品化、集成化、智能化为特征的建筑业产业体系，加快建筑业产业转型升级，推进建筑强省建设。各地要按照扶优扶强、扶专扶精、提高产业集中度的原则，鼓励大型综合性设计和施工企业，拓展产业功能，发展成综合性企业集团，壮大龙头企业群体。鼓励中小企业向专业化、技术型发展或多专业一体化发展，形成一批骨干企业。鼓励引导企业加强技术创新，开发拥有自主知识产权的专利、专有技术和工法，提升建设科技含量和水平。三要深化市政公用行业改革。进一步引入市场机制，按照产业化发展、市场化运作、企业化经营、法制化管理的要求，优化供水、燃气、热力、污水和垃圾处理等行业的投资、管理、运营体制。改进政府监管模式，加快实施特许经营制度，提高市政公用事业运营效率。

（五）以转变工作作风为重点，推进党风廉政建设。十八大之后，党中央先后出台了关于改进工作作风、密切联系群众的八项规定及实施细则，省委、省政府也已制定了具体贯彻落实办法。全省住房城乡建设系统要按照中央和省委、省政府的要求，切实转变作风抓落实，为建设事业发展提供坚强保障。一方面，要增强为民服务意识。把解决人民群众最关心、最直接、最现实的利益问题作为工作的出发点和落脚点，心里时刻装着群众，努力以求真务实的工作作风，在房屋征收拆迁、房屋产权登记、物业管理、建筑工程质量、施工安全、农民工工资清欠等工作上，多谋民生之利，多解民生之忧，尽力满足群众合理诉求，维护群众合法权益。另一方面，要增强廉洁从政意识。住房城乡建设系统掌握规划许可、施工许可、资质审批、资金分配等权力，仍然是腐败案件的易发区、多发区、高发区。各级领导班子要紧紧围绕规范行政权力运行的核心，强化理想信念和廉洁从政教育。广大干部职工要从近些年系统内发生的案件中吸取深刻教训，始终警钟长鸣，坚决拒腐防变。

同志们，做好住房城乡建设工作责任重大，任务艰巨。希望各级住房城乡建设部门按照中央和省委、省政府的决策部署，解放思想、凝聚力量，攻坚克难、真抓实干，不断开创住房城乡建设事业发展新局面，为率先全面建成小康社会、率先基本实现社会主义现代化作出更大贡献！

谢谢大家。

在全省住房城乡建设工作会议上的报告

广东省住房和城乡建设厅厅长　房庆方

（2013年1月21日）

同志们：

新年伊始，省政府召开全省住房城乡建设工作会议，罗欧副秘书长出席会议并将讲话。这次会议的主要任务是：贯彻落实十八大精神、中央经济工作会议和习总书记视察广东重要讲话精神，以及省委十一届二次全会和全国住房城乡建设工作会议精神，总结过去五年工作，部署2013年工作。下面，我代表省住房和城乡建设厅作工作报告。

一、过去五年的工作

五年来，我省住房城乡建设系统深入贯彻科学发展观，围绕“加快转型升级、建设幸福广东”这一核心任务，以城乡转型升级和改善发展民生为主线，以提高城镇化发展水平为统领，以开展宜居城乡创建活动为手段，扎实推进住有所居，改善人居环境，完善公共服务，为实现全省城乡全面、协调和可持续发展作出了贡献。

（一）领全国之先，建成珠江三角洲绿道网

2009年，我厅会同省委政研室关于借鉴国外经验率先建设珠三角绿道网的建议得到省委、省政府的高度肯定。2010年以来，按照“一年基本建成，两年全部到位，三年成熟完善”要求，珠三角绿道网建设取得瞩目成绩。2012年底，珠三角已建成绿道7350公里，包括2372公里省立绿道和4978公里城市绿道。绿道游逐渐成为群众喜闻乐见的一种休闲、健身、科普、亲近自然方式。珠三角绿道网因此被住房和城乡建设部授予2011年度中国人居环境范例奖，并被推荐申报迪拜国际改善居住环境最佳范例奖。粤东西北地区因地制宜、量力而行启动绿道建设，已建成587公里，沿线新增绿化570公里。绿道网的经济、社会和生态效益得到发挥，成为我省落实科学发展观、建设宜居城乡、惠及广大百姓的标志性工程。习近平总书记最近视察广东期间专门观看了《绿道交响曲》专题片，称赞遍布广东的绿道建设成绩显著，是美丽中国、永续发展的局部细节，今后方方面面都把细节做好，我们的宏伟蓝图就能实现；温家宝总理2010年11月视察珠海市省立1号绿道海天驿站段时称赞“这件事情办得好”；中央政治局委员汪洋同志多次赞赏绿道网建设，并评价我省住房城乡建设系统是一支能打硬仗的队伍。

（二）加快宜居城乡建设，不断提高城镇化发展水平

探索城镇化发展新路子。省委、省政府把城镇化作为新时期增强我省综合竞争力的着力点，于2011年12月召开全省提高城市化发展水平工作会议，出台了《关于提高我省城市化发展水平的若干意见》。2012年，我省城镇化率预计达67.3%，比2007年底提高4.1个百分点。其中珠三角的城镇化率已达83%，开始进入城镇化发展成熟阶段。2010年7月省出台《珠江三角洲城乡规划一体化规划》，推动广佛肇、深莞惠、珠中江三大经济圈开展了多层次的合作。大力推行TOD（大运量公交导向型）开发模式，珠三角城际轨道站场周边土地综合开发顺利推进。2012年9月又出台了《促进粤东西北地级市城区扩容提质五年行动计划》，支持粤东西北地级市扩容提质，探索区域协调发展新路径。连续几年举办了以城镇化为主题的全省市长（书记）城建专题研究班，为推进城镇化工作夯实理论基础。加强粤港澳合作，于2009年共同开展《大珠三角城镇群协调发展规划研究》；于2012年编制了全国第一个以提升区域生活质量为主题的《共建优质生活圈专项规划》及《环珠江口宜居湾区建设重点行动计划》等。

建立健全城乡规划体系。优化城乡规划审查工作机制，深圳、惠州、肇庆等市城市总体规划以及东莞、揭阳等市城镇体系规划获批准实施。全省各地级以上市完成新一轮近期建设规划编制，为“十二五”时期以城市建设引领城镇化发展提供依据。在国内率先建立城市总体规划实施评估制度，得到住房和城乡建设部的肯定。广州、河源、云浮市试点先行，开展了“三规合一”探索，为发挥城乡规划的综合统筹作用创造经验。省和各市建立了城乡规划委员会制度，不断扩大城乡规划的公众参与度。目前，我省的城乡规划管理工作初步建立起科学编制—监督实施—定期评估—修改完善—不断提高的动态循环机制，城乡规划管理的长效机制不断完善。

推进宜居城乡创建。2009年7月省印发《关于建设宜居城乡的实施意见》，明确提出“力争用10年左右时

间，将我省建成安居、康居、乐居、具有岭南特色的宜居城乡”。几年来，开展了全省21个地级以上市创建宜居城乡工作绩效考核，评选出广州市番禺区奥园社区等344个“广东省宜居社区”、广州市番禺区大岗镇等120个“广东省宜居示范城镇”、湛江廉江市石城镇十字路村等320个“广东省宜居示范村庄”、广州市荔枝湾涌环境综合整治项目等48个“广东省宜居环境范例奖”，推动了各地加快宜居城乡建设的步伐。广州、深圳以举办亚运会、大运会为契机，大大改善人居环境。韶关丹霞山于2010年成功申报世界自然遗产，填补了我省空白。全省地级以上市全部建成国家或省园林城市。深圳市申报国家生态园林城市通过评审，同时创建国家节水型城市。至2012年底，预计全省城市人均公园绿地面积达14.5平方米，建成区绿化覆盖率达41.5%，建成区绿地率达37.5%，分别比2007年底增加5.28平方米、2.54个百分点、2.43个百分点。推进城市轨道交通建设，广州、深圳、佛山3个城市建成开通线路12条，共280公里。省安排资金支持我省四大流域原水水质监测与污染预警系统建设和运营，提升了各大水厂的水质安全防范能力。“三旧”改造顺利推进，“百条城中村”改造项目已全面启动，2010年至2012年累计完成投资442亿元。

开展名镇名村建设。按照省政府《关于打造名镇名村示范村带动农村宜居建设的意见》，各地以此为切入点推进村镇建设工作。省制定了《广东省名镇名村示范村建设规划编制指引》等，重点抓了清远市佛冈县、广州增城市派潭镇和云浮市新兴县六祖镇龙山塘村等规划建设示范；各地名镇、名村、示范村建设规划编制工作稳步推进。积极探索政策性资金支持名镇建设，与国家开发银行共同确定了珠海市斗门镇、清远市浛洸镇、云浮市六祖镇给予支持。五年来，我省共有5个镇、7个村被评为国家历史文化名镇名村；7个镇、3个村被评为国家特色景观旅游名镇名村；19个镇、56个村被评为广东省历史文化名镇名村。全省40个传统村落被列入第一批中国传统村落名录。佛山市南海区西樵镇被确定为国家第一批绿色低碳重点小城镇试点示范。村镇规划实现突破性进展，至2012年底，全省超过90%的小城镇完成总体规划编制，其中278个中心镇实现了总体规划全覆盖；全省村庄规划覆盖率超过50%，比2007年底提高22.84个百分点。全省开展村庄整治的行政村5800多个，推进了10万户农村危房改造。中心镇取得长足发展，预计2012年全省中心镇国内生产总值达8500亿元，五年来年均增长12.1%；可支配财政收入330亿元，年均增长15.6%，成为小城镇建设的排头兵和县域经济的主力军。

以垃圾污水处理为发力点推动减排。至2012年底，全省市县城区生活垃圾无害化处理率约为80%，比2007年底提高17个百分点；总处理规模约5.31万吨/日，增加2.3万吨/日。大力宣传垃圾处理工作，垃圾处理和垃圾分类的理念得到越来越多群众的理解和支持。全面推行“户收集、村集中、镇转运、县处理”的农村生活垃圾处理模式，开展“大清洁，乡村美”农村清洁工程，农村环境明显改善。至2012年底，全省城镇生活污水处理率达80%，比2007年底提高29.8个百分点；日处理能力2093万吨，增加1219万吨。全省67个县城全部建成污水处理厂，实现了“一县一厂”的目标。

（三）狠抓住房保障和市场调控，促进房地产市场平稳发展

住房保障实现“底线民生”向“基本民生”的转变。“十一五”期间，我省主要通过建设廉租住房和经济适用住房对城镇低收入和“双特困户”家庭实施住房保障。2010年，我省住房保障的内涵发生了重要变化，由过去的两类保障性住房扩展到廉租住房、经济适用住房、公共租赁住房、限价房等多种保障性住房，以及城市棚户区、国有工矿棚户区、林区、垦区等四类棚户区的改造，构成了全方位覆盖城镇低收入、中等偏下收入、新就业人员、外来务工人员等不同收入群体的保障性安居工程体系。2012年2月，按照问需于民、以需定供、分步实施、轮候解决的思路，省出台了《广东省住房保障制度改革创新实施方案》，指导各地制定了本地改革创新方案，推动以公共租赁住房为主体、可持续、能循环的新型住房保障体系的建立。

保障性安居工程建设加快。2008~2012年，全省共新增实施住房保障35.7万户，新开工建设66.3万套，建成30.8万套。广州、深圳两市占了全省近半。其中，2011年和2012年全省新开工建设保障性住房和棚户区改造住房共50.7万套，新建成20.6万套。2011年的数量是2007年的30倍。2011年9月底，全省提前一个季度全面完成对原登记在册符合廉租住房保障条件的7万户家庭实施廉租住房保障的三年任务。

有效调控和监管房地产市场。落实国家对房地产市场的宏观调控政策，强化省对市的工作考核监督，建立了稳定房价工作约谈问责机制。积极推进中低价位、中小套型普通商品住房建设，加大对居民购置首套房的信贷支持。部分房价较高、涨幅较快的城市适时出台了住房限购、限价政策。我省房地产调控显现成效，全省商品房价格趋于平稳。2012年，全省房地产开发投资预计达5430亿元，比2007年增长117%，五年来房地产开发投资占全社会固定资产投资比重稳定在25%左右，为我省国民经济增长发挥了重要作用；商品房销售面积预计达8200万平方米，比2007年增长32%；全省商品住房均价预计为7700元/平方米，同比上涨1%，涨幅比上年收窄6个百分点；全省人均住房建筑面积预计达33平方米，比2007年提高5平方米。

提高住房公积金管理服务水平。推进住房公积金

缴存扩面，至2012年底，全省缴存职工人数达1050万人，比2007年底翻了一番；缴存总额达4747亿元，是2007年底的3.6倍。五年来，住房公积金累计提取总额2565亿元，个人住房贷款总额1699亿元，均比2007年底翻了两番；累计发放贷款73万笔，是2007年底的2.5倍。各地把工作重点放在支持职工改善自住房和公积金风险防控上，确保了资金运行的安全有效。佛山、江门试点利用住房公积金贷款支持保障性住房建设。

（四）转变建筑业发展方式，提升建筑业发展整体水平

促进建筑业发展和市场监管机制建立。五年来，共评出175项省建筑业新技术应用示范工程，评出448项省级工法，以新技术、新工艺促进企业发展，推动了建筑业的转型升级。至2012年底，全省共有建筑业企业近5000家、工程设计企业1300多家，分别比2007年增加12%、16%；预计完成建筑安装总产值6300亿元，增长110%。开展了建筑业做大做强、转型升级以及优化营商环境等调研。推进建设领域突出问题专项治理，严厉查处建筑市场违法违规行为，实行省外建设工程企业和人员进粤信息备案制度，规范建筑及勘察设计市场监管。动态核查企业资质情况，核查企业1500多家，清出240多家。出台了《广东省建设工程施工标准工期定额》，保障合理施工工期，完善定额管理体系。加快信息公开和诚信体系建设，省工程建设领域项目信息和信用信息公开专栏共收录了60多万条信息，连续三年在全国绩效评估中夺冠。推进建设工程领域的粤港澳合作，支持香港、澳门部分领域的专业人士在我省注册执业和认定。

启动岭南特色规划与建筑设计评优。建立弘扬岭南建筑文化的导向和激励机制，共评选出省岭南特色建筑设计奖19项，岭南特色园林设计奖18项，岭南特色规划设计奖15项，岭南特色街区奖9项，岭南特色乡村民居奖8项。搜集整理全省现存的1840年至1949年岭南建筑资料，组织编纂“岭南近现代建筑册”，引导各地加强对岭南特色建筑的保护。

以推广绿色建筑为着力点推动建筑节能。各地强化了建设工程各个环节的审查把关，提高了新建建筑的节能标准执行率。在全国率先在规划审批环节开展用地用电指标审核工作，确定了珠海、惠州、东莞等市作为试点，推动规划、设计、施工和验收四位一体建筑节能监管体制的建立。五年来，全省共新增节能建筑4.15亿平方米，约占城镇新增房屋建筑面积的86%；全省既有建筑节能改造面积达857万平方米，在夏热冬暖地区处于领先行列。着力推进绿色建筑，建立我省绿色建筑技术标准和评价体系。2008年以来，我省获得绿色建筑评价标识项目达123个，建筑面积达1242万平方米，项目数和面积总数均位居全国第二，多个项目获得了全国绿色建筑创新奖一等奖。推进了太阳能热水、太阳能发电等可再生能源在建筑中的应用示范，其中国家示范项目41个、示范市2个、示范县2个。加快墙材革新，全省21个地级以上城市全部完成禁止使用实心粘土砖任务，2012年新型墙材应用比例达96.9%，节约能源84万吨标准煤，减排二氧化碳219万吨。

工程质量安全监管不断加强。创新监管体制，提高监管效能，加强建设工程质量安全监督检测机构的建设，推进工程质量检测信息化建设，实行建筑工程安全生产动态管理，有针对性组织开展工程质量安全大检查和危险性较大分部分项工程专项整治。突出抓好亚运会、大运会和保障性住房等工程质量安全管理。坚持开展“质量月”、“安全生产月”活动，工程质量安全水平稳步提高。五年来共获“鲁班奖”36项，“广东省建设工程优质奖”473项，“建设工程AAA级安全文明标准化工地”136项，“广东省建筑工程安全生产文明施工示范工地”1084项。建筑施工安全责任事故起数、死亡人数较上五年分别下降52.2%、46.6%，历年死亡人数均未超省政府下达的控制指标，2012年仅为控制指标的53.3%。

（五）推进建设科技创新和信息化建设，提高行业整体素质

建设科技教育水平不断提高。五年来，全省共通过省级以上建设科技成果鉴定960项，其中达到国际、国内先进水平分别有70项和802项。共有296项列入住房和城乡建设部科技计划，23项列入省科技计划项目。66项获华夏科技奖，32项获省科技进步奖。颁布了省工程建设地方标准34项。积极开展专业技术人员的继续教育培训和职业技能鉴定，取得《职业资格证书》的达8.9万人次。共有6003人获得中级以上职称，其中教授级高工达230人。

信息化建设不断推进。为指导和统筹全系统的信息化工作，我厅于2011年7月印发了《广东省住房和城乡建设事业信息化“十二五”规划》。各类省级数据库和一些重要领域的行业信息系统建设取得较大进展。如城乡规划空间基础信息平台、地下管网数据库、城建档案库、从业单位和人员数据库等，已在信息化发展程度较高的城市得到较好开发应用。深圳智慧城市建设取得进展，广州市通过了住房和城乡建设部“全国数字化城市管理试点城市”验收。个人住房信息系统建设加快，目前全省已有11个市住房信息数据同步归集至省数据库。住房保障项目动态管理信息系统全面启用。以肇庆为试点，建立全省工程项目中心数据库，推动全省范围内工程项目数据共享，广州、深圳、东莞市招投标和工程项目管理的数据已实现同步归集。我厅开发了以“三库一平台”为基础的建设信息应用服务项目，方便了企业办事，推动了我省建设企业诚信机制的建立，促进了阳光行政，提高了审批效率。

2012年，按照省政府的统一部署建设网上办事大厅，推进行政审批无纸化，提高了便民利民服务水平。

（六）努力转变政府职能，营造法治化国际化营商环境

推进行政审批制度改革。按照省政府的统一部署，我厅在前四轮行政审批事项调整中取消16项行政许可的基础上，2012年又取消4项，转移8项，下放8项。至2012年底，由我厅实施的行政审批事项共14项，比2007年末的37项减少23项。同时，通过优化审批事项办理流程，实现了行政审批总体提速30%。网上审批信息化运用水平走在全国同行前列。

“三打两建”取得明显成效。在2012年开展打击欺行霸市、打击制假售假、打击商业贿赂的“三打”专项行动中，住房城乡建设系统与公安、纪检、质监、工商等部门协同作战，查办了一批违法违规案件，惩处了一批违法犯罪分子，整治了一批长期难以解决的建设行业“痼疾”。全系统立案查处非法控制招投标、非法迫迁等欺行霸市案件1190宗，向公安机关移送214宗，捣毁犯罪团伙90个；立案查处建材制假售假1.09万宗，捣毁制假售假窝点1735个，查办大案要案1300宗；商业贿赂案件共立案26宗。一批处级以上领导包案取得突破，我厅领导包案在省有关部门和各地的大力协助下进展顺利，受到省领导的肯定。通过“三打”，发现了一批行业监管的漏洞，将“打”的成果融入“建”的机制。目前，我们正以建材使用、工程招标投标、房屋征收等方面为重点，推动建设市场监管体系建设；以行业诚信为重点，推动住房城乡建设领域社会信用体系建设。

法制建设不断加强。加快重点领域立法进程，省出台了《广东省城乡规划条例》、《广东省民用建筑节能条例》等6项地方性法规规章以及一批规范性文件，有立法权的城市也出台了一些地方性法规规章，各市印发了一大批规范性文件，规范全省住房城乡建设活动的法规制度框架进一步完善。完成“五五”普法工作，“六五”普法工作有序推进。五年来我厅共办理行政复议案件421宗，较好地发挥行政复议定纷止争、案结事了的作用。

推进行政执法规范化。建立了全省行政执法统计分析、案卷评查等一批制度，统一了行政执法处罚文书格式。开展了行政执法五个规范化建设，对全省住房城乡建设执法人员进行了专业法律知识培训和考试，促进执法能力的提高。注重抓行政执法监察，及时纠正各地不当执法行为。推进了重点稽查和专案稽查执法。建立了珠三角城乡规划督察员巡察制度，形成省部城乡规划督察员联动督察局面，督察效果良好。

（七）积极投入抗震救灾，出色完成对口援建汶川、陇南、甘南任务

2008年5月12日震惊中外的汶川大地震爆发后，我省住房城乡建设系统迅速反应，冲锋在前，以最快的速度在灾区建起了过渡安置房。5月20日起，我厅直接派驻前线的人员达16人，连续作战都超过一个月，最长的达46天。在恢复重建阶段，全省300多名规划师赴灾区现场开展多层次的援建规划工作，有力指导了各对口援建市有序开展灾区恢复重建工作。2009年底，汪洋同志带领广东省党政代表团参观了“广东省对口支援汶川县灾后恢复重建规划设计成果展”，高度评价了援建规划设计工作，认为充分体现了广东形象和广东水平。期间，全省各地特别是有直接对口援建任务的市派出了精干队伍深入灾区一线。在四川省汶川县，广州市对口援建威州镇、佛山市对口援建水磨镇、东莞市对口援建映秀镇、中山市对口援建漩口镇、珠海市对口援建绵虒镇、江门市对口援建雁门乡、惠州市对口援建三江乡、汕头市对口援建草坡乡、湛江市对口援建龙溪乡、肇庆市对口援建克枯乡、茂名市对口援建银杏乡、揭阳市对口援建卧龙镇、潮州市对口援建耿达乡；在甘肃省，深圳市对口援建陇南市、甘南藏族自治州。通过两年不怕牺牲、艰苦卓绝的努力，至2010年9月底全面完成了我省援建汶川、陇南所有项目，见证了一个个“广东建设”和“广东奇迹”。

（八）开展党风廉政建设和精神文明建设，树立行业良好形象

五年来，全系统落实党风廉政建设责任制，以纪律教育学习月活动为主要载体深入开展廉政教育，以民主评议政风行风为契机大力加强作风建设，以简政放权为主要内容不断深化行政审批制度改革，以政务公开为主要方式促进对行政权力的监督，以建立健全规章制度为主要措施持续推动业务工作和内部管理的规范化。近年来还通过加强廉政风险防控努力从源头上防治腐败。同时，先后开展了“创先争优促发展”“机关党建走在前”等主题实践活动。扎实推进精神文明建设工作，加强思想道德和文化建设。五年来，全系统一大批单位和个人被授予全国或省部级先进荣誉称号，全系统的政风行风和精神面貌有很大改观。省、市各类对外服务窗口努力创建文明服务窗口，高效优质服务受到广泛好评。

按照省委、省政府的统一部署，各地认真抓好扶贫开发“双到”工作。着重在壮大集体经济和完善贫困户脱贫长效机制、幸福安居整村推进、加强基层党建等方面加大力度，扩展深度，成效显著。三年来我厅帮扶的丰顺县留隍镇莲塘村先后获得“梅州市扶贫开发‘双到’工作先进村”、“广东省宜居示范村庄”、“广东省整村推进幸福安居工程示范村”等称号，我厅连续两年被省评为插红旗优秀帮扶单位。此外，各级工会积极开展扶贫帮困送温暖活动，也体现了党和政府的人文关怀。

深入开展对口援疆援藏工作。积极开展人才援建，

打造技术服务平台，提升了当地城乡规划建设管理水平。为当地完成了一大批规划建筑设计项目和工程建设项目，改善了当地的人居环境和投资环境。

同志们，五年来我省住房城乡建设系统取得了这些丰硕成果，靠的是省委、省政府坚强领导，靠的是广大人民群众支持，靠的是我们系统广大干部职工的不懈努力和团结奋斗。在此，我代表省住房城乡建设厅向全系统全体干部职工表示衷心的感谢和崇高的敬意！

二、当前面临的新形势

十八大的召开和习总书记视察广东，标志着我省住房城乡建设事业进入了新的发展时期。我们在总结过去取得成绩的同时，还要进一步认清形势，做好研判。应当认识到，广东原有发展模式优势不再，迫切需要建立新的发展优势。改革开放30年，在国家渐进式改革进程中，广东曾经先行一步，但与其他省区优势逐步缩小，面临着“前有标兵、后有追兵”的新境地。区域发展不平衡仍在扩大，迫切需要创新区域协调机制。全省21个地级以上市中，有13个市人均GDP低于全国平均水平。珠三角单极化作用明显，与粤东西北的差距不断拉大，区域协调发展任重道远。城乡二元结构形势严峻，迫切需要探寻城乡一体化发展的实现形式。广东目前城乡差距过大，二元结构矛盾突出。城乡收入比从1980年的1.72增加到2011年的2.87，已突破国际警戒线。城市反哺农村能力弱，村镇建设长期严重滞后于城市建设。此外，社会建设滞后、文化特色缺失、公共安全形势严峻等，都是我们在推进工作中必须高度关注、认真思考和逐一破解的。

党的十八大提出坚持走中国特色新型工业化、信息化、城镇化、农业现代化道路，推动信息化和工业化深度融合、工业化和城镇化良性互动、城镇化和农业现代化相互协调。我省整体上进入了以城市型社会为主体的发展阶段，城镇化成为引领经济社会发展的重要引擎。未来一段时期，实施新型城镇化将是住房城乡建设工作的中心工作，也是城乡转型升级的重要战略机遇期。走符合广东实际的文明、宜居、承载力和可持续发展能力强的城镇化道路，必须做到：坚持四化同步、区域协调。以城镇化和工业化共同驱动经济社会的发展，以现代农业进一步释放农村人口，以现代服务业增强城市的吸纳能力，形成区域协调、布局科学、功能互补的发展机制，以及持续综合优势明显的城市体系，使城市及区域的聚合效应得到更大的发挥。坚持生态文明、特色发展。树立城市绿色、低碳、智慧发展的新理念，促进生产空间集约高效、生活空间宜居适度、生态空间山清水秀。保护和传承岭南建筑文化，推进岭南特色历史文化街区复兴，提升城市发展和城市空间的文化品位。坚持民生幸福、城乡一体。着力在城乡规划、基础设施、公共服务等方面推进城乡一体化，促进城乡要素平等交换和公共资源均衡配置，实现改革成果和发展利益普惠共享。

习近平总书记视察广东，要求广东成为发展中国特色社会主义的排头兵、深化改革开放的先行地、探索科学发展的实验区，为率先全面建成小康社会、率先基本实现社会主义现代化而奋斗。习总书记对广东“三个定位、两个率先”的殷切期望，是党的十八大精神对广东要求的具体化，是广东今后工作的总目标。

三、2013年工作任务

胡春华书记在省委十一届二次全会提出，习总书记对广东“三个定位、两个率先”的要求，既然是率先，就不是同步实现，广东正处于转型发展的爬坡越坎阶段，加快发展要更有忧患意识和紧迫感。因此，各地各部门要按照“两个率先”的要求，谋划工作，鼓足干劲，积极行动，锐意进取，为实现“两个率先”而奋斗。

2013年及今后一段时期，我省住房城乡建设事业发展总的指导思想是：坚持五位一体、以人为本的科学发展理念，实践生态文明、系统和谐的美丽发展模式，加快形成四化同步、区域协调的新型城镇化空间格局，深化改革，服务民生，创新驱动，全力开创建设事业发展新局面。着力抓好以下主要工作：

（一）全面推进新型城镇化，优化我省区域发展格局

一是深化新型城镇化战略研究。深刻认识十八大报告和习近平总书记视察广东重要讲话精神对住房城乡建设事业提出的新要求和新任务，明确未来一段时期我省住房城乡建设事业发展的新目标、新思路和新举措。研究制定新时期广东省推进新型城镇化的规划纲要。

二是加快建设大珠三角世界级城市群。深化粤港、粤澳跨界空间合作，联合开展世界级城市群发展策略研究，完善《环珠江口宜居湾区重点建设行动计划》、《澳门与珠江口西岸地区发展规划》等编制，抓住重点领域和关键环节实施突破。充分利用国家特殊优惠政策，推动广州南沙、深圳前海、珠海横琴等新区的全面开发，建设粤港澳紧密合作的示范区。建立有效运作的多层次合作机制，构筑共建共享的一体化区域基础设施体系，大力推进“广佛肇”“深莞惠”“珠中江”三大都市区建设。积极推动珠三角城际轨道站点周边土地综合利用（TOD）。

三是重点推进粤东西北加快发展。实施《促进粤东西北地级市城区扩容提质五年行动计划》，各市要开展扩容提质实施意见的制定和实施工作。实施城市联盟计划，推动粤东汕潮揭都市区化。开展多边合作，发展粤西湛茂阳城镇群。增强粤北中心城镇综合承载力，融入珠三角一体化发展。在清远市开展扩容提质试点。

四是加快县城、中心镇发展，增强县域综合实力。研究制定政策措施支持以中心镇为重点的小城镇加快发展，推进农业转移人口市民化，实现城镇基本公共服务常住人口全覆盖。研究制定市、县、镇、村四级公共服务体系和标准规范，依托特色产业推进“一镇一策”“一村一品”，带动城乡一体化发展。全面提高村镇规划覆盖率，加大村庄整治力度。

五是推进信息化与城镇化融合。梳理全系统目前的各种数据库和信息系统，研究开发全省住房城乡建设大信息服务平台，归集全系统信息资源。逐步推进空间信息与人口、产业经济、基础设施、公共服务、社会管理等城镇化发展相关领域信息的整合，使之成为建设智慧广东的重要支撑。广州、深圳要继续领先全省建设系统的信息化工作并要积极支持和配合省级信息平台建设。

六是开展城镇化工作绩效考核。我厅将牵头组织有关部门开展对全省21个地级以上市提高城镇化发展水平工作的绩效考核，发挥推动和激励作用。各市要根据省委、省政府关于提高我省城镇化发展水平文件要求完成各项工作目标和任务。

（二）全面推进宜居城乡建设，建立“美丽发展”新模式

一是进一步提升绿道网功能。发挥珠三角绿道网综合功能，打造“旅游服务、体育健身、科普教育、文化服务”四大绿道品牌。探索绿道网开发运营模式，用好、用活绿道网。粤东西北地区要以城市建成区为重点，因地制宜开展绿道建设，并打造绿道示范段。省出台《广东省绿道网规划建设管理规定》，建立绿道管理长效机制。各地要依托绿道网，开展城市步行和自行车交通系统规划建设。

二是深入开展宜居城乡创建活动。继续开展“宜居城镇”“宜居村庄”“宜居社区”和“宜居环境范例奖”的示范和评选工作，发挥典型带动效应。按照住房和城乡建设部部署，启动“美丽小镇”、“美丽乡村”示范。

三是加快垃圾污水处理和回收循环利用。以市、县域为单元统筹规划、组团式建设生活垃圾无害化处理设施，实施城乡垃圾一体化处理。广州、深圳要加快推行垃圾分类，并在全省逐步推广，实现垃圾减量化、资源化、无害化处理。2013年，全省各县（市）至少建成一座以上生活垃圾无害化填埋场或焚烧厂，实现一县一场，各建制镇建成一座以上生活垃圾转运站，各自然村建设一座以上生活垃圾收集点。继续推进城镇污水处理设施和配套管网建设，重视污水处理厂污泥处理，推进污水处理和循环利用。

四是构建城乡生态园林体系。以基本生态控制线和城市开发增长边界线（“两线”）划定、魅力水岸“蓝网”工程等为抓手，打造生态化、系统化、区域化、规模效益明显的绿色空间网络。统筹城乡绿地，规划建设生态园林圈、环城绿带、郊野公园等，促进全省城乡绿化成网。编制珠三角园林城市群绿地系统规划，打造珠三角园林城市群。深入推进创建生态园林城市、园林城市、县城和城镇。按照“300米见绿，500米见园”加快各类公园绿地建设，推广立体绿化，构建城市空中绿廊。

五是推动城市地下管线综合管廊等市政设施建设。各市要编制综合管廊专项规划，结合城市新区、重要商务商业区的建设和旧城改造，开展示范段建设。广州、深圳、珠海横琴要开展示范项目建设。各市在保障水质的供水设施建设、管道天然气普及利用等直接关系民生的领域要加快步伐。

六是推进名城名镇名村建设。保护性利用历史文化街区、村落，复兴岭南特色历史文化街区10处以上、传统村落40个以上。推进特色景观旅游名镇名村的保护和开发利用。做好国家绿色低碳重点小城镇示范点建设。继续推进农村危房改造。

（三）建立市场配置和政府保障相结合的住房制度，积极推进住有所居

一是构建以公租房为主体的住房保障体系。继续推进保障性安居工程建设，强化工程质量监管，确保工程质量经得起群众和历史的检验。各市要按照省核定的保障性住房建设任务坚决落实。全面推进全省住房保障制度改革创新实施方案各项任务的落实。完善保障性住房分配机制，确保分配过程、分配结果公开透明。加强对保障对象资格条件的动态监管和住房使用情况的巡查，确保有限资源的合理使用。

二是贯彻落实国家关于房地产市场的调控政策。继续巩固调控成果，切实增加普通商品住房供应，合理引导住房需求，通过差别化税收、金融政策抑制投资投机性购房。

三是重视房地产业发展的顶层设计。通过定点监测房价运行和市场供需规律，定期开展房地产市场运行分析，深化住房政策研究，提出梯度消费的住房模式，探索产业转型升级的有效途径，建立促进房地产市场平稳健康发展和健全住房供应体系的长效机制。

四是加强住房公积金监管，扩大缴存覆盖面。坚持把资金安全作为住房公积金管理的重点，以帮助缴存职工更好解决自住房问题为目标，进一步加强住房公积金的监管。鼓励各地政策向中低收入缴存职工倾斜，帮助他们更好解决自住房问题。争取更多城市列入住房公积金支持保障房建设的试点。

（四）以科技和文化双核创新为引领，加快建筑业转型升级

一是深化建筑业转型升级研究。重新认识并确立建筑业在国民经济发展中的基础性、支柱性产业的战略地位。以成品化、集成化、智能化为导向，以绿色

低碳、节能减排和产品多样化要求为目标，重构建筑业产业体系，重建产业链评价体系，加快建筑业转型发展。壮大龙头骨干企业群体，大力培育专业承包企业和劳务市场，推动建筑大省向建筑强省转变。

二是提高建设科技管理水平。大力开展建设科技项目华夏奖、省科技进步奖、部科技计划、省科技计划项目等申报和成果鉴定工作。加大科技成果推广转化力度，及时发布建设行业科技成果推广目录。加强知识产权保护，建立以专利、专有技术权属和有偿转让为动力的技术创新机制。完善工程建设地方标准体系，突出抓好质量安全、工程检测、建筑节能等领域的标准编制工作。

三是开展岭南特色评优活动。完善评选标准和指引，开展第二届岭南特色规划与建筑设计评优活动，营造繁荣岭南建筑文化的舆论氛围。编辑整理“广东岭南近现代建筑”资料册，各市要继续完善分册编辑工作，并将收录在册的建筑予以严格保护。

四是全面推进建筑节能。加快推进建筑能效测评标识制度的实施，积极开展绿色建筑的评价标识工作。加大推广绿色建材，积极鼓励科研单位和生产企业开展绿色建材的研究和生产，定期公布绿色节能产品的推广目录。以公共建筑为重点，鼓励企业采取合同能源管理等模式，加快推进既有建筑节能改造。会同有关部门研究制订出台财政、税收和发电上网等激励措施，加大太阳能、风能、地热能等可再生能源在建筑中推广利用的力度。开展城市降温行动试点工作。

五是坚持不懈抓好建设工程质量和施工安全。以管理创新、信息化等手段提高建设工程质量和施工安全管理效能，以先进技术、工艺和标准强化质量安全保障机制。制定房屋市政工程施工质量动态管理办法及信用管理制度，加强对房屋建筑工程质量通病的治理。修订《广东省建设工程质量管理条例》和《广东省建设工程造价管理规定》。强化对建设工程质量安全检查和巡查，继续加大对危险性较大分部分项工程的专项整治。推进施工安全、文明施工标准化，结合动态扣分建立警示制度，建立对安全生产落后地区的领导约谈制度和挂牌整治制度等，促进安全生产形势持续稳定。

（五）坚持市场经济和法治导向，再造体制竞争力新优势

一是探索与新型城镇化相适应的城乡规划工作机制。以实施《广东省城乡规划条例》为契机，突出城市规划的公共政策属性，通过对功能布局、战略性资源、开发边界、关键性公共服务和市政基础设施的统筹调控，落实国民经济和社会发展规划的总体目标及重大项目建设要求，并保证土地利用总体规划关于土地用途管制和耕地保护政策的实施。编制和实施县（市）域城乡整体规划，优化城乡用地结构和空间布局，构建城乡全覆盖的空间规划管治体系，实现空间资源配置和管理方式由城乡二元向一元化转变，促进城乡一体化发展。

二是深化行政审批制度改革。以转变政府职能、简政放权为方向，推动市场配置领域的政府管理转向行业自律，深入研究优化住房城乡建设行政管理体制机制，创造有利于行业发展的环境。完善网上办事大厅建设，提高网上审批事项比例。

三是改革建设工程招投标制度。进一步规范、优化市场生态，巩固“三打两建”成果，强化对建设工程交易行为的监管，探索与国际接轨、符合市场规则的建设工程招标投标管理机制，并以改革招投标制度为突破口，建立健全建设市场监管体系和信用体系。

四是推进民间资本进入市政公用事业领域。鼓励民间资本通过直接投资、购买政府债券、投资基金、参与企业改制重组、股权认购等方式参与市政公用设施的建设和运营。通过扶持与激励并举，提升民间资本投资市政公用设施信心。

五是研究村镇规划建设管理机制。结合我省加强农村基层组织（农村党支部和村民理事会）建设的要求，开展村镇规划建设管理机制研究，为城镇和村庄规划管理机制提出合理化建议。加强对各地城乡一体化规划的指导，促进城乡建设一体化。

六是强化法制建设和行政执法监察工作。深入推进普法依法治理工作，继续完善住房城乡建设有关法规制度。以行政执法规范化建设检查评价、行政执法案卷评查、专业法律法规培训考核和行政处罚自由裁量权编制为主要内容，提升我省住房城乡建设行政执法水平。建立健全行政执法监察工作制度，推动各市住房城乡建设行政执法部门、执法监察机构的建立健全。继续开展重要领域的稽查执法和违法违规案件的查处。

（六）加强党风廉政建设和精神文明建设，切实改进工作作风

认真贯彻中央和各级党委有关反腐倡廉建设各项部署，着力推进惩治和预防腐败体系建设，着力解决基层和群众反映强烈的问题，着力改进各级主管部门和干部队伍的工作作风和工作方式。以深入学习贯彻落实十八大精神为主线，以党建主题实践活动为载体，大力加强机关思想、组织、作风和制度建设。从全局上牢牢把握“服务中心、建设队伍”这两大任务，将党建工作与业务发展相结合，切实发挥党建工作推动发展、服务群众、凝聚人心、促进和谐的作用。切实抓好精神文明工作。制定改进工作作风实施细则，切实改进文风会风特别是各级领导干部的工作作风。我厅将按照联系基层制度实施方案，密切与基层的联系，加强对基层的指导和服务。同时，全省性的重大课题研究需要充分利用各市、各行业协会、各骨干企业和

科研机构的优势资源，请大家共同参与并大力支持。

同志们，回顾过去五年的工作，成绩来之不易。做好2013年以及今后一个时期的住房城乡建设工作，任务艰巨。让我们以更加坚定的信心和更加扎实的作风，为努力开创全省住房城乡建设事业新局面做出贡献！

法规文件

广东省城乡规划条例

(广东省第十一届人民代表大会常务委员会第三十八次会议　2012年11月29日通过)

第一章　总　则

第一条　为了加强城乡规划管理，协调城乡空间布局，改善人居环境，促进城乡经济社会全面协调可持续发展，根据《中华人民共和国城乡规划法》(以下简称城乡规划法）和有关法律、行政法规，结合本省实际，制定本条例。

第二条　本条例适用于本省行政区域内城乡规划的制定、修改、实施，在规划区内的建设，以及对历史文化和自然风貌的保护等活动。

本条例所称城乡规划，是指对一定时期内城乡土地利用和空间布局以及各项建设的综合部署。城乡规划包括城镇体系规划、城市规划、镇规划、乡规划、村庄规划和特定地区规划。城镇体系规划分为省域城镇体系规划和城镇群协调发展规划。城市规划、镇规划、特定地区规划分为总体规划和详细规划。详细规划分为控制性详细规划和修建性详细规划。

本条例所称特定地区，是指经国家或者省人民政府批准设置的开发区、产业园区以及其他成片开发地区。

第三条　城乡规划的编制，应当依据国民经济和社会发展规划，与土地利用总体规划相衔接，并体现主体功能区规划的要求。

各类专项规划，涉及土地利用和空间布局的，应当符合城乡规划。

第四条　鼓励开展城市设计工作。城市设计应当注重历史文化和自然风貌的保护，体现岭南文化和地方特色。

第五条　省、市、县人民政府城乡规划主管部门负责本行政区域内城乡规划管理工作，其他有关部门应当按照各自职责，做好城乡规划管理的相关工作。

市辖区、特定地区设立的城乡规划管理机构，应当服从城市人民政府城乡规划主管部门的统一管理。

县级人民政府应当明确镇人民政府办事机构承担村镇规划建设管理职责。

第六条　城镇体系规划，城市、镇、特定地区总体规划和控制性详细规划，重要地段的修建性详细规划应当经城乡规划委员会审议。

省城乡规划委员会的产生、任期、议事规则等有关事项由省人民政府规定。城市、县城乡规划委员会的产生、任期、议事规则等有关事项由本级人民政府规定，并报上一级人民政府备案。

第七条　各级人民政府应当将城乡规划的编制和管理经费纳入本级财政预算。

村庄规划编制和管理经费应当在县级以上人民政府预算中安排。

第八条　省人民政府城乡规划主管部门应当按照国家规定，制定城乡规划编制和实施的技术规范，向社会公布后实施。

地级以上市人民政府可以根据国家和省的规定制定适用于本行政区域的实施性技术规定，向社会公布后实施。

第九条　城乡规划的编制和实施，应当遵循公开、公平和公正原则，保障公民、法人和其他组织对城乡规划的知情权、参与权和监督权。

第十条　省、城市和有条件的县人民政府城乡规划主管部门应当建立城乡规划管理信息系统，推进城乡规划管理信息共享。

城市、县和有条件的镇人民政府应当加强城乡规划建设档案馆的建设和管理，为公民、法人和其他组织查阅城乡规划建设档案提供便利。

第二章　城乡规划的制定和修改

第十一条　省人民政府根据全国城镇体系规划组织编制省域城镇体系规划，报国务院审批。

省人民政府城乡规划主管部门会同省人民政府有关部门、地级以上市人民政府，根据省域城镇体系规划组织编制城镇群协调发展规划，报省人民政府审批。

省域城镇体系规划和城镇群协调发展规划用于指导划定区域内城市、镇的开发边界和编制城市总体规划、镇总体规划，并确定由省实施规划监控的区域。

第十二条　城市人民政府负责组织编制城市总体规划，并依照法定程序报送审批。

城市总体规划应当包含市域城镇体系规划的内容。

大、中城市可以在总体规划的基础上编制分区规划，对城市土地利用、人口分布以及公共设施、城市基础设施的配置作出进一步安排，对控制性详细规划的编制提出指导性要求，其规划期限应当与总体规划相一致。

分区规划由城市人民政府城乡规划主管部门组织编制，报本级人民政府审批。

第十三条 县人民政府组织编制县人民政府所在地镇的总体规划，同时对县域城镇、村庄的发展布局、资源保护和利用，重大设施布局等作出统筹安排。县人民政府组织编制的总体规划报送审批前，应当先经本级人民代表大会常务委员会审议，常务委员会组成人员的审议意见交由本级人民政府研究处理。

第十四条 县人民政府所在地以外镇的总体规划，由镇人民政府组织编制，报城市、县人民政府审批。其中，省人民政府指定的镇，其总体规划由地级以上市人民政府审批。镇人民政府组织编制的总体规划报送审批前，应当先经镇人民代表大会审议，代表的审议意见交由本级人民政府研究处理。

第十五条 城市、县人民政府应当在城市、镇总体规划中确定编制村庄规划的区域。不在确定区域内的村庄，纳入城市或者镇的规划管理区域。

第十六条 村庄规划由镇人民政府组织编制，经村民会议或者村民代表会议讨论同意后，报上一级人民政府审批。

村庄规划的编制应当符合农村实际情况，满足村民生产生活需求，通俗易懂，明确村庄建设范围、住宅建设布局、公共服务设施和基础设施配置、历史文化和自然风貌保护等内容。

第十七条 城市、县人民政府城乡规划主管部门和镇人民政府应当组织编制控制性详细规划，依法报请批准和备案。

省域城镇体系规划或者城镇群协调发展规划确定的由省实施规划监控的区域，其控制性详细规划草案的编制，应当征求省人民政府城乡规划主管部门意见，规划批准后应当报省人民政府备案。

控制性详细规划的备案办法由省人民政府另行制定。

控制性详细规划的编制，应当符合国家和省的相关技术标准和规范，综合考虑节约和综合利用资源和能源、减少废弃物和有害物排放、保护生态环境、保障公共安全、防灾减灾等要求。

第十八条 特定地区总体规划由所在地城市人民政府组织编制，报省人民政府审批或者经省人民政府审查同意后上报。

特定地区控制性详细规划的编制和审批，参照城市控制性详细规划的有关规定执行。

第十九条 城市、县人民政府城乡规划主管部门和镇人民政府应当组织编制重要地块的修建性详细规划，也可以根据规划管理的需要要求建设单位依据控制性详细规划或者规划条件编制修建性详细规划。

第二十条 城市、县人民政府城乡规划主管部门和镇人民政府组织开展城市设计，应当对一定地域范围内的空间形态、交通系统及建筑物的造型、高度、色彩等内容提出规划管理要求，并纳入相应城乡规划。

城市设计的技术规范，由省人民政府城乡规划主管部门制定。

第二十一条 城市、镇规划区范围单独编制的交通运输、水利、电力、燃气、通信、给排水、环境卫生、绿化、消防、人民防空、住房保障、医疗、教育、文化、体育等各类专项规划，涉及土地利用和空间布局的，由相关主管部门会同城乡规划主管部门共同组织编制，报城市、县人民政府审批。

各类专项规划的内容应当相互衔接、符合总体规划，并纳入控制性详细规划。

第二十二条 城市、县人民政府城乡规划主管部门应当会同有关部门，依据总体规划组织编制城市、镇地下空间开发利用规划，报本级人民政府审批。

地下空间开发利用规划应当包括：

（一）地下空间综合开发利用的目标、功能分区、开发规模、布局和实施时序；

（二）禁止、限制和适宜建设地下空间的范围；

（三）各类交通设施、人防设施、公共服务设施以及给排水、电力、通讯等市政设施的布局安排；

（四）环境保护要求和安全保障措施。

控制性详细规划应当落实地下空间开发利用规划的有关内容。

第二十三条 城市、县、镇人民政府应当依据总体规划编制近期建设规划。近期建设规划与国民经济和社会发展规划同步编制，经本级人民代表大会常务委员会或者镇人民代表大会审议同意后，报总体规划审批机关备案。

城市、县、镇人民政府依据近期建设规划组织编制年度实施计划，经本级人民代表大会常务委员会或者镇人民代表大会审议同意后实施。

编制近期建设规划和年度实施计划，应当依据总体规划的要求，提出规划年限内的建设用地安排，确定近期和年度的重点建设项目，明确其空间分布和建设时序。年度实施计划应当与土地供应年度计划相衔接。

第二十四条 城乡规划报送审批前，组织编制机关应当依法将城乡规划草案予以公告，并采取论证会、听证会或者其他方式征求专家和公众的意见。公告的时间不得少于三十日。

城乡规划批准前，审批机关可以委托承担规划编制任务以外的具有城乡规划编制资质的机构，对规划草案进行技术审查。

经批准的城乡规划，应当在政府网站、新闻媒体或者专门场所公告，并在政府网站长期公布。村庄规划的主要内容应当由村民委员会保存并在村庄公共场所公布，以供村民查阅咨询。

未经公布的城乡规划，不作为规划管理和城乡建设的依据。

第二十五条 经批准的城乡规划不得随意修改。依法需要修改城乡规划的，组织编制机关应当向原审批机关提出申请，获得批准后，依照规划编制和审批的程序执行。

仅涉及单条支路走向、宽度或者单个地块建筑高度、建筑密度等内容的控制性详细规划修改，由组织编制机关提出调整方案，采取论证会、听证会或者其他方式征求专家、利害关系人的意见，经原审批机关同意后公布实施。

第三章 城乡规划的实施

第一节 一般规定

第二十六条 各级人民政府应当根据当地社会经济发展需要，作出城乡建设和发展的综合部署，将其纳入城乡规划统筹实施。

实施省域城镇体系规划和城镇群协调发展规划，相关人民政府应当就区域基础设施和公共服务设施共建共享、环境保护和生态建设、相邻地区重点项目衔接等问题进行协商，协商不成的，由共同的上一级人民政府城乡规划主管部门会同项目主管部门组织协调。

有关部门编制区域性交通、生态环境保护、能源、通信、防灾减灾等专项规划，应当落实省域城镇体系规划的要求，并与城镇群协调发展规划相衔接，相关建设项目的规划选址应当符合省域城镇体系规划和城镇群协调发展规划的要求。

第二十七条 建设用地和建设工程应当符合城乡规划，依法取得规划许可。在城市、镇规划区范围内核发建设用地规划许可证和建设工程规划许可证。在村庄规划区范围内核发乡村建设规划许可证。按照国家规定需要进行规划选址审批的建设工程，还应当申请核发建设项目选址意见书。

第二十八条 开发利用城市、镇地下空间，应当考虑人民防空的需要，依法办理规划许可。

与地面建设工程一并开发利用地下空间的，应当与地面建设工程一并办理规划许可；独立开发利用地下空间的，单独办理规划许可。

任何单位和个人未经批准，不得擅自开挖建筑底层地面，不得擅自改变经许可确定的地下空间的使用功能、高度、层数和面积。

第二十九条 规划许可或者审批机关作出许可或者审批决定前，应当将许可或者审批内容、申请人和利害关系人享有的权利等事项在政府网站、建设项目现场进行公示，公示时间不得少于十日。

申请人、利害关系人对许可或者审批事项提出异议的，许可或者审批机关应当及时处理，并回复处理结果。必要时可以采取听证会或者论证会等方式听取各方意见。

第三十条 建设项目规划选址审批或者规划许可机关对重大项目作出审批或者许可决定前，可以以政府购买服务的方式委托具有相应资质的单位对建设单位或者个人提交的材料进行技术审查。

第三十一条 规划许可或者审批事项批准后十五日内，许可或者审批机关应当在政府网站进行公告，可供查询。

第二节 建设项目规划选址审批

第三十二条 需核发选址意见书的建设项目，属于国家和省批准、核准项目投资的，由省人民政府城乡规划主管部门核发选址意见书；属于城市和县批准、核准项目投资的，由建设项目所在地的城市、县人民政府城乡规划主管部门核发选址意见书。跨行政区域的建设项目，由项目所在地的共同上一级人民政府城乡规划主管部门核发选址意见书。

第三十三条 建设单位申请核发选址意见书，应当提交选址申请书、标明拟选址位置的地形图和建设项目选址评估报告等材料。

建设项目选址评估报告应当对建设项目选址方案的科学性、合法性、与城乡规划的协调性作出分析论证结论。

由省人民政府城乡规划主管部门核发选址意见书的建设项目，建设单位应当先将上述材料提交建设项目选址所在地地级以上市人民政府城乡规划主管部门进行初步审查。

第三十四条 取得建设项目选址意见书二年内尚未获得建设项目批准或者核准的，应当在有效期届满三十日前向原核发机关申请办理延期手续，延长期限不得超过一年。未办理延期手续或者延长期逾期仍未获得建设项目批准、核准，选址意见书自行失效。

建设项目所依据的批准、核准文件被依法撤销、撤回、吊销，或者土地使用权被依法收回的，相应的项目选址意见书失效。

第三节 建设用地规划管理

第三十五条 城市、县土地储备年度计划和土地供应年度计划应当与城乡规划相衔接。

第三十六条 国有土地使用权出让前，城市、县人民政府城乡规划主管部门应当依据控制性详细规划提出拟出让地块的规划条件。规划条件应当明确出让地块的位置、面积、使用性质、允许建设的范围、容积率、绿地率、建筑高度、建筑密度、基础设施和公共服务设施配套、地下空间开发利用要求等内容。需要编制修建性详细规划的，应当在规划条件中予以明确。

规划条件及附图应当作为国有土地使用权出让合

同的组成部分。国有土地使用权出让合同不得改变规划条件。

第三十七条 在城市、镇规划区范围内，建设单位或者个人向城市、县人民政府土地主管部门申请划拨用地的，应当向城市、县人民政府城乡规划主管部门申请取得建设用地规划许可证。

建设单位或者个人申请核发建设用地规划许可证，应当提交有关部门的批准、核准、备案文件。使用集体土地的，还应当提交村民委员会出具的书面意见。

建设单位或者个人取得建设用地规划许可证后，应当在一年内向县级以上地方人民政府土地管理部门申请用地，需要延期的，应当在建设用地规划许可证有效期届满三十日前向原核发机关申请办理延期手续。一年内未申请用地的或者经申请未获得用地的或者申请延期未批准的，建设用地规划许可证自行失效。

第三十八条 以出让方式提供国有土地使用权的住宅、商业、办公类建设项目，应当严格执行规划条件，不得改变用地性质，不得提高容积率，不得降低绿地率，不得减少基础设施和公共服务配套。

具有下列情形之一的，不受前款规定限制，建设单位或者个人可以依法申请调整规划条件：

（一）因城乡规划修改导致地块开发条件变化的；

（二）因国家和省重大项目建设需要的；

（三）因城乡基础设施、公共服务设施和公共安全设施建设需要的；

（四）法律、法规规定的其他情形。

调整出让用地的规划条件，应当先行按照规划编制和审批的程序修改其依据的控制性详细规划。

第三十九条 国有土地使用权需要分割转让的，原规划条件或者经批准的修建性详细规划、建设工程设计方案总平面图确定的道路、广场、公共绿地、市政公用设施、公共服务设施等建设项目，应当在分割转让合同中明确各受让方的实施责任。

国有土地使用权分割转让后，各受让方应当持分割转让合同等材料向城市、县人民政府城乡规划主管部门申请核发建设用地规划许可证。

第四节 建设工程规划管理

第四十条 在城市、镇规划区范围内进行建筑物、构筑物、道路、桥梁和管线等工程建设的，建设单位或者个人应当向城市、县人民政府城乡规划主管部门或者省人民政府指定的镇人民政府申请办理建设工程规划许可证。

前款规定的镇人民政府应当在核发建设工程规划许可证后向所在地城市、县人民政府城乡规划主管部门备案。

第四十一条 建设单位或者个人申领建设工程规划许可证，应当持使用土地的证明文件、建设工程设计方案和法律、法规规定的其他材料，向城市、县人民政府城乡规划主管部门或者省人民政府指定的镇人民政府提出申请。规划条件要求编制修建性详细规划的，应当同时提交经审定的修建性详细规划。属于原有建筑物改建、扩建的，应当同时提供房屋产权证明。

城市、县人民政府城乡规划主管部门或者省人民政府指定的镇人民政府依据经批准的城乡规划、规划条件、相关技术标准和规范对建设工程设计方案进行审查，提出审查意见。符合条件的，核发建设工程规划许可证。

建设工程规划许可证应当载明建设项目位置、建设规模和使用功能等内容，附经审定的建设工程设计方案总平面图。

建设单位或者个人应当在建设项目施工现场或者其他显著地点设置建设工程规划许可公告牌，载明建设工程规划许可的主要内容和图件。公告内容应当真实、有效，不得隐瞒、虚构。

取得建设工程规划许可证一年后尚未开工的，应当向原许可机关办理延期手续，延长期限不得超过六个月。未办理延期手续或者办理延期手续逾期仍未开工的，建设工程规划许可证自行失效。

第四十二条 建设工程设计方案应当符合规划条件、相关技术标准和规范，文字标明的技术经济指标应当与图纸所示相一致。住宅、商业、办公类建设项目的建设工程设计方案，应当分类载明建筑用途，明确公共场所、公用设施和物业管理用房的位置、面积。

第四十三条 建设单位或者个人应当按照建设工程规划许可的内容进行建设，不得擅自变更；需要变更的，应当经原许可机关批准。

涉及需变更建设用地规划许可的，应当先申请变更建设用地规划许可。

因变更建设工程规划许可给利害关系人合法权益造成损失的，建设单位或者个人应当依法予以补偿。

第四十四条 分期建设的建设工程，城市、县人民政府城乡规划主管部门或者省人民政府指定的镇人民政府可以根据建设单位或者个人的申请，审查分期建设的内容、范围，分期核发建设工程规划许可证。

分期建设的建设工程，应当符合经审定的修建性详细规划、建设工程设计方案总平面图。同一建设期的建设内容应当包括相应的配套设施和绿地。

第四十五条 建设工程开工前，建设单位或者个人应当委托具有相应测绘资质的单位放线，并向城市、县人民政府城乡规划主管部门或者省人民政府指定的镇人民政府申请验线。

城乡规划主管部门或者省人民政府指定的镇人民政府应当自受理申请之日起七个工作日内进行验线。

未经验线，建设工程不得开工。

第四十六条 建设工程竣工后，建设单位或者个人应当持建设工程规划许可证、建设工程验线证明文件以及具有相应测绘资质的单位出具的测绘报告等材料，向城市、县人民政府城乡规划主管部门或者省人民政府指定的镇人民政府申请规划条件核实。

城市、县人民政府城乡规划主管部门或者省人民政府指定的镇人民政府应当自受理申请之日起二十个工作日内办理核实手续；不予办理核实手续的，应当书面告知理由。

建设工程未办理规划条件核实的，建设单位或者个人不得组织竣工验收，产权登记机关不予办理产权登记手续。

建设单位或者个人应当在竣工验收后六个月内向城市、县人民政府城乡规划主管部门或者省人民政府指定的镇人民政府报送有关竣工验收资料。城市、县人民政府城乡规划主管部门或者省人民政府指定的镇人民政府应当将竣工验收资料交由城乡规划建设档案馆归档。

第四十七条 房屋使用人应当按照建设工程规划许可证或者房地产权证书载明的用途使用房屋。确需变更房屋用途的，应当向城市、县人民政府城乡规划主管部门申请办理变更手续。

第四十八条 在城市、镇规划区范围内进行临时建设的，应当向城市、县人民政府城乡规划主管部门或者省人民政府指定的镇人民政府申请核发临时建设工程规划许可证。

临时建设工程规划许可证有效期不超过二年。使用期限届满确需延期的，应当在有效期届满三十日前向原核发机关申请办理延期手续，延续期限不超过一年。

临时建设必须按照批准的用途使用，不得改变用途或者转让。

临时建设应当在批准的使用期限届满前自行拆除，恢复土地原状。

第五节 村庄建设规划管理

第四十九条 各级人民政府应当加强对村庄规划建设的指导，村庄建设应当遵循先规划后建设的原则，鼓励适度集中建设村民住宅。城乡规划主管部门应当免费向村民提供具有地方特点和乡村特色的住宅设计图件。

第五十条 在村庄规划确定的建设用地范围内使用集体所有土地进行乡镇企业、公共设施、公益事业和其他工程建设的，建设单位或者个人应当向镇人民政府提交如下材料：

（一）建设项目批准、核准文件；

（二）由村民委员会出具的书面意见；

（三）建设工程设计方案；

（四）法律、法规规定的其他材料。

建设项目需要占用农用地的，申请办理乡村建设规划许可证应当提供农用地转用证明。

省人民政府指定的镇人民政府应当自收到申请材料之日起二十个工作日内作出是否许可的决定；不予许可的，应当书面告知理由。

其他镇人民政府应当自受理申请材料之日起十个工作日内提出审查意见，报城市、县人民政府城乡规划主管部门。城市、县人民政府城乡规划主管部门应当自收到申请材料和镇人民政府的审查意见之日起二十个工作日内作出是否许可的决定。

乡村建设规划许可证应当载明建设项目位置、建设范围、建设规模和主要功能等内容。建设单位或者个人在取得乡村建设规划许可证后，应当在一年内办理用地审批手续和施工许可手续。

第五十一条 在村庄规划确定的宅基地范围内建设农村村民住宅的，应当持村民委员会签署的书面同意意见、土地使用证明、住宅设计图件等材料，向镇人民政府提出申请，由镇人民政府报城市、县人民政府城乡规划主管部门核发乡村建设规划许可证。

镇人民政府应当自受理申请材料之日起五个工作日内将申请材料报送城市、县人民政府城乡规划主管部门。城市、县人民政府城乡规划主管部门应当自收到申请材料之日起二十个工作日内作出是否许可的决定，并告知镇人民政府。

城市、县人民政府城乡规划主管部门可以委托镇人民政府核发本条规定的乡村建设规划许可证。

第五十二条 建设单位或者个人应当按照乡村建设规划许可的内容进行建设，不得擅自变更；需要变更的，应当经原许可机关批准。

取得乡村建设规划许可证的建设工程开工前，建设单位或者个人应当向城市、县人民政府城乡规划主管部门申请验线。城乡规划主管部门应当自受理申请之日起十个工作日内进行验线。未经验线，建设工程不得开工。

乡村建设项目竣工后，建设单位或者个人应当就建设工程是否符合乡村建设规划许可的内容，向城市、县人民政府城乡规划主管部门申请核实。

城市、县人民政府城乡规划主管部门可以委托镇人民政府对农村村民自建住宅进行规划验线和核实。

第五十三条 在村庄规划确定的建设用地范围内使用国有土地进行工程建设，或者在城市、镇总体规划确定的建设用地范围内利用农村集体所有土地进行农村村民住宅建设的，按照本章第四节建设工程规划管理的有关规定执行。

第四章 历史文化和自然风貌保护

第一节 历史文化保护区和历史建筑

第五十四条 城市、县人民政府应当建立历史文化保护区和历史建筑的保护名录，报省人民政府核定后公布。经批准公布的历史文化名镇、名村、街区，保存比较完整、内涵较为丰富、特色明显的传统镇街、村落和场所，以及反映历史风貌和地方特色的历史建筑应当纳入保护名录。

保护名录应当明确各类保护对象的主体和保护范围界线，并附有明确的地理坐标及相应的界址地形图。

保护名录报送核定前，城市、县人民政府城乡规划主管部门应当会同同级文物主管部门征求有关部门、公众、建筑物所有人和其他利害关系人的意见，并进行专家论证。公民、法人和其他组织可以提出建议。对符合本条例规定而没有纳入保护名录的保护对象，省人民政府可以直接将其纳入保护名录。

第五十五条 省域城镇体系规划和城镇群协调发展规划应当明确区域历史风貌保护的主要原则、策略和要求；城市、镇总体规划应当确定城市或者镇历史风貌的总体格局，划定历史文化保护区的范围，制定规划管制措施；控制性详细规划应当明确历史文化保护区和历史建筑保护的具体要求，并落实到规划控制指标。

村庄规划应当对保存具有风貌价值的建筑物、构筑物，保护具有乡土特色的传统格局，以及与乡村风俗、节庆、纪念等活动密切关联的特定建筑和场所等作出规定。

第五十六条 对纳入保护名录的历史文化保护区，城市、县人民政府应当组织编制专项保护规划，并参照历史文化名镇、名村、街区的有关规定报送审批。专项保护规划经批准后，报上一级人民政府和本级人民代表大会常务委员会备案。

历史文化保护区的专项保护规划应当包括下列内容：

（一）历史风貌保护的原则和总体要求；

（二）核心保护范围和建设控制地带；

（三）土地使用的规划控制和调整，建筑空间环境和景观的保护要求；

（四）与历史风貌保护要求不协调建筑的整改要求；

（五）规划管理的其他要求和措施。

第五十七条 对纳入保护名录的历史建筑，城市、县人民政府城乡规划主管部门应当划定核心保护范围，制定保护措施，明确使用功能，并可根据保护需要划定建设控制地带或者编制保护规划，经征求专家和公众意见后，报本级人民政府审批。

第五十八条 城市、县人民政府应当在历史文化名镇、名村、街区的核心保护范围设立保护标志。

城市、县人民政府城乡规划主管部门应当在传统镇街、村落和场所的核心保护范围设立保护标志。

城市、县人民政府房产管理部门应当在历史建筑的核心保护范围设立保护标志。

第五十九条 各级人民政府应当对历史文化保护予以必要的资金支持。

基层群众性自治组织应当配合政府对保护对象做好保护工作。

鼓励企事业单位、社会组织和个人以捐赠等形式资助历史文化保护。

第六十条 对纳入保护名录的保护对象，在其核心保护范围内，不得进行与保护无关的建设活动。但新建、扩建必要的基础设施和公益性公共服务设施除外。

在保护对象建设控制地带进行新建、扩建、改建活动，应当符合保护规划或者保护措施的要求，不得破坏传统格局和历史风貌。

在保护对象核心保护范围和建设控制地带内进行新建、扩建、改建活动，建设单位或者个人在申请办理规划许可时，应当同时提交历史文化保护的具体方案。城乡规划主管部门在作出规划许可前，应当征求文物主管部门的书面意见，必要时应组织专家论证和征求公众意见。

第六十一条 在保护对象核心保护范围和建设控制地带内禁止进行下列活动：

（一）开山、采石、开矿等破坏传统格局和历史风貌的活动；

（二）占用保护规划确定保留的园林绿地、河湖水系、道路等；

（三）修建生产和储存爆炸性、易燃性、放射性、毒害性、腐蚀性物品的工厂、仓库等；

（四）在历史建筑上刻划、涂污；

（五）对保护对象可能造成破坏性影响的其他活动。

第六十二条 城乡规划主管部门应当根据保护名录将保护对象资料纳入规划管理信息系统。房产管理部门应当在房屋权属档案库中对纳入保护名录的历史建筑予以标明。

历史建筑原有测绘资料不全或者缺失的，房产管理部门应当委托具有资质的测绘单位对历史建筑进行测绘，测绘资料纳入档案库统一管理。

第六十三条 纳入保护名录的历史建筑，由所有权人负责维护、修缮。所有权人、使用权人、管理人另有约定的，从其约定。所有权不明或者由政府代管的，由城市、县人民政府负责维护、修缮。

纳入保护名录的历史建筑的所有权人、使用权人和管理人不具备维护、修缮能力的，城市、县人民政府应当给予资助。

第六十四条 不得擅自拆除纳入保护名录的历史建筑。因严重损坏难以修复或者因公共利益需要确需拆除的，应当经城市、县人民政府城乡规划主管部门会同文物主管部门组织专家论证、制定补救措施后，报省人民政府城乡规划主管部门会同同级文物主管部门批准。

第六十五条 对纳入保护名录的历史建筑，经有相应资质的鉴定单位鉴定为危房确需翻建的，应当按照原地、原高度、原外观的要求编制建设工程设计方案，由所有权人向城市、县人民政府城乡规划主管部门提出书面申请。

城市、县人民政府城乡规划主管部门接到申请后，应当组织专家论证，并征求同级文物、房产管理部门意见后，作出是否批准的决定。

对纳入保护名录的历史建筑进行修缮装饰、添加设施的，所有权人应当将方案报城市、县人民政府城乡规划主管部门会同同级文物、房产管理部门审批后，依法办理相关手续。

第二节 自然风貌区

第六十六条 各级人民政府编制城乡规划，应当确定自然风貌区，实施控制和保护。

自然风貌区应当包括自然保护区、水源保护区、生态公益林、森林公园、基本农田保护区、风景名胜区、地质地貌风景区和重要江河湖泊、水库、海岸、湿地以及大型城市绿地等。

城乡规划、建设、国土资源、环境保护、林业、农业、海洋渔业、交通运输、水利、旅游、城市管理等部门应当在各自职责范围内，负责自然风貌区的保护工作。

第六十七条 省域城镇体系规划和城镇群协调发展规划应当根据自然风貌资源的分布，确定区域自然风貌保护的总体格局和管制原则、要求；城市、镇总体规划应当按照区域自然风貌保护的总体格局，明确各类自然风貌区的分布、范围和管制措施；控制性详细规划应当将自然风貌的保护要求落实到规划控制指标，并提出保护和恢复自然风貌的措施；村庄规划应当注重与山水田园、植被等自然景观的协调与融合。

第六十八条 城市、县人民政府城乡规划主管部门应当根据城乡规划，划定各类自然风貌区的边界控制线并制定保护措施，经征询有关部门和公众意见后，报本级人民政府批准并公布实施。

公布自然风貌区边界控制线，应当附有明确的地理坐标及相应的界址地形图。

第六十九条 县级以上人民政府应当组织规划建设绿道网，绿道规划建设管理的具体办法，由省人民政府在本条例实施之日起一年内制定。

第五章 监督检查

第七十条 各级人民政府及其城乡规划主管部门应当加强对城乡规划编制、审批、实施、修改的监督检查。

城市、县、镇人民政府应当每年向上一级人民政府报告年度实施计划的落实情况，以及城乡规划的编制、审批、实施和修改情况。城市、县人民政府城乡规划主管部门应当每年向上一级人民政府城乡规划主管部门报告城乡规划行政许可和变更情况。

第七十一条 县级以上人民政府应当每年向本级人民代表大会常务委员会报告城乡规划的实施情况，并接受本级人民代表大会常务委员会的监督。

镇人民政府应当定期向镇人民代表大会报告城乡规划的实施情况，并接受镇人民代表大会监督。

第七十二条 省人民政府、地级以上市人民政府应当建立城乡规划督察员制度，对城乡规划的编制、审批、实施和修改情况进行督察。

省人民政府城乡规划主管部门应当利用城乡规划管理信息系统，对全省城乡规划的实施进行动态监督。

第七十三条 县级以上人民政府城乡规划主管部门应当在办事窗口、政府网站公布办理规划许可和审批的条件、程序以及期限等有关内容，为公民、法人和其他组织提供便利，并接受社会监督。

第七十四条 依法应当准予行政许可或者批准，有关城乡规划主管部门不予行政许可或者批准的，上级城乡规划主管部门有权责令其作出准予行政许可决定或者批准决定，也可以建议有关人民政府责令其作出准予行政许可决定或者批准决定。

城乡规划主管部门违法作出行政许可或者审批的，上级人民政府城乡规划主管部门有权责令其撤销或者直接撤销该行政许可或者批准决定。因撤销行政许可或者批准决定给当事人合法权益造成损失的，违法作出行政许可或者批准决定的机关应当依法给予赔偿。

第七十五条 城乡规划主管部门及其他有关部门应当公布举报方式，接受公民、法人和其他组织对违反城乡规划法律法规行为的举报。属于本部门职责范围的，应当及时进行核实、处理，并答复已知举报人；不属于本部门职责范围的，应当及时告知举报人。

第六章 法律责任

第七十六条 有下列行为之一的，责令改正，通报批评；对直接负责的主管人员和其他直接责任人员依法给予处分：

（一）违反城市、镇或者特定地区规划确定的规划建设用地范围和布局进行开发区、产业园区以及其他成片开发地区建设的；

（二）未按照规定编制和实施近期建设规划、年度实施计划的；

（三）未建立历史文化保护区和历史建筑保护名录以及未组织编制历史文化保护区和历史建筑专项保护规划的；

（四）未按照规定向上一级人民政府报告年度实施计划落实情况以及城乡规划的编制、审批、实施和修改情况的。

第七十七条 县级以上人民政府城乡规划主管部门、省人民政府指定的镇人民政府有下列行为之一的，由本级人民政府、上级人民政府城乡规划主管部门或者监察机关依据职权责令改正，通报批评；对直接负责的主管人员和其他直接责任人员依法给予处分：

（一）违反规定批准、改变规划条件或者规划许可内容的；

（二）未按照规定进行验线和规划条件核实的；

（三）未在历史文化保护区核心保护范围设立保护标志，或者未将保护名录中保护对象资料纳入规划管理信息系统的；

（四）未划定自然风貌区的边界控制线并制定保护措施的。

第七十八条 县级以上人民政府有关部门有下列行为之一的，由本级人民政府、上级人民政府有关部门或者监察机关依据职权责令改正，通报批评；对直接负责的主管人员和其他直接责任人员依法给予处分：

（一）对未依法取得建设工程规划许可证的建设单位或者个人作出建设工程施工许可，或者违反建设工程规划许可证的要求作出建设工程施工许可的；

（二）对未办理规划条件核实的建设工程办理房屋产权登记，或者擅自改变建设工程规划许可证、乡村建设规划许可证的内容进行房屋产权登记的；

（三）未在历史建筑的核心保护范围设立保护标志，或者未在房屋权属档案库中对纳入保护名录的历史建筑予以标明的。

第七十九条 建设单位或者个人违反本条例第二十八条规定，未依法办理规划许可审批手续建设地下建筑物、构筑物的，或者擅自改变经许可审批确定的地下空间的使用功能、高度、层数和面积的，由当地城市、县人民政府城乡规划主管部门责令停止建设，限期改正，处以建设工程造价百分之五以上百分之十以下的罚款。

第八十条 建设单位或者个人违反本条例第四十条规定，未依法取得建设工程规划许可证或者未按照建设工程规划许可证的规定进行建设的，由当地城市、县人民政府城乡规划主管部门责令停止建设。尚可采取改正措施消除对规划实施的影响的，责令限期改正，并处建设工程造价百分之五以上百分之十以下的罚款。无法采取改正措施消除影响的，责令限期拆除；不能拆除的，没收实物或者违法收入，可以并处建设工程造价百分之十以下的罚款。

有下列行为之一的，应当认定为前款规定的无法采取改正措施消除影响的情形：

（一）超过建设工程规划许可证确定的建筑面积（计算容积率部分）或者建筑高度且超出合理误差范围的；

（二）违反建筑间距、建筑退让道路红线、建筑退让用地边界等城乡规划管理技术规定或者控制性详细规划确定的强制性内容的；

（三）侵占现状及规划确定的道路、消防通道、广场、公共绿地、河湖水面、地下工程、轨道交通设施、通讯设施或者压占城市管线、永久性测量标志等公共设施、公共场所用地的；

（四）占用各级文物保护单位、历史建筑保护范围用地进行建设的；

（五）擅自在建筑物楼顶、退层平台、住宅底层院内以及配建的停车场地进行建设的；

（六）在已完成规划条件核实的建设工程用地范围内擅自新建、搭建建筑物、构筑物的；

（七）其他无法采取改正措施消除影响的情形。

前款第（一）项规定的合理误差范围的标准，由省人民政府城乡规划主管部门制定。

本条第一款规定的违法收入，按照该建设工程的销售平均单价或者市场评估单价与违法建设面积的乘积确定；建设工程造价按照有违法建设情形的单项工程造价确定，其中房屋建筑工程按照单体建筑物工程造价确定。

第八十一条 建设单位或者个人违反本条例第四十一条第四款规定，未按照规定设置建设工程规划许可公告牌的，由当地城市、县人民政府城乡规划主管部门责令限期改正；逾期不改正的，处五千元罚款。

第八十二条 设计单位违反本条例第四十二条规定，有下列行为之一的，由当地城市、县人民政府城乡规划主管部门责令限期改正；情节严重的，由原发证机关依法降低资质等级或者吊销资质证书：

（一）违反规划许可内容编制建设工程设计方案的；

（二）违反相关技术标准和规范编制建设工程设计方案的；

（三）建设工程设计方案文字标明的技术经济指标与图纸所示不相一致的。

第八十三条 违反本条例第四十五条和第五十二条规定，建设工程未经验线，或者验线不合格擅自开工的，由城市、县人民政府城乡规划主管部门或者省人民政府指定的镇人民政府责令停止建设，限期改正。逾期不改正的，由城市、县人民政府城乡规划主管部门或者省人民政府指定的镇人民政府对建设单位处一万元罚款，对个人处二千元罚款。

第八十四条 城市、县人民政府城乡规划主管部门根据本条例第四十六条规定，在规划条件核实过程中，发现未按照建设工程规划许可证的内容进行建设的，依照本条例第八十条的规定处理后可以依法组织竣工验收、办理产权登记手续。

第八十五条 违反本条例第六十四条规定，擅自拆除纳入保护名录的历史建筑，由城市、县人民政府城乡规划主管部门责令停止违法行为、限期恢复原状或者采取其他补救措施；逾期不恢复原状或者不采取其他补救措施的，城乡规划主管部门可以指定有能力的单位代为恢复原状或者采取其他补救措施，所需费用由违法者承担；造成严重后果的，对单位并处二十万元以上五十万元以下的罚款，对个人并处十万元以上二十万元以下的罚款；造成损失的，依法承担赔偿责任。

第八十六条 违反本条例规定，未依法取得有关规划许可证的在建或者建成项目，对无法确定建设单位或者个人的，城市、县人民政府城乡规划主管部门应当在报纸等公共媒体和违法建设项目现场予以公告，告知建设单位或者个人依法接受处理，公告期限不少于三十日。

无法确定建设单位或者个人的违法建设项目不及时拆除可能影响安全、交通等的，可以在向公证机关办理证据保全手续后予以强制拆除。

第八十七条 城乡规划主管部门作出责令停止建设的决定后，建设单位或者个人不停止建设的，城乡规划主管部门应当立即向本级人民政府报告。城市、县人民政府应当自收到报告之日起五个工作日内书面责成有关部门采取查封施工现场等措施。

城乡规划主管部门作出责令限期拆除的决定后，建设单位或者个人逾期不拆除且未申请行政复议、提起行政诉讼的，城乡规划主管部门应当立即向本级人民政府报告。城市、县人民政府应当自收到报告之日起十五个工作日内书面责成有关部门依法强制拆除，强制拆除的费用由违法行为人承担。

第七章 附 则

第八十八条 本条例自2013年5月1日起施行。《广东省实施〈中华人民共和国城市规划法〉办法》同时废止。

本省行政区域内乡规划的制定、修改、实施工作，参照本条例关于镇规划的规定执行。

关于加强宜居社区建设工作的指导意见

（中共广东省委办公厅、广东省人民政府办公厅　2012年3月30日印发）

为提高我省城市化发展水平，切实保障和改善民生，根据关于近期重点推进保障和改善民生具体工作的有关要求，现就加强宜居社区建设工作提出如下指导意见。

一、指导思想和总体要求

紧紧围绕推进社会建设和提高城市化发展水平，以保障和改善民生为重点，坚持政府主导、社会支持、居民参与的原则，按照统一部署、分步实施、稳步推进的思路，完善公共服务设施，改善居住环境，健全服务体系，保障居住安全，丰富文化生活，全面提高社区的宜居水平。到2015年，全省建成宜居社区（以社区工作站或居委会辖区为单元）1800个；2020年，全省所有社区基本达到宜居标准。

二、主要任务

（一）完善公共服务设施。

1. 新建社区要符合宜居标准。新建社区要按照省宜居社区考核标准（以下简称“考核标准”）进行建设，并充分考虑各种区域的不同功能需要，做到合理布局，动静分离。根据我省气候特点，满足通风、采光的要求，创造舒适的居住环境。建筑密度、容积率符合控制性详细规划。从方便居民居住和生活出发，设置公共交通、教育、医疗卫生、文化、体育和商业服务等设施，并与住宅同步竣工，交付使用。强化资源整合，促进各类公共服务设施共享，鼓励空间复合利用。社区公共服务设施布局要相对集中，为居民提供便捷服务。

2. 已建成社区要进行改造和完善。根据考核标准的要求，已建成社区要查漏补缺，对公共交通、教育、医疗卫生、文化、体育和商业服务等设施进行改造完善和对社区环境进行整治。

（二）改善社区环境。

1. 保持社区干净整洁。社区要根据规模配备足够的卫生清洁和垃圾清理人员，定期打扫和清洗道路和公共场地，及时清运垃圾。开展垃圾分类回收的宣传和培训，合理设置垃圾分类回收桶和回收点，实行垃圾分类回收。经常维护排水设施以保持畅通，防止道路积水，做到基本无内涝。培养居民良好的卫生习惯，不乱丢乱扔杂物和垃圾，不踩踏损坏花草树木，不养家禽和不违反规定饲养宠物。

2. 搞好绿化美化。社区要充分挖掘潜力增加绿地面积，绿地率达到25%以上（其中新建社区要达到30%以上）。各类绿地要布局合理，树种要多样化、本土化。完善社区绿地建设，实现居民出行半径500米范围内有绿色公共空间。

3. 重视环境保护。加强对空气、污水和噪声等排放物的监管，动员居民配合做好环境保护工作。社区内各类商业设施要证照齐全，符合卫生和环保要求。加强环保宣传，增强居民环保意识。

4. 节约资源减少排放。要按照建设节约型社会的要求，积极采用新技术新产品，节约资源，减少排放。鼓励使用雨水回收利用技术，用于浇灌、清洗和其他用途。地下车库照明尽量采用自然光或太阳能。新建建筑要符合建筑节能标准。鼓励新建商品住宅实行一次性装修到位。

5. 倡导低碳生活方式。社区要利用宣传栏，组织讲座和结合产品推介活动等方式对居民进行低碳生活教育。引导居民使用太阳能等清洁能源，使用节能电器，做到节水、节气、节电。重视社区慢行交通系统建设，实现与城市绿道网路和公共交通衔接。

（三）规范发展社区服务。

1. 实行一站式政务服务。社区要从方便居民办理各项业务出发，完善政务服务平台，为居民提供户籍登记、计生、人力资源社会保障等政务服务。协助做好社区居民基本信息收集整理工作。

2. 提倡综合性便民服务。提倡集中设置社区图书室、文体活动室、老幼托管室等活动场所，为居民提供综合服务，方便居民集中活动。鼓励学校体育场所在确保校园安全的前提下对外开放。

3. 提供优质计划生育服务。依托社区宣传计划生育的法规和政策，增强居民依法生育观念，倡导负责任的婚育行为。办好计划生育宣传栏、读报栏、公开栏，普及计划生育和优生优孕知识。社区要向居民提供计划生育技术服务及免费孕前优生健康检查服务，落实出生缺陷干预，提高出生人口素质。实现社区流动人口与户籍人口计生服务要均等化。协助做好模范遵守计生政策居民的优待和奖励工作。

4. 发展社区社会组织。加大政策扶持力度，鼓励成立服务性、公益性、互助性社会组织，支持、引导其参与医疗咨询、青少年帮扶、心理辅导和老幼照料、退休人员社会化管理服务等社会服务。政府在组织运作、活动场地和活动经费等方面给予支持。重视社区志愿者组织建设，壮大志愿者队伍，健全志愿者服务网络，宜居社区志愿者注册人数要达到社区居民人口10%。

5. 推进专业化物业管理。社区要积极通过市场化方式选聘企业提供专业化物业管理服务，不断拓展物业管理覆盖面。已建成的社区，政府要支持改造和整治，完善共有设施设备、物业管理用房等设施，由居委会协助业委会选聘企业提供专业化物业管理服务。引导物业管理公司开展形式多样的便民服务和延伸服务，利用已有的场地和设施，组织居民开展各种文体娱乐活动。

（四）健全社区安全防范体系。

1. 建立有效的安全防范机制。要采取人防、物防和技防相结合的办法加强社区安全防范。重视社区治安综合治理基层组织和群防群治队伍建设，积极构筑以社区民警为主导，社区治保会和物业保安为依托，居民积极参与的群防群治体系。落实社会治安综合治理责任制，层层明确责任。加强社区警务室建设，配齐配强治安辅助力量，落实社区治安各项防范措施。完善社区物防、技防等防范设施。提高居民安全感，实现社区无治安刑事案件。

2. 加强消防安全工作。完善公共消防设施建设，设置公共消防器材配置点，并加强维护保养。健全消防组织，明确消防安全专（兼）职管理人员，完善社区消防站和治安联防消防队以及志愿消防队建设。制定防火安全公约，开展防火安全检查，实行消防安全区域联防制度。开展消防安全宣传教育，积极普及消防常识，组织居民开展消防逃生演练，提高居民逃生自救能力。

3. 健全人民调解工作机制。充分发挥综治信访维稳工作站的作用，及时排查、调解和处理社区矛盾纠纷。建立畅通的社情民意反映渠道，及时了解居民的意愿，重视解决居民的合理诉求，维护社会和谐稳定。

（五）丰富社区文化体育生活

1. 组织开展形式多样的社区文化体育活动。有条件的社区要组建业余文化队伍和群众性体育健身团队，也可以多个社区联合组建，组织和引导社区居民参加文化、体育健身活动，定期或不定期举办小型文艺晚会和社区运动会。发动社区摄影、书法、绘画爱好者举办摄影书法绘画等展览活动。每逢重大节日和纪念日，举办各类讲座，组织召开座谈会、歌咏会等有意义的庆祝和纪念活动。

2. 发动社会力量参与公共文化服务。积极引导社会力量通过资金和实物赞助等方式提供公共文化服务。要不断创新活动载体，丰富活动内容，培育居民的社会公德、职业道德和家庭美德，弘扬邻里互助、乐善好施、扶贫济困等优良传统，形成平等友爱、融洽和谐的人际关系。积极开展创建学习型社区、学习型家庭活动，提高居民素质。

（六）创新社区管理机制

1. 加强社区党建工作。加强社区党支部建设，提倡社区党组织班子成员与社区居民委员会成员交叉任职，健全社区党组织领导社区居民委员会开展工作的相关制度，广泛开展与驻区单位共驻共建，提升城市社区“三有一化”（有人员有经费有场所，构建城市区域化党建格局）水平。

2. 完善居民自我管理机制。充分发挥居委会、居民小组等居民组织在社区管理中的作用。居民委员会积极协助基层党政部门做好管理服务工作，依法组织居民开展自治和监督活动。开展居务公开民主管理示范创建，推行议事协商、民情恳谈、网上论坛等有效形式，扩大居民参与面。建立社区服务工作协调机制，由街道办事处牵头，社区服务工作站、社区居委会、业主委员会、物业服务企业、驻区单位等部门负责人参加，定期研究社区建设工作。

3. 推行居委会与业委会委员交叉任职制度。居委会要对业主大会和业委会的成立和运作给予指导，监督业委会依法履行职责。业委会要积极配合居委会做好社区日常管理服务工作。担任居委会委员的业主可推荐成为业委会候选人，业委会主任可推荐成为居委会委员候选人；业委会委员和居委会委员可交叉挂职。居委会要配合业委会监督物业公共场所和公用设施的合法使用，协助政府有关部门处理物业使用中的违法违规行为。

三、落实配套政策和保障措施

（一）切实加强组织领导。在省宜居城乡建设工作联席会议制度框架下，由省社工委、住房城乡建设、发展改革、经济和信息化、交通运通、教育、公安、民政、财政、文化、卫生、人口计生、环境保护、体育等部门负责人组成宜居社区建设督导组。督导组日常工作由省住房城乡建设厅承担。

（二）整合资源共同推进。省直有关部门要整合已有的资金和物资等资源，做好社区公共交通、教育、医疗卫生、文化、体育和商业服务等设施的改造和完善，并负责检查督促工作，抓好落实。

（三）制定宜居社区建设方案。各市要根据本指导意见和考核标准，制定宜居社区建设总体方案，内容包括社区的现状和基本情况，分年度建设计划，资金筹措方式和渠道，组织保障措施等。于2012年6月底前报送省宜居城乡建设工作联席会议备案。列入年度建设计划的社区，要组织编制具体改造和完善方案。

（四）抓好试点工作。省选择东莞市和湛江市作为全省宜居社区建设试点市，各市也要选择不同类型的若干个社区做为试点，注意总结经验，指导面上工作。

（五）加大资金投入。各级财政要加大资金投入，改造和完善社区公共服务设施，积极动员和引导企业和个人投资建设公共交通、教育、医疗卫生、文化、体育和商业服务等设施。

（六）建立考核机制。建立宜居社区建设的考核验收制度，将宜居社区建设列入市、县党政领导班子和领导干部城市化工作绩效考核内容。各市可根据考核标准，结合地区特色增加相关内容。省政府每年组织开展宜居社区的考评工作，对各市宜居社区建设情况进行达标验收。各相关部门可将宜居中社区考评中相近内容的成绩直接作为对社区专项考核的评分依据。

（七）广泛宣传营造氛围。各地要广泛开展丰富多彩的宣传教育活动，让居民和社会各界了解宜居社区建设工作的重要意义，形成宜居社区人人共建、个个共享的良好氛围，动员全社会积极参与、热情支持、主动监督宜居社区建设工作。

广东省住房保障制度改革创新方案

（广东省人民政府办公厅　2012年2月28日印发）

为进一步完善我省住房保障制度，切实保障和改善民生，实现住有所居目标，制订本方案。

一、总体要求

坚持政府主导、政策扶持、社会参与、适度保障的原则，按照问需于民、以需定建、分步实施、轮候解决的思路，合理确定住房保障范围、保障方式和保障标准，探索建立具有广东特色的新型住房保障制度。到"十二五"期末，全省保障性住房覆盖面达到20%左右，力争使城镇中等偏下和低收入家庭（包括最低收入的特殊困难家庭，下同）住房困难问题得到基本解决，新就业职工住房困难问题得到有效缓解，外来务工人员居住条件得到明显改善。

二、建立以公共租赁住房为主要保障方式的新型住房保障制度

（一）保障性住房以公共租赁住房为主体。

逐步将全省现有的廉租住房、直管公房和公共租赁住房等保障性住房合并管理、并轨运行，统一归类为公共租赁住房（以下简称公租房），只租不售。通过建立以公租房为主要保障方式的新型住房保障制度，解决住房保障对象基本居住需求。除已批准立项的项目外，暂停新建经济适用住房，将其供应对象纳入公租房供应范围。

（二）合理确定供应对象。

公租房主要面向城镇低收入住房困难家庭、新就业无房职工和在城镇稳定就业的外来务工人员供应。

城镇低收入家庭年人均收入线标准按照上年度城镇居民人均可支配收入的60%左右确定；住房困难标准按照家庭人均住房建筑面积低于13平方米确定。各市、县人民政府要结合实际，合理确定并公布本地区住房保障对象条件。

（三）实行分类保障。

符合条件的住房保障对象主要通过申请轮候公租房解决基本居住需求。其中，低收入住房困难家庭优先予以保障。

新就业无房职工和在城镇稳定就业的外来务工人员主要通过企事业单位和其他机构建设的公租房解决基本居住需求。

（四）合理确定户型面积和租金标准。

新建的成套公租房，单套建筑面积以40平方米左右为主。鼓励各地积极发展建筑面积低于30平方米的小户型公租房。以集体宿舍形式建设的公租房，应执行国家宿舍建筑设计规范，人均住房建筑面积不低于5平方米。

公租房租金标准参照市场租金水平确定。

（五）实行租金补贴。

符合条件的低收入住房困难家庭租赁公租房的，由当地政府按照分档补贴的原则给予租金补贴，具体办法由各市、县人民政府制订。

（六）以需定建，轮候保障。

各地应根据确定的保障对象、方式和标准，开展需求申报，制订建设规划，定点建设，轮候分配。

1. 开展需求申报。按照各市、县人民政府公布的申报条件，由符合规定条件的申请人向户籍或就业所在地街道办事处（镇政府）申报住房保障需求。各类产业园区的外来务工人员由其所在企业统一申报。

2. 制订建设规划。各市、县人民政府应根据需求对象申报情况，结合当地财政承受能力，按照定期轮候、逐年分步解决的原则，组织制订公租房建设规划。

3. 定点登记需求。各市、县人民政府按照公租房建设规划，向社会公布项目选址地点和建设方案，接受符合条件的申请人进行定点需求登记，并按照登记情况组织编制年度建设计划。定点需求登记结果应在政府网站等当地主流媒体进行公示。

4. 实行轮候分配。根据公租房建设规划、年度建设计划和定点需求登记情况，对保障对象实行轮候分配。具体轮候规则和轮候期限由各市、县人民政府确定。

（七）创新建设模式。

1. 政府投资建设模式。即由各地政府划拨土地并投资建设和管理公租房。各地政府也可通过收购、长期租赁等方式筹集公租房。各地政府投资建设的公租房项目可按城市规划设计要求配建商业服务设施，统一经营管理，租金收入和其他经营收入专项用于公租房建设。

2. 社会投资建设模式。即由政府有偿提供土地并给予优惠政策支持，由房地产开发等各类企业或其他投资机构出资建设公租房。鼓励房地产开发等各类企业和其他投资机构以独资、集资或股份制的方式投资、建设和运营公租房，并给予享受公租房建设和运营的有关税费优惠政策。

3. 单位自筹建设模式。即在符合城乡规划前提下，经市、县人民政府批准并办理有关用地手续，由企事业单位利用自有存量建设用地或与拥有存量建设用地的单位合作建设公租房。单位自建公租房纳入当地政府统一监管，优先向本单位符合住房保障对象条件的职工出租，剩余房源由当地政府调剂安置其他保障对象租住。

4. 开发项目配建模式。即在新建普通商品住房或进行"三旧"（旧城镇、旧厂房、旧村庄）改造时，配建一定比例的公租房。公租房配建比例一般不低于规划住宅建筑总面积的10%，具体配建比例和管理方式由各市、县人民政府确定，并在土地出让合同中约定。配建的公租房应与所在项目统一规划、同步建设、同步配套和同步交付使用。

5. 产业园区集中配建模式。即在外来务工人员集中的开发区、产业园区等，由当地政府统筹规划，按照集约用地、集中建设的原则，由政府直接配建或引导投资主体建设公租房。集中配建的公租房面向用工单位或者园区其他单位符合条件的人员出租。

6. 利用集体建设用地建设模式。即按照控制规模、优化布局、只租不售、土地所有权和使用权不流转的原则，经省人民政府批准，在符合条件的地区开展利用集体建设用地建设公租房试点。公租房建成后可向符合住房保障条件的对象出租，也可由政府或企事业单位整体承租后再向符合住房保障条件的对象出租。利用农村集体建设用地建设的公租房应当整体确权，不得分拆确权。

（八）严格准入与退出管理。

1. 严格准入管理。从申请人家庭收入、资产标准和人均住房面积等方面严格把关，强化准入管理。依托个人住房信息系统，完善住房保障管理信息系统，加强部门联动，实现信息共享，提高资格审核的公正性和准确性。

2. 规范分配管理。加强对公租房分配方案的审核和监督，实行登记结果、分配过程、分配结果三公开，确保公租房分配公开、公平、公正。

3. 健全退出机制。通过鼓励群众举报、不定期检查、入户调查、信函索证、委托第三方调查取证等方式，加强住房保障资格监管和住房使用情况巡查。强化合同管理，对不再符合保障条件的，及时取消其保障资格。

三、落实配套政策和保障措施

（一）资金保障。

1. 加大政府财政投入。省财政逐步加大对保障性住房专项补助资金的支持力度。各级人民政府要将公租房建设资金纳入年度财政预算，通过资本金注入、投资补助、贷款贴息等方式加大对公租房的投入。土地出让收益用于公租房建设的比例不低于10%。财政预算资金安排不足的地区，要提高从土地出让收益提取住房保障资金的比例。

2. 发挥住房公积金作用。住房公积金增值收益在提取贷款风险准备金和管理费用后，全部用于公租房建设。其中贷款风险准备金达到住房公积金贷款余额的1%时，当年可不再提取贷款风险准备金。积极争取符合条件的城市纳入国家住房公积金贷款支持公租房建设试点。试点城市在优先保证职工提取和个人住房贷款、留足备付准备金前提下，可将50%以内的住房公积金结余资金用于发放公租房建设贷款。同等条件下，住房公积金缴存职工优先承租公租房。

3. 规范发展企业债券融资。有条件的地区可设立公租房投融资公司，作为统筹公租房融资、建设和运营管理的平台。投融资公司可发行企业债券或中期票据，专项用于公租房建设。承担公租房建设项目的其他企业，可在政府核定的公租房建设投资额度内，通过发行企业债券进行项目融资。对发行企业债券用于公租房建设的，优先办理核准手续。

4. 组织开展金融创新试点。在公租房建设任务重、资金需求量大的城市，积极支持开展政府出资与社会筹资相结合的公租房股权信托基金融资试点，探索运用房地产投资信托基金加快推进公租房建设。积极探索通过商业银行贷款、社保基金、保险资金等渠道筹措各类低息、中长期贷款支持公租房建设。

5. 落实税费减免政策。公租房建设一律免收各项行政事业性收费和政府性基金，并落实建设、购买、运营等环节免征城镇土地使用税、印花税、契税、土地增值税、营业税、房产税等政策规定。

（二）用地保障。

1. 完善土地储备制度。将公租房用地优先纳入土地储备，并落实到具体地块。储备土地和收回使用权的国有土地，要优先安排用于公租房建设。政府投资建设和管理的公租房项目，其建设用地使用权以划拨方式供应；其他方式投资建设的公租房建设用地使用权，可采取出让、租赁、作价入股等方式有偿使用。采取租赁方式的，可按年缴纳土地租金。

2. 确保用地供应。国土资源部门要将公租房建设用地纳入年度建设用地供应计划；涉及新增建设用地的，要在年度土地利用计划中优先安排、单列指标，做到应保尽保。对需要办理公租房建设用地手续的，要简化程序，加快办理。

（三）规划保障。

1. 定期编制规划。各市、县人民政府要组织编制公租房建设规划和年度建设计划，并将公租房建设规划、计划纳入城市近期建设规划。公租房项目的选址要安排在交通便利、公共设施配套完善的区域，并同步做好小区内外市政、公共配套设施的规划。

2. 适当提高容积率。在符合城市规划控制指标的前提下，公租房项目容积率可按照控制性详细规划指标的上限掌握，并适当预留公共绿地，为今后改造提升预留空间。公租房项目规划设计要遵循建筑节能要求，体现岭南建筑风格。

（四）体制保障。

1. 设立住房保障委员会。各市、县可设立住房保障委员会，成员由政府部门公职人员、人大代表、政协委员、专家学者、群众代表等组成，行使本地区住房保障工作的决策权和监督权。具体职责由委员会章程规定。

2. 设立或明确住房保障管理机构。各市、县人民政府住房保障管理机构负责拟订住房保障政策，组织编制住房保障发展规划、年度建设计划并监督实施，指导监督公租房建设。

3. 设立住房保障具体实施机构。各市、县可设立非营利性专业化住房保障具体实施机构，负责承办公租房的需求调查、登记、建设、运营管理和维修养护等事务。有条件的地区也可通过建立法定机构，采取政府向社会组织购买服务等方式，负责承办上述事务。

四、加强组织领导

省政府成立省住房保障制度改革工作领导小组，负责制订全省住房保障制度改革重大政策措施，研究部署和指导实施住房保障制度改革工作。省住房城乡建设厅要会同省编办和省发展改革委、监察厅、财政厅、国土资源厅、金融办、法制办等部门，加强对全省住房保障制度改革创新工作的统筹协调和检查督导。

各市、县人民政府要根据本方案制订具体实施方案，明确职责分工，层层落实责任，确保住房保障制度改革创新工作顺利推进。各市、县人民政府具体实施方案要在2012年第二季度之前公布实施。

省外建设工程企业和人员进粤信息备案管理办法（试行）

（广东省住房和城乡建设厅　2012年2月27日印发）

第一条　为进一步规范建筑市场行为，建立和完善建筑市场诚信体系，加强对省外建设工程企业进粤从事城乡规划编制、房屋建筑和市政基础设施建设活动的管理，依据有关法律法规，结合我省实际，制定本办法。

第二条　省外进粤建设工程企业及其人员在广东省行政区域内从事城乡规划编制、房屋建筑和市政基础设施建设活动及其监督管理适用本办法。

第三条　本办法所称省外建设工程企业，指工商注册地不在广东省行政区域内，取得住房和城乡建设行政主管部门颁发资质证书，在广东省行政区域内从事城乡规划编制、房屋建筑和市政基础设施建设活动的单位（以下简称“进粤企业”），包括规划设计、工程勘察设计、工程监理、工程设计与施工（一体化）、建筑业、工程招标代理、工程造价咨询、施工图设计文件审查、工程质量检测等单位。

本办法所称企业人员主要指企业的注册执业人员和其他专业技术、管理人员。

第四条　我省对进粤企业和人员实行信息备案制度。省住房和城乡建设主管部门负责对全省进粤企业和人员的信息统一备案管理，各级住房和城乡规划建设主管部门负责对进粤企业和人员的日常监督管理。

第五条　进粤企业在广东省行政区域内从事城乡规划编制、房屋建筑和市政基础设施建设活动的，应当到省住房和城乡建设主管部门办理企业和人员信息备案。

第六条　进粤企业可以在广东省行政区域内设立驻粤分支机构。设立多家分支机构的，应当确定其中的一家分支机构作为总负责机构。

第七条　进粤企业申请办理企业和人员信息备案，应在广东建设信息网（网址：www.gdcic.net）“进粤企业和人员信息备案管理平台”填报有关信息，并提供以下材料：

（一）《进粤企业和人员信息备案登记表》(网上填报后打印件)；

（二）企业法人营业执照副本；

（三）企业基本账户开户证明；

（四）企业资质证书副本；

（五）企业组织机构代码证副本；

（六）企业法定代表人身份证及其委托进粤负责人的书面委托书，进粤负责人身份证、任职文件、劳动合同、社会保险凭证；

（七）《进粤企业和人员信息备案登记表》中所列常驻的能满足相关城乡规划编制、房屋建筑和市政基础设施建设活动的专业技术人员的身份证明、职称证书、资格证明证书、劳动合同、社会保险凭证；

（八）施工企业（包括设计施工一体化企业）还需提供安全生产许可证，办公场所的产权证明或租赁合同，管理人员（总负责人、技术负责人、质量负责人、安全负责人）的身份证明、任职文件、职称证书、资格证明证书、劳动合同、社会保险凭证，施工企业在粤安全负责人的安全生产考核证（A证），以及《进粤企业和人员信息备案登记表》中所列常驻安全生产管理人员的安全生产考核证；

（九）设驻粤经营管理分支机构的，应当提供分支机构营业执照；

（十）国家和省规定的其他材料。

上述（二）至（十）材料提供的复印件均应加盖单位公章，并提供原件核验。

第八条　申请办理企业和人员信息备案手续的人员必须是本企业人员，并提供企业法人委托函、本人身份证、劳动合同、社会保险凭证。

第九条　申请信息备案的企业或人员不能存在下列情形之一，且所提供的材料和数据必须真实、准确、完整，对弄虚作假的，对企业或人员不予信息备案，并作为不良行为记录向社会公布：

（一）企业工商营业执照、资质证书、《安全生产许可证》等相关证件被依法暂扣、吊销或未通过续期；

（二）企业被依法取消或暂停承揽业务（包括投标）资格；

（三）企业近一年内发生较大及以上工程质量、生产安全事故或两起及以上一般工程质量、生产安全事故；

（四）企业近一年内有围标、串标、严重违约、工程转包、违法分包行为；

（五）企业近一年内有超越资质等级或以其他企业名义承揽工程业务，或允许其他企业或个人以本企业的名义投标或承揽工程业务行为；

（六）企业近一年内有未取得施工许可证擅自施工行为；

（七）企业近一年内有恶意拖欠分包企业工程款或者农民工工资行为，或其他造成严重不良影响的行为；

（八）城乡规划设计单位或人员近一年内违反国家有关标准编制城乡规划被所在地城市、县城乡规划主管部门处罚；

（九）企业人员被停止或暂停执行业务；

（十）企业人员违反有关规定同时承揽两个及以上项目；

（十一）其他违反法律、法规和规定的行为。

第十条 省住房和城乡建设行政主管部门在收齐进粤企业和人员所有信息备案材料15个工作日内完成核验，并在广东建设信息网（网址：www.gdcic.net）专栏公布。

第十一条 进粤企业在企业资质情况、业务范围、工商营业执照、法定代表人、技术负责人、驻粤负责人、专业技术管理人员、驻粤办公地点、联系方法等信息发生变化后，应在15个工作日内向省住房和城乡建设行政主管部门提交相关材料，提出备案信息变更申请。

省住房和城乡建设行政主管部门应当自受理变更申请之日起2个工作日内办理变更手续，并及时予以公布。

第十二条 已备案的进粤企业或人员有下列情况之一的，暂停备案三至九个月；情节严重的，撤销备案，且一年内不再受理该企业或人员信息备案：

（一）企业一年内发生较大及以上工程质量、生产安全事故或两起及以上一般工程质量、生产安全事故；

（二）企业超越资质等级或以其他企业名义承揽工程业务，或允许其他企业或个人以本企业的名义投标或承揽工程业务的；

（三）企业有围标、串标行为，或将承包的业务转包或违法分包的；

（四）工程项目未取得施工许可证擅自施工的；

（五）项目因企业原因发生社会公共事件，造成严重不良影响的；

（六）企业人员违规同时承接两个及以上工程业务的；

（七）施工企业（包括设计施工一体化企业）、监理企业承接的任一项目在一个安全生产动态管理扣分周期内被扣满（超）60分，或企业所有被安全生产动态管理扣分项目平均扣分值达到45分（含45分）以上的；

（八）企业人员准许他人以本人名义执行业务或代签工程业务资料文件的；

（九）施工企业（包括设计施工一体化企业）、监理企业管理人员在安全生产动态管理一个扣分周期内被扣满（超）30分的；

（十）其他违反法律、法规和规定行为的。

第十三条 各级住房和城乡规划建设行政主管部门对通过信息备案的进粤企业和人员应当准予进入当地建筑市场依法承接业务。

第十四条 各级住房和城乡规划建设行政主管部门在办理有关规划、工程项目招投标、工程项目施工许可、质量和安全监督等手续时，应当查验进粤企业的企业和人员信息备案情况；发现未经备案的，应当督促企业和人员办理信息备案手续。

全省各有关施工图设计文件审查机构在进行设计文件审查时，应当查验进粤工程勘察设计企业和人员信息备案情况；发现未经备案的，应当督促企业和人员办理信息备案手续，并向有关主管部门报告。

第十五条 各级住房和城乡规划建设主管部门应完善本地区诚信体系建设和项目信息公开系统，及时将进粤企业和人员在本地区所从事城乡规划编制、房屋建筑和市政基础设施建设活动的良好和不良行为等信息全面、及时地公开，尤其对质量安全事故、市场违法违规行为的披露，建立有效的诚信激励和失信惩戒机制。

第十六条 各级住房和城乡规划建设行政主管部门发现进粤企业或人员发生本办法第十二条所列情况之一的，应当依法对违法违规企业或人员给予处罚，并对该企业或人员的信息备案提出处理意见，报省住房和城乡建设行政主管部门。

省住房和城乡建设行政主管部门将根据进粤企业或人员的违法违规事实，以及违法违规行为查处部门对该企业或人员信息备案提出的处理意见，对该企业或人员作出暂停或撤销信息备案的处理，并将处理结果通报全省。

第十七条 本办法由省住房和城乡建设厅负责解释。

第十八条 本办法自2012年5月1日施行。2012年5月1日前已在广东省行政区域内承接了工程业务，且工程业务尚在进行中的进粤企业，应当在本办法实施之日起三个月内补充办理企业和人员信息备案。

广东省住房和城乡建设厅
建设工程施工工期管理办法

（广东省住房和城乡建设厅 2012年9月17日印发）

第一条 为加强建设工程施工工期管理，保障合理施工工期，保证工程质量和施工安全，根据《中华人民共和国建筑法》、《建设工程质量管理条例》、《建设工程安全生产管理条例》等法律法规和工程建设强制性标准，结合我省实际，制定本办法。

第二条 本办法适用于我省行政区域内新建、改建、扩建建设工程施工工期的管理。

本办法所称的建设工程是指房屋建筑、市政基础设施以及附属的线路管道、设备安装、装修工程。

第三条 省住房和城乡建设厅负责全省建设工程施工工期的管理工作。

市、县（区）住房和城乡建设行政主管部门负责本行政区域内的施工工期管理工作。

第四条 招标人应在招标文件中明确招标要求的施工工期，依法必须招标的建设工程还应载明施工标准工期。

施工标准工期依据《广东省建设工程施工标准工期定额》计算确定。因工程特殊无法计算施工标准工期的，可参考已完类似工程的实际施工工期，无类似工程参考的应根据工程规模、结构、施工难易程度等合理确定。

第五条 招标工期短于施工标准工期的，应在招标工程量清单中单独开列赶工措施项目和在招标控制价中单独计算赶工措施费，赶工措施费按照《广东省建设工程计价依据》的有关规定计算。

第六条 投标工期应符合招标文件有关工期的要求。投标施工方案采取赶工措施的，投标人应计取赶工措施费的，赶工措施费且不得作为让利因素。

第七条 评标委员会应评审投标工期及其有关事项；投标工期短于标准工期的，还应评审赶工措施项目和赶工措施费。经评审，有下列情形之一的不得推荐中标：

（一）投标工期不符合招标文件工期要求的；

（二）招标文件要求提供施工进度计划的，投标人未提施工进度计划或提供的施工进度计划经论证被认为不可行的；

（三）赶工措施费和赶工措施不能对应且投标人不能合理说明的。

第八条 发承包双方应在施工合同中明确合同工期和发承包双方的工期责任，包括：

（一）明确合同工期的日历天数以及计划开工日期、计划竣工日期；

（二）明确延迟竣工的责任，延迟竣工赔偿标准和最大赔偿额度；

（三）工期索赔、工期顺延和工期争议的解决方式。

招标工程的合同工期，应依据招标文件和中标人的投标文件确定，招标工期与中标人投标工期不一致的应以投标工期为准；直接发包工程的合同工期，由发承包双方依据标准工期协商确定。

施工合同没有明确合同工期的，应由发承包双方依据本办法和《广东省建设工程施工标准工期定额》协商确定，并签订补充协议。

第九条 建设工程正式实施前，发包人应在施工现场显著位置张贴通告，及时发布工程建设进度相关信息。

第十条 工程开工必须具备法律法规规定的开工条件。工程不具备开工条件开始作业的，不应计入工期。

第十一条 承包人应按照施工进度计划组织施工，确保建设工程按期完成。承包人不能按照计划组织施工的，应及时采取措施、调整施工进度计划，并报发包人批准。

第十二条 发包人不得任意压缩合同约定的工期。任意压缩合同约定工期的，承包人有权向建设行政主管部门投诉，各级建设行政主管部门应组织核查；发现违法者，应依据《建设工程质量管理条例》、《建设工程安全生产管理条例》等法律法规的规定责令改正、予以处罚。

第十三条 建设工程施工过程中，发包人、承包人应依据施工合同的约定和实际情况调整施工工期，包括：

（一）顺延工期。因非承包人原因引起工期延误的，经发、承包人双方确认后，顺延工期。

（二）增加工期。发包人增加工程内容的，应与承包人按照合同约定协商确定增加工程工期。

第十四条 施工过程中，因客观原因、设计变更等致使工期延误而不能满足使用要求时，发包人可以视未完工程情况向承包人提出缩短工期的要求。承包人有权拒绝发包人的要求，也可以视情况提出缩短工期的施工方案和费用报告。在工程监理单位论证缩短工期的施工方案可行的前提下，发承包双方可以协商缩短工期，并签订补充协议。

第十五条 工程监理单位在实施监理过程中，发现承包人的施工进度计划不符合合同要求的，应责令修改后重新提交；发现承包人不遵守工程建设强制性标准，抢进度、赶工期的，应当要求承包人整改，情况严重的，应当要求承包人暂时停止施工，并及时报告发包人。承包人拒不整改或者不停止施工的，工程监理单位应当及时向工程所在地建设主管部门或其委托的监督机构报告。

第十六条 合同工程实际竣工日期按照以下情形分别确定：

(一) 合同工程施工质量竣工验收合格的，以通过施工质量竣工验收的日期为实际竣工日期；

(二) 承包人提交施工质量竣工验收申请报告，发包人未在规定时间内组织施工质量竣工验收的，承包人提交施工质量竣工验收申请报告之日为实际竣工日期；

(三) 合同工程未经施工质量竣工验收，发包人擅自使用的，转移占有之日为实际竣工日期。

第十七条 工程施工过程中，发包人、承包人、工程监理单位应做好记录，发生合同约定的工期顺延、增加工期等情形的，应按照合同约定调整合同工期。发生争议的，按照合同约定的方式处理。

第十八条 市、县（区）住房和城乡建设行政主管部门应加强招标交易市场、施工现场施工工期的监督管理工作，加强招标文件备案、施工合同备案和施工作业行为的监督，及时纠正和制止违反工期管理的不规范行为，依法查处不符合建设工程质量和安全生产法律、法规和工程建设强制性标准的违法违规行为。

第十九条 本办法由广东省住房和城乡建设厅负责解释。

第二十条 本办法自2012年11月1日起施行。

主 题 索 引

说　明

一、本索引采用主题分析法，款目按汉语拼音字母（同音字按声调）顺序排列
二、书中的篇目题、类目题、分目题用黑体字标明，其余用宋体字排印。表格在其款目后注明“表”
三、索引款目后的数字表示内容所在的页码，数字后面的拉丁字母（a、b、c）表示栏别（即版面的1、2、3栏）
四、同一主题的内容在书中多处出现的，在其款目后面用不同的页码标明
五、本索引对《大事纪要》《领导讲话》《法规文件》等篇目不作主题分析

E

F

G

T

W

General List

Table of Contents

Pictures

Features

Calendar of Events

Overview of Guangdong Province Construction Development

Urban and Rural Planning

Urban Construction and Management

Towns and Villages Construction

Major Construction Projects

Survey and Design

Construction Science & Technology, Energy Saving Construction

Education and Training, Professional Qualification

Legislation Construction and Law Execution Supervision

Construction Administrative Organs

Figures

Municipal Buildings in Different Cities

Honor Roll

Leader Speeches

Law and Regulation Papers